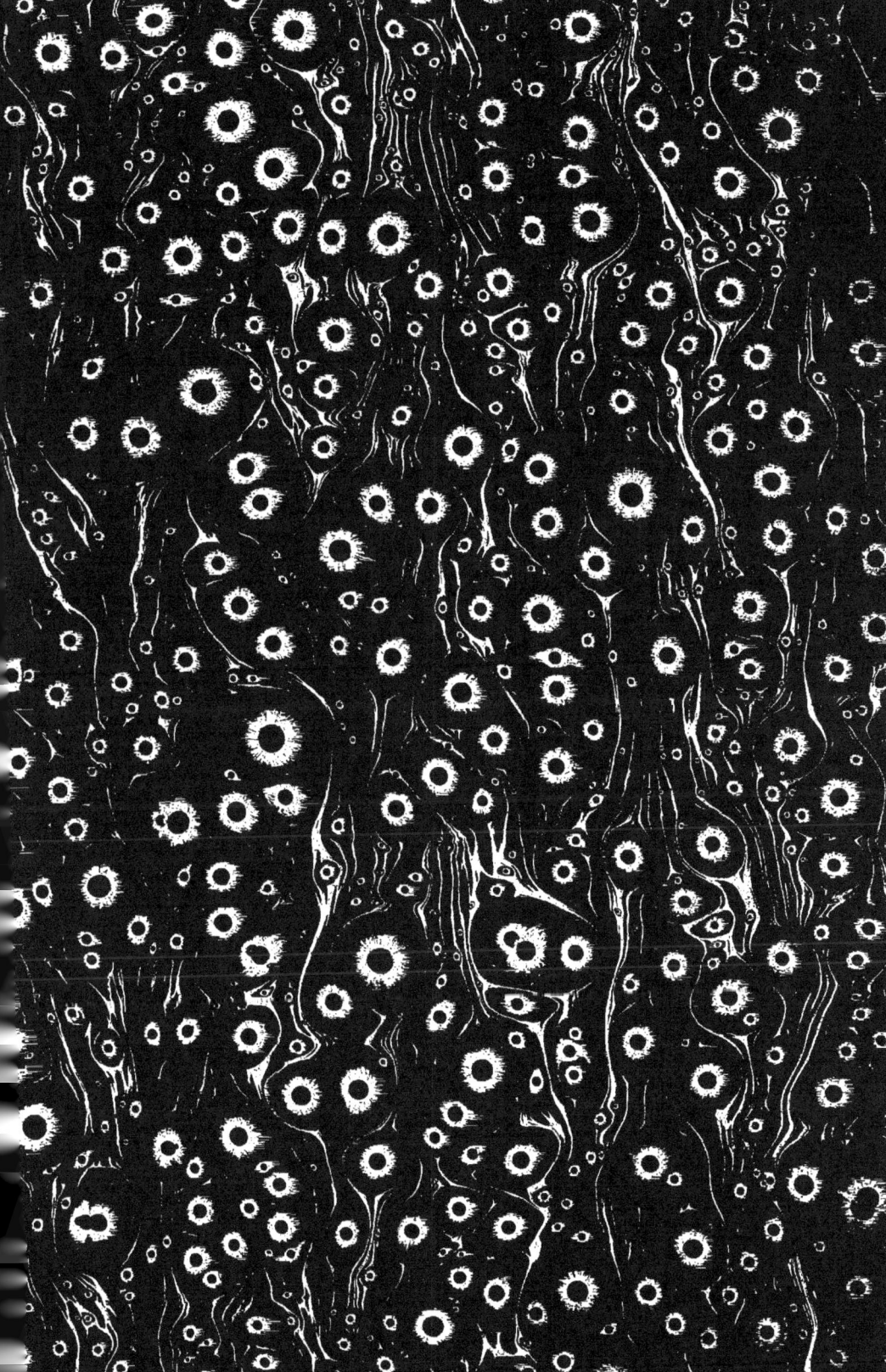

VAN HAVERE 1984

G

@

VOYAGE

PITTORESQUE

EN ASIE ET EN AFRIQUE.

PARIS. — IMPRIMERIE D'AMÉDÉE GRATIOT ET C⁰, RUE DE LA MONNAIE, N. 11.

Jean Chardin.
né à Paris le 26 novembre 1643.

P. Simon Pallas.
né à Berlin le 22 septembre 1741.

J. Louis Burckhardt.
né à Lausanne en 1784.

Richard Lander.
né à Truro en Cornouaille le 8 février 1804.

J. Boilly del.   VOYAGE EN ASIE ET EN AFRIQUE.

VOYAGE

PITTORESQUE

EN ASIE ET EN AFRIQUE

RÉSUMÉ GÉNÉRAL DES VOYAGES ANCIENS ET MODERNES,

D'APRÈS ERMAN, LESSEPS, J.-F. GMÉLIN, PALLAS, KÆMPFER, MARC POL, DE GUIGNES, MOORCROFT, TURNER, STAUNTON, LALOUBÈRE, KIRKPATRICK, TAVERNIER, J. THEVENOT, BERNIER, HÉBER, PYRARD, BURNES, FORSTER, POTTINGER, PIETRO DELLA VALLE, CHARDIN, MORIER, TOURNEFORT, KLAPROTH, BEAUFORT, PAUL LUCAS, NIEBUHR, BURCKHARDT, VOLNEY, SYMES, CHATEAUBRIAND, LÉON DE LABORDE, BADIA, CADALVENE ET BREUVRY, CAILLAUD, BRUCE, SALT, COMBES ET TAMISIER, FLACOURT, BORY, LE VAILLANT, THOMPSON, CAILLÉ, BOWDICH, LAING, MOLLIEN, BRUE, DE BUCH, MUNGO-PARK, DENHAM, CLAPPERTON, LANDER, ETC., ETC.;

PAR J.-B. EYRIÈS.

Accompagné de Cartes et de nombreuses Gravures sur acier, d'après les dessins de Jules Boilly.

A PARIS

CHEZ FURNE ET Cᵉ, LIBRAIRES-ÉDITEURS,
55, RUE SAINT-ANDRÉ-DES-ARCS.

M DCCCXXXIX

VOYAGE PITTORESQUE
EN ASIE.

CHAPITRE I.

Sibérie. — Passage de l'Oural. — Changement d'aspect du pays. — Ecaterinenbourg. — Usines. — Foire d'Irbit.

L'Asie est bornée en partie à l'ouest par la chaîne de l'Oural qui se développe sur une longueur de 450 lieues du N. au S., depuis les 44° jusqu'aux 67° de latitude boréale. Ces monts offrent une suite de sommets de 600 à 800 toises de hauteur. Le voyageur qui vient d'Europe commence à monter par une pente si insensible qu'il s'en aperçoit à peine, et arrive ainsi à une plaine où, à droite et à gauche, des masses de roches secondaires et primitives lui annoncent qu'il est au milieu des montagnes ; il atteint, sous 56° 49' de latitude, une chaîne de petites collines, qui s'élève à un peu plus de 200 pieds au-dessus des terres environnantes et à 250 toises au-dessus de l'Océan. Il est au point du partage des eaux qui coulent d'un côté en Europe, de l'autre en Asie ; aucun monument n'indique cette séparation ; c'est une marque des liens intimes qui unissent, dans cette région, ces deux parties du monde l'une à l'autre ; elles sont toutes deux sous le sceptre de la Russie.

Quand on a passé la plaine ondulée et qu'on regarde du côté de l'Asie, on remarque qu'on se trouve dans un canton où des dos et des cimes assez élevés se font voir au nord et au sud. Les flancs des hauteurs du côté de l'Europe sont garnis de chênes, de coudriers, d'érables planes, et d'autres arbres auxquels l'œil est accoutumé depuis long-temps dans les contrées froides. Ceux qui viennent d'être nommés disparaissent sur les flancs orientaux de l'Oural ou du côté de la Sibérie ; on n'y aperçoit que des sapins, des pins, des cembro, des mélèzes. Le feuillage sombre de ces grands végétaux résineux est égayé par celui du bouleau, de l'érable de Tartarie, du tremble, du merisier à grappes et de plusieurs autres, ainsi que de divers arbrisseaux qui ne redoutent pas les hivers prolongés des latitudes septentrionales.

En 1828, M. le docteur Erman, après avoir franchi le col de Recheutoui, parcourut un pays ondulé, et le 31 août il entra dans Ecaterinenbourg, situé sur les bords de l'Iset au milieu d'une vaste plaine. On n'y voit, dit-il, aucune cime considérable, ni même des grandes masses de rochers, qui rappellent un canton montagneux ; d'où vient donc, se dit-on, la richesse minéralogique des environs de cette ville, richesse dont on aperçoit des traces de toutes parts ? Si nous demandions d'où l'on tirait le minerai qui purifié dans les usines constamment fumantes est façonné et frappé dans les immenses ateliers de la monnaie, les énormes blocs de pierres diverses qui gisent devant les portes des moulins à polir, les pierres précieuses qu'une foule de marchands est empressée de vendre, les mines de l'Oural sont nommées aussitôt comme renfermant ces productions variées de la nature. Ainsi l'on remarque ici une exception surprenante à la coïncidence ordinaire de deux faits qui arrêtent les regards de l'homme attentif à observer la surface de la terre. Malgré la grande diversité des produits que recèlent les entrailles du sol, les inégalités de celui-ci sont insignifiantes même relativement à la grandeur du corps humain.

La situation d'Ecaterinenbourg placé sur le point de partage des routes qui, soit de l'Europe soit de l'Asie, conduisent à l'Oural septentrional et au méridional, a donné l'idée à un homme intelligent d'y établir une auberge ; il fait de bonnes affaires, les appartemens sont propres et tapissés en papier peint sorti des manufactures russes.

Nous avons rencontré ici des employés des mines septentrionales de l'Oural et des négocians de Tumen et de Tobolsk qui revenaient de la foire de Nijni Novgorod, après y avoir fait des échanges, ou bien allaient de chez eux à la petite foire d'Irbit, ville située à 160 verst en ligne directe au N. O. d'Ecaterinenbourg.

La foire d'Irbit a dans ces derniers temps beaucoup perdu de son ancienne importance ; jadis elle était le centre réel du commerce du thé et de celui des pelleteries ; car les marchands sibériens y amenaient toutes les peaux qu'ils avaient rassemblées chez les peuples chasseurs de l'E. et les marchandises qu'ils avaient échangées à Kiakhta contre d'autres objets ; ils les livraient aux négocians de la Russie européenne, et ceux-ci, après la grande foire sur le Volga, venaient tous les ans à Irbit.

Un grand nombre de commerçans arméniens et grecs se trouvaient à la même époque dans cette ville ; ils s'y procuraient des pelleteries et les payaient avec des marchandises anglaises qu'ils avaient achetées dans le Levant. Alors les draps anglais les plus fins arrivés par cette voie, revenaient à un prix assez modéré en Sibérie. Mais le gouvernement russe ayant en 1807 prohibé l'importation des marchandises anglaises, écarta d'Irbit par cette mesure les Arméniens et les Grecs. La foire qui s'y tenait diminua : alors les commerçans sibériens allèrent plus fréquemment soit à Nijni-Novgorod soit à Ecaterinenbourg ou à d'autres points de la grande route qui mène en Europe, afin d'y remettre leurs marchandises aux négocians qui arrivaient à leur rencontre.

Les affaires de commerce qui se font encore à Irbit sont aujourd'hui les mêmes que celles qui ont lieu dans les villes de la Sibérie situées plus à l'E. Les habitans des environs ont l'habitude d'y venir une fois tous les ans pour s'y fournir des choses qui leur sont indispensables, et ils les paient soit en argent, soit avec le produit de leur chasse qui n'est pas très-importante. Ce genre de trafic bien moins profitable ici que dans les lieux plus orientaux est exclusivement dans les mains des commerçans établis en Sibérie. Mais les productions minérales de l'Oural sont expédiées presque toutes directement à la foire du Volga.

Des hommes, des femmes, des enfans courent ici après les étrangers pour leur vendre des pierres précieuses bien taillées et passablement montées, et différentes pierres dures artistement façonnées et gravées, portant soit des devises soit des ornemens.

Une grande propreté règne à Ecaterinenbourg dans les modestes maisons en bois des artisans qui sont pour la plupart des gens libres. Malgré leur aisance, ils conservent l'ancienne simplicité de leur manière de se vêtir et de vivre. Nous avons remarqué notamment chez les femmes de cette classe des physionomies très-régulières et très-belles.

Ces artisans ainsi que la plupart des riches marchands d'Ecaterinenbourg appartiennent à la secte de l'église russe nommée les Vieux-Croyans (*Starovierzi*.) Ils tiennent tellement à ce principe que « c'est seulement ce qui sort par la bouche qui souille ; » qu'ils s'abstiennent de fumer du tabac et de proférer des juremens ; du reste ils ne se refusent aucune jouissance du luxe et de la sensualité. Les nouveaux croyans les chargent de beaucoup d'imputations qui sont mal fondées.

Les magnifiques maisons en pierre de plusieurs négocians d'Ecaterinenbourg ne dépareraient pas une capitale européenne ; la beauté extérieure de ces habitations répond à l'intérieur et à la façon de vivre des propriétaires. Plusieurs de ceux-ci sont encore serfs et paient à leur seigneur un tribut annuel vraiment royal ; mais ils considèrent à peine cette condition comme une oppression.

Un grand nombre d'employés attachés aux mines ou aux autres branches de l'administration, composent le reste de la population d'Ecaterinenbourg. Ils ne partagent ni les principes religieux, ni les usages antiques des autres habitans ; néanmoins ils se sont, par un long séjour, passablement familiarisés avec eux. Les familles des employés des mines sont, pour la plupart, établies depuis plusieurs générations dans le district de l'Oural ; plusieurs sont d'origine allemande ; mais comme dans les derniers temps les hommes ont été envoyés de bonne heure à Saint-Pétersbourg pour y suivre les cours de l'école des mines, ils ont presque entièrement oublié leur langue maternelle et les autres traces de leur origine.

L'extérieur de la ville est très-gracieux et très-agréable, et malgré quelques singularités, rappelle les riches cités manufacturières d'Europe.

La plaine qui entoure les rives S. E. du lac Iset et la rivière du même nom est couverte de maisons. Un joli pont est bâti sur la rivière, à l'endroit où un barrage resserre le cours de ses eaux pour le service des nombreuses usines. Sur la rive droite de l'Iset, s'élèvent l'hôtel des monnaies, les moulins à polir, les magasins où l'on conserve le minerai et les outils, enfin un corps-de-garde. Tous ces bâtimens, très-bien construits, entourent une place carrée qui sert de marché.

Sur la rive opposée, qui est un peu plus haute, on voit une longue file de maisons en bois, habitées par les ouvriers, et par-ci par-là celles des employés ; celles-ci sont en pierres.

Mais la ville a une bien plus grande étendue

Château de Tobolsk.

Ostiaks.

sur la rive droite, ou au S. de la place du marché, où se prolongent de larges rues bordées de maisons en pierres à plusieurs étages : on y remarque un vaste bazar et des magasins de grains. Un riche couvent et plusieurs églises ornent cette partie de la ville.

Toutes les rues sont tirées au cordeau ; elles ne sont point pavées ; de chaque côté elles ont des trottoirs en bois. Les plus considérables se dirigent parallèlement et à une certaine distance de la rive droite de l'Iset ; celles qui les coupent à angle droit aboutissent aux bords escarpés de cette rivière, dont la hauteur n'excède pas trente pieds, et qui en divers endroits permettent aux habitans d'aller puiser de l'eau.

A l'extrémité N. O. de la ville, il y a des casernes pour la garnison et les restes des fortifications qui autrefois défendaient la place contre les attaques des peuples indigènes alors puissans. Le fort a été converti en une douane ; les marchands qui vont à la foire d'Irbit sont obligés de payer ici un droit de péage. Les soldats qui se trouvent à Ecaterinenbourg surveillent les bannis, qui, après s'être reposés de leur long voyage, sont envoyés, les uns aux mines de l'Oural, les autres plus à l'E., dans l'intérieur de la Sibérie. La garnison est composée en partie de Bachkirs.

Une forêt de sapins, peu touffue, entoure la ville au N. O., et se prolonge vers la route qui va au N. A un verst de distance, en remontant l'Iset, on arrive aux bords rocailleux du lac qui a une forme alongée.

Le 3 septembre, on célébra l'anniversaire de l'avènement de l'empereur au trône. Le soir, les principaux habitans se réunirent dans un bâtiment public destiné à ces sortes de fêtes : tout était très-bien ordonné dans le goût européen. Les dames âgées portaient encore l'ancien costume russe ; mais les danseuses avaient généralement adopté les modes européennes, et on reconnaissait que les efforts d'un maître à danser français n'avaient pas été perdus. Néanmoins, l'usage populaire d'accompagner la danse de chants, qui en rehaussent l'agrément, s'est conservé en partie, malgré le progrès des innovations.

CHAPITRE II.

Sibérie. — Usines de l'Oural. — Condition des ouvriers. — Neviansk. — Nijni-Taghilsk. — Gîtes de minerai de fer et de cuivre. — Or. — Platine. — Usines et mine de Blagodat. — Le Kabilikamen.

Le 4 septembre, je partis d'Ecaterinenbourg en me dirigeant au N. N. O., et traversant un pays généralement uni, puisque ses inégalités s'élevaient à peine à 100 pieds au-dessus du niveau de cette ville, qui est à 80 pieds au-dessus de l'Océan. Je passai par d'épaisses forêts de pins ; malgré la fertilité de quelques cantons, les terres ne sont pas labourées ; les paysans se contentent de récolter du foin, et surtout de faire du charbon ; ils sont assujettis à approvisionner les usines. Des ponts commodes en bois sont construits sur les rivières. En avançant, j'observai que les mélèzes devenaient plus fréquens dans les forêts. Le soir j'arrivai à Neviansk : j'avais parcouru 95 verst.

C'est la plus ancienne forge de l'Oural ; elle fut fondée sous Pierre Ier, en 1701. Après la bataille de Poltava, en 1709, des prisonniers suédois y travaillèrent. La direction des ouvrages était confiée à Nikiti Démidov, forgeron de Toula : il leur donna l'essor qui les fit prospérer. C'est de lui que descend la riche famille de ce nom.

A 100 verst à l'O. de Neviansk se trouve l'usine d'Alapaievsk, sur le dos principal de l'Oural. Des courans d'eau facilitent les opérations à Neviansk ; le minerai se tire d'une butte éloignée d'un peu plus d'un verst. On a aussi trouvé de l'or dans le canton de Neviansk ; on conjecture qu'on y découvrira du platine.

La population de Neviansk est de 10,000 individus presque tous serfs. Ils descendent généralement de gens condamnés aux travaux des mines. Une partie des usines appartient à la couronne, une autre à des particuliers, et notamment aux familles Démidov et Iakovlev. Les ouvriers de ces dernières nous semblent généralement très-satisfaits de leur sort. On ne peut non plus s'empêcher de reconnaître que les propriétaires ne négligent rien de ce qui doit contribuer au bien de leurs vassaux. Ils ne se regardent pas comme d'une nature supérieure à celle de ces hommes, et ces sentiments sont partagés par les inspecteurs des travaux.

Le salaire des ouvriers est mince, mais ils reçoivent, pour eux et leur famille, des distributions de vivres, de cuir, de vêtemens et d'outils de fer estimés à un prix très-modéré. Quoique ces gens se marient ordinairement dès l'âge de dix-sept ans, les unions ne sont pas très-fécondes ; une famille de cinq enfans est réputée une chose extraordinaire. Les vieillards qui ne sont plus en état de travailler, et n'ont pas d'enfans, participent aussi aux distributions de vivres. D'ailleurs il se tient plusieurs fois l'an, dans le bazar du village, un marché où des marchands, soit du lieu, soit étrangers, les uns libres, les autres serfs, exposent des marchandises en vente; un inspecteur, nommé par le propriétaire, fixe le prix des choses.

Chaque ouvrier possède sa maison; il la construit avec les matériaux qu'il va prendre dans la forêt sans rien payer : de plus, les chevaux, les vaches, et souvent aussi le petit bétail, lui appartiennent; il les nourrit avec le foin qu'il fauche gratis dans les prairies du propriétaire. Au temps de la fenaison, les travaux des usines sont ordinairement interrompus, et tous les ouvriers vont, avec leurs femmes et leurs enfans, dans les prairies situées au milieu des forêts; souvent ils y passent six semaines dans des cabanes de branchages. La règle accorde vingt-huit jours pour la récolte du foin ; mais les interruptions causées par le mauvais temps prolongent le terme fixé. D'après l'extrême importance du cheval pour le travail, tant en particulier qu'en général, la plus grande attention est portée à la préparation du foin.

De Neviansk, j'allai, par une sombre forêt de pins et de mélèzes entremêlés de grands bouleaux, à Nijni-Taghilsk, éloigné de 50 verst. On voyage constamment dans une solitude ; ces bois immenses sont indispensables pour fournir aux besoins continuels des usines. Vers le milieu de la course, on nous montra pour la première fois des pins cembro. Cet arbre manque entièrement dans l'Oural méridional. A une élévation absolue de 800 pieds, on revoit ici tout-à-coup ce même arbre, qui, dans les Alpes de la Suisse, ne se montre qu'entre 4,000 et 7,000 pieds. De ces montagnes à l'Oural oriental il est étranger.

Au milieu de la forêt, dans le seul endroit où il y eût une clairière, nous rencontrâmes un troupeau de moutons conduits par un berger russe à cheval. Ces animaux avaient de grosses queues plates, nues à leur extrémité, des cornes fortes extrêmement tortues, de longues oreilles pendantes ; on reconnaissait aisément qu'ils provenaient de moutons kirghiz; mais les particularités qui distinguent cette race ne se conservent pas long-temps ici, ni même dans l'Oural méridional, dans leur pureté originelle, parce qu'elle n'y trouve pas les plantes sèches et amères qu'elle est accoutumée à brouter dans les steps des Kirghiz.

A l'O., immédiatement à la gauche de la route, il était facile de reconnaître que le terrain s'élevait rapidement. La roche en place est fréquemment visible. A la serpentine de Neviansk s'associent maintenant l'amphibole et le feld-spath, enfin la siénite porphyritique et le schiste amphibolique.

Cette chaîne de coteaux nous séparait du cours du Taghil, qui coule au N. O., dans une vallée alongée parallèlement à la gauche de la route. Les parois de cette vallée s'élèvent à peine à 200 pieds au-dessus du niveau de la plaine, qui est le même qu'à Ecaterinenbourg; elles descendent doucement vers la rivière. En avançant, ce vallon s'ouvre davantage, et la vue se porte plus librement au S. O.; on parvient au confluent du Tcherna, qui vient des montagnes à gauche; vis-à-vis de la jonction des deux rivières, la paroi droite est interrompue par une large dépression.

Nous fûmes encore plus surpris qu'à Neviansk, en retrouvant soudainement des habitations humaines au sortir de la forêt à Nijni-Taghilsk. Les maisons des ouvriers entourent les usines et les logemens des employés. Nous fûmes reçus avec l'hospitalité ordinaire chez un de ces derniers. On purifie et on fond ici les minerais de cuivre et de fer. D'autres fourneaux sont situés à différentes distances de Taghilsk; une partie appartient à la famille Démidov. Il sort de ces ateliers du fer en barre et des plaques de tôle; le métal est d'une si excellente qualité, que l'on est parvenu à rendre celles-ci extrêmement minces, sans nuire à leur solidité et à leur élasticité ; on les convertit aisément en fer-blanc; depuis long-temps elles sont employées pour couvrir le toit des maisons dans tout l'empire russe; les feuilles de cuivre pour le doublage des vaisseaux sont fournies également par les usines de l'Oural.

Les ouvriers de Taghilsk cultivent depuis long-temps une branche d'industrie très-remarquable ; ils savent revêtir le fer-blanc d'un vernis qui est très-beau et résiste à l'action de l'eau bouillante ; il est vraisemblable qu'ils sont redevables de ce procédé à leurs relations avec les Chinois. Ce vernis imite parfaitement la laque. Les dessins qu'on trace à la surface de la tôle ainsi préparée ne manquent ni d'élégance, ni de correction. Pour encourager et fortifier les dispositions des artistes, les propriétaires des usines ont envoyé à leurs frais en Europe ceux de leurs serfs qui montraient les talens les plus distingués dans le genre; ils en ont même fait voyager quelques-uns en Italie pour s'y perfectionner, et ont ensuite établi à Taghilsk une école de dessin. Les productions de ces artistes, expédiées principalement à la foire de Nijni-Novgorod, méritent l'attention des habitans de l'Europe occidentale par les sujets qu'elles représentent et qui offrent, soit des paysages, soit les portraits des hommes célèbres de la Sibérie.

Arrivés à une masse de rochers éloignée à peu près d'un verst de Taghilsk, nous avons reconnu qu'elle s'élève brusquement à 300 pieds au-dessus du niveau de la digue des eaux des usines, et s'étend à trois verst vers le N., en formant une crête. C'est le magasin inépuisable où s'approvisionnent les forges de Taghilsk et celles de Neviansk. Toute cette masse consiste en minerai de fer très-riche. La forme abrupte de cette immense roche, du côté de l'O., lui a été donnée par la main des hommes, qui commencèrent, en 1721, à l'attaquer à sa surface. On ne pénètre pas au-dessous du niveau de la plaine environnante, à une profondeur plus grande que celle à laquelle de simples pompes agissent suffisamment pour épuiser l'eau ramassée dans les enfoncemens. La nature de la roche, qui devient trop dure dans l'E. pour que les frais d'exploitation excèdent les bénéfices, empêche de pousser les travaux de ce côté. Depuis 1802, on a reconnu que, dans la plaine, les entrailles de la terre recélaient un riche minerai de cuivre, des puits ont été creusés et une immense machine à roue construite pour enlever l'eau; elle doit être bientôt remplacée par une pompe à feu.

J'examinai la température de l'eau du fond d'un puits à une profondeur de 184 pieds; je la trouvai partout de 3° au-dessus de zéro du thermomètre de Réaumur. On remarquait une augmentation sensible de la chaleur à mesure qu'on descendait. Le lendemain 5 septembre, mes observations me prouvèrent que cet accroissement était d'un degré par 106 pieds; elles sont d'accord avec celles qui ont été faites dans différens lieux en Europe sous la zône tempérée, dans l'Amérique méridionale sous la zône torride, et montrent que le phénomène est le même ici, où la chaleur extérieure est moindre que dans les contrées européennes que nous connaissons.

On trouve aussi dans le district de Taghilsk de l'or et du platine; on obtient ces deux métaux par des lavages établis dans de petites vallées où coulent des ruisseaux affluens du Taghil.

Une richesse essentielle des propriétés de la famille Démidov consiste dans les immenses forêts qui assurent aux fourneaux, pour long-temps encore, un approvisionnement illimité; car sur le terrain appartenant aux usines, et dont la surface est de 11,500 verst carrés, les arbres à feuilles acéreuses sont très-rapprochés les uns des autres. Le long de la route que nous suivîmes le 4 septembre, la forêt dépendante de Taghilsk se prolonge à douze verst au N. de Neviansk; celle que l'on aperçoit au S. de ce lieu est aux Iakovlev.

Dans ces sombres forêts, les élans sont nombreux; ces animaux y parviennent à une grosseur considérable, parce qu'ils ne sont poursuivis que par des chasseurs isolés. Des ramures que nous vîmes chez des amateurs de chasse à Taghilsk étaient vraiment prodigieuses.

Le dimanche 7 septembre, l'ouvrage fut interrompu. Les rues de Taghilsk furent animées par une foule nombreuse et très-bien vêtue. Aux jours de fête, le peuple russe est dans un mouvement continuel, car il aime beaucoup la promenade. Il se livre à ce plaisir, surtout dans les lieux qui, comme celui-ci, sont entourés de forêts épaisses. La cueillette des petits fruits sauvages y ajoute un motif particulier. Des visites à des amis éloignés sont faites par les paysans bien plus souvent en hiver qu'en été, parce que l'acquisition d'un traîneau leur est bien plus facile que celle d'une voiture à roues.

A quatre heures après midi, grâce à la bonté des habitans de Taghilsk, dix-sept chevaux parurent devant notre porte; notre petite caravane put ainsi continuer sa course vers le nord et nous cheminâmes sur une route large et unie; les forêts sont abattues, la terre est cultivée jusqu'à Laya. Mais au-delà jusqu'à Koucheva qui est une forge impériale, les bois touffus et le terrain inégal reparaissent. Ce lieu est dans une position bien agréable et plus pittoresque que ceux que nous avions déjà visités. Cependant on n'est pas ici plus près de la crête principale de l'Oural; la nature des roches y est la même, seulement les masses de rochers sont plus élevées, et les vallées plus profondes. Deux ruisseaux s'y réunissent, leurs eaux arrêtées par un barrage forment un étang artificiel; la Koucheva qui en sort est une des sources les plus fortes de la Toura; les coteaux sont couverts de forêts épaisses.

Koucheva et les forges des environs portent le nom d'usines du Blagodat, à cause d'une montagne de ce nom qui leur fournit une quantité inépuisable de fer. Nous nous sommes dirigés de ce côté; on aperçoit d'abord une montagne entièrement nue, à pentes escarpées; elle est composée d'amphibole basaltique; au loin tous les sommets sont couronnés de forêts; enfin on distingue le Blagodat surmonté de deux cimes dentelées et âpres complètement nues, et on ne rencontre plus que des rochers ferrugineux extrêmement riches. Nous arrivâmes par des degrés taillés dans le roc à la cime occidentale, qui est la plus basse; et un pont de bois nous conduisit à une jolie chapelle en pierre bâtie sur le sommet aplati de l'autre cime.

Les Vogouls, premiers habitans de ce canton, connurent la richesse minérale de ces monts, quoiqu'ils n'en tirassent aucun parti. Suivant leur tradition, au commencement du dix-huitième siècle, Stephan Tchoupin, l'un d'eux, instruisit les propriétaires des usines plus méridionales, de l'existence d'une montagne de fer dans le voisinage de Koucheva. Aussitôt les Russes qui cherchaient du minerai arrivèrent en foule. Ces courses parurent si incommodes aux Vogouls, qu'ils brûlèrent leur compatriote tout vif sur le sommet du Blagodat. Les Russes ont bâti la chapelle comme un monument expiatoire.

Nous apercevions à 200 pieds au-dessous une chaîne de rochers bas, dont les flancs éclairés par le soleil avaient un reflet métallique; percés de galeries, ils étaient habités par des mineurs. A leur surface raboteuse serpentent des sentiers bordés de lisses en bois pour faciliter le passage des chariots chargés de minerai.

Au N. N. O. nous distinguions, à une grande distance, le Katchkanar, cime bien plus haute que le Blagodat. Tout ce qui nous entourait était une roche magnétique; elle fait éprouver de fortes déviations à l'aiguille de la boussole. Le Blagodat s'élève à 420 pieds au-dessus de la plaine de Koucheva et à 1284 pieds au-dessus de la mer; je déterminai la hauteur absolue du Katchkanar à 2,600 pieds; sa cime est complètement nue.

Koucheva présente le même aspect que Neviansk et Taghilsk. Le minerai tiré du Blagodat est bien plus riche que celui qu'on exploite dans ces deux forges; on y fabrique des canons et des boulets. On a également trouvé de l'or et du platine dans les vallées du canton de Blagodat, à gauche de la Toura. Des investigations récentes ont fait connaître que le premier de ces métaux est aussi abondant à l'O. qu'à l'E. de l'Oural; on l'obtient par le lavage. On a aussi rencontré des ossemens d'éléphans du monde primitif.

CHAPITRE III.

Sibérie. — Verkhotourié. — Bogoslovsk. — Malfaiteurs condamnés aux travaux des mines. — Les Vogouls. — Plaisirs de Bogoslovsk. — Usines de Tchernoïstotchinsk. — Beresov. — Arrivée des bannis à Ecaterinenbourg.

Le 10, nous sommes allés, par un chemin bien entretenu, aux fonderies de fer et au forage de canons de Verkhni-Tourinsk, au confluent de la Toura et de la Koucheva. Les forêts des environs de Verkhotourié, situé 76 verst plus loin, sont entremêlées fréquemment de grands bouleaux. L'herbe est abondante et la récolte du foin très-productive. On s'éloigne peu de la Toura qui coule d'abord au N. E. et ensuite tourne brusquement. Le terrain devient de plus en plus uni jusque dans le voisinage de Verkhotourié où l'on sort des bois. Cependant c'est de là que nous avons, pour la première fois, atteint le granit de l'Oural.

Verkhotourié est le plus ancien établissement des Russes, à l'E. des montagnes; la ville proprement dite est encore entourée des fortifications qu'ils élevèrent en 1605, pour se défendre contre les Vogouls. Un célèbre couvent, le premier qui ait été construit en Sibérie, et plusieurs églises ajoutent à son importance. Il ne tarda pas à devenir florissant, grâce à la facilité des environs dont il était le chef-lieu. Ce fut par ici que jusqu'à la fin du dix-septième siècle passa la route qui établissait la communication entre l'Europe et l'Asie.

Poursuivant notre route le 12, nous parcourûmes un pays absolument uni et très-coupé; Bessonova est un chétif hameau qui ne consiste qu'en trois pauvres maisons en bois sur les bords du Lialia venant de l'E. On y traverse cette rivière et on se trouve sur l'ancien chemin qui, remontant le long de ses rives vers l'O., mène à la crête de l'Oural. A l'aspect désert de ce lieu, on a de la peine à croire qu'une route jadis si fameuse y passât; mais aujourd'hui encore il n'est pas rare en Russie que sur les routes les plus importantes, on ne rencontre pas une seule habitation humaine sur une étendue de 50 verst.

Nous vîmes encore des champs d'orge sur la rive gauche du Lialia près des baraques; c'est le point le plus septentrional où on laboure la terre sous le méridien d'Ecaterinenbourg. Le granit a disparu; les bords de la rivière, élevés à peine de 20 pieds, offrent du schiste et une couche épaisse de tourbe. Les belles forêts d'arbres verts reparurent sur le chemin de Latinsk. Cet établissement de lavage est situé absolument dans leur sein; on exploite ici de l'or et du platine; le produit est peu considérable.

Les murs de rochers qui, à 20 verst de Latinsk, bornent la vallée de la Lova, sont extrêmement escarpés et pittoresques. On a eu bien de la peine à trouver un espace suffisant pour faire passer la route sur des dalles de schiste décomposé. Les paysans de Covinsk, lieu situé à la gauche de la rivière, nous servirent de guides

Vue de Samarovo.

Vue de Berezov.

Pl. 1. pag. 6.

pour traverser ce torrent rapide. On voit encore le long de la vallée de belles forêts d'arbres verts entremêlés de bouleaux.

Ce lieu, et ceux qu'on rencontre en s'avançant vers le nord, portent le nom de *Simovia*, très-fréquent en Sibérie; il signifie habitation d'hiver, parce qu'à l'époque des premiers établissemens, ces baraques isolées servaient de refuge dans la saison rigoureuse, ou bien de poste pour recueillir les tributs des indigènes.

Le soir nous arrivâmes très-tard à Bogoslovsk; c'est un lieu peu considérable et comme le poste avancé des forges. Au S. et à l'O. le pays est uni, mais à l'E. et au N. il s'élève doucement au-delà des bords de la rivière; très-loin à l'O. N. O., s'élève le Kaniakovskii-Kamen, montagne bleuâtre et boisée de la crête principale. Sa cime est cachée par les nuages. Ayant traversé une forêt de pins et de mélèzes, nous parvînmes à un dos de collines, haut de 100 pieds et entièrement nu. On trouve dans les mines voisines du cuivre natif; l'eau qui se rassemble au fond est enlevée par une pompe; sa température est de 4° 97 à une profondeur de 342 pieds. Les échantillons des mines de Bogoslovsk sont extrêmement brillans.

Ce lieu est devenu le point d'où l'on part pour faire des voyages de découvertes, plus au N., dans le règne minéral. Les ouvriers des usines n'y sont pas attachés par leur naissance au sol, comme ceux des autres établissemens de l'Oural; ce sont des hommes bannis récemment d'Europe. Nous visitâmes ces prisonniers dans les habitations qu'ils occupent en commun. Ceux qui ont commis des meurtres et d'autres crimes, depuis qu'ils subissent leur peine, sont seuls soumis à une surveillance sévère et quelquefois enchaînés, mais presque tous sont ce qu'on appelle des *brodiaghi* ou vagabonds; nous les avons encore entendus soutenir obstinément qu'ils ignoraient absolument le lieu de leur naissance.

Quand on aura réussi, comme cela est arrivé dans la Sibérie orientale, à regagner à la société par des mariages et des liens de famille ces hommes coupables, mais extrêmement industrieux, alors la culture de ce canton subira peut-être des changemens. Maintenant on prétend que nulle céréale ne peut être récoltée à Bogoslovsk, et que même le chou et le navet n'y réussiraient pas, quoique ces deux végétaux soient devenus, par l'habitude, d'un besoin indispensable, et qu'on les trouve jusqu'aux lieux les plus éloignés dans le N. E. de l'Asie, près de la plupart des habitations russes. Peut-être parviendra-t-on, par une culture plus soignée, à les faire pousser ici; mais il n'en est pas moins vrai que Bogoslovsk est, par la moindre quantité de sa chaleur estivale, dans une position plus défavorable que des lieux situés plus au N. et plus à l'E., et où la température moyenne est beaucoup plus basse.

A Bogoslovsk, nous nous étions enfin approchés des Vogouls qui, durant les deux siècles précédens, se sont graduellement retirés à mesure que les Russes s'étendaient vers le N.; mais ce n'est qu'en hiver, quand les ruisseaux sont gelés, que l'on communique avec ce peuple. Il fallut nous contenter de voir un seul Vogoul que l'on avait invité à venir à Bogoslovsk pendant que nous y étions.

Quoiqu'il fût vêtu comme un paysan russe, nous reconnûmes tout de suite qu'il appartenait à une race entièrement différente. Il avait le regard sombre, les yeux enfoncés, les pommettes des joues très-saillantes. Il était de moyenne taille, robuste et vigoureux; il répondit en très-mauvais russe et d'un ton de mauvaise humeur aux questions qui lui furent adressées sur les mœurs et usages de ses compatriotes. Il soutint surtout avec beaucoup d'opiniâtreté que les Vogouls actuels ignoraient complètement tout ce qui concerne la religion de leurs ancêtres, et, comme s'il eût craint qu'on ne voulût le convertir, il prétendit qu'il avait oublié depuis long-temps tout ce qu'on lui avait raconté là-dessus.

Les Vogouls changent de demeures : il paraît que le motif qui les y détermine est le désir d'épargner le gibier. Leurs hameaux temporaires ne sont composés que de cinq huttes, et, comme la fumée des habitations humaines effarouche les bêtes sauvages, ils placent toujours leurs petites peuplades au moins à quinze verst de distance l'une de l'autre. Les rennes sont leurs animaux domestiques; ils les emploient même en été à tirer leurs traîneaux légers pour traverser des terrains unis et des fondrières. L'hiver est presque exclusivement la saison des travaux, des voyages et des réunions. C'est alors qu'ils s'occupent de la chasse, très-profitable pour eux, et que les pelleteries qu'elle leur a procurées leur ouvrent un trafic actif avec les Samoyèdes, les Ostiaks et les Russes, leurs voisins. Durant les mois chauds, les Vogouls restent presque entièrement inactifs; afin de se préserver par la fumée de l'attaque des mouches et des cousins, ils sortent à peine de leurs cabanes; ils semblent ensevelis dans une espèce de sommeil et consomment tranquillement le produit de la chasse de l'hiver. Avant qu'ils fissent profession de la religion chrétienne, ils mangeaient indistinctement de la chair de tous les animaux qu'ils avaient tués, et la provision qu'ils préparaient au printemps était abondante pour l'été. S'il faut s'en rapporter au témoignage des prêtres, ils se bornent aujourd'hui à la chair des rennes et des élans. Indépendamment des toiles russes, celle qu'ils savent fabriquer avec les fibres de l'ortie leur sert à faire leurs vêtemens d'été.

Ils se donnent à eux-mêmes le nom de *Mani* ou *Manch Koum*, signifiant également hommes. Leur langue fait connaître qu'ils appartiennent à la famille des peuples ouraliens ou finois, qui s'étend dans le nord de l'Asie et de l'Europe, et comprend aussi les Hongrois.

Il est très-amusant d'observer la même différence entre la vie simple et patriarcale des habitans primitifs et les mœurs des colons russes; car, malgré les moyens chétifs qu'offre ce canton, chacun emploie là tous ses efforts pour se procurer les plaisirs de l'Europe.

Pendant un bal brillant donné à Bogoslovsk, on pouvait entièrement oublier qu'on se trouvait dans un lieu si écarté, car les danses rappelaient complètement la métropole, et il en était de même de la musique, à laquelle contribuait le talent de mineurs bannis.

Les dames russes ne se contentent pas de pourvoir aux besoins indispensables de la table; elles savent aussi vaincre les obstacles que leur oppose une nature marâtre : elles excellent à extraire, des petits fruits sauvages, des liqueurs spiritueuses nommées *naliki*, que j'ai trouvées parfaites ; c'est surtout l'extrait de la framboise arctique que l'on ne saurait assez priser : le parfum aromatique de cette baie surpasse infiniment celui de la fraise des pays tempérés, et ne peut se comparer qu'à celui de l'ananas.

En retournant, le 16 septembre, à Verkhotourié, je trouvai l'aspect du paysage bien changé; les cimes des bouleaux étaient déjà jaunies, et des nuages de feuilles gelées étaient précipités à terre par le vent du matin. En Europe, sous le 60e degré de latitude boréale, et sous une température moyenne infiniment plus élevée, on croirait difficilement que ce phénomène n'arrive à Bogoslovsk que vingt jours plus tard qu'à Berlin.

Comme la température du matin était très-fraîche, les paysans de Latinsk avaient poussé la chaleur de leurs chambres jusqu'à vingt degrés. Cependant à Bessonova on venait de commencer à couper l'orge.

Nous passâmes quelques instans chez les personnes qui nous avaient précédemment si bien accueillis à Verkhotourié. La nuit, le froid fut très-vif pendant que nous parcourions la plaine Le 17, à midi, on aurait pu, sur les jolis bords du lac de Nijni-Tourinsk, oublier l'approche rapide de l'âpre automne; mais là aussi, et plus au sud jusqu'à Koucheva, le feuillage des bouleaux était d'un jaune foncé; vers le soir, le ciel se couvrit, mais sans que le temps se radoucît, et à Koucheva le thermomètre, pendant la nuit, descendit à un degré au-dessous de zéro.

Comme on est bienveillant envers les étrangers dans ces lieux si peu peuplés, plusieurs d'entre nous passèrent la plus grande partie de la nuit à une fête où assistaient des gens venus de Perm, éloigné de 250 verst au-delà des montagnes. Ici la gaieté naturelle aux Russes n'est pas gênée par les prétentions d'une étiquette ridicule; on se divertit beaucoup ; les danses furent annoncées par des chants nationaux.

Nous allâmes visiter les usines de Tchernoï sotchinsk, où l'on fabrique de l'acier très-renommé; elles sont à peu de distance de Taghilsk ; un peu plus loin, dans une vallée, nous vîmes une exploitation de platine. Le 22, nous étions de retour à Ecaterinenbourg.

Une excursion aux mines d'or de Beresov, à 15 verst au N. E. d'Ecaterinenbourg, nous fit traverser le village de Chartache, situé à peu près à moitié chemin. On dit qu'autrefois les habitans de ce lieu étaient des voleurs très-adroits : les riches marchands étaient surtout leurs victimes. Pour mettre un terme à ces méfaits, le gouvernement a rendu toute la communauté responsable du délit d'un de ses membres. L'expédient a parfaitement réussi : on n'entend plus parler de larrons ; les terres sont bien cultivées ; on voit des jardins.

C'est à Pouicheminsk, à 6 verst à l'E. N. E. de Beresov, qu'est établi le lavage du minerai recueilli dans ce dernier endroit; quelquefois on emploie à Beresov le procédé de l'amalgamation pour purifier l'or ; mais on a reconnu que le lavage n'était pas moins efficace pour obtenir le même résultat.

Il a été nécessaire de faire ici des arrangemens particuliers pour pouvoir continuer le lavage pendant l'hiver. On calfate avec soin les fenêtres du bâtiment en bois qui est chauffé par des cheminées et bien éclairé; un tuyau horizontal en pierre, traversé au milieu par un autre qui lui est perpendiculaire et aboutissant à deux fours, fait le tour de la salle intérieure, et sert à dégeler et à échauffer le minerai gelé qu'on y étend. L'ouverture des portes, quand en hiver le froid est très-âpre, ne tarde pas à abaisser la température de la salle jusqu'à zéro; ce n'est que par une porte très-étroite à coulisse, pratiquée dans le toit formé de planches très-solides, qu'on peut faire passer les masses qui doivent être travaillées.

Année commune, on obtient à Beresov 23 pouds d'or, qui affinés à Ecaterinenbourg rendent 20 pouds d'or pur, 2 pouds d'argent et 1 poud de cuivre. La valeur de ce produit est estimée à 1,200,000 roubles; déduction faite des frais, il reste 854,400 roubles.

Les mines dont j'ai parlé précédemment comme exploitées depuis 1823 sont bien plus riches, puisque seulement en 1827 elles ont fourni 262 pouds d'or, et 50 pouds de platine. La valeur totale, après avoir déduit les frais, a été de 1,500,000 roubles.

En revenant le soir à Ecaterinenbourg, nous vîmes dans les prairies voisines de Chartache des oies sauvages qui se réunissaient pour leur émigration périodique; d'autres troupes plus nombreuses s'étaient déjà envolées et se dirigeaient au S. E. Chez les races humaines aussi, tout annonçait l'approche de l'hiver, car à Beresov et dans les villages voisins les jeunes filles de la classe inférieure tenaient déjà leurs *posédienki*, ou assemblées du soir. Aussitôt que l'obscurité interrompt le travail en plein air, les hommes restent en repos dans les maisons bien chauffées. Ils vont s'étendre sur la large surface supérieure du tuyau du poêle, et ne le quittent qu'à regret pendant la soirée, car souvent vers minuit il faut qu'ils aillent préparer les animaux de trait. Afin d'épargner la lumière, toutes les filles du lieu se réunissent alors dans la maison d'un riche voisin, soit pour travailler, soit pour se divertir.

J'ai parlé précédemment de l'usine où l'on polit des pierres; il sort de cet atelier des améthystes, des topases, des émeraudes, des tourmalines rouges d'une beauté rare, des agathes, des jaspes, du porphyre; tout cela se trouve dans différentes parties de la chaîne de l'Oural.

On rencontre fréquemment dans les rues d'Ecaterinenbourg des bandes de bannis; on dit que tous les ans il en arrive 5,000, ce qui fait à peu près 96 individus par semaine. Nous vîmes les femmes transportées dans des voitures; les hommes suivaient deux à deux; durant leur séjour dans la ville, ils avaient fréquemment les fers aux pieds. Quoique les habitans soient accoutumés à ce spectacle, néanmoins ils témoignent toujours à ces malheureux une compassion qui va jusqu'à les appeler quand ils passent, afin de leur faire des aumônes. Ces troupes de condamnés sont conduites par des détachemens de cosaques de l'Oural et des compagnies entières de Bachkirs.

CHAPITRE IV.

Sibérie. — Tumène. — Tobolsk. — L'Irtiche. — Préparatifs contre l'hiver. — Résultats du passage de l'Irtiche. — Petit marché aux habits. — La Promouisl. — Chasse et gibier. — La ville haute.

Le 1er octobre, nous partîmes d'Ecaterinenbourg, en nous dirigeant au S. Le pays est uni mais bien cultivé dans le voisinage des villages; dans les endroits où le terrain est humide, on voit des bocages de bouleaux; les habitans les soignent remarquablement bien. A Tumène, la récolte était complètement finie, on n'apercevait plus une seule feuille aux branches des bouleaux. Le 3 octobre, le ciel était très-pur pendant la nuit et la matinée; vers midi des vapeurs produites par le dégel se balancèrent dans l'atmosphère; au couché du soleil il tomba de la pluie, et à huit heures les étoiles furent visibles de toutes parts. Ayant passé la Puichema pour la seconde fois, nous étions entrés dans le gouvernement de Tobolsk. Tumène est traversée par la Tumenska, petite rivière qui se jette ici dans la Toura, dont les bords sont très-escarpés. Un pont de bateaux conduit à la rive gauche de la Toura; c'était un samedi; la place du marché offrait un spectacle très-animé. Les deux tiers des vendeurs et des acheteurs étaient des Tatares habitans des villages voisins. On voyait exposés en vente des charrettes toutes neuves, des sceaux, des baquets, des cuves, des gamelles, des pelles et autres objets en bois, des nattes, des cordes en écorce de tilleul; on ne rencontre pas cet arbre au-delà du méridien de Tumène, au-dessus des 50° de latitude. Les Tatares apportent aussi une quantité de pelleteries. Le marché au poisson était également bien garni ; le *nelma*, espèce de saumon, y abondait; les Russes trouvent sa chair crue, et coupée en tranches très-minces, plus savoureuse que lorsqu'elle est cuite. L'expérience nous a appris plus tard que, dans un hiver rigoureux, la chair crue des animaux à sang chaud perd tout ce qu'elle a de repoussant.

Tout à Tumène annonce que la population est riche; aujourd'hui encore cette ville est appelée par les Tatares Tchinghistora (ville de Tchinghis). Des princes vassaux de ce conquérant y résidaient; elle fut prise par les Russes en 1586 et ils y fondèrent leur première ville sur le territoire asiatique.

Au village d'Ioianova où nous passâmes la nuit, on nous reçut dans la maison d'un paysan où l'on s'était réuni le dimanche soir, pour se divertir. Les jeunes filles qui chantaient étaient assises par rangs serrés, sur des bancs de bois fixés au mur; les vieillards étaient couchés sur le tuyau du poêle. A peine nous fûmes entrés qu'à notre surprise extrême, nous reconnûmes que nous excitions un scandale abominable. Les vieillards s'écrièrent qu'il fallait choisir une autre maison pour l'assemblée, puisque celle où on se trouvait était souillée. Nous avions involontairement causé tout ce train en fumant du tabac. Des explications convenables apaisèrent les esprits, et en régalant ces bonnes gens d'eau-de-vie, nous fîmes bientôt renaître la gaîté.

Nous voyageâmes de là dans la vallée du Tobol, grossi des eaux de la Toura. Les villages que nous rencontrions étaient habités par des Tatares, qui fournissaient aussi des chevaux de poste. En ce moment la route était excellente; en été la boue la rend très-mauvaise, par suite des pluies fréquentes. A mesure qu'on avance, on aperçoit une chaîne considérable de coteaux borner l'horizon du N. au N. E., et au-dessus une longue suite d'édifices de couleur blanche, dominés par les clochers d'églises et de couvens. C'est Tobolsk qui s'élève en demi-cercle au-dessus d'une plaine immense; l'Irtiche qui jusqu'alors a coulé à l'ouest, reçoit le Tobol, et tourne brusquement au nord. En le traversant, nous aperçûmes aux branches des saules des traces d'une crue haute de dix pieds; quoique les eaux des rivières de ces cantons atteignent leur plus grande hauteur vers le milieu de juin, il était évident par l'aspect des arbres que leur écorce avait été entamée par le charriage des glaçons, en hiver. Les eaux de l'Irtiche étaient colorées en jaune foncé par la couleur de la terre fine qu'il entraîne. Quoique le temps fût sombre et désagréable, l'Irtiche nous parut la plus belle des rivières que nous eussions vues jusqu'alors. Des mâts de navire indiquaient le prolongement de son cours.

On débarque sur la plage où est bâtie la ville basse; un ravin du Tchouvatchinski Moulaïs (cap des Tchouvaches) conduit à la ville haute (Pl. I — 1).

A l'instant où nous entrions dans la ville, nous fûmes assaillis par un ouragan de neige; elle était abondante: c'était la première fois qu'il en tombait ici dans la saison actuelle. Tous les voituriers se réjouissaient des beaux flocons qu'ils nommaient en plaisantant des mouches volantes.

A Tobolsk, on ne sait ce que c'est qu'un hôtel garni; les étrangers jouissent de l'hospitalité chez d'anciens amis, ou bien, par l'intermédiaire du chef de la police, cherchent un logement. Les gens peu aisés s'attendent à un présent en échange de l'occupation de leur appartement, mais ils rougiraient de le demander.

Nous fûmes reçus dans l'étage supérieur d'une maison solide en bois de la ville basse. Les fenêtres seules s'ouvrent sur la rue. Une cour, entourée d'une haie, borne par derrière l'habitation; c'est de ce côté qu'on arrive à sa partie supérieure, par un escalier en bois. Un terrain, au-delà de la cour, était partagé en compartimens, ce qui le faisait reconnaître pour un jardin; du reste, on n'y voyait pas un arbre, et il n'y existait plus aucune plante annuelle.

L'Irtiche est partagé en plusieurs bras devant Tobolsk; l'embouchure du plus considérable, qui passe au pied du coteau, est assez profonde pour servir de port aux navires. Vers le milieu de la ville basse, un pont en bois, qui conduit au ravin, montant doucement le long du Tchouvatchinski Moulaïs, traverse ce bras de l'Irtiche; ses eaux vont plus à l'E. se perdre dans des prairies, et ce n'est qu'au temps de la crue qu'il a une seconde issue au-dessus du lieu du débarquement.

Le bazar, avec ses vastes bâtimens, entouré d'une grande place où se trouvent l'hôtel-de-ville et les maisons de divers fonctionnaires publics, est sur la rive gauche du port, entre le bras qui le forme et le corps principal de la rivière: ces édifices sont en pierre. Plus loin, vers le nord, entre la rive droite et le coteau, on voit des maisons en bois occupées par des tanneries et d'autres fabriques qui ont besoin du voisinage de l'eau. Au sud, en remontant le cours de l'Irtiche, s'élèvent les principaux édifices publics, entre lesquels des maisons en bois sont habitées par des marins, des pêcheurs, des poissonniers, qui se sont emparés des positions les plus avantageuses le long de la rivière, tandis qu'au milieu de la ville on se doute à peine du voisinage de l'eau. L'étendue de l'hôtel des Postes, sur le bord de l'Irtiche, est proportionnée à l'immensité du cercle d'activité de cette administration. Au-delà des maisons en bois, on distingue les murs d'un couvent devenu la proie des flammes; on a tiré parti de ce qui restait pour en faire un hôpital et un hospice. Plus loin, la façade simple et majestueuse de l'hôtel du gouverneur-général de la Sibérie occidentale rappelle les bâtimens modernes de la Russie européenne. Une longue suite de canons en fer,

1. Samoyèdes.

2. Église d'Abalak.

E. Beilly del.

très-bien entretenus, et dirigés du côté de la terre, vers un vaste emplacement au S., n'est plus depuis long-temps qu'un objet de parade. Néanmoins un corps d'artillerie, réparti sur les frontières, a son siége principal à Tobolsk, comme centre de la Sibérie occidentale; et il paraît suffisant tant que les limites, au S., ne seront pas portées plus loin.

Des rues larges et bien alignées, se dirigeant vers l'E., coupent à angles droits celles qui sont parallèles à l'Irtiche; des églises et des chapelles en pierres sont généralement bâties aux carrefours, qui sont animés par des marchés. Il n'y a, dans cette partie de la ville, que des maisons en bois. On est frappé de la différence qu'offrent à l'extérieur le bâtiment principal, très-commode et habité par le propriétaire, et les cabanes en planches qui entourent la cour. On ne peut soupçonner le motif de leur existence; ce n'est que lorsque l'on connaît l'état social de cette ville qu'on apprécie ce motif. L'habitant de Tobolsk ne possède pas de serfs; mais comme dans la saison de la disette beaucoup d'individus ne peuvent, soit par manque de force, soit par pauvreté, suffire à leur subsistance, ils viennent se réfugier chez l'homme qui est en état d'y pourvoir, et dévouent à son service leur temps et leurs bras. Ce sont principalement des bannis russes, ne tenant à personne, ou des Kirghiz forcés de s'expatrier. Ces gens s'établissent auprès d'une famille de Tobolsk pour la servir; ensuite ils se marient, et souvent restent volontairement auprès du maître qu'ils se sont choisi.

Dans ce moment, toute le population de Tobolsk déployait son activité en faisant des préparatifs contre l'hiver qui s'approchait, et songeait avec délices au repos dont elle jouirait pendant sa durée. Chacun prenait les précautions les plus sages pour se garantir de sa rigueur, et, au milieu des approvisionnemens de tout genre dont il était entouré, semblait désirer ardemment que la neige marquât d'une manière bien déterminée les bornes de sa propriété, l'isolât du monde extérieur, et que la solidité des remparts qu'il opposait au froid lui assurât le plaisir de jouir complètement du contraste entre la chaleur des appartemens et la température glaciale de l'atmosphère.

La traversée de l'Irtiche est décisive pour les nombreux bannis qui la font : elle est considérée comme le symbole de la mort politique. Pour d'autres, elle n'a pas moins d'importance, mais dans un sens contraire; car, d'après la loi, quiconque sert l'État dans la Sibérie propre, obtient en passant l'Irtiche une augmentation de rang. Cette prérogative attire annuellement, des capitales des provinces européennes, un grand nombre d'employés à Tobolsk et plus avant en Sibérie. Pour jouir de cet avantage, même après le retour définitif, le réglement n'exige qu'un séjour de trois ans dans les postes isolés, et comme la constitution physique et les habitudes de ces personnages ne leur permettent pas de savourer les délices propres à la vie de Sibérie, rarement ils outrepassent ce terme. Du reste, leurs fonctions ne sont ni pénibles ni nombreuses.

Une partie de la population de Tobolsk est d'origine allemande et comprend un bon nombre d'employés du gouvernement. Ceux-ci, bien différens des Russes, ne quittent que rarement et avec répugnance leurs nouveaux foyers pour retourner en Europe.

Beaucoup d'habitans des environs se réunissaient sur la grande place voisine de notre logis : c'étaient des paysans russes, et bien moins souvent des Tatares, qui approvisionnaient la ville des productions de la terre. Les charrettes chargées de bois et de foin étaient les plus communes dans cette saison. Les végétaux à l'usage de l'homme sont rares; et les provisions de choux fermentés deviennent déjà indispensables. Il paraît que l'on n'a pas encore ici beaucoup l'habitude de saler des végétaux pour l'hiver; ce n'est guère qu'aux grands repas, et sur la table des gens riches, qu'on en voit. Chacun a fait d'avance sa provision de viande, ou bien l'achète des bouchers et la conserve dans des glacières.

Autour des bâtimens du marché, de petits marchands étalent en plein air toutes sortes d'objets, surtout des vêtemens faits en étoffes à bon marché par leurs femmes. Les paysans achètent volontiers des cols et des pièces de poitrine en pelleteries. Les peaux de lièvres blancs sont plus recherchées que celles des lièvres bruns, dont les poils sont bien plus sujets à tomber. En général, les dames préfèrent les peaux des lièvres et des renards d'un blanc de neige pour border et doubler le collet et les manches de leur spencer en étoffe de soie de la Chine d'un bleu clair.

Les hommes aussi, surtout les cosaques et d'autres soldats, se livrent au même commerce en détail sur la même place; ils vendent tantôt des substances brutes, tantôt d'autres qui ont déjà subi une préparation, et qu'ils ont obtenues par échange dans leurs voyages chez les indigènes. On trouve à meilleur marché qu'au bazar chez ces trafiquans temporaires les nombreuses variétés de peaux de rennes, et les diverses sortes de vêtemens qui s'en font, du duvet de cygne, des poitrails noirs et lustrés de grèbes et d'autres oiseaux aquatiques, dont les riches citadins se servent comme d'une couverture imperméable à l'eau et très-jolie de leurs bonnets de fourrure.

Les Russes libres de Tobolsk et des autres cantons de l'Asie septentrionale situés plus à l'E. se livrent à un genre d'industrie; il est désigné sous le nom de *promouisl*, et comprend tout ce qui n'entre pas dans la catégorie de l'agriculture; ainsi, en Sibérie, on entend par promouisl toute espèce de course, n'importe qu'elle ait pour objet la chasse et la pêche, la recherche des minéraux précieux enfouis dans la terre ou le trafic profitable avec les indigènes; mais il faut être robuste, vigoureux et persévérant pour exercer cette profession.

Les habitans de Tobolsk aiment passionnément la chasse; elle est tellement productive en ce moment autour de la ville, que, sur toutes les tables, on voit sans cesse des perdrix et des gelinottes. Quand l'hiver devient plus rigoureux, les lagopèdes sont très-communs ici. Du reste, on en apporte du pays des Ostiaks durant toute l'année, ainsi que des petits tétras et des grands coqs de bruyères.

A Tobolsk, on ne mange la chair de cygne que salée et on n'en fait pas grand cas. On la reçoit dans cet état des Russes vivant sur les bords de l'Irtiche et de l'Ob. A l'automne, ils étendent perpendiculairement de grands filets entre les clairières des forêts du rivage; puis, quand il fait du brouillard, ils s'embarquent et poussent devant eux les volées de cygnes et d'autres oiseaux aquatiques qui vont donner dans ces embuches. Creusant des trous le long du rivage, ils y enfouissent d'immenses approvisionnemens de viande, ce qui leur fournit des ressources pour les temps de disette, parce qu'ils n'y regardent pas de très-près quand elle n'est qu'un peu gâtée. Il n'y a que les moins actifs qui salent cette chair savoureuse et qui en expédient aux villes éloignées. Les œufs de plusieurs espèces de canards sauvages sont de même à très-bon marché à Tobolsk, mais il n'y en a pas une assez grande quantité pour remplacer ceux des poules domestiques; on fait souvent passer l'hiver à celles-ci dans les chambres bien chauffées que l'on habite.

Indépendamment du *nalivki*, dont j'ai parlé précédemment, on boit très-souvent ici du véritable vin d'Europe. Les plus spiritueux, que, par conséquent, on préserve le plus aisément de la gelée, y étant apportés sur des traîneaux, subissent une augmentation de prix bien moindre que d'autres boissons sujettes à geler.

Les productions de l'Asie méridionale que le commerce procure sont devenues, par l'habitude, d'un usage aussi commun que celles du pays. Le thé, principalement, est devenu un breuvage aussi indispensable pour les Russes que le sont les bains de vapeur. Une sorte d'instinct a peut être fait reconnaître que l'emploi de ces deux choses, pour exciter la transpiration, est très-salutaire sous le climat de la Sibérie; mais on ne va qu'une fois par semaine au bain, et on boit du thé aussi régulièrement en été qu'en hiver. L'ustensile en cuivre nécessaire pour faire chauffer l'eau se retrouve dans les ménages les plus modestes. Le soir, et à l'occasion de quelque fête, on sert, conformément à la mode chinoise, en même temps que le thé, des fruits confits et d'autres friandises.

Nous avons, avec nos baromètres, déterminé l'élévation de la ville haute à 203 pieds au-dessus de notre logis ou à 225 pieds au-dessus de l'Irtiche. On arrive de la ville basse, par un chemin praticable pour les voitures, entre deux remparts en terre profondément creusés qui aboutissent en haut à une porte en pierre à double entrée. On dit que cet ouvrage a été exécuté par des Suédois faits prisonniers de guerre à la bataille de Poltava.

Des sentiers pratiqués de côté sur le flanc du coteau conduisent à des caveaux voûtés qui sont maintenant fermés avec des grilles, et que les marchands emploient comme magasins. Probablement beaucoup de ces cavités ont servi autrefois de cellules à des moines. Au haut du coteau s'élèvent les anciens édifices en pierre qui, de loin, ont un aspect très-imposant. Ce sont la cathédrale avec ses cinq coupoles et un clocher très-haut, l'archevêché et plusieurs petites églises de couvens. On voit aussi l'ancienne citadelle presque entièrement ruinée, et le fort où les malfaiteurs sont détenus à leur arrivée. Des rues bordées de jolies maisons en bois finissent à un mur en terre entouré d'un fossé. Au-delà s'étend un désert où l'on n'apercevait plus, en automne, que des débris de végétaux. Dans la cour de l'archevêché, on a creusé un puits qui descend jusqu'au niveau de l'Irtiche. Du reste, l'eau est rare dans la ville haute, qui, en revanche, n'a pas à redouter les inondations auxquelles est exposée la ville basse.

Au-dessous de la ville, le pied du rocher fortement escarpé est battu par les flots puissans de l'Irtiche, qui sont d'un bleu foncé, et se distinguent ainsi de ceux du Tobol qui ont une teinte noirâtre et la conservent même, le long de la rive gauche, après que les deux rivières ont réuni leurs eaux. A la faveur d'un vent fort, les barques de pêcheurs remontent l'Irtiche à la voile.

Jusqu'au 19 octobre, la température moyenne, à midi, avait été de 9 à 10° au-dessus de zéro, résultat manifeste de la pureté de l'atmosphère qui règne seulement pendant le jour, et qui suit les vents du S. amenant la pluie ; le 19 octobre au soir, des bandes de nuages se formèrent soudainement, la lune fut entourée d'un halo ; tout annonça un changement dans les hautes régions de l'air. Dans la nuit, les toits se couvrirent d'un givre épais ; le lendemain, le vent de N. E. souffla ; il était accompagné de brouillards ; à midi, le thermomètre ne monta qu'à 3°.

Le 30 octobre, les rues de Tobolsk présentèrent un aspect plus gai et plus animé qu'auparavant ; la neige était tombée assez abondamment pour qu'on fît usage de traîneaux ; les communications avec les environs étaient devenues plus faciles ; mais ce n'était pas assez pour que nous pussions entreprendre notre voyage à l'embouchure de l'Ob ; il fallait aussi que les rivières fussent assez gelées pour supporter le poids du traîneau. Dans la première semaine de novembre, l'Irtiche charria des glaçons, qui, le 10, passaient encore avec une grande vitesse ; le lendemain, ils devinrent immobiles. Une température de 15° au-dessous de zéro ne tarda pas à geler l'eau qui coulait lentement entre les glaçons. Dès le 12 novembre à midi, des paysans arrivèrent avec leurs traîneaux chargés à Tobolsk, en traversant l'Irtiche.

Nous hâtâmes les préparatifs de notre départ. Nous avions apporté de Saint-Pétersbourg des lettres-patentes du gouvernement suprême adressées à toutes les autorités pour qu'on nous accordât secours et protection. Le gouverneur de Tobolsk les échangea contre d'autres de la même teneur, mais écrites en son nom ; nous allions dans des lieux si éloignés de la grande route de la Sibérie, que l'on n'y est pas accoutumé à sentir l'influence directe de la capitale de l'empire ; tandis que les Russes qui se trouvent jusque sur les bords de la mer glaciale se souviennent toujours de Tobolsk.

Nous ajoutâmes à un excellent domestique esthonien que nous avions déjà, un cosaque sachant la langue ostiake. Il commença par nous pourvoir de vêtemens à l'ostiake, qui sont parfaits pour préserver du froid, et si bien façonnés qu'ils peuvent servir pendant la moitié de la vie d'un homme. Il est nécessaire d'avoir avec soi un vaisseau en cuivre pour faire chauffer de l'eau. Nos provisions consistaient en pains de seigle, jambon, caviar noir, saumon salé, vin de Madère, eau-de-vie, porter et thé. Nous prîmes deux traîneaux faits dans le pays.

CHAPITRE V.

Sibérie. — Savodinsk. — Repolovo. — Samarovo. — L'Ob. — Iourtes des Ostiaks. — Animaux sauvages. — Kevachinsk. — Eau qui ne gèle pas.

Le 22 novembre, après midi, nous montâmes à la ville haute, et longeant la rive droite de l'Irtiche, nous glissâmes avec rapidité, malgré les inégalités du terrain, sur la neige durcie. A peu de distance de la ville, nous entrâmes dans des forêts épaisses ; après avoir parcouru 80 verst nous descendîmes dans la plaine, traversâmes la rivière, et suivîmes la rive gauche ; ensuite on chemina sur la surface. La route est marquée par des branches de pin ou de sapin placées à des intervalles égaux l'une de l'autre. Le temps était très-clair, le thermomètre marquait 16° au-dessous de zéro.

Nous passions alternativement d'une rive à l'autre de l'Irtiche, ou bien nous glissions sur la surface. Dans quelques endroits, la route était tellement encombrée par la neige, que les chevaux de l'avant-train y enfonçaient jusqu'au poitrail et ne pouvaient avancer que lentement. Nous fûmes obligés, plusieurs fois, pendant la nuit, de faire halte quand nous rencontrions de longues files de traîneaux de marchands de poissons de l'Ob ; les conducteurs allaient à pied derrière la voiture, qui est une sorte de grande caisse carrée, faite de perches recourbées ; ils guidaient leurs chevaux avec la voix.

Le 24, nous vîmes les premières cabanes des Ostiaks ; à Savodinsk, elles sont imitées de celles des Russes, et faites en poutres de pin ; un escalier de six à huit marches en bois conduit à la porte ; l'intérieur est divisé en deux parties. Des filets, faits de filasse d'ortie, que l'on y voit suspendus, annoncent la profession des habitans. Ceux-ci ont un costume qui, de même que dans tous les lieux situés sur les frontières, est moitié national, moitié emprunté aux voisins. Tous les hommes comprennent le russe, mais ils le parlent très-imparfaitement et le prononcent très-mal.

A Repolovo, les mœurs ostiakes avaient le dessus ; les maisons sont plus petites et plus basses, le seuil de la porte est au niveau du sol ; les fenêtres ne sont fermées que par des membranes de vessies natatoires de la lotte; ce poisson est si commun, qu'on fait surtout en été des vêtemens avec cette membrane; mais sa chair, si prisée en Europe, est dédaignée ici. Les membranes employées en guise de carreaux de vitre sont frottées avec la graisse du poisson, pour augmenter leur transparence; mais il s'y forme des inégalités qui font diverger les rayons de lumière.

Nous fûmes surpris de trouver vides les maisons de Repolovo. On nous dit que la plupart des Ostiaks étaient partis pour la pêche, et que les femmes s'étaient réunies dans un cabaret. Nous y allâmes : il était sombre et avait à peine dix pas de longueur; un Russe d'Europe, probablement un ex-condamné, était assis au comptoir; il vendait, à une douzaine de femmes, de l'eau-de-vie qui déjà produisait son effet sur elles. Elles parlaient avec beaucoup de vivacité; leur voix était douce; elles embrassèrent d'un air très-affectueux un Russe, habitant du village, et qui était entré avec nous. Elles n'étaient encore vêtues que de l'espèce de chemise qu'elles portent en été, et qui est de toile d'ortie. Cet habillement est orné au cou et à la poitrine d'une broderie en fil noir.

Elles avaient dépensé le peu qu'elles avaient pour se procurer leur breuvage de prédilection; mais l'envie de boire avait pris une nouvelle force. Ma promesse de payer un nouvel écot fut reçue avec reconnaissance, et elles s'efforcèrent de se montrer dignes de ma générosité en faisant preuve de christianisme; à chaque nouveau verre, elles s'avançaient vers nous, et, avant de boire, faisaient, d'une manière très-comique, le signe de la croix.

Ici on ne comprenait pas un seul mot de russe; afin de ne pas rester muet au milieu de ces femmes, je répétai les premiers vers d'une chanson ostiake que j'avais récemment apprise. Ils furent reçus avec une joie extrême, redits de bouche en bouche, et la chanson fut achevée en chœur.

Le vieux Russe qui nous servait de guide nous dit que les Ostiaks de Repolovo commençaient chaque nouvelle période de pêche par une libation comme celles d'aujourd'hui et par un sacrifice. Avant de partir, ils égorgent un animal domestique ; ici ils sont obligés de l'acheter, si c'est un renne; quelquefois ils le remplacent par un cheval ou une vache, et se frottent le visage avec le sang de la victime; le sacrifice ne s'accomplit pas sur un autel spécial et consacré. Malgré cet attachement aux usages de leur ancienne religion, les Ostiaks vont une fois l'an à l'église à la fête de Noël. Peut-être ici ne sont-ils pas très-édifiés, puisque le vieux Russe se plaignait amèrement des prêtres du voisinage, qui, souvent, étaient tellement ivres les jours de fête, que la communauté se rassemblait inutilement pour assister à l'office divin.

Dans le pays compris entre Repolovo et Samarovo, éloignées l'une de l'autre de 80 verst, les rennes et les élans ne se montrent qu'au printemps; ils viennent du Nord; sans doute, ils sont alors attirés par le feuillage nouveau des bouleaux et des autres arbres de même nature que l'on voit le long de l'Irtiche et dans les gorges profondes de sa rive droite.

Le 27, nous étions à Samarovo ; c'est le lieu le mieux situé que nous eussions rencontré depuis Tobolsk ; il est sur la rive droite de l'Irtiche, près de son confluent avec l'Ob. Les maisons sont éparses d'une manière très-pittoresque sur un terrain bas et ondulé, entouré au N. et au N. E. de grands coteaux, et borné à l'O. par la rivière. Au milieu de ce village, des degrés en bois conduisent au-dessus d'un ravin rempli de neige en ce moment, et en été arrosé par la Samarovka, ruisseau qui prend sa source dans des collines situées fort loin à l'E. (Pl. I — 2).

Une grande maison en bois, au milieu du village, est le magasin où l'on conserve les approvisionnemens de farine et de sel dont on délivre des rations aux employés et aux cosaques du cercle de Beresov, qui se prolonge au S jusqu'à Samarovo.

Sur la pente occidentale du coteau du N., on voit une église en bois; le terrain argileux et escarpé sur lequel elle est placée s'éboule souvent vers la ravine, et l'édifice ne doit pas tarder à s'écrouler. Des briques étaient entassées dans la plaine pour bâtir une nouvelle église.

La surface boisée du coteau est aussi élevée ici qu'à Tobolsk, et on remarque que, plus au N., le plateau est interrompu par une large vallée. La pente des coteaux, dirigée au N., se prolonge des bords de l'Irtiche très-loin dans l'E.; ensuite, en allant au N., on rencontre la vallée de l'Ob, qui a 10 verst d'une rive à l'autre; ce n'est qu'au confluent avec ce fleuve qu'une chaîne de coteaux s'élève parallèlement à celle de Samarovo.

Pour la première fois depuis notre départ de l'Oural, je vis des blocs de pierre au pied du coteau tourné vers l'Irtiche; c'était de l'amphibole; ils n'avaient pas plus de deux à trois pieds cubes; on ne les aperçoit que jusqu'à la hauteur qu'atteignent encore les eaux de la rivière quand elles sont gonflées. Il est vraisemblable qu'ils

3. Lac de Kolyvan.

4. Lac d'Irkoutsk.

proviennent plutôt de l'Oural que de l'Altaï ; le genre de la roche l'indique. Comme on ne trouve pas de semblables blocs à Tobolsk, qui est plus au S., il en résulte que les contreforts de l'Oural sont plus près de l'Irtiche ici qu'à Tobolsk.

La situation avantageuse de ce lieu n'avait pas été négligée par les Ostiaks. Quand les Russes, vers la fin du xvie siècle, s'avancèrent de Tobolsk vers le N., ils trouvèrent à l'embouchure des deux vallées un village ostiak très-florissant, et gouverné par le chef Samor, qui obéissait au prince tatare. Les relations entre les Européens et les Ostiaks furent très-amicales ; ces derniers restèrent les plus nombreux jusqu'en 1650. Alors ils demandèrent eux-mêmes qu'on fît venir plus d'Européens, afin de soigner les chevaux qu'il fallait entretenir pour le relai de la poste. Les descendans de ces Russes reconnaissent avec gratitude tous les avantages de ce lieu. Les coteaux qui offrent un aspect si agréable fournissent des sources d'eau pure, préservent des vents du N., procurent d'excellens bois de charpente. La chasse aux écureuils et aux renards, celle des rennes et des élans dans la saison, la pêche enfin, sont très-productives. La navigation en été, l'usage des traîneaux en hiver, donnent des facilités extrêmes pour les communications.

Ayant traversé l'Irtiche, on arrive bientôt à Bielogorié sur l'Ob, qui est partagé en deux bras et coule déjà au N. Ce lieu est habité par des voituriers et des pêcheurs russes. A Ielisarovo je fus étrangement surpris à la vue de la maison d'un riche paysan qui nous invita, suivant l'usage, à venir nous chauffer. Elle était à deux étages, plus haute que ne le sont ordinairement celles des villes russes, et l'escalier était dans l'intérieur du bâtiment ; tout y annonçait l'ordre et la propreté ; de grands carreaux de vitre garnissaient les fenêtres ; on ne voit pas mieux chez les gens riches de Tobolsk. Le propriétaire se montrait satisfait de son sort et en remerciait la Providence. Il doit son aisance à la pêche ; le voisinage de la capitale lui offre un débouché assuré, et cependant elle est éloignée de 460 verst en hiver, et de 560 en été ; on voit par là que les Sibériens, amis des voyages, ont des idées bien différentes de celles des Européens sur le voisinage. Les chevaux vigoureux ne manquent pas à Ielisarovo ; mais on n'y a pas essayé la culture de la terre, parce qu'elle pourrait enlever des bras à l'occupation principale.

Nous voyagions jour et nuit ; le 28 au lever du soleil, nous étions à Kevachinsk, lieu composé de dix cabanes ou iourtes construites entièrement à l'ostiake ; elles ont des toits aplatis, revêtus d'une couche épaisse de terre, sont de forme carrée, élevées d'une marche au-dessus du sol, et dispersées sans ordre sur la pente orientale d'une grande île de l'Ob. Les bouleaux épais qui croissent entre ces huttes doivent en été donner un aspect riant à ce lieu. C'est le premier où nous ayons vu des chiens entretenus exprès pour être attelés comme animaux de trait. Ils avancent au devant des étrangers en troupes à une petite distance des cabanes comme mus par la curiosité et non par un sentiment d'inimitié, sans aboyer. Tous étaient également de la taille d'un grand épagneul européen, mais plus élancés et plus maigres, généralement blancs, les oreilles noires redressées et très-pointues. Ils ont la tête longue et effilée, et le museau très-gros, comme les loups ; le poil court sur tout le corps, la queue très-touffue et longue ; ils la portent disposée horizontalement et relevée à l'extrémité. Leurs mouvemens sont gracieux et annoncent beaucoup de souplesse.

Deux frères vivaient avec leurs nombreuses familles dans la cabane où nous nous reposâmes. La porte de ces iourtes est basse, l'intérieur est creusé dans la terre ; vis-à-vis de l'entrée se trouve le foyer placé sur une élévation en argile ; une chaudière en fer y est enfoncée ; le feu nécessaire pour son usage est placé plus bas que celui auquel on se chauffe. Ce foyer, large d'à peu près quatre pieds, atteint presque à la paroi en bois de la cabane qui est préservée de l'action de la flamme par une couche d'argile épaisse d'un pied ; un tuyau pour la fumée, fait en clayonnage, s'élève sur le côté de la chaudière perpendiculairement jusqu'au toit ; il a près d'un pied et demi de diamètre, et s'élargit jusqu'à trois pieds immédiatement au-dessus du feu. Le long des autres parois de la chambre est disposé un emplacement un peu élevé au-dessus du sol, et large de six pieds ; c'est là-dessus que l'on dort la nuit et qu'on travaille le jour. Les oisifs s'asseyent sur des escabeaux hauts d'un pied, vis-à-vis du foyer ; c'est aussi là qu'on fait placer les voyageurs à demi-gelés.

Les femmes et les enfans étaient assis sur l'exhaussement qui fait le tour de la iourte ; des parois latérales qui montaient jusqu'au toit partageaient celle-ci en plusieurs chambres ; elles sont ouvertes vers le centre et reçoivent la chaleur du foyer.

Divers ustensiles et des vêtemens indiquaient que les habitans étaient chasseurs aussi bien que pêcheurs ; en effet le canton très-boisé sert de retraite à beaucoup de quadrupèdes bien fourrés. Ainsi ces Ostiaks n'ont pas grand'peine à prendre les deux zibelines que chaque famille est tenue de remettre au gouvernement russe comme *iasak* ou tribut annuel. Notre hôte nous montra une de ces peaux qu'il avait obtenue cet hiver de sa chasse ; elle était renfermée dans une boîte de bois et il la tenait cachée comme un trésor précieux dans un coin de la iourte. Une teinte claire presque jaunâtre diminuait la valeur de cette peau ; on nous dit que le séjour de l'animal dans une forêt touffue en était la cause. En général on était inquiet de la chasse de cette année, parce qu'un incendie dans la forêt avait éloigné les zibelines de Kevachinsk. Des événemens de ce genre ne sont pas rares ici sur les rives de l'Ob, souvent on a vu, dans un été, un incendie réduire en cendres un étendue de 100 verst couverte de superbes arbres toujours verts, l'ornement et la richesse du canton. Les Russes attribuent ces désastres uniquement à la foudre et au frottement des arbres, qui fortement agités par le vent sont poussés les uns contre les autres ; mais ils peuvent être imputés plus fréquemment aux feux allumés par les chasseurs ; la main de l'homme qui a produit le mal n'est pas assez puissante pour arrêter sa prompte propagation ; on ne peut attendre ce bienfait que d'un torrent de pluie. La perte qu'éprouve le canton est irréparable ; les arbres majestueux, devenus la proie des flammes, ne sont remplacés que par des bouleaux et des trembles, étouffés autrefois par leurs voisins plus forts. Quoique la marche de la destruction soit continuelle, la quantité des forêts intactes est tellement considérable dans ce coin du monde, qu'on ne peut pas craindre de les voir disparaître. On a bien plus à redouter les funestes effets de l'eau-de-vie sur les peuples indigènes, quoique le gouvernement ait pris de sages mesures pour prévenir un résultat si déplorable. L'avidité de ces hommes grossiers pour cette boisson qui leur est si fatale déjoue les réglemens les plus sages et les plus humains.

On nous dit que les animaux les plus communs dans les forêts voisines sont l'écureuil et l'hermine ; au printemps, les rennes ; toute l'année, diverses espèces de renards, le glouton et l'élan. On confirma ce que j'avais entendu raconter en Europe, que le glouton grimpait à un arbre, s'élançait de là sur le dos de l'élan, et le déchirait par ses morsures jusqu'à ce qu'il l'eût tué. Cependant personne n'avait été témoin du fait, et on répétait : « Les vieillards nous l'ont raconté. »

Ces Ostiaks chasseurs se distinguent avantageusement des pêcheurs par de bonnes pelisses en peau de renne. Ce n'est qu'après avoir franchi la limite méridionale du pays où cet animal est devenu domestique, que l'on voit les vêtemens d'hiver faits de sa peau devenir d'un usage général. Ceux qui sont en filasse d'ortie et en membranes de poissons se mettent pardessous.

Les armes usitées pour la chasse sont des arcs longs de six pieds ; la moitié est en bouleau, qui est souple, et l'autre en pin, qui est plus raide. Ces deux bois différens sont si bien polis et si uniformément revêtus d'une peinture jaunâtre, qu'on n'aperçoit pas la moindre trace du point où ils se joignent. Les flèches ont quatre pieds de long, sont d'un bois dur, garnies de deux rangs de petites plumes à leur extrémité inférieure qui s'appuie sur la corde ; leur pointe est tantôt cunéiforme, double, forte et obtuse, tantôt garnie d'un morceau de fer-blanc robuste, grossièrement poli et imitant imparfaitement un fer de lance ; il est enfoncé par le bas dans la hampe et y est attaché, mais peut en être séparé très-aisément. On ne se sert, pour les zibelines et les écureuils, que de la flèche obtuse, afin de ne pas endommager leur robe ; on dit que la peau d'aucun des quadrupèdes de cette région ne peut résister à l'atteinte de la flèche. Non-seulement il faut beaucoup d'exercice et de force pour tendre cet arc, mais il en faut aussi pour savoir préserver l'avant-bras gauche du frottement de la corde quand elle fait partir la flèche.

Je fus très-étonné, quand on m'assura que tous les arcs qu'on me montra étaient faits à Kasouimskié, d'où ils étaient apportés ici en hiver. Un arc avec tout ce qui en dépend se paie en poisson sec et en marchandises russes, dont on peut évaluer la valeur à 2 roubles.

Notre hôte de Kevachinsk nous procura le plaisir d'une course en traîneau attelé de chiens. La voiture est extrêmement simple : elle a un pied et demi de haut, autant de large et trois pieds de long ; les patins qui posent sur la terre sont tenus ensemble par des traverses, et soutiennent, à leurs extrémités, deux autres pièces de bois, qui sont soutenues par plusieurs traverses sur lesquelles on étend des planches ; c'est sur celles-ci que s'accroupit le voyageur, le corps penché en avant, et s'appuyant sur les coudes, les pieds placés de côté, tournés en arrière et placés sur un des patins. L'attelage est attaché à un morceau de bois arqué qui unit l'extrémité antérieure de ceux-ci.

Les chiens s'approchèrent avec répugnance de leur maître, toutefois en obéissant tout de suite à sa voix. On en saisit un, on lui fit passer les deux jambes de derrière dans une sorte de fourreau en pelleterie, qu'on fit remonter le long du dos, jusqu'à ce qu'il lui couvrît et lui serrât le corps jusqu'au ventre et aux cuisses : à la partie inférieure de ce ceinturon est cousu un œillet, dans lequel entre le bout d'une courroie, longue de deux pieds, qui va s'attacher, par l'autre bout, au traîneau ; ces courroies sont disposées presque horizontalement, et les chiens tirent par l'effort de leurs cuisses supérieures. Une fois attelés, les nôtres attendirent le moment du départ avec une impatience que manifestaient leurs regards fixés sur le conducteur, et leurs aboiemens répétés par tous les chiens du lieu. Au cri de *pouir, pouir!* ils partirent sans cesser leurs cris : ils commencèrent par galoper, puis prirent un trot continu, obéissant ponctuellement à l'indication que donnait, de derrière la voiture, l'Ostiak, par les mots de *till till* (à droite) et *bout till* (à gauche) ; au mot de *tzas* ils s'arrêtaient.

Les souliers de neige ou raquettes de ces Ostiaks ressemblent à ceux dont on fait usage dans la Russie européenne. Chaque pied est posé au milieu d'une planche longue de cinq à six pieds et large de six pouces, courbée légèrement vers la terre et terminée en pointe à chaque extrémité ; il faut, en marchant, maintenir les deux pieds dans une direction bien parallèle, afin que les bouts des planches ne se choquent pas, ce qui occasione des chutes.

Plusieurs des hommes de Kevachinsk avaient leurs cheveux pendans en deux tresses derrière la tête. En général les habitans de cette iourte étaient grands, élancés, et très-propres dans leurs vêtemens ; mais la famille de notre hôte, et presque tous les Ostiaks qui vinrent le visiter, avaient les yeux pleurans et très-enflammés.

Au village de Sosnoviche, les habitans étaient de chétifs pygmées, en comparaison de ceux de Kevachinsk. Au centre du hameau s'élevait un arbre dépouillé de ses branches et de son écorce, et semblable à un mât de navire. Des traverses fixées à sa partie supérieure étaient ornées de sculptures. A nos questions, relatives à la destination de cet objet, on répondit que c'était une décoration. Peut-être son érection est-elle due à un motif dont l'origine est méconnue, comme celle des mais en Europe ; du moins les papiers qui sont attachés à sa partie inférieure, sous de petits toits en saillie, ont une signification symbolique pour les Ostiaks ; on reconnaît, dans quelques-uns, des restes d'ordonnances écrites en russe et que jamais les indigènes n'ont été en état de lire. Ce village de Sosnoviche est entouré d'une forêt de pins, de cembros et de mélèzes, où l'on voit des arbres hauts de 60 à 80 pieds, et qui n'ont des branches que près de leur faîte. Nous reprîmes des chevaux à Sosnoviche. J'observai avec plaisir une preuve remarquable de leur instinct : le lit gelé du fleuve, sur lequel nous cheminions, était fréquemment coupé de fentes transversales ; quoiqu'elles fussent remplies par de la glace nouvelle, et par conséquent visibles seulement quand on les examinait avec attention, elles étaient cependant toujours annoncées à l'avance par l'allure des chevaux de l'avant ; car ils semblaient arrêtés tout-à-coup au milieu de leur course rapide, avant d'arriver aux endroits suspects, et, après quelques écarts de côté, ils ne les franchissaient qu'avec circonspection, et en essayant, avec leurs pieds de devant, la solidité de la glace. Cependant on s'apercevait aisément que ces fentes n'avaient été produites que par l'excès du froid, qui avait contracté la glace à sa surface supérieure.

Entre Atlouimsk et Koudinsk, il existe à la rive droite du fleuve un espace d'un verst et demi et large d'une cinquantaine de pas, où l'eau n'est jamais gelée. Les Ostiaks attribuent ce phénomène à une source qui jaillit dans cet endroit. J'observai, un peu plus loin, une source semblable au village d'Alechenik. Les Ostiaks nous ayant offert à boire de l'eau très-limpide, je leur demandai d'où elle venait, et ils nous conduisirent à une fontaine très-abondante dont on aurait difficilement soupçonné l'existence dans un pays si profondément coupé. Remontant le long d'une petite vallée à une cinquantaine de pas de la maison, nous vîmes un trou de cinq pieds de large que l'on avait creusé dans la glace, afin de puiser de l'eau courante. Un bois touffu de jeunes aunes marquait le cours de l'eau. Nous le suivîmes une trentaine de pas plus loin, où l'on avait pratiqué un second trou : là, tout près de la source, la couche de glace était extrêmement mince ; je la perçai en plusieurs endroits et je reconnus que l'eau coulait avec un murmure très-fort dans un canal étroit dont les parois formées par une glace très-lisse étaient aussi épaisses et aussi régulières que si elles eussent été faites par l'art. Seulement, la surface inférieure de la paroi supérieure offrait partout des saillies très-singulières, qui pendaient comme des stalactites. La température de l'air était en ce moment à 6° au-dessous de zéro ; je trouvai

As. 3

celle de la source à 9° au-dessus de ce point. Peut-être elle est plus grande à l'endroit où l'eau sort immédiatement de la terre, et n'a encore rien perdu de sa chaleur par le voisinage des parois de glace. Au-dessous des iourtes, vers la rive du fleuve, on n'apercevait pas la moindre trace du cours de la source; sans doute elle se fraye un passage sous la couche épaisse de neige. Du reste, les Ostiaks nous assurèrent unanimement que, même dans les hivers les plus rigoureux, elle ne gelait jamais.

Mon conducteur fut saisi d'une frayeur extraordinaire quand il me vit marcher dans l'eau courante avec mes bottes fourrées, dont le poil était tourné en dehors; il me dit que dans des cas semblables il ne fallait jamais négliger d'enfoncer tout de suite la botte dans la neige froide qui enlève l'eau gelée avant qu'elle pénètre jusqu'au pied. J'ai constamment remarqué cette crainte d'avoir les pieds mouillés chez tous les Ostiaks qui d'ailleurs ne sont pas délicats. Chaque fois que les hommes entrent dans une iourte, ils s'arrêtent sur le seuil, et, avant de s'approcher du feu, ils enlèvent soit en la frappant avec un bâton, soit en la raclant avec le couteau pendu à leur ceinture, la neige qui s'est attachée à leurs bottes.

CHAPITRE VI.

Sibérie. — Beresov. — Tentative pour cultiver les céréales. — Commerce des Ostiaks. — Russes bannis.

Le 1er novembre, à une heure après minuit, je m'éveillai dans Beresov devant une maison en bois à la russe. A cette époque de l'année il arrive très-rarement ici quelqu'un venant de Tobolsk; ce n'est qu'en février que les marchands y passent, pour aller plus au N. chez les Samoyèdes.

Beresov est situé à l'O. du bras occidental de l'Ob, sur la rive gauche et très-escarpée de la Sosva qui, 29 verst plus bas, se réunit à ce bras, et sur la droite de la Vogoulka qui se jette dans la première à trois verst de distance de la ville.

Au premier aspect, l'ensemble de cette ville répond à l'idée qu'on s'est faite des dernières habitations humaines vers le Nord. D'après ma détermination de la position géographique de ce lieu, le soleil devait se lever à 9 heures 39 minutes, et à midi se trouver à 4° 18' au-dessus de l'horizon; mais le temps étant continuellement couvert, le jour ne différait pas du crépuscule.

Les maisons en bois sont construites avec soin en poutres très-grosses; on y arrive généralement par des degrés élevés; elles sont réunies par des cloisons en planches aux bâtimens des bains qui sont plus bas, et aux magasins des provisions, et forment des cours. Des espaces vides les séparent souvent les unes des autres, mais toutes sont bien alignées le long des rues qui sont les unes dirigées au N. vers la plaine baignée par la Vogoulka, les autres à l'E. vers la rive escarpée de la Sosva. Le nom de cette rivière, dérivé de *sosva* (pin), lui a été donné avec raison, puisque ses bords offrent une forêt magnifique de ces arbres. Le nom de la ville que nous avons vu précédemment porté par une grande usine de l'Oural vient du mot *bereza* (bouleau.)

Au-delà de la Sosva on aperçoit jusqu'à l'horizon une plaine continue de neige et de glace, dans laquelle, au printemps, les eaux de cette rivière vont se joindre à celles du bras occidental de l'Ob et inondent un espace large de 50 verst. Un silence morne régnait dans les rues sombres de la ville; les colonnes de fumée qui s'élevaient des tuyaux de cheminées annonçaient seules que ce lieu était habité par des êtres vivans. Des Ostiaks venant du S. sur des traîneaux attelés de chiens, parvenus au milieu de la ville, tournèrent vers les maisons de l'O. où demeurent les cosaques (Pl. I—4).

Mais ce serait à tort que, déçu par cet extérieur inanimé, on supposerait que l'intérieur des maisons ensevelies dans la neige est plongé dans un sommeil léthargique. Dès qu'on y entre, on reconnaît qu'elles sont vivifiées par l'activité et la gaîté. Conformément à l'ancien usage russe, le soin de fêter les étrangers ne tomba pas sur une seule famille; durant les cinq jours que nous passâmes ici, nous fûmes accueillis tour à tour comme hôtes dans cinq maisons différentes. Les réunions amicales et joyeuses se prolongeaient jusqu'après minuit. De plus je vis avec une grande satisfaction que les sciences n'étaient pas indifférentes aux hommes qui nous montraient tant de bienveillance. Nulle part on ne nous avait encore témoigné autant d'intérêt à l'objet de notre voyage; de sorte qu'après avoir fait mes observations relatives à la géographie et au magnétisme, je pus aussi recueillir des renseignemens précis sur le climat, les animaux et les habitans primitifs de ce canton.

Plusieurs circonstances favorables ont concouru à donner aux habitans de Beresov les qualités qui les distinguent. La nécessité d'une lutte continuelle avec un climat rigoureux a développé chez eux, comme chez tous ceux des cantons les plus écartés en Sibérie, un esprit d'en-

Kirghiz.

Tchoutches.

A. Boilly del.

treprise et un penchant aux spéculations hardies. Ensuite le séjour que des navigateurs russes faisaient en hiver à Beresov, lorsqu'ils étaient obligés de s'y réfugier en venant de la Mer-Glaciale, n'a pas été sans influence pour y répandre diverses connaissances; enfin, depuis deux cents ans, le sang de plusieurs hommes du plus haut mérite s'est mêlé à celui de la population de ce lieu; car la fleur de la cour et de l'armée des tzars est enterrée sous les neiges de Beresov, et les prêtres, les marchands et les cosaques de cette ville ont hérité soit des facultés intellectuelles de leurs aïeux les guerriers et les citadins européens, soit de celles de leurs mères les ostiakes, dont ils ont conservé l'idiome.

On parle encore ici de Mentchikof, de Dolgorouki, d'Osterman, illustres exilés qui y terminèrent leur carrière, et un étranger peut apprendre beaucoup de particularités curieuses sur leur compte. On sait par la tradition locale que Mentchikof a travaillé de ses mains à l'église en bois qui tombe en ruines, et qui est bâtie sur la rive escarpée de la Sosva, qu'il a rempli dans ce temple l'emploi de sonneur, et qu'il a été enterré près de la porte. En 1821, on fouilla dans cet endroit et on trouva le cercueil de ce favori de Pierre Ier entouré d'une couche de terre gelée; mais le corps et tout ce qui le couvrait étaient intacts, et on en tira diverses pièces de vêtement qui furent envoyées à sa famille.

Le protopope de Beresov, homme très-instruit, était persuadé qu'en été la chaleur ne fait dégeler qu'une couche très-mince de la surface de la terre, et que tout ce qui se trouve au-dessous reste gelé. D'un autre côté, il m'assura que dans le voisinage de la ville il y avait des sources qui, comme celles dont j'ai fait mention précédemment, ne cessent pas de couler en hiver. Afin de résoudre la difficulté qui résultait de ces deux assertions opposées, je résolus de faire percer le sol et d'y enfoncer un thermomètre à une profondeur d'une quarantaine de pieds. D'après le conseil des ouvriers, je fis effectuer le travail à l'extrémité septentrionale de la ville devant la plus grande des deux églises, tout près du cimetière, à 56 pieds et ½, au-dessus du niveau de la Vogoulka. On me dit que le terrain serait moins difficile à forer dans cet endroit entouré d'une belle forêt, que dans la plaine basse et nue au S. de la ville. On fut obligé d'employer des haches pour commencer l'ouvrage. Quand on fut parvenu à 4 pieds 7 pouces, on rencontra une terre molle et nullement gelée; on continua le percement jusqu'à 21 pieds 8 pouces; la terre jaune qu'on retira était imbibée d'une eau fluide. Le thermomètre qui marquait 8° au-dessous de zéro à l'air libre, était monté, après un séjour de trois quarts d'heure au fond du trou, à 1° 60' au-dessus de zéro, par conséquent très-peu au-dessous du point où il se trouvait à Tobolsk, à 880 verst au S. de Beresov.

Parmi les curiosités de cette ville, on nous fit remarquer un mélèze haut de 50 pieds, et si vieux qu'il n'a de branches qu'à sa cime; il est au milieu du cimetière. Dans le XVIIe siècle, quand un prince ostiak résidait à Beresov, cet arbre était un objet sacré pour ce peuple. Une singularité dans la forme de ce mélèze lui avait attiré l'adoration de ces hommes grossiers. A peu près à six pieds au-dessus du collet des racines, son tronc se partage en deux tiges également fortes. C'était dans cette enfourchure que les dévots venaient déposer leurs offrandes. Cet usage se conserve encore, car des cosaques peu superstitieux ont exploité avec profit cette cachette; ils y ont trouvé des monnaies d'argent; elles doivent remonter à une époque où elles étaient moins rares qu'elles ne le sont aujourd'hui sur les bords de l'Irtiche et de l'Ob. On pense donc ici qu'elles proviennent de l'héritage d'Ostiaks vivant dans un temps antérieur aux Russes. Alors des marchands de Boukharie et d'autres contrées méridionales pénétraient jusqu'au cercle polaire et achetaient directement des Vogouls et des Samoyèdes, peut-être aussi des Ostiaks, les pelleteries dont aujourd'hui les Russes ont le monopole.

Je fis une excursion à l'embouchure de la Vogoulka pour y voir les deux magasins où l'on conserve la farine et le sel destinés à l'approvisionement des habitans de Beresov et des Ostiaks. Pour faire cette course, je me servis des rennes et du traîneau d'Ostjaks qui venaient d'arriver. Il est impossible d'avoir ces animaux à Beresov; ceux qui y viennent du nord ne peuvent y rester que quelques heures, parce qu'ils ne veulent se nourrir que de plantes vivantes; ils restent donc attelés quand ils arrivent ici, et attendent patiemment, dans les cours ou les rues, le départ de leurs maîtres.

Dans la forêt, près de l'embouchure de la Vogoulka, je vis les endroits, abrités de la chute de la neige, encore couverts de plantes; le terrain humide offrait un tapis verdoyant de camarigne et de ledum; alors je compris mieux ce que l'on m'avait dit si souvent de la promptitude avec laquelle, au printemps, la verdure succède à la fonte de la neige.

Une très-belle aurore boréale se montra dans

la nuit du 1er au 2 décembre, et dura presque jusqu'au lever du soleil. Tous les habitans s'accordèrent à assurer que ce phénomène annonçait le retour du froid ordinaire. En effet, du 12 au 22 novembre, la température moyenne avait été de 15 degrés au-dessous de zéro; elle avait varié de 13 à 24 degrés. Le 22, le vent du S. ayant soufflé, le vent s'était beaucoup radouci, et pendant dix jours le terme moyen marqué par le thermomètre avait été de 2 degrés 2 au-dessous de zéro. Le 2 décembre, le vent passa au N. O., et dès midi le froid fut de 10 degrés, le soir de 15, et les jours suivans de 23 au-dessous de zéro.

Le résultat de mes observations sur la chaleur de la terre, à Beresov, me faisait penser que le climat de ce lieu n'était pas plus défavorable à la culture des plantes annuelles que celui de Tobolsk; le principal négociant de cette place fut le seul qui défendit mon opinion. Il était le premier qui depuis quelques années eût essayé de cultiver des céréales dans ce lieu; ses efforts avaient été couronnés par le succès. On nous fit voir de l'orge et du seigle obtenus de grains, les uns récoltés ici, les autres tirés du dehors. On avait eu la précaution louable de faire venir celles-ci d'Arkhangel, d'Abo en Finlande et de Torneo. L'orge a toujours très-bien réussi, et l'an passé on a recueilli vingt grains pour un; le seigle avait produit beaucoup moins, et on en attribuait la cause à un vent du N. qui, bien que le temps fût chaud, avait soufflé dans la nuit du 11 au 12 septembre, et, peu de temps avant la moisson, couvert les champs d'une couche de quatre lignes de neige.

La réussite ultérieure de cette tentative serait très-importante pour les Russes de Beresov, non-seulement par les ressources qu'elle leur fournirait pour leur subsistance, mais aussi parce que le grain et la farine sont employés comme monnaie ou signe de valeur dans le trafic avec les Ostiaks et les Samoyèdes. On tire ces denrées de la partie méridionale des gouvernemens de Tobolsk et de Tomsk; on calcule que tous les ans le commerce particulier expédie annuellement à Obdorsk 16,000 pouds de farine et 4,000 pouds de pain, et la couronne 9,000 pouds de farine. Ce négoce est très-lucratif pour les marchands de Beresov. Leurs magasins regorgeaient de peaux de rennes, qu'il leur avait procurées, et ils en envoyaient dans toutes les villes du gouvernement, d'où elles se répandaient ailleurs; elles sont très-recherchées comme fournissant les meilleurs vêtemens d'hiver.

On voyait aussi dans les cours une quantité considérable de ces peaux suspendues au grand air pour sécher. Celles-ci proviennent des rennes que les marchands obtiennent par échange, dans toutes les saisons, des propriétaires de troupeaux des environs: ils les tuent, c'est leur viande de boucherie, et en vendent une partie aux autres Russes. Les habitans de la moitié méridionale du gouvernement de Tobolsk tirent plus de bétail des Kirghiz qu'ils n'en élèvent eux-mêmes; de sorte que l'achat des rennes des Ostiaks est très-profitable aux Russes de Beresov.

A la vérité, depuis l'introduction des usages russes dans ces lieux éloignés, les troupeaux de rennes des cantons les plus septentrionaux ne sont plus si nombreux que ceux de moutons des steps de la Sibérie méridionale; néanmoins le prix de la viande de boucherie est encore ici très-bas, car un renne adulte ne revient qu'à six ou huit roubles, et chacun peut à son gré substituer la viande au poisson, autant du moins que le permettent les commandemens de l'Eglise grecque. Non-seulement les prêtres russes ont déclaré que le renne est un animal très-pur et très-convenable comme nourriture, mais je leur ai entendu dire que, parmi ceux du Nord, il réunissait à la condition indispensable qui est d'avoir le pied fendu et de ruminer, celle d'un naturel doux et inoffensif qui le rendait très-recommandable pour la nourriture de l'homme; quelle différence pour les troupeaux de rennes et l'état du pays, si les préjugés de l'Eglise grecque contre le lièvre s'étaient étendus aux rennes!

Dans ce moment, on voyait sur toutes les tables de Beresov une abondance de chair de renne fraîche; on sait l'accommoder et la rôtir de toutes sortes de manières; les langues, soit fraîches, soit fumées dans les iourtes des Ostiaks, sont très-recherchées.

Parmi les animaux qui animent ici le commerce des pelleteries, celui qu'on doit nommer le premier, comme le plus commun, est l'isatis, ou renard bleu. Les marchands en distinguent plusieurs variétés, dont la valeur diffère. Ils attachent un plus grand prix aux peaux du renard ordinaire, mais leur valeur varie d'après leurs nuances; les noires sont les plus chères; on les évalue à 50 roubles la pièce ou à 5 *iasak*, notamment quand l'extrémité des poils est blanche.

Je dois aussi faire mention du castor qu'on trouve très-fréquemment dans plusieurs affluens de l'Ob; je vis de leurs peaux qui étaient très-belles et très-brillantes; on me dit avec raison qu'elles n'égalaient pas, à beaucoup près, celles des castors du Kamtchatka; mais on désigne ici sous ce nom la loutre marine. On poursuit le castor moins pour sa fourrure que pour le castoreum, matière qui est contenue dans deux poches près de l'anus, et dont on fait usage en médecine. L'an passé une livre de cette drogue a été payée 500 roubles.

Les mœurs des marchands de Beresov offrent plusieurs particularités curieuses. Dans leurs maisons, ils obligent les étrangers de s'asseoir au-dessous de l'*obras*, c'est-à-dire du lieu consacré aux images des saints, orné de cierges votifs et de toutes sortes d'objets précieux. Du reste, la chambre des hôtes est complètement vide ; mais, dans les pièces voisines, on conserve le vin et d'autres denrées venues de pays lointains ; de plus, des choses rares qui éveillent chez l'étranger le désir des échanges. Les magasins ne sont destinés qu'aux peaux de rennes et à d'autres marchandises très-abondantes ; celles qui sont moins communes entourent le marchand dans ses foyers comme en voyage, elles sont entassées pêle-mêle autour de lui ; on voit des peaux de bêtes féroces de toutes les espèces au milieu d'armes pour les Russes et les Ostiaks ; des ballots de thé et des dents de mammout, des vêtemens russes, des bouilloirs, de l'eau-de-vie et du vin de Madère, des poches de castoreum et des aiguilles à coudre, des fruits de Boukharie, des pelisses de Samoyèdes, du tabac et une infinité d'autres objets. En Europe, on comparerait ce que contient cette chambre à la collection d'un antiquaire maniaque, ou mieux au dépôt d'une troupe de comédiens ambulans, car les femmes ajoutent encore à ce ramassis bizarre leurs robes et leurs ustensiles de ménage, parce que les chambres de derrière leur servent exclusivement d'habitation. Instruits par les Tatares, les marchands russes ambulans accoutument leurs femmes à une vie retirée et solitaire, afin que dans l'absence du mari elles se dérobent aux regards des étrangers ; l'effet pourrait bien ici, comme partout ailleurs, ne pas être tel qu'on l'espère ; en tout cas, les femmes trouvent un dédommagement dans les trésors entassés autour d'elles, car elles peuvent en user comme de leur propriété, jusqu'à ce qu'un acheteur se présente par hasard, ou qu'un nouveau voyage soit entrepris. Ce qu'Homère dit des commerçans tyriens de son temps convient complètement aux brocanteurs de Beresov ; en effet, dans leurs campagnes d'hiver le long des côtes de la Mer-Glaciale, ils sont exposés à des dangers multipliés, et ils rapportent comme profit toutes sortes de choses précieuses, parce qu'ils savent par des paroles douces et adroites gagner des peuples débonnaires et s'emparer habilement de leurs richesses.

Les habitans des contrées méridionales de l'Asie ont conservé une partie du monopole qu'ils exerçaient du temps des descendans de Djinghis-Khan, puisque d'une distance de 1,000 verst des Tatares viennent tous les ans des environs de Tobolsk à Beresov avec diverses denrées communes. Je demeurais dans la même maison qu'un de ces étrangers ; conformément aux préceptes du Coran, il vivait sobrement et simplement.

Le gibier de toute sorte qui se trouve à Tobolsk est également abondant à Beresov. En été, les canards sauvages fournissent aussi aux besoins des ménages ; on recueille également leurs œufs. Depuis quelques années, on a commencé à élever des poules domestiques ; on les tient en hiver près des étuves des bains, dans un endroit qu'on chauffe deux fois par semaine.

Les Russes distinguent les Ostiaks en deux familles, les Verkovié et les Nizovié, c'est-à-dire, ceux d'en haut et ceux d'en bas, d'après leur demeure le long de l'Ob, relativement à Beresov. Je m'aperçus plus tard, par l'expérience, que cette distinction est fondée et qu'une différence de dialecte qui pourtant ne se manifeste que graduellement, fait discerner ces deux familles l'une de l'autre ; d'ailleurs, le costume offre aussi un moyen sûr de ne pas les confondre. Ce n'est qu'au N. de Beresov que les pelisses de renne sont d'un usage général ; au S. de cette ville elles sont très-fréquemment remplacées par des blouses en toiles d'ortie, ou de membranes de poisson ; toutefois la forme de ces vêtemens est la même partout.

On met d'abord la culotte qui est courte et en peau de renne tannée ; elle descend des hanches qu'elle serre jusqu'aux genoux ; ensuite on couvre les jambes de bas courts (*tchiji*) qui montent jusqu'au-dessus des genoux, où ils sont fixés par des courroies ; ils sont faits de *pécheki* ou de peaux de jeunes rennes extrèmement souples et moëlleuses ; on les place le poil tourné en dedans. On passe par-dessus de longues bottes (*puimi*) en peau plus forte, le poil tourné en dehors. Elles sont faites avec les pattes des rennes, découpées par-bandes et ensuite cousues ensemble. On prend pour les semelles les parties en poil de brosses qui se trouvent entre les ergots de l'animal, parce qu'elles sont plus solides. Des bandes en laine rouge sont cousues le long de la botte pour en tenir ensemble les morceaux. Le *malitsa* ou chemise est étroit et à manches ; il descend à peine à la moitié des reins ; il a une ouverture vers le haut pour passer la tête ; il est fermé par-devant et par-derrière, et communément fait en peau de renne, le poil tourné vers le corps ; au bout des manches est cousu un gant dont le poil est en dehors ; une fente longitudinale, pratiquée dans la paume du gant, permet de faire sortir les doigts quand on le veut. Par-dessus le malitsa on passe le *parka* qui ressemble à une blouse ; quand on a le projet de rester long-temps en plein air, on remplace le parka par le *gous* qui est muni d'un capuchon ; et en voyage, lorsque le temps est très-froid, on couvre le malitsa du parka, et le parka du gous ; ces deux derniers vêtemens se portent le poil tourné en dehors. Le capuchon a pour ornement les oreilles pointues du jeune renne de la peau duquel il est fait ; il est bordé d'une bande de peau de chien à long poil. On peut dire qu'un Ostiak ainsi affublé ressemble à un ours blanc, car il choisit pour composer ces vêtemens les parties du corps du renne qui sont blanches. L'accoutrement est complété par une ceinture large d'un pouce ; elle aide à tenir le malitsa soulevé, et l'espace vide qu'il laisse entre la surface et la peau sert de poche à l'Ostiak. La ceinture est en cuir ; il l'achète des Russes, il coud à une extrémité une petite plaque de cuivre avec trois œillets, et à l'autre un crochet de même matière. Enfin il la décore de boutons de métal, et y pend un couteau à large lame et à manche de bois, renfermé dans une gaîne en cuir (Pl. I — 3).

Les femmes sont vêtues comme les hommes ; elles se distinguent par un voile dont elles se couvrent la tête aussitôt qu'un étranger et même un parent entre dans l'iourte.

Quant au caractère des Ostiaks, je dirai que les Russes louent sans réserve et admirent leur probité. Le vol est inconnu parmi eux ; si, par hasard, un marchand qui passe la nuit dans une de leurs iourtes ne retrouve pas le pain qu'il a apporté, il est sûr qu'il a été mangé par les chiens : un Ostiak ne manque jamais à la promesse qu'il a faite. Néanmoins, on a ordinairement recours à de singuliers moyens de confirmer un témoignage. Le bailli du cercle de Beresov m'a raconté que, dans les cas litigieux entre un Russe et un Ostiak, une tête d'ours est apportée dans la salle du tribunal, et que cet animal, regardé par le peuple comme sachant tout, est invoqué comme témoin par l'Ostiak. Celui-ci, après avoir juré, consent à être dévoré par l'ours s'il a parlé contre la vérité.

On ajoute que la parole donnée est valable, même après la mort de l'homme qui s'est engagé ; car le fils paie volontairement la dette du père ; après plusieurs générations, des familles ont rempli les obligations contractées par un de leurs membres défunts, aussitôt que les demandeurs en produisent des preuves manifestes ; elles consistent en entailles faites à des morceaux de bois qui restent dans les familles. Souvent on a montré des entailles semblables faites depuis long-temps aux pièces de charpente d'une iourte ; on les a, en conséquence, regardées comme constatant que toute la maison était réclamée par un créancier depuis long-temps oublié, et on l'a obtenue. Des nœuds à un cordon ou à une courroie servent également d'indications et de chiffres de convention ; j'en avais vu, sans connaître leur signification, dans quelques-unes des iourtes qui sont avant Beresov ; j'appris ici qu'ils leur tiennent lieu de livres de compte pour les attelages qu'ils fournissent aux voyageurs russes, et dont ils viennent demander le paiement à la ville.

Je ne dois pas oublier de faire mention de différens exilés que nous rencontrâmes ici ; ils avaient été condamnés pour avoir pris part au mouvement du 14 décembre 1825. La plupart étaient vêtus à l'ostiake ; mais aux jours de fête, un ex-général et un capitaine portent des redingotes européennes pour faire voir les traces des ordres dont ils étaient décorés. Les femmes de plusieurs de ces infortunés les ont suivis dans les déserts de la Sibérie ; exemple de fidélité qui est très-commun en Russie.

On débite, dans l'Europe occidentale, beaucoup de contes sur la Sibérie ; on répète, par exemple, que les exilés sont tenus de faire, pour le compte de l'Etat, la chasse aux zibelines ou à d'autres animaux ; mais on ne voit de condamnés aux travaux forcés que dans les mines de l'Oural et de Nertchinsk, ou dans les forges et les manufactures de la couronne. Plusieurs des bannis qui se trouvaient à Beresov avaient passé déjà un an occupés de cette manière à Nertchinsk. Tous les autres malfaiteurs russes, et c'est le plus grand nombre, sont déportés en Sibérie pour y devenir colons ; s'ils appartiennent à la classe des ouvriers, ils sont obligés de fournir à leur subsistance : en revanche, ils cessent d'être serfs. Mais les criminels politiques, qui appartiennent presque tous, en Russie comme ailleurs, à un ordre de la société non habitué au travail des mains, ne sont envoyés que dans les villes de la Sibérie pour s'y établir, parce qu'il est plus facile de leur y assurer l'entretien que l'Etat leur fournit.

J'ai souvent entendu des Russes très-réfléchis

3. Kalmouks.

4. Kiakhta.

citer comme un paradoxe difficile à expliquer, que les paysans condamnés à s'établir en Sibérie s'étaient très-promptement, et sans aucune exception, distingués par une conduite exemplaire; mais cet heureux changement doit être certainement attribué à la liberté personnelle dont ils jouissaient. Du reste, cette obligation de s'établir en Sibérie, imposée pour peine au condamné au lieu de détention, me paraît un trait honorable de la législation de l'empire russe, par les excellens effets qui en résultent.

CHAPITRE VII.

Sibérie. — Attelage de rennes. — Grand froid. — Obdorsk. — Terre constamment gelée. — Ile de Vaïgaz. — Commerce avec les peuples nomades. — Samoyèdes. — Monts Obdoz. — Voyage de Souyev à la Mer-Glaciale.

Le 8 décembre, à midi, par un ciel pur et un vent d'O., le thermomètre marquait 21 degrés au-dessous de zéro. Il fallut laisser ici notre grand traîneau, qui ne convenait pas pour être tiré par des rennes. Nous partîmes à deux heures après midi, 14 minutes avant le coucher du soleil. Au second relai, on attela des rennes à nos voitures. Nous suivions la rive gauche du bras occidental de l'Ob, parce qu'elle est constamment bordée de grandes forêts, où les propriétaires de rennes se tiennent en hiver. Quelquefois nos conducteurs s'arrêtaient au milieu de la course pour laisser reprendre haleine à ces animaux, qui aussitôt se plaçaient devant le traîneau, fouillaient la neige avec leur mufle et en prenaient aussi dans leur bouche pour se rafraîchir. En même temps, chaque Ostiak tirait de son sein sa tabatière, qui ressemblait à une poire à poudre; il versait, avec précaution, un peu de la poudre précieuse sur l'ongle du pouce de la main droite, qu'il portait ensuite à ses narines. Cet usage leur vient sans doute des Chinois, car, de même que la plupart des peuples de la Sibérie orientale, ils donnent au tabac le nom de *char*, qui est mongol. La coutume de fumer n'est pas commune chez les Ostiaks que nous avons vus jusqu'à présent.

Ils mêlent au tabac la poudre d'excroissances spongieuses brunes et grosses comme le poing, qu'ils cueillent sur le tronc des bouleaux : ils les font sécher au feu, puis les pulvérisent.

Les forêts hautes et touffues, qui avaient bordé notre route jusqu'ici, ne répondaient pas à l'idée générale que l'on est enclin à se faire de la Sibérie septentrionale, d'après les géographes européens. Nous n'étions plus qu'à une journée moyenne de route, ou 21 milles allemands, du cercle polaire, et cependant les mélèzes, les pins, les cembros, les bouleaux nous entouraient, et paraissaient aussi beaux que ceux des forêts de Tobolsk. D'ailleurs, tout annonce que la végétation n'a rien perdu de sa force dans ces cantons, puisqu'à 20 verst au N. E. des iourtes où nous fîmes halte dans la nuit, se trouve un de ces magasins de denrée dont j'ai parlé précédemment; il est fréquenté par les Russes et d'autres habitans de Beresov. La fertilité des coteaux pittoresques de ce lieu, baigné par les eaux du fleuve, est célèbre; les arbres n'y montrent pas le moindre symptôme de diminution; on y cultive des navets, qui deviennent très-gros, et d'autres plantes potagères, et les forêts abondent en groseilliers noirs et en rosiers.

A la station suivante, je ne vis plus les iourtes en solives; les Ostiaks habitaient deux huttes pyramidales au milieu de la forêt : elles sont portatives, nommées *tchoum*, et faites de longues perches, dont une extrémité est réunie par le haut, et l'autre s'appuie sur la terre : cette espèce de treillage est recouvert de peaux de rennes; une ouverture, laissée dans le haut, donne passage au jour et à la fumée; on entre, en rampant, par un intervalle pratiqué entre les perches, en soulevant le coin inférieur de l'une des peaux.

Je remarquai ici, pour la première fois, que les femmes ostiakes avaient les mains tatouées par des lignes de points bleus qui couraient en travers des doigts; je remarquai aussi, chez quelques hommes, des empreintes du même genre sur différens endroits du corps, mais extrêmement simples; c'étaient peut-être des signes de reconnaissance plutôt que des ornemens. Cette coutume, jadis plus commune dans beaucoup de contrées de l'ancien continent, est aujourd'hui très-rare dans le nord de l'Asie.

Au moyen de trois perches transversales attachées à celles de la charpente, on suspendit la marmite sur le feu pour faire fondre la neige, afin que nous pussions cuire notre poisson. Nous étions très-surpris de voir les femmes rester voilées durant cette opération; elles ne soulevaient qu'un peu, du côté vers lequel elles devaient se tourner, la toile qui leur couvrait la tête. Les Ostiaks des deux sexes étaient ici plus grands, moins laids, et avaient l'air de se mieux porter que ceux que nous avions vus jusqu'alors. Leurs yeux n'offraient pas la moindre trace d'inflammation.

La chasse des animaux à fourrure est, en hiver, une occupation essentielle de tous les Ostiaks pasteurs et nomades; il nous sembla que cet exercice profitable et la possession de troupeaux de rennes, procuraient une grande aisance à nos hôtes d'aujourd'hui. Ils tuent des renards et des écureuils dans ce canton; en été ils gagnent dans l'O. des montagnes encore peu visitées par les chrétiens. Dans ces pâturages ils rencontrent les Samoyèdes et les Vogouls; en hiver, ils viennent retrouver leurs compatriotes établis sur les bords de l'Ob, afin d'acheter leur provision de poisson. Ils se procurent, soit des Vogouls et des Samoyèdes, soit en allant les chercher à Obdorsk, les marchandises russes dont ils ont besoin.

De temps en temps il neigeait, tantôt plus, tantôt moins abondamment. C'est ce qui arriva dans la nuit du 6 au 7 décembre; mais le ciel finit par s'éclaircir, et le thermomètre marqua 22 degrés au-dessous de zéro. L'air paraissait très-calme, et ce ne fut que dans le commencement, en cheminant directement au N., que je m'aperçus d'une différence remarquable suivant que je tournais mon visage à droite ou à gauche : dans la première position il se refroidissait bien plus promptement, ce qui provenait d'un léger souffle de vent d'E. Il fallait absolument que de temps en temps je frottasse mon nez et les autres parties de mon visage exposées à l'air, avec la surface velue de mon gant, pour les préserver d'être gelées. Quant au reste de mon corps, ma pelisse ostiake le garantissait si complètement de la rigueur de la température, qu'on aurait pu coucher pendant plusieurs heures au grand air sans éprouver de sensation pénible.

A une heure après minuit, j'arrivai au bourg de Vandiaski, ainsi nommé par les Russes parce qu'à l'époque de leur rentrée dans le pays, un chef ostiak y résidait; il en est de même aujourd'hui. Trois iourtes solidement construites en bois, sur la pente d'un coteau nu, à la rive droite du fleuve, qui ici n'est plus partagé, compose ce bourg, et ne diffèrent en rien de celles que j'avais vu précédemment. Elles avaient même l'aspect plus chétif, mais elles contenaient un plus grand nombre de chiens.

Ces animaux, malgré leur fidélité et les importans services qu'ils rendent à leurs maîtres, sont traités par eux, sous plusieurs rapports, d'une manière très-peu amicale. En effet, j'ai toujours vu les Ostiaks saisis d'une violente colère aussitôt qu'un chien profitait d'un instant où la porte était ouverte pour entrer dans la maison. Aussitôt, tous ceux qui s'y trouvent le chassent en le poussant et le frappant à l'envi comme une bête dévorante; en même temps, la voix aigre des femmes témoigne leur vive antipathie; elles craignent avec raison que le chien, poussé par la faim, ne diminue considérablement les provisions du ménage. Une auge en bois, placée dans un coin de l'iourte, contient, dès le matin, la nourriture destinée à ses habitans pour toute la journée : car en général on ne fait la cuisine qu'une fois par jour. Souvent même on dépose dans cette auge tout le produit d'une pêche abondante; et alors elle offre la subsistance nécessaire pour un temps bien plus long. Ce n'est que lorsque les chiens reviennent fatigués et échauffés d'avoir long-temps tiré un traîneau, que j'ai vu les Ostiaks les amener dans l'iourte, pour qu'ils se reposent près du feu, jusqu'à ce qu'on tire de l'auge commune une mince portion de poisson pour qu'ils la mangent.

On fait une exception complète en faveur des jeunes chiens; je les ai toujours rencontrés dans l'intérieur de la maison où les femmes leur prodiguent les soins et les attentions. On les attache dans un coin à l'extrémité inférieure des couchettes et on les nourrit bien. Ils sont noirs et blancs comme les vieux, mais ces couleurs sont disposées avec moins de régularité, et ils ont les poils bien plus longs. On en tue quelques-uns avant qu'ils grandissent, afin de faire de leur peau des bordures aux pelisses.

Les Ostiaks ne connaissent ni les serviettes, ni les mouchoirs; ils les remplacent par de longs et minces copeaux de mélèze : on s'en sert aussi pour nettoyer tous les ustensiles de cuisine, et les femmes en ont toujours une touffe pendue à leur ceinture. Les hommes en préparaient tout de suite, quand ils voulaient curer l'auge pour nous régaler de poisson.

Les Ostiaks de Vandiaski manifestaient le rang supérieur dont ils se targuent par un penchant excessif pour l'eau-de-vie; du reste, ils étaient, comme tous les autres, de très-bonnes gens. Comme mon traîneau avait précédé de beaucoup les autres, le chef de la famille me prit pour un marchand égaré ou pour un aventurier. Il me dit en mauvais russe qu'il était un *starchino* ou ancien; et, avec une timidité naturelle et un empressement étudié, me demanda à voir mon passeport russe ou à examiner ma provision de tabac et d'eau-de-vie; je lui répondis d'un air modeste que je n'avais rien de tout cela; il reprit que c'était très-fâcheux, mais ne se montra pas moins hospitalier. Quand le reste de la compagnie arriva, ces Ostiaks eurent recours à de nouveaux artifices; ils déposèrent à nos pieds un gros tas de poissons gelés, nous faisant de profonds saluts, et répétant constamment : « Illustre personnage, nous te faisons ce cadeau. » Quand nous eûmes reconnu ce présent par une rasade d'eau-de-vie, ce fut bien pis ; car ils nous apportèrent une grande quantité de poisson excellent, et enfin un esturgeon qui avait plus de cinq pieds de long ; ils l'ouvrirent à l'instant pour nous faire voir ses œufs, qui étaient d'une forte dimension ; nous en obtînmes près de deux pintes.

En partant de là, je me plaçai, la nuit, dans un traîneau couvert ; mais je ne tardai pas à m'apercevoir qu'excepté quand il neige avec un vent violent, les autres sont bien préférables lorsque l'air est calme, même par un froid de 25° au-dessous de zéro, comme celui d'aujourd'hui ; car l'haleine a bientôt rempli les traîneaux fermés d'humidité et d'un brouillard gelé bien plus insupportable que le froid sec de l'air libre. Les parois feutrées du traîneau couvert ne tardent pas à être revêtues d'une espèce de neige fine qui tombe en gros flocons. Enfin, quand ils versent dans la neige, ils est bien plus difficile de les relever.

Le 8 décembre, nous arrivâmes à Obdorsk à neuf heures du matin ; l'aurore était encore bien faible. Notre odorat fut à l'instant frappé d'une odeur de pain frais qui, par le temps calme, s'était fait sentir de très-loin. En entrant dans la maison où nous devions loger, j'aperçus un grand four où cuisaient des pains de seigle, et on en voyait des centaines déjà cuits qui s'élevaient en tas jusqu'au toit de l'habitation.

Les membranes de poisson qui tenaient lieu de vitres à notre demeure amortissaient la lumière du jour, et, à peu près jusqu'à midi, on ne pouvait se passer de chandelles ; mais au-dehors, à la clarté d'un ciel pur et azuré, l'aspect du paysage, couvert de neige, était ravissant. L'église en bois, les maisons noirâtres des Cosaques, les iourtes des Ostiaks, un peu plus basses, étaient pittoresquement éparses sur le coteau, qui, coupé par des gorges étroites, forme, à l'O., la rive gauche du Poloui. Des colonnes de fumée s'élevaient perpendiculairement de toutes les cheminées.

Ce n'était pas un torrent d'eau qui avait donné au coteau ces formes si remarquables ; c'est la gelée qui, pénétrant profondément dans la terre, y produit des fentes donnant à l'ensemble de la masse l'aspect de colonnes basaltiques gigantesques. L'eau qui, à la fonte des neiges, coule vers la rivière, arrondit seulement les angles extérieurs ; car, plus avant, le sol ici reste gelé.

Plus loin à l'O., on aperçoit le large lit de l'Ob, transformé en un champ de glace, et entouré également de coteaux argileux escarpés, et, du N. au N. O., des montagnes majestueuses que je m'attendais depuis long-temps à voir. Le soleil venait de s'élever au-dessus de l'horizon, et ses rayons éblouissans étaient réfléchis vers nous par la plaine neigeuse au S., tandis que des ombres alongées se projetaient, au N., sur le paysage blanchi ; mais la longue chaîne de montagnes était d'un bleu foncé de la base à la cime ; la neige ne brillait que dans des ravins isolés et se dirigeant obliquement en bas.

Au-dessous, sur le fleuve, marchait lentement une caravane d'Ostiaks qui changeaient de demeure : on distinguait par intervalles de longs traîneaux ; les espaces qui les séparaient étaient remplis par les rennes cheminant en liberté, chacun plaçant ses pieds sur les vestiges de celui qui le précédait.

Des observations astronomiques, pour déterminer la position géographique d'Obdorsk, furent commencées aujourd'hui par le plus beau temps possible et favorisées par la prompte venue de la nuit. Nous nous occupâmes en même temps du percement du sol ; on nous dit qu'il rencontrerait de grandes difficultés, puisque, même en été, il faut le chauffer pour creuser des fosses auxquelles on ne donne jamais plus de 6 pieds et demi de profondeur. Le lendemain, il tomba beaucoup de neige, accompagnée d'un vent violent de l'O., et cependant les Cosaques continuaient à travailler en plein air ; ils avaient commencé par ouvrir avec des haches un trou de 5 pieds et demi. Le 9, ils étaient parvenus à 6 pieds et demi plus avant ; ils avaient toujours trouvé la terre gelée. Le 11, on avait atteint 19 pieds 3 pouces. La température extérieure était à 25° au-dessous de zéro, et au fond du trou le thermomètre ne s'éleva qu'à un degré au-dessous du point de congélation. Il était donc évident que la terre ne dégèle jamais à Obdorsk.

Dès le premier jour de notre arrivée, nos oreilles furent frappées, à huit heures du soir, des épouvantables hurlemens d'une quantité prodigieuse de chiens qu'on attèle aux traîneaux ; on en compte ici 400. C'est la faim qui les excite à crier ainsi, et dès que l'un a commencé à crier, tous les autres joignent leurs voix à la sienne. Du reste, ils sont très-silencieux, et n'aboient qu'au moment où ils se mettent en marche, ou en cheminant, quand ils rencontrent un traîneau attelé de rennes. Même dans les temps les plus rigoureux, ils ne demandent pas à être à l'abri des intempéries de l'air. Ceux qui appartenaient à notre hôte dormaient tout autour de la maison dans des trous que la chaleur de leur corps avait formés dans la neige.

Les Ostiaks regardent cet état de tranquillité des chiens comme l'annonce certaine d'un orage ; effectivement, ce pronostic se vérifia. De même que tout le long de l'Ob, on ne nourrit ici ces animaux que de poisson. Celui qu'on prend et qu'on destine aussi à la nourriture de l'homme est séché au soleil, puis broyé avec la grosse arête et conservé ; dans cet état, on le nomme *porsa;* on l'emporte en voyage dans des sacs faits de peau d'esturgeon.

On conçoit aisément que le nombre des chiens entretenus à Obdorsk soit incomparablement plus considérable qu'à Beresov ; car ici il n'est plus possible d'avoir des chevaux, on ne peut les remplacer que par des rennes, et ceux-ci ne s'accommodent nullement de la vie des villes ; il faut absolument qu'ils errent de côté et d'autre pour chercher leur nourriture. Dans toutes les iourtes fixes où l'on tient des rennes, on a également des chiens d'attelage, et il en est de même, sans exception, dans tous les lieux de pêche.

Un chien de ce canton peut tirer un traîneau dont la charge est de 5 pouds. La manière dont les Ostiaks attèlent ces animaux ne leur permet guère d'en employer plus de deux à la fois ; c'est ce qui s'oppose à ce qu'ils puissent, comme d'autres peuples vivant dans des contrées semblables, en mettre un plus grand nombre à un traîneau.

Ce serait un fléau épouvantable pour ces régions, si les chiens y étaient sujets à la rage ; mais un voyageur a déjà observé que cette maladie n'attaque jamais les chiens de trait au Kamtchatka, et tout le monde s'est accordé ici pour m'assurer qu'elle y est absolument inconnue. Il paraît que cela est dû à ce que ces animaux sont nourris ici bien plus frugalement qu'en Europe ; ainsi, le premier germe de ce mal affreux viendrait plutôt de l'excès que du manque de nourriture.

Ayant aperçu avec surprise le pavillon impérial de Russie arboré sur une maison le long de la rivière, j'appris qu'il indiquait l'habitation d'hiver du pilote Ivanov et de son équipage. Depuis sept ans, il est occupé à relever la côte de la Mer-Glaciale depuis l'embouchure de la Petchora jusqu'à celle de l'Ob, et depuis deux ans il a son quartier de repos à Obdorsk. L'automne précédent, il avait terminé la plupart de ses reconnaissances le long de la côte en se servant des traîneaux à rennes des Ostiaks et des Samoyèdes, qui parcourent ainsi, pendant toute l'année, les *toundri* ou terrains marécageux.

Aussitôt que les embouchures des fleuves et les baies sont gelées, ces peuples abandonnent leurs tentes du bord de la mer et se retirent avec leurs rennes dans les toundri de l'intérieur, où abondent les lichens. Beaucoup de possesseurs de troupeaux restent toute l'année dans l'île de Vaïgats, nommée *Khaiodeïa* par les Samoyèdes, et vénérée comme lieu destiné spécialement aux sacrifices. D'autres aborigènes et des Russes y vont, pendant l'été, pour y faire la pêche et la chasse.

M. Ivanov avait exploré cette île dont les rivages au S. et à l'E. sont rocailleux et escarpés, mais ne s'élèvent guère à plus de 200 pieds. J'obtins des échantillons de ces rochers ; c'était du schiste argileux contenant des cristaux pyriteux de forme cubique. La gelée et les autres phénomènes atmosphériques dégradent considérablement ces masses de rochers ; les blocs qui s'en détachent prennent, après avoir été longtemps roulés par l'action des flots, une forme ronde ; dans cet état, ils ont rempli le bord des rivières venant de l'île, et quand le vent souffle de la mer, les brisans ont, en quelques minutes, bouché entièrement leurs embouchures par une barre haute de plusieurs pieds. La rivière est alors momentanément transformée en un lac, et les promouïls qui se trouvent ainsi enfermés sont obligés de transporter péniblement par-dessus le mur de rochers leurs *karbasis* ou bateaux. Les marées, le long de ces côtes de la Mer-Glaciale, sont régulières ; elles montent à peine à une hauteur de 2 pieds ; ce n'est que dans les gros temps que la mer, poussée par les vents, remonte quelquefois jusqu'à Obdorsk.

Les Russes établis ici nous fournirent des renseignemens bien plus détaillés sur ces régions ; le commerce considérable dont ils forment le point central les met continuellement en relation avec les peuples nomades qui, sur une étendue de 51 degrés de longitude équivalant, sous cette latitude, à 305 milles allemands, ou d'Arkhangel à Touroukhansk, sur l'Ienisei inférieur, changent perpétuellement de demeures. Alléchés par les marchandises russes, ces hommes, amis des longues courses, se rapprochent d'Obdorsk vers la fin de décembre ; mais ce n'est qu'en février que le commerce d'échange a le plus d'activité, et que les nomades appartenant au cercle de Beresov acquittent leur iasak. Les travaux de notre hôte étaient dirigés exclusivement vers cet objet ; car il fallait que 200 pouds de pain fussent prêts pour le commencement de la foire. Les Cosaques faisaient également cuire du pain pour leur compte particulier.

1. — Tolachi.

2. — Dîner à Kiakhta.

Je vis ensuite dans notre logis des caisses remplies de choses en cuivre et en fer destinées à ces nomades et grossièrement travaillées ; c'étaient des bagues pour les femmes, des grelots et d'autres objets en métal que les Samoyèdes mêlent aux tresses de leurs cheveux ; il y avait surtout beaucoup de ces boutons de cuivre dont les Ostiaks ornent leurs ceintures de cuir ; l'usage est de les décorer d'une figure de chien ou de celle d'une fleur semblable à une rose. Enfin nos hôtes nous montrèrent une marchandise extrêmement recherchée : ce sont de vieux sabres de cavalerie tout rouillés ; les Ostiaks s'en servent dans les cérémonies de leur culte religieux ; il y avait aussi des bandeaux et des bracelets en cuivre, dont les Ostiaks actuels parent leurs idoles, au lieu de ceux en métaux plus précieux qu'ils employaient autrefois ; du tabac, des marmites en fer et en cuivre, des couteaux, des aiguilles, des briquets et quelques autres objets d'utilité première complétaient l'assortiment nécessaire pour ce commerce important.

Les marchandises achetées par les Russes d'Obdorsk sont, indépendamment de celles dont j'ai parlé à propos du commerce de Beresov, une grande quantité de vêtemens en peaux de rennes, de la viande, du bétail vivant, de l'ivoire fossile ou des défenses de mammout, les morceaux pèsent ordinairement de quatre à six pouds ; enfin des ours blancs et des loups. On calcule que, non compris le tribut livré à la couronne, la valeur de celles qui sont apportées ici aux Russes s'élève, d'après le prix ordinaire, à 150,000 roubles. Les marchands reçoivent aussi une très-grande quantité d'édredon et des ballots entiers de peaux d'oiseaux aquatiques. Les Ostiaks et les Samoyèdes en vendent annuellement près de 600 pouds.

Parmi les indigènes qui viennent ici, on distingue des Ostiaks de l'Ob ; ceux qui habitent plus à l'E. dans des toundri situés entre ce fleuve et l'Ieniseï, et qui appartiennent à la même souche. On y voit des Samoyèdes, les uns européens d'au-delà des monts dans le gouvernement d'Arkhangel, les autres asiatiques vivant dans le cercle d'Obdorsk ; on partage ceux-ci en *kamenié* (des roches ou des monts) et *nisovié* (du bord de la mer), suivant qu'en hiver ils se tiennent dans les montagnes ou restent dans le pays bas pour y faire la pêche. Ceux-ci confient alors leurs troupeaux à leurs compatriotes pour les mener pâturer sur les hauteurs ; on dit ici qu'en conséquence ils sont moins riches que les premiers, parce que ces derniers négligent les rennes laissées à leur garde.

Une différence insignifiante de race a fait donner le nom de Siriani aux Samoyèdes vivant sur la Petchora supérieure.

Tous ces peuples se comprennent très-facilement entre eux, ainsi qu'avec les marchands d'Obdorsk ; ceux-ci se servent exclusivement de la langue ostiake dans les affaires de commerce. Il n'y a que quelques Cosaques qui, de plus, parlent la langue des Samoyèdes.

Ceux-ci reçoivent des éloges de tous leurs voisins pour les produits abondans de leur chasse. Ils emploient les mêmes ruses et les mêmes armes que les autres peuples, et, de plus, ont recours à une supercherie qui est d'imiter la marche, les gestes, les mouvemens et les cris des gros animaux qu'ils guettent, ayant soin de se revêtir de leurs peaux et de ne cheminer qu'appuyés sur les pieds et les mains. Ils apportent la plus grande quantité de peaux d'ours blancs à la foire d'Obdorsk. Il paraît que l'habitude rend ces animaux moins redoutables aux yeux des habitans des côtes de la Mer-Glaciale qu'à ceux des Européens, moins accoutumés à les voir. Cependant les Samoyèdes prétendent que l'ours blanc est bien plus fort et bien plus cruel que l'ours noir, et l'égale en ruse contre les autres animaux ses ennemis ; mais ils savent profiter de sa pesanteur naturelle pour le vaincre toujours et sans danger. Souvent un seul de ces nomades s'avance contre un ours blanc long de huit pieds, sans autre arme que son couteau attaché au bout d'une longue perche. Ils vont à sa rencontre au printemps et en automne, sur la glace, près des trous par lesquels les phoques sortent leur museau pour respirer. L'ours s'entoure d'un mur de neige du côté de l'ouverture, et n'enfonce que ses pattes de devant dans l'eau. Les Samoyèdes usent du même stratagème que l'ours blanc, en se cachant près de ces trous ; mais ils laissent sortir le phoque de l'eau et l'empêchent d'y rentrer, en couvrant l'ouverture d'une planche. Vers le milieu de l'été, quand la glace est rompue le long de la côte, beaucoup d'ours viennent sur le continent, où ils ne trouvent à manger que des souris, ce qui est une très-chétive chère. D'autres se confiant à des glaçons flottans, peuvent encore se procurer des phoques ; mais ils jeûnent complètement quand ils habitent au-delà du cercle polaire, car, pendant tout le temps que le soleil ne se montre pas au-dessus de l'horizon, ils restent immobiles dans une caverne de neige sur le bord de la mer.

Les poissons que l'on pêche constamment dans l'Ob et ses affluens sont le brochet, le gardon et l'ide; mais ce n'est qu'au-dessous de Beresov qu'on les observe, et ils sont d'une importance moins grande que les poissons passagers. Dans les premières semaines de juin, aussitôt après la débâcle des glaces, les poissons de mer commencent à remonter l'Ob. Ce sont l'esturgeon, diverses espèces de saumons et le hareng; à l'exception d'un petit nombre, tous viennent jusque dans le gouvernement de Tomsk; ils ont alors parcouru une distance de 300 milles allemands. Quelques-uns vont à l'ouest, jusque dans les petites rivières qui descendent de l'Oural, et on dit qu'ils y passent l'hiver; mais ils sont encore très-nombreux dans l'Ob jusqu'en août et septembre.

Des mammifères cétacés, tels que le dauphin-biélouga remontent aussi les fleuves et les rivières, afin de faire la chasse aux poissons, ce qui hâte la marche de ceux-ci. Ils ne se montrent pas tous les ans en quantité également grande, mais ils suivent toujours les poissons vers le milieu de juin. On dit que parfois ils occupent toute la largeur de l'Ob, et forment un banc long de cinq verst. Ils s'avancent peu à peu jusqu'à Kounevatsk, à 260 verst au-dessus de l'embouchure du fleuve. Les esturgeons même redoutent leur poursuite, ce qui n'est pas étonnant, puisque ces dauphins ont vingt-six pieds de long, et il est naturel que tous les poissons, effrayés, précipitent leur course pour leur échapper, et tombent plus aisément dans les filets que leur tendent les hommes. Les dauphins ne retournent à la mer qu'en septembre : les Ostiaks les tuent avec des harpons, soit dans l'eau douce, soit en mer ; ils font avec leur peau des courroies très-solides pour l'attelage de leurs rennes. On peut évaluer la quantité des poissons pêchés dans l'Ob à 1,150,000 quintaux.

Le 11 décembre, le vent et la neige avaient cessé; par une température de 22 degrés au-dessous de zéro, le ciel fut toute la journée pur et serein. La chaîne de montagnes se montrait très-distinctement, mais sous des couleurs très-différentes; durant les deux derniers jours, les collines tournées de notre côté avaient été couvertes de neige, et à midi, lorsque le soleil s'éleva au-dessus de l'horizon, elles parurent d'un rouge ardent, comme les Alpes de Suisse le matin et le soir. L'ensemble de cette chaîne occupe un peu plus de la moitié du cercle de l'horizon; à chacune de ses extrémités elle s'abaisse obliquement vers la surface de la terre; des coupures profondes la partagent en cinq groupes distincts. Le soleil étant très-bas, je remarquai avec surprise, en regardant avec une lunette d'approche les coteaux les moins éloignés, un mouvement ondulatoire de l'air qui se prolongeait dans la direction du vent. Dans les climats tempérés, on est accoutumé à ce phénomène en été, dans la matinée d'un jour très-chaud, parce qu'alors les particules de l'air ou les légères vapeurs de la rosée fortement échauffées par l'action du soleil, s'élèvent dans les couches plus froides et se précipitent par bandes parallèles avec le vent.

L'après-midi, deux Ostiaks qu'on avait envoyés chercher arrivèrent avec leurs traîneaux attelés de rennes : ils nous dirent qu'ils avaient laissé une tente sur le chemin des montagnes, afin que nous puissions la prendre et l'emporter avec nous. Ils nous contrarièrent beaucoup en parlant des dangers de l'ascension des monts dans cette saison; les ouragans de neige y étant très-fréquents, et aucune tente ne pouvant rester debout tant qu'ils durent, de sorte qu'elle est déchirée et détruite quand elle devient le plus nécessaire. Mais on nous avait assuré précédemment que, même au milieu de l'hiver, beaucoup de Samoyèdes traversent ces montagnes pour venir à la foire d'hiver; par conséquent il était évident qu'on pouvait les gravir.

Nos Ostiaks étaient des hommes bien faits et robustes; leurs vêtemens, leurs rennes et leurs traîneaux annonçaient chez eux une grande aisance; mais ils avaient un penchant excessif pour l'eau-de-vie; nous leur en avions donné quelques gorgées, ils en demandaient encore avec instance. Je fus obligé de leur en refuser positivement, sans quoi nous ne serions jamais partis; une fois en route, il n'en fut plus question.

Nous quittâmes Obdorsk le 12, à l'instant du lever du soleil, à onze-heures dix-huit minutes; le thermomètre marquait 27 degrés au-dessous de zéro. Après avoir suivi le lit gelé du Poloui et traversé l'Ob, nous cheminâmes sur une plaine ondulée qui, en général, s'élevait sensiblement; il n'y croissait que des mélèzes, en ce moment dépouillés de leurs feuilles; ils n'avaient que vingt pieds de haut, étaient épars et si éloignés les uns des autres, qu'avec un attelage de quatre rennes de front, on pouvait librement passer sur l'espace qu'ils couvraient.

Nous atteignîmes la tente au coucher du soleil, c'est-à-dire après une course d'une heure et demie : nous n'avions rencontré que deux lagopodes, que nous avions difficilement distingués au milieu de la neige. La tente, construite en perches recouvertes de peaux de rennes, appartenait à une famille samoyède. Au bout de quelques minutes, la dame du logis fit abattre et plier la tente : les matériaux qui la composaient furent placés, avec les marmites, sur un long traîneau ; elle s'assit avec ses enfans sur un second, et les hommes se répartirent sur trois autres. Quand notre cortège se mit en marche, il fut suivi d'une longue file de rennes marchant en liberté derrière les voitures; on traversa le lit du Khanami, petite rivière se dirigeant à l'E. S. E., entre des rives d'un talc argileux, hautes de trente pieds. A cinq heures du soir, le crépuscule étant très-faible, on vit tomber dans le N. O. un globe de feu d'une couleur verdâtre. Ces météores, nommé *khofil pités* par les Ostiaks, ne sont pas rares dans les régions boréales.

A cinq heures et demie on fit halte dans une plaine unie : les rennes furent dételés et broutèrent en liberté les lichens très-nombreux dans ce lieu. Un des hommes abattit un mélèze et le fendit en petits morceaux ; tout le reste de la besogne fut laissé à la Samoyède ; la tente fut dressée et couverte, puis entourée de neige à la base, le foyer arrangé, le feu allumé; des peaux de rennes et des vêtemens tapissèrent le sol neigeux.

Au bout d'une demi-heure, le feu brûlant bien, la troupe entre dans la tente : chacun se place le dos tourné vers la paroi et les pieds dirigés vers le feu; les hommes se dépouillent d'une partie de leurs vêtemens, afin de mieux se chauffer la poitrine.

La Samoyède alla prendre, à une certaine distance de la tente, trois morceaux de neige pure et intacte, les jeta dans la marmite placée sur le feu, afin d'avoir de l'eau pour boire; on la déposa ensuite dans un coin de la tente; puis la Samoyède versa dans une seconde marmite de la farine que, pendant l'hiver, les Samoyèdes portent toujours avec eux dans un sac : on en fait une bouillie à l'eau; quelquefois on y mêle du sang de renne ou du poisson sec et pulvérisé. Ces peuples mangent la chair crue, soit toute fraîche, soit de la veille et gelée. Après le repas, deux hommes sortirent pour aller veiller sur le troupeau qui s'était un peu éloigné, et le garantir des loups. Ils s'armèrent à cet effet de longues perches munies d'une lame. Au bout d'un certain temps, ils revinrent et d'autres les remplacèrent.

J'appris que la tente appartenait à un Samoyède âgé de soixante ans, qui se distinguait par une barbe blanche et pointue ; je n'avais jamais observé cette particularité chez les Ostiaks.

De même que les autres hommes, il était de grande taille et se distinguait par là, autant que par son âge, de sa femme, très-petite et âgée seulement de vingt ans. Un fils, qui n'avait pas encore deux ans, accompagnait la caravane. La mère lui donnait encore à téter, quoiqu'il courût déjà tout seul à sa fantaisie, et exprimât ses demandes par des mots bien articulés.

Des cinquante rennes qui formaient notre troupeau, vingt seulement appartenaient à ce couple samoyède qui, suivant ce qu'on nous dit, avait laissé dans le nord, sur le bord de la mer, une autre tente avec une partie de sa parenté et des rennes. Ils y passent l'été; en ce moment, ils étaient venus dans les environs d'Obdorsk, à cause de la foire ; mais chaque jour ils changeaient l'emplacement de la tente, afin de procurer à leurs troupeaux des lichens frais.

Des quatre jeunes gens de notre troupe, deux seulement semblaient se comprendre en parlant l'ostiak ; les deux autres avaient adopté l'idiome et l'habillement des Samoyèdes, soit qu'ils fissent partie de ce peuple, soit que ce fût une suite du voisinage et d'une longue fréquentation. Du reste, ils avaient l'air bien portant et un très-beau teint, que je n'avais remarqué que rarement chez les Ostiaks d'en haut; ils avaient aussi les épaules larges, et leur taille n'était guère au-dessous de cinq pieds six pouces, car ils atteignaient presque celle de notre Cosaque d'Obdorsk, qui passait pour grand, même chez les Russes.

Le 13, dès cinq heures du matin, après un sommeil de sept heures, tout le monde fut éveillé dans la tente. Quelques charbons brûlaient encore; bientôt le feu brilla. En attendant l'aurore, nous fîmes du thé; et les Samoyèdes déjeunèrent de bouillie chaude et de chair de renne. Ensuite deux hommes allèrent rassembler le troupeau. Le ciel était resté clair, mais le vent du N. soufflait avec violence.

J'avais déjà remarqué que les rennes aiment beaucoup l'urine humaine ; j'eus une nouvelle occasion de faire la même observation d'une manière très-décisive ; c'est sans doute sa saveur salée qui leur plaît, et qui leur fait oublier leur timidité naturelle pour s'approcher des hommes afin de l'obtenir toute fraîche, car jamais ils ne prennent même la meilleure nourriture qu'on leur présente avec la main, et si on leur jette sur la neige des touffes de lichen, ils les flairent et s'en vont.

Une pie fut le seul être vivant que nous aperçûmes dans ce canton ; peut-être elle avait la veille suivi notre troupe de loin ; nous la vîmes rester auprès des traîneaux jusqu'au moment de notre départ. Il est évident que la présence de cet oiseau et celle du corbeau dans les lieux les plus déserts, les a fait regarder, par les Samoyèdes et les Kamtchadales, comme ayant quelque chose de magique, et les a rendus l'objet de leurs représentations mimiques.

On n'attela que trois traîneaux, parce que nous ne voulions aller aux montagnes qu'avec les jeunes gens ; le reste de la troupe promit de nous attendre dans la plaine jusqu'au soir. On ne tarda pas à atteindre le lit du Khanami ; on le remonta. Arrivés à des rochers perpendiculaires, absolument nus, hauts de douze pieds, et très-pittoresques, dont la base était entourée de débris et de neige, les traîneaux furent laissés sur la glace, et nous marchâmes vers la pente des monts ; à gauche les rochers s'élevaient à 300 et 400 pieds au-dessus du niveau du Khanami ; ils étaient trop escarpés pour que nous pussions continuer à les escalader de ce côté ; ayant tourné à droite, nous vîmes que les hauteurs, ainsi que les bords de la rivière, étaient couverts de buissons, et bientôt nous découvrîmes quatre tentes ; on dirigea aussitôt les traîneaux vers les Samoyèdes, qui les entouraient. On ne put obtenir des rennes pour changer ceux de l'attelage ; ces gens nous dirent que, la nuit dernière, des loups avaient tué plusieurs de ces animaux et dispersé les autres ; on attendait le retour des hommes qui étaient allés à leur recherche. Le cadavre d'un renne égorgé avait été apporté près des tentes ; il n'était que peu endommagé.

Il y avait plusieurs femmes dans cette troupe; ainsi que celles que nous avions déjà rencontrées, elles étaient de très-petite taille. Les hommes, au contraire, étaient grands et minces; de plus, les deux sexes se distinguaient beaucoup l'un de l'autre par leurs vêtemens ; tandis que chez les Ostiaks la forme du park et celle du malia est la même chez les hommes et chez les femmes : la pelisse des Samoyèdes est ouverte à la poitrine, et celle de leurs femmes est courte, composée d'un mélange de peaux de loups, de chiens et de gloutons, et parfois mêlée de bandes d'étoffes européennes; une queue de glouton pendante termine cet accoutrement par derrière. Celles qui aiment la parure substituent au voile des Ostiakes un chapeau de voyage en pelleterie, dont les larges bords retombent sur les épaules et sur le dos ; il ressemble à un casque européen et à certaines coiffures de peuples tatares et mongols. Elles soignent beaucoup les tresses de leurs cheveux, qu'elles ornent d'anneaux et de morceaux de métal, et il faut qu'ils fassent grand bruit quand elles marchent ; l'une de celles que je vis ici avait, entre autres objets précieux, attaché à sa chevelure tressée et pendante, une batterie de fusil rouillée, mais bien entière (Pl. II — 3).

Ces Samoyèdes à tentes n'emploient que des rennes pour animaux de trait : ils ont un grand nombre de jeunes chiens, mais leurs femmes ne les soignent que pour tirer parti de leurs peaux, ainsi que je l'ai dit précédemment. Ces chiens diffèrent essentiellement de ceux des Ostiaks, car ils ont tous le poil très-long et sont d'un roux fauve.

Nous n'attendîmes pas le retour des Samoyèdes absens ; ayant remonté encore deux verst le lit gelé du Khanami, nous sortîmes de la vallée où il coule, et gravîmes sur la pente des montagnes ; elle était assez douce et composée de gradins de schiste primitif. Nos rennes grimpaient comme des chèvres, et traînaient derrière nous trois voitures légères, jusqu'au point où nous nous assîmes après deux heures de marche.

Si les monts Obdor diffèrent de l'Oural propre par leur direction, qui est au N. N. E., ils s'en rapprochent par leur constitution géognostique. A 600 pieds au-dessus du point de la vallée du Khanami, où nous avions trouvé les premiers rochers, nous aperçûmes des mélèzes isolés croissant dans les crevasses où la roche était décomposée ; les arbres les plus gros finissaient par être très-bas, sans cependant devenir tortus. Un aune, de la hauteur d'un homme, atteint au même point dans une crevasse de la vallée du Khanami. Ce n'était que dans ces lieux resserrés que nous rencontrions souvent une couche de neige épaisse d'un pied : nos guides nous dirent qu'elle ne se maintient, en été, que dans ces lieux, et disparaît complètement des pentes et des sommets des monts. Les Samoyèdes gagnent alors ces ravins avec leurs troupeaux ; nous y aperçûmes des traces de rennes sauvages et un piège pour prendre les loups qui les poursuivent : il consistait en une caisse cachée sous des pierres, et sur laquelle ils placent une trappe chargée de quartiers de rochers.

Plus haut, la surface des monts était absolument nue ; la neige ne s'était fixée que sur le bord oriental des rochers, mais en si petite quantité, que souvent les longues touffes de lichen des rennes les perçaient. Les vents violens du N., qui en hiver règnent sur ces montagnes, ne suffisent pas pour expliquer l'absence totale de neige à leur surface ; elle prouve la séche-

3. Maimatchin Bourg Chinois.

4. Bazar de Nerct chinsk.

resse des couches supérieures de l'air dans ce climat, et place la région des nuages inférieurs bien plus haut dans l'Oural septentrional et dans les monts Obdor, que dans le nord de l'Europe; car aucun sommet de cette partie boréale de l'Asie, quoique haut de 4,000 pieds, n'y atteint.

Des cimes escarpées et nues s'élançaient à gauche du col, qui se dirigeait à l'ouest, et auquel nous étions enfin parvenus; mais le vent soufflait de l'O. avec tant de violence que les Samoyèdes refusèrent positivement de pénétrer plus avant. Ils avaient laissé les rennes plus bas. Nous fîmes bouillir de l'eau et nous reconnûmes que nous étions élevés à 1,500 pieds au-dessus des premiers rochers.

Dans l'E. notre vue portait au-dessus d'un large mur de promontoires jusque dans la plaine ondulée, où serpente le Khanami. Le soleil était déjà couché, mais le crépuscule prolongé rougissait le ciel dans l'occident et la plaine neigeuse; l'ombre ne couvrait que les lieux enfoncés. L'air était d'une transparence parfaite, et dans les vallées on ne distinguait pas la moindre trace de brouillard.

Nos guides témoignèrent une grande joie de l'issue heureuse de cette excursion, et en descendant la montagne, ils firent galoper leurs rennes. La lune éclairait le paysage. Nous rencontrâmes dans la plaine deux longues caravanes de Samoyèdes. Suivant leur usage, ils marchaient lentement; les jeunes rennes seuls trottaient des deux côtés des traîneaux auxquels leurs mères étaient attelées. Nous reconnûmes dans ces voyageurs les familles que nous avions quittées le matin sur les bords du Khanami; nous apprîmes que leurs troupeaux n'avaient pas autant souffert qu'ils l'avaient appréhendé; deux rennes seulement ayant succombé aux attaques des loups, tous les autres s'étaient rassemblés une fois le jour venu. Ces nomades étaient bien plus riches que la troupe de nos conducteurs et leur vendirent à un prix très-bas un jeune renne de l'année, ce qui mit ceux-ci en état de faire un bon repas après une course pénible.

Nous fûmes accueillis avec des cris de joie à notre tente, qui avait encore changé de place depuis la veille. La coutume des Samoyèdes est d'entasser à terre dans la tente, vis-à-vis de la porte, tous les vivres que la compagnie possède; cet emplacement, qu'ils nomment *Sinikoui*, est respecté religieusement, surtout par les femmes, qui n'y passent jamais en vaquant aux affaires du ménage, tandis qu'elles traversent tous les autres endroits. A notre arrivée, on nous demanda notre thé et nos autres provisions, qui furent déposés sur ce point.

Le jeune renne que nous avions amené avait déjà été tué et dépouillé hors de la tente. Les hommes en apportèrent les chairs saignantes et encore palpitantes, et les mangèrent avec une avidité extrême. Ils rirent beaucoup du dégoût que mon compagnon montra pour ce mets; même l'enfant qui tétait sa mère prit sa part du régal. Si les Samoyèdes adultes montraient un goût bien prononcé pour l'eau-de-vie, cet enfant, nommé Peïna, n'en avait pas un moins décidé pour notre sucre; la première fois, il l'avait rejeté en disant que c'était de la neige; ensuite il se ravisa et nous en demandait chaque fois que nous ouvrions notre boîte. Notre pain lui plaisait aussi beaucoup, quoiqu'il fût gelé et qu'il fallût de très-bonnes dents pour l'entamer. Le soir, on plaçait cet enfant tout nu dans une corbeille alongée en forme de bateau; nous en avions vu de semblables dans les iourtes des Ostiaks; puis on l'entourait de tant de peaux, que, lorsqu'il criait pendant la nuit, sa voix semblait sortir de dessous terre; le matin, la mère le posait tout nu devant le feu pour qu'il se chauffât; ce n'était qu'un instant avant de se remettre en route qu'elle l'habillait et le poussait hors de la porte, pendant qu'elle faisait démonter la tente; alors il tombait à chaque pas, mais sans pousser un cri, car il savait par expérience qu'on ne prenait jamais garde à lui. Quand tous les traîneaux étaient prêts, la mère le liait de nouveau dans son berceau, qu'elle plaçait auprès d'elle.

Nous aurions bien voulu déterminer avec précision la hauteur des monts Obdor; mais pendant la nuit l'atmosphère s'était chargée de nuages, et, le matin, un brouillard épais et des flocons d'une neige fine et cristallisée empêchèrent de rien voir. Je me décidai donc à me borner à la mesure d'une base et à attendre en compagnie de nos Samoyèdes un temps plus favorable. Mes préparatifs terminés, la caravane se mit en route. Quand on eut rassemblé les troupeaux, il manqua onze rennes; on espéra qu'on les retrouverait en cheminant, si les loups ne les avaient pas déchirés. Malgré la chute abondante de la neige, j'avais tendu dix-sept fois mon cordeau sur l'emplacement désigné d'avance, et marqué la fin d'un verst par des poteaux; mais, durant notre opération, nos Samoyèdes avaient continué à voyager avec les tentes et leurs rennes: il ne restait pas de traces de leur marche; il n'y avait plus auprès de nous que trois Ostiaks avec trois traîneaux mal attelés. Quoique la répugnance bien manifeste de notre interprète pour cette vie nomade eût occasioné, en grande partie, ce mal-entendu si contrariant, cependant il paraissait que des obstacles réels avaient empêché les maîtres des rennes de séjourner plus long-temps dans ce lieu. En effet, ayant essayé de nous réunir à une autre famille samoyède, et ayant gagné le lieu où ceux que nous avions vus avaient passé la nuit dernière, nous le trouvâmes abandonné, et nos conducteurs nous assurèrent que la neige récemment tombée empêchait de reconnaître les traces des voyageurs; que certainement ils étaient déjà très-loin, parce que tous les lichens avaient déjà été broutés, et que ce coin était infesté de loups. Nous eûmes bientôt la preuve de cette assertion par des squelettes de rennes épars dans la plaine, les uns tout frais, les autres presque décomposés.

Ainsi notre excursion aux montagnes fut brusquement terminée, et il fallut retourner à Obdorsk, où nous rentrâmes sans encombre le 14, malgré la neige qui tombait en abondance.

Les Samoyèdes que nous avions rencontrés venaient tous de la côte de la Mer-Glaciale; les traits et l'attelage de leurs rennes, ainsi que toutes leurs courroies, étaient de peaux de phoques et de dauphins; les dents de mammout, dont sont faites certaines parties des traîneaux et des ustensiles de ces peuples, sont aussi regardées par les indigènes comme un produit de la mer, parce que le mouvement des vagues les pousse contre le pied des coteaux, où les Samoyèdes les recueillent sans beaucoup de peine. Ces familles appelaient le lieu de leur séjour *Aka ia* (la grande terre); c'est l'espace nommé par les Russes *Bolchesemelskii béreg* (le rivage de la grande terre) et compris entre l'embouchure de la Petchora et celle de l'Ob.

En 1779, Souyev, compagnon de Pallas, était allé, en été, d'Obdorsk à la Mer-Glaciale. Dans le courant du mois de juin, il s'occupa de rassembler des traîneaux pour le transport des vivres et des équipages. Un grand nombre de rennes était nécessaire, afin de relayer souvent, parce que ces animaux se fatiguent aisément. On ne pourrait traverser, en été, le toundra, large de 200 verst, qui forme la lisière boréale de la Sibérie, parce qu'il ne dégèle pas à plus d'un empan, si au-dessous de la mousse qui le couvre il ne se trouvait un terrain gelé, ou de la glace sur laquelle les rennes peuvent prendre pied et traîner, sur la surface humide de la mousse, les traîneaux légers dont les Samoyèdes se servent en tous temps. Cette masse de mousse forme souvent, par son élasticité, une espèce de mouvement ondoyant qui facilite beaucoup la marche des traîneaux : on conçoit qu'il serait impossible d'y voyager avec des voitures à roues. Le toundra est dénué de toute espèce de grand végétal ligneux.

Le 1er juillet, dit M. Souyev, nous nous embarquâmes, dans des canots, sur le Poloui; on entra ensuite dans divers bras de l'Ob et on arriva au lieu où les rennes nous attendaient. Les coteaux qui bordent le fleuve sont garnis jusque-là d'arbres résineux, et des saules ombragent ses rives. Le 3, on monta dans les traîneaux et on se dirigea au N., à travers des plaines marécageuses où il ne croît guère que des joncs, des saules rampans, des bouleaux nains, des andromèdes et d'autres plantes des terrains aquatiques. Les endroits les plus élevés n'offrent que des buttes argileuses et humides; la plaine est coupée de lacs et de marais. On rencontre le Khara, qui vient des montagnes et coule vers l'estuaire de l'Ob; cette rivière a 45 pieds de largeur et un cours rapide. Quand on s'en éloigna, on parcourut une contrée qui ne présentait qu'une triste uniformité. Les mélèzes épars sur les élévations devenaient de plus en plus rares; les plus grands n'ont que neuf pieds de haut : plus loin ils n'en ont plus que six; ils étaient entourés de buissons d'aunes et de saules. Les vallons sont remplis de lacs et de ruisseaux formés par la fonte des neiges; la terre était entièrement couverte de neige dans la plaine et de neige sur les montagnes au nord; un brouillard épais et froid dura toute la nuit du 7 au 8.

Les montagnes dont on vient de parler appartiennent à un prolongement septentrional de l'Oural. Les sentiers raboteux qui les traversent sont si harassans pour les rennes, que plusieurs des nôtres commençaient à tomber de fatigue; alors les Samoyèdes les saignèrent sous la queue; mais, malgré cette précaution usitée en pareil cas, quelques-uns périrent. Nous passâmes la nuit sur les bords de la Choutchia, rivière vaseuse quoique rapide.

Le 8, nous fûmes obligés d'envoyer nos Samoyèdes de côté et d'autre pour faire provision de bois; on passa la rivière, on marcha ensuite trois jours vers le N., dans les montagnes qui sont primitives; le 12, on atteignit les bords escarpés du Lesnaïa, large de 50 pieds et profond de 8 dans plusieurs endroits; son eau est très-limpide; il coule au N. On employa la plus grande partie de la nuit à le passer. Ce fut là que nous vîmes les derniers bouquets de bois; nous cheminâmes ensuite à l'O., dans un désert marécageux, où ne croissaient que de chétifs arbustes aquatiques.

Il restait encore beaucoup de neige dans les vallons des montagnes. Le 14, nous aperçûmes la Mer-Glaciale, nommée par les Samoyèdes *Podaretti Paya*. Le lendemain nous coupâmes l'extrémité des monts qui aboutit près de la mer, entre la baie de Lesnaïa et le golfe de la Khara; nous vîmes, à droite et à gauche, beaucoup de précipices, les uns remplis de neige, les autres donnant naissance à de petits ruisseaux. Le lendemain matin je me séparai de ma suite avec un guide. A l'extrémité de plaines marécageuses s'étendait une baie dont le rivage était sablonneux et uni; la mer était basse, elle s'était retirée à une distance de plus de 300 pieds; son eau était si froide, que, quoique le temps fût assez chaud, on ne pouvait y rester deux minutes sans être transi.

Je rejoignis ma troupe dans la soirée. Le 17, on parcourut un plateau couvert de lacs; le 18, un pays marécageux. Le soir nous atteignîmes de hautes montagnes qui terminent, de ce côté, la principale branche de l'Oural. Des troupes innombrables d'oies sauvages nageaient dans la mer; nous en tuâmes beaucoup; les méduses, nommées orties de mer, flottaient également en quantité prodigieuse à la surface de l'eau, et sur le rivage on ramassa des morceaux de succin et de houille. Nous rencontrions des troupeaux de rennes gardés par des pâtres samoyèdes. Après avoir traversé des terrains marécageux, des ruisseaux, des lacs, nous parvînmes à un canton montagneux, qui est encore un prolongement de l'Oural. Le 25, nous étions sur les bords du golfe de la Khara; il y a au milieu une grande île. Nous étions arrivés au but de notre voyage, au-delà de la Khara, rivière qui fait la séparation entre l'Europe et l'Asie; la saison devenait trop rude pour avancer davantage; le vent du N. était glacial, il avait flétri tous les végétaux. Le 28 juillet nous revînmes sur nos pas; le lendemain il s'éleva, pendant la nuit, un orage suivi d'une gelée blanche : toutes les mares et l'eau renfermée dans des vases furent couvertes de glaces. Le 14 août nous fûmes de retour à Obdorsk. Notre retour fut moins pénible, parce que les rivières, accrues par les pluies qui tombèrent depuis le commencement du mois, favorisaient la navigation; et que les rennes étaient moins harassés que lorsqu'il faisait chaud. Nous revînmes par un chemin différent de celui que nous avions suivi en allant. Nous avions voyagé au N. E., puis à l'O.; nous revînmes directement du N. au S.

Rejoignons maintenant M. Erman : « Le 15 décembre 1828, je quittai Obdorsk, dit-il; le 18 j'étais à Beresov, où nous laissâmes les attelages de rennes. Partout les Ostiaks nous saluaient comme d'anciennes connaissances; les riches nous firent de nouveaux présents. Le temps était couvert, la neige tombait à gros flocons, les rennes même n'étaient pas toujours sûrs de leur route au milieu de cette plaine unie et partout couverte de neige. En avançant vers le S., nous fûmes plus frappés du retour et de l'apparition des grands végétaux ligneux que nous ne l'avions été de leur disparition en allant vers le N. A notre arrivée à Beresov, il s'y trouvait trois officiers du gouvernement russe, dont la mission était de faire le dénombrement des indigènes de la Sibérie occidentale, et de régler de nouveau l'ias. Le nombre des Ostiaks d'en haut était diminué d'un huitième depuis cinquante ans; tous n'avaient pas été enlevés par la mort, beaucoup de païens s'étaient écartés des rives de l'Ob et de ses affluens pour se retirer plus au N., dans les forêts et les toundri. C'est le déploiement de l'industrie russe qui gêne l'existence des peuples ichthyophages de l'Irtiche et de l'Ob. Des compagnies se sont formées pour la pêche et la salaison du poisson; elles emploient de très-grands filets, et font des captures très-abondantes, ce qui restreint considérablement celle des Ostiaks.

» Le 20 décembre nous partîmes de Beresov, et le 27 nous revîmes Tobolsk.

» Au N. O. de cette ville, sur le prolongement des coteaux où elle est située, se trouve Abalak, monastère célèbre; c'est un lieu de pèlerinage très-fréquenté. Ce lieu tire son nom de celui d'un ancien chef qui avait établi là sa résidence (PL. 11 — 2). »

CHAPITRE VIII.

Sibérie. — Step d'Ichim. — Omsk. — Barnaoul. — Smeiov. — Mine d'argent. — Colyvan. — Ridderks. — Organisation des mines. — Oustkamenogorsk. — Krasnoïarsk. — Le Belki. — Monts Koksoun. — Kalmouks. — Le Korgon. — Boukhtarminsk. — Syronovsk. — Fikalva. — Visite à un poste chinois. — Lac de Colyvan. — Lac salin. — Barnaoul. — Mines et usines.

M. Ledebour, professeur de botanique à l'université de Dorpat, est le voyageur qui a visité le plus récemment les monts Altaï. Arrivé, le 26 février 1826, à Tobolsk, il en partit trois jours après, et se dirigea vers le S.

A peu de distance de Tobolsk, dit-il, commence le step d'Ichim; on ne peut certainement pas lui appliquer ce nom, si on entend par step une plaine unie ou onduleuse absolument dénuée d'arbres, car celui-ci est coupé de ravins profonds, dans lesquels de petits ruisseaux coulent peut-être au printemps, et il n'est nullement dégarni de bois : on y voit de grandes forêts de bouleaux, et de jeunes arbres annoncent qu'elles s'étendent de jour en jour. Dans d'autres endroits, des espaces considérables sont couverts de buissons de saules, et près d'Omsk il y a beaucoup de trembles. Je n'y ai aperçu aucun arbre à feuille acéreuse. Toute cette contrée est traversée de l'E. à l'O. par plusieurs chaînes de coteaux dont la pente est douce vers le N., mais passablement escarpée vers le S.; leur élévation est très-médiocre.

Omsk, situé à l'embouchure de l'Om dans l'Irtiche, est une ville très-chétive; ses maisons en bois, peu nombreuses, sont écartées l'une de l'autre; en très-peu de temps elle a été détruite trois fois par des incendies. Quoique la bienfaisance du souverain soit chaque fois venue au secours des habitans avec générosité, cependant la répétition de ces calamités a dû ébranler leur prospérité. Le fort renferme de bons bâtimens, qui pourtant ne sont qu'en bois. On fabrique, à Omsk, du drap pour l'habillement des Cosaques.

Le 9, nous arrivâmes à Barnaoul, très-jolie ville. Cette année, le printemps commença de très-bonne heure : dès le milieu de mars, la température était très-douce; les jours étaient sereins, et, la nuit, la gelée n'était pas forte. La fonte des neiges fit des progrès rapides, et j'espérai pouvoir me mettre en route pour Smeiov au commencement d'avril.

Effectivement, je partis le 9. On voyage d'abord dans une plaine unie, où croissent des bouleaux et des pins; bientôt les arbres cessent de se montrer, on ne voit plus qu'une plaine ouverte et sablonneuse, puis elle devient ondulée; des ruisseaux la coupent; peut-être ils tarissent en été. C'était le temps où l'on met le feu aux herbes sèches, parce que les tiges durcies de l'année précédente gênent les faucheurs. Le jour, un step brûlant offre simplement l'aspect d'un terrain couvert d'une fumée rougeâtre; mais, dans l'obscurité de la nuit, cette surface enflammée a quelque chose de singulier. Il n'y a point de champs de blé dans le voisinage des villages; ils sont à une certaine distance, et souvent à plus de 20 verst de la route. Tout ce qui entoure immédiatement les habitations humaines est destiné au pâturage des nombreux troupeaux, et notamment des chevaux. Cet éloignement des champs est cause qu'au temps des travaux, et surtout durant la moisson, toute la population du village reste plusieurs jours, et même toute la semaine absente, et ne revient que le samedi soir. Même les mères, qui allaitent leurs enfans, les laissent chez elles avec du lait de vache, et ils se nourrissent comme ils peuvent. C'est à cette circonstance qu'on doit attribuer la grande mortalité des enfans dans leur jeune âge.

Le terrain finit par s'élever doucement en terrasses basses, qui se dirigent de l'E. à l'O. Dans les enfoncemens, et autour des petits lacs, croissaient de chétifs bouleaux; probablement l'incendie annuel du step les endommage. Il y avait encore de la neige dans les ravins. Les eaux de la Loktevka venaient d'emporter un pont. Des aunes et des saules marquent le cours de cette rivière dans le step. A mesure qu'on avance, on aperçoit plus distinctement les montagnes, et on discerne, dans un lointain bleuâtre, un sommet après l'autre.

Le 12, j'arrivai à Smeiov ou Smeinogorsk, ville assez grande, à 200 toises au-dessus de la mer, au pied des monts Altaï, entre plusieurs coteaux, qui vont se perdre à l'O. dans les steps, entre l'Ob et l'Irtiche : les Allemands la nomment Schlangenberg. Je fus très-surpris d'y voir encore beaucoup de neige; j'appris que tous les ans il en tombe une si grande quantité, dans la ville basse, que des maisons et des rues entières en sont totalement couvertes, et que les habitans sont obligés de se creuser des passages par-dessous, tandis qu'à une petite distance de cette ville, il neige si peu, que le bétail reste toute l'année à l'air libre. Les ouragans de neige, fréquens dans le voisinage de Smeiov et dans les steps, et nommés *bourann*, sont inquiétans et dangereux pour les voyageurs; car ils surviennent si soudainement, qu'on peut rarement prendre des précautions pour s'en préserver. Le meilleur moyen est de s'arrêter et de laisser passer l'orage; ensuite on se débarrasse facilement de la neige sans consistance dont on est surchargé; surtout on ne court pas le risque de s'égarer, et, sur le grand chemin, on peut compter sur le secours d'autres voyageurs.

La population de Smeiov se compose de quelques marchands, d'officiers et d'ouvriers des mines; le nombre de ceux-ci varie; dans cet instant, il est de 4,000. La fonderie est à une lieue de la ville sur les bords de la Korbolikha. La mine d'argent, découverte en 1745, a donné un produit très-considérable; autrefois il était annuellement de 600 pouds d'argent pur; aujourd'hui il ne se monte qu'à 80. L'intérieur de

1. Traineau de Chiens.

2. Tchouktchis.

la mine présente un labyrinthe de galeries en partie soutenues par de la charpente, en partie taillées dans le roc. Des eaux souterraines mettent en mouvement d'énormes roues qui servent à élever le minerai; la profondeur est de 110 brasses.

Presque toutes les montagnes autour de Smeiov consistent en schiste argileux; toutes s'abaissent doucement au S. S. E., et un peu plus brusquement à l'E. Maintenant elles n'offrent pas la moindre trace de végétation; on dit qu'autrefois elles étaient très-bien boisées; c'est ce qu'indique le nom de l'une d'elles.

A l'O. S. O. de la ville, près de la Korbolikha, on trouve plusieurs carrières de pierre calcaire. Au S., coule une source dont l'eau est excellente, tandis que toutes les autres sont troubles et fades. Cet inconvénient est peu sensible ici, parce que personne n'y boit de l'eau; on ne s'y désaltère qu'avec le quass.

Le 15 avril, je partis pour l'usine de Colyvan; je traversai un pays nu jusqu'au pied du Gleden, canton montueux et boisé, large de cinq verst; sa pente S. O. est coupée de torrens bruyans; sa cime la plus haute est à 1,856 pieds au-dessus de la mer. A midi, j'atteignis Colyvan, autrefois Tchaousk.

C'est un joli bourg sur la Belaia, à une hauteur de 1,209 pieds. Les premières usines de l'Altaï y furent établies en 1725; c'est ce qui a fait comprendre toutes celles de cette contrée sous le nom général de mines de Colyvan; ce lieu devint même la capitale d'un gouvernement qui a été supprimé, et il n'y existe plus d'usine métallique. On y façonne le porphyre et le jaspe en colonnes, vases, chambranles, bas-reliefs; trois cents ouvriers sont occupés à ce travail; on les recrute parmi les paysans des environs; leurs ouvrages, exécutés avec goût, sont, pour la plupart, expédiés à Saint-Pétersbourg. Le transport s'effectue en hiver par terre sur des traîneaux spéciaux, souvent attelés de douze chevaux. Arrivés à Ecaterinenbourg, ces objets y restent jusqu'à l'été suivant; alors on les embarque sur la Kama, qui tombe dans le Volga, et ils parviennent ainsi par eau jusqu'à la capitale de l'empire.

Le 16, je revins à Smeiov; ensuite je parcourus les montagnes des environs, où il y a des mines d'argent. Je rencontrai un camp de Kirghiz qui habitaient des iourtes de feutre dont l'aspect annonçait la pauvreté et la saleté. Ces nomades, qui ne labourent pas et n'élèvent que peu de bétail, servent comme pâtres chez les paysans, notamment chez les Cosaques; mais leur principale ressource est de voler des chevaux. Ils se dépêchent de leur faire traverser l'Irtiche, et les conduisent dans le step des Kirghiz, où il est très-difficile de les retrouver, et non moins malaisé de les ravoir. Les paysans se plaignent fréquemment du voisinage de ces hommes, qui s'établissent ordinairement près des avant-postes des Cosaques. On peut comparer ceux-ci à de petits villages; on y aperçoit parfois des traces d'anciennes fortifications, par exemple, d'un mur en terre, de palissades ou de chevaux de frise.

Presque tous les villages qu'on rencontre sur la route sont considérables. Les paysans labourent la terre, élèvent du bétail et aussi des abeilles; quelques-uns possèdent deux cents ruches. L'agriculture est arriérée, et cependant les récoltes ordinaires donnent de 7 à 10 grains pour un. On cultive toutes les espèces de céréales et même du millet.

Les chevaux sont très-vigoureux; les paysans en ont un grand nombre dont ils tirent un excellent parti pour le transport de différens objets dont les usines ont besoin. Ayant demandé à un paysan combien il possédait de chevaux: « Je suis un homme seul, répondit-il; je n'en ai que quarante. » Ils ont aussi de nombreux troupeaux de vaches et de brebis. Le miel est de très-bonne qualité. Enfin les paysans trouvent quelques ressources dans la chasse et la pêche.

Chaque village a une maison destinée à la réception des étrangers; ceux-ci y sont très-bien traités; ils ont seulement à satisfaire la curiosité parfois importune de l'hôte et de sa famille. Ce fut surtout ce qui m'advint; car lorsqu'on sut que j'habitais un canton si éloigné de celui-ci, je fus supplié de permettre que les habitans du village pussent venir me regarder. On n'a, dans la règle, rien à payer pour son séjour et sa nourriture; mais on trouve un biais pour faire accepter de l'argent. Ordinairement on est, à son départ, invité amicalement à revenir. Cette hospitalité est d'autant plus méritoire chez les paysans de cette contrée, que, d'après leurs opinions religieuses, ils peuvent ne pas aimer à avoir des rapports avec un étranger ayant une croyance différente, et qu'ils regardent les vases et les ustensiles qui lui ont servi comme profanés par l'usage qu'il en a fait; ils appartiennent à la secte des vieux croyans.

Riddersk, où j'arrivai le 28 après midi, doit sa naissance à la découverte d'une mine d'argent et de plomb faite en 1783 par Ridder, officier des mines. En 1818, elle donna 3,990 pouds d'argent et 2,003,102 pouds de cuivre. L'eau gêne beaucoup l'exploitation; des machines ont été installées pour l'épuiser.

Riddersk est à 2,346 pieds au-dessus du niveau de la mer, dans une large vallée. J'étais là au milieu des montagnes. De mes fenêtres, j'apercevais tout autour de moi les sommets neigeux des monts Oubinsk, dont l'aspect était imposant. Les nuages s'arrêtaient quelquefois sur leurs cimes ou sur leurs flancs et les cachaient presque totalement. Quand ces masses en étaient dégagées, on aurait cru qu'elles n'étaient éloignées que de mille pas; mais elles sont à une distance plus grande. Elles sont précédées de collines; celles du S. et de l'E. conservent constamment de la neige; il en tomba un pied le 1er mai; et quoique la température se fût déjà radoucie, il gelait toutes les nuits durant les premiers temps de mon séjour. Malgré la rigueur du climat, causée par l'élévation considérable du sol, le froment pousse bien ici, mais il ne mûrit que très-tard. On récolte dans les jardins des choux, des pommes de terre, des oignons et quelques autres plantes potagères. Le climat est très-salubre dans toutes ces montagnes, et on n'y entend jamais parler de la maladie sibérienne, qui, dans les cantons au N. et au S., notamment dans le step de Baraba, fait périr beaucoup de chevaux et souvent aussi attaque les hommes.

On voit avec plaisir ici, comme dans les autres usines, les soins extrêmes qu'on prend de la santé des ouvriers. Du reste, Riddersk est regardé comme une sorte d'exil pour eux, parce qu'ils y sont soumis à une surveillance plus stricte qu'ailleurs: il n'y a pas de cabaret, et on ne peut y introduire de l'eau-de-vie qu'avec la permission spéciale du commandant.

Les ouvriers se partagent en deux classes, savoir: les mineurs et les paysans requis. Ces derniers sont tenus d'abattre du bois, de brûler du charbon, c'est ce qu'on appelle le travail à pied; de transporter, pour les usines, le minerai et la fonte, c'est ce qu'on nomme travail de voiture. Chaque individu mâle doit 17 jours de travail de la première espèce, et 12 de la seconde avec un cheval. C'est depuis 1779 que leurs obligations ont été réglées avec une précision qui les met à l'abri de l'arbitraire auquel ils étaient exposés autrefois. Ils reçoivent un salaire pour ces corvées; un tiers d'entre eux, à peu près, en est toujours exempt. Tous les ans, au printemps, le conseil des mines, composé des commandans des principales mines et usines, se réunit à Barnaoul, sous la présidence du commandant en chef des usines de Colyvan, détermine la quantité de travaux à entreprendre, et le nombre des ouvriers nécessaires, et répartit ceux-ci entre les différens cercles qui font la distribution de ce que chaque homme doit effectuer, parce qu'ils connaissent les facultés de chacun. Ce qui augmente le poids des travaux assignés aux individus, c'est que généralement les villages sont situés loin des mines et des usines. Du reste, beaucoup de paysans, quand ils y trouvent leur avantage, en paient d'autres pour faire leur tâche. Le nombre des paysans requis se monte présentement à 87,000.

Les mineurs, ou ouvriers proprement dits, sont recrutés parmi leurs propres enfans et parmi les paysans requis; leur nombre est de 17,504. Ils sont sur le même pied que les soldats, et reçoivent une solde et des vivres. La première est de 20 à 36 roubles par an; elle paraît bien mince, et cependant elle suffit à leurs besoins, et les ouvriers actifs et laborieux peuvent parvenir au bien-être, comme j'ai souvent eu l'occasion de l'observer. Les vivres, que leur fournissent abondamment les magasins de la couronne, sont plus que suffisans pour leurs besoins et ceux de leurs familles; ils peuvent, dans leurs momens de loisir, travailler pour leur propre compte, et il y en a, parmi eux, qui gagnent de cinq à six et même dix roubles par semaine, dans la saison de la moisson. Généralement, leurs maisons leur appartiennent; ils possèdent des jardins, des chevaux, des vaches, des moutons, des abeilles, soignent leurs champs, récoltent, dans les prairies de la couronne, le foin dont ils ont besoin, et peuvent aller dans les forêts couper le bois qui leur est nécessaire.

Leurs enfans suivent, jusqu'à l'âge de dix ans, les écoles établies pour eux; vers cette époque ils commencent, suivant le degré de leur force physique, à prendre part aux travaux, reçoivent des vivres et une petite solde: parvenus à l'âge viril, ils sont admis au nombre des ouvriers, leur paie est augmentée, et chaque troisième semaine, ils sont exempts de travail. Comme partout ailleurs, les ouvriers de ces cantons qui se comportent bien prospèrent; les paresseux et les ivrognes, qui malheureusement sont très-nombreux, ont une existence misérable; cependant je dois dire que dans toute la Sibérie je n'ai pas rencontré un seul mendiant.

Le temps de service d'un ouvrier est de quarante ans: celui qui, avant ce terme, perd ses forces ou devient invalide par un accident quelconque, obtient son congé et une petite pension; s'il est blessé, on le soigne dans un hôpital.

SIBÉRIE.

L'ouvrier qui se distingue par sa bonne conduite et son intelligence est élevé au rang de sous-inspecteur, ce qui lui vaut le rang de sous-officier dans l'armée. La grande profondeur des mines de Colyvan est favorable pour l'ouvrier; car dans toutes les saisons il jouit d'une température égale; en revanche, le travail des usines est très-pénible, en hiver, pour les hommes qui garnissent les fourneaux de charbon; tantôt ils sont dans l'intérieur, exposés à une chaleur brûlante, tantôt à la rigueur excessive du froid quand ils se trouvent dehors.

La mine d'argent de Kroukovski n'est qu'à un verst de celle de Riddersk. Elle fut découverte en 1811 : c'est la plus riche du district de Colyvan; en 1818 elle produisit 7,841 pouds de métal.

Quoiqu'il gelât presque toutes les nuits, comme le temps était beau pendant le jour, je fis des excursions aux montagnes voisines; je visitai la chute de la Grammatoukha; c'est la rivière la plus considérable des environs; elle se précipite, du sommet neigeux de l'Oubinsk, dans une gorge très-resserrée et boisée; le fracas qu'elle produit en tombant est assourdissant, et la nuit surtout on l'entend distinctement à Riddersk, qui en est éloigné de 8 verst. Je ne pus grimper jusqu'à la plus haute cime qui domine le saut, parce que la nuit s'approchait et que, suivant le récit de mes guides, les ours fréquentent ces cantons, et, quoiqu'ils n'attaquent pas aisément les hommes, je ne me souciais pas de me rencontrer avec eux. Je fus d'ailleurs amplement dédommagé de mes peines par le grand nombre de jolies plantes qui ornent la vallée de la Grammatoukha. On trouve aussi des zibelines dans ces forêts, mais en petit nombre, et elles sont peu estimées dans le commerce à cause de leur poil court.

Le 6 mai, je partis pour Oustkamenogorsk, en traversant des coteaux dont l'élévation n'était que de 300 pieds et passant de petites rivières qui portent leurs eaux à l'Irtiche. Le fort, bâti en terre, est à une petite distance de la ville, dont les maisons en bois sont petites, mais propres et commodes. Dans celle où je logeais, d'après l'assignation du chef de police, mon hôte me fit d'abord assez mauvaise mine; mais bientôt il se montra complaisant et amical; et, comme pour me surprendre, il me servit, sans que je l'eusse demandé, un repas dont la variété et l'abondance ne laissaient rien à désirer : plusieurs espèces de vins excellens, des couverts, des sucriers, des plateaux, d'autres ustensiles en argent témoignèrent de la richesse de ce ménage. Cette hospitalité fut constamment la même durant mon séjour ici. J'appris plus tard le motif qui avait fait regarder de mauvais œil à mon hôte mon entrée dans sa maison. Peu de temps avant mon arrivée, sa femme était tombée malade, et il avait craint que ma présence ne lui causât du dérangement. Quand il reconnut que ses appréhensions n'étaient pas fondées, il se montra plus affable et ne cessa pas de l'être.

L'Irtiche a ici un quart de mille de largeur et un cours très-rapide; il a précédemment coulé entre des rives rocailleuses et très-escarpées ; ici il sort des montagnes. Il forme, dans ce canton, plusieurs îles. Au printemps il déborde et inonde une partie de la ville; cette année, ses eaux avaient pénétré dans plusieurs maisons.

De même que dans toutes les rivières très-rapides de cette contrée, la glace commence à se former, non pas à la surface de l'Irtiche, mais au fond de son lit : elle s'en détache et arrive à la surface; la quantité de ces glaçons s'accroissant, et le froid devenant plus rigoureux, ils s'attachent les uns aux autres; la gelée les unit solidement, et ils composent une couverture de glace d'une force considérable.

Je traversai l'Irtiche dans une longue pirogue très-étroite, creusée dans un tronc de peuplier; un homme un peu corpulent aurait de la peine à s'y placer : il faut s'asseoir au fond, et deux Cosaques, munis de méchantes rames, conduisent la barque; j'éprouvai une certaine crainte en y entrant : on m'assura que jamais on n'éprouvait d'accident. Au-delà de l'Irtiche, dont le cours est très-tortueux, je me dirigeai sur des collines hautes de 400 pieds. Je rencontrai plusieurs Kirghiz qui gardaient des troupeaux de bétail, et surtout de chevaux. Un de ces derniers fut estimé, par mes Cosaques, à cinq cents têtes d'animaux. Leurs gardiens étaient montés sur des bœufs. Ces Kirghiz, qui demeurent dans les environs, bien loin de témoigner aucune appréhension à notre approche, nous montrèrent des dispositions amicales, surtout quand, sur leur demande, je leur eus donné du tabac. Il en fut tout autrement d'un autre, probablement de l'intérieur du step ; moins accoutumé à la vue des étrangers, il ressentit une frayeur extrême dès qu'il nous aperçut; il se jeta dans la rivière, qu'il avait déjà traversée à la nage, et revint de la rive opposée avec un de ses compatriotes pour lui servir d'escorte.

Deux chameaux paissaient dans le step des Kirghiz, qui, dans ce canton, autant que j'en ai pu juger d'après mes yeux et avec l'aide d'une longue-vue, n'est nullement uni; des chaînes de coteaux s'y élèvent les unes derrière les autres. J'en remarquai trois qui se dirigeaient de l'E. à l'O.; elles ne sont pas boisées, ou tout au plus de petits buissons tapissent leurs flancs. Les bords de l'Irtiche et ceux d'une petite rivière sans nom qu'il reçoit sont ombragés par des saules. Quant à la végétation de cette partie du step, je la trouvai presque semblable à celle des cantons au N. de l'Irtiche. J'y aurais volontiers pénétré plus avant, et j'avais pris toutes les mesures nécessaires à cet effet; mais il ne me restait pas assez de temps pour cette excursion.

De retour à Oustkamenogorsk, j'allai visiter le *pristan* ou débarcadère, qui est à deux verst à l'O., au pied de la montagne. Douze navires chargés de minerai venaient d'y arriver. Ils le prennent à la mine de Spranov; il est destiné aux usines de Smeiov et à d'autres. Ces navires, au nombre de quatorze, portent chacun 2,000 pouds; ils parcourent neuf fois par an la distance de 150 verst par eau entre Boutkhtarminsk et Oustkamenogorsk, en 14 à 24 heures en descendant la rivière, et en 8 à 10 jours en la remontant; dans ce dernier cas, il faut qu'ils soient remorqués. On les conduit à Choulbinsk, où s'étend une grande forêt tenant à celle qui, de Barnaoul, se prolonge par l'usine de Loktev jusqu'à l'Irtiche.

Les montagnes au pied desquelles le débarcadère est situé s'élèvent à 650 pieds au-dessus de la plaine où est Oustkamenogorsk, et à 1,882 pieds au-dessus de l'Océan; leur pente vers le S. est escarpée. De leur sommet, je contemplai, à l'aide d'une longue-vue, le step des Kirghiz, et j'aperçus au-delà des monts dont j'ai parlé d'autres qui étaient encore couverts de neiges.

Je fus frappé d'un écho très-remarquable dans cette montagne. Le mot que l'on vient de prononcer est répété très-haut et très-distinctement sur celle qui est vis-à-vis, puis est porté d'une hauteur à l'autre et retentit si fréquemment, que je ne pus compter le nombre de fois, surtout parce qu'il revient de différens côtés en même temps et avec différens degrés de force. Cette montagne est désignée par le nom de *Prigormaia-Sopka*, lequel est commun à plusieurs autres dans divers cantons. Ayant fait des questions sur son origine, on me dit qu'elle était due à ce qu'on y réunissait le bétail du voisinage.

Je fis une excursion à Krasuviarsk, situé à quelques centaines de pas de l'Irtiche, au milieu de montagnes isolées dont la plus haute est à 600 pieds au-dessus du village. On voit tout auprès des vestiges d'anciennes fortifications; aujourd'hui elles sont regardées comme inutiles, et les Cosaques qui, autrefois, gardaient la frontière, sont devenus de paisibles laboureurs; néanmoins ils sont tenus, comme autrefois, au service militaire, et on les y emploie encore, quoique rarement. Plus loin, les montagnes continuent à s'élever.

Revenu à Riddersk à cause du mauvais temps, je vis plusieurs fois tomber de la neige jusqu'au 15 mai; cependant elle ne tardait pas à disparaître. Les montagnes étaient enveloppées de nuages, les rivières extrêmement gonflées; la gelée fut très-forte dans la nuit du 21 au 22. Le lendemain, je pus aller examiner le Belki, qui passe pour la plus haute cime des environs. A 4,536 pieds, les bouleaux cessent; à 5,500, on ne rencontre plus de forêts; quelques pins chétifs et tortus croissent solitairement; des mélèzes étaient assez droits. Dans plusieurs endroits de la forêt, la neige avait plus d'un pied de profondeur; elle couvrait entièrement la cime de la montagne, qui est à 6,631 pieds au-dessus de l'Océan. On y a érigé une croix en bois, qu'un mur de pierres brutes, haut de cinq pieds, entoure de trois côtés. Ce désert était habité par des lagopèdes, des vanneaux des Alpes, et des bobacs ou marmottes de Sibérie; cet animal, très-timide, court, au moindre bruit, vers des trous et des fentes de rochers; il reste un instant à l'entrée, pousse un sifflement aigu, puis disparaît.

Des déserteurs erraient dans les environs de Riddersk; des bruits inquiétans se répandaient sur leur compte; on disait même qu'ils avaient eu l'audace de piller des magasins de la couronne à Korgon; on craignait qu'ils ne vinssent attaquer Riddersk. Cependant je n'avais pas la moindre inquiétude pour ma personne, puisqu'un de mes aides m'avait écrit que, les ayant rencontrés, il n'avait pas éprouvé d'insulte de leur part; mais les gens qui m'accompagnaient manifestaient des craintes qui pouvaient m'être nuisibles.

Le 8 juin, le temps, qui avait été détestable, étant devenu plus chaud et plus beau, je me mis en route avec ma suite ordinaire et un vieil interprète qui parlait couramment le kalmouk et je me dirigeai vers les Alpes de Koksoun. Ces montagnes neigeuses forment une partie du faîte qui sépare les eaux de l'Irtiche de celles de l'Ob; elles courent du S. au N.; au S. elles se rattachent à deux chaînes alpines qui s'étendent de l'E. à l'O., donnent naissance à plusieurs ri-

3. Tentes des Toungouses.

4. Port d'Okhotsk.

EN ASIE.

vières, et dont la plus méridionale forme, à son extrémité occidentale, les monts neigeux d'Oulbink et de Riddersk. La pente occidentale des monts, à Koksoun, n'est que médiocrement escarpée; celle de l'E. l'est beaucoup plus. Nous pûmes monter presque en ligne directe avec nos chevaux; en plusieurs endroits, le terrain était marécageux. Des arbres clairsemés atteignent presque jusqu'au sommet, qui offre un large plateau. Les flaques d'eau étaient gelées. A quatre heures du matin, par un ciel très-serein, le thermomètre était un peu au-dessous de zéro; je me trouvais à 6,532 pieds au-dessus de la mer, au milieu de débris de rochers en décomposition. De ce point, je contemplais toute la chaîne de l'Altaï et ses diverses ramifications. Les rameaux de Tourgousounsk et d'Oulbinsk me paraissaient les plus élevés. C'était un tableau majestueux que celui de ces masses énormes s'élevant au-dessus les unes des autres, et dont les sommets resplendissans d'une blancheur éblouissante présentaient un contraste magnifique avec la verdure fraîche des pentes d'autres montagnes et les ombres noires des vallées profondes. Je ne remarquai pas sans intérêt la source du petit Koksoun; c'est la plus occidentale de celles de l'Ob; je suivis la vallée où il coule; ensuite je gagnai celle du grand Koksoun. Une cime, qui domine la source du Tchariche, s'élève à 7,184 pieds au-dessus de la mer. Nous étions au 12 juin.

En descendant des montagnes, nous aperçûmes plusieurs cavaliers; c'étaient les premiers hommes que nous eussions rencontrés depuis notre départ de Riddersk. Nous les reconnûmes pour des Kalmouks qui chassaient; ils avaient entamé une conversation avec mon interprète resté au bas des hauteurs avec les chevaux. Ils étaient armés de longs fusils à mèche; ils nous accueillirent très-amicalement, reçurent volontiers en présent des feuilles de tabac et nous apprirent que nous verrions les premières iourtes de leurs compatriotes à une distance de 20 verst sur le Tchariche. Ils avaient une crainte extrême des voleurs qui infestent ces montagnes, et ils se seraient difficilement décidés à s'approcher de nous, s'ils n'avaient pas été instruits de mon arrivée par quelques-uns de mes gens que j'avais expédiés en avant avec les chevaux de bagage. Plus loin, un autre Kalmouk, qui nous découvrit, s'éloigna bien vite, et ce ne fut qu'après avoir été appelé par les cris et les signes de notre interprète, qu'il reprit courage et vint à nous.

Le lendemain, nous trouvâmes sur notre chemin des iourtes de Kalmouks et plusieurs tombeaux tchoudes qui avaient été ouverts et fouillés pour en enlever des objets de peu de valeur. Sur un simple échafaudage en perche étaient suspendues des peaux de lièvres, de moutons, de chevaux, ainsi que des bandes de toile, des chiffons de diverses couleurs et d'autres choses offertes par les Kalmouks à leurs divinités.

Le soir, nous venions de camper dans un endroit où la vallée du Tchariche prend une largeur de quatre lieues, quand plusieurs Kalmouks nous abordèrent; leur ayant témoigné le désir d'acheter de la viande dont nous avions besoin, ils répondirent qu'ils ne vendaient rien et qu'ils voulaient nous faire cadeau d'un mouton. Je les récompensai de cette offre obligeante par du tabac et de l'eau-de-vie, dons très-précieux pour eux. Ils estiment tellement le tabac, que pour le ménager ils le mêlent fréquemment avec des morceaux d'écorces d'arbre coupés très-fins. Le lendemain matin, un Kalmouk apporta le mouton promis, l'égorgea, et en recueillit soigneusement le sang. On en emplit des intestins, on les fait sécher à la fumée, et on les conserve pour provisions d'hiver. Je donnai à cet homme seize cauris; c'est la quantité qu'emploie une femme kalmouke à sa parure; des fils d'or et de soie, des aiguilles et un peu de soufre; il se montra très-satisfait. Dès ce moment, les Kalmouks furent absolument à mes ordres.

Je fis inviter leur saïsan (prince ou commandant) de venir me voir; j'avais fait étaler un tapis dans ma tente, pour qu'il s'y assît, et des couvertures de feutre pour les gens de sa suite. Deux saïsans arrivèrent à la fois, accompagnés de neuf personnes; après les salutations ordinaires, tout ce monde s'assit les jambes croisées. Les saïsans étaient vêtus de fortes étoffes de soie de la Chine, de couleurs mélangées, doublées de peaux de renard et bordées de zibeline. Les gens de leur suite étaient habillés en gros drap: ces habits, amples et passablement longs, étaient serrés par une ceinture où ils mettent leur amadou et leur briquet, renfermés dans une poche en cuir, ordinairement de travail chinois et souvent très-jolie, munie d'une serrure et ornée de bronze ou d'argent. Leurs demi-bottes noires étaient extrêmement larges par le haut; c'est là qu'ils placent leur sac à tabac et leur pipe de fer. L'un d'eux comprenait un peu le russe; la conversation roula sur les passages des montagnes et sur les rivières.

Ils prirent tous leurs pipes, battirent le briquet, allumèrent leur tabac et commencèrent à fumer; puis chacun se frappa le front avec sa pipe et la passa à son voisin pour lui faire politesse; celui-ci en tira deux ou trois bouffées, la lui rendit, et, à son tour, fit la même cérémonie. Les saïsans me tendirent plusieurs fois leurs pipes, et quoique je ne fume pas, je ne pus les refuser. Je leur fis servir du thé, de l'eau-de-vie et des biscuits; chacun en donna un peu à son voisin, ce qui renouvela la scène des pipes. D'abord ils se comportèrent convenablement et tranquillement; mais l'eau-de-vie finit par les animer, et je les vis, avec plaisir, sortir pour s'asseoir autour d'un feu qu'ils allumèrent. Bientôt les deux saïsans rentrèrent dans ma tente; l'un m'offrit une peau de zibeline, l'autre une peau de renard; je leur présentai de l'eau-de-vie, du tabac, des fils de soie et d'or, des cauris, du plomb, des pierres à fusil, des aiguilles, et diverses autres bagatelles. Ils ne purent cacher leur joie, et ils me firent dire par l'interprète qu'ils étaient honteux d'être venus avec des cadeaux si chétifs, tandis que je leur faisais de si riches présens. Les préliminaires facilitèrent les négociations, et ils me promirent, pour le lendemain, quatre hommes et sept chevaux. Retournés auprès de leurs compagnons, leur joie devint plus bruyante, surtout quand ils eurent bu plusieurs rasades de leur arakou, ou eau-de-vie de lait. Ils voulurent m'en faire goûter, mais l'odeur seule me répugnait. Ils ne partirent qu'à la nuit, après m'avoir plusieurs fois réitéré leurs remerciemens.

Si le penchant des Kalmouks pour la vie nomade est un obstacle à leur civilisation, leur passion immodérée pour les boissons enivrantes n'est pas un moindre empêchement. On m'assura généralement qu'en été il est difficile de rencontrer un Kalmouk riche qui ne soit pas ivre, ce qui, durant un voyage dans ces cantons, rend très-incommodes tous les rapports avec eux, surtout quand on a besoin des saïsans, ceux-ci étant continuellement occupés à se rendre des visites les uns aux autres, afin de boire de leur arakou, dont ils sont privés pendant les longs hivers, parce qu'alors les jumens ne donnent pas de lait. Ils préfèrent beaucoup l'eau-de-vie russe, qui est plus forte, et pour en obtenir ils seraient capables de se dépouiller de tout ce qu'ils possèdent, s'il n'était pas sévèrement défendu d'en vendre, sous aucun prétexte, aux Kalmouks; cette interdiction s'étend aussi à la poudre à tirer; cependant ils savent en fabriquer, mais elle est mauvaise.

Leurs défauts, tels que l'ivrognerie, l'aversion pour une vie active, et la malpropreté, sont compensés par d'excellentes qualités, savoir : la probité, l'affabilité, l'obligeance; j'ai eu de fréquentes occasions d'observer qu'ils les possèdent à un haut degré.

Le lendemain, à midi, les hommes et les chevaux, qui m'avaient été promis par les saïsans, arrivèrent. Ils avaient apporté, pour provisions de route, un mouton tué, que l'un d'eux avait tout bonnement attaché derrière lui, sur la croupe de sa monture, sans le couvrir, de sorte qu'il restait exposé à l'ardeur du soleil, à la poussière, aux mouches, et en contact immédiat avec le cheval en sueur.

J'entrai dans une des iourtes de Kalmouks que je rencontrai; on sait que leur construction est très-simple; plusieurs perches, courbées à leur extrémité supérieure l'une vers l'autre, sont recouvertes de feutre et forment ainsi une habitation qui doit garantir des froids de l'hiver et des tempêtes de l'automne, même dans ces âpres cantons montagneux. J'entrai dans l'iourte par l'ouverture qui tient lieu de porte et que ferme un bout du feutre : le feu était allumé à terre. Le maître absent; je trouvai sa femme, trois enfans et un domestique : on était occupé à éplucher de la laine pour le feutre.

Dans cette saison, l'appareil pour distiller est ordinairement sur le feu. A l'entrée de l'iourte, on voit une outre énorme en cuir non tanné; une peau de mouton couvre du côté où est le poil l'ouverture de cette outre qu'on ne vide et qu'on ne lave jamais, afin qu'elle fasse mieux aigrir le lait; on y verse tout celui dont on ne fait pas un usage immédiat et on l'agite souvent afin de hâter la fermentation. Cette boisson, dont l'odeur aigre est très-désagréable, est le *koumis*, et, en la distillant, on obtient l'*arakou* (eau-de-vie de lait), qui est diaphane et incolore. Près de l'outre, il y avait un grand vase de fer fondu, dans lequel on conserve le lait cuit.

Vis-à-vis de l'entrée est suspendue une idole très-grossièrement taillée en bois; l'extrémité supérieure est surmontée de quelque chose qu'on a essayé de faire ressembler à une tête, incrustée d'une paire d'yeux en verre ou en corail. Ordinairement des offrandes, telles qu'une peau d'écureuil ou de souslik, et très-souvent une serre d'aigle, pendent auprès; des valises et des coffres renfermant toutes les richesses du ménage, sont rangés tout autour de l'iourte sur des perches, un peu au-dessus du sol : des peaux d'animaux crues et tannées, ainsi que des couvertures de feutre, servent de lit à la famille. Quelques-uns de mes gens ayant demandé du lait, la femme en puisa dans le vaisseau en fer; quant au Kalmouk, il obtint de celui de l'outre. Ensuite, sans s'embarrasser davantage de nous, elle s'assit près du feu et fuma sa pipe; je lui fis donner du tabac : elle le reçut sans rien dire. Dans cette occasion et dans beaucoup d'autres, je m'aperçus que les femmes kalmoukes étaient généralement très-modestes et timides; ordinairement les présens que je leur faisais leur causaient de l'embarras et souvent même du souci.

Les traits caractéristiques du visage kalmouk, un front déprimé, des yeux disposés obliquement, les pommettes des joues saillantes, ne peuvent prétendre à la beauté, du moins selon les idées des Européens. Cependant les femmes ne sont pas aussi laides qu'on se l'imagine (PL. III — 3).

L'aspect de la chétive iourte, dans laquelle ne pénètre jamais un rayon de la lumière du jour, quand le mauvais temps force de boucher l'issue de la fumée et la porte, ne doit pas faire supposer que la nécessité et la pauvreté obligent les Kalmouks de vivre dans des huttes semblables, qui, en hiver, ne sont protégées contre le froid que par la neige entassée à l'entour et où le mercure gèle assez souvent; non, c'est l'attrait de l'habitude et leur affection pour leurs troupeaux qu'ils ne veulent pas abandonner, et qui restent toujours dehors. Du reste, ils sont dans l'aisance, à l'exception de ceux qui s'abandonnent à la paresse et à leur penchant à l'ivrognerie; ceux-ci échangent leur bétail contre l'eau-de-vie, qui leur arrive en secret, malgré toutes les défenses, et pour laquelle ils livrent à bas prix leur bétail et leurs pelleteries. Les Kalmouks, qui possèdent de grands troupeaux, vendent des chevaux, des moutons, des bœufs et des vaches souvent pour plus de mille roubles à la fois, et, comme le gouvernement les protége, il y a parmi eux des gens riches; mais cela n'influe nullement sur leur genre de vie. Ils aiment trop la vie nomade pour y renoncer; quelques-uns se sont établis dans le voisinage de Kouznetsk, et ont embrassé le christianisme; mais ce ne sont ni des colons laborieux ni de vrais chrétiens, et leur existence est malheureuse.

Quand nous nous fûmes remis en route, mon guide kalmouk me demanda la permission de chanter; j'y consentis volontiers, afin de connaître leur chant; mais je ne pus découvrir rien de particulier dans leur mélodie. La chanson ne consistait que dans quelques mots prononcés d'une voix aiguë, tantôt plus haut, tantôt plus bas, la bouche plus ou moins ouverte.

Les Kalmouks sont très-gais et de très-bons compagnons en voyage, car jamais ils ne grondent, et ne redoutent aucune peine, aucune fatigue. Ils sont excellens cavaliers, et ne craignent pas de courir au galop sur les pentes les plus escarpées. Mais ils ne traversent pas à la nage les rivières rapides, parce qu'ils ont peur de l'eau.

En continuant notre route, nous rencontrâmes plusieurs chameaux à deux bosses, qui, même en hiver, restent dans ces cantons. Le 3 juillet, je fus de retour à Riddersk.

J'en repartis le 12 pour aller visiter le Korgon. Parvenu le 21 à un village voisin, j'eus le déplaisir, en regardant le lendemain par la fenêtre, d'apercevoir la cime du Khasinsk et d'autres sommets de montagnes couverts de neige tombée pendant la nuit précédente. Néanmoins je continuai à marcher; l'herbe était blanchie par le givre. Après avoir franchi plusieurs crêtes neigeuses, je parvins au Korgon, vaste plateau, des flancs duquel sortent plusieurs grandes rivières; il forme le point de séparation entre le bassin de l'Ob et celui de l'Irtiche; au S. E., il se rattache au mont Koksoun. On est ici à peu près au centre du Petit-Altaï. Du prolongement de son extrémité orientale coule la Selenga.

J'avais eu beaucoup de peine à trouver des guides dans les villages voisins du Korgon : les personnes accoutumées à voyager dans les montagnes de l'Europe seraient surprises de toutes les précautions que je fus obligé de prendre pour traverser une chaîne dont la hauteur n'excède pas 7,000 pieds; mais le climat et la structure du canton que je parcourais m'opposaient des obstacles qui sont bien moins fréquens dans les contrées plus méridionales. Ici chacun ne connaît que le canton contigu à sa demeure, et entre les espaces fréquentés il en existe plusieurs dont on a seulement entendu parler, ce qui occasione bon nombre de méprises très-embarrassantes quand une fois on est en route; les pentes escarpées de ces montagnes sauvages et leur nature marécageuse mettent souvent l'étranger dans une position très-critique. Quiconque s'égare dans ces montagnes ne peut pas espérer de rencontrer quelqu'un; et même, s'il se trouve dans un endroit plus connu et où l'on est habitué par tradition à suivre certaines directions conduisant à des villages ou à des iourtes de Kalmouks, ou à des cantons fréquentés à cause de la chasse ou de la pêche, il est possible que si on éprouve un accident, on n'ait pas la moindre perspective d'obtenir du secours, tant cette contrée est peu habitée. Les Kalmouks ne conduisent même pas leurs troupeaux sur le Korgon; si on leur en demande la raison, ils répondent : « Parce que nos pères n'y sont pas allés, et qu'aucun Kalmouk n'y porte ses pas. » Enfin je n'avais pas de carte où les chaînes de montagnes et les rivières fussent marquées avec exactitude.

Le 29 juillet, j'étais de retour à Riddersk; le 4 août, je partis pour Oustkamenogorsk. Là je m'embarquai sur l'Irtiche, et je remontai cette rivière. Les pirogues dont on se sert sont creusées dans un tronc de peuplier à feuilles de laurier; elles sont assez larges pour que deux personnes s'y asseyent à l'aise l'une à côté de l'autre. La mine de cuivre de Boukhtarminsk est peu exploitée; mais les travaux qu'on y suivait ont donné lieu à la découverte de la riche mine d'argent de Syrénovsk, située à 60 verst à l'extrémité d'une plaine saline entre des montagnes arides et à 1,475 pieds au-dessus du niveau de la mer. En 1818, elle a produit 15,000 pouds. Le minerai contient beaucoup d'or; il est transporté par eau à Oustkamenogorsk, où on le fond. Le canton qui entoure la mine, à peu près inhabité en 1790, compte aujourd'hui plus de 1,100 individus du sexe masculin.

Je voyageai ensuite par terre à travers un pays montagneux, boisé et assez habité. Au village de Fykalka, je me trouvai près des frontières de l'empire chinois, où l'Irtiche et la Boukhtarma ont leurs sources. Fykalka est au milieu des montagnes sur une petite rivière de même nom, à 3,951 pieds au-dessus de la mer : c'est le lieu le plus haut de l'Altaï où il y ait des habitations fixes; on y compte dix fermes. L'orge, l'avoine, le seigle, le froment d'été et le millet y sont cultivés avec succès; dans les jardins on récolte des choux, des oignons, des concombres, des pavots et des citrouilles. Le mont Kholsoum abrite ce village des vents du nord. Je remarquai qu'ici, de même que dans le reste de l'Altaï, on ne fume jamais les champs; quand une pièce de terre commence à être moins productive, on en défriche une autre.

Quelle différence entre l'aspect actuel de ce pays et celui qu'il offrait il y a une cinquante d'années! Alors c'était un désert, habité seulement par les bêtes sauvages et parcouru par des nomades. Cette solitude séparait deux immenses empires, et cependant de belles forêts tapissent les montagnes; ses vallées sont grasses, plusieurs de ses plaines fertiles. Aujourd'hui les habitans des deux États vivent amicalement ensemble. Les Chinois n'y sont pas établis d'une manière fixe; le gouvernement les y envoie de très-loin; ils n'y passent que quelques mois pour garder la limite de ce côté. Ils achètent des Russes les denrées dont ils ont besoin. Ces derniers trouvent ainsi un débouché facile et avantageux des productions de leurs champs et de leurs jardins. On voit fréquemment des paysans vêtus d'étoffes de la Chine, même de soieries, et dans leur ménage de la porcelaine. Ils ont pris des habitudes de propreté et même de recherche qui sont le résultat ordinaire de l'aisance. Quoiqu'il n'y ait pas d'écoles chez eux, tous savent lire, et beaucoup savent écrire. L'exploitation des mines exerce aussi une influence avantageuse pour la prospérité de cette contrée; l'industrie est très-active, et les arts mécaniques prennent chaque jour de l'extension.

Nous étions au 20 août, le temps était très-beau, et cependant toutes les nuits la terre était couverte de givre. On devait craindre qu'il ne neigeât sur les montagnes voisines si le temps changeait; toutefois j'eus la fantaisie de les traverser pour pénétrer sur le territoire chinois. Le premier poste n'est qu'à une cinquantaine de verst de Fykalka, sur la rive gauche de la Boukhtarma. On m'avait dit que le meilleur moyen d'être accueilli était de se présenter comme marchand; je pris donc avec moi du cuir, du plomb, des haches et d'autres objets la plupart en fer et dont l'exportation est permise. J'aurais bien voulu emporter mon baromètre; mais je le laissai, ainsi que mes autres instrumens, afin de n'éveiller aucun soupçon. Ayant gravi le Listvéga, montagne schisteuse dont les plus hauts sommets sont à 6,000 pieds au-dessus de la mer, et qu'en ce moment la neige couvrait, je descendis ensuite vers les rives de la Boukhtarma. Cette rivière, bordée de bouleaux, de saules et de peupliers, est rapide; elle forme des îles verdoyantes et boisées; en conséquence, elle est peu profonde, sa largeur est de 350 pieds; nous la passâmes sur nos chevaux qui eurent de l'eau jusqu'au-dessus du poitrail. Parvenu à la rive chinoise, je fis halte, et j'expédiai un de mes guides au corps-de-garde éloigné de deux verst, pour demander s'il me serait permis d'avancer et de trafiquer de mes marchandises. Mon émissaire revint bientôt avec une réponse favorable de la part du commandant, qui était un colonel.

Ce poste, nommé Djinghis-Teï, est dans une plaine qui est aussi aride que celle de la rive droite de la Boukhtarma; elle s'étend jusqu'à des montagnes éloignées de sept verst de cette rivière, et se prolongeant à perte de vue du N. E. au S. O.; leurs cimes les plus hautes étaient blanchies par la neige récemment tombée; la province où je me trouvais porte le nom de Khob-Do.

1. Pierre Paul.

2. Avatcha.

La garnison du poste était composée de 70 hommes, les uns Mongols, les autres Kalmouks ; à peu de distance, des Kirghiz chinois ont dressé leurs iourtes. Les casernes de la garnison consistent, soit en petites maisons de bois dont les fenêtres sont garnies intérieurement de papier et extérieurement de nattes légères en paille, soit en huttes de terre. Devant la plupart des baraques en bois flottait, au bout d'un mât haut de huit pieds, un petit pavillon en soie verte.

A mon arrivée, les soldats chinois, entièrement désarmés, m'entourèrent. Leurs habits, retenus par une ceinture, et ne leur descendant que jusqu'aux genoux, étaient tous de couleurs différentes. Notre curiosité mutuelle à nous regarder fut égale des deux côtés ; mais ayant fait mine d'avancer pour toucher mes habits, ma cravate et ma chemise, je me retirai doucement en arrière, et ils en firent autant. Cependant l'interprète, vieillard de 82 ans, se présenta et me mena chez le commandant, que je trouvai assis à l'européenne. Il était vêtu de drap bleu très-fin, son costume ressemblait à celui que l'on voit représenté dans les figures des Voyages à la Chine. Je le saluai ; il resta immobile, sauf une légère inclination de tête. Il me fit asseoir à sa droite : un petit homme du même côté me fut désigné comme son premier serviteur ; il était à peu près aussi bien vêtu que lui ; à sa gauche, sur des siéges un peu plus bas, étaient deux Kalmouks de distinction. Toute la maison n'avait que 10 pieds de long sur autant de large, et ne consistait qu'en une seule pièce dont la partie postérieure, jusqu'à une hauteur de deux pieds, était remplie de toutes sortes de caisses, sur lesquelles il y avait, dans un coin, un gros ballot, et dont la moitié antérieure vis-à-vis de la porte était garnie de coussins qui servaient à s'asseoir et qui, probablement la nuit, tenaient lieu de lit. Une saillie à fleur du plancher régnait au bas sur toute la longueur de l'appartement ; à droite et à gauche on voyait d'autres siéges plus bas que celui du fond, et ces derniers plus que les premiers. Au milieu du petit espace, des charbons allumés étaient entourés d'une balustrade ; au-dessus était placée une bouilloire.

On servit du thé qui était extrêmement faible, sans sucre ni lait. Je fus questionné sur le monarque que je servais et sur mon rang. Les demandes étaient adressées par le commandant à son premier serviteur, qui les développait plus amplement à l'interprète. J'en usais de même pour mes réponses, qui passaient par la bouche de mon domestique, auquel j'avais sévèrement défendu d'adresser aucune question de son chef. Le commandant me dit qu'il était venu directement de Péking et qu'il avait été deux mois en route, quoique les courriers parcourussent la même distance en quatorze jours. Interrogé sur le motif de mon voyage dans ces lieux, je dis que c'était pour recueillir les plantes de l'Altaï ; et comme il fut question de savoir si j'en avais trouvé de salutaires, ce que j'affirmai, je tournai la conversation sur la rhubarbe. Ces gens ignoraient ou prétendaient ignorer ce qui concernait cette racine. Durant la conversation, un domestique ne cessa pas de verser du thé ; je n'y fis pas grand honneur ; ensuite tout le monde fuma avec de petites pipes de bronze comme celles des Kalmouks.

Comme on me demanda si j'avais apporté des marchandises et de quelle espèce, je priai qu'on me désignât un emplacement pour que j'y pusse dresser ma tente ; on me proposa une iourte de Kirghiz toute neuve destinée pour me recevoir ; j'acceptai volontiers cette offre, et je pris congé du commandant, qui ne resta pas moins immobile qu'à mon entrée. Son interprète me suivit, et bientôt arriva une foule de Mongols, de Kalmouks et de Kirghiz, pour voir mes marchandises ; comme il était tard, l'interprète me conseilla de remettre tout trafic au lendemain. Quand il fut seul avec moi, je le régalai d'eau-de-vie, parce qu'on m'avait prévenu à Fykalka qu'il l'aimait beaucoup, et pour le captiver davantage, je lui promis une hache, une tenaille et un cadenas, et, de plus, je lui assurai qu'il aurait le droit d'acheter le premier.

Je sus par son entremise qu'un présent ne serait pas désagréable au commandant, qui m'en enverrait un en échange, et que j'aurais la permission d'aller jusqu'aux montagnes voisines. Je portai aussitôt à cet officier une tête de pipe en succin et une peau de zibeline ; il resta aussi immobile qu'à ma première visite. Il me fit réitérer sa promesse d'un guide pour le lendemain.

A peine rentré dans ma demeure, le serviteur du commandant m'apporta de sa part une grosse chandelle allumée et posée sur une pointe de fer que supportait une boîte en laque noire haute de 5 pouces et longue de 7. La nuit se passa fort tranquillement. Au point du jour le vieil interprète vint me demander de l'eau-de-vie ; d'autres gens entrèrent ; il fallut étaler mes marchandises ; malheureusement ils n'avaient principalement apporté pour faire des échanges que du thé en briques, du tabac à fumer, de la soie tordue, du damas blanc et bleu. C'est avec ces marchandises que le gouvernement chinois paie la solde de ses troupes. Les couteaux, ces petits bâtons d'ivoire qui tiennent lieu de fourchettes, les petits sacs en cuir pour renfermer le briquet, la pierre à feu et l'amadou ; les tabatières de formes et de matières très-variées étaient comparativement en petite quantité. Je ne fus pas mécontent du résultat de mes échanges.

Ils n'étaient pas encore terminés, quand le commandant, qui m'avait déjà envoyé son présent, entra pour me rendre ma visite ; il ne me salua pas, s'assit, sans proférer une parole, les jambes croisées, sur un tapis près de moi. Je lui fis servir du thé avec du sucre ; ceci était tout nouveau pour lui ; il y prit goût, de même que les deux Kalmouks de distinction, et bientôt il ne m'en resta plus un morceau, parce que beaucoup de Chinois du commun avaient pénétré chez moi, et ils s'en régalèrent si bien, que les dernières tasses ne purent pas être sucrées. Des tasses de porcelaine grossière et un paquet de thé composaient le cadeau du commandant. Il se fit excuser du peu de valeur de ce don sur ce qu'il n'avait encore séjourné que quelques mois dans ce lieu et n'avait pas grand'chose avec lui.

Pendant qu'il était chez moi, je lui demandai de nouveau la permission de visiter les montagnes ; aussitôt il dit à un des grands personnages kalmouks et à un autre de se préparer à m'accompagner. Comme il ne voulait plus de thé, je lui fis donner du chocolat en tablettes ; il le regarda curieusement et me demanda ce que c'était et d'où cela venait ; je l'en instruisais et je l'invitais à en goûter, quand tout-à-coup un grand bruit du dehors attira notre attention. Je craignis qu'une querelle n'eût éclaté entre mes gens et les Chinois ; j'allais m'en informer, lorsque le commandant, qui vraisemblablement devina ce qui se passait, se leva brusquement et sortit. J'appris de l'interprète qu'on venait de recevoir la nouvelle de l'arrivée prochaine d'un général qui visitait la ligne des postes de la frontière, et que le commandant était allé donner les ordres nécessaires. Il ajouta que ce que j'avais de mieux à faire était de retourner sur le territoire russe, parce que, si le général me rencontrait ici, les suites ne pourraient qu'en être désagréables pour le commandant et pour moi. A la vérité, il me proposa de me tenir caché quelque temps dans les buissons près de la Boukhtarma, puisque je n'avais pas de présens à offrir au général, et d'attendre son départ. Cet expédient me sembla périlleux, à cause de la quantité de chevaux que j'avais avec moi ;

d'ailleurs, je pouvais être trahi par quelqu'un, et je ne me souciais nullement de faire en prisonnier le voyage de Péking. De plus, je suis persuadé que le gouvernement chinois était déjà instruit, par le moyen des Kalmouks, de ma présence et de celle d'un autre naturaliste dans les monts Altaï, et c'est pour cela que j'avais répondu franchement à la question concernant les motifs de mon séjour dans ces contrées ; aussi ma demande de visiter les montagnes voisines avait-elle été favorablement accueillie ; mais maintenant le consentement du général me devenait nécessaire. Comme j'étais dépourvu des moyens de chercher à l'obtenir, je fis seller mes chevaux et charger mon bagage ; je courus chez le commandant, qui avait repris sa tranquillité habituelle ; je pris congé de lui et m'acheminai vers la rivière. Je revins à Fykalka, satisfait de ma réception sur le territoire chinois.

Le lendemain, je repris le chemin de Syrénovsk ; puis je gagnai les bords de l'Irtiche, et je m'embarquai pour Ousikamenogorsk. Le 30 août, je fus de retour à Riddersk.

Le 9 septembre, j'en repartis ; je traversai les montagnes et je me trouvai sur les bords du lac de Colyvan. Il est à 1,105 pieds au-dessus de la mer, à peu près de forme circulaire, et à 6 verst de tour ; sa rive occidentale est plate ; sur celles du N. et de l'E., des rochers de granit s'élèvent du bord de l'eau et se prolongent vers celle du S., où ils atteignent à une hauteur de près de 700 pieds ; ils sont couronnés de sapins. Vu du côté du N. ou du N. O., ce lac offre un aspect très-pittoresque ; on aperçoit à l'arrière-plan des masses de grandes montagnes, et, plus loin, les cimes neigeuses du Korgon. La surface de ce lac est, en général, pure et tranquille ; le long de ses bords croissent çà et là des roseaux et des nénufars, et dans sa moitié, tournée au S. E., la macre est extrêmement commune. Les fruits de cette plante se mangent ; on les porte au marché de Smeiov.

On prétend que ce lac n'a pas d'issue ; mais Pallas dit qu'il en a une par la Nijnaia-Kolivanka, qui tombe dans la Loktevka. Peut-être cette petite rivière tarit-elle en été (PL. II — 3).

Revenu à Smeiov, je partis pour Loktevsk, lieu situé au milieu d'un step, et où il y a un fourneau pour fondre l'argent et une mine de cuivre. En continuant à marcher dans le step, on remarque en différens endroits des incrustations salines qui blanchissent le sol ; elles deviennent plus fréquentes à mesure qu'on approche d'un lac dont la surface, dans cette saison, présente une croûte blanche ; les plantes qui l'entourent sont les mêmes que celles que l'on rencontre près du rivage de la mer; elles étaient toutes couvertes d'une enveloppe de cristaux de sel amer. En plusieurs endroits, il s'était déjà séparé de l'argile, de sorte qu'on pouvait le recueillir dans toute sa pureté. On approchait de l'époque où on commence la récolte dans tout ce territoire; le sol était déjà assez sec pour qu'on pût aller partout sans trop enfoncer. Je traversai le lit du lac, et j'arrivai à une île située au milieu de sa surface; elle offrait la même végétation que ses rives; la longueur de cette nappe d'eau est à peu près de trois verst, et sa plus grande largeur de 200 brasses. Les pluies et l'eau des neiges, en lavant la terre, en enlèvent les particules salines qui, lorsque la sécheresse a fait évaporer l'eau, restent dans cet enfoncement. Tous les ans on ramasse 2,000 pouds de ce sel; 1,000 sont employés aux verreries de Barnaoul; 1,000 sont purifiés, ce qui en réduit le poids à 700 pouds, qu'on expédie aux apothicaires de la Sibérie et d'autres contrées.

La saison avancée m'avertissait qu'il était temps de retourner à Barnaoul. Nous étions au 22 septembre : le lendemain la neige couvrait le step, bordé à droite d'une forêt de pins. Le sol est tantôt argileux, tantôt sablonneux; on ne voit pas le plus petit ruisseau; de temps en temps on rencontre des étangs salés, leur quantité est innombrable; partout des villages sont établis sur les bords des plus grands; la nature de leur eau est dissemblable; ici elle est passablement douce; là elle contient beaucoup de sel commun; là ce même sel et du sel amer en même temps, de sorte qu'elle n'est buvable que pour les bestiaux qui y sont accoutumés; c'est pourquoi tous ces villages creusent des puits, particularité qui me rappela vivement l'éloignement des montagnes où les habitations sont toujours bâties sur les bords de rivières rapides. Le 26 septembre, j'arrivai à Barnaoul.

Cette ville, devenue chef-lieu de cercle en 1822, est située sur la rive gauche de l'Ob et à son confluent avec la Barnaoulka, à 366 pieds au-dessus de la mer, dans une plaine sablonneuse. Elle appartient au gouvernement de Tomsk; mais pour tout ce qui concerne les mines, elle est comprise dans le district de celles de Colyvan, qui ressortit immédiatement du cabinet impérial à Saint-Pétersbourg. Toutefois le commandant supérieur de ce district est en même temps gouverneur civil de Tomsk; il réside ordinairement à Barnaoul, et ne va que de temps en temps pour la direction des affaires au chef-lieu du gouvernement.

Le plus grand froid que j'aie éprouvé à Barnaoul a été de 23 degrés au-dessous de zéro, dans la première moitié de novembre; on m'a dit que tous les hivers le mercure y gelait trois à quatre fois : cependant cette température n'est pas aussi sensible qu'on pourrait le supposer, parce que l'air est parfaitement tranquille; quand elle devient assez rigoureuse pour que le mercure commence à être solide, l'atmosphère est si trouble et si épaisse que le soleil ne peut le percer que pendant deux heures vers midi. Ordinairement en été la chaleur est accablante.

Toutes les plantes potagères, et même les melons d'eau, réussissent très-bien; les arbres fruitiers sont peu communs, peut-être plutôt par la négligence des cultivateurs que par un effet du climat.

La fonderie, l'école des mines, l'hôpital, l'hôtel des mines sont de très-beaux bâtimens; on a le projet d'en construire d'autres; un muséum offre une grande quantité d'objets curieux; tels que de beaux échantillons de minéraux de diverses espèces de l'Oural et de l'Altaï, des animaux empaillés, des modèles de machines et d'usines, une bibliothèque publique, diverses productions de l'art, des armes, des instrumens et des costumes des peuples indigènes de la Sibérie, des antiquités qui les concernent tirées de tombeaux.

De 1745 à 1816, la quantité d'argent que devait livrer annuellement la fonderie n'était pas déterminée; en 1817, elle fut fixée à 1,000 pouds, contenant à peu près 25 pouds d'or; il n'en est séparé qu'à la monnaie de Saint-Pétersbourg. La somme totale d'argent tenant or, que les mines de cette contrée ont fournie de 1745 à 1825, a été de 62,777 pouds, 22,354 livres.

En 1766, on établit à Sousoun un hôtel des monnaies, où l'on frappa des espèces de cuivre pour ces contrées; jusqu'en 1807, le produit fut tantôt plus, tantôt moins considérable. Depuis 1808, les espèces frappées chaque année doivent s'élever à 250,000 roubles.

Jusqu'en 1808, le plomb nécessaire pour opérer le départ de l'argent était expédié de Nertchinsk, ce qui occasionait de très-gros frais de transport; mais depuis on a découvert du plomb dans les mines de Colyvan. Elles fournissent aussi du fer en quantité suffisante pour les travaux de l'exploitation, et même pour la vente. On conçoit qu'il en résulte une consommation de bois et de charbon prodigieuse. Celle du charbon est de 260,000 bannes, évaluées chacune à 20 pouds, et on y en ajoute 400,000 pouds destinés à pousser plus vivement la fonte. Le ton de la société à Barnaoul est excellent. Les habitans y mènent une vie très-agréable ; nulle part je n'ai vu l'hospitalité exercée à un si haut degré. Tous les employés du gouvernement m'ont paru vivre très-amicalement ensemble ; ils sont très-prévenans pour les étrangers. L'entretien des chevaux étant peu dispendieux, les carrosses y sont nombreux.

Je partis de Barnaoul à la fin de décembre pour retourner en Europe.

CHAPITRE IX.

Sibérie. — Oustkamenogorsk. — Boukhtarminsk. — Lignes de postes russes. — Excursion sur le territoire chinois. — Le Noor-Saïsan. — Ruines d'Ablaïkit. — Semipalatinsk. — Step de Dsoungarie. — Rencontre de Kirghiz. — Le Djinghis-Tau. — Camp de Kirghiz. — Kar-Karaly. — Poste russe. — Emeraudes de l'Altyn-Toubé. — Colonie de Kar-Karaly.

Le docteur A. Meyer, qui avait accompagné M. Ledebour, entreprit un voyage au step des Kirghiz. Le 18 mars 1826, il partit de Barnaoul avec le docteur Bunge ; le 4 avril, ils étaient à Oustkamenogorsk. Ce fort fut bâti en 1729 sur un monticule, à la rive droite de l'Irtiche, un peu au-dessus de son confluent avec l'Ouba. Il est assez grand et a une église en pierre ; les maisons toutes en bois et petites sont principalement habitées par des militaires. A un demi-verst à l'E. se trouvent la ville et le slobode des Cosaques ; elle est exposée aux inondations de l'Irtiche. La population de la ville et du fort est de 1,740 individus ; c'est le chef-lieu d'un cercle, dans l'étendue duquel errent des Kirghiz nomades qui ont prêté serment de fidélité à l'empereur de Russie. Ce lieu fait quelque commerce avec les Chinois, les Kirghiz et les Tatares de Tachkend.

Je suivis la ligne des redoutes jusqu'à Boukhtarminsk, sur la rive droite et escarpée de la Boukhtarma, à un verst de l'Irtiche, dans une plaine entourée de montagnes. Je ne tardai pas à traverser les deux rivières, et, avec une escorte respectable, je continuai à parcourir la ligne des postes russes, dans le step des Kirghiz. De l'autre côté sont des redoutes chinoises occupées par des soldats mandchoux et mongols ; dans ces cantons elles relèvent du gouvernement de Tché-gou-Tchek. Les Kirghiz vivent très-amicalement avec les Russes et les Chinois. Deux officiers de ceux-ci, accompagnés de deux soldats, vinrent à un poste où nous nous étions arrêtés, pour faire visite au commandant. Ma lunette d'approche les intéressa beaucoup ; ils dirent qu'on en faisait de semblables dans leur pays, mais que la mienne était beaucoup meilleure.

Il doit paraître surprenant que les Russes aient la faculté de chasser et de pêcher sur le territoire chinois ; mais l'énigme se devine aisément quand on sait que tout navire russe qui remonte l'Irtiche est tenu de livrer aux Mandchoux une mesure de sel, fixée à un poids de trente livres. De plus, le général chinois, à la surveillance duquel tous ces postes sont subordonnés, reçoit un présent consistant en cinq cents sterlets, des confitures et d'autres bagatelles. Les Mandchoux font aussi un petit commerce avec les Russes : ils échangent des tasses de porcelaine, du thé en briques, du tabac et des soieries contre divers objets, entre autres des nageoires dorsales de sterlets et d'esturgeons, qu'ils aiment passionnément. En conséquence, les Russes peuvent venir pêcher dans le Noor-Saïsan, et même dans le Haut-Irtiche, sans être aucunement gênés ou dérangés.

Ayant obtenu gratuitement du commandant chinois, parce que je n'étais pas venu pour faire la pêche, la permission de faire des excursions sur son territoire, nous fûmes très-bien accueillis dans des iourtes de chefs kirghiz. Puis, traversant des espaces sablonneux et des steps tapissés de plantes salines, nous arrivâmes au Noor-Saïsan. Ce lac, qui n'est qu'un immense élargissement de l'Irtiche, n'offre rien de remarquable. Suivant le rapport des pêcheurs, ses bords sont partout unis ; en certains endroits ses rives s'élèvent, mais jamais elles n'atteignent à plus de vingt pieds. A l'issue de l'Irtiche et fréquemment ailleurs, le terrain est marécageux, couvert de roseaux et habité par des sangliers.

Je m'avançai dans une plaine voisine qui s'étend à plus de quinze verst, puis j'arrivai à un canton évidemment plus bas, qui au printemps est inondé par l'eau des pluies et des neiges fondues. On y voyait encore une multitude de petits étangs pleins d'une eau salée, trouble par la présence de l'argile, et si désagréable, que même les oiseaux aquatiques la rebutent. Plusieurs de ces étangs avaient à peine quelques centaines de pas de diamètre ; d'autres avaient quelques verst de circonférence : tous ont peu de profondeur ; ils sont bordés de roseaux. Beaucoup de ces enfoncemens étaient déjà à sec, et offraient une vase argileuse tapissée d'une écorce de sel de Glauber.

Cette plaine s'étend jusqu'aux monts Arka-

3. Kamtchadales.

4. Kamtchadales.

EN ASIE.

oul, au pied desquels il y a des sources d'eau douce; habitée en hiver par des Kirghiz, elle était en ce moment complètement déserte : on n'y apercevait que des lézards, quelques oiseaux, des rats et de timides saïgas. En juillet, des Kirghiz viennent y recueillir du sel commun; quelquefois des Kirghiz voleurs l'infestent.

Le lendemain, 16 mai, je visitai les plus hautes cimes du Dalenkara, d'où je jouis d'une perspective magnifique de tous les côtés. Au S. et à l'E., la vue était bornée par des masses de montagnes. Sur les flancs d'une pente très-escarpée, j'aperçus plusieurs figures d'animaux creusées dans le rocher, à peine à une demi-ligne de profondeur; la moitié de ces dessins grossiers avait été détruite depuis long-temps, l'autre était bien conservée ; on y reconnaissait distinctement un élan et un saïga. Elles ne sont pas l'ouvrage des Khirghiz et doivent être très-anciennes et avoir une origine commune avec d'autres semblables qu'on voit le long de l'Ieniseï.

De nombreux tombeaux de Kirghiz sont répandus au pied de l'Arkaoul; quelques-uns ressemblent à des fours, d'autres ne présentent que des tas irréguliers de pierres.

Revenus sur les bords de l'Irtiche, nous suivîmes ses rives en descendant; après diverses excursions à travers les montagnes et le long de la frontière, je rentrai dans Boukhtarminsk. Je fis des courses dans les environs, et je revins à Oustkamenogorsk. Là, je passai l'Irtiche et je m'acheminai au S. à travers le step. Ayant franchi l'Ablakitka, je voyageai dans les belles prairies arrosées par des ruisseaux qui vont se jeter dans cette rivière. Le pays est montueux et schisteux; plusieurs coteaux ont une élévation de 3,000 à 3,500 pieds au-dessus de l'Ablakitka, le long des deux côtés de laquelle je remarquai beaucoup de tombeaux tchoudes, ainsi qu'on les nomme ici ; la plupart avaient été ouverts. Çà et là on voyait aussi des tombeaux de Kirghiz. Enfin, après avoir parcouru 70 verst, nous parvînmes aux mines d'Ablaïkit.

Pallas a donné la description de ce temple, aujourd'hui entièrement détruit. Il avait été construit en 1654 par Ablaï, prince dsoungar (Pl. IV — 1). Les Kirghiz ont brisé les belles et grandes briques pour construire des sépultures à leurs sultans, de sorte qu'il ne reste plus que les fondemens de l'édifice et le mur qui l'entourait. Le prince Ablaï fit élever ce monument, poussa le mur d'enceinte en gros blocs de granite jusqu'au sommet à peu près inaccessible de la montagne voisine, tourné au N. J'ai observé dans deux endroits de la montagne des fentes qui ont évidemment été élargies par l'art pour servir d'issue. Un petit étang long de 100 pieds et large de 50 se présente entre deux rochers escarpés. Au sommet de ce mont, vers le N. O., il est très-profond ; son eau, de couleur brune, est assez bonne ; on y voit des carassins (*cyprinus carassius*) très-gros que les habitans d'Oustkamenogorsk viennent quelquefois pêcher. Autour des ruines j'observai beaucoup de tombeaux qui ressemblent à ceux qu'on attribue aux Tchoudes, mais qui, peu-être, sont l'ouvrage des Dsoungars. Depuis à peu près vingt-cinq ans, on a fait effectuer des fouilles pendant deux mois par cent soldats ; un grand nombre de tombeaux a été ouvert ; on n'y a trouvé que des squelettes et une petite cruche de cuivre.

On dit qu'à cinq verst au S. O., on a observé les traces de four qui, vraisemblablement, servirent à cuire les briques du temple, et qu'à une distance de dix verst et plus au S. E., il y a plusieurs lacs dont les eaux alimentent les affluens de l'Ablakitka.

Pour aller d'Oustkamenogorsk à Semipalatinsk, on chemine d'abord dans des terres inondées ; ensuite on franchit des coteaux schisteux aplatis, enfin on traverse des sables. Le cours de l'Irtiche entre ces deux villes est très-lent, très-sinueux et forme de grandes îles. Les champs voisins sont quelquefois dévastés par les sauterelles.

La ville de Semipalatinsk est à peine à un demi-verst du fort de même nom et du Semi-Palatinka, petit ruisseau qui se jette dans l'Irtiche. Elle est assez grande, bâtie entièrement en bois, et peuplée de Russes, de Kalmouks, de quelques Allemands, de juifs, de Tatares et de beaucoup de Kirghiz. Le costume des peuples d'origine turque, les femmes voilées, les minarets des mosquées, du haut desquels la voix monotone des muezzins appelle à la prière, lui donnent un aspect oriental. Il est très-désagréable et très-pénible de marcher dans ses rues remplies d'un sable profond. Il n'a été possible d'établir des petits jardins que sur les bords de l'Irtiche, et on n'y peut élever que quelques plantes potagères ; les melons d'eau y réussissent assez bien ; au contraire, les melons ordinaires ont besoin d'un soin particulier, quoique la chaleur en été soit toujours accablante. L'hiver est souvent très-rigoureux, et le thermomètre descend quelquefois à 30 degrés au-dessous de zéro, mais généralement cela ne dure pas.

Le commerce y est considérable ; la valeur des marchandises importées et exportées s'élève annuellement à un million de roubles. Il est principalement entre les mains des Russes, soit chrétiens, soit musulmans, des Kalmouks, des Kirghiz, des Turcs de Tachkent. Ces étrangers ont des relations directes avec leur pays et avec Kachgar, Kouldji, le territoire chinois et Cachemir, demeurent à Semipalatinsk, et fréquentent les principales foires de la Russie; ils sont exempts d'impôts, et jouissent des priviléges des négocians des deux premières classes.

Je voulais visiter la mine d'émeraudes située dans des montagnes au S. O. de Semipalatinsk; je partis donc le 26 juillet, avec quatre *tarabaites*, qui sont de petites voitures ouvertes, à deux roues et attelées d'un cheval; quatre cavaliers cosaques formaient mon escorte. Les rives de l'Irtiche, dans l'endroit où je le passai, ont 30 à 40 pieds de haut, et sont argileuses: le sol du step leur ressemble; les plantes y sont peu nombreuses. Je me trouvais sur un territoire qui, bien que compris dans les limites de l'empire russe, n'est plus protégé par ses lois; je me trouvais exposé aux attaques de nomades à moitié sauvages. Les nouvelles que l'on avait reçues de ces cantons à Semipalatinsk, la veille de mon départ, n'étaient pas rassurantes; on parlait d'un combat livré près de Kar-Karaly entre les Russes et un corps de 2,000 Kirghiz; des débris de cette bande dispersée pouvaient nous assaillir; fort heureusement mes Cosaques étaient remplis de courage et de bonne volonté. Nous convînmes d'user de précaution, et je n'éprouvai pas la moindre inquiétude.

Le step très-aride était entrecoupé de monticules aplatis, salins en plusieurs endroits; le lit de plusieurs ruisseaux était tari; de temps en temps on apercevait des saïgas et des outardes. Au pied des monts Arkalyki, il y avait plusieurs puits et une source d'eau excellente. Nous franchîmes ces montagnes. Un peu plus loin, on rencontra une petite caravane allant de Tchéçou-Tchak à Semipalatinsk; la charge des quatre chameaux consistait en daba (tissu de coton) et merlonchk (peaux d'agneaux).

Le step commençait à devenir montueux; nous rencontrions des vallées et des puits; dans les uns l'eau était douce, dans d'autres fortement imprégnée de sel et de natron. Nous avions laissé derrière nous les monts Arkat, et nous nous engagions dans un défilé passablement étroit, quand j'aperçus plusieurs Kirghiz à cheval gravissant les hauteurs. Dès qu'ils nous eurent découverts, ils se précipitèrent vers nous. Par malheur, trois de nos Cosaques s'étaient éloignés pour poursuivre des antilopes. J'étais seul avec mes deux élèves et un Cosaque.

Bientôt nous fûmes entourés par plus de quarante Kirghiz, les uns armés de lances, les autres de gourdins et de longues perches. L'un d'eux avait même un mauvais sabre, qu'il brandissait d'un air martial. Sans nous attaquer, ils nous pressaient de tous côtés. Enfin ils nous demandèrent qui nous étions, d'où nous venions, où nous allions; en même temps, ils se montrèrent très-avides de tabac. Voulant gagner du temps, je leur en fis distribuer. Quelques-uns continuaient à faire des démonstrations hostiles; les plus âgés les calmèrent. Nous étions dans cette position critique, quand un de nos Cosaques arriva. Sa présence produisit une impression très-visible sur nos Kirghiz; ils devinrent plus tranquilles. Nos deux autres Cosaques parurent bientôt après; mais avant qu'ils nous eussent rejoints, une autre troupe de soixante Kirghiz se montra à l'extrémité de la vallée. Sur ces entrefaites, nous avions atteint les bords d'un petit russeau où je fis faire halte, dételer les chevaux, former avec les quatre voitures une sorte de retranchement, et en même temps préparer nos armes à feu pour le cas d'une attaque. Le chef de tous ces Kirghiz, maintenant au nombre de cent, se trouvait avec la seconde bande. Je leur fis dire que nous étions envoyés par le gouvernement russe pour examiner cette contrée; que s'ils osaient nous toucher, nous ne manquerions pas de tirer sur eux, et que s'ils réussissaient à nous accabler par le nombre, un tel attentat ne resterait pas impuni. Cette déclaration et nos préparatifs de défense ne restèrent pas sans effet. Le chef souleva encore quelques difficultés; enfin il dit que nous étions des fugitifs, et qu'il serait bon de nous mener à Semipalatinsk. Alors je lui présentai plusieurs papiers munis de sceaux de grandes dimensions; aussitôt il devint plus poli, et promit de nous laisser en repos. En même temps il nous raconta que son vallast ou camp avait été pillé par d'autres Kirghiz, qu'ils étaient partis à la poursuite de ces brigands, et que, depuis deux jours, ils n'avaient rien eu à manger; enfin il nous pria de leur donner quelques vivres. Pour consolider la paix, je leur fis distribuer un saïga, des oignons et un peu de tabac. La bonne harmonie ne fut pas troublée, malgré les murmures de quelques jeunes gens, fâchés de ce qu'une si bonne proie leur échappait, et la mauvaise humeur d'un de mes Cosaques, qui, irrité de quelques propos des Kirghiz, couchait déjà en joue les plus turbulens. Heureusement leur chef eut assez de sagesse et d'autorité pour les contenir. Ils finirent par nous quitter, et je fus bien aise d'en être débarrassé à aussi bon marché. Cependant, le soir, en établissant notre camp, nous prîmes les précautions nécessaires pour n'être pas surpris.

Le 5 août, nous regrettions et nous étions très surpris de n'avoir pas rencontré un seul aoul dans tout ce pays où des milliers de Kirghiz ont coutume de camper, car nous aurions bien voulu nous procurer un guide ; d'ailleurs un de nos chevaux s'était blessé, et l'un de nous était obligé d'aller à pied ; ainsi nous aurions volontiers conclu un échange pour en avoir de frais. Nous eûmes beau parcourir tous les ravins du Djinghis-Tau et les plaines voisines ; nous ne découvrîmes rien, ce qui me contraria beaucoup, parce qu'aucun de nous ne connaissait les chemins au milieu de ces solitudes, où nous avions erré inutilement à droite et à gauche. Je grimpai sur le Djinghis-Tau ; j'estimai qu'il a une largeur de 20 à 30 verst. Fréquemment nous aperçûmes dans ses vallées des restes de campemens d'hiver des Kirghiz, et sur son revers septentrional des tombeaux de ce peuple.

Quelques jours après, mes Cosaques crurent apercevoir dans le lointain trois Kirghiz à cheval. De crainte de surprise, nous attachâmes, le soir, nos chevaux dans le voisinage de notre camp. L'un de mes gens se tint constamment en sentinelle ; les autres dormirent avec leurs armes à côté d'eux. La nuit se passa tranquillement ; mais les Cosaques avaient fait un fidèle rapport, car à peu de distance de notre hutte, dans la cour d'une demeure d'hiver des Kirghiz, nous trouvâmes un feu qui n'était pas encore éteint et la peau d'un jeune loup.

Enfin, le 13 août, arrivés sur les bords d'une rivière assez grande, nos Cosaques reconnurent que c'était la Tchagouka qui devait se trouver sur notre route. Elle coule à l'O. et se jette dans l'Irtiche. Un rameau du Djinghis-Tau, près duquel nous étions, s'élève à peine à 500 et 600 pieds au-dessus de la mer.

Plus loin, le sommet du Djighilén s'étant dégagé des nuages qui l'avaient caché toute la matinée, j'allais y grimper, lorsque nous vîmes sortir d'une gorge éloignée vingt Kirghiz, dont plusieurs avaient des fusils. Quoique nous ne fussions que quatre, dont deux seulement armés suffisamment, nous fîmes bonne contenance. Je crois que les Kirghiz furent saisis de crainte à notre aspect, puisqu'ils ne tardèrent pas à disparaître dans un autre ravin. Bientôt un cavalier se montra tout seul au sommet de la montagne pour nous observer ; une demi-heure après, les autres Kirghiz ressortirent du défilé, rangèrent le pied du Djighilén aussi près qu'ils purent, et, se dirigeant à l'E., s'éloignèrent au grand galop. Cette rencontre me fit différer ma visite à cette montagne.

Le lendemain, j'y grimpai avec beaucoup de peine, à cause de l'escarpement de ses flancs. Sa hauteur est assez considérable ; elle se partage en deux rameaux, dont la longueur est d'un peu plus de 10 verst et la largeur de 20. Des ramifications se prolongent au N., et au S. finissent par s'abaisser au niveau du step, et forment des vallées plus ou moins larges où coulent de petits ruisseaux. Cette montagne est de granite rouge et passablement boisée. Un brouillard épais, dont je fus bientôt enveloppé, m'empêcha d'apercevoir la plaine au-dessous de moi.

Continuant notre route au N. O., à travers des coteaux et des vallées, nous aperçûmes quatre Kirghiz à cheval ; ils ne tardèrent pas à disparaître ; alors nous avançâmes avec beaucoup de précaution, craignant une attaque de ces nomades. Un autre Kirghiz qui se montra ensuite nous regarda quelque temps, puis poussa son cheval vers nous. Une pipe de tabac que nous lui offrîmes le rendit tout de suite notre ami ; il nous apprit que nous n'étions qu'à peu de distance du grand chemin, et qu'un peu plus loin au N. O. il y avait un poste russe sur le mont Iedreï. Là-dessus arrivèrent deux autres Kirghiz qui nous invitèrent à passer la nuit dans leur aoul. Ils appartenaient au vallost de Toubouklintz ; ils étaient sortis pour chasser ; leur aoul se trouvait au-delà du grand chemin, sur les bords d'un lac d'eau douce. Quel contraste entre la vie qui animait ce camp et le silence morne de la solitude où nous errions depuis tant de jours ! quel spectacle ravissant pour nous ! De nombreuses iourtes entouraient le lac, de grands troupeaux de moutons, de chevaux, de chameaux, de bœufs, de yaches et de chèvres étaient répandus dans la plaine ; les Kirghiz galopaient çà et là pour veiller sur leurs troupeaux ; de petits garçons à moitié nus couraient de côté et d'autre ; des femmes à moitié voilées s'occupaient des soins du ménage : c'était un tableau mouvant qui me divertissait beaucoup, malgré les aboiemens étourdissans des chiens.

Ma tente fut dressée en un clin-d'œil ; plusieurs Kirghiz qui vinrent me rendre visite restèrent ébahis à la vue de tous les objets de mon bagage, et m'accablèrent de questions. Une Kirghize m'apporta une jatte de coumis, une autre un pot d'*ai͏̈ran* ; ma tente fut pleine de couvertures de feutre, de peaux de mouton, de brebis vivantes et d'une quantité d'autres choses dont on voulait me faire cadeau, mais en demandant d'avance ce que je donnerais en échange. Mes propositions n'ayant point paru assez brillantes, tous ces présens furent repris.

Toutefois, nous fûmes assiégés jusqu'à minuit par ces Kirghiz, gens très-curieux, et ce ne fut pas sans peine que nous pûmes nous en débarrasser; mais nous n'y gagnâmes pas beaucoup, car les cris continuels de ceux qui faisaient sentinelle et les aboiemens des chiens nous empêchèrent de goûter le moindre repos. A peine l'aurore commençait à poindre, que les Kirghiz voulurent nous vendre des moutons et des chevaux. Les propositions de trafic sans cesse reprises et interrompues durèrent jusqu'à dix heures du matin; rien ne fut conclu, car à force de surfaire et de marchander, les vendeurs lassèrent ma patience et je décampai.

Nous reprîmes la grande route, et le 26 août, après un mois de voyage dans le step, nous arrivâmes à Kar-Karaly, poste russe au pied d'une montagne, dans une belle vallée. Des tas de foin coupé, des moissons jaunissantes, des troupeaux paissans dans des prairies verdoyantes, des hommes occupés à divers travaux, c'était un véritable enchantement! Nous fûmes accueillis amicalement; on nous approvisionna de vivres; nous fûmes en état de continuer notre voyage; un officier de l'établissement se joignit à nous, et un mollah des Kirghiz, qui connaissait bien cette contrée, nous servit de guide.

Nous partîmes le 30. Le mont Kar-Karaly est élevé de 3,000 pieds au-dessus d'une petite rivière qui y prend sa source; il est en grande partie de granite rouge, et nu; ses flancs sont extrêmement escarpés et fréquemment inaccessibles; des pins et des bouleaux très-hauts croissent sur ses rochers. La première nuit de notre voyage fut très-froide; il avait gelé assez fort, et l'automne semblait vouloir commencer de bonne heure.

L'Altyn-Toubé, but de notre voyage, est au plus à 100 verst au N. N. O. du Kar-Karaly; tant qu'on est dans les environs de cette dernière montagne, on traverse de belles prairies arrosées par une multitude de petits ruisseaux; plus loin on entre dans un step aride et désert qui se prolonge jusqu'aux rives de l'Altyn-Sou et au-delà, et qui est coupé par des coteaux nus et aplatis. Ces plaines sont baignées par des petits ruisseaux ou des lacs dont l'eau est imprégnée de sel commun et de natron. Le terrain de cette campagne est, en général, plus ou moins salin. La roche la plus commune est le schiste argileux. Quelques coteaux sont d'amphibole; le granite ne se rencontre que dans le Kar-Karaly. Je n'ai observé le calcaire que dans l'Altyn-Toubé.

Cette montagne ne s'élève guère à plus de 100 pieds au-dessus du niveau de l'Altyn-Sou. C'est dans le calcaire superposé au schiste argileux qu'on trouve les émeraudes; j'y ai vainement cherché des pétrifications. Il est si dur, que nous n'avons pu obtenir les émeraudes qu'en le faisant sauter par le moyen de la poudre; elles sont d'un très-beau vert cuivré; les cristaux, surtout à l'entrée des veines qui les contiennent, sont faiblement colorés ou absolument incolores. Des traces évidentes annoncent que cette mine fut jadis exploitée; une ouverture d'abord de trois pouces de diamètre, mais se rétrécissant bientôt, a été épuisée. Nous n'avons pu nous procurer que des cristaux de petites dimensions. Il est donc très-vraisemblable que des Kalmouks de Dsoungarie ont fouillé ces rochers.

Content de ma récolte, je me remis en route pour Kar-Karaly. Toute cette contrée est pauvre en plantes et encore plus en animaux; on n'y aperçoit de temps en temps que des antilopes, des traces de marmottes et de souslikis; on dit qu'on y rencontre parfois des corsaks. Les ruisseaux et les lacs les moins salés sont fréquentés par des quantités innombrables d'oiseaux aquatiques. Les rivières sont très-poissonneuses; je vis très-peu d'amphibies et encore moins d'insectes; le froid les avait déjà fait disparaître.

La colonie de Kar-Karaly n'est fondée que depuis 1823. Quelques sultans de la horde moyenne des Kirghiz, convaincus de l'avantage qui résulterait pour eux de la protection de la Russie, avaient demandé d'être incorporés à ce vaste empire. Leur requête leur fut octroyée; peu à peu d'autres tribus se joignirent à celles-là; il est très-vraisemblable que bientôt toutes celles de cette contrée suivront cet exemple.

Jusqu'à présent, le nombre des Kirghiz qui ont reconnu la souveraineté de la Russie se monte à peu près à 80,000 individus. Ils sont compris dans l'okroug (cercle) de Kar-Karaly, et appartiennent principalement aux tribus de Toubouklints, Kiptchouk, Arghints et Naïmants. Ils ne paient encore aucun impôt; ils ont promis que dans quelques années ils acquitteraient annuellement une contribution sur leurs troupeaux; ils sont d'ailleurs exempts de capitation et de toute espèce de corvée. Ils ont cédé le mont Kar-Karaly et un territoire consi-

1. Habitations d'Été et d'Hiver au Kamtchatka.

2. Intérieur d'une Habitation d'hiver.

J. Bailly del.

VOYAGE

dérable pour former le nouvel établissement.

L'okroug de Kar-Karaly ressortit de l'oblast (province) d'Omsk, et s'étend de l'Irtiche au N., jusqu'à Semireck et Barnaoul au S., sur une longueur de 600 verst; sa largeur est à peu près la même. Du reste, ses bornes n'ont pas encore été fixées avec précision, et il sera sans doute subdivisé, car il est trop grand pour être administré par une seule autorité.

Un *pricas* ou conseil, que les Kirghiz nomment *divan*, administre et rend la justice; il est composé d'un président, de deux assesseurs russes, de deux Kirghiz, d'un secrétaire, de plusieurs clercs et interprètes. Le président, qui porte le titre de sultan-doyen et que les Kirghiz appellent plus volontiers khan, et les deux assesseurs de leur nation, sont choisis par eux. Le premier est toujours un sultan des plus considérés, les deux derniers sont pris parmi les biis. Le président est élu pour trois ans, les deux autres pour deux ans; tous peuvent être continués, et sont payés par l'État, qui donne aussi des appointemens à plusieurs mollahs, presque tous des Tatares de Casan. Pour protéger ce pricas et faire obéir à ses ordres, un détachement de deux cents Cosaques, de quarante soldats d'infanterie et quelques canons sont postés à Kar-Karaly, et changés tous les ans. Jusqu'à présent le pricas est obligé de parcourir le step, pendant tout l'été, avec une escorte de 40 à 100 Cosaques, suivant que les circonstances l'exigent.

L'emplacement de Kar-Karaly, le seul établissement russe de toute cette contrée, est très-bien choisi; le canton voisin abonde en sources excellentes, qui réunies forment des ruisseaux et de petites rivières arrosant les vallées des montagnes dont le sol est fertile. La croupe des monts jusqu'à leur sommet est ombragée de très-gros pins, de bouleaux, d'aunes et de divers arbrisseaux. Le gibier et le poisson abondent dans les lacs voisins; un de ceux-ci fournit du sel.

Kar-Karaly est à 250 verst de Semipalatinsk; trois piquets de Cosaques répartis sur le grand chemin assurent les communications entre ces deux établissemens. Il est expressément défendu d'entreprendre seul le voyage à travers le step; cependant la route nous a paru assez sûre, car nous avons rencontré plusieurs chariots portant des femmes qui, sans aucune escorte, allaient rejoindre leurs maris.

Le voisinage des Russes commence à influer sur les Kirghiz. Ceux-ci, qui, faute de faire provision de foin pour l'hiver, perdent dans cette saison près du quart de leurs bestiaux, désirent imiter l'exemple des Russes qui, pourvus de foin, n'éprouvent que des pertes insignifiantes; mais ils craignent par cette innovation de s'attirer les moqueries et même la haine de leurs compatriotes; ils restent donc fidèles à leur routine. Il en est de même pour la culture du froment, à laquelle, par une fausse honte et par paresse, ils n'osent pas se livrer. Cependant quelques-uns ont bravé toutes les appréhensions, et fait venir d'Irbit des charrues et d'autres instrumens de labourage; on dit même que cette année l'un d'eux a semé du seigle, et qu'il est satisfait de sa récolte. En attendant que ces gens sensés trouvent des imitateurs, le gouvernement entretient ici des approvisionnemens de froment assez considérables pour subvenir aux besoins des Kirghiz en hiver; il leur en livre au prix d'achat, autant que les circonstances le permettent.

Les Kirghiz ont également reconnu l'avantage des maisons en bois sur leurs iourtes de feutre, notamment dans la mauvaise saison. Plusieurs sultans et d'autres Kirghiz riches veulent en faire construire à Kar-Karaly. Enfin le voisinage des Russes est surtout utile aux Kirghiz en ce qu'il rend le brigandage de représaille ou *barouta* chaque jour plus rare. Les sultans les plus sensés désiraient depuis long-temps d'abolir cet usage de se faire justice soi-même, mais ils n'étaient pas assez forts ou bien pas assez unis entre eux pour qu'on obéît à leurs ordres. Ainsi les personnes volées n'avaient d'autre ressource pour s'indemniser que d'user du même moyen, soit par surprise, soit à main armée. Aujourd'hui elles ont recours au pricas, qui examine l'affaire, et oblige les larrons à donner un dédommagement. Ceux-ci ont quelquefois essayé de faire résistance, mais on leur a prouvé clairement qu'elle était inutile.

Ce ne sera qu'à la longue qu'on parviendra à faire perdre à ces nomades leurs habitudes sauvages et grossières; il a été décidé de leur donner des instituteurs pour leur enseigner au moins à lire et à écrire; ils n'ont pas encore su apprécier ce bienfait. La sagesse du plan auquel on se conforme empêche d'employer aucun moyen de rigueur; on n'en use que pour arrêter les désordres qui pourraient nuire à tout le monde. Pour le reste, on se borne à mettre sous les yeux des Kirghiz l'image d'une meilleure culture et d'une vie plus réglée, en promettant et garantissant tout le soutien possible à ceux qui voudront se comporter comme on le désire.

Je partis de Kar-Karaly le 15 septembre, et je suivis la route qui mène directement à l'Irtiche; le 28 je passai ce fleuve, et je rentrai à Semipalatinsk; dans ce second voyage de deux mois, j'avais parcouru plus de 1,500 verst, à cause des détours que j'avais faits au milieu du step de la Dsoungarie. Le 15 octobre, j'étais de retour à Barnaoul.

CHAPITRE X.

Sibérie. — Tomsk. — Kouznetsk. — Teleoutes. — Krasnoyarsk. — Irkoutsk. — Lac Baïkal. — Verkhni-Oudinsk. — Selenghinsk.

John Dundas Cochrane, voyageur anglais, était à Barnaoul en 1820 : il en parle comme de la ville la plus jolie de la Sibérie. Accompagné d'un Cosaque que le gouverneur-général lui avait donné pour l'escorter, il partit, se dirigeant vers l'E. Je traversai, dit-il, un pays sablonneux et très-boisé jusqu'à l'Ob; ayant passé ce fleuve, j'entrai dans Osokena; il y a dans les environs des mines d'argent et des lacs; on voit peu de culture, on est toujours dans des forêts de pins gigantesques. A Bazilovka, on jouit d'un aspect plus agréable; les villages sont dans des positions charmantes, mais ce ne fut qu'à Prosokova que j'aperçus des coteaux cultivés. A Verouchina, je découvris la Toma serpentant dans un canton dégagé de bois, mais peu habité; la route était superbe.

Tomsk, malgré plusieurs églises et beaux édifices publics et particuliers, n'est qu'une pauvre ville, bâtie sur la rive droite de la Toma, près de son confluent avec l'Ob, au pied d'un château qui l'abrite des vents de N. E. et de S. E. En mai et en juin, elle est exposée aux débordemens de la rivière.

Au S. et à 325 verst de Tomsk, se trouve Kouznetsk, ville chétive, située sur la Toma, vis-à-vis de l'embouchure de la Condona. On n'y compte qu'une faible population; mais comme les zibelines des environs sont d'une qualité supérieure, les marchands russes y viennent quelquefois pour s'en procurer. Ces pelleteries y sont apportées en partie comme tribut par les Teleoutes ou Telengoutes. Ce peuple vit dans l'Altaï, aux environs du lac Altyn ou Telezkoï, qui a son issue dans l'Ob; il parle un dialecte du turc; comme il a long-temps habité parmi les Kalmouks, beaucoup de mots de la langue de ces derniers se sont mêlés dans la sienne; par les traits de leur visage, ils ressemblent absolument aux Mongols : on peut donc supposer qu'ils ont oublié leur idiôme primitif et adopté celui des Turcs. Au temps de la conquête de la Sibérie, les Russes les appelèrent Kalmouks blancs. Peu à peu les Teleoutes se sont avancés jusqu'aux bords de la Toma; le plus grand nombre est resté avec les Kalmouks. Une partie de ce peuple peu considérable professe la religion chrétienne, une autre l'islamisme, une troisième est encore livrée aux superstitions du chamanisme. Ces différences de cultes ne les empêchent pas de vivre en bonne intelligence entre eux. Depuis quelques années, ils sont devenus bons cultivateurs sans cesser d'être chasseurs (Pl. III — 2).

Le 31 août, je voyageai dans un pays nu et triste; les villages étaient nombreux, mais misérables, à l'exception de ceux qu'habitent les Tatares; presque tous sont bâtis sur des rivières. J'entrai ensuite dans un canton montueux et boisé. Avant d'arriver à Krasnoyarsk, je rencontrai la caravane allant de la frontière de la Chine à Moscou; elle consistait en cent charrettes chargées de thé, de soieries et de nankin.

Krasnoyarsk est dans une contrée grasse, fertile et bien cultivée, sur le Ieniseï, à son confluent avec la Kakhta. On regarde sa position comme insalubre; la chaleur et le froid y sont excessifs. Les vallées voisines abondent en beau bois. Les denrées y sont à si bon marché, qu'on en expédie jusqu'au Kamtchatka. La position de cette ville, sur le grand chemin d'Irkoutsk à Tomsk, produit un grand avantage aux habitans, par la facilité qu'elle leur procure de vendre ces denrées aux marchands et aux rouliers qui y arrivent en grand nombre, venant, soit de la Russie, soit de la frontière de la Chine. Krasnoyarsk est aujourd'hui le chef-lieu du gouvernement d'Ieniseïsk. Le nom de cette ville est commun à d'autres localités. En Europe et en Asie, il signifie *Fort rouge*.

C'est dans les environs de cette ville qu'on découvrit, en 1750, cette masse de fer natif météorique décrite par Pallas. Elle était sur la cime d'une montagne entre l'Oubeï et le Sisim, ruisseaux qui se jettent dans l'Ieniseï. Elle ne tenait pas au sol, et on ne remarqua autour d'elle ni pierres, ni scories, ni fragmens de rocher. Les Tatares des environs la regardaient comme sacrée, et disaient qu'elle était tombée du ciel. Un Cosaque l'avait transportée avec beaucoup de peine à 30 verst de son premier gisement; elle arriva enfin à Krasnoyarsk, ayant parcouru 220 verst. Elle pesait 42 pouds (60 myriagrammes). Elle est entièrement composée de fer métallique très-blanc et très-malléable, remplie de cavités sphériques qui renfermaient une matière vitreuse jaunâtre et transparente. Elle était enveloppée d'une croûte ferrugineuse. Elle est maintenant dans la collection de l'Académie des sciences de Saint-Pétersbourg.

Au-delà de l'Ieniseï, les villages sont à de grandes distances les uns des autres; mais on rencontre quelques habitations le long du grand chemin. Les rives du Kan marquent la séparation entre la province de Tomsk et celle d'Irkoutsk. Les routes étaient bien meilleures dans celle-ci; je passai par de jolis villages et une ville bien bâtie. Le pays qui, d'abord, était pittoresque, devint sablonneux. Je traversai l'Angara dans un bac et j'entrai dans l'Irkoutsk (PL. II — 4).

Les choses remarquables ne sont pas nombreuses dans cette ville, dont les maisons, pour la plupart en bois, sont passablement éparpillées; cependant je dois convenir qu'elle est assez jolie. Les rues sont larges et bien alignées, mais on voit dans quelques-unes des intervalles de 600 et de 900 pieds sans un seul bâtiment. Les maisons en brique et les édifices publics sont d'un bon style d'architecture. On y compte au moins une douzaine d'églises, une école militaire où il y a 700 enfans; on y suit la méthode de Lancastre.

La prison mérite des éloges; elle est vaste et bien aérée; la nourriture des détenus est abondante et saine. On ne les enchaîne que lorsqu'on les emploie à des ouvrages publics ou au transport d'objets d'une grande dimension. Un atelier est contigu à la prison; les ouvriers sont généralement des criminels condamnés à l'exil pour leurs méfaits, et enfermés non moins pour leur bien que pour celui du public; plusieurs réussissent à gagner un pécule considérable, et tous sont assurés du profit de leur travail. L'édifice est en bois et appartient à la ville; elle en loue les appartemens à des prix fixes; elle retient aussi une partie du gain et l'applique à des usages charitables. Le capital qu'elle possède est déjà très-gros. Cet établissement, bien conçu et bien organisé, mérite d'être imité dans tout Etat civilisé où il y a des coupables à punir ou des infortunés à soulager.

La bourse et le bazar forment une belle suite de bâtimens; au centre se trouve un salon, où des bals publics et des mascarades ont lieu au moins deux fois par mois durant les longs hivers de cette contrée. Les bals particuliers sont très-nombreux.

Je partis le 7 janvier 1820 pour le lac Baïkal. Le pays est ouvert et bien cultivé. Les deux rives de l'Angara offrent quelques points de vue agréables et de nombreux villages épars. La rive orientale ou droite est basse; la gauche est agréablement diversifiée par des coteaux.

L'approche du Baïkal peut être rangée parmi les perspectives les plus magnifiques du globe. Sur le premier plan coule l'Angara, qui s'élargit à mesure qu'on s'avance vers le lac; l'issue par laquelle elle en sort est assez spacieuse pour qu'on y tienne comme dans une gare les navires qui transportent les denrées. Je regrettai de les voir enfermés par les glaces. Toutes les montagnes qui entourent ce lac sont hautes et très-pittoresques, escarpées, rocailleuses, dentelées et très-périlleuses.

La longueur du Baïkal est de 600 verst; sa largeur de 30 à 80; sa circonférence de 1,865. Il a été connu sous les noms de *Grand-Lac* et de *Mer-Sainte*: son eau est douce; cependant des phoques et quelques poissons de mer y vivent; des éponges croissent dans ses profondeurs: ses vagues jettent sur ses bords d'autres productions marines; sa distance de la Mer-Glaciale est de 370 lieues en ligne directe.

On a prétendu que son nom de Mer-Sainte lui venait des désastres fréquens que les navigateurs y éprouvent, principalement en automne, époque où il commence à geler; alors il est agité par des vents furieux et couvert de brumes épaisses qui sont d'autant plus dangereuses que ses bords méridionaux sont formés de rochers escarpés et n'offrent nulle part ni abri, ni mouillage.

Plusieurs écrivains ont pensé que le Baïkal était une immense crevasse produite par un tremblement de terre; ils se fondent sur ce que quelques-unes des montagnes qui l'environnent semblent avoir été bouleversées, sur ce que son fond présente des inégalités extraordinaires à côté d'abîmes incommensurables et des bancs de sable, sur les productions volcaniques et les sources thermales répandues sur ses côtes, enfin sur les tremblemens de terre qui s'y font sentir presque tous les ans.

Le Baïkal renferme quelques îles. La principale est Olkhone, longue de 70 verst, large de 25; ses bords sont généralement très-escarpés. Dans la pente septentrionale, une plaine pierreuse s'étend dans l'intérieur; le reste du terrain est sablonneux; dans quelques endroits croissent des pins et des mélèzes qui donnent de bons bois de construction, des bouleaux qui servent pour le chauffage et divers arbrisseaux. La neige ne séjourne que peu de temps sur les terres non boisées. Olkhone est rempli de sources; le détroit qui le sépare du continent n'a qu'un verst 325 sagines de largeur dans un endroit; il s'agrandit vers le N. E., et vis-à-vis de l'embouchure de l'Oungourup, il a 19 verst. A l'extrémité méridionale de ce détroit s'ouvrent deux larges baies dans lesquelles les navires peuvent trouver un abri pendant un gros temps.

Olkhone est habité par des Bargou-Bouriates, tribu mongole. Ils élèvent de beaux bestiaux et cultivent aussi la terre; ils font également la chasse aux lièvres, aux écureuils et aux loups, très-communs dans l'île; ils prennent des phoques sur la côte méridionale du continent, située en face de leur rivage.

Le Baïkal a beaucoup de caps, de baies et d'anses. Dans quelques endroits de la côte, on voit des prairies et des plaines; les trois rivières navigables qu'il reçoit sont l'Angara supérieure, le Bargouzine, la Selenga; il n'a d'écoulement que par l'Angara inférieure qui conserve ce nom jusqu'à son confluent avec l'Ilim; là elle prend celui de Tongouska supérieure, jusqu'à ce qu'elle réunisse ses eaux à celles de l'Ienisei.

Parmi les poissons que l'on prend dans le Baïkal, le golomenki n'a jamais été vu vivant; suivant le récit des pêcheurs, il est toujours étourdi ou mort, quand les vagues le jettent sur les bords du lac pendant les orages. Ce poisson ne consiste qu'en graisse, qui fond comme du beurre par la seule chaleur du soleil; il est long de quatre à six pouces et large de dix-huit lignes à deux pouces; la tête est petite et l'épine dorsale très-mince.

Les principales pêches de ce lac, de l'Angara, de la Selenga et du Bargouzine, sont exploitées par les marchands d'Irkoutsk et de Verkhni-Oudinsk qui paient pour cela un droit au gouvernement russe. Elles composent une branche de commerce très-importante, et suffisent aux besoins annuels des habitans d'une partie de la province d'Irkoutsk.

Les montagnes qui entourent le Baïkal offrent du granite, du schiste, du grès, de l'argile dure, de la houille, du pétrole et différentes pierres dures telles que le lapis-lazuli et l'aigue-marine, enfin une espèce de pyroxène de couleur olive en cristaux de diverses formes, qui a reçu de son gisement le nom de *baïkalite*.

On a découvert plusieurs sources sulfureuses sur la rive N. O., et, près de l'embouchure des deux Kotelnikov, des sources thermales dont on ne fait pas usage, à cause de la difficulté d'y arriver par terre; il y en a d'autres près des bouches du Tourki, auxquelles on a recours dans diverses maladies. Dans plusieurs autres endroits on rencontre des terrains salés, principalement près de trois lacs à la côte N. O., qui sont salins et communiquent avec le Baïkal par un petit canal. On y recueille d'excellent sel de Glauber.

On navigue sur le Baïkal avec des dochteniks et des pavoski, navires plats à un mât, et aussi avec des naboïnites qui sont plus profonds, et portent jusqu'à 600 pouds. Le gouvernement entretient des galiotes et de petits bâtimens à rames; la navigation dure pour ceux-ci depuis le mois de mai jusqu'à la moitié d'octobre, et pour les navires marchands jusqu'en novembre. Elle s'effectue sans boussole; on se dirige d'après la vue des côtes qu'on ne cesse d'apercevoir que quand le brouillard les cache.

La surface du Baïkal n'est jamais tranquille, même pendant le calme. Lorsque ce mouvement d'ondulation augmente, il annonce du vent qui commence à souffler une heure après. Pendant la tourmente, les vagues du lac s'élèvent jusqu'à une hauteur de cent pieds. Une longue expérience et des malheurs fréquens ont appris aux marins à connaître les indices du gros temps et les moyens de s'en garantir. De hautes pyramides de glace se forment principalement en novembre et décembre sur les bancs de sable et entre les rochers.

Arrivés sur les bords du lac, nous les côtoyâmes pendant 30 milles avant d'atteindre le point où on le traverse. La glace était si claire, si transparente, si glissante, que je ne pouvais y tenir pied; mais les chevaux y sont tellement accoutumés, que très-rarement ils tombent. Nous effectuâmes en deux heures et demie le trajet qui est de 40 milles. On aborde à Posolskoï, qui est un monastère considérable. La plaine que l'on traverse ensuite est bien cultivée, puis on entre dans des montagnes. Verkhni-Oudinsk, sur la rive droite de la Selenga, est une grande ville bien peuplée et florissante; on y voit beaucoup de jolies maisons en briques. Elle s'est élevée aux dépens de Selenghinsk; il s'y fait un commerce considérable en pelleteries et en bétail avec les Bouriates. Comme c'est une place frontière, la garnison est nombreuse.

En sept heures j'atteignis Selenghinsk, éloignée de 70 milles; les bords de la rivière que l'on suit sont très-pittoresques; le pays n'est peuplé et habité que dans les vallées: cependant les villages ne sont qu'à cinq milles au plus l'un de l'autre, le long de la Selenga, qui cause par ses débordemens annuels de grands dégâts à la ville qui lui doit son nom; des incendies désastreux l'ont également ravagée, ce qui

3. Koriaks.

4. Yakoutes.

EN ASIE.

Pl. VII. Page 54.

explique sa décadence. Ses environs sont très-bien peuplés, et produisent beaucoup de grains, grâce à des colonies de Polonais qui y furent transportés en 1791. Ce sont les seuls cultivateurs de la Sibérie que j'aie vus fumer leurs terres, et sans doute cette pratique leur est très-profitable.

CHAPITRE XI.

Sibérie. — Kiakhta. — Maïmatchin. — Commerce avec les Chinois. — Limites des deux empires. — Nertchinsk. — Mines d'argent. — Daourie. — Mont Tchékondo.

Je suivis pendant près de 40 milles les bords de la Selenga, à travers un pays triste où l'on ne rencontre que de misérables villages : ensuite la route s'éloigne de la rivière et passe par une contrée plus ouverte et boisée ; des collines s'élèvent ; elles sont séparées par de jolies vallées incultes. Tout, en un mot, annonce une frontière, et quelque chose semble dire que l'on est sur les limites de deux puissans empires.

Au milieu d'une plaine unie et assez élevée, j'arrivai sur les bords de la Kiakhta, qui baigne les remparts de Troïtsko-Savsk, fort où on entretient une garnison composée ordinairement d'une compagnie d'infanterie, et où résident le commandant, l'administration chargée des affaires avec les Chinois, ainsi que les commissaires qui ont la surveillance de la frontière : ce fort se nomme aussi Kiakhta. De là on aperçoit parfaitement le bourg chinois. Au-delà du fort est le bourg russe, assez mal et irrégulièrement bâti, et habité seulement par les marchands. Il passe pour salubre, quoique l'eau n'y soit pas bonne ; on est obligé d'en apporter de potable d'une distance de deux milles, et le bois de chauffage d'une de vingt. Le terrain y est si maigre, que l'on n'y cultive qu'avec peine les plantes potagères les plus communes. Le fort est un carré régulier, entouré de palissades ; chaque angle est un bastion garni d'artillerie. Trois portes conduisent, l'une à Selenghinsk, l'autre au fort chinois ; la troisième à la rivière. Le bourg que le fort renferme est considérable, bien bâti et très-peuplé. On y trouve une église, un bazar, des casernes et les maisons des officiers.

A 300 pieds seulement de distance du fort russe est situé le bourg des Chinois nommé *Maïmatchin*. Il est bâti en terre et de forme carrée : au centre de chaque face de l'enceinte, s'ouvre une porte surmontée d'un bâtiment servant de corps-de-garde. La garnison est composée de soldats mongols qui veillent à la police, surtout pendant la nuit ; ils ne sont armés que de bâtons. Les rues sont bien alignées, mais étroites. Dans le temps de la foire qui se tient au mois de décembre, on y compte à peu près 1,500 individus, tant hommes que petits garçons ; car il est défendu aux femmes d'y venir. Les maisons sont dépourvues de fenêtres sur la rue ; du reste, elles sont propres. On entre dans l'intérieur par une cour étroite, des deux côtés de laquelle sont les magasins : chacune a un parterre de fleurs. Deux appartemens composent l'habitation. Le premier est destiné à la vente des marchandises qui y sont étalées de la manière jugée la plus avantageuse : tout ce qui est nécessaire pour allumer une pipe se trouve placé dans chaque coin ou au milieu de la pièce. L'autre appartement sert de salle à manger, et ne diffère du premier que par une estrade, sur laquelle on s'assied le jour et on dort la nuit ; les couvertures, les oreillers et les coussins sont roulés et arrangés avec beaucoup de soin. Les meubles des deux pièces richement ornées sont en très-beau laqué.

Je rendis visite à une demi-douzaine des principaux négocians chinois ; quelques-uns parlent très-bien le russse. Partout je fus reçu très-poliment ; on me présenta du thé, des liqueurs, des fruits secs, des gâteaux, du punch et des cigarres. Je trouvai ces Chinois très-civils et très-communicatifs.

Des lanternes sont placées à des distances régulières et allumées le soir ; des paquets de soie et de coton, des sonnettes postiches et d'autres colifichets insignifians sont suspendus en dehors des maisons. J'allai visiter le temple, qui est rempli d'images gigantesques d'hommes et de chevaux en bois doré.

Maïmatchin n'a ni fort ni aucune espèce de défense ; il est seulement entouré d'une enceinte en bois, quoiqu'au printemps, en été et en automne, près de quatre cents habitans y séjournent constamment. Les affaires n'éprouvent aucune interruption durant tout le cours de l'année entre les deux territoires, et l'on n'est astreint à aucune formalité en passant de l'un à l'autre. La meilleure intelligence règne entre les Russes et les Chinois, et ils se régalent alternativement. Maintenant, les Chinois jouent aux cartes, aux dames et aux échecs, boivent, dansent et chantent. Au mois de février arrive leur grande fête, qui dure trois jours : c'est celle du nouvel an. Le commandant russe donne aussi une fête au principal mandarin et aux Chinois les plus considérables (Pl. IV — 2).

Le commerce ne se fait que par échange ; les

Russes fournissent des pelleteries, des draps et autres lainages, des cuirs, des tissus en lin, en chanvre et en coton, du fer en barre, du fer-blanc, de la quincaillerie, du cuivre en lingot et en feuille, du plomb, du papier, des miroirs, de la passementerie, des pendules, des cristaux, des lunettes, des tabatières de carton, des étuis, des peignes, de la colle de poisson, des pierres à fusil, du soufre, de la corne de cerf, de la farine, du beurre. Les marchandises envoyées par les Chinois sont le thé en briques, le sucre, des fruits secs, la rhubarbe et autres drogues; des étoffes de soie, des stores en jonc, et autres objets de fantaisie. Les Russes prennent pour signe représentatif des valeurs une quantité déterminée de peaux d'écureuils, et les Chinois une brique de thé. Quand on est tombé d'accord sur la quantité de peaux à laquelle celle-ci équivaut, le trafic commence. En 1828, les marchandises importées à Kiakta furent évaluées à 24,318,852 roubles, et celles qui furent expédiées à Maïmatchin à 14,442,175. Les droits de douane perçus par la Russie s'élèvent à 817,465 roubles.

De retour à Kiakhta, j'y passai deux jours. Les denrées y sont chères, ce qui n'empêche pas les négocians de bien vivre. Il règne chez eux un ton d'aisance, d'amabilité et de bonne foi qui leur fait honneur; quelques-uns sont immensément riches et logés magnifiquement.

Kiakhta est entouré de hautes montagnes granitiques; la plus considérable est appelée par les Mongols *Bourgoultei* (mont des aigles). Le fort russe en est voisin. Sur une autre montagne, on voit les barrières des deux empires, posées vis-à-vis l'une de l'autre. Du côté des Russes est une butte en pierres surmontée d'une croix, du côté des Chinois une espèce de pyramide. Des poteaux de dix pieds de hauteur ont été placés au milieu de l'espace en plaine qui sépare Kiakhta de Maïmatchin. On lit sur l'un une inscription en russe et sur le second en mandchou. La Kiakhta coule à l'O. des deux bourgs.

Je regagnai Verkhni-Oudinsk; de là je m'avançai vers l'E. le long de l'Ouda, à travers un pays pittoresque dans une étendue de 10 milles jusqu'à l'endroit où on quitte les bords de la rivière. Bientôt on entre dans le step des Bouriats, qui est inculte, mais couvert de beaux pâturages; des relais de poste éloignés l'un de l'autre de 20 à 25 milles, interrompent seuls cette immense solitude. Je m'arrêtai chez un chef dont la tribu passe pour la plus nombreuse du gouvernement d'Irkoutsk. Son secrétaire me donna un passeport écrit en mongol.

Plus loin, je rencontrai quelques villages bouriats. L'aspect des montagnes boisées de la chaîne appelée Iableni-Daba réjouit la vue, mais bientôt on rentre dans une contrée basse et sablonneuse; je suivis le cours du Tchita, rivière qui se jette dans l'Ingoda; celle-ci, réunie à l'Onone, prend le nom de *Chilka*, qui, à son confluent avec l'Argounia, forme le fleuve Amour. L'Ingoda arrose de magnifiques pâturages entre des rochers nus et majestueux. On rencontre des hameaux, des villages et des champs au milieu des forêts. Enfin j'arrivai à Nertchinsk, petite ville au confluent de la Nercha et de la Chilka, dans un canton triste et absolument nu. Elle est mal située et mal bâtie. Lorsque les caravanes faisant le commerce avec les Chinois passaient ici, Nertchinsk jouissait d'une certaine aisance, qu'elle a perdue depuis qu'ils suivent une autre route. Le peu de marchands qui restent dans cette ville font un petit commerce de zibelines et de petits-gris renommés par leur qualité supérieure (Pl. IV — 4).

Nertchinsk est remarquable par le traité de paix qui y fut conclu le 28 août 1689 entre les Russes et les Chinois, et qui régla les frontières des deux empires.

J'allai à Bolchoï-Zavod (la grande usine) à travers un pays dont le terrain fertile est cultivé près des villages le long du chemin. Ils sont habités par des exilés. Le sort de ceux qui sont employés à l'exploitation des mines de ce district est vraiment déplorable. Ce sont des malfaiteurs condamnés à mort, et dont l'empereur a commué la peine en un exil dans ces contrées. Ils sont accablés de travaux pendant six mois et oisifs pendant six autres. Quelle différence entre cette administration des mines et celle de Barnaoul!

La principale usine ou Bolchoï-Zavod comprend à peu près 400 iourtes chétives et une population de 3,000 individus. Le terrain y est très-stérile et le climat très-rigoureux; ce lieu est situé dans un ravin profond entouré de hauts rochers dénués de toute espèce de végétation.

Le district des mines de Nertchinsk produit annuellement 40,000 pouds de plomb, duquel on extrait 250 pouds d'argent pur. Ce district, comme celui de Colyvan, ressortit directement du cabinet impérial. Il y a six fonderies d'argent, qui sont Nertchinsk ou Bolchoï-Zavod, Doutcharsk, Koutomarsk, Ecaterininsk, Gazimoursk et Chilkinsk; une nouvelle usine, celle de Pétrovsk, affine le fer employé dans les autres. Les principales mines sont au nombre de treize.

De Bolchoï-Zavod, j'allai à Tchourou-Khaï,

Taevst, grand village et fort sur l'Argoune, bien bâti, gai et propre, entouré de jardins; les environs abondent en richesses minérales. Par le traité de 1727 avec les Chinois, il fut convenu qu'un commerce d'échange aurait lieu toute l'année dans ce village; mais de nombreuses difficultés s'étant opposées à l'exécution de cette clause, il ne s'y fait de trafic que lorsque des commissaires chinois y passent en visitant les frontières. Alors les Russes y viennent aussi de Nertchinsk avec des pelleteries; mais on n'y voit jamais de véritables négocians, soit russes, soit chinois.

Je suivis la ligne des postes russes dans un désert où on n'aperçoit que des pâturages. Une belle route me conduisit à Kondou, lieu très-ancien où l'on remarque beaucoup de restes de fours mongols. Ensuite le pays devint plus stérile et s'éleva un peu plus. Le fort de Tchindat est près de l'Onone. Dans le voisinage, je vis un grand village habité par des laboureurs russes qui sont venus à bout de vaincre les difficultés que leur oppose le climat. Près de Khariuski, je rencontrai les premiers Cosaques toungouses; ils avaient l'air très-misérables, mais contens de leur sort quand ils possèdent une couple de vaches ou de chevaux. Au-delà de Kirring, le terrain devient meilleur; beaucoup de champs de blé s'offrent à la vue. L'Onone longe la vallée dans laquelle je voyageais. Traversant ensuite une contrée montueuse et bien boisée, je parvins à Achenghinski, la poste russe la plus au S. E. sur la frontière de la Chine; de même que dans les plus considérables, 60 Cosaques et un officier en forment la garnison. Le village est agréablement situé; il est défendu d'habiter au-delà. Je regagnai les bords de l'Ingoda; je traversai les montagnes; je revins à Irkoutsk.

La contrée montagneuse qui renferme les mines de Nertchinsk est désignée par le nom de *Daourie*; ses richesses minérales sont très-variées; on y a même découvert des pierres précieuses. Parmi les arbres qui croissent sur les montagnes, on retrouve le chêne et le noisetier, qui avaient disparu sur les flancs de l'Oural oriental, et ces végétaux ligneux continuent à se montrer à l'E. jusqu'aux confins de l'Asie de ce côté. D'autres productions de la nature, communes en Europe, que l'on avait également cherchées inutilement en Sibérie après avoir franchi l'Oural, s'offrent de même aux regards en Daourie. La plus haute cime des monts Daouriens est le Tchekondo; sa cime, couverte de neiges éternelles, est à 7,670 pieds au-dessus de l'Océan. Les eaux qui coulent de ses flancs septentrionaux vont se jeter dans l'Ingoda.

CHAPITRE XII.

Sibérie. — La Lena. — Kirensk. — Changement de climat. — Les Toungouses. — Yakoutsk. — Bivouac dans la neige. — Iourtes de refuge. — Beurre de roche. — Zakhiversk. — L'Indighirka.

En partant d'Irkoutsk pour aller au N. E., je montai pour entrer dans un pays très-élevé et très-inégal qui, à l'exception d'un petit nombre de champs cultivés, n'offre que des pâturages. Il est habité par les Russes, dont les villages, quoique petits, sont fréquens.

Je passai la Lena et j'atteignis bientôt Verkholensk, ville grande et peuplée. Les communications par terre cessent ici. Je m'embarquai donc sur une pirogue avec un Cosaque; deux mariniers nous conduisaient. Les rives du fleuve sont hautes, bien boisées et parfois pittoresques. Beaucoup de villages avec leurs champs de seigle sont éparpillés dans les vallées. Les îles sont fréquentes dans le lit du fleuve.

Kirensk, avec ses trois églises et un couvent, n'a, d'ailleurs, rien de remarquable. A peu près à six milles plus loin, j'aperçus le premier village toungouse. De chaque côté je ne vois que des forêts; la culture des céréales a cessé; les plantes potagères réussissent encore, mais en petite quantité. Cependant le pain n'est pas plus cher qu'à Irkoutsk, parce que le gouvernement expédie dans ces contrées, à ses frais, de la farine qui, ainsi, contribue à nourrir le pauvre à un prix qu'il peut payer.

A Vittim, je rencontrai de la glace que charriait le fleuve: elle n'empêchait pas encore de naviguer; cependant elle nous entourait quelquefois de telle manière, que les pauvres bateliers étaient obligés de se déshabiller et de se tenir dans l'eau jusqu'à la ceinture pour remorquer la pirogue, pendant que la température de l'atmosphère était à 5 degrés au-dessous de zéro. Une pipe de tabac ou plutôt de bois de bouleau pulvérisé et un verre d'eau-de-vie, quelque petit qu'il fût, leur faisait oublier leur travail pénible.

Dans un village, les habitans m'invitèrent à aller par terre au lieu de naviguer sur le fleuve, et me fournirent des chevaux. Il en usaient ainsi, parce que, dans cette saison, le travail d'un homme est précieux pour la pêche, et qu'un seul suffisait pour m'accompagner. A Ierbat, je me trouvai sur la ligne qui sépare les Toungouses des Yakouts.

Les Toungouses habitent diverses parties de la Sibérie depuis les rives de l'Angara supérieure, de l'Iéniseï et de la Lena, jusque sur les côtes de la mer à l'E. On les distingue en trois familles : 1º les Toungouses à rennes; ce sont les nomades du Nord; on les nomme aussi Toungouses des bois ou chasseurs ; 2º les Toungouses à chiens; ce sont ceux qui vivent dans les environs de la mer d'Okhotsk et vers le Kamtchatka; ils voyagent en traîneaux attelés de chiens; 3º les Toungouses à cheval ; ce sont ceux de la Daourie; ils possèdent de nombreux troupeaux de gros bétail et de chevaux; quelques-uns même labourent la terre ; ils se rapprochent beaucoup, par leurs mœurs, leurs usages et leurs coutumes, des Bouriats.

Un très-petit nombre de Toungouses a reçu le baptême, le reste est plongé dans les superstitions du chamanisme. Ils appartiennent à la même souche que les Mandchoux. Ils sont pleins de probité et d'obligeance ; ils regardent le larcin comme un crime impardonnable; ils sont très-hospitaliers et partagent volontiers le produit de leur chasse, sans s'inquiéter de l'avenir. Ils supportent à un degré extraordinaire la fatigue, le froid, les privations de tout genre. Ils sont sensibles aux bons traitemens et s'en montrent reconnaissans, mais ne se laissent pas insulter et savent se venger; ils sont très-irascibles, et on ne peut venir à bout d'eux que par de bonnes paroles.

Ils sont de taille médiocre et d'une grande agilité ; leurs traits sont réguliers ; ils ont de très-petits yeux, une physionomie riante, le visage plus aplati et plus grand que celui des Mongols. Ils ont peu de barbe, la chevelure noire, et la laissent pendre autour de la tête à une longueur uniforme. Ils sont très-malpropres, mangent les viandes les plus dégoûtantes et répandent une odeur nauséabonde. On les regarde comme de bons soldats, soit avec l'arc, soit avec le fusil, ils sont d'excellens tireurs.

Leur vêtement ressemble à celui des Ostiaks, et est également en peaux de renne ou d'argali ; ils bordent leur blouse de peaux de renard ou de lièvre blanc. Ils sont coiffés d'un bonnet en peaux de renard; une palatine en queues d'écureuil leur garantit le cou, les oreilles, le nez et le menton. Leur habillement d'été ne diffère pas de celui d'hiver; mais, au lieu de fourrures, ils emploient des peaux tannées. Leur lit est une peau d'ours ou de renne; une autre, bordée des fourrures les plus chaudes et de la forme d'un sac, tient lieu de couverture. Une hache, un couteau, une cuillère de bois, une marmite composent tous leurs ustensiles ; une pipe de tabac, un verre d'eau-de-vie, sont pour eux le comble des délices (Pl. V — 3).

Les Toungouses n'ont point de nom commun ou national ; la plupart de ceux qui habitent la Sibérie se donnent celui de *Boié*, *Boia* ou *Byé* (hommes). Quelques-uns se désignent par celui de *Donki* (gens); il paraît que c'est de là que dérive celui de Toungouse plutôt que du mot turc *Toungous*, qui signifie cochon. Quoi qu'il en puisse être, cette dénomination est très-ancienne. Les Toungouses les plus occidentaux sont appelés *Tchapoghirs*; les tribus vivant le long de la mer d'Okhotsk jusqu'au golfe de la Penjina, se nomment eux-mêmes *Lamout*, et celles au N. et à l'E. du Baïkal *Oveunnes* ou *Ovœnki*. Les Toungouses sont une des nations les plus nombreuses de la Sibérie; ils ont des chefs ou princes appelés *toïon*.

Ayant quitté les Toungouses, je fus confié aux soins des Yakouts; en trois jours j'atteignis à cheval Olekminsk; je fis la plus grande partie du reste de la route en pirogue jusqu'à Yakoutsk, où j'entrai le 6 octobre. Le temps était très-froid, l'atmosphère sombre, la neige tombait abondamment; en un mot, tout indiquait l'hiver : cependant on pensait ici qu'il était retardé, parce qu'en général, au 1er octobre, la Lena est prise par la glace, et qu'en trois semaines de plus on peut y voyager en traîneaux. A l'exception des 60 derniers milles, j'avais pu y naviguer, quoiqu'avec des difficultés et des risques. Une chaîne de coteaux majestueux longe la rive droite du fleuve, qui baigne leurs flancs escarpés ombragés par des sapins, dont la verdure sombre égaie l'aspect inanimé et morne du paysage à cette époque de l'année. A Olekminsk, la rive gauche devient basse et marécageuse, mais offre de gras pâturages; les coteaux changent de direction. A mesure qu'on approche d'Yakoutsk, les villages sont plus rares, et les relais plus longs; ils sont quelquefois à 35 et 40 milles de distance l'un de l'autre ; cependant les indigènes font leur service très-gaîment.

Yakoutsk, quoique très-commerçant, est mal bâti ; les maisons y sont encore plus éparpillées qu'à Irkoutsk. Une demi-douzaine d'églises, les restes d'un ancien fort, un couvent et quelques édifices assez beaux, contribuent à rendre son aspect passable; cependant je ne pus m'empêcher de le trouver un des plus tristes que j'eusse jamais vus. Cette ville est située à la gauche de la Lena, dans une plaine entourée de montagnes de tous les côtés à une distance de 15 à 20 verst. Plusieurs îles que forme ici le fleuve

1. Morses.

2. Femme et Homme Tchouktchis.

J. Bailly del.

VOYAGE

SIBÉRIE.

lui donnent en été une largeur de cinq verst, et en hiver de trois. Yakoutsk fait un commerce considérable en pelleteries, étant le rendez-vous de tous les chasseurs qui vont dans une partie de la Sibérie boréale, et des marchands qui arrivent du Kamtchatka et de l'Amérique russe. Des marchandises russes et chinoises y sont aussi apportées pour être expédiées dans ces contrées. Les céréales, le sel, le vin nécessaires à sa consommation y sont amenés d'Irkoutsk et d'Ilimsk par la Lena. Arkhangel, quoique éloigné de plus de 8,000 verst, fait un très-grand négoce en vins étrangers avec Yakoutsk. Il s'y tient en décembre, juin, juillet et août, des foires très-importantes.

La plus grande partie de la population du gouvernement d'Yakoutsk est sur les rives de la Lena et de ses affluens, ainsi que sur ceux des autres fleuves qui arrosent ce pays immense.

Pourvu de vêtemens propres à me préserver du froid, et d'une provision de biscuit, de bœuf rôti, de poisson sec, de thé, de sucre candi, de tabac, d'eau-de-vie et de divers objets, je partis d'Yakoutsk le 31 octobre, accompagné d'un Cosaque. J'avais deux traîneaux ; la Lena était suffisamment gelée pour porter des voitures. Je ne tardai pas à la quitter, et je traversai un pays bien boisé. Les Yakouts, chez lesquels je m'arrêtais aux relais, me comblèrent d'attentions, me servant du lait, de la viande, et souvent de la crème avec des framboises. Mon visage souffrit beaucoup d'un vent froid. Je passai deux jours à Aldan, sur les bords d'une belle rivière de même nom. Les chevaux que nous y prîmes nous conduisirent 150 lieues plus loin. Je traversai la chaîne des monts Toukoulan, après avoir passé la nuit en plein air à leur pied. On commença par débarrasser les chevaux de leur charge et de leur selle; on les débrida et on les attacha à un arbre, de manière à les empêcher de manger. Ensuite les Yakouts avec leurs haches abattirent des arbres, pendant que le Cosaque et moi avec nos *lopatkas*, ou pelles de bois, enlevions la neige qui avait généralement deux pieds d'épaisseur ; puis nous étendîmes des branches de pin à terre pour nous préserver du froid ou de l'humidité ; on eut bientôt allumé un grand feu, et chacun, apportant un sac du bagage, se munit d'un siège. La marmite fut placée sur le feu, et les souffrances du jour furent oubliées. Par intervalles, le temps était si froid, que nous étions presque obligés de nous fourrer dans le feu. En somme, je passai la nuit passablement bien, quoique de temps en temps je fusse forcé de me lever, afin de me promener ou de courir pour n'avoir pas les pieds gelés. Pendant le jour, le thermomètre s'était tenu entre 20 à 25 degrés au-dessous de zéro.

J'avais pendant quelques jours voyagé principalement le long du Toukoulan, qui coule dans une vallée pittoresque, où abondent le sapin, le mélèze et l'aune. Il fallut franchir le défilé qui conduit pour ainsi dire dans la Sibérie septentrionale ; je descendis de l'autre côté des montagnes en glissant sur mon derrière, et, à moitié gelé, j'atteignis ce qu'on peut appeler une iourte de refuge, car elle a été construite par la communauté pour la réception des voyageurs auxquels elle peut sauver la vie. C'est une cabane en bois avec une chambre de douze pieds carrés, où l'on entre par une petite antichambre ; une ouverture dans le toit sert de fenêtre. Le foyer est au milieu, de niveau avec six bancs de terre revêtus de planches qui sont placés tout autour. Le bâtiment est en dehors entièrement flanqué de neige dont on couvre aussi le toit ; il n'y a pas à craindre qu'elle fonde pendant la saison où l'on voyage. Cet asile est très-utile ; sa seule incommodité vient de ce qu'il faut laisser la porte ouverte pour laisser une issue à la fumée, ce qui le rend très-froid et désagréable.

De cette manière, nous passâmes une nuit supportable, en compagnie avec d'autres personnes allant à Yakoutsk. Le lendemain nous nous remîmes en route par un beau temps, et, de cette façon, en six jours nous atteignîmes Barralas, dormant alternativement dans la neige ou dans une iourte inhabitée. Ces asiles sont placés à 25 milles de distance l'un de l'autre ; ce qui est trop quand le temps est mauvais, et trop peu dans le cas contraire : la moitié serait préférable.

Le pays que je traversais peut être appelé très-pittoresque : on marche entre deux rangs de hautes montagnes ; les vallées sont très-bien boisées, mais les arbres diminuent en nombre à mesure qu'on approche du sommet des monts qui n'offre que de la neige gelée. Il y a aussi d'innombrables vallées secondaires qui partent de la principale, et qui, étant couvertes de très-beaux arbres, produisent un effet magnifique ; mais, malgré la beauté ou la majesté du paysage, il est triste et désolé, car on n'aperçoit pas une seule habitation entre Aldan et Barralas, éloignés l'un de l'autre de la moitié de la longueur de l'Angleterre ou de 75 lieues.

A Barralas je fus très-bien accueilli par un prince yakout, qui me donna une provision de lait gelé. Je rencontrai quelques Yakouts chassant avec des arcs et des flèches, les uns à cheval, les autres à pied; ils me parurent extrêmement polis. Nous vîmes en chemin plusieurs de leurs demeures; tous nous offrirent un gîte et des vivres; on me cédait toujours la meilleure place vis-à-vis de l'entrée, au-dessous des images.

La traite de Barralas à Tabalak fut de six jours; il y eut beaucoup de neige et de vent; je souffris infiniment, de même que mes compagnons et nos chevaux; un jour le thermomètre marqua de 29 à 30 degrés au-dessous de zéro. Tantôt nous cheminions sur les rivières, tantôt sur leurs rives. Tabalak est la résidence d'un caporal de Cosaques qui a le commandement des Yakouts du voisinage. Il ne paraît pas trop mécontent de sa position. Ce lieu, entouré de lacs très-poissonneux, n'est pas mal peuplé en comparaison de ceux que j'avais trouvés dans les cantons où j'avais d'abord passé. La route était fréquentée par un grand nombre de colporteurs allant à la foire des Tchouktchis. Dans cette saison, le chemin était rendu plus difficile par la quantité d'arbres tombés, soit par la force du vent, soit par les crues de l'eau, soit par l'effet naturel de l'âge. Très-souvent au printemps ceux que les ouragans de l'hiver ou les débordemens de l'été ont laissés debout, saluent le voyageur par leur chute, si dans sa marche il touche leurs racines qui sont presque de niveau avec la surface de la terre. Tout le pays est complètement gelé au N. du 60e degré de latitude.

Je traversai ensuite de hautes montagnes courant de l'E. au N. O., surmontées de pics, bordées de précipices et offrant de longs plateaux; le Tostak et le Dogdo coulent dans leurs vallées. Nous étions fréquemment obligés de faire halte pour écarter la neige avec nos pèles, afin que nos chevaux pussent marcher: d'autres fois il fallait les débarrasser du bagage que nous traînions à une distance de plusieurs centaines de pieds; sur les rivières, il était nécessaire de tailler d'abord avec nos haches la surface de la glace, afin qu'ils pussent y marcher, tant elle était glissante; ensuite on les conduisait par la bride pour les soutenir. On garnissait leurs pieds de morceaux de drap, et on leur entourait le haut des jambes d'une corde, afin qu'ils ne fissent que de petits pas en avant, et ne glissassent pas de côté; cependant, malgré toutes ces précautions, on ne réussissait pas à prévenir leurs chutes; il était pénible de se trouver témoin de leurs souffrances. On fut contraint d'en abandonner un.

Parmi ces montagnes, plusieurs sont schisteuses et les autres granitiques. Sur les rives du Kamen-da-Maslo, on recueille une matière terreuse et onctueuse, appelée *beurre de pierre*, que les Russes et les Toungouses mangent très-souvent; elle est d'une couleur jaunâtre comme la crème, et d'un goût assez agréable; mais son usage est prohibé, parce qu'il en résulte différentes maladies, telle que la gravelle. Cette substance coule des rochers schisteux dans diverses contrées de la Sibérie, notamment dans les environs de l'Ieniseï. Exposée à l'air par un temps sec, elle durcit; mais par un temps humide, elle devient liquide. Les Russes la nomment *kamennoyé-maslo* (beurre de roche). On la reconnaît aisément à son odeur pénétrante. Les élans et les chevreuils en sont singulièrement friands, et les chasseurs sont assurés d'en trouver un grand nombre aux montagnes qui la produisent.

Le chemin n'est pas toujours aisé à reconnaître au milieu de ces montagnes; car, pour peu que le vent souffle, il en efface toutes les traces au milieu de neiges qui ont quatre à six pieds de profondeur. On n'apercevait pas le moindre vestige de verdure au sommet de ces hauteurs; on n'y découvrait rien que quelques croix destinées à recevoir les offrandes des Yakouts; elles consistent en crins tirés de la queue ou de la crinière de leurs chevaux, en signe de gratitude d'être parvenus sains et saufs à ces cimes. A force de persévérance, nous finîmes par sortir de ce désert de neige, et nous descendîmes rapidement la pente septentrionale des monts, d'où je jouis d'une vue magnifique d'hiver qui se déploya rapidement devant moi. J'atteignis bientôt les rives du Tchouboukalah, puis la Galanima qui est plus considérable, et suivant une vallée bien boisée, je gagnai son confluent avec l'Indighirka, fleuve très-rapide, et je ne tardai pas à entrer dans Zakhiversk.

Ce lieu est qualifié ville, mais c'est bien gratuitement; car il ne contient que sept maisons chétives, qui sont séparées les unes des autres. C'est cependant le chef-lieu d'un commissariat. Il est à la droite de l'Indighirka qui en été a un cours impétueux. Les montagnes à l'O. sont escarpées et nues, ne produisant que quelques pins rabougris; elles resserrent, vers le N., le bassin du fleuve jusqu'à une quarantaine de milles; alors il s'élargit et forme une continuité de lacs jusqu'à son embouchure dans la Mer-Glaciale.

Dans l'intervalle de 250 milles qui sépare Tabalak de Zakhiversk, je ne rencontrai pas une seule maison habitée; huit iourtes de refuge y sont éparses. Le poisson est très-abondant à

Zakhiversk et compose la principale nourriture de la population. Il ne croît pas un brin d'herbe près de ce lieu, et ce n'est qu'à plus de 30 milles de distance qu'on entretient des chevaux, de sorte que ce n'est pas une petite difficulté d'y apporter le foin qui sert à nourrir deux vaches. Je restai cependant trois jours à Zakhiversk, où je ne mangeai que du chevreuil et de l'élan, avec du poisson cru qui me parut très-bon. On m'en donna un sac tout entier pour ma provision.

Je longeai les rives de l'Indighirka jusqu'au point où les montagnes divergent les unes à l'E. N. E., les autres à l'O. S. O. Les premières se dirigent vers la Kolyma ou Kovyma, les autres bordent l'Yama ; le pays qui les sépare n'est qu'un désert. Je vis pour la première fois des chiens attelés à des traîneaux (Pl. V — 1). Je cheminais dans un pays plat, coupé de petits lacs communiquant entre eux par des rivières. De temps en temps, je souffrais beaucoup du froid, surtout aux genoux. Le thermomètre descendait parfois jusqu'à 30° au-dessous de zéro. Le sixième jour, j'entrai dans une misérable cabane dont les habitants mourant de faim s'étaient complètement résignés à leur sort et ne désiraient que leur dernier moment. Nos remontrances produisirent quelque effet et les animèrent ; du thé chaud fut encore plus efficace, puisqu'ils se décidèrent à nous accompagner au prochain relai, où les habitants, à notre instigation, leur donnèrent une partie de leur poisson, quoiqu'ils n'en eussent pas trop pour eux-mêmes.

CHAPITRE XIII.

Sibérie. — Cercle polaire arctique. — Sredni-Kolymsk. — Froid excessif. — Nijni-Kolymsk. — Youkaghirs. — Anouï-Ostrog. — Tchouktchis. — Foire et trafic.

A travers des lacs et des forêts basses, j'atteignis enfin le sommet d'une chaîne de coteaux qui sépare le commissariat de Zakhiversk de celui de la Kolyma. Dans la plaine, la route devient très-difficile, à cause de la profondeur de la neige et du triste état des chevaux. A Fardak, il y a un poste de Cosaques, commandé par un caporal et quelques autres iourtes pour les Yakouts qui coupent du bois et du foin, pêchent et chassent pour cet établissement : en conséquence, ils sont exempts de l'iasak. Ils doivent aussi accompagner les courriers et les autres voyageurs, et ramener les chevaux du gouvernement. Ces mêmes obligations sont imposées à leurs stations qui sont au nombre de huit d'Yakoutsk à Sredni-Koiymsk sur une distance de 1800 milles. Sardak est dans un pays bas et marécageux, coupé de lacs nombreux, et couvert de beaucoup de beaux arbres.

Ici j'étais un peu au N. du cercle polaire arctique ; le soleil se montrait encore quoique nous fussions au 10 décembre ; c'était un effet de la réfraction.

Nous étant bien restaurés avec la chair d'un loup et d'un cheval qui avaient tous deux succombé en se battant, nous partîmes le 14 décembre. Je traversai l'Alazea, fleuve qui court à la Mer-Glaciale. La contrée qu'il baigne abonde en poisson, en gibier, en bétail ; le peu d'habitants qui vivent sur ses bords ne manquent de rien. Ils nous fournirent d'excellentes provisions.

Sredni-Kolymsk est à la gauche de la Kolyma, et le chef-lieu d'un commissariat ; on y compte une quinzaine de maisons et une centaine d'habitants. Le froid devenait excessif à mesure que j'avançais vers le N. ; souvent le thermomètre marquait plus de 31 degrés au-dessous de zéro. Un jour il descendit à 36 degrés ; je fus obligé de mettre une trentaine de fois pied à terre, afin de courir pour ne pas geler. Les maisons de ce canton, habitées ou non, sont bien mieux construites que celles que j'avais vues précédemment. A Malone, on cesse généralement de se servir de chevaux, quoiqu'on les mène quelquefois jusqu'au rivage de la Mer-Glaciale. On me procura donc un attelage de treize chiens et un conducteur ; le traîneau était surmonté d'une espèce de carrosse enveloppé d'une toile cirée pour préserver du froid qu'on regardait comme trop fort pour être supporté. Une peau d'ours, une couverture de laine et un oreiller furent placés dans l'intérieur, pour que je pusse me coucher, me tenir chaudement et dormir à ma fantaisie. J'entrai, on ferma l'enveloppe sur moi ; pas un souffle d'air ne pouvait pénétrer, de sorte que malgré la rigueur de la température extérieure, je fus obligé, pour ne pas être suffoqué, de pratiquer une ouverture avec un couteau, et je me débarrassai de tout cet attirail incommode. Les chiens couraient bien, mais l'excès du froid les obligeait à s'arrêter quelques minutes de quatre en quatre milles, et de plus chaque fois que je trouvais nécessaire de marcher, car le défaut d'exercice m'affectait cruellement. Jamais je ne souffris tant du froid ; la course d'une halte à l'autre durait une demi-heure. Ce temps suffisait pour geler et irriter la peau de mon visage d'une manière désolante. J'avais besoin de faire un effort sur moi-même pour pouvoir reprendre l'exercice nécessaire, afin de combattre cet inconvénient. Quelquefois j'éprouvais une si forte envie de dormir, que le conducteur jugeait indispensable de faire tous ses efforts pour me réveiller. Il me montrait beaucoup d'affection, et il s'est assuré des droits à ma reconnaissance.

Ayant parcouru 55 milles avec les mêmes chiens, je m'arrêtai, pour la nuit, dans la tente d'un Youkaghir. Le lendemain, quoique le froid augmentât d'intensité, j'arrivai à Nijni-Kolymsk à midi le 31 (19) décembre 1820. Plusieurs thermomètres à l'esprit de vin marquaient 42 degrés au-dessous de zéro. J'en étais quitte pour avoir eu la partie supérieure du nez, dans le voisinage des yeux, attaquée par la gelée.

Le lendemain, je reçus pour cadeau du nouvel an deux poissons gelés pesant ensemble près de 200 livres. Je demandai la cause de ce don, et j'appris que, comme on supposait que je n'avais pas apporté de poisson pour ma subsistance, et la saison d'en faire provision étant passée, les habitans pensaient que je devais en avoir besoin. Dans la matinée, on me fit aussi cadeau d'une blouse en cuir pour mon séjour sur les rives de la Kolyma; elle était jolie, bordée en martre et en zibeline; on y ajouta un pantalon, un bonnet, des bottes et des bas semblables, enfin tous les vêtemens désirables qui pouvaient me suffire pour dix-huit mois, ainsi qu'une peau d'ours pour un lit et une couverture en cuir bordée de peaux de lièvre; les dames me fournirent les gants, et le baron Wrangel, officier de la marine impériale, employé à l'investigation des côtes de la marine royale, et chez lequel je logeais, mit le comble à toutes ses bontés en me gratifiant d'un habillement complet à la mode du pays, pour m'en servir si j'en avais besoin, ou pour le garder comme objet de curiosité. Je pus, grâce à ces marques de bienveillance, faire tous les jours impunément de longues promenades à pied.

Malgré l'extrême rigueur du froid en janvier et en février 1821, car le thermomètre descendit parfois jusqu'à 40 degrés, on passa le temps assez agréablement; tant que le vent ne soufflait pas, on pouvait sortir, mais alors il fallait absolument rester au logis.

Nijni-Kolymsk peut être appelée une grande ville dans cette région boréale, car on y compte près de 40 maisons et à peu près 400 habitans ou 80 familles. Elle est sur le bord oriental d'une île de la Kolyma, longue de 25 milles, et vis-à-vis du confluent de l'Anioui; une rangée de coteaux la préservent des vents glacés du N.

L'île ne produit que des broussailles; le bois de construction et de chauffage est amené de Sredni-Kolymsk par le fleuve; ainsi on ne doit pas s'attendre à voir de la culture dans un climat où on aperçoit à peine une feuille d'herbe. Les chevaux qui, parfois, restent quelques jours dans le voisinage, mangent de la mousse ou les sommités, les troncs ou l'écorce des arbustes. Cependant les habitans trouvent le moyen, avec beaucoup de peine, de nourrir une couple de vaches, quoiqu'ils soient obligés de faire venir le foin d'une distance de 80 milles. La population est principalement composée de Cosaques, d'une douzaine de trafiquans et de trois prêtres. Tout ce monde fait quelque négoce, chasse et amasse du bois en hiver; pêche et prend des oiseaux au printemps et en automne, en été construit des habitations. Les femmes passent leur temps à broder avec beaucoup de délicatesse les vêtemens et d'autres objets. Plus au S., elles soignent le bétail; mais, en somme, la pêche peut être appelée l'affaire principale; hommes, femmes, enfans s'y emploient. La quantité de poisson que l'on prend est prodigieuse; par malheur, le manque de sel empêche de le conserver.

Autrefois les animaux à fourrure étaient beaucoup plus communs; alors la dîme pour l'empereur s'élevait à la valeur de 5,000 peaux de zibeline; aujourd'hui elle ne va pas à 500, quantité à peine suffisante pour payer l'isak. La principale ressource pour les vêtemens d'hiver et les fourrures les plus précieuses sont fournies par les Tchouktchis.

Je ne puis faire l'éloge de la salubrité de Nijni-Kolymsk; on y est sujet aux ravages de beaucoup de maux, entre autres des maladies cutanées et du scorbut. La guérison de cette dernière est regardée comme possible par l'usage du poisson cru en hiver; ces symptômes diminuent avec l'arrivée du poisson frais en été.

Les descendans des Youkaghirs habitent les rives des deux Anioui entre l'Iana, l'Indighirka et la Kolyma jusque sur la Mer-Glaciale; ils sont bornés par les Yakouts, les Koriaks et les Tchouktchis. Ils formaient jadis une nation formidable et belliqueuse, que les Russes ne subjuguèrent que très-difficilement; ils sont maintenant presque entièrement éteints ou fondus avec ceux-ci. C'est certainement la plus belle race d'hommes que j'aie vue en Sibérie; ils sont bien proportionnés, ont l'air mâle et ouvert. Les femmes sont très-jolies.

Ils se nomment eux-mêmes *Adon domni*. Leur langue a très-peu d'analogie avec celles

3. Aïnu.

4. Raikoke une des Iles Kouriles.

des peuples qui les entourent ; quelques mots ont de l'affinité avec le samoyède et le toungouse. Ils sont chasseurs et pêcheurs et ont des rennes.

Le 4 mars, je partis de Kolymsk avec un officier de la marine russe et quelques marchands dont les *nartis* ou traîneaux étaient chargés de tabac et de grosse quincaillerie. Le temps était beau ; le thermomètre marquait seulement 25 degrés au-dessous de zéro ; cependant nous ne cheminions que difficilement le long du grand Anioui, à cause de la profondeur de la neige poussée par le vent. On passa la nuit au bivouac. Le lendemain on traversa une forêt touffue de pins, non sans danger d'être brisé contre les troncs des arbres, à cause de la vélocité de la marche, en descendant un coteau. Mon traîneau était attelé de treize chiens. Au-delà du petit Anioui, rivière considérable, rapide et dangereuse, on sort des plaines qui se prolongent à l'E. de la Kolyma ; on entre dans un pays plus élevé, où nous rencontrâmes un grand nombre de traîneaux suivant la même route que les nôtres ; l'air satisfait de leurs maîtres annonçait qu'ils comptaient sur des affaires profitables.

L'impétuosité du cours du petit Anioui empêche sa surface d'être complètement prise par la glace ; on a besoin d'un bon conducteur pour le traverser. On voit sur ses rives des arbres très-grands relativement au climat ; mais leur racine pénètre rarement à plus de vingt pouces en terre.

Le 8 mars, nous atteignîmes le fort russe, situé dans une île de l'Anioui, à 150 milles de Kolymsk ; cet Anioui-Ostrog renferme 20 iourtes, à peu près 200 habitans et un grand bâtiment en bois ; les coteaux qui l'avoisinent sont hauts et bien boisés ; il y croît peu d'herbe, mais beaucoup de mousses et de lichens. La vue de la rivière est très-pittoresque, et ce fort est décidément le lieu le plus favorablement situé pour y séjourner que j'aie vu depuis Yakoutsk.

Les habitans répandus sur les bords de l'Anioui subsistent très-médiocrement de la chasse, la rivière étant peu poissonneuse. Aussi les famines sont-elles fréquentes, parce que le gouvernement n'envoie pas des approvisionnemens de pain. L'élan, le renne et l'argali sont les principales ressources pour vivre ; mais ces grands ruminans sont devenus rares à mesure que les Russes se sont multipliés. Ils semblent s'attacher à exterminer la race plutôt qu'à se procurer des vivres. Durant la foire, les habitans du fort tirent meilleur parti de leur temps pour le trafic, et deviennent ensuite des espèces de garde-magasins pour d'autres commerçans.

L'officier de marine et moi nous nous établîmes dans une petite iourte d'Youkaghir, et bientôt nous reçûmes la visite d'un Tchouktchi d'une figure très-insignifiante et très-farouche ; il entra dans notre chambre, s'assit sur une chaise, fuma sa pipe sans nous regarder ni faire la moindre attention à nous, et sortit.

Le commissaire du gouvernement étant arrivé, la foire fut annoncée. Dès le matin, deux chefs tchouktchis étaient venus en grand apparat, vêtus de leurs plus beaux habits, et assis dans un joli traîneau attelé de deux rennes ; leur cortége était composé d'une trentaine de paires de ces animaux. Parvenus à un grand magasin où l'autel et les images saintes avaient été portés, le prêtre baptisa ces deux hommes ainsi que leurs femmes et trois enfans, qui, tous, conformément au rite de l'église gréco-russe, furent obligés de se déshabiller, ne gardant que leurs pantalons, et de se plonger trois fois dans une vaste chaudière d'eau à la glace par un froid de 35 degrés ; ensuite on leur dit de baigner leurs pieds dans la même eau. Je ne pus m'empêcher de m'apitoyer sur les femmes et les enfans ; les premières, avec leur longue chevelure, étaient littéralement enveloppées de glaçons pendans. Une petite croix suspendue à leur cou et une recommandation à peu près inutile sur la manière de prononcer les nouveaux noms qui venaient de leur être imposés terminèrent la cérémonie. Une certaine quantité de tabac fut alors donnée en cadeau aux nouveaux convertis, afin d'engager les autres à suivre leur exemple. Comme il est arrivé récemment que des Tchouktchis se sont présentés deux et même trois fois pour être baptisés, afin d'obtenir la gratification, les braves gens d'Irkoutsk commencent à se fatiguer d'envoyer leurs missionnaires ou leur tabac à ces païens.

Le cortége, auquel se réunirent d'autres chefs ou toïons des Tchouktchis, alla ensuite chez le commissaire où je suivis l'officier de marine. Le commissaire fit alors la proclamation ordinaire, qu'il n'ouvrirait la foire que lorsqu'on lui aurait apporté le tribut pour l'empereur ; aussitôt les principaux Tchouktchis déposèrent chacun une peau de renard rouge aux pieds du délégué. Les noms des donateurs et la valeur des peaux furent inscrits sur le registre officiel ; puis le délégué décora deux des chefs d'une médaille et d'un petit sabre, en leur lisant une lettre qu'il est supposé avoir reçu du gouverneur d'Yakoutsk, et qui annonce que l'empereur ordonne de les investir de ces marques de distinction. Le prêtre leur ayant donné sa bénédiction, ces pauvres diables se regardèrent comme très-heureux, furent très-fiers, et finirent par s'enivrer.

J'avais communiqué au commissaire mon désir de traverser le pays des Tchouktchis jusqu'au détroit de Béring, et de gagner par cette voie le continent américain. En conséquence, un interprète leur tint ce discours : « L'empereur a appris que deux navires étrangers ont paru sur les côtes de votre patrie; il désire savoir ce qu'ils sont. Il vous a en conséquence, d'après votre demande, envoyé deux interprètes : l'un parle votre langue et le russe, l'autre celle de la plupart des nations maritimes. (Ceci me regardait.) Je vous prie, au nom de l'empereur, d'avoir bien soin d'eux et de les respecter, surtout celui-ci qui est un de ses principaux interprètes. » (Il s'agissait encore de moi.)

Cette harangue, qui m'avait fait concevoir des espérances, finissait, quand un des principaux Tchouktchis se leva pour dire : « Je n'ai pas besoin d'interprète, et je n'en prendrai pas. »

Cette réponse laconique nous déconcerta complètement. Un vieux et rusé matois nommé Katcharga dit ensuite : « Les petits garçons et les petites filles ne doivent pas être consultés dans une affaire aussi importante : moi, qui suis chef, je n'ai pas demandé d'interprète, quoiqu'un de mes neveux ait eu cette idée. » Puis il s'étendit sur l'impropriété de recourir à des jeunes gens pour une communication aussi grave, qui aurait dû venir d'un chef.

Je ne pus m'empêcher de rendre en moi-même justice à cette remarque; je commençai à soupçonner que tout cela était une manigance, et qu'ils n'avaient nullement demandé un interprète.

On leur répliqua que deux martres ne seraient pas d'une grande conséquence pour eux, et que, l'empereur nous ayant envoyés, ils devaient nous prendre, parce que, de crainte de lui déplaire, nous n'oserions pas retourner vers lui. Les Tchouktchis tinrent une nouvelle consultation; en voici le résultat : « Puisque le grand empereur lui-même a le désir d'envoyer deux interprètes au détroit de Béring, il ne peut naturellement se refuser à payer la dépense de leur transport. » Interrogés sur le prix qu'ils demanderaient, ils répondirent : « Cinquante sacs de tabac, quantité égale à 120 pouds ou près de 50 quintaux. »

Il y aurait eu de la folie à faire d'avance un présent aussi considérable, et il était évident qu'il fallait renoncer au projet, surtout quand ils ajoutèrent ceci : « Il ne peut être un grand empereur celui qui ne peut faire un si petit présent, car il dispose des richesses de tout son peuple. Quant à l'interprète, il doit être bien pauvre, puisqu'il ne peut satisfaire à cette demande. »

Ces sauvages donnèrent une preuve bien manifeste de leur sagacité, car l'un d'eux s'écria : « Je doute que cet homme soit un interprète du grand empereur, puisqu'il ne sait pas même le russe; j'ai remarqué que l'interprète transmet nos réponses à l'officier de marine, et que celui-ci les rend à cet homme dans un idiome différent. »

Tout cela était trop vrai pour pouvoir être nié. « A quoi cet homme nous sera-t-il bon, dirent-ils ensuite, puisqu'il ne comprend ni la langue russe ni la nôtre? » Nous restâmes tous abasourdis de cette réclamation, et le projet fut abandonné. Je crois que leur refus n'était dicté ni par la crainte ni par la mauvaise volonté; je l'imputai uniquement à l'avarice.

Le lendemain, je visitai leur camp, éloigné de deux milles et demi. Il consistait en six tentes, trois grandes et trois petites; les premières destinées au menu peuple, les autres réservées pour les chefs et les personnes considérables. Les premières étaient extrêmement sales et puantes; les autres, au contraire, très-propres, soignées et chaudes, quoique sans feu et que le froid fût de 35 degrés. J'y suffoquais; elles n'avaient que huit pieds de long, cinq de large et trois de haut; trois à quatre individus s'y tenaient entassés dans un lit en peaux de renne; les couvertures sont bordées de renard blanc. Ces petites tentes sont faites de peaux vieilles et durcies, qu'on applique l'une contre l'autre, de façon que le poil est en dehors de chaque côté. Une grande lampe, alimentée par de l'huile ou du lard de baleine, les éclaire, et donne également une grande chaleur. En entrant avec l'officier russe dans une de ces petites demeures, je trouvai le chef et sa femme complètement nus, de même qu'une petite fille âgée de neuf ans; ils ne parurent pas du tout honteux devant nous; ils dirent à leur fille de préparer de la chair de renne pour nous; ce qu'elle fit, sans prendre de vêtement, à un feu tout près de la tente. Au bout d'un quart d'heure, le mets arriva à moitié cuit; nous en mangeâmes par politesse. Je fus obligé d'abréger ma visite, parce que j'étouffais, et que jamais je n'avais supporté aussi long-temps une odeur très-désagréable.

Le toïon fut un peu fâché de la brièveté de ma visite: il l'attribuait à ce que, la veille, il s'était opposé à mon voyage dans son pays. Une grande marmite, un couteau, des gamelles, des plats, des cuillères de bois, une hache, un briquet, une pierre à feu, composent l'ameublement. Ils emploient des rênes bien faites en cuir pour conduire leurs rennes, ils ne maltraitent ni ces animaux ni leurs chiens, et dans les longs voyages ne permettent qu'aux femmes et aux enfans d'aller en traîneaux.

A notre retour au fort, où je fus mené dans un joli traîneau attelé de deux rennes, la foire fut ouverte par le commissaire, qui, dans son discours, expliqua les conditions, les taxes à payer et les peines à encourir. Cependant les Tchouktchis s'étaient à l'avance informés, par le moyen de leurs émissaires, de la quantité de tabac qui existait; ils font alors leurs calculs et fixent le prix de leurs marchandises, auquel ils tiennent plus strictement que les Russes.

La foire se tient sur les rives de l'Anioui, vis-à-vis du fort; les Tchouktchis se placent là de bonne heure en demi-cercle, étalent leurs pelleteries sur leurs traîneaux, et ne bougent pas de place. Les Russes posent leurs balles de tabac au milieu du demi-cercle, et, par le moyen d'un interprète, s'informent du prix des pelleteries qu'ils examinent; la peine tombe tout entière sur eux, car ils sont obligés de traîner pendant plusieurs heures un poids de deux cents livres de tabac, ou de porter à la main ou sur le dos toutes sortes d'objets avant de conclure un marché. Pour les choses de peu de valeur, ils reçoivent volontiers de la viande fraîche; elle était alors très-recherchée.

Le premier et le second jour, le tabac ne peut pas être échangé au-dessous du prix convenu entre les marchands; quiconque enfreint cette condition et est découvert, voit sa marchandise confisquée et perd le droit de trafiquer. La loi veille à ce qu'on ne mouille pas le tabac, et à ce qu'on n'augmente pas le poids des balles par des pierres ou d'autres corps pesans.

Le prix fixé par les Russes avait été de vingt peaux de martre et de quinze renards rouges pour un quintal de tabac; les Tchouktchis ne voulaient donner avec les martres que dix renards.

Il se fit peu d'affaires le premier jour; les Tchouktchis offraient à bas prix les peaux les plus lourdes, telles que celles d'ours, de loups, de rennes, et les dents de morse; mais par la même raison et à cause des dépenses que leur transport occasione, les Russes ne voulaient pas les acheter. Les Tchouktchis tinrent bon; deux Russes, convaincus d'avoir vendu au-dessous du prix fixé, furent envoyés en prison jusqu'à la fin de la foire.

Le second jour il y eut plus d'activité, et plus d'affaires furent faites. Les Russes encore avaient consenti à ne recevoir que douze peaux de martre et onze renards; quelques Tchouktchis se montrèrent accommodans; enfin le troisième jour fut le plus lucratif pour les Tchouktchis, parce que le réglement cessait d'être en vigueur. Tout le monde, depuis le commissaire jusqu'au plus mince individu, s'empressa de trafiquer en dépréciant la marchandise de son voisin. J'en fus tout ébahi; plusieurs querelles s'ensuivirent.

La foire dura sept jours, ce qui est trois de plus qu'à l'ordinaire. Le cinquième, le *voudka* parut, et les effets de cette liqueur spiritueuse déterminèrent bientôt les Tchouktchis à montrer quelques renards noirs et bruns; mais ils en demandaient un prix si haut qu'ils les remportèrent presque tous chez eux. L'iasak qu'ils payèrent fut de vingt-trois renards rouges. La totalité des marchandises provenant de leur pays consistait en quatre cents dents de morse, quelques peaux d'ours, des vêtemens en peaux de rennes et de la chair de cet animal gelée. Les autres pelleteries telles que plusieurs milliers de renards noirs, bruns, bleus, rouges et blancs, martres et robes de martres, castors, loutres, ours, loups, phoques et morses, venaient de chez les Kargaouls, peuple du continent américain; deux de ceux-ci se trouvaient à la foire. Ils avaient aussi diverses pièces d'habillemens très-chauds et des dents de morse taillées en ornemens qui représentaient les animaux communs chez eux.

Ce que les Russes vendirent se composait de tabac, marmites, couteaux, lances, aiguilles, sonnettes, ciseaux, pipes, haches, cuillères, grains de corail, et autres petits ornemens, nankin bleu et rouge, toile de coton blanche. La valeur de ces marchandises se montait à 180,000 roubles. L'évaluation de celle des Tchouktchis me donne un résultat de 160,000 roubles. Il y avait cette année à la foire, qui fut regardée comme bonne, 260 traîneaux et 600 rennes; 66 hommes, 60 femmes et 67 enfans. Chaque renne peut traîner un poids de trois à quatre pouds. Ceux qui viennent à la foire ne retournent que jusqu'aux rives du Tchaon; là on les change contre d'autres venus de la baie Saint-Laurent. Ils emploient 75 et 90 jours à faire ce voyage, qui est de 800 verst.

Trois chefs tchouktchis furent présens à

cette foire : le premier commande aux tribus vivant sur les rives du Tchaon, du Packla, du Kvata, ainsi que du Chelatskoï noss, sur la Mer-Glaciale ; le second aux Belo-Morski, habitant la côte orientale depuis le cap Nord jusqu'à la baie de Klacheni ; le troisième à la tribu du cap oriental ou Tchouktchoï noss (cap des Tchouktchis,) jusqu'à la baie Saint-Laurent. Les premiers sont nomades, élèvent des rennes qui sont employés pour transporter les marchandises des bords du Tchaon au fort russe ; ils font aussi le commerce de dents de morse. Les seconds subsistent presque entièrement de la chasse et de la pêche ; ils lèvent aussi un petit droit de transit sur le tabac porté à leurs voisins au S. ; ils n'ont pas de rennes. Les troisièmes sont commerçans, ont de grands troupeaux de rennes et les conduisent de la baie Saint-Laurent au Tchaon. Un quatrième chef commande à une tribu qui habite le pays baigné par l'Anadyr, et qui a la même industrie que la précédente. Ces chefs demeurent à une égale distance les uns des autres, laquelle est de 150 à 200 milles, et entretiennent une espèce de correspondance par le moyen des Tchouktchis de la côte orientale qui sont pourvus de baïdars.

Les Tchouktchis de la baie Saint-Laurent sont les plus nombreux ; ceux de la côte orientale les plus belliqueux et les plus robustes ; ceux du Tchaon les plus paisibles, ceux de l'Anadyr les plus riches. Tous n'ont qu'une indépendance nominale ; car la Russie exige strictement le tribut, qui est peu considérable et qu'ils paient en conscience. Leur nombre total ne peut excéder 4 à 5,000 individus mâles. Chaque tribu parle un dialecte différent de la même langue, et toutes se comprennent les unes les autres. Leur idiôme n'a d'affinité avec aucun de ceux de leurs voisins.

Les chefs avec lesquels je conversai me dirent que tout leur pays est extrêmement aride, montagneux, et tellement couvert de neige, que les traîneaux chargés ne peuvent venir directement de la baie Saint-Laurent, mais sont obligés de suivre le rivage jusqu'à l'embouchure de la Packla ; là, leur route change du N. O. au S. O. »

Il est nécessaire de faire ici une observation sur le récit du voyageur anglais. Le nom de Tchouktchis a été étendu par les Russes à des tribus koriakes voisines de ce peuple. C'est à ces Koriaks qu'appartient la première division du voyageur anglais. Les autres sont de vrais Tchouktchis. Ainsi cette nation occupe l'extrémité la plus reculée du continent asiatique au N. E. Leur borne au S. est le cours de l'Anadyr. Ceux qui vivent aux environs de l'embouchure de ce fleuve sont appelés *Aïvanski* ou mieux *Aïvanchiia*. Les traits, les mœurs et la langue des vrais Tchouktchis prouvent qu'ils ont une origine commune avec les Eskimaux de l'Amérique boréale, et qu'ils sont venus de ce continent.

« Les Tchouktchis, continue Cochrane, sont de taille médiocre, mais leur vêtement, qui est d'une dimension énorme, leur donne une apparence gigantesque (Pl. V — 2). Leur peau est assez blanche, leur physionomie très-commune, quoique mâle. Ils sont grossiers et farouches, sujets à peu de maladies et vivaces. Je ne les ai pas trouvés passionnés pour l'eau-de-vie ; car ils refusaient de donner des pelleteries en échange de cette liqueur seule ; mais ils la reçoivent volontiers, et trafiquent de préférence avec ceux qui les en régalent. Ils me parurent hardis, méfians et irascibles, et bien que très-avides, singulièrement honnêtes et hospitaliers. Ils ont beaucoup de respect pour leurs chefs et ne vivent pas dans cet état d'égalité qu'on a supposé réel. Ils sont généralement spirituels, rusés, industrieux et adroits ; la symétrie, la propreté et la quantité de leurs traîneaux, de leurs vêtemens, de leurs tentes, de leurs armes et de leurs ornemens en font foi. Ils n'ont d'autres pratiques religieuses qu'un grand respect pour des espèces de sorciers. Ils peuvent avoir jusqu'à cinq femmes, et ont le droit de les tuer s'ils découvrent qu'elles sont infidèles.

» Ils font cuire leur nourriture quand ils peuvent se procurer du bois, ce qui leur arrive rarement en hiver ; dans cette saison, ils mangent la chair crue. Ils boivent du thé et aiment excessivement le sucre. Quant au tabac, ils le mangent, le mâchent, le fument et le prennent en poudre. J'ai vu de petits garçons et de petites filles de neuf ans se fourrer dans la bouche une large feuille de tabac sans laisser sortir leur salive ; si on leur offre de la viande pendant qu'ils ont le tabac dans la bouche, ils l'y font entrer en même temps. »

CHAPITRE XIV.

Sibérie. — Sredni-Kolymsk. — Verkhni-Kolymsk. — Conjurations d'un chaman. — Approvisionnement inattendu. — Désert. — Omekone. — Les Yakouts. — L'Okhota. — Le Roukar. — Okhotsk.

Nous revînmes en deux jours des rives de l'Anioui à Nijni-Kolymsk. J'en partis le 27 mars dans un traîneau royal, c'est-à-dire attelé de treize chiens ; j'étais accompagné d'un Yakout et d'un Cosaque. La température fut très-variable dans les premiers jours de mon voyage. De grand matin, nous avions 15 degrés de froid; à midi à peu près autant de chaleur par la réverbération du soleil, et le soir 10 degrés de froid. Avant le lever du soleil, les matinées furent les plus froides que j'eusse jamais endurées; elles me faisaient plus souffrir que lorsque j'avais vu le thermomètre à 40 degrés au-dessous de zéro; cela venait des brouillards épais qui règnent à la fin de mars et au commencement d'avril, et qui pénètrent tout le corps d'un froid indéfinissable.

Revenu à Sredni-Kolymsk par la même route que j'avais suivie en quittant ce lieu pour aller au N., j'en pris ensuite une toute différente, et je marchai au S. Maintenant des chevaux nous traînaient. Je longeai les rives de la Kolyma, bordées d'établissemens pour la pêche en été; du reste, pays bas et désert, ne produisant que des arbres chétifs; ensuite je traversai de beaux pâturages coupés par des lacs nombreux. Beaucoup d'Yakouts vivent dans ces cantons. Je passais la nuit chez leurs princes; j'étais accueilli comme un vieil ami.

A Verkhni-Kolymsk, je m'amusai des tours d'un chaman ou sorcier, appelé pour la maladie d'un Yakout. Il était vêtu d'une robe de peau parsemée d'une diversité de petits morceaux de fer de la dimension et de la forme de la lame d'un large canif. Son bonnet, ses gants, ses bottes étaient brodés. Il commença par fumer une pipe; ensuite il prit son tambour et son bolouyak, c'est-à-dire la baguette, s'assit, les jambes croisées, et entonna un chant plaintif, accompagné d'une musique sur le même ton. Ce prélude terminé, il se mit à sauter, à cabrioler, à gambader, criant, hurlant, faisant les grimaces et les contorsions les plus hideuses, si bien que je le crus fou. Puis il tira son couteau, et, suivant toutes les apparences, se le plongea dans le corps. J'en fus alarmé. Bientôt il l'en retira sans la moindre effusion de sang. Alors il annonça que le malin esprit ne triompherait pas, pourvu qu'on sacrifiât, suivant l'usage, une jument grasse. Après quoi tout le monde fut congédié, avec l'invitation de revenir le lendemain se régaler de la chair de la jument, qui devait être cuite. Dans ces conjurations, les chamans ne se servent jamais que de leurs propres couteaux, de crainte, je le suppose, que ceux qu'ils emprunteraient ne fussent trop longs et ne pénétrassent trop avant. Le pouvoir de ces imposteurs sur la multitude ignorante est très-grand; ils ne s'éloignent jamais beaucoup de leur canton, et ils ne sont pas nombreux. Ils prétendent guérir les maladies, changer le temps, procurer une chasse ou une pêche heureuse, faire retrouver les choses perdues ou volées.

Verkhni-Kolymsk est réputé un village considérable; car il a 15 maisons et près de 200 habitans. Le pays qui l'entoure est nu, mais au S. on voit de très-belles forêts. Ce lieu est sur la rive droite de l'Yassahan, à peu près à un mille de son confluent avec la Kolyma; il passe pour un des plus froids de la Sibérie orientale. Le thermomètre y descend jusqu'à 43 degrés au-dessous de zéro, et cependant sa latitude n'est que de 60° 30'.

Des bords de la Kolyma, je m'acheminai dans une contrée déserte. Tantôt nous voyagions sur la neige, tantôt elle était déjà fondue et nous nous trouvions dans l'eau; la route était très-pénible. Ayant atteint la Zyzanka, nous suivîmes ses rives; les pigeons et les lièvres servaient à augmenter notre provision de vivres. Un défilé étroit s'offrit à nous; au-delà on trouve deux rivières qui, en entrant dans la Zyzanka par une gorge resserrée, forment une espèce de torrent gelé que nous ne pûmes passer que très-difficilement. Le voyageur rencontre dans ces déserts inhospitaliers une ressource assurée pour sa subsistance; elle consiste dans les perdrix et les lièvres pris aux piéges nombreux que dressent les Yakouts et les Toungouses nomades. Chacun peut s'approprier le gibier qu'il aperçoit; on est seulement tenu de dresser de nouveau le piége.

Je souffrais des yeux, autant en advint à mon guide; mon Cosaque était incommodé d'une diarrhée violente, résultat de sa gloutonnerie. A midi, la chaleur était de 22 degrés; la surface de la neige fondait. La nuit il gelait; nos pauvres chevaux, harassés de fatigue, avaient de la peine à avancer. Nous campâmes un soir dans la vallée la plus aride, la plus triste, la plus désolée que j'eusse jamais vue: pas une herbe, pas une mousse, pas un arbuste, pas même un morceau de bois flotté ne s'offrait à nos regards. Nous étions descendus sur les bords de la Zyzanka; nous n'avions pour nous sustenter que de la chair de cheval gelée et un peu de biscuit. Notre provision d'eau-de-vie était épuisée. L'état déplorable de mes compagnons me força de les aider à descendre de cheval et à préparer tout ce qui nous était nécessaire.

Une chaîne de coteaux raboteux franchie nous fit arriver sur les rives du Koulyal et dans la vallée pittoresque de Boulouktak, ainsi nommée d'un lac et d'une rivière qui la baignent ; celui du lac lui vient d'un poisson qu'on y pêche. Deux iourtes apparaissaient sur les bords de cette nappe d'eau ; l'une d'elles, bien chétive, nous servit d'asile pendant cinq jours. Je fus obligé d'y laisser mon Cosaque, et je continuai mon voyage avec l'Yakout, dont la taille était de six pieds. Je n'en avais jamais vu de si grand.

Les monts Kourak sont ainsi nommés d'après un torrent rapide qui coule à leur pied. Nous ne pûmes le passer qu'avec beaucoup de peine, parce que la glace cédait très-vite à une chaleur de 27 degrés. Plus loin les prairies étaient inondées, les rivières grossies ; des montagnes hautes et escarpées présentaient de chaque côté leurs flancs revêtus de neige gelée. Nous venions de nous laisser glisser le long d'un précipice de 100 pieds, quand mon Cosaque, qui se trouvait mieux, me rejoignit à temps pour me dire que nous nous étions égarés. Nous passâmes la nuit dans une triste situation, sans feu. Le lendemain nous ne découvrîmes d'autre expédient, pour grimper le long de la montagne glissante, que de tailler avec une hache des degrés dans la neige durcie. Parvenus au haut, le Cosaque et moi, nous attachâmes solidement toutes nos courroies les unes au bout des autres. Ayant hâlé notre bagage, nous le fîmes descendre de l'autre côté. Nos chevaux, déjà exténués de fatigue et privés de nourriture depuis deux jours, ne purent s'élever que jusqu'à la moitié de la montagne. Notre stupide Yakout, sans aucune sympathie pour notre fâcheux état, se plaignait, en grommelant, de n'avoir eu, en travaillant si péniblement, que 20 livres de viande par jour.

La nuit fut encore plus misérable que la précédente ; nous n'avions absolument rien pour nous coucher ou nous abriter. Deux jours furent employés entièrement à faire monter nos chevaux et à les descendre du côté opposé, où ils purent pâturer. Nous tuâmes le plus faible pour conserver sa chair. J'en mis de côté une partie, que j'enterrai dans la neige, afin que l'Yakout pût la trouver en retournant chez lui.

Nous avions perdu trois jours de la meilleure saison pour voyager. Le temps était encore très-froid. Quel plaisir j'éprouvai à me chauffer, quand nous fûmes dans la plaine ! Le lendemain je dirigeai ma course d'après la boussole ; car le guide n'y entendait plus rien. Nous traversâmes plusieurs coteaux où la neige était profonde ; deux de nos chevaux moururent. Nous fûmes tous obligés de marcher. Le Kordak ne fut pas difficile à passer. Une ondée de pluie nous surprit le soir sur ses bords ; c'était la première depuis le mois de septembre dernier. Le pays était bien boisé et abondant en pâturages. Nous perdîmes encore un cheval ; force nous fut de partager une partie du bagage entre nous. Toutes les rivières que nous avions franchies récemment coulent vers l'Indighirka, et, quoique petites, sont rapides.

Le pays était graduellement devenu très-agréable et ouvert ; le temps était très-beau. Nous restâmes deux jours dans un gras pâturage pour nos chevaux ; de grosses troupes d'oies, de canards, de perdrix et de bécasses, volaient au-dessus de nos têtes, et bientôt nous aperçûmes des traces nombreuses d'ours, de loups, de rennes, de lièvres et quelquefois d'élans. Le dernier jour de cette course, par un effort extraordinaire, nous atteignîmes la première maison du district d'Omekone. Il fallut marcher et nager pendant près de 30 milles ; je dis nager, parce que nous fûmes fréquemment obligés de traverser les rivières à gué et même à la nage, par un courant rapide, dans un espace assez considérable. J'en vins à bout au moyen d'une corde attachée au cou d'un cheval. Nous franchîmes sans accident le Bolouvanatch et la Néra, qui est plus forte. L'iourte d'un prince yakout, où on nous accueillit, me parut la plus hospitalière et la plus jolie que j'eusse jamais vue. Je m'y procurai deux chevaux frais pour transporter notre bagage ; on conduisait les autres, maintenant réduits à cinq, et je cheminai à pied.

Je laissai là mon guide, et je ne pris pas le temps de me rafraîchir, les rivières menaçant de se débarrasser totalement des glaces et de m'isoler pour quelques mois du reste du monde. Que l'on juge combien j'avais hâte d'arriver à un lieu où je fusse sûr de n'être plus arrêté par des obstacles de ce genre ! Je me dépêchais, satisfait de découvrir de temps en temps à l'horizon lointain la fumée d'une habitation ; depuis plus de 300 milles je n'en avais pas aperçu ; depuis le lac Boulouktak, je n'avais pas rencontré une seule créature humaine. Maintenant nous étions en quelque sorte ressuscités d'entre les morts, et ranimés d'un courage nouveau ; mon Cosaque surtout avait réparé ses forces nouvelles par un morceau de bœuf dont on l'avait gratifié à la première iourte. Quant à moi, je préférais de m'en tenir à la vieille chair de cheval qui me restait encore, voulant faire honte à mon homme et lui montrer qu'il devait manger de tout quand la nécessité le demandait. Je passai huit jours dans cet état ; je ne m'étais jamais mieux porté. Nous avions suivi les rives de la Néra et de l'Indighirka, à travers un pays aussi stérile et aussi triste qu'il l'est plus bas, à Zikhiverst, sur ce fleuve. Le lendemain, je fis de nouveau halte chez un prince yakout, qui me gratifia de la moitié d'un renne et me régala de lait et de thé. Il me rendit le plus heureux des hommes. De plus, il me força de recevoir deux renards rouges en guise de tribut; ils me furent présentés par une jeune Yakoute assez jolie dont le père, avec deux autres princes, fit, le jour suivant, partie de mon cortége. Ces braves gens méritaient bien leur titre honorifique, car ils unissaient à l'humanité et à l'équité un esprit judicieux.

Au lieu de voyager parmi des coteaux raboteux et stériles et des fondrières marécageuses, je me trouvais au milieu de collines bien boisées s'élevant en pentes douces et de prairies fertiles. La vue de plusieurs iourtes fumantes me réjouit à un degré inexprimable. Je sentis le prix de la vie, et jamais je n'en jouis davantage que dans la demeure hospitalière de Pierre Gotossop, prince yakout d'Omekone. Je n'ai pas besoin de dire avec quel plaisir je m'étendis dans un lit de peaux de renne, après avoir couché quinze nuits consécutives sur la neige, qui souvent fondait par la chaleur de nos corps ou par la chute de la rosée.

La vallée d'Omekone est pittoresque et féconde. On compte 500 habitans dans la principauté de ce nom; ils vivent en nomades avec leurs troupeaux nombreux. Les forêts considérables et très-belles sont composées de bouleaux, de pins, de mélèzes et de cembrons. Les pignons de ce dernier sont très-recherchés, et s'expédient à Okhotsk et au Kamtchatka.

On compte dans cette vallée au moins trois mille jumens et près de trois mille vaches appartenant à un petit nombre d'Yakouts riches. La consommation de ces animaux, notamment des chevaux, est considérable, parce que le gouvernement en demande beaucoup pour Okhotsk et pour les cantons plus septentrionaux. Mais les Yakouts aiment tant leurs chevaux, que pour éviter de les vendre ou de se conformer aux réquisitions, ils donnent dans le premier cas deux bouvillons au lieu d'un cheval, ou bien fournissent un bouvillon pour chaque cheval alloué à l'un de leurs compatriotes chargé du service extraordinaire. C'est une pure affaire de gourmandise pour celui-ci, car il tue aussitôt le bouvillon, s'en régale, et se fie à la force de son propre cheval pour suffire à la tâche qui lui est imposée. Et cependant, ce qui est singulier, rarement un Yakout d'un certain rang monte son cheval ou le laisse monter par d'autres, encore moins charge-t-il un bon cheval. Ces animaux sont entretenus pour la parade ou pour la propagation de l'espèce plutôt que pour l'usage; ainsi les réquisitions retombent sur les pauvres.

Je restai trois jours à Omekone, où je laissai mon Cosaque. Je le remplaçai par un jeune homme natif de la vallée. Quatre princes formèrent avec lui mon cortège. Nous suivîmes les bords de la rivière. On la passa ensuite, ce qui ne fut pas sans danger, à cause de sa rapidité; mais il n'y avait pas à différer, parce que la fonte des neiges sur les montagnes voisines l'aurait grossie bien davantage. A peu de distance, elle se réunit à l'Indighirka. Déjà les prairies sur les deux rives offraient des lacs innombrables, que les chevaux ne traversaient pas à la nage sans difficulté; d'autres étaient encore pris par les glaces, et tout autour s'étendaient des iourtes d'Yakouts qu'enrichit une pêche abondante en été.

Pour sortir de cette vallée, nous franchîmes des montagnes. Descendus dans le bassin du Torrourak, nous fîmes halte à la dernière iourte du gouvernement d'Yakoutsk; elle était misérable, mais l'obligeance des habitans me procura une quantité de gibier.

Les Yakouts, dont je quittais le territoire, se donnent à eux-mêmes le nom de *Zokha*, au pluriel *Zokhalat*; leur langue fait connaître que comme les Khirghiz, les Backhirs, les Téléoutes, ils appartiennent à la grande famille des peuples turcs, improprement appelés Tartares ou Tatars. Selon leurs traditions, leurs ancêtres habitaient jadis vers les monts Saïan, au N. O. du lac Baïkal. Opprimés par les Bouriats et les Mongols leurs voisins, ils descendirent vers le N. de la Lena et se répandirent dans les cantons froids et stériles baignés par l'Iana et l'Indighirka jusqu'à la Mer-Glaciale. Leur physionomie indique un fort mélange avec les Mongols, quoique leur langue n'offre qu'un petit nombre de mots de l'idiôme de cette nation. Leur pays généralement marécageux, en partie rocailleux, boisé dans le sud, ne présente dans le nord qu'un désert âpre et nu. En été, ils demeurent dans des iourtes coniques faites de perches réunies et couvertes d'écorce de bouleau; en hiver, dans de chétives baraques en solives; ils vivent de la chasse, de la pêche, du produit de leurs troupeaux; ceux du sud ont des chevaux et des bœufs, ceux du nord des rennes qui en hiver sont obligés de pourvoir eux-mêmes à leur nourriture. Presque tous sont païens et ont grande confiance dans leurs chamans. Un petit nombre seulement est chrétien. On évalue, d'après l'iasak, que toutes les tribus des Yakouts composent 45,000 familles.

Les Yakouts du sud sont plus grands et plus robustes que ceux du nord. C'est un peuple industrieux ; avec un couteau, une hache, un briquet, une pierre à feu, l'Yakout se procure tout ce dont il a besoin. Il fabrique son couteau et sa hache avec le minerai de fer qu'il tire de mines situées dans les monts Aldan près du Viloui. Les Yakouts s'habillent comme les autres peuples de la Sibérie boréale ; ils sont vindicatifs, mais reconnaissans, probes, obligeans, patiens, courageux, hospitaliers, curieux, intelligens, très-soumis à leurs princes et à leurs *oghouiors* ou anciens (PL. VII — 4).

A peu de distance de la dernière iourte yakoute, je rencontrai un troupeau de rennes gardé par les Toungouses nomades que je cherchais, et dont le chef vivait à 45 milles de distance. Le lendemain j'arrivai chez lui par une vallée qui s'ouvrait au S. E. Un émissaire vint au-devant de moi de la part de ce prince nommé Choumielov, qui me reçut l'épée au côté, vêtu d'un riche costume en velvetine noire, coiffé d'un chapeau retapé, et la poitrine décorée de médailles. Jadis il fut riche, aujourd'hui il est pauvre ; il avait plusieurs milliers de rennes, il n'en compte plus que deux milles : il a sacrifié ce qui lui appartient à la vanité d'obtenir des honneurs qui ne lui procurent aucun bien réel. Ceux qui ont employé ces moyens pour dépouiller de sa propriété un homme grossier et ignorant sont dignes de mépris. Les présens qu'il a faits volontairement, ajoutés aux extorsions et aux exactions, pour être exempté de services forcés, bien qu'inutiles, l'ont réduit si bas, qu'il est obligé de manger du poisson, ce qui, pour un Toungouse à rennes, est une bien dure extrémité, et d'envoyer son monde dans les forêts pour pourvoir à leurs besoins avec leurs arcs et leurs flèches. Maintenant il craint d'aller à Okhotsk même, pour se procurer du lichen à rennes, aimant mieux vivre en vrai Toungouse nomade plutôt que d'être un vassal servile des chefs, des commissaires et des autres officiers russes, quoiqu'il se glorifie de payer exactement son tribut.

Il parle communément le russe. Il était obligeant et aimait beaucoup l'eau-de-vie ; je la lui prodiguai ; il n'eut rien à me refuser. Cette liqueur avait aussi beaucoup d'attraits pour sa femme, qui, en retour d'une bouteille bien pleine, me donna deux renards rouges. Le prince tua exprès un renne pour moi, et me gratifia de la moitié ; je lui fis présent de tabac et de poudre.

Comme aucun de ses vassaux ne connaissait la route d'été par les montagnes, il me dit qu'il m'accompagnerait. Après trois jours de repos, je partis. Nous avions cinquante rennes ; il en mit quinze à ma disposition, et réserva les autres pour la consommation et les cas fortuits. Nous n'avançâmes que lentement, à cause du mauvais temps et de l'état de la neige profonde et trop molle pour porter les animaux ; il en mourut plusieurs ; ceux qui restaient étaient trop faibles pour qu'on les chargeât du bagage ou du corps de ceux qui avaient péri. Il fut impossible de franchir les montagnes. Alors Choumielov dit qu'il fallait retourner sur l'Omekone et se remettre en route avec des chevaux. Les raisons qui nous décidèrent à rebrousser chemin me semblèrent péremptoires, et comme le prince se plaignit de n'avoir pas de moyens suffisans pour le transport de mes effets, je fus contraint d'en brûler la plus grande partie. Quand le Toungouse me vit commencer cette opération, il me reprocha le crime que je commettais, me demandant en même temps pourquoi je ne lui donnais pas ces choses-là, parce qu'il pourrait les emporter pour lui, quoiqu'il ne le voulût pas pour moi. Je répondis que je lui ferais présent de presque tout mon bagage, s'il consentait à me montrer la route d'Okhotsk le 30 mai. Il n'acquiesça pas à cette proposition, et je persistai à brûler mes habits et tout l'attirail de mon coucher, parce que j'étais persuadé qu'il m'avait dupé en tâchant de me contraindre à abandonner mon bagage, afin de se l'approprier. Ce ne fut pas un petit sacrifice que celui de la garde-robe que je devais à la libéralité des habitans de Kolymsk. Choumielov, s'apercevant qu'il ne pouvait ni m'attraper ni me faire changer de dessein, alla chercher l'image de la Vierge et du saint dont il portait le nom, s'écriant que je devais être un hérétique fieffé ; il vociféra, cracha, jura, se démena comme un fou, et ne cessant pas de se signer. Je me contentai de lui rire au nez, et je continuai tranquillement ma besogne. Il finit par m'avouer qu'il avait été arrangé d'avance que je retournerais à l'Omekone. Nous rentrâmes dans sa iourte le dix-huitième jour après l'avoir quittée, et après avoir repassé le Tourourak avec beaucoup de difficulté.

Le pays dans lequel je venais de voyager, quoique stérile, offrait de beaux paysages, des lacs nombreux, des forêts hautes et touffues. Les

Toungouses le fréquentent par prédilection, puisqu'il abonde en lichen pour les rennes, en bons poissons, en écureuils et en renards. La peau de ces derniers suffit pour acquitter l'iasak, et pour acheter la petite quantité d'objets de première nécessité et de luxe qu'ils se procurent à la foire annuelle d'Okhotsk, en juin ou juillet.

En quittant le prince Choumielov, je lui achetai un renne pour le reste de mon tabac; je supposais que la chair de cet animal, qui pesait près de cent cinquante livres, me durerait jusqu'à Okhotsk. Des chevaux frais me furent amenés, et je quittai pour jamais les bords de l'Omekone. Voici mes provisions : soixante livres de farine de seigle, quatre cents livres de beurre et de lait aigre, le quart d'un bouvillon, et un cheval mort pour mes Yakouts.

Les rivières étaient à moitié dégelées, les plaines et les vallées à moitié inondées, la pluie tombait de temps en temps à grands flots; nos chevaux trouvaient à peine à se nourrir; il fallait bien aller à pied pour en soulager quelques-uns. Le trajet des montagnes que nous franchîmes fut extrêmement pénible; enfin nous descendîmes un soir dans un canton fertile, et nous fîmes halte sur les bords d'un lac, d'où l'on dit que sortent l'Okhota et le Kondousoun en se dirigeant vers des points opposés; le dernier va rejoindre au N. l'Omekone, et le premier coule au S. vers le Grand-Océan. Ce ne fut qu'après une traite très-fatigante que nous atteignîmes plus bas ses rives dans un endroit où son lit était embarrassé de bancs de sable et de rapides; ses îles sont ombragées de bouleaux, d'aunes, de peupliers et de pins; de petits fruits parfumés ornent leur surface; les pâturages y sont extrêmement gras : c'était un spectacle ravissant pour moi; mais les glaçons bordaient encore ce fleuve, dont les flots mugissans roulaient avec rapidité.

Tandis que nous poursuivions notre route dans cette solitude, nous rencontrâmes deux ours blancs cheminant vers le N.; la crainte nous tint probablement éloignés de part et d'autre. Nos chevaux purent se refaire le long de l'Okhota; mais nos provisions étaient presque épuisées. Les pluies avaient recommencé; elles grossissaient très-promptement les rivières. Nous étions à notre second jour d'abstinence; mouillés par des torrens de pluie, nous parcourûmes près de 50 milles, les chevaux passant une quarantaine de petites rivières rapides à la nage ou à gué; elles sont produites par la fonte des neiges des montagnes de l'E., et ne diminuent que vers le mois de septembre. Nous perdîmes un cheval que le courant entraîna dans l'Okhota; les autres traversèrent ce fleuve après que nous leur eûmes ôté leur charge. Quand ils furent de l'autre côté, où il y avait une pirogue, vis-à-vis de laquelle nous avions fait halte la veille au soir, il fut question d'aller la chercher; j'étais le seul de la troupe qui sût nager, mais l'eau était encore si froide, que cette manière de gagner l'autre rive me rebuta. A la fin la nécessité me contraignit d'y recourir, et, m'étant procuré un morceau de bois flotté court, mais solide et léger, je m'attachai une courroie autour du corps, et je me plongeai dans le fleuve. Sa largeur n'était que d'une soixantaine de pieds, et celle du courant le plus fort peut être de quinze; il me fit dériver de plus de trois cents pieds, mais les Yakouts, en courant presque parallèlement avec la direction que je suivais, étaient prêts à me tirer en arrière si le cas l'exigeait; arrivé heureusement au bord opposé, je me dépouillai tout de suite de mes habits, et je fis un exercice violent. Quand je revins vers mes gens avec une pirogue excellente, ils me remercièrent sincèrement de ma prouesse.

Avec de la persévérance, nous atteignîmes à pied, à 20 milles plus bas, des cabanes d'été de pêcheurs où nous cherchâmes inutilement du poisson. Comme la soirée était belle, au lieu de souper, nous fîmes sécher nos vêtemens; les jours suivans ce furent des trajets continuels de rivières débordées, de montagnes hautes et raboteuses, de plaines marécageuses et inondées, couvertes d'arbres abattus qui gênaient terriblement notre marche, de forêts où nous ne trouvâmes que des baies pour nous sustenter; les rivières grossies par les pluies nous retenaient souvent; pendant trois jours nous n'eûmes qu'une perdrix à nous partager. Notre poudre, que l'on conservait dans un chiffon, avait été tellement trempée, que nous ne pouvions en faire usage. Il nous restait la ressource de quatre chevaux gras; mes finances ne me permettaient pas ce sacrifice : les pauvres Yakouts y auraient volontiers consenti, mais je ne pouvais leur laisser supporter pour moi une perte si considérable. Je me décidai donc à les laisser agir comme ils l'entendraient, sachant bien que chez eux personne ne songe à tuer un bon cheval, à moins d'avoir été privé neuf jours de toute nourriture animale.

Le nombre des îles de l'Okhota augmentait à un degré surprenant la vitesse de son courant qui chariait des glaçons immenses et des arbres. Quand même j'aurais eu une pirogue ou que le fleuve eût été plus tranquille, il paraissait impossible que les chevaux pussent grimper sur la rive opposée haute d'une dizaine de pieds, et dont la pente était souvent rendue perpendiculaire par le contact inopiné d'un glaçon ou d'un arbre. La recherche d'un gué fut inutile. Aussitôt nous abattîmes du bois pour faire un radeau; il fut achevé le lendemain à midi; j'y embarquai notre petit bagage; je me plaçai à l'avant; je pris avec moi un Yakout et le Cosaque; l'autre Yakout fut laissé à terre avec les chevaux. Nous avions des espèces d'avirons pour diriger la marche de notre radeau. Nous fûmes emportés avec une vélocité qui alarma mes deux compagnons; ce n'était pas sans raison : un gros arbre couché en travers du fleuve le barrait complètement; le radeau s'y brisa; le Cosaque et l'Yakout furent poussés sur une île située à 300 pieds plus bas; j'y arrivai après eux, en courant le risque de me noyer.

Avec un travail opiniâtre, nous réussîmes à défaire notre radeau avant le coucher du soleil; on ne pouvait songer à en lancer à l'eau un nouveau dans l'obscurité, de crainte d'un accident très-probable. Je marchai vers l'extrémité de l'île; j'aperçus un arbre qui, tombé de la rive du continent, atteignait presque jusqu'à la moitié de la partie la plus étroite du bras du fleuve, qui avait là une soixantaine de pieds. La traverser à la nage était impossible; j'eus donc recours pour sortir de l'île à un expédient qui me réussit. Les pièces de bois du radeau étaient longues de quinze pieds; je liai ensemble les deux plus fortes, et je les appuyai sur l'île à l'extrémité de celles-ci; j'en attachai deux autres par le centre, et je continuai ainsi en les soutenant par d'autres qui aboutissaient au rivage de l'île. Je parvins de cette manière à huit ou neuf pieds de l'arbre : c'était la partie la plus impétueuse du courant; une autre solive, lancée en avant seulement dans une partie de sa longueur, ne se trouva plus qu'à deux ou trois pieds de l'arbre; je l'atteignis à la fin avec une difficulté extrême; le Cosaque me suivit sans malencontre. Il fallut pour passer l'Yakout et le bagage convertir le pont en radeau; le Cosaque tenait une corde attachée à une de ses extrémités; moi, l'autre; il fut ainsi hâlé d'une rive à l'autre. Quand ce fut mon tour, il n'y avait pas de corde pour retenir le radeau derrière nous, de sorte qu'en contournant l'arbre, les pièces de bois chavirèrent, et j'enfonçai dans l'eau; je tins bon, et je fus poussé sur le rivage; mes habits ne formaient plus qu'une seule enveloppe de glace solide. Il était alors dix heures du soir.

Qu'on juge de notre détresse : notre amadou était tellement mouillé, qu'il ne put prendre feu; mais la vue d'une forêt de beaux arbres nous inspira une idée heureuse, et l'Yakout eut bientôt enflammé deux morceaux de bois sec en les frottant l'un contre l'autre. Au danger de mourir de froid succéda celui d'être brûlé vif; l'herbe était si haute et le bois si sec autour de nous, que toute la forêt s'enflamma, et que ce ne fut pas une petite besogne d'échapper au risque de l'incendie.

Par une heureuse compensation, sa vive clarté fut aperçue de l'Yakout resté sur l'autre rive avec les chevaux, et éloigné seulement de trois milles en ligne directe, mais de quinze par les sinuosités du fleuve. Supposant que nous étions à l'endroit où il découvrait cette flamme, il fit traverser le fleuve aux chevaux à la nage, et arriva ainsi à notre aide; ce qu'il ne put effectuer sans beaucoup de peine et de péril : je lui témoignai donc ma satisfaction de ce qu'il avait si bien deviné notre situation. La nuit fut employée à sécher nos vêtemens et à faire des préparatifs pour la continuation de notre voyage.

Le lendemain 18 juin, à la pointe du jour, nous étions à cheval. Depuis cinq jours nous n'avions mangé que quelques petits fruits. Nous passâmes à gué le Roukar, et, après avoir parcouru près de 40 milles dans un pays montagneux et stérile, nous entrâmes dans l'habitation d'un prince yakout, située dans une île de l'Okhota. Ce personnage n'était ni poli ni hospitalier; il fallut recourir à une sorte de contrainte pour obtenir de lui de la chair de cheval; elle me parut une grande friandise, surtout ayant pu y ajouter du pain que me donnèrent des matelots et des charpentiers qui abattaient des arbres pour les chantiers de la marine d'Okhotsk.

Je poursuivis avec des chevaux frais le reste de ma route dans une contrée charmante, qui ressemblait à un beau parc, puis dans une forêt touffue de grands pins ombrageant un terrain sablonneux. La pluie ne cessait pas de tomber à torrens. Une méchante hutte m'offrit à peine un refuge contre l'inclémence du temps. Le lendemain, pour faire plaisir à mes Yakouts, qui me prièrent de laisser leurs chevaux dans les pâturages, je suivis les bords du fleuve jusqu'à la vieille ville d'Okhotsk. Le canot du gouvernement me transporta de l'autre côté. Dès que j'eus mis un habit propre, j'allai saluer le commandant, qui fut très-surpris de mon aspect hagard et misérable. La peau de mon visage était complètement gelée; mes cheveux et ma barbe n'avaient pas été coupés depuis quinze mois. Le commandant auquel on avait annoncé mon arrivée m'attendait depuis long-temps; quand il apprit mon départ d'Yakoutsk pour la Kolyma, il me regarda comme perdu.

Okhotsk est située sur la partie N. E. d'une baie formée par l'embouchure de l'Okhota et du Koukhtoni. On avait d'abord placé cette ville sur une grève basse et sablonneuse tout près de la mer, à la droite de l'Okhota. Les inconvéniens de cette position furent sentis par le précédent commandant, qui ordonna de transporter la ville à la gauche de l'Okhota; mais ces plans n'ont été effectués que récemment. La population est à peu près de 1,600 ames. La proximité de belles forêts a fait établir à Okhotsk des chantiers de construction, d'où sont sortis de beaux et solides navires que le gouvernement emploie au transport des vivres au Kamtchatka. Il faut que le gréement soit amené d'Irkoutsk (PL. V — 4).

A l'exception des officiers de marine, des employés civils, de deux prêtres et des agens de la Compagnie d'Amérique, la population d'Okhotsk ne se compose que de matelots, d'ouvriers de la marine et de Cosaques. Des condamnés sont employés à la fabrication du sel.

Cette ville passe pour salubre; cependant l'hôpital est toujours bien garni de malades. Les jardins produisent quelques plantes potagères de qualité médiocre. Le district dont Okhotsk est le chef-lieu peut être appelé un désert immense, car sur toute son étendue, des bords de l'Onda à ceux de l'Anadyr, on compte à peine 4,000 ames.

CHAPITRE XV.

Sibérie. — Départ d'Okhotsk. — Petropavlosk. — Voyage dans l'intérieur du Kamtchatka. — Bolcheresk. —Itchinsk. — Tigbilsk. — Un *pourga*. — Khartchina. — Klioutchev. —Volcan.

Le 24 août, je m'embarquai sur *le Mikhaïl*, brig impérial commandé par un lieutenant de vaisseau; trente-deux hommes composaient l'équipage; ce nombre était considérable pour la grandeur du bâtiment, mais il n'est que suffisant dans ces parages pour un cas de nécessité; nous ne pûmes franchir la barre que le 26. Le peu de profondeur de l'eau à une grande distance de terre, la rapidité et l'irrégularité des marées, empêcheront toujours Okhotsk d'être accessible à de grands navires, et cependant c'est le seul port qui existe sur cette côte. On ne peut en sortir ou y entrer que de juillet à octobre, ou durant quatre mois de l'année. Les bâtimens y arrivent ordinairement à la fin de juillet ou d'août.

Nous eûmes un temps doux et favorable, et seulement un peu de brouillard. Le septième jour nous passâmes les Kouriles, et le dixième nous eûmes connaissance du pic d'Avatcha. La température moyenne de l'atmosphère avait été de 15 degrés au-dessus de zéro. Huit navires étaient à l'ancre dans le port de Petropavlosk; jamais on n'en avait tant vu à la fois.

Après deux mois de séjour à Petropavlosk, où je fus très-bien accueilli par le commandant, mes projets changèrent, par l'impossibilité de les effectuer comme je les avais conçus: je renonçai donc à mon voyage au continent américain. On me proposa une course dans l'intérieur du Kamtchatka; j'acceptai cette partie.

Je quittai Petropavlosk le 19 novembre, et je suivis le rivage jusqu'à Avatcha, en franchissant des monticules parsemés de bouleaux chétifs. J'avais un Cosaque et quatre traîneaux attelés de chiens. Après Avatcha, je suivis les bords de la rivière de ce nom, qui gênait notre marche; le paysage était très-insignifiant et enseveli dans la neige; en avançant, des montagnes et des arbres le rendirent plus intéressant. Je fus obligé de traverser en pirogue la Bolchaïa, qui n'était pas encore gelée, circonstance très-rare dans cette saison. Bolcheresk, l'ancienne capitale du Kamtchatka, n'est plus qu'un village de quinze maisons et d'une trentaine de *balagans* ou hangars pour sécher le poisson. Il compte 120 habitans tous russes, est à peu près à 15 milles de la mer d'Okhotsk, et me paraît mieux situé pour un chef-lieu que Petropavlosk, parce que le bois et les pâturages y abondent.

Après avoir passé trois bras de la Bolchaïa, je m'acheminai, à travers la neige, vers la côte maritime, que je longeai ensuite, ayant dans le lointain, à droite, une haute chaîne de montagnes; près des bords du Voroskaïa, elles se rapprochent un peu de la mer. Je m'arrêtai dans le village chez un riche fermier russe: je vis avec plaisir son troupeau de bétail qui n'était composé que de quarante têtes, mais c'est un nombre considérable pour cette contrée, et tous ces animaux étaient gras et bien portans. Plus avant, je n'en rencontrai pas un seul, quoique les plaines continuent presque sans interruption depuis Bolcheresk. A mesure que je poussais plus au N., le froid augmentait; le thermomètre marquait 25 degrés au-dessous de zéro; je ne l'avais observé précédemment qu'à 18.

Dans plusieurs endroits, la rapidité des rivières rendait la glace si mince, qu'en les traversant elle se brisait sous nous; mais la vélocité de notre course prévenait les accidens. En gagnant le voisinage des montagnes, nous vîmes un paysage plus pittoresque. A Itchinsk, nous étions assez près d'un fameux volcan qu'on découvre d'une grande distance. Les toïons ou chefs des Kamtchadales sont tenus, d'après la loi, de frayer une voie dans la neige, dans les vingt-quatre heures après qu'elle a tombé. Le chef d'un village, qui avait négligé de remplir cette obligation, marcha donc devant nos traîneaux avec ses souliers à neige, et fit si bonne diligence, qu'il arriva long-temps avant nous au relais prochain. Plus loin, la route qui mène à Napanas passe pour dangereuse, parce qu'il faut traverser dans une étendue de près de 40 milles un toundra. Pendant que nous cheminions dans ce désert, la neige tombait, mais pas assez abondamment pour effacer les marques du trajet; autrement nous aurions été contraints de nous arrêter de crainte de nous égarer.

En sortant de Napanas, je descendis la rivière de même nom jusqu'à son confluent avec le Tighil. J'avais expédié en avant mon Cosaque pour aller en droite ligne avec mon bagage au fort russe. Le brig *le Paul* était pris par les glaces dans le port de Tighilsk; il appartient au gouverneur et fait une fois par an le voyage d'Okhotsk, où il porte des pelleteries; il en revient chargé de pain, d'approvisionnemens et de munitions. Le port est à 10 milles et le fort à 30 milles de la mer. Le commandant, qui était un officier de marine, occupait ce poste depuis près de cinq ans; suivant la règle, il devait bientôt le quitter.

Le pays autour de Tighilsk est assez pittoresque en été; en hiver, ce séjour est passablement triste; une chaîne de montagnes qui s'étend du N. E. au S. E. le défend en quelque sorte des vents les plus froids; on y compte aujourd'hui 27 maisons et 250 habitans. Le fort ou l'*ostrog* est une grande maison en solives entourée de palissades, et ressemble à tous ceux de la Sibérie boréale. « Il serait dangereux d'essayer de les emporter d'assaut, a dit un voyageur, car quiconque essaierait de s'élancer sur les pieux de bois qui en font leur unique rempart, culbuterait avec toute la fortification. » Néanmoins, Tighilsk, avec sa garnison de six Cosaques, suffit pour tenir en respect les Koriaks; quant aux Kamtchadales, ils ne sont ni assez robustes ni assez nombreux pour troubler la paix.

Ayant vu des Koriaks à Tighilsk et plus au S. dans leurs campemens, je suis tenté de les regarder comme appartenant à la même famille que les Tchouktchis. Ils sont aussi amis de l'indépendance, mais plus turbulens que ceux-ci, et commettent fréquemment des actes d'hostilité contre les habitans de Tighilsk, à moins qu'on ne leur donne de l'eau-de-vie et du tabac, mais ils cèdent en échange des rennes et des pelleteries.

A Tighilsk, le thermomètre descendit à 28 degrés au-dessous de zéro. Malgré la rigueur du climat, les Cosaques réussissent à cultiver des pommes de terre, des choux, des navets et des raves; mais les premiers ne mûrissent jamais complètement. Le tcheremcha (*allium schænoprasum*), anti-scorbutique renommé, abonde dans ce canton; ce petit bulbe a un goût agréable qui ressemble à celui de la patate; les baies bonnes à manger sont très-communes.

Je restai quatre jours à Tighilsk pour guérir mes pieds, qui avaient beaucoup souffert de la gelée après avoir été mouillés. La côte d'ici à Bolcheresk porte le nom de côte Tighilsk; elle est généralement basse et unie; le rivage était à 30 à 40 milles des montagnes; les villages que j'avais traversés sont presque tous misérables, composés seulement de quelques cabanes, et situés sur de petites rivières sortant des montagnes neigeuses ou quelquefois de lacs; ceux-ci sont nombreux. Les pâturages sont assez vastes et assez gras pour nourrir des milliers de troupeaux de gros bétail; mais à peine en aperçoit-on quelques-uns.

Je remontai d'abord le Tighil jusqu'à Sedanka, où je pris des chiens; un camp de Koriaks était sur ma route; je suivis le cours de la Sedanka et ensuite celui de la Rasochena. La nuit, je campai sur la neige; nous étions placés entre les chiens et le feu. Le lendemain, je traversai plusieurs lacs situés sur un plateau et des montagnes boisées. J'y rencontrai une caravane de douze traîneaux allant à Tighilsk. Un ouragan de neige nommé ici *pourga* nous surprit dans une lande. Quelquefois ces tourmentes sont si furieuses, qu'elles mettent de niveau des montagnes de neige et comblent d'immenses vallées; elles arrêtent non-seulement la marche du voyageur, mais l'ensevelissent sous leur masse lui et ses chiens. J'ai de la peine à concevoir comment les nôtres trouvèrent leur chemin ou purent le continuer.

La nuit fut extrêmement froide; après avoir passé avec une peine infinie pour nous et nos chiens un second désert, nous descendîmes dans une belle vallée bordée d'un côté de sapins magnifiques, et de l'autre de mélèzes, d'aunes et de bouleaux tout tortus ; le vent et la neige cessèrent ; le froid reprit avec le beau temps. Bientôt nous atteignîmes une caravane qui avait été retenue dix jours dans les montagnes par la tourmente ; les chiens, qui n'avaient pas mangé depuis trois jours, étaient réduits aux abois.

L'ostrog d'Yelovka est situé sur la rivière de même nom, entre des montagnes bien boisées ; puis on traverse un désert. A Khartchina, j'éprouvai un grand plaisir à causer avec le prêtre, vieillard qui, dans sa jeunesse, avait vu Cook, Clerk, Lapérouse ; il était fils du curé de Paratounka, dont ces navigateurs ont parlé si avantageusement.

L'aspect d'un grand lac, puis d'un beau pays ouvert et orné des plus beaux sapins que j'eusse jamais vu, rendirent ma route très-agréable jusqu'aux abords de la Kamtchatka. Les lacs devinrent nombreux près de cette rivière. On dit que ce canton abonde en renards rouges ; il est certainement un des plus pittoresques de la presqu'île. Le sopka ou pic volcanique de Clioutchev était caché dans les nuages. Il vomit souvent des flammes, de la lave et de la poussière ; on lui donne 15,000 pieds d'élévation au-dessus du niveau de la mer, et on le regarde comme le plus haut de cette contrée. Cependant le temps était singulièrement radouci ; le thermomètre marquait trois degrés au-dessus de zéro ; la neige tomba en abondance. Klioutchev est un joli village russe de 180 habitans, bâti au pied oriental de la montagne, sur la rive droite de la Kamtchatka. Cette rivière, dont je suivis le cours en remontant, n'était qu'à moitié gelée ; j'en traversai d'autres sur des ponts par les mêmes raisons.

Verkhni-Kamtchatsk est entre de hautes montagnes d'un aspect magnifique. En sortant de cette contrée haute et raboteuse, je descendis dans la vallée de la Bistra qui est un affluent de la Bolchaïa-Réka. Malka, chétif village, est célèbre par ses eaux thermales sulfureuses ; on y a élevé deux hôpitaux pour les malades : ils étaient en très-mauvais état, on les a beaucoup améliorés. Je ne tardai pas à rentrer dans Petropavlosk.

CHAPITRE XVI.

Sibérie. — Voyage de Lesseps dans la presqu'île du Kamtchatka. — Milkovaïa-Derevna. — Karaghi. — Habitations des Kamtchadales. — Costume. — Mœurs.

En 1787, Lesseps, qui avait accompagné Lapérouse comme interprète pour la langue russe, étant resté au Kamtchatka, revint en Europe par terre. Il partit de Petropavlosk le 7 octobre, gagna Bolcheresk et fut obligé d'y rester jusqu'au 27 janvier 1788. Alors il revint en partie sur ses pas, puis fit route au N. le long de la rive droite de la Kamtchatka, jusqu'à Nijni-Kamtchastk près de son embouchure. Il remarqua le village appelé *Milkovaïa-Derevna* (village de Milkov), peuplé uniquement de colons russes, amenés en 1743. « Leurs habitations, dit le voyageur, annoncent une sorte d'aisance ; ils ont des bestiaux qui m'ont paru en bon état ; le soin qu'ils en prennent ne contribue pas peu à les faire prospérer : ils ont l'air fort content de leur sort ; tenu seulement à payer sa capitation, chacun recueille librement le fruit de ses sueurs, dont un sol fertile le récompense avec usure. La récolte consiste principalement en seigle et en orge en moins grande quantité. Le froid était si rigoureux, que malgré la précaution que j'avais prise de me couvrir le visage d'un mouchoir, j'eus en moins d'une demi-heure les joues gelées ; mais j'eus recours au remède ordinaire, je me frottai le visage avec de la neige, et j'en fus quitte pour une douleur cuisante pendant quelques jours. »

Nijni-Kamtchatsk ne présente qu'un amas de maisons dominées par trois clochers et situées au bord du fleuve dans un bassin formé par une chaîne de montagnes qui sont à une assez grande distance. Ce lieu était alors la capitale du Kamtchatka.

Lesseps rentra ensuite dans l'intérieur des terres, et voyageant au N., vit la mer près de Khalouli ; plus loin, l'ostrog de Karaghi, sur le bord de la mer, est le dernier du district du Kamtchatka. L'épaisseur de la brume dérobait presque entièrement l'Océan à la vue, et les indigènes, que Lesseps interrogea, lui dirent que la glace s'étendait jusqu'à 30 verst du rivage.

La tempête avait contraint de faire halte près d'un bois à deux heures après-midi. « Le premier soin de nos Kamtchadales, dit Lesseps, fut de creuser un trou dans la neige qui, dans cet endroit, avait au moins six pieds de profondeur ; d'autres apportèrent du bois ; en un instant, le feu fut allumé et la chaudière établie. Un léger repas et quelques mesures d'eau-de-vie remirent bientôt tout notre monde. La nuit venue, on s'occupa des moyens de la passer le moins mal à son aise qu'il serait possible, et chacun travailla à son lit : le mien et celui de mon compagnon était dans mon traîneau où je pouvais me tenir couché. Mais personne autre n'avait une voiture aussi commode. Comment, me disais-je, ces pauvres gens vont-ils faire pour dormir? Je fus bientôt sans inquiétude sur leur compte. Après avoir fait d'abord un creux dans la neige, ils le couvrirent de grandes branches d'arbres les plus menues qu'ils purent trouver, puis s'enveloppant d'un *kouklanki* et s'enfonçant la tête dans le capuchon qui y est adapté, ils s'y étendirent comme sur le meilleur lit du monde. Quant à nos chiens, ils furent détélés et attachés à des arbres autour de nous, où ils passèrent la nuit sur la neige comme à l'ordinaire.

Les mœurs des habitans de Karaghi tiennent beaucoup de celles des Koriaks leurs voisins. « Quant aux iourtes ou *isbas* des Kamtchadales, elles s'enfoncent sous terre, dit Lesseps, et le comble qui s'élève au-dessus a la forme d'un cône tronqué; mais pour en donner une idée plus juste, qu'on se figure un grand trou carré d'environ 6 à 7 toises de diamètre et de 8 pieds de profondeur, les quatre côtés revêtus de solives ou de planches, et tous les interstices de ces murs remplis avec de la terre, de la paille ou de l'herbe séchée et des pierres. Au fond du trou sont plantés plusieurs poteaux soutenant des traverses sur lesquelles porte le toit; il commence au niveau du sol, et l'excède de quatre pieds, son épaisseur est de deux pieds et sa pente peu rapide. Il est au reste construit comme les murs : vers le sommet, il est percé carrément; cette ouverture a quatre pieds de long sur trois de large; c'est par là que s'échappe la fumée et qu'on descend dans l'iourte à l'aide d'une échelle ou poutre entaillée qui s'élève dans l'intérieur à l'orifice de cette entrée, commune aux hommes et aux femmes. On regarde comme un déshonneur de passer sous une porte très-basse qui se trouve à l'un des côtés de l'iourte. Ces habitations sont entourées d'une palissade assez haute sans doute pour les garantir des coups de vent ou de la chute des neiges; d'autres prétendent que ces enceintes servaient autrefois de remparts à ces peuples pour se défendre contre leurs ennemis.

» Est-on descendu dans ces demeures sauvages, la vue et l'odorat y sont également blessés : l'unique pièce qui en compose l'intérieur a environ dix pieds de haut. Une estrade large de cinq et couverte de peaux de rennes, de phoques ou d'autres animaux, à moitié usées, fait le tour de l'appartement ; elle n'est pas à plus d'un pied de terre et sert communément de lit à plusieurs familles. J'ai vu quelques iourtes planchéiées, mais cela est regardé comme un luxe et la plupart n'ont que la terre pour plancher (Pl. VII — 2).

» La fumée règne continuellement dans ces maisons souterraines, parce que l'issue du toit ne saurait suffire à son évaporation. Pour la faciliter, on y pratique dans un coin inhabité, derrière le foyer, une espèce de ventouse dont la direction est oblique; cette espèce de soupirail s'appelle *joupam;* sa bouche aboutit en-dehors à quelques pieds de l'ouverture carrée; on la ferme ordinairement avec une natte ou un paillasson.

» J'ai compté dans une seule iourte plus de vingt personnes, tant hommes que femmes et enfans : tout ce monde mange, boit et dort pêle-mêle; sans gêne ni pudeur, ils y satisfont à tous les besoins de la nature, et jamais ils ne se plaignent du mauvais air qu'on respire en ces lieux. A la vérité, le feu y est presque continuel. Pour l'ordinaire, le foyer est placé au milieu de l'iourte ou dans un des côtés. Le soir, on a soin de ramasser la braise en tas et de fermer le trou qui sert d'issue à la fumée; par ce moyen la chaleur se concentre et se conserve pendant toute la nuit. A la lueur d'une lampe lugubre, on découvre dans un coin de l'appartement une mauvaise image de quelque saint, toute luisante de graisse noire et de fumée; c'est devant ces images que ces peuples s'inclinent et font leur prière.

» La lampe est de la forme la plus grossière; c'est un caillou concave ou une pierre creuse d'où sort un chiffon de toile roulé en guise de mèche, autour de laquelle on met force graisse de phoques ou d'autres animaux. Dès que cette mèche est allumée, vous voyez tout environné d'une sombre vapeur qui ne contribue pas moins que la fumée à tout noircir; elle vous prend au nez et à la gorge et va jusqu'au cœur. Une autre mauvaise odeur, et bien plus fétide, selon moi, car je n'ai pu m'y faire, est causée par les exhalaisons nauséabondes que répand le poisson séché ou pourri, soit qu'on le prépare ou qu'on le serve, soit même après qu'on l'a mangé : les restes sont destinés aux chiens; mais avant qu'ils les obtiennent, tous les coins de l'appartement en ont été balayés.

» Les autres meubles se bornent à des bancs et à des vases de bois ou d'écorce d'arbres; ceux qui servent à la cuisine sont en fer ou en cuivre, tous sont d'une malpropreté révoltante. Des restes de poisson séché sont épars çà et là, et à tous momens des femmes et des enfans sont à faire griller des morceaux de peau de saumon; c'est un de leurs mets favoris.

» L'habillement des enfans de Karaghi arrêta mes regards par sa singularité; on m'assura qu'il ressemblait beaucoup à celui des Koriaks. Il consiste en un seul vêtement, c'est-à-dire, dans une peau de renne qui enveloppe et serre chaque partie du corps; de sorte que ces enfans paraissent cousus de toutes parts; une ouverture en bas, devant et derrière, donne la possibilité de les nettoyer. Elle est recouverte d'un autre morceau de peau qui s'attache et se lève à volonté; il soutient un paquet de mousse qu'on met en guise de couche entre les jambes de l'enfant et qu'on renouvelle à mesure qu'il l'a sali. Outre les manches ordinaires, il en est deux autres attachées à son habit, et dans lesquelles on lui passe les bras lorsqu'il a froid; les extrémités en sont fermées, et le dedans en est garni de mousse. On le coiffe aussi d'un capuchon de peau de renne: mais dans les iourtes, les enfans sont presque toujours tête nue, et le capuchon leur pend sur les épaules; ils ont encore pour ceinture une lanière de peau de renne. Leurs mères les portent sur le dos, par le moyen d'une courroie qui passe autour du front de la femme et sous le derrière de l'enfant. »

Le costume des Kamtchadales ressemble à celui des autres peuples de l'Asie boréale dont il a été question précédemment. Sur la peau, ils ont une chemise fort courte et serrée, soit de toile de coton, soit de nankin; les femmes en ont de soie, et c'est un luxe parmi elles. Les hommes, en tout temps, se couvrent la tête avec de larges bonnets fourrés. Dans la belle saison, ils endossent une plus longue chemise de nankin ou de peau sans poil: ils la passent par-dessus les autres vêtemens. L'habit de cérémonie et le plus distingué est une blouse bordée de peau de loutre marine et de velours, ou d'autre étoffe et de fourrure aussi chère (PL. VI — 2).

La nourriture principale de ce peuple consiste en poisson séché. Les hommes en font la provision, tandis que les femmes vaquent aux travaux de leur ménage, et s'occupent à ramasser les fruits et les autres végétaux. Lorsqu'elles vont faire ces récoltes, pour la consommation de l'hiver, ce sont pour elles autant de jours de fêtes; elles se répandent en foule dans les bois en chantant et s'abandonnant à toutes les folies que leur imagination leur suggère. Malheur à l'homme qu'un hasard amène alors entre leurs mains! Quelque déterminé ou quelque agile qu'il soit, il lui est impossible de se soustraire au sort qui le menace; il est rare qu'il sorte du combat sans avoir reçu une ample fustigation.

Les Kamtchadales savent ne rien perdre du poisson; aussitôt pêché, ils lui arrachent les ouïes qu'ils se hâtent de sucer avec un plaisir extrême: ils en coupent aussi, tout de suite, quelques morceaux tout saignans et souvent tout gelés qu'ils dévorent avec la même avidité. On achève ensuite de dépecer le poisson dont l'arête est destinée aux chiens. Le reste est séché dans les bâtimens destinés à cet usage (PL. VII — 1) et conservé pour l'hiver; alors on le mange bouilli, rôti, grillé et le plus ordinairement tout cru.

Le mets qu'ils aiment le plus est le *tchouitcha*, espèce de saumon. Immédiatement après l'avoir pris, ils l'enterrent dans une fosse; ils l'y laissent jusqu'à ce qu'il soit bien aigri, ou plutôt complètement pourri. L'odeur infecte qui s'en exhale alors suffirait pour dégoûter l'homme le plus affamé, et cependant un Kamtchadale se délecte à manger toute crue cette chair putréfiée: la tête est le morceau par excellence; on la coupe en plusieurs parts.

Des truites, des saumons de plusieurs espèces sont les poissons les plus communs au Kamtchatka; on mange aussi la chair et la graisse des phoques, et de celle-ci on fait de l'huile.

Parmi les différens végétaux qui entrent dans la nourriture des Kamtchadales, les principaux sont le sarana (*lilium bulbiferum*), le tcheremcha (*allium schœnoprasum*) dont ils mangent les bulbes crus ou cuits dans l'eau; la *statkaïa tieva* ou herbe douce, et quelques autres plantes et baies qu'on voit aussi en Russie. De quelque façon qu'on apprête le sarana, il est toujours très-sain et très-nourrissant. On fait avec le tcheremcha une boisson aigre et fermentée qui a un très-mauvais goût: ce bulbe est encore employé dans diverses sauces; ces peuples l'aiment beaucoup.

La statkaïa tieva est une espèce de berce (*heracleum sibericum*) assez agréable quand elle est fraîche. Peu de temps après l'avoir cueillie, les Kamtchadales partagent la tige par la moitié et la ratissent avec une valve de moule pour en extraire la moelle; ils la font ensuite sécher pour l'hiver; et, lorsqu'ils veulent s'en servir dans leurs ragoûts, ils la font bouillir. On la distille aussi et on en fait de l'eau-de-vie vendue par le gouvernement; elle enivre très-vite, et le lendemain on a la tête très-lourde.

Les vrais Kamtchadales sont, en général, d'une taille au-dessous de l'ordinaire; ils ont la tête ronde et large, les yeux petits et enfoncés, les joues saillantes, le nez écrasé, les cheveux noirs, presque point de barbe et le teint un peu basané. Leur caractère est doux, hospitalier, probe et franc; ils ont si peu de finesse, qu'il est très-facile de les tromper en profitant de leur penchant à l'ivrognerie. Ils vivent très-unis entre eux, sont indolens et insoucians à l'excès, sales et négligens, mais bons et humains. Leur nombre était autrefois bien plus considérable qu'il ne l'est aujourd'hui. Une épidémie, jointe à une famine, a presque entièrement détruit ce peuple, et chaque année la petite vérole en fait périr beaucoup (Pl. VI — 3).

Les Kamtchadales se nomment eux-mêmes *Italmen* ou *Itelmen*. Leur langue, qui se divise en quatre dialectes principaux, ne présente d'affinité qu'avec celle des Koriaks dans les cantons qui sont voisins de ceux-ci. C'est ce qui fut remarqué par Lesseps à Karaghi.

« Ayant appris que dans les environs campaient deux hordes de Koriaks, nous leur dépêchâmes, dit-il, un exprès pour leur proposer de nous vendre des rennes; ils ne se firent pas prier; le même jour, ils nous en amenèrent deux en vie. Ce secours vint à propos pour tranquilliser nos gens qui commençaient à craindre de manquer de vivres. Cependant la disette menaçait encore plus nos chiens. Les provisions de poisson n'arrivaient pas. On se hâta donc de tuer un renne; mais, lorsqu'il fut question du prix, nous nous trouvâmes fort embarrassés pour traiter avec les vendeurs; ils ne parlaient ni russe, ni kamtchadale, et leurs signes n'étaient rien moins qu'expressifs; jamais nous ne nous fussions entendus, sans un habitant de Karaghi qui vint nous servir d'interprète. »

Les provisions si désirées étant enfin arrivées, Lesseps et son compagnon se préparèrent à partir le lendemain matin; mais, dans la nuit, il s'éleva un vent d'O. et de N. O. très-violent, accompagné d'une neige si abondante qu'il fallut retarder le départ; l'ouragan avait fait débâcler la glace d'une baie que l'on comptait traverser, on fut obligé de la contourner. Le 4 mars, on était au village de Gavenki, près duquel on voit un tertre, espèce de retranchement de la façon de ces peuples qui s'y réfugiaient autrefois dans leurs révoltes.

CHAPITRE XVII.

Sibérie. — Pays des Koriaks. — Poustaresk. — Kaminoï. — Camp de Tchouktchis. — Ouragan. — Penjina. — Les Koriaks. — Source thermale. — La Tamotova. — Toumeniz. — Yomsk. — Taousk. — Okhotsk. — Iakoutsk. — Ieniseïsk.

Là, Lesseps s'éloigna de la côte et chemina vers l'O., traversant pendant cinq jours un désert aride où, dès la seconde journée, la neige et les coups de vent se succédaient avec tant d'impétuosité que les conducteurs en étaient aveuglés; à quatre pas devant eux, ils ne distinguaient rien; ils ne voyaient pas même le traîneau qui les suivait immédiatement. Les vivres des chiens diminuèrent; le défaut de nourriture épuisa bientôt les forces de ces animaux; plusieurs moururent d'inanition. Quand il n'y eut plus du tout de poisson, les voyageurs donnèrent aux chiens de leurs propres provisions; mais la prudence imposait la plus sévère économie.

Dans cette fâcheuse conjoncture, Lesseps et son compagnon abandonnèrent leurs équipages au milieu du chemin à la garde de quelques-uns des conducteurs; et, après avoir choisi dans l'attelage de ces traîneaux les moins mauvais chiens pour remplacer ceux qui manquaient, ils poursuivirent leur route. Bientôt l'eau manqua; le seul petit ruisseau qu'on rencontra était glacé; force fut de se désaltérer avec de la neige. Le défaut de bois fut un autre embarras. « Pas un arbre sur notre chemin, dit Lesseps; nous faisions quelquefois un verst pour aller à la découverte d'un méchant arbrisseau qui n'avait pas un pied de haut; tous ceux qui s'offraient à nos regards étaient aussitôt emportés et coupés dans la crainte de n'en pas trouver plus loin; ils étaient si petits et si rares qu'ils ne suffisaient pas pour cuire nos alimens. Il n'était donc pas question de nous chauffer. Le froid pourtant était des plus rigoureux, et la lenteur de notre marche nous donnait le temps de nous morfondre; à chaque pas, nous étions contraints de nous arrêter pour dételer nos chiens qui expiraient les uns sur les autres.

» En sortant de Gavenki, nous avions quitté la mer à l'E.; nous la revîmes à l'O., à deux verst de Poustaresk, de sorte que nous avions traversé cette partie du Kamtchatka dans toute sa largeur qui n'est que de 200 verst ou 50 lieues. Nous fîmes ce trajet plus à pied qu'en traîneau; nos chiens étaient si faibles que nous préférions de nous fatiguer nous-mêmes afin de les soulager; rarement encore en allaient-ils plus vite. Nos conducteurs ne pouvaient les faire avancer qu'en s'attelant comme eux pour les aider à tirer mes voitures, et nous les agacions en leur montrant un mouchoir que nous tournions en forme de poisson : ils suivaient cet appât qui fuyait devant eux, à mesure qu'ils s'approchaient pour le saisir.

» C'est par ce moyen que nous vînmes à bout de franchir la montagne qui mène à Poustaresk. Je me crus sauvé en mettant le pied dans ce hameau, d'après l'accueil gracieux que nous firent les femmes. Nous en trouvâmes six qui venaient au-devant de nous et qui nous abordèrent avec des démonstrations de joie les plus folles. Nous comprîmes à quelques mots qu'elles nous dirent que leurs maris étaient allés à l'ostrog de Potkagornoï pour y chercher de la baleine; elles nous conduisirent à leurs habitations en chantant et sautant autour de nous comme des extravagantes.

» Notre premier soin, en entrant à Poustaresk, fut de visiter les réservoirs de poissons; quel fut notre chagrin en les voyant tous vides! Dans cet intervalle, on avait dételé nos chiens, pour les attacher par pelotons à l'ordinaire. Dès qu'ils furent au poteau, ils se jetèrent sur leurs liens et sur leurs harnais; en un instant tout fut dévoré. En vain essaya-t-on de les retenir, la plus grande partie s'échappa dans la campagne, où ils erraient çà et là, mangeant tout ce que leurs dents pouvaient déchirer. Il en mourait à tout moment quelques-uns qui devenaient la proie des autres; ceux-ci se disputaient entre eux le cadavre, et, si l'un d'eux succombait dans cette lutte, il était à son tour l'objet d'un nouveau combat. A l'horreur de les voir ainsi s'entredéchirer succédait le triste spectacle de ceux qui assiégeaient l'iourte où nous demeurions. Ces pauvres bêtes étaient toutes d'une maigreur à faire compassion; elles pouvaient à peine remuer; leurs hurlemens plaintifs et continuels semblaient nous prier de les secourir et nous reprocher l'impossibilité où nous étions de le faire. Plusieurs qui souffraient autant du froid que de la faim se couchaient au bord de l'ouverture extérieure pratiquée dans le toit de l'iourte et par où s'échappe la fumée; plus ils sentaient la chaleur, et plus ils s'en approchaient; à la fin, soit faiblesse, soit défaut d'équilibre, ils tombaient dans le feu sous nos yeux.

» Poustaresk, hameau situé sur le penchant d'une montagne baignée par les eaux du golfe de Penjina, n'a que deux iourtes où vivent à peu près quinze individus, et quelques balagans à quelques verst plus loin dans l'intérieur des terres; les habitans vont s'y établir au commencement de l'été. Ils y passent toute la belle saison à pêcher et à faire leurs approvisionnemens pour l'hiver. A en juger par les apparences, le poisson ne doit pas y être abondant; par compensation, les rennes sont assez communs dans ce canton. »

L'impossibilité absolue de se procurer de nouveaux attelages de chiens et des provisions détermina les deux voyageurs à se séparer. Une grande quantité de graisse et de chair de baleine apportée du fond du golfe fournit à Lesseps le moyen de nourrir ses chiens pendant la route. Des Koriaks arrivèrent pour l'escorter; on leur fit des présens en tabac, en étoffes et en divers objets, pour eux et pour leurs parens; enfin, on ne manqua point de les enivrer pour qu'ils eussent à se bien louer de l'accueil qu'on leur faisait; il fallait les traiter suivant leur goût, et c'est là chez eux l'essence de la politesse. Ils chargèrent sur leurs traîneaux deux des portemanteaux de Lesseps.

Le 18 mars, notre voyageur partit sur un traîneau découvert attelé de sept chiens qu'il conduisait lui-même; le soldat chargé de l'escorter en avait huit au sien. Un guide, choisi dans les habitans du hameau, les précédait; il montait un traîneau de douze chiens, portant les bagages et les vivres.

Le chemin d'abord sur la mer gelée, ensuite sur la terre recouverte d'une glace raboteuse, était horrible. Vingt fois Lesseps vit son traîneau prêt à être fracassé; il prit le parti de faire une partie de la route à pied; il eut des rivières à traverser, ensuite une vaste bruyère et un lac, enfin la Penjina, dont la largeur à son embouchure est imposante. « L'aspect des glaces qui la couvraient et s'étaient amoncelées à une hauteur prodigieuse m'aurait encore paru plus pittoresque, dit-il, si nous eussions pu prendre un chemin plus commode; mais il n'y en avait pas à choisir, de sorte que nous fûmes forcés de hisser, pour ainsi dire, nos chiens et nos traîneaux, de glaçons en glaçons; il est aisé de juger de la difficulté et de la lenteur de cette manœuvre; j'eus toutes les peines du monde à m'en tirer sain et sauf. »

Le 24, Lesseps entra dans Kaminoï où il fut très-bien reçu par les habitans. Le toïon vint au-devant de lui accompagné d'un détachement russe et le conduisit à une iourte préparée et nettoyée depuis long-temps. Cet ostrog est éloigné de trois cents verst de Poustaresk; sur une élévation, presqu'au bord de la mer et à l'embouchure de la Penjina. Il renferme un grand nombre de balagans et une douzaine d'iourtes, toutes très-vastes et bâties comme celles qui ont été décrites précédemment. Quoique fort rapprochées, ces habitations ne laissent pas d'occuper un espace de terrain considérable. Les palissades qui les entourent sont garnies de lances, d'arcs, de flèches et de fusils; ces palissades sont plus épaisses et plus hautes que celles des iourtes kamtchadales. A l'abri de ces misérables fortifications, ces Koriaks se croient inexpugnables; c'est de là qu'ils repoussent les attaques de leurs ennemis, entre autres des Tchouktchis, leurs voisins les plus redoutables, et pour le nombre et pour le courage.

La population de Kaminoï était à peu près de 300 individus; Lesseps y vit une vingtaine de baïdars ou bateaux de différentes grandeurs; ils ressemblaient à ceux qu'il avait observés sur la côte orientale. Un baïdar a 15 à 18 pieds de long sur 4 de large; toute la carcasse est en planches assez minces et arrangées en treillage; une pièce de bois, plus longue et plus grosse que les autres, sert de quille; les membrures sont assujetties avec des courroies, et le tout est recouvert de peaux de morses et de phoques de la grosse espèce. Ces peaux sont très-bien préparées et si parfaitement cousues ensemble que l'eau ne peut pénétrer dans le bateau. Le baïdar, rétréci dans les extrémités, s'y termine en pointe et s'aplatit à la quille. La légèreté de ces embarcations fort sujettes à chavirer a sans doute nécessité cette construction qui leur donne plus d'aplomb. En hiver, on les retire sous un hangar pour les garantir de la neige. Ceux de Kaminoï étaient assez larges pour pouvoir contenir vingt-cinq à trente personnes.

A 15 verst de Kaminoï, Lesseps retrouva la même chaîne de montagnes qu'il avait rencontrée en-deçà de ce village; puis, il fit route au S. et campa sur les bords de la Chestokova. Retenu le lendemain dans sa tente par un ouragan terrible, il fut agréablement surpris par l'arrivée de sept Tchouktchis; ils étaient sur des traineaux pareils à ceux des Koriaks nomades et tirés de même par des rennes. Dans la conversation amicale que notre voyageur eut avec ces Tchouktchis, il apprit que la cause des divers soulèvemens de ce peuple contre les Russes prenait sa source dans une erreur qui leur est commune avec les Koriaks; ils se figuraient autrefois que toute la nation russe se bornait au petit nombre d'individus qui venaient hardiment se fixer sur leur territoire et dans leur voisinage. Par un sentiment de jalousie assez naturel, ces nomades voyaient autant d'ennemis dans ces émigrans, dont l'industrie et l'activité leur étaient suspectes; ils croyaient de leur intérêt le plus puissant de s'en défaire, persuadés qu'en les exterminant, ils détruiraient la race. Aujourd'hui, on les excite inutilement à la révolte, parce qu'ils ont senti leur méprise et leurs torts, depuis qu'ils ont appris à connaître les Russes.

Lesseps les régala de son mieux avec du tabac, n'ayant rien à leur donner qui pût leur faire plaisir; ils se quittèrent les meilleurs amis du monde. Le jour suivant, il rencontra le camp de ces Tchouktchis sur le bord d'une rivière et adossé à un bois; il se bornait à une douzaine de tentes rangées sur la même ligne le long du rivage. Des faisceaux de lances et de flèches fichées dans la neige semblaient défendre l'entrée de ces demeures; c'est la crainte d'être surpris la nuit par les Koriaks qui leur suggère cette précaution. Lesseps remarque, avec raison, que les traits des Tchouktchis n'ont rien d'asiatique; leur teint est très-basané. Ceux qu'il vit font tous les ans un voyage à Injiga; ils partent de leur pays au commencement de l'automne et n'arrivent que dans les premiers jours de mars. Peu de jours leur suffisent pour terminer leurs affaires; aussitôt ils se remettent en route, afin de profiter encore de la commodité du traînage; il est rare qu'ils puissent arriver chez eux avant la fin de juin. Ils apportent les mêmes marchandises dont il a été question précédemment.

L'ostiog de Pareiné, moins grand, mais plus peuplé que celui de Kaminoï, est situé sur la rivière dont il porte le nom, à 3 verst de son embouchure, dans le golfe de Penjina, qui forme à cette hauteur un bras de mer si étroit que, dans les beaux temps, on voit d'un bord à l'autre. Lesseps eut besoin de beaucoup de fermeté pour vaincre la mauvaise volonté du toïon koriak qui refusait de lui fournir sur-le-champ un attelage et qui était connu par sa perfidie.

En sortant de Pareiné, on quitte la mer et on ne la retrouve qu'à Injiga. Par conséquent, on n'a pas la ressource du bois mort qu'on trouve parfois sur la côte. Cette privation fut la plus grande peine du trajet de cet isthme, dont la largeur est de 10 lieues. Lesseps ne s'était arrêté que fort tard dans un endroit nullement abrité; il n'y croissait que des mélèzes rampans et tout tortus. Des nuages de mauvais augure se montrèrent la nuit à l'extrémité de l'horizon; néanmoins, les guides, persuadés que le beau temps continuerait, se décidèrent à partir au point du jour. Vers six heures du matin, ils persistèrent à poursuivre le voyage. Lesseps ne demandait pas mieux; mais intimement convaincu de l'approche de la tempête, il se promit d'avoir recours à sa boussole qui seule pouvait les conduire à travers les tourbillons. Il s'informa donc de la direction qu'il fallait suivre pour arriver au lieu où ils allaient; elle lui fut indiquée. Aussitôt il leur recommanda de le prévenir dès qu'ils croiraient ne pouvoir plus reconnaître leur chemin, parce qu'il se proposait alors de les conduire. L'air sérieux, avec lequel il leur donna cet ordre, les interdit, ils crurent qu'il extravaguait. Pour toute réponse à leurs représentations, il les renvoya brusquement à leur traîneau, en menaçant de faire punir celui qui n'obéirait pas, et en même temps il donna le signal du départ.

Vers neuf heures, l'ouragan se déchaîna avec un telle violence qu'il mit en déroute plusieurs traîneaux; à force de cris, on les rallia. « Mes conducteurs s'avouant vaincus, dit Lesseps, vinrent me conjurer de faire halte, quoique nous fussions en rase campagne; aveuglés par le vent qu'ils avaient en face, ils craignaient de nous égarer. Je leur rappelai ma promesse, je persistai à vouloir passer devant; j'ordonnai que les traîneaux se suivissent d'aussi près qu'il serait possible, afin qu'au moindre accident on pût s'entendre et se porter secours; puis, à l'aide de ma boussole que j'avais cachée sous ma fourrure pour l'avoir sans cesse sous les yeux, je me mis en devoir de diriger notre caravane. Nous cheminâmes dans cet ordre le reste de la journée et je pourrais dire au milieu des ténèbres, car le soldat qui montait le traîneau suivant immédiatement le mien, était invisible pour moi; à peine distinguais-je ses premiers chiens.

» A huit heures trois quarts du soir, j'entrevis comme un voile sombre qui se développait devant nous. L'objet s'étendait noircissant à mesure que nous en approchions; un instant après, mes conducteurs s'écrièrent qu'ils apercevaient des arbres et qu'ils étaient sauvés; en effet, nous étions dans la forêt d'Injiga. Je les envoyai quelques pas en avant pour la reconnaître, et bientôt ils revinrent transportés de joie me dire que nous touchions la rivière.

» Le ton respectueux avec lequel ils me firent ce rapport me divertit beaucoup. En me remerciant de les avoir si bien conduits, le Koriak soutenait qu'aucun de leurs chamans n'avait rien fait de si merveilleux : avoir prédit le mauvais temps, quand tout à leurs yeux semblait annoncer le contraire ; avoir su ensuite les guider et les préserver au milieu de cette *pourga* (tourmente), tant de sagacité lui paraissait surnaturelle. La reconnaissance des autres gens de ma suite était presque aussi folle; ils ne pouvaient revenir de leur étonnement. En vain je leur montrai ma boussole, en vain je voulus leur expliquer comment elle avait fait toute ma science ; ils finirent par me dire qu'un tel grimoire n'était intelligible que pour des savans comme moi, instruits dans l'art magique. »

On descendit vers le rivage que l'on côtoya jusqu'à la hauteur d'Injiga, et on traversa la rivière qui en baigne les murs. La glace était assez solide, mais la violence du vent avait couvert d'eau sa superficie, et les voyageurs eurent les pieds très-mouillés.

Injiga, située sur la rivière du même nom à 30 verst de son embouchure, présente au-dehors une enceinte carrée défendue par une palissade très-haute et très-épaisse, et par des bastions en bois qui s'élèvent sur pilotis aux quatre coins de la place, sont armés de canons et renferment diverses munitions de guerre; des sentinelles les gardent jour et nuit, ainsi que les trois portes de la ville dont une seule est ouverte. Ces soldats sont sans cesse sur le qui-vive, de crainte de surprise de la part des Koriaks des environs dont le génie mutin et hardi les porte fréquemment à la révolte et à venir attaquer la ville au moment où on s'y attend le moins. Aussi ne leur est-il pas permis d'y séjourner long-temps lorsque le commerce les y amène.

Injiga était la ville la plus considérable et la plus peuplée que Lesseps eût vue jusque-là sur sa route; on y compte à peu près 500 habitants tous négocians ou attachés au service. Toutes les maisons sont en bois et fort basses, mais elles ont une façade presque régulière. Le commerce consiste en fourrures, surtout en peaux de rennes qui s'y vendent brutes et à très-bon compte ; elles sont ensuite tannées et travaillées avec un art d'autant plus admirable, que l'activité laborieuse des ouvriers sait se passer des instrumens inventés par l'industrie européenne. La finesse et la beauté de leurs ouvrages ne le cèdent qu'à la solidité. On voit sortir de leurs mains des gants, des bas parfaitement faits; les coutures et les broderies sont de poil de renne, de soie, d'or, et feraient honneur à nos plus habiles gantiers.

Les pelleteries, dit Lesseps, sont apportées à Injiga par les Koriaks qui se les procurent par échange des Tchouktchis leurs voisins. La patrie des Koriaks embrasse une vaste étendue; elle est terminée au S. par la presqu'île de Kamtchatka et le golfe de Pinjina, à l'O. par le cours de la Kolyma et de ses affluens les plus occidentaux, au N. par la Mer-Glaciale et l'Anadyr supérieur, à l'E. par les Tchouktchis et le Grand-Océan boréal. Les tribus koriakes touchent au S., à la partie N. E. des monts Lamoutes.

Les Koriaks, demeurant le long du golfe de Pinjina, vivent de chasse et de pêche; ils se donnent à eux-mêmes le nom de *Tchaountchou* (sédentaires). Ceux du N. sont nomades et possèdent de nombreux troupeaux de rennes ; ils se nomment *Toumougoutou* (errans). L'appellation de Koriak, que tous s'appliquent, dérive, dit-on, du mot *Kora* (renne).

Les Olontoriens sont une tribu de Koriaks qui demeure sur l'Olotorka, petit fleuve de l'Océan boréal; les autres Koriaks les appellent *Elouteat*. Les Koriaks du N. E., que les Russes confondent avec les Tchouktchis, desquels ils se rapprochent beaucoup, se donnent à eux-mêmes le nom de *Tigné*, et aux autres Koriaks celui de *Konilik*.

Il existe une singulière mésintelligence entre les Koriaks fixes et les nomades. On reproche à ceux-ci la duplicité, la méfiance, la cruauté. Quand ils le peuvent, ils pillent les Koriaks sédentaires, et ne craignent pas d'attaquer les Russes. Toutes les saisons ne permettent pas aux Koriaks sédentaires de chasser et de pêcher. Pendant ces intervalles, enterrés dans leurs iourtes, ils dorment, fument et s'enivrent. Ils ne sortent de ces demeures que lorsqu'une nécessité urgente les y contraint. Plus vastes que celles des Kamtchadales du N., elles présentent à peu près les mêmes distributions et sont peut-être encore plus malpropres. On n'y trouve ni porte ni *joupan* ou ventouse; aussi la fumée y est-elle insupportable. Ce peuple, ennemi du travail, a la même nourriture que celui du Kamtchatka. Leur passion pour les liqueurs fortes, irritée par la cherté de l'eau-de-vie et la difficulté de s'en procurer à souhait, leur a fait imaginer un breuvage aussi capiteux qu'ils tirent d'un champignon rouge, connu, comme un poison violent, par les Russes, sous le nom de *moukhamoda*.

Ils sont d'une taille moyenne, basanés et fort laids; ils ont la chevelure et la barbe noire, mais peu fournie. Parmi les femmes, il en est peu qui n'aient les yeux tirés obliquement, le nez écrasé, les pommettes des joues saillantes. Les hommes portent les cheveux très-courts; les femmes les négligent beaucoup et les laissent communément flotter sur leurs épaules; quelques-unes les relèvent en tresses ou les enveloppent d'un mouchoir. Quant à l'habillement, il diffère peu de celui des Kamtchadales. Leur religion est le chamanisme. Leur idiome n'a aucune affinité avec celui des peuples voisins.

Impatient de continuer sa route, Lesseps aurait voulu quitter Injiga vingt-quatre heures après y être entré. Malheureusement les chiens étaient harassés, et l'on n'eût pu dans toute la ville en rassembler qu'un très-petit nombre et qui n'étaient pas meilleurs. Le commandant lui proposa donc de prendre des rennes, en ne lui cachant pas les inconvéniens de cette manière de voyager. Les chefs des Koriaks nomades des environs furent invités à venir chez lui, et promirent d'amener des attelages.

Le 6 avril, Lesseps sortit de la ville à pied, escorté de presque tous les habitans qui désiraient, disaient-ils, faire honneur au seul Français qui eût encore séjourné chez eux. Il était accompagné d'un jeune négociant russe qui lui avait demandé la permission de le suivre jusqu'à Okhotsk, et de deux Cosaques. Un prince koriak conduisait son traîneau; faute d'interprètes, il ne pouvait y avoir de conversation entre eux.

Quoique la neige eût beaucoup d'épaisseur et peu de solidité, les rennes couraient avec une aisance et une légèreté étonnantes; ils ont cet avantage sur les chiens que leurs pieds présentent plus de surface et enfoncent bien moins; on est dispensé d'aller au-devant avec des raquettes pour leur frayer le passage; mais les chiens ont l'avantage de se fatiguer moins vite et par conséquent d'épargner au voyageur le désagrément de s'arrêter toutes les deux ou trois heures. Quand on fait halte, la commodité du voyageur n'entre pour rien dans le choix des lieux de repos: celle des rennes est seule consultée, et l'endroit le plus abondant en lichens est toujours préféré.

Comme Lesseps payait exactement les frais de poste fixés par les réglemens, le prince koriak, en les recevant, se récriait sur sa générosité. « J'eus beau vouloir lui prouver, dit-il, qu'il n'y en avait point à donner ce que je devais légitimement, il me fut impossible de lui faire comprendre mon calcul; son refrain était toujours: « Je n'ai pas encore rencontré un si honnête homme. » Payer pour m'avoir obligé lui paraissait un acte de vertu sublime. Tant d'éloges pourraient faire soupçonner les Russes d'avoir plus que de l'économie; on prétend en effet que leurs voyages en ces contrées ne leur sont pas coûteux. »

Lesseps suivit presque constamment les bords de la mer jusqu'à la Tamotova. Un chef koriak lui ayant parlé d'une source chaude, à peu de distance de l'embouchure de ce petit fleuve, il alla la visiter; elle forme un ruisseau de six pieds de large, qui se jette dans la Tamotova; elle se compose de plusieurs autres sortant d'une montagne. Une fumée épaisse s'élève au-dessus de ces eaux, mais il ne s'en exhale aucune mauvaise odeur; la chaleur en est extrême et le bouillonnement continuel; elles ont un goût désagréable et piquant; les pierres que notre voyageur ramassa le long du ruisseau avaient toutes un caractère volcanique.

1. Fort Japonais de Kounachir.

2. Arrival.

J. Bailly del.

VOYAGE

Depuis l'embouchure de la Tamotova, la route s'enfonce dans l'intérieur du pays, et traverse la chaîne de montagnes appelée *Villeghinskoï-Khrebet*; leur trajet fut difficile; le Villeghi, qui en est la plus haute cime, s'élève presque perpendiculairement à plus de 100 toises au-dessus de la ligne de faîte; ses flancs, dépouillés de neige par la violence du vent, ne présentaient que des rochers et des pierres; la montée fut pénible et dangereuse, à tout moment les rennes s'abattaient. Pour descendre, ces animaux furent dételés; puis chacun se laissa glisser en bas; on y arriva en deux minutes.

Le 14, on atteignit Toumané qui est un ostrog près de l'embouchure de la rivière de ce nom, à 440 verst au S. O. d'Injiga. Trois iourtes, autant de magasins en bois et une douzaine de balagans composent cet ostrog, et vingt familles sa population. Quoique la rivière soit très-poissonneuse, car Lesseps et ses compagnons y pêchèrent des truites excellentes, il vit des habitans, soit paresse, soit dépravation de goût, se nourrir avec de l'écorce de bouleau trempée dans de l'huile de baleine.

Les rennes n'étaient pas en état d'aller plus loin; le prince koriak fut contraint, à son grand regret, de se séparer de Lesseps; celui-ci fut presque obligé de se fâcher pour lui faire accepter quelques petits présens qu'il crut devoir joindre à ses frais de poste.

Le 17, Lesseps partit de Toumané avec son escorte et tous ses équipages sur cinq traîneaux découverts; chaque attelage était de huit à dix chiens. Il ne tarda pas à rencontrer la mer. Un ouragan de neige les contraignit de se réfugier dans une iourte vide. Les murs en étaient tapissés de glaçons qui s'en détachaient en stalactites; cette glacière, longue de dix pieds, en avait cinq de large. Les dix hommes qui composaient la troupe y restèrent entassés pendant cinq jours. Ils ne purent en sortir que le 21, poursuivirent leur route sur la mer gelée, à deux verst de la côte, afin d'en éviter les sinuosités; le 23, ils atteignirent Yamsk, ostrog situé à 10 verst de l'embouchure de la rivière du même nom et peuplé de vingt familles russes.

A 50 verst d'Yamsk, on se trouve au pied d'une des plus hautes montagnes du pays; les Koriaks la nomment *Baboucheka* (la grand'mère), parce qu'ils croient que son sommet est le tombeau d'une vieille sorcière, aussi fameuse que redoutable. Lesseps regarda le Villeghi comme plus escarpé, du moins parce qu'il avait eu plus de peine à le gravir. Arrivés au haut de la Baboucheka, les conducteurs armèrent leurs pieds de crampons en forme de petits trépieds; puis ils attachèrent en travers sous les traîneaux d'assez gros bâtons pour les retenir en descendant; on arriva en bas sans aucun accident.

Les Koriaks de Srednoï firent beaucoup d'accueil à Lesseps; les iourtes n'y sont pas souterraines; on y entre par une porte au niveau du sol. Siglan est le dernier ostrog de leur pays; on y voit une iourte bâtie à la manière des Yakouts. Ola est dans le territoire des Toungous, au bout d'une baie que les voyageurs avaient traversée en partie sur la glace, quand des craquemens continuels leur causèrent des alarmes très-fondées. Au point du jour, ils passèrent sur la terre ferme pour franchir un promontoire escarpé; quand ils furent descendus en bas, la mer venait de débacler; on suivit quelque temps la côte; elle finit par devenir si escarpée, qu'on ne put avancer qu'en posant prudemment les pieds sur les saillies de la corniche qu'elle formait. Sept heures entières furent employées à ce trajet; on réussit même à le faire franchir aux chiens et aux traîneaux, et on atteignit une grève de cailloux dont la largeur et la solidité ne laissaient aucune inquiétude. On se reposa dans l'iourte d'un Yakout, établi depuis trente ans au milieu d'un grand bois de sapins.

Le fort de Taousk contient une vingtaine d'isbas, une petite église desservie par le curé d'Okhotsk, et un bâtiment entouré de palissades en forme de bastion; on y dépose les iasaks.

On s'était insensiblement avancé dans l'intérieur du pays, parce qu'on n'osait plus s'aventurer sur les glaces. Après avoir franchi la montagne d'Ijné, dont la hauteur est comparable à celle de la Baboucheka, et sur le sommet de laquelle l'âpreté du froid contraignit Lesseps de s'arrêter pour faire du feu, il retrouva le bord de la mer qu'il quitta à Okenlot. Un peu plus loin, il laissa ses équipages à la garde de son fidèle Cosaque et suivit la côte maritime. Ayant traversé en traîneau l'Okhota, dont la glace fléchissait à chaque pas sous les pieds, il entra le 5 mai dans Okhotsk.

Les progrès journaliers du dégel le décidèrent à hâter son départ, afin de n'être pas arrêté par les débordemens des rivières. Il se mit donc en route le 10 avec six traîneaux attelés de chiens. Toutes les routes étaient remplies d'eau, et en quelques endroits, dans les bois principalement, les chiens en avaient jusqu'au ventre. Le 12, une partie des attelages refusa service; on descendit une rivière qui semblait offrir une voie plus commode. A peine eut-on fait quelques pas, qu'un craquement subit se fit entendre sous les traîneaux; une minute après, Lesseps se sentit enfoncer doucement; un glaçon qui le soutenait brisa de nouveau, et les patins de son traîneau furent dans le moment aux trois quarts submergés. Il eût vainement essayé d'en sortir; le moindre ébranlement le plongeait plus avant dans l'eau. Heureusement elle n'avait que quatre pieds de profondeur; à force de travail ses gens parvinrent à l'en retirer; mais ceux qui lui portèrent secours en eurent presque aussitôt besoin eux-mêmes; il fallut que tout le monde se prêtât mutuellement la main pour regagner la terre. Lesseps, sourd aux représentations de ses conducteurs, voulait absolument poursuivre sa route. Cependant la neige fondait si rapidement que les chiens pataugeaient dans l'eau sans avancer; ils tombaient les uns sur les autres excédés de fatigue. Un sergent, en qui notre voyageur avait une grande confiance, ayant enfin déclaré qu'il fallait rebrousser chemin, son avis fut écouté; on rentra le 14 dans Okhotsk.

La débâcle des glaces de l'Okhota n'eut lieu que le 26 mai; dans la nuit du 29, il tomba deux pouces de neige, et le thermomètre marqua un degré au-dessous de zéro; les eaux s'écoulaient peu à peu, mais on n'apercevait aucun signe de végétation. Enfin, le 6 juin, Lesseps put partir. La maigreur et le piteux état du cheval qu'il devait monter le firent reculer d'horreur; ceux de ses compagnons ne se trouvaient pas en meilleure condition; depuis le commencement du long hiver, ces pauvres animaux n'avaient vécu que de rameaux de saules et de bouleaux. Après un si long jeûne, ils ont grand besoin de repos, jusqu'à ce qu'ils aient repris des forces par une pâture plus substantielle. Celui de Lesseps tomba et ne put se relever.

Le mont Orerak est baigné par la rivière de même nom. Son sommet était encore couvert de neige. Le trajet de cette rivière eut lieu près de sa source; elle sort d'un lac qui a près de 7 verst de tour; on le dit très-poissonneux. Le 16, on était à Yudomskoï-Krest (la croix d'Yudoma). Sur une hauteur d'où l'on brave les débordemens de la rivière de ce nom, s'élèvent des magasins gardés par quatre soldats qui s'y réfugient lorsque les eaux ont gagné leur demeure près du rivage.

Lesseps s'embarqua dans un bateau, avec quatre soldats, sur l'Yudoma; il franchit sans accident une cataracte, entra dans la Moya, puis dans l'Aldan; vis-à-vis de son confluent il débarqua, se procura des chevaux et partit avec des guides yakouts. Pendant l'espace de 100 verst, il marcha à travers un marais mouvant où les chevaux enfonçaient tellement que l'on était contraint de descendre pour les aider à s'en retirer. Plus loin, il traversa l'Anga; les iourtes devinrent un peu plus fréquentes; les chevaux étaient excellens, les princes yakouts très-obligeans. Le 29 juin, il atteignit Armanghi, lieu situé sur la rive droite de la Lena : il était vis-à-vis d'Yakoutsk. Le trajet de la Lena en ligne diagonale dura quatre heures. Il estime la largeur du fleuve, dans cet endroit, à deux lieues.

En 1812 et 1813, l'Anglais Pierre Dobbel fit le même voyage que Lesseps; ses observations confirment celles de notre compatriote.

CHAPITRE XVIII.

Sibérie. — Surface. — Montagnes. — Rivières. — Golfes et baies. — Iles. — Climat. — Productions. — Population. — Diverses nations qui la composent. — Conquête et découverte. — Sa division en gouvernemens. — Colonies de l'Ienisseï. — Le Kamtchatka.

La Sibérie occupe toute la partie septentrionale de l'Asie. Elle a pour bornes au N. la Mer-Glaciale, à l'E. le Grand-Océan boréal, au S. l'empire chinois et le Turkestan, à l'O. la Russie européenne. Sa longueur de l'E. à l'O. est de 1,900 lieues, sa largeur du N. au S. de 700, sa surface de 680,000 lieues carrées, ce qui est le tiers de celle de l'Asie, excède de 189,350 lieues celle de l'Europe et équivaut à vingt-six fois celle de la France.

Les monts Oural s'élèvent dans l'O. de la Sibérie; de leur extrémité méridionale s'étend vers le S. O. le rameau des Monghodjar; vers l'E. au contraire, on n'aperçoit que des éminences insignifiantes, de simples dos de pays qui séparent les uns des autres les lits des différens cours d'eau. Au S. O. du cours supérieur de l'Irtiche, le step des Kirghiz est traversé de l'O. à l'E. par le Tchinghistan, qui, de ce dernier côté, se joint au massif de l'Altaï; les divers embranchemens de ce dernier se rattachent dans l'E. aux montagnes de la Daourie dont le Iablonoï ou Stanovoï-Khrebet est le prolongement du S. O. au N. E. et va se terminer au détroit de Béring. Les monts Aldan qui se détachent de cette longue chaîne, les monts Baïkaliens qui offrent un caractère volcanique et se séparent des monts Soyansk; enfin les monts Kouznetsk, partant de l'Altaï, se dirigent au N. vers l'intérieur de la Sibérie, en s'abaissant généralement au niveau des plaines. L'Oural et l'Altaï offrent les plus hautes cimes qui s'élancent de 6,000 à 7,000 pieds au-dessus du niveau de la mer.

SIBÉRIE.

Sur une longue étendue de l'E. à l'O., les montagnes qui couvrent le S. de la Sibérie et dont quelques-unes la limitent de ce côté, sont situées sous le 50e degré de latitude N.; le point extrême de cette région vers le midi est sous le 46e degré. C'est vers le N. que coulent presque tous les fleuves de la Sibérie. Il faut en excepter l'Anadyr du pays des Tchouktchis, les rivières du Kamtchatka et du district d'Okhotsk qui courent à l'E. et arrivent au Grand-Océan boréal. L'Ob, grossi de l'Irtiche qui a reçu l'Ichim et le Tobol; l'Ienisei, auquel les trois Tongouska se sont réunis; la Khatanga, l'Ambara, l'Ohnek; la Léna, dont le Vitim, l'Olekma, le Vilouï, l'Aldan sont les affluens; enfin l'Indighirka et la Kovima ou Kolima, versent leurs eaux dans la Mer-Glaciale, par de larges estuaires qui forment des baies plus ou moins profondes. L'Ob et l'Ienisei, ainsi que quelques-uns de leurs affluens, ont leurs sources sur le territoire chinois. La Léna et tous les autres sortent des montagnes de la Sibérie. La Chilka ou Onone et l'Argoune, arrivés au point où leur jonction forme le fleuve Amour, sortent de la Sibérie pour entrer dans l'empire chinois.

Indépendamment des estuaires qui s'ouvrent aux embouchures des fleuves, la côte septentrionale de la Sibérie offre le golfe ou la mer de la Kara et plusieurs autres baies; la côte orientale, le golfe de l'Anadyr qui fait partie du bassin du Nord ou de Béring, fermé au S. par l'archipel des Aléoutiennes, enfin la mer d'Okhotsk, où l'on remarque les golfes de Penjina et d'Injiga.

Des îles nombreuses sont répandues le long des côtes : Novaïa-Zemlia (Terre-Neuve) se montre dans le parage intermédiaire entre l'Europe et l'Asie ; Toumatsk et d'autres aux bouches de la Léna et des autres fleuves. Celles de l'embouchure de la Léna et de l'Iana sont, comme la côte voisine, pleines de grandes tourbières posées sur un banc de glaces éternelles. Au N. du Sviaitoi-Nos (cap Saint), on a découvert le groupe des Liaïkhov; il se compose de deux îles aplaties dont la plus méridionale renferme un lac entouré de sable ou terres molles, qui laissent voir en s'éboulant des amas d'ossemens et de squelettes entiers de buffles, de rhinocéros et d'éléphans; l'ivoire y est aussi blanc, aussi frais que celui qui arrive de l'Afrique. A une trentaine de lieues à l'E., on a découvert la Nouvelle-Sibérie ; cette terre présente une côte assez élevée, où le bois pétrifié se présente en couches immenses et régulières entre le sable et l'argile. Les ossemens d'éléphans et de mammouts y abondent. La position de l'extrémité orientale de la Nouvelle-Sibérie a été déterminée avec exactitude, et l'on sait bien aujourd'hui qu'elle n'appartient pas au continent américain. On remarque dans le Grand-Océan, au S. du détroit de Béring, l'île Saint-Laurent, et à l'E. du Kamtchatka, l'île de Béring, sur laquelle mourut le grand navigateur de ce nom, et l'île Mednoï (de Cuivre).

Mais ces côtes si bien découpées, ces îles multipliées qui les bordent sont un avantage stérile sous le climat rigoureux de l'Asie boréale ; Novaïa-Zembla et toutes les autres terres isolées au milieu des mers qui baignent la Sibérie, ne sont habitées que par des renards, des ours blancs, des phoques, des morses (Pl. VIII — 1). Il est impossible à l'homme d'y établir des demeures fixes. Quelques pêcheurs ou chasseurs déterminés y portent leurs pas dans le court été de ces régions ; ceux qui se sont le plus avancés vers le N. ont raconté que, dans cette direction, ils n'apercevaient que des champs de glace raboteuse ou des glaçons de toutes les dimensions, flottans au gré des courans qui les charient de côté et d'autre.

Le Severo-Vostokhnoï (cap Nord-Est), le plus septentrional de la Sibérie, est sous les 78° 25' de latitude; la côte s'avance généralement jusqu'aux 72°; c'est principalement sous ce parallèle qu'elle se prolonge. On a vu, dans les relations des voyageurs, que déjà, sous le cercle polaire (66° 30'), la terre reste constamment gelée, et que même, à de grandes distances avant d'atteindre à ce point, les terrains d'alluvion, ceux qui sont situés le long des fleuves et qui dans les contrés tempérées offrent les meilleures terres pour la culture, ne sont ici, dans l'été, après la fonte tardive des neiges, que des *toundri* ou fondrières dont le fond est toujours pris par la glace.

Ainsi, à latitude égale, la Sibérie est beaucoup plus froide que l'Europe : la cause de ce phénomène se trouve dans la position des montagnes qui bornent au S. cette contrée immense. Leurs chaînes, prolongées de l'E. à l'O., s'opposent à ce que les vents du midi puissent y arriver; ceux qui soufflent du N. peuvent seuls y arriver et n'y apportent que des frimas.

C'est donc seulement dans le S. que le climat de la Sibérie permet la culture des céréales ; mais de vastes espaces, tels que le step des Kirghiz, celui de Baraba, de l'Ichim et d'autres, n'y sont propres qu'à la pâture des bestiaux. Par conséquent, la chasse dans les forêts et dans les déserts, la pêche dans la mer, les fleuves, les rivières, le Baïkal et les autres lacs, l'exploitation des mines de l'Oural, de l'Altaï, de la Daourie, sont les principales ressources que l'homme trouve pour vivre et exercer son industrie ; elles sont abondantes, et suffiraient pour rendre la possession de ce pays très-intéressante pour la Russie. Parmi les marchandises que fournit la Sibérie, on doit citer les défenses ou dents de mammout qui donnent de l'ivoire de bonne qualité.

D'après les faits que nous venons d'exposer, on n'apprendra pas sans surprise que sur la surface démesurée de la Sibérie, on ne compte que 1,610,000 habitans; c'est à peu près celle de Londres et du comté de Middlesex (dont la surface est de 39 lieues carrées); c'est le double de celle de Paris et celle de nos deux départemens du Nord et du Pas-de-Calais réunis. Les Russes et les Cosaques vivent dans les villes, les forteresses, les cantons cultivés. Parmi les tribus indigènes, la plupart se composent de chasseurs et de pêcheurs. Nous avons parlé des Samoyèdes, des Vogouls, des Ostiaks de l'Ob, des peuples turcs, tels que les Yakouts, les Kirghiz, les Bachkirs, et autres ; des Bouriats, des Kalmouks et autres Mongols, des Toungouses, des Ioukaghirs, des Koriaks, des Kamtchadales et des Tchouktchis. On trouve dans la contrée baignée par l'Ienisei supérieur et moyen, des peuplades nommées Ostiaks de l'Ienisei. Jadis ils demeuraient dans les monts Sayan. Ils en sont descendus pour habiter les lieux où ils errent aujourd'hui. Ces Ieniseïens sont les Kotovzis, les Koïbals, les Katchinsk, les Beltirs ; ils composent de petites tribus misérables. Cependant ils sont d'excellens forgerons, et fabriquent leurs armes et leurs ustensiles de ménage avec le minerai qu'ils tirent des montagnes. Leurs mœurs les rapprochent des Samoyèdes méridionaux. Tous ces nomades sont pour la plupart chamaniens ; ceux qui ont été baptisés ne sont réellement chrétiens que pour la forme. Les peuples de la famille mongole professent la religion lamaïque.

En 1499, les Russes firent leur première expédition en Sibérie ; ils pénétrèrent par le N. jusqu'à l'O., et revinrent, en 1501, avec des prisonniers et un riche butin en pelleteries. Sous Ivan IV Vassilievitch, les soldats russes remontèrent l'Ob jusqu'au confluent de l'Irtiche. Des tributs furent levés, des peuples soumis et le tsar ajouta à ses titres ceux de souverain d'Obdorie, d'Yougorie et des contrées sibériennes. Mais la conquête finale fut effectuée par le cosaque Yermak Timofeievitch qui contraint, avec 6,000 de ses compagnons, de fuir le courroux du tsar indigné de leurs pirateries, franchit l'Oural en 1580, tomba sur les Etats de Coutchoum-Khan qui s'étendaient sur les bords du Tobol, de l'Irtiche et de la Toura, et quoique ses troupes fussent réduites à 500 hommes, il s'empara de Kerou-Sibir sa capitale, dont le nom fut ensuite donné à tout le pays. Yermak députa au tsar pour obtenir son pardon ; mais les soldats s'étant mutinés contre lui, Coutchoum-Khan prit sa revanche et le battit. Yermak voulant repasser l'Irtiche en 1584, se noya le 5 août. Les successeurs d'Ivan Vassilievitch n'abandonnèrent pas ses projets sur la Sibérie ; ils y expédièrent des troupes ; cette contrée fut administrée comme le reste de l'empire ; ils y firent construire des forts et bâtir des villes ; peu à peu leur domination fut poussée, en 1639, jusqu'au Grand-Océan. Ils arrivèrent d'un autre côté aux limites de l'empire chinois. Après en être venus à des hostilités, les deux pays conclurent la paix et réglèrent la ligne de leurs frontières.

Pierre-le-Grand conçut le premier l'idée de faire explorer la Sibérie par des savans. Messerschmidt la parcourut par ses ordres (1713 à 1725). Les successeurs de cet illustre prince suivirent son exemple. Béring, en 1728, avait découvert le détroit qui sépare l'Asie de l'Amérique ; retourné en 1739 dans le Grand-Océan boréal avec Tchirikov et Spangenberg, le navire qui le portait fit naufrage, en 1741, sur une île déserte, et Béring y mourut. Steller et Delisle de la Croyère qui l'accompagnaient avaient fait partie avec Krachenninikov d'une compagnie de savans à la tête de laquelle se trouvaient J. G. Gmelin et Muller (1733 à 1743). Pallas avec Lapechine, Georgi, Souyev, voyagea de 1768 à 1773. De même que Gmelin, il raconte que les fatigues de son voyage l'avaient vieilli avant le temps, et que ses compagnons avaient encore été plus maltraités que lui ; presque aucun d'eux ne vécut assez pour publier lui-même sa relation ; Pallas rendit ce service à leur mémoire. Changhin en 1786, Sievers en 1790, M. Erman en 1828 et 1829 parcoururent la Sibérie. M. le baron A. de Humboldt visita, en 1829, toute la contrée comprise entre l'Oural et la Daourie. Ce fut en examinant la gangue graveleuse de laquelle on extrait l'or dans les lavages de l'Oural, qu'il annonça aux ouvriers qu'en cherchant bien ils trouveraient des diamans, et la vérité de la conjecture de ce grand observateur fut constatée. Il avait avec lui M. Ehrenberg et M. Rose. Les monts Altaï et le step des Kirghiz en Dsoungarie avaient été l'objet des recherches de MM. Ledebour, Meyer et Bunge en 1826.

Des expéditions maritimes furent tentées à diverses époques pour explorer la Mer-Glaciale. La première remonte à 1646 ; elle partit de l'em-

3. Golfe de la Nadiejeda Ile de Tsouikoï.

4. Baie Romanzov.

SIBÉRIE.

bouchure de la Kolyma et se dirigea vers l'E. Les difficultés extraordinaires que les glaces opposèrent aux progrès des navigateurs ne permettaient pas que dans chaque voyage on avançât beaucoup. Dans le XVIIIe siècle, le gouvernement fit relever les côtes de la Sibérie, depuis l'embouchure de l'Ob, et, depuis cette époque, il n'a pas cessé de porter son attention sur cet objet important.

La Sibérie se divise, sous les rapports administratifs, en orientale et occidentale; celle-ci comprend le gouvernement de Tobolsk, la province d'Omsk, le gouvernement de Tomsk; l'autre les gouvernemens d'Irkoutsk et d'Ieniseïsk, la province d'Iakoutsk, le district d'Okhotsk et le pays des Tchouktchis, le district de Kamtchatka.

Les voyageurs dont nous avons donné des relations n'ont pas suivi le cours de l'Ieniseï. J. G. Gmelin parcourut la vaste contrée baignée par ce fleuve. Sur sa rive gauche, dans une belle plaine, s'élève Ieniseïsk qui, ainsi que nous l'avons dit précédemment, n'est pas la capitale du gouvernement de son nom; elle en fut longtemps la ville la plus importante. Le commerce avec Kiakhta, Irkoutsk et Irbit, y est très-actif. Les marchands de Touroukansk, petite ville placée sous le cercle polaire, et ceux d'Iakoutsk, y apportent les plus riches pelleteries. Les arbres fruitiers ne peuvent y croître; on y est réduit au bois des arbrisseaux qui peuvent supporter l'inclémence de l'hiver. Le froid y est souvent excessif. Gmelin rapporte qu'à la mi-décembre l'air même paraissait gelé. La brume condensée ne laissait pas monter la fumée des cheminées; plusieurs oiseaux tombaient du ciel comme morts.

La surface du gouvernement d'Ieniseïsk est de 211,000 lieues carrées; sa population de 191,500 habitans, y compris 50,000 paysans de la couronne et environ 20,000 exilés. Nous avons vu, en parlant d'Irkoutsk, que le gouvernement russe suivait pour les criminels renfermés dans la maison de détention, un système qui ne pouvait que produire la plus heureuse influence sur le caractère de ces hommes. Il veut maintenant compléter son ouvrage en essayant de les attacher à la culture du sol. C'est dans la région du gouvernement d'Ieniseïsk, où le travail de la terre est possible, que la nouvelle colonie est fondée; le terrain y est fertile; le projet a été approuvé en 1827 par l'empereur Nicolas. La colonie est composée d'à peu près 6,000 condamnés; on a établi vingt-deux bourgs, bâtis exprès pour eux; ils cultivent la terre pour leur propre compte, sous l'inspection active et continue de quelques surveillans.

On donne à chaque colon une portion de terre prise dans les meilleures de ces cantons. Dans chaque ferme sont logés quatre exilés; l'un est chargé de toute l'économie intérieure de la maison et notamment de la nourriture commune; les autres ont en partage les travaux extérieurs et le labourage.

Le gouvernement a pris sur lui toutes les dépenses de premier établissement, au nombre desquelles est comprise celle de la bâtisse des maisons. Il avance aux colons les ustensiles de ménage, et aussitôt qu'il leur a fourni tous les secours nécessaires, ils entrent en pleine possession de leur nouvel état comme paysans de la couronne. Il a fallu de plus pourvoir à l'achat des meubles et des ustensiles convenables, ainsi que du bétail qui doit garnir les terres; une somme de 269,691 roubles a été consacrée à cet objet.

Du moment où les exilés sont établis, ils doivent se nourrir et s'habiller à leurs frais et payer la capitation comme paysans seigneuriaux. Cependant, comme ils ne font que commencer la pratique du labourage qui doit être leur unique occupation et leur seul moyen d'existence, il leur est distribué à titre d'avance une somme de 216,844 roubles, sur laquelle ils doivent acheter leurs semences, pendant les deux premières années; elle n'est avancée qu'à titre de prêt, et devra être remboursée plus tard, tandis que le gouvernement fait l'abandon de celle dont il a été question plus haut.

En mars 1829, le projet fut mis à exécution. Les terrains qui devaient former l'emplacement des bourgs furent mesurés; des forêts du voisinage furent désignées pour fournir gratuitement le bois nécessaire à la construction des maisons. Des magasins pour les vivres et les matériaux indispensables à l'exploitation furent formés. Parmi les exilés logés dans les bourgs habités par les paysans de la couronne, on choisit le nombre requis pour former la colonie, en exceptant toutefois ceux qui antérieurement s'y étaient formé un établissement agricole ou qui avaient été adoptés dans les familles des paysans. Enfin on installa les agens qui devaient conduire les colons, les répartir entre les différens bourgs et les surveiller.

Les travaux furent poursuivis avec une activité soutenue; la rapidité de l'exécution passa les espérances. Suivant le rescrit de l'empereur, tout devait être terminé en quatre ans, à dater de 1829; or voici ce que rapporte M. de Stepanov, ex-gouverneur de Ieniseïsk, qui a vu la colonie en 1832, en revenant en Europe. « Ma route me fit traverser quelques-uns des cantons consacrés à l'établissement de la colonie. Cinq des bourgs sont déjà construits le long des grands chemins, avec tant de propreté et d'élégance et dans une situation si riante que je ne pouvais me lasser de les contempler. A quelque distance j'en aperçus sept autres bien près d'être achevés, et enfin quatre sur les bords de l'Ienisei, au fond d'une vallée fertile, qui semblaient se dessiner sur les vertes campagnes dont ils étaient environnés. J'ignore le sort des six derniers. »

On voit que le gouvernement russe n'a voulu procéder qu'avec mesure dans le grand et louable travail qu'il a entrepris pour l'avantage des exilés et pour le sien propre, puisqu'il n'en a pris qu'à peu près 6,000 sur la masse de ceux qui sont condamnés à finir leurs jours en Sibérie. Un nombre égal sera ensuite établi sur un territoire de même étendue, et on marchera ainsi de proche en proche pour former des colonies dans toutes les parties du gouvernement d'Ieniseïsk où le climat permet de cultiver la terre ; il paraît avoir été choisi de préférence aux autres de l'immense Sibérie, probablement parce qu'il offre de plus vastes plaines ; mais l'intempérie du ciel, dont les causes ont été assignées plus haut, opposera des obstacles insurmontables à l'extension illimitée de la culture et de la population.

Le Kamtchatka resta inconnu aux Russes jusqu'en 1690 ; ce fut alors seulement qu'ils en eurent les premières notions par des chasseurs et des trafiquans de pelleteries. En 1696, on y envoya la première expédition composée de seize Cosaques ; ces tentatives furent continuées jusqu'en 1711 ; malgré une très-vive résistance de la part des habitans, ils furent forcés de reconnaître la souveraineté des tsars.

Le Kamtchatka forme une longue presqu'île qui s'étend de 51 à 63º de lat. N. et de 152 à 175º de longit. E. Sa longueur est de 300 lieues, sa largeur moyenne de 80, sa surface de 14,000 lieues carrées. Le Poustaïa, qui se jette dans le golfe de Penjina, et l'Anapka qui coule à l'E. vers le Grand-Océan boréal, la bornent au N. ; elle est traversée dans toute sa longueur par une chaîne de montagnes granitiques et volcaniques qui se termine au S. par le cap Lopatka. Le sol pierreux de cette péninsule, la couche mince de terre végétale qui la couvre, les tremblemens de terre assez fréquens, les ravages des volcans et des débordemens de rivières, la rigueur du climat, la fréquence des vents du N. qui glacent l'air, la continuité des brouillards en rendent le séjour très-incommode aux Russes, et, suivant le témoignage de l'un d'eux, la leur font considérer avec justice comme la partie la plus rude et la plus désagréable de leur empire. Rarement le seigle y parvient à maturité. Les animaux domestiques y sont très-peu nombreux. Les arbres n'y atteignent pas généralement une grande hauteur ; la culture de la pomme de terre et des navets a contribué à améliorer la condition des habitans. On a découvert du minerai de fer dans les montagnes ; on recueille une quantité considérable de soufre ; les sources thermales sont fréquentes ; l'air est très-sain.

On y compte cinq volcans en activité ; le plus considérable est voisin de Nijni-Kamtchask ; ses éruptions sont assez communes et causent de grands désastres. La Kamtchatka, rivière la plus grosse de la péninsule, coule du S. au N. et tombe dans le Grand-Océan. Toutes les rivières et la mer sont très-poissonneuses. Les animaux sauvages sont les mêmes que dans le reste de la Sibérie ; on a vu dans les relations des voyageurs que le chien est le seul qu'on emploie pour l'attelage.

Plusieurs baies découpent les côtes du Kamtchatka ; la plus belle et la plus célèbre est celle d'Avatcha (PL. VI — 2), dans le S. E. près du volcan et à l'embouchure de la rivière de même nom ; elle en reçoit aussi quelques autres. Son étendue, sa profondeur, sa sûreté, en font un abri précieux pour les navigateurs. Elle est partagée naturellement en trois ports ; c'est sur les bords du plus petit que s'élève la ville de Petropavlosk (Saint-Pierre Saint-Paul), centre du commerce du Kamtchatka ; c'est là qu'abordent les navires venant soit d'Okhotsk, soit de la côte N. O. de l'Amérique où la Russie possède des établissemens importans (PL. VI — 1).

La population du Kamtchatka ne s'élève qu'à 5,500 habitans. Les Koriaks occupent le N., les Kamtchadales le reste du pays, sauf une petite portion du S. où vivent les Aïno. Les Russes sont répandus dans les villes, les bourgades et les forts.

Les relations des voyageurs nous ont fait connaître les productions en tout genre et le commerce de ces vastes contrées. Nous devons donner l'explication des mesures et des poids qu'ils ont employés ; le *verst* équivaut à un peu plus de quatre lieues communes, puisqu'il en faut 104 et $^3/_{10}$ pour un degré de latitude ; le *poud* est égal à 16 kilogr. $^1/_3$; le *rouble* d'argent vaut 4 fr. ; le rouble en assignation de banque n'est évalué qu'à 90 cent. ; c'est la monnaie de compte la plus usitée.

CHAPITRE XIX.

Iles Kouriles. — Productions. — Habitans. — Histoire. — Iles Ieso et Tarakaï.

Au S. O. du cap Lopatka qui termine le Kamtchatka au S. commence la chaîne des îles Kouriles qui se prolonge sur une longueur de 150 lieues, du N. E. au S. O., depuis les 50° 54' jusqu'aux 43° 40' de lat. N. Cet archipel est situé entre le Grand-Océan à l'E. et la mer d'Okhotsk à l'O. Examinons successivement ces îles en commençant par la plus septentrionale.

I. Choumtchou est séparée du cap Lopatka par un détroit large de 4 lieues; sa longueur du N. E. au S. O. est de 8 lieues, sa largeur de 3. Elle est basse et a quelques coteaux peu élevés. Sa côte orientale est hérissée de rochers escarpés et de nombreux écueils qui s'étendent au large. La côte du N. O. est plate, le rivage sablonneux, pierreux çà et là ; on peut y aborder facilement. Choumtchou contient plusieurs lacs; celui du centre a plus d'une lieue de circonférence; il en sort un ruisseau qui coule vers la mer, et que de mai en septembre remontent des saumons et d'autres poissons; les autres lacs et ruisseaux et les parages de cette île sont également très-poissonneux; cependant cette abondance ne suffit pas pour procurer une provision d'hiver. Les tempêtes jettent parfois des baleines sur le rivage qui est fréquenté par des crabes et autres crustacés comestibles. La surface de Choumtchou n'offre que des broussailles d'aunes, de saules et de chétifs cembros qui s'étalent le long des rochers. Il y croît des baies et diverses racines comme au Kamtchatka, et dont les insulaires font usage. Les femmes emploient les fibres de l'ortie en guise de chanvre. On n'a observé d'autre mammifère sauvage qu'une espèce de rat. On y a découvert du minerai d'argent qu'on a exploité pendant quelque temps.

La population de Choumtchou est au plus d'une centaine d'individus. Ils se rapprochent infiniment plus des Kamtchadales que des Kouriles. Ils sont venus de la presqu'île d'où les ont chassés, soit leurs dissensions intestines, soit la conquête des Russes. Ils ont pris les usages et l'idiome des indigènes; leur mélange avec ceux-ci a singulièrement altéré leur physionomie primitive.

II. Poromouchir. Le détroit qui est entre cette île et la précédente n'a qu'une demi-lieue de largeur. Dans un cas de danger, on y peut jeter l'ancre, mais le fond en est rocailleux et peu sûr, et on court le risque de faire naufrage sur les terres dont on est entouré.

Poromouchir est très-montagneuse, du double plus grande, riche en lacs et en ruisseaux et aussi dénuée de bois que Choumtchou; aussi les habitans, au nombre d'à peu près 160, brûlent les bois chétifs de leurs montagnes et cherchent sur le rivage le bois flotté que la mer y jette pour construire leurs iourtes.

Des renards rouges, des loups et diverses espèces de rats sont répandus sur la surface de cette île, où ils ont pu venir aisément du Kamtchatka en hiver, sur la glace. On y a reconnu la présence de quelques métaux.

III. Chirinki, éloignée d'à peu près 7 lieues de la précédente, est de forme ronde et a 10 lieues de tour; au centre s'élève un volcan éteint; ses côtes rocailleuses et nues n'offrent aucune baie où les navigateurs puissent aborder. Le manque absolu de sources la rend inhabitable; on n'y trouve d'autre eau que celle qui séjourne dans les creux des rochers après les pluies. On ne peut y débarquer que d'un temps calme. Elle n'est habitée que par des animaux sauvages et des oiseaux de mer, entre autres des macareux (*alca torda*), dont les plumes sont recherchées pour les vêtemens des Kouriles.

IV. Makan-Kour-Assy, à 9 lieues au S. O. de Chirinki, n'a que 7 lieues de long et 4 de large. Elle est couverte de rochers, surtout le long des côtes; des prairies et des marécages occupent le reste de sa surface qui est inhabitée et sert de retraite aux phoques, aux loutres marines et à quelques renards. On y voit des sources, mais la côte est inabordable.

V. Anakoutane ou Onécotane, à 9 lieues au S. E. de la précédente, a 25 lieues de long sur 4 de large. Sa surface offre trois volcans éteints, plusieurs buttes volcaniques et des lacs ; les côtes sont toutes escarpées et rocailleuses; celle du N. a plusieurs baies à fond de sable; celle de l'E. une anse à fond de roche où les bateaux peuvent aborder en sûreté; des ruisseaux nombreux coulent des montagnes vers la mer et sont poissonneux.

VI. Aramakoutane, à 2 lieues au S. d'Anakoutane, a 5 lieues de long et 3 et demie de large. Au centre s'élève un volcan éteint, au pied duquel se développent trois lacs, d'où sortent des ruisseaux. On y a trouvé de la mine de plomb. Elle n'est fréquentée que par les chasseurs.

VII. Syaskoutane est séparée d'Aramakoutane par un détroit large de 12 lieues et où le courant est très-fort; elle a 20 lieues de long et à peine 2 de large. On y distingue au N. un volcan éteint, et au S. une autre bouche ignivome dont les éruptions sont assez fréquentes. Elle a quelques habitans.

VIII. Ikarma ou Egarma, à deux lieues au S. de la précédente, est petite et remarquable par un volcan en activité, par des sources d'eau douce et beaucoup de sources thermales et sulfureuses. Elle n'est abordable que sur quelques points où la côte est sablonneuse, et n'a d'autres habitans que des animaux sauvages.

IX. Tchirinekoutane, à 9 lieues à l'O. d'Ikarma, est de forme ronde et a près de 4 lieues de diamètre. Une montagne, voisine du rivage, jette constamment de la fumée et de grosses pierres qui, très-souvent, roulent du bord du cratère et vont creuser une vallée le long d'un de ses flancs. Des roches bordent de toutes parts cette île où même les phoques ne cherchent pas un refuge.

X. Moussir ou Egakto, à 5 lieues au S. E. de la précédente, est pierreuse, de forme ronde, dépourvue d'eau, de port et de baie ; son diamètre est d'une lieue.

XI. Rahkoké. On estime sa distance de la précédente à 12 lieues ; son diamètre est de 5 lieues ; elle consiste en une montagne volcanique dont les éruptions fréquentes ont couvert les côtes de pierres et de cendres. Les phoques la fréquentent ; les hommes et les oiseaux de mer n'y abordent pas (Pl. VIII — 4).

XII. Moutova ou Matoua est à 11 lieues au S. de Rahkoké, et à peu près ronde ; son diamètre est de 7 lieues. Sa partie méridionale qui est montagneuse offre un volcan très-élevé qui fume continuellement ; ses éruptions sont très-dangereuses pour les environs. Mais des plaines qui s'étendent au N. E. du rivage, faciles à aborder, y ont attiré une population constante de 250 habitans. Les ruisseaux n'ont pas de poissons.

XIII. Rassagou ou Rachoua, à 4 lieues au S. S. O. de Matoua, a un diamètre de 7 lieues. Ses montagnes sont hautes et parsemées de cembros, d'aunes et de bouleaux ; les allées et les plaines abondent en beaux herbages. On n'y connaît d'autres quadrupèdes terrestres que les renards. Les habitans, dont une partie est baptisée, sont en petit nombre.

XIV. Oussassir ou Ouchichir, à plus de 4 lieues au S. S. O. de Rassagou, a plus de 6 lieues d'étendue en tout sens. Elle est, à proprement parler, composée de deux îles très-rapprochées l'une de l'autre ; l'une à côte escarpée et rocailleuse, entourant une plaine ondulée, marécageuse au centre ; l'autre consiste en une plaine herbeuse, qui s'élève par une pente douce jusqu'aux sommets de montagnes s'abaissant à l'E. et au N. par des pentes très-raides vers la mer qui au large est parsemée d'écueils. Au S. s'ouvre une baie circulaire entourée de montagnes, dont le rivage est sablonneux et qui renferme des îles. Des sources thermales jaillissent en divers lieux avec grand bruit et lancent leurs eaux à une hauteur considérable. On ramasse sur le sable de gros morceaux de soufre et de sel ammoniac. Du reste l'île est dépourvue d'arbres.

Oussassir n'a pas d'habitans permanens ; les Kouriles y viennent pour la chasse et aussi par un motif de superstition. Ceux même qui vivent à Poromouchir accourent à Oussassir quand ils veulent obtenir une décision dans les discussions qu'ils ont entre eux. A cet effet, chacune des deux parties taille des copeaux qu'elle distingue par une marque particulière ; ensuite on place des planches à côté de la plus forte source thermale, et chaque plaideur s'y étend tout nu. Suivant la tradition, des vers velus sortent de l'eau et se promènent, en rampant, sur le corps des hommes étalés là, qui presque toujours tremblent d'effroi, et souvent perdent connaissance. Mais quiconque passe trois nuits de cette manière sans témoigner de la frayeur, a le bon droit de son côté ; plus tard les esprits le servent et l'aident à faire de la sorcellerie.

XV. Ketoï, à 6 lieues au S. d'Oussassir, a plus de 7 lieues de long et 2 et demie de large, est montagneuse, bien boisée, et remplie de renards de plusieurs espèces ; les phoques et les loutres de mer sont assez nombreux sur les rivages ; ces animaux y amènent des chasseurs.

XVI. Semoussir ou Chimouchir, séparée de Ketoï par un détroit large de 6 lieues, a une longueur de 43 lieues sur une largeur de 2 et demie. Quatre volcans éteints s'élèvent sur la surface qui est bien boisée. Un port entouré de hauteurs et très-sûr s'ouvre à son extrémité septentrionale. Les ruisseaux y sont nombreux, les produits volcaniques couvrent le sol.

XVII. Tchirpoï est à 15 lieues au S. O. de la précédente. Elle est à peu près ronde et a 4 lieues de diamètre. Un canal, large d'une lieue, la sépare d'une autre. Plus au S. O., ses côtes sont bordées d'écueils. Ces deux îles ont eu des volcans ; on n'y voit que des broussailles ; on n'y connaît qu'une source dont l'eau est salée.

Au N. O. s'élève l'île *Broughton*, ainsi nommée d'après un navigateur anglais de la fin du XVIIIe siècle. Sa circonférence est de 7 lieues ; on y remarque un volcan ; des écueils au large,

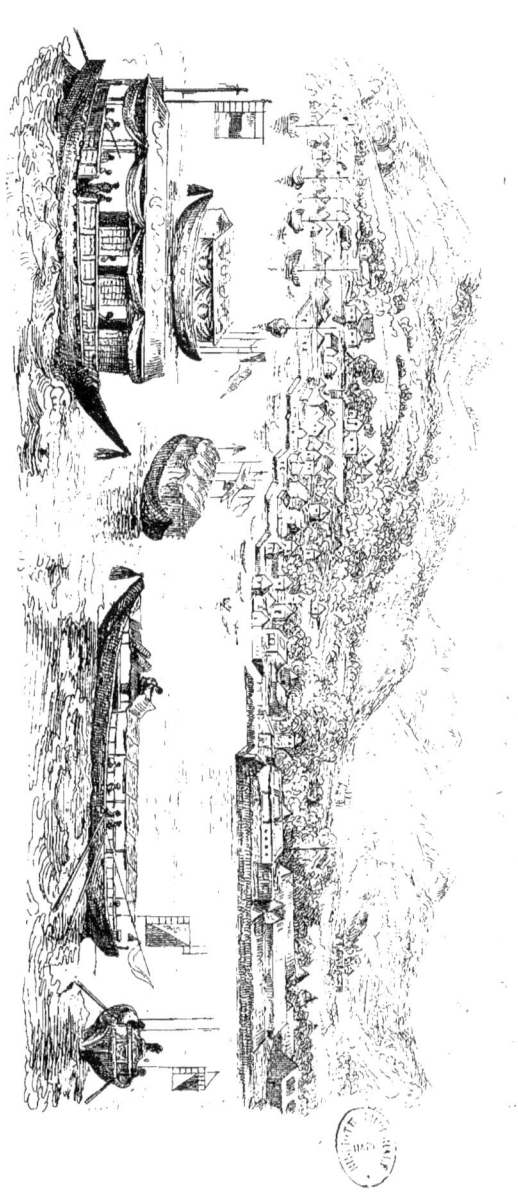

des rochers le long du rivage et un ressac violent en rendent l'abord très-difficile. Les parages voisins sont remplis d'écueils.

XVIII. Ouroup, à 5 lieues au S. O. de Tchirpoï, est une des plus considérables de l'archipel, ayant 25 lieues de long et 7 de large. Elle a de hautes montagnes à cimes pelées, très-escarpées, entourées de vallées profondes où coulent des ruisseaux; en différens endroits s'étendent des plaines; partout on voit des forêts de bouleaux, d'aunes, de trembles, de saules, de sorbiers; les herbages y sont d'une hauteur extraordinaire, les eaux très-poissonneuses. Les rats y pullulent; il y a beaucoup de renards. L'île est partout d'un abord facile, et au S. s'ouvre une belle baie où les grands navires peuvent entrer. On a découvert dans les montagnes des indices de minerai de cuivre. Malgré tous ces avantages, Ouroup n'a été long-temps fréquentée que pendant la belle saison pour la chasse aux animaux de terre et de mer. Vers le commencement du xixe siècle, les Russes y fondèrent un établissement permanent.

XIX. Etourpou ou Itouroup, séparée d'Ouroup par un détroit large de plus de 5 lieues, a 60 lieues de long et 14 dans sa plus grande largeur. Elle est très-montagneuse et remplie de volcans éteints; une cime voisine de l'extrémité septentrionale fume continuellement. Des forêts touffues couvrent les pentes des montagnes et les plaines; les vallées sont fertiles et bien arrosées, le climat est doux; la mer jette assez souvent des baleines sur les côtes.

Les côtes sont découpées de baies profondes et de ports assez sûrs. Les habitans, au nombre de plus de 200, vivent dans de grands villages sur le bord de la mer, et obéissent à l'autorité des anciens qu'ils choisissent.

XX. Kounassir ou Kounachir. Un canal large de 7 lieues s'ouvre entre cette île et la précédente. Sa longueur est de 27 lieues, sa largeur de 9. Ses côtes sont montagneuses; dans le centre, il y a de belles vallées; les hauteurs sont bien boisées; l'eau douce y abonde. Au N. et au S., ses terres forment des prolongemens remarquables; ses plages sont sablonneuses; l'abord des baies et des ports est facile. A peu près 200 habitans vivent en famille dans des villages le long de la côte.

XXI. Tchikota ou Tchigodane est à 12 lieues au S. d'Etourpou. Elle est presque ronde et n'a que 4 lieues de diamètre. Elle contient de hautes montagnes, de grandes forêts, des lacs et des ruisseaux d'une eau pure. A l'O. S. O. de son extrémité méridionale s'étend une chaîne de petites îles qui se prolonge vers Ieso. Sa population est considérable.

Quelques-unes des montagnes de l'archipel des Kouriles ont jusqu'à 500 toises de hauteur. Toutes ces îles sont volcaniques et sujettes à de fréquens tremblemens de terre. Leur climat, surtout de celles du nord, est âpre et froid; elles sont souvent enveloppées de brumes épaisses, ces brouillards, les écueils dont ces îles sont entourées et la violence des courans de l'E. rendent très-difficile la navigation des canaux qui les séparent les unes des autres.

Les insulaires appartiennent à un peuple qui se nomme lui-même *Aïno* (hommes). La dénomination vient probablement de *kour* ou *gourou*, autre mot de leur langue qui signifie également homme. Ce peuple est répandu non-seulement dans l'archipel qui lui doit son appellation, mais aussi dans les îles de Tarakaï et Ieso et sur quelques points des continens voisins.

Les relations des voyageurs que nous allons présenter à nos lecteurs peindront le naturel, les mœurs et les usages des Aïno. Vivant de pêche et séparés du monde entier, soit par des montagnes âpres, soit par une mer orageuse, ils paraissent n'avoir joué aucun rôle important dans l'histoire et ne s'être que peu mêlés avec d'autres tribus.

La première et la seconde des îles Kouriles furent découvertes en 1713 par un Russe qui commandait au Kamtchatka; il en prit possession au nom de la Russie et imposa un tribut aux habitans. En 1720, cinq de ces îles étaient déjà connues; toutes le furent successivement en 1778, et l'année suivante des Russes abordèrent la côte E. d'Ieso, où ils furent très-amicalement accueillis par des officiers japonais.

Ieso est désignée dans plusieurs relations par le nom de *Matsmaï*, ce qui provient d'un malentendu, puisqu'il n'appartient qu'à une ville de la côte opposée à Nipon.

Cette île, indiquée parfois comme la vingt-deuxième Kourile, est, comme Itouroup, Kounachir et Thikota, soumise à l'empire du Japon. Les autres appartiennent aux Russes.

Le nom de *Sakhalian*, plus ou moins estropié, a été donné tout aussi improprement à l'île de Tarakaï. Or, suivant la remarque du savant Klaproth, voici l'origine de cette méprise inconcevable. Les missionnaires français avaient envoyé de Péking au célèbre géographe d'Anville des cartes de l'Asie orientale qu'il a publiées. Vis-à-vis de l'embouchure du fleuve Amour, ces cartes offraient ces mots en mongol : *Sakhalian agna khada* (rochers de l'embouchure du fleuve noir), et comme elles ne donnaient aucun nom à l'île, on crut, en France, le trouver dans les mots mongols, qui, cependant, ne se rapportaient qu'à des rochers situés devant la bouche du fleuve. Lapérouse, qui a exploré la côte O. de cette île, lui a appliqué, d'après les indigènes, le nom de *Tchoka*; mais il paraît qu'il n'appartient qu'à une portion de cette terre. Les Japonais, qui l'appellent *Karafouto* ou *Karafto*, lui ont conservé, dans leurs relations, sa véritable dénomination en langue aïno; c'est *Taraïkaï* ou *Tarakaï*.

CHAPITRE XX.

Ieso. — Tarakaï. — Manche de Tartarie. — Voyages du P. de Angelis et de Van Vries.

Depuis long-temps les Japonais commerçaient avec l'île d'Ieso, si rapprochée de leur empire, et l'avaient soumise à leur domination. En 1620, le P. Jérôme de Angelis, missionnaire sicilien, se trouvant à Tsougaar, dans le nord du Japon, reçut ordre de passer à Matsmaï, ville d'Ieso; il obéit et débarqua dans un port d'où il eut beaucoup de peine à continuer sa route, à cause du mauvais état des chemins. Un grand concours de Japonais avait été attiré en ce moment, parce qu'on avait découvert qu'une rivière voisine de Matsmaï roulait avec son sable une grande quantité d'or. Le prince de Matsmaï en tirait de gros profits, et les marchands japonais n'y trouvaient pas moins leur compte. L'exploitation avait lieu suivant la méthode suivie au Brésil dans les circonstances semblables.

Le P. de Angelis rencontra quantité de chrétiens parmi les Japonais qui trafiquaient à Matsmaï, et dont plusieurs s'y étaient établis. Il se loue beaucoup de la facilité qu'il trouva, chez les insulaires, à écouter la prédication de l'Évangile; mais il n'eut pas le temps de faire une aussi grande récolte qu'il l'avait espéré, ayant été chargé seulement d'examiner si le terrain était propre à recevoir la semence de la foi, et d'en rendre compte à ses supérieurs. Il a très-bien dépeint les habitans.

Les Iessois sont trapus, plus robustes et plus blancs que les Japonais. Ils laissent croître leur barbe, qui leur descend quelquefois jusqu'à la ceinture; mais ils se rasent le devant de la tête, et tous, hommes et femmes, se percent les oreilles. Ceux qui sont à leur aise y passent des anneaux d'argent; les pauvres se contentent de fils de soie. Le riz est, comme au Japon, la nourriture ordinaire du peuple. L'habillement des deux sexes consiste en de longues robes de soie, de coton ou de lin, piquées et brodées de petites houppes de même étoffe. Leurs armes sont l'arc, la flèche, la lance et une espèce de cimeterre très-court.

Ils se respectent beaucoup les uns les autres et usent d'un cérémonial fort gênant. Ils ont plusieurs femmes; mais une seule porte le nom d'épouse et en a tous les droits. Cette nation n'a qu'une image fort confuse de la Divinité, et pas de culte réglé. Elle n'a point l'usage de l'écriture, et l'histoire du pays s'y transmet d'âge en âge par une tradition qui en apprend peu de choses.

Le commerce des Iessois est de poisson sec, de harengs, de saumons, de baleines et de toutes sortes d'oiseaux de proie, enfin de peaux de phoques. Ils ne prennent en échange ni or ni argent, mais du riz, du coton, du fil, des étoffes, du lin et plusieurs autres marchandises à leur usage. Les barques dont ils se servent ne sont ni chevillées ni clouées, mais cousues avec de la ficelle faite de l'écorce d'un arbre qui ressemble assez à nos chênes noirs et ne pourrit point dans l'eau. Ces barques, ainsi cousues, se défont quand le voyage est fini; on assure que ces bâtimens portent d'assez grosses charges.

Au reste, il n'est pas de peuple plus humain ni mieux disposé à recevoir les lumières de l'Évangile.

Le P. de Angelis expose les raisons qui avaient fini par le convaincre que la terre d'Ieso est une île. Elle fut visitée par un autre jésuite, qui en donna aussi quelques détails.

En 1643, le conseil des Indes de Batavia ayant entendu parler des mines d'or et d'argent d'Ieso, résolut de faire reconnaître cette contrée. Deux navires, *le Castricum*, commandé par Martin de Vries, et *le Breskens*, par Henri Schaep, composaient l'expédition. Un Tartare, qui savait le japonais, accompagnait les Hollandais pour leur servir d'interprète. Le 3 février, les bâtimens partirent: un coup de vent les sépara quand ils étaient le long de la côte N. E. du Japon. Vries aborda la terre d'Ieso; il trouva la côte très-haute et couverte de neige sur les sommets; il vit plusieurs villages: souvent il descendit à terre; les insulaires lui parurent fort doux, mais pauvres. Une grande quantité de baleines venant du nord entra dans la baie où les Hollandais étaient mouillés. Les brumes rendaient la reconnaissance de la côte très-difficile. Vries rencontra ensuite plusieurs petites îles, et au N. E. d'Ieso une plus grande, qu'il nomma *Terre des États* (Itouroup). Plusieurs montagnes très-hautes étaient couvertes de neige, quoique l'on fût au mois de juin; la côte est escarpée et dénuée d'arbres. Parvenus à une ouverture, les Hollandais s'y engagèrent, et la nommèrent *Détroit de Vries;* ils y éprouvèrent de violens courans. La terre découverte au N. fut appelée *Terre de la Compagnie* (Ouroup). Ses montagnes, comme celles de l'autre île, avaient une apparence brillante en plusieurs endroits, probablement à cause de plaques de mica. Le pays n'est point habité; on n'y vit que des broussailles d'aunes et de bouleaux; on en prit possession en y plantant un poteau aux armes d'Amsterdam.

La mer au N. étant très-houleuse et fort mauvaise, Vries alla au S. et aborda une côte qu'il crut appartenir à Ieso, car la nature du pays était la même; seulement il était plus boisé et plus peuplé, les habitans étaient plus policés et plus riches. En continuant à suivre les côtes vers l'O., Vries descendit au village d'Acquers, situé au fond d'une baie bordée d'une terre haute et bien boisée; elle n'est pas cultivée, et cependant elle est fertile; on y cueille des groseilles et autres petits fruits; les arbres étaient des chênes, des aunes et autres, qui croissent sur les hauteurs. Il trouva, en remontant vers le N., une grande baie où l'on pêcha plus de dix quintaux de saumon; les habitans vinrent à bord dans leurs pirogues; ils faisaient très-grand cas du fer.

Vries doubla ensuite le cap Aniva, et remonta le long de la côte au N. le 49° de latitude. La violence des vents contraires l'ayant empêché d'avancer davantage, il nomma la pointe de terre voisine *Cap Patience* ou *Kerveer* (du Retour). On n'était qu'à la fin de juillet, et cependant la neige blanchissait déjà les montagnes. Les insulaires apportèrent à bord des pelleteries et du saumon. Les vents violens du N., quoique accompagnés de brumes épaisses et froides, facilitèrent son retour au détroit portant son nom. Il le traversa le 3 août : il rentra le 16 dans la baie d'Ieso, où il avait séjourné la première fois, et y fit du bois et de l'eau. Des Japonais de Matsmaï, qu'il y rencontra, lui donnèrent des renseignemens sur cette contrée, qu'ils désignèrent comme une île. Le 2 septembre, *le Castricum* se dirigea vers Nipon.

Les détails donnés par Vries sur Ieso s'accordent avec ceux qu'on doit au P. de Angelis. Il décrit les insulaires comme étant d'une taille ramassée, courts et gros, et singulièrement velus. Les femmes ne sont pas si basanées que les hommes; quelques-unes se coupent les cheveux autour de la tête, d'autres les laissent croître et les relèvent en haut; elles se marquent de bleu les lèvres et les sourcils.

CHAPITRE XXI.

Ieso. — Tarakaï. — Manche de Tartarie. — Voyages de Lapérouse et de Broughton.

Les relations de Vries furent mal comprises, et, par conséquent, mal expliquées; de longues discussions furent entamées sur la géographie de ces parages de l'Asie orientale. Chacun bâtissait un système à sa guise; il en résultait une confusion étrange. Ce fut pour faire cesser cette incertitude, que les instructions remises à Lapérouse contiennent une recommandation expresse de porter son attention sur ces contrées. Elles prescrivent de reconnaître la côte orientale de la Corée, celle de la Tartarie et celle du Japon à l'opposé, puis continuent ainsi : « Toutes ces côtes sont absolument inconnues aux Européens.

» Il passera le détroit de Tessoï et visitera les terres désignées sous le nom de *Iesso* et celle que les Hollandais ont nommé *Terre des Etats* et les Russes *Ile de Nadezda*, sur lesquelles on n'a encore que des notions confuses, d'après quelques relations anciennes que la Compagnie hollandaise des Indes orientales a laissé transpirer, mais dont l'exactitude n'a pas été vérifiée. »

En conséquence, Lapérouse, après avoir reconnu le cap Noto sur la côte occidentale du Japon, courut au N. O. pour s'en éloigner, et, le 11 juin 1787, aperçut à 20 lieues de distance le continent à l'O., précisément au point où aboutit la limite qui sépare la Corée du pays des Mandchoux. C'est une terre très-haute et très-escarpée, mais couverte d'arbres et de verdure; on s'en approcha jusqu'à 80 brasses du fond. Les montagnes ont au moins 700 toises d'élévation; leur cime était coiffée de neige en petite quantité. On ne découvrait aucune trace de culture ni d'habitation, et, dans une longueur de plus de 40 lieues, on ne rencontra l'embouchure d'aucune rivière. Le temps était très-beau et le ciel très-clair. Le 14, on était déjà par 44° de latitude, et on avait pu rectifier les erreurs des anciennes cartes. Des brumes survinrent, et, le 23, quand elles furent dissipées, Lapérouse débarqua dans la baie de Ternaï, à une demi-lieue du rivage.

Le contour de la baie offrait cinq petites anses, séparées entre elles par des coteaux couverts d'arbres jusqu'à la cime. On ne pouvait croire qu'un pays qui paraissait si fertile, à une si grande proximité de la Chine, fût sans habitans. A la vérité, on trouvait à chaque pas des traces d'hommes ; plusieurs arbres coupés avec des instrumens tranchans, des abris élevés par des chasseurs au coin des bois, de petits paniers d'écorce de bouleau cousus avec du fil, enfin les vestiges des ravages du feu paraissaient en vingt endroits. On s'enfonça dans les bois : on ne tua que trois faons ; en revanche, la pêche fut très-abondante.

Un jour, on découvrit sur le bord d'un ruisseau un tombeau placé à côté d'une case ruinée et presque enterrée dans l'herbe ; on l'ouvrit : deux corps bien conservés y étaient couchés l'un à côté de l'autre, enveloppés d'une peau d'ours avec une ceinture à laquelle pendaient de petites monnaies chinoises et différens bijoux de cuivre. La tête était couverte d'une calotte de taffetas. Des rassades bleues étaient comme semées dans ce tombeau, où l'on trouva aussi dix ou douze espèces de bracelets d'argent, du poids de deux gros chacun, une hache de fer, un couteau du même métal, une cuillère de bois, un peigne, un petit sac de nankin bleu plein de riz. Ce tombeau ne consistait qu'en un petit meulon formé de tronçons d'arbres, revêtus d'écorce de bouleau ; on avait laissé entre eux un vide pour y déposer les deux cadavres. Les Français eurent grand soin de les recouvrir, remettant religieusement chaque chose à sa place, après avoir seulement emporté une très-petite partie des divers objets contenus dans ce tombeau, afin de constater la découverte. On ne pouvait plus douter que les habitans nomades de cette contrée ne fissent de fréquentes descentes dans cette baie ; une pirogue laissée près de ce monument annonçait qu'ils y venaient par mer.

Le 27 au matin, après avoir laissé à terre différentes médailles, avec une bouteille et une inscription qui contenait la date de leur arrivée, les Français mirent à la voile. « Je prolongeai la côte à deux tiers de lieue du rivage, dit Lapérouse ; nous pouvions distinguer l'embouchure du plus petit ruisseau. Nous fîmes ainsi 50 lieues avec le plus beau temps que les navigateurs puissent imaginer. Les brumes et les calmes nous contrarièrent jusqu'au 4 juillet. Nous prîmes, dans ce temps, plus de 800 morues ; l'excédant de notre consommation fut salé et mis en barriques ; la drague rapporta aussi une assez grande quantité d'huîtres, dont la nacre était si belle, qu'il paraissait très-possible qu'elles continssent des perles, quoique nous n'en eussions trouvé que deux à demi-formées dans le talon. Cette rencontre rend très-vraisemblable le récit des jésuites qui nous ont appris qu'il se fait une pêche de perles à l'embouchure de plusieurs rivières de la Tartarie orientale. »

Le 4, il se fit un bel éclairci ; on descendit sur le rivage d'une baie, dans laquelle coulait une rivière de 15 à 20 toises de largeur. Cette baie reçut le nom de *Suffren* ; les traces d'habitans y étaient beaucoup plus fraîches qu'à la précédente, à laquelle elle ressemblait.

Le 6, les frégates eurent à lutter contre des vents contraires ; le 7 au matin, étant par 48° 50' de latitude, Lapérouse eut connaissance, à droite ou à l'E., d'une terre qui paraissait très-étendue. On n'en discernait aucune pointe, et on ne pouvait distinguer que des sommets qui, s'étendant jusqu'au S. E., annonçaient qu'on était déjà assez avancé dans le canal qui la séparait de la côte à l'O. On se dirigea de son côté. Par son aspect, elle différait totalement de cette dernière ; on n'y apercevait que des rochers arides, dont les cavités conservaient encore de la neige ; mais on en était à une trop grande distance pour découvrir les terres basses, qui pouvaient, comme celles du continent opposé, être couvertes d'arbres et de verdure.

Il fallut ensuite naviguer à tâtons, au milieu des brumes, dans le canal dont la forme était inconnue. Enfin, le 11 un éclairci permit aux Français d'approcher de la nouvelle terre ; ils la trouvèrent aussi boisée que la côte de Tartarie. Ils laissèrent tomber l'ancre à deux milles d'une petite anse où coulait une rivière ; à l'aide de leurs lunettes ils aperçurent quelques cabanes et deux insulaires qui paraissaient s'enfuir vers les bois. Deux chaloupes abordèrent le rivage ; on trouva les deux cases abandonnées, mais depuis très peu de temps, car le feu y était encore allumé ; aucun des meubles n'en avait été enlevé ; on y voyait une portée de petits chiens dont les yeux n'étaient pas encore ouverts, et la mère qu'on entendait aboyer dans les bois faisait juger que les maîtres n'étaient pas éloignés. On déposa dans ces habitations des haches, différens outils de fer et des rassades ; ces présens devaient prouver que les hommes débarqués n'étaient pas des ennemis.

Au moment où on allait retourner à bord, une pirogue montée par sept insulaires atterrit au rivage ; ils ne parurent nullement effrayés du nombre des Français, échouèrent leur petite embarcation sur le rivage et s'assirent sur deux nattes au milieu des étrangers ; leurs manières furent constamment graves, nobles et très affectueuses. Il y avait parmi eux deux vieillards à longue barbe blanche, vêtus d'une étoffe d'é-

2. Intérieur d'un Corps de Garde Japonais.

Interprètes Japonais devant leur Supérieur.

corces d'arbres; deux autres avaient des habits de nankin bleu natté, dont la forme différait peu de celle de l'habillement chinois; les autres n'avaient qu'une longue robe qui fermait entièrement au moyen d'une ceinture et de quelques petits boutons. Leur tête était nue, et chez deux ou trois entourée seulement d'un bandeau de peau d'ours; ils avaient le toupet et les faces rasés, tous les cheveux de derrière conservés dans la longueur de huit ou dix pouces. Tous avaient des bottes de peau de phoque, avec un pied à la chinoise très-artistement travaillé. Leurs armes étaient des flèches garnies en fer, des arcs et des piques. Le plus âgé de ces hommes, celui auquel les autres montraient le plus d'égards, avait les yeux dans un très-mauvais état, ce qui l'obligeait à porter un garde-vue. On leur donna le surplus des objets qu'on avait apportés, et on leur fit entendre par signes qu'on allait partir à cause de la nuit, mais qu'on désirait beaucoup les retrouver le lendemain pour leur offrir de nouveaux présens; ils firent signe à leur tour qu'ils dormaient dans les environs et qu'ils seraient exacts au rendez-vous.

« Nous crûmes généralement, dit Lapérouse, qu'ils étaient les propriétaires d'un magasin de poissons que nous avions rencontré sur le bord de la petite rivière, et qui était élevé sur des piquets à quatre ou cinq pieds au-dessus du sol. M. De Langle, en le visitant, l'avait respecté comme les cabanes abandonnées; il y avait trouvé du saumon, du hareng séché et fumé, avec des vessies remplies d'huile, ainsi que des peaux de saumon minces comme du parchemin. Ce magasin était trop considérable pour la subsistance d'une famille, et il jugea que ces peuples faisaient commerce de ces divers objets. »

Le lendemain, Lapérouse alla lui-même à terre. Les insulaires arrivèrent bientôt dans l'anse; une autre pirogue les suivit, ils étaient en tout vingt-un; on ne vit pas une seule femme, on put conjecturer qu'ils en sont très-jaloux. Les aboiemens des chiens dans les bois firent présumer qu'ils étaient restés près d'elles. Les Français voulurent y pénétrer, les insulaires firent les plus vives instances pour les détourner de leur projet. Lapérouse voulant leur inspirer de la confiance, ordonna qu'on cédât à leur désir. On leur donna diverses choses; ils préféraient les choses utiles, notamment le fer et les étoffes, l'argent au cuivre, le cuivre au fer. Ils étaient fort pauvres; trois ou quatre seulement avaient des pendans d'oreilles d'argent, ornés de verroteries bleues, semblables à ceux qu'on avait trouvés dans la baie de Ternai et qu'on avait pris pour des bracelets, leurs autres petits ornemens étaient de cuivre; leurs pipes et leurs briquets paraissaient chinois ou japonais; les premières étaient de cuivre blanc parfaitement travaillé. En désignant de la main le couchant, ils firent entendre que le nankin bleu dont quelques-uns étaient couverts, les verroteries et les briquets venaient du pays des Mandchoux, et ils prononçaient ce mot absolument comme les Français.

« Voyant ensuite, continua Lapérouse, que nous avions tous du papier et un crayon à la main, pour faire un vocabulaire de leur langue, ils devinèrent notre intention; ils prévinrent nos questions, présentèrent eux-mêmes les différens objets, ajoutèrent le nom du pays, et eurent la complaisance de le répéter quatre ou cinq fois jusqu'à ce qu'ils fussent certains que nous avions tous saisi leur prononciation. La facilité avec laquelle ils nous avaient devinés me porte à croire que l'art de l'écriture leur est connu. Ils paraissaient désirer beaucoup nos haches et nos étoffes; ils ne craignirent même pas de les demander, mais ils étaient aussi scrupuleux que nous à ne jamais prendre que ce que nous leur avions donné; il est évident que leurs idées sur le vol ne différaient pas des nôtres, et je n'aurais pas craint de leur confier la garde de nos effets. Leur attention, à cet égard, s'étendait même jusqu'à ne pas ramasser sur le sable un seul des saumons que nous avions pêchés, quoiqu'ils y fussent étendus par milliers, car notre pêche avait été aussi abondante que la veille; nous fûmes obligés de les presser à plusieurs reprises d'en prendre autant qu'ils voudraient.

» Lorsque dans la conversation on fut parvenu à leur faire comprendre que l'on désirait qu'ils figurassent leur pays et celui des Mandchoux, un des vieillards se leva, et avec le bout de sa pique il traça la côte de Tartarie à l'O., courant à peu près N. et S. A l'E., et dans la même position, il figura son île, et en portant la main sur sa poitrine, il fit entendre qu'il venait de tracer son propre pays; il avait laissé entre la Tartarie et son île un détroit, et en se tournant vers les frégates, il marqua par un trait qu'on pouvait y passer. Au S. de cette île il en avait figuré une autre, et avait laissé un détroit, en indiquant que c'était encore une route pour les vaisseaux. Un autre insulaire, voyant que les figures tracées sur le sable s'effaçaient, prit un de nos crayons avec du papier; il y traça son île qu'il nomma *Tchoka*, et il indiqua par un trait la petite rivière sur le bord de laquelle on était, qu'il plaça aux deux tiers de la longueur de l'île, du N. au S. Il dessina ensuite la terre des Mandchoux, laissant, comme le vieillard, un détroit au fond de l'entonnoir, et à notre grande surprise, il y ajouta le fleuve Ségalien dont ces insulaires prononçaient le nom comme nous; il plaça l'embouchure de ce fleuve un peu au S. de la pointe nord de son île, et il marqua par des traits, au nombre de sept, la quantité de journées de pirogue nécessaires pour se rendre du lieu où nous étions à l'embouchure du Ségalien... Il marqua également par des traits pendant combien de journées de pirogue ils remontaient ce fleuve jusqu'aux lieux où ils se procuraient le nankin bleu et d'autres objets de commerce par leur communication avec les peuples qui habitaient ces contrées. Les autres insulaires, témoins de cette conversation, approuvaient par leurs gestes les discours de leur compatriote. Ensuite il désigna fort bien, par ses gestes, la largeur du fleuve et celle du détroit; mais il fut impossible de deviner ce qu'il avait voulu faire entendre pour la profondeur des eaux. La baie reçut le nom de baie De Langle. »

Le reste de la journée fut employé à visiter le pays. Les Français étaient extrêmement surpris de trouver chez un peuple chasseur et pêcheur, qui ne cultive aucune production de la nature et qui n'a point de troupeaux, des manières en général douces, graves, et peut-être une intelligence plus étendue que chez les classes communes des peuples d'Europe; tous les individus y paraissent avoir reçu la même éducation. Ils retournaient en tout sens les étoffes qu'on leur donna, en causaient entre eux, et cherchaient à découvrir par quel moyen on était parvenu à les fabriquer. La navette leur est connue. Lapérouse rapporta un métier avec lequel ils font des toiles absolument semblables à celles de France; mais le fil en est fait de l'écorce d'un saule très-commun dans leur île. Ils profitent avec la plus grande industrie des productions spontanées de la terre; on trouve dans leurs cabanes beaucoup de racines de sarouc qu'ils font sécher; c'est leur provision d'hiver. Il y avait aussi beaucoup d'ail et d'angélique; ces plantes croissent sur la lisière des bois.

Ces insulaires sont généralement bien faits, d'une constitution forte, d'une physionomie assez agréable et vêtus d'une manière remarquable; leur taille est petite: on n'en observa aucun de cinq pieds cinq pouces, et plusieurs avaient moins de cinq pieds. Ils permirent aux peintres des frégates de les dessiner, mais ils se refusèrent constamment aux tentatives du chirurgien qui voulait prendre la mesure des différentes parties de leur corps. Ils crurent peut-être que c'était une opération magique. Chacun d'eux avait au pouce un fort anneau ressemblant à une gimblette; il était d'ivoire, de corne ou de plomb. Ils laissent croître leurs ongles comme les Chinois, ils saluent comme eux et ont tous leurs usages. Les Chinois qui étaient à bord des frégates françaises n'entendaient pas un seul mot de la langue de ces insulaires, mais ils comprirent parfaitement celle de deux Mandchoux qui depuis une vingtaine de jours avaient passé du continent sur cette île, peut-être pour faire quelque achat de poisson.

« Nous ne les rencontrâmes que dans l'après-midi. Leur conversation se fit de vive voix avec nos Chinois; ils firent absolument les mêmes détails de la géographie du pays, dont ils changèrent seulement les noms, parce que, vraisemblablement, chaque langue a les siens. Les vêtemens de ces Tartares étaient de nankin gris, pareils à ceux des portefaix de Macao; leur chapeau était pointu et d'écorce; leurs manières et leurs physionomies étaient bien moins agréables que celles des insulaires: ils dirent qu'ils habitaient à huit journées en remontant le fleuve Ségalien.

» Les cabanes de ces insulaires sont bâties avec intelligence: toutes les précautions y sont prises contre le froid; elles sont en bois, revêtues d'écorce de bouleau, surmontées d'une charpente couverte en paille séchée; la porte est très-basse et placée dans le pignon; le foyer est au milieu, sous une ouverture du toit qui donne issue à la fumée. De petites banquettes en planches élevées de huit ou dix pouces règnent au pourtour, et l'intérieur est parqueté avec des nattes. La cabane qui vient d'être décrite était située au milieu d'un bois de cafiers, à cent pas du bord de la mer; ces arbustes étaient en fleurs, ils exhalaient une odeur délicieuse: mais elle ne pouvait compenser la puanteur du poisson et de l'huile qui aurait prévalu sur tous les parfums de l'Arabie. Ils avaient sans cesse la pipe à la bouche; leur tabac était d'une bonne qualité, à grandes feuilles; j'ai cru comprendre qu'ils le tiraient de la Tartarie, mais ils nous ont expliqué clairement que leurs pipes venaient de l'île qui est au S., sans doute du Japon.

» Le lendemain, les frégates partirent à la pointe du jour, et jusqu'au 19, louvoyèrent au milieu des brumes. Ce jour-là elles mouillèrent dans une baie de la même côte qui fut appelée baie d'Estaing. Nos canots y abordèrent au pied de dix ou douze cabanes placées sans ordre à une grande distance les unes des autres, et à cent pas environ du bord de la mer. Elles étaient un peu plus considérables que celles que j'ai décrites ; on avait employé à leur construction les mêmes matériaux, mais elles étaient divisées en deux chambres ; celle du fond contenait tous les petits meubles du ménage, le foyer et la banquette qui règne autour ; mais celle de l'entrée absolument nue paraissait destinée à recevoir les visites ; les étrangers n'étant pas probablement admis en présence des femmes. Quelques officiers en rencontrèrent deux qui avaient fui et s'étaient cachées dans les herbes. Lorsque nos canots abordèrent dans l'anse, des femmes effrayées poussèrent des cris comme si elles avaient eu la crainte d'être dévorées ; elles étaient cependant sous la garde d'un insulaire qui les ramenait chez elles et qui semblait vouloir les rassurer. Leur physionomie est un peu extraordinaire, mais assez agréable ; leurs yeux sont petits, leurs lèvres grosses, la supérieure tatouée ou peinte en bleu, car il n'a pas été possible de s'en assurer ; leurs jambes étaient nues ; une longue robe de chambre de toile les enveloppait ; leurs cheveux étaient dans toute leur longueur et le dessus de la tête n'était point rasé comme chez les hommes.

» M. De Langle, qui débarqua le premier, trouva les insulaires rassemblés autour de quatre pirogues chargées de poisson fumé ; ils aidaient à les pousser à l'eau, et il apprit que les vingt-quatre hommes qui formaient l'équipage étaient Mandchoux et qu'ils étaient venus des bords du fleuve Ségalien pour acheter ce poisson. Il eut une longue conversation avec eux par l'entremise de nos Chinois auxquels ils firent le meilleur accueil. Ils confirmèrent tous les détails de géographie qui nous avaient été donnés précédemment. M. De Langle rencontra aussi dans un coin de l'île une espèce de cirque planté de quinze ou vingt piquets surmontés chacun d'une tête d'ours ; les ossemens de ces animaux étaient épars aux environs. Comme ces peuples n'ont pas l'usage des armes à feu, qu'ils combattent les ours corps à corps, et que leurs flèches ne peuvent que les blesser, ce cirque nous parut être destiné à conserver la mémoire de leurs exploits, et les vingt-une têtes d'ours exposées aux yeux devaient retracer les victoires qu'ils avaient remportées depuis dix ans, à en juger par l'état de décomposition dans lequel se trouvait le plus grand nombre. Les productions et les substances du sol de la baie d'Estaing ne diffèrent presque point de celles de la baie De Langle ; le saumon y était aussi commun, et chaque cabane avait son magasin. Nous découvrîmes que ces peuples consomment la tête, la queue et l'épine du dos, et qu'ils boucanent et font sécher, pour être vendus aux Mandchoux, les deux côtés du ventre de ce poisson dont ils ne se réservent que le fumet qui infecte leurs maisons, leurs meubles, leurs habillemens et jusqu'aux herbes qui environnent leurs villages. Nos canots partirent après avoir comblé de présens les Tartares et les insulaires.

» En avançant au N., la côte de Tchoka était beaucoup plus montueuse et plus escarpée que dans la partie méridionale. Nous n'aperçûmes ni feu ni habitation ; nous prîmes, pour la première fois depuis que nous avions quitté la côte de Tartarie, huit ou dix morues, ce qui semblait annoncer la proximité du continent que nous avions perdu de vue depuis les 47 degrés de latitude.

» Obligé de saisir l'une ou l'autre côte, j'avais donné la préférence à celle de l'île, afin de ne pas manquer le détroit s'il en existait un à l'E., ce qui demandait une extrême attention à cause des brumes qui ne nous laissaient que de très-courts intervalles de clarté ; aussi m'y suis-je en quelque sorte collé et ne m'en suis-je jamais éloigné de plus de deux lieues, depuis la baie De Langle jusqu'au fond du canal. Mes conjectures sur la proximité de la côte de Tartarie étaient tellement fondées, qu'aussitôt que notre horizon s'étendait un peu, nous en avions une parfaite connaissance. Le canal commença à se rétrécir par le 50e degré et il n'eut plus que 12 ou 13 lieues de largeur.

» Comme je n'avais aperçu aucune habitation depuis la baie d'Estaing, j'envoyai M. de Clonard avec quatre canots pour reconnaître une anse dans laquelle coulait une petite rivière, éloignée de trois lieues d'un pic très-remarquable qui fut appelé Pic de la Martinière. M. de Clonard était de retour à huit heures du soir et il ramena, à mon grand étonnement, tous ses canots pleins de saumons, quoique les équipages n'eussent ni lignes ni filets ; il avait abordé à l'embouchure d'un ruisseau dont la largeur n'excédait pas quatre toises, ni la profondeur un pied ; il l'avait trouvé tellement rempli de saumons que le lit en était tout couvert, et que nos matelots, à coups de bâtons, en avaient tué 1,200 dans une heure ; il n'avait d'ailleurs rencontré que deux ou trois abris abandonnés, qu'il supposait avoir été élevés par des Mandchoux venus, suivant leur coutume, du continent pour commercer dans le S. de cette île. La végétation était encore plus vigoureuse que dans les baies où on avait abordé; les arbres étaient d'une plus forte dimension; le céleri et le cresson croissaient en abondance sur les bords de cette rivière. On aurait pu aussi ramasser de quoi remplir plusieurs sacs de baies de genièvre. Les sapins et les saules étaient en beaucoup plus grand nombre que le chêne, l'érable, le bouleau et l'azérolier, et si d'autres voyageurs sont descendus après nous sur les bords de cette rivière, ils y auront cueilli beaucoup de groseilles, de fraises et de framboises qui étaient encore en fleur. Rien n'annonçait que le pays eût aucun métal.

» Nous relevâmes le 25, par 50° 54′ de lat. N., une très-bonne baie, la seule, depuis que nous prolongions cette île, qui offrît aux vaisseaux un abri assuré contre les vents du N. Quelques habitations paraissaient çà et là sur le rivage, auprès d'un ravin qui marquait le lit d'une rivière un peu plus considérable que celles qu'on avait déjà vues. J'étais si pressé, et un temps clair dont nous jouissions était si précieux pour nous, que je crus ne devoir l'employer qu'à m'avancer vers le N. Je voulais savoir si ce détroit, qui m'avait été indiqué par les insulaires et les Mandchoux, est praticable. Je commençais à craindre qu'il ne le fût pas, parce que le fond diminuait avec une rapidité extrême en avançant vers le N., et que les terres de l'île n'étaient plus que des dunes noyées et presque à fleur d'eau comme des bancs de sable.

» En effet, nous nous assurâmes par la suite que le fond de ce canal formait un talus du S. au N., à peu près comme un fleuve dont l'eau diminue en se rapprochant de sa source. Le fond s'élevait rapidement de trois brasses par lieue, et je calculais, de cette manière, qu'il nous restait à peine 6 lieues, en supposant un atterrissement graduel pour remplir le fond du golfe; mais tout se réduit, comme la suite le fit voir, à une barre qui est encore cachée par un peu d'eau, et qui ferme tout-à-fait le détroit, sans laisser un chenal ni passage quelconque. Un jour, sans doute, ce banc, venant à s'élever, joindra l'île au continent.

» Le 28 au soir, nous nous trouvâmes sur cette côte de Tartarie, à l'ouverture d'une baie qui fut nommée *baie de Castries*. Elle offrait un mouillage sûr; les deux frégates y mouillèrent. Un très-grand enfoncement, sur le bord duquel était un village, et que nous supposâmes d'abord assez profond pour recevoir nos vaisseaux, parce que la mer était haute quand nous laissâmes tomber l'ancre au fond de la baie, ne fut plus pour nous, deux heures après, qu'une vaste prairie d'algues et de goëmon; on y voyait sauter des saumons, qui sortaient d'un ruisseau dont les eaux se perdaient dans ces herbes marines, et où nous en avions pris plus de deux mille en un jour.

» Les habitans, dont ce poisson est la subsistance la plus abondante et la plus assurée, voyaient le succès de notre pêche sans inquiétude, parce qu'ils étaient certains, sans doute, que la quantité en est inépuisable. Nous débarquâmes au pied de leur village.

» On ne peut rencontrer une peuplade d'hommes meilleurs. Le chef ou le plus vieux vint nous recevoir sur la plage avec quelques autres habitans. Il se prosterna sur la terre en nous saluant, à la manière des Chinois, et nous conduisit ensuite dans sa cabane, où étaient sa femme, ses belles-filles, ses enfans et ses petits-enfans. Il fit étendre une natte propre, sur laquelle il nous proposa de nous asseoir, et une petite graine que nous n'avons pu reconnaître fut mise dans une chaudière sur le feu, avec du saumon, pour nous être offerte. Cette graine est leur mets le plus précieux: ils nous firent comprendre qu'elle venait du pays des Mandchoux, qu'eux-mêmes appartenaient à la nation des *Orotchys*, et nous montrèrent quatre pirogues étrangères que nous avions vu arriver le même jour dans la baie, et qui s'étaient arrêtées devant leur village: ils en nommèrent les équipages des *Bitchys*; ils nous désignaient que ces derniers habitaient plus au S., mais peut-être à moins de sept à huit lieues; car ces nations, comme celles du Canada, changent de nom et de langage à chaque bourgade.

» Ce village des Orotchys était composé de quatre cabanes solidement construites avec des troncons de sapin dans toute leur longueur, proprement entaillés dans les angles; une charpente assez bien travaillée soutenait la toiture, formée par des écorces de hêtres. Dans l'intérieur, elles ressemblaient à celles de l'île Tchoka. Nous avons lieu de croire que ces quatre maisons appartenaient à quatre familles différentes, qui vivent entre elles dans la plus parfaite confiance. Nous avons vu partir une de ces familles pour un voyage de quelque durée; car elle n'a point reparu pendant les cinq jours que nous avons passés dans cette baie. Les propriétaires mirent quelques planches devant la porte de leur maison pour empêcher les chiens d'y entrer, et la laissèrent remplie de leurs effets. Nous fûmes bientôt tellement convaincus de l'inviolable fidélité de ces peuples et du respect presque religieux qu'ils ont pour les propriétés, que nous laissâmes, au milieu de leurs cabanes

1. Crotchés.

2. Tombeaux dans la Baie de Castries.

T. Bailly del.   VOYAGE

et sous le sceau de leur probité, nos sacs pleins d'étoffes, de rassades, d'outils de fer, et généralement tout ce qui servait à nos échanges, sans que jamais ils aient abusé de notre extrême confiance.

» Chaque cabane était entourée d'une sécherie de saumons, qui restaient exposés sur des perches à l'ardeur du soleil, après avoir été boucanés pendant trois ou quatre jours autour du foyer, qui est au milieu de leur case; les femmes, chargées de cette opération, ont le soin, lorsque la fumée les a pénétrés, de les porter en plein air, où ils acquièrent la dureté du bois.

» Ils faisaient leur pêche dans la même rivière que nous, avec des filets et des dards, et nous leur voyions manger crus avec une avidité dégoûtante, le museau, les ouïes, les osselets et quelquefois la peau entière du saumon, qu'ils dépouillaient avec beaucoup d'adresse; ils suçaient le mucilage de ces parties comme nous avalons nos huîtres. Le plus grand nombre de leurs poissons n'arrivaient à l'habitation que dépouillés, excepté lorque la pêche avait été très-abondante; alors les femmes cherchaient avec la même avidité les poissons entiers, et en dévoraient d'une manière dégoûtante les parties mucilagineuses, qui leur en paraissaient le mets le plus exquis. C'est à la baie de Castries que nous apprîmes l'usage du bourrelet de plomb ou d'os que ces peuples, ainsi que ceux de l'île Tchoka, portent comme une bague au pouce; il leur sert de point d'appui pour couper et dépouiller le saumon, avec un couteau tranchant qu'ils portent tous pendu à leur ceinture.

» Leur village était construit sur une langue de terre basse et marécageuse exposée au N., et qui nous a paru inhabitable pendant l'hiver; mais à l'opposite, et de l'autre côté de la baie, sur un endroit plus élevé, à l'exposition du midi et à l'entrée d'un bois, était un second village composé de huit cabanes plus vastes et mieux construites que les premières. Au-dessus, et à une très-petite distance, nous avons visité trois iourtes ou maisons souterraines absolument semblables à celles des Kamtchadales; elles étaient assez étendues pour contenir, pendant la rigueur du froid, les habitants des huit cabanes, et complètement meublées, quoique délaissées pendant la belle saison.

» Enfin, sur une des ailes de cette bourgade, on trouvait plusieurs tombeaux mieux bâtis et aussi grands que les maisons; chacun renfermait trois, quatre ou cinq bières, proprement travaillées, ornées d'étoffes de Chine, dont quelques-unes étaient de brocart. Des arcs, des flèches, des filets, et généralement les meubles les plus précieux de ces peuples, étaient suspendus dans l'intérieur de ces monumens, dont la porte, en bois, se fermait avec une barre maintenue à ses extrémités par deux supports. Les corps des habitants les plus pauvres sont exposés en plein air, dans une bière placée sur une rotonde soutenue par des piquets de quatre pieds de hauteur; mais tous ont leurs arcs, leurs flèches, leurs filets et quelques morceaux d'étoffe auprès de leurs monumens, et ce serait vraisemblablement un sacrilége de les enlever (Pl. VIII — 2).

» Il était évident que nous n'avions visité les Orotchys que dans leurs maisons de campagne, où ils faisaient leurs récoltes de saumon, qui, comme le blé en Europe, fait la base de leur subsistance. J'ai vu parmi eux si peu de peaux d'élan, que je fus porté à croire que la chasse y est peu abondante; je compte aussi pour une très-petite partie de leur nourriture quelques racines de saranne, que les femmes arrachent sur la lisière des bois et qu'elles font sécher auprès de leur foyer.

» Sans doute les différentes familles dont cette peuplade est composée étaient dispersées dans les baies voisines pour y pêcher et sécher du saumon. Elles ne se rassemblent qu'en hiver, apportant alors leur provision de poisson pour subsister jusqu'au retour du soleil; c'est ce qui explique la cause du petit nombre d'habitans que nous vîmes.

» Ces peuples, ainsi que ceux de l'île Tchoka, paraissent ne reconnaître aucun chef et n'être soumis à aucun gouvernement. La douceur de leurs mœurs, leur respect pour les vieillards, peuvent rendre parmi eux cette anarchie sans inconvénient. Nous n'avons jamais été témoins de la plus petite querelle. Leur affection réciproque, leur tendresse pour leurs enfans, offraient à nos yeux un spectacle touchant; mais nos sens étaient révoltés par l'odeur fétide de ce saumon, dont les maisons, ainsi que les environs, se trouvaient remplis. Les os en étaient épars et le sang répandu autour du foyer; les chiens, avides, quoique assez doux et familiers, léchaient et dévoraient ces restes. Ce peuple est d'une malpropreté et d'une puanteur révoltantes; il n'en existe pas de plus faiblement constitué ni de plus laid: leur taille moyenne est au-dessous de quatre pieds dix pouces; leur corps est grêle, leur voix faible et aigre, comme celle des enfans; ils ont les os des joues saillans, les yeux petits, chassieux et fendus diagonalement; la bouche large, le nez écrasé, le menton court, presque imberbe, et une peau olivâtre vernissée d'huile et de fumée; ils laissent croître leurs cheveux, les tressent à peu près comme nous : ceux des femmes leur tombent épars sur les épaules; on ne les distingue des hommes qu'à une légère différence dans l'habillement, et à leur gorge, qui n'est serrée par aucune ceinture : elles ne sont cependant assujetties à aucun travail forcé. Tous leurs soins se bornent à tailler et à coudre leurs habits, à disposer le poisson pour être séché, et à soigner leurs enfans, à qui elles donnent à téter jusqu'à l'âge de trois ou quatre ans.

» Elles paraissent jouir d'une assez grande considération; aucun marché n'était conclu sans leur consentement : les pendans d'oreilles d'argent et les bijoux de cuivre servant à orner les habits sont uniquement réservés aux femmes et aux petites filles. Les hommes et les petits garçons sont vêtus d'une camisole de nankin ou de peau de chien ou de poisson, taillée comme les blouses des charretiers. Si elle descend au-dessous du genou, ils n'ont point de caleçon; dans le cas contraire, ils en portent à la chinoise, qui descendent jusqu'au gras de la jambe. Tous ont des bottes de peau de phoque; mais ils les conservent pour l'hiver, et dans tous les temps et à tout âge, même à la mamelle, ils ont une ceinture de cuir à laquelle sont attachés un couteau à gaîne, un briquet, un petit sac pour contenir du tabac et une pipe.

» Les femmes sont enveloppées d'une large robe de nankin ou de peau de saumon, qu'elles ont l'art de tanner parfaitement et de rendre extrêmement souple. Cet habillement leur descend jusqu'à la cheville du pied; ils sont quelquefois bordés d'une frange de petits ornemens de cuivre, qui font un bruit semblable à celui des grelots. Les saumons dont la peau sert à leur habillement ne se pêchent pas en été et pèsent 30 et 40 livres; ceux que nous venions de prendre dans le mois de juillet étaient du poids de trois ou quatre livres seulement; mais leur nombre et la délicatesse de leur goût compensaient ce désavantage : nous croyons tous n'en avoir jamais mangé de meilleurs.

» Nous ne pouvons parler de la religion de ce peuple, n'ayant aperçu ni temples, ni prêtres, mais peut-être quelques idoles grossièrement sculptées suspendues au plafond de leurs cabanes : elles représentaient des enfans, des bras, des mains, des jambes, et ressemblaient beaucoup aux *ex voto* de nos chapelles de campagne. Il serait possible que ces simulacres, que nous prîmes pour des idoles, ne servissent qu'à leur rappeler le souvenir d'un enfant dévoré par un ours, ou de quelque chasseur blessé par ces animaux; il n'est cependant guère vraisemblable qu'un peuple si faiblement constitué soit exempt de superstition. Nous avons soupçonné qu'ils nous prenaient quelquefois pour des sorciers; ils répondaient avec inquiétude, quoique avec politesse, à nos différentes questions, et, lorsque nous tracions des caractères sur le papier, ils semblaient prendre les mouvemens de la main qui écrivait pour des signes de magie. »

Les voyageurs dont les quatre pirogues étaient échouées devant le village, ainsi que leur pays situé au S. de la baie de Castries, avaient excité la curiosité des Français. Les ayant questionnés sur la géographie de toute la contrée, leurs réponses confirmèrent les conjectures de Lapérouse sur le banc de sable qui obstruait le fond du golfe au N. D'ailleurs les rapports de deux officiers, envoyés pour sonder, avaient indiqué une diminution assez rapide de profondeur. La saison avançait : Lapérouse ne se dissimulait pas la difficulté de naviguer au milieu des brumes dans un canal resserré. En conséquence, le 2 août au matin, les frégates appareillèrent, et, après avoir relevé la côte de Tartarie, elles se dirigèrent vers Tchoka qu'elles longèrent jusqu'à sa pointe méridionale qui fut nommée cap Crillon : au S. elles avaient l'île d'Ieso.

Ce fut au cap Crillon que les Français reçurent pour la première fois la visite des insulaires de Tchoka, qui d'abord montrèrent un peu de défiance et ne s'approchèrent que lorsqu'on leur eut prononcé quelques mots du vocabulaire fait à la baie De Langle par le chirurgien de *l'Astrolabe*. Bientôt leur confiance devint extrême; ils s'assirent en rond sur le gaillard et y fumèrent leurs pipes. Ils furent comblés de présens, on leur donna des nankins, des étoffes de soie, des outils de fer, des rassades, du tabac et généralement tout ce qui semblait leur être agréable. On s'aperçut promptement que l'eau-de-vie et le tabac étaient pour eux les denrées les plus précieuses; ce fut cependant celles que Lapérouse leur fit distribuer le plus sobrement, « parce que, dit-il, le tabac était nécessaire à l'équipage et que je craignais les suites de l'eau-de-vie. »

Ces hommes étaient aussi fortement constitués et aussi velus que ceux de la baie De Langle; ils avaient la peau aussi basanée que celle des Algériens ou des autres peuples de la côte de Barbarie. Leurs manières sont graves et leurs remerciemens étaient exprimés par des gestes nobles; mais leurs instances pour obtenir de nouveaux présens furent répétés jusqu'à l'importunité. Leur reconnaissance n'alla jamais jusqu'à offrir, à leur tour, même du saumon, dont leurs pirogues étaient remplies, et qu'ils remportèrent en partie à terre, parce que l'on avait refusé le prix qu'ils en demandaient. Quelle différence, pour les qualités morales, entre eux et les Orotchys sur lesquels ils l'emportent par le physique et par leur industrie!

Les Français ne virent jamais danser, ni n'entendirent chanter ces insulaires; mais ils savent tous tirer des sons agréables de la tige principale d'un grand céleri ou d'une espèce d'euphorbe, ouverte par les deux extrémités; ils soufflent par le petit bout : ces sons imitent assez bien les sons adoucis de la trompette. On ne leur a pas connu d'autre instrument de musique.

Tous les habits de ces insulaires sont tissus de leurs propres mains; leurs maisons offrent une propreté et une élégance dont celles du continent n'approchent pas. Leurs meubles sont artistement travaillés et presque tous de fabrique japonaise. L'huile de baleine est pour eux un objet de commerce très-important, inconnu dans la Manche de Tartarie et qui leur procure toutes leurs richesses. Ils en recueillent une quantité considérable; leur manière de l'extraire n'est cependant pas la plus économique; elle consiste à découper la chair de ces cétacés et à la laisser pourrir en plein air sur un talus exposé au soleil; l'huile qui en découle est reçue dans des vases d'écorce ou dans des outres de peaux de phoque. Il est très-remarquable que les Français n'aient pas vu une seule baleine sur la côte occidentale de l'île, tandis qu'elle abonde sur celle de l'E.

Les insulaires venus à bord des frégates se retirèrent avant la nuit et firent comprendre par signes qu'ils reviendraient le lendemain. Ils arrivèrent effectivement à la pointe du jour, avec quelques saumons qu'ils échangèrent contre des haches et des couteaux. Ils vendirent aussi un sabre, un habit de toile de leur pays, et parurent voir avec chagrin les préparatifs de départ des Français; ils les engagèrent fort à doubler le cap Crillon et à relâcher dans une anse qu'ils dessinaient et qu'ils appelaient Tabonoro : c'était le golfe d'Aniva.

On a cru remarquer chez ces insulaires une distinction d'état qui n'existe pas chez les habitants de la côte de Tartarie; il y avait dans chaque pirogue un homme avec lequel les autres ne faisaient pas société : il ne mangeait pas avec eux et leur paraissait absolument subordonné; on soupçonna qu'il pouvait être un esclave, au moins était-il d'un rang très-inférieur à celui des autres.

Un canot fut envoyé à terre, il était de retour avant minuit; l'officier qui le commandait et ses compagnons avaient été fort bien reçus au village du cap Crillon. Il fit quelques échanges et rapporta beaucoup de saumons. Il trouva les maisons mieux bâties et surtout plus richement meublées que celles de la baie d'Estaing; plusieurs étaient décorées intérieurement avec de grands vases vernis du Japon. Les Français montèrent sur le point le plus élevé du cap, d'où ils purent relever toutes les terres qu'ils apercevaient, et ils reconnurent qu'un détroit séparait Tchoka de Chica ou Ieso.

Le 10 août, Lapérouse partit de la baie de Crillon; ballottées pendant toute la nuit par une forte houle au milieu d'un calme plat qui les mit dans le plus grand danger de s'aborder, le lendemain les frégates se trouvèrent au N. du village de Chica, nommé Acqueis dans la relation des Hollandais. « Nous venions de traverser, dit Lapérouse, un détroit de douze lieues de largeur qui sépare Ieso de Tchoka. Aucun vaisseau européen ne l'avait franchi avant nous. Ce passage avait échappé aux autres navigateurs. Les Hollandais, traversant d'Acqueis à Aniva, passèrent devant ce détroit sans le soupçonner, peut-être à cause des brumes, et sans penser, quand ils furent mouillés à Aniva, qu'ils étaient sur une autre île, tant sont semblables les formes extérieures, les mœurs et les manières de vivre de ces peuples. »

Le lendemain, le temps fut très-beau, et les frégates sortirent de ce canal, qui a reçu à juste titre le nom de *Détroit de Lapérouse;* le 20, elles aperçurent l'île de la Compagnie (*Ouroup*), et reconnurent le détroit de Vries, quoiqu'il fût très-embrumé; enfin, le 30, elles coupèrent la chaîne des Kouriles par un détroit que Lapérouse nomma *Canal de la Boussole*, et qui est entre Simousir et Tchirpoï; il voulait explorer en détail les îles septentrionales de l'archipel, mais la constance et l'épaisseur des brumes le forcèrent de renoncer à ce projet et de faire route par le Kamtchatka.

En 1796, G. Broughton, commandant la corvette britannique *la Providence*, chargé par son gouvernement d'explorer la côte d'Asie, située entre les 35e et 55e degrés de latitude septentrionale, arriva en septembre sur la côte S. E. d'Ieso. Le pays offre de hautes montagnes; le terrain s'élève en pente douce depuis le rivage jusqu'à leur sommet; elles forment plusieurs chaînes de différentes hauteurs couvertes de bois; leur aspect est très-agréable. On aperçut beaucoup de maisons éparses le long du rivage et des bateaux sur la plage.

Le 12, dans l'après-midi, la corvette fut accostée par trois bateaux pêcheurs. Les hommes qui les conduisaient étaient d'une couleur cuivrée claire : leurs cheveux noirs et très-épais étaient coupés en rond; tous avaient de longues barbes; leur physionomie était expressive et remplie de douceur; ils étaient de taille moyenne et vêtus de robes tissues d'écorce d'arbres ; le collet et le poignet étaient bordés de toile bleue; un morceau d'étoffe semblable à un pagne ceignait leurs reins; des anneaux d'argent pendaient à leurs oreilles ; tous avaient un couteau dans une gaîne attachée à leur ceinture. Avant de monter à bord, ils saluèrent de la manière la plus respectueuse, suivant la coutume des Orientaux; on leur offrit des verroteries et d'autres bagatelles qui parurent leur faire grand plaisir. Leur conduite donna lieu de croire qu'ils n'avaient jamais vu de bâtiment européen, car en arrivant ils avaient l'air inquiet, et, s'étant assis, ils restèrent quelque temps sans proférer une parole. Lorsqu'ils furent revenus de leur étonnement, on leur demanda si leur île s'appelait *Matsmaï;* à ce nom, tous montrèrent l'occident. Au bout d'une heure, ils se retirèrent, et ne cessèrent leurs saluts que quand ils furent à une très-grande distance. Il avait été impossible de lier une conversation avec eux.

Le lendemain, on vit à l'ancre, le long de la côte, de grandes barques qui ressemblaient aux petites jonques chinoises. Le 15, la corvette entra dans une baie, sur la côte de laquelle s'élevait un volcan qui vomissait de la fumée. Des habitans du pays vinrent à bord : ils avaient tous une pipe et une boîte pour mettre leur tabac. On laissa tomber l'ancre près d'un gros village.

Broughton s'aperçut bientôt qu'il était dans un pays soumis aux Japonais. Des villageois étaient montés à bord : un Japonais survint et les renvoya. On essaya en vain d'obtenir de lui aucun renseignement.

Le 16, au lever du soleil, la chaloupe et des canots partirent pour aller chercher de l'eau ; elles découvrirent un ruisseau : un Japonais leur fit signe qu'elle était excellente : il retint toujours les indigènes à une certaine distance, et empêcha les Anglais de diriger leurs pas vers un village voisin.

Plusieurs Japonais, qui étaient arrivés à ce village avec des chevaux chargés de marchandises, firent visite à la corvette et furent très-cérémonieux. Ils étaient vêtus en toile de couleur foncée, et avaient des ceintures de brocart d'argent. Chacun d'eux portait sa pipe et son éventail, et deux sabres richement ornés d'or et d'argent : le fourreau était de belle laque ; leurs sandales en bois étaient garnies de paille tressée. Ils s'informèrent soigneusement de la nation à laquelle appartenait le vaisseau, et du motif de sa venue dans cette baie. A mesure qu'ils avaient l'air de comprendre les réponses, ils les couchaient par écrit; car, de même que les Chinois, ils avaient leur encre avec eux. Après avoir fumé leurs pipes, ils retournèrent à terre.

Auprès d'un petit port voisin, on voyait des maisons, dont la plus grande était habitée par des Japonais; dans le jardin croissaient des haricots et des navets. Un jour, près de l'aiguade, on aperçut, pour la première fois, des femmes ; elles étaient occupées à pêcher avec les hommes et leur aidaient à ramer. Leur visage ne manque pas d'agrément ; mais leurs cheveux, coupés court, les défigurent. Leur conduite était modeste et réservée ; elles avaient les lèvres tatouées en bleu, et quelques-unes portaient des robes de peau de phoque ou de daim, bordées en toile bleue ; elles prennent, ainsi que les hommes, beaucoup de plaisir à fumer.

Des Japonais mieux vêtus et de manières plus distinguées que ceux que l'on avait vus précédemment étant venus à bord, les Anglais eurent avec eux un entretien aussi agréable qu'instructif. Ils montrèrent une mappemonde qui paraissait avoir été dressée en Russie. Ils avaient un livre qui contenait les armoiries de différens pays, et indiquèrent sur-le-champ celles de la Grande-Bretagne. Ils avaient aussi un alphabet russe : un des matelots, qui était de cette nation, leur parla en cette langue. Ils permirent à Broughton de prendre une copie d'une grande carte des îles situées au N. du Japon. Le lendemain, ils en apportèrent une autre qu'ils lui donnèrent, et il leur fit présent de la mappemonde du voyage de Cook ; elle leur causa une grande satisfaction. Ils examinèrent avec beaucoup d'attention tout ce qui frappait leurs regards, et ils dessinèrent à l'instant avec de l'encre de la Chine les objets dont ils craignaient que le souvenir ne s'effaçât de leur esprit.

Broughton nomma *Baie des Volcans* celle où il était mouillé, parce que trois montagnes vomissant du feu s'élèvent sur son rivage. On vit dans le village des aigles et des ours en cage; jamais on ne put décider les habitans à en céder aucun.

3. Aino de la Baie des Volcans.

4. Dames Japonaises.

Les Anglais aperçurent des champs de peu d'étendue semés en millet et en sorgho, et peu d'autres espèces de culture. Ils en furent d'autant plus surpris, que les Iessois n'ont de ressource, pour se nourrir, que le produit de leur pêche. Le terrain est très-fertile; les forêts son remplies d'ormes, de chênes, de frênes, d'érables, de bouleaux, de hêtres, de tilleuls, d'ifs, de sapins, de peupliers, de charmes et d'une grande diversité d'arbrisseaux.

On vit des chevaux, des daims, des renards, des lapins, des ours; les diverses espèces de fourrures dont les indigènes étaient vêtus firent conjecturer que, probablement, l'île nourrissait plusieurs autres quadrupèdes. Les oiseaux ne parurent pas aussi nombreux que les habitans de la mer, tels que les baleines, les marsouins, les espadons, différentes espèces de poissons, des tortues et beaucoup de crustacés.

Le 1er octobre, Broughton appareilla et fit route au N. En général, les côtes d'Ieso étaient arides et peu boisées, tantôt basses, tantôt élevées et rocailleuses, couvertes de neige; quelquefois bordées d'îlots et d'écueils. Il reconnut les terres vues par de Vries, passa par le canal entre Kounachir et Itouroup et distingua très-bien le pic volcanique de la dernière.

Le temps était pluvieux et couvert, le vent très-fort du S. E., la mer généralement très-grosse, circonstances très-peu favorables pour faire le relèvement de côtes escarpées, peu connues et souvent entourées de rochers. Le 17, Broughton, apercevant une ouverture entre les terres, supposa que c'était l'entrée du port situé sur la côte N. E. de Ketoï, que Cook a désignée sous le nom de *Marikan*. Il envoya donc un canot vers cette île. Le port ne pouvait recevoir que de petits bâtimens, parce qu'une barre bouchait l'entrée à ceux qui tiraient plus de dix pieds d'eau. Des croix aux armes de Russie qui s'élevaient sur divers points marquaient que des habitans de ce pays avaient formé sur cette terre des établissemens qu'ils avaient abandonnés. Ces naturels ressemblaient à ceux d'Ieso; ils étaient vêtus de peaux d'ours, coiffés de mouchoirs de coton et chaussés de bottes de fabrique russe. D'un caractère aussi doux que les indigènes d'Ieso, leurs maisons annonçaient qu'ils n'étaient pas moins pauvres qu'eux.

Le temps était menaçant; le 18 une tempête furieuse éclata; le vent soufflait avec une impétuosité extraordinaire; la pluie tombait à torrens. Pendant que Broughton, tranquille au milieu de la tourmente, veillait à la conservation de son équipage, le mouvement violent de la corvette le fit tomber sur le gaillard; il se cassa le bras au-dessus du coude. Ce ne fut qu'alors qu'il cessa de lutter contre les élémens qui s'opposaient à sa marche. « L'hiver, dit-il, s'approchait; je résolus de quitter ces parages, et je fis diriger ma route au S., dans l'intention de reconnaître, si le temps le permettait, les côtes orientales des Kouriles. »

Les coups de vent qu'il éprouva après avoir franchi le détroit entre Ketoï et Simousir, l'empêchèrent d'exécuter ce dessein et d'entrer dans le canal qui sépare Ieso de Nipon. Il laissa tomber l'ancre devant Macao le 12 décembre.

Dès que sa blessure lui permit de descendre à terre, il acheta une goëlette de 87 tonneaux pour lui servir de conserve dans la continuation de son voyage; ce fut une heureuse inspiration.

Le 16 avril 1797, il mit à la voile de la rade de Macao. Le 17 mai, sa corvette fit naufrage sur une des îles Madjcosemah, entre la Chine et le Japon. Cette catastrophe ne put le faire renoncer à la poursuite de son dessein. Il ramena sur sa goëlette tout son monde sain et sauf dans la rivière de Canton, et, dès le 26 juin, il se remit en route pour les mers voisines du Japon. « Nous n'osions pas, dit-il, nous flatter de réussir, car la saison était déjà très-avancée, et notre bâtiment était peu propre à une pareille expédition; cependant nous espérions reconnaître une partie des côtes de Tartarie et de Corée. Malgré le peu de moyens qui me restaient, je voulais explorer quelque partie du globe inconnue, et contribuer aux progrès de la géographie et des sciences. Tous les officiers de l'équipage étaient dans les mêmes dispositions et prêts à remplir leur devoir. »

Il fallait en effet un véritable dévouement pour s'aventurer sur un aussi petit navire, à travers des mers brumeuses, renommées par leurs tempêtes, et dans des parages peu connus et non moins orageux.

Le 11 août, Broughton laissa tomber l'ancre dans la baie des Volcans. Deux jours après, il reçut la visite de quelques Japonais, qui, suivant ce qu'il comprit, étaient envoyés de Matsmaï pour s'informer de quelle nation il était et de la cause de sa venue dans ce port. Plusieurs de ceux qu'il avait vus l'année précédente et qui s'étaient comportés avec tant de politesse, arrivèrent ensuite. Ils eurent l'air très-surpris de la petitesse de son bâtiment et ne purent concevoir le motif de son retour. Ils restèrent constamment avec lui, sans doute pour le surveiller et l'empêcher de communiquer avec les naturels. Il y en avait d'autres dans une maison vis-à-vis du mouillage de la goëlette; ils se montraient si impatiens de son séjour, que journellement, mais avec une civilité infinie, ils le pressaient de quitter l'île. L'un d'eux, très-intelligent et communicatif, fit cadeau à Broughton d'une carte complète des îles du Japon, en lui recommandant expressément de ne pas divulguer d'où il la tenait, et semblait lui dire : je courrais des risques si l'on apprenait que je l'ai donnée à un étranger.

Ces Japonais apprirent au capitaine anglais que les indigènes appelaient l'île Ieso, que le nom de Matsmaï ne désignait que sa ville principale et son territoire ; ils ajoutèrent que les Russes étaient venus à Khakodadé, port au N. E. de Matsmaï ; ils décrivirent ce port comme très-sûr et bien meilleur que celui d'Endermo où la goëlette était mouillée.

Le 22 août, Broughton ayant achevé de faire son eau, dit adieu aux Japonais à leur grande satisfaction. Les vents favorables, quoique le temps fût embrumé, facilitèrent sa route vers l'O., et il entra dans le détroit de Sangaar. Il vit sur la côte de Nipon au S. deux grandes villes. La côte d'Ieso au N. était terminée par des falaises argileuses très-hautes et couronnées de beaux arbres. Plusieurs ruisseaux, qui se précipitaient en cascades, présentaient un tableau mouvant que l'on ne pouvait se lasser de contempler. On aperçut du fond de la baie de Khakodadé un grand village près duquel plusieurs jonques étaient à l'ancre ; des canots mirent en mer pour accoster la goëlette, mais les momens étaient trop précieux pour qu'on attendît des visites. Bientôt Broughton découvrit la ville de Matsmaï ; un grand nombre de jonques étaient mouillées le long de la côte ; on en construisait et on en radoubait d'autres sur le rivage. Des cavaliers, richement habillés, gagnaient la ville au grand galop. La grève était couverte de monde ; il semblait que cette foule fût réunie pour regarder la goëlette. Un détachement de soldats, rangés en ordre, était posté à un endroit près du milieu de la ville où l'on pouvait débarquer, comme s'ils eussent supposé que les Anglais en avaient l'intention. Matsmaï est considérable, s'étend le long de la plage et s'élève en amphithéâtre sur les coteaux. Les maisons, séparées les unes des autres par des arbres et des jardins, sont en bois et couvertes en ardoises ; les étages supérieurs étaient ornés de longues pièces d'étoffes étendues dans toute leur longueur, et dont les dessins de couleur foncée ressortaient d'une manière agréable sur le fond généralement blanc. Les temples et les édifices publics étaient décorés de la même manière ; partout des drapeaux se déployaient ; il semblait qu'on eût eu le dessein de parer la ville. Plus loin, les montagnes atteignaient à une assez grande élévation ; à l'exception de quelques espaces cultivés en jardins, tout le reste paraissait nu et aride.

Le vent d'E. amena dans la baie beaucoup de jonques et de pirogues ; elles se tenaient près de la côte afin de se mettre à l'abri du courant qui portait avec force dans l'O. Broughton était le 1er septembre hors du détroit de Sangaar. Il fut le premier Européen connu qui franchit ce canal, situé entre Nipon et Ieso, et qui reconnut que sa largeur dans l'endroit le plus resserré n'est que de cinq lieues. Un phare est placé à son extrémité sur la pointe occidentale de la baie de Matsmaï.

Broughton fit ensuite route au N., le long de la côte d'Ieso qui fut toujours rangée d'assez près pour pouvoir être décrite avec exactitude : l'île paraissait coupée de montagnes et de vallées ; les terres étaient très-hautes et hachées, elles descendent en pentes douces jusqu'à la mer et s'abaissent vers l'extrémité N. ; les hauteurs sont bien boisées ; la partie aride est en général cachée dans les nuages. Le navigateur anglais passa devant le détroit de Lapérouse sans s'y engager ; les découvertes de ce dernier n'ayant été publiées en France qu'en 1798, il les ignorait ; cependant il supposa qu'un canal séparait Ieso de l'île située au N. Il était marqué sur la carte des Japonais.

Le 12 septembre, il vit la terre des deux côtés et conjectura qu'il avait à l'O. la côte de Tartarie. Le brassiage diminuait à mesure qu'il avançait vers le N., ce qui lui fit soupçonner que les terres finissaient par se joindre dans cette direction ; celle de l'O. s'abaissait de plus en plus du même côté ; l'intérieur du pays était dénué d'arbres ; comme il ne découvrait au-delà de ces terrains bas aucun autre plus élevé, il se flattait de l'espoir d'être près de la fin de cette côte, et la carte japonaise le confirmait dans cette supposition.

Le 14, ayant aperçu la terre au N. à travers une ouverture formée par deux pointes fort basses, il fit route dans cette direction jusqu'à ce qu'il ne trouvât plus que trois brasses. Alors il mouilla une ancre et envoya un canot pour examiner la côte de l'E. ; on trouva une baie ouverte, entourée de rochers et n'offrant pas d'abri.

Le 16, comme le vent était modéré et les lames unies, il continua sa route vers le N. A chaque instant, la profondeur diminuait et finit par n'être plus que de deux brasses. Au N. s'étendaient des bancs de sable, les uns à sec, les autres recouverts d'une mer clapoteuse. Broughton fut alors pleinement convaincu qu'en suivant cette direction, il n'y avait pas de passage pour arriver à la mer. Toutes les terres lointaines qu'il pouvait découvrir étaient basses et bornaient l'horizon de distance en distance. Au-delà d'autres plus éloignées s'élevaient dans le N. E. N'espérant pas rencontrer des habitans qui auraient pu lui fournir des renseignemens sur cette contrée, et considérant que l'équinoxe approchait, il résolut de faire route au S. le long de la côte O. A mesure qu'il avançait dans cette direction, la profondeur de l'eau augmentait. Revenu à 46 degrés de latitude sans avoir vu une seule créature humaine le long des côtes du bras de mer qu'il nomma *Golfe de Tartarie*, parce qu'il regardait Tchoka comme une presqu'île, il jugea qu'il était trop tard pour qu'il pût, avec un si frêle bâtiment, traverser le détroit qui sépare cette terre de l'île d'Ieso, visiter les Kouriles et enfin terminer sa campagne par la reconnaissance des côtes de la Corée jusqu'à la Mer Jaune.

S'il ne vit personne, c'est que sans doute les habitans étaient rentrés dans leurs quartiers d'hiver. En effet, déjà les brumes si fréquentes dans ces régions, obscurcissaient ces mers pendant une grande partie de la journée. Broughton a pénétré un peu plus avant que Lapérouse dans la Manche de Tartarie et ses observations s'accordent avec celles de notre compatriote sur la nature et la situation de ces côtes.

CHAPITRE XXII.

Ieso. — Tarakaï. — Voyages de Laxmann, de Krusenstern, de Khvostov et de Davidov, de Golovnin. — Coup-d'œil général.

La réponse du gouvernement japonais à l'ambassadeur russe, citée dans le *Voyage pittoresque autour du monde*, t. I, p. 381, fait mention du lieutenant Laxmann. Cet officier d'infanterie russe avait été chargé de ramener dans sa patrie le Japonais Kodaï et les gens de son équipage. Ce négociant, qui montait un navire chargé de grains, avait été jeté par le mauvais temps sur l'île d'Amtchitka, l'une des Aléoutiennes. Conduits au Kamtchatka, puis à Okhotsk et enfin à Irkoutsk, les Japonais parurent tellement satisfaits du bon accueil qu'ils avaient reçu des Russes, que l'impératrice Catherine II voulut essayer s'il ne serait pas possible de profiter de cet acte d'obligeance pour lier des relations de commerce avec le Japon. Mais au lieu d'écrire de sa main une lettre à l'empereur du Japon et de la faire remettre par un personnage d'un rang élevé, elle se contenta d'enjoindre au gouverneur-général de la Sibérie, d'écrire en son propre nom au gouvernement japonais et de faire porter sa lettre par un officier qui ne fût pas d'un rang élevé et qui devrait également offrir des présens.

Le 13 septembre 1792, Laxmann partit d'Okhotsk sur la gabare *la Catherine*, commandée par Lovsov, sturmann de la marine impériale ; un marchand russe était son interprète.

Le 7 octobre, on mouilla dans la baie de Nimro, sur la côte d'Ieso. Laxmann fut reçu par un grand nombre d'indigènes et de Japonais ; mais il s'aperçut bientôt que l'empressement de ces derniers était celui de la vigilance et de la défiance. Il passa l'hiver dans cette baie, surveillé par un officier japonais, qui avait, sur le rivage, une jolie maison avec un magasin.

Le 12 octobre, il avait expédié, par un messager japonais, une lettre au gouverneur de l'île, pour lui annoncer son arrivée, le motif de son voyage et son dessein d'hiverner dans la baie, le priant d'en instruire le gouvernement japonais. La réponse qu'il reçut l'informa que la dépêche avait été envoyée à Ieso. Vers la fin de décembre, des officiers japonais vinrent de Matsmaï à Nimro, rendirent visite à Laxmann sur son bâtiment, et, de même que ceux que Broughton reçut à bord de sa corvette, dessinèrent les cartes, les plans, les divers instrumens qu'ils virent, et prirent avec une adresse singulière des modèles de plusieurs outils et de différentes machines ; c'est aux cartes de géographie qu'ils attachaient le plus de prix.

Les Russes ne purent former aucune liaison particulière avec les indigènes, que les Japonais surveillaient comme des esclaves, et qui n'osèrent pas même accepter les présens que Laxmann voulut leur faire pour payer les services qu'ils lui avaient rendus par l'ordre de leurs maîtres.

Le 29 avril 1793, arriva à Nimro une troupe nombreuse composée de 60 Japonais venant d'Iedo et de Matsmaï, et de 150 Aïno ; ces derniers servaient de porteurs et de gardes. Le lendemain, invité à venir se rendre au lieu où se trouvaient les délégués japonais, Laxmann et ses compagnons furent introduits dans une vaste salle qui fut agrandie dans un instant, les paravents qui la partageaient en plusieurs pièces ayant été enlevés. Les Russes furent régalés de thé et d'autres rafraîchissemens ; puis on leur lut la réponse du gouvernement japonais à leur demande. L'empereur leur refusait la permission d'entrer dans un autre port de ses Etats ; mais il lui accordait celle d'aller par terre avec une escorte à Matsmaï, pour y remettre les Japonais qu'ils avaient amenés. Laxmann ne voulut pas accepter ces conditions. Les Japonais mirent tout en œuvre pour détourner les Russes d'avancer davantage par mer, et continuèrent ce manége jusqu'à la fin de mai. Alors Laxmann, ennuyé d'avoir attendu si long-temps, leur déclara, d'un ton très-ferme, qu'il ferait sans eux, et quoi qu'il pût arriver, le voyage de Khakodadé. Les Japonais, le voyant inébranlable dans sa résolution, consentirent à l'accompagner. Le bâtiment quitta le 4 juin la baie de Nimro : le 4 juillet, il mouilla sur la rade de Khakodadé.

Le commandant de la ville vint aussitôt lui offrir ses services de la manière la plus polie. Il donna un détachement de soldats qui lui avaient été demandés pour écarter la foule importune des curieux. Quand Laxmann descendit à terre, il fut reçu avec de grandes cérémonies par le commandant et les principaux de la ville, et conduit à un édifice près du rivage ; au-dessus de la porte on lisait ces mots sur une planche : *Maison des Russes*. Elle était joliment meublée et attenante à un beau jardin. Quand les Russes eurent pris un bain, ils furent régalés d'une collation, et ramenés en cérémonie à bord de leur navire.

Laxmann alla quelques jours après visiter le côté septentrional du port, vis-à-vis de la ville. Des deux côtés du chemin s'étendaient des champs soigneusement cultivés en froment, lentilles, pois, chanvre et tabac. Les jardins étaient remplis de navets, de carottes, de raves, de betteraves, de fèves et de haricots. Il n'aperçut pas de bestiaux, et ne rencontra d'autres oiseaux domestiques que des poulets ; il essaya vainement d'entrer dans la ville.

Le 12 juillet, veille du jour fixé pour le voyage de Matsmaï, on vint prendre Laxmann avec grand apparat ; il passa la nuit dans la maison qu'il avait déjà habitée. Le lendemain matin, il monta dans un norimon, son interprète dans un autre ; des chevaux, conduits chacun par deux hommes, furent donnés aux autres personnes de sa suite ; le cortége était composé de 450 individus. Il passa par Moïatchi, Nikoua, Ghirdouchi, Fougouchina, Iouskhoga, Refigé et Ossamaroussa. Dans chacun de ces bourgs, une maison avait été préparée pour recevoir les Russes et désignée par une inscription.

Quand le cortége quitta Ossamaroussa, il fut grossi d'une troupe de 600 soldats ; ce fut ainsi que Laxmann fit son entrée dans Matsmaï ; toutes les maisons étaient ornées de tapis et de banderoles de couleur et remplies de curieux. Dans chaque rue on ne voyait que des préposés de la police postés à chaque carrefour avec leurs hallebardes croisées. Un détachement de 120 hommes avait été placé devant la maison destinée aux Russes, et qui était bien pourvue de tables, de chaises et de toutes sortes de meubles neufs dans le goût européen. Derrière la maison il y avait un jardin dont la haie de clôture avait été considérablement haussée, afin d'empêcher les Russes de porter leurs regards au-dehors.

Dans la soirée, des maîtres de cérémonies vinrent s'aboucher avec Laxmann sur celles qui seraient observées dans les audiences et les conférences. Ils lui proposèrent de se conformer à leur manière, c'est-à-dire de paraître les pieds nus, de se mettre ensuite à plat-ventre, puis de se coucher sur le côté droit ou de présenter ses lettres à genoux. Laxmann s'y refusa nettement et prouva aux Japonais que l'usage européen était beaucoup plus commode : ils consentirent à ce qu'il suivît ses idées. En conséquence, on vint le lendemain prendre les Russes, et on les conduisit à la maison destinée aux négociations : elle était bâtie sur un coteau escarpé, et on ne pouvait y arriver que par un escalier. Les plénipotentiaires japonais étaient assis en demi-cercle dans une grande salle. Le plus âgé d'entre eux, dès que les Russes se furent assis, lut à haute voix un écrit déclarant que la traduction japonaise de la dépêche russe étant inintelligible, on n'en pouvait tirer aucune lumière, et il la rendit à Laxmann. Après cela, pour faire, en quelque sorte, excuser cette manière d'agir qui semblait un subterfuge, il fit un signe ; les paravens du côté du jardin furent enlevés, et laissèrent voir un présent de cent sacs de riz destinés aux Russes.

Enfin il remit à Laxmann un écrit, et lui en demanda un reçu, dans lequel celui-ci s'engagea de le transmettre à son gouvernement. Tout le monde passa ensuite dans un appartement voisin, où une belle collation avait été servie. Quand on fut revenu dans la salle d'audience, Laxmann eut la permission de faire ses propositions de vive voix ; il les exposa avec quelques détails, et témoigna le plus vif désir d'être présenté à l'empereur du Japon, assurant que l'impératrice de Russie était très-disposée à contracter une étroite amitié avec ce souverain. Alors on lui donna lecture de la déclaration suivante : « Quoique, d'après les lois de l'empire, tout étranger qui aborde sur les côtes du Japon, ailleurs que dans le port de Nangasaki, doive être arrêté et condamné à une détention perpétuelle; néanmoins, la disposition de la loi ne sera pas appliquée aux Russes, qui ne la connaissaient pas, et qui, de plus, ont ramené des Japonais qu'ils avaient sauvés du naufrage. Il leur sera donc permis de retourner dans leur pays; mais à condition qu'ils ne s'approcheront d'aucun autre lieu des côtes du Japon que de Nangasaki, quand même des Japonais seraient encore jetés sur les rivages de la Russie ; car alors la loi serait exécutée entièrement suivant sa teneur.

» Le gouvernement japonais remercie les Russes d'avoir ramené ses sujets dans leur patrie; toutefois, il leur déclare qu'ils peuvent les y débarquer ou les ramener avec eux, comme ils le jugeront à propos, puisque, d'après les lois du Japon, on ne peut pas y retenir ces gens par force; car elles posent en principe que les hommes appartiennent au pays où le sort les a jetés et où leur vie a été sauvée. »

Le doyen des commissaires ajouta : « Je le répète, les lois de l'empire doivent être strictement observées ; on ne peut pas vous permettre d'aller à Ieso. Vous avez parlé aux délégués de l'empereur, c'est absolument comme si vous aviez adressé la parole à ce souverain en personne. D'ailleurs des négociations relatives à un traité de commerce ne peuvent être entamées qu'à Nangasaki. Vous êtes instamment prié de vous préparer à quitter au plus tôt le port de Khakodadé et à retourner en Russie ou bien à aller à Iedomo, port où vous avez la faculté d'entrer. » Ce discours fini, les plénipotentiaires sortirent et les conférences furent terminées.

Les Russes, reconduits à leur logement, y trouvèrent des présens qui leur étaient destinés, tant au nom de l'empereur du Japon que de la part du gouverneur de Matsmaï. Laxmann témoigna le désir de parler à ce dernier pour lui exprimer sa reconnaissance et lui offrir des présens ; il apprit qu'il était impossible que le premier point lui fût accordé : les présens furent acceptés.

Le lendemain, deux Japonais proposèrent à l'interprète russe de lui aider à traduire la dépêche russe que les plénipotentiaires avaient rendue, et l'écrit qu'ils avaient remis à Laxmann. Cette offre fut acceptée; mais lorsque la traduction de la missive russe en japonais eut été achevée, les plénipotentiaires refusèrent de la recevoir, sous prétexte que cette lettre ne leur était pas adressée. Après de longs pourparlers, ils consentirent à ce que l'interprète leur en fît la lecture ; ensuite ils montrèrent un blanc-seing de l'empereur, et y écrivirent la permission accordée à un bâtiment russe d'entrer librement dans le port de Nangasaki. Cette pièce fut remise à Laxmann ; en voici la teneur : « Nous permettons à un navire russe d'entrer dans le port de Nangasaki; et, à cette occasion, nous renouvelons la défense de laisser les étrangers aborder aucun lieu de notre empire, et l'interdiction de l'exercice de la religion chrétienne ou du moindre de ses signes. Au reste, si quelque exception a lieu, elle ne contiendra rien de contraire aux lois de l'empire, et on se conformera en tout à ces réglemens. C'est pourquoi le présent écrit est remis à André Laxmann. Donné dans la ville de Matsmaï, etc. »

Le 23 juillet, Laxmann eut son audience de congé ; il remit aux Japonais leurs compatriotes qu'il avait ramenés ; il lui en fut délivré un reçu. Il avait plusieurs fois fait des tentatives pour que des négocians venus sur son bâtiment eussent la faculté d'échanger leurs marchandises contre celles du pays : ses efforts furent inutiles.

Le 25, il reprit le chemin de Khakodadé; en route, les officiers japonais prièrent l'interprète russe de leur remettre en secret et à l'insu de Laxmann une copie de la lettre qu'ils avaient refusé de recevoir à Matsmaï ; cette demande fut accordée. Le 11 août, les Russes sortirent de la rade de Khakodadé, et furent escortés jusqu'à une certaine distance par deux bâtimens japonais, qui, sans doute, étaient chargés d'observer s'ils n'essaieraient pas de débarquer sur la côte d'Ieso.

Ce fut avec le rescrit impérial remis à Laxmann que Krusenstern se présenta, en 1804, dans le port de Nangasaki. Lorsqu'il en partit en 1805, il promit aux officiers japonais de ne s'approcher de la côte de leur empire qu'en cas de force majeure ; cependant il leur avait représenté qu'il ne pouvait se dispenser de reconnaître la côte N. O. de Nipon, parce qu'il ignorait la véritable latitude du détroit de Sangaar, que les meilleures cartes n'avaient pas fixée, et qu'il lui avait été impossible d'obtenir à Nangasaki une carte qui eût pu le diriger dans sa route; qu'ainsi il se trouvait dans la nécessité de se tenir constamment à une petite distance de la côte pour chercher ce détroit qui, suivant leur description, n'avait qu'un mille hollandais de largeur ; car il pourrait facilement le manquer en s'éloignant de la terre : ils parurent sentir la justesse de ces raisons. Krusenstern connaissait les découvertes de Lapérouse, mais il ignorait celles de Broughton, qui ne furent publiées en Europe qu'en 1805.

Arrivé au N. du 39° de latit., Krusenstern s'approcha de la côte de Nipon. Le 2 mai, il était devant une ville assez grande, avec un port à l'embouchure d'une rivière ; on y voyait plusieurs navires à l'ancre et des maisons le long du rivage ; la vallée voisine était bien cultivée ; des champs, des prairies couvertes de troupeaux, des bocages ornaient le paysage. Une chaîne de hautes montagnes, couvertes de neige, se prolongeait au N. de la vallée. Des baleines se jouaient autour de la frégate, qui naviguait au milieu de touffes de goëmons très-rapprochées. Vers le soir, quatre canots, montés chacun par une vingtaine d'hommes, se détachèrent de terre et s'avancèrent vers le vaisseau. Malgré les démonstrations amicales des Russes qui les hélèrent en japonais, ils restèrent à une certaine distance, et après avoir fait deux fois à la voile le tour du bâtiment, qu'ils eurent l'air d'examiner avec beaucoup d'attention, ils s'en retournèrent. Ces canots différaient totalement par leur construction de ceux de Nangasaki ; les avirons étaient mis en mouvement à la manière européenne. Le nombre des hommes ayant donné quelques soupçons sur leurs intentions, Krusenstern fit charger les canons à mitraille, quoique, d'après la police sévère du Japon, il ne fût pas probable que ces gens eussent des intentions hostiles. Plus tard, on apprit qu'une ville de cette côte, à peu de distance du détroit de Sangaar, est habitée par des pirates ; c'était peut-être celle que les Russes avaient vue ; s'ils étaient sortis pour attaquer la frégate, sa grande dimension, car probablement ils n'avaient jamais aperçu un aussi gros bâtiment, dut leur faire passer l'envie d'effectuer leur dessein.

Le 3, Krusenstern se trouva devant le détroit de Sangaar ; il distinguait bien Matsmaï, et avec une lunette d'approche, les édifices publics et les maisons de cette ville qui parut considérable. Les côtes de Nipon et d'Ieso sont, de chaque côté de cette partie du détroit, sablonneuses et arides. Plus au N. celle d'Ieso devient moins âpre, mais partout il n'y a que peu d'habitations. On découvrit près de la pointe septentrionale de l'île quelques cabanes de pêcheurs ; une pirogue conduite par 4 hommes accosta la frégate mouillée dans une baie qui fut nommée *Romanzov* (PL. IX — 4). Montés à bord sans montrer la moindre crainte, ils **tombèrent** à genoux, appliquèrent la paume de leurs mains l'une contre l'autre, les élevèrent lentement et à plusieurs reprises vers le ciel, les ramenèrent ensuite le long de leur visage jusqu'à leur poitrine, puis s'inclinèrent profondément à la manière japonaise. Ils avaient tous un air de bonté très-caractérisé ; ils comprenaient quelques mots de japonais, et nous dirent qu'ils étaient des Aïno. On leur donna du biscuit et de l'eau-de-vie qu'ils n'eurent pas l'air de trouver de leur goût ; on y joignit des couteaux, de petits miroirs, des aiguilles et d'autres bagatelles dont ils parurent très-contens. En partant, ils firent entendre par signes qu'on allât les voir à terre.

Krusenstern, débarqué avec la plupart de ses officiers, fut surpris de ce qu'un pays si peu élevé en latitude n'offrît encore que si peu de traces du printemps ; la neige couvrait plusieurs points ; pas de feuilles aux arbres, pas de verdure dans les champs, si ce n'est quelques brins d'ail sauvage et d'oseille. Il n'était possible de marcher que sur le sable et les cailloux du rivage ; partout ailleurs des marais ou de la neige. Un Aïno conduisit les Russes dans sa maison. Ils distribuèrent des présens à sa famille.

Durant cette excursion, un canot monté par des Japonais était venu à bord ; ils avaient l'air de pêcheurs, ne parurent nullement embarrassés et firent beaucoup de questions ; un instant après, un autre mieux vêtu arriva, dit qu'il était marchand et offrit de trafiquer divers objets, entre autres de livres avec des figures en bois, chose qu'il est défendu, sous peine de la vie, de vendre aux étrangers.

Le lendemain, les Japonais ayant un officier à leur tête, reparurent. L'officier se trouva très-effrayé de la présence des Russes sur cette rade, et les pria instamment de partir sans délai, ajoutant qu'il serait obligé d'instruire tout de suite le gouverneur de Matsmaï de leur arrivée et que celui-ci enverrait une flotte contre eux. Pour donner plus de poids à ces menaces, il gonfla ses joues et répéta plusieurs fois *boum boum*, en soufflant de toute sa force afin d'exprimer d'autant mieux l'effet de l'artillerie qui serait mise en jeu. Cette pantomime si comique excita le rire des Russes. Cependant Krusenstern s'efforça de calmer la peur du personnage en lui annonçant qu'il n'attendait que la disparition du brouillard pour appareiller. Le Japonais rassuré entra volontiers en conversation. Il avait vu Laxmann dont il fit le plus grand éloge ; il lui devait de connaître exactement la position du Kamtchatka et d'Okhotsk. Il n'avait que des idées confuses de la géographie des îles au N. d'Ieso. Il indiqua sur les cartes des Russes le port où est l'établissement japonais sur la côte E. de Karafonto. Il nomma aussi les plus méridionales des Kouriles comme appartenant au Japon, enfin plusieurs caps et rivières d'Ieso, de la même manière qu'ils étaient désignés sur les cartes japonaises. Il refusa d'accepter la moindre chose, excepté une tasse de thé. Son emploi était d'inspecter le commerce de ses compatriotes avec les Aïno ; en hiver, il se retire à Matsmaï avec toute sa famille, parce qu'alors les affaires cessent.

» Cet officier, ajoute Krusenstern, employa tout son savoir dans notre langue à nous interroger pour s'assurer que nous étions réellement des Russes. Il en doutait, parce que nul d'entre nous n'avait ses cheveux en queue, ni poudrés, comme les portaient Laxmann et ses compagnons. Cette particularité devait effectivement frapper un Japonais, puisque dans sa patrie la même mode d'arranger sa chevelure subsiste peut-être depuis plus de mille ans.

» Toute la journée, nous reçûmes des visites continuelles des Japonais et des Aïno. Ceux-ci échangeaient des harengs secs contre de vieux habits et des boutons ; il faut que ce dernier objet soit d'un grand prix chez eux, ou que les harengs n'en aient qu'un très-chétif puisqu'ils en troquaient cinquante et même cent contre un bouton. Les marchands japonais essayaient de vendre des pipes, des vases en laque, et surtout des livres à figures obscènes, peut-être leur seule lecture, car ils ne les avaient probablement pas apportés de Matsmaï pour en trafiquer dans ce coin du monde. Un de ces marchands raconta que tous les ans il faisait le voyage d'Ouroup et d'Itouroup.

Dans les excursions que les Russes firent à terre, les femmes s'enfuyaient du plus loin qu'elles les découvraient ; ils virent partout beaucoup de chiens qui ressemblaient à ceux des Kamtchadales, quoique plus petits ; on les attèle aux traîneaux. On rencontra des ours dans la plupart des cabanes ; les Aïno les nourrissent, et quand ils sont devenus grands, les tuent ; leur chair est pour eux un mets friand. »

Le 13 mai, au point du jour, la brume se dissipa, et Krusenstern cingla vers le cap Crillon. Il mouilla dans la baie d'Aniva, où un navire japonais était à l'ancre près d'un comptoir japonais. Les Russes allèrent à bord ; le capitaine les régala de saki, de pain de riz et de tabac ; il aurait bien voulu obtenir du drap en échange de diverses bagatelles ; la crainte des officiers qui demeuraient à terre le détourna de ce trafic qui lui aurait coûté la tête s'il eût été découvert. Ce capitaine était venu d'Osacca avec un chargement de riz et de sel ; et avait pris ici des pelleteries et surtout du poisson sec qui était étendu dans la cale, puis recouvert de sel.

Les Russes allèrent visiter le comptoir des Japonais qui est sur les deux bords d'une petite rivière. Les officiers ne répondirent qu'en tremblant aux questions qui leur furent adressées, car ils avaient appréhendé une attaque et rassemblé une vingtaine de leurs compatriotes et une cinquantaine d'Aïno ; convaincue des intentions amicales des Russes, cette troupe se dispersa. La quantité de marchandises contenues dans le magasin fit juger que le commerce de ce comptoir doit occuper annuellement une douzaine de navires de 100 à 120 tonneaux. Un autre comptoir plus considérable est placé à Tamari-Aniva un peu plus au S. Les Aïno de cette côte ressemblent extrêmement à ceux d'Ieso ; il n'est donc pas surprenant que de Vries, après avoir visité successivement les deux îles, ait cru qu'elles n'en faisaient qu'une seule.

« Quelques relations anciennes, surtout celles des Chinois, observe Krusenstern, dépeignent les Aïno comme des sauvages dont le corps est extrêmement velu et la barbe si longue que pour boire ils sont obligés de la soulever. Ce conte a été répété par des Européens. Le P. de Angelis ne parle que de la barbe et de la chevelure touffue des Aïno ; nos remarques ont été d'accord avec les siennes. »

Les Russes abordèrent sur différens points de la côte E. de Tarakaï ; partout le climat était fort rude. Arrivés aux 49° 14' de latit., ils reconnurent le cap Patience (PL. IX — 2), coupèrent la chaîne des Kouriles entre Onekotane et Karamokotane, et allèrent au Kamtchatka, où l'ambassadeur Resanov débarqua. Le 2 juillet, Krusenstern mit à la voile, traversa de nouveau l'archipel des Kouriles par un canal différent de celui par lequel il avait débouché la première fois, et, le 19, se trouva en vue du cap Patience. Il fit route au N. La côte offrait un aspect plus agréable qu'aux Kouriles et dans la partie méridionale de Tarakaï, car la verdure tapissait les coteaux ; ensuite le pays redevint triste. Le 28, il arriva vis-à-vis de l'extrémité de la partie montagneuse de l'île ; on ne vit plus de terres hautes ; la côte unie et bien boisée ne présentait d'autres inégalités que des dunes.

Le 2 août, nouveau changement d'aspect ; on apercevait une terre haute et montagneuse, coupée de quelques ouvertures ; le rivage était généralement escarpé, et en plusieurs endroits composé de rochers qui ressemblaient à la craie.

Dans une vallée riante, on distinguait deux maisons ; c'était les premières qui eussent frappé les regards depuis qu'on longeait cette côte occidentale.

Au N. d'un cap situé par les 54° 5' de latit., le pays redevient triste ; nulle trace de végétation, partout une masse presque uniforme de granite tacheté de blanc.

Enfin, le 8 août, Krusenstern atteignit les pointes septentrionales de Tarakaï qu'il nomma *Cap Elisabeth* et *Cap Marie*. Le premier forme l'extrémité d'une chaîne de montagnes.

La baie située entre ces deux caps est entourée de terres d'élévation inégale. Quand on s'approcha du rivage, on découvrit une jolie vallée dans laquelle on compta 27 maisons : 35 insulaires étaient assis sur la grève ; c'étaient les premiers qu'on apercevait depuis le cap Patience. Un officier russe s'embarqua dans un canot ; arrivé vis-à-vis du village, trois hommes qui, d'après leur habillement, avaient l'air de chefs, vinrent au-devant de lui : chacun tenait à la main une peau de renard ; ils l'agitaient en l'air en criant tous à la fois et si haut, qu'on les entendait de la frégate. Ils embrassaient les Russes avec cordialité, et cependant semblaient vouloir les empêcher d'avancer. Au même instant, tous les autres accoururent : comme ils étaient armés de poignards et les chefs de sabres, cet accueil parut suspect. Les Russes se rembarquèrent et allèrent atterrir dans une autre partie de la baie plus au N. Ils avaient reconnu au premier coup d'œil que les insulaires n'étaient pas des Aïno, quoiqu'ils fussent, pour la plupart, vêtus comme ceux-ci de blouses de peau de phoque ; les chefs portaient des robes de soie barriolée, d'autres des surtouts de soie de diverses couleurs. On supposa qu'ils étaient des Tartares.

Des rennes paissaient près du rivage : derrière une colline s'étendait un lac auquel aboutissaient plusieurs ruisseaux ; des sapins magnifiques ornaient les coteaux et les montagnes, partout le sol était tapissé d'une riche verdure.

Les jours suivans, le mauvais temps obligea Krusenstern de louvoyer dans le canal qui sépare, à l'O., Tarakaï de la Tartarie, dont le brouillard l'empêchait de distinguer la côte ; il l'aperçut enfin : elle était montagneuse : un canal long de six milles au plus s'étendait entre les deux terres : Krusenstern supposa que c'était celui qui conduit à l'embouchure du fleuve Amour, et dirigea sa route vers le S. O. Bientôt les sondes ne rapportèrent plus que six brasses. N'osant s'aventurer plus loin avec sa frégate, il mit en travers et donna ordre à un de ses lieutenans d'aller avec un canot, d'abord à la pointe de Tarakaï, jusqu'à ce qu'il ne trouvât plus que trois brasses de profondeur, puis à la côte de Tartarie, et de sonder le canal dans toute sa largeur. L'officier, de retour, rapporta qu'un fort courant du S. avait rendu sa navigation si pénible, qu'il n'avait pu s'avancer jusqu'au point où la profondeur ne serait plus que de trois brasses, parce qu'il voulait avoir le temps de sonder dans le canal. Parvenu à un endroit où il n'y avait que quatre brasses, il se trouvait à mi-chemin entre la frégate et la pointe de Tarakaï ; ensuite, près de la côte de Tartarie, la sonde n'avait plus indiqué que trois brasses et demie. Il avait puisé dans un seau de l'eau au milieu du canal ; elle était très-douce, aussi légère que celle de Nangasaki ; celle même qui coulait le long de la frégate était bonne à boire : Krusenstern put donc présumer qu'il était bien près de l'embouchure du fleuve Amour, d'autant plus que le courant venait du S. et du S. E. avec beaucoup de force. Il se rapprocha ensuite de la côte de Tartarie et revint mouiller dans la baie de Tarakaï, devant laquelle il avait passé récemment. Un canot envoyé à la pêche revint, deux heures après, si chargé de poissons, presque tous du genre du saumon, que l'équipage put s'en nourrir pendant trois jours.

Le lendemain les Russes, avant de descendre à terre, furent accostés par un grand bateau dans lequel se trouvaient dix hommes. « A notre approche, dit Krusenstern, ils nous saluèrent en s'inclinant, et nous firent signe de venir chez eux. De même que ceux qu'on avait vus au N., ils agitaient des peaux de renard en montrant la terre. Ils s'empressèrent d'aborder avant nous, et hâlèrent leur bateau sur la plage. Notre entrevue fut très-amicale : des deux parts on s'embrassa cordialement : je crois pourtant qu'il y avait plus de sincérité de notre côté que du leur, car bientôt il fut évident que notre visite les embarrassait beaucoup. J'étais extrêmement surpris de ne pas rencontrer ici un seul Aïno.

» La crainte seule avait fait feindre de la joie à ces Tartares en nous apercevant ; leur bateau était rempli de piques, de flèches et de sabres. Nous prîmes, néanmoins, le chemin du village sans avoir l'air de nous inquiéter des efforts qu'ils faisaient pour nous en écarter. Reconnaissant l'inutilité de leurs peines, ils coururent à leur bateau, le poussèrent au large et disparurent avec précipitation.

» Arrivés à une centaine de pas des maisons, nous trouvâmes à peu près 100 hommes rassemblés ; nous reconnûmes parmi eux quelques-uns de ceux qui étaient venus en bateau au-devant de nous. L'un de ces Tartares était vêtu d'un magnifique habit de soie à fleurs et coupé entièrement à la chinoise ; mais le reste de son habillement n'y répondait pas. Voulant gagner ses bonnes grâces, je lui fis cadeau d'une pièce de drap de couleur orange : il me sembla qu'elle était fort à son gré ; je distribuai aussi à ses compagnons des couteaux, des aiguilles, des mouchoirs et d'autres bagatelles. Croyant les avoir convaincus de nos intentions amicales, je fis mine de marcher vers leurs maisons ; aussitôt la scène changea : ils nous barrèrent le chemin ; leur répugnance à nous laisser avancer était manifeste. Faisant semblant de ne pas nous en apercevoir, nous continuâmes à nous approcher doucement ; alors ils poussèrent de grands cris et montrèrent un effroi extrême, cependant sans nous suivre. Ne voulant donner aucun sujet de déplaisir à ces hommes méfians, je retournai aussitôt à eux : je pris le chef par la main, et je tâchai de lui faire comprendre que nos projets n'étaient nullement hostiles ; afin de le lui mieux prouver, j'ôtai mon épée ; je lui fis signe que nous n'avions pas envie d'entrer dans les maisons ; je réussis à lui persuader de venir avec nous. Ils tinrent conseil entre eux : les uns coururent vers le village en prenant un sentier plus court à travers les broussailles ; les autres restèrent et cheminèrent avec nous vers le village. Le chef nous fit entendre que la première maison lui appartenait, en se plaçant devant l'entrée avec les gens de sa suite ; d'ailleurs, deux grands gaillards très-vigoureux se tenaient à la porte comme deux sentinelles pour en défendre l'accès. J'avais promis de n'y pas mettre le pied, je ne l'essayai donc pas. Je distribuai de nouveaux présens et je continuai ma promenade jusqu'à l'extrémité du village, en donnant la main au chef, afin de tranquilliser les autres habitans. Il avait du regret de cette marque d'intimité, car à chaque pas il s'arrêtait, et, d'un air fâché, me témoignait son désir de me voir rebrousser chemin. Un nouveau cadeau lui rendit sa bonne humeur, et je pus supposer qu'enfin il croyait à mes intentions pacifiques.

» Parvenus à l'extrémité du village, nous aperçûmes à une certaine distance quelques maisons qui nous parurent mieux construites que les autres ; elles avaient des cheminées. Nous pûmes entrer dans la première qui était vide ; on reconnaissait que les maîtres ne l'avaient pas quittée depuis long-temps. Il y avait aux deux coins de la salle d'entrée un foyer en pierre, au-dessus duquel était fixé un grand crochet en fer destiné, sans doute, à suspendre la marmite.

» Je ne voulus pas aller plus loin ; nous revînmes donc à la maison du chef, devant laquelle s'étaient rassemblés beaucoup de Tartares disposés à faire des échanges avec nous. Le chef lui-même daigna troquer sa superbe robe de soie contre trois aunes de drap. Il rentra aussitôt dans son habitation et en sortit un quart d'heure après, paré d'une autre robe de soie rouge parsemée de fleurs d'or. Probablement il était disposé à la vendre, mais il ne trouva pas d'acheteur. Tous ces Tartares faisaient le plus grand cas du drap et surtout du tabac ; malheureusement nous n'en étions pas pourvus. Les matelots de mon canot, qui en avaient pour leur usage, conclurent des marchés très-avantageux. A dix heures, le vent commençant à fraîchir, je retournai à bord. »

Krusenstern n'ayant pas aperçu un seul Aïno dans le N. de Tarakaï, supposa que cette race indigène y est extirpée. Ces Tartares ne témoignaient pas un grand respect au chef, qui, à l'exception de la robe de soie, était vêtu aussi simplement, et aussi sale qu'eux ; ils le traitaient même avec beaucoup de familiarité. Une blouse en peau de chien ou d'intestins de poissons, des bottes de peau de phoque, un chapeau de paille aplati comme ceux des Chinois, une chemise de toile de coton bleue, fixée autour du cou par deux boutons de laiton, un pantalon large en grosse toile, composaient leur costume.

Il paraît qu'ils ne se nourrissent que de poisson, car on ne découvrit pas la moindre trace de culture, quoique la hauteur de l'herbe annonçât la fécondité du sol dans les plaines voisines du village. On ne vit d'autre animal que des chiens. Près de chaque habitation s'élevaient plusieurs échafaudages pour faire sécher le poisson, qui est préparé avec beaucoup de soin. Les maisons sont grandes, et, à l'exception de celles de l'extrémité du village, placées sur des poteaux hauts de quatre pieds ; cet espace formait le logement des chiens. Un escalier de sept à huit marches conduit à une galerie large d'une dizaine de pieds, qui ne règne que le long de la façade ; au milieu se trouve la porte du vestibule, qui occupe plus de la moitié du bâtiment ; on n'y observa aucune espèce de meuble. Une porte vis-à-vis de l'entrée mène sans doute à l'appartement des femmes. Elles furent si bien cachées aux regards des Russes, qu'ils ne virent qu'une petite fille de quatre ans à peu près qu'un homme portait dans ses bras. Les portes et les fenêtres avaient été barricadées à la hâte avec des planches ; les fenêtres ne consistent qu'en petites ouvertures pratiquées dans le mur extérieur.

Les courans s'opposèrent à ce que Krusenstern pût s'approcher de la côte de Tartarie autant qu'il le désirait. D'ailleurs il lui avait été expressément recommandé par écrit, à son dernier départ du Kamtchatka, de ne pas longer de trop près celle qui fait partie de l'empire de la Chine, « de crainte d'éveiller chez le gouvernement défiant et soupçonneux de cet Etat des alarmes pouvant occasioner une rupture dont le premier effet serait de faire cesser immédiatement le commerce de Kiakhta si avantageux à la Russie. »

Ce navigateur pense qu'un isthme sablonneux fait de Tarakaï une presqu'île, mais que cet atterrissement est très-moderne, et que Tarakaï a pu réellement être une île à l'époque assez récente où furent dressées les cartes japonaises et chinoises qui toutes la représentent comme entièrement détachée du continent. Toutefois jusqu'à ce qu'une reconnaissance exacte de ces parages ait été effectuée, le détroit indiqué par d'Anville, les missionnaires et les cartes, dont nous venons de parler, peut être conservé sur celles que dessinera tout géographe ami de la vérité.

Le 15 août, Krusenstern fit route au N. E. Les mauvais temps et les brumes accompagnèrent constamment sa navigation dans la mer d'Okhotsk si orageuse ; il coupa l'archipel des Kouriles, entre Poromouchir et Onekotane ; c'est le canal le plus large et le plus sûr de tous ceux qui séparent ces îles les unes des autres, et le seul que fréquentent les navires marchands russes.

Dans le *Voyage autour du monde*, il a été question, pag. 381, de l'attentat commis contre le droit des nations par deux jeunes officiers russes sur les établissemens japonais de la côte occidentale de Tarakaï. Nous devons ajouter que d'après des renseignemens authentiques obtenus depuis que le capitaine Krusenstern eut quitté le Japon, il paraît qu'au moment de son arrivée à Nangasaki, les dispositions du gouvernement étaient favorables à la Russie ; on hésita long-temps à Iedo sur la conduite à tenir envers l'ambassadeur ; la sotte vanité, les prétentions ridicules, la morgue puérile et l'arrogance de Resanov décidèrent la cour d'Iedo à lui intimer la réponse qui l'irrita si fort.

Probablement Resanov put s'apercevoir qu'il avait personnellement choqué les Japonais ; il ne lui fut pas difficile de reconnaître qu'ils se comportaient envers Krusenstern d'une manière qui annonçait la profonde estime dont ils étaient pénétrés pour cet officier, et qu'au contraire, ils n'avaient pour lui-même que les égards commandés par la simple politesse à des hommes civilisés, envers le représentant d'un grand monarque. A son départ, on lui prouva le peu de cas qu'on faisait de sa personne. Des présens furent distribués à tous les officiers et même aux simples matelots des deux frégates. L'ambassadeur seul ne reçut rien. « Vous êtes un trop grand personnage, lui dit-on, pour qu'on puisse vous offrir quelque chose qui soit digne de vous. »

C'en fut assez pour ulcérer cet individu aussi méchant que vaniteux. Khvostov et Davidov, croyant se conformer aux intentions de leur souverain, n'exécutèrent que trop fidèlement les ordres que leur donna le vindicatif Resanov ; celui-ci avait fait armer à Sitka, sur la côte N. O. de l'Amérique, deux petits bâtimens, avec lesquels ils firent voile pour la baie d'Aniva (Pl. IX — 3). Ils purent être surpris de ne pas éprouver la moindre résistance de la part des Japonais. Ceux-ci avaient vu, deux ans auparavant, Krusenstern avec deux frégates naviguer tranquillement le long de leur côte en évitant soigneusement tout ce qui pouvait déplaire à leur gouvernement ; ils croyaient n'avoir rien à redouter de deux petits navires portant le pavillon d'une puissance qu'ils regardaient comme amie. Combien ils furent cruellement détrompés ! Les Russes pillèrent leurs comptoirs, enlevèrent les marchandises, brûlèrent les maisons et les magasins, emmenèrent des habitans, en tuèrent plusieurs de sang-froid et laissèrent les autres exposés à mourir de faim ou de froid. Ils exercèrent les mêmes dévastations en d'autres lieux de la côte de Tarakaï et à Itourpou, l'une des Kouriles japonaises.

A leur arrivée à Okhotsk avec leur butin, le commandant n'eut pas plus tôt appris qu'ils avaient attaqué, sans y être autorisés par leur souverain, les établissemens d'une puissance avec laquelle la Russie était en paix, qu'il les fit arrêter. Vainement ils montrèrent les ordres qu'ils tenaient de Resanov ; on refusa de les écouter, on les dépouilla de tout ce qu'ils possédaient et on les enferma dans deux cachots séparés. Ils écrivirent à Saint-Pétersbourg pour solliciter leur élargissement ; mais il fallait attendre six mois avant de recevoir une réponse. Ils parviennent à s'évader, et gagnent Iakoutsk exténués de fatigue et couverts de haillons.

Le commandant de cette ville, averti de leur évasion, les emprisonne. Heureusement pour eux le gouverneur de la Sibérie les réclame ; ils sont conduits à Irkoutsk, et bientôt après, une lettre du ministre de la marine les fait mettre en liberté. Ils se justifient aisément à Saint-Pétersbourg d'avoir exécuté des ordres qu'ils devaient croire émanés au moins indirectement de l'empereur. Ils obtiennent de l'emploi sur la flottille armée contre les Suédois et se distinguent par leur courage et leurs talens. A l'entrée de l'hiver, ils retournent dans la capitale où ils trouvent la mort. Revenant vers deux heures du matin de chez un de leurs amis, ils arrivent sur le pont de bateaux de la Néva, au moment où on venait de l'ouvrir pour laisser passer une barque. Pressés de rentrer chez eux et comptant sur leur agilité, ils s'élancent sur cette barque pour atteindre l'autre côté du pont; ils le manquent et tombent tous deux dans le fleuve. Ils disparaissent à l'instant; l'obscurité de la nuit et la rapidité du courant empêchèrent de leur porter du secours; leurs corps même ne purent être retrouvés. Ils périrent ainsi sans gloire, pour expier en quelque sorte le crime involontaire dont ils s'étaient rendus coupables.

Quant à Resanov, cause première de tous les désastres, il revenait de l'Amérique russe, lorsqu'une maladie, suite de l'agitation de son esprit, le força de s'arrêter à Krasnoiarsk en Sibérie. Il expira loin de sa famille dans les déserts où il aurait pu être relégué en punition de ses méfaits.

Cependant la nouvelle des dévastations qu'il avait provoquées était parvenue à Ieso. On dut supposer dans cette capitale que les deux officiers russes n'avaient commis des hostilités que d'après les ordres de leur gouvernement. Celui du Japon, qui se fait une loi de n'entretenir aucune relation avec les puissances étrangères, manquait des moyens d'obtenir des explications sur un événement absolument imprévu, et annonçant des dispositions malveillantes de la part d'un pays avec lequel il avait été toujours en paix. Il pensa que le droit des gens l'autorisait à user de représailles. Des dépêches expédiées à tous les ports de l'empire et de ses dépendances enjoignirent aux commandans militaires d'user de tous les expédiens possibles pour s'emparer des Russes qui pourraient aborder sur les côtes.

Au mois d'avril 1811, Golovnin, capitaine de vaisseau de la marine impériale de Russie, chargé par son gouvernement de reconnaître avec soin les Kouriles méridionales et les îles Chantar, situées dans la mer d'Okhostsk, enfin de relever la côte de Tartarie au N. de l'embouchure du fleuve Amour, partit du Kamtchatka pour cette expédition, sur la corvette *la Diane*. Le 14 mai, Golovnin était au détroit de la *Nadiejda*, entre les îles Matoua et Rachoua. Depuis cette dernière île, qui est la treizième Kourile, il visita les autres, jusqu'à la dix-huitième inclusivement. Il avait connaissance des déprédations commises par les deux officiers russes; il crut que les Japonais n'avaient pu imputer ces hostilités aux ordres de son souverain. Toutefois, il résolut de n'avoir rien à démêler avec les Japonais. L'île d'Itouroup, de laquelle il allait s'approcher en continuant sa navigation, était la première de celles qu'ils occupent; il résolut, lorsqu'il serait dans leur voisinage, de ne pas arborer de pavillon, afin de n'éveiller ni crainte, ni inquiétude chez un peuple si soupçonneux. « Mais, dit-il, il a plu à la Providence d'en ordonner autrement, et probablement pour le mieux. »

Le 17 juin, après midi, *la Diane* se trouva près de la côte O. de la pointe septentrionale d'Itouroup; Golovnin et ses officiers ignoraient qu'elle lui appartenait; ils regardaient cette extrémité comme une île séparée, car Broughton l'avait laissée indéterminée sur sa carte. Pour dissiper tous les doutes, on s'approcha de terre à la distance d'une lieue; on aperçut des maisonnettes sur la côte, des gens qui couraient le long du rivage, et deux grands baïdars. Persuadé que l'île n'était habitée que par des Kouriles, Golovnin envoya à terre un canot armé; bientôt lui-même s'embarqua, parce qu'un des baïdars était venu au-devant de son monde, et que tous deux s'étaient dirigés ensemble vers l'île. A sa grande surprise, il y trouva un officier japonais entouré d'une vingtaine d'hommes armés. On se salua très-poliment, chacun à sa manière; ensuite le Japonais demanda au Russe, par l'intermédiaire d'interprètes, pourquoi il était venu chez eux. Golovnin répondit que sa corvette ayant besoin d'eau et de bois, il cherchait un port où il pût faire sa provision. « Dès que cette besogne sera finie, ajouta-t-il, nous nous éloignerons à l'instant de vos côtes. D'ailleurs vous n'avez rien à craindre de nous, puisque notre bâtiment est à l'empereur; notre intention n'est ni de chercher à commercer, en opposition à vos lois, ni de vous faire le moindre tort. » L'officier japonais l'ayant écouté avec la plus grande attention, répliqua : « Les Japonais doivent naturellement être alarmés de l'apparition d'un vaisseau russe, puisque peu d'années auparavant deux navires de votre nation ont deux fois attaqué des villages japonais en ont enlevé ou y ont détruit par le feu tout ce qui s'y trouvait, n'épargnant pas même les temples, les maisons, ni les magasins de subsistances. Le riz, notre principale et presque unique nourriture, est envoyé du Japon aux îles situées plus au N. Une invasion des Russes eut lieu vers la fin de l'automne; il était trop tard pour que nos navires pussent mettre en mer afin d'aller chercher des provisions pour l'hiver. L'autre attaque se fit au printemps, avant que les navires chargés de vivres fussent arrivés. De plus, les habitations avaient été brûlées; les Japonais avaient beaucoup souffert du froid et de la faim, et plusieurs avaient succombé à leurs maux. »

Golovnin essaya de faire comprendre au commandant japonais, autant que le lui permit le peu d'habileté des interprètes, que si l'empereur de Russie avait voulu guerroyer contre le Japon, il aurait envoyé, non pas de petits bâtimens, mais des frégates en plus grand nombre que celles de Krusenstern et même de plus gros vaisseaux. Il ajouta que l'attaque dont les Japonais se plaignaient avec raison, avait été tramée et exécutée par des particuliers, sans nulle autorisation de leur souverain, et qu'aussitôt que l'on avait été instruit de leur conduite coupable, ils avaient été punis; depuis cinq ans, ces déplorables événemens ne s'étant pas renouvelés, on devait en conclure que le gouvernement russe n'y avait pris aucune part.

Le commandant parut si satisfait de ces raisons, qu'il prit un air plus gai et invita Golovnin à l'accompagner à sa tente; on se fit mutuellement des présens. Le Japonais fit observer que dans ce lieu on ne trouverait ni bois, ni bonne eau; les Russes l'avaient déjà remarqué; il leur donna une lettre de recommandation pour le commandant d'Ourbitch, port de la côte méridionale d'Itouroup, où ils pourraient aisément pourvoir à leurs besoins et de plus se procurer du riz et d'autres denrées.

Les vents contraires ayant empêché Golovnin de gagner Ourbitch, il se dirigea vers Kounachir, son interprète lui ayant dit qu'à la côte méridionale de cette île, il y avait un bon mouillage avec un village fortifié. Il y arriva le 4 juillet au soir, et pour ne pas causer d'inquiétude aux Japonais, en essayant d'entrer aussi tard dans le port, il resta mouillé dans le canal entre Kounachir et Ieso.

Toutefois la défiance était déjà excitée; pendant toute la nuit de grands feux furent allumés sur les deux caps de la baie. La manière peu amicale dont les Russes furent accueillis quand ils entrèrent dans la baie et quand le capitaine essaya d'aller à terre dans un canot, leur prouva que les Japonais ne les voyaient pas d'un bon œil; des coups de canon furent tirés. Heureusement ils n'atteignirent personne. Le dehors du fort était tendu d'étoffes de différentes couleurs, de sorte que l'on ne pouvait rien apercevoir des ouvrages (Pl. IX — 1).

Malgré les dispositions hostiles des Japonais, Golovnin parvint à leur faire entendre qu'il désirait s'entretenir amicalement avec eux. Le 9 juillet, un officier japonais consentit à avoir un entretien avec lui, en mer, chacun dans son canot; il s'excusa de ce qu'on avait tiré sur les Russes, en alléguant la crainte d'une agression semblable à celle de Khvovstov. Golovnin répéta ce qu'il avait dit précédemment au commandant d'Itouroup. Tous les soupçons semblaient évanouis; des communications s'établirent entre la frégate et le fort. Le 11, Golovnin, arrivé chez le gouverneur d'après une invitation expresse avec deux de ses officiers et un interprète kourile, lui offrit des présens qui furent examinés avec beaucoup d'attention et donnèrent lieu à des questions sans nombre. Quoiqu'il fût de très-bonne heure, on servit le dîner; le repas fini, Golovnin voulut s'en aller; le gouverneur qui jusqu'à ce moment avait parlé avec beaucoup de douceur, s'exprima très-haut et avec chaleur, en frappant fortement sur son sabre. Il nomma fréquemment Resanov et Khvovstov. Le pauvre interprète, effrayé de ce long discours, ne put rendre aux Russes que cette phrase : « Si je laisse sortir du fort un seul de vous, il m'en coûtera la vie. » Les Russes ayant fait un mouvement pour se précipiter hors de la tente où ils avaient été reçus, les Japonais n'osèrent pas porter la main sur eux; ils poussèrent de grands cris et leur jetèrent des morceaux de bois dans les jambes pour les faire tomber; ils leur tirèrent même des coups de fusil sans aucun effet. Cependant ils réussirent à enfermer un officier, un matelot et un interprète. Golovnin, avec l'autre officier et trois matelots, parvint jusqu'au canot; mais la marée ayant baissé, ils furent environnés et forcés de se rendre.

Ces huit prisonniers furent garrottés, conduits de Kounachir à Ieso, et finalement, le 27 août, dans la cour du château de Matsmaï; on les enferma dans une espèce de grand hangar, sombre, entouré de palissades, de chevaux de frise, et divisé en petites loges semblables à des cages; ils y furent placés les uns séparément, les autres plusieurs ensemble. Plusieurs fois, ils furent conduits à la ville, et y subirent des interrogatoires; les questions étaient parfois si minutieuses que Golovnin, perdant patience, demanda à son tour au banio quel pouvait être le motif de le tourmenter lui et ses compagnons par une curiosité si frivole. Le banio répondit avec une douceur extrême : « Vous ne devez pas vous en fâcher ; on ne vous contraint pas de répondre ; on cause avec vous comme avec des amis. »

Du reste, les Japonais avaient le plus grand soin des Russes ; aux approches de l'hiver, ils les pourvurent de vêtemens chauds et de peaux d'ours ; quand le froid augmenta, ils prirent tous les moyens de les en préserver dans leurs cages ; du feu fut allumé dans le hangar, les prisonniers avaient la faculté d'aller s'y chauffer. Le gouverneur, qui ne pouvait sans enfreindre les lois les inviter à venir se régaler chez lui, leur envoyait du saki et des confitures.

Ils avaient été transférés, le 13 avril 1812, dans une maison située entre une porte du château et un rocher escarpé. Le 23, à minuit, ils réussirent à s'échapper par un trou qu'ils creusèrent sous la palissade. Ils étaient parvenus jusqu'à la côte septentrionale de l'île où ils espéraient trouver un canot sur lequel ils pourraient s'éloigner d'Ieso, lorsqu'ils furent découverts et arrêtés. On ne leur lia les mains que faiblement derrière le dos, on ne leur adressa aucun reproche, et même les Japonais ayant remarqué que Golovnin qui s'était foulé le genou boitait, ils le prirent sous les bras pour l'aider à passer les endroits difficiles.

A leur retour à Matsmaï, ils furent interrogés par le banio sur le motif de leur fuite. Golovnin et ses compagnons ayant répondu que c'était parce qu'ils n'avaient pas le moindre espoir d'être remis en liberté, le magistrat, que sa douceur habituelle ne quittait jamais, leur remontra du ton le plus bienveillant, qu'ils se livraient à tort à de si tristes idées, et qu'ils devaient avoir confiance en Dieu. De nouveaux interrogatoires furent encore subis par les Russes, et tous se terminèrent par des paroles consolantes.

Le 6 septembre, Golovnin et un autre officier furent mandés au château, où le gouverneur leur communiqua deux papiers envoyés au commandant de Kounachir par le capitaine Ricord qui, depuis l'absence de son chef, commandait *la Diane*. Ricord, lorsqu'il s'était aperçu de l'arrestation de Golovnin, avait canonné vigoureusement le fort ; mais ayant reconnu que son feu, à cause de la trop grande distance, ne produisait pas l'effet qu'il désirait, il le fit cesser et s'éloigna. Les Japonais avaient riposté sans plus de succès. Son équipage était trop peu nombreux pour qu'il pût tenter une descente, sans risquer la sûreté de la corvette ; il se plaça hors de la portée du fort et de là écrivit à Golovnin une lettre dans laquelle il lui exprimait la douleur profonde et la vive indignation des officiers et des matelots, et lui annonçait qu'ils allaient s'occuper dès cet instant de tout ce qui pouvait effectuer sa délivrance. Cette lettre, déposée à terre, parvint à Golovnin dès les premiers temps de sa captivité ; elle produisit chez lui et chez ses compagnons d'infortune un attendrissement que les Japonais partagèrent.

Ricord voulait voler à Saint-Pétersbourg et y solliciter du gouvernement la permission d'entreprendre une expédition, afin de délivrer Golovnin. Il était arrivé à Irkoutsk, quand il reçut l'ordre de retourner à Okhotsk, de compléter le relèvement des terres commencé et d'aller à Kounachir recueillir des renseignemens sur le sort de son capitaine et de ses compagnons. Le 28 juillet 1812, il était de nouveau devant cette île, cette fois avec deux bâtimens. Après plusieurs jours de tentatives inutiles pour en venir à des communications amicales avec les Japonais et recevoir d'eux des avis certains sur Golovnin, il se décida, le 6 septembre, à faire enlever tout près du rivage un baïdar japonais. Les hommes qui le montaient s'enfuirent presque tous à terre ; on ne put ramener que deux Japonais et un Kourile. Le lendemain, on s'empara d'un gros navire qui faisait route pour la baie ; il y avait soixante hommes à bord : quelques-uns se jetèrent à l'eau pour se sauver ; les uns furent recueillis par les canots russes, les autres gagnèrent la côte ou se noyèrent.

Takataï-Caki, propriétaire de ce bâtiment, conduit devant Ricord, déclara qu'il en possédait dix semblables, qu'il venait d'Itouroup et allait à Khakodadé, avec une cargaison de poissons secs. Ricord apprit de lui que Golovnin et les six autres Russes vivaient encore. Alors il abandonna toute idée de vengeance, et résolut d'emmener au Kamtchatka le négociant japonais et quatre de ses matelots, afin de s'enquérir d'eux le plus positivement qu'il lui serait possible de tout ce qui était arrivé à Golovnin et aux siens. Le Japonais entendit cette nouvelle avec une tranquillité admirable, en disant seulement : « C'est bon, je suis prêt. »

Au printemps suivant, Ricord revint devant Kounachir. Par l'intermédiaire de Caki, duquel il avait appris le japonais en lui enseignant le russe, il lut une lettre adressée par le gouverneur de Matsmaï au commandant de Kounachir. Il déclara qu'il était prêt à partir pour Khakodadé, si les Japonais voulaient lui accorder la faculté d'entamer les premières négociations avec deux plénipotentiaires. Une vingtaine de jours après, le premier conseiller du gouverneur de Matsmaï vint à bord de *la Diane*. Il était chargé de témoigner au commandant du Kamtchatka son regret de ce que les lois du Japon ne lui permettaient pas d'aller s'entretenir avec lui, et le priait d'avoir une confiance entière dans Takataï-Caki, choisi pour négociateur.

Le gouvernement japonais demandait qu'une attestation, signée par deux commandans russes et munie de leurs sceaux, certifiât que Khvostov avait commis des hostilités, à l'insu et sans l'autorisation du gouvernement russe; qu'on restituât les armes et les munitions de guerre enlevées à Tarakaï et à Itouroup; qu'on lui fît réponse le plus tôt possible.

Le 29 juin, Ricord fit ses adieux à Takataï-Caki; quinze jours après, il était à Okhotsk; le 22 septembre, il entra dans la baie des Volcans; il apportait une déclaration du commandant d'Okhotsk et une lettre du gouverneur d'Irkoutsk. Un pilote japonais le conduisit dans le port de Khakodadé; Takataï-Caki le rejoignit en chemin. La déclaration fut remise par ce dernier aux commissaires japonais. Ricord leur porta la dépêche en grand cérémonial. Enfin, le 7 octobre, Golovnin et ses compagnons recouvrèrent la liberté après deux ans et demi de captivité.

Dans l'audience où le banio leur annonça qu'ils allaient être rendus à leurs compatriotes, il leur donna lecture d'une déclaration du gouvernement japonais, portant que la conduite criminelle de Khvostov avait été la cause de leur captivité, et que le banio s'étant convaincu que cet officier avait agi de son chef, les mettait en liberté par l'ordre de l'empereur du Japon; ensuite il leur adressa ses félicitations en ces termes : « Depuis trois ans, vous vivez dans une ville frontière du Japon et sous un climat étranger. Maintenant vous allez jouir du bonheur de retourner dans votre patrie. Cet événement me comble de joie. Vous avez appris à connaître un peu les lois de notre pays; elles interdisent tout commerce avec les étrangers, et ordonnent d'éloigner leurs navires de nos côtes. Faites connaître ces dispositions quand vous serez rentrés dans vos foyers. Nous avons désiré vous témoigner toute la civilité possible : comme nous ne connaissons pas vos mœurs, il est possible que nous ayons fait tout le contraire. Chaque pays a ses usages qui souvent diffèrent beaucoup de ceux d'un autre; mais partout les bonnes actions ont leur mérite. Faites aussi connaître cela chez vous. Je vous souhaite à tous un bon voyage. »

Les trois premiers magistrats exprimèrent aussi aux Russes, par écrit, leur joie de leur délivrance; tous les Japonais prirent part à cet heureux événement, et le grand-prêtre de Khakodadé fit réciter, de l'aveu du gouverneur, des prières publiques dans le temple, pendant cinq jours, pour obtenir du ciel leur heureux retour dans leur patrie.

Tous les effets et les vêtemens qu'on leur avait pris leur furent remis. On leur apporta aussi plusieurs caisses remplies de vases en laque; on leur dit que c'était un présent des interprètes pour les livres que ceux-ci avaient acceptés; mais ils savaient fort bien que ces présens étaient faits pour le compte du gouvernement. La bienveillance des Japonais et la loyauté de Takataï-Caki, dont la conduite fut admirable dans toute cette affaire, laissèrent une impression profonde et bien agréable dans l'esprit de Golovnin et de ses compagnons.

Ce navigateur fut à même, dans ses nombreuses conversations avec les Japonais, dont il finit par apprendre passablement la langue, de connaître beaucoup de particularités exactes sur leur pays et sur ceux qui en dépendent.

« Ieso, dit-il, Tarakaï, Kounachir et Itouroup peuvent être considérées comme des colonies japonaises; mais il faut dire à l'honneur de ce peuple que ce n'est ni la soif des conquêtes, ni l'avidité qui l'a porté à s'établir sur un sol étranger. Il y a à peu près quatre cents ans qu'un prince japonais acheta des indigènes d'Ieso une partie de la côte S. O. de cette île.

» L'abondance extrême des poissons dans les rivières d'Ieso fit contracter aux Japonais l'habitude de trafiquer avec les Aïno, et ils traitèrent avec eux pour obtenir la permission d'établir des pêcheries sur leurs côtes; ils payèrent cette faculté par une certaine quantité de marchandises. De cette manière, ils se répandirent peu à peu sur toute la circonférence d'Ieso, et conclurent des conventions semblables avec les habitans de Kounachir, d'Itouroup et de la partie méridionale de Tarakaï. Cet état de choses dura jusqu'au moment où ils apprirent par hasard que les Russes avaient conquis les Kouriles septentrionales et s'avançaient pour se rendre maîtres de celles du midi. Alors ils résolurent de s'emparer de celles-ci afin d'éviter tout sujet de collision pour l'avenir ou de ne pas perdre des parages où la pêche leur était si avantageuse. Les insulaires leur opposèrent de la résistance et furent vaincus; les Japonais placèrent chez eux des garnisons et les regardèrent comme des sujets de leur propre empereur.

» Tout indique l'origine commune des indigènes d'Ieso, des Kouriles et de la partie méridionale de Tarakaï. Le Japon leur a laissé le libre exercice de la religion de leurs pères, leurs lois et leurs usages, le choix de leurs magistrats ruraux qu'il se contente de confirmer; il leur paie les travaux qu'il leur fait exécuter; mais ce salaire est si mince que les Aïno en sont mécontens.

» La polygamie leur est permise; ils ont deux et même trois femmes; leurs chefs un plus grand nombre. Ils n'enseignent à leurs enfans qu'à faire la chasse et la pêche, à tirer de l'arc et à exécuter les travaux ordinaires du ménage. Ils ne savent pas écrire et n'ont que des lois transmises par la tradition d'une génération à l'autre.

» Ils sont très-sales, et, sous ce rapport, diffèrent prodigieusement des Japonais.

» Ils sont admirablement unis entre eux, et sont en général paisibles, bons, hospitaliers, obligeans et polis. Le manque absolu de mots injurieux dans leur langue témoigne de la douceur de leurs mœurs. Nos Kouriles nous dirent que quand ils se fâchent contre quelqu'un, ils le traitent de maladroit ou de lourdaud. Une plus grande injure encore est de l'appeler fou; le nom de chien est donné à un véritable vaurien. Quand ce vocabulaire est épuisé, les Kouriles ont recours aux expressions russes de ce genre que les promichleniks leur ont apprises.

» Les Aïno aiment beaucoup le tabac et les liqueurs spiritueuses; les Japonais leur vendent le premier objet à discrétion; mais pour le second, il est défendu, sous les peines les plus sévères, d'en débiter au-delà d'une certaine quantité, pour éviter les maladies et les autres inconvéniens que l'abus pourrait produire.

» Le gouvernement japonais ne permet pas aux Aïno de se servir de poudre ni d'armes à feu; ils n'ont donc que des sabres, des lances et des flèches; ils trempent parfois la pointe de celles-ci dans le suc vénéneux de la petite douve (*ranunculus flammula*), ce qui occasione des blessures ordinairement mortelles.

» La physionomie des Aïno n'est nullement gaie; ils ont toujours l'air triste et abattu; toutefois ils aiment le chant et la danse: le premier n'a rien d'agréable; la danse ne consiste qu'en simples contorsions du corps.

» Le soleil et la lune sont leurs divinités; ils n'ont ni temples, ni prêtres, ni aucune espèce de préceptes religieux. Ils croient à deux esprits, l'un bon et l'autre mauvais; ils invoquent le premier par un paquet de cosses qu'ils placent sur leurs demeures. Ils s'inquiètent si peu de leur croyance que les Japonais furent long-temps sans savoir s'ils avaient une divinité.

» Le grand avantage que les Japonais tirent de leurs comptoirs sur les côtes des Kouriles méridionales et de Tarakaï, consiste, ainsi que je l'ai déjà dit, dans la pêche qui y est très-abondante. On prend une quantité prodigieuse de harengs, de morues, de maquereaux, de saumons de diverses espèces, de soles et d'une infinité d'autres dont les noms me sont inconnus. On y voit aussi des baleines, des nord-câper, des marsouins, des phoques et des loutres de mer; beaucoup de moules et de mollusques dont quelques sortes sont très-recherchées des Japonais, des Chinois et des Coréens, et se paient très-cher, parce qu'ils passent pour de puissans aphrodisiaques.

» Les forêts d'Ieso et des autres îles soumises aux Japonais leur procurent des avantages considérables qui ne pourront que s'accroître par la suite.

» On a déjà parlé des mammifères et des oiseaux de ces îles. Les Japonais nous ont assuré que les montagnes d'Ieso recelaient de l'or, de l'argent, du plomb; le gouvernement ne permet d'exploiter que les mines du dernier de ces métaux. Il en existe une à 18 ris (75 verst) à l'O. de Matsmaï.

» Avant le voyage de Lapérouse, les Japonais n'avaient pas de comptoirs à Tarakaï; ils se contentaient d'en fréquenter les côtes pour trafiquer avec les indigènes. Mais ce navigateur s'étant montré dans ces parages avec deux frégates, ils craignirent que les Européens n'eussent le projet de s'y établir; ils occupèrent donc la partie méridionale de l'île et représentèrent au gouvernement chinois le danger qui le menaçait si les Européens se fixaient sur cette terre si proche de lui. En conséquence, les deux peuples convinrent de partager entre eux cette grande île, et d'empêcher les Européens d'en prendre possession; depuis cette époque, les Chinois sont maîtres de la moitié septentrionale, les Japonais de la méridionale.

» Tarakaï ressemble beaucoup à Ieso sous tous les rapports; mais d'après sa position géographique, elle a une température plus froide que celle de cette île. »

Des renseignemens puisés par feu Klaproth dans l'ouvrage d'un Japonais écrit en 1785, confirment les détails donnés par Golovnin et par les autres navigateurs européens. Ils ajoutent une particularité curieuse à celles qui concernent les jeunes ours : « Quand un Ieso en prend un, il le porte à son habitation, et sa femme lui donne son propre sein à téter; quand il grandit, on le nourrit avec des poissons et des oiseaux. »

Il est plus avantageux aux Kouriles de trafiquer avec les Japonais qu'avec les Russes. « Les premiers, dit Golovnin, leur donnent pour une peau de loutre bien entière, dix grands sacs de riz; pour une peau de phoque, dix petits sacs : trois équivalent à un grand ; pour dix queues d'aigle, vingt petits sacs ou une robe de coton doublée et ouatée; pour dix ailes d'aigle, un rouleau de tabac en feuille. En n'évaluant le sac qu'à trois pouds, les Kouriles reçoivent donc trente pouds de riz pour une peau de loutre. La Compagnie d'Amérique vendit au Kamtchatka, en notre présence, au prix de seize roubles le poud, le riz enlevé aux Japonais. Elle n'évalua la peau de loutre qu'à 50 roubles ; ainsi les Kouriles ne reçurent d'elle qu'un peu plus de trois pouds de riz par peau.

Ieso a une étendue de 125 lieues de longueur de l'E. N. E. à l'O. S. O. et 100 lieues de largeur du N. N. O. au S. S. E. Sa surface est de 7,900 lieues carrées. Cette île a une forme très-irrégulière et projette dans diverses directions des caps remarquables qui marquent les extrémités de baies profondes. Les plus hautes montagnes s'élèvent au moins à 8,000 pieds au-dessus du niveau de la mer, et plusieurs conservent constamment de la neige. Des rivières parcourent l'intérieur; les navigateurs qui ont fait le tour des côtes ont vu beaucoup d'embouchures. Les volcans sont nombreux dans le S. E. et les tremblemens de terre assez fréquens.

Tarakaï a 212 lieues de longueur du N. au S., 40 lieues dans sa plus grande largeur sous le parallèle du 49e degré de latitude, et 18 lieues seulement dans sa largeur moyenne. Sa figure est très-irrégulière. Son extrémité méridionale se partage en deux grandes presqu'îles qui renferment la baie d'Aniva ; sur le milieu de la côte E. s'ouvre la baie Patience que borne le cap du même nom en se prolongeant vers le S. La baie d'Estaing et la baie De Langle sont sur la côte O.

Il est très-difficile de se former une idée, même approximative, de la population de ces îles ; et probablement toutes les ressources de la statistique la plus raffinée se trouveraient en défaut pour obtenir des résultats approchant de la vraisemblance ; ainsi nous ne hasarderons aucune conjecture sur ce point difficile.

CHAPITRE XXIII.

Japon. — Tentatives inutiles des Anglais pour s'y substituer aux Hollandais.

Le *Voyage pittoresque autour du monde* offre, de la page 362 à 398, des détails très-étendus sur le Japon. Les paragraphes qui terminent ce tableau font concevoir l'idée la plus avantageuse de l'état prospère de cet empire. Le système politique dans lequel il persévère immuablement envers les étrangers n'a produit aucun effet fâcheux ; il est donc bien naturel que le gouvernement ne s'en écarte pas. Les Hollandais sont, on le sait, le seul peuple de l'Europe avec lequel les Japonais consentent à commercer. Tous les écrivains de cette partie du monde ont déploré le sort des Hollandais qui subissent toutes les gênes que leur impose la méfiance japonaise; ils ont même ajouté que ce négoce est aujourd'hui très-peu profitable, et, par conséquent, ne paie pas les humiliations qu'il coûte. Sans vouloir discuter cette assertion, on peut du moins la regarder comme hasardée, puisque les Anglais, auxquels personne ne contestera la sagacité la plus admirable pour deviner ce que les affaires mercantiles, de quelque genre qu'elles soient, présentent de fructueux, ont cherché à se faire recevoir au Japon à la place des Hollandais.

Depuis 1795 jusqu'en 1814, cette nation fut entraînée dans les guerres que soutint la France; sa navigation aux Indes s'en ressentit et cessa presque entièrement; on ne pouvait plus expédier de vaisseau de Batavia au Japon ; ils couraient de trop grands risques d'être pris par les croiseurs anglais. On fut obligé de fréter des bâtimens nord-américains pour les expédier à Nangasaki sous pavillon hollandais. La première fois que les Japonais en virent un, ils reconnurent tout de suite que l'équipage se servait d'un idiome différent de celui de leurs anciens hôtes. Ceux-ci leur apprirent que ces étrangers parlaient la langue anglaise ; mais qu'ils habitaient l'Amérique et avaient un monarque électif et temporaire, qui, bien loin de dépendre du roi de la Grande-Bretagne, était prêt à lui déclarer la guerre, si les circonstances l'exigeaient ; alors les Japonais ne firent pas la moindre difficulté d'admettre dans le port de Nangasaki les bâtimens et les équipages nord-américains. Un capitaine ayant essayé, en 1807, de trafiquer pour son propre compte, fut repoussé à l'instant.

Les Anglais, instruits, en général, de ces faits, pensèrent que les Japonais, accoutumés à entendre les sons de l'idiome britannique, consentiraient à les recevoir ; mais ils ignoraient qu'avertis par les Hollandais, ces insulaires de l'Asie savaient faire la distinction entre un Anglais proprement dit et de première origine et un *Anglais de la seconde coupe*, comme on appelle les Nord Américains en Chine. En 1808, au mois d'octobre, un bâtiment européen parut à Nangasaki; il portait pavillon hollandais : celui qui devait arriver de Batavia était attendu ; aussitôt le gouverneur de la ville requit M. Doeff, président du comptoir, d'envoyer à bord, selon l'usage, deux de ses employés avec les banios. Le canot des Hollandais marchait le premier : il fut rencontré par celui du navire ; un officier subalterne de ce dernier les invita en hollandais à entrer dans son embarcation; les Hollandais ayant demandé le temps de laisser arriver les officiers japonais qui les suivaient, les étrangers les abordèrent le sabre nu à la main, et les conduisirent de force à bord de leur bâtiment ; c'était la frégate anglaise *le Phaéton*. Aussitôt les Japonais rebroussèrent chemin vers la ville, et racontèrent aux autorités l'étrange événement dont ils venaient d'être témoins.

« Dans tout Nangasaki, dit M. Doeff, ce fut un trouble et une confusion inexprimables. Le gouverneur, surtout, était extrêmement irrité : il déchargea d'abord sa colère sur les deux banios; il les tança vertement de ce qu'ils étaient revenus sans mes compatriotes, et de ce qu'ils n'avaient pas cherché à apprendre par eux-mêmes à quelle nation appartenait le bâtiment étranger. Avant que j'eusse pu lui adresser une seule question, il me dit d'un ton singulièrement animé : « Soyez tranquille, monsieur le président, je vais employer tous les moyens possibles pour qu'on vous rende votre monde. » Les interprètes m'assurèrent aussi de sa détermination bien positive sur ce point, quand même il serait obligé d'enfreindre un usage ou une loi. Je vis, en effet, que les Japonais faisaient tous les préparatifs nécessaires pour se défendre, et même, en cas de besoin, pour attaquer.

» Mais quel contre-temps ! le gouverneur apprit, dans cet instant, avec consternation, que 70 hommes au plus se trouvaient au poste de la garde impériale entre le Papenberg et Nangasaki, poste que, suivant la règle, 1,000 soldats devaient constamment occuper, et que les officiers étaient absens. A cette nouvelle, le gouverneur frémit, prévoyant le sort qui l'attendait inévitablement.

» Vers midi, on me remit une lettre écrite par M. Schimmel, mon premier adjoint, dont je reconnus la main; elle ne contenait que ces mots: « Un bâtiment est arrivé du Bengale; son capitaine se nomme Pellew : il demande de l'eau et des vivres. »

» Je fus consulté pour savoir si on devait accorder cette demande ; je répondis négativement. A minuit seulement, j'eus des nouvelles du gouverneur. Son premier secrétaire vint m'annoncer qu'il avait reçu l'ordre de délivrer les Hollandais. Quand je lui demandai comment il s'y prendrait, il me dit : « Vos compatriotes ont été pris par trahison ; j'irai seul à bord ; mes démonstrations amicales m'y feront admettre; je chercherai à avoir une entrevue avec le capitaine ; s'il refuse de me remettre les prisonniers, je le poignarderai ; ensuite je me frapperai. » Je le dissuadai d'une tentative qui ne laissait entrevoir aucun résultat avantageux, et qui, de plus, serait dangereuse pour ceux qu'il prétendait délivrer. Le gouverneur partageait l'idée de son secrétaire, de sorte que j'eus bien de la peine à empêcher qu'elle ne fût mise à exécution.

» Alors on conçut le projet de retenir le bâtiment jusqu'à ce que les vaisseaux et les soldats de tous les princes voisins pussent être réunis pour l'attaquer ; toute la nuit se passa donc en préparatifs militaires qui dénotaient une inexpérience de deux siècles. Le lendemain après midi, M. Gozeman, l'un des prisonniers, fut débarqué; il raconta qu'il avait été insulté de la manière la plus grossière, et même menacé de mort, si on découvrait qu'il eût nié la vérité, en disant qu'il n'y avait pas de navire hollandais dans le port. Cependant le capitaine anglais étant allé dans son canot vérifier le fait, relâcha M. Gozeman, en le chargeant de la lettre suivante : « J'ai ordonné que Gozeman fût envoyé à terre dans mon canot pour me procurer de l'eau et des vivres ; s'il ne revient pas et ne m'en rapporte pas avant la nuit, je mettrai à la voile demain matin de bonne heure, et je brûlerai les navires japonais et chinois qui sont dans le port. »

» Le gouverneur ne voulait pas permettre que Gozeman retournât à bord de la frégate ; je lui persuadai d'y consentir, considérant ce moyen comme le seul qui pût garantir la sécurité de mes compatriotes ; les autorités japonaises furent ensuite très-satisfaites d'avoir adopté mon sentiment; quand les deux prisonniers revinrent parmi nous, ils déclarèrent qu'après avoir reçu les vivres, le capitaine anglais les avait traités très-poliment.

» C'était alors au gouverneur à exécuter, s'il le pouvait, l'article de ses instructions qui lui prescrit de retenir, jusqu'à ce qu'il ait connu la volonté du gouvernement provincial, tout navire qui commet sur la côte un acte de violence et contraire à la loi. Quand on me consulta, je répondis que, d'après mon opinion, les Japonais n'avaient pas les moyens suffisans pour arrêter de force une frégate bien armée, et je leur conseillai de la retenir de toute autre manière, et assez long-temps pour qu'on pût couler un certain nombre de jonques chargées de pierres dans la partie la plus étroite de la passe entre le Papenberg et les Cavalles. J'ajoutai qu'on pouvait tout disposer dans la journée du lendemain, afin d'être près pour exécuter le projet la nuit suivante. Le capitaine du port démontra que ce serait très-facile; il reçut l'ordre de faire toutes les dispositions nécessaires. Je prévins le gouverneur que le vent d'E., qui soufflait depuis quelques jours, était favorable à la sortie de .régate anglaise; mais les Japonais pensaient qu'elle ne partirait qu'après avoir complété sa provision d'eau qui lui avait été promise.

» Le lendemain, vers le point du jour, le prince d'Osacca, arrivé à la tête d'une troupe nombreuse, proposa au gouverneur de faire entourer la frégate par 300 canots montés chacun par trois hommes, et, par ce moyen, de la brûler; les Japonais devaient s'échapper à la nage; il s'offrit pour conduire l'entreprise en personne. Durant cette consultation, la frégate leva l'ancre et sortit du port avec une bonne brise. »

Les conséquences de cet événement furent telles, que le capitaine du *Phaéton* dut éprouver des regrets amers de sa tentative. Moins d'une heure après son départ, le gouverneur de Nangasaki, pour se soustraire à une disgrâce imminente et sauver sa famille d'une note d'infamie, usa de la voie terrible que la coutume enseigne aux Japonais pour mettre leur honneur à l'abri de toute atteinte : il s'ouvrit le ventre avec son sabre. Les officiers du poste qui ne s'était pas trouvé garni suivirent son exemple : ils étaient au nombre de sept. Cependant ils ne recevaient des ordres que du prince de Fisen; celui-ci, qui résidait alors à Iedo, expia le délit de ses subordonnés par un emprisonnement de cent jours.

Depuis ce moment, les communications entre Batavia et Nangasaki continuèrent comme à l'ordinaire jusqu'en 1810; alors elles furent complètement interrompues pendant trois ans, les Anglais ayant envahi toutes les possessions des Hollandais dans les Indes orientales. A l'époque de la détention de Golovnin, les autorités japonaises montrèrent leur grande confiance en M. Doeff; elles lui demandèrent son opinion sur les circonstances de cette affaire; en homme loyal il ne négligea rien pour dissiper les soupçons et recommander la modération et la douceur.

Cependant les habitants de la loge hollandaise, privés de nouvelles d'Europe, avaient consommé tous leurs approvisionnemens. L'inspecteur japonais de Desima se donna toutes les peines imaginables pour pourvoir à tous leurs besoins les plus urgens. Ils languissaient dans cette situation fâcheuse, lorsqu'au mois de juillet 1813, ils virent deux navires portant pavillon hollandais s'approcher et faire un signal particulier convenu avec le dernier bâtiment de leur nation arrivé en 1809. Une heure après, une lettre fut apportée à terre; elle annonçait l'arrivée de M. Wardenaar, ancien président du comptoir, nommé commissaire; celle de M. Cassa, destiné à remplacer M. Doeff; enfin celle de trois commis. Cette dépêche n'éveilla aucun soupçon dans l'esprit de M. Doeff; la durée de son service avait dépassé de plusieurs années le temps ordinaire; le comptoir avait besoin d'un renfort de commis, et M. Wardenaar était un vieil ami. Un officier et un commis de la loge allèrent à bord de l'un des navires; le premier revint; il rapporta qu'il avait reconnu M. Wardenaar et M. Woorman, capitaine du bâtiment, mais que l'aspect des choses lui avait semblé étrange, et que l'ancien président lui avait déclaré qu'il ne pouvait remettre ses papiers qu'à M. Doeff en personne. Les Japonais remarquèrent que tous les officiers du bord parlaient anglais, ce qui leur fit regarder les deux vaisseaux comme nord-américains frétés par les Hollandais. Afin d'éviter tout malentendu, M. Doeff était allé trouver M. Wardenaar; l'embarras visible de celui-ci en lui présentant une lettre le frappa; il refusa de l'ouvrir avant d'être retourné à Desima, où il fut accompagné par M. Wardenaar et son secrétaire. La dépêche ouverte, il fut très-étonné d'y apprendre deux faits réellement extraordinaires; l'un était l'annonce de l'envoi de deux bâtimens, l'autre la nomination de M. de Wardenaar en qualité de commissaire au Japon et de chef suprême de la loge; la lettre était signée *Raffles*, vice-gouverneur de Java et de ses dépendances.

M. Doeff demanda naturellement ce que c'était que M. Raffles? on lui répondit : « Java est au pouvoir des Anglais; ils en ont fait la conquête, parce que la Hollande a été incorporée à la France. M. Wardenaar, ainsi qu'un Anglais, M. Ainslie, ont été nommés par le gouvernement britannique commissaires au Japon. » M. Doeff refusa nettement, comme il le devait, de se conformer aux ordres contenus dans la lettre, puisqu'ils émanaient du gouverneur d'une colonie en possession de l'ennemi. M. Wardenaar eut beau alléguer la capitulation de Java, dont néanmoins il ne put produire une copie; M. Doeff persista dans sa résolution : « La vue même de cette pièce, s'écria-t-il, ne me persuaderait pas que le Japon doive être considéré comme une dépendance de Java. »

Ensuite M. Doeff, après avoir exposé avec beaucoup de calme à son ami la position périlleuse dans laquelle il se plaçait, lui déclara qu'il était fermement décidé à s'opposer à la nomination d'un chef du comptoir faite par un délégué de la Grande-Bretagne; puis il appela les cinq principaux interprètes japonais et leur expliqua les faits, en les engageant à les notifier immédiatement aux autorités supérieures. Ceux-ci prévirent à l'instant les conséquences terribles d'une pareille communication, et, soit par un sentiment d'humanité, soit par la crainte qu'ayant laissé entrer les bâtimens dans le port, à la vérité par surprise, mais aussi sans nulle opposition, cette action ne les enveloppât eux-mêmes ou quelques-uns de leurs compatriotes dans une catastrophe facile à prévoir, ils se consultèrent entre eux. Fort heureusement, Wardenaar était connu et respecté au Japon; les navires portaient le pavillon hollandais; les autorités ne soupçonnaient pas que les Anglais eussent un agent hollandais à leur service. Ils remontrèrent toutes ces circonstances au président, et obtinrent de lui qu'il gardât le secret et restât à son poste, lui donnant formellement leur parole de prendre sur eux l'entière responsabilité de cette affaire en cas de découverte.

M. Doeff fit tourner cette aventure au profit de sa patrie; il ne lui fut pas difficile de convaincre Ainslie et Wardenaar du danger extrême qu'ils courraient dans le cas où il ferait connaître aux Japonais, même d'une manière indirecte, à quelle nation appartenaient les navires *la Mary* et *la Charlotte*, maintenant dans le port, ces bâtimens seraient immédiatement brûlés, et tous les hommes qui les montaient massacrés; il ajouta qu'il lui serait absolument impossible de rien essayer pour empêcher ce dénouement terrible, parce qu'il connaissait la haine profonde des Japonais contre les Anglais, surtout depuis l'événement du *Phaéton*. En conséquence, il fut convenu par écrit qu'afin de prévenir tout soupçon, les cargaisons entières des deux bâtimens seraient remises entre les mains de Doeff, qui les gérerait suivant l'usage ordinaire et en rendrait compte à ceux qui les lui confiaient; ceux-ci s'obligeaient à se charger, pour le compte de leur gouvernement, des dettes et des obligations du comptoir contractées depuis 1809 jusqu'en 1813, et à les déduire du produit des cargaisons. Quand elles eurent été débarquées les bâtimens chargèrent du cuivre, suivant les réglemens d'usage.

Le silence des interprètes japonais était suffisamment garanti par l'intérêt de leur propre sûreté; quant au maintien de Doeff dans ses fonctions et au départ des agens venus par les navires, les Japonais surent fort habilement en attribuer la cause à des motifs plausibles dont les autorités se montrèrent satisfaites. Wardenaar et Ainslie durent s'estimer très-heureux de s'être tirés aussi heureusement d'un mauvais pas où ils s'étaient imprudemment engagés. A cette époque, la garnison de Nangasaki et des forts du voisinage était composée des troupes du prince de Fizen, et sans doute il existait encore dans la ville des amis et des parens des hommes qui avaient été victimes de l'apparition fortuite du *Phaéton*; certainement ils étaient tous avides de vengeance, et on ne peut leur supposer aucun penchant au pardon.

Une nouvelle tentative fut faite par sir Stamford Raffles en 1814; M. Cassa, Hollandais, fut envoyé sur *la Charlotte*, pour remplacer M. Doeff. Il paraît que tout avait été conduit avec plus d'habileté et de circonspection que l'année précédente, et M. Cassa réussit d'abord à mettre de son côté deux des cinq interprètes japonais; mais M. Doeff sut conserver l'avantage que lui avaient donné les événemens précédens: il refusa de nouveau de reconnaître les effets de la capitulation de Java comme devant s'étendre au comptoir hollandais de Desima. Sa constance le fit encore triompher. Il resta président, mais privé de toute communication au dehors jusqu'en 1817; alors arrivèrent deux navires apportant l'heureuse nouvelle que Java était rendu aux Hollandais, et que le gouvernement donnait son approbation entière à la conduite de Doeff.

Cette même année un brig anglais, commandé par le capitaine Gordon, partit de Calcutta pour le Japon: c'était une entreprise particulière; contrarié par le mauvais temps, il fut obligé de relâcher à Okhotsk et de s'en retourner dans l'Inde. Bien loin de se décourager, Gordon, qui voulait absolument nouer des relations commerciales avec le Japon, fit de nouveau voile de Calcutta le 12 mars 1818. Le 17 juin, il entra dans la baie d'Iedo, marchant en compagnie de plusieurs jonques. Au coucher du soleil, il était près de terre; dans la nuit, il survint du calme; le brig allant à la dérive fut porté près d'une roche, ce qui le força de mouiller une ancre pour attendre le vent.

« Le 18, au point du jour, dit Gordon, nous fûmes accostés par des canots; nous étions à moins de deux milles de villes et de villages bien peuplés. Dans le courant de la journée, nous recûmes la visite de différens officiers du gouvernement, notamment de deux personnages que leur gravité et le respect profond qu'on leur témoignait me firent regarder comme occupant un rang éminent. Je leur annonçai mon désir d'aller à Iedo, afin d'y obtenir la permission d'y revenir avec une cargaison. Comme nous avions le vent et la marée contre nous, on me conseilla de me mettre à l'abri dans une baie voisine; j'y fus conduit par un pilote et deux canots; je n'étais là qu'à une soixantaine de milles de la capitale.

» Les Japonais me demandèrent la permission de porter à terre nos armes, nos munitions de guerre et le gouvernail du navire; sachant que ceux qui abordent à Nangasaki se soumettent à ces formalités, je m'y conformai sans hésiter; cependant je refusai de dégréer le bâtiment, à cause de la perte de temps que cette opération aurait occasionée; je consentis seulement à ce qu'on enlevât les voiles de rechange.

» Nous étions entourés par une ligne de vingt canots amarrés les uns aux autres à une distance de quelques brasses de nous, et, plus loin, par une soixantaine de bateaux de garde et de chaloupes canonnières, indépendamment de trois jonques aussi grosses que notre brig et armées de plusieurs petits canons. Souvent le nombre des hommes embarqués qui nous gardait était de mille; jamais il n'était moindre de la moitié. On s'imaginerait difficilement avec quelle vigilance ils faisaient leur service et avec quelle exactitude minutieuse nos actions étaient surveillées; on les notait toutes par écrit, et on dessinait toutes les choses qui attiraient l'attention.

» La foule des gens qui venaient nous visiter avait d'abord été considérable et continuelle; le premier jour passé, il ne fut plus permis aux curieux de venir à bord, ni même de s'approcher de nous en bateau. Toutefois le rivage ne cessa pas d'être couvert de spectateurs; les femmes étaient les plus nombreuses dans cette multitude.

» Le 23, deux interprètes arrivèrent; l'un possédait à fond le hollandais, l'autre savait un peu le russe, et tous deux parlaient un peu l'anglais; nos conversations eurent lieu uniquement en hollandais. Je leur expliquai le motif de ma venue au Japon; après s'être informé de quel port j'avais fait voile et de quelques autres particularités, ils me demandèrent si je n'étais pas membre ou agent de la Compagnie anglaise des Indes. Sur ma réponse négative, l'un d'eux dit, comme se parlant à lui-même : « C'est bien. »

» Le nom de Golovnin ayant été prononcé, les interprètes s'enquirent avec un vif empressement s'il était à Okhotsk; ils demandèrent également si les Anglais et les Hollandais étaient en bonne intelligence; je répondis affirmativement, et l'interprète reprit : « J'ai appris que, depuis deux ans, la paix régnait dans toute l'Europe. »

» J'exprimai l'espoir d'obtenir la permission de revenir l'année suivante au Japon avec mon petit bâtiment; on me représenta que les lois de l'empire, toujours strictement observées, s'y opposaient, et qu'une requête semblable présentée trois fois par la Russie avait été rejetée. Notre entretien avait lieu sur le gaillard d'arrière, comme l'endroit le plus commode; les interprètes, à leur arrivée, m'avaient invité à m'asseoir. En s'en allant, ils me promirent, si cela ne me dérangeait pas, de réitérer journellement leur visite durant mon séjour sur la rade, et me firent un salut à l'européenne auquel je répondis.

» Le lendemain, leurs questions portèrent sur le lieu de naissance de chaque homme du brig, sur ma famille et sur ses membres. Apprenant que j'avais un frère écrivain de la cour des requêtes à Calcutta, ils s'écrièrent : « Il est donc au service de la Compagnie ? » Cette circonstance, bien que peu importante, sembla leur inspirer de grands soupçons.

» Je leur montrai des tubes de vaccin; j'appris avec plaisir que, dans leur patrie, on connaissait la vaccine. Vers 1812, Golovnin avait démontré les avantages de cette pratique; on désirait vivement qu'elle fût introduite. De tous les pays que j'ai vus, le Japon est celui où l'on rencontre le plus de marques des ravages de la petite-vérole. Parmi les personnes que la curiosité avait conduites parmi nous, il s'en trouvait très-fréquemment qui en portaient des traces.

» On me demanda si l'Angleterre continuait à expédier des bâtimens à la Chine, et si, comme à l'ordinaire, nos navires chargeaient à Canton du thé pour Londres; ces questions avaient peut-être rapport à l'issue de l'ambassade de lord Amherst. Il fut question ensuite des événemens survenus en Europe depuis quelques années; enfin de Golovnin. Il me sembla que les Japonais le regardaient comme un homme qui connaissait avec beaucoup d'exactitude leurs possessions septentrionales, ainsi que les ressources de leur empire et le caractère de la nation.

» Nous descendîmes ensemble dans la chambre; ils me demandèrent si j'avais un baromètre : je n'en avais pas : je leur montrai mes

1. Habitans des Iles de la Côte de Corée.

2. Coréens Mandarin et Homme du peuple.

L. Boully del.

autres instrumens; ils en connaissaient bien le nom et l'usage.

» Le lendemain, on nous apporta de l'eau pour remplir nos barriques; c'était un pronostic de notre prochain départ. En effet, vers midi, les interprètes arrivèrent, et après les complimens ordinaires, ils me montrèrent divers papiers de leur gouvernement; puis l'un d'eux me parla ainsi : « Vous avez demandé la permission de commercer au Japon; je suis chargé par le gouverneur de cette ville de vous déclarer que votre requête ne peut être admise, parce que les lois de l'empire interdisent tout négoce avec les étrangers, à l'exception de celui qui existe à Nangasaki avec les Hollandais et les Chinois. En conséquence, le gouverneur vous invite à faire voile par le premier vent favorable. »

» Je voulus leur laisser de légères marques de mon souvenir; ils répondirent que la rigueur extrême de leurs lois ne leur permettait pas de rien recevoir; ensuite ils nous souhaitèrent un bon voyage. C'étaient des hommes d'un esprit fin et délié; ils possédaient beaucoup plus de connaissances générales que je ne me serais attendu à en trouver chez eux. Ils sont, en général, bien plus instruits que le reste de leurs compatriotes pour tout ce qui concerne les pays étrangers.

» Dans l'après-midi, on nous rendit nos armes, nos munitions et notre gouvernail. Le lenmain matin, nous fûmes remorqués hors de la baie par une trentaine de canots. Quand je fus en bonne route, ils nous quittèrent, et mon équipage les régala de bon cœur d'un triple hourra : nous étions terriblement fatigués de la contrainte à laquelle nous avions été assujettis durant notre séjour.

» J'ose croire que, de part et d'autre, on voyait avec peine qu'on se séparât de cette manière. Je dois dire que, dans aucun pays, je n'ai vu les habitans se conduire avec autant de sentiment des convenances que les Japonais. Ils se montraient polis et affectueux non-seulement envers nous, mais aussi entre eux; les marques de respect qu'ils donnent à leurs supérieurs paraissent abjectes et dégradantes aux Européens; je ne puis partager cette opinion. Au reste l'observateur le plus superficiel serait frappé de l'air de bonté des maîtres pour leurs domestiques.

» La côte était couverte de spectateurs; beaucoup s'embarquèrent dans des canots pour satisfaire leur curiosité par la vue d'un navire européen. A peine ceux qui nous remorquaient nous eurent quittés, que plusieurs de ceux des particuliers s'approchèrent de nous; les curieux finirent par céder à nos invitations, et montèrent à bord; bientôt le pont fut tellement encombré, que je vis avec plaisir un bateau de garde s'avancer vers nous afin de dissiper la foule; il n'eut pas été plus tôt reconnu, que chacun s'échappa de son côté. Cependant plusieurs Japonais revinrent à bord : quand ensuite nous leur montrions un bateau de garde, les uns riaient et disaient qu'ils s'en moquaient, tandis que, dans d'autres momens, ils nous faisaient entendre qu'ils craignaient d'être punis de mort.

» Dans le courant de cette journée et de la suivante, nous ne reçûmes pas moins de deux mille visites. Tous les Japonais se montraient extrêmement empressés à faire des échanges. J'obtins entre autres choses de petits livres et d'autres échantillons de la langue du pays; je distribuai deux exemplaires du Nouveau-Testament, ainsi que divers traités de religion en langue chinoise. »

Quoique Gordon eût échoué dans sa tentative de commercer avec le Japon, il conserva cependant quelque espoir de réussir une autre fois; mais il ne paraît pas qu'il ait hasardé un nouvel essai. Il avait cru remarquer que l'on était généralement fâché de ce qu'on l'avait renvoyé. Du reste, il pense qu'il est de l'intérêt de la Grande-Bretagne de fournir aux Hollandais des draps fins qui soient du goût des Japonais, et de se borner ainsi à une participation indirecte au profit de ce négoce. Il recommande à ceux qui voudraient se livrer à un commerce clandestin le long des côtes du Japon une circonspection extrême, afin de ne pas alarmer les habitans de cet empire par l'apparence de la force; car une fois intimidés ou insultés, il serait impossible de calmer la défiance et la terreur qui en résulteraient, et qui empêcheraient toute communication ultérieure.

CHAPITRE XXIV.

Observations générales sur les Japonais.

On a vu, par la relation de Gordon, que les Japonais regardaient Golovnin comme possédant des notions très-exactes sur leur pays. On ne peut pas supposer raisonnablement que le capitaine anglais se soit amusé à inventer une assertion aussi positive, cela n'est pas croyable. Par conséquent, le témoignage des Japonais doit prévenir favorablement pour les renseignemens que le navigateur russe a donnés sur leur patrie. On s'abuserait étrangement en s'imaginant que Golovnin et ses compagnons de captivité furent constamment confinés dans les cages de bois où on les enferma d'abord. La liberté dont on les laissa graduellement jouir leur procura la facilité de s'enquérir de beaucoup de faits qui doivent rester cachés aux étrangers admis au Japon. Cependant les remarques de Golovnin sur cet empire sont présentées avec le doute modeste d'un homme qui ne sait guère les choses que par le récit de ses gardiens, mais aussi avec la pénétration d'un observateur qui n'a négligé aucun moyen de s'instruire à fond de tous les détails qui pouvaient venir à sa connaissance.

« Long-temps, dit-il, on a dépeint les Japonais comme rusés, ingrats, vindicatifs à l'excès, en un mot, avec des couleurs si affreuses, qu'il n'existe peut-être pas un être assez vicieux pour leur être comparé. Leur aversion pour le christianisme et leur politique défiante, qui ne leur laisse admettre dans leur pays aucun étranger, ont donné de la consistance à ces calomnies. On s'est fait une idée si affreuse du caractère de cette nation, que les expressions de perfidie et de cruauté japonaises sont passées en proverbe. J'ai eu l'occasion de me convaincre du contraire durant ma longue captivité.

» La conduite des Japonais envers les étrangers prouve qu'ils sont prudens et avisés; nous avons fréquemment éprouvé qu'ils sont bons, obligeans et compatissans. Nous n'en avons trouvé que bien peu qui fussent violens, inhumains ou méchans. La rigueur que, dans les premiers temps, ils employèrent envers nous, provenait seulement de la crainte de nous laisser échapper.

» Ils sont intelligens et spirituels; les Espagnols et les Portugais qui les ont tant décriés n'eurent-ils pas d'abord à se louer de leur hospitalité généreuse? La bonne réception qu'ils firent au capitaine Spongenberg, lorsqu'en 1739, il visita, sur la côte orientale de Nipon, différens ports dont les noms lui étaient inconnus, annonce assez leur bonne disposition pour les étrangers qui viennent chez eux avec des intentions pures. S'ils n'ont pas accordé à ceux qui l'auraient désiré la liberté de porter leurs regards curieux partout où ils l'auraient souhaité, et s'ils n'ont voulu écouter aucune proposition de commerce, avouons franchement que l'esprit actif et inquiet des Européens leur a donné de trop justes motifs pour se priver d'avoir des relations avec des hommes aussi avides.

» Une seule qualité que nous comptons parmi les vertus semble manquer aux Japonais, c'est la bravoure militaire; mais s'ils sont timides, c'est la conséquence des dispositions pacifiques de leur gouvernement, de la longue paix dont ils ont joui, ou plutôt de leur peu d'habitude à voir le sang couler; on n'en doit pas induire que la nation entière manque de courage. Ne voit-on pas tombés dans le dernier degré d'abattement des peuples dont les ancêtres furent la terreur du monde? Souvent, en Russie, tout un village prend la fuite devant un bandit armé d'une paire de pistolets; et, au bout de quelque temps, ces mêmes paysans, devenus soldats, bravent des batteries formidables, et emportent d'assaut des forts réputés imprenables. Est-ce donc l'uniforme de soldat qui fait des héros? n'est-ce pas plutôt une bravoure innée chez les hommes? On ne peut donc reprocher aux Japonais une poltronnerie naturelle.

» Quoiqu'ils aiment beaucoup les liqueurs fortes, et que les gens de la classe inférieure s'enivrent volontiers, toutefois l'ivrognerie n'y est pas poussée au même degré que chez plusieurs nations de l'Europe. Se montrer ivre en pleine rue serait une grande honte. Ceux qui aiment à boire se réunissent le soir après avoir fini leurs affaires ou leurs travaux.

» Leur vice dominant est le libertinage. La loi ne leur permet d'avoir qu'une seule femme légitime; mais ils prennent autant de concubines qu'ils peuvent, et les riches usent de ce droit jusqu'à l'excès. Les maisons de débauche sont placées sous la protection des lois; elles sont très-nombreuses et très-fréquentées; elles ont leurs statuts, leurs réglemens et leurs priviléges. Ceux qui les tiennent ne sont pas réputés exercer une profession déshonorante; ils sont regardés comme des commerçans qui exploitent une branche d'industrie; cependant leur société est fort peu recherchée.

» Ceux qui hantent ces sortes d'établissemens n'y vont guère qu'après le coucher du soleil; on y fait de la musique; le son du gong et celui du tambour ne cessent pas de retentir. Il y avait près de notre demeure, à Matsmaï, une maison de ce genre; je ne me souviens pas d'avoir passé une seule nuit sans être étourdi par le bruit des instrumens.

» Dans une de nos promenades, les interprètes, pour satisfaire notre curiosité, nous conduisirent un jour devant une de ces maisons. Une demi-douzaine de jeunes femmes accourut à la porte pour nous voir, quelques-unes étaient dans la fraîcheur de la jeunesse, et nous parurent des beautés accomplies; il est vrai que, depuis long-temps j'avais perdu l'habitude de voir des femmes européennes (Pl. XI — 4).

» Autrefois l'esprit de vengeance était le caractère distinctif des Japonais. Le devoir de venger une injure se transmettait d'une génération à l'autre; une famille ne regardait son honneur comme réparé que lorsqu'un de ses membres avait enfin lavé l'offense dans le sang d'un des parens de l'agresseur. On m'a assuré qu'aujourd'hui cette passion furieuse est bien amortie, et que les injures sont bien promptement oubliées. Du reste, n'existe-t-il pas ailleurs des coutumes aussi insensées?

» Les Japonais sont économes et non avares; ils parlent avec le plus grand mépris de la manie d'amasser; les hommes qui n'ont d'autre plaisir que celui de thésauriser sont constamment l'objet des satires les plus mordantes. Chacun s'habille suivant son état, et avec le plus de richesse ou d'élégance qu'il lui est possible. Les démonstrations de respect des inférieurs envers les supérieurs nous paraissent avec raison humiliantes (Pl. X — 4). Cette habitude est si ancienne chez eux, que, probablement, elle ne changera pas.

» Je pense que cette nation est celle où l'instruction élémentaire est le plus répandue; il n'y a presque point de Japonais qui ne sache lire et écrire, et qui ne connaisse les lois de son pays. Cela est d'autant plus facile, qu'elles ne changent presque jamais, et que leurs dispositions les plus importantes sont écrites sur de grands tableaux placés sur les places publiques et dans les lieux les plus apparens des villes et des villages.

» Les Japonais ne le cèdent pas aux Européens dans l'agriculture, le jardinage, la pêche, la chasse, la fabrication des tissus de soie et de coton, de la porcelaine, des meubles en laque; dans le poli des métaux. Ils excellent à le façonner, et exploitent très-habilement leurs mines. L'art du menuisier et du tourneur est poussé, chez eux, au plus haut degré de perfection; tous les meubles nécessaires au ménage et à l'ameublement sont travaillés avec une habileté infinie.

» Ils sont en arrière des Européens pour les beaux-arts et les sciences, et peu familiers avec les mathématiques, l'astronomie, la chimie et la médecine; du moins le nombre des hommes qui, chez eux, s'occupent de ces spéculations sublimes est très-restreint; mais, chez nous, les vrais savans forment-ils donc le corps de la nation? A ne considérer que les classes inférieures, les Japonais ont plus d'instruction qu'aucun peuple de l'Europe.

» Je n'en citerai qu'un exemple. Un jour, un simple soldat de ceux qui nous gardaient prit une tasse à thé, et me demanda si je savais que la terre était ronde et que le Japon et l'Europe se trouvaient opposés l'un à l'autre sur le même hémisphère. La coupe hémisphérique qu'il avait renversée lui servait à faire cette démonstration.

» Plusieurs autres soldats tracèrent devant nous des figures géométriques, et demandèrent si nous connaissions un moyen pour mesurer et diviser la terre.

» Presque tous les Japonais sont instruits sur les vertus médicinales des plantes de leur pays, et chacun a chez soi une petite pharmacie pour s'en servir au besoin. Toutefois, ils sont, de même que bien d'autres peuples, imbus de singuliers préjugés en médecine, et prétendent guérir les maladies par de certaines sympathies.

» A l'exception des lettrés et des seigneurs qui prennent part au gouvernement, les Japonais n'ont que des notions fort bornées sur les autres peuples. La politique de l'empire tend à interdire aux sujets la connaissance des mœurs et des usages des étrangers, de crainte qu'ils ne se corrompent par l'exemple, et que la tranquillité publique n'en soit troublée.

» L'histoire des autres nations, si on en excepte celle des Chinois, est regardée par les Japonais comme inutile et indigne d'attention. A quoi sert, disent-ils, d'apprendre et de retenir toutes ces histoires sur lesquelles chaque pays fonde sa vanité? Néanmoins, les membres du gouvernement et les lettrés ne négligent pas l'histoire des Etats de l'Europe moderne, et surtout de ceux qui, par leurs établissemens au dehors, se trouvent, en quelque sorte, leurs voisins. Le gouvernement cherche, par le canal des Chinois et des Hollandais, à se procurer des renseignemens sur tout ce qui se passe en Europe, sur les comptoirs des Russes en Amérique, sur la puissance colossale des Anglais dans l'Inde. Malgré tous nos efforts pour les convaincre des vues pacifiques de notre empereur, ils craignent que, tôt ou tard, la Russie ne tente contre eux une expédition formidable. Quant à l'histoire et à la géographie de leur pays, ils sont fort instruits; les livres d'histoire sont leur lecture favorite.

» J'ai remarqué chez tous les Japonais une politesse extrême; ils font constituer la bonne éducation à se rendre réciproquement toutes sortes de services. Ceux avec lesquels nous avons vécu habituellement n'appartenaient pas aux classes supérieures; cependant nous ne les entendîmes jamais se quereller ni s'injurier ; jamais des juremens ni des blasphêmes ne blessèrent nos oreilles. Les soldats, assis dans le corps-de-garde, causaient tranquillement entre eux ; ils aimaient beaucoup à jouer aux cartes (Pl. X — 3).

» Les filles ne reçoivent point de dot ; quand elles sont jolies, le gendre futur doit les acheter; si c'est un homme riche, il paie souvent un prix considérable. Dans les hautes classes, il faut toujours que la femme soit de la même condition que le mari. Les mariages sont célébrés dans les temples avec une multitude de cérémonies.

» Le mari a le droit de répudier sa femme quand cela lui convient et sans en donner le motif; mais un homme qui a la réputation d'être inconstant n'obtient la main d'une jeune fille qu'à un prix énorme.

» A la naissance de chaque enfant, le père plante dans son jardin ou dans sa cour un arbre dont la naissance correspond au nombre d'années nécessaire pour qu'un homme arrive à l'âge adulte; lorsqu'il se marie, l'arbre est abattu; on fabrique avec le tronc et les branches les coffres et les armoires qui doivent contenir la garde-robe du nouveau ménage.

» L'éducation est très bien dirigée ; les Japonais enseignent aux enfans, dès l'âge le plus tendre, à lire et à écrire, et à connaître la religion, l'histoire et la géographie de la patrie, et, plus tard, quand ils commencent à devenir grands, ils les initient dans l'art de la guerre ; mais ce qui est bien plus important, ils les accoutument de bonne heure à la patience, à la modestie, à la civilité; ces vertus sont portées chez ce peuple à un degré inconcevable, et souvent nous en avons eu la preuve. Ils nous traitaient dans notre captivité avec une douceur et une indulgence extrêmes; ils écoutaient sans se fâcher nos explications et nos reproches, et souvent nos expressions très dures, lors même que la raison était de leur côté.

» Disputer à haute voix est regardé comme une inconvenance et une grossièreté excessives. Ils soutiennent leurs propositions avec des formes polies et une multitude de précautions oratoires, comme s'ils se défiaient de leur propre jugement. Jamais ils ne font d'objections directes ; ils se servent d'expressions détournées et ont souvent recours à des exemples et à des comparaisons dont ils laissent à l'interlocuteur le soin de tirer la conclusion. En voici un échantillon.

» Lorsque nous leur disions que leur politique était l'inverse de celle des autres nations, que nous leur exposions tous les avantages que les peuples de l'Europe tiraient de leurs relations commerciales, que nous citions pour preuve l'avantage de profiter des découvertes et des inventions faites dans les autres pays, la facilité d'échanger les productions respectives, un plus grand essor donné à l'industrie et à l'activité, enfin quand nous ajoutions que les Européens jouissaient d'une multitude de commodités dont ils seraient privés si leurs princes, à l'instar du gouvernement japonais, interdisaient tout commerce avec les Etats voisins, et que nous faisions un éloge complet de notre système en blâmant celui qu'ils suivent, ils nous écoutaient attentivement ; ils rendaient justice à la sagacité des gouvernemens européens, et comme ils ne révoquaient en doute aucune de nos allégations, ils semblaient partager en tout notre sentiment; mais peu à peu ils tournaient la conversation sur la guerre, et nous adressaient cette question : « Comment se fait-il qu'en Europe vous ayez des guerres si fréquentes et si prolongées ? Pourquoi, lorsque deux nations se brouillent, d'autres Etats se mêlent-ils de la querelle et rendent-ils ainsi les hostilités générales ? »

» Nous répondions que le voisinage et les relations mutuelles donnaient souvent naissance à des discussions qu'il n'était pas toujours facile d'ajuster par des voies amiables, surtout quand l'intérêt et l'orgueil national se trouvaient en jeu. D'ailleurs, lorsqu'une nation prend un ascendant trop marqué, les autres, craignant pour elles-mêmes, prennent le parti de la plus faible, et se liguent contre la plus forte, qui, de son côté, cherche aussi des alliés.

» Les Japonais louaient la sagesse des monarques de l'Europe, et demandaient combien il y avait d'Etats différens ; nous les nommions tous : alors ils nous disaient que si le Japon et la Chine venaient à contracter des liaisons avec les puissances européennes et à imiter leur système politique, les guerres seraient beaucoup plus fréquentes, et que beaucoup plus de sang humain serait répandu.

» Nous convenions que cela pourrait fort bien arriver. « Eh bien ! répliquaient-ils, nous pensons qu'il est beaucoup plus raisonnable, pour diminuer les malheurs de l'espèce humaine, que le Japon persiste dans son ancienne politique plutôt que de conclure des traités d'alliance dont vous cherchez à nous démontrer l'avantage ?

» Je dois avouer qu'il était difficile de répondre d'une manière satisfaisante à une objection si imprévue et si péremptoire. Je prétextai une connaissance imparfaite de la langue japonaise

3. Mandarins Cariens.

4. Gilony. Fiaka.
Militaires des rives de l'Amour inférieur.

qui m'empêchait d'entrer dans des développemens propres à leur démontrer la vérité de nos assertions; mais, en vérité, quand même j'aurais possédé à fond cet idiôme, il m'aurait été très-difficile de réfuter leurs argumens.

» Une autre fois que je leur parlais des agrémens et d'une foule de jouissances de l'Europe, desquels on ne se fait pas même l'idée au Japon, ils témoignèrent le désir de passer quelques années dans nos contrées; puis, ramenant la conversation sur leur patrie, ils nous dirent : « Il s'y trouve deux villes, qu'ils nous nommèrent, et qui sont voisines l'une de l'autre : l'une très-grande, l'autre très-petite. Dans la première, tous les habitans sont riches; ils possèdent avec abondance les choses nécessaires à la vie et même le superflu; mais ils vivent dans des alarmes continuelles, parce qu'il y a tant de coquins parmi eux, qu'on n'ose pas sortir la nuit dans les rues, de crainte d'être assassiné. Quant aux habitans de la petite ville, ils ne possèdent que le strict nécessaire; mais ils vivent entre eux comme des frères, et on n'y entend jamais parler d'aucune querelle. » Sur notre observation, que ces derniers étaient incontestablement les plus heureux, il s'écrièrent qu'ils avaient comparé ensemble l'Europe et le Japon, et, certes, cette parabole ne manquait pas de justesse.

» Les Japonais deviendraient promptement de bons marins, s'ils étaient convenablement instruits; ils ont des dessins et même des modèles des navires d'Europe : ils pourraient les imiter; mais le gouvernement ne souffre pas l'introduction d'une méthode étrangère; la mauvaise construction de leurs jonques occasione tous les ans la perte d'un grand nombre de ces bâtimens et de leurs équipages. L'immense population de l'empire rend cette perte peu sensible. Elle est évaluée à 30,000,000 d'ames. »

L'inflexibilité des lois japonaises fut très-utile à M. Doeff pour rompre la monotonie de son séjour à Iedo en 1806. Le 26 avril, éclata, dans cette capitale, un de ces terribles incendies qui ne la ravagent que trop souvent. « A dix heures du matin, dit le résident hollandais, nous apprîmes qu'il avait commencé à une distance d'à peu près deux lieues de notre logement. Nous fîmes peu d'attention à cette nouvelle, sachant qu'à Iedo on vient promptement à bout du feu; mais cette fois il marcha rapidement. Vers trois heures après midi, les flammes, poussées par un vent violent, parurent en quatre endroits différens de notre voisinage. Depuis deux heures, nous nous étions occupés d'emballer nos effets, de sorte que nous étions prêts à nous éloigner immédiatement, car le danger devenait pressant. En entrant dans la rue, nous vîmes que, près de nous, tout était embrasé. Il y avait grand péril à vouloir s'échapper en suivant la direction du vent, qui était celle du feu. Nous en prîmes, par conséquent, une oblique le long des maisons qui brûlaient déjà, et nous réussîmes ainsi à gagner un champ ouvert nommé *hara*. Il était couvert des étendards des princes dont les palais avaient été consumés; leurs familles s'étaient réfugiées sur cet emplacement. Imitant leur exemple, nous plantâmes sur ce terrain le pavillon hollandais. Nous eûmes alors la vue entière de l'incendie; jamais je n'en avais contemplé un si épouvantable; la terreur que causait cet océan de flammes était encore augmentée par les cris des femmes et des enfans qui fuyaient.

» Notre maison avait été complètement détruite; on nous assigna une nouvelle demeure. Comme on n'y avait pris aucune des précautions usitées pour nous empêcher de regarder au-dehors, nos regards pouvaient se porter librement de tous les côtés. Le gouverneur de la capitale ne tarda pas à s'alarmer des facilités que notre nouveau logement nous donnait de faire des observations, quoique nous n'eussions aucune communication avec la rue; il est vrai que, du bâtiment extérieur qui touchait à notre habitation, nous pouvions voir la multitude et en être aperçus; celle-ci, non moins curieuse que nous, fut promptement attirée sur ce point; alors le gouverneur nous dépêcha un interprète pour nous défendre de nous montrer. Connaissant bien la loi, je lui fis répondre que je n'avais pas d'ordre à recevoir de lui, et que je n'étais obligé d'obéir qu'à ceux du gouverneur de Nangasaki. Il fut reconnu que j'étais dans mon droit, car les lois de la compétence sont, au Japon, aussi invariables que les autres, et mon appel fut aussi bien accueilli que s'il fût venu d'un Japonais. Le gouverneur de Nangasaki, charmé de ce que nous avions soutenu sa prérogative et son autorité, non-seulement nous conserva l'usage de la perspective intéressante dont nous jouissions, mais fit même abattre un monticule qui gênait nos regards. »

Il est facile de se convaincre, d'après tout ce qu'on vient de lire sur l'attachement invariable des Japonais à leurs usages, que l'Europe ne pourra recevoir des renseignemens exacts sur leur empire que par l'intermédiaire des Hollandais ou des observateurs qui partent sur leurs vaisseaux pour visiter ce pays lointain. On avait pu en espérer de feu Titsingh, décédé en 1812, il était allé trois fois à Iedo; malheureusement la plus grande partie de ses papiers fut dispersée après sa mort. Cependant quelques-uns de ses manuscrits ont été publiés, entre autres l'*Histoire des Daïris*. Le docte Klaproth revit cette traduction du japonais, et l'enrichit de notes et d'éclaircissemens.

M. de Siebold, savant naturaliste allemand, a passé au Japon sept ans, de 1823 à 1830. Animé d'un zèle ardent pour les progrès de la géographie, de l'ethnographie et des sciences naturelles, il a soigneusement recueilli tout ce qui pouvait les faciliter et les étendre. Ses connaissances et ses talens lui avaient acquis la bienveillance et l'attachement de plusieurs Japonais distingués par leur savoir et par leur rang. Flattés de l'empressement qu'un homme venu de l'extrémité du monde européen mettait à s'instruire de leur histoire et de leurs antiquités, à approfondir leurs systèmes philosophiques et leurs dogmes religieux, à examiner les usages de leur économie rurale et domestique, à étudier la géographie et la statistique de leur patrie, ils montrèrent le zèle le plus louable pour lui procurer tout ce qui pouvait l'aider dans ses recherches; livres imprimés, manuscrits, cartes, dessins, peintures, monnaies, vases, modèles, et produits des arts, enfin un grand nombre d'objets remarquables, curieux et nouveaux, passèrent ainsi en son pouvoir; il a tout rapporté en Europe.

Ces écrits originaux et des notes nombreuses recueillies par M. de Siebold lui ont permis de donner une description complète de l'empire du Japon et des pays qui en dépendent. L'ouvrage n'est pas encore terminé.

M. de Siebold a confié à M. J. B. Eyriès le soin de rendre en français le résultat de ses longues et judicieuses observations; feu Klaproth, si profondément instruit de tout ce qui concerne les contrées les plus orientales de l'Asie, devait fournir des remarques sur ce travail; depuis la mort à jamais regrettable de ce savant, sa tâche sera remplie par M. C. Landresse, ami de M. Klaproth et versé dans la connaissance de la langue, de l'histoire, de la géographie et de la littérature du Japon et de la Chine.

CHAPITRE XXV.

Iles Lieou-Khieou.

Ajoutons quelques détails sur cet archipel à ceux qu'on lit dans le *Voyage pittoresque autour du monde*, p. 343 à 356. Nous les tirons d'une *Description des îles Lieou-Khieou*, par le savant Klaproth. Il les avait extraits d'ouvrages japonais et chinois.

Entre Formose, le Japon et la Corée se trouve un archipel qui paraît être la continuation des chaînes de montagnes de ces trois pays. Les Chinois lui donnent le nom de *Lieou-Khieou*, que les Japonais prononcent *Riu-Kiu*. Les Européens en ont fait tantôt *Likiou*, tantôt *Lexio* et *Lequeo*; les Anglais, dans leurs dernières relations, l'ont modifié en *Loo-Tchoo* (Lou-Tchou), et les habitans en *Dou-Chou*. La véritable dénomination indigène est *Oghii*, que les Japonais écrivent et prononcent *Voki*.

Quoique l'empereur de la Chine s'arroge la suzeraineté sur le royaume de Lieou-Khieou, et que, suivant l'usage et l'opinion des Asiatiques orientaux, elle soit constatée par les ambassadeurs qui, tous les deux ans, portent des présens à Peking, et par le sceau en caractères chinois et mongols envoyé au roi, cependant cet archipel, par sa position entre la Chine et le Japon, est obligé de se reconnaître également vassal de ce dernier empire, dont le souverain reçoit de temps en temps l'hommage de ce petit monarque. La légation lui offre des sabres, des chevaux dressés, des parfums, des vases pour les contenir, de l'ambre gris, des étoffes de soie, des tissus faits d'écorce d'arbre, des tables en laque incrustées en nacre de perle, de la garance, du vin qui mousse. En retour, l'empereur du Japon donne 500 pièces de monnaie d'argent et 500 paquets de pièces d'ouates. Le chef de l'ambassade reçoit 200 pièces d'argent et dix habillemens complets; les autres membres de la légation partagent entre eux 300 pièces d'argent.

L'archipel des Lieou-Khieou renferme trente-six îles formant différens groupes. Celui du milieu comprend la plus grande île et celles qui l'entourent : elle porte spécialement le nom de *Ta-Licou-Khieou* (grande Lieou-Khieou). Les géographes japonais estiment sa longueur, du S. au N., à 60 ris ou à cinq jours et demi de route, et sa plus grande largeur à 12 ou 14 ris ou à un jour de route. Ces évaluations doivent être réduites au tiers, le ri du Japon étant la dix-huitième partie et demie d'un degré.

Le roi réside à *Cheou-Li* (Tsiouri en japonais), nom qui signifie la capitale, et appelée aussi *Vang-Tching* (ville royale); elle est à 20 ris à l'E. de *Na-Pa-Kiang* (Naka-Kou). Au S. on voit le temple de *Fatti-Man-Cou* (palais des huit étendards). A l'E. s'élève le Ben-gafk, haute montagne du sommet de laquelle on ne découvre, à l'orient et à l'occident, que la vaste étendue de la mer.

Au S. O., dans l'intérieur de la ville, est le lieu de la sépulture des rois de la Montagne du milieu ; il est tenu avec une propreté extrême. On lit sur la façade cette inscription gravée sur la pierre : *Tombeau des rois de la Montagne du milieu de Lieou-Khieou*. Tout le canton voisin est entouré de hauteurs qui lui donnent un aspect pittoresque.

Le temple des ancêtres des rois de la Montagne du milieu est au N. de la capitale, et assez éloigné de Napakiang. Quiconque arrive devant cet édifice doit, n'importe son rang et sa qualité, descendre de cheval et poursuivre sa marche à pied. Ce temple renferme les tablettes portant les noms des ancêtres de la famille royale. Depuis les temps des dynasties chinoises des Thong et des Soung (VIIe et Xe siècles), leur suite est très-complète.

Dans le palais du roi s'étend un mur en pierre qui a quelques toises de hauteur et plus de 20 en longueur ; il est percé au milieu d'une ouverture garnie d'une tête de dragon, par laquelle coule l'eau d'une source si abondante, qu'elle ne tarit pas dans les plus grandes sécheresses. Derrière le palais, on remarque au pied d'un coteau un petit temple sans aucune idole ; on y brûle des parfums en honneur de la terre. L'étang du dragon est à l'O. de la ville : deux rochers s'élèvent du sein de ses eaux. Le neuvième jour du neuvième mois, le peuple se divertit à naviguer sur cette pièce d'eau, dans des bateaux ornés de figures de dragon.

Les ambassadeurs chinois débarquent à Yng-Nghen-Thing, à trois lieues du port de Napakiang ; il paraît cependant que ce lieu n'est pas destiné uniquement à leur réception ; car, dans les descriptions de Lieou-Khieou écrites par les auteurs japonais, ils lui donnent, ou bien à un vaste édifice voisin, le nom de palais des princes de Satsuma.

Le palais des ambassadeurs chinois est à peu de distance ; il contient de grandes salles, des chambres, une bibliothèque, des terrasses ; on voit dans les jardins de petits pavillons de plaisance qui ne consistent qu'en une pièce éclairée par une fenêtre ; de jolis kiosques et des tours. Hors du palais, une grande table en pierre offre en caractères chinois les noms et une notice de tous les insulaires de Lieou-Khieou, qui, dans les temps, soit anciens, soit modernes, se sont distingués. Devant ce monument s'étend une pelouse de cent arpens ; chaque jour, à midi, des femmes de tous les âges s'y rassemblent, et y exposent en vente des corbeilles et toutes sortes d'ouvrages en nattes ; ensuite elles se divertissent à différens jeux.

Quoique le port de Napakiang soit le plus fréquenté de l'île, cependant il est bien moins sûr et moins commode que celui d'Ouling ou Vou-Tching, sur la baie de même nom, également sur la côte occidentale et au N. O. de la capitale. Très-près de son entrée s'élève au milieu de la mer le *Thian-Khieou-Chan* (Ten-Kou-Sou) ou Igouch-Kound, montagne que l'on aperçoit à une distance de 25 lieues marines, et qui sert de point de reconnaissance aux navigateurs. La petite île qu'il forme ressemble à un petit jardin placé au milieu de l'Océan ; car jusqu'à un tiers de sa hauteur, il est couvert de maisons.

A l'E. et à peu distance de la grande Lieou-Khieou se prolonge une chaîne d'îles réunies par un récif de corail qui rend cette côte dangereuse, même de beau temps. La plus considérable est *Khieou-Tao* (Koutava).

Au S. O. de Napakiang, l'île d'Amakinima est entourée d'îlots rocailleux.

Plus au S. O., on rencontre le groupe des Madjico-Sima, composé de sept îles ; la principale est *Thai-Fing-Chan* (Ta-Fee-San).

Un autre groupe de sept grandes îles et de quelques-unes plus petites est situé entre les Madjico-Sima et Formose. La plus importante, *Pa-Tchouung-Chan* (Ya-Yamu), est très-fertile et a 28 villages.

Entre les îles Peng-Hou et Lieou-Khieou, il existe un courant très-dangereux et nommé par les Chinois *Lo-Tsi* (la côte perdue).

Au N. de la grande Lieou-Khieou, on trouve un groupe de neuf îles, parmi lesquelles on distingue *Ta-Tao* ou la grande île (Oo-Sima), qui a plus de 59 ris de circonférence ; on y compte 41 villages et 260 dans tout le groupe ; on la nomme aussi la *petite Lieou-Khieou* ; mais on doit se garder de la confondre avec une autre portant le même nom, et située au S. de Formose.

Les habitans de ces îles sont soumis au roi de Lieou-Khieou ; ils paraissent aussi civilisés que les autres insulaires. Tout ce groupe est fertile ; on y récolte du vin et du camphre ; le kian-mou, sorte de bois nommé *iséki* par les indigènes, est surtout très-recherché ; l'arbre ressemble au cèdre, est très-durable, et ne craint pas l'attaque des vers.

Ki-Kiaï, l'île la plus septentrionale de ce groupe, a plus de six ris de tour ; on dépeint ses habitans comme des sauvages barbares. Les îles situées plus au N. appartiennent au Japon.

Plus au N. on rencontre, sous le 27e degré

50' de latitude l'île de *Louang-Houang-Chan* (mont de soufre) ou *Yieou-Kia-Sou* (rivage des bannis). Le volcan qui donne le soufre est creusé comme une chaudière; il vomit constamment de la fumée, et il s'en exhale une odeur sulfureuse quelquefois si forte, que l'on ne peut s'approcher de la montagne du côté d'où le vent souffle; elle est située sur la côte N. O. de l'île; les rochers qui l'entourent sont de couleur jaune mêlée de bandes brunes; la côte méridionale est formée de hauts rochers d'un rouge foncé; sa surface offre quelques espaces d'un vert clair. Dans le gros temps, il est difficile de débarquer sur cette île, parce que les vagues brisent avec une violence extrême sur les rochers escarpés qui la bordent.

Louang-Houang-Chan ne produit ni arbres, ni riz, ni légumes; les oiseaux y sont très-nombreux, les eaux de la mer très-poissonneuses. Cette île est habitée par une trentaine de familles de bannis qui sont soumis à une juridiction particulière et reçoivent leur subsistance de la grande Lieou-Khieou. L'occupation de ces gens est de recueillir du soufre.

La religion dominante dans tous ces groupes est celle de Foe ou Bouddha; elle y fut introduite il y a plus de dix siècles. Les prêtres de Foe étant venus de la Chine, introduisirent l'écriture de ce pays, de sorte que l'on peut, par ce moyen, se faire comprendre des insulaires, quoique l'on ne comprenne pas leur langue. Ceux-ci se servent plus fréquemment des écritures syllabiques du Japon appelées *kata-kana* et *firo-kana*, qui sont propres à rendre les sons de leur idiôme; du reste, cette langue, au moins dans la grande Lieou-Khieou, paraît être un dialecte du japonais, et est elle-même subdivisée en deux dialectes.

La manière d'honorer la divinité est de brûler, en plein air, des parfums sur une pierre qui lui est consacrée, et de lui offrir des fruits. C'est aussi sur cette pierre que les insulaires font leurs sermens et leurs promesses. Des femmes se consacrent spécialement au service de la divinité; elles sont très-considérées, parce qu'elles prédisent l'avenir; elles s'occupent aussi de la guérison des maladies, qu'elles tâchent d'effectuer par des prières.

De même qu'à la Chine, l'on a un respect extrême pour les morts; on porte le deuil avec une exactitude rigoureuse; toutefois, les funérailles ne sont pas aussi magnifiques que dans ce pays. L'usage le plus général est de brûler le corps des défunts et de conserver les cendres. On n'offre pas à manger aux morts : on se contente d'allumer des lampes et de brûler des parfums en leur honneur.

Les familles se distinguent entre elles, comme à la Chine, par un nom et un surnom, de sorte que les personnes qui ont le même *sing* (nom de famille) ne peuvent pas contracter mariage ensemble. La polygamie est permise; les jeunes gens des deux sexes communiquent librement entre eux : ainsi le mariage est une suite de leur libre choix. Les femmes ne sont cachées qu'aux regards des étrangers; elles sont généralement chastes, ne se fardent pas le visage et ne portent pas de pendeloques.

Le roi est le plus riche propriétaire. Indépendamment du produit de ses domaines, il jouit de celui des salines et des mines de soufre, de cuivre et d'étain; les impôts vont aussi grossir son trésor. Avec ces revenus, il paie les appointemens des fonctionnaires publics et entretient sa cour. Les traitemens sont calculés par sacs de riz, qui en forment le fond; on y ajoute des étoffes de soie, des toiles de coton et d'autres choses. Le riz est le signe d'échange; car, dans tout l'archipel, il ne circule qu'un petit nombre de pièces d'argent et de cuivre chinoises et japonaises. Le capitaine Basil Hall a donc eu tort d'assurer que ces insulaires ne connaissaient pas l'usage de la monnaie.

Le fils aîné du roi porte le titre de *vang-tsi* (o-si) ou prince royal; ses frères puînés sont égaux entre eux pour le rang, et composent la première classe de la noblesse. Les revenus de chacun de ses membres sont ordinairement de 2,000 sacs de riz; cette classe comprend aussi les plus proches parens du roi, et se subdivise en trois branches. Les autres parens du monarque sont répartis dans d'autres classes. Le corps de la noblesse en compte encore deux; le total est donc de neuf classes.

Les tribunaux des finances de la grande Lieou-Khieou et des trente-six autres îles qui obéissent au roi siégent dans la capitale; celles-ci ont un député près de la cour. D'autres tribunaux prononcent sur les difficultés qui surviennent entre les sujets et sur les délits. Les grands du royaume possèdent des métairies et des villages; il ne leur est pas permis d'y demeurer, ils sont tenus de résider dans la capitale. Le roi fait administrer leurs biens et leur en remet les revenus; les frais d'exploitation en emportent la moitié. Les propriétaires doivent, sur ce qui reste, acquitter encore d'autres charges; ainsi ils ne reçoivent guère que le tiers.

Les grands et les mandarins ne peuvent employer que deux porteurs pour leur chaise; le

1. Soldat Mandchou allant monter la garde.

2. Paysans Mandchoux.

J. Boilly del.   VOYAGE.

roi seul jouit de la prérogative d'en avoir un plus grand nombre. Ces chaises à porteurs, leurs armes, leurs marques distinctives, leurs vêtemens sont à la japonaise. Toutefois, dans ces derniers temps, on a commencé à prendre les modes et les usages de la Chine.

Grâce à la douceur de la température et à la fertilité de ces îles, on ne voit pas de pauvres. Les denrées nécessaires à la vie sont si communes, que personne n'y souffre de la faim.

Les insulaires font du sel avec l'eau de la mer. Le long des côtes, ils aplanissent de grands espaces, dont ils battent le sol jusqu'à ce qu'il devienne très-dur à sa surface; alors ils y étendent une couche de terre sablonneuse de couleur noire, et lui donnent un quart de pouce d'épaisseur; ils l'unissent avec des rateaux et d'autres outils pour qu'elle ne présente pas d'inégalités; mais ils ne la tassent pas, pour que ses particules ne soient pas trop adhérentes. Durant la chaleur du jour, on asperge cette terre au moyen de pelles courtes avec de l'eau de mer qui est apportée dans des baquets. L'ardeur du soleil ne tarde pas à faire évaporer toute l'eau, et le sel reste dans le sable; on le ramasse, on le serre dans des réservoirs qui ont six pieds de long, quatre de large et cinq de profondeur; quand ils sont pleins, on verse de l'eau de mer par-dessus, elle dissout le sel et l'entraîne en sortant par un petit orifice; ce mélange est reçu dans des vaisseaux longs de trois pieds et profonds d'un pied. Les masses de sel que l'on obtient par ce moyen ont un pouce et demi d'épaisseur.

On fabrique dans la grande île du papier très-fort; il est plus épais que celui de Corée; on le fait avec les cocons des vers à soie; on peut le teindre comme une étoffe et en tailler des vêtemens. Pour une autre espèce de papier, on emploie l'écorce du mûrier à papier.

Les étoffes de soie dont on s'habille viennent, pour la plupart, de la Chine; on recueille dans l'archipel une espèce de soie beaucoup plus rude que celle de ce pays. La fabrication des toiles de coton est très-active.

Les ouvrages qui viennent de ces îles jouissent d'une certaine réputation. L'or, l'argent et les autres métaux façonnés par les ouvriers des Lieou-Kieou sont estimés; les navires qu'on y construit ont une très-grande vogue à la Chine et au Japon.

La mer abonde en plantes marines, dont on fait des nattes et des vêtemens pour la pluie. La nacre de perle et l'écaille de tortues de cet archipel sont recherchées; il s'en expédie des cargaisons à la Chine et au Japon.

CHAPITRE XXVI.

Empire chinois. — Corée.

Un seul Européen a publié une relation de la Corée, où il pénétra bien malgré lui : ce fut Henri Hamel, né à Gorcum en Hollande. Jeune encore, il s'embarqua comme écrivain sur *le Sperber*, vaisseau de la Compagnie des Indes-Orientales. Le 30 juillet 1653, étant parti de l'île Formose, où les Hollandais possédaient alors un fort et un comptoir, il se dirigeait vers le Japon, quand une tempête affreuse, comme on en éprouve assez souvent dans ces parages, le jeta sur une île de la côte méridionale de la Corée. Le navire fut brisé : trente-six hommes échappés au naufrage tombèrent entre les mains des Coréens, qui les conduisirent dans l'intérieur du pays. Après y être restés treize ans en captivité, huit de ces infortunés, parmi lesquels se trouvait Hamel, se sauvèrent dans un bateau et abordèrent au Japon; ils revirent enfin leur patrie le 20 juillet 1668. Hamel fit paraître la même année, dans sa langue maternelle, le récit de ses aventures. Son livre a été traduit dans la plupart des langues de l'Europe. Indépendamment de l'intérêt qu'il inspire par les événemens qu'il raconte, il excite également l'attention par les détails qu'il contient sur une contrée que nul Européen n'a visitée. On conçoit que, surveillé sans cesse, Hamel n'a pu donner une grande étendue à ses observations; toutefois celles qu'il a pu faire annoncent qu'il était judicieux et véridique. Les faits qu'il rapporte sont d'accord avec ceux que nous tenons des missionnaires établis en Chine, et qui jamais n'entrèrent en Corée; si les noms de lieux diffèrent de ceux qu'on lit sur les cartes de ces derniers, c'est que ceux-ci les ont donnés d'après les Chinois, et Hamel d'après les Coréens.

De nos jours, des navigateurs européens ont rangé les côtes de la Corée et les ont explorées assez soigneusement pour nous fournir des lumières nouvelles sur leur configuration exacte; mais lorsqu'ils ont voulu débarquer et s'avancer dans l'intérieur, ils ont éprouvé la même résistance qu'au Japon et dans les contrées où règne un système politique semblable à celui de cet empire envers les étrangers. C'est donc aux livres des Chinois et des Japonais que nous devons avoir recours pour connaître la Corée et suppléer à ce que Hamel n'a pu ni voir ni apprendre. Les missionnaires établis à Peking et

M. Klaproth ont extrait des ouvrages de ces auteurs asiatiques diverses particularités curieuses; nous profiterons des travaux de ces hommes laborieux pour offrir une description succincte d'une contrée si éloignée de nous et si strictement fermée.

La Corée est une presqu'île bornée au N. par le pays des Mandchoux, à l'E. par la mer du Japon, au S. par le Toung-Hai (la Mer-Orientale), à l'O. par le Hoang-Hai (la Mer-Jaune); sa longueur, du N. au S., est d'environ 200 lieues; sa largeur, de l'E. à l'O., de 60; sa superficie de 10,500 lieues carrées. « Les Coréens, dit Hamel, représentent leur pays comme un long parallélograme de la forme d'une carte à jouer; toutefois, il a beaucoup de pointes et de caps. »

Le Tchang-pè-Chan ou Chanian-Alin, haute chaîne de montagnes neigeuses, sépare la Corée du pays des Mandchoux; un de ses rameaux court sur toute la longueur de la presqu'île, en se rapprochant plus de la côte de l'E. que de celle de l'O.; la première est la plus escarpée; les vallées les plus larges, les plaines les plus étendues, les plus fertiles et les mieux cultivées sont, par conséquent, situées à l'O. des monts; la partie méridionale s'abaisse insensiblement vers la mer; c'est la plus facilement accessible. Les plus grandes rivières, parmi lesquelles on distingue l'Ya-Lon, dans le N. O., coulent vers la Mer-Jaune; le Vou-Men, au N. E., prend sa source dans le Tchang-pè-Chan et se jette dans la mer du Japon, qui, du reste, ne reçoit que des torrens; ce fleuve marque la limite septentrionale de la Corée; le Han et un autre petit fleuve arrosent la partie méridionale et tombent dans le Toung-Hai.

Ses côtes sont très-découpées et bordées de beaucoup d'îles, d'îlots, de rochers, d'écueils et de bancs de sable.

Le climat de la Corée est très-rude dans le N., et la température est moins chaude dans le S. qu'on ne le supposerait d'après la latitude. Les rivières les plus septentrionales sont couvertes en hiver de glaces pendant trois à quatre mois. Hamel raconte que ses compagnons et lui souffrirent beaucoup du froid. La grande quantité de neige qui tombe interrompt, durant la mauvaise saison, toute communication par les montagnes entre ce pays et la Chine. Du reste, dans tous les temps on préfère la voie de mer pour aller d'une de ces contrées dans l'autre. Les cantons du N. ne produisent que de l'orge; le ginseng abonde dans les montagnes de cette région; les habitans le recueillent pour payer leur tribut et les marchandises qu'ils tirent de la Chine et du Japon. Les missionnaires disent que, dans le N., les zibelines sont communes. Suivant Hamel, les animaux sauvages, les ours, les panthères, les cerfs, les sangliers, les castors, le gibier et les oiseaux de toutes sortes y abondent; on y a quantité de chevaux et de bœufs : ceux-ci sont employés au labourage, et les autres à la cavalerie et au transport des marchandises. Les crocodiles infestent les rivières du S.; les serpens venimeux y sont nombreux; le long des côtes et dans les rivières, la pêche est abondante; les baleines et les harengs fréquentent les parages septentrionaux. Dans les montagnes, on trouve de l'or, de l'argent, du fer, du plomb, du sel gemme. Les plaines produisent du riz, du sorgo, du coton, du chanvre, et on élève des vers à soie; le long des côtes il y a de belles forêts de pins; depuis le commencement du xviie siècle, on y cultive le tabac, qui fut apporté du Japon.

Les Coréens sont grands, bien faits, basanés, plus nerveux que les Chinois et les Japonais, d'une physionomie agréable, polis et civils entre eux, obligeans et gracieux envers les étrangers, excepté envers ceux qui font naufrage sur leurs côtes, et qui, bien qu'ils soient traités avec douceur, sont invariablement retenus sans espoir d'être rendus à leur patrie. Les Coréens sont d'un caractère doux et humain, timides, laborieux, économes, modestes; cependant ils aiment assez les plaisirs de la table. Ils passent pour simples et crédules; on les accuse d'être efféminés, lâches, menteurs, rusés et enclins au vol; peut-être ces défauts et ces vices ont-ils pour cause l'oppression qu'ils endurent depuis long-temps. Du reste, ceux du N. sont plus robustes et plus braves que ceux des provinces méridionales. En général, ils aiment le chant, la danse et la musique, et montrent beaucoup de dispositions pour les sciences. Ils répugnent à répandre le sang : on ne tranche la tête qu'au coupable qui a injurié son père ou sa mère; c'est d'après ce principe que celui qui s'est révolté contre son roi est exterminé avec toute sa race; ses maisons sont rasées et ses biens confisqués. Tous les autres délits sont punis par des coups de bambou; ceux qui ont commis un crime capital sont exilés dans les îles les plus éloignées ou exécutés à mort suivant les circonstances.

Les Coréens portent une robe longue à larges manches attachée autour de la taille par une ceinture; leurs bonnets sont en fourrures; leurs chapeaux sont en bambous tressés à forme conique, parfois pointue, et à bords très-larges;

leurs pantalons sont amples, leurs bottes en soie, en toile de coton et en cuir; les gens du commun ont des habits très-courts; les robes des gens riches sont en étoffe de soie rouge. Les femmes ont des jupons à bordures brodées ou galonnées. Les vêtemens sont en *daba* (étoffes de coton). Leur habillement ressemble à celui des Chinois avant la conquête des Mandchoux (PL. XII—2).

La langue coréenne diffère radicalement de la chinoise; mais elle a emprunté de celle-ci beaucoup de mots et ses caractères idéographiques. Les Coréens ont, de plus, une écriture qui leur est propre : elle est généralement usitée; on se sert des caractères chinois pour tout ce qui concerne les affaires publiques et pour la plupart des ouvrages relatifs aux sciences. Les Coréens les ont apprises des Chinois. Leurs lettrés se distinguent par deux plumes attachées à leur bonnet. Avant de parvenir à cet honneur, ils subissent de nombreux examens. Leur savoir se borne, en général, à la connaissance de la morale des ouvrages de Confucius et de ses disciples; ils écrivent, de même que les Chinois, avec un pinceau : ils les surpassent dans l'élégance de l'écriture. Ils impriment avec des planches en bois taillées. Malgré la quantité de livres et de manuscrits qui existe dans leur pays, ils ont peu de réputation comme savans.

La religion de Bouddha ou Foe a une multitude de sectateurs en Corée, non seulement dans les classes inférieures, mais aussi parmi les grands. Partout on voit des temples remplis d'idoles; mais ils sont hors des villes. Suivant le récit des missionnaires, la dévotion ne semble pas être très-ardente chez les Coréens. Aux jours de fête, on va dans les temples, on brûle devant les idoles de petites baguettes parfumées, on fait de profonds saluts et on s'en va. Ce n'est que pour les funérailles et pour les honneurs à rendre aux ancêtres que les membres d'une famille se réunissent. Les couvens sont nombreux et bâtis sur le penchant des montagnes; ils sont soumis à la juridiction des villes, qui subviennent à leur entretien; les dons des particuliers y contribuent aussi. Plusieurs de ces couvens comptent jusqu'à 600 moines; ceux-ci ont la faculté de rentrer dans le monde; ils paient un impôt considérable, exécutent des travaux pénibles, et ne jouissent d'aucune considération. Leurs supérieurs, quand ils sont instruits, marchent de pair avec les gands du royaume.

Les maisons des riches sont vastes et ornées, construites en pierre, avec un toit en tuiles, entourées de cours et de jardins où il y a des réservoirs; les femmes occupent les appartemens du fond. Les marchands ont à côté de leur demeure leur magasin, où ils régalent leurs pratiques de tabac et d'araki. Les habitations des gens du commun sont chétives, en terre, couvertes en chaume et en roseaux, élevées sur des poteaux, dont l'intervalle est rempli de terre; revêtues en bois, séparées les unes des autres par des palissades, tapissées intérieurement en papier blanc; les planchers sont faits en voûte; en hiver on allume du feu par-dessous : aussi est-on très-chaudement, le plafond de la chambre étant couvert de papier huilé. Les maisons n'ont qu'un étage et un grenier au-dessus, où sont renfermées les provisions; les meubles se bornent aux plus nécessaires.

Le pays est rempli de cabarets où l'on se divertit à voir les femmes publiques chanter, danser et jouer des instrumens. L'été, ces sortes de récréations se prennent à la fraîcheur des bois et sous des arbres fort touffus. Il n'y a point d'hôtelleries pour les voyageurs, excepté sur le grand chemin de la capitale; ceux-ci s'asseyent où la nuit les prend, auprès de la palissade de la première maison qu'ils rencontrent, et on leur apporte suffisamment de riz cuit et de viande préparée pour souper.

Les mariages entre parens sont prohibés jusqu'au quatrième degré. Les Coréens ne savent pas ce que c'est que faire l'amour, parce qu'on les marie dès l'âge de huit ou dix ans; dès ce moment, les filles entrent dans la maison de leur beau-père, à moins qu'elles ne soient uniques. Elles apprennent, dans leur nouvelle habitation, à gagner leur vie et à tenir un ménage. Le jour qu'un jeune homme se marie, il monte à cheval accompagné de ses amis, et après avoir fait le tour de la ville, il s'arrête devant la porte de sa future; il est fort bien accueilli par les parens, qui la mènent chez lui, où les noces se célèbrent sans autre cérémonie. Les Coréens sont très-jaloux, et n'accordent qu'avec beaucoup de peine à leurs meilleurs amis la vue de leurs femmes et de leurs filles. Quoiqu'une femme ait donné plusieurs enfans à son mari, il peut la répudier quand il lui plaît et en prendre une autre; mais une femme ne peut quitter son mari, à moins d'y être autorisée par le juge.

La polygamie est permise; un homme peut entretenir hors de sa maison autant de femmes qu'il lui plaît; une seule peut habiter avec lui. Si un grand personnage en a plusieurs dans sa maison, toutes ont des appartemens séparés; il y en a une qui domine.

Les Coréens traitent leurs enfans avec beaucoup de douceur; ceux-ci témoignent à leurs parens un respect et une soumission sans bornes. De bonne heure ils sont accoutumés à l'obéissance envers les auteurs de leurs jours, qui s'appliquent à leur inculquer les principes les plus sages de la morale et les avantages de la science pour parvenir aux honneurs.

Les inhumations ne se font que deux fois l'an, au printemps et en automne. Dans l'intervalle, les corps des défunts sont placés sous de petites cabanes en chaume qu'on élève exprès. Le jour des obsèques arrivé, le mort est rapporté dans sa maison, enfermé dans une bière avec ses habits et quelques bijoux ; toute la nuit se passe à table ; le cercueil est emporté à la pointe du jour. Les porteurs chantent en marchant en mesure ; la parenté fait retentir l'air de ses lamentations ; le corps est enterré dans un caveau d'une montagne désigné par les devins.

Trois jours après, les personnes qui ont assisté au convoi retournent au lieu de la sépulture pour y faire des offrandes ; on les renouvelle tous les ans à la pleine lune ; dans ces occasions, on coupe l'herbe qui a poussé sur le tombeau. La cérémonie finit par un grand repas.

Le fils aîné prend possession de la maison paternelle et des terres qui en dépendent ; le reste du bien est partagé également entre les autres garçons. Il paraît que les filles n'ont aucune part à la succession, car une femme n'apporte que ses habits en mariage.

« Les Coréens, suivant ce que nous tenons du savant Klaproth, descendent des Sian-Pi, peuple de l'Asie moyenne, qui, depuis long-temps, a disparu ; les Japonais les désignent encore par ce nom, et, ainsi que les Chinois, leur donnent aussi celui de *Kilin* ou *Ghilin* (Ki-Lin).

» Jadis la partie méridionale de la Corée était habitée par les *Kan*, peuple composé de trois tribus : les *Ma-Kan*, les *Pian-Kan* et les *Chin-Kan*, portant collectivement la dénomination de *San-Kan* (les trois Kan). On présume que leur idiôme différait de celui des Coréens, et qu'ils se rapprochaient des Japonais par la civilisation, les mœurs et les usages. Vers le milieu du second siècle avant notre ère, leur pays fut envahi par les *Kao-Li* ou *Kao-Kiu-Li* (en japonais *Koma* ou *Kokouri*), venus du N. Ceux-ci se rendirent maîtres de toute la presqu'île ; ce sont les Coréens actuels.

» Au commencement du IIIe siècle de Jésus-Christ, il se forma le long de la côte occidentale de la Corée un petit royaume dans l'ancien pays des Ma-Kan ; les Chinois l'appelèrent *Pé-Dsi*, les Japonais *Koutara*. Il subsista jusqu'à la fin du VIIe siècle. Plus de cent ans avant sa chute s'était élevé dans les cantons du S. E., jadis habités par les Chin-Khan, le royaume des *Sin-Lo*, *Siraki* en japonais ; il finit dans le neuvième siècle. Pendant que la partie méridionale de la péninsule était partagée entre ces deux royaumes, les *Mo-Kho*, peuple toungouse subjugué par les Kao-Li, devinrent puissans. Ils fondèrent, sous le nom de *Pou-Khai*, une dynastie qui régna sur une grande étendue de la Corée septentrionale ; dans la première moitié du Xe siècle, elle fut anéantie par les Kitan.

» Une seconde dynastie de Kao-Li ne tarda pas à se former dans la Corée moyenne ; elle soumit les provinces méridionales. Ces rois furent indépendans jusqu'au temps de Djinghis-Khan ; ils devinrent ses vassaux en 1219. Quand les Mongols eurent été expulsés de la Chine, les rois de Corée reconnurent la suzeraineté des souverains de ce pays. Une troisième dynastie occupe le trône depuis 1392 ; le royaume est considéré comme un fief de l'empereur des Mandchoux. »

Le roi est confirmé dans sa dignité par ce monarque. A l'avènement d'un nouveau roi, la cour de Peking lui expédie un brevet qui lui confère son titre ; il est porté par deux grands mandarins qui doivent assister à l'inauguration. Le prince reçoit l'investiture à genoux et remet aux envoyés des dons et une somme de 800 taels en argent. Au commencement de chaque année, le roi de Corée envoie à l'empereur de la Chine un tribut ; il en reçoit des présens, mais d'une valeur beaucoup inférieure à ce qu'il a donné. Comme ses ambassadeurs représentent un roi feudataire et tributaire, ils ne sont traités qu'avec une médiocre distinction ; ils ne prennent rang qu'après les mandarins du second ordre. Ils sont d'abord comme enfermés dans la maison où on les loge. Après les premières cérémonies, ils ont la liberté de sortir, accompagnés d'un certain nombre d'officiers, bien moins pour leur faire honneur que pour surveiller leurs démarches. De leur côté, les Coréens rendent la pareille à l'ambassadeur de la Chine quand il vient chez eux.

Quoique vassal, le roi de Corée jouit chez lui d'une autorité absolue ; la forme du gouvernement est à peu près la même qu'en Chine. Le royaume est divisé en huit provinces, et chacune de celles-ci en diverses juridictions. Il y a deux capitales ; ce sont *Wang-Tching* (Oo-Sio), où le roi réside, dans la province de King-Ki-Tao, et *Thsin-Tcheou*, ville de la province de Khing-Chan-Tao.

3. Mandchou et sa Femme.

4. Habitans des Côtes du pays des Mandchoux.

EN ASIE.   Pl.e XIII. Page 134.

Le roi entretient dans sa capitale un grand nombre de soldats chargés de veiller à la garde de sa personne et de l'escorter dans ses marches. Dans chaque province, les troupes de terre sont sous les ordres de généraux d'armée, d'un ou plusieurs wan-hous (chefs de 10,000 hommes) : il y a dans quelques-unes des amirautés pour les troupes de mer et des commandans de la marine ; des places-fortes sont bâties sur plusieurs points ; de nombreux vaisseaux de guerre de grandeurs différentes veillent à la défense des côtes et sont stationés dans quatorze ports fortifiés. Des grands juges président à l'administration de la justice ; des préfets de police maintiennent la sûreté dans l'intérieur ; enfin les provinces ont des inspections des mines et des salines, des directions de postes, des directions de douanes.

Suivant un usage singulier cité par Hamel, chaque ville tire des couvens situés dans l'étendue de son ressort un certain nombre de moines, qu'elle fournit au roi pour garder et entretenir à leurs dépens les forts et les châteaux bâtis dans les gorges et sur le penchant des montagnes. Ils passent pour les meilleurs soldats, et obéissent à des officiers pris dans leurs corps ; ils sont soumis aux mêmes réglemens que les autres troupes.

Les armes de l'infanterie sont un mousquet, un sabre, une demi-pique, un corselet et un casque. Le soldat doit se pourvoir à ses dépens de cinquante cartouches. Les officiers n'ont que le sabre, l'arc et les flèches. La cavalerie a le casque, la cuirasse, le sabre, l'arc et les flèches, enfin un fouet armé de pointes de fer. Tous les ans on distribue à chaque soldat trois pièces de toile pour s'habiller. Tout Coréen est obligé au service militaire jusqu'à l'âge de soixante ans ; le fils remplace le père.

Le roi est regardé comme le propriétaire de toutes les terres ; il les donne à qui il lui plaît ; le possesseur ne jouit que du revenu. Après sa mort, elles rentrent au domaine royal, à moins que le roi n'en fasse une nouvelle concession aux enfans.

Le monarque a un conseil composé des principaux magistrats et d'officiers-généraux de terre et de mer qui s'assemblent tous les jours. Nul de ces conseillers ne peut donner son avis, à moins que le prince ne le lui demande. Ces emplois ne sont pas héréditaires ; ceux qui les occupent les gardent jusqu'à leur mort.

Quant aux gouverneurs des villes, magistrats et autres officiers de province, ils ne restent que trois ans en place, et même moins long-temps s'ils sont reconnus coupables de malversations.

Les revenus du roi consistent dans le produit de ses domaines et des droits d'entrée sur les marchandises ; la dîme de toutes les productions du royaume lui appartient également ; elle se perçoit en nature, et est déposée dans des magasins publics ; enfin il jouit aussi de certaines réserves sur les terres concédées. Quiconque n'est pas enrôlé dans la milice doit, chaque année, trois mois de travail au roi ; ces corvées sont réglées par les gouverneurs des provinces et des villes.

Lorsque le roi sort de son palais, il est porté sous un dais de brocart d'or, et accompagné de tous les nobles de sa cour, habillés d'étoffes de soie noire. Toutes les portes et les fenêtres sont fermées dans les rues par lesquelles il passe, et il n'est permis à personne de le regarder. Immédiatement devant lui marche un officier de distinction avec une petite boîte dans laquelle il met les placets qui lui sont présentés au bout d'une canne ou qu'il voit suspendus aux murs ; ceux-ci lui sont apportés par des sergens qui n'ont pas d'autres fonctions. Le roi, de retour, se fait rendre compte de toutes ces suppliques, et les ordres qu'il donne à cette occasion sont exécutés sur-le-champ.

L'ambassadeur coréen que Timkovski, voyageur russe, vit à Peking en 1821, lui avoua que ses compatriotes, exaspérés contre la dynastie régnante, étaient sans cesse disposés à se révolter contre elle.

« La population peu nombreuse de la Corée, ajoute Timkovski, et le caractère pacifique de ses habitans sont cause que le gouvernement chinois les traite avec une dureté extrême. Cette rigueur se fait surtout sentir par les vexations des mandarins chinois envers les Coréens qui vont à Peking. Ce peuple paie également un tribut aux Japonais. »

En voici l'origine : la Corée fut anciennement conquise et rendue tributaire par une impératrice du Japon. Une nouvelle expédition en 1591 subjugua ce pays. Les Japonais l'ont évacué ; mais le gouverneur militaire de Tsu-Sima, île de leur archipel, entretient à Fousan, port de la Corée méridionale, quelques centaines de soldats qui y maintiennent l'autorité du djogoun.

Les productions de la Corée consistent en toile blanchée faite avec les filamens du tchu (*urtica japonica*), taffetas brodé, toiles de coton, nattes ornées de dragons à cinq griffes, nattes à fleurs de diverses couleurs ; papier blanc satiné fort comme de la toile, riz, tabac à fumer, peaux de cerfs et de loups, sabres; tous ces objets composent le tribut envoyé à l'empereur de la Chine. Ce pays fournit encore au commerce de l'or, de l'argent, du fer, des lampes de pierres rouges et blanches, du cristal de roche, du sel, des pinceaux faits de la queue des loups, de l'huile, de la houille, de l'encre, du millet, du chanvre, du blé, des cônes de pin, du soufre, des drogues médicinales, des fruits, des éventails en bambou et en os ; quelques-uns sont d'un prix très-élevé; du vernis jaune donné par un arbre ressemblant à un palmier ; les choses qui en sont enduites ont la couleur de l'or; de petits chevaux renommés pour leur force et leur agilité, des poules à longue queue, du miel, des pelleteries, du ginseng, du poisson sec, des coquillages, ds mollusques séchés, des fucus et autres productions marines.

La Corée n'expédie des navires qu'à la Chine, au pays des Mandchoux, au Japon, à l'archipel des Lieou-Khieou, et ne reçoit que ceux de ces contrées. Les Japonais leur apportent des objets de leurs fabriques, ainsi que du bois de sapan, du poivre, de l'alun, des peaux de buffles, de cerfs et de chèvres, des marchandises hollandaises. Les navigateurs modernes qui ont essayé d'entrer en Corée ont partout éprouvé des refus.

Au mois d'octobre 1797, Broughton, après avoir continué à longer, en faisant route au S., la côte de Tartarie, dont l'aspect était constamment celui d'une terre haute sans ouvertures remarquables, eut connaissance, le 12, de *Tsima* (Tsu-Sima), île située entre Nipon à l'E. et la Corée à l'O. Les feux qui furent allumés de tous les côtés sur le rivage, dans la matinée, indiquèrent qu'elle était habitée. « Quel coup-d'œil agréable pour nous ! s'écrie le capitaine anglais, qui, dans notre navigation le long de la côte de Tartarie, n'avions pas aperçu le moindre indice de créatures humaines ! Nous vîmes des jonques japonaises qui serraient le vent le plus qu'elles pouvaient pour s'élever à l'O. L'île est d'une hauteur médiocre ; la partie du milieu domine les autres; les vallées sont cultivées ; il y a quelques arbres sur les collines. La côte occidentale est presque entièrement bordée de rochers, sur lesquels la mer brise avec violence. »

Tsima a environ huit lieues de diamètre; le long de la côte septentrionale, des îles et des récifs forment des canaux, dans lesquels passaient des jonques. Bientôt Broughton se trouva près de la côte de Corée, sur laquelle on distinguait plusieurs villages situés près du bord de la mer, et des enfoncemens où l'on pouvait espérer de trouver un abri.

Des bateaux de pêcheurs s'étant approchés du bâtiment anglais, l'équipage de l'une de ces embarcations céda aux instances qu'on lui fit de monter à bord. Ces Coréens firent entendre par signes que la baie que l'on avait au N. O. était la plus sûre des deux que l'on apercevait. On y entra et on y laissa tomber l'ancre à peu de distance d'un grand village entouré de champs cultivés.

Le lendemain de grand matin, la goélette fut entourée de canots remplis d'hommes, de femmes et d'enfans, attirés par la curiosité de voir des étrangers; tous étaient vêtus d'une espèce de blouse et d'un pantalon très-large de toile doublée et ouatée. Quelques-uns avaient des robes; les femmes portaient un jupon par-dessus leurs culottes longues; tous avaient des bottes en toile et des sandales en paille de riz. Les cheveux des hommes étaient noués sur le devant de la tête ; ceux des femmes nattés en tresses qui en faisaient le tour. La physionomie de ces Coréens ressemblait entièrement à celle des Chinois. On ne vit que des gens de la classe inférieure, de vieilles femmes et de petites filles.

Les Anglais étant descendus à terre près du village pour faire leur provision d'eau, un Coréen les conduisit à une belle source très-commodément située. Ils avaient également besoin de bois; mais le pays en paraissait mal pourvu. Ils se promenèrent ensuite dans les environs ; un grand nombre de Coréens les accompagnaient. Broughton reconnut que le port était vaste et à l'abri de tous les vents; il aperçut plusieurs villages sur les coteaux qui l'entouraient, et dans le N. O., une grande ville ceinte d'un mur en pierre avec des créneaux. Beaucoup de jonques étaient à l'ancre dans un bassin le long de ses remparts; une jetée en pierre les protégeait. Au S. O. s'étendait un autre môle dans le voisinage d'une suite de maisons blanches qui semblaient bâties avec soin et qu'environnait un bois épais.

Ces villages paraissaient très-peuplés, et le port était rempli de navires; on en voyait continuellement qui en sortaient ou y entraient ; ils étaient construits avec moins de soin que ceux des Chinois ; du reste, ils n'en différaient en rien.

L'attrait de la nouveauté engageait les Anglais à prolonger leur promenade ; ils s'approchaient d'un autre village, quand les Coréens les ayant priés de ne pas aller plus loin, ils se conformèrent à ce désir. Pendant qu'ils revenaient, ils remarquèrent plusieurs tombeaux; les Coréens leur firent observer qu'ils étaient creusés dans la direction d'orient en occident, et qu'ils consistaient en petits tertres alongés; ils étaient garnis d'ouvrages de maçonnerie, et quelques-uns entourés d'arbres plantés en demi-cercle.

On était retourné à bord pour dîner; l'après-midi, Broughton reçut la visite de plusieurs Coréens, qu'il supposa être d'un rang distingué, d'après les témoignages de respect que leur prodiguaient les autres. Ils étaient vêtus de robes très-amples, et coiffés de chapeaux noirs à formes très-hautes et à bords larges de dix-huit pouces, de sorte qu'ils pouvaient servir de parapluies; ils se nouaient au-dessous du menton; leur tissu, extrêmement serré, avait l'air de crin. Ces Coréens avaient un couteau richement monté pendu à leur ceinture et un éventail auquel était attaché une petite boîte en filigrane contenant des parfums; la plupart portaient de longues barbes : ils étaient suivis d'un petit garçon qui avait soin de leur pipe et empêchait leurs habits de se chiffonner (Pl. XII — 3).

« Ils semblèrent nous demander, dit Broughton, quel motif nous avait amenés dans leur port. Je crains bien que nous n'ayons pas satisfait leur curiosité, car nous avions bien de la peine à nous faire comprendre. Ils parurent contens de la manière dont ils avaient été reçus; cependant ils ne tardèrent pas à prendre congé de nous.

» Nous descendîmes de nouveau à terre, en nous acheminant vers un terrain élevé qui était assez près de nous, au S. de notre mouillage, afin d'y prendre des relèvemens du terrain. Parvenus à la partie la plus haute, nous pouvions distinguer le port dans toute son étendue; néanmoins, il fallut nous résigner à ne faire aucun usage de notre travail; car, au milieu de nos opérations, nous nous aperçûmes que l'aiguille aimantée se dirigeait vers l'E. au lieu de marquer le N. Elle était probablement attirée par l'action d'une force magnétique qui résidait dans le sol sur lequel nous avions mis la boussole, ce qui ne lui permit jamais de prendre sa véritable place dans aucun des endroits où nous essayâmes de la poser. »

Le terrain de la colline sur laquelle les Anglais faisaient leurs observations était mêlé de rochers; des bœufs paissaient sur ses flancs tapissés d'herbes grossières; au pied s'étendaient des champs de riz.

Broughton, de retour à sa goëlette, la trouva remplie de Coréens; il eut beaucoup de peine à les en faire sortir avant la nuit, et il fut presque obligé d'employer la force pour y parvenir. Un moment après la nuit close, il fut très-surpris de les voir revenir, et témoigner le désir le plus vif de monter à bord. Il s'y opposa. Comme ils ne s'éloignaient pas, et qu'il ignorait leurs intentions, leur conduite lui parut suspecte; en conséquence, il fit faire bonne garde. Quelques momens après, un autre bateau vint rejoindre ceux qui cernaient le navire; les gens qui le montaient distribuèrent des flambeaux à tous leurs compatriotes : ensuite ils se consultèrent quelque temps entre eux, puis tous regagnèrent la terre.

Le 19 dans la matinée, deux canots accostèrent la goëlette; ils amenaient des personnages beaucoup mieux mis que ceux qu'on avait reçus précédemment; il y avait aussi dans chaque embarcation des soldats coiffés de chapeaux ornés de plumes de paon; ils portaient des lances au bout desquelles flottaient de petits drapeaux de satin bleu avec des caractères en jaune. Ces Coréens, qui paraissaient être les magistrats du canton, firent présent à Broughton de poisson salé, de riz et de goëmon. « Après nous avoir adressé de nombreuses questions pour savoir qui nous étions, ajoute-t-il, nous reconnûmes, à n'en pouvoir douter, qu'ils manifestaient leur envie extrême de nous voir partir. Je tâchai de leur faire comprendre que nous avions le plus pressant besoin d'eau, de bois et de vivres. Ils m'offrirent aussitôt de me fournir les deux premières choses; mais je ne pus les décider à nous envoyer quelques-uns des bœufs et des moutons qui paissaient sur les coteaux voisins, et que je leur montrais de la main pour qu'ils me comprissent mieux. Nos piastres parurent n'avoir aucune valeur pour eux, et n'ayant pas d'autre monnaie à leur donner pour les faire consentir à nos demandes, nous fûmes réduits à la cruelle nécessité d'avoir continuellement sous les yeux l'objet de nos désirs sans pouvoir nous le procurer. »

La robe que ces Coréens portaient par-dessus leurs autres vêtemens, d'une étoffe plus fine que celle de leurs compatriotes, était d'une espèce de gaze d'un bleu clair; un cordon de gros grains de succin ou d'un bois noir paraissait destiné à nouer leur ample chapeau noir sous le menton; l'extrémité en était relevée et terminée par une boule pendante par-dessus l'oreille droite. Quelques-uns avaient la partie supérieure de la forme de leurs chapeaux garnie en argent. Les gens de leur suite ne leur adressaient la parole qu'en s'inclinant profondément, et en tenant les yeux fixés sur le pont de la goëlette.

La venue de ces grands personnages fit grand plaisir à Broughton, qu'elle délivra de l'importunité de beaucoup d'autres visites ; mais il ne put obtenir la levée de la défense d'aller se promener à terre ; on lui permit seulement de s'y approvisionner d'eau et de bois et d'y faire des observations astronomiques. Toutefois, la foule qui se rassemblait autour des Anglais les gênait beaucoup pour donner à cette opération toute l'exactitude désirable, quoiqu'il y eût des soldats postés pour écarter les importuns trop empressés, sur lesquels ils frappaient avec leurs bambous.

Dans l'après-midi, les Coréens envoyèrent de l'eau à la goëlette dans des jarres et des barriques ; ensuite ils pensèrent qu'il serait plus expéditif d'emporter à terre les pièces à eau pour les remplir, ce qui se fit avec beaucoup d'ordre. Il y avait dans chaque bateau un soldat auquel l'équipage paraissait obéir.

Le 17, après midi, une députation vint de la part des magistrats demander à Broughton si son approvisionnement de bois et d'eau était suffisant pour lui permettre de partir. Il répondit que son intention était de mettre à la voile dans trois jours ; les Coréens l'invitèrent à hâter son départ d'un jour ; il persista dans sa résolution. Ces députés, très-affables et d'un caractère communicatif, étaient vêtus de robes de couleur vert d'eau, bleu pâle et gris de lin, très-luisantes, quoique l'étoffe dont elles étaient faites ne fût pas très-fine. Ils avaient de très-jolies pantoufles en cuir, ornées de paillettes d'or et d'argent.

Des députations arrivèrent encore les deux jours suivans pour parler à Broughton de son départ ; mais il le différait à cause du temps couvert qui mettait obstacle à ce qu'il pût faire des observations pour vérifier le mouvement de sa montre marine.

Comme il pleuvait sans aucune interruption, les derniers députés avaient garanti leurs chapeaux de l'humidité, en les revêtant de coiffes que Broughton supposa de parchemin ; mais il est plus probable qu'elles étaient, de même que leurs parapluies, de papier verni, dont on fait même des robes en Chine et dans les contrées voisines pour le temps humide.

La pluie ne discontinuant pas, Broughton crut qu'il pourrait explorer le port sans être aperçu ; mais les Coréens, qui surveillaient tous ses mouvemens, furent bientôt à ses trousses. Cependant les bateaux envoyés à sa poursuite ne purent le joindre qu'au moment où il remontait sur sa goëlette. Le 20, ils revinrent pour insister de nouveau sur son départ, et lui parlèrent de son excursion de la veille, en donnant des marques de désapprobation. Ils lui firent comprendre que, s'il débarquait près des maisons blanches du fond de la baie, lui et ses gens seraient maltraités et peut-être même mis à mort. Ils finirent par le prier de ne plus s'éloigner de son navire en canot.

Ils suspectaient probablement les intentions des Anglais ; car, peu de temps après être revenus à terre, ils envoyèrent quatre bateaux avec pavillon flottant et un soldat dans chacun pour surveiller la goëlette de plus près ; mais Broughton ne voulut pas les laisser se placer le long de son bord, et ils mouillèrent à une certaine distance ; le soir ils se retirèrent.

Le 21, Broughton quitta la goëlette avant le jour sans avoir été aperçu par les gardes, et gagna le port pour en terminer le dessin. Au point du jour, des feux allumés près du rivage lui firent croire que ce pouvaient être des signaux relatifs au départ de son canot. Néanmoins il débarqua sur le rivage méridional du port, l'examina avec attention, puis revint à bord de bonne heure. Quoiqu'il n'eût pas été vu, son absence avait répandu l'alarme dans le village, puisque des bateaux avaient été expédiés pour aller à sa rencontre ; il leur avait échappé.

Un instant après un chef arriva et parut très-content de ce qu'il faisait ses préparatifs pour appareiller. Broughton sortit du port à la grande satisfaction des Coréens, qui s'étaient rassemblés en grand nombre sur les coteaux voisins afin d'être témoins de son départ. « Quoiqu'ils nous eussent contraints de rester à bord durant tout notre séjour, dit-il, nous ne leur avons pas moins obligation de nous avoir fourni du bois et de l'eau sans rien demander en paiement. »

Le port qu'il quittait est Tchosan, situé sur la côte S. E. de la Corée, par 35° de lat. N. et 129° 7' de longit. E. Il est entouré de hautes montagnes, la plupart arides. Les villages sont généralement situés dans des sites agréables. Les maisons, entremêlées d'arbres, sont couvertes en chaume. La campagne est aussi bien cultivée qu'au Japon. Le penchant des montagnes est disposé en terrasses, sur lesquelles on peut semer du riz et faire séjourner l'eau dont cette plante a besoin.

Les Coréens que vit Broughton connaissaient l'usage des fusils et des canons ; il n'aperçut chez eux aucune espèce d'arme offensive, et ils n'avaient pas l'air de beaucoup redouter celles des Anglais. « Différens produits des manufactures européennes excitèrent leur curiosité, dit-il, et les habits de drap fixèrent particulière-

1. Passage de l'Ir.

2. Mongols.

ment leur attention. Quoiqu'ils fussent au fait du commerce, ils semblèrent ne pas avoir la moindre idée de faire des échanges, ce qui venait peut-être de ce qu'ils n'attachaient pas une grande valeur aux objets que nous pouvions leur offrir. »

Ce port de Tchosan est le même que celui de Pousan de Hamel et Fousan des Japonais et des Chinois. On a vu précédemment que les premiers en sont les maîtres; ainsi ils y maintiennent comme ailleurs l'exécution de leurs lois.

Broughton se dirigea au S., et passa au milieu de plusieurs îles cultivées et peuplées, et d'un grand nombre d'écueils qui bordent la côte méridionale de la Corée. Il vit beaucoup de pêcheurs; aucun ne l'accosta. Ayant laissé tomber l'ancre près d'une grande île où il y avait une ville assez forte, il s'en détacha un canot. Les Coréens lui montrèrent un papier écrit en caractères chinois; personne à bord ne put les lire. Environ une heure après, plusieurs canots arrivèrent le long de la goëlette : l'un était plus orné que les autres; un large pavillon de soie rouge et violette flottait à l'avant; les rameurs faisaient mouvoir leurs avirons en cadence au son des trompettes; il portait des soldats armés de sabres et tenant à la main des drapeaux de soie; un personnage qui paraissait être de la plus haute importance, assis sous un dais, sur une peau de léopard, et appuyé sur des coussins, était environné d'une suite nombreuse, habillée comme les habitans de Tchosan.

Ces insulaires montèrent à bord de la goëlette sans cérémonies, et y portèrent la natte et les coussins du grand personnage; l'un d'eux tenait son parasol; les autres restèrent à une distance respectueuse. Parmi les questions qui furent adressées par le chef à Broughton, celui-ci ne put comprendre que celles qui concernaient sa venue dans ce lieu. Le Coréen s'enquit du nombre des hommes de l'équipage, et ne se contenta pas de la réponse du capitaine anglais; il voulut que tous les matelots fussent comptés devant lui par ses gens; mais Broughton s'y opposa, ce qui déplut singulièrement au Coréen. Bien différent des chefs que l'on avait vus jusqu'alors, il avait l'air de souhaiter que les Anglais fissent un certain séjour dans cet endroit, et pria même Broughton d'envoyer son canot à terre. En sortant du navire, il répéta la même invitation, et parut très-surpris de ce qu'elle n'était pas accueillie. Il avait les manières très-hautaines, et toute sa conduite prouva aux Anglais un dédain extrême pour eux.

En quittant la goëlette, au bout d'une demi-heure, il dépêcha vers la ville deux canots, et en laissa deux autres le long du bord, probablement pour surveiller les étrangers; quant à lui, au lieu de regagner le point d'où il était parti, il se dirigea vers la pointe d'une île, où il s'arrêta.

Broughton ayant profité d'un éclairci pour appareiller, dans l'après-midi, le canot du Coréen, qui ne s'était pas éloigné de l'île, le suivit; les insulaires jetèrent de grands cris et sonnèrent de la trompette, sans doute pour engager les Anglais à s'arrêter. D'autres manœuvres que fit ce bateau parurent suspectes à Broughton, qui, à l'aide du vent favorable, s'éloigna de ces îles.

En continuant à naviguer au milieu d'un immense archipel très-peuplé, il finit par apercevoir l'île de Quelpaert, fameuse dans l'histoire des voyages par le naufrage du *Sperber*. Il ne découvrit aucun port le long de la côte. Quelpaert offre un aspect volcanique; on peut l'apercevoir de 25 lieues, et même d'une plus grande distance.

En 1818, la côte occidentale de la Corée fut visitée par deux vaisseaux anglais, la frégate *l'Alceste*, capitaine M. Maxwell, et le brig *la Lyre*, capitaine B. Hall. « Le 31 juillet, dit Macleod, qui a écrit la relation du voyage du premier de ces bâtimens, nous vîmes la terre à l'E. et nous laissâmes tomber l'ancre. Nous en fîmes autant le lendemain au milieu d'un groupe d'îles par 37° 45′ de lat. N. Les Coréens, par leurs signes et leurs gestes, montrèrent qu'ils n'étaient pas disposés à laisser débarquer les équipages des canots envoyés vers eux; ils passaient le travers de leurs mains sur leur cou, comme pour faire voir qu'il ne s'agissait pas moins pour eux que d'avoir la tête coupée; ils repoussèrent les embarcations; mais, du reste, ne commirent aucun acte de violence. On apercevait à peu de distance au-delà de ces îles le continent, qui s'étendait sur une longueur considérable.

» On fit route au S., et, le 4 août, on entra dans une belle baie de la terre-ferme, dont l'ouverture était protégée par des îles. On était mouillé vis-à-vis d'un village, à une certaine distance d'une ville. Le soir, une demi-douzaine de grands canots accostèrent *la Lyre*. Le chef de ce canton, accompagné d'une suite nombreuse, vint à bord, accepta des rafraîchissemens, et, quoiqu'il fît déjà obscur, se rendit à bord de *l'Alceste*. A son départ, on le salua de trois coups de canon, ce qui fut répété à bord de la frégate. Quand il s'éloignait du brig, un Coréen de sa suite qui, probablement s'était mal comporté, fut, par ses ordres, étendu sur le pont du canot et reçut une douzaine et demie de coups de bambou sur le derrière. Comme le patient hurlait, un certain nombre de ses compagnons fit chorus avec lui, soit par dérision, soit pour étouffer ses cris.

» Cette opération terminée, une fanfare de trompettes et d'autres instrumens annonça que le chef s'approchait de la frégate. Il paraissait âgé de soixante-dix ans; sa mine était respectable et majestueuse; sa barbe et sa chevelure étaient d'une blancheur remarquable. Une robe bleu clair à larges manches, et fixée autour de sa taille par un ceinturon de cuir jaune, l'enveloppait. Son chapeau, dont les bords n'avaient pas moins de six pieds de tour, était d'une substance ressemblant au crin et vernie ; la forme n'était pas d'une hauteur proportionnée. Ses demi-bottes se relevaient en pointe à l'extrémité. Il avait à la main une courte baguette noire entourée d'un cordon de soie; c'était apparemment l'emblème de sa dignité. Parmi les hommes de sa suite, les uns étaient des militaires distingués par un petit sabre, les officiers par des plumes de paon, comme en Chine. Conduit cérémonieusement dans la chambre, il préféra s'asseoir sur des coussins de sofa posés sur le plancher, plutôt que sur une chaise. Les Anglais, à l'imitation des Coréens, se coiffèrent de leurs chapeaux, parce qu'il est de l'étiquette des peuples de l'Orient d'avoir la tête couverte en signe de respect.

» On parla beaucoup de part et d'autre sans se comprendre ; l'interprète chinois que les Anglais avaient emmené ne savait pas écrire, et les Coréens, fort habiles sur ce point, ignoraient le dialecte dont il faisait usage. Toutefois, le vieux chef témoigna par signe sa satisfaction de l'accueil qu'il recevait, et après avoir pris de la liqueur et des confitures, il partit très-tard ; on le salua de nouveau d'une salve, et ses musiciens jouèrent un air martial du pays. Quand les Coréens lui parlaient, ils posaient leurs mains sur leurs genoux et penchaient leur corps en avant.

» Pendant la nuit, plusieurs canots vinrent jeter l'ancre près de *la Lyre*, comme pour surveiller ses mouvemens. Le lendemain matin de bonne heure, le même chef, accompagné d'une suite plus nombreuse que la veille, vint à bord du brig, où il déjeuna. Il avait avec lui des secrétaires qui notèrent par écrit toutes les particularités relatives aux vaisseaux, qui pouvaient être exprimées par des signes ; ils firent le dé- nombrement de l'équipage, comptèrent les canons, examinèrent les fusils, mesurèrent les ponts. A leur désir exprès, un coup de caronade fut tiré ; la distance à laquelle le boulet atteignit, et surtout les ricochets qu'il fit à la surface de l'eau, les frappèrent d'étonnement.

» Après le déjeuner, les capitaines Maxwell et Hall, avec un petit nombre d'officiers, s'embarquèrent dans des canots pour aller au village ; le vieux chef, croyant qu'ils se rendaient à bord de la frégate, les accompagna, suivi de ses embarcations ; mais à peine eut-il reconnu la direction qu'ils prenaient, que sa physionomie s'attrista ; il semblait être en proie aux plus vives inquiétudes, faisant signe qu'il voulait aller à bord de *l'Alceste*, et secouant la tête quand on lui indiquait la ville.

» Néanmoins, les Anglais abordèrent le rivage : aussitôt une foule nombreuse les entoura. Le vieux chef, accablé par la douleur, penchait la tête et joignait les mains, en gardant tristement le silence ; enfin il fondit en larmes et sanglota en marchant, soutenu par ses compatriotes, jusqu'à une petite distance, où il s'assit sur une pierre, regardant les Anglais de l'air le plus abattu. Il paraissait convaincu de l'idée que la venue de gens étrangers dans sa patrie était une calamité terrible, et qu'il avait le malheur d'être le gouverneur du canton où elle arrivait.

» Sur ces entrefaites, les Coréens, qui avaient été repoussés au loin par leurs soldats, portaient alternativement leurs regards étonnés sur leur chef, livré à la douleur, et sur les Anglais. M. Maxwell, frappé de l'angoisse de ce bon vieillard, dit à ceux-ci de rebrousser chemin, et fit signe au Coréen de revenir. Quand il fut près de lui, le capitaine anglais lui expliqua aussi bien qu'il fut possible, continue le narrateur, que l'on n'avait pas d'intentions hostiles, et que nous étions amis. Alors le vieillard indiqua le soleil, et marquant quatre fois, par ses gestes, la révolution diurne de cet astre, il plaça sa main en travers de son cou, laissa tomber son menton sur sa poitrine et ferma les yeux comme s'il fût mort, voulant probablement faire comprendre que, dans quatre jours, temps nécessaire pour qu'une réponse arrivât de la capitale, car il indiqua aussi l'intérieur des terres, il perdrait la tête. Un de ses secrétaires, placé sur le haut d'une grande pierre, parla ensuite très-longuement ; c'était évidemment pour annoncer que les étrangers ne devaient pas marcher en avant. Alors nous fîmes le signe de manger et de boire, supposant que le sentiment de l'hospitalité pourrait engager ces Coréens à nous inviter à entrer chez eux; mais des messagers furent à l'instant expédiés au village; ils en rapportèrent de petites tables, des nattes pour s'asseoir et quelques rafraîchissemens; ce n'était pas ce que nous désirions. Nous les refusâmes donc, en représentant qu'il ne convenait pas de les offrir ainsi en plein air, sur la plage; enfin, pour leur insinuer que nous en usions autrement avec les étrangers, nous les conviâmes à retourner à la frégate, où ils dîneraient bien et seraient traités avec tous les égards possibles. Le vieillard, qui avait observé nos gestes très-attentivement, et paraissait les comprendre à merveille, y répondit par ceux d'un homme qui boit et mange avec plaisir; puis, prenant un air sérieux, il passa de nouveau sa main sur son cou et ferma les yeux comme pour nous dire: « Que m'importent vos bons repas, si je dois perdre la tête!

» Reconnaissant qu'il était impossible de pénétrer dans l'intérieur du pays sans user de violence, ce que nous n'avions ni le droit, ni l'intention de tenter, nous nous rembarquâmes, en affectant d'être choqués du traitement que nous avions éprouvé.

» Le vieillard nous suivit sur l'*Alceste*, l'air très-abattu, et comme honteux de ne pouvoir nous témoigner plus d'égards. Il se promena sur le pont, essaya de converser par signes avec tous ceux qu'il rencontrait; enfin il prit un morceau de papier, sur lequel il écrivit des caractères; il semblait attendre qu'on lui répondît; personne à bord n'en était capable. A notre retour à Canton, nous apprîmes le contenu de cette lettre, qui était : « J'ignore qui vous êtes; que venez-vous faire ici? » Toutefois, il était évident qu'il agissait d'après des ordres dont il n'osait pas s'écarter, car toute sa conduite prouvait qu'il n'avait nulle intention d'être impoli envers nous.

» Il accepta une Bible de M. Maxwell, qui lui avait inspiré un vif sentiment de reconnaissance pour n'avoir pas insisté à vouloir aller jusqu'à la ville. Il emporta soigneusement ce livre, supposant peut-être que c'était quelque communication officielle. »

Le 5 après midi, les Anglais sortirent de cette baie, qui s'enfonçait au moins à 20 milles dans le pays, et firent voile au S. à travers une quantité innombrable d'îles très-hautes et s'élançant comme des montagnes de la surface de la mer; bien peu avaient plus de quatre milles de longueur; elles parurent très-bien cultivées; les habitans se rassemblaient en foule sur les coteaux les plus élevés, et y restaient pour considérer les navires européens qui passaient.

En avançant plus au S., on reconnut qu'une terre qu'on avait prise pour une partie du continent était une île après laquelle une vingtaine d'autres formaient un groupe assez éloigné de la côte de Corée. Les bâtimens laissèrent tomber l'ancre dans un excellent port entre deux îles. On y fit beaucoup d'observations, et l'on y prit des relèvemens pour constater la position exacte des terres et la nature du mouillage. Des noms furent donnés à tous les points culminans, afin de guider la marche des navigateurs; du haut du morne le plus haut, on compta 135 autres îles; le continent, qui paraissait très-élevé, se dirigeait du N. E. à l'E. S. E.; sa distance était à peu près de 40 milles. Les espaces qui séparaient ces îles les unes des autres étaient généralement larges d'un à deux ou trois et même quatre milles, et formaient de bons hâvres pouvant offrir un abri très-sûr à toutes les escadres du monde, et communiquant tous les uns avec les autres. Quand les Anglais débarquèrent sur l'île voisine de leur mouillage, les femmes s'enfuirent avec leurs enfans, et se réfugièrent dans des cavernes au milieu des précipices de la montagne, pendant que les hommes, réunis en un corps, mais non armés, faisaient des signes et criaient pour empêcher les étrangers d'avancer; ils finissaient par le geste ordinaire de poser leur main en travers sur leur cou.

» Cependant, ajoute le narrateur, quand, après nos visites répétées, ils eurent reconnu que nous n'avions pas de projets hostiles, et que nous étions plutôt enclins à leur donner qu'à leur enlever quelque chose, ils s'apprivoisèrent un peu; ils entourèrent en foule nos officiers quand ils tirèrent au blanc, leur apportèrent de l'eau à boire et leur offrirent de prendre part à leur frugal repas; on voyait bien que c'était librement et non par peur, car tout d'un coup et comme se rappelant qu'ils agissaient contre les lois de leur pays en communiquant avec des étrangers, ils prenaient quelques-uns de nous par les épaules et les repoussaient en leur montrant le vaisseau pour leur insinuer qu'ils devraient y être. Leur conduite était la même partout où nous abordions. Nous ne remarquâmes aucune arme à feu parmi eux; quelques-uns qui vinrent à bord de l'*Alceste* prouvèrent qu'ils savaient très-bien manier le sabre. »

En 1832, les côtes de la Corée furent de nouveau explorées par un navire anglais. M. Majoribanks, ex-président du Comité des subrécargues à Canton, arma *le Lord Amherst*, dont le commandement fut donné au capitaine Rees. L'objet de l'expédition était d'essayer si les provinces septentrionales de l'empire chinois pouvaient être graduellement ouvertes au commerce britannique, quelle était celle sur laquelle on devait préférablement fixer son attention, et jusqu'à quel point les dispositions des habitans et du gouvernement local seraient favorables à une pareille tentative. La conduite de cette expédition fut confiée à M. Lindsay, l'un des subrécargues de la Compagnie, et à M. Gutzlaff, missionnaire prussien. Il fut strictement recommandé à M. Lindsay d'éviter de faire connaître aux Chinois qu'il était employé par la Compagnie des Indes. Le missionnaire avait le projet de distribuer des traductions des saintes Écritures et de traités religieux.

Le Lord Amherst partit de Macao le 26 février 1832, et, après avoir longé la côte de Chine, essayant de trafiquer dans tous les ports, eut connaissance le 17 juillet de la côte de Corée un peu au N. des îles découvertes en 1816 par les navigateurs dont nous venons de parler. En doublant le promontoire escarpé d'une grande île, on découvrit une vaste baie ouverte au N. Le sommet de ce morne et ceux des autres îles au S. étaient couverts d'une riche végétation et de beaux arbres. La partie inférieure près de la mer était bien cultivée; on aperçut des villages et beaucoup de bétail. A cinq heures du soir, Lindsay et Gutzlaff débarquèrent; des pêcheurs, auxquels ils avaient demandé, en écrivant des caractères chinois, le nom du pays, leur répondirent de la même manière *Khang-Chan*, *Yung-Chang*. Les pêcheurs avaient d'abord paru très-alarmés; les Anglais ne purent pas obtenir de renseignemens ultérieurs, les Coréens qui avaient écrit ne connaissant pas un grand nombre de caractères chinois. On lui donna un livre et quelques boutons guillochés; il les reçut avec plaisir, et fit présent de poissons. Toute tentative d'avancer vers les cabanes d'autres pêcheurs fut repoussée; un vieillard adressa un long discours dont les étrangers ne comprirent pas un mot.

Le 18, Lindsay et son compagnon débarquèrent de nouveau et marchèrent vers un village éloigné d'un mille. Ils ne tardèrent pas à rencontrer plusieurs Coréens, auxquels il montra une note écrite à l'avance, et dans laquelle il exposait que les deux étrangers étaient des Anglais, leurs amis; qu'ils apportaient une lettre et des présens pour le roi de Corée, et désiraient de voir un mandarin pour le consulter; enfin qu'ils demandaient à acheter des vivres. Ayant fait quelques pas de plus en avant, une multitude composée de plusieurs troupes de Coréens, et où se trouvaient plusieurs hommes bien mis, vint à leur rencontre; Lindsay fit voir son papier à chaque bande; il lui parut que tout le monde n'était pas d'accord sur la façon dont on devait traiter les étrangers; mais on était unanime pour les empêcher d'entrer dans le village. La foule grossit graduellement: plusieurs Coréens prirent Lindsay par le bras et lui firent signe, ainsi qu'à Gutzlaff, de s'asseoir sur une natte; deux vieillards s'y placèrent à côté d'eux; un autre Coréen déroula une feuille de papier et y écrivit : « Il est absolument impossible de vous fournir des vivres; vous ferez mieux de partir à l'instant; à 30 li de distance au N. réside un mandarin avec lequel vous pourrez vous aboucher. » La conversation continua quelque temps par écrit; toutes les phrases se terminaient par l'invitation de s'en aller tout de suite. Lindsay crut s'apercevoir que ces Coréens n'étaient pas tous du même sentiment; ils parlaient entre eux très-haut. A la fin, dit-il, le parti hostile l'emporta, et un Coréen eut l'audace d'écrire : « Si vous ne décampez pas sur-le-champ, on va envoyer des soldats pour vous couper le cou; allez-vous-en, ou bien un grand changement surviendra; votre vie et votre mort sont en balance. » M. Gutzlaff écrivit en réponse : « Qui êtes-vous, et quelle est votre autorité pour employer un langage aussi insolent? Si votre roi le savait, il vous infligerait une punition sévère pour traiter ainsi ses amis. » Ces mots semblèrent causer des alarmes à toute la bande, qui, néanmoins, continua de nous prier instamment par signes de partir. »

Ces signes étaient accompagnés de celui de passer les doigts en travers du cou. Lindsay avait d'abord offert des boutons en présent; ils furent refusés.

Les Anglais poursuivirent leur route au milieu d'îles très-peuplées; les Coréens ébahis les regardaient passer. Le temps était assez mauvais; le vent de S. et les brouillards obligèrent *le Lord Amherst* à jeter l'ancre le 22 juillet le long des îles Laktaou. Le lendemain matin, des canots s'approchèrent; aucun des Coréens qui les montaient ne savait écrire; on les régala de vin; on les promena dans le navire; on descendit à terre avec eux. Les Anglais entrèrent dans un village; on leur servit des liqueurs spiritueuses et du poisson salé, mais on ne leur permit pas de traverser le village; ils s'en retournèrent.

Le 24, un mandarin vint à bord; il se nom-

3. Calmouks.

4. Musulmans Chinois.

EN ASIE.
Pl. XIV. Page 142.

mait Tengno ; il entendait et écrivait bien le chinois ; il engagea les Anglais à se rendre à un port très-sûr, éloigné seulement de 30 li de Han-Yang, résidence du roi. On le questionna sur ce monarque ; il répondit qu'il était âgé de quarante-trois ans et régnait depuis trente-six ans ; il n'osa pas dire son nom, qui est sacré. Il refusa d'abord de recevoir des présens, et finit, ainsi que d'autres Coréens d'un aspect respectable, par les accepter, quoiqu'ils eussent, à la première offre, fait le signe de se passer le travers de la main sur le cou.

Le temps étant devenu favorable, le 27, Tengno conduisit le navire anglais au N. E. dans un port excellent, où on laissa tomber l'ancre devant un grand village ; les Coréens nomment ce port *Nan-Yang;* les Anglais l'appelèrent *Majoribank's Harbour;* en vérité, il valait mieux ne rien changer ; la nomenclature géographique est déjà assez embrouillée.

Lindsay resta dans ce port jusqu'au 12 août, espérant toujours qu'à force de persévérance, il pourrait former des liaisons amicales et durables avec les Coréens. Tous ses efforts furent inutiles : des jonques nombreuses entourèrent le navire; on déplora le sort des étrangers qui se présentaient comme ayant besoin de vivres. Yang-Yih, jeune homme très-intelligent et secrétaire de Kin-Tadjin, principal mandarin, vint à bord. Il était chargé, conjointement avec Tengno, d'agir comme intermédiaire entre les Anglais et les autorités coréennes.

Kin-Tadjin et Li-Talaou-Yai, mandarin civil, rendirent visite à Lindsay. Ils lui adressèrent les questions ordinaires sur l'objet de sa venue, sur le pays d'où il était parti, et en firent une quantité d'autres. Quand il y eut répondu, on lui demanda si la lettre qu'il avait l'intention d'expédier au roi était relative à une affaire publique. Quand on entendit qu'elle était de cette nature, on voulut savoir ce qu'elle contenait. Lindsay ne jugea pas qu'il convînt d'en instruire les mandarins ; il se contenta de leur dire que le roi devait lire sa dépêche et donner une décision sur son contenu. Il ajouta que son projet était d'aller à terre dans l'après-midi, et de la leur remettre publiquement avec des présens. Les mandarins eurent l'air très-embarrassé, se regardèrent les uns les autres, dictèrent quelques phrases à leur secrétaire, et finirent par ne faire aucune réponse. Ils s'en retournèrent à terre, et, un peu après midi, des canots coréens apportèrent aux Anglais de petites tables, des paniers remplis de poisson salé et de galettes, des cruches de liqueurs spiritueuses : on dit que c'était pour le dîner des officiers et de l'équipage.

Deux secrétaires coréens étaient restés à bord du *Lord Amherst;* l'après-midi, ils allèrent à terre avec Lindsay, Gutzlaff et deux autres Anglais. « Nous débarquâmes, dit Lindsay, au milieu d'une cinquantaine de Coréens à l'air farouche : plusieurs répétèrent le geste de couper le cou ; il était évident qu'ils voulaient nous voir bien loin. Yang-Yih avait perdu toute sa vivacité ; il nous dit par écrit que nous ferions mieux de revenir le lendemain. Il était trop tard : je voulais obtenir une réponse ; nous marchâmes donc sans armes vers une ruelle bordée d'une palissade haute de douze pieds, de sorte que l'on ne voyait pas les maisons. En approchant, nous entendîmes le son de la trompette, et bientôt parurent deux soldats qui faisaient retentir cet instrument ; ils nous bouchèrent le passage. Frappés d'étonnement, nous nous arrêtâmes : les deux mandarins arrivèrent aussitôt, assis sur des fauteuils portés par quatre hommes ; ils en descendirent et nous saluèrent poliment, en nous indiquant du doigt le rivage, où plus de vingt Coréens élevaient un hangar sur des poteaux. Nous expliquâmes aux mandarins que, venus pour traiter d'affaires publiques, nous espérions qu'on nous recevrait dans un édifice où nous pourrions remettre nos papiers d'une manière convenable. Les mandarins indiquèrent de nouveau le hangar, et après avoir parlé aux deux secrétaires, remontèrent sur leurs fauteuils et s'acheminèrent vers la plage ; ils étaient précédés de deux trompettes et suivis de deux autres, ainsi que de quelques soldats non armés. Les deux secrétaires essayèrent par leurs signes et en nous prenant par le bras, de nous faire marcher du même côté que les chefs. Je me dirigeai vers le village, et, sans recourir à la violence, je m'ouvris un passage à travers une dizaine de Coréens. Parvenu vis-à-vis d'une maison devant laquelle régnait une grande galerie, je m'y assis, en montrant par mes gestes que c'était un lieu approprié à une conférence. Aussitôt plusieurs Coréens poussèrent un grand cri ; un des soldats courut raconter aux mandarins ce qui se passait dans le village. Un autre cri se fit entendre peu de minutes après ; quatre soldats, partis du bord de la mer, s'avancèrent de notre côté ; ils empoignèrent deux hommes coiffés d'un grand chapeau, les conduisirent à toutes jambes devant les mandarins, et se préparèrent à leur donner la bastonnade.

» En ce moment nous arrivâmes ; je ne pus souffrir que deux innocens fussent punis à cause de nous ; j'arrêtai le soldat, qui avait déjà le bras levé. Cependant près de 200 Coréens s'étaient attroupés autour des mandarins, qui semblaient être dans un grand embarras ; ils se consultèrent, et ordonnèrent que les deux prisonniers fussent mis en liberté. »

Ensuite ils descendirent de leurs fauteuils et entrèrent dans le hangar, en invitant les Anglais à les y suivre.

Après une négociation très-animée, ceux-ci réussirent à faire décider qu'ils remettraient dans une maison du village la lettre et les présens pour le roi. Avant d'y passer, les mandarins firent donner la bastonnade à un pauvre diable pour avoir manqué de respect aux étrangers qui ne s'en doutaient pas. On entra dans une des premières maisons qu'on rencontra ; tout y était fermé. Lindsay remit cérémonieusement aux mandarins la lettre et les présens ; il fut, ainsi que ses compagnons, régalé de vin et d'ail cru ; puis, tous s'en retournèrent à bord ; les chefs y avaient envoyé des vivres.

Différens mandarins d'un rang élevé vinrent, à diverses reprises, à bord du *Lord Amherst* ; ils se faisaient toujours précéder d'une quantité de mets suffisante pour un bon repas. Ils adressaient toujours aux Anglais des questions sans nombre, et constamment relatives au motif de l'expédition du navire. D'autres Coréens, excités par la curiosité, rendaient également visite aux Anglais ; il fut impossible d'obtenir d'eux aucun renseignement.

Le 9 août, un mandarin d'un rang supérieur répéta les questions déjà faites si fréquemment ; il insista pour que Lindsay reprît la lettre et les présens ; celui-ci refusa de se conformer à ses désirs, de sorte que, finalement, tout fut abandonné à terre. Le 12, *le Lord Amherst* appareilla et fit route pour les îles Lieou-Khieou, où les tentatives pour commercer ne réussirent pas mieux qu'en Corée.

Lindsay et Gutzlaff avaient planté dans une plaine voisine du rivage, en Corée, une centaine de pommes de terre ; ils remirent au maître du champ une note indiquant la manière de cultiver ce précieux végétal ; le Coréen leur promit d'avoir soin des plantes dès qu'elles se montreraient ; dès le lendemain, le terrain était entouré d'une haie de branchages. Le climat et le sol sont favorables à la pomme de terre, et si elle se multiplie, le voyage de Lindsay n'aura pas été sans utilité pour la Corée.

Malgré les précautions prises contre l'entrée des étrangers en Corée, des missionnaires chrétiens ont réussi à y prêcher l'Evangile. Ce fut un Français qui implanta le premier la foi dans ce royaume ; le nombre des chrétiens y est à peu près de 30,000. En 1832, Barthélemy Bruguière, missionnaire français, partit de Macao pour pénétrer en Chine et passer de là en Corée, où depuis long-temps il avait le plus vif désir d'exercer le saint ministère. Il portait le titre d'évêque de Capse.

Après des peines et des fatigues inouïes, il était arrivé en 1835 dans le Chan-Si, l'une des provinces septentrionales de la Chine et limitrophe de la Mongolie. Un Chinois chrétien, nommé Joseph, qui lui était dévoué, avait été précédemment expédié en Corée pour sonder le terrain et reconnaître de quelle manière le prélat pourrait continuer sa route en sûreté. Les ordres du gouvernement chinois contre l'exercice public de la religion chrétienne sont si sévères, que les fidèles refusent quelquefois de recevoir un prêtre étranger, de crainte que sa présence, que souvent il est difficile de cacher, n'attire sur leur tête des dangers imminens.

L'évêque de Capse ou de Corée avait été obligé de suivre une route très-tortueuse avant d'arriver au Chan-Si, où il avait été accueilli chez le vicaire apostolique ; il y fit un long séjour. D'après les renseignemens qu'il recueillit, il commença à prendre des mesures pour tenter de passer en Mongolie par le N. du Chan-Si. Il n'attendait plus que Joseph pour reprendre sa route vers le Liao-Toung, qui est situé entre la Mongolie et la Corée.

Le 11 novembre 1833, Joseph arriva ; il était allé chercher l'évêque jusqu'aux frontières du Chan-Toung, province au S. de Péking, et avait passé par cette capitale. « Il m'assura, dit l'évêque, que les chrétiens du Liao-Toung n'avaient pas refusé absolument de me recevoir, mais avaient dit ou écrit : Depuis peu, il a paru plusieurs navires anglais sur les côtes de nos contrées ; quelques marchands et quelques matelots sont descendus à terre, et l'empereur a fait punir de mort des mandarins qui ne s'étaient pas opposés à ce qu'ils abordassent dans le pays. Nous craignons, ajoutaient-ils, de nous compromettre, si l'évêque de Corée est obligé de faire un long séjour au milieu de nous ; cependant, si les Coréens consentent à le recevoir chez eux, nous ne refusons pas de lui offrir un asile pour quelque temps. »

Quelques jours après, l'évêque fit repartir Joseph pour Péking, avec des instructions très-étendues et des lettres pour les Coréens ; il trouva presque toujours quelques chrétiens parmi ceux qui accompagnent l'ambassadeur. Joseph ne revint que le 20 mars 1834. Les Coréens chrétiens n'avaient point paru. Un peu plus tard, deux chrétiens offrirent de conduire l'évêque jusqu'aux frontières de la Corée. Mais la route qu'ils proposaient était trop périlleuse pour lui, et ils ne connaissaient pas du tout celle qu'il voulait prendre ; ainsi il se décida à faire explorer par Joseph la contrée qu'il devait traverser. « Il partit donc seul, dit-il, n'ayant d'autre guide que la Providence pour un trajet de 900 lieues. J'aurais désiré louer ou acheter une maison ; mais, le jeune homme partant seul, sa mission se borna à me tracer une route jusqu'aux frontières de la Corée. »

Au mois d'août, l'évêque reçut des lettres des Coréens ; elles étaient ouvertes, parce que le porteur avait eu cette idée ; il en avait distribué des copies tout le long de sa route. Les fidèles disaient à leur prélat : « Nous espérons que le bon Dieu vous ouvrira les portes de la Corée. » Mais ils n'indiquaient aucun moyen pour réaliser leurs espérances. Dans une autre lettre, ils lui déclaraient, avec toutes les précautions oratoires et toute la politesse tartare, qu'il était très-difficile et presque impossible de le recevoir, à moins que le roi ne voulût lui permettre d'entrer publiquement. Du reste, ils étaient disposés à suivre ses avis et ceux du P. Pacifique, autre missionnaire déjà établi parmi eux.

Le courrier qui apporta ces lettres à l'évêque lui apprit encore qu'aucun chrétien du Liao-Toung ne voulait le recevoir. Ce courrier avait parlé aux Coréens eux-mêmes. Le jeune roi, qui paraissait favorablement disposé pour les chrétiens, était mort ; son successeur n'avait pas tardé à le suivre au tombeau, et le monarque qui le remplaçait était un enfant ; circonstance d'un fâcheux augure pour la mission.

Le 8 septembre, Joseph revint et donna des renseignemens sur la route à tenir et sur les précautions à prendre ; ensuite il fut renvoyé à Péking, et, le 22, l'évêque se sépara du vicaire apostolique du Chan-Si. « Autant mes précédens voyages, dit-il, avaient été pénibles et fatigans, autant celui-ci fut agréable et facile. Je rencontrai sur ma route quelques chrétiens ; ces bonnes gens firent un effort de charité : ils me donnèrent plus que je ne dépensai dans le trajet. »

Le 7 octobre, il parvint à la grande muraille « tant vantée par ceux qui ne la connaissent pas, et décrite avec tant d'emphase par ceux qui ne l'ont pas vue. » Il passa par la porte appelée Chan-Cha-Khoun ; c'est la même par laquelle les Russes entrent en Chine et en sortent. Personne ne fit attention à lui ; les employés tournèrent le dos, « pour m'enhardir peut-être, ajoute-t-il, et ceux qui viendront après moi. » Il arriva le lendemain à Si-Vang en Mongolie, village assez considérable, et presque tout chrétien. Un lazariste chinois y a formé un séminaire préparatoire qui en alimente un autre établi à Macao.

En novembre, Joseph fut de retour de Péking sans avoir rien fait ; le 9 janvier 1835, l'évêque fut obligé de l'envoyer de nouveau avec une lettre adressée aux Coréens chrétiens qui viendraient dans cette capitale. Joseph les vit le 19 : ils consentirent à recevoir l'évêque ; voici le résultat de sa conversation avec eux : il y a encore plusieurs milliers de chrétiens, mais nous n'en connaissons pas exactement le nombre ; les uns sont dispersés, les autres réunis. Il y a une bonne quantité de villages chrétiens. Parmi les femmes on compte beaucoup de vierges qui ont fait vœu de continence ; parmi les hommes, il y en a moins ; on ne pourra trouver que peu de jeunes gens propres à l'état ecclésiastique ; nous n'avons point d'oratoire ; nous prions en famille ; des catéchistes instruisent les fidèles et les catéchumènes ; quelques vierges tiennent des écoles pour l'instruction des jeunes filles. Le gouvernement paraît maintenant mieux disposé à l'égard des chrétiens qu'il ne l'était autrefois. 200 chrétiens seulement savent que le P. Pacifique est entré, et six, qui sont les chefs de la chrétienté, savent qu'ils ont un évêque. On finit par dire à Joseph que l'on préparerait à ce dernier une résidence dans le S. E. de la Corée, non loin du Japon.

Joseph était aussi porteur de lettres des Coréens chrétiens à l'évêque ; il résulta de toutes les particularités recueillies par ce prélat que les fidèles de la Corée désiraient l'introduire chez eux ainsi que les autres missionnaires européens ; mais qu'ils craignaient de ne pas pouvoir surmonter les obstacles qui s'opposaient à leur bonne volonté, et qu'ils voulaient voir leur prélat avant de s'aventurer. Ils étaient fort pauvres et n'avaient pas de quoi vivre ; ils espéraient que leur pasteur ne se plaindrait pas si on ne le traitait pas aussi magnifiquement que sa dignité l'exigeait.

Le 7 février, l'affaire fut entièrement terminée ; Joseph retourna à Péking, remit entre les mains des Coréens la somme convenue avec quelques effets ; ils lui donnèrent un habillement complet dont l'évêque devait se revêtir aux frontières.

En été, une persécution s'éleva contre les chrétiens; l'évêque de Corée et d'autres furent réduits à se cacher dans une caverne: ils n'en sortirent que le 23 juin. Au commencement de l'automne, huit missionnaires, dont trois européens, se trouvèrent réunis à Sivang.

Le 7 octobre, l'évêque en partit pour se rendre en Corée. Le 19, il arriva dans une maison de chrétiens sur la route, près du Liao-Toung. Le lendemain, après dîner, il tomba soudainement malade; une heure après il mourut, épuisé par les fatigues qu'il avait endurées.

Ce fatal événement a été une grande perte pour la religion et aussi pour les sciences; car l'évêque de Corée était un observateur judicieux, et ses remarques sur cette contrée auraient sans doute été précieuses. Cependant la mission de Corée ne reste pas abandonnée et des mesures sont prises pour que de nouveaux apôtres s'élancent dans la périlleuse carrière qui leur est ouverte.

CHAPITRE XXVII.

Empire chinois. — Pays des Mandchoux.

On comprend sous le nom général de *Tartares* plusieurs peuples qui diffèrent absolument les uns des autres; de ce nombre sont les Mandchoux. Le pays qui porte leur nom est compris entre 38° 58' et 55° 30' de lat. N., et entre 114 et 139° de longit. E. Situé au N. E. de la Chine, il confine à l'O. à la Mongolie, à S. à la Mer-Jaune et à la Corée; à l'E. à la mer du Japon et à la Manche de Tartarie; au N. à la Sibérie. La longueur de cette contrée est de plus de 400 lieues du N. au S.; sa largeur est à peu près d'une étendue égale de l'E. à l'O., et sa surface de 95,000 lieues carrées.

Des navigateurs européens ont longé et même abordé les côtes maritimes du pays des Mandchoux; des missionnaires ont visité quelques cantons de sa partie méridionale et du centre; des chasseurs et des aventuriers russes ont parcouru, autrefois, la portion de son territoire dans le N. Aucun voyage n'a été effectué dans toute l'étendue de cette vaste région; l'intérieur ne nous en est donc connu, pour la plus grande partie, que par les renseignemens puisés dans les livres chinois.

D'après les relations de Lapérouse et de Broughton que nous avons précédemment cités, la côte maritime de la Tartarie à l'E. est, sur toute sa longueur, extrêmement escarpée, et presque partout inaccessible; elle est composée de couches horizontales très-puissantes: la hauteur des montagnes au-dessus de la mer pourrait être estimée de 3,600 à 4,200 pieds.

Dans le S., cette chaîne de montagnes se rattache à celle du Tchan-pé-chan ou Golmin-chanyan-alin, qui forme la limite entre le pays des Mandchoux et la Corée; elle marque celle qui existe entre cette dernière contrée et l'empire chinois.

Le Khing-kan, sortant de la Mongolie, et se dirigeant du N. au S., traverse dans l'O. le pays des Mandchoux sur une longueur de 80 lieues, coupe le Sakhalian-oula, et va joindre au N. le Iablonoï ou Stanovoï-khrebet (Khing-kan-alin des Mandchoux), qui sépare l'empire russe de l'empire chinois, en filant de l'O. à l'E., où son dernier promontoire est baigné par la mer d'Okhotsk.

Le principal fleuve est le Sakhalian-oula (fleuve noir) nommé par les Chinois Hé-loung-kiang (fleuve du dragon noir), et Amour ou Yamour par les Toungouses; nous en avons parlé déjà en décrivant sur la Sibérie. Arrivé sur le territoire des Mandchoux, il coule du N. E. au S. E., jusqu'au 130e méridien de ce point; il tourne brusquement au N. N. E., et va se jeter dans la mer d'Okhotsk. Nous avons vu précédemment que les atterrissemens formés par les sables de son embouchure ont presque entièrement comblé le détroit qui existait entre l'île Tarakaï et le continent de l'Asie.

Parmi les sources des rivières qui contribuent à le former, la plus éloignée est dans la Mongolie à 2,121 pieds au-dessus de la mer. Au point où il prend le nom d'Amour, il devient navigable. Malgré l'extrême rapidité de son cours, il se couvre tous les ans de glaces épaisses.

Il traverse le Khing-kan en se précipitant dans un défilé très-étroit dont le passage est dangereux à cause des tourbillons et des rochers. Il change de direction à son confluent avec le Sounggari, et roule ses ondes dans de vastes plaines jusqu'à son embouchure. La relation de Krusenstern a expliqué les obstacles qui avaient empêché ce navigateur d'explorer aussi exactement qu'il l'aurait désiré la baie qui reçoit les eaux du Sakhalian-oula. On peut évaluer la totalité de son cours à 700 lieues.

Le climat du pays des Mandchoux est plutôt froid que tempéré, ce qui est dû probablement à l'élévation du sol, à l'abondance des forêts, et à la direction de l'immense vallée qui en compose la plus grande partie et qui est ouverte au N. De plus, les vents du S. sont rafraîchis en passant sur les sommets du Golmin-chanyan-alin, qui, d'après la signification de son nom,

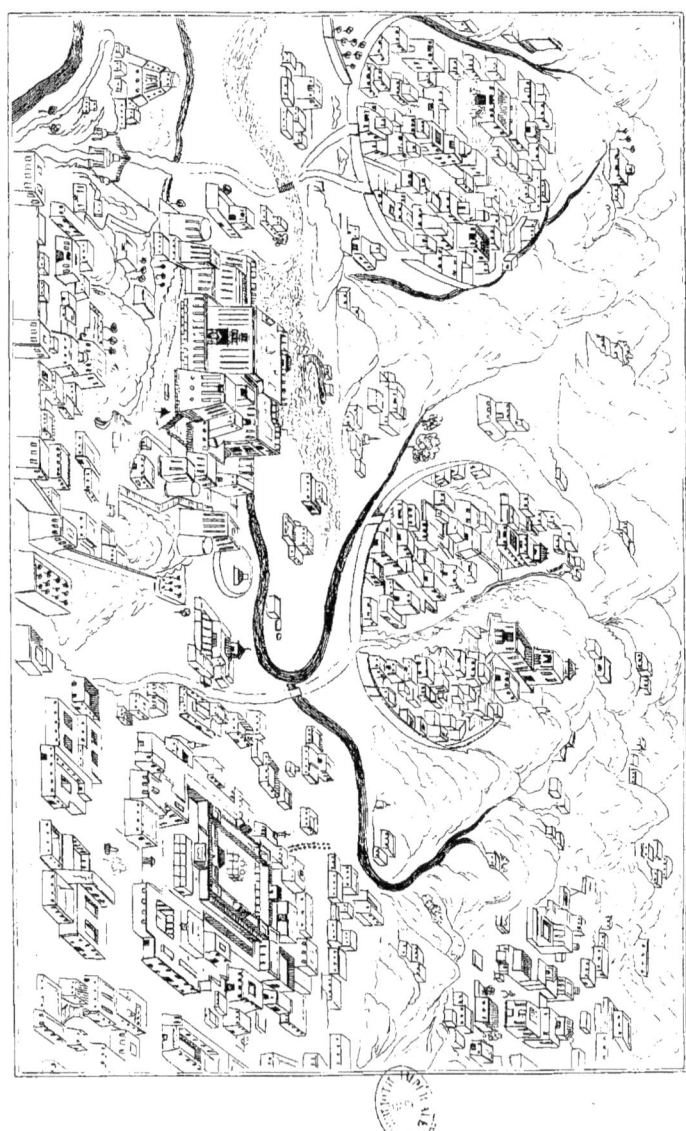

est couvert de neiges éternelles. Les hivers sont longs et rigoureux ; ils commencent à la fin de septembre, et durent jusqu'à la fin d'avril ; en revanche, les étés sont très-chauds.

La chaîne du Golmin-chanyan-alin se prolonge au S. par un promontoire passablement effilé que les Anglais virent en 1816, et qu'ils nommèrent *Prince Regent's Sword* (Epée du Prince-Régent), dénomination qui peut paraître assez bizarre. Ce promontoire du Liao-Toung, en se rapprochant d'un cap de la province chinoise de Chan-Toung, laisse une ouverture qui fait communiquer le Fou-Hai ou golfe du Petcheli avec la Mer-Jaune.

Au S. de la côte du Liao-Toung, les cartes chinoises placent dix-huit îles, qui sont décrites très-strictement dans les livres de géographie. Suivant d'autres ouvrages chinois, ces îles servent d'entrepôt au commerce maritime entre la Chine et la Corée, et les navigateurs qui vont de l'un de ces pays à l'autre y relâchent souvent. Les Anglais n'avaient pas aperçu ces îles.

Un hasard heureux ayant rendu feu notre ami Klaproth possesseur des dessins originaux chinois et mandchoux des cartes levées par ordre de l'empereur Khang-hi, il y trouva des détails qui étaient restés inconnus à d'Anville, et entre autres le groupe des dix-huit îles dont nous venons de parler.

« Il m'est donc permis de dire, sans trop de vanité, s'écrie-t-il avec raison, que je suis le premier Européen qui ai découvert ces îles, quoique renfermé dans mon cabinet, et sans avoir été exposé aux fureurs des ouragans et des typhons, si fréquens dans les mers de la Chine. Comme cet archipel ne porte pas un nom général sur les cartes chinoises, je lui ai donné celui de feu le comte Jean Potocki que j'ai eu l'honneur d'accompagner pendant le voyage de l'ambassade russe destinée pour la Chine (1805). » Certes, personne ne sera disposé à s'élever contre l'idée de ce savant qui a voulu donner un témoignage durable de sa reconnaissance pour un homme défunt.

Les Mandchoux ont une origine commune avec les Toungouses, dont nous avons parlé en traitant de la Sibérie : l'identité du langage et la physionomie le prouvent ; d'ailleurs les traditions des deux peuples sont les mêmes. L'un et l'autre furent autrefois connus sous le nom commun de *Kin* ou *Kinché*; ils habitaient, comme aujourd'hui, au N. de la Corée, jusqu'à la mer d'Okhotsk. Depuis l'an 926 de Jésus-Christ, ils étaient tributaires des Kitan ou Liao, autre peuple toungouse; s'étant soulevés en 1114, ils fondèrent en 1118 le royaume des Kin qui dura jusqu'en 1234. Il comprenait les provinces septentrionales de la Chine, une très-grande partie de la Mongolie, et le pays actuel des Mandchoux. Ensuite leur puissance fut totalement détruite ; et, poursuivis jusque dans leur patrie, ils furent obligés, vers 1370, de demander la paix aux Chinois de la dynastie des Ming. L'extrême pauvreté à laquelle ils avaient été réduits leur ôtant le pouvoir de faire la guerre, ils s'attachèrent au trafic. Ils obtinrent la permission de venir par le Liao-Toung apporter en Chine du ginseng, des pelleteries, des crins de cheval, dont les Chinois se servent pour nouer leurs cheveux et pour attacher leurs filets. Ils comptaient trois tribus principales : les Niutché orientaux habitaient à l'E. des limites du Liao-Toung et à l'O. de la mer ; ils ne payaient aucun tribut à la Chine, et n'inquiétaient point ses frontières, se contentant de trafiquer à une foire qui se tenait à l'E. de Kaï-Yuen. Des deux autres hordes, celle du N. payait un tribut aux Chinois ; toutes deux avaient des lieux désignés pour commercer.

Le commerce ayant enrichi les Niutché, ils se multiplièrent au point qu'ils divisèrent leur pays en sept cantons, qui formaient comme autant de petits États séparés. Leurs chefs se firent la guerre entre eux ; enfin, vers 1581, King-Tsou, chef d'une de ces hordes, après avoir défait plusieurs de ses voisins qui tyrannisaient le pays, soumit toutes les tribus plus éloignées. Cette conquête le rendit très-puissant ; et, en 1583, il attaqua Touloun, ville considérable ; elle fut prise par son fils Thaï-Tsou qui, vers 1601, reçut le serment de fidélité de plusieurs princes et chefs de tribus restées indépendantes, et avec leur aide il lui fut aisé de soumettre celles qui ne l'avaient pas encore reconnu pour maître. Alors il donna le nom de *Mandchou* au peuple formé par la réunion de toutes ces tribus.

Enfin en 1616, il renonça à la suzeraineté de la Chine et prit le titre d'empereur, en donnant aux années de son règne la dénomination honorifique de *Thian Ming* (favorisé du ciel).

Il avait d'abord résidé à Yenden, et régné sur les villes d'Yekhé, Khouïfa, Oula et Ningouta. En 1618, il entoura Khouïfa d'un mur ; deux ans après il transporta son séjour à Moukden (Khin-Yang en chinois), aujourd'hui Foung Thian Fou ; il en fit la capitale de son empire. Il avait aussi conquis sur les Chinois la ville de Liao-Yang, il y fit bâtir la forteresse de Dergi-King (résidence orientale).

A sa mort, en 1626, son fils Taï-Tsoung lui succéda. Il se fit formellement proclamer empereur de la Chine en 1635, et donna à sa dynastie le nom de Thaï-Thsing (auguste et pure). Peu de temps après il mourut. De même que ses prédécesseurs, il avait souvent fait la guerre aux Chinois, et était parvenu jusque dans les environs de Péking; il avait subjugué plusieurs tribus mongoles, tout le Liao-Toung et la Corée.

Les historiens chinois, pour sauver l'honneur de leurs compatriotes dans des guerres si malheureuses contre les Mandchoux, disent que Liao-Yang, capitale du Liao-Toung, avait été pris par trahison; mais il paraît plus probable que les Mandchoux durent cette conquête à leur bravoure et à leur prudence. Comme ils n'avaient pour armes que le sabre, l'arc et la flèche, qu'ils maniaient avec une adresse infinie, ils imaginèrent de se mettre à couvert de la mousqueterie des Chinois derrière de grands ais joints les uns aux autres; cette espèce de muraille de bois était portée par le premier rang, qui marchait à l'assaut; elle garantissait des balles, qui venaient s'y amortir. A la faveur de cet abri, les soldats avançaient hardiment; le second rang, qui était à couvert, appliquait les échelles; le troisième montait à l'assaut. Ils agirent avec tant de vigueur sur quatre points différens, qu'après avoir essuyé le premier feu, ils s'emparèrent des remparts. Les Chinois, qui n'étaient pas encore habitués à recharger avec promptitude, car ils venaient d'apprendre des Portugais de Macao l'usage de la mousqueterie, ne purent tenir contre le sabre et les flèches des Mandchoux; ils abandonnèrent les murs de Liao-Yang et prirent la fuite; la cavalerie mandchoue, qui est excellente par la vitesse de ses chevaux, les eut bientôt atteints et les extermina.

Les Mandchoux se rasent dès que leurs cheveux commencent à pousser, et s'arrachent les poils de la barbe jusqu'à la racine, ne gardant que les moustaches; ils laissent croître derrière la tête une touffe de cheveux qui pend négligemment sur l'épaule en forme de queue. Après la prise de la capitale du Liao-Toung, beaucoup de Chinois les voyant maîtres de cette province, se firent couper les cheveux et s'enrôlèrent sous leurs drapeaux.

Rangés sous huit bannières, et toujours prêts à marcher, les Mandchoux se rassemblaient en moins d'une demi-heure; aujourd'hui encore, un cavalier fait l'appel avec un cor, et de la manière dont il sonne, on connaît quels sont les chefs et les soldats qui doivent partir, et le nombre qu'on demande; aussitôt ils montent à cheval et suivent le cavalier, au dos duquel est attaché le drapeau des *tchalan* (brigades) commandées. Ils ne traînent point avec eux un attirail et un bagage toujours embarrassans. Peu inquiets d'établir des magasins, ils se contentent de ce qu'ils trouvent, et lorsqu'ils n'ont rien autre chose, il mangent à demi-cuites la chair de leurs chevaux ou de leurs chameaux; quand ils ne sont point en course, ils vont quelquefois à la chasse. Ils forment un cordon autour d'une montagne ou dans une plaine; puis, se rapprochant insensiblement du centre, ils resserrent dans le milieu de l'enceinte le gibier, de sorte qu'ils n'ont plus qu'à choisir. Ils nourrissent pour cet exercice des chiens et des oiseaux de proie qu'ils savent dresser en perfection. Endurcis à la fatigue, ils couchent sur la terre, en la couvrant seulement de la housse de leurs chevaux. Ils élèvent et abattent avec une célérité incroyable leurs tentes; comme elles sont magnifiques, ils les préfèrent à des maisons.

Peut-être les Mandchoux, quoique leur chef eût été proclamé empereur de la Chine, ne seraient pas devenus maîtres de ce vaste État, si les Chinois mêmes, fatigués de voir leur patrie déchirée par des dissensions intestines, n'eussent réclamé leur secours. Pressé de tous côtés par des rebelles, et les voyant maîtres de sa capitale, le dernier empereur de la dynastie des Ming s'ôta la vie en 1644. Les Mandchoux arrivèrent bientôt après à Péking; le trône de la Chine était vacant; ils y élevèrent, le 26 mai 1644, le neveu de Thaï-Tsoung, alors âgé de huit ans. Les années de son règne portent le nom honorifique de *chun-tchy* (1644-1661). Il fut le fondateur de la maison des souverains mandchoux qui porte encore avec gloire le sceptre de l'empire chinois.

Le pays des Mandchoux est divisé en trois gouvernemens, qui sont: Ching-king, Ghirin, Sakhalian-oula. Le gouvernement de Ching-king, le plus méridional, répond au Liao-Toung; il est arrosé par le Liao-Ho, qui se jette dans le golfe de Liao-Toung, après un cours d'environ 180 lieues; ce fleuve, qui prend sa source dans les montagnes de la Mongolie, coule d'abord à l'E. sous le nom de Charra-mouren; ensuite il se dirige au S. et change de nom; il est navigable sur une assez grande étendue.

La grande muraille de la Chine, qui commence à l'E. de Péking par un grand boulevard partant du bord du Fou-Hai (baie de Péking), forme, vers le S. O., la frontière du Ching-King; une barrière de pieux, qui prend naissance dans les montagnes, à peu de distance au N. de la grande muraille, le renferme à l'E. du côté de la Corée et du gouvernement de Ghirin, et, à l'O., le sépare de la Mongolie.

Les missionnaires qui ont décrit cette palissade disent qu'elle est plus propre à marquer les limites de la province et à arrêter les petits voleurs qu'à en interdire l'entrée à une armée, car elle n'est faite que de pieux de bois de sept à huit pieds de hauteur, sans être terrassée par derrière, sans être défendue par un fossé ni par le moindre ouvrage de fortification même à la chinoise; les portes ne valent pas mieux, et ne sont gardées que par quelques soldats.

Cependant les Chinois ont, dans leurs livres de géographie, donné le nom de muraille à cette palissade; et de cette expression dérive la diversité des sentimens, en Europe, sur la position du Liao-Toung; nos cartes le plaçaient tantôt en-deçà, tantôt au-delà de la grande muraille, suivant le sens que chaque auteur attribuait aux mots chinois.

Tant que la Chine obéit à ses empereurs indigènes, cette barrière était utile relativement à leurs vues politiques, car les habitans de Liao-Toung ne pouvaient sortir de leur pays ni entrer dans l'empire sans la permission des mandarins.

En-deçà de cette palissade, il y avait alors plusieurs places de guerre fortifiées de leurs fossés; maintenant elles sont tout-à-fait détruites ou à demi-ruinées.

Le Ching-king a pour capitale Foung-Thian ou Chin-Yang, ville célèbre sous le nom de *Moukden*. L'empereur Khian-Loung la chanta en 1743 dans un poëme en chinois et en mandchou, qui fut traduit en français par le P. Amiot, missionnaire à Péking. Cet *Éloge de Moukden*, qui fut imprimé à Paris en 1770, nous a valu une charmante épître de Voltaire, écrite en 1771 au monarque-poëte. M. Klaproth a remarqué que la traduction du P. Amiot ressemblait fort peu à l'original. « C'est, dit-il, plutôt un ouvrage du savant missionnaire, dans lequel il a délayé les paroles de Khian-Loung dans un torrent de phrases qui lui paraissent élégantes... Il a fondu ensemble les textes chinois et mandchou, qui ne sont pas identiques partout; il a presque toujours mêlé les notes des éditeurs avec le texte, qu'il n'a pas toujours compris. » Quoi qu'il en soit, l'*Éloge de Moukden* et les notes qui l'accompagnent contiennent beaucoup de notions intéressantes sur cette ville et ses environs, sur l'histoire et les mœurs des Mandchoux, sur la géographie physique du Liao-Toung.

Moukden s'étend sur le penchant d'un coteau, près de la rive droite du Hounouhou, affluent du Liao-ho. Elle est formée de deux villes; l'intérieur, ceint de murs, a près d'une lieue de circonférence, et renferme tous les édifices publics. Les empereurs mandchoux ont pris soin de la faire rétablir, de l'orner de beaux bâtimens, de la pourvoir de magasins d'armes et de vivres. Ils la regardent comme la ville royale de leur nation, de sorte qu'après même leur entrée à Péking, ils y ont laissé les mêmes tribunaux souverains que dans cette capitale, excepté celui de l'administration suprême de l'empire. Ces tribunaux ne sont composés que de Mandchoux; tous les actes s'y dressent dans la langue de ce peuple; ils sont souverains pour tout le pays qu'il occupe.

Moukden est aussi la résidence d'un vice-roi, qui a sous ses ordres dans la ville même plusieurs lieutenans-généraux et une garnison nombreuse de Mandchoux. Le palais impérial, celui des cours de justice, les hôtels des principaux mandataires, plusieurs temples, sont dans la ville intérieure, où demeurent tous les employés du gouvernement. Les commerçans et les artisans vivent dans la ville extérieure, dont les murs, qui ont plus de trois lieues de circuit, entourent les deux villes.

Près des portes on remarque deux magnifiques mausolées des premiers empereurs de la dynastie mandchoue. Ils sont construits tous deux suivant les règles et les dessins de l'architecture chinoise, et ceints d'une muraille épaisse garnie de ses créneaux et un peu moins haute que celle de la ville. Plusieurs mandarins mandchoux de divers rangs sont chargés du soin de ces monumens et de pratiquer, dans les temps marqués, les cérémonies prescrites avec le même ordre et les mêmes témoignages de respect que si ces monarques vivaient encore.

Thaï-Tsou, qui les précéda, est enterré à Ienden, lieu qui n'est réellement qu'un gros bourg; la sépulture royale n'est que médiocre. Le nom d'Ienden signifie eu mandchou *lieu fortuné, lieu de bonheur*. Les Mandchoux, en le donnant à la ville où leur premier empereur tint sa cour, indiquaient qu'ils ne s'arrêteraient pas là. Le poëme de Khian-Loung fait allusion à cette particularité. Il rappelle aussi que Kang-Hi, son aïeul, durant le cours de son règne, qui fut de soixante-un ans, alla trois fois à Moukden visiter les tombeaux de ses ancêtres, « sur lesquels, chaque fois, il fit, en l'honneur de ces grands personnages, toutes les cérémonies funèbres avec cette attention scrupuleuse, ce respect profond et cet attendrissement véritable qui sont une preuve non équivoque que la piété filiale était gravée dans son cœur d'une manière ineffaçable. » Ensuite il excuse son père de ce que les soins du gouvernement l'empêchèrent de s'acquitter de ce devoir, et il ajoute : « Parvenu, par succession, à la plus haute dignité, je ne devais rien négliger pour imiter la vertu de mes ancêtres… mais, sépulture resplendissante, ne pouvant par moi-même m'occuper des sacrifices, comment m'aurait-il été possible de vous témoigner sincèrement mon respect et le montrer à ceux qui viendront après nous ? Enfin, dans l'automne de la huitième année de mon règne, je conduisis respectueusement l'auguste impératrice ma mère… et j'arrivai à l'endroit où était autrefois la résidence de notre famille : les pensées de la piété filiale pénétraient dans mon cœur, car je contemplais les traces de mes ancêtres.

Les autres villes de la province de Chin-king sont peu considérables, mal peuplées, mal bâties; sans autre défense qu'un mur ou à demi ruiné, ou fait en terre battue, quoiqu'il y en ait qui soient bien situées pour le commerce et que leur terroir abonde même en coton.

Mais Foung-hoang-tching, à 31 lieues à l'E. S. E. de Moukden sur la rive droite du Tsao-ho, est considérable, bien peuplée et très-marchande, parce qu'elle est comme la porte de la Corée. C'est par cette ville que les messagers du souverain et les marchands de ce pays sont tenus de passer pour entrer dans l'empire. Cette circonstance y attire beaucoup de Chinois qui s'y sont établis, et elle est devenue en quelque sorte l'entrepôt des deux contrées. Le principal objet qui s'y fabrique est du papier fait de coton; il est fort et durable, mais il n'est ni bien blanc, ni très-transparent : cependant il s'en vend beaucoup à Péking où l'on s'en sert pour garnir, en guise de vitres, les châssis des palais et des maisons principales.

Foung-hoang-tching est sur le revers oriental du Chanyan-alin, près du Foung-hoang-chan, rameau de cette montagne ; le Tsao-ho envoie ses eaux au Yalon, fleuve de Corée.

En franchissant la palissade qui ferme le Liao-Toung au N., on entre dans le gouvernement de Ghirin, qui est d'une très-grande étendue. Il est peu habité; on n'y compte que trois villes très-mal bâties et entourées d'une muraille en terre. Ghirin-oula-hoton, la capitale, est sur la rive droite du Sounggari nommé aussi Ghirin-oula; c'est la résidence d'un général mandchou.

Ningouta, sur l'Houra Pira, affluent du Sounggari, fut la première résidence de Taï-Tsou; Tondon, plus au N. près du Sakhalian-oula, est un lieu d'exil pour les criminels chinois. Du reste, tout le gouvernement est peuplé de Mandchoux et de Chinois que les lois condamnent à l'exil. Borné à l'E. par les montagnes Khi-Kata, dont la mer baigne le pied, il est passablement uni dans l'intérieur, très-boisé et froid. Ses principales rivières sont le Sakhalian-oula, qui reçoit le Sounggari, et l'Ousouri.

Ce pays est peu propre à la culture. On n'y récolte guère que de l'avoine et du millet ; mais le ginseng, la plus précieuse des plantes au sentiment des Chinois et des Mandchoux, y croît en abondance; il s'en fait un grand commerce à Ningouta où les nomades apportent leur tribut en peaux de zibeline. Aussi ce trafic y attire un grand nombre de Chinois des provinces les plus éloignées ; leurs maisons, jointes à celles des soldats, font des faubourgs quatre fois plus grands que la ville.

« Le riz et le froment, disent les missionnaires employés à lever les cartes du pays des Mandchoux, n'y sont pas communs, soit que la terre n'y soit pas propre, soit que les nouveaux habitans trouvent mieux leur compte à avoir beaucoup de grains que d'en avoir moins, quoique d'une meilleure espèce.

» Au reste, il ne nous paraît pas aisé de dire pourquoi tant de pays qui ne sont situés que sous les 43° 44' de lat. N. sont si différens des nôtres par rapport aux saisons et aux productions de la nature, qu'on ne peut pas même les comparer à nos provinces les plus septentrionales.

» Le froid commence dans ces quartiers plus tôt qu'à Paris; bien qu'on ne se trouve à sa hauteur que près du parallèle du 50° degré, on en sent déjà la violence au commencement de septembre. Le 8 de ce mois, nous nous trouvâmes à Tondon, premier village des Tartares Katcheng, et nous fûmes tous obligés de prendre des habits fourrés de peaux d'agneaux, que nous ne quittâmes plus. On commença même à craindre que le Sakhalian-oula, quoique très-profond et très-large, ne vînt à se glacer, et que la glace n'arrêtât nos barques ; en effet, tous les matins les bords étaient pris à une certaine distance, et les habitans assuraient que dans peu de jours la navigation deviendrait dangereuse par le choc des glaçons que le fleuve charierait.

» Ce froid est entretenu par les grandes forêts du pays qui deviennent encore plus fréquentes et plus épaisses à mesure qu'on avance vers les bords de la mer orientale ; nous fûmes neuf jours à en traverser une, et nous étions obligés de faire couper par les soldats mandchoux un cer-

2. Tibétains & Chapelle Bouddique.

3. Yak.

EN ASIE

tain nombre d'arbres, afin d'avoir un espace assez vaste pour les observations des hauteurs méridiennes du soleil.

» Quand on est sorti de ces bois, on ne laisse pas de trouver de temps en temps des vallées couvertes d'une belle herbe, et arrosées de ruisseaux d'une bonne eau, dont les bords sont semés de différentes espèces de fleurs, mais toutes très-communes dans nos provinces, si vous en exceptez les lys jaunes qui sont d'une très-belle couleur; nos Mandchoux en faisaient beaucoup de cas.

» Les plus beaux lys jaunes ne naissent pas loin de la palissade de Liao-Toung. Après en être sortis et avoir fait sept à huit lieues, nous en trouvâmes en quantité entre les 41 et 42e parallèles, dans une plaine qui, sans être marécageuse, était un peu humide, et qui est restée inculte après l'entrée des Mandchoux; elle est arrosée d'un côté d'une petite rivière, et bordée de l'autre d'une chaîne de petits coteaux. »

Ces missionnaires parlent ensuite du ginseng. Cette plante a fait de tout temps la principale richesse de la Tartarie orientale; car, quoiqu'elle se trouve de même dans la partie septentrionale de la Corée, ce qu'il y en a se consume dans ce royaume.

Elle était d'un si grand prix à la Chine que les habitans de ce pays passaient en cachette ou avec le consentement tacite des gouverneurs dans les déserts qui la produisent, ce qui leur procurait de gros profits.

En l'année 1709, les missionnaires dressèrent la carte de ces contrées. L'empereur, souhaitant que ses Mandchoux profitassent de ce gain préférablement aux Chinois, avait donné ordre à 10,000 de ses soldats, qui sont au-delà de la grande muraille, d'aller ramasser eux-mêmes autant de ginseng qu'ils pourraient, à condition que chacun en donnerait à ce monarque deux onces du meilleur, et que le reste serait payé au poids d'argent fin.

« Cette expédition, continuent les missionnaires, nous fut utile; car les commandans mandchoux, partagés en différens quartiers avec leurs gens, se conformant aux ordres de l'empereur qui avait porté jusque-là sa prévoyance, vinrent les uns après les autres nous offrir une partie de leurs provisions, et nous obligèrent à accepter au moins quelques bœufs pour notre nourriture.

» Ces amitiés nous rendirent encore plus sensibles aux peines de ces soldats, car ils fatiguent beaucoup en ces sortes d'expéditions; dès qu'ils commencent leurs recherches, ils sont obligés de quitter leurs chevaux et leurs équipages; ils ne portent ni tente, ni lit, ni d'autres provisions qu'un sac de millet rôti au four. Ils passent la nuit couchés à terre sous un arbre, ou dans quelque misérable cabane faite à la hâte de branches d'arbre.

» Les officiers campés à une certaine distance dans les lieux propres à faire paître le bétail font examiner leur diligence par des gens qu'ils envoient leur porter quelques pièces de bœuf ou de gibier : ce qu'ils ont le plus à craindre, ce sont les bêtes féroces et surtout les tigres, contre lesquels ils doivent incessamment être en garde; si quelqu'un ne revient pas au signal que lui donne toute la troupe, on le suppose ou dévoré par les bêtes ou égaré par sa faute; et après l'avoir cherché un ou deux jours, on continue à faire une nouvelle répartition de quartiers et à travailler avec la même ardeur à la découverte commencée.

» Tant de peines et de périls sont comme inévitables, parce que le ginseng ne croît que sur le penchant des montagnes couvertes de bois, sur le bord des rivières profondes et autour des rochers escarpés. Si le feu prend à la forêt et en consume quelque partie, le ginseng n'y reparaît que trois ou quatre ans après l'incendie. On peut dire en général qu'on le trouve entre les 39 et 47e degrés de latitude boréale.

» Cette plante nous fut apportée par un habitant de Hou-Tchun, principal village des Tartares Koel-Ka, situé à deux lieues de la frontière de la Corée, sous les 42° 56' de latit. Il était allé la chercher à cinq ou six lieues. C'est toute l'étendue du pays de cette tribu; ce canton est d'ailleurs assez agréable, et, ce qui est rare parmi les Tartares, il est assez bien cultivé, soit que cela vienne de l'éloignement où ils se trouvent des Mandchoux, car les plus proches sont à 40 lieues, et le chemin qui y conduit est très-difficile, soit qu'ils aient profité de l'exemple des Coréens, dont les collines, coupées par étages, sont cultivées jusqu'au sommet avec un soin incroyable.

» Ce fut un spectacle nouveau pour nous qui avions traversé tant de forêts et côtoyé tant de montagnes affreuses, de nous trouver sur les bords du Toumen-oula, fleuve qui d'un côté n'avait que des bois et des bêtes sauvages, et qui nous offrait de l'autre tout ce que l'art et le travail produisent dans les royaumes les mieux cultivés; nous y voyions des villes entourées de leurs murailles, et en plaçant nos instrumens sur des hauteurs voisines, nous déterminâmes géométriquement la situation des quatre villes qui ferment la Corée au septentrion ; mais comme les Coréens qui étaient au-delà du fleuve n'entendaient ni les Tartares ni les Chinois qui étaient avec nous, nous ne pûmes savoir le nom de ces villes que quand nous fûmes à Hou-Tchun, où sont les interprètes dont les Tartares se servent dans le commerce continuel qu'ils ont avec les Coréens.

» Sur le bord opposé aux Tartares, les Coréens avaient bâti une bonne muraille semblable à celle du N. de la Chine ; elle est détruite entièrement vers Hou-Tchun, depuis que la Corée fut désolée par les Mandchoux dont elle fut la première conquête ; mais elle subsiste encore presque entière en des endroits plus éloignés vis-à-vis desquels nous passâmes.

» Après le Toumen-oula, en avançant toujours dans l'ancien pays des Mandchoux, on rencontre le Sui Fond Pira, fleuve qui se jette également dans la mer orientale ; il est fort célèbre parmi les Tartares et ne mérite guère de l'être.

» L'Ousouri est sans contredit une rivière plus belle par la netteté de ses eaux et par la longueur de son cours ; elle se jette dans le Sakhalian-oula ; les villages des Tartares Yupi occupent ses bords. Elle reçoit grand nombre de ruisseaux et quelques grandes rivières.

» Il faut qu'elle soit extrêmement poissonneuse puisqu'elle fournit des poissons à ses habitans autant qu'il en faut pour se faire des habits de leurs peaux et pour vivre de leur chair. Les Tartares savent passer ces peaux, les teindre en trois ou quatre couleurs, les couper proprement et les coudre d'une manière si délicate qu'on les croit d'abord cousues avec du fil de soie ; ce n'est qu'en défaisant quelques coutures qu'on s'aperçoit que ce filet n'est qu'une courroie très-fine coupée d'une peau encore plus mince.

» La forme des habits est la même que celle des Mandchoux, qui est aussi celle des Chinois de toutes les provinces. La seule différence qu'on y remarque est que l'habit long de dessous est bordé ordinairement d'une bande de différentes couleurs, verte ou rouge sur un fond blanc ou gris. Les femmes ont au bas de leur manteau de dessous des deniers de cuivre ou des petits grelots qui avertissent de leur arrivée. Leurs cheveux partagés en plusieurs tresses pendantes sur leurs épaules sont chargés de petits miroirs, d'anneaux et d'autres bagatelles qu'elles regardent comme autant de joyaux.

» La manière de vivre de ces Tartares n'est pas moins incroyable ; ils passent tout l'été à pêcher. Une partie du poisson est destinée à faire de l'huile pour la lampe ; l'autre leur sert de nourriture journalière ; enfin la troisième est séchée au soleil sans être salée, car ils n'ont point de sel, et fument les provisions de l'hiver. Les hommes et les femmes s'en nourrissent pendant que les rivières sont gelées ; il en résulte que le bétail a un goût détestable. Les chiens tirent les traîneaux sur les rivières glacées.

» Nous remarquâmes beaucoup de force et de vigueur dans la plupart de ces pauvres gens qui, en général, paraissent être d'un génie paisible, mais pesant, grossier, sans culture, sans lettres et sans le moindre culte public de religion. Les idoles même de la Chine n'ont point encore pénétré jusque chez eux. Apparemment que les bonzes ne s'accommodent pas d'un pays si pauvre et si incommode, où l'on ne sème ni riz, ni froment, mais seulement un peu de tabac dans quelques arpens de terre qui sont près de chaque village, sur les bords de l'Ousouri. Un bois épais et presque impénétrable couvre le reste des terres et produit des cousins et d'autres semblables insectes qu'on ne dissipe qu'à force de fumée.

» Ces Yupi se servent ordinairement de dards pour prendre les grands poissons, et de filets pour les autres. Leurs barques sont petites, et leurs esquifs ne sont faits que d'écorce d'arbre si bien cousue que l'eau ne peut y entrer. Leur langue paraît mêlée partie de celle des Mandchoux, qui sont leurs voisins à l'O. et au S. ; partie de celle des Katcheng, qu'ils ont au N. et à l'E. ; car les chefs des villages, qui sans doute n'étaient pas sortis de leurs districts, entendaient en gros ce que disaient les uns et les autres.

» Le pays des Katcheng s'étend depuis Tondon jusqu'à l'Océan, le long du Sakhalian-oula : dans un si long espace, qui est presque de 150 lieues, on ne trouve que des villages médiocres, placés presque tous sur l'un et l'autre bord de ce grand fleuve. Tout le reste est désert et fréquenté seulement par des chasseurs de zibelines. »

D'après les renseignemens fournis par les livres chinois, la quantité des terres cultivées dans cete province est de 1,483,000 acres, tant par les particuliers que par les soldats de la milice. La population s'élevait, en 1811, à 308,000 individus, tant Mandchoux que Chinois ; dans ce nombre n'étaient pas comprises diverses peuplades telles que les Kireng nommés *Ghilaks* par les Russes, les Fiaka, les Serkoié, les *Orotchon* (Orotchis), les Kiyaka. Ces cinq peuplades se subdivisent en trente-six tribus comprenant ensemble 2,398 familles, soumises chacune au tribut annuel d'une peau de zibeline.

Le long de la rive gauche du Sounggari et du Sakhalian-oula s'étend le gouvernement qui porte le nom de ce fleuve et qui confine à l'O. à la Mongolie, au N. à la Sibérie.

C'est un pays froid borné au N. par les monts Iablonoï; les monts Khing-kan le traversent dans l'O. Les hivers y sont longs et rigoureux, mais le climat y est sain. Le sol assez fertile pourrait donner des récoltes abondantes; il est peu cultivé, parce que la plus grande partie de la population se compose de nomades.

Tsitsikar, ville située près de la rive gauche du Noué, rivière considérable qui est un affluent du Sounggari, a une double enceinte, l'une formée d'une palissade en gros pieux très-serrés, médiocrement hauts, mais assez bien terrassés en dedans; l'autre est en terre. Cette ville fut bâtie par l'empereur de la Chine pour assurer ses frontières contre les Russes. Les rues sont étroites et les maisons en terre. C'est une place passablement commerçante; la population se compose de Mandchoux, de Solon, et surtout de Tagouri ou Daouriens, anciens habitans du pays.

Le gouverneur réside à Sakhalian-oula-hoton, ville située sur la rive gauche du fleuve dont elle porte le nom, à 80 lieues au N. de Tsitsikar. Elle est dans une plaine fertile et parsemée de villages. Cette place fortifiée est un des principaux boulevards de la Chine du côté de la Russie; il s'y fait un commerce considérable en pelleteries.

Merghen, à 40 lieues de Tsitsikar, est bien moins peuplée et n'a qu'une enceinte; le territoire de l'une et de l'autre n'est que médiocrement bon, car la terre y est sablonneuse.

Parmi les rivières que le Sakhalian-oula reçoit dans cette région, on remarque le Song-pira et le Corfin-pira, parce qu'on trouve dans leurs eaux des moules perlières. « Les pêcheurs, disent les missionnaires, n'y font pas beaucoup de façons. Comme l'eau dans ces petites rivières n'est pas grande, ils s'y jettent sans contrainte; et, prenant au hasard tout ce qu'ils rencontrent de moules, ils ressautent sur le rivage.

» Ils disent qu'on n'en trouve point dans le fleuve même; mais c'est apparemment qu'ils n'ont osé plonger dans une eau si profonde, comme nous l'avons appris de leurs mandarins. Ils en pêchent aussi dans d'autres petites rivières qui se jettent dans le Nouni-oula et dans le Sounggari, telles que sont l'Arom et le Nemer qu'on traverse sur le chemin de Tsitsikar à Merghen; mais dans toutes celles qui sont à l'O. de Sakhalian-oula-hoton, ils assurent qu'on n'a jamais pu en découvrir.

» Ces perles sont fort louées par les Tartares et ne seraient apparemment estimées que médiocrement par nos connaisseurs, à cause du défaut de couleur et de figure. L'empereur en a des chapelets, chacun au nombre de cent et davantage, d'assez grosses, et toutes semblables; mais elles sont choisies entre mille, car tout ce qu'on en pêche depuis tant d'années n'appartient qu'à lui.

» Les peaux de zibelines de ce pays sont aussi fort estimées par les Tartares, parce qu'elles sont de durée et d'un bon usage : mais quelle peine ne coûtent-elles pas aux chasseurs les Solon! Ils sont encore plus robustes, plus adroits et plus braves que les habitans de ces quartiers. Leurs femmes montent à cheval, tirent de l'arc et vont à la chasse des cerfs et d'autres bêtes fauves.

» Un grand nombre de ces Tartares demeure à présent à Nierghi; c'est un assez gros bourg peu éloigné de Tsitsikar et de Merghen. Nous les vîmes partir le 1er d'octobre pour la chasse des martres zibelines, vêtus d'une robe courte et étroite de peau de loup; ils avaient une calotte de la même peau sur la tête, et l'arc sur le dos : ils menaient quelques chevaux chargés de sacs de millet, et de leurs longs manteaux de peau de renard ou de tigre, dont ils s'enveloppent pour se défendre du froid, surtout la nuit. Leurs chiens sont faits à la chasse; ils savent grimper et connaissent les ruses des martres.

» Ni la rigueur d'un hiver qui gèle les plus grandes rivières, ni la rencontre des tigres qu'il faut souvent combattre, ni la mort de leurs compagnons, ne les empêchent pas de retourner chaque année à une entreprise si pénible et si dangereuse qu'ils ne pourraient sans doute soutenir si elle ne faisait toute leur richesse. Les plus belles peaux sont pour l'empereur qui en donne un prix fixé pour un certain nombre. Les autres se vendent assez chèrement, même dans le pays, et ne se trouvent pas en grand nombre parce qu'elles sont d'abord achetées partie par les mandarins des lieux, et partie par les marchands de Tsitsikar.

» Les limites de ce gouvernement du côté de l'O. et de la Tartarie des Moscovites sont deux rivières médiocres; l'une est l'Ergoné (Argoun) qui vient du S. au-dessous du 50e degré, se jeter dans le Sakhalian-oula; de l'autre côté de ce fleuve un peu au N. O. de l'embouchure de l'Ergoné, vient du N. l'Aigué Kerbetchi (Ger-

Bitzi), dont le cours est encore moins long. »

Ce fut un traité conclu à Nertchinsk le 17 août 1689, qui régla la ligne des frontières entre les deux empires; auparavant elles avaient été incertaines, ce qui avait occasioné des hostilités. Dès 1639, des Cosaques arrivés sur les bords de la mer d'Okhotsk, ayant poursuivi leur course au S. pour recevoir le tribut des peuples nomades, apprirent des Toungouses vivant sur les bords de l'Ouda, que plus loin un grand fleuve était grossi par des rivières qui traversaient une contrée habitée par des peuples exerçant l'agriculture, élevant des bestiaux et naviguant sur ce fleuve qu'ils nommèrent tantôt *Mamour*, tantôt *Yamour* ou *Amour*.

La même année, d'autres Cosaques apportèrent en Sibérie des renseignemens sur le cours de la Chilka, affluent de la partie supérieure de ce fleuve; elle passait chez les Daours, peuple qui savait fondre la monnaie d'argent, et faisait le commerce. Il troquait avec les Toungouses des pelleteries, qu'il revendait aux Chinois et recevait en échange, de ceux-ci, diverses marchandises, et entre autres des étoffes de soie.

D'après ces avis, Vassili Poyarkov partit d'Iakoutsk, le 15 juillet 1643, à la tête de 150 hommes, la plupart promichleniks; il s'empara de la contrée montagneuse de la Daourie, baignée par le cours moyen de l'Amour. Il bâtit Nertchinsk et plusieurs ostrogs ou forts pour assurer le paiement du tribut des peuples nomades à la Russie; car les avis qu'on avait reçus de cet aventurier et de Ierveï Khavarov, ainsi que le butin qu'ils avaient envoyé à Iakoutsk, faisaient concevoir qu'il serait très-avantageux d'incorporer à l'empire russe le fleuve Amour et les contrées qu'il arrose jusqu'à son embouchure dans la mer. Enfin le fort d'Albazin ou Iaksa fut construit sur ce fleuve; des colons russes vinrent s'établir dans un pays dont on faisait une description ravissante.

Cependant les indigènes des rives de l'Amour et de ses affluens, accoutumés à vivre paisiblement sous leurs princes, essayèrent de résister à ces étrangers, qui leur enlevaient leurs richesses et emmenaient des ôtages; que pouvaient-ils contre des hommes munis d'armes à feu, eux qui n'avaient que des flèches et des javelots? La plupart abandonnèrent leurs vallées et se retirèrent au S. et à l'E. du fleuve Amour; la région qu'il parcourt devint un désert.

Les Mandchoux qui avaient fait la conquête de la Chine ne purent voir avec indifférence les progrès des Russes; ceux-ci finirent par les rencontrer en 1651. A la prise d'une forteresse des Daours, les Russes voulurent savoir ce que faisaient des Mandchoux qu'ils avaient vus parmi eux et pourquoi ils les avaient quittés. Les prisonniers répondirent que c'étaient des gens préposés par l'empereur de la Chine pour percevoir le tribut qu'on devait à ce prince. Effectivement, un de ces Mandchoux vint le lendemain voir Khavarov et lui tint un long discours auquel le Russe, faute d'interprète, ne comprit presque rien; tout ce qu'il en conclut, à l'aide de quelques Daours, c'est que ceux-ci désiraient de vivre en paix avec les Russes. Mais Khavarov continua sa marche; plus tard il en vint aux mains avec les Mandchoux : les succès furent partagés. En 1654 il eut pour successeur Stepanov. A cette époque, le gouvernement chinois commençait à prendre des mesures sérieuses contre les Russes. Plusieurs années se passèrent en sièges de places démolies et rétablies tour à tour. Enfin les deux pays signèrent la paix à Nertchinsk; les négociations furent conduites par des plénipotentiaires des deux nations. Le P. Gerbillon, missionnaire français, et le P. Pereira, Portugais, rédigèrent le traité en latin; les souverains respectifs le ratifièrent l'un en russe, l'autre en mandchou.

Le traité de paix avait fixé provisoirement les limites des deux empires; des relations commerciales très-actives s'établirent entre eux; des caravanes russes allaient à Péking; un trafic continuel avait lieu à l'Ourga, résidence d'un khoutoukhou ou grand-prêtre bouddhiste, en Mongolie. La mauvaise conduite des Russes qui venaient dans ce lieu occasiona des plaintes; d'un autre côté, des désordres graves avaient éclaté entre les Mongols sujets des deux empires. En conséquence, l'empereur Khang-hi rendit, en 1722, une ordonnance qui renvoyait de la Mongolie les marchands russes, et il fut défendu à leurs caravanes de venir à Péking.

Peu de temps après, Khang-hi mourut; Yougtching son successeur insista fortement sur la fixation définitive des frontières, afin de rompre toute liaison entre les Mongols qui vivaient sous sa domination, et ceux qui habitaient le territoire russe.

Un ambassadeur de l'empereur de Russie, envoyé à Péking en 1726, y fut très-bien accueilli par le monarque chinois. Il fut convenu qu'un congrès se tiendrait à la frontière même; en conséquence il s'assembla en 1727 près du Boro ou Boura, ruisseau qui se jette dans la Selenga. Le 1er août, le traité fut signé : la ligne de limites depuis la mer d'Okhotsk jusqu'au Gerbitzi fut maintenue; ailleurs elle subit des modifications.

1. Le Dalaï Lama.

2. Palais d'un Lama à Djichi-Loumbo.

J. Boilly del.

VOYAGE

Il fut stipulé qu'à l'avenir un entrepôt de commerce serait établi sur les rives de la Kiakhta, et que les habitans de la frontière ne pourraient trafiquer que dans ce lieu. Chacune des parties contractantes devait reprendre ceux de ses sujets qui, pendant qu'on fixait les limites, s'étaient avancés sur le teritoire étranger; des colonnes qui marquaient ces limites furent érigées sur l'immense ligne de la frontière, l'une vis-à-vis de l'autre; elles ont trois toises de hauteur et presque autant de largeur à leur base. Une croix surmonte celles de Russie; une inscription en mandchou marque celles de la Chine; elles sont au nombre de 87. La largeur de cette ligne de démarcation qui commence sur le bord de la Bouktourma et finit à la mer d'Okhotsk, est de 5, 10 et 30 toises suivant la nature du pays qu'elle parcourt. Elle n'appartient en propre à aucun des deux pays; ils doivent également la protéger; elle ne peut être franchie qu'aux lieux désignés pour le passage.

Par les traités de paix, la Russie a été exclue de la partie inférieure du bassin du Sakhalian-oula. Le port d'Okhotsk, extrêmement incommode, est bien loin de compenser pour cette puissance la possession de l'embouchure d'un fleuve qui, navigable à une grande distance dans l'intérieur, lui aurait procuré des avantages immenses pour son commerce à cette extrémité de son territoire en Asie.

« Les Mandchoux, avant de devenir conquérans, dit Klaproth, étaient un peuple chasseur; ils n'avaient nulle culture littéraire, et si leurs ancêtres les Niutché en ont eu une, ils l'avaient absolument perdue avec la domination de la Chine septentrionale. Les premiers empereurs de la dynastie mandchoue, avant d'avoir soumis le Liao-Toung, se servaient de la langue mongole dans leur correspondance diplomatique. Ce ne fut qu'en 1599 que l'empereur Thaï-tsou, voulant donner une écriture à son peuple, chargea deux lettrés d'en former une d'après celle des Mongols. L'écriture des Mandchoux atteignit bientôt à sa perfection. Depuis la conquête de la Chine, leur littérature s'est enrichie d'un grand nombre d'ouvrages, consistant pour la plupart en traductions de livres chinois. Ces traductions donnent une certaine facilité pour l'intelligence des textes originaux; et c'est principalement sous ce point de vue que les missionnaires qui ont résidé à Péking se sont occupés d'apprendre le mandchou et de composer des livres élémentaires pour l'étude de cette langue. »

Les Mandchoux écrivent de haut en bas. Les mots sont formés par une forte barre perpendiculaire, rarement interrompue et aux côtés de laquelle on annexe certains traits qui constituent les lettres. Les lignes sont disposées de gauche à droite.

Tous les Toungouses, comme nous l'avons vu précédemment, sont attachés au chamanisme; un certain nombre de Mandchoux a embrassé le bouddhisme. Une partie des peuplades qui habitent les cantons septentrionaux et orientaux de la vaste contrée que nous venons de décrire, sont nomades; la chasse et la pêche procurent à ceux du Sandan, c'est-à-dire du territoire inférieur du Sakhalian-oula, une subsistance abondante. Les Kileng (Pl. XII — 4 à gauche) sont dépeints par les géographes chinois comme des gens forts et robustes, mais peu civilisés. Hommes et femmes s'habillent en hiver de peaux de cerf, et en été de vêtemens faits de peaux de poisson; ils occupent principalement les rives du Khenkhoun qui se jette dans le Sakhalian-oula, à peu de distance de son embouchure dans la mer. Ils appartiennent à la famille des Aïno. Il en est de même des Fiaka (Pl. XII — 4 à droite) qui se tiennent sur les bords de la mer près de l'embouchure du Sakhalian-oula. C'est un peuple grossier, mais brave dans les combats; les hommes marchent toujours armés d'un sabre. Leur vêtement est en été de peaux de poisson, en hiver de peaux de chien. Le tribut de ces deux peuplades est payé en martres zibelines. Celles du pays des Kileng sont d'une rare beauté.

Les hommes représentés pl. XII, fig. 4, qui fréquentent les côtes maritimes du pays des Mandchoux, appartiennent aussi à la nation des Aïno.

Les soldats mandchoux composent les garnisons des villes principales dans le N. Quand un militaire est commandé pour le service, il se fait suivre d'un homme qui porte une partie de ses armes et son fourniment (Pl. XIII — 1).

Les paysans mandchoux, comme ceux de tous les pays où l'âne peut vivre, se servent de cet animal si utile pour transporter d'un lieu à un autre les denrées qu'ils ont à vendre, ou bien leur famille (Pl. XIII — 2).

Depuis la conquête, les Chinois ont modifié leur costume pour adopter celui des Mandchoux. Les formes de ceux-ci sont plus robustes, mais leur physionomie est moins expressive que celle des Chinois. Leurs femmes ne défigurent pas leurs pieds comme les Chinoises par une chaussure extrêmement étroite. Suivant le récit des voyageurs européens qui les ont rencontrées dans les rues de Péking, elles portent de longues robes noires qui leur tombent jusqu'aux talons, et leurs souliers paraissent autant excéder la grandeur ordinaire que ceux des Chinoises sont au-dessous. L'empeigne de ces souliers est ordinairement de satin brodé, et la semelle de papier ou de toile a un pouce d'épaisseur; ils ont la pointe carrée et un peu relevée. Les femmes mandchoues ont les cheveux relevés et bien lisses de tous les côtés, à peu près comme ceux des Chinoises, et quoique leur visage soit fardé de rouge et de blanc, on voit aisément qu'elles ont le teint naturellement plus blanc que ces dernières, et quelques-unes ont des traits fort jolis (Pl. XIII — 3).

Les opinions varient beaucoup sur la population du pays des Mandchoux; quelques auteurs l'estiment à 2,100,000 ames, tandis que d'autres ne l'évaluent qu'à la moitié de ce nombre. Quoi qu'il en puisse être, elle est très-faible relativement à la surface immense de cette contrée. Dans l'ordre administratif, ce pays ne doit pas être compté parmi les provinces de la Chine proprement dite, et les habitans de celle-ci le considèrent toujours comme étranger.

CHAPITRE XXVIII.

Empire chinois. — Mongolie.

Au XIIIe siècle les dévastations des Tartares épandirent la terreur dans l'Europe. Après avoir bouleversé l'Asie, ils avaient soumis la Russie entière et poussé leurs incursions jusqu'en Pologne, en Silésie, en Hongrie. Dans la crainte et l'indignation qu'on éprouvait, on s'écriait : « Puissent ces Tartares retourner au Tartare! »

Le pape, pour préserver la chrétienté du fléau qui la menaçait, envoya vers leurs chefs des ambassadeurs et des missionnaires, qui furent les moines Ascelin et Duplan-Carpin; plus tard, saint Louis, sur la fausse nouvelle que le grand-khan des Tartares avait embrassé la religion chrétienne, dépêcha aussi Rabruquis et d'autres moines vers ce monarque. Enfin Marc Pol le Vénitien visita également la Tartarie et pénétra en Chine, ainsi que dans d'autres pays de l'Asie. Divers voyageurs suivirent les traces de ceux-là; plusieurs de leurs relations sont parvenues jusqu'à nous; les détails qu'elles contiennent sur les mœurs et sur le pays des Tartares s'accordent avec ceux qui, à des époques postérieures, ont été recueillis sur ces mêmes peuples qui sont les Mongols.

On sait que sous le règne de Djinghis-Khan leur empire prit un développement immense; bientôt il s'étendit du Dnieper à la grande muraille. Ses successeurs agrandirent ses conquêtes et fondèrent une nouvelle dynastie en Chine. Les Mongols en furent expulsés en 1367 et forcés de rentrer dans leurs déserts; ils furent gouvernés par plusieurs khans indépendans l'un de l'autre : quoiqu'une espèce d'empire se fût formé, des dissensions intestines les divisaient sans cesse; ils ont fini par tomber sous la domination des Mandchoux qui règnent en Chine.

Depuis le XVIIIe siècle, une partie de la Mongolie a été quelquefois parcourue par des envoyés russes. L'article 5 du traité conclu entre les deux empires en 1727 stipula que les Russes occuperaient à l'avenir le *Kouan* ou la cour qu'ils habitaient en ce moment; qu'il y serait construit une église chrétienne avec l'assistance du gouvernement chinois; que des prêtres russes seraient logés dans le *Kouan*; qu'il y serait admis de plus quatre jeunes étudians et deux d'un âge plus avancé pour apprendre les langues du pays; qu'ils seraient nourris aux frais de l'empereur et auraient la liberté de retourner dans leur pays aussitôt que leurs études seraient terminées.

Les prêtres russes, au nombre de six, desservent alternativement l'église de la Mission, et celle de l'Assomption de Notre-Dame, située dans le même quartier de la capitale que fréquentent des Chinois chrétiens de la communion russe. Quand les Mandchoux se furent, en 1685, emparés d'Albazin, comme nous l'avons raconté dans le chapitre précédent, ils emmenèrent à Péking la garnison composée d'une centaine de Cosaques qui formèrent un bataillon de la garde impériale, auquel on donna le nom d'*oros nirou*. Ces chrétiens avaient obtenu du général chinois la permission de prendre avec eux Maxime Leontier leur prêtre, et d'emporter les saintes images de leur église, ainsi que les objets servant au culte. A leur arrivée dans la capitale de l'empire chinois, on leur assigna pour demeure un emplacement situé à l'angle N. E. de cette ville. Un seigneur mandchou leur céda sa chapelle pour en faire une église; elle fut consacrée en 1691 d'après l'autorisation donnée par le métropolite de Tobolsk. Les descendans des Albazintes ont persisté dans leur croyance et fréquentent cette église.

La durée ordinaire de la mission russe à Péking doit être de dix ans; mais la correspondance entre le ministre des affaires étrangères au nom du sénat russe dirigeant et le tribunal chinois, est sujette à tant de lenteurs, que le séjour de la mission se prolonge au-delà de dix ans; à son départ, elle est remplacée par une autre.

En 1819, il en partit une de Saint-Pétersbourg; elle allait relever celle qui était à Péking depuis le 10 janvier 1808. Elle atteignit Irkoutsk en février 1820, et le 1er juillet Kiakhta. Le 31 août, elle franchit la frontière; le 2 décembre, elle fit son entrée dans Péking, après avoir traversé une portion de la partie orientale de la Mongolie. Elle avait voyagé sous la conduite de M. G. Timkovski, attaché au ministère des affaires étrangères. Le 15 mai 1821, M. Timkovski sortit de Péking; il revint à Kiakhta par une route un peu plus occidentale que celle qu'il avait suivie précédemment. A son retour à Saint-Pétersbourg, il publia en russe la relation de son voyage. La traduction française, qui parut à Paris en 1827, a été revue par M. Klaproth et par moi. Voici comme nous nous exprimions sur ce livre.

« Toutes les ambassades européennes qui sont allées à Péking n'ont fait qu'un séjour très-court dans cette capitale de l'empire chinois, et même ont été sans cesse soumises à une surveillance gênante, dictée aux Chinois par leur défiance pour les étrangers. M. Timkovski a visité Péking sous des auspices beaucoup plus favorables; comme tous les Russes, il jouissait de sa pleine liberté, pouvant parcourir les nombreux quartiers de cette ville immense, et visiter tous ses monumens et toutes ses curiosités. Il a donc été à même de faire des observations plus exactes que les voyageurs qui sont allés en Chine avant lui; de plus, il avait à sa disposition plusieurs interprètes qui connaissaient parfaitement la langue du pays; ainsi ses récits méritent plus de confiance que ceux des personnes qui, ne sachant ni le chinois ni le mandchou, n'ont pu entrer en conversation avec les habitans de l'empire. »

M. Timkovski a décrit la Mongolie d'après ses propres observations et d'après des renseignemens authentiques; c'est donc à lui principalement que nous recourrons pour parler de cette contrée.

La Mongolie est située entre 33 et 53° de latit. N. et entre 85 et 122° de longit. E. Cette vaste contrée qui s'étend sur une grande portion du vaste plateau de l'Asie centrale, est coupée en deux parties, l'une au N., l'autre au S., par le Kan-Sou, province de la Chine. La première, ou la Mongolie propre, est bornée au N. par la Sibérie, à l'E. par le pays des Mandchoux, au S. par la Chine proprement dite, à l'O. par le Si-oui. Sa longueur est de 960 lieues, sa largeur de 350. L'autre partie de la Mongolie ou pays de Khoukhou-Noor a pour bornes au N. et à l'E. la Chine, au S. le Tibet, à l'O. le Si-oueï. Elle a 260 lieues de longueur de l'E. à l'O. et 110 lieues de largeur du N. au S. La surface des deux réunies peut s'élever à 250,000 lieues carrées.

Au N. et au N. O. de la Mongolie propre se prolonge l'Altaï : au N. le Khing-kan ou Iablonoï-khrebet; à l'E. le Khing-kan; au S. elle est traversée par l'Alachan et le Gadjar ou Inchan, dans le centre par le Khangaï; de ces montagnes se détachent des rameaux qui s'entrecroisent.

Le pays de Khoukhou-Noor est bordé au S. par le Koulkoun et le Baïan-chara; au N. par le Nan-chan, au N. E. par une branche du Kouenloun; presque toutes ces montagnes sont très-élevées et conservent de la neige pendant la plus grande partie de l'année; entre leurs ramifications s'étendent des vallées quelquefois spacieuses. Le nom de cette contrée vient du Khoukhou-Noor, grand lac situé dans l'E. et dont la circonférence est de 95 lieues. Il tire son nom (lac bleu) de la couleur de ses eaux qui sont bleuâtres; il n'a pas d'issue. Le Hoang-ho, grand fleuve de la Chine, a sa source dans ce pays dont la température est très froide.

Celle de la Mongolie propre l'est également par rapport à sa latitude; une partie considérable de sa surface est couverte par le vaste step ou désert de Gôbi ou Chamo. Le premier de ces noms est mongol et désigne toute plaine dépourvue d'eau et d'herbe; dans l'O. il est appelé Chachin. Il est traversé par des chaînes de montagnes et de collines; dans sa partie orientale, il renferme quelques oasis, arrosées par des ruisseaux; ailleurs des herbes croissent dans les enfoncemens quand l'été est pluvieux. Quoique très-élevé et généralement uni, le Gôbi offre dans l'E. une dépression de plus de 700 pieds de profondeur.

Chamo veut dire *mer de sable;* ainsi cette dénomination n'appartient proprement qu'à la partie moyenne du Gôbi qui est réellement sablonneuse; ailleurs sa superficie est couverte de gravier et de petits galets, parmi lesquels on rencontre assez souvent des pierres dures colorées, telles que des agathes, des cornalines, des calcédoines. Nulle part on n'aperçoit d'autres végétaux ligneux que des arbustes parés souvent de jolies fleurs : faute de bois, on brûle du fumier séché. Parfois le sol s'élève insensiblement jusqu'à une hauteur considérable; des flancs de ces éminences sortent des sources dont les eaux ne tardent pas à se perdre dans le sein de la terre, de sorte que cette région est dénuée de ruisseaux; mais des lacs salés de différentes dimensions sont épars dans le step.

Dans les autres cantons de la Mongolie, les montagnes en s'entrecroisant forment de petits bassins partiels, où des ruisseaux vont se perdre dans des lacs salés. Dans la partie septentrionale, coulent des rivières qui par leur réunion contribuent à former d'un côté l'Iéniseï, d'un autre le Sakhalian-oula.

Le tableau de la géographie physique de la Mongolie que nous venons d'esquisser indique que sa population doit principalement mener la vie nomade. C'est en effet celle des Mongols de tous les temps.

Ils sont aujourd'hui divisés en aïmaks ou tribus. Au N. vivent les Khalkha, qui sont les plus puissans et les plus nombreux; à l'O. les Bouriat et les Euleuth, au S. les Ordos, les Tsakhar et les Sounit. Ces principales tribus se subdivisent en un très-grand nombre de hordes.

Depuis que les Mongols sont soumis aux empereurs de la Chine, ceux-ci ont partagé chaque aïmak en un certain nombre de bannières ou divisions; le titre de khan n'a été laissé qu'à leurs chefs les plus éminens.

« Les Mongols, dit M. Timkovski, ont trop d'indolence pour être de bons cultivateurs; ils sèment du millet, de l'orge et du froment, mais en petite quantité et avec une négligence extrême. La stérilité des steps les oblige à changer souvent d'habitations. Toujours courant pour ainsi dire après les pâturages, ils sont fréquemment forcés de passer l'été dans des lieux éloignés de leurs campemens d'hiver et de printemps; c'est pourquoi ils abandonnent pour long-temps leurs champs labourés. Quand la mortalité frappe leur bétail, ils envient le sort de quiconque a du grain pour se nourrir. Leur penchant à l'oisiveté est tel que dans les cantons qui abondent en bois et en herbages, ils ne préparent jamais ni un asile ni des provisions pour l'hiver, à l'exception peut-être de quelques meules de foin. Dans la saison des neiges abondantes et des froids rigoureux, et lorsque leurs bestiaux sont attaqués de maladies, ils s'abandonnent à la volonté de Dieu. »

Le manque de renseignemens authentiques sur la population de la Mongolie, ou pour mieux dire la difficulté pour un étranger de s'en procurer, a privé M. Timkovski des moyens de dire quelque chose de positif sur ce sujet. On estime le nombre des iourtes à 500,000, contenant chacune quatre individus; ainsi les Mongols forment à peu près une masse de 2,000,000 d'individus épars sur une surface immense et généralement aride, où souvent on parcourt des lieues entières sans rencontrer une seule iourte.

La physionomie des Mongols est très-connue, puisque leur nom a servi pour désigner une race du genre humain qui doit, pour s'exprimer avec plus d'exactitude, être appelée *race jaune*. Ils sont de taille moyenne; ils ont le visage rond et un peu basané, les yeux enfoncés et disposés obliquement, mais extrêmement vifs; les pommettes des joues saillantes, le nez un peu aplati, la barbe très-peu fournie, les cheveux noirs; ils les rasent sur le front et aux tempes, et les tressent en queue qui retombe sur le dos. Un Mongol qui a la barbe épaisse est un objet d'admiration pour ses compatriotes. Dans les pays des Khalkhah et des Tsakhar, M. Timkovski a vu des Mongols qui avaient la figure blanche et agréable. Les femmes ont le teint frais, l'air enjoué, le regard vif et animé; quelques-unes passeraient pour belles en Europe.

La langue mongole se partage en trois dialectes principaux : celui des Euleuth ou Kalmouks diffère le plus des autres; celui des Bourga-Bouriat, vivant en Sibérie, est le plus rude.

Depuis que les Mongols ont embrassé le bouddhisme, leurs mœurs se sont singulièrement adoucies; ils sont généralement hospitaliers, affables, obligeans, bienveillans et francs. Ce ne sont plus ces Tartares farouches et cruels dont le nom seul faisait frissonner d'effroi nos aïeux. Le vol et surtout le pillage sont rares chez eux et sévèrement punis.

L'habillement des Mongols est extrêmement simple. Les hommes portent en été une longue robe de nankin ou de soie de couleur ordinairement bleue : la partie supérieure du pan droit, qui s'attache sur la poitrine, est garnie de pluche noire. Leurs manteaux sont de drap généralement noir ou rouge. Une ceinture de cuir avec des boucles en argent ou en cuivre leur sert à y fixer un couteau et un briquet. Leur bonnet est rond, en soie, avec des bords relevés en pluche noire et trois rubans rouges qui retombent sur le dos.

Leur chemise et leurs vêtemens de dessous sont également en nankin de couleur. Les bottes sont de cuir, avec des semelles très-épaisses comme celles des Chinois. En hiver, les Mongols ont des pelisses de peau de mouton, et des bonnets garnis de ces peaux ou de peaux de zibelines, de renards ou de marmottes, selon leur fortune.

Les prêtres ont des robes avec des collets ra-

3. Tassisudon.

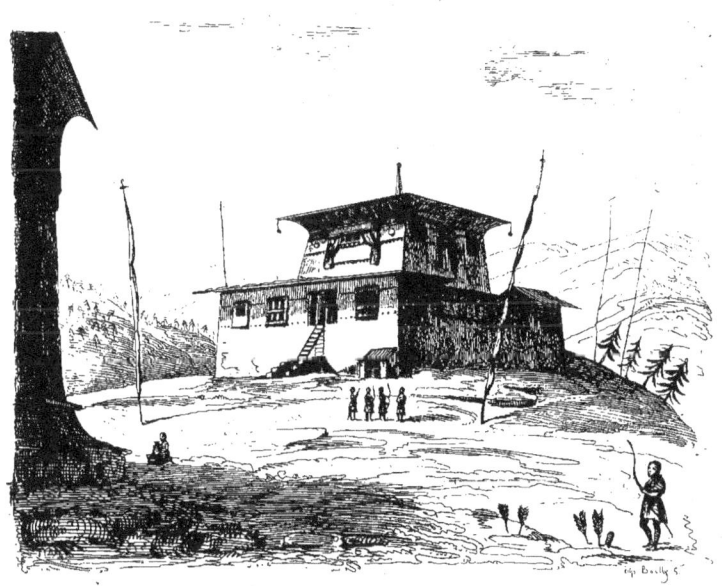

4. Palais d'un Lama près de Tassisudon.

EN ASIE.
Pl. XVI. Page 156.

battus en nankin, en taffetas ou en frise, et uniquement en couleur jaune ou cramoisie.

L'habillement des femmes ne diffère pas beaucoup de celui des hommes : elles séparent leurs cheveux en deux tresses qui tombent sur la poitrine et au bout desquelles elles mettent de petites pièces d'argent, du corail, des perles et des pierres de couleurs différentes. Le corail est une partie très-coûteuse de la parure des Mongols. Plusieurs personnes des deux sexes ont des ceintures et des selles ornées de coraux dont le prix s'élève à plusieurs milliers de francs.

Les harnais, les selles et les brides sont garnis d'ornemens en cuivre, rarement en argent. Un arc, des flèches et un sabre court composent l'armement d'un soldat mongol. Les fusils surtout cannelés ne sont recherchés que par ceux qui aiment la chasse; la poudre, le plomb et les balles, viennent de la Chine. Le gouvernement donne des fusils aux Mongols qui servent dans l'armée mandchoue.

La description que nous avons donnée précédemment des iourtes des Kalmouks et de leur ameublement (page 40), suffit pour faire connaître celles de tous les Mongols. Elles sont assez grandes et assez hautes pour qu'on puisse y marcher sans être obligé de se baisser : on en réunit ensemble deux ou un plus grand nombre, qui forment autant de chambres dont chacune a sa destination.

Le lait fait la base de la nourriture et de la boisson des Mongols : ils en font des fromages et du beurre. Leur régime diététique ne contribue pas à les rendre robustes; en revanche, ils sont très-agiles et très-lestes. Un Mongol âgé de soixante ans parcourt à cheval 25 lieues et plus par jour, sans être fatigué. La viande, et principalement celle de mouton, ne se mange que rarement. M. Timkovski ne vit jamais de gibier, excepté des chevreuils ou des sangliers, et encore moins du poisson, sur la table modeste des Mongols. Dans un cas de nécessité, ils mangent la chair des chevaux, des chameaux et même celle des bestiaux morts de maladie. Ils ne boivent de l'eau que dans des cas très-urgens : le thé en briques est la principale boisson des riches et des pauvres.

Dans chaque iourte, il y a constamment sur le feu un chaudron en fonte rempli de thé avec du lait, du beurre et du sel. Le voyageur fatigué peut hardiment entrer dans une iourte et satisfaire en tout temps sa faim et sa soif avec du thé en briques; mais il doit être muni d'une tasse en bois : chaque Mongol la regarde comme une partie indispensable de son mobilier. Les plus estimées viennent du Tibet; les riches les font ordinairement incruster en argent.

La chasse, la course à cheval, la lutte et le tir aux flèches sont les principaux amusemens des Mongols. Il paraît qu'ils n'ont pas d'idée de la danse : « Du moins, dit M. Timkovski, je n'ai jamais entendu parler de ce genre d'exercice.

» En été, ils se régalent d'aïrak, de koumis et d'eau-de-vie achetée aux Chinois. Ils passent leurs momens de loisir, qui sont assez fréquens, à fumer et à boire de l'aïrak et du koumis, dont les provisions ne leur manquent jamais, et à se rappeler la gloire des temps passés et les hauts faits de leurs ancêtres, tâchant d'oublier ainsi les peines de la vie et le joug des Mandchoux. Ces liqueurs inspirent à quelques-uns des saillies spirituelles, des contes amusans ou des anecdotes sur la hardiesse et les succès des chasseurs, sur la vitesse des coursiers et autres sujets semblables.

» C'est alors aussi qu'ils font entendre les sons lugubres de leurs chants accompagnés quelquefois par une flûte ou par une chétive guitare à deux ou trois cordes.

» Les Mongols se marient très-jeunes ; jusqu'à cette époque, les enfans des deux sexes vivent ensemble auprès de leurs parens.

» Un jeune homme, en se mariant, reçoit de son père des bestiaux et une iourte séparée. La dot de la fille consiste, indépendamment des habits et des ustensiles, dans une certaine quantité de brebis et de chevaux. L'autorité des parens et la soumission des enfans sont exemplaires et portées au plus haut degré. Les fils même, après leur mariage, habitent ordinairement le même canton que leur père, autant que l'étendue des pâturages le permet.

» Les enfans des frères et des sœurs peuvent se marier ensemble; deux sœurs épouser successivement le même homme.

» Les Mongols tiennent leur généalogie si soigneusement que, malgré l'augmentation du nombre des membres de la famille et son mélange avec d'autres tribus, ils ne perdent jamais de vue leur *yasou* (degré de parenté). Avant qu'un mariage puisse se conclure, il faut qu'à l'aide des livres on calcule sous quels signes le futur et la future sont nés, afin que l'astre qui indique la naissance de la dernière ne puisse pas nuire à celui du futur, ni le dominer; ce qui signifie que la femme ne doit pas commander dans le ménage.

» La demande en mariage se fait par des personnes étrangères; le consentement donné, le père du futur, accompagné de plusieurs de ses plus proches parens et de l'entremetteur, va chez le père de la future; il apporte au moins un mouton cuit et découpé, des vases pleins d'aïrak et des *khadak* (mouchoirs bénits). Les envoyés du futur, après avoir exposé au père de la fille, avec la prolixité ordinaire aux Asiatiques, le motif de leur visite, placent sur un plat, devant les idoles, la tête et d'autres morceaux du mouton, ainsi que les khadak. Ils allument des cierges et se prosternent plusieurs fois devant les images saintes; ensuite tout le monde s'assied, et les arrivans régalent avec du vin et le reste du mouton les parens de la future, à chacun desquels ils doivent remettre en même temps un khadak ou une pièce de monnaie en cuivre, qu'on jette dans un vase rempli de vin : le père boit le vin et garde la pièce. La conversation roule principalement sur les bestiaux qui doivent entrer dans la dot de la fille : les gens sans fortune défendent leurs intérêts avec autant d'opiniâtreté que s'il s'agissait d'une vente. Les gens aisés ne stipulent point le nombre des bestiaux; et les riches mongols, surtout les princes, mettent de l'orgueil à ne pas disputer, se reposant sur la conscience et la bonne foi mutuelles. Chez eux, cet objet doit être naturellement très-important; mais chez les simples particuliers, la dot excède rarement 400 têtes de bétail, de différentes espèces. Cependant, comme les animaux ne sont livrés ordinairement qu'en automne, on compte chaque femelle pour deux têtes; du reste le paiement se fait rarement en une seule fois : les termes se prolongent parfois jusqu'à six et sept ans.

» Lorsque tout est convenu, les parens de la future sont tenus de lui construire une nouvelle iourte pourvue de tout ce qui est nécessaire pour un ménage, afin qu'elle n'ait pas besoin, suivant leur expression, de rien demander aux autres ; on lui donne ensuite tout ce qui concerne sa toilette, et même un cheval sellé sur lequel elle doit aller chez son époux : cette obligation force fréquemment les parens à se priver de leurs propres effets.

» Aussitôt que les bestiaux ont été remis au père de la femme, il donne une fête, qui est bientôt rendue par le futur aux parens et aux alliés de la prétendue. Le jeune homme, accompagné de sa famille et de ses amis, quelquefois au nombre de cent personnes, va chez son beau-père avec plusieurs plats de mouton cuit ; les riches en font porter jusqu'à vingt avec force aïrak et des khadak. Après avoir adoré les idoles, on présente des khadak au beau-père, à la belle-mère et aux plus proches parens; ensuite tous les convives sortent de l'iourte, s'asseyent en cercle et le repas commence : il consiste en vin et en thé en briques. Le festin terminé, le marié, avec sa suite, va quelquefois le répéter chez d'autres proches parens de sa prétendue. Du reste il n'a pas la satisfaction de la courtiser, car l'usage veut que depuis le jour des fiançailles elle évite toute entrevue avec lui et même avec ses parens. C'est à cette fête aussi que, sur les instances de la mère du futur, les deux familles consultent les lamas qui choisissent un jour heureux pour la célébration du mariage.

» La veille du jour désigné, deux lamas vont chez les parens de la fiancée s'informer s'il n'est point survenu d'empêchement. Auparavant, cette dernière a fait ses visites chez ses plus proches parens, et passé au moins une nuit chez chacun d'eux à s'amuser et à se promener avec ses amies qui l'accompagnent ensuite dans la demeure paternelle, où le reste du temps, qui est d'une nuit ou deux, elle joue, chante et régale ses compagnes, ses parens et ses voisins qui se trouvent réunis. La veille du jour où elle doit quitter l'iourte de son père, les lamas récitent des prières adaptées à la circonstance. Pendant que tous les objets qui composent la dot sont expédiés, les amis intimes se rassemblent dans l'iourte et s'asseyent en cercle près de la porte avec la future, en se tenant le plus près d'elle qu'il leur est possible. Les envoyés du futur ont bien de la peine à les faire sortir un à un et à se saisir de la belle pour l'emporter dehors; alors ils la placent sur un cheval, la couvrent d'un manteau, lui font faire trois fois le tour du feu sacré; puis ils se mettent en route accompagnés des plus proches parentes; ils sont suivis par la mère et par les autres parens de la fiancée. Le père reste chez lui, s'il n'a pas été invité la veille; le troisième jour, il va s'informer de la santé de sa fille.

» Ordinairement l'enlèvement de celle-ci ne s'effectue pas sans une forte opposition, surtout si plusieurs hommes vigoureux se trouvent parmi ses amis; et notamment autrefois qu'on la liait et qu'on la retenait par les manches de sa robe, ou qu'on les attachait à l'iourte.

» Quand elle est à quelques centaines de pas de sa demeure future, le fiancé envoie du koumis et de la viande pour la régaler ainsi que sa suite. A son arrivée, elle reste entourée de ses compagnes jusqu'à ce que sa propre iourte soit préparée. Dès qu'elle y est entrée, on la fait asseoir sur le lit, on défait ses tresses nombreuses, symboles de son état de fille; on lui ôte ses parures de corail, et, après avoir ajouté quelques ornemens aux deux tresses qu'on lui laisse, elle est revêtue de l'habillement des femmes mariées et conduite chez son beau-père pour lui faire sa révérence: tous les parens et les amis de son mari futur y sont réunis. Pendant que le prêtre lit les prières du rituel, elle a le visage caché, et, suivant les divers mouvemens d'un homme qui lui sert de guide, et qui est toujours choisi du même âge qu'elle, elle s'incline respectueusement vers le feu, et ensuite vers le père, la mère et les autres proches parens du futur; tous lui donnent à haute voix leur bénédiction. Pendant cette cérémonie, des vêtemens et d'autres objets sont distribués de sa part aux assistans.

» Ensuite elle rentre dans sa iourte. Quelquefois son mari ne partage sa couche qu'au bout de six ou sept jours, surtout durant le séjour de sa belle-mère, qui doit rester au moins une nuit auprès de sa fille. Quand elle part, celle-ci ne peut l'accompagner; la même défense existe pour ses autres parens.

» Un mois après, la nouvelle épouse se met en chemin avec son mari ou avec un de ses proches pour rendre visite à ses parens, ce qu'elle répète plusieurs mois après ou un an au plus tard; cette dernière fois, c'est uniquement pour recevoir les bestiaux qui font partie de sa dot.

» Elle ne peut recevoir dans sa iourte ou aller voir son beau-père, sa belle-mère, les oncles et les tantes de son mari, sans être vêtue d'une courte robe de dessus (*oudji*) en nankin ou en soie, sans manches; elle n'a pas de bonnet sur sa tête. A l'entrée de ses parens, elle doit se lever, puis ne s'asseoir en leur présence que sur un genou; si elle sort, elle doit se garder de leur tourner le dos. La place qu'elle occupe dans l'iourte de son beau-père est près de la porte; il ne lui est pas permis de pénétrer jusqu'à l'espace compris entre les idoles et le foyer. De même le beau-père, quand il est chez sa bru, ne peut s'asseoir près de son lit qui habituellement est placé du côté droit.

» Il n'est pas défendu aux Mongols d'avoir plusieurs femmes; la première conduit le ménage et est la plus respectée.

» Le divorce est très-fréquent; le moindre mécontentement d'un côté ou de l'autre suffit pour le faire prononcer. Si le mari veut se séparer de sa femme sans motif légitime, il est obligé de lui donner une de ses plus belles robes et un cheval sellé pour retourner chez ses parens; il garde le reste de la dot comme équivalent pour le bétail qu'il a donné. Si une femme s'échappe furtivement de chez son mari, qu'elle a pris en aversion, et revient chez ses parens, ceux-ci sont tenus de la rendre trois fois à son époux. Si elle le quitte une quatrième fois, alors commencent les négociations pour le divorce: toute la dot de la femme reste entre les mains du mari, et le père de la femme doit, de plus, rendre à celui-ci une quantité de bétail déterminée par les autorités.

» Cette restitution, qui chez les riches ne dépasse pas trente-cinq têtes de bétail, ne s'effectue que lorsque la femme divorcée se remarie, à moins que les parens, par amour pour leur fille, et pour éviter des désagrémens, ne s'y décident sur-le-champ de leur propre mouvement. Mais une telle séparation étant très-désavantageuse pour la femme et pour sa famille, elle réussit quelquefois à emporter avec elle ses meilleures robes et ses bijoux; si elle est citée devant les juges pour ce fait, elle est forcée à rendre tout à son mari, à l'exception d'un cheval sellé et d'une des plus belles robes qui ont fait partie de sa dot.

» Quelquefois les Mongols enterrent leurs morts; souvent ils les laissent exposés dans leurs cercueils, ou bien ils les couvrent avec des pierres, en faisant attention au signe sous lequel le défunt était né, à son âge, au jour et à l'heure de son décès; ces circonstances indiquent la manière dont il doit être inhumé; ils consultent à cet effet les livres que les lamas leur expliquent.

» Quelquefois ils brûlent les cadavres, ou bien les exposent aux bêtes féroces et aux oiseaux. Les parens dont les enfans meurent subitement les abandonnent sur les chemins, enveloppés dans des sacs de cuir, avec des provisions de beurre et de grains; ils sont persuadés que par ce moyen ils éloignent les revenans. Les services funèbres sont célébrés pour les défunts selon la richesse et l'affection de leur famille. Le plus grand dure quarante-neuf jours, pendant lesquels les lamas récitent continuellement des prières dans la demeure du défunt pour la purification de son âme. Ces prêtres reçoivent pour leur peine des bestiaux et d'autres choses. Les gens opulens font aussi de riches présens en bétail aux temples, pour que les lamas adressent à Dieu des prières pour l'ame du trépassé.

» Les chamans mongols sont enterrés par d'autres chamans qui conjurent les esprits malfaisans pour les éloigner. Les Mongols croient que l'ame de ces hommes reste errante sur la terre sous la forme de malins esprits, ayant le pouvoir de nuire à autrui ; les chamans profitent de ce préjugé superstitieux pour exiger des marques de respect et des sacrifices.

» Mais leur crédit diminue de jour en jour. En 1819 et 1820, un lama très-considéré parla avec tant d'énergie contre les fourberies de ces jongleurs, qu'il les fit expulser du pays des Khalkhas. Cet exemple fut suivi par les Bouriats de Selenghinsk, et en partie par ceux de Khorin ; les ustensiles et les vêtemens de ces imposteurs furent livrés aux flammes.

» Les Mongols ont conservé le caractère belliqueux de leurs ancêtres; ils sont hardis cavaliers, excellens tireurs, très-habiles à la poursuite des bêtes féroces ; or, un homme portant constamment un arc et des flèches, accoutumé à dompter des chevaux farouches, ne se décide pas facilement à s'asseoir à un atelier de tisserand, ou à manier la scie ou le burin. Il est rare de rencontrer chez eux un ouvrier habile ; les artisans sont peu nombreux ; on y voit quelques orfèvres, mais ils sont attachés au service particulier de quelque prince pour façonner des bijoux, car les Mongols ont un goût immodéré pour le luxe. Les menuisiers et les maréchaux n'exécutent que des travaux très-imparfaits. Les feutres et les cordes en crin, indispensables pour la construction des iourtes, sont les seuls objets que les Mongols fabriquent ; ils tannent aussi les peaux de mouton pour leur habillement d'hiver.

» En examinant le vêtement du Mongol, son chétif mobilier, sa selle même, on reconnaît que tout lui est fourni par les Chinois. Le thé en briques, le tabac, les étoffes en laine et en soie, divers ustensiles en fer, sont échangés par ces derniers pour des chameaux, des moutons, des bœufs, des chevaux. Pour faire ce commerce, les marchands chinois parcourent les steps de la Mongolie, puis reviennent vendre à Khalgan et à Péking le bétail, les cuirs, le beurre, le fromage qu'ils se sont procurés. Ce sont le plus souvent les Mongols qui vont en Chine pour s'y fournir des choses dont ils ont besoin et qu'ils paient en bétail ou en lingots d'argent ; mais ce métal est de si bas aloi que dans leur langue ils l'appellent *khara mangou* (argent noir). Pour effectuer ces échanges, ils vont aux maïmatchins ou entrepôts de commerce chinois, établis à Kiakhta et près de l'Ourga. Dans le premier, ils achètent tout de la seconde main des Chinois ; ils préfèrent donc de conduire leurs bestiaux à différentes villes situées près de la grande muraille ou au-delà ; ils y vendent également le sel qu'ils tirent des lacs de leur pays. »

Le transport seul des marchandises chinoises de Khalgan à Kiakhta et celui des objets que les Chinois ont échangés avec les marchands russes, forme une branche considérable et lucrative de l'industrie des Khalkhas ; ils y emploient leurs chameaux, et les Isakhars des bœufs. Les Chinois les paient en argent, mais principalement en marchandises.

Quant à l'état politique, la Mongolie est composée de plusieurs principautés qui reconnaissent la souveraineté de l'empereur de la Chine. Chacune est gouvernée par un des plus anciens princes ou par un *vang* (commandant). La horde des Khalkhas, à cause de son étendue, est partagée entre quatre khans qui sont indépendans les uns des autres.

La subdivision des hordes en *khochoun* (bannières), *dzalan* (régimens), *somoûn* (escadrons), a pour base les formes de l'administration militaire. Il résulte de cet arrangement plusieurs corps d'armée qui mènent dans les steps la vie nomade et sont commandés par des vangs, des beïlés, des beïssés, des koungs, des taïdzis et des tabounans, assistés par un certain nombre d'officiers d'un ordre subalterne. Tous ces officiers surveillent en même temps l'administration militaire et civile. Le sol appartient aux princes ; leurs sujets leur paient une contribution modérée en bétail, et leur fournissent le nombre de domestiques et de bergers nécessaire pour garder leurs troupeaux. Les princes jugent en dernière instance toutes les affaires litigieuses des habitans de leurs provinces respectives, conformément aux lois établies depuis long-temps pour conserver l'ordre dans les armées.

L'empereur de la Chine entretient chez les Mongols des inspecteurs-généraux d'armée, choisis parmi les officiers mandchoux. Celui des Khalkhas réside à Ouliassoutou, ville située près de la frontière de Sibérie à l'O. de la Sélenga. Il a un adjoint dans chaque division de l'armée khalkha ; ceux-ci reçoivent directement leurs instructions de l'empereur, et ont auprès d'eux un conseiller.

Toutes les affaires du ressort des chefs de bannières doivent être soumises à l'assemblée générale ou diète de la principauté ; les chefs suprêmes de chacune se réunissent ainsi tous les trois ans ; on examine et décide les affaires les plus importantes. Chaque diète est présidée par un djoulganida et son assesseur ; les djoulganidas sont élus par les assistans, et les khans parmi les officiers supérieurs d'un âge mûr, en service ou non, et d'après leur rang et leur ancienneté dans la bannière.

A cet effet, tous les princes qui font partie de

1. Mausolée du Bantchin-rimboutchi.

2. Pont de Choukar.

A. Bailly del.

VOYAGE

la diète sont tenus de se présenter en personne à la cour, à Péking, avec leurs diplômes pour obtenir la confirmation de l'empereur.

Tous les trois ans, le dénombrement de la population se fait d'après les ordres de l'empereur. Le *li fan yuan* (tribunal des affaires étrangères) expédie des courriers aux présidens des diètes, à l'inspecteur-général des troupes et à d'autres officiers supérieurs. Chaque bannière se pourvoit d'avance de registres en blanc, munis du sceau de l'empire, et destinés à inscrire exactement les naissances et les décès ; la moindre négligence est punie très-sévèrement. Ces états sont envoyés au li fan yuan pour y être révisés ; des copies en restent dans les bannières.

Suivant le résultat que donnent ces listes, de nouveaux somoûns sont formés ou bien leur nombre est réduit ; chacun est composé de 150 hommes. Le soldat, si sa constitution physique le permet, doit servir depuis l'âge de dix-huit ans jusqu'à soixante ; dans le cas contraire, il est rayé des contrôles. L'équipement d'un seul soldat est destiné à trois, de sorte que dans un somoûn il n'y ait que 150 hommes armés ; dans le cas de guerre, deux seulement sont obligés de marcher, et le troisième reste. Chaque somoûn a une quantité d'officiers déterminée.

Dans chaque bannière les officiers supérieurs sont en proportion avec le nombre des somoûns. La bannière est également sous les ordres d'un dzassak (chef héréditaire) élu parmi les princes des différentes classes : il a auprès de lui un assesseur.

Dans la principauté de Khalkha, qui est limitrophe d'un pays étranger, l'empereur de la Chine nomme un *vang* et un *amban* qui dirigent les affaires civiles, celles qui concernent la ligne de frontières, et tout ce qui est relatif à la politique. Ces officiers résident à l'Ourga, où ils ont sous eux un *yamoûn* (conseil).

L'administration suprême de la Mongolie est confiée au *li fan yuan*, plus connu sous le nom de *djourgan* (tribunal mongol).

La dignité de prince chez les Mongols est héréditaire pour le fils aîné seulement ; les frères puînés descendent de génération en génération jusqu'à la dernière classe nommée *taïdzi*, qui compose un corps de noblesse oisive assez considérable. Les emplois supérieurs sont donnés aux plus capables, d'après le choix du prince et des chefs des régimens.

Il est difficile de dire rien de bien positif sur l'attachement des Mongols à la dynastie mandchoue. La haine de cette nation pour les Chinois ne paraît pas être éteinte ; elle est consolidée dans son ame par leur cupidité qui se permet tous les moyens même les plus abjects pour se satisfaire.

La dynatie des Thaï-Thsing a su dompter l'esprit belliqueux des Mongols. Après les avoir déclarés tributaires du *Céleste Empire*, et exigé publiquement de leurs princes des tributs consistant dans une quantité insignifiante de bétail, la cour de Péking leur rend au décuple la valeur de ce qu'ils ont donné.

Sous prétexte de récompenser leur zèle et leur fidélité, l'empereur fait des présens considérables aux princes mongols : il leur donne de l'argent, des étoffes de soie, de riches habillemens de sa propre garde-robe, des bonnets décorés de plumes de paon et autres objets regardés comme précieux. Il a réussi à s'attacher plusieurs de ces princes, surtout ceux qui vivent dans la Mongolie orientale, près de la grande muraille, en leur accordant pour épouses ses filles, ses sœurs ou ses nièces. Parmi les personnes de la suite de ces princesses, il y a toujours des Mandchoux inviolablement attachés à leur souverain : ils surveillent la conduite des princes. Enfin ces derniers reçoivent de la cour de Péking de gros appointemens. Leurs femmes leur apportent des dots très-fortes. Tous les ans elles sont gratifiées de sommes d'argent et d'une certaine quantité de riz ou d'étoffes de soie ; ces dons diminuent suivant que la descendance de la maison impériale s'éloigne davantage de la souche : enfin les filles des vangs et des koungs, qui n'appartiennent plus qu'à des branches très-éloignées, jouissent simplement du titre de princesses, sans avoir droit à des appointemens.

Au premier mois de l'hiver, les princes qui ont épousé de proches parentes de l'empereur sont tenus d'adresser annuellement au li fan yuan un rapport sur ceux de leurs fils et frères, âgés de quinze à vingt ans, qui se distinguent par leurs qualités morales, intellectuelles et physiques ; ils y ajoutent des détails sur leur personne : ils ne font pas mention de ceux dont la santé est délicate. Quand un parent, sur les enfans duquel le tribunal a reçu les renseignemens exigés, vient à Péking, il doit les amener avec lui. Le tribunal chargé des affaires de la famille impériale, après en avoir conféré avec le li fan yuan, et avoir demandé que l'on conduise devant lui tous ces taïdzis, choisit les plus dignes et les présente à l'empereur ; c'est parmi eux que sont pris les gendres du monarque.

Les princesses impériales qui ont épousé des

princes mongols n'ont la permission d'aller offrir leurs félicitations à l'empereur qu'après dix ans de mariage; elles ont alors le droit de demander à être entretenues, durant leur séjour à Péking, aux frais de ce monarque, conformément à leur rang et à leur degré de parenté avec la maison impériale. Toutes celles qui, avant ce terme, viennent dans la capitale, pour leurs affaires particulières, doivent y vivre à leurs propres dépens. Aucune ne peut aller à la cour sans en avoir sollicité et obtenu la permission de l'empereur, par l'entremise du tribunal; celui-ci a le droit de la refuser. Si une princesse s'avise d'aller à Péking ou à quelque autre ville sans en avoir averti le dzassak de la tribu, celui-ci est obligé de l'arrêter dans son voyage; s'il ne se conforme pas à ce devoir, il est, ainsi que la princesse et son époux, passible d'une amende.

Les princesses peuvent séjourner six mois à Péking, à compter du jour de leur arrivée. Ce temps écoulé, leurs parens sont tenus de les renvoyer immédiatement, et d'en donner avis au li fan yuan, auquel les dzassaks doivent également annoncer le retour de la princesse dans ses foyers. En cas de maladie, il faut obtenir du li fan yuan une prolongation de séjour. Si les parens et le dzassak ne se conforment pas au terme fixé, ils paient une amende.

Les princes mongols, trouvant leur intérêt politique et domestique dans leur attachement au gouvernement, ne conçoivent pas facilement l'idée de se soustraire à sa domination, à moins de motifs personnels ou par haine contre l'empereur. Le peuple, accoutumé à obéir aveuglément à la volonté de ses chefs, n'oserait que difficilement s'opposer à leurs projets. Chaque Mongol, au contraire, est si content de l'administration de son chef, et si attaché à sa personne, qu'il profite de toutes les occasions pour lui prouver sa fidélité par toute sorte de sacrifices.

Les Mongols ont conservé beaucoup de leurs anciens usages; plusieurs de leurs lois écrites remontent jusqu'au temps de Djinghis-Khan. A l'époque de la réunion de la Mongolie à l'empire chinois, en 1691, leur code fut revu à Péking et imprimé en mongol, en mandchou et en chinois.

Tous les ans les princes doivent aller à la capitale, pour complimenter l'empereur, le premier jour du premier mois; chaque horde est à cet effet divisée en quatre séries, dont une se rend à son tour à Péking : la députation amène trois chameaux blancs et vingt-quatre chevaux blancs. Le conseil qui a la direction des haras impériaux ne prend que la moitié des chevaux. Les princes qui ont fait les présens reçoivent chacun une théière en argent, à peu près six marcs de ce métal, trente pièces de satin, soixante-dix grandes pièces de nankin de couleur et autres choses.

Les taïdzis, comme nobles de la dernière classe, n'ont pas le droit de venir présenter leurs félicitations; ils envoient le tribut qui consiste en huit moutons tués et échaudés, ou bien en outres de beurre fondu et en hures de sanglier. Tous les taïdzis ne jouissent pas de cette prérogative.

Le code pénal des Mongols offre une clause très-remarquable : « Si quelqu'un refuse un gîte à un voyageur pendant la nuit, et si celui-ci meurt de froid, le propriétaire de l'iourte paie une amende de neuf têtes de bétail; si le voyageur ne périt pas, l'amende n'est que d'un bœuf de deux ans. Si un étranger est volé, son hôte est tenu à lui restituer ce qui lui a été pris. »

Il est défendu de garder dans les bannières un officier ou un simple Mongol d'une mauvaise conduite. Ces hommes doivent être envoyés avec leur famille, leurs meubles et leurs bestiaux, dans le Ho-nan et le Chan-toung, provinces de la Chine propre, où ils travaillent aux grands chemins.

Nous avons remarqué plus haut que, grâces à l'influence du bouddhisme, les Mongols avaient dompté la violence de leurs passions; ils ont abjuré cette opinion auparavant reçue parmi eux, que tout était permis par le droit du plus fort. Les préceptes de Bouddha les ont rendus doux et réfléchis.

Après les idoles et les images de Bouddha, les livres saints sont les plus révérés. Quand un Mongol, soit prêtre, soit laïque, tient en main une image ou un livre sacré, on s'aperçoit à l'instant; il y a dans sa physionomie quelque chose de solennel qui semble annoncer qu'ils se sont élevés au-dessus des objets terrestres.

Indépendamment des prières journalières que les Mongols récitent devant leurs idoles domestiques, et de celles qu'ils font dans les temples voisins les jours de fêtes, chacun regarde comme un devoir d'aller, au moins une fois par an, présenter au khoutoukhtou ses hommages et le superflu de ses troupeaux; les temples sont peu nombreux.

Les lamas mongols ne se distinguent pas beaucoup du vulgaire par leurs connaissances; ils apprennent à lire le tibétain, parce que tous les livres de liturgie sont copiés et écrits dans cette langue au Tibet : il est rare de rencontrer un prêtre qui la sache parfaitement, et encore plus un qui soit instruit de l'origine et de la signification des cérémonies religieuses.

Comme chaque père de famille pense qu'il est de son devoir de consacrer un de ses fils à la prêtrise, les lamas sont très-nombreux : exempts du service militaire, ils doivent dans les cas de nécessité, d'après l'ordre des chefs des bannières, labourer la terre et garder les bestiaux. Ils sont les seuls médecins de leurs hordes; leurs remèdes consistent principalement en plantes et en poudres : ils peuvent aussi faire du trafic. Quelques-uns de ceux que M. Timkovski rencontra sur son chemin proposaient d'acheter des chameaux, des chevaux et diverses marchandises.

Quand la mission russe partit de Kiakhta, elle était composée de dix personnes, tant ecclésiastiques que laïques, voyageant dans des chariots couverts, et de cinq autres à cheval, et accompagnée d'un détachement de trente cosaques ; ceux-ci escortaient le bagage : quatre-vingt-quatre chameaux, cent quarante-neuf chevaux, et vingt-cinq bœufs, servaient à le transporter. Du moment où la mission eut franchi la frontière russe, elle fut sous la protection du gouvernement chinois. Cinq officiers de cette nation et deux Mongols la conduisaient ; ils avaient sous leurs ordres un détachement de cavaliers mongols armés d'arcs et de flèches. Deux des officiers chinois suivaient cette troupe dans un chariot couvert à deux roues, ayant une petite fenêtre de chaque côté.

Le 8 septembre, en sortant d'une plaine, on tourna sur la droite entre deux coteaux ; puis, quelques verst plus loin, on descendit vers la prairie que traverse l'Iro. Un grand nombre de Mongols et de gens attachés au service des lamas s'étaient réunis sur les bords de cette rivière pour aider aux membres de la mission à passer. Les pluies continuelles de l'été avaient donné à l'Iro une largeur d'à peu près 240 pieds, et l'avaient rendu très-rapide. Les choses les plus importantes furent placées sur des *kouryga*, ou grandes solives de pin creusées, ayant quelque ressemblance avec des pirogues ; on en attache toujours deux ensemble. Les chameaux, chargés des objets qui ne craignaient pas d'être mouillés, traversèrent plus haut la rivière à gué (Pl. XIV — 1). *Iro* ou *Iouro*, en mongol, signifie bienfaisant. Les habitants du pays prétendent que les montagnes qui la bordent abondent en eaux minérales. Elle a sa source à plus de 50 lieues de distance et se jette dans l'Orkhon ; toutes deux coulent au milieu de gras pâturages. De nombreux troupeaux de moutons blancs à laine crépue, sans cornes et à longues oreilles, des *tabounes* ou troupes de chevaux grands et gras, mais rarement beaux, paissaient dans ces prairies. Des géographes européens se sont trompés en prenant l'Iro pour un lac.

On aperçut parfois sur le sommet des collines et des montagnes des pierres colossales et des monuments religieux. Le soir, quand on avait campé, on recevait des visites des Mongols de distinction et on les régalait de thé, d'eau-de-vie et de fruits secs. Ceux qui, indépendamment des sentinelles russes, veillaient sur le bagage, faisaient des rondes ; ils se donnaient entre eux des signaux en poussant des cris qui ressemblaient au bruit des vents lorsqu'ils s'engouffrent dans les montagnes.

Le 15 septembre, on entra dans l'Ourga, éloigné de 307 verst (74 lieues) de Kiakhta. L'Ourga ou Kouren, située sur la rive gauche de la Toula, est la capitale du pays des Khalkhas. Tous les habitants demeurent dans des iourtes qui sont placées isolément ou plusieurs ensemble dans une cour ombragée par des saules et entourée d'une palissade ; on y voit aussi des maisons à la chinoise ; leur réunion forme des rues si étroites que deux hommes à cheval ont de la peine à y passer de front. Un vang et un amban résident à l'Ourga.

Avant d'y arriver, la mission avait appris que l'empereur de la Chine était mort le 23 août, à l'âge de soixante-un ans. « Cette nouvelle, dit M. Timkovski, m'alarma, parce que le décès de ce monarque pouvait empêcher la continuation de notre voyage. Nous observâmes que les flocons de soie et les boules qui ornent les bonnets des dignitaires chinois et mandchoux y manquaient ; tout le monde s'habilla de blanc et laissa croître ses cheveux. C'était en signe de deuil ; il dure cent jours. »

A l'Ourga, les Russes furent très-civilement invités à prendre le temps nécessaire pour se reposer ; les Chinois en usaient ainsi pour attendre le retour du courrier expédié à Péking, afin d'être fixés sur la manière dont ils devaient se conduire. Cependant le vang, d'après l'avis unanime des membres du tribunal, décida quelques jours après que la mission pourrait continuer son voyage. Cette résolution avait singulièrement blessé l'orgueil des deux principaux officiers chinois qui accompagnaient les Russes.

A une lieu de l'Ourga sur les bords du Tola, il y a un maïmatchin ou faubourg des marchands ; il est beaucoup plus grand que celui de Kiakhta. Toutes les maisons sont en bois et assez mesquines. Les rues larges et boueuses sont garnies d'un bon nombre de boutiques remplies de différentes marchandises.

L'Ourga est la résidence d'un khoutoukhtou; il y en a dix en tout; ils tiennent le premier rang après le grand-lama. Celui de l'Ourga est appelé par les Mongols *ghéghen khoutoukhtou;* il venait d'arriver; ce n'était qu'un enfant en qui l'on avait reconnu les signes annonçant que l'ame de son prédécesseur s'était incarnée chez lui. La plaine voisine de l'Ourga était couverte de tentes de Mongols venus pour adorer le nouveau lama; beaucoup d'autres fidèles étaient encore attendus. Des personnages importans parmi les Khalkhas lui offrirent des présens d'une valeur considérable; on se préparait à célébrer la grande fête de sa régénération, lorsque la nouvelle de la mort de l'empereur de la Chine vint suspendre toutes les cérémonies.

Timkovski et ses compagnons ne furent pas présentés au khoutoukhtou; on répondit à leur demande que n'étant qu'un enfant, il ne pourrait les recevoir d'une manière convenable. Ils se contentèrent de visiter son habitation et les temples; ils sont construits dans la direction du S. au N. sur une grande place, et ont des toits peints en vert; un de ces édifices est entouré d'une grille dorée; devant leurs portes principales qui font face au S., un petit emplacement entouré d'une balustrade de bois peinte en rouge est destiné aux cérémonies religieuses. Tous les jours de fête les lamas y récitent des prières et y brûlent des parfums sur un petit échafaudage en bois.

Pour se conformer à la manière de vivre des habitans des steps, le khoutoukhtou occupe une iourte, au milieu de l'enceinte palissadée qui renferme tous ces bâtimens. A quelque distance des temples, on aperçoit une grande maison en bois. C'est l'école où les lamas apprennent à lire les livres tibétains, et à jouer des instrumens en usage pour la musique religieuse. Derrière l'école s'élèvent les cuisines pour les *khouvaraks* ou écoliers des lamas. On en compte plus de mille qui vivent aux frais du khoutoukhtou. Au N. E. on voit plusieurs iourtes qui composent la demeure du *chandzab*, ou économe. La maison où le trésor est conservé a un toit en terre et ressemble à celle d'un paysan. Au N. O. sont les magasins; près de la porte, une enceinte entoure les chameaux, les chevaux, les moutons et les autres animaux dont les fidèles ont fait hommage au khoutoukhtou.

Sur la rive gauche du Tola s'élève le Khanoola (mont impérial). Un de ses flancs offrait des inscriptions de dimension colossale, formées de grandes pierres blanches; elles sont en mandchou, en chinois, en tibétain et en mongol; elles signifient *joie céleste* et expriment les sentimens des Khalkhas à l'occasion de la régénération du khoutoukhtou. La grandeur des caractères suffit pour faire connaître la haute importance de cet événement; on les distingue très-bien d'une distance considérable. La partie supérieure du Khan-oola est couverte de bois; dans la partie inférieure, des iourtes sont habitées par des gardes chargés d'éloigner quiconque tenterait d'approcher d'un lieu consacré au dieu incarné. Un repos éternel règne dans ces contrées qui ne sont peuplées que de troupeaux de chèvres sauvages.

Le 25 septembre, la mission russe partit de l'Ourga, et chemina dans les steps arides et tristes de la Mongolie, entrecoupés de montagnes et de coteaux. Le 21 octobre, les guides khalkhas furent remplacés par des Sounits; le lendemain on entra dans le Gôbi, où rien ne bornait la vue; les lieux éloignés de plus de 50 verst paraissaient de couleur bleue, de sorte que la plaine ressemblait assez à une mer agitée; les lacs salés y sont fréquens; des buissons de *robinia pymæa* et de *boudourgornia*, espèce d'armoise ligneuse, y croissent en abondance et peuvent jusqu'à un certain point remplacer le bois. Les hommes et les animaux de la caravane souffrirent beaucoup du froid; des chevaux et des chameaux succombèrent à leurs fatigues.

Après le territoire des Sounits, on rencontra celui des Tsakhars qui ont la réputation d'être passablement voleurs. Le 8 novembre, on fut hors du Gôbi. Depuis Kiakhta, les Russes avaient fréquemment rencontré des caravanes considérables qui portaient du thé à cet entrepôt de commerce; l'une était composée de 200 charrettes; d'autres comptaient de 100 à 250 chameaux. Elles devinrent plus communes encore à mesure que l'on approchait de la Chine; d'autres venaient de divers lieux de la Mongolie ou y allaient. Ainsi le Gôbi offre aux commerçans un vaste espace qui facilite leurs opérations.

On traversa le 9 un rempart peu élevé qui divisait autrefois la Chine de la Mongolie indépendante; plus tard un autre rempart en terre, et enfin un troisième plus bas que les précédens.

Le 16, le thermomètre au lever du soleil marquait 17 degrés au-dessous de zéro. Vers dix heures du matin, il s'éleva un brouillard épais; l'air était tellement obscurci par la neige qui tombait, qu'à la distance d'un demi-verst on ne pouvait rien distinguer. Les animaux n'avan-

3. Anciens Chinois.

4. Bonzes Mendiants & Pénitents.

çaient qu'avec peine. « Le froid devint si vif, ajoute M. Timkovski, qu'il nous fut impossible de nous réchauffer même en marchant.

» Notre embarras augmenta lorsque quatre verst plus loin nous fûmes obligés de traverser des montagnes où les animaux glissaient et tombaient à chaque pas sur la glace, ou bien s'enfonçaient dans des neiges profondes. Il y avait dans cet endroit un poste de Mongols en sentinelle dans plusieurs iourtes. On s'apercevait du voisinage d'une ville commerçante; sans cesse nous rencontrions des caravanes, des chariots, des cavaliers montés sur des chameaux ou sur des chevaux (Pl. XIV — 2).

» Ayant parcouru encore deux verst, nous arrivâmes à la chaîne des Khinkhan Dabagan, montagnes qui séparent la Mongolie de la Chine. Sur leur sommet s'étend un rempart en pierre, avec des tours carrées en briques à une certaine distance les unes des autres. Ces tours, hautes de 60 pieds, s'élèvent sur une plateforme d'environ 24 pieds carrés. De ce point, la Chine se présente sous des formes colossales. On ne voit au S., à l'E. et à l'O., que des montagnes couvertes de neige et dont les cimes aiguës et noires s'élancent jusque dans les nues. On descend pendant 5 verst par un chemin étroit et très-dangereux dans cette saison jusqu'à Nor-tian, village chinois; plus loin de hautes montagnes dont les sommets menaçans donnent à ce canton un caractère sauvage, se montrent au voyageur. Tel est l'aspect du pays à l'endroit où l'on descend du haut du step de la Mongolie dans la Chine.

» On fit halte au premier village chinois; avec quel plaisir chacun de nous entra dans une maison, après n'avoir contemplé depuis l'Ourga, dans un trajet de plus de 1000 verst, rien qui rappelât les habitudes de la vie sédentaire! Le village bâti sur le flanc d'une montagne renferme une vingtaine de maisons; un autre est à peu de distance à l'E.; ces villages sont très-petits; on apercevait quelques champs labourés. Il y avait à l'extrémité de Nor-tian une espèce d'hôtellerie disposée pour nous recevoir; les murs des chambres étaient en terre recouverte de paille. Les paysans chinois accouraient en foule pour nous regarder.

» On compte 20 verst de Nor-tian à Tchang-kia-khéou ou Khalgan. Le chemin est d'abord étroit et coupé de collines assez escarpées. De grands chariots chinois à deux roues nous gênaient beaucoup quand nous les rencontrions, étant attelés de quatre et cinq chevaux de file. Plus loin la route devient unie et incline sensiblement vers Khalgan. A moitié distance environ, une chaussée naturelle formée de gravier et d'argile conduit jusqu'à cette ville; il ne faudrait pas un travail bien long pour la rendre aussi bonne que celle du Simplon. Des rochers suspendus des deux côtés menacent les passans.

» La hardiesse et l'activité infatigable des laboureurs chinois attiraient notre admiration; les sommets des plus hautes montagnes étaient tapissés de champs cultivés; comment ces hommes avaient-ils réussi à rendre fertiles ces rochers presque nus et inabordables?

» On voit sur les pentes des monts des villages et des temples; plusieurs cabanes étaient adossées comme des nids d'oiseaux à des rochers. Nous ne découvrîmes Khalgan qu'en arrivant à la grande muraille qui est construite en briques entre deux rochers escarpés. Nous fûmes bientôt entourés d'une foule de curieux; un officier de la ville, qui portait un bouton doré sur son bonnet, vint à notre rencontre et s'en retourna avec le principal de ceux qui nous accompagnaient. Quand nous fûmes à la grande porte de la ville, ce dernier nous invita à y passer à pied, puisque c'était le premier pas que nous faisions dans l'illustre empire du Thaï-Thsing. Ensuite chacun reprit sa place, et nous continuâmes notre route par la grande rue qui était bordée de boutiques. Arrivés à la maison qui avait été préparée pour nous, chacun prit le logement qui lui avait été assigné.

» Le nom de Khalgan dérive du mot mongol *Khalga*, qui signifie *porte* ou *barrière*; les Russes, à force de l'entendre répéter, l'ont adopté comme un nom propre. Le Thsing-houi-ho, qui la traverse, la divise en ville haute et ville basse; la première est du côté de la Mongolie, et ses portes sont construites dans la grande muraille. A l'O. de ces portes, l'ancienne grande muraille ne se distingue que par un rempart en pierre et une colline verte sur laquelle s'élevait autrefois une tour. La ville basse, située au S., a un petit fort et une garnison. Khalgan n'est pas grand et n'a point d'édifices remarquables, mais il est très-peuplé : c'est en partie l'entrepôt du commerce de la Chine avec la Mongolie, et la clef du chemin de la Russie; aussi le concours des marchands y est toujours très-nombreux. Un *goussaï-amban*, ou général de division, y réside.

» Le 24 novembre, nous sortîmes de Khalgan; le temps était serein et assez doux. Nous suivîmes des rues étroites et mal pavées, bordées de chaque côté de boutiques remplies de différentes marchandises, entre autres de pelleteries. Arrivés à l'extrémité de la ville, on passe sur un pont en pierre le Thsing-houi-ho qui sort des montagnes en-deçà de la grande muraille. Des portions du parapet en granite étaient tombées dans la rivière ; l'espace restait vide ; négligence de la police qui expose les passans à des accidens fâcheux.

» Il faut être au-delà du pont pour reconnaître que Khalgan est bâti sur le sommet d'une longue chaîne de montagnes. Les maisons sont bien construites et entourées de saules. La plaine, à la droite de la rivière, est fertile et bien cultivée. Les cimes des montagnes étaient couvertes de neige ; on n'en voyait pas dans la plaine : nous fûmes constamment enveloppés d'un nuage épais de poussière. Les champs sont élevés de 5 à 8 pieds de chaque côté de la route, de sorte qu'il est impossible au bétail d'y causer aucun dommage ; de petites maisons de campagne sont assez fréquentes.

» Nous pûmes nous former une idée de la population de la Chine et de l'industrie des habitans. A chaque pas, nous rencontrions des gens qui transportaient de la paille hachée sur des mulets et des ânes. De cinq en cinq *li* (une demi-lieue), des sentinelles sont placées dans des tours, près de cinq petites colonnes coniques en pierre, sur lesquelles le nombre des li est marqué ; l'extérieur des guérites est enjolivé de peintures représentant des chevaux, des fusils, des arcs, des carquois remplis de flèches : ces guérites servent également de télégraphes. Si la frontière septentrionale de la Chine est menacée, la nouvelle en est tout de suite transmise à Péking ; l'armée doit alors être prête à marcher contre l'ennemi. Chaque tour est habitée par quelques soldats de la *bannière verte* ou de l'armée chinoise : presque tous sont des paysans qui, au lieu de payer des impôts, entrent au service. »

Les routes de Kiakhta à Péking, à travers le désert de la Mongolie, ont été parcourues plusieurs fois par des envoyés du gouvernement russe. Isbrand Ides (1692), Laurent Lange (1715, 1721, 1727, 1737), ont publié des relations de leurs voyages : celles du P. Gerbillon qui accompagna comme interprète les ambassadeurs chinois au congrès de Nertchinsk, plus tard suivit l'empereur de la Chine dans ses parties de chasse en Mongolie, fut témoin de sa guerre contre les Eleuths, et enfin fit la route avec trois grands de l'empire chargés de présider aux assemblées des Khalkhas nouvellement réunies, ont été également imprimées.

CHAPITRE XXIX.

Empire chinois. — Le Si-youeï (ancienne Dzoungarie et Turkestan chinois).

Les Chinois ont nommé *Si-youeï* (gouvernement occidental) la contrée comprenant l'ancienne Dzoungarie et les cantons du Turkestan, à l'E. des monts Bolor. Ces deux pays, situés à l'O. de la Mongolie, ne font partie du Céleste Empire que depuis le xviiie siècle. Le premier doit son nom à une puissante tribu de Mongols qui le posséda long-temps. Des divisions intestines ayant éclaté entre leurs chefs, l'empereur de la Chine, auquel diverses hordes s'étaient déjà soumises, envoya une armée formidable qui vengea par la mort d'un million de Dzoungars leur révolte et le massacre des garnisons mandchoues et chinoises. La nation dzoungare fut presque entièrement détruite et dispersée, à l'exception de quelques hordes qui n'avaient pas participé au soulèvement. Depuis 1760, la Dzoungarie est une province chinoise.

Le Turkestan chinois, ou petite Boukharie, ou Tourfan, a toujours été habité par des tribus de race turque qui, peu unies entre elles, furent toujours assujetties aisément par les peuples voisins ; d'abord par les Mongols au temps de leur puissance, ensuite par les Dzoungars ; enfin par les Mandchoux et les Chinois en 1758. Les Turkestanis se soulevèrent en 1816 ; mais après plusieurs rencontres malheureuses, ils rentrèrent dans le devoir.

Les Chinois nomment le premier de ces pays *Thian-chan-pé-lou*, et le second *Thian-chan-nan-lou*, d'après leur situation au N. et au S. du Thian-chan, chaîne de montagnes neigeuses qui, courant de l'O. à l'E., les sépare l'un de l'autre.

Le premier est compris entre 41° 50' et 48° 41' de lat. N., et entre 72° et 88° de long. E. Il confine au N. à l'empire russe, à l'E. à la Mongolie, à l'E. et au S. à la province de Kansou ; il a au S. le Thian-chan-nan-lou. Tous deux ont à l'O. le Turkestan. Le Thian-chan-nan-lou, borné à l'E. par le Kansou' et les Mongols du Khoukhou-noor, l'est au S. par le Tibet. Sa longueur de l'E. à l'O. est à peu près de 450 lieues, sa largeur de 200, sa surface de 66,000 lieues carrées. Il est compris entre 35° et 44° de lat. N., et entre 69° et 93° de long. E.

La longueur du Thian-chan-pé-lou est de 300 lieues, sa largeur moyenne de 125, sa surface de 23,000 lieues carrées. Les Chinois l'ont partagé en trois divisions militaires, savoir Ili, Khour-khara-oussou et Tarbagataï.

Celle de Kour-khara-oussou, qui est limitrophe de la Mongolie, comprend presque tout le bassin des rivières qui se jettent dans le Boulgatsi-noor, qui est aussi appelé Khaltar-ouighé-noor et sur nos cartes Baratala; ce lac reçoit entre autres le Kour qui vient du mont Malakhaï-deba et tire son nom des neiges amoncelées à sa partie supérieure. Le fort de Kour-khara-oussou, bâti en 1762 sur la rive droite d'un torrent de son nom, est le chef-lieu. Fung-jiun-pheu est un autre fort sur le Dring.

La division de Tarbagataï est à l'O. de la précédente et confine au N. à la Sibérie. Son nom vient de celui du Tarbagataï-oola, haute chaîne de montagne qui traverse le pays entre les lacs Dzaï-sang et Balkachi-noor; les Kirghiz l'appellent Tache-dava (rochers). Tarbagataï-oola signifie mont des marmotes, parce que ces animaux y sont très-nombreux : les cantons septentrionaux et orientaux du pays sont coupés par des rameaux de l'Altaï (Kin-chan en chinois); c'est là que l'Irtiche prend sa source; il entre dans le lac Dzaï-sang; beaucoup d'autres lacs sont répandus sur la surface du pays, et reçoivent également des rivières, mais n'ont pas d'issue.

La température dans le N. est extrêmement froide. La ville de Tarbagataï, jadis Tchougou-tchou, bâtie en 1767, est entourée de remparts en terre. La population est mélangée; on rencontre beaucoup de Kirghiz et surtout des Euleuths et des Torgauts, enfin des Mandchoux et des Chinois qui composent les garnisons et cultivent la terre.

La division d'Ili comprend la portion S. O. de l'ancienne Dzoungarie; elle est adossée au S. à la haute chaîne neigeuse du Thian-chan dont les rameaux parcourent le pays. A l'E. s'étend une contrée aride. Les plus grands lacs sont dans le N. O., l'Ala-koul, et dans l'O., le Balkachi et le Temourtou ou Issi-koul; ces différens noms, dans les idiomes des peuples voisins, signifient eau chaude, salée et ferrugineuse.

A 28 lieues à l'E. de ce dernier, on remarque le Pé-chan (mont blanc) ou Ho-chan et Aghié (montagne de feu). Il vomit sans interruption de la fumée et des flammes. La surface de la lave, quand elle se refroidit et se durcit, est couverte de particules salines que les habitans emploient comme médicament : c'est du sel ammoniac. On y recueille aussi du soufre. Cette montagne se nomme aujourd'hui *Khalar*. La dénomination de Pé-chan (mont blanc) indique la couleur éclatante d'une cime couverte de sels, de pierres ponces et de cendres volcaniques. Suivant le récit des Boukhars qui apportent le sel ammoniac en Sibérie, cette substance est si abondante dans ce canton que souvent les habitans s'en servent pour payer leur tribut à l'empereur de la Chine.

Du reste, les phénomènes volcaniques sont communs dans le Tian-chan. A 240 lieues plus à l'E., sur le versant méridional de cette chaîne, on connaît le volcan de Ho-tcheou ou de Tourpan; suivant les auteurs chinois, on en voit continuellement sortir une colonne de fumée; elle est remplacée le soir par une flamme semblable à celle d'un flambeau. Les oiseaux qui sont éclairés par cette lueur paraissent de couleur rouge. Les gens qui vont chercher le naocha, ou sel ammoniac, mettent des sabots, parce que des semelles de cuir seraient brûlées trop promptement. On ramasse aussi dans les cavités un liquide verdâtre que l'on fait bouillir et évaporer, et l'on obtient ainsi du sel ammoniac d'une grande blancheur et d'une pureté parfaite.

Au N. du Thian-chan près d'Ouroumtsi, dans le Kan-sou, s'étend un espace de 10 lieues de circonférence qui est couvert de cendres volantes; si l'on y jete la moindre chose, on voit briller une flamme qui en un clin-d'œil consume tout; quand on y lance une pierre, une fumée noire s'élève. En hiver, la neige ne s'y maintient pas. Les oiseaux n'osent pas voler au-dessus de ce terrain, nommé la plaine enflammée.

Sur la limite entre le territoire d'Ili et celui d'Ouroumtsi, il existe un gouffre d'environ 9 lieues de circonférence. De loin, il paraît couvert de neige; la terre qui ressemble à une surface imprégnée de sel s'endurcit lorsqu'il a plu. Si on y jete une pierre, il en résulte un bruit pareil à celui que produirait un bâton qui frappe du fer. Cet abîme est appelé la fosse aux cendres; il s'en exhale des vapeurs ammoniacales.

A l'O. d'Ouroumtsi court une chaîne de montagnes de grès très-riche en houille.

Dans une île de l'Ala-koul, on voit l'Araltoubé, cime qui autrefois a jeté du feu.

« Le Pé-chan et le volcan de Ho-tcheou, dit M. de Humboldt, sont éloignés l'un de l'autre de 105 milles de l'E. à l'O. A peu près à 30 milles à l'O. de Ho-tcheou, au pied du gigantesque Bokhda-oola, se trouve la grande solfatare d'Ouroumtsi; à 45 milles au N. O. de celle-ci, dans une plaine voisine des rives du Khobok qui s'écoule dans le petit lac Darlaï, s'élève une colline dont les fentes sont très-chaudes sans cependant exhaler de la fumée (des vapeurs visibles). L'ammoniac se sublime dans ces crevasses en une écorce si solide que l'on est obligé de briser la pierre pour la recueillir.

» Ces quatre lieux connus jusqu'à présent, Péchan, Ho-tcheou, Ouroumtsi et Khobok, qui offrent des phénomènes volcaniques avérés dans l'intérieur de l'Asie, sont éloignés de 75 à 80 milles au S. du point de la Dzoungarie chinoise où je me trouvais au commencement de 1829. En jetant les yeux sur une bonne carte de l'Asie, on voit que l'Aral-toubé, mont conique et insulaire de l'Ala-koul, encore en ignition dans les temps historiques et dont les itinéraires recueillis à Semipalatinsk font mention, se trouve dans le territoire volcanique de ces contrées. Cette montagne insulaire est à l'O. de la caverne d'ammoniac de Khobok; au N. du Péchan, qui jette encore des lueurs et vomit jadis de la lave, et à une distance de 45 milles de chacun de ces deux points. De l'Ala-koul au Dzaï-sang, où les Cosaques russes exercent le droit de pêcher, grâce à la connivence des mandarins, on compte 38 milles. Le Tarbagataï, au pied duquel est situé Tougoutchak, ville de l'empire chinois, où le docteur Meyer, docte et infatigable compagnon de M. Ledebour, essaya inutilement, en 1825, de pousser ses recherches d'histoire naturelle, s'étend au S. O. du Dzaï-sang vers l'Ala-koul.

» Nous connaissons ainsi dans l'intérieur de l'Asie un territoire volcanique dont la surface est de plus de 500 milles géographiques carrés, et qui est éloigné de 3 à 400 lieues de la mer. Il remplit la moitié de la vallée longitudinale située entre le système de montagnes de l'Altaï et du Thian-chan; le siège principal de l'action volcanique paraît être dans ce dernier. »

Entre ses montagnes, le gouvernement d'Ili a des plaines fertiles et de riantes prairies : on y récolte du froment, du millet, de l'orge, du chanvre. Les chevaux élevés sur les rives de l'Ili ont de tout temps été célèbres; le gibier abonde. Les terrains salés sont communs; on trouve dans les montagnes de l'or et du fer, du sel gemme, enfin du sel ammoniac, dont il a déjà été question.

Ili ou Goudja, jadis la résidence du khan des Dzoungars, est située sur la rive droite de l'Ili, au pied d'une montagne : l'empereur Khian-loung lui a donné le titre honorifique de Hoeï-yuan. C'est une ville très-commerçante; elle est défendue par une citadelle. On peut la regarder comme le chef-lieu des deux nouvelles provinces de l'O. de l'empire. Le général en chef y fait son séjour, et a sous ses ordres tous les officiers supérieurs, ainsi que les commandans des tribus mongoles. Des postes militaires sont disséminés sur la surface du pays; tous les ans, on y envoie un bon nombre de Mandchoux avec leurs familles. C'est dans cette contrée que la Chine déporte les malfaiteurs.

La population comprend une quantité considérable de nomades. Parmi eux, il y a beaucoup d'Euleuths. Les Torgauts, qui sont une des quatre hordes de cette tribu mongole, avaient, au commencement du XVIIIe siècle, émigré de l'empire chinois. La Russie leur avait donné un asile dans les step, entre le Volga et l'Iaïk, à peu de distance de la mer Caspienne. Kanghi, chagrin de cette fuite, avait dépêché vers leur chef un mandarin chargé de l'assurer de sa protection, s'il voulait revenir dans son pays natal. Cette négociation resta sans effet.

Cependant, les Euleuths avaient fini par se déplaire en Russie. Le gouvernement exigeait qu'ils fournissent des soldats pour les incorporer dans son armée; ils s'apercevaient que les Russes se moquaient des pratiques de leur religion; Oubachi, leur khan, se vit enlever son fils pour servir d'otage. Alors ils résolurent de retourner dans l'empire chinois, où ils ne seraient pas soumis à ces vexations, et où le culte de Bouddha est en honneur.

En conséquence, au commencement de la onzième lune de 1770, Oubachi et tous les Torgauts ses sujets, avec leurs femmes et leurs enfans, armes et bagage, quittèrent les bords du Volga, traversèrent les pays qui sont au N. de la mer Caspienne, et, après avoir marché plus de huit mois et parcouru 1,000 lieues, souvent dans des déserts, ils arrivèrent près des rives de l'Ili, au commencement d'août 1771, au nombre de cinquante mille familles, malgré les combats qu'ils avaient eu à soutenir en route, mais harassés d'une route aussi longue et aussi pénible, et manquant de tout. L'empereur Khian-loung leur fit distribuer des grains pour une année, des iourtes, des vêtemens, des bestiaux, des instrumens de labourage, et même des onces d'argent, pour suppléer à leurs autres besoins.

Oubachi, appelé à la cour avec les principaux chefs de sa nation, y fut comblé de marques d'affection, d'honneurs et de présens; tous furent élevés à des dignités conformes au rang qu'ils occupaient avant leur transmigration.

Le Thian-chan-nan-lou est presque entouré de tous côtés par de hautes montagnes; à l'O. par le Tsoung-ling, qui le sépare du Turkestan, et porte dans sa partie la plus élevée le nom de Bolor; au S. court le Kouen-loun ou Koulkoum; au N. le Thian-chan. Des lacs tels que le Lob,

Prêtre et Grand-Prêtre Bouddhiste.

Cour extérieure du Palais à Peking.

qui reçoit le Tharim ; le Bostou, dans lequel le Kaïdou a son embouchure ; le Mahbakhesetkan, l'Yechil et l'Inikoul, où des rivières moins considérables se jettent, sont épars sur la surface de cette contrée, de laquelle aucun cours d'eau ne sort.

Depuis les temps les plus reculés, elle renferme des villes assez éloignées les unes des autres par des déserts sablonneux.

Le climat est tempéré, les vents sont très-fréquens au printemps et en été ; mais ils ne sont pas violens, ne soulèvent pas le sable, et ne déracinent pas les arbres. Aussitôt qu'ils commencent à souffler, les arbres fruitiers se couvrent de fleurs, et bientôt les fruits mûrissent ; les autres arbres verdissent et répandent leur ombre sur la campagne. Lorsque les vents cessent, des brouillards leur succèdent, et arrosent la terre d'une rosée bienfaisante. La pluie est rare et nuisible, même lorsqu'elle tombe en petite quantité ; quand les arbres sont en fleurs, elle les fane. Si elle est abondante, les arbres paraissent comme couverts d'huile, et ne portent point de bons fruits.

Le terrain est gras et chaud. En automne, on sème beaucoup de froment, ensuite on conduit l'eau dans les champs : c'est ce qu'on appelle arroser. S'il a plu en hiver et au printemps, on ensemence plus tôt. Toutes les espèces de blé, les plantes légumineuses, le coton et les melons sont cultivés. Le froment est le grain le plus estimé, ensuite c'est le riz ; l'orge et le millet ne sont employés que pour en extraire de l'eau-de-vie et pour nourrir le bétail, auquel on donne aussi les plantes légumineuses. Les champs de blé ne sont pas sarclés, les Turkestanis s'imaginant que les mauvaises herbes maintiennent les chaumes dans un état de fraîcheur qui leur convient.

Les froids du printemps sont désastreux, parce qu'ils retardent l'époque de la fonte des neiges, de sorte que les eaux n'arrivent qu'après le temps des semailles. Les jujubiers abondent ; on fait de l'eau-de-vie avec leur fruit. Le paliure couvre les step sablonneux, et sert de chauffage. Les melons sont d'un goût exquis.

On voit partout, dans les montagnes et sur les step, des troupeaux de chevaux et de bœufs sauvages, de chameaux, d'ânes et de mulets ; la chair des moutons sauvages n'est pas mangeable, mais leur peau fournit des vêtemens très-chauds. Les chacals sont très-communs dans les montagnes ; il y a beaucoup de scorpions, de serpens et de grosses araignées.

Les Turkestanis sont, comme tous les peuples de race turque, sectateurs de l'islamisme ; ils ne laissent pas croître leurs cheveux, et ne se rasent pas la barbe. Leurs robes ont un grand collet et des manches étroites ; en hiver, leurs chapeaux sont de cuir ; en été, de satin cramoisi, et garnis en velours, hauts de cinq à six pouces, avec un bord dont la largeur est de la même dimension, et pointu devant et derrière ; le haut est orné d'une houppe en or.

La chaussure est en cuir rouge, avec des talons en bois. Les femmes portent des souliers ou des pantoufles, qui laissent le talon à découvert ; en été, elles vont pieds nus ; en hiver, elles ont des chapeaux garnis de fourrures et d'une plume sur le devant. Leurs robes sont ouvertes ; elles ont par-dessous des espèces de camisoles qui descendent jusqu'aux genoux et quelquefois plus bas (Pl. XIV — 4).

La population du Thian-chan-nan-lou est évaluée à 1,500,000 ames. Le pays est divisé en dix principautés désignées par le nom de leur ville principale. Les villes sont administrées par des officiers que le gouvernement chinois y envoie ; toutefois, il y en a six qui ont conservé le droit d'être gouvernées par un prince ou khodjo indigène.

Aksou, dans l'O., sur une rivière du même nom, près du prolongement du Thian-chan-moussour, est la résidence d'un général chinois qui a sous ses ordres toutes les troupes de cette division. Il y a une douane. Cette ville est fréquentée par des Chinois, des Hindous, des Cachemiriens, des Turkestanis, des Kirghiz. Les habitans sont généralement à leur aise. On y fabrique beaucoup de toiles de coton ; les brides et les selles en cuir de cerf brodées qu'on y fabrique ont une grande réputation ; le jade y est façonné avec une perfection rare.

Tourpan, près du Thian-chan, est passablement peuplée ; l'été y est extrêmement chaud, le ciel paraît enflammé ; le raisin y est exquis. Au S. E. s'étendent des montagnes sablonneuses et absolument nues.

Khamil, plus à l'E., n'est qu'une petite ville, mais bien peuplée. Ses melons sont très-renommés.

Khachkar, dans l'O. du pays, sur une rivière de même nom, et près de la frontière, est une ville considérable ; on y fabrique du brocard et du fil d'or et d'argent, du satin, des étoffes de soie, des toiles de coton. Le commerce y est florissant, et l'affluence des marchands étrangers considérable. On y compte 16,000 habitant payant l'impôt. Ils aiment beaucoup à se divertir et passent pour grossiers.

Yarkand, située plus au S. sur l'Yarkand-daria, grande rivière, fut autrefois la capitale du Turkestan oriental. Le nombre des habitans payant l'impôt est de 32,000, mais on prétend qu'il n'y a que la huitième partie de la population qui soit inscrite sur les rôles. C'est une place très-commerçante; des marchands chinois des provinces orientales y viennent trafiquer, malgré la grande distance; on y en rencontre aussi de toutes les autres contrées de l'Asie. Aux jours de marché, le bazar, d'une vaste dimension, est rempli d'hommes et de marchandises.

Le territoire qui entoure Yarkand est uni et d'une grande étendue; c'est dans une rivière voisine que l'on ramasse le *yu* ou jade oriental, pierre extrêmement estimée des Chinois. Tous les ans on en expédie sept à dix mille kin à Péking.

Khotan ou Ilitssi, au S. E., est à 500 li au N. du Tibet ultérieur, sur le Khotan-daria. Khotan a des manufactures d'étoffes de soie et de laine, de toiles de lin et de coton, d'ustensiles en cuivre. A quelque distance à l'O. s'élèvent de hautes montagnes; à l'E. s'étendent des step sablonneux et absolument inhabités, quoiqu'abondans en sources. Les plantations de mûriers sont très-communes dans les parties fertiles de cette contrée.

CHAPITRE XXX.

Empire chinois. — Tibet.

Tous les peuples qui professent le bouddhisme regardent le Tibet comme une terre sainte, parce que c'est à Lhassa, capitale de ce pays, que réside le dalaï-lama, vénéré comme une incarnation de Bouddha.

De même que la religion brahmanique, le bouddhisme est fondé sur le principe suivant lequel un esprit unique anime l'univers; il produit des formes modifiées à l'infini par son union à la matière, qui n'est qu'une illusion. Bouddha est regardé par les Hindous comme la neuvième incarnation de Vichenou. Les légendes font mention de plusieurs Bouddhas. Celui dont la doctrine règne aujourd'hui sur la plus grande partie de l'Asie orientale était né dans l'Inde en l'an 1019 avant Jésus-Christ. Parvenu à l'âge de soixante-dix-neuf ans, il quitta son enveloppe corporelle pour s'absorber de nouveau dans l'ame universelle qui est lui-même. Son ame passa chez un de ses disciples, qu'il avait désigné. Ses successeurs ne restèrent pas dans le lieu où il avait vécu: vers le Ve siècle de notre ère, ayant essuyé des persécutions à cause des changemens essentiels qu'ils introduisaient dans plusieurs pratiques religieuses, ils passèrent à la Chine; puis dans la Mongolie; enfin, au XIIIe siècle, ils s'établirent dans le Tibet.

Bouddha avait paru dans l'Inde; les premiers patriarches qui héritèrent de son ame vécurent à la cour des rois de ce pays, dont ils étaient conseillers spirituels. Le dieu se plaisait à renaître tantôt dans la caste des brahmanes ou dans celle des guerriers, tantôt parmi les marchands ou les laboureurs, conformément à son intention primitive qui avait été d'abolir la distinction des castes. La plupart de ces pontifes, quand ils se voyaient parvenus à un âge avancé, mettaient eux-mêmes fin aux infirmités de la vieillesse, et hâtaient, en montant sur un bûcher, le moment où ils devaient se régénérer. Les grands-lamas d'aujourd'hui, au lieu de se brûler vifs, ne sont livrés aux flammes qu'après leur mort.

Quand un dalaï-lama veut quitter ce monde, ce qui, suivant ses sectateurs, arrive au jour, à l'heure et avec les circonstances qu'il a déterminés, il laisse toujours un testament qui désigne son successeur; il l'écrit lui-même et le dépose dans un endroit secret autour de son trône, afin qu'il ne soit trouvé qu'après sa transmigration. Dans ce document, il prescrit le rang, la famille, l'âge et les autres indices qui feront reconnaître son successeur et l'époque à laquelle on devra en faire la recherche. Ce testament est cherché immédiatement après que le dalaï-lama a *changé de demeure*: il est ouvert par le vicaire du temple, en présence des plus saints personnages *khoubiligans* (régénérés) et du haut clergé. Quand on a découvert le successeur désigné, il est inauguré solennellement avec les cérémonies prescrites par le rituel. Les cendres de son prédécesseur sont recueillies soigneusement; on en réduit une portion en petites boules vitrifiées qui sont réputées reliques sacrées.

Le dalaï-lama, comme les autres prêtres quand ils sont revêtus de leurs ornemens sacerdotaux, a une robe et un manteau jaune, et il est coiffé d'un bonnet de la même couleur, pointu, et dont les côtés descendent assez bas pour cacher les oreilles. Quand il vient dans un temple, il s'assied, les jambes croisées, sur un trône formé d'une pile de coussins placés sur l'autel, et sous un dais. Les fidèles s'avancent respectueusement pour l'adorer et recevoir sa bénédiction.

Il ne la donne avec la main qu'aux personnages du rang le plus éminent dans l'ordre social. Il bénit les autres laïques avec une espèce de sceptre doré, long d'une coudée, de bois rouge et odorant. L'un des bouts est garni d'une poignée; l'autre se termine en forme de fleur de nénuphar, du centre de laquelle sort un ruban de soie jaune, long d'à peu près deux pouces et entourant trois morceaux de soie de couleurs différentes et à franges, attachés ensemble et de la longueur d'un empan. Avec cette houpe, le dalaï-lama touche la tête de ceux qui sont agenouillés devant lui; si leur nombre est très-considérable, quelques-uns des lamas les plus distingués se placent à côté du trône de leur souverain pontife et lui soutiennent le bras droit (Pl. XVI —1).

Les laïques qui ont le rang de docteurs vont d'abord prier devant d'autres idoles; ensuite ils se prosternent devant le dalaï-lama aussi souvent que leur dévotion le leur suggère; enfin ils s'agenouillent, et la tête baissée, les mains sur le visage et dans le plus profond recueillement, ils reçoivent la bénédiction, après laquelle ils réitèrent leurs prosternemens. Quant aux laïques qui n'ont pas la qualité de docteurs, ils viennent immédiatement s'incliner respectueusement devant le trône du pontife-dieu.

Les lamas persuadent au peuple et racontent sérieusement que quand plusieurs personnes sont en adoration devant le dalaï-lama, il se présente à chacune d'elles sous une figure différente. A l'une il paraît jeune, à l'autre de moyen âge; chacun croit attirer exclusivement les regards du dieu incarné, et, partout où passe le dalaï-lama, disent ses sectateurs fervens, il se répand une odeur d'une suavité admirable : quand il l'ordonne, des sources d'eau vive jaillissent miraculeusement au milieu des plaines les plus arides, des forêts s'y élèvent; enfin d'autres merveilles s'y manifestent.

Le dalaï-lama porte aussi le titre de lama-éremboutchi. Outre ce patriarche suprême, une autre divinité vivante d'un rang supérieur, le bantchin-rimbotchi, réside à Djachi-loumbo, dans le Tibet méridional; le dalaï lui-même se met en adoration devant lui, parce que son origine divine est la plus ancienne des deux. Leurs sectateurs respectifs ont autrefois été ennemis, mais aujourd'hui tous vivent en bonne intelligence entre eux. Ces deux chefs de la religion bouddhique n'ont, sous le rapport politique, rien à craindre l'un de l'autre, car c'est dans leur union intime qu'existe le véritable centre de la foi et de la hiérarchie. A la mort de l'un des deux, celui qui survit est chargé d'inaugurer l'autre régénéré, lorsqu'il a été découvert, et vient lui-même l'asseoir sur le trône. Il est bon de remarquer que jamais les incarnations ne peuvent avoir lieu dans la ligne de descendance d'une même famille; il faut toujours, quoiqu'elles dépendent de la volonté de l'ame qui doit reparaître, que ce soit dans une famille différente.

Les dix khoutoukhtous qui tiennent le premier rang après ces pontifes participent aussi à la prérogative de se régénérer. Celui qui réside chez les Mongols est nommé le *ghéghen-khoutoukhtou*. Jadis le nom de lama n'appartenait qu'à la classe suprême des prêtres, car il désigne l'incarnation d'une ame sainte dans un homme; aujourd'hui tous les membres du clergé bouddhique sont appelés lamas, mais eux-mêmes réservent cette dénomination pour les plus vénérables d'entre eux. Le prêtre ordonné est le *ghelong*; il peut donner la bénédiction : au-dessous de lui est le *gœtsul*, qui peut se comparer à un diacre; l'ecclésiastique du degré inférieur à celui-là est le *bandi*.

Les khoutoukhtous bénissent les gens du commun avec la main droite enveloppée d'un morceau de soie; les prêtres ordinaires prennent leur chapelet à la main et en touchent la tête du fidèle agenouillé.

Les prêtres bouddhistes vivent en communauté dans de vastes couvens sous la direction d'un supérieur. Ceux du Tibet portent une robe jaune et un manteau cramoisi; leur habillement est fait d'une étoffe de laine : ils ont un chapeau ou un bonnet soit pointu, soit arrondi et à peu près carré (Pl. XVIII—1). Un chapelet est suspendu à leur côté, ou bien ils le tiennent à la main pour en compter les grains en répétant des prières. Les uns ont le bonnet jaune, d'autres le bonnet rouge; ces couleurs différentes désignent deux sectes jadis ennemies, aujourd'hui réconciliées; le dalaï-lama et le bantchin-rimbotchi ont des bonnets jaunes. Les lamas principaux portent à la main, dans les cérémonies, un bâton pastoral, dont le haut est recourbé et entouré d'ornemens (Pl. XVIII—1).

Les prêtres vont trois fois par jour au temple; le matin avant l'aube, à midi et le soir. Ils récitent des prières et chantent des hymnes : l'office commence par la profession de foi; il est accompagné du son de nombreux instrumens de musique qui sont très-bruyans; ce qui a pour but d'attirer l'attention de la divinité sur les fidèles. Les temples sont ornés de figures de Bouddha et de plusieurs autres idoles. A certains jours solennels, on les porte processionnellement en grande cérémonie. D'autres processions se font fréquemment autour des temples. Pendant l'office, des cierges sont allumés et l'encens fume.

Les laïques n'entrent dans ces édifices sacrés que pour adorer les idoles et recevoir la bénédiction des prêtres. Ceux-ci leur versent dans la main, pour une légère offrande en argent, quelques gouttes d'une eau consacrée et mêlée avec du safran et du sucre; on la boit pour se sanctifier et se fortifier.

Des jours de jeûne et de prière sont observés au commencement du printemps, de l'été et de l'hiver. En février pendant dix-huit jours, en mai pendant vingt, en novembre pendant toute la durée de la lune, et deux jours de plus après, tous les prêtres se rassemblent pour faire des prières solennelles. Ces jours-là, on s'abstient de manger de la viande. Le 9, le 19 et le 29 de chaque lune, sont spécialement consacrés à des prières. A ces époques, une foule de prêtres, qui s'élève quelquefois jusqu'à 3,000, se réunit près de chaque temple : le dalaï-lama et les autres pontifes suprêmes n'ont pas l'habitude d'assister à l'office ces jours-là.

Au contraire, c'est pour eux une obligation d'officier eux-mêmes et de donner leur bénédiction aux quatre grands jours de fête, qui sont le 1er jour de la première lune de février ou de la nouvelle année, le 5 de la deuxième lune de juin, le 16 de la lune de juillet, le 25 de la lune de novembre. Toutes les cérémonies religieuses se célèbrent avec une grande pompe.

Quand un enfant vient au monde, on fait venir un prêtre qui bénit un vase d'eau et de lait mêlés ensemble; il souffle dessus en récitant des prières et y baigne le nouveau né; cette cérémonie faite, il lui impose un nom d'après son idée ou d'après l'indication de livres qu'il consulte : tous ces noms sont ceux de saints du bouddhisme. Ensuite un grand repas est servi ordinairement aux amis de la famille et aux prêtres.

Aux mariages, les lamas déterminent le jour favorable pour la célébration, consultant à cet effet les livres sacrés, après avoir noté l'année, le mois et le jour de la naissance des deux futurs. Ils prennent surtout en considération le jour qui promet du bonheur à la femme, quand même il ne s'annoncerait pas avantageusement pour l'homme. Comme chacun ne peut espérer par an que quelques-uns de ces jours réputés heureux, si par hasard ils sont déjà tous passés, le couple est obligé d'attendre à l'année suivante pour se marier.

Le jour de la noce, le futur, accompagné de ses amis, mais sans son père ni sa mère, vient chercher sa fiancée; lorsque tout ce monde s'en retourne, les parens de celle-ci, ou au moins l'un d'eux, se joignent à la troupe si l'habitation du futur est éloignée. Quand on arrive, un prêtre encense la maison avec des parfums et invoque la présence des divinités secourables; il consacre ensuite par des prières un vase rempli d'eau et de lait; les mariés y puisent ce qu'il faut pour se laver le visage; il leur donne la bénédiction nuptiale en leur posant un livre saint sur la tête, et finit par adresser à Dieu des vœux pour leur bonheur et leur fécondité. Ces cérémonies achevées, les époux sont conduits dans un appartement séparé où on les laisse seuls, tandis que la société se divertit à danser, à chanter, à faire de la musique, ou se livre à d'autres amusemens qui, chez les personnes riches, durent souvent cinq et même dix jours. Les filles reçoivent une dot, sans que le mari soit obligé de rien payer à son beau-père, ainsi que cela se pratique chez les autres peuples asiatiques.

Quand quelqu'un tombe malade, des prières prescrites par le rituel sont récitées pour obtenir de Dieu que la santé lui soit rendue. Si le danger devient imminent, le malade est exhorté à la mort par des récits relatifs à la transmigration de l'ame, et accompagnés de prières auxquelles se joignent les assistans qui ont le chapelet à la main.

Les cadavres sont enveloppés de toile de coton ou d'étoffes de soie, suivant la fortune de la famille, et ensuite on en dispose, de même que chez les Mongols, d'après l'indication des livres sacrés. Les lamas, qui ont récité près du corps les prières pour les défunts, accompagnent le convoi en chantant les hymnes des funérailles; avant de livrer le corps à sa dernière destination, des oraisons sont adressées aux génies protecteurs, pour qu'ils écartent de l'ame du trépassé tout ce qui pourrait troubler son repos. De retour à la maison, les personnes et les prêtres qui ont assisté au convoi prennent part à un grand repas.

Des prières sont récitées par un lama, pour le salut de l'ame du décédé, pendant dix jours au moins, pourvu que la pauvreté de la famille de celui-ci ne s'y oppose pas; ce service funèbre se continue pendant plusieurs mois de suite, et même pendant une année entière pour les gens riches. Dans ce cas-là, le prêtre vient habiter la maison du défunt; il reçoit pour sa peine des étoffes, des vases ou d'autres choses et de

3. Arc de Triomphe près de Pékin.

4. Fête des Lanternes.

Pl. XVIII. Page 176.

l'argent. De plus, un service solennel, pour lequel un grand nombre de prêtres est convoqué, doit se célébrer le quarante-neuvième jour après le décès, et au bout de l'an. Il dépend ensuite de la volonté des parens de le faire répéter annuellement.

Tous les ans, à la fin d'octobre, la commémoration de tous les trépassés a lieu. Le toit des temples, des couvens et des maisons particulières est illuminé. Le silence de la nuit est interrompu par le son des cloches, le retentissement des instrumens de musique, le chant des hymnes funèbres; les gens riches ou aisés font des distributions de vivres et d'aumônes aux pauvres: on est persuadé que la circonstance ajoute beaucoup au mérite de ces actes de charité.

Les lamas se croient obligés de chanter les louanges de Dieu le plus haut et le plus vite qu'il leur est possible; ainsi ce qui peut paraître une action bizarre ou même ridicule à un spectateur indifférent est chez eux une preuve de zèle et d'émulation. Indépendamment des prières solennelles qui se font au temple, ils en ont de particulières qui se récitent dans l'intérieur du monastère et ailleurs. Elles sont toujours accompagnées de musique.

Sans cesse, dans leurs actes de dévotion, les bouddhistes ont à la bouche ces mots : *Om mani pad mé om;* ils les répètent en comptant les grains de leur chapelet et en adorant leurs idoles. Un grand mérite est attaché à ces paroles mystiques empruntées à la langue sanscrite : elles sont sculptées en relief sur des bandes d'étoffe attachées à des piques que l'on fixe partout : sur les pierres, sur les flancs des rochers, sur des murs, sur des planches, et écrites sur des feuilles de papier qui les contiennent autant de fois que le permet la dimension; ces feuilles sont renfermées dans des cylindres de bois traversés par une verge de fer, afin qu'ils puissent être mis en mouvement. Ces cylindres sont de grosseurs différentes : les uns se portent à la main, d'autres sont placés sur des crampons en fer disposés le long des chemins; d'autres sont posés dans les temples; faire tourner ces cylindres avec la plus grande vitesse possible est un acte très-méritoire et très-utile pour le salut de l'ame. On en installe même auprès des rivières pour que le cours de l'eau les fasse mouvoir (Pl XV — 2).

Ce serait mal juger le bouddhisme que de l'apprécier par ces pratiques qui sont puériles, mais qui au fond n'ont rien de répréhensible. Les préceptes de cette religion ont droit au respect de tout homme sensé : à l'exception de l'article qui proscrit l'adoration des images taillées, on retrouve dans les commandemens de cette croyance ceux du Décalogue que Moïse reçut de Dieu sur le mont Sinaï. Il n'est donc pas surprenant que la morale du bouddhisme ait produit une influence heureuse sur le caractère de peuples grossiers et farouches, et qu'elle les ait aidés à dompter leurs passions; il a par là rendu un véritable service à l'humanité. « Moins entichés de préjugés barbares que les brahmanes, dit M. Abel Rémusat, les bouddhistes ont à la vérité permis l'usage de la chair des animaux, mais ils ont rappelé l'homme à la dignité qu'il tient de son créateur; ils ont eu moins de respect pour les vaches et les éperviers, mais ils ont montré plus de commisération pour les artisans et les laboureurs. Hors des limites de la région arrosée par les rivières saintes, le salut des hommes est impossible, suivant les brahmanes, et il est même inutile de s'en occuper. C'est justement dans ces lieux déshérités des influences célestes, que la religion de Bouddha est allée répandre des principes généreux et salutaires, applicables à tous les peuples et à tous les pays. C'est elle qui a policé les pâtres du Tibet et adouci les mœurs des nomades de la Tartarie. Ce sont ses apôtres qui, les premiers, ont osé parler de morale, de devoirs et de justice aux farouches conquérans qui venaient de dévaster l'Asie. »

Un grand ouvrage, appelé en tibétain *Gandjour*, est la *somme* du bouddhisme; il a été traduit dans les principales langues de l'Asie orientale; il est formé de cent huit gros volumes; il fut écrit originairement en sanscrit, de même que les autres livres religieux, qui sont extrêmement nombreux, et que les bouddhistes regardent comme révélés. Ces livres sont d'une étendue très-considérable, et l'on n'en sera pas surpris, si l'on considère qu'ils sont composés en grande partie de litanies fort longues, de formules, de prières, d'invocations qu'on répète un grand nombre de fois de suite sans y rien changer, et même sans chercher à y rien comprendre. « On ne doit pas oublier non plus, ajoute le savant cité plus haut, que les trois doctrines des bouddhistes forment un système de philosophie aussi complet qu'on puisse l'attendre de la part des Hindous, et qu'elles comprennent les principes de la morale, les fables cosmogoniques et la description tant du monde réel que du monde fantastique, une foule de traditions allégoriques et mythologiques, et, par-dessus tout, une métaphysique dont il est impossible d'atteindre le fond. Je ne crains pas d'être démenti, en assurant que qui n'a pas lu quelques-uns des livres des bouddhistes, ne connaît pas toute l'étendue de l'extravagance humaine, et n'a pas une idée complète du degré d'absurdité où peuvent conduire l'abus des méditations sans objet et l'emploi désordonné des abstractions appliquées à des sujets où l'intelligence ne peut atteindre. Je serai peut-être cru moins facilement, si j'avance qu'au milieu de ces rêveries, on rencontre souvent des allégories ingénieuses, et que du sein de cette métaphysique ténébreuse, on voit jaillir parfois des éclairs de génie capables d'éveiller la curiosité et d'étonner l'imagination. »

Il n'est pas étonnant que dans une religion qui tend sans cesse à la vie contemplative, des hommes qui visent à la perfection aillent vivre solitairement dans des antres et sur les montagnes, évitant toute relation avec le reste du genre humain, et s'abstenant de toute nourriture animale. D'autres se réunissent en communauté dans des lieux écartés, et envoient aux villes et aux villages des frères quêteurs.

Enfin le bouddhisme a aussi des religieuses réunies dans des couvents; un de ces monastères a pour supérieure un khoutoukhtou féminin. L'habillement de ces nones ressemble à celui des autres femmes, mais il est de la même couleur que celui des moines, et elles ont comme eux des bonnets pointus. Elles portent un ruban rouge par-dessus l'épaule droite; elles ne se tondent pas la tête; elles nattent leurs cheveux en deux tresses de chaque côté, tandis que les autres femmes n'en laissent pendre qu'une derrière chaque oreille. Quelques-unes de ces religieuses vivent dans le monde au sein de leurs familles.

Le Tibet est compris entre 27 et 37° de lat. N. et entre 72 et 102° de long. E. Il est borné au N. par le Si-youeï et la Mongolie; à l'E. et au S. E. par la Chine propre, au S. par le Boutan et l'Hindoustan, à l'O. par le Népal et l'Hindoustan; il a environ 600 lieues de longueur, 200 dans sa plus grande largeur et 10,000 lieues carrées de surface.

Il est séparé de l'Hindoustan par l'Himalaya, dont les sommets atteignent la hauteur de 4,000 toises et qui est couvert de neiges perpétuelles. A l'O, le Karakoram et le Nari se rattachent à cette chaîne gigantesque; les Kouenloun ou Koulkoum courent dans le N. Ces monts offrent des sommets aussi élevés que l'Himalaya, et leurs rameaux s'étendent de toutes parts dans le Tibet et offrent souvent des glaciers énormes; dans le N. E., on remarque le Baïan-khara, et dans l'E. l'Yung-lin, qui sont deux chaînes neigeuses.

Dans la partie méridionale du pays, le lac Manas-sarovar envoie ses eaux au Hravanrad, autre lac duquel sort le Setledje qui va couper l'Himalaya pour arroser l'Hindoustan. Un peu à l'O., le mont Paralasa sépare ce bassin de celui de l'Indus qui remonte au N. pour tourner ensuite au S. vers la contrée qui lui doit son nom. A l'E. du Manas-sarovar, le mont Gandsiri donne naissance au Yaro-dzangho-tchou, fleuve qui, plus loin, prend le nom d'Iraouaddy et a son embouchure dans le golfe du Bengale. Enfin l'Yang-tsé-kiang, le plus grand fleuve de la Chine, est formé par des rivières du Tibet oriental. Parmi les lacs du Tibet, qui sont nombreux, le plus remarquable est le Palté dont les eaux entourent comme un anneau une île montagneuse dont la surface est beaucoup plus considérable que celle qu'il occupe.

Un climat âpre et froid est la conséquence naturelle de ces montagnes neigeuses et de l'élévation du pays au-dessus du niveau de la mer. On y rencontre de beaux pâturages et des vallées fertiles; on peut cultiver la vigne et même le riz dans les plus tempérées. Beaucoup de montagnes sont absolument nues et le chauffage n'est pas très-abondant.

Parmi les animaux mammifères, on ne doit pas oublier de citer l'yak, ou bœuf à queue de cheval; il est de la taille et de la forme de nos taureaux, mais il en diffère essentiellement par son poil long et épais : ses épaules, ses reins et sa croupe sont couverts d'une sorte de laine très-fournie et douce; les poils du flanc et du ventre sont très-droits, et descendent jusqu'au jarret de l'animal; il y a même des yaks domestiques bien nourris dont le poil tombe jusqu'à terre : du milieu de la poitrine sort une grosse touffe de poils plus longs que les autres. La couleur la plus ordinaire de l'yak est le noir. Au lieu de mugir, il grogne très-bas et rarement; il a le regard sombre, le caractère défiant et farouche.

L'yak vit dans les cantons les plus froids du Tibet, où il paît l'herbe courte des montagnes et des plaines, notamment entre ce pays et le Boutan. Il fait la richesse des Doukbas, tribu nomade; il les nourrit, leur fournit des vêtemens et leur sert de bête de somme : il a le pied très-sûr et est très-fort. Ils font avec son poil des cordes et des tentes, et avec sa peau des casaques et des bonnets. On ne l'emploie pas au labourage.

Mais c'est surtout la queue de l'yak que tout l'Orient estime comme un objet de luxe et de parure : au Tibet et dans l'Hindoustan, elle fournit des chasse-mouches; aux Turcs et aux Persans, ces marques de dignité guerrière que nous appelons improprement queues de cheval; en Chine, où on les teint en rouge, elles ornent les bonnets d'été : il y en a d'une aune de long (PL. XV — 3).

Cependant le plus grand profit que les Doukbas retirent de l'yak consiste dans l'abondance du lait qu'il donne et dont ils font du beurre excellent. Ils le mettent dans des outres et par ce moyen ils le conservent quelquefois des années entières au milieu de leurs froides montagnes, sans qu'il se gâte. Quand ils en ont une provision suffisante, ils le transportent sur le dos de leurs yaks au marché le plus prochain, d'où il est expédié dans toutes ces contrées élevées; c'est un des principaux objets de commerce.

Un autre bien plus important est le duvet des chèvres, avec lequel on fabrique les châles de Cachemir. Le Tibet a aussi des chevaux sauvages, la race domestique est fort belle; des chamois, des chiens à taille élevée, à tête grosse, à long poil et doués de beaucoup de force et de courage. La grande richesse de ce pays consiste en productions minérales. On y trouve dans plusieurs endroits de l'or souvent très-pur; le minerai appartient au gouvernement qui ne permet l'exploitation que d'une seule mine. Le cinabre est commun; faute d'une quantité suffisante de bois, on ne peut en extraire le mercure. Le borax se cristallise au fond de quelques lacs. Les montagnes contiennent du sel gemme; le salpêtre abonde dans les plaines.

Le Tibet se divise en quatre grandes provinces, savoir : le Ngari dans l'O., le Dzang, l'Ouei et le Kham.

Peu de voyageurs européens ont visité le Tibet; des missionnaires de l'Eglise romaine à diverses époques et plus récemment encore des Anglais y ont pénétré; de nos jours, un Hongrois, M. Csoma de Kœrœs, enflammé d'un véritable zèle pour la science, s'est enfermé, durant plusieurs années, dans un couvent de ce pays pour en étudier la langue et la littérature; arrivé ensuite à Calcutta, il a publié une grammaire et un dictionnaire de l'idiôme des Tibétains.

Le Ngari répond à ce que l'on a long-temps désigné par les noms de Balti et de petit Tibet. Le P. d'Andrada y vint en 1625; Moorcroft en 1812; tous deux escaladèrent la chaîne de l'Himalaya, un peu à l'E. des sources du Gange; tous deux, dans leur voyage à travers ces montagnes neigeuses, ont été frappés du magnifique spectacle qui s'offrait à leurs regards. Le P. d'Andrada n'avait qu'une chose en vue, la diffusion de la Parole de Dieu parmi les infidèles. Moorcroft voulait connaître l'état physique du pays. Le canton où il aborda est l'Oundés ou Ournadésa; c'est là que vivent les chèvres qui donnent le précieux duvet dont on fait les châles; on le désigne par le nom de *touz*. Ghertok ou Gortope, capitale de ce canton, est dans une plaine haute et froide que couvrent d'innombrables troupeaux de chèvres, de moutons et d'yaks; Moorcroft estima que la quantité qu'il en vit se montait au moins à 40,000 têtes; celle des chevaux était proportionnellement insignifiante. Ghertok ne consiste que dans une réunion d'iourtes en feutre noir et d'un tissu grossier. Au-dessus de chacune flottaient des banderoles de soie et de drap de différentes couleurs.

On était alors au 20 juillet 1812. « Les bergers, dit Moorcroft, commencent ce moment à tondre leurs chèvres et leurs moutons. Des marchands venant de divers lieux de l'Hindoustan achètent la laine des moutons, dont ils fabriquent des draps étroits et des couvertures; ce sont des Ladakis qui ramassent de tous côtés le duvet propre à la manufacture des châles; ils ont à la vérité dans leur pays des chèvres qui fournissent ce précieux duvet, mais en quantité insuffisante pour approvisionner le marché de Cachemir; d'ailleurs le climat de leurs plaines n'est pas aussi froid que plus à l'E., où les montagnes sont plus hautes et plus long-temps couvertes de neige; sur quelques-unes même, elle ne fond jamais. »

Quelques jours après, Moorcroft étant à Maïssar près des bords du Manasarovar, aperçut, le 31 juillet, de la glace formée dans la nuit précédente; elle avait un quart de pouce d'épaisseur. Les changemens de température sont si fréquens et si soudains que les habitans sont habituellement vêtus de quatre ou cinq robes. La nature, toujours prévoyante, a préservé les mammifères des inconvéniens d'une température aussi âpre et aussi inconstante, en les couvrant de toisons plus épaisses que partout ailleurs. Celle des moutons est serrée et touffue; les longs poils de la chèvre sont garnis à leur racine d'un duvet qui est extrêmement fin; la vache en a également un; le poil du lièvre est remarquable par sa longueur et son épaisseur; enfin le chien a aussi sa fourrure, indépendamment du poil dont il est vêtu dans nos climats.

Les Ladakis paraissent avoir envahi le monopole du touz. Ils en revendent la plus grande partie, argent comptant, aux Cachemiriens; il paraît que ceux-ci n'ont pas la faculté d'effectuer eux-mêmes leurs achats dans l'Oundés; le reste est pris par des négocians du Pendjâb. Le déba ou gouverneur de Daba, autre ville de cette contrée, dit à Moorcroft que des caravanes nombreuses de Russes étaient venues par Yarkend à Gortope, et y avaient apporté des colliers de corail, du cuir et des tissus de laine.

Leh ou Ladak est gouverné par un radjah tributaire du dalaï-lama; cette ville, située près de la rive de l'Indus, est construite en pierre et en briques; les maisons ont trois à quatre étages. Tous les ans 800 charges de cheval, composées de touz, sont expédiées au Cachemir.

La route de commerce, entre Ladak et Yarkend, quoique très-fréquentée, est extrêmement pénible; un voyageur, parti de la première de ces villes en mars, n'arriva dans la seconde qu'au bout de soixante jours; la marche n'en avait réellement duré que vingt-huit; mais on en avait employé sept pour traverser les monts Kara-koram, quoique peu élevés. Telle était la violence du vent du N. et des tourbillons de neige, que pendant quelques jours la caravane ne put avancer que de quelques centaines de pas. Malgré son peu d'élévation, la chaîne du Kara-koram, éloignée seulement de huit journées de Ladak, doit être à une hauteur considérable au-dessus du niveau de la mer, puisque on y ressent de la difficulté à respirer, des vomissemens, des étourdissemens et la perte de l'appétit. Le thé était regardé comme un spécifique pour tous ces inconvéniens. La tourmente apaisée, les voyageurs purent poursuivre leur route, mais huit de leurs chevaux étaient morts; la caravane n'aurait pas non plus tardé à périr, car les animaux eurent consommé la paille des selles et des coussins avant que l'on eût regagné le pays habité; il commençait à la dix-huitième journée depuis Ladak. Là on rencontre quelques cabanes où vivent des Ouakhanis; les voyageurs s'y fournirent de vivres pour eux-mêmes et pour leurs chevaux. Le dix-septième jour, ils arrivèrent dans le défilé d'Yenghi-dabéian, long d'une demi-douzaine de milles; il était couvert par la glace, et l'on fut obligé de tailler un escalier pour pouvoir continuer la marche; à leur retour vers Ladak, au mois de juin, la glace avait disparu. Au S. du Kara-koram, toutes les eaux vont vers l'Indus : au N., elles courent vers la rivière d'Yarkend. Au-delà du col de Khilastan, le chemin est libre d'obstacles. La plus grande partie de cette contrée n'est fréquentée que par des Kirghiz nomades avec leurs troupeaux; les chevaux sauvages y sont nombreux; on n'y rencontre pas de voleurs.

On trouve de l'or dans le Ngari; Moorcroft vit des collines qui renfermaient des mines de ce métal; d'autres cantons du Tibet en possèdent aussi.

Le Dzang, à l'O. du Ngari, est traversé de l'E. à l'O. par le Dzangbo. A peu de distance au S. de la rive droite de ce fleuve, Gigatsé, capitale de la province, est une place forte bâtie sur une pointe de rocher et dominant un défilé.

Un peu plus loin à l'O., on voit Djachi-Loumbo ou Labrong, qui est la résidence ordinaire du bantchin-rimbotchi. C'est à proprement parler un immense couvent composé d'à peu près 400 bâtimens habités par des ghélongs et construits en pierre, dans un enfoncement des montagnes ouvert au midi; tous ont au moins deux étages, des toits plats garnis d'un parapet élevé en terre et en fascines, et dont le bas est saillant et forme une corniche revêtue de maçonnerie et peinte en brun foncé, usage généralement adopté ici pour distinguer les édifices religieux; cette teinte, contrastant avec la blancheur des murailles, produit un effet très-agréable.

Ce couvent renferme plusieurs temples, des mausolées et le palais du bantchin-rimbotchi, ou bantchan-erdeni, habité par tous les officiers ecclésiastiques et civils attachés à sa personne. A l'extrémité N. E. du couvent s'élève le palais d'un principal lama (Pl. XVI — 2). Toutes les maisons ont des fenêtres dont la plus grande est au milieu de la façade et forme un balcon assez saillant; elles sont fermées non avec des volets ni avec des châssis, mais avec des rideaux de moire noire. Le principal appartement est au second étage; au-dessus une trappe qu'on ouvre et qu'on ferme à volonté sert à donner du jour ou la chaleur du soleil quand cet astre se montre en hiver.

Dans une cour pavée et entourée de trois côtés d'un péristyle dont les colonnes sont peintes en rouge et dorées, on voit le mausolée du bantchan-erdeni qui, appelé à Péking en 1780 par l'empereur de la Chine, y *changea de demeure*. Au-dessus de l'entrée du mausolée qui est entouré d'une balustrade, on remarque un trophée assez semblable à une cotte d'armes. Ces sculptures et d'autres sont richement dorées. Deux portes peintes en vermillon avec des bossages dorés montrent, en s'ouvrant, une pyramide magnifique dont les côtés sont revêtus de plaques d'ar-

1. Théâtre Chinois.

2. Pont de Sou-tcheou-Fou.

T. Bailly del.

gent massif; les gradins qu'elles forment en s'élevant portent divers objets rares et précieux, donnés par les fidèles au lama pendant sa vie; on y remarque des tabatières et des bijoux curieux, des vases d'argent, de riches porcelaines, de grands vases du Japon d'un bleu superbe, de gros morceaux de lapis-lazuli, des idoles et des instrumens de musique.

De chaque côté sont suspendues au plafond des pièces de satin et d'autres étoffes de soie. Tout près de la pyramide, on remarque deux pièces de velours noir, couvertes entièrement d'une broderie en perles qui figure un réseau et bordée d'un rang de perles. Des pièces de beau brocart anglais et de brocart de Bénarès à fleurs complètent ce magnifique assemblage de tissus splendides. Du haut en bas des parois, on a peint des prêtres occupés à prier.

Au pied de la pyramide repose le corps du bantchan-erdeni, dans un cercueil d'or massif, fait à Péking par ordre de l'empereur Khian-loung. La statue du pontife en or est au haut de la pyramide. Il est représenté, assis sur des coussins, dans une attitude de méditation religieuse; ses jambes sont croisées de manière que le coude-pied est appuyé sur la cuisse et la plante du pied tournée en haut. Le dessus de la main droite est appuyé sur la cuisse, et le pouce renversé sur la paume de la main. Le bras gauche est recourbé tout près du corps, ayant la main ouverte et le pouce formant un angle droit avec les autres doigts pour toucher la pointe de l'épaule. Cette posture, familière aux lamas, est celle que la sculpture reproduit invariablement dans les statues de Bouddha; les yeux, qui sont en même temps tournés en bas et à demi-fermés, indiquent que non-seulement toutes les puissances du corps sont suspendues, mais aussi que les facultés de l'ame, entièrement absorbées dans la contemplation, restent étrangères à tout ce qui se passe au-dehors.

La statue du lama est placée sous une vaste coquille dont les striures sont peintes alternativement en rouge et en blanc et dont les bords en feston forment un dais; à leur extrémité sont suspendus et disposés symétriquement et avec goût les chapelets dont le pontife se servait et qui, pour la plupart, sont très-précieux; il y en a en perles, en émeraudes, en rubis, en saphirs, en corail, en succin, en cristal de roche, en lapis-lazuli, et d'autres tout simplement en graines de balisier.

A droite de la pyramide, une seconde statue du bantchan-erdeni, de grandeur naturelle, en argent doré massif, est assise dans un fauteuil, au-dessous d'un dais en soie, et ayant devant elle un livre ouvert.

En face de la pyramide, un autel couvert d'un tapis de drap bleu est chargé des offrandes journalières qui consistent en fleurs, fruits, grains et huiles, de lampes et de cierges odoriférans qui brûlent constamment, et de cassolettes remplies d'encens.

Sur le pavé sont entassés des livres relatifs à la religion. Les fidèles admis dans ce sanctuaire adorent le lama en se prosternant neuf fois devant son tombeau avec la plus grande humilité. Sous le portique en dehors se tiennent des prêtres qui viennent y prier alternativement, et qui ont le soin d'entretenir le feu sacré devant le tombeau.

La coquille qui couvre la pyramide est extrêmement grande; vue d'une certaine distance, elle produit un très-bel effet; elle est placée sur le flanc d'un grand rocher et élevée au-dessus de la majeure partie du couvent, de sorte qu'on l'aperçoit de fort loin. L'extérieur du mausolée est en pierres simplement équarries; cet édifice plus large que profond est extrêmement haut; les murs diminuent d'épaisseur à mesure qu'ils s'élèvent, ce qui leur donne une obliquité très-sensible. Au centre du bâtiment, au-dessus du portique, une fenêtre est garnie de rideaux de moire noire. La surface des murs offre en or plusieurs figures du soleil et de la lune dans ses différentes phases; une bande de couleur brune règne tout autour du mausolée, un peu au-dessous de la fenêtre; elle est surmontée d'une tablette portant en lettres d'or l'inscription : *Om mâni pad mé om*. Au-dessus s'étend un espace en blanc; toute la partie de la façade qui est supérieure à celle-là, et qui a environ douze pieds de haut, est peinte en rouge; la frise et la corniche le sont en blanc.

La partie la plus brillante et la plus apparente du monument est un dôme magnifiquement doré qui s'élève au-dessus de la pyramide intérieure. Il est supporté par de légères colonnes; ses bords se relèvent avec grâce; son sommet est orné de dragons en métal; tout autour est suspendue une infinité de petites cloches qui, lorsque le vent les agite, font, avec toutes celles des parties saillantes de l'édifice, un carillon très-bruyant (PL. XVII — 1).

Nous devons ces détails à Samuel Turner, officier d'infanterie anglais qui, en 1783, fut envoyé par le gouverneur-général de l'Inde pour féliciter le bantchin-rimbotchi sur sa réapparition dans le corps d'un jeune enfant. Le 17 septembre, il était à Djachi-loumbo. Il n'avait obtenu la permission d'entrer dans le Tibet qu'à la condition de n'être accompagné que d'un seul de ses compatriotes. Il aurait bien voulu assister à la cérémonie de l'inauguration solennelle du jeune régénéré, pour laquelle le dalaï-lama vint en personne; il fut réduit à n'en savoir que ce que lui racontèrent les bouddhistes de sa suite; il est probable que des délégués de l'empereur de la Chine, qui devaient être présens à cette cérémonie imposante, auraient trouvé mauvais qu'on y admît des Européens.

Turner fut logé dans un superbe appartement du monastère; il parcourut les environs et visita Gigatsé. La plaine de Djachi-loumbo est parfaitement unie et entourée de montagnes rocailleuses; elle s'étend du N. au S. sur une longueur de 15 milles; son extrémité méridionale est large d'à peu près six milles, celle du N. est plus étroite; c'est là qu'est situé le couvent qui en occupe tout le développement et ne laisse entre son emplacement et les monts à l'E. qu'un défilé étroit par lequel passe le Païnomtchieou pour aller un peu plus loin se jeter dans le Dzangbo.

L'escarpement des montagnes qui entourent Djachi-loumbo est vraiment prodigieux : elles sont presque perpendiculaires; la roche a la couleur du fer rouillé. La rigueur excessive du froid les a fendues, et les vents en détachent assez souvent des blocs qui s'accumulent à leur base et y forment une sorte de chaussée assez unie; elles parurent à Turner entièrement dépouillées de verdure, ce qu'il attribue à la saison.

Depuis le mois d'octobre jusqu'en mai, des tourbillons de vent élèvent fréquemment, dans ces vallées resserrées, d'énormes colonnes de poussière qui, parvenues au sommet des montagnes, sont dispersées dans l'air; c'est la seule chose qui trouble la pureté de l'atmosphère, car habituellement on ne distingue pas une seule vapeur obscurcissant l'horizon.

Le rocher de Djachi-loumbo est le plus élevé de ceux des environs; Turner y aperçut, dans les endroits les plus favorablement exposés, un reste de verdure; quelques buissons y avaient attiré un petit nombre de daims qu'il vit bondir.

« J'essayai de gravir sur le sommet du rocher, ajoute-t-il; mais lorsque j'y arrivai, mon attente fut bien trompée. Je ne découvris de tous côtés que des vallées étroites et stériles, des sommets pelés, et je sentis un froid très-piquant qui me prouva que ce lieu était inhabitable. Peut-être que, dans une autre saison, il m'aurait paru tout différent. Maintenant, le Tibet se ressentait déjà des rigueurs de l'hiver; les arbres y avaient perdu leur feuillage, les hautes montagnes étaient couvertes de neige, et la nature n'offrait qu'un aspect de langueur et de mort.

» Du haut du rocher de Djachi-loumbo, la vue se promène au loin sur les autres montagnes. Cependant quoique je susse, à n'en pas douter, qu'il y avait des villages considérables et une population nombreuse, je n'y découvris pas la moindre trace d'habitans. Ceux qui s'établissent sur les flancs de ces montagnes choisissent toujours les expositions les plus agréables et surtout les plus abritées. »

En portant ses yeux du côté du N., Turner eut la satisfaction de contempler le Dzangbo; il coule dans un vaste canal. Partout où l'inégalité du terrain paraît s'opposer à son cours, il s'est ouvert plusieurs passages et a formé une multitude d'îles. On lui assura que son principal canal était étroit, et que dans aucun temps on ne pouvait le passer à gué.

Le régent qui avait accueilli très-amicalement Turner fut obligé de s'absenter pendant un mois. A son retour, il accorda une nouvelle audience au voyageur anglais. « Il me parla très-affectueusement, dit celui-ci, d'une légère indisposition que j'avais eue, et ce qu'il me dit me prouva qu'il était parfaitement instruit de ce qui se passait ici, même en son absence. Il me dit qu'il voyait avec beaucoup de satisfaction que je me fusse promptement rétabli. Il m'entretint ensuite de la rigueur du froid qui se faisait sentir dans les cantons d'où il venait, et qui était tel que ce prince avait été obligé de prendre des vêtemens plus chauds que ceux qu'il portait ordinairement. »

Le 30 novembre, Turner reçut son audience de congé du régent qui lui remit ses dépêches pour le gouverneur-général de l'Inde. Le 2 décembre, il reprit la route du Bengale. Avant de quitter le palais, il fallut, conformément à la coutume, qu'il attachât une écharpe de soie blanche autour des chapiteaux de chacune des quatre colonnes qui étaient dans son appartement; il ignore les motifs de cette cérémonie qui lui parut avoir quelque chose de touchant, soit comme expression de reconnaissance, soit comme marque de souvenir.

Arrivé le 3 au couvent de Terpaling, nouvellement fondé pour le jeune lama qui y résidait, jusqu'à ce qu'il fût en âge de prendre les rênes du gouvernement à Djachi-loumbo, il fut présenté le lendemain à ce pontife régénéré. On l'avait assis sur une pile de coussins haute de quatre pieds et couverte d'un tapis de soie brodé ; d'autres étoffes de soie de diverses couleurs pendaient sur les côtés. Ce trône était placé dans une espèce d'alcôve entourée de cierges allumés; le père et la mère du jeune pontife se tenaient debout à sa gauche, et à sa droite était un prêtre chargé de le servir.

Turner lui présenta un dassak, ainsi qu'un collier de perles et de corail; le jeune pontife les prit de sa main; le reste des présens fut déposé à ses pieds. Turner et son compagnon eurent la permission de s'asseoir à droite du trône; on leur servit du thé. Plusieurs personnes purent entrer et se prosterner devant le bantchin-rimbotchi qui parut très-satisfait de leurs hommages. Il tint les yeux presque toujours fixés sur les deux Anglais; il eut l'air mécontent de ce qu'on ne leur donnât pas assez promptement du thé pour la seconde fois; il prit une coupe d'or dans laquelle il y avait des confitures, et en tira deux morceaux de caramel qu'il leur envoya par deux de ses officiers.

Turner adressa un discours au jeune pontife pour lui exprimer la joie que sa régénération avait causée au gouverneur-général, et réclamer la continuation de sa bienveillance pour les Anglais. Le régénéré, âgé seulement de dix-huit mois, était hors d'état de répondre à cette harangue; « mais, ajoute le voyageur, pendant que je parlais, il me regardait attentivement; il fit plusieurs signes de tête qui semblaient indiquer qu'il me comprenait et m'approuvait; tranquille et silencieux, il se conduisit avec une convenance et une dignité remarquables; tous ses gestes annonçaient une vive intelligence. Son teint était d'une couleur un peu brune, mais animé; il avait les traits réguliers, les yeux noirs, une physionomie heureuse; en un mot, c'était un très-bel enfant.

» Son père et sa mère le contemplaient avec la plus tendre affection et paraissaient ravis de la manière dont il se comportait; la mère, âgée d'environ vingt-cinq ans, était de petite taille et assez jolie, malgré sa physionomie tartare et son teint plus brun que celui de son fils. A peine pouvait-on apercevoir ses cheveux, tant ils étaient chargés de perles, de rubis, d'émeraudes, de corail; ses pendans d'oreilles étaient de perles, entrelacées d'or et de rubis. Plusieurs rangs de colliers de rubis, de lapis-lazuli, de succin et de corail, lui tombaient jusqu'au bas de la taille. Sa ceinture était attachée par une boucle d'or, au milieu de laquelle brillait un très-gros rubis. Un châle de couleur grenat avec des étoiles blanches complétait son habillement qui ne descendait pas au-dessous du genou; elle avait pour chaussure des bottes de maroquin rouge. Le père du jeune pontife était vêtu d'une robe de satin jaune, brochée en or et ornée du dragon impérial de la Chine. »

Dans une dernière audience, Turner reçut les dépêches du pontife, dont les parens lui remirent deux pièces de satin pour le gouverneur-général, et lui firent présent pour lui-même d'une veste doublée de peau d'agneau.

Des bouddhistes étaient venus en foule pour adorer le bantchin-rimbotchi; un petit nombre seulement fut admis en sa présence; ils se croyaient très-heureux lorsqu'ils pouvaient simplement l'apercevoir à la fenêtre, ou qu'ils avaient eu le temps de se prosterner devant lui avant qu'on l'emportât. Des Mongols Kalmouks se trouvaient parmi les fidèles sur la place devant le palais; ils se tenaient debout, la tête découverte, les mains jointes, levées à la hauteur du visage et les yeux fixés sur la demeure du lama, avec un air d'inquiétude très-marquée. Enfin on le leur montra, ou du moins le narrateur le suppose, car ils levèrent leurs mains, toujours jointes, au-dessus de leurs têtes, les baissèrent encore sur leur visage, les posèrent sur leur poitrine; puis, les écartant, ils tombèrent à genoux et frappèrent la terre de leur front; ils répétèrent cette cérémonie neuf fois de suite. Ensuite ils s'avancèrent pour offrir leurs présens qui consistaient en plusieurs lingots d'or et d'argent et en diverses productions de leur pays. Ces choses furent remises à un officier du palais, et les Kalmouks se retirèrent en donnant de grandes marques de satisfaction. Turner apprit que ces sortes d'offrandes se répétaient souvent et étaient une des plus abondantes sources des richesses des lamas du Tibet.

L'Oueï est à l'E. du Dzang; cette province a pour chef-lieu Lhassa, capitale du Tibet; le Dzang-tsiou qui baigne Lhassa se jette dans le Dzangbo 15 lieues plus loin au S. O. Sur le Marbori, l'un des sommets du mont Botala à l'O. de Lhassa, s'élève le palais ou plutôt le couvent dans lequel réside le dalaï-lama. L'édifice est de couleur rouge; le toit est couvert d'un dôme doré et orné d'une quantité d'aiguilles recouvertes de lames d'or et d'argent. Le temple ou le principal bâtiment de ce palais a 367 pieds de hauteur. On y compte 10,000 chambres; on y voit une multitude d'idoles en métaux précieux. Lhassa fut jadis ceinte d'un mur; il fut détruit en 1722 et remplacé par une digue en pierre brute qui commence au pied du mont Lang-lou, s'étend jusqu'au Dziagh-ri-bidoung et a environ trois lieues de longueur; elle entoure le Botala et le garantit du choc impétueux de la rivière ; les Tibétains la nomment la *Digue sacrée*. Au premier mois de l'année, les prêtres viennent de toutes parts, pour la célébration des fêtes religieuses, au Lhasseï-tsio-khang ; ils portent des pierres à la digue, y jettent de la terre et la pavent ; mais le gouvernement est chargé de son entretien.

« Les eaux limpides de la rivière, dit un géographe chinois, ont ici une brillante couleur d'émeraude ; tantôt elles se brisent en gouttes qui retombent et se réunissent comme dans des réservoirs ; tantôt elles roulent d'énormes rochers que ses flots ont arrachés au sol limoneux. On trouve dans cette rivière de petites pierres que l'on vend pour en faire des ornemens.

» A une distance de 5 lieues à l'E. du Botala, s'élève le Lhasseï-tsio-khang, temple resplendissant d'or et de pierreries de différentes couleurs ; à côté on voit un autre temple magnifique ; à 7 lieues au N. de celui-ci est la ville de Djachi, dans laquelle reste la garnison chinoise. Séra, Bhréboung, Samié et Ghaldan sont de vastes monastères qui de près étonnent par leur perfection et de loin captivent par leur beauté ; mais le Dzoun-kio, le jardin du Kadzi et celui de Chousiou-gang, l'emportent sur tous les autres et sont situés à peu de distance l'un de l'autre. Ici le dalaï-lama, quand il a un moment de loisir, vient prendre du repos. Au printemps, ces jardins sont ombragés par des pêchers et des saules et en hiver par des cèdres et des cyprès. Les palais resplendissans de cette habitation ne diffèrent nullement de ceux du *pays du milieu* (la Chine), et ici en effet est le royaume de la joie dans l'occident. »

La plan de Lhassa (Pl. XV — 1) offre tous ces lieux remarquables ; ce plan est réduit d'après un dessin original fait au Tibet.

Lhassa est le centre d'un commerce considérable ; les marchands de la Chine, de l'Hindoustan, du Népâl, du Cachemir, de la Boukharie, du Boutan, y arrivent en grand nombre ; le bazar est vaste et bien garni ; on y trouve de la soie écrue du pays, de la laine fine, des tissus de laine plus ou moins fins, des bâtons de parfum, de la toile et des soieries, des pierres précieuses, du musc, du borax, des graines et des fruits.

Le Kham, quatrième province du Tibet, à l'E. de l'Oueï et du Thsang, est hérissé de hautes montagnes couvertes en partie de neiges perpétuelles et coupé de vallées profondes où coulent des rivières qui, prolongeant leur cours plus au S., vont arroser d'autres contrées. L'hiver y est très-rigoureux et très-long ; lorsque le bantchin-rimbotchi, pour obéir aux ordres de l'empereur de la Chine, fit, en 1780, le voyage du Tibet à Peking, il fut arrêté pendant plus de quatre mois par les neiges qui remplissaient les vallées.

Cependant quelques-unes de celles-ci sont fertiles ; dans les cantons les moins fréquentés, la rhubarbe croît en abondance. Quelques-unes des villes de ce pays ont été réunies à la Chine propre.

Les Chinois ont désigné par le nom général de Miao-tsé divers peuples qui habitent cette région montagneuse ; la plupart, d'après le témoignage des missionnaires, ne différent entre eux que par certains usages, et par quelque diversité de langue. Klaproth pense que le nom de Miao ne convient qu'à une partie de ceux qui vivent dans les montagnes des provinces occidentales de la Chine ; les autres sont des *Fan* ou de véritables Tibétains, et les montagnards des provinces méridionales se rapprochent par leur langue des peuples des pays voisins.

Quelques auteurs ont pensé que les Miao-tsé des provinces occidentales appartenaient en partie à la même famille que les anciens Chinois. Ils s'enveloppent la tête d'un morceau de toile et ne portent qu'une espèce de pourpoint et de haut-de-chausses (Pl. XVII — 3). Quelques-uns de ces Miao-tsé s'étaient soumis à l'empereur de la Chine ; les uns reconnaissaient l'autorité des mandarins chinois, d'autres obéissaient à leurs mandarins héréditaires.

D'autres Miao-tsé avaient conservé leur indépendance ; les Chinois qui, en affectant de les mépriser, les redoutaient, bâtirent des forts sur la frontière des cantons habités par ces montagnards qui venaient de temps en temps dans les plaines pour trafiquer. Ils nourrissent beaucoup de vaches, de moutons et de porcs, et s'adonnent à l'agriculture. Ils fabriquent des tapis de soie unis et à petits carreaux ; ils en font aussi d'une sorte de chanvre, mais le plus fort de leur commerce est en bois de leurs forêts qu'ils échangent contre des bestiaux et surtout contre des buffles dont ils emploient la peau à faire des cuirasses qu'ils couvrent de petites plaques de fer ou de cuivre battu qui les rendent très-fortes. Ils se piquent d'être excellens cavaliers, et leurs chevaux qu'ils vendent fort cher sont estimés pour leur légèreté.

Les Miao-tsé avaient toujours des troupes sur pied, et leurs chefs se faisaient souvent la guerre entre eux ; mais ils se réunissaient pour tenter des invasions sur le territoire chinois. Ces excursions hostiles étaient quelquefois occasionées

3. Manières de Voyager.

4. Intérieur d'une Sépulture.

par les vexations des officiers des garnisons chinoises qui, ennuyés de leur désœuvrement, cherchaient les moyens de s'avancer. Les officiers se plaignaient des dévastations commises par les Miao-tsé et en informaient les mandarins supérieurs auxquels ils exagéraient le mal.

En 1775, les chefs des Miao-tsé reçurent ordre de cesser leurs incursions et de mettre bas les armes; loin d'obtempérer à cette injonction, ils se liguèrent et recommencèrent leurs brigandages, dans l'espérance qu'en gardant soigneusement quelques défilés, il serait impossible de les forcer dans leurs montagnes. Toutes les représentations qu'on leur adressa furent vaines; ils déchirèrent les lettres de l'empereur. Une armée fut envoyée contre eux; la stérilité et l'escarpement des rochers où ils vivaient rendirent la guerre difficile et fort longue; les Miao-tsé combattaient avec un courageux acharnement, les femmes même avaient pris les armes; le succès fut long-temps balancé; enfin le général chinois ayant resserré le chef des Miao-tsé dans sa capitale, lui proposa de se rendre, lui assurant qu'à cette condition, il obtiendrait son pardon, et continuerait à gouverner son peuple, mais dans un autre canton. Ces offres furent repoussées; trois semaines après, les Chinois prirent la ville; le chef des Miao-tsé, envoyé à Péking avec sa famille et une partie de ses principaux partisans, y fut condamné au supplice avec la plupart d'entre eux en 1776.

Cependant les Miao-tsé n'étaient pas anéantis, comme on l'avait publié dans la gazette impériale de Péking. En 1832, ils se soulevèrent de nouveau et la révolte s'étendit de proche en proche dans les montagnes jusqu'à Liou-tcheou, ville située dans la chaîne des Nan-ling au N. O. de Canton. Le chef des insurgés avait pris le nom de *Dragon d'Or* et des vêtemens jaunes, distinctions qui sont réservées à l'empereur. Les rebelles annonçaient qu'ils ne faisaient la guerre qu'au gouvernement; ils obtinrent des succès et défirent des corps de troupes envoyés contre eux; ailleurs ils furent battus et perdirent beaucoup de monde, et quelques-uns de leurs chefs furent faits prisonniers. La cour de Péking profita de ces circonstances; elle fit répandre le bruit que des armées nombreuses allaient fondre sur les Miao-tsé, pendant que des commissaires impériaux leur proposaient de cesser les hostilités à des conditions acceptables. Il fut convenu qu'ils resteraient dans leurs montagnes et que les Chinois n'envahiraient pas leur territoire; ils ont ainsi continué à y vivre indépendans.

Quelques missionnaires de l'église romaine, tels que Grueber et d'Orville en 1661; Desideri et Freire en 1715; Horace de Pennabilla en 1719 et 1742, sont parvenus jusqu'à Lhassa en suivant des routes absolument différentes; leurs relations contiennent des renseignemens curieux sur cette ville et sur le Tibet. Le P. Horace était si intimement persuadé de l'efficacité de sa prédication que dans une de ses lettres au pape, il se vante d'avoir presque amené au christianisme le roi du pays et le dalaï-lama. Certes le bon capucin devait fréquemment être sujet à s'abuser. Les Anglais ont à plusieurs reprises cherché à s'introduire au Tibet; jusqu'à présent leurs tentatives ont été vaines. J'ai vu à Paris, en 1828, chez feu Abel Rémusat, M. Thomas Manning, Anglais qui parlait bien le chinois et avait été attaché à l'ambassade de lord Amherst en 1816. M. Manning, venu plus tard au Bengale, avait eu la fantaisie de voir le Tibet; il traversa les montagnes et entra dans Lhassa. Il était depuis plus de quatre mois dans cette capitale, quand les magistrats reçurent de Péking l'injonction de faire sortir de leur ville un Anglais qui n'avait jamais eu la permission d'y séjourner.

M. Manning, en conversant avec Abel Rémusat, Klaproth et moi, nous apprit beaucoup de particularités intéressantes sur le Tibet; elles confirmaient ou rectifiaient en général ce que nous savions déjà; M. Manning avait eu plusieurs fois l'honneur d'approcher du dalaï-lama; il le dépeignait comme un homme d'une constitution très-délicate, d'humeur et d'habitudes très-douces. Cet Anglais était d'un caractère trop insouciant pour s'occuper d'écrire la moindre des observations qu'il avait faites dans un pays sur lequel nous avons tout à apprendre.

La population du Tibet est à peu près de 7,000,000 d'âmes et se compose de deux races d'hommes; les *Hor* ou *Soghbou*, dans le N. et le N. E., ressemblent aux Mongols; le dernier nom, qui signifie nomades des prairies, leur a été donné parce qu'ils mènent, avec leurs troupeaux, une vie errante dans les montagnes; les traits des *Bohd* qui occupent le reste du pays et sont les plus nombreux, rappellent la physionomie des Tsingaris (Bohémiens) que l'on regarde comme originaires du nord de l'Hindoustan. M. Manning nous assurait qu'il existe une grande ressemblance entre la physionomie des Tibétains et celle des juifs.

Les Tibétains ont leur langue et leur alphabet particuliers; les caractères s'écrivent de gauche à droite; cette langue se partage en plusieurs dialectes. Le sanscrit est employé pour les invocations, les exorcismes, les litanies en un mot;

il est la langue liturgique des lamas. Ceux du Tibet étudient avec soin l'idiôme sacré dans lequel la Divinité a daigné parler aux hommes. La littérature de ce pays est celle du bouddhisme en général; la théologie de Bouddha en est la base; de prolixes traités de morale, de métaphysique et de cosmologie, des romans historiques ou mythologiques, des rituels, des prières en forment le fond; il faut y ajouter des traditions particulières, des légendes nationales et la vie des saints et des héros les plus célèbres du pays. Il y a des imprimeries en divers lieux.

Les villes sont rares au Tibet et composées généralement de la réunion de plusieurs bourgs bâtis autour des temples ou des couvens; l'une des plus considérables est Jiga-gounggar, dans la province d'Ouëi, à 14 lieues au S. O. de Lhassa; on y compte 20,000 familles. « Les villages, dit Turner, n'ont pas une belle apparence; les maisons en sont très-mal construites, elles ressemblent à un four à chaux, et sont bâties en pierres qu'on ne lie pas avec du mortier; on n'y laisse que trois ou quatre petites ouvertures pour donner du jour. Le toit forme une terrasse entourée d'un parapet haut de deux à trois pieds; on y plante soit un petit drapeau, soit une branche d'arbre, ou bien une corde garnie de morceaux de papiers ou de chiffons de toile blanche, comme la queue d'un cerf-volant. Cette corde, tendue d'une maison à l'autre, passe pour un charme infaillible contre le pouvoir des mauvais génies.

On peut diviser la nation tibétaine en deux classes; l'une se consacre entièrement aux affaires du ciel, l'autre s'occupe de celles de ce monde. Les Tibétains sont bons, humains, hospitaliers, très-modérés dans leurs passions; on leur reproche une grande malpropreté. Leur vêtement consiste en une tunique qui, en été, est d'étoffe de laine, et en hiver de peaux de mouton ou de renard, préparées avec leur poil. Ils se couvrent d'un bonnet fourré. Les personnes qui appartiennent aux classes supérieures ou possèdent de la fortune ont des habits de soie et de belles fourrures. Les femmes portent un pourpoint à manches courtes et un tablier en étamine ou en soie; elles se couvrent les épaules d'un petit châle; elles aiment beaucoup les bagues, les bracelets et les colliers. Leurs cheveux sont arrangés avec un soin extrême; les riches ont de grands chapeaux souvent ornés de perles. Le vêtement ordinaire des prêtres est une robe longue, par-dessus laquelle ils passent une tunique courte en y ajoutant un manteau qui ne descend que jusqu'aux hanches; ceux d'un rang inférieur ne coupent pas leurs cheveux (Pl. XV — 2); ils ont des bottes.

Dans une grande partie de l'Asie, un homme s'arroge le droit d'avoir plusieurs épouses et plusieurs concubines. La coutume du Tibet est plus étrange encore. Une femme associe sa destinée à tous les frères d'une famille, quel que soit leur nombre et leur âge : c'est l'aîné qui la choisit. Tous les Tibétains ont des attentions pour les femmes. Non-seulement celles-ci jouissent d'une entière liberté, mais elles sont maîtresses chez elles. Les frères se partagent entre eux les garçons et les filles.

Les Tibétains ne manquent pas d'habileté dans les arts; ils taillent les pierres et le bois, cisèlent et façonnent les métaux avec une délicatesse notable chez un peuple que l'on peut regarder comme à demi-sauvage. Moorcroft trouve beaucoup de grâce dans le dessin de leurs figures mythologiques; il ajoute que les draperies en sont jetées avec un goût remarquable. Près de chaque monastère, il y a des ateliers où l'on fabrique des statues de Bouddha et d'autres idoles de toutes les dimensions. Les temples et les habitations des particuliers sont ornés d'une grande quantité de tableaux.

D'après les traditions du Tibet, ce pays fut jadis habité par différentes tribus barbares; vers le ve siècle avant notre ère, un prince hindou porta chez elles les premières lueurs de la civilisation; 700 ans après, le bouddhisme acheva de policer ces peuplades. Plus tard, les souverains du Tibet entretinrent des relations amicales avec ceux de la Chine qui de temps en temps leur donnèrent en mariage des princesses de leur cour. Ces monarques firent ensuite des conquêtes; mais leur grandeur ne fut qu'éphémère, et dans le xiiie siècle ils furent obligés de reconnaître la suzeraineté de la Chine. Des dissensions intestines déchirèrent long-temps le Tibet; l'armée chinoise y vint rétablir l'ordre, et, en 1720, un édit de l'empereur de la Chine conféra la souveraineté du pays au dalaï-lama. Des troubles suscités plus tard par des mécontens furent apaisés. Alors, du consentement du dalaï-lama, le gouvernement fut confié à un officier-général chinois qui résida à Lhassa et que l'on peut regarder comme un vice-roi; il a d'autres généraux sous ses ordres. Le souverain spirituel envoie annuellement à Péking une ambassade avec des présens pour l'empereur et ses frères, ses ministres et autres grands personnages de sa cour. On évalue ses revenus à 8,000,000 d'onces d'argent.

On porte le nombre des troupes à 64,000

hommes; la plus grande partie se compose de cavalerie. Indépendamment de ces corps réguliers, il y a une milice appelée *ouhla;* elle est tenue de fournir des guides et des porteurs aux gens qui voyagent pour le compte du gouvernement; on prend pour ce service, duquel rien n'exempte, un homme sur cinq ou sur dix dans chaque hameau. Les soldats ont pour armes un sabre court, un fusil, une lance, un arc, un bouclier en roseau ou en bois.

Les lois sont extrêmement sévères et même cruelles; depuis que les Chinois occupent le pays, ils ont un peu mitigé la rigueur de ce code.

L'impôt est perçu en nature. Le produit des amendes et des droits d'entrée des villes et des bourgades est employé pour le service public et l'entretien des temples et des lamas. On compte plus de 3,000 temples enregistrés, et plus de 84,000 lamas, ce qui n'est pas surprenant, puisqu'une bonne partie des enfans des deux sexes se voue à l'état sacerdotal. Un auteur chinois observe que c'est la principale cause de la faible population du Tibet.

La nourriture ordinaire des Tibétains consiste en farine d'orge, chair de bœuf et de mouton, qui est généralement crue, lait et fromage; ils boivent beaucoup de thé; ils ont aussi des boissons enivrantes faites avec de la farine d'orge fermentée.

CHAPITRE XXXI.

Empire chinois. — Boutan.

Au N. et à l'E. le Boutan est borné par le Tibet; au S. par l'Assam et l'Hindoustan; à l'O. par le Sikkim. Il est compris entre 26° 22' et 28° de lat. N. et entre 86° 10' et 92° 55' de longit. E. Sa longueur est à peu près de 100 lieues, sa largeur de 50, sa surface de 4,500 lieues carrées.

« La nature, dit Turner, a fortement dessiné les limites qui séparent le Tibet du Boutan. Au N. l'œil se promène au loin sur une vaste étendue de montagnes et de vallées; mais pas un arbre, pas une plante ne s'offre à la vue; à peine s'arrête-t-elle sur quelques traces de gazon. Dès le 15 septembre, la neige couvrait les montagnes, du milieu desquelles le Chamalari s'élance à une hauteur prodigieuse. De temps immémorial, les Hindous y vont en pélerinage pour adorer son sommet neigeux. Cette partie du Tibet est extrêmement froide: à peine y peut-on cultiver les grains; le froment n'y mûrit pas, on ne le sème que pour servir de fourrage. Plusieurs rivières prennent naissance dans ce canton; les unes coulent au N. vers le Dzangbo, les autres au S. vers le Brahmapoutra.

» De ces mêmes hauteurs, on découvre les montagnes du Boutan, couvertes d'arbres et de verdure jusqu'au sommet. Peu de pays offrent une surface plus inégale et plus variée : des monts parés d'une verdure éternelle et des forêts dont les arbres sont de la plus grande magnificence. Les vallées sont en général très-ressérées, mais partout où le terrain n'est pas trop escarpé et où il y a un peu de terre, il est défriché et mis en culture; des terrasses sont construites pour empêcher les éboulemens. Il n'y a point de vallon, point de pente douce où la main de l'agriculteur ne s'exerce. Le pied des montagnes est presque partout baigné par des torrens rapides, et il n'en est aucune où l'on n'aperçoive, même sur le sommet, des villages populeux, avec des jardins, des vergers et d'autres plantations. Ce pays présente à la fois l'aspect de la nature la plus sauvage et les efforts de l'art le plus laborieux. »

Les montagnes du Boutan font partie de l'immense chaîne de l'Himalaya. La rivière la plus considérable est le Tchin-tchou qui, grossi des eaux de plusieurs autres, se précipite de cascade en cascade et arrive dans les plaines du Bengale sous le nom de Gaddada.

Les glaciers qui couvrent plusieurs des montagnes du Boutan modifient singulièrement le climat qui, relativement à la latitude du pays, est très-tempéré; les pluies sont fréquentes, mais ne tombent jamais par torrens. Dans les cantons montagneux, on rencontre tous les arbres fruitiers de l'Europe moyenne et de l'Europe australe; on recueille des fraises et des framboises; on récolte du froment et même du riz, et dans les vallées voisines du Bengale, du tabac et du coton, enfin des fruits de cette contrée, on y voit aussi des bambous. L'éléphant et le rhinocéros habitent aussi les forêts de cette région; partout de grands singes viennent gambader sur le bord des chemins. De même que les Hindous, les Boutanis les regardent comme des animaux sacrés. L'yak est commun dans la partie septentrionale du pays.

Il est difficile de voir un peuple mieux proportionné et plus vigoureux que les Boutanis; ils sont de grande taille et ont la peau très-unie; en général leur teint est plus blanc que celui des Portugais de Lisbonne; leurs cheveux sont noirs, ils les coupent très-court; leur barbe ne pousse que très-tard, leur coutume est de porter des moustaches qui sont très-peu fournies. Leurs yeux sont petits, noirs, les angles des paupières longs et pointus, comme si on leur avait donné une extension artificielle; leurs cils sont si fins qu'à peine on les distingue, et les sourcils sont peu épais. C'est au-dessous des yeux que leur visage a le plus de largeur; il y est aplati et se rétrécit en descendant vers le menton, caractère qu'on retrouve chez les Mongols et encore plus chez les Chinois. Ils ne sont pas plus propres que les Tibétains. Durant son séjour, Turner vit des ghélongs qui allaient régulièrement se baigner une fois la semaine dans les eaux d'une rivière; « mais, ajoute-t-il, cette ablution est une pratique de dévotion, et ils ne la répètent pas plus souvent que leur religion ne le leur prescrit. Beaucoup de Boutanis laïques croient pouvoir se dispenser de se laver et de boire de l'eau. On rencontre assez souvent des gens affligés de goître. »

Les bagages sont transportés à dos d'hommes, et les femmes portent toujours les plus gros fardeaux; les travaux de la terre sont aussi en grande partie leur partage.

Tassisudon, situé dans une vallée large d'un quart de lieue, bien cultivée et arrosée par le Tchin-tchou, est la résidence du deb-radjah, souverain temporel du Boutan. Cette capitale ne consiste que dans le palais du prince qui est en forme de parallélogramme et bâti en pierre; son étendue est immense: les ministres, les officiers et tous les domestiques du prince y sont logés; les murailles ont plus de 30 pieds de haut. A mi-hauteur règne un rang de balcons garnis de rideaux de crin qu'on ferme tous les soirs; au-dessus des balcons de très-petites fenêtres semblent destinées à donner de l'air plutôt que du jour (PL. XVI — 3). Le palais a deux entrées; la première qui fait face au midi a un escalier en bois dont les marches sont bordées de bandes de fer; il commence en dehors au raz du sol, s'élève jusqu'à la dernière terrasse et est pratiqué tout entier dans l'épaisseur de la muraille. L'autre entrée, qui est la principale, fait face au levant; on y monte par un escalier en pierre: il conduit dans un corridor spacieux que ferment deux portes massives couvertes de gros clous de fer. Un grand fléau de bois, qui est scellé dans le mur, assure encore ces portes quand elles sont fermées. A l'extrémité du corridor, on se trouve en face d'un bâtiment carré appelé la citadelle; c'est là que réside le dhamea-radjah, souverain légitime, mais qui ne se mêle nullement des affaires mondaines. Il est une incarnation d'une divinité et lama du premier rang. Des idoles innombrables ornent ce palais.

Cette citadelle a sept étages de haut, chacun de 15 à 18 pieds d'élévation. Le comble en est plat, en toit de sapin, et fait une saillie considérable. L'idole de Mahamounie, très-vénérée des Boutanis, est au septième étage; au-dessus s'élève un petit pavillon carré, en maçonnerie, couvert en cuivre et richement doré.

Toutes les maisons de Tassisudon sont à plus d'un mille du palais, disséminées en différens groupes. A la même distance au N. du palais s'élève celui d'un lama, sur un plateau long et étroit, où l'on a planté plusieurs bannières blanches, offrant les paroles mystiques : *Om mâni pad mé om* (PL. XVI — 4). On devine aisément que le bouddhisme est la religion des Boutanis.

Près du palais de Tassisudon s'étend une longue rangée de hangars renfermant des ateliers où l'on forge continuellement des idoles de bronze et de fer, et divers ornemens pour les temples. A peu de distance est une grande manufacture de papier que l'on fait avec l'écorce d'un arbre nommé *deh*, et très-commun dans les environs: cette fabrication et celle de quelques tissus grossiers en laine ou en coton composent toute l'industrie des Boutanis. Le deb-radjah est le seul négociant du pays; tous les ans il envoie à Rangpour, dans l'Hindoustan, une caravane qui porte des marchandises du Tibet et de la Chine et prend en échange celles que lui fournit le Bengale et dont quelques-unes viennent d'Europe.

Les maisons des particuliers n'ont qu'un étage, et sont en très-grande partie construites en bois; le meilleur moyen qu'on ait pu imaginer d'y faire du feu sans les brûler, est de l'allumer sur un grand carreau de pierre placé au milieu de la chambre; les Boutanis se rangent tous autour. La fumée, n'ayant d'autre issue que la porte et les fenêtres, incommode excessivement les personnes présentes et finit par noircir leur teint comme elle noircit les lambris et le plafond.

Dans un pays aussi coupé par des vallées profondes, il n'est pas étonnant que les ponts soient très-nombreux; ils sont en général d'une construction très-ingénieuse; il suffit de citer celui de Tchouka, forteresse située à 18 lieues S. de Tassisudon sur la rive gauche du Gaddada. On traverse cette rivière sur un pont qui existait bien long-temps avant qu'en Europe on eût songé à construire des ponts suspendus. Un seul homme à cheval peut passer à la fois sur celui de Tchouka qui se balance fortement pendant que l'on y marche, et, comme le mouvement s'accroît continuellement, on est forcé de hâter le pas. Les Boutanis en attribuent la construction à des génies (PL. XVII — 2).

1. Marionnettes.

2. Danseur de Corde. — Marchand de Jouets d'Enfants.

Les défilés qui traversent les montagnes pour entrer dans le Boutan sont gardés par des officiers nommés soubah qui jouissent d'une grande autorité dans le canton où ils commandent.

Avant 1772, les Européens n'avaient pas pénétré dans le Boutan. A cette époque, le deb-radjah envahit la principauté de Cotch-bahar qui relève du Bengale. Les Anglais la reprirent bientôt et poursuivirent les Boutanis jusque sur leur territoire. Alors le deb-radjah pria le bautchan-erdeni d'intercéder pour lui ; ce pontife écrivit aussitôt au gouverneur-général du Bengale une lettre par laquelle il annonçait qu'il avait réprimandé le radjah sur sa conduite imprudente, et l'invitait à cesser les hostilités. Le gouvernement du Bengale accéda sans hésiter aux désirs du lama, la paix fut conclue et chacun se retira dans ses limites.

Cet événement donna lieu à l'envoi d'un officier anglais au Tibet, et par suite à la mission de Turner qui, en y allant, traversa le Boutan. Il reçut dans les deux pays un accueil très-amical ; mais leur gouvernement, toujours défiant, n'a jamais permis aux caravanes étrangères de passer les frontières.

A l'O. du Boutan et à l'E. du Nepâl, le Sikkim, territoire montagneux dont la surface est de 500 lieues carrées, a pour bornes au N. l'Himalaya qui le sépare du Tibet, au S. le Bengale et le Nepâl. Ses productions ressemblent à celles de cette dernière contrée. Les monts Fakfak couvrent sa partie septentrionale. Le Raman et le Djami-kouma, rivières peu considérables, l'arrosent ; il exporte du fer, du musc et des bestiaux ; les principaux marchés sont à Bilasi et à Madjhova sur le Conki ; les étrangers apportent leurs marchandises à Dimdi sur le Balakoughiar. La population est composée de Boutias et de Laptchas ; tous professent le bouddhisme ; les premiers sont doux et paisibles, cultivent la terre et soignent leurs bestiaux ; les autres sont des montagnards rudes et grossiers. Le radjah réside à Sikkim, place forte située dans les montagnes sur la rive droite du Djami-kouma, affluent du Tista. Sa principauté fut envahie dans ces derniers temps par les armées du Nepâl ; mais les efforts réunis du Tibet, du Boutan et des Anglais, qui l'ont pris sous leur protection, la lui firent recouvrer.

Au S. E. du Boutan, le Bidjni, petite principauté dépendante de ce pays et des Anglais, est traversée par le Brahmapoutra ; c'est un pays fertile, on y cultive le bétel et la canne à sucre. Le radjah réside à Bidjni, château fort sur une petite rivière.

CHAPITRE XXXII.

Empire chinois. — Chine propre.

Le tome Ier du *Voyage pittoresque autour du monde* contient, de la page 275 à 340, d'amples détails sur la Chine. Nous devons donc nous borner à présenter sur cette contrée un petit nombre d'observations et de faits.

La Chine étant très-peuplée et très-riche en productions naturelles extrêmement variées, d'après la grande diversité de la température entre ses différentes provinces, il en résulte que le commerce intérieur est très-actif et très-considérable. C'est par ce motif que le gouvernement n'attache que peu d'importance au commerce extérieur, qu'il oblige les marchands étrangers à ne fréquenter que des lieux convenus et les soumet à des restrictions très-gênantes. D'ailleurs il ne se soucie pas que les habitans de l'empire aient des rapports intimes avec les Européens, dont l'humeur entreprenante et inquiète pourrait occasioner des événemens fâcheux pour la tranquillité publique.

Il n'est donc pas surprenant qu'il ait vu d'un très-mauvais œil les tentatives faites à diverses reprises par des Anglais, pour établir des relations commerciales avec les ports de la côte orientale de l'empire, situés au N. de Canton.

On s'était imaginé en Angleterre, et on avait affirmé qu'il était assez facile d'ouvrir des relations commerciales avec ces ports ; en conséquence, une expédition que devait diriger M. Lindsay, un des subrécargues de la Compagnie des Indes à Canton, fut projetée par M. Majoribanks, président du comité de ces mêmes subrécargues. M. Lindsay partit le 26 février 1832. L'objet de son voyage était de s'assurer si les ports qu'il devait visiter offraient quelque chance de succès aux navires anglais qui viendraient y commercer, quel serait celui qu'on pourrait préférer, et si les dispositions des habitans et des administrations locales seraient favorables à ces essais. Les instructions de M. Lindsay lui recommandaient expressément de ne pas laisser soupçonner aux Chinois qu'il était employé par la Compagnie des Indes. Le comité s'était décidé à faire cet essai afin de pouvoir constater ou démentir ce qui avait été allégué à ce sujet devant le parlement britannique. M. Gutzlaff, missionnaire allemand, accompagnait l'expédition. Son intention était de répandre dans les lieux où l'on aborderait des livres traitant de la religion chrétienne et d'autres sujets.

On avait eu soin de composer la cargaison de marchandises aussi variées que bien assorties.

Les Anglais débarquèrent sur divers points et entrèrent dans quelques ports de la côte de la Chine. Aucun stratagème, aucun effort ne fut épargné pour placer les marchandises de la cargaison et pour établir un négoce avec les Chinois. Ceux-ci accueillirent amicalement les étrangers, mais dans plusieurs endroits leur venue occasiona des alarmes. Les officiers du gouvernement les invitèrent en général à se retirer, en leur rappelant que les lois de l'empire interdisaient aux étrangers la faculté de commercer ailleurs qu'à Canton, et qu'ils devaient gagner ce port au plus tôt. M. Lindsay réussit, dans un petit nombre de lieux, à vendre des marchandises. Quand il disait qu'il avait besoin de vivres, on offrait de lui en fournir gratuitement; mais il ne les acceptait qu'à condition de donner quelque chose en échange. Il ne manquait pas d'adresser aux autorités des requêtes pour leur exposer que le désir d'échapper aux vexations qui pèsent sur les étrangers, à Canton, l'avait engagé à venir dans d'autres ports. On lui objectait la teneur des réglemens que l'on ne pouvait ni ne devait enfreindre. Les écrits de M. Lindsay étaient rédigés en chinois, que M. Gutzlaff possède à un degré remarquable; il parle même cette langue si couramment, qu'on le supposait né dans le pays : ce missionnaire annonçait qu'il était prêt à fournir des médicamens aux malades; par conséquent, le nombre des gens qui s'adressèrent à lui fut considérable. Les curieux affluaient à bord du navire; les magistrats et les officiers militaires ne réussissaient pas toujours à les en empêcher.

Des jonques de guerre entourèrent plusieurs fois le navire, pour qu'il n'eût aucune communication avec les habitans : les troupes de terre, de leur côté, s'opposaient au débarquement des étrangers; mais jamais on n'exerça contre eux aucune violence. Il n'en fut pas toujours de même de la part des Anglais. Quelques-uns des officiers du gouvernement chinois, même en arrêtant le commerce que voulait faire M. Lindsay, étaient polis : il y en eut qui furent traitables et acceptèrent de modiques présens; d'autres, moins condescendans et qui haussèrent le ton, furent rossés d'importance par les matelots de *l'Amherst*; leurs jonques furent abordées, leurs portes enfoncées et leurs demeures envahies. La même vigilance n'en fut pas moins exercée pour frustrer les efforts de M. Lindsay.

On ne cacha pas aux Anglais qu'on ne les voyait qu'avec une méfiance extrême; on supposait qu'ils avaient été envoyés pour examiner l'état des côtes, et que bientôt des vaisseaux de guerre portant des soldats viendraient attaquer un peuple avec lequel ils avaient toujours vécu en paix. M. Lindsay repoussait avec chaleur tous ces soupçons; il ne parvenait pas à les dissiper complètement. Il put se convaincre que le gouvernement chinois n'était pas disposé à laisser enfreindre impunément les lois : des dépêches officielles annoncèrent que des mandarins, tant civils que militaires, étaient punis par la perte de leur grade pour ne s'être pas montrés assez sévères envers les étrangers; des soldats furent châtiés sous les yeux des Anglais pour n'avoir pas empêché les curieux d'aller à bord des navires de ceux-ci; des proclamations furent affichées pour enjoindre la stricte observation des lois, et pour avertir les marchands et les habitans que, s'ils se livraient à un commerce clandestin avec les étrangers, ils encourraient une punition sévère. Quel est l'homme sensé qui oserait blâmer le gouvernement chinois de sa conduite!

M. Lindsay, après avoir visité la côte de la Corée et celle des îles Lieou-Kieou, qui ne lui offrirent pas une chance plus favorable à ses desseins, revint à Canton. Il dit, dans son rapport daté du 11 octobre, que les autorités locales avaient toujours paru très-alarmées et très-inquiètes de l'apparition des Européens; il attribue principalement à la crainte la cause de l'accueil courtois qu'ils avaient fait dans quelques circonstances à l'équipage de *l'Amherst*. Il termine son rapport par cette phrase : : « En achevant cet écrit, j'énoncerai ma sincère espérance que ce voyage pourra contribuer à éveiller, pour le commerce de la Chine, l'intérêt général, que doit exciter un champ si vaste ouvert aux entreprises mercantiles. »

Séduits probablement par les illusions que M. Lindsay s'était formées, des navires anglais ont suivi la même route que lui; leurs tentatives n'ont pas été plus heureuses que la sienne. Il avoue, dans son rapport, qu'il n'a pu placer qu'une partie de sa cargaison; la plupart des marchandises avaient été sacrifiées en présens. La perte sur cette expédition s'éleva à la somme de 5,647 livres sterling.

Les navires qui ont essayé, après le retour de *l'Amherst*, de trafiquer sur la même côte qu'il avait visitée, n'ont pu se tirer d'affaire qu'avec l'opium : l'un d'eux alla dans un port du Fokien, mais ce fut en vain que le subrécargue eut recours à diverses ruses pour vendre ses autres marchandises; la vigilance des officiers chinois déjoua toutes ses manœuvres : un autre petit bâtiment, qui remonta au N. jusqu'à la côte du pays des Mandchoux, ne réussit pas mieux que ses devanciers ; il échoua sur un banc de sable : les habitants de la contrée, dont il cherchait à violer les lois, l'aidèrent à sortir d'embarras et le laissèrent s'en retourner à Canton.

Un homme sensé, qui avait été envoyé par le gouverneur du Bengale pour se procurer des arbres à thé, dit à son retour que, d'après sa conviction intime, toutes les tentatives ultérieures pour établir de nouveaux débouchés au commerce sur la côte de la Chine, seraient nulles, tant qu'on n'obtiendrait pas le consentement des autorités chinoises.

En 1835, un négociant nord-américain et un missionnaire projetèrent une expédition dans le but unique de distribuer des livres de piété et de répandre l'instruction chrétienne sur la côte de la Chine. Le voyage dura deux mois et dix jours ; comme dans les occasions précédentes, les magistrats et les officiers militaires invitèrent les étrangers à s'en retourner au plus vite à Canton. Dans plusieurs occasions, ils firent porter à bord des approvisionnemens considérables de vivres ; ce qu'on offrit en retour fut accepté après quelques cérémonies.

Au retour du navire, les hanistes, ou la compagnie de négocians qui ont seuls le privilége de commercer avec les étrangers, annoncèrent par écrit à ceux-ci qu'ils avaient ordre de leur transmettre un édit du gouvernement qui leur rappelait qu'ils avaient la permission d'entrer dans le port de Canton, qu'il leur était défendu d'aller ailleurs et qu'ils devaient se conformer à ces réglemens ; cet édit faisait mention de toutes les tentatives essayées pour commercer ailleurs qu'à Canton, et de l'audace de deux frégates anglaises qui, en 1834, entrèrent sans permission dans les eaux intérieures du Wampô, s'avancèrent à moins de quatre lieues de Canton, et tirèrent des coups de canon contre les forts.

En Angleterre, l'administration de la Compagnie des Indes avait blâmé l'expédition de M. Lindsay ; elle condamna l'usage des noms supposés auquel les personnes, à la tête de l'entreprise, avaient eu recours quand les Chinois leur demandaient comment elles s'appelaient ; elle remontra qu'il y avait de la folie à se plaindre si souvent de la duplicité des Chinois, tandis que les Anglais se présentaient sous des déguisemens et violaient ouvertement les lois de l'empire.

M. Davis, ancien président de la loge anglaise à Canton, s'exprime très-judicieusement sur toutes les affaires dont il vient d'être question. « Quelques personnes, dit-il pourraient demander si le système d'exclusion adopté par le gouvernement chinois ne justifie pas les moyens employés pour y échapper ; mais il ne peut exister aucun dissentiment quant aux actes de violence commis par des individus qui n'avaient d'autre excuse que d'avoir été gravement provoqués. Parmi ces actes, on peut citer la mort des Chinois tués par l'artillerie des navires contrebandiers près de Lintin, en 1831 et 1832, et cet Anglais qui, d'après son propre aveu dans les gazettes, incendia la maison d'un mandarin. Il ne peut exister ni paix ni sûreté pour les habitants du pays, ni pour les étrangers, tant que des actes de cette nature resteront impunis. Or, dans l'état irrégulier de nos relations avec la Chine, il convient à notre gouvernement de ne confier qu'un pouvoir très-limité aux hommes qu'il charge de le représenter dans cet empire.

» Vers la fin de 1833, c'est-à-dire à l'époque où l'existence de la Compagnie des Indes touchait à sa fin, et où l'on ignorait encore quelle autorité remplacerait la sienne, une suite de violences incroyables eut lieu à peu de distance de Lintin. Des engagemens opiniâtres se succédèrent sans relâche avec les Chinois ; un de ceux-ci fut tué. Pour le venger, ses compatriotes firent mourir un Lascar qui était tombé entre leurs mains. Alors les chaloupes des navires contrebandiers, montées par des hommes armés, dirigèrent une attaque en règle contre la ville où l'exécution s'était faite ; mais les habitants étaient préparés à repousser les assaillans. Un petit fort ouvrit un feu si bien nourri que, lorsque les chaloupes parurent, elles furent obligées de s'en retourner tranquillement, sans essayer de débarquer.

» Les parens du Chinois qui avait perdu la vie n'étant point encore satisfaits, s'adressèrent au gouverneur pour obtenir justice ; mais comme l'événement était arrivé dans une mêlée, les autorités locales se trouvèrent arrêtées par la difficulté de pouvoir désigner le meurtrier. Alors les hanistes s'avisèrent d'un singulier expédient. L'un d'entre eux, avec l'autorisation du gouverneur, fit saisir dans une jonque à Macao un homme qui, moyennant récompense, devait passer pour l'auteur de la mort du Chinois. Il fut convenu qu'après être resté quelque temps en prison, il raconterait, lorsqu'il serait mis en jugement, une histoire qui convertirait l'affaire en un événement purement accidentel, ce qui le ferait renvoyer absous. Cet arrangement satisfit tout le monde, et le prisonnier fut mis en liberté. »

Le 22 avril 1834, le privilége de la Compagnie anglaise des Indes cessa : il existait depuis deux cents ans. Maintenant le commerce de la Chine est libre pour tous les Anglais. Plusieurs navires particuliers chargés de thé ne tardèrent pas à faire voile pour les Iles-Britanniques.

La sévérité toujours croissante des ordonnances du gouvernement chinois contre la contrebande de l'opium, paraît en avoir diminué la vente. Quant au commerce des marchandises non prohibées que les étrangers apportent en Chine, l'extension qu'il peut prendre n'est, ainsi qu'on l'a remarqué plus haut, que d'un faible intérêt pour cet empire. Une longue expérience a démontré que ce vaste territoire si bien arrosé, si bien cultivé, fournit abondamment à tous les besoins de son immense et industrieuse population; cette circonstance, jointe à l'aversion bien prononcée du gouvernement pour toute communication intime avec les étrangers, ne peut faire espérer aux négocians européens qu'ils soient admis dans d'autres ports que celui de Canton; du reste c'est le plus convenable et le meilleur de tous ceux des provinces méridionales de la Chine.

Telle est l'opinion de tous les hommes raisonnables : les Anglais conviennent que leur position en Chine n'est pas satisfaisante et que leur commerce y est assujetti à de trop nombreuses restrictions; mais ils pensent qu'ils doivent se résigner à cet état de choses et surtout se garder d'actes de violence. Ce sentiment n'est pas celui de M. Lindsay. Dans une lettre adressée à lord Palmerston, ministre des affaires étrangères, et qu'il a fait imprimer, il a énoncé deux propositions d'une nature si monstrueuse et si opposée à tous les principes d'honneur admis dans les relations politiques d'une nation avec une autre, qu'un journal littéraire anglais a déclaré que, si le ministre avait lu jusqu'au bout la dépêche de M. Lindsay, il avait dû lui notifier qu'il n'a pas besoin des services que ce dernier offre de rendre à son retour en Chine; car il serait bon de l'engager fortement à n'y pas aller, si déjà il n'est pas parti.

« La première chose, dit ce journal, que recommande M. Lindsay, est d'envoyer une ambassade en Chine, où nous en avons peut-être trop envoyé. L'ambassadeur, accompagné du commandant de notre station navale dans l'Inde, à la tête d'une escadre composée d'un vaisseau de ligne, de deux grosses frégates, de six corvettes et de trois ou quatre bâtimens à vapeur armés en guerre, demanderait le redressement des injures dont nous abreuvent les Chinois : ceci se rapporte au mot de *barbares* dont ils se servent en parlant des Européens.

» Cette escadre, ajoute M. Lindsay, serait bien suffisante pour contraindre les Chinois à satisfaire à nos demandes; cependant il semble craindre de s'être trop avancé en affirmant qu'elle serait bien suffisante, car quelques lignes après, on lit ces mots dans son écrit : « Quelque poltrons et quelque pusillanimes que paraissent » les Chinois, si nous animions la nation contre » nous, ils seraient plus redoutables que nous » ne l'imaginons. » Alors il appelle à son aide sa seconde proposition qui n'est pas moins épouvantable que la première et que voici : « Il » faut éviter d'irriter le peuple et proclamer » hautement que nous n'avons aucune intention » hostile contre lui. Votre gouvernement nous » a insultés, lui dirions-nous, c'est contre *lui* » que nous dirigeons nos coups; ce n'est pas » contre *vous*. » Pour parler sans détour, l'avis de M. Lindsay est de soulever le peuple contre son gouvernement. Honorable mission pour un ambassadeur et un amiral de la Grande-Bretagne! Est-ce à nous de fouler aux pieds toutes les lois, toutes les notions de droiture et de justice, pour favoriser principalement l'avidité et les projets de contrebandiers d'opium, et d'aventuriers sans principes? Est-ce à nous de nous ruer brutalement sur une nation paisible qui veut bien nous recevoir chez elle, mais qui évite des rapports trop intimes et trop multipliés avec nous, parce qu'elle sait trop bien que nous avons toujours été et que nous sommes peut-être moins disposés que jamais à nous conformer aux lois et aux réglemens qui existent chez elle? »

La population de la Chine a occasioné de grandes discussions en Europe. Suivant l'évaluation la plus raisonnable fondée sur des documens fournis par des livres chinois, celle de la Chine propre et de la province de Liao-toung s'élève à 146,500,000 ames, en y comprenant l'armée. La surface de ce pays est de 300,000 lieues carrées; son étendue du N. au S. est de 525 lieues, et de l'E. à l'O. de 600 lieues. Ses limites sont au S. le 22e, au N. le 42e degré de latitude; il est compris entre les 95 et les 140 degrés de longitude orientale.

« Les Chinois, dit M. Davis, ont été jugés trop sévèrement; on les a beaucoup rabaissés, sans doute parce qu'ils n'ont point paru sous un jour très-favorable aux écrivains qui ont eu l'occasion de les observer à Canton; c'est absolu-

3. Danse de l'Ours.

4. Lanterne Magique.

ment comme si l'on voulait décrire notre caractère national en n'employant, pour cette description, d'autres matériaux que ceux que l'on aurait recueillis dans un de nos ports de mer.

» C'est réellement une chose extraordinaire que les Chinois ne soient pas plus méchans que nous ne les trouvons à Canton. Leur conduite vis-à-vis des étrangers est tout-à-fait différente de celle qu'ils tiennent vis-à-vis les uns des autres.

» Lorsque ni la crainte ni l'intérêt ne les dominent, ils sont souvent arrogans, insolens et fourbes; et telle est, chez eux, la force de l'opinion, que, si même l'intérêt les oblige à plier devant les étrangers, ils ont soin que leur servilité n'ait jamais un de leurs compatriotes pour témoin. On a vu un mendiant qui s'agenouillait volontiers pour demander l'aumône à des Européens lorsqu'il croyait qu'on ne le voyait pas, et qui s'en abstenait toujours quand les Chinois passaient. Les coulis, la plus basse classe de domestiques, furent long-temps avant de consentir à précéder, le soir, les Européens, une lanterne à la main, et plus long-temps encore à se décider, même pour de l'argent, à les porter en chaise dans les rues de Macao. Est-il donc surprenant qu'ils ne se fassent aucun scrupule de maltraiter et de tromper ces créatures disgraciées qui viennent, comme dit leur gouvernement, « profiter des bienfaits de la civilisation chinoise? » Ne doit-on pas plutôt s'étonner que, dans leurs rapports avec nous, ils aient mis quelquefois autant de générosité, de bonne foi et de probité?

» L'anecdote suivante, extraite d'un ouvrage de sir George Staunton, dépeint assez bien le caractère du Chinois.

» Un négociant en gros avait traité quelques affaires avec un commerçant américain; celui-ci essaya de sortir du port avant d'avoir acquitté ses dettes, et il y aurait réussi sans la présence d'esprit et l'activité d'un jeune officier d'un des bâtimens de la Compagnie, qui aborda le navire américain au moment où il appareillait, parla au maître, et parvint à le décider à satisfaire son créancier. Pour reconnaître ce service, le marchand chinois acheta au jeune officier, et ce à des conditions très-favorables, la totalité de sa pacotille, chaque fois qu'il revint en Chine. Il fit plus : surpris de voir que ce jeune homme n'avait point encore le commandement d'un vaisseau, il lui en témoigna son étonnement ; l'officier répondit que le grade lucratif de capitaine ne pouvait s'obtenir qu'au moyen de plusieurs milliers de livres, et qu'une pareille somme était au-dessus de ses ressources; le marchand chinois dit qu'il lèverait la difficulté, et aussitôt il lui donna une lettre de change de même valeur, payable à sa convenance. Le jeune homme mourut à son retour en Angleterre; par conséquent, la lettre de change ne fut jamais présentée à l'acquit; mais comme elle était tirée sur une maison des plus respectables, il est certain qu'on y aurait fait honneur.

» Feu le docteur Morrison a bien décrit le caractère de ce peuple qu'il connaissait parfaitement.

» En Chine, dit-il, il y a beaucoup à critiquer, mais en même temps il y a quelque chose à apprendre; l'éducation y est propagée autant que possible, et l'instruction morale est placée au-dessus de l'instruction *physique*. Les conséquences de ce système sont que l'industrie, la paix et la satisfaction règnent parmi les masses.

» Les Chinois n'entendent pas bien l'économie politique ; le gouvernement, au lieu de laisser le commerce des grains suivre son cours naturel, élève des greniers dont il a la direction, et où il se commet nécessairement une foule d'abus. Le peuple, auquel on a appris à recourir aux greniers publics en cas de besoin, et qui, se conformant à la théorie patriarcale du gouvernement, attribue toute la prospérité dont il jouit à l'empereur et à ses délégués, et ne manque pas, dans le cas contraire, de leur attribuer aussi tout le mal qu'il éprouve; or, c'est là ce qui cause souvent la plus grande inquiétude du gouvernement, et, s'il faillit dans la poursuite d'un système erroné, il ne faut point en être surpris.

» L'empereur, quoiqu'il possède un pouvoir absolu, ne laisse échapper aucune occasion de prouver que sa conduite a pour base la raison et la bienveillance : il sait que son peuple aime à se rendre compte de la nature des choses avant de céder à la force. Les traits avantageux du caractère des Chinois, tels que la douceur, la docilité, l'industrie, la tranquillité, la subordination et le respect pour les vieillards, sont accompagnés de vices particuliers, tels que le manque de sincérité, la perfidie, la méfiance et la jalousie. Les Chinois n'attachent aucune honte à la fourberie, et l'astuce envers les Européens de Canton ne leur paraît point blâmable. L'intelligence de leurs véritables intérêts rend la plupart des négocians de cette ville scrupuleux à remplir leurs engagemens; mais en toute autre circonstance, *le démon étranger* (c'est ainsi qu'ils nous appellent) leur paraît de bonne prise. Le Chinois, dans ses relations avec les Européens, paraît affecter la dissimulation de préférence à la franchise; et lors même qu'il ne gagne rien au change, il ment dans les cas où il aurait pu tout aussi bien dire la vérité.

» La gaieté et l'industrie, c'est là le beau côté du caractère chinois, et il porte avec lui sa récompense, comme toutes les vertus. Les Chinois excellent dans la colonisation, parce qu'ils tiennent de l'éducation qu'ils ont reçue leur intelligence, leur activité et leur sobriété. C'est pourquoi le gouvernement attache une si haute importance à l'éducation.

» Les grands avantages que les Chinois possèdent sur les peuples qui les environnent leur ont inculqué cet orgueil national qui les porte à traiter les Européens avec un dédain offensant; par suite de ce même orgueil, ils ont, de leur propre pays, comparé au reste de la terre, une idée analogue à celle que les anciens astronomes se formaient de notre globe comparé au reste de l'univers. Ils le croient le centre d'un système et l'appellent *Tchong-koué* (la nation centrale). Pour se remettre dans la bonne voie, il leur faudra mieux connaître ce qui est hors de chez eux. Les mandarins ont profité artificieusement de leur disposition naturelle à mépriser les étrangers. Une politique misérable et timide les a engagés à fomenter, entre ces derniers et les indigènes, tout ce qui pouvait tendre à les désunir; aussi aujourd'hui l'accusation la plus grave que l'on puisse faire peser sur un citoyen est-elle d'insinuer qu'il a cédé d'une manière quelconque à l'influence d'un Européen.

» Une loi expresse prohibe les objets qui n'ont point été sanctionnés par l'usage; c'est pour cela que les Chinois sont peu disposés à adopter les modes ou les ustensiles de l'étranger. Les produits bruts de nos manufactures trouvent un meilleur débit chez eux; au reste, les choses qui leur plaisent le mieux sont les piastres. L'Europe est sans doute d'une incontestable supériorité sous le rapport des sciences; mais, aux yeux du Chinois, qui ne voit arriver de cette partie du monde que des objets qui ne conviennent ni à ses goûts ni à ses besoins, qui n'a entendu parler que depuis peu des différens Etats dont elle est composée, des guerres interminables que se font ces Etats entre eux, de leurs massacres sur une vaste échelle, la comparaison est tout entière à l'avantage de la Chine, avec son vaste territoire, ses immenses richesses, ses centaines de millions d'habitans industrieux et éclairés, et sa paix non interrompue depuis près de deux cents ans. La pauvreté qui peut exister dans telle ou telle partie de ce pays ne tient point à l'imperfection du mode de *répartition* des richesses, mais uniquement à des causes que nous expliquerons plus loin. Il y a beaucoup moins d'inégalité dans les fortunes que dans les rangs. Le peu de cas que les Chinois font des gens qui n'ont d'autres titres à faire valoir que leurs richesses, tourne à leur avantage moral. La pauvreté n'est pas honteuse chez eux; ce qu'ils respectent le plus, ce sont les distinctions acquises par le mérite personnel et les droits de la vieillesse. On raconte, à ce sujet, l'anecdote suivante de Khang-hi: un officier d'un grade inférieur, âgé de plus de cent ans, s'étant présenté à l'audience afin de rendre hommage au souverain, celui-ci se leva de son siège pour aller au-devant de lui et l'engagea à rester debout, sans cérémonie, en lui disant que par là il voulait honorer sa vieillesse.

» Quand les Chinois traitent quelqu'un avec considération, ils l'appellent *lao-yé* (vieux ou vénérable père); et comme ces mots sont simplement d'étiquette, ils les emploient souvent en parlant à une personne moins âgée qu'eux de moitié.

» C'est au grand respect qu'ils montrent pour la vieillesse que l'on doit attribuer leur humeur à la fois paisible et prudente. Comme les cadets, dans chaque famille, sont dirigés par leurs aînés, à la mort de leur père, ils commettent moins de folies et moins d'imprudences. Leurs manières et leur conversation se ressentent également de la force de l'exemple; ils ont souvent beaucoup de supériorité sur les Européens par leur gravité et leur sang-froid imperturbables dans la discussion.

» Leur politique ordinaire est de laisser leur adversaire se livrer à toute la violence de sa colère, et à tirer ensuite un avantage du tort qu'il s'est fait à lui-même; il faut donc éviter avec soin de s'emporter en leur présence. Les personnes d'un haut rang et les magistrats affectent un air extrêmement grave: c'est ce qu'on appelle *tchong*, littéralement « lourd, » par opposition à *king*, qui signifie « léger ou gai. » Comme une figure large et massive peut en quelque sorte prêter encore plus de gravité, il serait possible que ce fût là la cause de leur goût décidé pour l'embonpoint chez les hommes, de même qu'ils admirent le contraire chez les femmes. Ils appellent en plaisantant « de courte mesure, » l'individu qui ne couvre pas bien toute la superficie de sa chaise.

» La discipline sévère à laquelle ils sont assujettis dès leur plus tendre enfance, rend les crimes qui résultent de la violence extrêmement rares parmi eux.

» Il est presque inouï que le vol soit accompagné de meurtre. Lorsqu'ils se croient offensés, ils sont cependant quelquefois très-vindicatifs et s'inquiètent peu de l'emploi des moyens, pourvu qu'ils arrivent au but. Des femmes, par exemple, se pendront ou se noieront pour procurer du désagrément aux gens avec lesquels elles ont eu une altercation. Le peuple, pour l'ordinaire doux et pacifique, quand il est poussé à bout par l'oppression, se lèvera en masse contre un magistrat et le mettra à mort s'il le peut. Il est rare que le magistrat, échappé à ses ennemis, trouve un refuge à Péking, où l'on disgracie et punit rigoureusement tout fonctionnaire dont les administrés se révoltent.

» Le système en vertu duquel les familles forment des espèces de tribus, a sans doute produit ce respect sacré pour la parenté qui opère bien plus efficacement qu'une disposition légale pour le soulagement des pauvres et la *répartition* des richesses; c'est une science dans laquelle ils pourraient peut-être battre nos économistes, quoiqu'ils ne les égalent point dans les règles destinées à produire, à *créer* ces mêmes richesses. C'est encore de cette source que provient l'amour du Chinois pour les lieux qui l'ont vu naître, et ce sentiment est si vif chez lui, qu'il lui fait souvent abandonner les honneurs et les profits d'un emploi élevé pour se retirer dans son village natal. Ils ont une maxime populaire dont le sens est : « celui qui parvient aux honneurs ou à la richesse, et qui ne retourne jamais au lieu de sa naissance, est comme un homme splendidement vêtu qui marche dans les ténèbres; » tous deux agissent en vain.

» Maintenant que nous avons esquissé largement les traits les plus prononcés du caractère des Chinois, il nous reste à parler d'un fait qui leur a attiré une censure sévère : l'infanticide pour les enfans du sexe féminin. On s'est prévalu de la prétendue généralité de cette coutume pour nier que l'affection paternelle existe à un haut degré en Chine.

» L'infanticide n'a guère lieu que dans les grandes villes où la population, extrêmement nombreuse, pourvoit avec peine à sa propre subsistance. Les Chinois ont une véritable passion pour leurs enfans, et ces derniers paraissent leur rendre toute leur tendresse. Canton est certainement une ville des plus peuplées. Eh bien! on ne voit pas souvent des cadavres d'enfans surnager sur la rivière, et cependant il arrive quelquefois que ces innocentes créatures sont noyées par accident, attendu que, dès leur naissance, on les élève à bord des bateaux.

» Il n'y eut jamais d'absurdité plus grande que d'attribuer à l'infanticide la mort des enfans que l'on a trouvés flottans sur la rivière, une calebasse attachée à leur ceinture; au contraire, elle a pour objet de les empêcher de tomber au fond de l'eau, si le malheur voulait qu'ils fissent une chute hors des bateaux; elle les maintient sur le courant jusqu'à ce qu'on ait eu le temps de voler à leur secours. Il n'y a rien d'impossible à ce que l'on ait trouvé des enfans noyés malgré cette précaution; mais considérer les calebasses comme les instrumens de leur mort serait, nous le répétons, aussi absurde que si l'on voulait attribuer tous les cas de noyade qui surviennent en Angleterre aux efforts de l'*humane Society*.

» Sous le rapport physique, les Chinois sont encore supérieurs à leurs voisins. On a souvent remarqué qu'il n'existe pas d'hommes mieux faits ni plus vigoureux que les coulis ou portefaix de Canton. Les poids que deux d'entre eux portent aisément sur leurs épaules, au moyen de bambous, accableraient les individus les plus robustes des autres pays. Leurs membres, n'étant point gênés par leurs vêtemens, acquièrent un développement qui les rendrait propres à servir de modèles à un statuaire. Comme marins, on les a toujours trouvés, à bord des vaisseaux anglais, plus forts et plus utiles que les Lascars; mais on ne peut se les procurer que difficilement, attendu les obstacles nombreux qui s'opposent à ce qu'ils prennent du service à l'étranger.

» Cette supériorité physique des Chinois doit être attribuée à leur climat, en général fort sain, malgré les extrêmes assez subits du chaud et du froid, et à leur sobriété. On peut dire que le choléra, si toutefois ce terrible fléau s'est montré en Chine à l'époque où il a exercé de si affreux ravages dans les autres parties du monde, y a été peu violent.

» Les Européens se sont fait une étrange idée de la physionomie chinoise, d'après les figures représentées sur les échantillons sortis des manufactures de Canton, et dont la plupart sont tracées dans le style peu sévère de la caricature. Il est résulté de ces fausses notions qu'on a attaché dans l'esprit de beaucoup de personnes une idée grotesque au nom d'un peuple grave, penseur, raisonnable, et digne bien souvent de servir de modèle aux Européens.

» Les Chinois du midi ont les traits moins angulaires que les habitans de Péking. Ceux qui ne sont point exposés à l'influence de l'atmosphère ont le teint aussi beau que les Espagnols et les Portugais; mais tel est l'effet du soleil sur leur

As.   25

peau, que beaucoup d'entre eux, qui vont nus jusqu'à la ceinture, paraissent, lorsqu'ils sont déshabillés, avoir le haut du corps d'un Asiatique jaune et les membres inférieurs d'un Européen. Ils ont en général bonne mine jusqu'à trente ans; mais passé cet âge, la proéminence des os de leurs joues donne à leur physionomie une expression dure que la jeunesse effaçait. Les hommes deviennent presque toujours fort laids en vieillissant.

» En Chine, une femme doit être mince et grêle; un homme, au contraire, doit être *puissant*, non pas dans l'acception qui dénote une grande force musculaire, mais dans celle qui exprime la corpulence, l'obésité. Il est fort à la mode chez les hommes et chez les femmes de laisser croître les ongles de la main gauche à une longueur prodigieuse. Comme les ongles, en raison de leur fragilité, sont sujets à se casser lorsqu'ils sont très-longs, ils les garantissent quelquefois au moyen de petits morceaux de bambou très-amincis.

» Les Chinois sont passionnés pour l'air de faiblesse et de souffrance que la mutilation des pieds prête aux femmes, et ils comparent leur marche, lorsqu'elles s'en vont clopinant sur leurs talons, au balancement d'un saule agité par le vent. Il nous reste à ajouter que cette odieuse coutume est beaucoup plus répandue dans la basse classe que l'on ne pourrait s'y attendre de gens qui ont besoin de travailler pour gagner leur vie.

» C'est une question fort intéressante que celle du rang que les Chinois doivent occuper parmi les nations civilisées. Nous avons essayé de démontrer les nombreux avantages moraux et politiques qu'ils possèdent actuellement, et que sir George Staunton a attribués « au respect pour les liens de la famille, à la sobriété, à l'industrie et à l'intelligence des classes inférieures, à l'absence presque totale des droits et des priviléges féodaux, à la répugnance du gouvernement pour l'agrandissement et les conquêtes; enfin au système des lois pénales le plus clair, le plus positif et le plus complet qui existe, du moins parmi les Asiatiques. » On aurait tort d'un autre côté de nier qu'ils ne soient entachés de vices et des défauts inhérens à leur situation politique et sociale.

» Le même écrivain a bien observé qu'un peuple dont la langue écrite est fondée sur les principes les plus anciens, et dont le gouvernement est patriarcal, comme dans les premiers siècles, doit s'être séquestré du reste des humains, avant l'époque à laquelle le caractère symbolique fut remplacé par le caractère alphabétique, et le système patriarcal par d'autres combinaisons et d'autres formes de gouvernement. Or, les mêmes particularités de gouvernement et de langage qui marquent l'antiquité des institutions chinoises, peuvent aussi, nous le croyons, expliquer leur longue durée. La théorie qui combine dans le même personnage les notions de père et de souverain est la première qui se soit offerte à l'esprit humain ; en principe, c'est la plus fondée en raison, si elle n'est pas la meilleure en pratique, et le mode d'écriture, qui ne laisse pas les mots s'altérer, comme dans notre transcription syllabique, peut avoir prêté un grand degré de fixité et de certitude à l'intelligence des habitans par l'intermédiaire de leur littérature. Quiconque a traduit *en* chinois sait combien il est difficile de rendre les *idées étrangères* sous une forme à la fois simple et lucide.

» Il est encore un autre trait primitif et caractéristique qu'il faut remarquer dans la classification des quatre rangs ou ordres de la société établis en Chine ; ce sont : 1º les savans, 2º les agriculteurs, 3º les manufacturiers, 4º les marchands. Cette classification paraît assez philosophique et assez méthodique, si l'on considère uniquement le degré respectif occupé par les quatre ordres dans les progrès sociaux. Une sagesse supérieure et la science, résultats de la vieillesse et de l'expérience, constituent d'abord les principaux droits au respect et aux honneurs.

» A mesure que les hommes se civilisent, les tribus nomades deviennent sédentaires et tournent leur attention vers la culture des terres.

» Par suite de l'augmentation des produits bruts, de la fondation des cités et des échanges entre les villes et les campagnes, les manufactures s'établissent, et en dernier lieu l'accroissement des capitaux, le développement des manufactures donnent naissance au commerce intérieur et extérieur.

» Cependant, lorsqu'un pays a atteint un certain degré de civilisation, cet arrangement (à l'exception de la première classe) doit être considéré comme purement nominal ; quelquefois il arrive qu'il doit être pris comme l'ordre inverse qu'occupent réellement les différentes classes vis-à-vis l'une de l'autre. L'influence des richesses se fera alors sentir ; et comme les manufactures peuvent être une source plus féconde de richesse que le labourage, et les opérations commerciales devenir plus profitables que les manufactures, la première classe peut en définitive perdre en prépondérance ce que ga-

1. Forteresse de Tien-sin.

2. Barque de Mandarin.

gnent les autres. C'est pour cela qu'en Chine le cultivateur tire peu de profit de l'estime que l'on a pour sa profession, quoique l'empereur lui-même mette la main à la charrue une fois tous les ans. D'un autre côté, le marchand opulent obtient facilement, au moyen de ses richesses, les services et les bons offices des hommes les plus puissans, quelque bas que soit le rang nominal qui lui est assigné dans les institutions théoriques du pays. Pendant ce temps, la classe des savans conserve sa suprématie sur toutes les autres, et ses membres remplissent les emplois du gouvernement.

» Le rang héréditaire, s'il n'est pas accompagné du mérite personnel, est de peu de valeur pour celui qui le possède. Les descendans de la famille impériale des Mandchoux portent la ceinture jaune; mais ils ne jouissent d'aucun pouvoir, et n'ont qu'une modique pension qui leur est allouée pour leur subsistance. Comme ils se multiplient, les membres des branches les plus éloignées sont réduits à la misère, quand ils n'ont pas pour les aider quelque talent, quelque connaissance.

» Lors de la chute de la dernière dynastie chinoise, une foule de descendans de la famille impériale quittèrent la ceinture jaune et cherchèrent leur salut dans l'obscurité. On dit qu'il existe encore des rejetons de la race des Ming. L'un d'eux entra au service de plusieurs jésuites; il est probable que, si une rébellion contre les Mandchoux était couronnée de succès, on verrait réapparaître quelques-uns des représentans de cette illustre maison. »

L'empereur, quand il sort de son palais, est toujours entouré d'un cortége imposant. Souvent, il donne audience aux ambassadeurs des puissances étrangères ou des monarques vassaux dans une tente qui a été dressée exprès dans un jardin. Devant la tente sont rangés sur deux files des personnages éminens par leur rang, tels que des princes tributaires, des ministres d'État, des gouverneurs de provinces, des officiers supérieurs des tribunaux. Le monarque, porté sur une litière ouverte soutenue par seize hommes, s'avance précédé et suivi de ceux que leurs fonctions appellent à l'honneur de l'accompagner (Pl. XXIII — 1 et 2).

Péking n'était d'abord composé que d'une seule ville; mais, en 1544, l'empereur en fit bâtir une seconde au S. de la première : celle-ci est plus particulièrement affectée aux Mandchoux et c'est pourquoi les Européens la nomment la ville tartare; l'autre est la ville chinoise. Les murs de celle-ci ne sont pas aussi hauts que ceux de la ville tartare. Les portes des deux villes sont chargées de gros pavillons; ceux de la ville tartare sont les plus beaux et les plus élevés et percés de trois rangs d'embrasures, mais on ne saurait y mettre qu'une très-faible artillerie. Le palais a deux enceintes : le kong-tching ou l'enceinte intérieure est formé par un rempart haut de 25 à 30 pieds; un fossé rempli d'eau entoure les murailles et l'on passe sur un pont avant d'entrer sous les portes qui sont au nombre de quatre, composées chacune de trois ouvertures, et surmontées de très-beaux pavillons. L'épaisseur des murs sous ces édifices est considérable et peut aller jusqu'à 45 pieds (Pl. XVIII — 3).

Le palais impérial est d'une vaste étendue, et renferme de vastes jardins. Quand on les parcourt, on éprouve une sensation pénible, en apercevant un monticule artificiel couvert d'arbres et de bâtisses. Ce fut là qu'en 1641, le dernier empereur de la dynastie des Ming se pendit lorsqu'il apprit que les rebelles s'étaient rendus maîtres de Péking (Pl. XXII — 1).

A une demi-lieue de Péking, quand on vient du S., on voit sur la gauche un pavillon carré à deux étages, environné d'un mur avec quatre portes; par derrière, des murs entourent des jardins boisés, et, dans l'enfoncement, un grand arc de triomphe consistant en trois arcades. Ce monument, élevé en l'honneur de l'empereur Khian-loung, peut avoir 50 pieds de hauteur; il est couvert : l'arcade du milieu est la plus élevée (Pl. XVIII — 2).

Parmi les fêtes des Chinois, ils en célèbrent une en automne, pendant laquelle ils portent des lanternes, des transparens et d'énormes poissons de papier. Quatre hommes soutiennent une table chargée de fruits et sur laquelle une jeune fille se tient debout sur une branche d'arbre, ayant à côté d'elle une autre petite fille et en avant un jeune enfant habillé en vieillard. La marche est ouverte par des musiciens et par des gens qui tirent des pétards toutes les fois qu'on s'arrête. Les habitans devant lesquels passe ce cortége dressent des tables garnies de fruits, de bétel et de tabac, et en offrent à tous ceux qui composent le cortége (Pl. XVIII — 4).

Les Chinois ont été représentés par les missionnaires comme un peuple extrêmement grave qui ne s'égaie que selon les règles et dans les circonstances prescrites par l'usage. Ils conviennent pourtant qu'il a des comédiens, des pièces comiques et tragiques. Il n'a point, comme nous, de salles publiques de spectacle, mais il aime passionnément cette sorte de divertissement; les grands et le peuple le recherchent également. Durant son séjour à Péking, M. Timkovski vit dans une rue de cette capitale six théâtres situés l'un près de l'autre. « Depuis midi jusqu'au soir, dit-il, on y joue presque tous les jours des tragédies, des comédies, mêlées de chant et de musique. L'entrée ne coûte que peu de chose. Il y a un parterre et des loges; les spectateurs sont assis sur des bancs de bois et ont devant eux des tables sur lesquelles les propriétaires de la salle font servir gratuitement du thé qui n'est pas de première qualité, et placer des bougies pour allumer des pipes (PL. XIX — 1). »

Les marionnettes attirent, tout comme chez nous, une foule nombreuse. Un personnage attaché à l'ambassade hollandaise de 1795 dit qu'elles diffèrent peu des nôtres; puis il ajoute, « Nous vîmes d'abord une princesse infortunée qui était renfermée dans un château; un chevalier errant combattit des bêtes féroces et des dragons épouvantables; il la délivra et elle le récompensa de ce service par le don de sa main. Le mariage fut célébré par des joutes, des tournois et d'autres divertissemens.

» Après cette espèce de féerie, il y eut une pièce comique dans laquelle des personnages assez semblables à Polichinelle, à madame Gigogne et à Scaramouche, jouaient les principaux rôles (PL. XX — 1). »

Les danseurs de corde et les lutteurs paraissent aussi dans les divertissemens qui se donnent à la cour, et sont également du goût de la multitude. Les Chinois raffolent de l'exercice du volant, mais ils ont assujetti ce jeu à plus de difficultés qu'il ne l'est parmi nous. Ils ne se servent ni de la raquette, ni de la paume de la main, pour le recevoir et le rechasser; ils le frappent et se le renvoient avec la tête, les coudes et les pieds. Le volant reste ainsi long-temps suspendu avant qu'il retombe à terre, et il est rare que les joueurs ne lui fassent pas suivre la direction qu'ils veulent lui donner. Les marchands qui vendent des volans dans les rues ne sont pas moins nombreux que ceux qui offrent aux passans des jouets d'enfans (PL. XX — 2).

On ne sera pas surpris d'apprendre que la danse de l'ours et du singe ait en Chine le privilège de rassembler la foule. Les bateleurs de ce pays font faire à ces animaux à peu près les mêmes tours et les mêmes exercices que les nôtres, et les conduisent également de ville en ville (PL. XX — 3).

Enfin, au nombre des amusemens qui existent en Chine, il ne faut pas oublier de compter la lanterne magique. Elle ressemble complètement à la nôtre et offre, comme elle, des choses merveilleuses, comiques et facétieuses, aux spectateurs qui ne sont pas toujours des enfans (PL. XX — 4).

Les Chinois voyagent dans des voitures à quatre roues et dans des chaises à porteurs. Mais pour le transport des bagages et des ballots de marchandises, ils se servent, indépendamment du dos des mulets, de chariots à une seule roue. Ce sont de véritables brouettes, si ce n'est que leur roue est très-grande, et placée au centre de la machine. L'essieu se prolonge de part et d'autre, et soutient, par un support de chaque côté, un treillis sur lequel on place les fardeaux en les distribuant également. Un seul homme pousse ce chariot; mais si la charge est trop forte, on lui associe un compagnon qui tire en avant. On peut si l'on veut y atteler un âne, un mulet ou un cheval. Cette voiture sert à transporter indifféremment les hommes et les effets. Un voyageur s'assied sur l'un des côtés; il forme ainsi le contrepoids de son bagage qu'on a placé de l'autre (PL. XIX — 3).

Quelquefois les ponts sont plats; mais généralement on y monte des deux côtés par une pente douce; ils sont en pierre, en brique ou en bois. Celui qu'on voit près Sou-tcheou-fou, chef-lieu d'un département de la province de Kiang-sé, est très-élégant; il consiste en trois arches dont celle du milieu est beaucoup plus élevée que les deux autres. Il produit un très-bel effet au milieu d'une campagne féconde et riante, coupée par de nombreux canaux, sur lesquels la navigation est très-active (PL. XIX — 2).

Les Européens ont désigné par le nom général de *bonzes* tous les moines chinois, quoiqu'il y en ait de deux sortes; les uns appelés *tao-tsé* sont sectateurs de Lao-kium; les autres nommés *ho-chang* sont de la religion de Fo ou Bouddha. Le nombre des bonzes est très-considérable; très-fréquemment, on rencontre des couvens où on en compte au moins plus d'une centaine. Ils sont peu considérés parce qu'ils ne travaillent pas; mais la superstition étant à peu près universelle en Chine, ils s'entendent à merveille à en tirer parti. Les quêtes qu'ils font dans les villes et dans les campagnes ne manquent jamais d'être fructueuses, et ce n'est que chargés d'aumônes abondantes qu'ils rentrent au monastère. Quand ils s'aperçoivent que la ferveur des fidèles s'attiédit, ils la réchauffent par l'annonce de prodiges et de choses extraordinaires et par des démonstrations propres à fasciner l'esprit de la multitude; ils se montrent en public ceints de grosses chaînes qu'ils traînent après eux; ils courent les rues en frappant sur des plaques de métal sonores qui sont suspendues à une perche posée sur leur épaule ; d'autres se tiennent quelquefois des semaines entières debout, les mains appuyées contre un mur qu'ils regardent fixement ; enfin on en a vu un qui se roulait dans un tonneau plein de clous ; ensuite il vendit ces clous aux dévots qui s'empressaient de les payer ; toutes ces jongleries leur réussissent parfaitement. Le peuple crédule donne de l'argent : c'est tout ce que les bonzes demandent. Ils bâtissent des temples qui sont très-fréquentés ; ils s'enrichissent, possèdent des maisons, des terres et des fermes (PL. XVII — 4).

Quand un Chinois se sent en danger de mourir, il fait appeler un bonze, et celui-ci ne manque pas de lui promettre un avenir heureux dans l'autre monde. Aux convois funèbres, les bonzes précèdent le cercueil qui est porté par une vingtaine d'hommes et surmonté quelquefois d'un baldaquin (PL. XXI — 3 et 4). Une tablette sur laquelle sont inscrits les noms et les titres du défunt, tels qu'ils doivent être inscrits sur sa tombe, est placée dans un palanquin doré, devant lequel on brûle des parfums. Les enfans et les parens portant un bonnet et sur leurs habits une robe de grosse toile blanche, viennent ensuite ; puis les amis et les domestiques, et plus loin les femmes à pied, habillées de la même étoffe que les hommes ; elles poussent des gémissemens et versent des pleurs en s'interrompant par intervalles pour recommencer ensuite toutes en même temps.

La fosse a été creusée conformément à la désignation des bonzes ; lorsque le cercueil y est déposé, on le remplit de terre mêlée avec de la chaux, et on a soin de la bien fouler. Ensuite les libations commencent, on plante sur la tombe et tout à l'entour des chandelles parfumées et des banderoles de papier ; on brûle des papiers dorés, ainsi que des chevaux, des habits et des hommes, le tout en papier, dans la ferme persuasion que ces offrandes faites aux morts les accompagnent dans l'autre monde.

Ces cérémonies terminées, les parens et les amis se rendent tous sous des tentes ou dans des pavillons élevés à peu de distance ; ils s'y reposent, font l'éloge du défunt et mangent les vivres qui viennent de lui être offerts. Le repas fini, les personnes du deuil se prosternent devant le tombeau ; le fils leur répond par des salutations et tous gardent un profond silence.

La tablette du défunt est rapportée cérémonieusement à la maison. Si la famille est riche, on la place dans la salle des ancêtres ; si elle est pauvre, dans quelque partie de l'habitation, et on brûle de l'encens devant elle deux fois par an, après s'être prosterné. C'est au printemps que l'on pratique ces rites pieux ; les jésuites les avaient tolérés parmi leurs néophytes, sachant combien il serait impolitique d'interdire aux Chinois ces cérémonies qui leur étaient si chères ; les missionnaires des autres ordres religieux les accusèrent devant la cour de Rome d'autoriser l'idolâtrie des Chinois. Les jésuites perdirent leur cause ; mais ces dissensions jetèrent en Chine un grand discrédit sur les prédicateurs de l'Evangile.

Les tombeaux occupent souvent de grands terrains et même des collines entières ; on élève au sommet une ou deux pierres chargées d'inscriptions ; plus loin des figures en pierre représentent des mandarins, des béliers, des tigres, des éléphans, et plus bas des figures de chevaux tout caparaçonnés. Les tombeaux sont toujours situés en dehors des villes, et il n'est pas permis de les placer près des habitations. Une ou deux fois l'an la famille vient les visiter ; on y renouvelle les marques de respect, de reconnaissance et de douleur, dans les mêmes formes qu'au moment même des obsèques. Ensuite on dépose sur les tombes du vin et des viandes qui forment, quelques instans après, le dîner des assistans (PL. XIX — 4).

Cette fête en l'honneur des trépassés se célèbre à la septième lune ou quelquefois au mois d'août. Les prêtres de Bouddha célèbrent un service funèbre ; des tableaux représentent l'état des ames après la mort, c'est-à-dire les tourmens et les souffrances des damnés, et les divers degrés de félicité de celles qui l'ont méritée.

Les tombeaux des Chinois riches sont entourés de murs, dans l'intérieur desquels il y a des plantations de cyprès et de thuyas. Les pauvres sont enterrés dans les champs, mais leurs sépultures sont également entourées d'arbres.

On voit dans toutes les villes de la Chine de grands temples de Fo. Un des plus magnifiques est celui que l'empereur a fait bâtir à l'O. de Péking. C'est là qu'habita et que mourut le bantchan-erdeni venu sur l'invitation du monarque en 1780. On y montre encore le lit sur lequel il expira ; c'est un objet de vénération pour les fidèles.

Mais cet édifice le cède pour la magnificence à celui que Khian-loung fit construire à Jého ou Tching-té, ville à 40 lieues au N. E. de Péking, au delà de la grande muraille, et auquel il donna le nom de Pou-ta-la. Il consiste en plusieurs petits édifices ; le principal est de forme carrée, chaque face offre un développement de 200 pieds; il diffère de tous les monumens de la Chine; sa façade qui rappelle l'architecture européenne est très-élégante dans sa simplicité; elle a neuf étages. Au centre du carré que forme ce temple, s'élève la chapelle dorée, ainsi nommée d'après l'abondance de ce métal employé dans les ornemens et les statues qui la décorent; il a été également prodigué dans ceux du toit. Huit cents lamas sont attachés au service de ce temple (PL. XXI — 3).

Un autre monastère célèbre est celui de l'île nommée Tsin-chan (île d'or) que baignent les eaux de l'Yang-tsé-kiang; le fleuve a dans cet endroit près d'une lieue de largeur; l'île appartient en propre à l'empereur; indépendamment du couvent, elle est couverte de maisons de plaisance et de jardins délicieux; mais les religieux forment la plus grande partie de la population (PL. XXIII — 3).

En naviguant sur ce même fleuve, on ne peut s'empêcher d'être frappé d'admiration à la vue du rocher de Kouang-hien. Il est de marbre gris et s'élève à plus de 600 pids au-dessus des eaux. Près de sa base, une excavation immense sert de temple et de demeure à des prêtres de Fo. Le temple est à deux étages; on y monte par le moyen de rampes taillées le long des flancs de la caverne. Les faces du rocher sont tellement escarpées qu'on peut seulement aborder par eau cette demeure dont l'aspect a quelque chose d'effrayant (PL. XXIII — 4).

Les mandarins obligés par le service public de se transporter dans les différentes parties de l'empire voyagent tantôt par terre dans des litières, tantôt par eau dans des barques magnifiques; les panneaux et les moulures en sont ornés de peintures et de vernis singulièrement variés. Le double parasol élevé sur le tillac, le pavillon et la table qui décorent la poupe, indiquent le rang et l'autorité du mandarin. Tous les vaisseaux se rangent par respect en apercevant ces emblèmes; quiconque oserait retarder la marche du mandarin serait puni immédiatement suivant la loi (PL. XXI — 2).

A l'O. de Hang-tcheou-fou, capitale de la province de Tchékiang, s'étend le lac Siou qui baigne les murs de cette cité; il est entouré de montagnes boisées et coupé de vallées pittoresques, parmi lesquelles on remarque la vallée des tombeaux, ainsi nommée pour le grand nombre de sépultures qu'elle renferme (PL. XXII—2).

Nous avons vu précédemment que M. Timkovski et M. Bruguière avaient passé la grande muraille par la porte de Chan-tcha-koung. Plus au N. la porte de Kou-pé-kou fut dessinée par les Anglais. Dans cet endroit, le rempart se prolonge sur le sommet de très-hautes montagnes dont le sommet, élevé de 500 toises au-dessus de la mer, semble être inaccessible. Beaucoup de tours sont en ruines, mais les Chinois entretiennent avec le plus grand soin celles qui défendent les passages (PL. XXI — 4).

Thian-tsin, dont le nom signifie lieu céleste, est la capitale d'un département de la province de Pe-tchi-li, située à 25 lieues S. E. de la métropole de l'empire, sur une éminence au confluent du Pay-ho et du Hou-to-ho; elle est entourée d'une campagne fertile. Il s'y fait un commerce considérable, et le fleuve qui, 12 lieues plus bas, se jette dans le Foung-haï, est sans cesse couvert de jonques et de bateaux en mouvement. C'est de là que par le moyen des canaux les marchandises circulent jusque dans les provinces les plus éloignées; c'est là qu'arrivent celles qui sont destinées pour la capitale. Sur une pointe de terre au confluent des rivières, s'élève une tour haute de 35 pieds. Les fondemens sont en pierre, le reste est en briques. Un détachement de soldats y est cantonné et des sentinelles placées sur la plate-forme avertissent par des signaux les postes voisins de ce qui se passe dans le pays (PL. XXI — 1).

La côte de la Chine est bordée d'un grand nombre d'îles; nous nous bornerons à noter les plus remarquables, en allant du N. au S.

Tsong-ming, à l'embouchure de l'Yang-tsé-kiang, a des mines de sel gemme qui est l'objet d'un grand commerce avec les pays voisins. Tsong-ming est si agréable qu'elle a mérité le surnom d'*île d'or*. On y voit beaucoup de temples; sa capitale est fortifiée; ses villages sont si nombreux qu'ils semblent ne former qu'une seule masse d'habitations.

Les îles Tchéou-chan composent un grand archipel bien cultivé. Elles sont généralement montagneuses et séparées les unes des autres par des canaux étroits, mais profonds; leur aspect fait présumer qu'elles étaient autrefois unies au continent dont elles furent séparées par une violente convulsion de la nature. Leur roche est du granite rouge et gris; elles ont généralement l'aspect stérile; cependant on parle de celle de Pou-tou comme d'un vrai paradis; elle est peuplée uniquement de moines qui, dit-on, sont au nombre de 5000. Une autre est également habitée et verdoyante; mais on n'y voit d'autres arbres que des chênes et des pins rabougris. Loouang, une des plus grandes de ces îles, a, suivant les récits des Chinois, 10,000 habitans. Le

3. Temple de Poutala.

4. Grande Muraille.

Pl. XXI. Page 198.

port de Tchéou-chan, la principale, à trois lieues du continent, est vaste et très-sur. Cette île est principalement occupée par des pêcheurs.

Au S. E. de la Chine, vis-à-vis de la province de Fo-kien, s'étend Thaï-ouan, nommée par les indigènes Pacahimha et par les Européens Formose. Elle est séparée du continent par le canal de son nom, large d'une trentaine de lieues.

Formose s'étend de 21° 55' à 25° 20' de latit. N. Sa longueur du N. N. O. au S. S. E. est d'environ 90 lieues; sa grande largeur de 35; sa surface de 5,050 lieues carrées. Le Ta-chan (grande montagne) la traverse du N. au S. et la divise naturellement en deux parties, l'une orientale et l'autre occidentale. Plusieurs cimes de cette chaîne restent long-temps couvertes de neige; on en peut conclure, d'après la latitude méridionale de cette terre, qu'elles s'élèvent à une hauteur considérable. On trouve dans la région montagneuse des sources thermales et d'autres sulfureuses et aussi quelques lacs. Suivant les récits des voyageurs, l'eau des ruisseaux et des rivières de la contrée haute est nuisible et même mortelle pour les étrangers.

Les côtes de Formose, surtout celles de l'E., sont généralement escarpées, et offrent un coup-d'œil très-pittoresque; des cascades s'y précipitent du haut des rochers. Les côtes de l'O. sont découpées de plusieurs belles baies et de bons ports; des forêts, de grands arbres ornent les montagnes; ce fut cet aspect ravissant qui fit donner par les Portugais à cette île le nom de *Formosa*. Mais à côté de ces attraits, elle présente des dangers terribles. Elle est sujette à des tremblemens de terre; celui de 1782 fut épouvantable, la mer s'éleva si prodigieusement dans le détroit que l'île resta submergée pendant douze heures; un grand nombre d'habitans perdit la vie, des villes furent renversées, une énorme quantité de navires de toutes les dimensions fut engloutie et fracassée. Les tempêtes sont fréquentes dans les eaux qui baignent Formose et la navigation y est périlleuse.

D'un autre côté, le climat est sain et tempéré. Les plaines très-fertiles produisent en abondance tout ce qui est nécessaire à la vie, ainsi que du sucre, du thé et du bois de charpente; Formose fait un commerce considérable avec le Fo-kien.

La partie occidentale est soumise aux Chinois; Thaï-ouan la capitale est une ville riche, bien peuplée et défendue par un fort que bâtirent les Hollandais lorsqu'ils occupèrent une partie de l'île.

Les insulaires de la partie orientale sont en état d'hostilité perpétuelle contre les Chinois. Ces aborigènes, presque sauvages, ressemblent par leur physionomie et leur teint aux Malais; ils parlent un idiôme particulier. Leurs cabanes sont en bambou et leur habillement ne consiste qu'en un pagne dont ils s'enveloppent les reins; ils se font sur la peau des cicatrices auxquelles ils s'efforcent de donner la forme d'arbres, de fleurs ou d'animaux; leur nourriture est le riz et le gibier qu'ils prennent à la course tant ils sont agiles; cependant ils manient avec beaucoup d'adresse le javelot et les flèches. Ils vivent dans des villages qui obéissent à plusieurs chefs ou à un seul.

Au S. O. de Formose, les îles Lamay ou Sioulieou-khieou sont bien cultivées; la principale forme une montagne aiguë, mais bien boisée; les autres ne sont que des écueils.

Les Pheng-hou, nommées par les Portugais *Pescadores* (îles des pêcheurs), remplissent la partie méridionale du détroit entre Formose et le continent; ces îles sont rocailleuses et arides; la plus grande est habitée par des pêcheurs et a un bon port; les Chinois y entretiennent une garnison.

Au S. O. de l'embouchure de la rivière de Canton, Choug-Tchuen, nommée Sancian dans les relations des missionnaires, est célèbre dans les annales du christianisme; ce fut sur ce rocher, peuplé uniquement de pêcheurs, que saint François-Xavier mourut le 2 décembre 1552.

La plus grande île de la côte méridionale de la Chine est Haï-nan; sa longueur du N. au S. est d'environ 60 lieues, sa largeur de 30 et sa circonférence de 160. La côte orientale est généralement escarpée et rocailleuse, celle du S. est découpée par de belles baies; celle du N. O. est basse et bordée de bancs de sable. Vers le centre s'élève l'Ou-tchi-chan, dont la cime atteint la région des nuages; cette montagne envoie de tous côtés des branches qui laissent entre elles des vallées et quelques plaines fertiles, arrosées par des rivières.

Située dans la zône torride, Haï-nan a un climat très-chaud; cependant l'ardeur du soleil est tempérée par les vents de mer, des brouillards fréquens et des rosées abondantes; il en résulte une humidité qui conserve la fraîcheur des plantes. Haï-nan est fertile; on y exploite des mines; sur la côte on fait du sel.

Les Chinois occupent le littoral de l'île; une partie des indigènes reconnaît leur autorité; les autres sont à peu près sauvages. Les côtes du S. et de l'E. ont de bons ports; le village principal est Tan-tcheou, résidence du gouverneur.

L'île de Haï-nan forme à l'E. le golfe de Tong-king.

CHAPITRE XXXIII.

Empire d'Annam ou le Tong-king. — **La Cochinchine.** — **Le Tsiampa.** — **Le Camboge et une partie du Laos.**

L'empire d'Annam est borné au N. par la Chine, dont un désert vaste et difficile à traverser le sépare; au N. E., par le golfe de Tong-king; à l'E. et au S., par la mer de Chine; au S. O., par le royaume de Siam; à l'O., par ce pays. Il est compris entre 8° 45' et 23° 1' de lat. N. et entre 97° 45' et 106° 58' de long. E. Sa longueur du N. au S. est de 370 lieues; sa largeur de l'E. à l'O., de 150 lieues; sa surface, de 39,400 lieues carrées.

Le royaume de Tong-king est le plus septentrional des pays qui composent l'empire d'Annam; il en est aussi la partie la plus importante et la plus peuplée; borné à l'E. par le golfe auquel il donne son nom, il est couvert, dans le N. et l'O., de hautes montagnes, et traversé, dans sa partie centrale qui se développe en une plaine immense, par le Sang-koï, grand fleuve qui vient du N. O.; d'autres moins considérables se jettent comme lui dans le golfe de Tong-king. Les rivages de ce royaume sont tantôt élevés et d'un aspect sombre, tantôt bas et inondés par les fleuves. Le Sang-koï est pour ce pays, par ses débordemens annuels, la source de sa fertilité; on voit sur ses bords, à 25 lieues de son embouchure, Ké-cho ou Bac-kinh, capitale et résidence d'un vice-roi. Elle est d'une vaste étendue et entourée seulement d'une enceinte de bambous; les rues sont larges et en partie pavées en cailloux; mais, dans le milieu, la terre reste nue pour faciliter la marche des éléphans et des bêtes de somme. La plupart des maisons sont en bois ou en terre, quelques-unes sont en briques ou en pierre; toutes sont couvertes en feuilles de palmier, en roseaux ou en chaume. Cette ville fait un grand commerce; le fleuve est toujours couvert de jonques et de bateaux. Des missionnaires ont écrit que Ké-cho était aussi peuplé que Paris; mais d'après des renseignemens plus récens, sa population ne doit s'élever qu'à environ 40,000 ames.

La Cochinchine, au S. du Tong-king, est bornée dans l'O. par de hautes montagnes, et n'a pas une grande étendue en allant de là vers la mer à l'E., où une partie de la côte offre une suite de falaises escarpées et pittoresques qui forment un rempart naturel contre les attaques de l'Océan. Une lisière de terre presque partout étroite et large de quelques lieues sur divers points, est favorable à la culture et couverte de villes et de villages; dans le N. la côte s'abaisse; elle offre dans le S. des baies magnifiques et des ports très-sûrs. Les fleuves n'ont pas un cours très-long; le plus considérable est le Hué; sur sa rive gauche est la capitale qui porte son nom; les indigènes la nomment Phou-khouan; les Chinois, Soun-oua.

Hué est à deux lieues de la mer et bâtie comme Ké-cho, du reste grande et forte. Ses ouvrages extérieurs et intérieurs ont été construits solidement par des ingénieurs français. Finlayson, voyageur anglais, a surtout remarqué les greniers, les magasins, les casernes, les arsenaux de terre et de mer; la plupart de ces bâtimens s'élèvent sur les bords d'un canal navigable qui traverse la ville. Le fossé qui environne Hué a 3 lieues de circuit et 100 pieds de large, les murs ont 60 pieds de haut; les remparts sont garnis de 1,200 pièces d'artillerie; une citadelle de forme carrée défend la place. On voit à Hué une fonderie de canons et des chantiers de construction, desquels sortent des bâtimens de guerre, les uns d'après le modèle de ceux de l'Europe, les autres qui offrent un mélange de la forme asiatique et de l'européenne. La garnison est nombreuse. Le palais du roi est vaste et massif; ses ornemens quoique bizarres sont d'une grande richesse.

A 15 lieues au S. de Hué on trouve la baie de Tourane ou Han-san, bordée de coteaux séparés par des vallées fécondes en riz. Quand on vient du S. l'objet qui frappe d'abord la vue est un groupe d'énormes rochers de marbre que l'on est tenté de prendre pour un grand château isolé, et qui est lié par un isthme bas et étroit à un promontoire très-élevé et couronné par deux sommets coniques d'inégale hauteur, et long de quelques milles. Quand on a doublé ce cap, on entre dans la baie qui est profonde et très-sûre; le poisson y abonde. A l'extrémité méridionale de la baie, est l'embouchure de la rivière qui conduit à la ville de Tourane; ce n'est guère plus qu'une bourgade; elle était autrefois l'entrepôt du commerce avec la Chine; mais les guerres civiles l'ont réduite à son état actuel. Cependant le marché est encore bien fourni de toutes sortes de denrées et de marchandises, et le port est passablement fréquenté.

Un bras de mer qui se prolonge vers le S. S. E. fait communiquer la baie de Tourane avec celle de Faï-fo qui a son embouchure particulière dans la mer. La ville de Faï-fo ou Hué-han, située sur la petite rivière de Han, fut autrefois très-commerçante. On n'y compte plus que 15,000 habitans, et, de même que Tourane, elle a beaucoup souffert des guerres civiles. Le négoce est en grande partie entre les mains des Chinois et leurs jonques sont les plus nombreuses dans la jolie baie de Faï-fo (Pl. XXIV. — 2).

En continuant à naviguer au S. on arrive au Tsiampa ou Binh-tuam, petite province dont le célèbre voyageur Marco Polo a fait mention. Une grande partie est encore occupée par des peuplades indépendantes qui passent pour belliqueuses. Dans la portion qui reconnaît la souveraineté de l'empereur d'Annam, il n'y a que quelques villages : Phanari et Padaran, tous deux sur une petite baie à l'embouchure d'une rivière, en sont les principaux.

Le Camboge, royaume le plus méridional de ceux qui composent l'empire d'Annam, est borné à l'E. par de hautes montagnes se prolongeant au S. jusqu'à la mer. Les monts Tchampava qui s'en détachent courent du N. E. au S. E. et se terminent aux rives du May-kang. A l'O. du bras le plus occidental de ce fleuve s'étend le groupe des Ling-kin-pofo. On dit que le May-kang prend sa source dans l'Yun-nan, province de la Chine; après être entré dans le Camboge dont il prend le nom et qu'il parcourt du N. au S., il se partage en plusieurs bras, et par ses débordemens annuels et réguliers répand la fertilité dans tout le pays. Il est navigable à une distance considérable de la mer. Les îles de son delta les plus proches de l'Océan sont couvertes de bois touffus.

Camboge ou Levek, à 70 lieues de la mer sur une île formée par le May-kang, est la capitale de ce pays. Elle est bien déchue de ce qu'elle fut jadis. Les Hollandais y eurent un comptoir jusqu'en 1643. Penomping, située quelques lieues plus bas, est une ville importante et la seconde capitale de l'empire.

Saïgong ou Dingeh, bâtie sur une pointe au confluent de deux branches du Donnaï, à 21 lieues de son embouchure, est la ville la plus commerçante du Camboge; au centre, sur un tertre qui s'élève à 60 pieds au-dessus du fleuve, on voit une citadelle entourée d'un fossé profond et défendue par 250 pièces d'artillerie. White, voyageur nord-américain, qui les vit en 1821, dit qu'il y en a beaucoup qui ont été fondues en Europe. Dans le N. E. de la ville, l'arsenal peut soutenir la comparaison avec plusieurs de ceux de cette partie du monde. Le port est très fréquenté par les Portugais et les Chinois; un canal fait communiquer le Donnaï avec le May-kang; il y a été creusé dans l'espace de six semaines; 26,000 ouvriers y travaillèrent jour et nuit en se relayant; plus de 7,000 succombèrent à la fatigue. La traversée de Saïgong à la mer se fait souvent en une seule marée, dans des canots conduits généralement par des femmes. On estime à 100,000 âmes la population de Saïgong.

A l'O. de l'embouchure du May-kang, on trouve celle de la rivière de Kankao ou Athien qui baigne une ville de même nom, et qui, dans les grandes eaux, communique avec le May-kang par un canal naturel. En 1822, on l'élargit et on le rendit navigable. La ville d'Athien, sur sa rive droite à une lieue de la mer, compte 5,000 habitans, parmi lesquels il y a des Cochinchinois, des Cambogiens, quelques Chinois et des Malais. Au commencement du xviie siècle, la ville de Ponthiamas, dont le nom n'est peut-être qu'une corruption de celui d'Athien, fut fondée par un négociant chinois et devint la capitale d'un petit Etat dont le commerce avec les étrangers avait une grande activité. Ponthiamas fut détruite en 1717, dans une invasion que firent les Siamois, et Athien fut bâti sur son emplacement. Le pays a passé sous la domination de l'Annam. Poivre, voyageur français, a parlé de ce pays sous le nom de Ponthiamas. Il le représente comme subsistant encore vers 1742.

L'Annam possède une partie du Laos que traverse le May-kang à l'O. du Tong-king. On y remarque les villes de Han-nieh, Tiem et Sandapoura, capitales de petites principautés.

Des voyageurs ont fait mention du Bao ou Boaton comme tributaire du Tong-king. Enfin dans les hautes vallées des montagnes qui séparent la Chine de ce pays et qui appartiennent au bassin du May-kang, vivent plusieurs tribus farouches, parmi lesquelles les Moïs ou Mouïs et les Mouangs se distinguent par leur nombre et l'étendue de leur territoire. Quelques-uns font de fréquentes incursions dans les terres de la Cochinchine. Enfin on parle aussi des Loyès qui habitent les vallées supérieures du Tsiampa; toutes ces tribus obéissent à des chefs indépendans.

Plusieurs îles relèvent de l'empire d'Annam; on remarque au S. S. E. de Haïnan, les Paracels, longue chaîne d'écueils très dangereux par les bancs de sable et les bas-fonds qui les entourent: ils sont inhabités; mais comme la pêche des tortues et des poissons y est abondante, l'empereur d'Annam en fit prendre possession en 1816, sans que ses voisins élevassent la moindre réclamation.

Près de la baie de Tourane on remarque beaucoup d'îles granitiques, entre autres Poulo-Canton ou Collao-roï et Kham-collao. Toute la côte en allant au S. est également bordée d'îles également rocailleuses. A vingt-cinq lieues au S. de l'embouchure du May-kang, Poulo-Condor a quatre lieues de long sur trois quarts de lieue de large; sa côte orientale a un bon mouillage, formé par un canal qui la sépare d'un îlot. Cette île montagneuse, entourée de quelques îlots, est dépourvue de sources; cependant, malgré son aridité, elle a quelques habitans qui sont des réfugiés du continent voisin et qui vivent pauvrement de patates et de quelques autres productions du sol. Les Anglais essayèrent vainement de s'y établir en 1702 pour en faire un entrepôt de commerce interlope avec la Chine.

Poulo-Oubi, à cinq lieues au S. de la pointe de Camboge, est également environnée d'un groupe rocailleux, mais boisé.

Au Tong-king, dans les plaines basses, les pluies commencent en mai et finissent en août; les chaleurs de l'été sont souvent excessives, tandis qu'en décembre, janvier et février, le froid est piquant et incommode à cause des brouillards. Sur ses côtes les ouragans ou les typhons se déchaînent avec la même fureur que dans les mers du Japon; ils deviennent plus rares le long des côtes de la Cochinchine, surtout au S. du 16e degré de latitude, et sont entièrement inconnus sur les rivages de Camboge. Du reste, le climat de Saïgong et de Hué est représenté comme très-sain par des Européens qui ont vécu plus de trente ans dans ces contrées.

Ils disent aussi qu'en Cochinchine, la plus grande chaleur ne s'élève pas au-delà de 31 degrés $^1/_2$ de Réaumur et qu'en hiver elle ne baisse pas au-dessous de 11°. Cependant le froid est plus sensible que ne le ferait supposer cet état du thermomètre; c'est un effet de l'abondance des pluies périodiques. Elles commencent à la fin d'octobre et durent jusqu'en mars. Les hautes montagnes qui, au S. du parallèle de Hué, s'élèvent jusque dans la région des nuages, occasionent, de même que celles qui dans les autres contrées intertropicales se prolongent dans la même direction, un changement total dans l'ordre des saisons, suivant que le pays est situé à l'E. ou à l'O. de la Chine. Quand Crawfurd, ambassadeur anglais, partit de Saïgong, le 4 septembre 1821, la mousson du S. O. régnait et les pluies allaient finir, et avant qu'il sortît de Hué et de Tourane, le 31 octobre, elles avaient commencé avec la mousson du N. E. dans les premiers jours d'octobre. « Du 5 au 12 octobre, dit Finlayson qui accompagnait Crawfurd, à l'exception seulement d'un jour ou deux, la pluie tomba presque continuellement et si abondamment, que celles que nous avions eues plus près de l'équateur, au Bengale et à Siam, où elles sont périodiques, semblaient insignifiantes en comparaison de celles-ci. L'eau se précipitait en véritables torrens, souvent pendant deux jours et deux nuits de suite; ces pluies n'étaient accompagnées que d'un petit nombre d'éclairs, et tant qu'elles duraient le vent de N. E. soufflait avec force; le baromètre qui précédemment n'avait pas beaucoup varié, baissa graduellement et ne remonta pas durant la pluie. Le thermomètre resta presque constamment à 77° 5.

» Le pays fut bientôt inondé, et en peu de temps les appartemens que nous occupions furent à peine à un pouce au-dessus du niveau de l'eau qui avait déjà envahi les autres parties de la maison. Nos voisins demeurant dans la même rue se trouvaient dans un état pire que le nôtre; l'eau était déjà entrée dans leurs habitations. On voyait tout le monde parcourant en bateau les rues où la veille même on avait marché à pied sec. Le 26, éclata un typhon, accompagné d'une averse qui dura quatre-vingt-deux heures; elle fut si forte que la baie de Tourane, parfaitement abritée contre la fureur de l'ouragan par les montagnes qui l'entourent, fut remplie d'une couche d'eau douce dans laquelle on put puiser de l'eau potable pour le navire, et que les bestiaux sur le rivage en burent. »

Quant au Camboge, pays de plaines basses, la saison humide y dure depuis la fin de mai et le commencement de juin jusqu'en septembre; c'est aussi alors le temps des orages et ce qu'on appelle l'hivernage; pendant les huit autres mois de l'année, l'air est doux, pur et clair. A Saïgong, vers la fin d'août, la température moyenne des vingt-quatre heures était de 21 degrés, par conséquent très-modérée.

On ne connaît la minéralogie du pays que le long des côtes; partout où l'expédition de Crawfurd aborda, elle trouva que les principales montagnes étaient de granite et de syénite; les chaînes moins élevées offraient du quartz, du calcaire, du marbre. Le Camboge est pauvre en métaux, il n'a qu'un peu de fer. Il lui en arrive du Tong-king, de Siam et de Sincapour. Les métaux ne sont pas non plus abondans en Cochinchine, quoique les habitans parlent de mines d'argent et d'étain qui doivent se trouver au cap Avarella. En revanche, le Tong-king a du fer, de l'or et de l'argent en profusion.

Un négociant chinois, qui avait visité le Tong-king et que Crawfurd vit à Hué, lui dit que les mines de fer sont à six journées de route de Kécho, que ce métal y est à très-bon marché et

Jardins de l'Empereur

Vue de Macao

qu'il est expédié dans toute la Cochinchine, excepté à Saïgon qui le reçoit de Siam. Les mines d'or et d'argent sont à douze journées de route à l'O. de Kécho. Les dernières produisent annuellement 100 pics (6,000 kilogrammes) de métal. Quant à l'or, on en ignore la quantité, parce qu'il en passe beaucoup en fraude dans l'Yun-nan et le Kouang-si, provinces de Chine. Les mines d'étain sont négligées.

De même que dans toutes les contrées orientales de l'Asie au S. de la Chine, toutes les mines sont exploitées par des habitans de cet empire qui viennent du Fou-kien, du Kiang-nan et de Haïnan. On estime que le nombre de ces ouvriers chinois s'élève à 30,000.

La principale production végétale est le riz qui fait la base de la nourriture des habitans; une espèce de riz peut croître dans les terres arides et n'a besoin d'autre eau que de la pluie; on le sème à la fin de décembre : il n'est pas tout-à-fait trois mois en terre et rapporte beaucoup. On cultive aussi le maïs, l'arachide, la patate. Le cocotier et l'aréquier sont communs; on expédie leurs fruits à la Chine. Les meilleurs fruits de la Cochinchine sont les oranges et les litchi. La canne à sucre fait la richesse de ce royaume; on en exporte annuellement de 20 à 60,000 pics; une grande partie va en Chine.

Crawfurd pense que le vrai cannellier est indigène des montagnes au N. O. de Faï-fo; on cultive cet arbre et son écorce apportée au marché est très-aromatique et abonde en huile essentielle. En Chine, on préfère la cannelle de Faï-fo à celle de Ceylan.

Au Tong-king et en Cochinchine, on s'occupe de la culture du thé, mais le produit ne suffit pas pour la consommation, et il faut en faire venir de la Chine. Le coton se récolte dans tout l'empire; on en porte beaucoup aux Chinois. Le Camboge donne du poivre de bonne qualité, du cardamome, de l'anis.

Les forêts sont remplies de bois excellens pour la charpente et l'ébénisterie; on y remarque le sao (*nunclea orientalis*), le tek, le pin, l'ébénier, le bois de rose, le bois d'aigle, le vernis, le guttier-gommier (*cambogia gutta*) et une infinité d'autres.

En Camboge, on récolte peu de soie; au Tong-king et en Cochinchine, au contraire, cette substance est si commune qu'on l'emploie à faire des cordages de navires. Partout on voit des mûriers blancs, notamment dans le voisinage de Hué. La soie du Tong-king passe pour la meilleure de l'empire, mais elle ne vaut pas celle de la Chine. Il en a été, dans ces derniers temps, importé des quantités considérables en Europe.

Le buffle, le bœuf, le cheval, le cochon, la chèvre, l'éléphant, le chien, le chat sont les animaux domestiques de l'Annam. Le buffle sert généralement aux travaux du labourage; on n'attelle le bœuf à la charrue que dans les terrains légers et secs. Crawfurd vit dans les forêts des traces nombreuses d'éléphans sauvages et de tigres. Ce voyageur aperçut aussi des léopards, des ours et des singes, de l'espèce nommée *douc*, des cerfs, des rhinocéros et des chats sauvages. La corne du rhinocéros est si estimée que, parmi les présens remis à l'ambassadeur anglais, il y en avait quatre enchâssées dans un cercle d'or. On élève des poules, des faisans, des canards.

On évalue la population de l'empire d'Annam à 12,000,000 d'ames; le Tong-king en est la partie la plus peuplée; ses habitans et ceux de la Cochinchine parlent la même langue, qui est aussi en usage dans presque tout le Camboge avec des différences de dialecte. Il s'y est introduit beaucoup de mots chinois; elle s'écrit avec des caractères chinois. La religion de tout l'empire est le bouddhisme. Les temples de Bouddha ou Fo sont très-nombreux, mais chétifs; quelquefois son image est placée dans de petits sanctuaires que l'on dispose entre les branches de l'arbre des banianes (Pl. XXIV — 1).

La physionomie des Annamitains ressemble beaucoup à celle des Chinois; mais ils n'ont pas les yeux obliques. « Leur taille, ajoute M. Finlayson, est généralement petite. De même que tous leurs voisins appartenant à la race jaune, ils ont la barbe rare, laide, torse; les cheveux rudes, droits, noirs; les yeux petits et noirs, le teint jaunâtre, la forme du corps ramassée et carrée, les extrémités fortes. Il est rare d'en voir qui soient très-noirs; beaucoup de femmes surtout sont aussi blanches que la plupart de celles de l'Europe méridionale.

» Les Annamitains ont le front petit et étroit; les joues rondes, la partie inférieure du visage large; l'ensemble est presque rond et c'est ce qu'on remarque notamment chez les femmes qui sont réputées d'autant plus belles qu'il se rapproche plus de cette forme. Les yeux de ce peuple sont petits, noirs et ronds; il n'a pas la paupière gonflée et abaissée du Chinois, ce qui donne à son air une vivacité qui manque à celui de l'autre. L'Annamitain a le nez petit, mais bien fait; la bouche notablement grande, les lèvres saillantes, mais non épaisses; la barbe très-peu fournie, cependant il la soigne avec une attention extrême. On voit des Annamitains qui ont à peine une douzaine de poils au menton ou sur toute la mâchoire inférieure; ceux de la lèvre supérieure sont un peu plus abondans. Ils ont généralement le cou court. Je dois dire, avant de quitter cette partie de mon sujet, qu'il y a dans la forme de leur tête un caractère de beauté et dans l'expression de leur physionomie un degré d'harmonie, de vivacité, d'intelligence et de gaieté, que l'on cherche inutilement dans celle du Chinois ou du Siamois.

» Le corps de l'Annamitain est trapu, sa poitrine carrée et bien développée; ses hanches sont larges; les extrémités supérieures longues mais bien faites; les cuisses courtes et très-robustes. Il a rarement de la propension à l'obésité. Ses membres, quoique grands, ne sont pas gonflés par la graisse. Son système musculaire est vigoureux et bien déployé; sa jambe surtout est presque toujours grande et bien tournée.

» Le costume des Cochinchinois peut se décrire en peu de mots. Bien qu'ils vivent sous un climat non-seulement doux, mais chaud, tous sont vêtus: l'homme le plus pauvre est habillé au moins de la tête au genou. Le turban en compose l'objet le plus cher; il est toujours en crêpe; celui des hommes est noir, celui des femmes bleu; quand on porte le deuil, il est blanc (Pl. XXIV — 3).

» Une tunique lâche, qui ressemble un peu à une chemise à larges manches, descend presque jusqu'aux genoux et se boutonne du côté droit, compose la principale portion de l'habillement; on en porte généralement deux, celle de dessous est en soie blanche: on en augmente le nombre suivant l'état de la température. L'accoutrement des femmes est à peu près le même, mais plus léger; les deux sexes ont des pantalons de couleurs variées; les pauvres ont des habits de grosse cotonnade; néanmoins ils préfèrent les soieries communes. Les riches se parent d'étoffes de Chine et de Tong-king; ils se chaussent de souliers venus du premier de ces pays.

» Durant les grandes pluies, les gens du commerce ont un habillement bien calculé pour défendre le corps de l'humidité, et il n'est peut-être pas de pays où il soit plus nécessaire. Il est fait de feuilles de palmier cousues étroitement ensemble, et imperméable à la pluie; il consiste en un chapeau, en forme de panier, qui a de deux pieds et demi à trois pieds et plus de diamètre; il s'abaisse sur les épaules et se noue sous le menton. Une casaque sans manches couvre le corps. Ainsi vêtu, un Annamitain continue à travailler presque sans interruption et a l'air de ne pas s'apercevoir des torrens de pluie qui tombent.

» Mâcher du bétel, fumer du tabac et même le mâcher sont des goûts universels; tous les gens de la classe supérieure ont constamment le cigarre à la bouche; un groupe d'Annamitains est toujours enveloppé d'un nuage de fumée. En Cochinchine, les maisons sont grandes et commodes, construites ordinairement en terre, et couvertes en tuiles, rarement en feuilles de palmier. La distribution intérieure est singulière; la moitié antérieure est une sorte de salle ouverte où on reçoit les visites, fait ses affaires et vend des marchandises si on est commerçant; dans le fond est placé un autel et d'autres emblêmes de religion. Les appartemens particuliers sont dans la moitié par derrière et disposés en chambres carrées ouvertes seulement d'un côté. Les lits consistent en une estrade élevée d'un pied au-dessus du plancher et couverte en nattes.

» Les Annamitains sont doux, affables et inoffensifs, quoiqu'adonnés au larcin; ils commettent rarement des meurtres. Ils sont polis, prévenans et attentifs pour les étrangers, et dans toute leur conduite ils montrent une civilité véritable, une urbanité entièrement inconnue de la masse des habitans de l'Asie méridionale. Ils sont de plus vifs et gais, enjoués, obligeans et hospitaliers, et dans leurs rapports naturels bons et simples; mais omettre les formalités cérémonieuses commandées par l'usage, commettre la faute la plus légère, réelle ou imaginaire, entraîne une punition immédiate; le bambou les leur fait expier.

» La docilité avec laquelle ils se soumettent à ce châtiment dégradant est vraiment extraordinaire. Leur obéissance ne connaît pas de bornes, et ils ne manifestent ni par actions ni par paroles la moindre résistance à la décision arbitraire qui les atteint; il n'est donc pas surprenant que ce système ait fini par abâtardir leur esprit et les ait rendus rusés, timides, fourbes, menteurs, vaniteux, impudens, bruyans, exigeans et tyranniques quand ils sont sûrs de pouvoir l'être impunément. La moindre opposition ou la plus légère marque de fermeté quand ils font les hardis et crient bien fort, les rend extrêmement soumis et même rampans. Tel est le triste résultat de l'esclavage et de l'oppression continuels; néanmoins on reconnaît qu'ils sont doués de sensibilité morale, de candeur, de sagacité, qualités qui sous un gouvernement libéral leur feraient tenir bientôt un rang distingué parmi les nations.

» Ils sont très-sales sur leur personne, dans

tout ce qui les entoure et dans leur nourriture; ils ont une vanité excessive et se regardent comme la première nation du monde, cependant après les Chinois auxquels ils accordent la prééminence. On leur a reproché d'être dissolus dans leurs mœurs. En public, les deux sexes se comportent avec réserve et avec modestie. Les faiblesses des femmes mariées causent, dit-on, l'indignation et l'horreur générale, et les lois les punissent avec une sévérité révoltante. Quant aux femmes non mariées, elles jouissent de la plus grande liberté, et l'opinion publique ne les condamne pas lorsqu'elles en abusent.

» Le gouvernement est complètement despotique en théorie et en pratique. Les lois, dit Crawfurd, sont les mêmes, mais exécutées plus mal et plus arbitrairement qu'en Chine. Le bambou et la bastonnade sont l'unique moyen de répression incessamment en action. Les parens en usent envers leurs enfans, les maris envers leurs femmes, les officiers envers les soldats, les généraux envers les officiers; la loi ne fait sur ce point aucune différence entre les indigènes et les étrangers.

» De même que les Chinois, dit Finlayson, les Annamitains observent le culte des ancêtres et révèrent la mémoire des parens. On peut regarder cet usage comme le seul trait de religion qui frappe les étrangers. Il n'existe pas chez eux de corps de prêtres qui donne une instruction religieuse. On voit quelques talapoints, mais ils ne jouissent d'aucune considération. Les hautes classes ont adopté la religion de Confucius qui est le théisme pur. Quant à la foule, elle est adonnée à des superstitions grossières; elle croit à des génies protecteurs et à des démons. » Crawfurd ne se serait pas douté qu'elle professât le culte de Bouddha s'il n'eût pas aperçu diverses statues de ce dieu.

L'agriculture n'est pas aussi florissante qu'à la Chine. La fabrication des toiles de coton blanches est très-active au Tong-king; on ignore l'art de les imprimer en couleur. D'ailleurs la nation n'aime pas les toiles peintes; aussi ne voit-on pas de teinturiers. Les manufactures d'étoffes de soie sont importantes. Le vernis fourni par l'arbre que Loureïro a nommé *augia* est expédié en Chine; on le prépare aussi dans le pays, et les objets en laque sont très-communs; on connaît l'art d'y ajouter des ornemens en or et de l'incruster en nacre de perle. Finlayson et Crawfurd estiment que le laque de Tong-king est plus beau et plus durable que celui du Japon.

Depuis long-temps, les Annamitains savent fondre et façonner les métaux, mais cette branche d'industrie n'a pas fait de grands progrès chez eux; par exemple, ils ne sont pas en état de fabriquer leurs armes à feu, parce qu'ils ignorent l'art de donner une trempe convenable à l'acier; cependant ils savent très-bien imiter les ouvrages des étrangers. A l'aide des ingénieurs français établis chez eux, ils sont parvenus à fondre des canons dans l'arsenal de Hué, et à donner une forme nouvelle à leur artillerie, à leur marine et à leurs fortifications. Les Européens les approvisionnent de fusils. L'orfévrerie n'a pas un beau poli, parce que l'on manque de bons modèles; les objets en filigrane sont exécutés avec beaucoup de délicatesse.

Il est défendu aux Annamitains de sortir de l'empire sans la permission du souverain; quand ils l'obtiennent, ils expédient leurs navires en Chine, aux ports du détroit de Malacca et à Sincapour. Comme ils sont hardis, actifs, laborieux, vigoureux, obéissans, ils peuvent devenir d'excellens marins. Le commerce par mer entre les différentes parties de l'empire est très-important; ce cabotage occupe plus de 2,000 jonques. L'accès des ports du Tong-king est interdit aux navires européens; ils ne peuvent entrer qu'à Tourane, Saïgong et Faï-fo.

Les revenus de l'Etats'élèvent à 90,000,000 de francs; ils proviennent de la capitation, de l'impôt sur les terres, de diverses contributions et du produit des douanes. Le gouvernement a le monopole du sucre, de la cannelle, du cardamome, du bois d'aigle et de quelques autres objets. On dit que le monarque possède un trésor considérable. Tout homme, de l'âge de dix-huit à soixante ans, est tenu au service militaire et constamment à la disposition de l'Etat. Après trois ans de service, le soldat peut retourner chez lui; au Tong-king, il n'obtient cette faculté qu'après sept ans. L'armée est de 90,000 hommes; 800 éléphans font partie du train qui lui appartient; il y en a 130 dans la capitale. La cavalerie est presque nulle. L'armée navale, qui autrefois ne se composait que de chaloupes canonnières et de grandes galères, compte aujourd'hui des vaisseaux à trois mâts et des brigs. Les soldats sont payés en argent et en riz; ils ont une tournure plus martiale que ceux que vit, en 1792, le voyageur Barrow (Pl. XXIV — 4).

De tous les divertissemens, celui que l'Annamitain aime le plus est le théâtre; tous les voyageurs s'accordent sur ce point. De même qu'en Chine, on ne paie rien pour entrer au spectacle. Tantôt les comédiens donnent des représentations particulières pour une somme fixée, tantôt ils jouent publiquement sous un hangar. Dans ce cas, les spectateurs, au lieu d'animer les acteurs par des applaudissemens, leur jettent de petites pièces de monnaie. Il y a des drames réguliers et des espèces d'intermèdes. Le récitatif dans ces derniers est souvent mêlé d'airs gais qui se terminent par un chœur général, accompagné d'une musique très-bruyante et qui pourtant n'est pas désagréable. A chaque reprise, des chœurs de danseuses exécutent des pas gracieux, dans lesquels les pieds agissent peu ; elles déploient les grâces de leur taille fine, et les attitudes qu'elles font prendre à leur tête, à leurs bras et à leur corps, ravissent d'aise les gens qui les regardent. Les costumes sont fantastiques, et dans la plupart des pièces une espèce de bouffon joue un rôle essentiel. Une pièce dure de trois à six jours ou soirées, avec des intervalles convenables (PL. XXV—1 et 2).

Les premiers voyageurs portugais qui sont allés aux extrémités de l'Asie, ont visité les différens pays qui composent l'empire d'Annam. Au commencement du XVIᵉ siècle, des missionnaires arrivèrent en Cochinchine, au Tong-king, au Camboge, à Tsiampa, et y prêchèrent l'Evangile. Depuis cette époque, on y compte quelques chrétiens ; leur nombre est aujourd'hui de 300,000. Malgré les persécutions qui se sont élevées de temps en temps contre eux, ils sont restés fermes dans la foi. Alexandre de Rhodez, Marini, Borri, Tissanier, Koffler et d'autres ont publié des relations de ces contrées ; nous en avons aussi de quelques autres voyageurs, tels que Dampier, Poivre, et aussi de MM. Langlois et de la Bissachère qui, de nos jours, ont exercé leur saint ministère ; Pigneau de Béhaine, évêque d'Adran, par les services éminens qu'il rendit au roi légitime dans une guerre longue et obstinée contre des rebelles, a fait chérir le nom français dans ces pays lointains. La mort de ce prélat fut une calamité pour l'empire d'Annam, et nuisit également aux relations commerciales que notre patrie aurait pu établir avec cet Etat si bien situé à l'une des extrémités de l'Asie, pour entretenir des communications avec des régions riches en productions de tous les genres.

L'ambassade anglaise destinée pour la Chine séjourna quelques jours dans le port de Tourane, en 1793. M. Crawfurd vint comme ambassadeur à Hué, en 1822 ; ses remarques, celles de Finlayson, chirurgien de l'expédition, celles de J. White, lieutenant de vaisseau de la marine des Etats-Unis de l'Amérique du Nord, qui visita Saïgong et d'autres ports de l'Annam ; enfin celle de M. La Place, capitaine de frégate qui, en 1831, fit un assez long séjour à Tourane, nous ont donné sur cet empire des renseignemens précieux. Les récits de ces différens observateurs sont généralement d'accord entre eux sur les points les plus importans. Il est naturel que tous ne considérant pas les mêmes sujets sous le même point de vue, les jugemens qu'ils portent soient parfois dissemblables et même contradictoires.

CHAPITRE XXXIV.
Royaume de Siam.

En allant de l'Annam à l'O., on entre dans le royaume de Siam qui est borné au N. par la Chine, à l'O. par l'empire birman et les provinces anglaises enlevées à cet Etat, au S. par l'Océan et des Etats malais. Ce pays, situé à peu près au milieu de la presqu'île orientale de l'Inde, est compris entre 6 et 19° de latit. N. et entre 97° et 101° de longit. E. Sa longueur est de 335 lieues, sa largeur moyenne de 60, sa surface de 15,000 lieues carrées.

Le golfe auquel le royaume de Siam donne son nom s'avance profondément dans les terres. Il est bordé principalement sur la côte orientale d'îles nombreuses qui forment, suivant l'expression de Finlayson, comme une ceinture étroite et fort longue. Le continent est tellement bas qu'à une distance de quelques milles, on n'aperçoit que les arbres et nullement la terre, tandis que les îles dont la hauteur est de plus de 1,000 pieds, sont visibles de très-loin ; elles sont granitiques, puis offrent de l'argile et de la pierre ollaire. A mesure qu'on avance vers le N., la végétation devient plus vigoureuse, et les forêts intertropicales déploient leur richesse incomparable.

Quand on a passé l'embouchure de la rivière de Cancao, on trouve l'île Ko-kong, habitée par des Siamois, des Cambogiens et des Cochinchinois : il en est de même de Ko-tchang située plus au N.

Ensuite on arrive à l'embouchure d'une rivière qui conduit à Chantibon, ville la plus considérable de la côte orientale et capitale d'une province qui faisait autrefois partie du Camboge ; c'est une des plus importantes du royaume ; de hautes montagnes, de vastes forêts, des plaines et des vallées fertiles y varient agréablement la perspective. Le port de Chantibon est commode et sûr ; malheureusement l'entrée de la rivière est gênée par une barre, de sorte qu'elle n'est accessible qu'aux petits navires. Les productions du pays sont expédiées à Bankok, parce

que les lois interdisent le commerce aux particuliers avec les étrangers.

On trouve plus loin la baie de Kong-kaden, où la population est considérable; mais de là au cap Lyant, on n'aperçoit que des forêts touffues et peu d'habitans. Les pirates malais de Trincano et d'autres îles poussent leurs excursions jusque dans ces parages.

La ville de Bang-pa-fo, située à l'embouchure du Bang-pa-kong et de l'un des bras du Ménam, grand fleuve du royaume de Siam, est défendue par une estacade en bois. Les îles Si-tchang sont les plus septentrionales de cette partie de la côte; la plus grande a un bon port.

Les renseignemens les plus récens sur le royaume de Siam ont été publiés par M. Crawfurd, ambassadeur du gouverneur-général du Bengale, et par le chirurgien Finlayson.

« Le 21 mars 1822, dit ce dernier, nous aperçûmes des jonques chinoises mouillées à l'embouchure du Ménam, et dans la soirée nous laissâmes tomber l'ancre. Le lendemain, le pilote de l'un des navires chinois vint à bord et nous dit qu'il serait nécessaire d'envoyer demander un pilote à Packnam, village situé à la bouche du fleuve; je doute, ajouta-t-il, que votre vaisseau puisse franchir la barre. Le premier maître d'équipage partit donc avec une lettre de M. Crawfurd pour le principal magistrat du lieu. Il fut très-bien accueilli et revint le lendemain avec un petit présent de fruits, mais sans lettres. Sur ces entrefaites, des instructions avaient été demandées à Bankok; un pilote reçut l'ordre de nous conduire à la capitale.

» Le vaisseau ne passa pas sans quelque difficulté; le Ménam a environ un mille de largeur à son embouchure; on mouilla devant Packnam où le fleuve est large de trois quarts de mille et très-profond; les rives sont basses et couvertes de forêts.

» Le 26, un homme vêtu à peu près comme un matelot européen vint offrir ses services en qualité d'interprète. Il appartenait à cette classe d'habitans connus dans l'Inde sous la dénomination générale de Portugais, titre auquel un chapeau et deux ou trois pièces d'habillement à l'européenne semblent donner des droits, quand même l'individu qui s'en affuble serait complètement nègre. Celui dont il est question parlait très-couramment le portugais, mais ne savait qu'imparfaitement l'anglais. Il demanda, au nom du gouverneur de Packnam, que la frégate débarquât ses canons. On lui représenta qu'une frégate portugaise avait gardé les siens; il répliqua que c'était par une faveur particulière de la cour.

En même temps, il invita M. Crawfurd à dîner de la part du gouverneur.

» Cette sorte de communication verbale ne paraissait pas d'un heureux augure pour le succès de la mission de l'ambassadeur. Quant au chef qui s'intitulait pompeusement gouverneur de Packnam, ce n'était réellement qu'un homme d'une importance assez mince, puisqu'il n'avait sous son commandement que plusieurs pauvres villages de pêcheurs. On avait annoncé la venue d'un homme d'un certain rang, mais il ne parut pas. Le capitaine de la frégate étant allé à terre engagea le gouverneur à envoyer à bord son neveu qui fut accueilli avec les égards convenables. Il était nu des épaules à la ceinture, ce qui est le costume général; il ne fixa son attention ni sur la frégate, ni sur les choses nouvelles qu'il vit; il mangea des confitures, but de la liqueur, invita M. Crawfurd à venir à terre, et, après une demi-heure de conversation, s'en retourna. »

Le lendemain, l'ambassadeur, accompagné de plusieurs Anglais, descendit à terre et marcha en grand cortège. Une foule composée de vieillards, de femmes et d'enfans, les regardait bouche béante. Le neveu du gouverneur reçut les étrangers, ils avancèrent le long d'une ruelle étroite pavée en bois; l'hôtel du gouverneur était de pauvre apparence; un escalier en bois conduisait dans une petite cour qui précédait la maison. Le gouverneur, assis dans une salle ouverte tapissée de papier de Chine, ornée de petits miroirs hollandais et de lambeaux de papier peint, se leva dès que l'ambassadeur entra; il le conduisit à un siège. Un instant après, le dîner fut servi, les mets étaient préparés à l'européenne. Le gouverneur était allé plusieurs fois au Bengale; il causa pendant près de deux heures de divers sujets; quand les Anglais le quittèrent, il leur serra amicalement la main.

Le 28, la permission de remonter le fleuve arriva; aussitôt la frégate leva l'ancre. « Les rives du Ménam, dit Finlayson, continuaient à être très-basses; la quantité prodigieuse d'*attap* leur donnait un aspect pittoresque; plus loin, le terrain était couvert de bétel, qui, sans doute, croissait spontanément, car la campagne était trop peu élevée pour qu'on pût la cultiver. Les broussailles consistaient en diverses espèces de rotin, en bambou et en longues herbes; plus haut de vastes plaines se développèrent à gauche; elles paraissaient stériles, la moisson venait de finir; leur niveau est à huit ou dix pieds au-dessus du fleuve. On nous dit que dans la saison des pluies elles sont complètement inondées à une hauteur de deux à trois pieds; par conséquent, elles conviennent parfaitement à la culture du riz; la berge du fleuve est toujours bordée d'un taillis de bambous; çà et là des maisons petites, mais propres, élevées de trois pieds au-dessus du sol, étaient entourées de champs plantés en aréquiers, en bananiers et en cocotiers. A droite du Ménam, la terre n'offre que des broussailles. La berge est assez escarpée. La profondeur de l'eau varie de 30 à 60 pieds le long du bord; la vase est ferme et doit offrir un sol excellent pour le labourage; les moustiques nous incommodaient beaucoup.

» Le 29, dès l'aube du jour, un spectacle intéressant s'offrit à nos yeux. De petits bateaux, dont la plupart ne portaient qu'un seul individu, voguaient dans toutes les directions; l'heure du marché approchait, tout était animé par l'activité. Ici, un ou plusieurs prêtres de Bouddha allaient faire leur quête journalière : là une vieille femme vendait en détail du bétel, des bananes et des calebasses; là des pirogues transportaient des cocos; là des Siamois allaient d'une maison à l'autre pour se livrer à leurs occupations. Mais l'objet le plus singulier pour nous était ces rangées de maisons flottantes disposées sur des lignes de huit, dix ou plus, à partir du rivage. Elles sont construites en planches, de forme oblongue et très-bien ajustées; du côté du fleuve, elles ont une plateforme sur laquelle étaient placés des marchandises, des fruits, de la viande, du riz et d'autres choses; c'était réellement un bazar flottant, où les productions du pays et celles de la Chine se trouvaient exposées en vente. A chaque extrémité, les maisons étaient attachées à de longs bambous enfoncés dans l'eau, ce qui facilite les moyens de les transporter d'un lieu à un autre quand on le désire; chacune est pourvue d'une petite pirogue. Celles de ce quartier semblent être habitées par des marchands et par des artisans, tels que des cordonniers; ceux-ci sont presque exclusivement des Chinois. Ces habitations sont généralement très-petites, longues d'une trentaine de pieds et larges d'une quinzaine; elles n'ont qu'un rez-de-chaussée élevé d'un pied au-dessus du fleuve et sont couvertes en feuilles de palmier; elles ont au milieu un grand appartement où l'on étale les marchandises, et à côté un ou deux plus petits. A la marée basse, quand la rivière est rapide, il se fait peu d'affaires dans ces boutiques; on voit les propriétaires dormant ou appuyés nonchalamment contre les parois, ou jouissant de toute autre manière de leur loisir. Toutefois, à chaque heure du jour, un grand nombre de bateaux passe et repasse; ils sont légers et ont une forme si effilée qu'ils remontent rapidement contre le courant; on les conduit avec des pagaies; les longues pirogues en ont souvent huit à dix de chaque côté. Les Chinois paraissent être très-nombreux et comme partout ailleurs se montrent très-industrieux et très-actifs. »

Quand on fut à Bankok, deux enfans, neveux du premier ministre, apportèrent à l'ambassadeur un présent de confitures et de fruits. Ils étaient très-proprement habillés des hanches en bas et avaient le corps saupoudré d'une substance de couleur jaunâtre, soit de turmeric, soit de bois de santal pulvérisé; leurs colliers en or, ornés de pierres précieuses, et leurs autres parures du même genre n'étaient pas de grande valeur; de même que les autres enfans des Indes, ils étaient très-avancés pour leur âge et se conduisirent avec une aisance et une convenance extrêmes.

L'après-midi, un fonctionnaire public, le premier après le grand-ministre, vint prendre la lettre du gouverneur-général; elle fut placée sur une belle coupe d'or, après qu'on l'eut enveloppée d'un tissu broché en or.

Dans l'audience qu'un ministre donna, les Anglais furent frappés des manières abjectes de ses domestiques; ils se tenaient prosternés à terre à une certaine distance de lui; quand il leur adressait la parole, ils n'osaient pas le regarder; ils levaient un peu la tête, et touchant leur front de leurs mains jointes, les yeux toujours tournés vers la terre, ils articulaient leur réponse à voix basse et du ton le plus humble.

Quelques jours après, le prince Khroma-tchit, bâtard du roi, reçut les Anglais dans une salle spacieuse, ornée dans le style chinois. Comme tous les grands personnages de son pays, il est robuste et très-corpulent. Il dirige entièrement toutes les affaires du gouvernement; c'est pourquoi les fonctionnaires publics viennent chez lui deux fois par jour. Quand, après de nombreuses conférences, le cérémonial à observer chez le monarque eut été réglé, l'ambassade s'embarqua dans les canots du roi; l'endroit où elle débarqua n'était ni commode, ni propre, et cependant on se trouvait à la porte d'une cour du palais. Les Anglais se placèrent dans des palanquins, et après avoir parcouru un espace de 450 pieds, ils descendirent à la porte d'une cour inférieure, ils ôtèrent leurs épées et y laissèrent les Cipayes qui les avaient accompagnés jusque là; ils s'avancèrent ensuite à pied, à travers d'autres cours bordées d'édifices assez beaux, jusqu'à une vaste salle devant laquelle huit éléphans étaient rangés en ordre. Les Anglais s'assirent dans cette salle sur un tapis; elle était remplie de gens mal vêtus qui faisaient beaucoup de bruit. Le bambou leur eut bientôt imposé silence. Au bout d'une demi-heure, les Anglais continuèrent leur marche, entre deux haies de soldats armés de mauvais fusils et fort mal vêtus. Arrivés à une porte, les Anglais ôtèrent leurs souliers : quelques-uns n'eurent pas la permission d'aller plus loin; les autres marchèrent vers une porte en avant de laquelle des musiciens faisaient entendre les sons de toutes sortes d'instrumens; l'effet n'en était pas désagréable. Des soldats armés de boucliers et de haches de bataille formaient une ligne très-serrée en avant de plusieurs éléphans; enfin on entra dans la salle d'audience. Un paravent chinois en cachait l'entrée : quand on en eut fait le tour, on contempla la salle qui était immense et ornée d'une manière bizarre, mais magnifique. A l'exception d'un espace d'une vingtaine de pieds carrés en avant du trône, elle était remplie d'une foule de gens de toutes les classes, placés d'après leurs rangs.

« Le rideau placé devant le trône, ajoute Finlayson, fut tiré à notre entrée; toute la multitude prosternée avait la bouche presque collée à la terre; chacun restait immobile et silencieux; c'était l'attitude pénible d'hommes s'adressant au Dieu de l'univers, plutôt que l'hommage d'un peuple d'esclaves.

» Elevée à une douzaine de pieds au-dessus du sol, et à six pieds en arrière du rideau, une niche voûtée n'était éclairée que suffisamment pour laisser apercevoir un homme assis sur un trône, les yeux dirigés en avant; on aurait dit d'une statue de Bouddha. Le monarque était vêtu d'une tunique de brocard d'or. Il n'avait pas de couronne, ni aucune espèce d'ornement sur la tête; des emblêmes de la royauté étaient rangés près de lui : du reste, aucun joyau précieux ne distinguait sa personne, ni son trône. Des personnes placées en bas, derrière le rideau, agitaient de grands éventails pour rafraîchir l'air. »

Quand les Anglais furent en vue du trône, ils ôtèrent leur chapeau et firent un salut à l'européenne, puis on les fit asseoir sur un tapis. Un individu caché par le rideau lut la liste des présens envoyés par le gouverneur-général; alors le roi, homme très-fort, sans être massif, adressa diverses questions à l'ambassadeur, à qui elles furent transmises successivement par plusieurs individus, à voix très-basse : il en fut de même de la réponse de l'ambassadeur. Durant cet entretien, du bétel fut apporté dans des vases d'argent et des tasses d'or. Au bout de vingt minutes, le roi se leva pour s'en aller, le rideau se ferma; toute l'assemblée poussa un grand cri, et chacun se tournant vers ses genoux, fit de nombreux saluts en touchant alternativement, avec les mains jointes, son front et la terre. Les princes et les ministres s'assirent. Lorsque les Anglais quittèrent la salle d'audience, chacun d'eux fut gratifié d'un chétif parasol qu'il aurait pu acheter au bazar pour une roupie (2 fr. 50 c.). C'était un cadeau du roi.

Ils furent ensuite conduits dans les différentes parties du palais; cette course dura près de deux heures : il avait plu très-fort, les cours étaient remplies de boue et d'eau; cependant on refusa, malgré leurs instances, de leur rendre leurs souliers. Ils virent les éléphans blancs pour lesquels les Siamois ont un grand respect, et qui sont servis avec de grands égards; et divers autres animaux curieux, notamment des singes blancs : enfin on les fit entrer dans un grand temple, et avant qu'ils sortissent du palais, on les régala d'une collation de confitures, et on leur rendit leurs chaussures. Dans une audience subséquente chez le ministre, la liste des présens du roi au gouverneur-général de l'Inde anglaise fut lue à haute voix. Les efforts des Anglais pour obtenir un traité de commerce assis sur des principes équitables furent vains. Ils mirent à la voile le 14 juillet, et se dirigèrent vers la Cochinchine.

Les Européens n'ont pu observer que la partie inférieure du cours du Ménam, et le pays qu'il arrose jusqu'à son embouchure. Les montagnes qu'ils ont vues sont calcaires et fournissent à la capitale des matériaux pour les constructions. Il se trouve sans doute des roches différentes dans les montagnes plus éloignées; car des voyageurs ont parlé de mines d'étain, d'or, de cuivre, de plomb, surtout de fer, et d'autres métaux : elles sont très-négligemment exploitées, puisque les Chinois n'y travaillent pas. Enfin, dans le terrain de gravier d'alluvion, on rencontre des pierres précieuses.

Les Siamois dirent à La Loubère, voyageur français, que leur pays était borné, depuis l'E. jusqu'au N., ou à peu près, par de hautes montagnes qui le séparaient du royaume de Laos, et au N. et à l'O. par d'autres. Cette double chaîne de montagnes laisse entre elles une grande vallée, large en quelques endroits de 80 lieues, et arrosée par le Ménam.

L'année se divise en trois saisons : *na-naôu*

(commencement du froid), décembre et janvier; *na-rŏun* (commencement du chaud), février, mars, avril; *na-rŏu yac* (commencement du chaud grand). De mai en décembre, il dépouille leurs arbres de feuilles, comme le froid en dépouille les autres. Leur plus grand hiver est pour le moins aussi chaud que notre plus grand été. Aussi, hors le temps de l'inondation, couvrent-ils toujours les plantes de leurs jardins contre les ardeurs du soleil; mais, quant à leurs personnes, la diminution du chaud ne laisse pas de leur paraître un froid assez incommode. Le petit été est leur printemps, et ils ignorent tout-à-fait l'automne. Ils ne comptent qu'un grand été, quoiqu'il semble qu'ils en pourraient compter deux, puisqu'ils ont deux fois le soleil à plomb sur leurs têtes.

Leur hiver est sec; et leur été pluvieux. Sans cette merveilleuse Providence, qui fait que le soleil, dans la zône torride, entraîne toujours après lui les nuages et les pluies, et que le vent y souffle sans cesse de l'un des pôles, cette contrée serait inhabitable, à cause de l'excessive chaleur.

Dans les mois de mars, d'avril et de mai, le vent du sud règne; le ciel se brouille, les pluies commencent et sont déjà assez fréquentes en avril. En juin, elles sont presque continuelles, et les vents tournent à l'O. en juillet, août et septembre; les vents sont toujours dans la région de l'O., et toujours accompagnés de pluies : les eaux du fleuve inondent les terres à la largeur de 9 à 10 lieues, et plus de 150 lieues au N. du golfe.

Alors les marées sont très-fortes et remontent très-haut, et elles décroissent si peu en vingt-quatre heures, que l'eau ne redevient douce devant Bankok que pendant une heure, quoique cette ville ne soit qu'à sept lieues de la mer; encore l'eau y est-elle toujours un peu saumâtre.

En octobre, les vents viennent du N. O., et les pluies cessent. En novembre et décembre, les vents sont N., nettoient le ciel et semblent battre si fort la mer, qu'elle reçoit en peu de jours toutes les eaux de l'inondation. Alors les marées sont si peu sensibles, que l'eau est toujours douce à deux ou trois lieues dans la rivière, et qu'à certaines heures du jour, elle l'est même à une lieue dans la rade. En janvier, les vents ont déjà tourné à l'E. ou au N. E., et en février ils tiennent du S. E.

Les productions végétales sont celles des provinces méridionales de l'Annam; les deux pays ont également les mêmes animaux. Les éléphans viennent surtout des cantons situés entre 14° et 15° de lat. Un Laocien dit à Crawfurd qu'ils étaient si communs dans son pays, qu'on les y employait à porter les femmes, et même le bois à brûler. Il y a aussi des rhinocéros et une bête sauvage qui se rapproche beaucoup de l'ours.

La population du royaume peut s'élever à 3,600,000 ames; elle comprend des Siamois, des Laociens, des Cambogiens, des Karians et d'autres peuplades peu connues; enfin des Chinois, des Malais et d'autres étrangers. Les Siamois se donnent à eux-mêmes le nom de *Thay*: c'est de celui de *Tziam*, par lequel les Chinois, les Cambogiens et les Malais les désignent, qu'est provenu le nom de Siam.

La langue siamoise, parlée dans tout le royaume et jusque dans l'Yunnan en Chine, s'écrit avec des caractères particuliers, disposés comme les nôtres de gauche à droite. Dans les offices religieux, les Siamois font usage de la langue pali, qui est dérivée du sanscrit et dont les lettres ont servi à former celles de leur alphabet.

De même qu'à la Cochinchine, le bouddhisme est la religion du pays; Bouddha y est adoré sous le nom de *Sommonacodom*. Les temples sont nombreux et magnifiques. Les prêtres ou talapoints jouissent d'une grande considération, sont exempts du service militaire et acquièrent des richesses. C'est parmi eux qu'on trouve les gens les plus instruits du royaume; on leur confie l'éducation des enfans.

D'après le témoignage unanime des voyageurs, les Siamois sont de taille médiocre et même petite, mais ils ont le corps bien fait; leur teint est d'un brun mêlé de rouge. Par la forme de leur visage, ils ressemblent aux Chinois; leurs oreilles sont un peu plus grandes que les nôtres. Ils se coupent les cheveux très-court. Les femmes les relèvent sur le front, sans pourtant les rattacher.

Tout le monde va nu-pieds et nu-tête; ils s'entourent les reins et les cuisses, jusqu'au-dessous du genou, d'un pagne d'environ deux aunes et demie de long, de toile peinte ou de soie, ou simple ou bordée d'une broderie d'or ou d'argent. Ils ont pris aussi de leurs voisins les Malais l'usage des *babouches*, pantoufles très-pointues qu'ils quittent en entrant chez eux.

Les mandarins portent de plus une chemise de mousseline; ils la dépouillent et l'entortillent au milieu de leur corps quand ils abordent un personnage plus élevé qu'eux en dignité : ils la conservent néanmoins en présence du roi, et n'ôtent pas non plus le bonnet haut et pointu dont ils se couvrent la tête. En hiver ils mettent quelquefois sur leurs épaules un lé d'étoffe

ou de toile peinte en manière de manteau, ou en manière d'écharpe. Le roi et tout ce qui tient à la guerre est habillé de rouge.

Les maisons sont petites, mais accompagnées d'assez grandes cours; elles sont en claies de bambous ou en planches minces. Les étrangers ont des maisons de briques; on les emploie aussi pour les palais et les temples. Ces édifices sont bas à proportion de leur grandeur, et n'ont pas de magnificence; seulement la charpente du toit des derniers est vernie de rouge avec quelques filets d'or.

La Loubère et Finlayson sont d'accord sur le caractère des Siamois. Suivant ces deux voyageurs, ils sont rusés et faux, funeste effet du despotisme arbitraire qui règne sur eux; ils sont adonnés au larcin; mais, du reste, on trouve chez eux plus à louer qu'à blâmer. Ils montrent de la bienveillance et de la bonté entre eux, de la politesse, de la prévenance, de l'affabilité, de l'attention envers les étrangers; de la tranquillité, de l'obéissance comme sujets; du respect pour les vieillards; ils se distinguent par leur fidélité et leur honnêteté dans les affaires; enfin ils sont communicatifs et obligeans. Quant aux grands personnages, Finlayson les dépeint comme grossiers, arrogans, impolis et inhumains.

L'industrie est peu avancée : quand un artiste se fait remarquer par son habileté, le roi ou les grands le mettent en réquisition. Beaucoup de travaux sont effectués par les femmes; d'autres sont abandonnés aux Chinois.

Malgré la richesse naturelle et la situation avantageuse du pays, le commerce n'est pas aussi florissant qu'il pourrait l'être; le roi en a fait un monopole; et d'ailleurs les Siamois ont peu de goût pour la mer.

Le gouvernement est complètement despotique. Le nom du roi est regardé comme tellement sacré, qu'on ne le prononce ni ne l'écrit jamais; il n'est connu que de quelques membres de sa famille. La nation se divise en hommes libres et en esclaves. Les revenus de l'Etat sont évalués à 40,000,000 de francs; l'armée s'élève à peu près à 30,000 hommes; mais la portion qui est constamment sous les armes se borne à la garde du roi.

Depuis un siècle, le royaume de Siam a beaucoup souffert des entreprises belliqueuses des Birmans, qui s'emparèrent de Siam, l'ancienne capitale située à 15 lieues au N. de Bankok, sur le Ménam. Les Siamois la reprirent bientôt, mais ils ne purent conclure la paix qu'en cédant plusieurs places importantes sur le golfe de Bengale; en revanche, ils ont étendu leurs possessions vers le S., dans la presqu'île Malaïe.

Le royaume se compose aujourd'hui du pays de Siam, d'une grande partie du Laos, d'une portion du Camboge, des Etats malais tributaires. Il a subi de fréquentes révolutions.

Les Portugais furent les premiers Européens qui visitèrent le royaume de Siam, et y établirent des comptoirs; leurs missionnaires essayèrent d'y prêcher l'Evangile. La religion chrétienne n'y a pas fait de grands progrès; cependant elle a continué à être professée par un certain nombre d'indigènes.

Les Hollandais supplantèrent les Portugais à Siam, de même que dans beaucoup d'autres contrées de l'Asie. En 1684, une ambassade du roi de Siam vint à Versailles. Louis XIV en envoya deux à ce monarque, l'une sous la conduite du chevalier de Chaumont (1685-1687), la seconde sous celle de La Loubère (1687-1688). On avait fait entrevoir au roi de France qu'il en résulterait des avantages immenses pour le commerce de ses Etats et pour le progrès du christianisme. Des bouleversemens inopinés firent évanouir ces brillantes perspectives. Heureusement les relations de plusieurs personnages qui ont pris part à ces tentatives nous sont restées; nous avons aussi celles de quelques-uns des vicaires apostoliques qui allèrent au royaume de Siam et dans d'autres pays de la presqu'île orientale de l'Inde. Le Hollandais Josse Schouten et le célèbre voyageur Kœmpfer ont aussi donné sur la première de ces contrées des détails précieux.

Les relations les plus récentes sont celles de Crawfurd et de Finlayson, du capitaine Burney, agent du gouvernement britannique, et du missionnaire allemand Gützlaff.

Quand on sort de l'embouchure du Ménam, en se dirigeant au S., la côte occidentale du golfe de Siam offre un aspect extrêmement pittoresque; elle est d'abord basse, couverte de forêts épaisses, au milieu desquelles s'élancent des palmiers; au-delà règne la chaîne des montagnes de la presqu'île Malaïe, dont les cimes aiguës sont innombrables; les Siamois les ont nommées avec raison *Samroiyot* (les monts aux 300 pics); leur altitude est à peu près de 3,000 pieds; leur pente, très-escarpée vers l'E., est plus douce vers l'O. Les pics les plus hauts semblent absolument isolés; Finlayson remarqua trois monts coniques qui étaient séparés de leurs voisins par des intervalles profonds, et paraissaient s'élever immédiatement de la surface d'une plaine alluviale.

Le cap Kouï, entouré à sa base d'îlots et d'écueils, doit être doublé avec précaution par les navigateurs; ses contours âpres, ses flancs nus le font distinguer de loin par le contraste frappant qu'il offre avec tout ce qui l'environne. Plusieurs petites rivières arrosent l'intérieur du pays, qui, jusque-là, est très-peuplé. Le peu de profondeur de leurs embouchures ne permet qu'aux petits navires de les remonter. Depuis le cap Kouï jusqu'au cap Romania, le plus méridional de la péninsule, la côte continue à être montagneuse, sauf quelques interruptions, et on commence à trouver des mines d'étain. La population est moins considérable. Diverses baies découpent cette côte. Des îles, entre autres Kosamam et Tantalem, rapprochées du continent, sont habitées et cultivées. Dans le voisinage de la dernière, Ligor, ville de 5,000 habitans, commerce avec les Chinois, en riz, étain, poivre noir, rotin.

Sangora est le canton le plus méridional qui appartienne aux Siamois. La ville qui lui donne son nom a un assez bon port; trois jonques viennent tous les ans y charger du riz, du poivre, du bois de sapan. On rencontre, à peu de distance, Tana, dernier poste du royaume de Siam; le cap Patani, situé à l'opposite et au S. O. de la pointe de Camboge, marque la limite du golfe.

CHAPITRE XXXV.

Presqu'île Malaie. — Patani. — Kalantan. — Tringano. — Pahang. — Djohor. — Sincapour. — Malacca. — Salangore. — Roumbo. — Pérak. — Kédah. — Poulo-Pinang. — Isthme de Krâ.

Au cap Patani, sous les 7° 20′ de latitude N., se trouve la limite septentrionale d'un petit Etat dont le prince est vassal du roi de Siam; il lui paie un tribut en or et en riz; son territoire est fertile. Patani la capitale fut jadis l'entrepôt d'un commerce très-actif entre les contrées à l'E. et à l'O. de la presqu'île; les Hollandais et les Anglais y eurent chacun un comptoir; mais, dès 1700, les dangers extrêmes que les personnes et les marchandises y couraient sans cesse firent abandonner Patani pour Batavia, Siam et Malacca. Depuis quelques années, le négoce a repris de l'importance; la rade est très-bonne.

Kalantan, au S., est riche en or et en poivre. Ce petit Etat, vassal, seulement de nom, du roi de Siam, compte à peu près 50,000 habitans, sans y comprendre les Chinois.

Tringano est moins peuplé que le précédent Etat; il a les mêmes productions que celui-ci; on y récolte aussi du café. Ses habitans ont la réputation de parler le malais avec une pureté remarquable.

Pahang a une population égale à celle de Kalantan. Hamilton, navigateur anglais du commencement du dix-huitième siècle, dit que l'on recueille beaucoup d'or dans le petit fleuve de Pahang, et que, plus on creuse profondément dans le sable, plus on trouve de gros morceaux de ce métal. Il y en a aussi des mines exploitées par des Chinois. Les Malais travaillent aux mines d'étain. Le radjah de Pahang n'est réellement que le bindara ou trésorier de celui de Djohor.

Les possessions de ce dernier occupent toute l'extrémité australe de la péninsule. Cet Etat fut fondé par le radjah de Malacca, qui, après la prise de cette ville par les Portugais en 1511, se réfugia dans cette partie de ses domaines. Djohor, sur une grande rivière, à sept lieues du cap Romania, et sur la côte E. de la presqu'île, n'a jamais été une ville importante: les voyageurs disent que ce n'est aujourd'hui qu'un village habité par des pêcheurs. Le radjah de Djohor étend sa domination sur les îles nombreuses du détroit de Malacca; il a cédé aux Néderlandais celle de Rio ou Bintang et d'autres qui sont au S. de ce bras de mer, et a placé sous la protection des Anglais celles du N. et une partie du continent.

Crawfurd traversa le détroit de Malacca en 1821. « La côte de la pointe méridionale, dit-il, est haute et escarpée; quant aux montagnes qui se prolongent dans la partie N. de la presqu'île, elles sont disparues depuis long-temps; à peine apercevait-on des collines. Dans l'intérieur, elles étaient couvertes de forêts touffues; on n'y voyait pas une créature humaine. Des espaces remplis de rochers porphyritiques, et absolument inhabités, étaient fréquens; leurs extrémités venaient aboutir à la mer, en formant des baies sablonneuses. Les bons mouillages y sont nombreux. »

Parmi les îles cédées aux Anglais, on remarque Sincapour (*Singhapoura*), située sous 1° 17′ de latitude N. Sa position avantageuse à l'entrée du détroit avait fixé l'attention de sir Th. Stamford Raffles, ancien vice-gouverneur de Java; il y fonda une colonie en 1819: ce n'était auparavant qu'un repaire de pirates; c'est aujourd'hui un des lieux les plus commerçans des mers de l'orient de l'Asie. Son port est franc; il s'y fait pour plus de 110 millions d'affaires par an. La ville est bâtie sur une pointe de la côte occidentale de l'île; le climat y est assez sain. On y compte plus de 16,000 habitans de différentes nations; les Malais et les Chinois sont les plus nombreux. Les Anglais y entretiennent une garnison d'à peu près 1,000 hommes, et y emploient aux travaux publics environ 600 malfaiteurs amenés de l'Hindoustan. Sincapour a de grands chantiers de construction, un collége chinois et un établissement de missions. On y publie depuis plusieurs années le *Singhopore Chronicle*, journal savant qui offre beaucoup de morceaux intéressans sur la géographie de l'Asie orientale et de l'Océanie.

Malacca, ville sur le détroit auquel elle donne son nom, et sous les 2° 11' de latitude N., est, avec son petit territoire situé au N. O. de celui de Djohor, soumise à la domination britannique. A huit lieues de distance de la côte, le Gounong-Ledang, nommé par les Portugais Mont-Ophir, s'élève à 4,000 pieds au-dessus de la mer. C'est une énorme masse de granite; une mine d'or a été découverte dans son voisinage. On ne voit, dans les environs de la ville, que des coteaux bas de schiste ferrugineux, qui est employé aux diverses espèces de travaux publics. Le long de la côte, les terrains marécageux sont fréquens.

Jadis Malacca fut le centre d'un commerce très-florissant. Les Hollandais la conquirent sur les Portugais en 1641; ils l'ont cédée aux Anglais en 1823. Elle a beaucoup perdu de son importance depuis la fondation de Sincapour; on ne compte plus dans son territoire que 16,000 habitans. Cette population se compose de Malais, d'Hindous des castes inférieures, de Chinois, de Musulmans venus de la côte de Coromandel, de descendans des Portugais. Une société de missionnaires s'y est établie. Le climat de Malacca est doux, agréable et sain. Le sol, cultivé très-négligemment, ne suffit pas aux besoins de la population; des forêts occupent une grande partie du territoire. Depuis peu de temps, on y a essayé la culture du café.

Le territoire de Malacca est borné au N. par celui de Salengore, Etat fondé par des Boughis de l'île Célèbes, et qui n'est remarquable ni par la richesse de ses productions, ni par le nombre de ses habitans; ceux-ci passent pour être plus civilisés que leurs voisins, mais leur penchant à la piraterie les rend redoutables dans les parages voisins. Kolong ou Khalang, la capitale actuelle, a été préférée par le radjah, parce qu'il y trouvait plus de facilité pour se procurer de l'étain, la principale marchandise que lui fournissent ses domaines. Salangore, sur une rivière dont les bancs de sable obstruent l'embouchure, est aujourd'hui presque déserte. Le prince conclut en 1818 un traité avec les Anglais pour s'opposer aux projets des Hollandais, qui s'occupaient de faire revivre le monopole dont ils avaient joui autrefois.

Dans les cantons montagneux de l'intérieur, les Malais ont conservé leur indépendance. Le plus considérable des Etats qu'ils ont formés est celui de Roumbo, au S. de Salangore. Il est habité par un peuple pauvre, inoffensif, qui vit de l'agriculture. Le radjah paie un tribut à celui des Menangkabos de Sumatra. Les Roumbos parlent un dialecte de la langue des contrées centrales et occidentales de cette grande île. Les forêts de Roumbo servent de retraite aux Djakongs, aux Bennas et aux Samangs; ces sauvages sont en partie Malais et en partie nègres.

Pérak est gouverné par un chef vassal de Siam; on dit que ce petit pays est bien peuplé, riche en étain et en or. Sur la côte, on remarque Poulo-Sambilon, groupe d'îles nommées par les Européens *Poulo-Dinding*. Les montagnes y sont trop escarpées pour qu'on puisse les cultiver; mais la végétation y est magnifique. Ces îles, habitées seulement par des bêtes sauvages, offrent un repaire aux pirates malais. Le célèbre navigateur Dampier, qui les visita en 1689, en donna la description. Crawfurd y a trouvé les débris d'un fort hollandais; il dit que le port est sûr, mais que la situation de l'île ne convient pas pour une colonie.

Le territoire de Kédah, au N. de Pérak, offre une vaste plaine couverte de bois touffus que traverse une rivière sinueuse, navigable seulement pour les petits navires. Rouder-pakan-kouala, la première ville que l'on rencontre en remontant, renferme à peu près mille maisons sur les deux rives du petit fleuve, qui plus haut se sépare en plusieurs canaux.

Jadis le nom de la capitale était *Lingou-ambalan* (à l'abri de la lune); elle fut ensuite appelé *Kédah*, qui signifie un enclos pour prendre les éléphans. Ces animaux, les rhinocéros, les tigres, les léopards et toutes sortes de bêtes fauves, sont communs dans ses forêts. Beaulieu, voyageur français, vint à Kédah en 1672: cette ville, ainsi que Malacca et Achem dans l'île de Sumatra, étaient alors très-florissantes et puissantes. Aujourd'hui Kédah est bien déchue. Le radjah, chassé par les Siamois, s'est réfugié chez les Anglais à Poulo-Pinang.

Plusieurs îles habitées s'étendent le long de la côte de Kédah; Poulo-Pinang, l'une d'elles, fut cédée par le radjah de Kédah, en 1785, au capitaine anglais Light, qui avait épousé sa fille. Light en transporta la propriété à la Compagnie des Indes, qui en fit prendre possession. Elle reçut le nom d'*île du Prince de Galles*, et est devenue un établissement important. Le port offre un ancrage excellent aux plus gros navires. Il est très-fréquenté. On y trouve toutes les marchandises de l'Europe et de l'Inde. La population s'élève à plus de 50,000 ames. Le gouverneur réside à George-Town. Cette île est devenue l'asile d'un grand nombre de Malais qui fuyaient l'invasion des Siamois.

Les Anglais possèdent aussi sur le continent, vis-à-vis de Pouloj-Pinang, un petit territoire qu'ils ont nommé *Wellesley*. Le terrain en est marécageux : on y cultive beaucoup de riz.

Au N. du territoire de Kédah, le pays appartient au roi de Siam. Le long de la côte ce n'est guère qu'un désert : on n'y voit que peu d'espaces cultivés; elle est bordée d'îles peuplées. Le lieu le plus considérable sur le continent est Ponga. On y compte 4,000 habitans, sur lesquels il y a 1,000 Chinois qui exploitent des mines d'étain, tant sur la terre ferme que sur une île voisine.

La plus grande île de ces parages est Salang, nommée *Djonk-Seylon* par les Européens; elle a un bon port sur sa côte orientale, et, comme la précédente, des mines d'étain auxquelles travaillent des Chinois; elle est très-boisée et bien cultivée.

Sous les 10° 15' de latit. N. la presqu'île Malaïe n'a plus que 23 lieues de largeur; on a nommé *Isthme de Krâ* cette langue de terre qui joint la presqu'île au continent de l'Asie. Cette dénomination paraît être dérivée du nom de Krâ, petit village de l'intérieur. Deux petits fleuves côtiers, l'un le Pak-tchan, tombant dans le golfe de Bengale, l'autre le Tchoum-fom, se jetant dans le golfe de Siam, marquent la limite de l'isthme. Des voyageurs ont dit qu'il serait possible d'établir un canal navigable de l'une à l'autre de ces rivières. On représente la province comme étant partout large et profonde; le Tchoum-fom a un cours très-sinueux, son lit est sablonneux; on ajoute que nulle part ces cours d'eau ne sont obstrués par des rochers, et que dans les fortes marées du printemps ils sont unis l'un à l'autre.

La presqu'île Malaïe a 260 lieues du N. N. O. au S. S. E. Depuis l'isthme de Krâ sa largeur va généralement en augmentant, jusque vers le 5° de latit. où elle est de 66 lieues; là elle commence à diminuer graduellement jusqu'au cap Romania. Une chaîne de montagnes que l'on peut regarder comme le prolongement de la ligne de faîte qui sépare le bassin du Ménam de celui des fleuves de l'O., parcourt cette presqu'île dans toute son étendue, avec très-peu d'interruptions; elles sont presque partout primitives; on y a trouvé de l'or, de l'étain, du fer. Elles sont basses vers le S., mais dans le N. elles s'élèvent jusqu'à 5,000 et 6,000 pieds. De nombreuses rivières sortent de leurs flancs, et dans leur cours, qui n'est jamais bien long, fertilisent le sol : leur embouchure est presque toujours gênée par des bancs de sable ou de vase; c'est sur leurs rives que les villes ont été bâties.

Nous avons vu que les côtes étaient bordées d'îles innombrables à l'O. et au S., où elles sont si rapprochées les unes des autres qu'on peut les regarder comme un prolongement du continent.

L'intérieur couvert de forêts immenses n'a pas été visité par les voyageurs; ces bois se montrent aussi sur les rivages de la mer qui sont fréquemment impraticables à cause des broussailles touffues. Les terres ne sont pas remarquables par leur fertilité; en revanche l'Océan et les fleuves sont très-poissonneux. Le buffle est le bétail le plus commun; l'éléphant se trouve dans le N. On rencontre aussi des rhinocéros et tous les animaux des contrées voisines. Les productions que cette presqu'île fournit au commerce sont l'étain, le poivre, le riz, la cire, les nids de salanganes, la résine appelée *dammer*, le rotin, le bétel, les nageoires de requin, le bambou, le sang-dragon, l'ivoire, les bois d'aigle et de sapan, enfin des cuirs. Le principal objet d'importation est l'opium.

La presqu'île est nommée par ses habitans *Tanah-malaya* (terre des Malais). Comme on a supposé qu'elle n'était peuplée que d'hommes de cette nation, on a pensé qu'ils en étaient les aborigènes; mais il paraît au contraire qu'ils viennent de Sumatra. Vers l'an 1160 de notre ère, ils sortirent de cette île et s'établirent dans les environs du cap Romania; de là ils se répandirent sur le continent. Leur idiome mêlé de beaucoup de mots sanscrits et arabes s'écrit avec les caractères de cette dernière langue. Il est très-simple dans sa construction grammaticale; on sait qu'il est répandu dans toute l'Océanie. La religion des Malais est l'islamisme.

Les véritables habitans primitifs sont des nègres qui vivent dans le N. de la presqu'île. De leur mélange avec des peuples étrangers sont provenus les Samangs, dont nous avons parlé précédemment, et dont le teint est d'un brun foncé.

Cette péninsule est la *Chersonèse d'Or* des an-

2. Île d'Or.

3. Rocher de Kouang-hié-nt.

ciens; l'abondance de ce métal, que l'on y trouve encore de nos jours, donna bien naturellement lieu à ce nom.

CHAPITRE XXXVI.

Archipel Mergui. — Possessions britanniques entre la presqu'île Malaie et la Birmanie.

Si en partant de Djonk-Seylon on navigue directement au N., on rencontre, jusqu'au 14e degré de latit., une longue chaîne d'îles de différentes dimensions, qui s'étend parallèlement à la côte; dans le S. elles sont granitiques, au N. elles sont calcaires; cet archipel, long de 160 lieues, se partage en plusieurs groupes.

Celui des îles Seyer est le plus méridional et à une dizaine de lieues du continent, d'où elles sont visibles. Finlayson descendit le 7 décembre 1821 sur la plus grande. « Elle nous parut, dit-il, avoir cinq milles de long et peut-être un de large. En approchant du rivage, nous fûmes frappés du silence profond qui régnait partout; il nous parut d'autant plus singulier que des forêts touffues semblaient offrir un asile sûr et une nourriture abondante aux oiseaux terrestres, et qu'une côte rocailleuse pouvait n'être pas moins favorable à l'existence des oiseaux de mer. Cependant on n'apercevait pas un seul habitant de l'air qui planât au-dessus de cette terre; ni les formes variées d'une végétation admirable dans sa profusion, ni la retraite assurée sous son ombre épaisse, n'étaient donc, suivant les apparences, suffisantes pour attirer même une faible portion de la création animée dans ce lieu que, d'après son aspect, on aurait jugé si favorable pour elle, et qui certainement était d'une beauté ravissante! Le voisinage de l'homme est-il donc nécessaire pour donner à la nature brute une couleur ou une impulsion propres à protéger l'existence de la création animée sous toutes ses formes? Sur cette île déserte, les grands arbres semblaient balancer en vain leurs cimes; les arbustes les plus humbles et les plantes herbacées fleurissaient sans être regardés; leurs charmes n'étaient nullement appréciés. L'utile et bienfaisant palmier, le bananier au fruit délicieux, le jasmin parfumé, le bambou élégant, l'igname nourrissante croissaient spontanément sur cette terre solitaire.

» En abordant sur la grève, nous pûmes examiner la masse de rochers élevés et presque perpendiculaires qui couvrent la plus grande partie de l'île; ils étaient de granite grossier, généralement de couleur rougeâtre, quelquefois de couleur de chair et plus souvent grisâtre; une ligne très-blanche, large, bien déterminée, marquait sur toute la longueur de l'île, à quelques pieds au-dessus de la mer, le point où s'arrêtait la marée montante; cette ligne était produite par une incrustation de coquilles.

Quoique nous eussions accosté l'île par le côté sous le vent, la houle et le ressac étaient si forts que nous eûmes de la peine à débarquer. Nous aperçûmes un seul oiseau de mer qui grimpait de rocher en rocher, recueillant de la nourriture dans les étangs remplis de petits poissons. Les coraux, les crabes, les coquillages étaient extrêmement variés. Ayant pénétré dans les forêts, nous ne fûmes pas moins frappés de la beauté majestueuse des arbres; la quantité des plantes que nous observâmes dans un espace comparativement petit était réellement prodigieuse. Bientôt notre attention fut appelée par les cris d'animaux innombrables : c'étaient des roussettes comestibles (*pteropus edulis*). On sait que ces mammifères, voisins des chauve-souris, restent pendant le jour suspendus par leurs pattes postérieures aux branches des arbres. »

Au-delà du groupe des Seyer, on ne voit pas d'île remarquable par sa grandeur, jusqu'à Saint-Mathieu, nommée par les habitans du continent *Ile de l'Eléphant*. Sa plus haute montagne, de même que celle de la côte opposée, ont une altitude de 3,000 pieds au moins. Cette île paraît être inhabitée; quoique son port formé par quatre îlots voisins, entre lesquels la navigation est sûre, soit vaste et commode.

Plus loin Lambi ou Domel offre sa masse montagneuse toute crevassée et bien boisée; les rochers de la côte montrent du schiste ferrugineux.

Plus au N. on ne voit que de très-petites îles; les canaux qui les séparent les unes des autres sont remplis d'écueils; les rochers de corail qui les entourent ne permettent pas à un navire de 300 tonneaux de mouiller à moins d'une encâblure de la terre. Le noyau de ces îlots est en granite, en avant duquel se présente du schiste et du calcaire; c'est contre les parois de ce dernier que les salanganes attachent leurs nids, si recherchés, comme mets délicat, par les peuples de l'Asie orientale. Des multitudes de petits bâtimens viennent, dans la saison convenable, les recueillir. On pêche aussi des huîtres perlières, mais seulement à cause de la nacre, les perles étant de qualité médiocre.

Thomas Forrest est le premier navigateur qui ait décrit l'archipel Mergui. Ce fut en 1783 qu'il le visita; on a donné son nom au détroit qui s'étend entre ces îles et le continent.

Celles qui sont situées sous le 12° de latitude ont une portion considérable de terrains unis ; on y voit quelques champs cultivés ; mais les groupes plus au N. E. ne sont tantôt que des rochers nus, tantôt que des îlots escarpés et boisés. Presque toutes ces îles ont des ruisseaux d'eau douce, et leurs rivages abondent en poissons et en huîtres excellentes.

On a trouvé éparse dans cet archipel une tribu nombreuse, industrieuse, inoffensive. Ces hommes, nommés *Tcholoës* ou *Pasés* par les Birmans, vivent dans des transes continuelles, et vont sans cesse d'un lieu à un autre. Durant la saison du N. E., ils fuient le voisinage des îles à salanganes, pour éviter la rencontre des Siamois, des Birmans et des Malais qui les font esclaves. Leur bateau est leur domicile, car ils ne forment jamais d'établissement permanent sur le rivage. Ils ont adopté la religion et le costume des Birmans. Ils échangent les nids de salanganes, les trépangs, la nacre de perle et les autres objets qu'ils ramassent dans ces îles, contre des toiles et d'autres marchandises que leur fournissent des Chinois.

L'archipel Mergui, composé d'îles hautes, escarpées, généralement rocailleuses, disposées par intervalles sur une ligne triple et quelquefois quadruple, forme comme un rempart avancé qui protége la côte, le long de laquelle il s'étend, contre la violence de la mousson du S. O. Cette côte, depuis le détroit de Papra entre Djonk-Seylon et le continent jusqu'à l'embouchure du Sanlouen (16° 30' N.) appartient aujourd'hui aux Anglais ; elle leur fut cédée en 1826, ainsi que le territoire qui en dépend, par les Birmans, après une guerre très-malheureuse pour ceux-ci.

La largeur du détroit de Papra est à peine d'une lieue ; un récif qui le traverse empêche même les bateaux de passer quand la mer est basse ; les bancs de sable qui se sont accumulés de chaque côté ont donné naissance à une espèce d'isthme ; des observateurs supposent que Djonk-Seylon, jadis unie au continent, en fut détachée par une convulsion de la nature. La ville de Papra, autrefois florissante, a été ruinée dans les guerres continuelles entre les Birmans et les Siamois. Finlayson, qui débarqua sur cette côte escarpée et généralement rocailleuse, dit que la mer y est très-profonde et que des chaînes de coteaux coupés de vallées et de ravines se prolongent dans la direction de la presqu'île. A quelques milles au N. du détroit, un plateau large de plusieurs milles sépare les montagnes de la côte ; le cap Phounga en est l'extrémité. On voit dans les forêts qui l'environnent des traces nombreuses d'éléphans et de tigres imprimées sur le sable. Des habitans regardaient de loin les Anglais ; ils ne voulurent pas s'approcher à portée de voix.

Mergui, dans une île de la rivière de Tenasserim, a peu de distance de son embouchure dans le golfe du Bengale, s'étend sur un coteau à 130 pieds au-dessus de la mer. Elle a le meilleur port de cette côte, dans toutes les saisons. La chaleur y est tempérée par des brises de terre et de mer, ce qui en rend le séjour très-sain pour les Européens. Les rues sont larges ; les maisons élevées sur des poteaux sont construites en bambous et nattées en feuilles de palmier. Mergui souffrit beaucoup dans la guerre dernière ; ses nombreux couvens, très-chétifs édifices, furent presque tous détruits. Le gouvernement britannique les fit rétablir à ses frais. Le canton qui environne Mergui est couvert de broussailles impraticables. Cette ville est la capitale de la province de Tenasserim. La ville de ce nom, située à quatre journées de route plus à l'E. dans l'intérieur et aujourd'hui en ruines, fut autrefois la résidence d'un prince obligé d'obéir tantôt au roi de Siam, tantôt à celui d'Ava. Il finit par être dépouillé de ses possessions.

Le Tavaï, petit fleuve coulant du N. au S., donne son nom à une province et à sa capitale bâtie à 10 lieues de son embouchure. Sa position est peu avantageuse au commerce, puisque les petits navires seuls peuvent remonter jusqu'à son port ; d'ailleurs le terrain qui l'environne étant très-bas, est complètement inondé dans la saison des pluies.

La province de Tavaï est bornée au N. par celle d'Yé, de très-petite étendue et presque entièrement occupée par des déserts, des broussailles et des forêts. Sa capitale, lieu très-chétif, est sur un long coteau à l'embouchure d'une rivière.

Les Anglais ont fondé, près de l'embouchure du Sanlouen, Amhersttown, qui est la capitale de la province de Martaban ; la ville de même nom se trouvant sur la rive droite du fleuve qui forme la limite entre les possessions des deux peuples est restée aux Birmans ; l'entrée du port est un peu étroite ; du reste il est parfaitement sûr dans toutes les saisons, et par sa position il procure un accès facile dans l'intérieur de la Birmanie.

La contrée que nous venons de passer en revue est comprise entre 12 et 18° de latit. N. et entre 95° 15' et 87° 40' de longit. E. Elle est bornée au N. par l'empire birman, à l'E. et au S. par le royaume de Siam, à l'O. par le golfe du Bengale. Sa longueur est de 150 lieues; sa largeur varie de 50 à 25; sa surface est de 7,500 lieues carrées.

Des montagnes marquent généralement les limites du côté du royaume de Siam; cette chaîne qui se prolonge dans la presqu'île Malaïe est bordée de branches latérales dont les sommets vont en s'abaissant de chaque côté et dont les vallées se dirigent du N. au S., ainsi que l'indique le cours du Sanlouen, du Tavaï et du Tanasserim avant qu'ils aient, dans leur partie inférieure, coupé les rameaux latéraux pour courir à l'O. ou au N. O. avant de se jeter dans la mer. Crawfurd dit que ces montagnes sont granitiques et que leur hauteur va de 3,000 à 5,000 pieds. Presque partout des forêts touffues les couvrent et les rendent impraticables aux Européens; leur population très-faible est généralement composée de Karians ou Karaens, tribu presque sauvage et à peu près indépendante.

La province de Tanasserim est très-montagneuse; le fleuve coule dans une vallée très-resserrée. On en peut dire autant des provinces de Tavaï et d'Yé, dans lesquelles les plaines ont très-peu d'étendue; elles dominent au contraire dans celle de Martaban. La côte très-découpée offre un grand nombre de ports qui furent autrefois très-fréquentés par les commerçans; les voyageurs qui ont parlé des habitans les dépeignent comme des hommes inoffensifs, industrieux et civilisés; quelques cantons étaient extrêmement peuplés. Les invasions des Birmans portèrent la désolation dans ce pays; sous la domination britannique, il a retrouvé la paix et la sécurité. On évalue sa population à 120,000 âmes; elle se compose de Siamois, de Pégouans et de Birmans, professant tous le bouddhisme; chaque jour elle s'accroît par les émigrations des États voisins. Sans doute l'abondance renaîtra parmi ces peuples, lorsqu'ils seront assurés de récolter les fruits de leurs travaux. On y cultive le riz, la canne à sucre, le poivre, le coton, l'indigo, le tabac. On trouve dans les forêts les bois d'aigle, de sapan, de sandal, et le tek si utile pour les constructions navales. L'étain est commun, surtout dans le Tanasserim; le sable des rivières en contient; on l'en retire par le lavage. Les forêts traversées par le Sanlouen et ses affluens sont peuplées d'éléphans, de rhinocéros et de nombreuses espèces d'animaux.

A l'endroit où à 10 lieues de son embouchure ce fleuve reçoit le Gaïn et l'Ataran, la vallée s'élargit vis-à-vis de la ville de Martaban; puis elle se partage en plusieurs îles verdoyantes, et coule entre des coteaux à pentes douces et bien boisées sur lesquels des temples s'élèvent audessus des cabanes des village. Quand le temps est serein, on voit dans le lointain un amphithéâtre de hautes montagnes; Crawfurd avoue que cette perspective est une des plus majestueuses et des plus pittoresques qui se soient offertes à ses regards. Les bras du fleuve entourent l'île Balou ou Poulgong qui a 10 lieues de long et 5 de large; elle est traversée par une chaîne de coteaux calcaires; on y compte douze grands villages; il n'y a pas dans toute la province de Martaban de lieu plus peuplé. Balou est très-féconde en riz, dont les champs sont bordés de palétuviers touffus; des canaux conduisent aux villages et facilitent le transport des récoltes.

CHAPITRE XXXVII.

Empire Birman.

Martaban, à la rive droite du Sanlouen, est dans une très-belle position, vis-à-vis du point où le Gaïn et l'Ataran se joignent à ce fleuve. Bâtie au pied d'un coteau, elle n'a de bâtimens remarquables qu'un temple long de 150 pieds. Les anciens voyageurs parlent de Martaban comme d'une place importante; elle était déjà déchue au commencement du xviiie siècle. Les Birmans l'ayant prise dans leurs guerres contre les Pégouans, coulèrent à fond, à l'embouchure du Sanlouen, des navires remplis de pierres, ce qui n'en permit plus l'accès qu'aux petits bâtimens. De ce moment data la décadence de cette ville: néanmoins, il s'y fait encore du commerce.

On appelle golfe de Martaban ou de Rangoun la portion du golfe du Bengale comprise entre la côte d'Yé, à l'E., et le cap Négraïs, à l'O. Ses côtes sont généralement basses.

En allant de l'embouchure du Sanlouen à l'O., on rencontre d'abord l'embouchure du Sitang, qui est tellement large, qu'on la prendrait pour un bras de mer. C'est un des bras de l'Iraouaddy, qui s'en sépare à une très-grande distance de l'Océan, et ne conduit à aucun lieu remarquable.

Plus loin, on trouve la rivière de Rangoun, autre bras de l'Iraouaddy. Sur sa rive gauche, à 12 lieues de la mer, est située la ville qui lui a donné son nom; c'est le principal port des Birmans; c'est là que se concentre leur commerce avec les étrangers. D'ailleurs, comme les forêts les plus abondantes en bois de tek sont à peu de distance de cette ville, et qu'il peut y être amené facilement par eau, les chantiers de construction navale les plus considérables y ont été établis; les ingénieurs européens qui les dirigent ont formé parmi les indigènes des ouvriers très-habiles et très-actifs.

Crawfurd qui, en 1827, vint en ambassade auprès de l'empereur des Birmans, trouva les environs de cette ville stériles et incultes; cependant il serait facile de les transformer en champs de riz. Rangoun est bâtie comme les villes de la côte au S. de Martaban, dont nous avons parlé précédemment. Le terrain va en s'élevant depuis le bord de l'eau, dans un espace d'une lieue, jusqu'à une grande pagode qui est à 80 pieds au-dessus du niveau de l'Iraouaddy. Cette disposition du terrain met Rangoun à l'abri des inondations auxquelles sont exposées les autres parties du delta.

Le climat est tempéré pour un lieu situé dans la zône torride : en novembre, le thermomètre s'y tient entre 12 et 24°; en mars et en avril, les mois les plus chauds de l'année, il est, au lever du soleil, à 16°; à midi, à 30°. La fraîcheur de la nuit, qui égale la chaleur du jour, passe pour produire un effet salutaire. La saison des pluies commence avec les premiers jours de juin, et finit avec les derniers jours d'octobre ; elles sont bien plus abondantes qu'au Bengale ; les vents frais qui soufflent alors sont très-dangereux pour la santé des Européens.

Crawfurd estime la population de Rangoun et de ses faubourgs à 18,000 âmes. On y compte 260 chrétiens de la communion romaine.

La ville et les environs sont couverts de *sidis* et de *kioungs*, monumens religieux en honneur de Bouddha, adoré ici sous le nom de *Gaoutama*. Tous sont des pyramides étroites et effilées ; on ne peut mieux les comparer qu'à un porte-voix; ils sont décorés au sommet d'un *ti* (parasol). Le plus grand de ces édifices est le *Chou-Dagon* (la Maison-Dorée). Ce temple est surtout célèbre parce qu'on y conserve huit cheveux de Gaoutama ; on y vient de toutes parts en pèlerinage. C'est au mois de mars, au printemps, que se célèbre la fête solennelle. Une foule innombrable y accourt, et en même temps il se tient à Rangoun une foire où les affaires sont très-actives.

Un bras du fleuve conduit à Syriam, située au S. E., et où les Français, ainsi que les Anglais, ont eu un comptoir ; elle est près d'un autre bras de l'Iraouaddy, qui est appelé *Rivière de Pégou*, d'après la ville de ce nom, jadis capitale d'un royaume puissant. Le major Symes, qui la visita en 1796, nous en a donné une relation, comme témoin oculaire.

Pégou est à 15 lieues au N. E. de Syriam. Symes navigua à travers un pays généralement inculte ; cependant, on y reconnaissait des traces d'ancienne culture; les ravages de la guerre l'avaient réduit à ce triste état. La plaine est parsemée de groupes d'arbres ; en quelques endroits, l'herbe et les broussailles sont très-hautes ; on les brûle pour s'en débarrasser ; le pâturage paraît être excellent. Le voyageur aperçut des traces d'éléphans sauvages ; ailleurs, la terre avait été fouillée par des sangliers ; des daims couraient dans le lointain ; les restes de deux gazelles à moitié dévorées par les tigres annonçaient que ces animaux féroces infestaient cette contrée.

A mesure que Symes avançait, il rencontrait des villages et des hameaux ; la rivière se rétrécissait ; elle n'avait plus que 40 pas de large ; il jugea qu'il avait parcouru 90 milles, à cause des sinuosités qu'elle décrit.

Il entra dans Pégou le 2 avril ; c'était une époque de fêtes et de divertissemens. Il y assista, ainsi que les personnes qui l'accompagnaient. Il y eut des luttes, des cortéges de chariots, des feux d'artifice ; ceux-ci étaient tirés par les députations des différens cantons du pays voisin ; la clarté du jour nuisait beaucoup à l'effet de ces feux. « Après le feu d'artifice, continua le voyageur, chaque députation passa devant le vice-roi, au son des instrumens ; ensuite, elles vinrent en chantant et en dansant vers l'endroit où nous étions.

» C'était un spectacle non moins agréable que nouveau pour des Européens, que ce concours de toutes les classes du peuple, assemblées pour se livrer à la joie et aux amusemens, sans commettre le moindre acte répréhensible, et sans que personne, dans cette foule, oubliât les règles de la tempérance. De quel tumulte, de quelle débauche n'aurait pas été accompagnée une pareille fête dans le voisinage d'une ville de la Grande-Bretagne ! Cette réflexion, je l'avoue, est humiliante pour un Anglais, quelque fier qu'il soit d'ailleurs du caractère de sa nation.

» Pendant quatre jours, nous fûmes exempts d'assister à des spectacles et à des cérémonies publiques, et nous eûmes le temps de faire des observations. Cependant le matin, notre salon était continuellement rempli de monde, car je reçus la visite de toutes les personnes de distinction qui se trouvaient à Pégou, à l'exception du gouverneur, qui, représentant l'empereur, ne va jamais chez personne. Un grand nombre d'hommes et de femmes, cédant à la curiosité, entourait notre palissade depuis le

1. Offrande à Fò ou Bouddha.

2. Baie de Faï-Fo.

matin jusqu'au soir. Ceux de la classe moyenne entraient ordinairement chez nous, quelquefois sans en avoir obtenu la permission, et, le plus souvent, sans la demander. Accoutumés à vivre entre eux avec une grande liberté, les Birmans ne se font pas le moindre scrupule d'aller chez des étrangers sans la moindre cérémonie ; il est vrai qu'en revanche ils ne trouvent pas mauvais que les étrangers aillent chez eux avec la même facilité ; toutefois, ils restent dans l'appartement où l'on reçoit du monde, et jamais ils n'essaient de pénétrer dans une chambre dont la porte est fermée ; un rideau même, derrière lequel on se retire, devient pour eux une barrière inviolable ; et à peine ils sont dans une maison, qu'ils prennent une posture respectueuse.

» Ceux qui venaient chez nous commençaient toujours par s'asseoir sur la natte qui couvrait le parquet. Ils ne se mêlaient pas de ce que nous faisions ; ils ne nous demandaient rien. Dès qu'on leur disait de sortir, ils s'en allaient sans marquer le moindre mécontentement ; et je suis persuadé que, s'ils avaient eu la possibilité de prendre de l'or à notre insu, ils n'y auraient pas même touché.

» Ce qui leur paraissait le plus singulier dans nos usages, c'était notre manière de manger. Le nombre, la variété de mes ustensiles de table et la façon de nous asseoir excitaient toujours leur étonnement.

» Le 12 avril, dernier jour de l'année birmane, nous fûmes invités par le vice-roi à une cérémonie fort gaie qui se pratique dans toute l'étendue de l'empire. Afin de laver toutes les souillures de l'année qui finit et d'en commencer une nouvelle avec pureté, les femmes birmanes ont coutume, ce jour-là, de jeter de l'eau sur tous les hommes qu'elles rencontrent, et les hommes ont le droit de leur rendre la pareille. C'est une occasion de divertissement et de gaieté, surtout parmi les jeunes filles, qui, armées de pots et de grandes seringues, cherchent à mouiller les passans, et rient de bon cœur quand ceux-ci leur lancent une potée d'eau.

» Cet usage ne produit jamais la moindre action contraire à la bienséance ; jamais on ne fait usage d'eau malpropre. Un homme peut jeter autant d'eau qu'il veut à une femme, si elle l'a arrosé la première ; mais il lui est interdit de la toucher. Lorsqu'une femme avertit qu'elle ne veut pas être atteinte par l'aspersion générale, on la laisse passer tranquillement.

» Environ une heure avant le coucher du soleil, nous arrivâmes au palais du gouverneur. Sa femme avait fait préparer tout ce qui était nécessaire pour le divertissement. Trois grands vases pleins d'eau, des jattes et de grandes cuillers étaient placés dans la salle d'audience. A notre entrée, on nous présenta à chacun une bouteille d'eau de roses, dont nous versâmes quelques gouttes dans la main du gouverneur, et il les jeta sur sa veste, qui était d'une magnifique mousseline brodée. Alors, sa femme parut à la porte, et annonça qu'elle ne voulait point nous arroser elle-même. Mais sa fille aînée, jolie enfant, portée par une nourrice, tenait une coupe d'or dans laquelle il y avait de l'eau de roses et du bois de sandal. Elle en versa d'abord un peu sur son père, et ensuite sur chacun de nous. C'était un signal pour que l'eau partît de tous les côtés. Nous attendant à cette cérémonie, nous ne nous étions vêtus que de tuniques de mousseline. Une vingtaine de jeunes femmes, qui étaient entrées dans la salle, inondèrent sans pitié quatre hommes, qui ne pouvaient avoir que du désavantage dans un combat si inégal. Le gouverneur eut bientôt abandonné le champ de bataille. L'un de nous s'empara d'un des grands vases de porcelaine, et, avec ce secours, nous nous défendîmes assez long-temps. Les assaillantes riaient de bon cœur de nous avoir mis en désordre. Enfin, quand tout le monde fut bien trempé et bien fatigué, nous retournâmes chez nous pour changer d'habillement. Sur notre route, beaucoup de jeunes femmes auraient bien volontiers répété sur nous la scène des femmes du palais ; mais, comme nous ne les provoquions pas, elles s'abstinrent de nous jeter une goutte d'eau ; elles s'en dédommagèrent sur les Birmans qui nous accompagnaient, et les inondèrent complètement.

» Nous ne courions aucun risque à être mouillés de la tête aux pieds ; la température nous mettait à l'abri des inconvéniens de ce passe-temps.

» Ayant pris d'autres habits, nous revînmes chez le vice-roi ; il y eut jeu de marionnettes et des danses qui durèrent jusqu'à onze heures du soir ; quelques jours auparavant, nous y avions assisté à une représentation théâtrale.

» Les fêtes et les amusemens publics cessèrent le 12 avril, dernier jour de l'année, ce qui nous fit grand plaisir, car, pour voir tout cela, nous étions souvent exposés à toute l'ardeur d'un soleil brûlant, qui, dans cette saison, est très dangereux. Cependant, quoique depuis midi jusqu'à cinq heures du soir la chaleur fût excessive, les matinées avaient une fraîcheur agréable, et les nuits étaient presque froides.

» Je profitais ordinairement du matin pour monter à cheval ou me promener à pied, une couple d'heures, dans la ville et dans les environs. Jamais, dans ces courses, je ne fus insulté, ni n'éprouvai le plus léger désagrément. J'excitais fréquemment la curiosité, l'étonnement, mais on ne me montrait ni de l'impolitesse ni du dédain.

» Depuis 1757, le royaume de Pégou a cessé d'exister; les Birmans s'emparèrent de sa capitale et la ravagèrent; le roi fut fait prisonnier. Les murailles de la ville devaient être un ouvrage considérable, à en juger seulement par les ruines. Les temples nombreux qu'elle renfermait furent les seuls édifices qu'épargna la rage du vainqueur. Depuis ce temps, tous ont été négligés, à l'exception du grand temple de Chou-Madou.

» Afin de sauver Pégou d'une ruine complète, le gouvernement birman s'occupa, en 1790, de rebâtir et de repeupler cette ville; ses anciens habitans furent invités à y rentrer, et des terres furent concédées dans les environs à ceux qui voudraient les cultiver.

» Ces sages mesures ont eu en partie les suites qu'on en attendait : une nouvelle ville s'est élevée sur les ruines de l'ancienne. Sa population est de 6,000 ames, et presque entièrement composée de *rhahaans* (ecclésiastiques), d'officiers attachés au service du gouverneur, et de pauvres familles pégouanes qui s'estiment heureuses de pouvoir vivre dans le lieu où la demeure de leurs pères fut si florissante.

» Les *kioums* ou couvens des rhahaans et les maisons des personnes de la haute classe sont ordinairement élevées de six à huit pieds au-dessus du sol; celles des gens de la classe inférieure ne le sont que de deux à trois pieds. Presque tous les toits sont garnis de pots de terre pleins d'eau pour servir en cas d'incendie; enfin une compagnie d'hommes payés par le gouvernement parcourt les rues pendant toute la nuit pour prévenir et éteindre les incendies.

» A Pégou, comme à Rangoun, les seuls édifices bâtis en briques sont les maisons appartenant à l'empereur et les temples. Celui qu'on appelle *Chou-Madou* (temple du Dieu-d'Or) est bâti sur une double terrasse. La première est à 10 pieds d'élévation au-dessus du sol, et la seconde à 20 au-dessus de la première. Elles ont chacune la forme d'un parallélogramme : je les mesurai. La première a 1391 pieds sur une de ses faces; la seconde, 684 pieds. Les murs qui soutiennent leurs côtés sont très-dégradés; ils étaient autrefois revêtus d'un enduit sur lequel on voyait des figures en bas-relief. La seconde terrasse est bien entretenue. Ce temple est sans doute aussi ancien que les murs de Pégou, et la terre qui a servi à construire sa double base doit provenir du fossé qui entoure ces remparts; car il n'y a dans la ville, ni dans les environs, aucun autre endroit creusé qui pût en avoir fourni la dixième partie.

» On monte sur les terrasses par de grands escaliers de pierre; de chaque côté de ces terrasses sont les demeures des rhahaans, construites en planches et couvertes en tuiles. Les poteaux qui les supportent sont tournés avec élégance; chacune n'a qu'une seule chambre assez spacieuse, où il y a plusieurs bancs nus, sur lesquels couchent les rhahaans. Je n'y aperçus aucune autre espèce de meuble.

» Le Chou-Madou est une pyramide compacte construite en briques et en mortier, élevée de 331 pieds au-dessus de la terrasse, et par conséquent de 361 au-dessus du sol. A sa base, il forme un octogone; chaque face a 160 pieds de long; il s'arrondit en s'élevant; puis son diamètre diminue tout-à-coup.

» A six pieds de hauteur, une saillie considérable porte cinquante-sept colonnes pyramidales, à une égale distance l'une de l'autre, de 27 pieds de haut et de 40 pieds de circonférence à leur base; au-dessus de cette saillie, une seconde soutient 53 colonnes absolument semblables aux premières.

» L'édifice est couvert de moulures circulaires; les ornemens de la corniche ressemblent à des fleurs de lys. Au-dessus des dernières moulures, il y a d'autres ornemens en stuc, pareils au feuillage d'un chapiteau corinthien; le tout est couronné par un *ti* en fer, surmonté d'une aiguille et d'une girouette dorées (Pl. XXVI — 1).

» Le ti est doré et a 56 pieds de circonférence; il est supporté par une barre de fer plantée dans la pyramide, et attachée par de grosses chaînes qui y sont fixées. Plusieurs cloches suspendues tout autour du ti font entendre un tintement continuel quand le vent les agite.

» Dans l'angle de la seconde terrasse faisant face au S. O., on a construit en bois deux kioums de 60 pieds de long sur 30 de large; le toit, disposé en gradins, est soutenu par des colonnes vernissées; le plafond est doré; l'extérieur est sculpté avec beaucoup de soin. Ces temples sont remplis de statues de Gaoutama et de figures d'animaux et d'hommes.

» Dans un petit pavillon de l'angle N. E. de

la seconde terrasse, il y a une table de marbre haute de 4 pieds, large de 3, et posée verticalement; la longue inscription qu'on y lit contient la liste des dons faits depuis peu par les pèlerins au temple.

» Une galerie couverte, qui règne tout le long de la seconde terrasse du côté du nord, est destinée à mettre à l'abri les fidèles qui viennent de loin porter leurs hommages à Chou-Madou. Du même côté, tout près du temple, trois grosses cloches fort bien travaillées sont suspendues à peu de hauteur entre quatre colonnes; des bois de daim sont épars tout autour. Les personnes que la dévotion attire en ce lieu prennent une de ces cornes, et frappent alternativement la cloche et la terre trois fois : c'est pour annoncer à l'esprit de Gaoutama l'approche d'un suppliant.

» Il y a, au pied de la pyramide sacrée, plusieurs bancs peu élevés, sur lesquels quiconque vient prier place son offrande; elle consiste ordinairement en riz cuit, en confitures, en cocos frits dans l'huile; le fidèle ne s'inquiète pas ensuite de ce que cela devient, et souvent les corneilles et les chiens sauvages dévorent ces mets en sa présence, sans qu'il ose les en empêcher. Je fus témoin de ce fait, et l'on me dit qu'il en arrivait de même de tout ce qu'on posait sur ces bancs.

» Indépendamment des grands temples des deux terrasses, leur surface en offre une infinité de petits qu'on laisse tomber en ruines; la terre est parsemée d'innombrables images de Gaoutama. Un Birman pieux qui achète une idole la fait d'abord consacrer par les rhahaans; il la porte ensuite au temple qui lui convient le mieux, et il la dépose soit sous l'abri d'un kioum, soit en plein air, devant l'édifice : dès ce moment, peu lui importe ce qu'elle devient : il pense que c'est à la Divinité à prendre soin d'elle-même.

» Quelques-unes de ces idoles sont faites avec du marbre qu'on trouve dans le voisinage de la capitale de l'empire, et qui peut prendre un très-beau poli; il y en a beaucoup en bois doré, et un petit nombre en argent; ces dernières ne sont pas laissées en plein air comme les autres. L'argent et l'or ne s'emploient guère que pour faire des dieux domestiques.

» On voit sur les deux terrasses un certain nombre de longs bambous fichés en terre, et portant à leur extrémité des drapeaux blancs et ronds; ils sont placés là par les rhahaans, et sont des emblèmes de la pureté et de la sainteté de leurs fonctions. Le bambou est terminé par la figure d'une oie sauvage, symbole des nations birmane et pégouane.

» Du haut de la saillie la plus élevée qui entoure la base du Chou-Madou, on jouit d'une vue très-étendue et très-pittoresque du pays voisin, où tout est dans l'état sauvage. Les habitans y sont peu nombreux ; à peine y distingue-t-on quelques traces de culture. Les coteaux de Martaban s'élèvent à l'E.; le Sitang serpente dans la plaine, et l'œil peut y suivre toutes ses sinuosités. A environ 40 milles au N., on aperçoit les monts Galladzet, où la rivière de Pégou prend sa source, et remarquables seulement par l'insalubrité de leur atmosphère. De tous les autres côtés, on ne découvre que des plaines immenses entremêlées de forêts et d'eau.

» N'ayant pu me procurer des renseignemens satisfaisans sur l'antiquité du Chou-Madou, j'allai rendre visite au saïré-dâ ou supérieur des rhahaans de Pégou; sa demeure était placée au milieu d'un bosquet ombreux de tamariniers, à 5 milles au S. E. de la ville; là, tout semblait être en harmonie avec le grand âge et la dignité du maître. Les arbres étaient majestueux ; une eau pure remplissait un joli réservoir : un petit jardin, planté de diverses espèces d'arbres fruitiers, produisait aussi des racines comestibles ; une palissade de bambous protégeait cette retraite contre les attaques des animaux sauvages. Quelques jeunes rhahaans vivaient auprès du vieillard, et s'occupaient, avec un pieux respect, à pourvoir à ses besoins. Quoique très-amaigri, il paraissait encore actif, et conservait toutes ses facultés intellectuelles. Il me dit qu'il était âgé de quatre-vingt-sept ans. Les rhahaans vivent de charité, mais ils ne demandent jamais l'aumône, ni n'acceptent de l'argent. Je présentai donc à ce vénérable pontife une pièce d'étoffe : il la reçut en me témoignant sa reconnaissance par une bénédiction.

» Il me raconta que, dans les dernières convulsions du royaume de Pégou, la plupart des précieuses chroniques de ce pays s'étaient perdues, mais, que d'après les traditions, le temple de Chou-Madou existait depuis 2,300 ans; il avait d'abord été fondé par deux commerçans qui étaient frères et nés dans le canton de Tallômiou à une journée de marche à l'E. de Martaban; l'édifice fut ensuite élevé successivement par les rois de Pégou. »

Dans l'après-midi, Symes fit une promenade d'un mille et demi à l'E. de la ville; les broussailles de bambous et de ronces croissaient jusque sur le bord du fossé; le chemin qu'il suivait le conduisit dans un bois coupé de plusieurs sentiers; il n'y vit d'autre habitation qu'un petit nombre de cabanes éparses à l'abri d'un groupe de bambous. Cependant des ruines nombreuses annonçaient que le pays avait été autrefois très-peuplé; les sentiers montraient par les traces des pas du bétail que la campagne au N. devait être plus habitée et mieux cultivée.

A un mille et demi au S. de la ville, l'aspect de la campagne est à peu près le même qu'à l'E., mais on n'y voit d'autres arbres que ceux des bosquets sacrés; on y rencontre un petit nombre de villages composés d'une trentaine de cabanes et à côté desquels des terrains ont été défrichés. Les paysans ont l'air de vivre misérablement, quoiqu'ils aient du bétail; c'est que leur religion leur défend de manger de la viande, et rarement ils boivent du lait. Du riz assaisonné de sel, d'huile exprimée d'une graine indigène, et de *gnapi*, petit poisson qu'on laisse fermenter dans la saumure, fait presque toute leur nourriture. Les vaches sont petites et ressemblent à celles de la côte de Coromandel; en revanche, les buffles sont bien plus beaux que ceux de l'Inde. On les emploie au labourage, et on les attelle à des chariots qui sont très-bien travaillés et peuvent porter de lourds fardeaux.

Les bosquets dont on vient de parler inspirent des idées agréables; ils sont l'asile des rhahaans qui se consacrent à la retraite et préfèrent la tranquillité des champs aux embarras et au tumulte des villes. Ils construisent leurs kioums à l'ombre des tamariniers et des asvatha ou banianes. C'est dans les kioums ou couvens, soit des villes soit des campagnes, que les jeunes gens apprennent les principes de la lecture, de l'écriture, de la religion et de la morale; leur éducation est gratuite.

D'après la nature du pays entre Rangoun et la capitale, on voyage ordinairement par eau pour aller de l'une de ces villes à l'autre. Les chaloupes sont longues et étroites; il est nécessaire qu'elles soient bien lestées; sans cette précaution, elles vacilleraient continuellement. Un rebord qui fait une saillie de cinq à six pieds et va de la poupe à la proue les empêche de chavirer. Pallang, première ville que l'on rencontre, fut jadis si considérable que son nom était fréquemment donné à la rivière de Rangoun; le commerce y est encore florissant.

On entre dans l'Iraouaddy à Yangain-tichaïn-Yah; dans cet endroit, le fleuve a un tiers de lieue de large et coule directement du N. au S. Ses bords deviennent escarpés. Le temple de Denobiou, semblable au Chou-dagon, se montre sur la rive droite; on laisse derrière soi cette ville, puis successivement plusieurs autres qui toutes sont plus ou moins commerçantes et beaucoup de villages. Les rives du fleuve varient d'aspect; elles sont d'un côté élevées et presque perpendiculaires, et de l'autre fort basses et sablonneuses.

En avançant, on aperçoit à l'O. la chaîne des Youma-Dong qui sépare l'Ava de l'Arracan; on s'en rapproche; elles offrent une perspective très-pittoresque; des rochers hauts de 200 à 300 pieds, revêtus d'arbres au feuillage extrêmement varié, bordent le fleuve qui est très-rapide.

Peing-ghé et Sahladan expédient une grande quantité de bois de tek à Rangoun; on va le couper, au temps de la sécheresse, dans les forêts à l'O.; dès que la saison des pluies commence, on laisse aux torrens le soin de les entraîner dans la plaine.

Promé, sur la rive gauche, est une ville ancienne et célèbre dans les annales des Birmans; d'un côté, elle est très-rapprochée des collines. Symes y vit des ateliers où des ouvriers travaillaient les uns à tailler les pierres pour le pavé, les autres à sculpter des vases pour les temples. Il y a tout près de cette île un manége impérial où l'on dresse les éléphans pris à la chasse. Voici comment elle se fait: les chasseurs montés sur des éléphans privés, exercés à ce manége, s'étendent sur le dos de ces animaux et s'introduisent ainsi, sans être aperçus, au milieu d'un troupeau sauvage; alors ils guettent l'occasion de jeter une corde avec un nœud coulant sur le passage de l'éléphant dont ils veulent s'emparer. L'autre bout de la corde est attaché au corps de l'éléphant privé, qui renverse aussitôt le sauvage; il s'ensuit un rude combat dans lequel le premier, aidé par ses camarades, ne tarde pas à vaincre l'habitant des bois qui est abandonné de tous les siens. Il est ensuite emmené prisonnier attaché fortement à deux de ses vainqueurs, tandis qu'un autre marche devant lui et qu'un quatrième le pousse par derrière. On emploie de si bons moyens pour le dompter, qu'en peu de semaines l'animal devient docile et se résigne à son sort. On dit à Symes que ceux dont nous donnons la représentation (PL. XXVII — 1 et 2) sont pour la plupart des femelles. Les éléphans mâles sont ordinairement attirés par le cri des femelles, dressées à cette manœuvre, dans un enclos ou *kédah*, d'où ils ne peuvent sortir et où on les prend aisément.

Près de Miaïday, ville jolie et très-propre, on voit plusieurs temples et couvens placés au mi-

3. Cocincinesi.

2. Soldato Cocincinese.

lieu de charmans bosquets, et un grand hangar en bois sous lequel un massif de maçonnerie soutient une table de granit gris posée horizontalement, longue de 6 pieds et large de 3; elle offre l'empreinte du pied de Gaoutama. Sa surface est sculptée en plus de cent compartimens contenant chacun une figure symbolique. Deux serpens entrelacés semblent pressés sous le talon, et cinq coquilles forment les orteils (Pl. XXVI — 2). On trouve une figure semblable sur un rocher du pic de Ram dans Ceylan; suivant une ancienne tradition conservée chez les peuples qui adorent Gaoutama, il avait posé un de ses pieds sur cette île et l'autre sur le continent.

À une distance de 5 milles à l'E. d'Yaïnan-gheoum, village de la rive gauche de l'Iraouaddy, on recueille du pétrole dans des puits creusés au milieu d'une campagne triste et stérile, entre des coteaux dont l'élévation est à peine de 100 pieds, le terrain graveleux, et sur lesquels on ne voit que des arbres chétifs. On y rencontre des morceaux de bois pétrifié. Chaque puits a une ouverture d'environ quatre pieds carrés; les parois sont revêtues d'une charpente en bois; on tire le pétrole avec un pot de fer attaché à une corde roulée autour d'un treuil qui est posé sur deux poteaux. Quand le pot est plein, deux hommes prennent un bout de la corde et courent en descendant un sentier creusé obliquement dans la terre et dont la longueur correspond à la profondeur du puits, de sorte que lorsqu'ils arrivent à l'extrémité, le pot est remonté. Alors on le vide dans un réservoir percé au fond d'un petit conduit par lequel on fait ensuite écouler l'eau.

Crawfurd, à l'exemple de Symes, fit mesurer avec une corde la profondeur d'un de ces puits; elle était de 175 pieds. Un habitant du voisinage lui dit qu'un puits où l'eau atteignait jusqu'à la ceinture était regardé comme passablement productif; celui où elle montait jusqu'au cou, comme très-abondant, et celui où elle n'allait qu'aux genoux, comme médiocre. Quand un puits est tari, on en rétablit la source en creusant plus profondément le roc qui est extrêmement dur dans les endroits où se trouve le pétrole. C'est au gouvernement qu'appartient le terrain qui fournit cette substance utile. Il l'afferme à des entrepreneurs qui font les fouilles à leurs risques et périls, et tantôt gagnent et souvent perdent, parce que les dépenses sont très-considérables. Le pétrole se vend sur les lieux à très-bon marché, car, selon Symes, on a plus de 200 jarres pour 3 francs; l'achat de ces vases et les frais de transport le renchérissent beaucoup.

Le pays autour d'Yaïnan-gheoum diffère totalement de celui que l'on a vu auparavant; il présente une multitude de petites collines isolées entièrement stériles, où l'on n'aperçoit que des arbres chétifs; le sol argileux ressemble à l'ocre rouge. Il est couvert de fragmens d'arbres pétrifiés, dans lesquels on reconnaît aisément la texture du bois. On y rencontre aussi du gravier quartzeux et même des masses de quartz.

L'embouchure d'un petit affluent de l'Iraouaddy est toujours remplie de grands bateaux venus pour prendre un chargement de pétrole. Le village n'est habité que par des potiers qui sont continuellement occupés. Les jarres destinées à recevoir le pétrole sont disposées dans l'intérieur et autour du village en grandes pyramides, comme celles des boulets et des bombes dans les arsenaux. Des milliers d'autres déjà remplies sont disposées le long du rivage; il s'en casse beaucoup et leur contenu se mêlant avec le sable forme un bourbier fétide.

Sillah-miou est une grande ville, remarquable par ses manufactures de soieries. « À peine avions-nous jeté l'ancre, dit Symes, qu'une foule de petits navires accourut sur le bord du fleuve. Ils portaient dans des boîtes en laque des pièces d'étoffe de soie et d'autres de soie et coton. Le prix qu'ils demandaient de ces marchandises me sembla exorbitant; ils voulaient avoir 15 tackas (à peu près 50 fr.) pour une pièce médiocrement fine, longue de 5 yards et à peine large d'un yard; chaque pièce a ordinairement les proportions convenables pour faire un vêtement à la mode du pays. La soie dont on fabrique ces étoffes vient de l'Yun-nan. Elles sont d'un tissu serré et fort et on me dit qu'elles durent plus long-temps que celles de la Chine ou de l'Hindoustan; les couleurs en sont vives et brillantes, mais elles me parurent peu solides. »

À mesure que l'on avance vers le N., quoique les cantons voisins du fleuve soient en grande partie stériles, la population augmente. Chaque colline, chaque éminence est couronnée d'un temple, quelques-uns sont très-grands et ont des coupoles dorées; l'agriculture est perfectionnée.

Paghan-nian, sur la rive droite, fut jadis la capitale de l'empire; ses ruines, visitées par Symes et par Crawfurd, couvrent un espace considérable. Neoundah, bâtie sur une partie de l'emplacement qu'elle occupait, est une ville très-commerçante; ses rues sont remplies de boutiques où l'on voit exposées toutes sortes de marchandises en laque et de la poterie vernissée; ailleurs il y a des pressoirs pour extraire l'huile de la graine de sésame; ailleurs des ateliers de forgerons.

Au-delà de Neoundah, la rive orientale ou gauche de l'Iraouaddy est absolument perpendiculaire et haute de 30 à 100 pieds; les parois du rocher offrent à peu près à mi-hauteur des ouvertures ressemblant à des allées étroites; on dit qu'elles conduisent à des cavernes jadis habitées par des ermites.

Yandabou, sur la même rive, un peu au-dessus et presque vis-à-vis de l'embouchure du Kien-doum, rivière qui vient du N., est remarquable par ses manufactures de poterie. Plus loin, à Sammeï-kioum, on fabrique du salpêtre et de la poudre à feu; l'exportation de ces deux objets est défendue, et de même que dans tous les pays policés, la vente du dernier n'est permise que d'après une autorisation délivrée par les agens du gouvernement.

Les environs de Gnamendi-ghé sont renommés pour produire le meilleur tabac de l'empire; cette ville a de nombreuses briqueteries qui travaillent beaucoup pour les temples.

Le village de Sandaht, ainsi que le canton qui l'entoure, ne sont habités que par des gens chargés de soigner les éléphans des écuries impériales. Le monarque est le seul propriétaire de tous les éléphans de ses États. Il n'accorde qu'aux personnes de la plus haute distinction le privilége de monter un de ces animaux ou de le garder chez soi.

Miamou, sur la rive droite, vis-à-vis de Sandaht, a des fabriques de toile de coton à carreaux commune, dont s'habille la classe inférieure. Yandapaïn, sur la rive gauche, se distingue par ses temples et un très-beau couvent.

A Miamou, le fleuve tourne à l'E. Ses bords sont couverts de jolis villages entourés de jardins et de vergers; ils se multiplient, ainsi que les temples, à mesure que l'on approche de la capitale de l'empire. Quand Symes y vint en ambassade, Amérapoura jouissait de cette prérogative; du temps de Crawfurd, le monarque l'avait transportée à la ville d'Ava, située à deux lieues de distance à l'O., et ancienne résidence.

Ava est entourée d'un mur en briques; le palais n'a été terminé qu'en 1824. La salle d'audience, quoique peu d'accord avec les idées des Européens sur l'architecture et les ornemens, est réellement magnifique, brillante et d'un effet imposant; sa longueur est de 120 pieds; sa largeur de 90 (Pl. XXVIII — 1 et 2). Les cérémonies de l'audience ne différèrent pas beaucoup de celles qui avaient été observées à Bankok; mais la pompe en fut plus imposante.

L'ambassadeur et les personnes de sa suite, conduits en grand apparat jusqu'à l'escalier de la salle d'audience, y quittèrent leurs souliers. Des instrumens de musique se faisaient entendre dans l'intérieur; des groupes de jeunes danseuses y exécutaient des pas gracieux. Les Anglais s'accroupirent sur un tapis à une cinquantaine de pieds du trône. Au-delà se tenaient des membres de la famille royale; le reste de l'assemblée se composait des grands officiers de l'empire, tous vêtus de mousseline blanche. Le trône, très-artistement sculpté et très-bien doré, était surmonté d'un parasol. Une porte s'ouvrit, le monarque parut, monta les marches, et s'assit en croisant ses jambes. A sa vue, tous les Birmans s'inclinèrent, et prirent une attitude suppliante; on n'exigea des Anglais que de se baisser un peu en avant, et de placer leurs jambes en dedans autant qu'ils pourraient; rien n'étant si impoli et si contraire à l'étiquette du pays que de tourner la plante des pieds vers une personne de distinction.

Des prêtres chantèrent la prière au pied du trône; un officier lut ensuite la liste des personnes qui devaient être présentées ce jour-là; puis celle des présens offerts au monarque; enfin celle des dons qu'il faisait aux étrangers. Le prince se retira lentement, et tout le monde sortit.

La haie, tout le long de la marche de l'ambassadeur, était formée par des soldats. Leur équipement peut sembler singulier à un Européen (Pl. XXV — 3).

L'empire birman comprend aujourd'hui l'ancien royaume d'Ava, le Pégou, une partie du Laos et d'autres cantons tributaires; il s'étend de 15° 38' à 27° 57' de lat., et de 91 à 96° de long. E. Sa longueur est de 300 lieues; sa largeur de 120; sa surface est de 34,000 lieues carrées.

Sa population est à peu près de 4,700,000 ames; elle se compose de Birmans (*Mranma*), de Pégouans (*Talian*), de Laociens (*Chan*), de Karians et d'autres tribus. Le Birman est de taille moyenne, bien fait, robuste, agile, de couleur plutôt brune que noire; le caractère de sa figure ressemble à celui de ses voisins de l'E.; sa civilisation est celle des Siamois. Il est doux, débonnaire, inoffensif; dans la guerre, il s'est montré courageux et cruel; en général, il est vif, curieux, colère et impatient. Il n'enferme point les femmes, il leur laisse toute liberté, mais les traite avec peu d'égards. Il est rare que celles d'un haut rang restent oisives chez elles; distribuer du travail à leurs servantes et les sur-

EMPIRE BIRMAN.

veiller, est leur occupation comme celle des épouses des chefs grecs chantés par Homère.

La langue birmane s'écrit avec des caractères qui, de même que ceux du siamois, dérivent du pali; elle se divise en plusieurs dialectes; elle diffère beaucoup du pégouan. Les livres des Birmans sont, ainsi que ceux des Hindous, écrits sur des olles ou feuilles de palmier, sur lesquelles on grave les lettres avec un burin (Pl. XXV — 3). Chaque couvent a une bibliothèque; les livres sont conservés dans des boîtes en laque.

L'habillement de cérémonie des Birmans a de la grâce et de la noblesse : il consiste en une veste de velours ou de satin à fleurs qui descend jusqu'à la cheville, et a un collet ouvert et des manches larges. Par-dessus cette robe, ils ont un manteau léger et flottant qui ne couvre que leurs épaules. Ils sont coiffés de hauts bonnets de velours tout unis ou brodés, suivant le rang de ceux qui les portent. Les boucles d'oreilles font partie de la parure des hommes. Les femmes nouent leurs cheveux sur le haut de la tête, et y ajoutent un bandeau dont la broderie marque leur rang. Leur chemise ne passe pas la hanche; elles la serrent avec des cordons pour soutenir leur gorge. Une tunique courte, large et à manches serrées, recouvre une longue pièce d'étoffe qui leur ceint les reins, et fait deux fois le tour de leur corps, en traînant à terre. Quand les femmes d'un haut rang vont en visite, elles ont une ceinture de soie semblable à un long châle qui se croise sur leur poitrine, et dont les bouts, rejetés sur leurs épaules, flottent avec grâce (Pl. XXVI — 3).

Les hommes et les femmes de la classe inférieure sont vêtus en toile de coton commune; une partie de leur corps reste à découvert (Pl. XXV — 4). La mode de se tatouer les bras et les cuisses s'est conservée chez ce peuple.

Les Birmans ont des esclaves; ce sont ou des prisonniers faits à la guerre, ou des débiteurs insolvables; la postérité des premiers reste dans la servitude; les enfans des autres sont tenus d'acquitter les dettes de leur père.

Les rhahaans vont pieds nus et la tête découverte. Un long manteau jaune leur enveloppe presque tout le corps (Pl. XXVI — 4). Ils observent un célibat rigoureux. Celui qui enfreint cette règle est expulsé du kioum et puni d'un châtiment qui l'expose à la dérision publique. Après lui avoir barbouillé le visage de blanc et de noir, on l'assied sur un âne, et on le promène dans toutes les rues au son du tambour.

La structure des kioums diffère de celle des maisons ordinaires. Le plus magnifique de ces couvens est celui d'Amérapoura, non moins remarquable par son architecture extraordinaire que par les ornemens et la profusion d'or qui le décorent. Il est entièrement en bois, et ses cinq étages de toits diminuent de grandeur en proportion de leur élévation. Il est soutenu sur 150 poteaux de bois. Les colonnes de l'intérieur ont 50 pieds de haut, et sont dorées jusqu'à quatre pieds de la base. Des dévots sont constamment prosternés sur la galerie qui fait le tour de cet édifice (Pl. XXVII — 3 et 4).

D'après le témoignage des voyageurs, le code des Birmans est rempli de la plus saine morale; il est clair, et contient des lois spéciales applicables à la plupart des délits qui peuvent être commis. L'ordalie et la malédiction sont les seules choses absurdes qu'on trouve dans ce livre. Il se termine par des exhortations aux princes et aux magistrats pour les engager à bien remplir leurs devoirs. Toutefois, le gouvernement est un despotisme complet.

Les affaires civiles et criminelles suivent différens degrés de juridiction; les frais de procédure sont, comme partout ailleurs, très-dispendieux. Des avocats plaident la cause des parties. La cour suprême est le *lotou* (conseil d'État); la rétribution d'un *amiadozaan* (avocat au conseil) est de 5 tackals (20 francs).

Les mariages sont des actes purement civils. La loi défend la polygamie; cependant elle permet les concubines, et n'en fixe pas le nombre. Un homme peut répudier sa femme dans certains cas déterminés; mais il lui en coûte une somme énorme pour faire prononcer le divorce.

Quand un Birman meurt *intestat*, ses enfans légitimes héritent des trois quarts de son bien, mais non par portions égales; le quart restant appartient à sa veuve, qui est tutrice des enfans s'ils sont mineurs, et garde leur fortune jusqu'à leur majorité.

Les funérailles se font avec beaucoup de solennité et de grandes démonstrations de douleur. Le corps des gens riches est brûlé; celui des pauvres est enterré ou jeté à la rivière.

La nation est divisée en six classes, qui sont la famille royale, les employés du gouvernement, les prêtres, les marchands, les laboureurs, les esclaves; enfin viennent les gens hors de caste, comprenant les esclaves, les hommes qui brûlent les cadavres, les exécuteurs des hautes-œuvres, les geôliers, les lépreux et les femmes publiques.

Suivant la loi, le dixième de tous les produits appartient au souverain, qui a également le droit de prélever un dixième sur toutes les marchandises étrangères importées dans ses Etats. La totalité de ses revenus peut être évaluée à 45,600,000 francs. La plus grande partie des impôts est payée en nature ; après qu'une légère portion a été convertie en argent, le reste est distribué comme il a été perçu, et sert de salaire aux agens du gouvernement. Les princes du sang, les grands-officiers du gouvernement, les gouverneurs de provinces reçoivent en apanage des provinces, des villes, des villages et des fermes, et les hommes occupant des emplois inférieurs sont rétribués de la même manière par des concessions de terres ou de droits sur des marchandises ; en revanche, ils sont tenus au service militaire en cas de guerre, indépendamment de leurs devoirs à remplir comme officiers civils. C'est tout comme en Europe au temps du régime féodal.

Tout habitant de l'empire est soumis à la conscription militaire. On estime que l'armée est de 35,000 hommes ; mais ordinairement le monarque ne tient sur pied que sa garde, la garnison de la capitale et de quelques autres villes. La garde est composée d'infanterie et de cavalerie ; les fantassins sont armés de sabres et de fusils ; les cavaliers ont une lance de sept pieds, dont ils se servent avec beaucoup d'adresse. Leur costume est d'un très-bel effet (Pl. XXVI — 4).

Les chaloupes de guerre forment une partie importante des forces militaires de l'empire. Chaque ville considérable située sur une rivière est tenue de fournir un certain nombre d'hommes et une ou plusieurs chaloupes, proportionnellement à ses moyens. On fait monter leur nombre total à près de 500 ; elles portent à l'avant une pièce de canon, et souvent des pierriers à l'arrière. Indépendamment des matelots armés d'un sabre et d'une lance quand ils ne rament pas, elles ont une troupe de 30 fusiliers. La chaloupe royale est ornée et décorée avec une grande magnificence (Pl. XXVIII — 3).

On connaît peu l'empire birman au-delà d'Amérapoura. Au-dessus de cette ville, l'Iraouaddy qui, depuis ce point jusqu'au confluent du Kien-douen, coule de l'E. à l'O., reprend sa précédente direction du N. au S. Parmi les montagnards qui habitent les cantons baignés par le Kien-douen, on remarque les Kaïns ; leur vêtement est en grosse toile de coton noire, celui de la femme beaucoup plus long que celui de l'homme, mais tous deux bordés en blanc, rouge et jaune. Symes en vit deux : l'homme avait en travers de l'épaule droite une bandoulière à laquelle était attachée une gibecière ornée de cordons et de petits coquillages. L'un et l'autre étaient coiffés de turbans à peu près pareils à ceux des Birmans. Les glands de ceux de la femme étaient faits du corps d'un insecte du genre bupreste. Elle portait des colliers et des bracelets de verroterie et de cauris ; elle avait le visage tatoué (Pl. XXVIII — 4).

L'empire birman offre une grande plaine entourée de montagnes, surtout à l'E et au N. E. Celles-ci contiennent des richesses métalliques, notamment du fer qui est mal exploité, et des pierres précieuses, surtout de beaux rubis. On trouve de l'or dans le sable des rivières. Le nom de ce métal sert à exprimer tout ce qui appartient à l'empereur. Quand un Birman raconte que ce monarque a été informé de quelque chose, il dit : « Cela est parvenu aux oreilles d'or. » Celui qui a obtenu audience a été admis devant les pieds d'or ; l'essence de rose a un parfum agréable au nez d'or.

On a rencontré du platine dans les lavages d'or. L'argent, le cuivre, l'étain, le plomb, l'antimoine sont communs dans les montagnes du Laos ; toutes ces mines sont exploitées par les Chinois, qui paient une redevance à l'empereur.

Le riz fait la base de la culture. Dans les provinces du N., on récolte du froment, et dans le S., du tabac et de l'indigo ; dans les cantons montueux, le thé croît spontanément. Les forêts sont très-étendues et fournissent de beaux bois.

L'éléphant et le buffle sont plus employés que le cheval et le bœuf. Les tigres, les léopards, les chats sauvages remplissent les forêts et les broussailles, et causent souvent de grands ravages. Les rivières sont très-poissonneuses, fort heureusement pour les Birmans, qui, malgré leur ferme croyance à la métempsycose, ne se font aucun scrupule de manger les habitans des eaux.

Ce peuple ne brille point par l'industrie ; il n'excelle que dans l'art du potier. Presque tout le papier se tire de la Chine. Les ramifications de l'Iraouaddy, dans la partie inférieure de son cours, facilitent beaucoup le commerce intérieur. Les villes les plus commerçantes sont Ava, Rangoun, Bassein, à l'O. de cette dernière, Tongo, sur le Sitang, et Plek, sur une petite rivière à 3 lieues au S. d'Ava. Le négoce avec la Chine et les pays du N. se fait par caravanes ; ce qu'elles apportent consiste en soie écrue, velours, souliers, habits, éventails, ver-

nis, laque, ivoire, cire, objets en laque, sabres, rhubarbe, thé, musc et métaux. Les marchandises fournies par les Birmans sont le salpêtre, la chaux, le coton, des étoffes de soie, des ustensiles en fer, des objets en laque, beaucoup de sucre extrait d'une espèce de palmier, du cachou, du tamarin, du bois de tek, des nids de salanganes, des draps anglais.

Le commerce maritime se fait uniquement par Rangoun : les cargaisons se composent de toiles de coton de l'Angleterre et de l'Inde, quincaillerie, poudre d'armes à feu, lainages, arec et cocos. Les navires des Birmans sont mal construits ; leur plus longue navigation ne va pas au-delà de Poulo-Pinang, dans le S., ou de l'embouchure de l'Hougly, dans l'O., et jamais ils ne s'éloignent beaucoup des côtes.

CHAPITRE XXXVIII.

Archipels Nicobar et Andaman.

En allant du cap Negrais, pointe la plus méridionale de l'empire birman, vers le S. S. O., on rencontre successivement les archipels Andaman et Nicobar; ils sont à peu près à 110 lieues à l'O. de l'archipel Mergui et se prolongent de même du N. au S. entre 6° 16' et 13° 33' de latit. N.

La plus grande des Nicobar est Samelang; mais les plus connues des Européens sont Car-Nicobar et Nancory; il y en a huit autres assez considérables : elles sont au nombre de vingt, indépendamment d'une foule d'îlots qui n'ont pas de nom.

Presque toutes ces îles sont montagneuses et quelques-unes très-hautes. Trincatti et Car-Nicobar sont plates et couvertes de cocotiers; ce palmier ainsi que l'aréquier se trouvent également sur les autres, avec beaucoup de grands arbres de différentes espèces; les forêts des vallées sont extrêmement touffues et tellement mêlées de rotins et d'autres végétaux ligneux et grimpans, qu'elles forment des masses compactes où il est très-difficile de pénétrer. L'immense quantité de matières végétales en décomposition rend quelques-unes de ces terres très-insalubres et même pestilentielles pour les Européens.

Les tigres et tous les animaux de la zône torride abondent dans cet archipel, et sur ses rivages on recueille beaucoup de ces beaux coquillages qui font l'ornement des cabinets des curieux.

Le 4 janvier 1803, le vaisseau qui portait lord Valentia mouilla sur la côte occidentale de Car-Nicobar, vis-à-vis d'un village composé de cabanes élevées de 4 pieds au-dessus de terre, afin de les mettre à l'abri des serpens qui sont très-nombreux. Les Anglais débarquèrent et furent reçus très-affablement; cependant les indigènes leur demandèrent de ne pas entrer dans les forêts. Ils ressemblent aux Malais. « Ce sont, dit le voyageur, des hommes très-robustes, mais mal proportionnés; quoique laids, leur physionomie n'avait rien de désagréable ; l'usage constant du bétel avait noirci leurs dents. Ils nous parurent doux et inoffensifs. Sans doute le souvenir de désagrémens éprouvés de la part des étrangers les a rendus soupçonneux, car tous avaient une javeline à la main; aucun ne la quitta. Ils nous fournirent des cocos, des noix d'arec, des papayes, des bananes, des chadecs et la racine comestible d'une espèce de genêt ; nous les payâmes en piastres : c'était la monnaie qu'ils préféraient. Ils avaient beaucoup de volailles et de cochons. » (PL. XXIX—1).

La côte est partout battue d'un ressac très-violent, excepté vis-à-vis du village autour duquel de hautes perches en bambous indiquaient autant de sépultures; entre ces perches et la grève, des bâtons fendus portaient des morceaux de viande : c'étaient des talismans pour écarter la petite vérole. Ces insulaires cultivent la patate et l'igname; ils suspendent, par crainte, des offrandes de différentes sortes devant une cabane consacrée à l'esprit malin. Ils parlent un dialecte du malais; ils sont très-jaloux de leurs femmes.

Le trafic d'une île à l'autre est actif; il consiste en toiles de coton, piastres, fer, tabac et quelques autres marchandises obtenues des Européens, et aussi en cocos, noix d'arec, poules, cochons, javelines, pirogues, nids de salanganes, ambre gris, écaille de tortue et autres productions de l'archipel. La plupart des navires de l'Inde qui vont à Rangoun prennent une cargaison de cocos aux îles Nicobar. Les Danois ont plusieurs fois essayé d'y fonder un établissement de commerce et de mission; la mortalité a constamment moissonné presque tous les colons.

Au N. des Nicobar les Andaman sont habitées par des sauvages extrêmement farouches, qui, de même que les nègres, ont les cheveux laineux; leur taille est au plus de cinq pieds; ils ont les membres grêles, le ventre gros, la tête forte; ils vont généralement nus. Leur langue, qui ne ressemble à aucun des idiomes de l'Inde, est plutôt douce que gutturale. Ils saluent en levant une jambe et posant la main sur la partie postérieure de la cuisse.

Ils n'ont aucune idée de culture, ni de la

moindre provision pour le lendemain; ils dépendent entièrement, pour leur subsistance journalière, de ce que les forêts où la mer leur procurent, et comme dans la saison orageuse la pêche est très-précaire, il n'est pas impossible que la famine les pousse quelquefois à se dévorer les uns les autres. Tous les matins, ils se roulent dans la boue pour préserver leur peau de l'attaque des insectes et oignent leur chevelure d'un mélange d'ocre et de graisse. Ils sont rusés, perfides et vindicatifs. Leur seule occupation est de tâcher de se procurer de la nourriture avec leurs javelines, leurs arcs et leurs flèches, en tuant les sangliers et les oiseaux, ainsi que les gros poissons qui approchent du rivage; ils ont des filets pour prendre les petits.

Leurs cabanes sont faites de quelques perches attachées ensemble par le haut et couvertes de branches d'arbres; un trou laissé d'un côté de la partie inférieure permet d'y entrer en rampant. Leurs pirogues sont des troncs d'arbres creusés au moyen du feu, ou avec des pierres aiguisées; ils traversent aussi les baies et les canaux sur des radeaux de bambous. Les pointes de leurs flèches et de leurs javelines sont faites d'arêtes de poisson ou de défenses de sanglier. Ils ont des boucliers d'écorce et des massues de bois pesant. Leur unique ustensile est un panier de baguettes entrelacées où ils placent leurs provisions.

On conjecture qu'ils rendent une espèce d'adoration aux corps célestes, qu'ils croient aux génies des bois, des eaux et des montagnes, et qu'ils cherchent à désarmer le courroux de l'esprit des tempêtes en entonnant des chants sauvages sur les rochers suspendus au-dessus des vagues. Ils sont passionnés pour la danse et le chant. On suppose que leur nombre total ne dépasse pas 2,500 individus dispersés en petites sociétés le long des côtes.

Les Andaman sont au nombre de quatre, savoir la grande et la petite, Barren et Narondam; celle-ci est à l'E. La grande Andaman peut avoir 46 lieues et demie de long sur 6 lieues et demie de large; elle est montagneuse; sa plus haute cime a 400 toises d'altitude; les côtes, surtout celles de l'O., sont découpées de baies profondes et sûres.

La petite Andaman, plus haute que la précédente, a 9 lieues de long sur 5 de large; ses côtes, quoique dépourvues de ports, offrent néanmoins un assez bon mouillage. Ces insulaires paraissent être un peu plus industrieux que leurs voisins, mais ils sont également inhospitaliers.

L'aspect de ces îles ressemble à celui des Nicobar; elles ont les mêmes productions. Les Anglais essayèrent vainement, en 1791, de former un établissement sur la pointe méridionale de la grande Andaman. En 1824, l'escadre portant l'armée britannique qui allait faire la guerre aux Birmans toucha à la grande Andaman; quelques vaisseaux séjournèrent à peu près un mois dans le port. Ce fut inutilement que l'on essaya de communiquer amicalement avec les sauvages habitans de cette île.

Ceux-ci attaquent parfois, dans leurs pirogues, les petits navires qui passent près de leurs côtes, ou que le mauvais temps force d'y chercher un refuge. Malheur à quiconque tombe au pouvoir de ces êtres féroces!

L'île Barren ou stérile, qui n'a pas plus de 6 lieues de circonférence, se distingue par un volcan haut de 600 pieds.

Au N. E. de la grande Andaman, les îles des Cocos sont deux terres marécageuses entièrement couvertes des arbres qui leur donnent leur nom et peuplées seulement de singes et d'écureuils.

Plus au N. le groupe des Preparis, rocailleux, inhabité, bien boisé, abondant en eau douce, est le commencement de cette chaine d'îles qui se prolonge de distance en distance depuis la pointe d'Achem dans l'île de Sumatra jusqu'au cap Negrais.

CHAPITRE XXXIX.

Arrakan. — Cassay. — Catchar. — Djintiah. — Garraous. — Assam.

Autrefois l'Arrakan formait un royaume indépendant, quoique souvent ravagé par les Pégouans et les Mongols. En 1783, les Birmans en firent la conquête; leur gouvernement tyrannique y occasiona, en 1811, une révolte qui fut étouffée l'année suivante; une grande partie de la population, emmenée par les vainqueurs, fut réduite en esclavage. Les événemens de la guerre entre les Anglais et les Birmans firent tomber, en 1825, l'Arrakan au pouvoir des premiers; le traité de paix de 1826 leur en assura la possession.

Un torrent dont l'embouchure est par 18° de latit. borne au S. l'Arrakan; au N. le cours du Nâf le sépare du Bengale (21°); à l'O., il est baigné par le golfe du Bengale; à l'E. les monts Youma-dong forment sa limite du côté des Birmans. Cette chaîne, dont l'extrémité méridionale est le cap Negrais (16° 2'), est d'abord très-rapprochée de la côte, offre des masses de roches primitives ; plusieurs de ces cimes ont de 2,000 à 6,000 pieds d'altitude; ensuite la ligne de faîte en se prolongeant vers le N. à travers des contrées très-peu connues, tourne à l'E., décrit un coude et finit par se courber vers l'O. où elle se joint à des rameaux des Himalaya.

L'Arrakan est couvert de forêts touffues et coupé de tant de rivières, de lagunes et de bras de mer, qu'il forme une chaîne de presqu'îles, d'isthmes et d'îles qui interrompent continuellement la communication par terre entre les villages. Le terrain est généralement argileux et très-gras dans le voisinage des montagnes; les pluies sont fréquentes; cette humidité et la chaleur brûlante du soleil facilitent la culture du riz. Quand les Anglais ont pris possession de ce pays, il était presque entièrement en friche et peuplé presque exclusivement d'éléphants, de buffles et de tigres; il est très-insalubre.

Les plus grandes îles sont Tchedoba et Ramri, qui sont très-peuplées et remarquables par leurs éruptions vaseuses. Le fleuve le plus considérable est l'Arrakan qui près de son embouchure se partage en plusieurs bras. Il prend son nom de la capitale qui le donne également à tout le pays; elle est à 12 lieues de la mer, et consiste seulement en cabanes de bambou. Les temples de Gaoutama sont nombreux dans son enceinte et sur les coteaux qui l'entourent.

Des défilés resserrés et peu nombreux traversent les monts Youma-dong. Les cantons sauvages qui les avoisinent ont été nommés *Anoupectoumiou* (grand pays montagneux de l'O.) Leurs habitants fabriquent des toiles de coton appelées *pouyonny*, qui sont très-recherchées par les gens de la plaine.

Crawfurd dit que les Arrakanis ou Moghs ressemblent entièrement aux Mranmas (Birmans), dont ils parlent la langue avec une différence de dialecte très-marquée. Malgré leur grossièreté, tous, même les femmes, savent écrire. Les Arrakanis aiment beaucoup la chasse et la pêche. Dans le petit trafic, ils sont très-rusés; du reste pleins de probité et esclaves de leur parole. Leurs femmes passent pour n'être pas des modèles de chasteté. L'esclavage existe chez eux, de même que chez les Birmans.

Au N. E. de l'Arrakan, le Cassay offre un vaste plateau entouré de montagnes qui s'élèvent en amphithéâtre jusqu'à 2,500 pieds au-dessus de la vallée dont l'altitude est de 2,500 pieds. Au centre du pays est située Manipour sa capitale dans une plaine haute qui s'abaisse doucement vers le S. et dont le milieu est occupé par une suite de marais et de lacs; le plus grand et le plus méridional de ceux-ci a 5 lieues de long et 3 de large et contient des îles montueuses. Le Kong-ba, rivière qui prend sa source au N. de Manipour, coule parallèlement à ces lacs, forme une cascade à l'E. de la ville, coupe les chaînes de montagnes, et va porter ses eaux au Ning-ti; c'est ainsi qu'on nomme le Kien-douen dans la partie moyenne de son cours.

Le climat du Cassay est, à raison de la grande élévation de cette contrée, pur et salubre; les Anglais que la guerre y a conduits ont observé dans les vallées et sur les montagnes des forêts de chênes, de pins et d'autres arbres des pays tempérés. Sur le plateau, des arbres isolés marquaient l'emplacement des anciens villages dévastés par les Birmans. Malgré les ravages de la guerre, tout annonçait que les campagnes avaient été bien cultivées ; de beaux pâturages paraient les vallées. Quand les Anglais parcoururent ces lieux, il n'y restait ni habitants ni bétail.

Ouvert aux incursions des Birmans, le Cassay eut long-temps à souffrir. Le traité de paix de 1825 l'a placé sous l'égide de la protection britannique. Quand il pourra jouir d'une paix constante, il redeviendra florissant. Les indigènes se donnent à eux-mêmes le nom de *Moitay* ; ils tiennent plus de la race blanche que de la race jaune et professent le brahmanisme; leur langue n'a aucun rapport avec celles de l'Hindoustan. Ils sont habiles forgerons et excellens cavaliers. Leur musique a flatté agréablement l'oreille des Européens qui l'ont entendue.

Le Cassay resta au pouvoir des Birmans de 1774 à 1824. Le radjah rétabli sur le trône a recouvré son indépendance.

Les montagnes à l'O. séparent le Cassay du Djintiah, petit pays dont une partie est basse et l'autre montueuse, couverte de forêts et de broussailles; les cantons intermédiaires offrent un plateau dont on évalue l'altitude à 2,500 pieds, et qui ressemble à celui du Cassay. Djintiahpour, capitale de cette contrée, est sur le Capili qui va se joindre au Brahmapoutra.

Les principales productions sont le riz, le coton et une soie grossière donnée par les vers à soie sauvages; on tire du Djintiah des éléphants, du fer, de la chaux, de la houille.

Les indigènes qui se nomment eux-mêmes *Khassiyah* tiennent plus de la race jaune que de la blanche, et leur idiome se rapproche de ceux de l'Asie orientale, mais chaque jour il cède au bengali. Le brahmanisme a pénétré dans le Djintiah, avec le système des castes. Ces demi-barbares savent construire des ponts et de grands monumens en pierres d'un poids énorme.

Malgré son peu d'étendue, le Djintiah est gouverné par plusieurs petits chefs qui possèdent une, deux ou trois montagnes, et n'ont pour le radjah qu'une obéissance nominale; ils sont sans cesse en guerre les uns contre les autres et désolent le pays. Le radjah peut lever une armée de 5,000 hommes, composée de ses seuls montagnards.

A l'E. du Djintiah, on rencontre le Catchar ou Haïroumbo que le Brahmapoutra borne au N. Le Capili et le Sourmah ou Barak, ses principales rivières, viennent des montagnes de l'E. Celles du N. sont une ramification des Garraous; on peut les regarder toutes comme des branches des Himalaya; elles couvrent une partie du pays et sont bien boisées; des défilés presque impraticables les traversent. Les troupes anglaises, dans leur guerre avec les Birmans, ont transporté leurs bagages en remontant le Barak.

Le Haïroumbo est faiblement peuplé; les Catcharis ressemblent aux Chinois: ils sont robustes et assez blancs. Ils ont oublié leur ancien idiome et parlent aujourd'hui celui du Bengale dont ils ont également embrassé la religion et adopté le régime des castes. On leur reproche, ainsi qu'à leurs voisins les habitans du Djintiah, de sacrifier des victimes humaines à une de leurs divinités du panthéon hindou.

Le Haïroumbo a des puits salans qui produisent assez de sel pour la consommation et pour l'exportation; il fournit aussi au commerce cette soie grossière nommée *moung* ou *tasser*, de la cire, du coton, du bois de charpente, de la chaux et du minerai de fer.

Le radjah détrôné par les Birmans a été, de même que ses voisins, rétabli par les Anglais. Il réside à Cospour, capitale moderne, et paie un tribut annuel à ses libérateurs.

A l'E. des pays dont nous venons de parler est celui des Garraous qui offre un amas confus de montagnes, dont la hauteur varie de 100 à 3,000 pieds; elles sont arrosées par une multitude de petites rivières et très-rapprochées les unes des autres. On dit, car ce n'est que récemment que les Européens y ont pénétré, qu'au centre on voit des masses immenses de rochers nus et de grands espaces dénués de végétation; mais en général les coteaux, quoique escarpés, ont un sol profond et très-propre à la culture. Le climat très-humide favorise le développement des plantes.

Plusieurs tribus de Garraous ont été subjuguées par les princes voisins, et par suite sont tombées sous l'obéissance des Anglais; d'autres sont restées indépendantes et sont gouvernées par plusieurs petits chefs. Ces peuples ont les traits des Chinois et sont très-robustes. Ils mangent de toutes sortes d'animaux, et ont le lait en horreur. Dans leurs excès de vengeance, ils tuent leur ennemi et mangent la chair de sa tête en l'assaisonnant du suc du fruit d'un arbre qu'ils ont planté exprès. Les crânes de leurs ennemis sont une espèce de monnaie courante chez ces sauvages féroces, quand ils font des paiemens considérables. Ils brûlent et réduisent en cendres les corps de leurs compatriotes, afin de n'être pas sujets à prendre le crâne de l'un d'eux pour celui d'un Bengali.

Les montagnes que l'on désigne par le nom de ce peuple courent de l'E. à l'O. sur une longueur d'environ 50 lieues; leur largeur moyenne est de 25; elles couvrent presque entièrement de leurs rameaux le territoire occupé par les Garraous indépendans; les plus hautes, dont les cimes ont de 2,000 à 4,000 pieds au-dessus de la mer, sont granitiques, tandis que leurs terrasses inférieures n'ont guère que 200 pieds d'élévation et sont calcaires. Ils se joignent dans l'E. aux monts Nagah qui sont habités par les Koukis ou Nagahs, peuple sauvage.

Au N. des peuplades dont nous venons de parler s'étend l'Assam, longue vallée située entre 26° 10' et 28° de latit. et entouré de chaque côté de montagnes dont les gradins inférieurs se joignent au N. aux Himalaya, au S. aux Garraous; elle est arrosée par le Brahmapoutra qui y prend sa source. Ce fleuve, dont le nom veut dire fils de Brahma, se forme de la réunion du Lohit qui sort du Bramakound, lac entouré de rochers escarpés, et du Dihong qui vient de montagnes plus âpres appartenant aux Himalaya. Il est grossi du Dibong qui arrive de l'E. Le Brahmapoutra est rapide, sujet à des crues périodiques et forme de très-grandes îles. Après avoir coulé à peu près de l'E. à l'O., il entre dans le Bengale à Golpara; il reçoit à droite et à gauche plusieurs affluens considérables.

On divise l'Assam en trois parties: le Sodiyah à l'E., l'Assam propre au centre, le Kamroup à l'O. Cette dernière, envahie depuis long-temps par les empereurs mongols maîtres de l'Hindoustan, fait aujourd'hui partie des possessions britanniques; l'Assam obéit à un radjah indigène qui n'a d'autres droits à sa souveraineté que ceux qu'il tient du gouvernement britannique; par reconnaissance il paie à ses bienfaiteurs un tribut de 50,000 roupies (125,000 fr.) Le Sodiyah est peuplé de tribus gouvernées par de petits

1. Écrivain et Soldat Birmans.

2. Birmans.

Pl. XXV. Page 230.

radjahs; sa position sur les frontières des empires chinois et birman lui donne de l'importance sous le rapport de la politique; c'est pourquoi les autorités britanniques ne négligent rien pour exercer une surveillance active sur des peuplades incivilisées répandues au milieu d'un pays à peu près inconnu et difficile à parcourir.

Néanmoins les Birmans avaient en 1820 pénétré dans l'Assam. Partis de Bhammo, ville sur la gauche de l'Iraouaddy, à 50 lieues au N. d'Ava, ils étaient arrivés à Rengpour, ville au S. du Brahmapoutra. Les Anglais, qui ne pouvaient les laisser en possession d'une contrée d'où ils auraient eu la facilité de faire des incursions dans le Bengale, marchèrent contre eux et les repoussèrent; en conséquence du traité de paix de 1825, ils les ont forcés de renoncer à toute espèce de prétention sur ces contrées.

Le deb-radjah du Boutan a rangé sous son obéissance une partie du Sodiyah; les principales tribus de cette partie de l'Assam sont les Abors, les Dophlas, les Michmis, au N. du Brahmapoutra; les Singphos, les Moulaks, les Kékous, les Borkamptis au S. de ce fleuve. Les Loungtan, chaîne de montagnes neigeuses, couvrent les territoires de ces montagnards. Ceux-ci ont toujours été des fléaux pour les Assamis, sujets du radjah, faisant des excursions continuelles dans ce pays, ravageant par le fer et par le feu tout ce qu'ils rencontraient et enlevant les habitants qu'ils vendaient à d'autres tribus plus éloignées, telles que les Chans. Les Anglais ont rendu la paix et la tranquillité à l'Assam; mais il leur est presque impossible de mettre un frein aux entreprises de ces peuples dominés par la soif du pillage. Les officiers britanniques qui se sont avancés au milieu des montagnes pour les examiner et les décrire y ont couru souvent de très-grands risques.

En 1825, Pierre-Henri Burlton, jeune officier d'artillerie, leva la carte du cours supérieur du Brahmapoutra et le remonta jusqu'au point où sous le nom de Lohit il cesse d'être navigable, par 27° 50' de latit. N. et 93° de longit. E. Plus tard, Burlton et son compatriote Wilcox traversèrent la chaîne des Longtan, et arrivèrent aux sources du Sri-serhit qui est un affluent de droite de l'Iraouaddy, et auquel on donne souvent ce nom. Il fut ensuite employé avec Bellingfield, également officier de l'armée, à lever la carte du Kamroup. Dans l'été de 1829, ils gagnèrent Nanclô, bourgade du Cossiyah dans les monts Garraous, afin d'y rétablir leur santé altérée par des travaux exécutés dans une contrée remplie en grande partie de marécages couverts de broussailles touffues. Un soir la maison qu'ils habitaient fut tout-à-coup investie par une troupe d'environ 500 Cossiyaris et Garraous. Bellingfield étant sorti sans armes pour savoir la cause de ce rassemblement, fut égorgé et ses meurtriers lui coupèrent la tête. Burlton, avec quelques Cipayes et ses domestiques, se défendit jusqu'au lendemain matin. Alors les barbares montagnards mirent le feu à la maison qui, de même que toutes celles de ce canton, était en bois. Burlton et ses gens purent s'échapper, et faisant bonne contenance contre leurs nombreux ennemis qu'ils tinrent constamment éloignés, ils purent gagner un lieu distant de 10 milles; par malheur une pluie très-forte mouilla les munitions de la petite troupe, et il lui fut impossible de se servir de ses armes: elle se dispersa. Burlton, épuisé de fatigue, étant tombé, fut aussitôt massacré; il n'était âgé que de vingt-cinq ans.

Les productions végétales du Kamroup et de l'Assam propre sont celles des pays chauds, tandis que celles du Sodiyah sont identiques avec celles du Boutan septentrional; on y retrouve l'yak. Les vers à soie sont très-communs dans l'Assam. On recueille de l'or dans le sable de plusieurs rivières; on exploite des mines de fer; le sel gemme abonde dans le Sodiyah.

Les Assamis paraissent appartenir à la même souche que les habitants de l'Hindoustan; leur langue, qui se divise en quatre dialectes principaux, dérive de celle du Bengale. Jadis ils étaient idolâtres; ils ont depuis le XVIIe siècle embrassé en partie le brahmanisme et la division des castes, mais ils ne se soumettent pas à toutes les abstinences prescrites par cette religion. Ils sont forts et robustes, actifs et laborieux. Leur teint très-brun et presque noir chez ceux du S. s'éclaircit à mesure qu'ils se rapprochent du pays haut.

Malgré la grossièreté d'un très-grand nombre des tribus de l'Assam, ces peuples ne sont pas dépourvus d'industrie. Ils fabriquent des étoffes de soie; elles forment l'habillement des deux tiers de la population; elles sont tissues par les femmes de toutes les classes, depuis celles des radjahs jusqu'à celles des laboureurs. Les toiles de coton ne sont faites que par des étrangers. Les artisans, tels que forgerons, chaudronniers, charpentiers, appartiennent à des castes diverses. Les tailleurs de pierre ne manquent pas d'habileté; les ouvriers qui travaillent le bambou, ceux qui préparent l'huile et ceux qui font les nattes, sont très-nombreux; il y a parmi ceux-ci des Chinois. En revanche il n'y a pas de tailleurs, et qu'un petit nombre de cordonniers; car une autorisation spéciale du radjah est nécessaire pour pouvoir porter des souliers, et il n'accorde que rarement cette grâce signalée.

Tous les domestiques sont esclaves; ils sont très-multipliés; on en va vendre au dehors, surtout au Bengale; les autres marchandises expédiées dans ce pays sont la gomme laque, des étoffes de soie, du coton et de la soie écrus, de la graine de sésame. Le commerce avec le Boutan se fait par le moyen des caravanes. Les Bidjnis occupent les cantons limitrophes de ce dernier pays. De même que les Abors, ce peuple a pour armes l'arc et des flèches empoisonnées, une javeline légère, et le *dhà*, qui est un sabre bien affilé.

Le radjah de l'Assam propre réside à Djorhât, sur le Dissoyé, à peu de distance de la rive gauche du Brahmapoutra; Rengpour, plus à l'E., dans une île formée par le Dikho, est la ville la plus peuplée du pays: Ghergony, à l'O., ancienne capitale, est maintenant un amas de ruines. Un Européen s'habitue difficilement à donner le nom de villes à ces amas de cabanes en bois et en roseaux, entourés d'un retranchement en pierres brutes ou en terre, et où il n'y a ni boutiques, ni marché. Cependant des restes de chaussées construites avec soin annoncent que jadis cette contrée ne fut pas plongée dans l'état de barbarie où elle est aujourd'hui.

Suivant leur tradition, les Singphos sont venus d'un pays plus septentrional, probablement voisin des frontières de la Chine; leur physionomie diffère de celle des autres habitans de l'Assam; ils professent le bouddhisme, mêlé de beaucoup d'anciennes pratiques superstitieuses.

Les Michmis ont un grand nombre de petits villages, dont les maisons sont appuyées contre les parois escarpées des montagnes, de manière que le rocher fait un des côtés de l'habitation, et supporte une extrémité des chevrons du toit; l'autre pose sur des poteaux; l'espace au-dessous de celui où la famille habite est occupé par le bétail et la volaille.

CHAPITRE XL.

Les Monts Himalaya. — Les cantons du Bengale arrosés par le Brahmapoutra.

La chaîne des monts Himalaya, qui forme au N. la limite naturelle de l'Hindoustan, commence à la rive gauche de l'Indus, à 72° de longitude E., et se dirige du N. O. au S. E., entre 28 et 35° de latitude N.; elle se termine à peu près sous 95° 30' de longitude dans les contrées très-peu connues dont nous venons d'offrir une esquisse; mais nous avons vu que les montagnes à l'E. des sources du Brahmapoutra se rattachent à cette chaîne immense, dont la longueur jusqu'à un pic neigeux, nommé *Gakla-Gangri* par les Tibétains, est de 600 lieues. La ligne de faîte des Loungtan, monts neigeux, qui, à peu près sous le 28e parallèle, tourne à l'E., se joint probablement à celles qui se prolongent dans le Cassay, et atteignent les cimes des cantons de l'Anoupectoumiou et des Youdoma, dont le cap Negrais forme l'extrémité.

Les Himalaya ont au N. le Tibet, et au S. le Cachemir, le Gherval, le Népâl, le Boutan et l'Assam. De ce côté, leurs pentes sont beaucoup plus escarpées que vers le N., où elles s'abaissent vers un plateau très-élevé. De l'autre côté, au contraire, leurs rameaux s'étendent et se croisent entre des vallées resserrées et tortueuses qui se terminent à une ligne de promontoires dont la direction est parallèle à celle de la chaîne principale.

Ce n'est que depuis les premières années du XIXe siècle que l'on a commencé à mesurer l'altitude des Himalaya. Quelques-uns de leurs sommets sont aperçus dans les plaines du Bengale à un si grand éloignement, que l'on avait soupçonné depuis quelque temps qu'ils étaient plus élevés que les Andes, réputées jusqu'alors les plus hautes montagnes du globe terrestre. Des observations trigonométriques faites avec soin ont changé cette supposition en certitude. Plus de 220 pics ont été mesurés depuis 1816 dans le Gherval; le plus élevé, le Djavahir, a 4,026 toises; le Serga Rouenir, 3,581; le Saint-Patrice, 3,364; le Saint-George, 3,342; beaucoup d'autres dépassent 3,000 toises. Les cols par lesquels on a franchi la chaîne ont jusqu'à 2,563 toises d'altitude. La plus haute cime du Népâl est le *Dhavalaghiri* (Mont-Blanc), dont il n'a pas été fait de mesure exacte, mais qui paraît atteindre à plus de 4,300 toises. Dans ce pays, la chaîne n'offre pas d'interruption, et passe même pour impraticable. Le Chamalari, dans le Boutan, paraît ne pas différer beaucoup en hauteur d'avec le Dhavalaghiri; on le distingue des plaines du Bengale à 80 lieues de distance; on a mesuré dans cette contrée le Soumaouang (2,410 toises), et le Ghassa (2,038 toises). On n'a jusqu'à présent appris rien de positif sur la hauteur de la chaîne plus à l'E.; on sait seulement que son sommet est revêtu de neiges éternelles.

Celles-ci présentent un phénomène bien surprenant par la hauteur à laquelle elles se conservent. Sur le versant méridional des Himalaya, on trouve leurs limites à 1,930 toises d'altitude, tandis que, sur le versant opposé, elles ne se montrent qu'à 2,605 toises, et peut-être même plus haut; car Webb, voyageur anglais, qui traversait un col à 2,582 toises, assure qu'il est bordé de pins qui se montrent jusqu'à 2,000 toises, c'est-à-dire à 440 toises au-dessus de la limite des neiges dans les Andes de Quito. Cette singularité doit s'expliquer par le rayonnement du vaste plateau auquel l'Himalaya est adossé.

Les glaciers sont nombreux dans les hautes régions de l'Himalaya, et y occupent des espaces considérables; il en sort une infinité de cours d'eau qui donnent naissance, dans le N., à l'Indus, au Setledje, à l'Yaro-Dzangbo-tchou, au Sengghé, affluent du Brahmapoutra; au S., à ce dernier fleuve, au Gange et aux innombrables rivières qu'ils reçoivent. La dernière circonstance que nous venons de citer fait voir que la ligne de faîte des Himalaya n'est point une ligne de partage entre les eaux, car le Setledje la coupe également.

Au N., les monts Gandsiri se détachent des Himalaya, et se partagent en deux branches, courant, l'une à l'E., vers le Tsoung-ling, l'autre à l'O., vers le Bolor. Au S., entre le Gherval et le Népâl, les Lama-Dangra donnent naissance, par leur prolongement, à une suite de hauteurs qui se dirigent du N. au S., à travers toute la partie septentrionale de l'Hindoustan.

Les grands lacs des Himalaya sont au N. de la chaîne, dans le Tibet; nous en avons parlé en décrivant cette contrée. La disposition des rameaux de ces monts n'est pas favorable à la formation de ces nappes d'eau, ayant une dimension considérable. On ne connaît que le Dall dans le Cachemir, et le Brahma-kound, dans l'Assam, qui méritent d'être cités.

Le prolongement des monts qui filent à peu de distance à l'E. de ce lac, tourne ensuite au S. jusqu'au cap Négrais; le Nâf, qui sort de ces chaînons, fait, ainsi que nous l'avons dit précédemment, la limite septentrionale de l'Arrakan. Ce petit fleuve se jette, par une large embouchure, dans le golfe du Bengale, après un cours d'une vingtaine de lieues à travers ses forêts. Sur la rive droite commence le territoire de Chattigang (*Chittagon*), qui fait partie du Bengale. Les montagnes de ce pays ont de 500 à 930 toises.

En longeant vers le N. la côte bordée d'îles, on arrive à l'embouchure du Chattigang ou Kermsouli, sur la rive droite duquel, à 3 lieues au-dessus, on trouve la ville du même nom, appelée aussi Islamabad (*Séjour de la Foi*). On fabrique des toiles dans les environs. Il s'y fait un commerce considérable en bois de charpente; on y construit des navires de toutes les dimensions. Les vaisseaux peuvent aborder en tout temps à Mak-ghât, à l'entrée du fleuve qui a des salines dans ses environs.

Pogson, navigateur anglais, qui vit Islamabad en 1830, dit que cette ville est dans une situation romantique, et entourée de coteaux cultivés jusqu'à une centaine de pieds au-dessus du niveau de la mer, et coupés de jolies vallées; des groupes de palmiers, de manguiers et d'autres arbres y couvrent les espaces incultes. L'air y est frais, renouvelé sans cesse par les brises de terre et de mer, le ciel serein et pur; toutefois, des brumes y enveloppent parfois l'atmosphère; mais, dès qu'elles se sont dissipées, elle redevient sereine. L'air et les bains de mer sont si salutaires, que les Bengalis y viennent en grand nombre pour rétablir leur santé. La manière dont les maisons d'Islamabad sont bâties et distribuées rappelle qu'autrefois les Portugais furent les maîtres de cette ville; elle est aujourd'hui la résidence du gouverneur et des autorités britanniques.

A sept lieues au N. de la ville, on va visiter ses sources enflammées; la plus célèbre est le Bhalva-kound, à l'extrémité d'une vallée entourée de montagnes. L'eau sort d'un bassin long de six pieds, large de deux, et profond de douze, dont les deux tiers de la surface sont recouverts en briques pour concentrer la vapeur qui se dégage constamment, et s'enflamme par le contact de l'air, quand on l'agite fortement. Ce bassin, auquel on monte par un escalier de quinze degrés, est ceint d'un mur en pierres. Les malades, qui viennent s'y baigner, ont quinze marches à descendre; l'eau est froide, la flamme la rend seulement tiède; les baigneurs la prennent impunément dans la main. L'eau est salée, sulfureuse, ferrugineuse. Parmi les autres sources, il y en a quatre de chaudes, et une dont l'eau est limpide et pure. Les habitants se servent des sources chaudes pour la préparation de leurs alimens. Une lieue plus loin, sur le flanc de la montagne, on rencontre un espace où, à chaque pas qu'on fait, un gaz enflammé se dégage de la terre.

Sur le sommet de Samba-nath, auquel on parvient après avoir monté 552 marches, on trouve un temple d'où l'on jouit d'une perspective magnifique des environs et de la mer. Des crevasses nombreuses donnent partout issue à des flammes, phénomène qui se reproduit dans plusieurs autres lieux du voisinage.

Les coteaux les plus proches d'Islamabad sont couverts de cafeiers et de poivriers. Pogson remarque que partout où cette dernière plante croît naturellement, toutes les autres épiceries pourraient réussir. L'ananas et le fruit du jaquier y sont constamment en maturité, et on y rencontre partout l'indigo sauvage, de même que dans l'Arrakan.

En allant du district de Chattigang au N., on trouve successivement ceux de Tipperah et de Silhet; la partie orientale du premier est montagneuse. Des forêts épaisses s'y étendent, et sont habitées par les Koukis, peuplades indépendantes qui ont pour voisins les Cossyias, et auxquelles des voyageurs récens ont reproché de se repaître avec plaisir de chair humaine. Les éléphans sont communs dans ces déserts. Le gouvernement s'est réservé le droit de faire la chasse à ces animaux.

Le Finny et le Mennay, après s'être réunis près de la mer, y ont leur embouchure commune; le Goumti traverse comme eux les forêts impénétrables du Tipperah. Après avoir passé à Gomillah, il se partage en plusieurs bras, et porte ses eaux dans le Megna. Celui-ci, formé par la réunion du Baouli et du Sourmah, qui viennent également des montagnes de l'E., se joint, dans les plaines basses du Silhet, au Brahmapoutra, et, quoiqu'il soit bien moins considérable, il lui fait prendre son nom. Ainsi grossi, il envoie bientôt à sa gauche plusieurs bras, et en reçoit à sa droite quelques-uns du Gange; ayant formé un large estuaire, il arrive, par la même embouchure que ce fleuve, dans le golfe du Bengale. Ses atterrissemens ont produit vers ses bouches des bancs de sable et de grandes îles.

Cette région inférieure, extrêmement insalubre, appartient au delta du Gange; elle est séparée de la région supérieure par une branche des monts Garaous, qui se prolonge de l'E. à l'O. jusqu'au Brahmapoutra; le Sourmah ou Barak traverse ces monts; sur sa branche septentrionale est située Silhet, capitale de cette contrée, où l'on ne voyage que par eau. En se dirigeant de Silhet au N., on atteint Pandoua, village au pied des hauteurs; les Anglais y ont bâti un petit fort, et y entretiennent une garnison de Cipayes, pour tenir dans le respect les Gossyias, leurs voisins de ce côté. On voit dans les environs des grottes très-remarquables par leurs stalactites. On continue à monter au travers des forêts et des broussailles, et l'on atteint Tchirapandji, village défendu par de bonnes palissades; on est à 750 toises au-dessus de la plaine de Silhet, au milieu de montagnes très-élevées, et près d'une cascade dont la chute est, dit-on, de 1,500 pieds. Des sapins et des pâturages verdoyans annoncent que le climat de ce canton est extrêmement tempéré; les Anglais y ont fondé un établissement où leurs officiers et leurs soldats, épuisés par la température ardente du Bengale, viennent réparer leurs forces. Quand on a parcouru quelques milles de plus, on est sur un point assez élevé pour apercevoir très-loin, dans le N. O., les glaciers du Tibet, qui s'élancent au-dessus des montagnes du Boutan.

CHAPITRE XLI.

Le Népâl.

En 1792, aucun Anglais n'avait encore franchi la chaîne des hautes montagnes qui séparent les plaines du Bengale des vallées du Népâl. Ce pays, limitrophe des possessions britanniques dans l'Inde, n'était connu que par les récits vagues et incomplets de missionnaires et de marchands ambulans, lorsqu'une occasion de soulever le voile qui, jusqu'à ce moment, avait couvert cette contrée, s'offrit inopinément.

Nous avons raconté précédemment, en traitant du Tibet, que le bantchan-erdéni, invité par l'empereur de la Chine à venir à Péking, y était décédé en 1780. En apprenant cette nouvelle, le lama Soumhour, son frère, fut saisi des plus vives inquiétudes, prit avec lui des trésors considérables, quitta Lhassa, et se réfugia dans le Népâl. Le régent, Bahadour Sah, qui, durant la minorité de son neveu, gouvernait ce pays, prit Soumhour sous sa protection, et le gratifia d'une pension. Soumhour, par reconnaissance, lui confia que les environs de Lhassa étaient riches en mines d'or, d'argent et d'autres métaux. Il n'en fallait pas tant pour exciter la cupidité de Sah, qui, aussitôt, leva des troupes. Après vingt jours de marche, elles entrèrent dans le Boutan supérieur, défirent constamment celles qu'on leur opposa, et pénétrèrent dans le Tibet. Le général tibétain, cédant à la nécessité des circonstances, conclut une paix désavantageuse; il fut convenu que le Tibet paierait au souverain du Népâl un tribut de trois laks-roupies (750,000 fr.).

La tranquillité rétablie, le gouvernement de Lhassa, craignant que les Népâlis, aiguillonnés par leurs succès, ne tentassent de nouvelles invasions, envoya des députés demander du se-

1. Temple de Pegu.

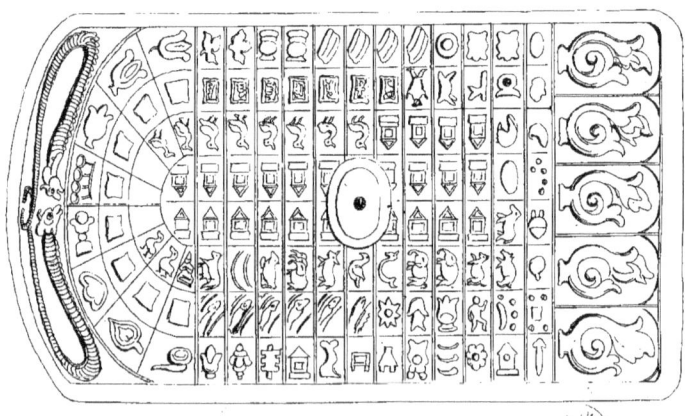

2. Empreinte du Pied de Gautama.

cours à Calcutta. Des considérations, fondées sur l'obligation de rester parfaitement neutre dans les querelles qui s'élevaient entre les puissances asiatiques avec lesquelles on n'était engagé par aucun lien, décidèrent le conseil britannique des Indes à ne pas condescendre aux vœux des Tibétains. Les appréhensions de ceux-ci furent confirmées plus tard. Soumhour, qui connaissait bien l'insatiable avidité de Sah, réussit, par ses obsessions continuelles, à lui faire entreprendre, en 1791, une nouvelle expédition. Une armée de 18,000 Népâlis s'empara de Téchou-Loumbo, et en enleva le trésor appartenant au bantchan-erdéni, ainsi qu'un ministre de ce pontife.

Au mois de janvier 1792, le souverain de l'Empire-Céleste, instruit de cette agression, écrivit au régent et lui expédia ses lettres par un envoyé extraordinaire. Celui-ci, arrivé à deux journées de marche du Népâl, notifia par écrit sa mission à Sah, en ajoutant: « Il est nécessaire que tu viennes à ma rencontre pour que je te remette la dépêche dont je suis porteur. » Le régent lui répondit: « Je ne rendrai aucun honneur à cette dépêche; si tu veux te transporter ici, tu seras le bien-venu, sinon tu peux t'en retourner. » Le mandarin, reconnaissant qu'il n'y avait pas d'alternative, entra dans le Népâl où il ne fut pas reçu très-amicalement. L'empereur demandait que le régent, qu'il traitait de voleur, restituât les cinquante-deux crores de roupies (250,000,000 fr.) qu'il avait emportés, relâchât le lama prisonnier, et livrât Soumhour, cause première de tous les maux. Le régent répondit qu'il ne satisferait à aucune de ces conditions, et que l'empereur pouvait agir suivant son bon plaisir et aussitôt qu'il en aurait l'envie.

Après être resté quinze jours auprès du radjah, le mandarin reprit la route de Péking où il exposa le résultat de son ambassade. Irrité avec raison de l'insolence du régent, l'empereur fit marcher une armée puissante sous les ordres d'un général du premier rang. Celui-ci, arrivé à Lhassa, manda au régent qu'il eût à se conformer aux ordres qui lui avaient été déjà notifiés. Sah refusa de nouveau d'obtempérer à ces conditions. Le général, tout en continuant à négocier, partagea ses troupes en deux divisions, l'une de 40,000 hommes, l'autre de 30,000, qui prirent des routes différentes. Elles vainquirent les Népâlis; alors le régent consentit à livrer Soumhour, mais celui-ci s'empoisonna. Le lama prisonnier fut remis en liberté; cependant le général chinois qui avançait toujours parvint à Nôhkoté, éloigné seulement de 7 lieues de Katmandou, capitale du pays. Sah effrayé fit transporter ses trésors à Mackouanpour, place très-forte plus au S. à l'entrée du pays haut.

En même temps, il implora l'assistance du gouvernement britannique. Lord Cornwallis, dans l'intérêt du commerce de sa patrie, ne pensait pas qu'elle pût voir avec indifférence les Chinois maîtres du Népâl, ce qui aurait rendu leur territoire limitrophe de celui de la Compagnie; mais en même temps la prudence défendait d'envoyer une armée au secours du radjah; il déclara donc à ces envoyés son refus péremptoire sur ce point, et lui promit ses bons offices auprès du général chinois pour amener un accommodement. Le capitaine, depuis général, William Kirkpatrick, chargé de cette mission, partit sans délai; mais, avant qu'il eût quitté le Bengale, le gouvernement du Népâl, soit qu'il doutât de l'efficacité de l'intervention britannique auprès des Chinois, soit qu'il craignît l'influence qu'en cas de succès elle donnerait à l'avenir aux Européens dans ses conseils, soit enfin qu'il fût réellement intimidé par l'attitude menaçante de l'ennemi, avait brusquement conclu un traité qui rendait toute médiation inutile.

Néanmoins il restait assez de matières à débattre avec les Népâlis pour que Kirkpatrick continuât sa route. Le 13 février 1792, il passa le Bâgmatti, rivière qui est guéable dans la saison sèche et qui marquait la limite du Népâl de ce côté. Il vit d'abord des broussailles immenses qui sont infestées par les ours; les indigènes prétendent qu'on les effraie en imitant le cri de la chèvre. Bientôt Kirkpatrick se trouva au milieu des montagnes et traversa plusieurs petites rivières qui sont des affluens, les unes du Bâgmatti, les autres du Boura-gandack; il se dirigeait généralement vers le N. L'aspect du pays annonçait que jadis il avait été plus peuplé. Il était mal cultivé. Le 18, on marcha pendant trois heures dans une forêt immense; sa largeur fut évaluée à 8 milles $1/2$. Elle borne au S. le Népâl dans toute son étendue, par conséquent elle n'a pas partout la même profondeur, quelques portions ayant été défrichées, surtout dans les endroits situés favorablement, pour le commerce du bois, ou dans le voisinage des grandes villes; le bois de charpente est transporté par eau jusqu'à Calcutta. Le gouvernement népâli tire un gros profit de l'impôt qu'il prélève sur le commerce, et aussi de la chasse aux éléphans; on en prend annuellement près de 300 dans le canton de Tarrayi; la plupart sont encore très-jeunes, n'ayant que 7 pieds $1/2$ de haut. Indépendamment de ces animaux, cette forêt recèle des rhinocéros et des tigres.

On passait assez souvent par des défilés étroits et l'on n'avait d'autre route à suivre pendant un mille et demi que le lit escarpé des torrens pour parvenir au sommet des monts.

Le 19, on aperçut à 3 milles au N. E. le fort de Mackouanpour, bâti sur une montagne; il ne présenta rien de formidable aux Anglais. Les eaux du Karra dans un défilé près du village d'Hettaoura sont regardées comme sacrées par les Hindous dévots; ils ont appelé ce lieu Nagdeo (serpent divin); bien loin de troubler les poissons qui y abondent, ils manquent rarement de leur donner à manger en passant.

Hettaoura et plusieurs autres lieux situés sur le chemin dans le Terrayana ou la partie inférieure du Népâl, sont très-insalubres, ce qui est attribué à la hauteur des montagnes couvertes de forêts impénétrables dont l'épaisseur s'oppose à la libre circulation de l'air.

Au-delà d'Hettaoura, les bagages et les marchandises ne peuvent plus être transportés qu'à dos d'hommes; le salaire de ceux-ci est réglé par le gouvernement; il est plus fort dans la saison chaude que dans la froide et dépend aussi de la nature du fardeau. Souvent les voyageurs, notamment les femmes, prennent également là, au lieu des palanquins de la plaine, des espèces de hamacs attachés par leurs extrémités à un long bâton de palmier que soutiennent deux ou quatre hommes suivant le poids du voyageur.

Quand on a passé Hettaoura, on entre dans le lit du Rapti, rivière qu'on passe dix-neuf fois dans le cours d'une journée, et qui est bordée de parois raboteuses et perpendiculaires; on entend fréquemment le bruit des cascades qui se précipitent du haut des ravins à droite et à gauche. Le mugissement continuel du torrent à travers les gros éclats de rochers qu'il rencontre ajoute merveilleusement à l'effet de la perspective sauvage et pittoresque qui se développe le long de ses rives bien boisées. Après avoir franchi le Rapti pour la dernière fois, on commença l'ascension du Dhoka-pedé (mont de la Porte), ainsi nommé à cause de l'escarpement du col conduisant à son sommet. Plus loin le Bim-phedé est réputé saint, parce que le dieu de ce nom y posa son pied dans une de ses excursions terrestres.

Le chemin de Bim-phedé au fort du Tchisapani est très-difficile; il suit les flancs de ce dernier mont souvent sur le bord de précipices effrayans, formés d'un côté par les torrens affluens du Rapti, de l'autre par le Tchisapani.

« On peut, dit Kirkpatrick, se faire une idée de la profondeur de ces ravins, quand je dirai que souvent nous ne pouvions décider quels étaient les animaux que nous apercevions tout en bas, le buffle le plus gros ne nous paraissant que de la dimension d'un oiseau. »

L'élévation perpendiculaire du Tchisapani au-dessus du Bim-phedé est à peu près de 1,500 pieds. Près du sommet d'un des monts auxquels ce dernier se rattache et qui n'était pas le plus haut du groupe, le baromètre baissa jusqu'à 23 pouces 8 lignes, ce qui dénote 2,100 pieds au-dessus du Bim-phedé.

« En atteignant à ce col, les Himalaya se présentèrent tout-à-coup, s'élançant à une hauteur prodigieuse avec leurs nombreux et magnifiques pics revêtus de neiges éternelles. Spectacle sublime qui détourna pendant quelque temps notre attention de la beauté du paysage que nous avions sous nos pieds, et dans lequel le Tchandraghiri et la vallée de Tchitlong formaient les objets les plus saillans! En effet, la neige descendait sur les flancs des Himalaya jusqu'au point où ils cessaient d'être visibles à nos yeux, et qui dans quelques endroits était fort bas. Quoique l'espace intermédiaire fût occupé par des montagnes énormes et plus méridionales, et qui bien que moins hautes que ces masses gigantesques étaient couvertes de neige, ces alpes inférieures semblent accompagner constamment la chaîne des Himalaya. Les points extrêmes de ceux-ci que l'on discernait du sommet du Tchisapani s'étendaient de l'E. N. E. au N. N. O., à une distance d'au moins 38 milles. Ayant descendu quelques centaines de pieds, nous perdîmes de vue ces régions alpines, que nous ne revîmes qu'après être parvenus au sommet d'autres monts appartenant au groupe du Tchandraghiri; les pics neigeux de l'Himalaya sont distingués au Népâl par le terme de *Himatchouli* (pointe neigeuse), tandis que les sommets arrondis, plus communs dans ce pays, sont nommés *Tamkou*.

» Je gravis le pic du Tchisapani exprès pour observer l'état du baromètre; on m'avait dit qu'on y jouit, par un temps clair, d'une vue superbe au N. et au S. Par malheur, quand j'y montai, la montagne était enveloppée d'un de ces brouillards épais nommés ici *tou-âl* qui règnent constamment excepté dans la saison des pluies périodiques, ou durant les averses occasionelles. Toutefois ces vapeurs ne nous empêchaient pas d'observer pendant la nuit les lumières nombreuses et les immenses conflagrations qui éclairaient les sommets et les pentes des monts autour de nous; elles produisaient un spectacle magique; quelques-unes des premières, d'après leur élévation énorme, ressemblaient à autant d'étoiles, et au premier coup-d'œil il n'était pas facile de les en distinguer, et les autres présentaient l'image de torrens enflammés qui se précipitaient dans les vallées. Elles étaient produites par l'incendie des broussailles et des herbes des flancs des monts que les paysans avaient l'intention de cultiver; pratique très-commune dans les terres hautes et dans les basses, parce qu'on est persuadé que cette opération nettoie et fertilise le sol.

» En descendant le fleuve septentrional du Tchisapani, on rencontre à peu près à mi-chemin un de ces amas coniques de pierres élevées dans des positions semblables par la superstition des indigènes qui, en passant devant ces temples informes, n'omettent jamais d'adorer la divinité dont ils supposent qu'ils manifestent la présence. Ils les appellent Deoralli, nom donné aussi à un pic très-remarquable de l'Himalaya, et à un faîte montagneux à travers lequel le Bâgmotti se précipite après s'être échappé de la vallée du Népâl.

» Le ravin de Tambeh-kan, trop étroit pour mériter le nom de vallée, est à 750 pieds au-dessus du Bim-phedé. On me dit qu'il est extrêmement sujet à de violentes rafales de vent qui, débordant par les intervalles entre les montagnes et entraînant avec eux une quantité innombrable de cailloux, rendent ce passage très-désagréable pour les voyageurs sur lesquels les fragmens de pierres fondent quelquefois avec l'impétuosité de la grêle. Ce ravin est également remarquable par la rigueur de sa température en hiver; on dit qu'alors les eaux du ruisseau qui l'arrose sont trop froides pour qu'on puisse les boire.

» Le village de Tambeh-kan ou Kaouli-kan est maintenant très-misérable; avant qu'une mine de cuivre située dans son voisinage et de laquelle dérive son nom, fût épuisée, il était, dit-on, peuplé et florissant. En effet, les flancs des coteaux qui l'entourent immédiatement montrent partout des traces de forêts, ce qui fait supposer qu'elles ont été abattues soit pour fournir du chauffage, soit pour que le sol fût cultivé.

» Quoique les mines près de ce lieu soient maintenant presque épuisées, on a découvert et exploité à une grande distance d'autres veines de cuivre. Il paraît que les mineurs changent de place suivant qu'ils rencontrent du métal, et que leurs opérations leur sont très-profitables, puisque l'expression proverbiale de *Karripout*, *Ranipout* (fils de mineur et fils de prince) est en usage dans le pays pour désigner l'opulence de ces gens-là qui est notoire, car ils prodiguent leur argent en dépenses folles, et ne travaillent que lorsque la nécessité les y contraint ou qu'on leur fait des offres très-avantageuses. »

Un peu plus loin, les environs d'Ekdanta rappelèrent aux voyageurs un aspect qui se présente souvent en Europe dans les montagnes des pays tempérés. « Nous parcourûmes à peu près un mille dans une vallée onlulée et coupée de canaux et de ruisseaux naturels; quelquefois elle s'élevait en petites éminences dont la plus grande partie était parfaitement cultivée; des chaumières isolées ou des hameaux étaient épars sur les sommets, sur les flancs ou au pied des hauteurs; cet ensemble offrait un coup-d'œil extrêmement agréable et pittoresque. Le terrain était disposé en terrasses faites avec beaucoup de peine; on y cultive les céréales qui ont besoin de croître dans l'eau. Les flancs de la plupart et même de toutes les montagnes de ce pays abondent en sources, ce qui rend très-facile l'opération d'inonder ces terrasses et de conduire l'eau de l'une à l'autre suivant les circonstances. Quelquefois deux champs ou deux étages de terrasses, que séparent l'un de l'autre des ravins profonds de plusieurs centaines de pieds, sont arrosés par la même source, au moyen d'aqueducs construits simplement en troncs d'arbres creusés, placés en travers des ravins et soutenus à leurs extrémités. »

Le 24 février, on était en vue du Tchandra-ghiri, montagne dont Kirkpatrick estima à 2,400 pieds l'élévation au-dessus d'une vallée voisine qui était très-haute. La neige n'avait disparu que depuis peu de jours du sommet de ce mont où il y a un petit village et où se tient un marché pour la commodité des voyageurs.

La pente septentrionale du Douna-baïsi, dont la descente dura deux heures vingt minutes et dont la hauteur est au moins de 3,600 pieds, était cultivée en quelques endroits presque jusqu'au sommet. Plusieurs champs paraissent être si escarpés que les Anglais ne pouvaient concevoir comment une créature humaine était capable d'y parvenir et encore moins d'y travailler; les grains que l'on sème principalement dans ces endroits-là sont le taouli et l'ikan, deux variétés du ghia ou riz sec; le premier se récolte en été, l'autre en hiver.

Après avoir traversé beaucoup de montagnes escarpées, Kirkpatrick arriva le 2 mars à Nôhkoté, situé dans un canton extrêmement sauvage. Il resta campé dans la vallée de ce nom jusqu'au

15 du mois. Elle n'a pas une grande étendue; le Tadi, torrent impétueux, la traverse. La ville de Nôhkoté était alors le séjour de prédilection du régent de ce pays; sa position est importante puisqu'elle commande la seule route par laquelle on puisse pénétrer en venant du haut ou du bas Tibet, et qu'elle est tout près du mont Dhaïboun dont l'armée chinoise descendit les pentes en passant par le col de Khéroun.

La vallée de Nôhkoté est inhabitable après le milieu d'avril, à cause de la chaleur excessive qui occasione des maladies. Si donc le régent y prolonge son séjour jusqu'à cette époque, il monte à la ville. Comme dans la vallée il n'y a pas de bâtiments pour le loger avec sa suite, il loge sous des tentes, et son monde sous des cabanes temporaires construites de branchages.

Kirkpatrick n'eut pas à se plaindre de la réception que lui firent le jeune radjah et le régent; mais il ne tarda pas à s'apercevoir qu'il y avait à la cour un parti puissant qui s'opposait à ce que des envoyés anglais fussent admis dans le royaume, parce qu'on supposait que leur seul objet était d'observer sa force et sa faiblesse. Ainsi, quoique l'on continuât à montrer beaucoup de civilité à Kirkpatrick, on prit les moyens de lui faire entendre que l'on espérait que son séjour serait très-court. La proposition qu'il fit d'ouvrir un commerce libre entre le Népâl et l'Hindoustan inférieur fut poliment éludée par le vague compliment indien, que tout dans le pays était à ses ordres. Il fut donc obligé, au bout d'une quinzaine de jours, de quitter le royaume, sans autre résultat que celui de ses observations qui sont précieuses.

Cependant il continua sa route dans l'intérieur; ayant passé le Tadi sur un pont léger et construit grossièrement, car il ne consistait qu'en fascines recouvertes d'un peu de terre et soutenues par des piles en bois, il entra dans une gorge qui le conduisit dans une autre vallée, puis entre des montagnes colossales et enfin dans le Népâl propre, vallée où il resta campé huit jours.

« Nos tentes, dit-il, étaient dressées sur un emplacement élevé, mais inégal, tout près du pied oriental du Sambhou-nath et à moins d'un mille de distance de Katmandou. Cette position aurait été suffisamment favorable pour que nous pussions embrasser tout le terrain d'un coup-d'œil, si le mauvais temps ne s'était pas constamment opposé à nos désirs. Non-seulement les monts qui enceignent cette vallée, mais aussi presque tous les nombreux villages étaient sans cesse enveloppés de brouillards ou de nuages, de sorte que je ne pus que très-rarement faire usage de la boussole.

» Le temple de Sambhou-nath est situé au sommet d'une colline isolée qui s'élève brusquement à 300 pieds au-dessus de la plaine. On y monte par des degrés taillés dans le rocher dont les côtés sont agréablement revêtus d'arbres. Au pied des degrés on voit une statue colossale de Bouddha.

» Le Sambhou-nath paraît être un édifice très-ancien; il s'élève sur une terrasse et comprend plusieurs petites chapelles érigées à des époques différentes autour d'un temple principal que l'on distingue de loin à ses flèches ou tourelles revêtues de plaques de cuivre très-bien dorées; c'est le dalaï-lama qui l'a ainsi fait décorer à ses frais (PL. XXX — 1). J'arrivai par une échelle raide, à l'entrée de ce sanctuaire qui ne consistait qu'en une seule nef si remplie de fumée et dont le pavé était couvert de tant d'ustensiles, qu'elle ressemblait plus à une cuisine qu'au temple d'un dieu. Mon ignorance de la langue tibétaine m'empêcha de m'entretenir avec les prêtres occupés du service; l'un d'eux était assis à terre entre deux vases ronds et profonds remplis de ghi (beurre liquide) qui sert à entretenir une quantité considérable de lampes. Il semblait absorbé par le soin de les garnir. Le Sambhou-nath est surtout célèbre par son feu perpétuel, et on m'assura que la flamme des deux plus grosses mèches que je voyais brûlait depuis un temps immémorial. »

Kirkpatrick vit dans un coin du temple un de ces cylindres posés verticalement sur un pivot, desquels nous avons parlé en décrivant le Tibet. Il remarqua que tous les fidèles qui entraient dans le sanctuaire s'approchaient dévotement et respectueusement de cette machine, puis la faisaient tourner ou en chargeaient un prêtre; chaque révolution de la machine mettait une sonnette en mouvement.

Du côté de la vallée opposée au Sambhou-nath et sur la rive orientale du Bichematty que l'on passe sur deux ponts, se déploie sur une longueur d'un mille Katmandou, capitale du Népâl; sa largeur n'excède nulle part un demi-mille. On fait dériver son nom de la multiplicité de ses temples en bois; ce sont en effet les objets qui frappent davantage la vue; du reste, ils ne sont pas moins nombreux hors de la capitale que dans son enceinte; quelques-uns sont très-hauts et très-grands. Katmandou renferme aussi plusieurs temples en briques avec deux, trois ou quatre rangs de toits qui diminuent graduellement à mesure qu'ils s'élèvent, et se terminent

Birmans de haut rang.

Cavalier — Prêtre Birman.

généralement par une pointe qui de même que le toit supérieur est dorée, d'où il résulte un effet pittoresque et agréable (Pl. XXIX — 3 et 4).

Les maisons sont en briques avec des toits saillans en tuiles; elles ont souvent des balcons en bois sculpté; elles sont à deux, trois, quatre étages, et presque toutes de chétif aspect; même le palais du radjah n'a pas grande apparence; les rues sont très-étroites et très-sales.

Kirkpatrick, en retournant au Bengale par une route un peu différente de celle qu'il avait suivie en venant, traversa le dernier village du Népâl le 13 avril 1793.

Autrefois le Népâl obéissait à des princes indigènes qui partagèrent le pays en trois territoires. Cette division favorisa l'invasion des Gorkhâs, habitans d'un canton à l'O. Le radjah de ceux-ci devint maître du Népâl en 1768, et, dès l'année suivante, une collision entre lui et les Anglais amena les troupes britanniques au pied des hautes montagnes; les maladies les forcèrent à rétrograder.

Cependant la dynastie des Gorkhâs poursuivait sans cesse ses conquêtes, et fit la guerre au Boutan et au Tibet; nous avons dit comment cette entreprise se termina. Le jeune radjah, que Kirkpatrick avait vu, étant parvenu à sa majorité, fut si cruel et si atroce que ses sujets le chassèrent en 1800; il trouva un asile à Bénarès dans l'Hindoustan anglais. Le gouvernement du Bengale envoya au Népâl, en 1802, un nouvel agent qui conclut, avec les membres de la régence, un traité d'alliance; mais il n'en tira aucun avantage réel. Le radjah détrôné revint au pouvoir en 1804; le malheur n'avait pas corrigé son caractère sanguinaire; il fut assassiné en 1805. Alors éclata entre les factions rivales une lutte sanglante qui ne se termina que par l'extermination presque totale des principaux personnages de Katmandou.

Malgré ces dissensions intestines, les Népâlis étendirent leurs conquêtes de tous les côtés. Ils vainquirent presque sans résistance les chefs des cantons montagneux entre le Gange et le Setledje, toujours en défiance ou en hostilité entre eux, et eurent soin d'établir des lignes de défense et de bâtir des forts partout où la nature du terrain l'exigeait. Enfin ils attaquèrent même les possessions britanniques, et, en 1814, s'emparèrent de deux postes militaires dont les garnisons furent presque entièrement passées au fil de l'épée.

Les Anglais entrèrent dans le Terrayana; les Népâlis, défaits et poursuivis, demandèrent la paix; elle fut conclue en novembre 1815; mais le radjah ayant refusé de la ratifier, une armée nombreuse marcha aussitôt sur Katmandou. Elle n'en était plus qu'à quatre jours de marche, lorsque des ambassadeurs népâlis apportèrent, le 4 mai 1816, la signature du radjah. Ce prince renonça aux territoires situés à l'E. du Conki et à l'O. du Cali. Une portion des terres qu'il abandonna fut rendue aux petits souverains qui les avaient possédées; l'autre tomba dans le lot de la Compagnie.

Le Népâl, compris entre 26° 20' et 30° 20' de latit., et entre 77° 40 et 85° 40' de longit E., est borné au N. par les Himalaya qui le séparent du Tibet. Il a pour limites de tous les autres côtés les possessions de la Compagnie des Indes, puisque le radjah de Sikim est sous la protection britannique. Sa longueur du N. au S. est de 200 lieues, sa largeur de 45, sa surface de 6,850 lieues carrées. Cet État est composé de la réunion de différens territoires dont le principal consiste dans la grande vallée qui lui a donné son nom.

Les observations de Kirkpatrick, confirmées par celles de Hamilton et de Hodgson, nous présentent le Népâl comme couvert de montagnes séparées par de profondes vallées et descendant en quelque sorte par degrés depuis les cimes de l'Himalaya revêtues de neiges éternelles, jusqu'au niveau des plaines de l'Hindoustan. La principale rivière est le Rapti.

Nous avons vu que la partie qui borde immédiatement le territoire britannique est le Terrayana, plaine qui a été décrite. Quoiqu'assez fertile, ce canton, large de sept lieues, est presque entièrement couvert de forêts, parce que sa position l'exposait à des invasions et à des dévastations continuelles; mais l'insalubrité de l'air y a fait éprouver des pertes énormes aux armées qui l'ont envahi; les anciens souverains de l'Hindoustan avaient jugé prudent de le laisser dans la possession des montagnards, parce qu'il serait très-difficile de le préserver de leurs incursions.

La région supérieure au Terrayana a presque la même largeur; les coteaux y sont nombreux, et deviennent plus hauts vers le N.; des ruisseaux innombrables arrosent ce territoire, sur lequel s'étend une forêt presque continue où l'on trouve à peu près les mêmes arbres que ceux de l'Hindoustan; mais le pin est fréquent dans le N. Ces bois sont animés par la présence des perroquets, des perruches et d'autres oiseaux imitant la voix humaine. Une partie des vallées larges, nommées *Dants*, est défrichée; mais en général la culture y est négligée, ce qui est peut-être dû à l'insalubrité de l'air, et doit aussi contribuer à l'augmenter.

Au-dessus de ces coteaux boisés s'élève la région montagneuse composée d'une multitude de chaînes irrégulières, coupées de vallées profondes et excessivement étroites. La plus considérable est celle du Népâl propre; son aspect a fait conjecturer aux observateurs qu'elle est le fond d'un ancien lac qui a graduellement tari; les traditions mythologiques du pays sont d'accord avec cette supposition.

Ces vallées, quoique basses en comparaison des masses de montagnes qui les dominent, sont d'une élévation très-considérable. D'après un calcul de Hamilton, celle du Népâl a 4,000 pieds d'altitude. Leur climat est celui de l'Europe méridionale, et, comme elles sont bien arrosées, elles produisent, quand elles sont bien cultivées, d'abondantes récoltes de grains; les forêts sont remplies d'arbres magnifiques. Les vicissitudes fréquentes du froid, de la chaleur et de l'humidité, empêchent les fruits de parvenir à leur maturité complète, excepté les ananas et les oranges qui sont exquis.

On a supposé que le Népâl avait des mines d'or, et cette idée a, dit-on, occasioné plusieurs guerres entreprises contre ce pays. Il paraît qu'elle était due entièrement à ce que l'or venant du Tibet passe par le Népâl pour arriver dans l'Inde; on y trouve simplement des paillettes de ce métal dans le sable de quelques rivières; les minerais de plomb contiennent assez fréquemment de l'argent, mais les Népâlis ne sont pas assez habiles pour l'en séparer; ils exploitent les mines de cuivre et de fer qui sont très-riches; le gouvernement ne permet de travailler qu'à deux de celles de plomb. On ne s'occupe pas des soufrières qui sont très-nombreuses, parce qu'il s'en dégage des vapeurs arsénicales. La vallée du Népâl ne contient pas une seule pierre, n'étant composée que de terrain d'alluvion. Les montagnes des environs offrent des matériaux excellens pour la bâtisse, mais la difficulté des transports fait recourir à l'usage des briques.

Au-dessus des montagnes qui forment le cœur de tout le Népâl s'élève le *Katihar*, région alpine dont la largeur moyenne du N. au S. est de 9 lieues. Elle consiste principalement en rochers immenses coupés d'affreux précipices et surmontés de pics aigus qui, partout où ils ne sont pas perpendiculaires, se revêtent de neiges éternelles. Toutefois les ravins profonds qui les séparent offrent des pâturages et peuvent même être cultivés, jusqu'au point où ils s'approchent des faîtes des Himalaya où règne un hiver perpétuel. Quelques rivières venant du Tibet se frayent un passage à travers ces redoutables défilés par des ouvertures si étroites et dominées par des précipices si prodigieux, qu'il est à peine possible de se glisser le long de leurs bords durant deux à trois mois de l'année. On ne rencontre dans cette région alpine que le kestoura ou chevrotin à musc, et de très-beaux oiseaux. Les productions végétales sont remarquables par leur ressemblance avec celles du N. de l'Europe.

La population du Népâl, que l'on évalue à 2,300,000 ames, se compose de deux peuples principaux, savoir les Niouars et les Parbattiyas; les premiers, hommes paisibles et laborieux, s'occupant surtout de l'agriculture et du commerce, et annonçant par leur physionomie et leur idiôme qu'ils se rapprochent des Boutias, sont regardés comme les habitans primitifs (PL. XXIX — 2). Les Mayars occupent les montagnes de l'O., ancien domaine des Gorkhâs; celles de l'E. ont des cantons habités par diverses tribus, entre autres les Kiratas et les Boutias. Tous ces montagnards, qui forment la masse de la population, professent le bouddhisme, mais altéré par beaucoup de superstitions étrangères à cette religion.

L'idiôme et les traits des Parbattiyas montrent que ce peuple est venu de l'Hindoustan; ils ont amené avec eux le brahmanisme et la division des castes. Les voyageurs disent qu'ils sont dissimulés, perfides, orgueilleux, cruels envers leurs inférieurs, rampans envers les puissans. Extrêmement adonnés aux plaisirs des sens, ils passent les nuits à boire et à danser. Très-scrupuleux observateurs des pratiques extérieures de la religion, ils n'en sont pas moins vindicatifs, et le grand coutelas qu'ils portent à la ceinture facilite les assassinats. Ceux des castes supérieures enferment leurs femmes et exigent qu'elles se brûlent avec le corps de leurs maris défunts. On dit que celles-ci n'obtempèrent pas fréquemment à cette injonction. Toutefois ces affreux sacrifices sont plus communs au Népâl qu'au Bengale. La morgue religieuse des brahmanes népâlis est si grande que Hamilton ne put jamais réussir à engager ceux de Katmandou, avec lesquels il conversait familièrement, à avoir un entretien avec les hangras les plus instruits de cette ville: c'est ainsi qu'on nomme les prêtres bouddhiques.

Le radjah est un Parbattiya; il exerce un pouvoir absolu; on pense que ses revenus sont de 13,200,000 fr. Il entretient une armée de 17,000 hommes. L'étendard de guerre est de couleur jaune et offre la figure de Hanimân, singe gigantesque et demi-dieu de la mythologie hindoue. L'entretien de l'armée s'effectue en grande partie par le produit des terres assignées à chaque corps. La maharani ou l'épouse du radjah est escortée quand elle sort par un escadron de femmes à cheval armées de sabres et habillées en hommes.

CHAPITRE XLII.

Hindoustan. — Le Kemâon. — Le Gherval. — Sources du Gange. — Herdouar.

Pendant long-temps les sources du Gange ne furent connues que très-imparfaitement. On débitait à leur sujet une foule de contes qu'il est inutile de répéter. Enfin, en 1807, le gouvernement suprême du Bengale, frappé de l'incohérence et des contradictions que présentaient même les renseignemens les plus raisonnables concernant ce point intéressant pour la géographie, résolut de le faire examiner. Webb, officier du génie, fut chargé de cette tâche non moins importante que difficile; il devait donner la plus grande extension à ses recherches. Le pays qu'il avait à parcourir était alors soumis au radjah du Népâl; ce prince fut invité à donner des ordres à ses agens pour que Webb, ainsi que Raper et Hearsay, officiers d'infanterie qui l'accompagnaient, leur suite composée d'interprètes et de serviteurs, et un détachement de cipayes, pussent voyager avec sécurité.

Ils employèrent trois mois, depuis le 1er avril jusqu'au 1er juillet 1808, à s'acquitter de leur mission; leurs observations ont été suivies et confirmées par Moorcroft (1812); Fraser (1814); Hodgson (1816) ; Gérard (1817 et 1820); Johnson (1827).

Le Gange est formé par la réunion de deux branches principales, l'Alacananda à l'E., le Bhaghirati à l'O. Le 31 mai, Webb était à Manah, village sur les bords de l'Alacananda, par 30° 45' de lat. « A mesure que nous avancions, dit-il, la largeur de la rivière, d'ailleurs profonde et rapide, diminuait beaucoup; vis-à-vis de Manah, elle n'était plus que de 20 pieds; un demi-mille plus loin, vers le N., nous l'avons traversée sur une couche de neige durcie. Nous avons parcouru 3 milles dans une autre vallée, marchant fréquemment sur la neige amoncelée dans les lits des torrens et dans les ravins. Le flanc septentrional des monts, au S. de l'Alacananda, était entièrement couvert de neige, ce qui joint à l'aspect glacé du pays et au vent froid et perçant qui soufflait, présentait l'image et produisait l'effet de l'hiver des contrées boréales. La vallée où nous étions a près de 1,800 pieds de largeur; une petite partie est cultivée. La pente des montagnes est si escarpée que les brebis et les chèvres seules peuvent y aller pâturer. Vers midi, nous avions atteint le but de notre course; nous étions vis-à-vis de la cascade de Barsadhara qui, s'échappant par une crevasse, se précipite sur la saillie d'un rocher haut de 200 pieds; là elle se partage en deux courans d'écume qui descendent le long d'un lit de neige et se gèlent en y touchant. La petite portion qui fond mine la neige par-dessous et donne naissance à un ruisseau qui sort, à 200 pas plus loin, d'une voûte de glaces. C'est ici le terme des courses pieuses des pèlerins; quelques-uns y viennent pour recevoir l'aspersion de la pluie sainte de la cascade.

» On distingue en ce lieu le cours de l'Alacananda jusqu'à l'extrémité de la vallée où il est entièrement caché sous des monceaux de neige glacée qui s'y sont probablement accumulés depuis des siècles; les pèlerins n'ont jamais osé se risquer au-delà de ce point. »

En revenant à Manah, on voit dans le roc à gauche des cavités où l'on a construit de petits temples. Manah est un lieu assez considérable et bien peuplé; ses habitans, grands, robustes et bien faits, ont le caractère de figure des Tibétains. « Jamais, dit Webb, nous n'avions vu dans aucun lieu de l'Hindoustan autant de belles femmes et de jolis enfans; leur teint coloré approchait généralement de la fraîcheur de celui des Européens. Avant l'hiver, toute la population abandonne la bourgade dont l'emplacement ne tarde pas à être enseveli sous la neige; tous les meubles et les effets sont emportés; on dépose les grains dans de petites fosses dont l'ouverture est bouchée soigneusement par des pierres. Les habitans ne reviennent chez eux qu'au bout de quatre mois; de même que tous ceux des pays froids, ils aiment passionnément les liqueurs fortes. » A la fonte des neiges, à la fin de juillet, ces montagnards partent en troupes de 100 à 150, menant avec eux des chèvres et des moutons qui leur servent de bêtes de somme pour porter diverses marchandises au Tibet, notamment des grains; ils en rapportent en échange d'autres, dont les pèlerinages annuels leur procurent un débouché assuré et avantageux; quelques-uns acquièrent une fortune considérable par ce commerce.

Une partie de ces montagnards passe l'hiver à Djosimath, ville située plus bas au confluent de l'Alacananda et du Daouli. Avant d'y arriver, on passe à Bhadrinath, village dans une vallée, peuplé uniquement de brahmanes et d'autres serviteurs d'un temple assez mesquin, mais que la tradition attribue à la main d'un dieu, ce qui ne l'a pas préservé des secousses d'un tremblement de terre, et il a fallu recourir aux moyens humains pour qu'il ne s'écroulât pas complètement. Un escalier mène du temple au lieu où se font les ablutions; un bassin construit près de la rivière et recouvert d'un toit en planches supporté par des piliers en bois reçoit les eaux d'une source thermale qui y est amenée des montagnes par un conduit souterrain; une source d'eau froide, sortant d'un autre conduit, permet de donner au bain le degré de chaleur que l'on désire; l'eau thermale produit une vapeur épaisse qui exhale une forte odeur de soufre. Les deux sexes prennent le bain en même temps. La source thermale est aussi conduite dans les maisons particulières auxquelles elle procure une chaleur suffocante.

Un peu plus loin, une autre source thermale sort du rocher par une fente; il n'y a pas de bassin pour la recevoir. Le pèlerin en prend l'eau dans le creux de la main pour se la verser sur le corps, cérémonie qui a pour but de se reconforter autant que de satisfaire sa dévotion, car l'eau de l'Alacananda est si froide, même en été, qu'après s'y être baignés, les fidèles sont bien aises d'avoir recours à l'eau un peu réchauffée. Il existe plusieurs autres sources d'eau thermale qui ont chacune leur vertu et leur dénomination particulière; les brahmanes savent en tirer bon parti; de sorte que le pèlerin, en pratiquant successivement les ablutions requises, voit diminuer sa bourse en même temps que la somme de ses péchés.

Le temple de Bhadrinath jouit de propriétés considérables; tous les villages qui lui appartiennent sont florissans et leurs terres bien cultivées. Indépendamment des revenus qu'il retire de cette source, il reçoit de chaque pèlerin une offrande proportionnée aux moyens de celui-ci. Les dons sont déposés sur trois plateaux séparés; l'un pour l'idole, le second pour sa garde-robe et sa table, le troisième pour le grand-prêtre. Ces présens sont volontaires: plusieurs pèlerins prennent l'extérieur de la pauvreté pour payer moins; d'autres au contraire mettent au pied de l'idole tout ce qu'ils possèdent, et se confient à la charité publique pour avoir le moyen de retourner chez eux. Le nom de chaque fidèle et le montant de la somme qu'il a donnée sont soigneusement inscrits sur un registre; mais ce livre est caché aux regards des yeux profanes. On a dit à Webb que de gros négocians du Deccan ont distribué et dépensé des laks de roupies dans ce pèlerinage. En retour de son offrande, le fidèle reçoit une portion de riz cuit: elle est proportionnée à ce qu'il a donné; elle équivaut à une indulgence plénière.

On estimait à 50,000 le nombre des pèlerins qui, cette année-là, étaient venus à Bhadrinath; la plupart étaient des *Djoghis* (pénitens), pèlerins arrivés des cantons de l'Hindoustan les plus éloignés.

« Les cérémonies que les Hindous pratiquent à Bhadrinath ne diffèrent en rien de celles qui s'observent aux autres lieux d'ablution religieuse. Après avoir lavé leurs impuretés personnelles, ceux dont les pères sont morts, et les femmes qui ont perdu leurs maris, se font couper les cheveux, ce qui peut être considéré comme un témoignage de douleur, et en même temps comme un acte de purification qui rend plus parfait pour paraître en présence de Dieu. Un jour suffit pour accomplir tous ces rites; très-peu de pèlerins restent ici plus de deux jours; les grandes troupes en étaient déjà parties, parce que chacun cherche à gagner les montagnes avant le commencement des pluies périodiques: dans ce moment il n'arrive guère plus d'une quarantaine de fidèles par jour. Au milieu de juin, tous les habitans du pays inférieur auront décampé, et il ne viendra que des traîneurs du midi. »

Ce n'est qu'en traversant des défilés très-resserrés que l'on remonte de Djosimath à Bhadrinath et au-delà le long de l'Alacananda. Il en a coûté des peines infinies pour rendre la route praticable; beaucoup de voyageurs peu accoutumés à parcourir ces cantons âpres et sauvages ne pénètrent dans ces cols qu'avec des mouvemens de crainte; les montagnes sont généralement arides; les chaînons inférieurs moins exposés au vent sont revêtus de verdure et d'arbrisseaux; la neige couvre entièrement les hautes cimes au N. A mesure qu'on s'en approche, on sent que les vêtemens chauds sont absolument nécessaires; même au mois de juin, les matinées sont fréquemment sombres, le vent glacial et perçant; la neige qui, dans quelques endroits, paraît avoir 60 pieds de profondeur, cache le lit de l'Alacananda; la gelée la rend si ferme qu'à peine les pieds y laissent leur empreinte. Tel est le coup-d'œil dont on jouit à Bhadrinath, situé par 30° 42' de lat.

De Bhadrinath à Manah, on traverse plusieurs petits torrens formés par la fonte des neiges. Quelques-unes tombent en cascades successives du sommet des hauteurs, ce qui offre un

tableau d'une beauté imposante. Dans ce canton chaque rocher est sanctifié par une tradition religieuse, et l'Hindou ne les contemple qu'avec vénération et en récitant des prières.

Djosimath, village situé dans un ravin aux deux tiers de la montagne, vis-à-vis du confluent de l'Alacananda et du Daouli, est par sa position préservé du vent glacial de l'Himalaya. On y arrive par des escaliers taillés dans le roc. Il consiste en près de 150 maisons proprement bâties en granite, couvertes en bardeaux et entourées d'une cour close avec une terrasse en gazon. Les rues sont pavées soit avec des cailloux roulés, soit avec des éclats de rocher. Le premier objet qui frappe l'attention en y arrivant est une sorte de moulins à eau placés sur la pente de la montagne à une cinquantaine de pieds de distance les uns des autres, et mis en mouvement par un torrent que l'on a fait passer par un canal creusé dans des troncs de sapin.

Le grand-prêtre de Bhadrinath vient passer les six mois de l'hiver à Djosimath où l'on voit plusieurs temples ornés de statues.

Nandaprayaga, au confluent de l'Alacananda et du Nandacni, est le plus septentrional des cinq prayagas ou confluens du Gange et d'une autre rivière où les Chastras, livres sacrés des Hindous, enjoignent de faire des ablutions pour la purification de l'ame. Plus au N., la trop grande rapidité du courant exposerait les jours des fidèles à trop de périls.

Carnaprayaga, au confluent de l'Alacananda et du Pindar, est aussi nommé dans les Chastras; ce village ne contient qu'une dizaine de maisons. Pendant que Webb y était, on y ressentit une légère secousse de tremblement de terre qui dura sept minutes. Les voyageurs anglais avaient dressé leur tente au pied d'une haute montagne dont les rochers offraient de grosses saillies; les preuves évidentes des ravages causés dans ces montagnes par ces convulsions de la nature leur inspirèrent des craintes, et ils cherchèrent un refuge dans la vallée où ils restèrent quelque temps dans une attente inquiète du résultat.

Roudaprayaga, au confluent de l'Alacananda et du Keliganga ou Mandacni, est, comme le précédent, un de ceux que nomment les Chastras. On y voit un petit temple et quelques maisons habitées par les brahmanes. Un peu plus loin s'élève à une hauteur de 30 pieds le Bhem-catchala, gros fragment de rocher qui a 30 pieds de diamètre ; il est creux dans l'intérieur et forme une coupole avec deux ouvertures au sommet du cintre.

Dans ce pays montagneux, le gouvernement a pris beaucoup de peine pour rendre les routes praticables, afin de tenir les communications avec les saints lieux des Hindous aussi faciles qu'il est possible. Des escaliers ont été taillés dans les passages escarpés, et des pierres ont été placées sur quelques points pour en rendre l'accès plus aisé. Les pèlerins qui voyagent en petites troupes et passent la nuit dans le premier endroit qui leur paraît commode, ont établi, près des petites rivières et sous les cavités des rochers, des demeures où ils se mettent à l'abri. Des maisonnettes nommées *tchaboutras*, construites en pierres sèches, sont généralement érigées à l'ombre de grands arbres : c'est là qu'ils s'arrêtent pendant la chaleur du jour pour préparer leur repas.

On rencontre à Roudaprayaga des pèlerins revenant de Kedarnath, sanctuaire à la source du Mandacni; quoiqu'il ne soit éloigné que de 15 milles en ligne directe de Bhadrinath, on ne peut aller de l'un à l'autre qu'en revenant à Roudaprayaga, parce que des masses de neiges perpétuelles rendent inaccessible l'espace qui les sépare. Le chemin de Kedarnath est très-difficile; il faut en beaucoup d'endroits marcher sur la neige pendant plusieurs milles. On dit à Webb que, cette année même (1808), plus de 300 personnes avaient succombé à l'inclémence du climat et à leurs fatigues.

Serinagor, sur la rive gauche de l'Alacananda qui coule ici de l'E. à l'O., était une ville considérable avant les invasions des Gorkhas et les ravages des tremblemens de terre. Toutes les maisons sont en pierres de taille et ont peu d'apparence. De l'autre côté de la rivière, plusieurs hameaux placés au pied des montagnes ont des temples plus ou moins célèbres.

Webb fut témoin d'une cérémonie singulière, nommée *bhart* ou *bhéda*, qu'il a décrite : « C'est, dit-il, une espèce d'offrande propitiatoire, faite au génie des montagnes pour qu'il répande ses bénédictions sur le pays et le préserve des dégâts causés par les rats et les insectes. On attacha le bout d'une corde très-longue à un pieu planté près du bord de la rivière, et l'autre, portée par une centaine d'hommes au sommet d'une montagne haute de près d'un mille, fut passée dans un bloc de bois mobile et nouée solidement autour d'un gros arbre. Un homme de la caste des nats ou sauteurs se plaça en travers du billot, et sans être lié à ce dangereux véhicule, ni muni de rien pour tenir son équilibre, à l'exception de quelques sacs de sable noués à ses jambes et à ses cuisses, il s'élança et parvint heureusement en bas. Le pronostic fut regardé comme très-heureux et les chefs de la ville récompensèrent généreusement la hardiesse du nat. S'il fût tombé, sans doute il eût été tué par sa chute; dans tous les cas, sa mort est la punition de cet accident, car s'il lui reste un souffle de vie, on lui tranche la tête qui est offerte en sacrifice d'expiation à l'esprit courroucé. Cette coutume est en usage dans plusieurs lieux des montagnes, et l'on y a recours après une mauvaise récolte.»

Dévaprayaga, au confluent de l'Alacananda et du Bhaghirati, est bâti sur la pente d'une montagne entre les deux rivières à 100 pieds au-dessus de leur niveau ordinaire. Des degrés dans le roc conduisent depuis le bord de l'eau presque jusqu'au sommet du mont qui est à 800 pieds au-dessus de la ville. Les maisons sont en grandes pierres, revêtues d'un enduit grossier. Deux temples ornent la partie supérieure de la ville; les brahmanes assurèrent à Webb que le temple principal subsistait depuis dix mille ans.

L'Alacananda vient du N. E.; le Bhaghirati du N. O. La source de ce dernier est, par les 31° de lat., à 2 milles au-dessous du Gangautri. La rivière sort de bouches de glace épaisses de plusieurs pieds de dessous une arcade basse au pied d'une masse solide et perpendiculaire de neige gelée, haute de 300 pieds, formée probablement depuis une longue suite de siècles. Du bord de ce mur de glace pendent de longs et raboteux glaçons; ils ont sans doute donné lieu à la tradition mythologique qui fait sortir le Gange des cheveux de Mahadéva. Le dernier jour du mois de mai 1808, la rivière, au point où elle se dégage de dessous les glaces, avait 27 pieds de large, 1 pied de profondeur; elle coulait doucement.

Hodgson put aller un mille et demi plus loin, marchant toujours sur la neige; il trouva qu'il était à 14,600 pieds d'altitude; le point où le Gange devient visible n'est qu'à 13,800 pieds.

De Gangautri jusqu'à ce point, on parcourt deux milles tantôt sur la neige, tantôt sur les rochers, le long des bords du Bhaghirati, tantôt sur ceux qui remplissent son lit; il diminue toujours de largeur, quelquefois il est caché sous des voûtes de glace; un grand rocher qu'il entoure offre une ressemblance grossière avec le corps et la bouche d'une vache. L'imagination ayant attaché l'idée de l'objet qu'elle croyait voir à un creux qui se trouve à une extrémité de ce rocher, l'a nommé *gaou-mokhi*, la bouche de la vache, qui, selon la croyance populaire, vomit l'eau du fleuve sacré.

La vallée se termine à la sortie du Bhaghirati de dessous la glace amoncelée au pied d'un rocher escarpé comme un mur; il n'existe plus de sentiers, plus le moindre signe de végétation; on est complètement entouré de neiges et de glaces dont il se détache de temps en temps des fragmens qui tombent du haut des montagnes.

Suivant la mythologie des Hindous, Ganga est fille d'Himavati, la grande montagne; Ouma, sa sœur, est épouse de Mahadéva, le pouvoir destructeur. Le nom de Mahadéva Calinga est donné au pic gigantesque de l'Himalaya qui domine au-dessus de Gangautri.

La dénomination de Ganga vient de ce que le fleuve traverse la terre (Gang); celle de Bhaghirati, de ce que le roi Bhaghiratha, Hindou très-pieux, pratiquait ses dévotions sur un rocher au milieu des eaux à Gangautri. La rivière a là 50 pieds de large et 3 pieds de profondeur; son cours est tranquille. On voit sur ses bords un petit temple en bois qui renferme une grande pierre portant l'empreinte des pieds de Ganga.

Avant de visiter Gangautri, les pèlerins se rasent, puis se baignent à Gauricound, grand étang éloigné de 600 pas du terme du voyage, et d'où sort un grand torrent. On a creusé dans le lit du Bhaghirati trois bassins où les pèlerins se plongent; le premier a les mêmes dimensions que la rivière; c'est l'eau pure de Ganga qui n'est souillée par le mélange d'aucun ruisseau. Un grand temple couvert en bois renferme la statue de cette divinité en pierre rouge et plusieurs autres idoles. Un brahmane qui réside ordinairement à Dhérali, situé quelques lieues plus bas, vient passer les trois mois de la belle saison à Gangautri où il faut apporter tout ce qui est nécessaire à l'existence, et où l'on n'aperçoit de toutes parts que des montagnes dont le sommet est couvert de neiges; leur partie inférieure est tapissée de gazon avec quelques bouleaux épars. Les approches de Gangautri sont si difficiles que le lieu n'est guère fréquenté que par des pénitens.

En longeant le Bhaghirati pour arriver à Dévaprayaga, on suit une vallée très-resserrée entre les montagnes; on rencontre quelques villages et des bourgs, entre autres Barahat, résidence du radjah du Gherval; une autre route mène de ce lieu au ravin arrosé par le Mandacni.

Le grand temple de Dévaprayaga est construit en granite; les pierres ne sont pas liées entre elles par du mortier. Cet édifice, haut de 70 pieds, est de forme pyramidale, à quatre faces, renflé au centre, et diminue vers le sommet terminé par une coupole blanche sur laquelle des colonnes de bois soutiennent un toit carré couvert de tuiles en cuivre et orné d'une boule dorée que surmonte une pointe. Ce temple est construit sur une plate-forme de 60 pieds carrés et haute de 6 pieds. Son entrée tournée vers l'occident est décorée d'un portique sous lequel les fidèles font leurs dévotions ; au plafond sont suspendues des cloches de différentes dimensions. La divinité principale est en pierre noire et assise sous un dôme, en face de l'entrée, à l'extrémité orientale du sanctuaire.

Le lieu où se font les ablutions est au point de jonction des deux rivières. L'Alacananda roule avec impétuosité et grand fracas ses eaux écumantes sur une pente escarpée et hérissée de rochers ; le Bhaghirati coule doucement jusqu'au point où son fougueux compagnon lui communique sa rapidité assourdissante. En conséquence, on a taillé dans le roc, au-dessous de la surface de l'eau, trois bassins pour que les fidèles ne soient pas emportés par le courant. Ceux-ci font enregistrer leur nom par un brahmane de leur secte, et, comme on l'a déjà dit, paient une rétribution pour obtenir cette faveur.

Au-dessus de leur confluent, l'Alacananda est la plus large et la plus profonde des deux rivières ; elle a 142 pieds d'une rive à l'autre, et, dans la saison des pluies, monte à 46 pieds au-dessus de son niveau ordinaire ; Webb la passa sur un pont suspendu qui est à 50 pieds d'élévation, et qui néanmoins dans la saison des grandes eaux est souvent emporté par le courant. La largeur du Bhaghirati est de 112 pieds ; il monte à 40. De la jonction de ces deux rivières résulte le Gange qui, au mois de mai, était large de 240 pieds au-dessous de Dévaprayaga. Il coule à l'O. et ensuite au S. en traversant un pays montagneux.

Les affluens de gauche de l'Alacananda viennent du Kemâon, territoire britannique qui à l'O. est séparé du Népâl par le Cali. Dans sa partie septentrionale qui confine à l'Himalaya, on trouve le Niti-ghat, ou col de Niti, par lequel on pénètre, avec des difficultés extraordinaires, dans l'Oundès, province du Tibet. Sa surface offre une suite continuelle de hautes montagnes qui s'entrecroisent et augmentent de hauteur en allant au N.

Ce pays est habité par les Khasyias, qui ont le teint moins foncé que celui des tribus des plaines ; leurs traits annoncent qu'ils appartiennent à la famille hindoue. Ils sont d'un caractère apathique. Les Anglais ont gardé le Kemâon, après en avoir expulsé les Gorkhâs ; la capitale de ce pays est Almora, sur une montagne, à 1,049 toises d'altitude.

Le Kemâon fait aujourd'hui partie du Gherval, province montagneuse, comme le prouvent les récits de tous les voyageurs que nous avons cités. Elle est bornée à l'E. par le Ramganga, à l'O. par la Djemna, au N. par le faîte neigeux des Himalaya, au S. par la terrasse inférieure de ces monts, laquelle leur est parallèle et atteint à une altitude de 1,600 toises au moins.

Le Gherval dans sa partie méridionale présente un assemblage de montagnes, entassées sous toutes les formes et dans toutes les directions, quelquefois en chaînes parallèles de peu d'étendue et souvent jointes ensemble à leurs extrémités par des faîtes étroits qui traversent à angles droits les vallées ; celles-ci sont généralement très-resserrées. Quelques montagnes sont boisées et toujours verdoyantes, d'autres pierreuses et absolument nues. On voit sur les moins hautes de vastes forêts de chênes, de houx, de marronniers d'Inde, de pins et de sapins ; à leur ombre se développent des fraisiers dont le fruit est d'une saveur exquise ; mais une portion considérable est inhabitable et ne peut même servir tout entière de retraite aux bêtes sauvages.

Les habitans du Gherval sont des Khasyias, mais bien plus robustes et plus actifs que ceux du Kemâon. Toutefois ils n'ont rien de cette énergie qui dans d'autres contrées distingue les montagnards, car ils supportèrent patiemment le joug des Gorkhâs qui les avaient réduits en esclavage et les vendaient par centaines. Les Anglais, après avoir chassé les oppresseurs, ont rétabli le radjah du pays ; son territoire, compris entre le Bhaghirati et la Djemna, est protégé par les troupes britanniques.

Le petit village de Djerdaïr, bâti sur la pente d'une montagne, peut donner une idée de beaucoup de ceux du Gherval ; ses environs ne présentent qu'un désert triste et stérile ; à peine y aperçoit-on quelques broussailles ; les maisons élevées sur des plate-formes en pierre ont leur façade garnie d'un verandah ou portique qui, en été, préserve des rayons perpendiculaires du soleil (Pl. XXX — 2).

Un très-petit nombre seulement des rivières du Gherval est guéable ; les habitans ont donc eu recours pour les traverser aux ponts suspendus qui sont très-multipliés ; on les établit dans les endroits où des rochers, rétrécissant le lit du fleuve, donnent la facilité de fixer à chaque rive les cordes qui soutiennent le plancher mobile sur lequel marche le voyageur. Celui de Téri est remarquable par la beauté pittoresque du paysage qui l'entoure (Pl. XXX — 3). D'autres ponts sont plus simples ; le voyageur, assis sur un cerceau suspendu aux cordes, est tiré d'un côté à l'autre, ou bien il s'aide lui-même des pieds et des mains pour effectuer le trajet.

C'est à la cime de la terrasse inférieure des Himalaya que finit le Gherval, terre sainte des Hindous. Au pied d'une montagne escarpée de cette chaîne que perce le Gange pour entrer dans les plaines de l'Hindoustan, on trouve à la rive droite de ce fleuve Herdouar, lieu vénéré des Hindous. Son nom dans leur langue est *Hari-dvara* (porte de Hari ou Vichenou). Ils l'appellent aussi *Ganga-dvara*.

De temps immémorial, Herdouar a été fréquenté par les Hindous comme un lieu sanctifié par les eaux du fleuve sacré. Il est bâti sur la lisière septentrionale d'un petit terrain distrait d'une grande forêt qui touche presque l'extrémité occidentale de la ville. De jolis temples et de grands édifices en pierre, érigés par des hommes pieux pour l'usage des pèlerins et accompagnés d'escaliers conduisant au Gange, les uns ornés de tourelles, d'autres revêtus de peintures fantastiques, tous bien entretenus, montrent qu'il existe là une hiérarchie respectée et florissante. L'image de ces monumens est reflétée par les eaux du Gange qui, devenu ici un fleuve large et limpide et coulant rapidement dans une vallée bornée de trois côtés par de hautes montagnes, contribue à former un magnifique paysage (Pl. XXX — 4).

Le lieu désigné pour le bain sanctifiant est au pied du Hirki-pari, saillie de la montagne vers le fleuve. Autrefois on n'y descendait que par un escalier où quatre pèlerins seulement pouvaient passer de front. De fréquens accidens arrivaient à cause de l'empressement extrême des dévots à arriver les premiers à l'onde sainte. En 1819, on compta 430 Hindous tués par la pression de la foule qui les serrait. On trouva parmi les morts des cipayes anglais placés comme gardes pour prévenir cette triste catastrophe.

Afin d'éviter de si grands malheurs, la Compagnie des Indes a fait élargir la rue qui mène au Gange et construire un quai spacieux terminé par un escalier de la même dimension. Les Hindous en témoignent hautement leur reconnaissance. Aux acclamations de *Mahadeo! bol!* qu'ils répètent en passant devant les temples qui se trouvent sur leur chemin, ils joignent les cris de *Bol! bol!* qui expriment leur gratitude de pouvoir remplir, sans danger et sans trop de peine, un devoir si essentiel pour eux.

Nulle cérémonie particulière n'est observée en se baignant ; il suffit de la simple immersion. La profondeur du Gange est de 4 pieds ; à l'époque de la fête, les deux sexes se plongent à la fois dans le fleuve ; les personnes pieuses qui veulent accomplir tout rigidement se font accompagner par deux brahmanes qui, après avoir trempé le pénitent dans l'eau, le reconduisent au rivage.

Les brahmanes sont naturellement les personnages les plus remarquables de cette multitude immense ; ils recueillent les rétributions des fidèles, mais n'exercent aucune fonction particulière. Le recueillement profond des Hindous en se baignant, leur enthousiasme religieux en jouissant de la satisfaction de se plonger dans les eaux du fleuve sacré, offrent un contraste frappant avec la tranquillité et l'indifférence des Européens qui contemplent cette scène réellement étrange pour eux.

Une autre non moins remarquable s'offre d'un autre côté à leurs regards. Le pélerinage de Herdouar, ordonné par la religion, a lieu en avril, époque du retour de la belle saison dans les contrées septentrionales. Depuis quelque temps les chemins sont libres, de sorte que les Hindous et aussi des hommes absolument étrangers au brahmanisme accourent à Herdouar, non par un motif de dévotion, mais pour s'y occuper d'affaires mercantiles. D'ailleurs les observateurs ont noté que l'Hindou ne perd jamais de vue ses intérêts temporels, et qu'un *méla* (une foire) est une conséquence nécessaire des rassemblemens dont la religion est l'occasion. On voit les chemins qui aboutissent à Herdouar couverts, dès la fin de mars, de plusieurs milliers de voyageurs ; les uns, et c'est le plus grand nombre, à pied, les autres montés sur des éléphans, des bœufs, des chevaux, des chameaux, et beaucoup qui conduisent des bêtes de somme portant des ballots. Il en vient de l'Afghanistan, du Pendjab, du Cachemir, de toutes les parties de l'Hindoustan. Presque tous les pèlerins apportent des marchandises, parce qu'ils sont certains de les vendre avantageusement. Les gros banquiers envoient à Herdouar leurs agens qui, en échange des marchandises ou des espèces, fournissent des lettres de change pour telle somme que ce puisse être sur toutes les places que l'on désire.

On suppose que près de 300,000 individus sont réunis tous les ans à Herdouar ; de douze en douze ans des cérémonies extraordinaires attirent une foule plus considérable, et on pense qu'alors elle s'élève jusqu'à un million d'hommes.

On se ferait difficilement une idée du vacarme de la foire de Herdouar. Le cri plaintif du chameau, la voix puissante de l'éléphant, le mugissement des bœufs, le hennissement des chevaux, le rugissement des lions, des tigres et des

Couvent d'Amerbaoum.

autres bêtes féroces offertes aux regards des curieux ; le ricannement des singes, le cri aigu et perçant des oiseaux de proie, le ramage des perroquets, les notes discordantes des musiciens ambulans, mêlées aux conversations et aux vociférations de la multitude et au son assourdissant des conques que font retentir les brahmanes, occasionent le bruit le plus étrange et le plus fatigant que l'on puisse imaginer. Les animaux carnassiers, offerts à la curiosité publique, ne sont pas comme en Europe, dans des occasions semblables, enfermés dans des cages ; ils sont simplement enchaînés ou attachés par des cordes selon leur force, de sorte qu'il est prudent de se tenir hors de leur atteinte possible.

Les magasins contiennent des marchandises de toutes les contrées de l'univers ; le thé de la Chine, les objets en laque du Japon, les châles de Cachemir, les mousselines de l'Inde y figurent à côté du café de l'Arabie, de la quincaillerie, des lainages, de la verrerie d'Angleterre, de la parfumerie de Londres et de Paris.

Autrefois les rassemblemens extraordinaires de chaque douzième année étaient marqués par des scènes tumultueuses qui produisaient des rixes sanglantes. De même que toutes les autres religions, le brahmanisme est divisé en différentes sectes. Le 10 avril, jour de la grande immersion, chaque troupe, conduite par les religieux mendians, disputait aux autres, à coups de bâtons et de massues, le passage qui conduit au fleuve. Très-souvent un nombre très-considérable d'Hindous perdait la vie dans ces occasions. Grâce aux précautions prises par le gouvernement britannique, la foire de Herdouar se passe, depuis plusieurs années, sans effusion de sang, au grand étonnement de la multitude.

Elle ne diminue pas tout le temps que dure la foire qui est de vingt jours. C'est surtout vers le 10 avril que le concours devient immense. Toutes les routes sont couvertes de pèlerins ; ceux qui ne viennent que pour faire leurs ablutions arrivent le matin, et, après s'être acquittés de ce devoir religieux, partent le soir ou le lendemain ; ainsi un voyageur est sans cesse remplacé par un autre. C'est un mouvement perpétuel qui est réellement inimaginable, à moins qu'on ne l'ait vu. On croirait peut-être que la difficulté de ramasser des subsistances pour tout ce monde doit occasioner une espèce de disette ; mais Webb dit qu'il a toujours trouvé le bazar bien garni et que les denrées n'étaient pas chères. Les pèlerins qui ne restent qu'un jour apportent leurs provisions, et des milliers de charrettes amènent sans cesse des vivres tirés principalement du pays fertile compris entre le Gange et la Djemna.

CHAPITRE XLIII.

Hindoustan. — La Djemna. — Dehli. — Agra.

Hodgson est le premier voyageur européen qui ait donné une description satisfaisante de la Djemna. Au mois d'avril 1817, quand cet Anglais la visita, cette rivière coulait sous une masse de neige large de 180 pieds, épaisse de 40, compacte et solide, tombée des hauteurs supérieures et bordée à droite et à gauche de précipices granitiques. La vapeur de sources thermales qui s'échappaient des rochers qu'elle couvrait, y avait creusé des trous. Hodgson profita d'une de ces cavités pour descendre sous la voûte que formait la neige, et ayant allumé des flambeaux, contempla un tableau magnifique. Les sources chaudes se prolongent sur une ligne étendue. La chaleur de quelques-unes est suffisante pour cuire le riz. Elles jaillissent par des crevasses dans le granite avec un bouillonnement considérable et déposent un sédiment ferrugineux.

La source de la Djemna est à une altitude de 2,450 toises, sur le flanc S. O. du Djemnautri, pic neigeux des Himalaya. Au point où cette rivière sort de dessous les glaces, elle n'a que 3 pieds de large et quelques pouces de profondeur. Elle coule avec rapidité au S. le long du Gherval qu'elle borne à l'O., et à Khalsi-ghât reçoit le Tousé qui, bien que plus considérable, perd son nom. Dans cette portion de son cours, la Djemna court presque parallèlement avec le Gange, dont elle n'est éloignée que de 13 lieues. Au village de Garadouar où elle a beaucoup grossi, elle force son passage à travers la terrasse inférieure des Himalaya et entre dans les plaines de l'Hindoustan à Feyzabad, petit village où elle a près de 3,000 pieds de largeur dans la saison humide, et seulement 300 pieds dans celle de la sécheresse ; elle baigne presque le pied des montagnes à droite, tandis que sur la rive gauche où est Feyzabad, elle en est éloignée d'une lieue ; elle se divise en plusieurs bras et forme ainsi des îles bien habitées et bien cultivées ; puis ces bras se réunissent ; elle coule sur du sable et du gravier, et fréquemment sur des rochers qui occasionent des cataractes trop faibles cependant pour empêcher le passage de radeaux de bois de charpente.

La Djemna continue à couler parallèlement au Gange, dont elle est maintenant éloignée de 17 à 25 lieues ; ses rives sont extrêmement pittorresques par les ruines nombreuses qu'elles présentent et dont l'aspect répand sur la contrée sablonneuse qu'elle arrose un air de majesté mélancolique. A une petite distance des murs de la nouvelle Dehli, on voit à gauche les ruines d'une mosquée (Pl. XXXI—1) dont l'effet est rehaussé par le feuillage touffu d'un bosquet voisin, ornement naturel très-rare dans le voisinage immédiat de l'ancienne capitale de l'Hindoustan, car le sol y est aride et couvert d'efflorescences salines. Le terrain rocailleux étant constamment exposé aux rayons du soleil, absorbe beaucoup de chaleur, et, dans la saison où celle-ci est au plus haut degré, produit une température sèche et très-élevée; le pays étant ouvert de tous côtés, reste exposé aux vents qui, passant sur de grandes surfaces d'eau, occasionnel en hiver un froid piquant. Toutefois cet excès de chaleur est favorable à la culture de végétaux qui ne croissent spontanément que dans les cantons de l'Hindoustan situés plus au S.

C'est en cheminant au milieu des ruines, le long des eaux paisibles de la Djemna, que l'on arrive sur le vaste emplacement de l'ancienne Dehli. On aperçoit à l'extrémité septentrionale des murs qui l'entourent, et à un mille et demi de ceux de la nouvelle cité, des tours et d'autres débris d'un monument magnifique. On ignore aujourd'hui le nom de l'homme puissant et sans doute célèbre dans son temps en l'honneur duquel ce bâtiment fut élevé (Pl. XXXI — 2).

Ailleurs, le Kottab-minar s'élève majestueusement; on regarde cette colonne de Kottab comme la plus élevée que l'on connaisse. Sa base circulaire forme un polygone de vingt-sept côtés, et le fût est cannelé jusqu'au troisième étage en vingt-sept divisions, tantôt circulaires, tantôt anguleuses, les cannelures étant différentes à chaque étage. Quatre balcons règnent autour de la colonne; le premier à 90 pieds, le second à 140, le troisième à 203 pieds au-dessus du sol. La hauteur entière du Kottab-minar est de 248 pieds; il est en granite rouge auquel ont été mêlés des marbres noir et blanc. Un escalier en spirale dans l'intérieur conduit par 300 marches jusqu'au sommet; il était jadis couronné d'une coupole qui aujourd'hui n'existe plus, quoique représentée dans le dessin. Des ouvertures percées dans la paroi admettent l'air et la lumière. Le gouvernement britannique ne néglige rien pour conserver en bon état ce magnifique monument (Pl. XXXI — 3).

Les restes de coupoles, de portiques et d'arcades dont elle est entourée, forment le côté oriental d'une mosquée en granite rouge commencée par Kottab-ed-din, vice-roi de Mohammed Gauri, sous le règne duquel il prit Dehli en 1193. Les sculptures de ces portiques sont travaillées avec un soin et une délicatesse infinis; on les admire encore, car ces ornemens n'ont rien perdu de leur fini précieux.

On dit qu'à l'époque de sa splendeur Dehli couvrait un espace de trois lieues carrées, et c'est en effet l'espace que ses ruines occupent. Son origine est inconnue; les Hindous racontent qu'elle fut bâtie par le radjah Dehu qui vivait du temps d'Alexandre-le-Grand. La puissance des princes indigènes fut renversée par les Afghans ou Patans qui s'emparèrent de Dehli en 1193; durant leur règne, Tamerlan prit et pilla Dehli en 1398. Baber, un de ses descendans, mit fin, en 1525, à la dynastie des Afghans, et commença celle des empereurs mogols qui subsiste encore, mais dépouillée de l'autorité.

Les nombreuses vicissitudes que Dehli a subies y ont accumulé les ruines de différens âges: celles de l'ancienne architecture des Hindous y partagent l'intérêt du spectateur avec celles des Musulmans leurs vainqueurs. Les premiers disent que les tombeaux de 80,000 saints et martyrs y furent trouvés parmi les débris des temples et des palais. Dans les temps de la gloire de Dehli, des bosquets et des jardins déployaient leur verdure fraîche et leurs guirlandes de fleurs sur une terre aujourd'hui absolument aride.

Akbar, le plus grand des souverains de la dynastie mogole, transporta le siége de l'empire dans la ville d'Agra; cet événement accrut la décadence de Dehli qui devint déserte. Cependant il lui restait encore une ombre de splendeur, lorsqu'en 1621 l'empereur Châh-Djehan fonda la nouvelle Dehli qui, d'après lui, fut nommée Châh-Djehanabad et fut la capitale de l'empire; elle a près de 10 lieues de circuit. Ce fut sous le règne d'Aurengzeb, successeur de Châh-Djehan, qu'elle parvint au plus haut degré de splendeur. Ce monarque avait continué les conquêtes commencées par ses ancêtres, et à l'époque de sa mort, en 1707, son empire s'étendait au N. jusqu'aux Himalaya, à l'E. jusqu'à l'Arrakan et à l'Assam, au S. jusqu'à la mer, à l'exception de quelques petites principautés dans la partie méridionale et le long de la côte occidentale de la presqu'île, à l'O. au-delà de l'Indus.

Les relations de Roë, Terry, Tavernier, J. Thevenot, Bernier et autres voyageurs européens, qui ont visité les États du Grand-Mogol dans le cours du XVIIe siècle, font une description si pompeuse de la richesse, de la somptuosité, du luxe prodigieux qui les entourait, qu'on croit lire les fictions des *Mille et une nuits*. Un seul des trônes du Grand-Mogol fut estimé par Tavernier 160 millions de son temps; douze colonnes d'or qui soutenaient le dais de ce trône étaient entourées de grosses perles; le dais était de perles et de diamans, surmonté d'un paon qui étalait une queue de pierreries; tout le reste était proportionné à cette étrange magnificence. Le jour le plus solennel de l'année était celui où l'on pesait l'empereur dans des balances d'or, en présence du peuple; et ce jour-là il recevait pour plus de 50 millions de présens.

Au décès d'Aurengzeb, cette grandeur eut un terme; ses enfans se disputèrent son trône où quelques-uns ne s'assirent que pendant quelques jours. Durant cette période de dissensions sanglantes entre des frères et des parens, de meurtres, d'atrocités, mêlées de débauches et d'un déploiement de luxe effréné, aucun des princes qui prirent successivement le titre d'empereur ne put maintenir son autorité sur les radjahs et soubas ou vice-rois et gouverneurs qui à l'envi se rendirent indépendans.

Au milieu de ces troubles, les Marattes brûlèrent en 1735 les faubourgs de Dehli. Nadir-Châh, plus connu sous le nom de Thamas Kouli-Khan, qui régnait en Perse, envoya, en 1737, des ambassadeurs à Dehli pour réclamer contre l'asile accordé à des Afghans émigrés et demander qu'ils fussent remis entre ses mains. Les réponses évasives données par Mohammed-Châh, qui occupait alors le trône du Grand-Mogol, servirent de prétexte au conquérant pour entreprendre une expédition contre l'Hindoustan: son véritable but était de s'emparer des trésors de l'empire. La faiblesse de cet Etat, les intrigues qui divisaient la cour de Dehli, les intelligences qu'il entretenait avec quelques-uns des principaux *omrahs* (grands officiers) lui aplanissaient tous les obstacles. Il traverse l'Afghanistan, passe à gué ou sur des ponts de bateaux l'Indus et ses affluens, met en déroute les armées qu'on lui oppose et entre dans Dehli le 2 mars 1739. Il inonda de sang cette capitale, dont les habitans s'étaient soulevés contre lui. Pendant plusieurs jours, elle fut livrée au pillage et au massacre par ordre de Nadir-Châh. Pour échapper à l'avarice, à la fureur et à la brutalité des Persans, des familles entières mirent le feu à leurs maisons et se précipitèrent dans les flammes. Le nombre total des victimes fut de 100,000 suivant les rapports les moins exagérés, et de 225,000 suivant le voyageur Otter. Une grande partie de la ville fut consumée.

Quand le carnage eut cessé, Nadir-Châh replaça sur le trône Mohammed-Châh, se fit céder par ce prince toutes les provinces à l'O. de l'Indus, et le 16 mai quitta Dehli, emportant un butin évalué par les uns à 1,500,000,000 fr., et par d'autres à 2,000,000,000; le fameux paon du trône en faisait partie.

L'invasion de Nadir-Châh avait porté le dernier coup à la puissance de l'empire mogol; il finit par être complètement démembré, et la possession éphémère d'un pouvoir à peu près nul ne cessa pas d'occasioner des scènes sanglantes.

En 1753, Dehli fut pillée une seconde fois par Ahmed Abd-Assi, roi de Caboul. Le palais du Grand-Mogol, Alem-ghir, fut dépouillé de tout ce que Nadir-Châh avait dédaigné; les murs de marbre furent brisés pour en enlever les pierres précieuses qui y étaient incrustées.

Châh-Alem II, qui monta sur le trône en 1760, fut chassé de sa capitale par les Marattes, et se réfugia chez un de ses anciens vassaux, devenu souverain indépendant. Celui-ci déclara, au nom de ce fantôme d'empereur, la guerre aux Anglais, déjà maîtres du Bengale et du Bahar; réduit par le sort des combats à se remettre à leur discrétion, la Compagnie des Indes lui rendit un territoire fertile et étendu, au-dessus d'Allahabad. De son côté, il lui céda, en 1765, la *divannie* ou recette générale à perpétuité du Bengale, du Bahar et de l'Orissa. Ennuyé de la protection de la Compagnie, il revint, en 1771, à Dehli, où il ne tarda pas à devenir un instrument politique entre les mains des Marattes, maîtres de cette capitale depuis 1770. En 1788, Gholâm-Kâdir, chef des Rohillas, nation vivant dans les montagnes à l'E. du Gange, s'empara de Dehli, maltraita et tortura même le malheureux empereur, pour qu'il lui découvrît où étaient ses trésors, et finit par lui crever les yeux. Il massacra, tourmenta ou fit mourir de faim plusieurs des membres de la famille royale et des principaux habitans de la capitale pour obtenir d'eux les mêmes révélations. Obligé par l'approche d'un détachement de l'armée maratte d'évacuer la place, il fut pris dans sa fuite et expira dans les supplices.

Après sa délivrance, Châh-Alem mena une existence misérable; les Marattes, maîtres de ses Etats, lui donnaient un revenu à peine suffisant pour sa subsistance et celle de sa famille, s'appropriant l'usage de tout ce qui lui appartenait et commettant les crimes les plus atroces sous le nom de leur prisonnier.

Cette déplorable période dura jusqu'en 1803. Alors Daoulet-Rô Sindia, chef des Marattes, s'étant brouillé avec la Compagnie anglaise, lord Lake marcha contre lui, défit son armée près de Dehli le 11 septembre, et le lendemain entra dans cette capitale. Les succès ultérieurs des Anglais ayant anéanti la puissance des Marattes dans l'Hindoustan-Supérieur, le gouvernement de Calcutta prit des arrangemens pour l'entretien de l'empereur et de sa famille. On commença par lui rendre toutes les maisons, les jardins et les terres dont les Marattes l'avaient dépouillé; on lui concéda aussi, sur la rive droite de la Djemna, un territoire dont les revenus appartiendraient à l'empereur et seraient perçus en son nom sous la surveillance du résident britannique. On lui laissa aussi une ombre d'autorité dans l'administration de la justice locale.

La tranquillité de Dehli ne fut pas troublée jusqu'en octobre 1804. Alors Holcar, chef maratte, qui battait en retraite devant lord Lake, envoya son infanterie avec un train formidable d'artillerie pour investir la place. Le siége commença le 7 du mois. Par suite de causes dues à l'urgence des circonstances qui avaient forcé d'expédier des troupes de différens côtés, la garnison était trop faible pour la défense d'une si vaste cité, dont les remparts étaient d'ailleurs accessibles de tous côtés, et de plus elle comprenait 300 Mevars qui sont des voleurs de profession, et un corps de cavalerie irrégulière sur la fidélité duquel on ne pouvait pas compter. Les uns et les autres justifièrent leur réputation, les Mevars en passant à l'ennemi, et la cavalerie en se débandant à l'approche de celui-ci qui, en conséquence, vint tout près des murs. Bientôt les Marattes ouvrirent leur feu et firent plusieurs brèches. Ayant essayé une escalade, ils furent repoussés et levèrent le siége au bout de neuf jours.

Châh-Alem survécut à ces événemens : au mois de décembre 1806, il termina son règne long et calamiteux. Akbar, son fils aîné, lui succéda sans contestation. Cet empereur sans pouvoir réside à Dehli; on lui rend tous les honneurs dus au personnage revêtu de la puissance suprême. Il demeure dans un palais gardé par des soldats de l'armée britannique. Les étrangers lui sont présentés après que la demande en a été faite par le résident que la Compagnie des Indes entretient auprès de lui. Il répond gracieusement à la requête et l'étranger est conduit en grande pompe à l'audience par le résident. Reginald Heber, évêque anglican de Calcutta, ne manqua pas à son passage à Dehli, en 1824, d'aller le 31 décembre rendre visite au successeur de ces empereurs mogols qui, dans le dix-septième siècle, déployaient un faste si éblouissant. Akbar II qui règne aujourd'hui vit d'une pension de 4,000,000 de fr. que lui fait la Compagnie des Indes. Son palais, d'une architecture magnifique, offre des traces de décadence; on y est assailli par des essaims de mendians; ce sont les femmes et les enfans des gens attachés aux écuries.

« Nous descendîmes de nos éléphans, dit Heber, devant une porte de sculpture riche, mais fort sale : alors nos guides, tirant un rideau de toile, s'écrièrent d'une voix rauque et cadencée : « Voici l'ornement du monde! voici l'asile des nations! le roi des rois! l'empereur Akbar-Châh! le juste! le fortuné! le victorieux! » Nous vîmes, en effet, une petite cour remarquable par les bâtimens peu élevés, mais richement ornés, qui l'entouraient. Vis-à-vis de nous s'ouvrait un pavillon en marbre blanc, superbement sculpté, entouré de rosiers et de jets d'eau et décoré de tentures en tapisserie et de rideaux pendans en festons; dans l'intérieur, on apercevait une foule considérable au milieu de laquelle était assis le pauvre vieillard, descendant de Tamerlan. M. Elliot, le résident, fit trois saluts profonds; nous suivîmes son exemple. Cette cérémonie fut répétée deux fois pendant que nous avancions vers l'escalier du pavillon; les hérauts redisant chaque fois les expressions de la grandeur de leur maître. Nous finîmes par nous tenir sur une ligne à la droite du trône qui est une sorte de grand siége en marbre richement doré et élevé de deux à trois marches. Alors M. Elliot, faisant un pas en avant, les mains jointes, suivant la coutume orientale, annonça à voix basse à l'empereur qui j'étais. Aussitôt, je fis trois saluts et j'offris un *nazzar* (présent) de 51 mohars d'or dans une bourse brodée, posée sur mon mouchoir, suivant l'usage. Le monarque reçut mon offrande et la mit à côté de lui; je continuai à rester quelques minutes debout, et il m'adressa les questions ordinaires sur ma santé, mes voyages, l'époque de mon départ de Calcutta. J'eus ainsi l'occasion de bien voir ce prince; il est pâle et maigre, mais il a une belle figure, le nez aquilin et une longue barbe blanche. Son teint n'est guère plus foncé que celui d'un Européen; ses mains sont très-blanches et petites; elles étaient ornées de bagues qui paraissaient de grande valeur. Je ne pus apercevoir que sa tête et ses mains, parce que la matinée étant froide, il était enveloppé de plusieurs châles. Je revins à ma place; puis j'offris 5 mohars

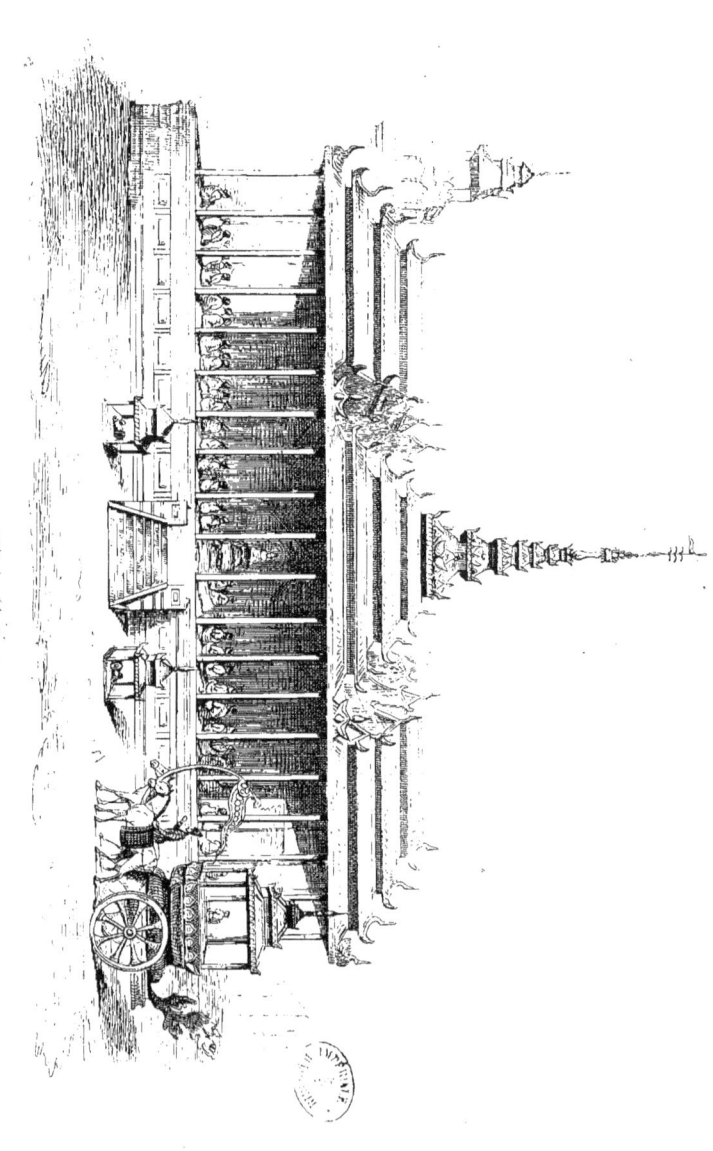

à l'héritier présomptif assis à la gauche de son père ; le résident occupait la droite. Deux Anglais qui étaient avec moi furent présentés à peu près avec les mêmes formalités ; leurs dons furent moindres que le mien, et l'empereur ne leur parla point.

» L'empereur m'ayant fait signe d'avancer, M. Elliot me dit d'ôter mon chapeau, car j'étais jusque-là resté couvert, et l'empereur noua de ses propres mains autour de ma tête un léger turban de brocart d'or, pour lequel je payai 4 mohars de plus. Ensuite, on nous annonça que nous devions nous retirer pour recevoir les *khélâts* (habits d'honneur) que la bonté de l'*Asile des mondes* avait fait préparer pour nous. Je fus donc conduit dans une petite chambre contiguë au *zenâna* (appartement des femmes), et j'y trouvai une jolie robe à fleurs bordée de fourrures et deux châles assez communs : mes domestiques, qui contemplaient avec un plaisir infini toutes ces belles choses, m'en affublèrent au lieu de ma robe, mais je gardai ma soutane. Il fallut que, dans cet étrange costume, je revinsse devant l'empereur ; et j'entendis mon nom proclamé par les hérauts avec les titres les plus pompeux. Mes compagnons étaient déjà là, travestis aussi, mais on ne leur avait pas fait l'honneur de les mener dans un cabinet de toilette ; ils avaient endossé leur khélât à la porte de la cour. Je crois qu'ils faisaient une figure plus étrange que moi, car leurs chapeaux étaient entourés d'une écharpe de gaze à fleurs, et leurs épaules couvertes par-dessus leurs habits d'un singulier vêtement en gaze, en oripeau et en rubans fanés.

» Je m'avançai de nouveau et j'offris à l'empereur mon troisième présent : c'était un exemplaire de la Bible arabe, et le livre des prières de l'Eglise anglicane en hindoustani, élégamment relié en velours bleu bordé en or, et enveloppé d'un morceau de brocart. L'empereur me dit de me baisser ; il me passa autour du cou un collier de perles et plaça sur le devant de mon turban deux ornemens brillans de peu de valeur : en revanche je lui donnai encore 5 mohars. Enfin, il me fut annoncé qu'un cheval m'attendait en dehors de la cour ; les hérauts proclamèrent de nouveau avec emphase cette marque ultérieure de la magnificence impériale, et je déboursai encore 5 mohars d'or. Je pris définitivement mon congé par trois saluts répétés trois fois ; et je me retirai avec M. Elliot dans le cabinet de toilette d'où j'envoyai à la reine, comme on la qualifie ordinairement, quoique le titre d'impératrice serait certainement plus convenable, un présent de 5 mohars.

En ce moment, les *tchopdars* (coureurs) de l'empereur s'empressèrent de me demander quand ils pourraient se rendre chez moi pour recevoir leur gratification.

» Du reste, il ne faut pas supposer que cet échange de présens ait été une chose très-dispendieuse pour l'empereur ou pour moi. Tout ce qu'il me donna, y compris le cheval, quoique réellement le plus beau qui eût été vu à la cour de Dehli depuis plusieurs années, et quoique le vieux monarque eût évidemment l'intention d'être très-civil, ne valait pas plus de 800 roupies (750 fr.); de sorte que lui et sa famille gagnèrent au moins 800 fr. par cette affaire, indépendamment de ce qu'ils reçurent de mes deux compagnons. Or tout cela était profit net, puisque les deux khélâts dont on les affubla n'étaient bons que pour se déguiser, et avaient, je le pense, été faits avec les rebuts des parures de la *bégom* (princesse). D'un autre côté, depuis que la Compagnie a très-sagement ordonné que tous les présens faits à quelqu'un reviendraient au gouvernement, et a en même temps pris libéralement à son compte toutes les dépenses faites dans ces occasions par les fonctionnaires publics. En conséquence, rien de ce que je donnai ne fut à ma charge, excepté les deux volumes qui, suivant ce qu'on me dit, lui furent d'autant plus agréables, qu'il ne s'y attendait pas.

» Mais retournons à la salle d'audience. Pendant que j'étais dans le cabinet où je me dépouillai de mes vêtemens brillans, je fus frappé de la beauté de ses ornemens ; il était entièrement revêtu de marbre blanc, incrusté de fleurs et de feuillages en serpentine verte, en lapis-lazuli et en porphyre bleu et rouge ; les fleurs du meilleur style italien annonçaient qu'elles étaient l'ouvrage d'un artiste de ce pays, mais tout était sale, délabré et dévasté. La moitié des fleurs et des fruits avait été enlevée ou mutilée de quelque autre manière ; les portes et les fenêtres étaient dans un état déplorable de décadence, tandis qu'une quantité de vieux meubles était entassée dans un coin, et qu'un rideau déchiré de tapisserie fanée pendait au-dessus d'une arcade menant aux appartemens intérieurs. Telle est, me dit M. Elliot, la manière dont en général ce palais est entretenu et meublé. Ce n'est pas la pauvreté absolue qui en est cause ; mais ces gens n'ont aucune idée de nettoyer ni de réparer quelque chose que ce soit.

» Quant à moi, je réfléchis au célèbre vers du poëte persan :

L'araignée a tendu sa toile dans le palais des empereurs;

et je sentis un intérêt mélancolique à comparer l'état présent de cette pauvre famille avec ce qu'il était il y a deux cents ans quand Bernier, le voyageur français, visita Dehli.

» Après que j'eus repris mes habits ordinaires, j'attendis encore un peu jusqu'à ce qu'on nous eût annoncé que le *roi des rois* s'était retiré dans son zenâna. Nous allâmes donc à la salle d'audience que je n'avais vue auparavant que très-imparfaitement à cause de la foule et de la nécessité de remplir les cérémonies auxquelles je m'étais conformé. C'est un très-beau pavillon en marbre blanc, ouvert d'un côté sur la cour du palais, et de l'autre sur un grand jardin. Ses colonnes et ses voûtes sont délicieusement sculptées et ornées de fleurs dorées et incrustées, et d'inscriptions dans le style persan le plus recherché. Autour de la frise, on lit cette devise :

S'il y a un Élysée sur terre,
C'est celui-ci, c'est celui-ci.

Le sol en marbre n'est pas couvert de tapis; il est partout incrusté de la même somptuosité que le cabinet que je venais de quitter.

» Les jardins que nous visitâmes ensuite ne sont pas grands, mais doivent dans leur genre avoir été très-beaux et magnifiques. Ils sont remplis de très-vieux orangers et d'autres arbres fruitiers, de terrasses et de parterres où une quantité de rosiers poussaient et où même quelques jonquilles étaient en fleur dans ce moment. Un canal, avec de petits conduits de fontaines en marbre blanc, sculptés comme des roses, traverse çà et là les parterres; et, à l'extrémité de la terrasse, on voit un superbe pavillon octogone également en marbre revêtu de fleurs en mosaïque; une fontaine en marbre en occupe le centre, et, dans une niche le long des côtés, il y a un joli bain. Des fenêtres de ce pavillon qui s'élève à la hauteur des remparts de la ville, on jouit d'une vue complète de Dehli et de ses environs; mais, quand nous avons vu le pavillon, quelle saleté, quelle solitude, quelle misère! Le bain et la fontaine étaient à sec; le sol en mosaïque était recouvert des gros outils et des balayures du jardinier, et les parois souillées par la fiente des oiseaux et des chauve-souris.

» Nous fûmes menés à la mosquée particulière du palais, élégant petit édifice, également en marbre blanc, mais également négligé et délabré. On a laissé les pipals (*ficus religiosa*) croître dans ses murs; la dorure extérieure de la coupole a été en partie enlevée, et quelques-unes de ses portes ont été grossièrement bouchées avec des briques jointes avec du mortier, mais non revêtues d'un enduit.

» Nous finîmes par aller au *devani âm* (salle d'audience publique); elle est dans la cour extérieure. Dans certaines occasions, le Grand-Mogol s'y tenait assis en grand apparât pour recevoir les complimens ou les requêtes de ses sujets. Cette salle est aussi un magnifique pavillon en marbre, assez semblable pour la forme à l'autre, mais bien plus grande, et ouverte seulement de trois côtés. Le quatrième est occupé par un mur noir incrusté de fleurs et de feuilles en mosaïque; au centre s'élève un trône à deux pieds au-dessus du sol, en avant il y a une petite plate-forme en marbre; le visir y restait debout pour présenter les requêtes à son maître; le derrière du trône offre une mosaïque représentant des oiseaux, des quadrupèdes et des fleurs, et au centre, ce qui décide que c'est l'ouvrage d'un artiste italien ou au moins européen, un petit groupe d'Orphée attirant les animaux par les accords de sa lyre. Cette salle, quand nous la vîmes, était remplie de gros meubles de toutes les sortes, de palanquins brisés et de coffres vides; le trône était tellement couvert de fiente de pigeons que l'on en distinguait à peine les ornemens. Certes, Châh-Djehan, fondateur de ces bâtimens superbes, ne prévoyait guère quel serait le sort de ses descendans ou même le sien propre! Le célèbre adage : *Vanité des vanités!* ne fut assurément jamais écrit en caractères plus lisibles que sur les arcades délabrées du palais de Dehli.

» L'après-midi, je me promenai en voiture avec M. et madame Elliot dans une partie de la ville. Ses rues principales sont réellement larges, belles, et, pour une cité asiatique, remarquablement propres; les boutiques du bazar ont une bonne apparence. La rue la plus considérable que nous parcourûmes est appelée *Tchandi Tchok* (rue des Orfèvres). Cependant, je n'en vis pas beaucoup qui y fussent établis; un bras de l'aqueduc passe le long de sa partie centrale.

» A peu près à la moitié de la longueur de cette rue, on voit une jolie petite mosquée avec trois coupoles dorées (PL. XXXI — 4). On dit que Nadir-Châh resta assis sous le portique de ce temple, depuis le matin jusqu'au soir, à contempler le massacre des Dehliens par ses soldats. Une porte qui mène à un bazar voisin conserve le nom de *Counia Darouasa* (porte du Massacre).

» Les remparts de la ville sont hauts et fort beaux; mais à l'exception de ruines et de rochers brûlés par le soleil, il n'y a rien à voir au-delà de ces murs. Les jardins de Chelmal, si vantés dans plusieurs écrits, sont complètement délabrés. Cependant tout le monde m'assure que l'aspect des choses est bien amélioré dans la province de Dehli depuis que nous en sommes les maîtres. A quel état les Marattes l'avaient-ils donc réduite ! »

Notre compatriote Victor Jacquemont obtint également une audience publique de l'empereur Akbar. Il en parle, avec toute la gaieté de son âge, dans une lettre qu'il écrivait à son père le 10 mars 1830. « Conduit à l'audience, dit-il, par le résident, avec une pompe des plus passables, un régiment d'infanterie, une forte escorte de cavalerie, une armée de domestiques, d'huissiers, le tout terminé par une troupe d'éléphans richement caparaçonnés, je présentai mes respects à l'empereur qui voulut bien me conférer un *khélât* (vêtement d'honneur), lequel me fut endossé en grande cérémonie, sous l'inspection du premier ministre. Je reparus à la cour. L'empereur alors (notez qu'il descend en ligne directe de Timour ou Tamerlan), de ses impériales mains, attacha à mon chapeau (un chapeau gris), préalablement déguisé en turban par son visir, une couple d'ornemens en pierreries. L'empereur s'informa s'il y avait un roi en France, si l'on y parlait anglais. Il n'avait jamais vu de Français, si j'excepte le général Péron qui était son gardien jadis quand il était prisonnier des Marattes... Après une demi-heure, il leva sa cour, et je me retirai processionnellement avec le résident. Les tambours battirent aux champs quand je passai devant les troupes avec une robe de chambre de mousseline brodée. Que n'étiez-vous là pour jouir de votre postérité !

» Il va sans dire que j'ai trouvé Châh-Mohammed-Akbar-Khazi-Badchâh, un vieillard vénérable et le plus adorable des princes ; mais la vérité est qu'il a une belle figure, une belle barbe blanche et l'expression d'un homme qui a été long-temps malheureux. Les Anglais lui ont laissé tous les honneurs du trône. »

Il est très-sensible à toutes ces démonstrations de respect. Il fut singulièrement blessé quand lord Hastings, gouverneur-général de l'Inde britannique, insista pour s'asseoir en sa présence. Il est choqué quand un personnage notable passe par Dehli sans lui faire visite. « Je suis donc très-content, dit Heber, de n'avoir pas omis de l'aller voir, puisque indépendamment de l'intérêt que j'ai éprouvé à contempler ce vénérable débris d'une souche puissante, M. Elliot m'a raconté que l'empereur demandait fréquemment l'évêque ; aussi a-t-il l'intention de passer sans me faire visite ?

» Akbar-Châh a l'air d'un homme de 74 à 75 ans : cependant il n'en a pas plus de 63 ; ce qui dans ce pays est un grand âge. On dit qu'il est doux et modéré, que ses talens sont peu remarquables et ses manières polies et agréables. Son épouse favorite, la bégom, est une femme de basse extraction, mal élevée et violente ; elle le gouverne entièrement, met la main sur son argent et a souvent influé sur sa conduite peu judicieuse envers ses enfans et le gouvernement britannique. Elle hait son fils aîné, homme respectable, doué de plus de talens qu'en n'en montrent ordinairement les princes indigènes ; heureusement pour lui, il a une prédilection marquée pour les occupations littéraires, qui sont les seuls objets pour lesquels, dans sa position, il puisse avoir une ambition louable ou innocente ; il aime la poésie, et fait d'assez bons vers persans ; il a élevé ses enfans avec soin, et (ce qui dans cette contrée est extraordinaire) même ses filles. Quoiqu'il ne soit âgé que de 35 ans, il a aussi une vieillesse prématurée due, soit aux excès auxquels les princes se livrent de trop bonne heure en Orient, soit à son trop fréquent usage des liqueurs fortes, abus dont son visage montre les traces. Toutefois, comme je l'ai déjà dit, son caractère est recommandable pour un prince oriental, et sa capacité passe pour être plus qu'ordinaire.

» Il n'y a peut-être eu que bien peu de familles royales qui, durant leur puissance, aient déployé autant de vices et aussi peu de vertus que celle de Timour. Son pouvoir, depuis Aurengzeb, a graduellement décliné ; et maintenant, me dit un jour M. Elliot, je n'aperçois pas la moindre chance, même en supposant que notre empire, dans l'Inde, eût un terme, que le roi de Dehli pût un moment recouvrer une portion quelconque d'autorité. Il ne pensait même pas qu'aucun des princes les plus considérables de l'Inde qui combattraient pour nos dépouilles songeât à se servir du nom de l'empereur comme d'un moyen de faire triompher et de légitimer ses propres desseins ambitieux. Il ajouta que, tout considéré, peu de princes captifs et détrônés avaient jamais été traités avec autant de générosité et de politesse que ceux-ci l'étaient par les Anglais, et qu'ils ne pouvaient pas espérer raisonnablement de gagner quelque chose à la diminution de notre prépondérance dans l'Inde. Leur état actuel est certainement digne de pitié, et en même temps un terrible exemple de l'instabilité des grandeurs humaines. Le génie gigantesque de Tamerlan et les talens éminens d'Akbar jettent une sorte d'éclat sur les crimes et les folies de ses descendans ; et j'espère sincèrement que le gouvernement respectera les ruines de la puissance tombée, et qu'au moins nulle dégradation nouvelle n'est réservée au pauvre vieillard dont l'idée était associée, dans mon enfance, avec toute la splendeur et la richesse imaginables, sous le nom du Grand-Mogol. »

Dans Chadjehanabad, ainsi qu'on nomme le nouveau Dehli, on voit les restes de plusieurs palais magnifiques qui autrefois appartenaient aux grands omrahs de l'empire. Celui du sultan Dams-Chekoh, frère infortuné d'Aurengzeb, est aujourd'hui occupé par le résident anglais. Ils sont tous entourés de murs élevés et couvrent un vaste espace de terrain, parce qu'ils comprennent des harems, des galeries pour la musique, des jardins, des bains, des écuries et des étables.

Le tableau de Dehli par le colonel Skinner convient à toutes les grandes villes de l'Hindoustan. « Elles offrent, dit ce voyageur, une uniformité qui en rend le premier aspect monotone aux yeux de l'observateur. Dehli que j'ai visitée mainte fois a une population d'environ 200,000 ames ; le mouvement et le bruit y sont si grands qu'on peut comparer chaque maison à une ruche d'abeilles. Les rues, à l'exception du Tchandi-Tchok, qui est la rue la plus large de l'Asie, y sont étroites et ressemblent plutôt à des ruelles ; les maisons bâties avec assez de goût, quoique irrégulières, sont souvent décorées avec une extrême recherche, et la plupart ont sur la façade des balcons où l'on remarque des hommes assis négligemment, revêtus d'amples vêtemens de mousseline d'une grande blancheur, et fumant leurs *houkahs* (grandes pipes). Quelquefois des femmes, oubliant les règles imposées à leur sexe, y paraissent sans voile et occupées à partager avec les hommes les jouissances que procure le houkah.

» Ce qui distingue plus particulièrement une ville indienne, c'est que presque tout s'y fait en public, et que les habitans y parlent d'un ton de voix si fort, si élevé, qu'on croirait, surtout quand ils discutent quelque affaire importante, qu'ils sont en proie à une violente colère, ou qu'ils se querellent avec acharnement.

» Leurs cris joints aux hennissemens des chevaux, au mugissement et aux bêlemens des bestiaux, au rugissement des tigres exposés chaque jour en vente dans des cages de fer pour le plaisir des amateurs de la chasse, au craquement des charrettes et au tapage des marteaux des chaudronniers et autres artisans, suffiraient pour rendre ce séjour insupportable ; mais ce ne sont pas les seules tribulations auxquelles on soit exposé. Les grondemens des éléphans qui souvent ressemblent aux sons étouffés de la trompette, les coups violens et réitérés des tamtams qui déchirent l'oreille, le bruit aigu d'une infinité de sifflets, le retentissement saccadé d'une multitude de mauvaises violes qui accompagnent des voix plus pitoyables encore, suffisent pour porter le désespoir dans l'ame de l'étranger le moins irritable.

» Partout des rideaux ou des portières de couleurs diverses masquent les portes, et des stores très variés décorent chaque fenêtre. L'habitude de suspendre, pour les sécher, au haut des maisons, des pièces de vêtement, et surtout des écharpes bleues, jaunes, vertes, rouges, blanches, donne à la ville un air de fête qui la fait ressembler à un vaste vaisseau pavoisé.

» Les nuages épais de poussière que soulèvent les voitures qui roulent dans les rues, et les myriades de mouches qui assiègent les boutiques de tous les pâtissiers et marchands de choses comestibles, ne sont pas une des moindres plaies d'une ville orientale. Ajoutez-y les exhalaisons infectes qui s'élèvent dans chaque rue, et l'odeur rance qui vous saisit à la gorge quand vous passez auprès des boutiques où se vendent des alimens qui sont préparés partout sous les yeux des passans, et vous aurez une idée des jouissances qu'on goûte dans ces grandes cités.

» Si vous sortez à cheval pour parcourir la ville, ce n'est qu'à force de prudence, de précaution et d'adresse, que vous parvenez à votre destination. A tout instant, il faut par des éclats de voix, des bourrades et des coups de pieds, avertir la foule de vous livrer passage. Souvent vous n'avez que le temps justement nécessaire pour vous jeter de côté et n'être pas heurté ou renversé par un convoi de chameaux pesamment chargés, ou bien broyé sous les pieds d'une troupe d'éléphans. Si, quand ces énormes animaux passent, votre cheval effrayé fait des écarts ou des bonds, vous êtes certain, dans le cas où vous n'êtes pas habile cavalier, de tomber la tête la première dans une des nombreuses marmites ou chaudières qui bouillent sur la voie publique devant toutes les boutiques des rôtisseurs et des cuisiniers. Au contraire, si ce sont les éléphans qui ont peur du cheval, alors il s'ensuit une scène de désordre et de confusion impossible à dépeindre. Heureux encore si en parcourant la ville vous ne rencontrez pas sur votre chemin

2. Chaloupe Royale des Barmans.

3. Montagnards Craraens.

un grand personnage voyageant avec une immense suite et soulevant derrière lui une sorte de trombe aussi funeste que le semoun ou vent du désert, un tourbillon d'une poussière si dense et si durable, que vous restez une demi-heure sans pouvoir ouvrir les yeux et hors d'état de retrouver votre route! »

L'aqueduc qui coupe la plus grande rue de Dehli a été récemment réparé; l'eau lui est fournie par le canal d'Ali-merdan-khan qui a aussi été restauré. On fabrique encore dans cette capitale et dans les environs des toiles de coton et de l'indigo; un marchand hindou entreprenant y a établi nouvellement une manufacture de châles qui est florissante; il fait venir la laine du Tibet et emploie des ouvriers cachemiriens pour surveiller l'ouvrage. Les importations les plus importantes ont lieu ici par les caravanes du N. qui amènent du Cachemir et du Caboul des châles, des fruits et des chevaux. On peut se procurer à Dehli des pierres précieuses de bonne qualité, notamment de grandes cornalines rouges et noires. On cultive dans les environs, sur les bords de la Djemna, du froment, du riz, du millet et de l'indigo.

Les ruines de l'ancienne cité couvrent une étendue de près de huit milles au S. de la nouvelle. En allant vers Agra, Secandra, bourg éloigné seulement de deux lieues de cette dernière ville, dont probablement il était autrefois un faubourg, offre un aspect semblable. Le seul monument qui soit resté entier est le célèbre tombeau d'Akbar. Ce magnifique édifice, consacré par le nom du plus grand monarque qui ait occupé le trône des Mogols, excite encore aujourd'hui l'admiration des voyageurs. Cet immense mausolée s'élève au centre d'un parc régulièrement planté et clos de murs. Il est de forme carrée; sur chaque face on voit cinq portes; à chacun des quatre angles et sur chaque porte s'élève une tour. Tout l'édifice est en granite rouge incrusté de marbre blanc. Les dômes à jour qui couronnent les tours sont en marbre blanc, de même que le cinquième étage du monument. Ces quatre étages diminuent successivement d'étendue, et sont entourés chacun d'une plate-forme bordée d'une balustrade. L'intérieur du cinquième est incrusté en marbre noir formant des caractères arabes qui reproduisent des passages du Coran. Du temps de Châh-Djehan, des tentures de brocart d'or, soutenues par des colonnes en argent, mettaient à couvert les mollahs et les savans qui discutaient sur des points de doctrine.

Au centre de l'édifice, une vaste salle revêtue de marbre blanc occupe tout l'espace intérieur, et se termine en haut par un dôme, dont les fenêtres donnent passage à un demi-jour religieux; là on contemple avec respect le tombeau qui contient les restes du grand prince renommé par ses exploits et encore plus par son humanité, sa générosité, son amour pour les lettres; sur ce sarcophage de marbre blanc poli, on lit simplement le nom du monarque:

AKBAR.

Ce superbe édifice est assez bien entretenu par le gouvernement britannique; mais les bâtimens qui l'avoisinent ont beaucoup souffert des ravages du temps et des tremblemens de terre (Pl. XXXII — 1).

Agra ou Akbarabad, de même que Dehli dont il est éloigné de 45 lieues au S. S. E., se prolonge sur la rive droite de la Djemna, qui sous ses murs a, au mois de juin, un demi-mille de largeur et n'est jamais guéable. L'espace que cette cité occupe est également couvert de ruines; on n'estime pas sa population actuelle à plus de 60,000 âmes.

La mosquée de la Djemna fait un de ses plus beaux ornemens; elle est carrée, flanquée de tours octogones, surmontée de minarets élancés et couverte de magnifiques coupoles. Elle s'élève près de la porte de Dehli, de la forteresse et d'un pont (Pl. XXXII — 2).

Parmi les édifices d'Agra, le plus vanté par les voyageurs est le Tadje-mahal, élevé par Châh-Djehan pour la célèbre bégom Nour-Djehan (lumière du monde). Ce palais, avec ses minarets légers, sa grande porte en arcade, sa mosquée, ses pavillons, forme un des groupes les plus délicieux d'architecture orientale qui existe. Quoique les plus riches mosaïques de l'intérieur du mausolée aient été mutilées, la magnificence de l'ensemble de ce monument est réellement incomparable. Le palais tout en marbre blanc occupe une surface de 670 pieds carrés: il a été restauré par les Anglais en 1809. Les jardins qui s'étendent devant la façade sont ornés de rangs de cyprès et animés par des jets d'eau tenus en bon état aux frais du gouvernement; tous les dimanches soir ils lancent en l'air leurs gerbes humides (Pl. XXXII — 3).

La splendeur et l'ancienne étendue d'Agra peuvent se présumer à la vue des ruines que l'on aperçoit de toutes parts. Celles qui avoisinent le Tadje-mahal sont surtout remarquables. On n'y arrive qu'après avoir traversé une espèce de désert compris entre la forteresse et les restes de ce palais, et on se trouve comme par enchantement aux jardins magnifiques dont nous venons de parler, et devant le portique somptueux qui forme l'entrée de ce paradis terrestre (Pl. XXXII — 4).

CHAPITRE XLIV.

Hindoustan. — Le Douab. — Câupour. — Allahabad.

On a récemment donné à tout le pays compris entre le Gange et la Djemna, jusqu'aux montagnes du N., le nom de *Douab* (deux eaux). Jadis cette appellation était réservée à la partie méridionale la plus rapprochée du confluent des deux rivières. Du reste, on retrouve d'autres douabs dans l'Hindoustan.

L'aspect du Douab dont nous nous occupons en ce moment, est celui d'une nudité extrême. Des bouquets d'arbres y sont éparpillés près de grands villages ; mais on y parcourt souvent plus de trois lieues sans en apercevoir un seul ; on n'y voit en abondance que des arbustes réunis en buissons ; c'est le seul chauffage dont les Européens puissent faire usage. Le millet fournit une paille longue de dix pieds que l'on donne à manger au bétail ; on cultive aussi l'orge et la canne à sucre ; dans quelques cantons, on récolte beaucoup de tabac, seule plante, parmi celles qu'ils ont introduite, qui soit généralement recherchée dans l'Hindoustan. Du reste, le Douab est célèbre par sa fécondité.

La principale production du Douab septentrional est le coton, et, dans les cantons du centre, on fabrique avec cette substance de grosses toiles qu'on teint en rouge. L'indigo qui y croît spontanément est d'une qualité préférable à celui que l'homme a semé.

Le climat du Douab est sujet à des variations extraordinaires de température dans l'espace de vingt-quatre heures. Quelquefois, dans la saison froide, le thermomètre, au lever du soleil, est au-dessous de zéro, et, dans l'après-midi, il marque 16 degrés de chaleur. Les vents chauds y soufflent avec une grande force en avril et en mai ; ils ont quelquefois fait monter le thermomètre à 40 degrés. On conçoit que cette chaleur insupportable est fréquemment fatale à la vie animale ; cependant les Européens qui demeurent dans le Douab ont la ressource de rafraîchir leurs appartemens avec des nattes mouillées, et ceux que leur devoir n'appelle pas en plein air s'y portent aussi bien qu'ailleurs dans la saison chaude.

Tout le Douab est aujourd'hui soumis à la domination britannique. Les vols par bandes y sont fréquens durant les six premiers mois de l'année, quand le Gange et la Djemna sont guéables. Ils deviennent plus rares dans les six derniers mois. Cet état de choses ne doit pas surprendre, d'après l'état d'anarchie qui auparavant désolait ce pays, et d'après le goût des peuplades qui l'habitent pour le pillage ouvert ou en cachette.

En 1803, lord Valentia parcourait le Douab. Il se trouvait le 31 août à Mirânka-seray, lieu peu éloigné du Gange. La journée avait été excessivement chaude. Pendant la nuit, lord Valentia fut réveillé par le mouvement violent de son lit : « Je crus d'abord, dit-il, qu'il était causé par un animal qui s'était caché dessous. J'y regardai, je ne vis rien. La secousse avait été assez forte pour me faire sauter dans ma couche. Je ne savais à quoi l'attribuer, lorsque le lendemain matin le cipaye en faction devant ma tente me dit qu'il avait été renversé par un mouvement de la terre et que presque tous les hommes du camp en avaient éprouvé autant. C'était donc un tremblement de terre. Autant que je pus le conjecturer, le mouvement s'était dirigé du N. au S., et avait duré quelques secondes ; ce fut du moins la durée du choc qui me réveilla. La secousse se fit sentir jusqu'à Calcutta ; elle causa de grands dégâts à Laknau. »

Lord Valentia voulait aller à Makhanpour où une foire célèbre se tenait en l'honneur d'un santon musulman. Makhanpour est sur une petite rivière à 9 lieues du Gange.

« Le 1er septembre, dit le voyageur, nous partîmes à quatre heures et demie du matin, et nous arrivâmes à 7 heures passées, ayant parcouru à peu près 10 milles. Le chemin, le long du dernier mille, était bordé de fakirs qui priaient et mendiaient. Les environs de Makhanpour sont jolis ; une petite rivière serpente autour de l'éminence sur laquelle sont placées la ville et la mosquée que des arbres masquent en partie ; nos tentes furent dressées dans un bocage de manguiers, à quelque distance de la foule.

» Bientôt le principal fakir me fit visite, accompagné d'un autre religieux, à qui plusieurs Anglais avaient donné des certificats de bonne conduite ; je retins le dernier pour mon guide. Le premier se retira, sur ma promesse que j'irais dans la soirée à la tombe du santon.

» La foire ne devait commencer que le 17 de la lune ; nous n'étions qu'au 15, et cependant la foule était déjà considérable. Durant le dîner, nous fûmes récréés par des danseurs sur la corde lâche et sur la corde tendue, et par des tours de force et d'adresse. Je n'ai vu en Europe rien de mieux en ce genre. Un jeune garçon montra une dextérité extraordinaire en balançant diverses choses sur sa tête, tout en se tenant sur un bambou qu'on faisait tourner continuellement. Ensuite une femme fit des tours de gobelets, comme en Europe, avec des balles, des œufs et des pièces de monnaie. Je commence à croire réellement que toutes nos folies ainsi que nos connaissances nous viennent de l'Inde. On nous fit ensuite, mais assez gauchement, le tour célèbre de la graine de manguier, qui est mise en terre, et l'on en voit sortir l'arbre qui croît et porte des fruits en une demi-heure de temps.

» Montés sur nos éléphans et suivis de mon guide et de mon domestique, nous allâmes au *rozéh* ou tombeau de santon. Nous fûmes reçus à la porte de la cour extérieure par un grand nombre de religieux, et conduits à travers trois autres cours jusqu'au sépulcre. Il y avait dans chacune une multitude de fakirs hurlant, dansant, priant, et faisant les contorsions les plus extravagantes. Des tambours, le son aigre des trompettes et le son de grands bassins de cuivre battus avec des baguettes creuses, ajoutaient au bruit discordant de ces fanatiques. Les murs même étaient couverts de spectateurs, et nous aurions eu beaucoup de peine à passer, sans les efforts des fakirs qui, comptant sur un riche présent de ma part, repoussèrent la foule; ils rejetèrent même avec indignation la demande des plus superstitieux qui voulaient que nous ôtassions nos souliers, obligation à laquelle se conformèrent ceux de nos gens qui étaient du pays. Le tombeau du santon est placé au centre d'un bâtiment carré, à chaque face duquel il y a une fenêtre dont une partie s'ouvre de temps en temps. Il est de la forme et de la dimension ordinaires, et couvert d'un drap d'or. Au-dessus s'élève un dais également de brocart, parsemé avec profusion d'essence de rose. Nous fîmes le tour de l'édifice en regardant l'intérieur à chaque croisée. Ensuite nous allâmes à la mosquée, au-devant de laquelle sont une fontaine et deux chaudières prodigieuses où se fait un miracle perpétuel; si on y jette du riz qui ne soit pas consacré; elles restent vides. Cette jonglerie n'a rien de difficile; mais je n'avais pas le temps de la voir s'exécuter, et je me dépêchai d'ordonner à mon guide le fakir de nous reconduire à nos tentes.

» En parcourant la foire, je remarquai un homme qui montrait des serpens et un ichneumon; en moins de trois minutes, celui-ci tua trois de ces reptiles, quoiqu'ils l'eussent entouré et serré de leurs replis. En arrivant à nos tentes, nous y trouvâmes plusieurs fakirs qui nous attendaient, car ils n'avaient pas osé se fier les uns aux autres, quoique chacun se considérât comme parfait. Je leur donnai deux mohars d'or pour lesquels ils se disputèrent terriblement. Nous passâmes la nuit très-tranquillement, malgré nos craintes de tentatives pour nous voler, car ces foires sont des rendez-vous pour tous les coquins de l'Inde. »

Suivant les récits des voyageurs, cette engeance pullule aussi à Farrakabad, grande ville du Douab, à peu de distance de la rive droite du Gange. Ces gens y sont attirés par la grande affluence de marchands que le commerce amène à cet entrepôt des provinces de l'Hindoustan septentrional.

En descendant le fleuve, on trouve Cânpour, poste principal des troupes britanniques de ce côté; le Gange, dans la saison pluvieuse, y a plus d'un tiers de lieue de large; dans la saison sèche, au contraire, il est très-bas, et partagé en plusieurs bras par de grands bancs de sable. Durant cette période, l'aspect de Cânpour est triste, aride, désagréable, le soleil étant obscurci par des nuages de poussière et l'atmosphère échauffée au point de devenir suffocante. L'histoire de ce pays offre des exemples de batailles gagnées ou perdues suivant que la position, relativement à la direction du vent, donne un avantage décidé.

Cânpour a une belle apparence du côté du Gange, où, au milieu des arbres, des temples hindous s'offrent à la curiosité des voyageurs. Deux de ces temples sont construits suivant l'ancien modèle adopté par les sectateurs de Brahma, avec des dômes en forme de mitre. Aujourd'hui on s'écarte fréquemment de cette règle. Les cantonnemens des troupes anglaises s'étendent irrégulièrement sur une longue ligne, composée de maisons, de jardins et de bosquets; quelques-unes sont sur le bord du fleuve (Pl. XXXIII — 1).

On peut dire avec vérité que du côté de la plaine ces habitations ont été conquises sur le désert. Les maisons sont ce qu'on appelle des *bangalôs*, faites en bois, en bambous et en nattes et couvertes en chaume. La construction n'est ni longue ni dispendieuse; elles sont propres, très-commodes et parfaitement adaptées au climat.

Lord Valentia s'étant embarqué à Cânpour, passa devant Souradjpour, ville agréablement située, de même que la plupart des villages, sur un rivage élevé; ils sont entourés de bosquets de manguiers, entre lesquels on aperçoit de temps en temps de petites pagodes; les unes sont en ruines, d'autres à moitié construites; des escaliers conduisent au fleuve pour faciliter les ablutions. On était dans la saison des pluies; le Gange couvrait de ses eaux un espace large de 8 à 10 milles, ce qui offrait à l'œil un tableau superbe et même agréable, quoique rien n'en décorât le fond. Plus loin le mélange des tamariniers, des manguiers et des *djengles*, rendit les rives du fleuve extrêmement pittoresques. Ces djengles sont des terrains couverts de grands arbres, de broussailles touffues et impénétrables, de plantes rampantes et grimpantes et d'herbes grossières de toutes les sortes.

Seradpour, à un mille du Gange, se distingue de loin par de beaux édifices en briques. Le grand nombre de gens qui se baignaient dans le fleuve fit penser avec raison à lord Valentia que la population de cette ville est considérable. Le bassin du Gange était toujours très-large : des langues de terre partant de chaque rive obligent à décrire de grands circuits et rendent la navigation difficile; en approchant d'Allahabad, l'eau est si peu profonde qu'il faut user de beaucoup de précautions pour éviter ces bancs de sable.

Allahabad ne présente pas un aspect imposant; on y voit quelques édifices en briques et sans ornemens. Les seuls qui méritent quelque attention sont la mosquée de la Djemna, le seraï et le jardin du sultan Khosrou et la citadelle. Celle-ci, placée à la pointe du triangle formé par la jonction des deux rivières, a été rendue également forte par sa nature et par l'art; les travaux des ingénieurs anglais l'ont sans doute privée de ses plus beaux ornemens, mais les bastions, les cavaliers et les ouvrages avancés qu'ils y ont ajoutés, en ont fait une place capable de soutenir un siége en règle par une armée européenne.

Chez les Hindous, Allahabad (demeure de Dieu) est nommé Bhat-Prayaga, ou simplement Prayaga par distinction, comme le plus considérable et le plus saint de tous. Nous en avons déjà vu quatre dans le Gherval; celui d'Allahabad doit sa célébrité au confluent de la Djemna et du Gange; les Hindous y ajoutent le Serasvati; il n'y a pas dans tout le voisinage de rivière de ce nom qui soit visible, mais ils assurent qu'elle se joint aux deux autres par un cours souterrain, et que par conséquent en se baignant ici on acquiert autant de mérite religieux qu'en pratiquant la même opération dans les trois rivières séparément. Quand un pélerin arrive ici, il s'assied sur le bord du fleuve et se fait raser la tête et le corps, afin que chaque poil puisse tomber dans l'eau, les livres sacrés promettant pour chacun un million d'années de séjour dans le paradis. Ensuite il se baigne, et le même jour ou le lendemain, remplit les cérémonies funèbres pour ses ancêtres défunts. L'impôt que perçoit le gouvernement pour la permission de plonger dans l'eau n'est que de trois roupies (7 fr. 50 c.); la dépense résultant des charités et des dons faits aux brahmanes assis sur les bords du fleuve est bien plus grosse. Beaucoup d'Hindous renoncent à la vie à ce saint prayaga; le fidèle s'embarque dans un bateau, et après avoir rempli les rites prescrits au point précis où les trois rivières se joignent ensemble, il s'enfonce dans l'eau, ayant trois pots attachés à son corps. Quelquefois aussi des dévots perdent la vie à cause de la précipitation avec laquelle chacun se dépêche pour que l'immersion se fasse au lieu sanctifié, à l'époque précise de la lune, parce que c'est alors que l'expiation est la plus efficace. Le nombre moyen des pélerins est au moins de 220,000 par an.

CHAPITRE XLV.

Hindoustan. — Mirzapour. — Tchounar. — Benarès.

En arrivant sous les remparts d'Allahabad, le Gange et la Djemna sont à peu près de largeur égale; celle-ci est la plus rapide et sa navigation est la plus dangereuse, à cause des rochers dont son lit est rempli et de son peu de profondeur dans la saison sèche. En septembre, les deux rivières sont également bourbeuses; mais quand elles ne sont pas grossies par les pluies, l'eau de la Djemna est aussi limpide que le cristal et offre un contraste frappant avec celle de son voisin qui est trouble et jaunâtre; lorsque celle-ci est bien reposée, elle est également claire et a bien meilleur goût, de sorte qu'elle est préférée tant par les Européens que par les Hindous; d'ailleurs elle a pour ceux-ci le mérite d'être la plus sainte.

La largeur et la rapidité du Gange ne semblent pas augmenter au-dessous d'Allahabad, mais ses rives deviennent plus élevées et rocailleuses, et ses sinuosités plus fréquentes. On arrive bientôt à Bindé-Basnie où l'on offre à Cali, la noire épouse de Siva, des confitures et des fruits, au lieu des animaux et même des créatures humaines qu'on lui sacrifiait autrefois. Bien qu'au premier coup-d'œil, ces rites sanglans paraissent incompatibles avec les dogmes de la religion de Brahma, ils ont existé, et ils sont même recommandés par les védas.

1. Ile Nukahu.

2. Nukahu.

A peu de distance de là on passe devant Mirzapour, ville grande et riche, dont la population est à peu près de 250,000 ames; c'est le marché le plus considérable pour le coton qu'il y ait sur le Gange. Beaucoup de bateaux de toutes les dimensions sont amarrés à ses quais. Elle frappe les regards du voyageur par la quantité de ses mosquées et de ses pagodes, des gentilles maisons des Hindous, et des jolis bangalôs des Européens; tous ces bâtimens sont également nombreux sur la rive opposée.

Plus loin, on aperçoit Tchounar, poste britannique qui s'annonce par une chaîne de coteaux parallèles au fleuve et couverts de bocages et de bangalôs. Le fort, réellement formidable, est bâti sur un rocher qui fait saillie dans le Gange. Il commande entièrement la navigation du fleuve, et tout passager est obligé d'écrire son nom, et le nombre de ses bateaux, s'il en a plusieurs avec lui, sur un registre qu'on lui apporte.

Heber s'y arrêta. « Sur le sommet de la montagne, dans la dernière enceinte de la citadelle bien calculée pour la défense après que tous les ouvrages inférieurs seraient tombés, il y a plusieurs bâtimens intéressans. L'un d'eux est l'ancien palais hindou, avec un dôme au centre entouré de plusieurs appartemens voûtés, sombres, bas et impénétrables à la chaleur; on y voit beaucoup de restes de peintures et de sculptures. A côté de cet édifice, un autre plus élevé et plus aéré fut jadis la résidence d'un gouverneur musulman; les appartemens en sont beaux et les fenêtres en ogive très-délicatement sculptées. Un peu plus loin, dans le bastion, il y a un puits ou réservoir extraordinaire, large d'à peu près 15 pieds, et creusé à une grande profondeur dans le roc; mais l'eau n'en est pas assez bonne pour qu'on la boive, excepté dans un cas de nécessité. Vis-à-vis du palais hindou, on voit dans le pavé de la cour quatre petits trous ronds, assez larges pour qu'un homme y puisse passer; au-dessous est l'ancienne prison, cachot horrible de 40 pieds carrés, où il n'y a d'autre accès pour la lumière, le jour et les hommes, que par ces quatre trous; c'est maintenant une cave.

» Mais voici la curiosité la plus remarquable; le commandant se fit donner une clef, et ouvrant une porte rouillée dans un mur très-raboteux et très-ancien, il me dit qu'il allait me montrer le lieu le plus saint de tout l'Hindoustan; puis il ôta son chapeau et nous conduisit dans une petite cour carrée ombragée par un très-vieux pipal qui croissait dans un des rochers latéraux, et de l'une des branches duquel pendait une petite clochette d'argent. Au-dessous, il y avait une grande dalle de marbre noir, et sur la paroi des rochers en face, une rose grossièrement sculptée et renfermée dans un triangle. On n'apercevait pas une seule idole, mais les cipayes qui nous avaient suivis tombèrent à genoux, baisèrent la poussière dans le voisinage de la dalle et s'en frottèrent le front. Un colonel anglais me dit : Tous les Hindous croient que Dieu est en personne, quoique invisible, assis, durant neuf heures du jour, sur cette pierre, et qu'il passe les trois autres à Benarès. C'est pourquoi les cipayes ne craignent pas que Tchounar soit pris par l'ennemi, excepté entre dix et neuf heures du matin; par la même raison et afin d'être par ce saint voisinage à l'abri de tous les dangers de la sorcellerie, les rois de Benarès, avant la conquête musulmane, faisaient célébrer tous les mariages de leur famille dans le palais voisin de cette petite cour. J'avoue que je ne contemplai pas ce lieu sans émotion. Je fus frappé de l'absence totale des idoles, et du sentiment de convenance qui fait rejeter même à un Hindou les symboles extérieurs dans le lieu où il suppose que la divinité est actuellement présente, et je priai intérieurement Dieu de vouloir toujours conserver dans mon esprit le désir d'instruire ce pauvre peuple, et dans le temps où il le jugerait à propos, lui enseigner de quelle manière et comment il est réellement présent ici et partout. »

L'approche de Benarès est annoncée au voyageur par les minarets élancés de la grande mosquée, qui dominent les masses compactes des constructions disposées dans un désordre pittoresque, le long de la rive droite du Gange, sur une longueur de près de 3 lieues. On ne peut rester insensible à la vue de ces temples, de ces tours, de ces longues arcades soutenues par des colonnes, de ces quais élevés, de ces terrasses garnies de balustrades, qui se dessinent en relief et se marient au feuillage d'un vert foncé et magnifique des pipals, des tamariniers et des manguiers, et qui, couverts par intervalles de brillantes guirlandes de fleurs, se montrent entre les édifices chargés de sculptures, s'élevant majestueusement au-dessus des jardins.

Les ghâts ou lieux d'abordage, auxquels communiquent des escaliers qui descendent jusqu'au bord du fleuve, sont, si on peut les appeler ainsi, les seuls quais de Benarès, et quoiqu'à une élévation de 30 pieds au-dessus du Gange, toute l'étendue fourmille, depuis le lever jusque long-temps après le coucher du soleil, d'hommes livrés à divers travaux; les uns sont occupés à embarquer ou à débarquer les cargaisons des nombreux navires attirés par le commerce qui se fait à ce grand entrepôt de l'Inde; d'autres tirent de l'eau, d'autres pratiquent leurs ablutions ou récitent leurs prières, car, malgré le grand nombre des temples, les Hindous se conforment en plein air aux rites de leur religion (Pl. XXXIII — 2).

« Benarès, dit Heber, est une cité très-remarquable, et de toutes celles que j'ai vues, celle qui a le plus le caractère oriental. Aucun Européen n'habite dans l'intérieur de la ville, et il n'y a pas de rue assez large pour un carrosse; un palanquin même ne passe qu'avec difficulté dans ces ruelles si étroites, si tortueuses et si remplies par la foule. Les maisons sont généralement hautes; les plus basses ont trois étages, plusieurs cinq ou six. Les rues sont beaucoup plus basses que le rez-de-chaussée des maisons qui presque toutes ont par devant des porches voûtés, et par derrière de petites boutiques. Au-dessus, elles sont embellies de verandahs, de galeries, de fenêtres saillantes et fermées par des jalousies, et de pignons débordans et soutenus par des consoles sculptées.

» La quantité des temples est prodigieuse; la plupart sont petits et fichés comme des chapelles au coin des rues, et à l'ombre des hautes maisons. Toutefois leur forme ne manque pas de grâce, et beaucoup sont entièrement revêtus de belles et délicates sculptures de fleurs, d'animaux et de branches de palmier, qui égalent par l'exactitude et la richesse des détails ce que j'ai vu de meilleur en travail gothique ou grec. Ces édifices sont construits avec une pierre excellente venant de Tchounar; mais les Hindous aiment extrêmement ici à les peindre en rouge, et à couvrir les parties les plus apparentes de leurs maisons de sujets représentant avec des couleurs vives des pots à fleurs, des hommes, des femmes, des bœufs, des éléphans, des dieux et des déesses, tous sous leurs diverses formes à plusieurs têtes, à plusieurs bras, à plusieurs mains munies d'armes.

»Des bœufs de tous les âges, privés et familiers comme de gros chiens et respectés parce qu'ils sont consacrés à Siva, se promènent nonchalamment dans ces rues étroites, ou bien s'y couchent en travers; à peine se dérangent-ils pour que le palanquin puisse passer, quand on les pousse avec le pied, car le moindre coup doit être donné de la manière la plus douce, ou bien malheur au misérable profane qui braverait les préjugés de cette population fanatique! Les singes consacrés à Haniman, le singe divin qui aida Ram à conquérir Ceylan, sont également nombreux dans d'autres parties de la ville; ils grimpent sur les toits et sur toutes les saillies des temples, fourrent impertinemment la tête et les mains dans toutes les boutiques des marchands de fruits ou des confiseurs, et emportent les morceaux aux enfans qui prennent leur repas.

» A chaque tournant de rue, on rencontre ce qu'on appelle des maisons de djoghis, ornées d'idoles et faisant entendre un tintamarre continuel causé par le son de toutes sortes d'instrumens discordans; tandis que des religieux mendians de toutes les sectes du brahmanisme, offrant toutes les difformités imaginables, que peuvent montrer leurs corps frottés de craie ou de bouse de vache, des maladies, des cheveux en désordre, des membres tordus et des attitudes dégoûtantes ou hideuses de pénitence, bordent littéralement les deux côtés des principales rues. La quantité des aveugles est très-considérable. Je pus contempler ici des exemples multipliés de cette sorte de pénitence dont j'avais beaucoup entendu parler en Europe. Je vis des hommes dont les jambes ou les bras étaient tordus par suite de la position dans laquelle ils les avaient volontairement tenus très-long-temps; enfin, il y en avait dont les mains jointes étaient rivées l'une à l'autre par les ongles qui les perçaient de part en part. A notre passage, ces exclamations lamentables: *Agha sahib! Topi sahib!* nom appliqué communément aux Européens, « donne-moi quelque chose à manger! » m'arrachèrent bientôt le peu de pièces de monnaie que j'avais; mais c'était une goutte d'eau dans l'Océan, et les importunités des autres, à mesure que nous arrivions dans la ville, furent à peu près étouffées par le tintamarre qui nous entourait.

» Tels sont les objets et les sons dont sont frappées la vue et l'ouïe de l'étranger qui entre dans la *cité la plus sainte de l'Hindoustan, le lotus du monde*, fondée *non sur la terre, mais sur la pointe du trident de Siva*, lieu tellement béni que quiconque y meurt, à quelque secte qu'il appartienne, quand même il serait un mangeur de bœuf, *pourvu qu'il soit charitable pour les pauvres brahmanes*, il est sûr de son salut. C'est aussi cette même sainteté qui fait de Benarès le réceptacle des mendians, puisque, indépendamment de la quantité énorme des pèlerins de tous les cantons de l'Inde, ainsi que du Tibet et de l'empire birman, une grande multitude d'hommes riches au déclin de leurs jours et presque tous les grands personnages qui de temps en temps sont bannis ou disgraciés par les révolutions sur venant continuellement dans les Etats hindous, viennent ici pour laver leurs péchés ou pour remplir leurs heures de loisir par les cérémonies pompeuses de leur religion, et prodiguent effectivement de très-grosses sommes en charités.

» Le lendemain, je me promenai de nouveau dans Benarès que je trouvai, comme auparavant, peuplée de bœufs et de mendians; mais ce qui me surprit beaucoup, parce que je pénétrai plus avant que la veille dans l'intérieur, furent les grandes, hautes et jolies maisons, la beauté et la richesse apparente des marchandises exposées en vente dans les bazars, et l'activité évidente d'affaires importantes au milieu de cette misère et de ce fanatisme. Benarès est effectivement une cité non moins commerçante, industrieuse et opulente que sainte. C'est le grand marché où les châles du nord, les diamans du sud, les mousselines de Dacca et des provinces de l'est viennent aboutir; elle a des manufactures considérables de soieries, de toiles de coton et de draps fins, et de plus la coutellerie et la quincaillerie anglaise, les sabres, les boucliers et les lances de Laknau et de Monghir; les objets de luxe et de fantaisie d'Europe, qui deviennent chaque jour plus populaires dans l'Inde, se répandent de là au Bendelkend, à Gorrakpour, au Népâl et dans d'autres cantons éloignés du Gange. La population, d'après les derniers dénombremens, est de 600,000 ames. Ce qui ne surprend point d'après la vaste étendue de cette ville et la manière dont les maisons y sont rapprochées. Les eaux y ont de l'écoulement, car elle est située sur la pente rocailleuse d'un coteau descendant vers le fleuve, circonstance qui, jointe aux fréquentes ablutions et à la grande tempérance des habitans, la préserve des maladies contagieuses. Ainsi, malgré sa population entassée, ce n'est pas une ville insalubre.

» Notre première visite fut à un temple célèbre nommé Vichevayesa, qui est en pierres de très-petite dimension, mais très-élégamment sculpté; c'est un des lieux les plus saints de l'Hindoustan, quoiqu'il le cède sous ce rapport à un autre qui est contigu et qu'Alemghir profana en y faisant bâtir une mosquée, de sorte qu'il le rendit inaccessible aux adorateurs de Brahma. Le parvis du temple, quoique resserré, est rempli, comme la cour d'une ferme, de taureaux très-gras et très-privés qui fourrent leurs naseaux dans les mains et les poches de chacun pour avoir du grain et des confitures que leurs adorateurs leur apportent en grande quantité. Les cloîtres sont également encombrés de pénitens tout nus et hideux par la craie et la bouse de vache dont ils sont barbouillés; le bourdonnement continuel de *Ram! ram! ram! ram!* suffit pour causer des étourdissemens à un étranger. Toutefois ce lieu est tenu très-propre, car les religieux semblent n'avoir d'autres fonctions à remplir que de verser de l'eau sur les images et sur le pavé; ils se montrèrent très-disposés et même très-empressés à me faire voir tout, répétant fréquemment qu'ils étaient aussi des *padres,* quoiqu'il soit vrai qu'ils firent usage de cette circonstance comme d'un argument pour que je leur donnasse un présent.

» Près de ce temple, il y a un puits, au-dessus duquel s'élève une petite tour; un escalier raide descend jusqu'à l'eau amenée du Gange par un canal souterrain; je ne sais par quel motif elle passe pour plus sainte que celle du fleuve même. Il est enjoint à tous les pélerins qui viennent à Benarès de boire et de faire leurs ablutions dans cet endroit.

» Dans un autre temple à peu de distance, dédié à *Anna-Parna,* on m'indiqua un brahmane qui passe toute la journée assis dans une petite chaise peu élevée; il ne la quitte que pour les ablutions nécessaires, et la nuit il dort sur le pavé qui est à côté. Son occupation est de lire ou d'expliquer les védas, ce qu'il fait pour quiconque veut l'écouter, depuis huit heures du matin jusqu'à quatre heures du soir; il ne demande rien, mais il y a près de la chaise un petit bassin de cuivre dans lequel ceux qui en ont le désir déposent leurs aumônes; c'est sa seule ressource pour subsister. C'est un petit homme pâle, d'une physionomie intéressante, qu'il ne défigure pas comme tant d'autres ici par une ostentation d'emblèmes de piété; on dit qu'il est éloquent et très-versé dans la connaissance du sanscrit.

» Un des objets les plus intéressans et les plus singuliers de Benarès est l'ancien observatoire fondé avant la conquête musulmane, et encore entier quoique l'on n'en fasse plus usage. C'est un édifice en pierre contenant de petites cours entourées de portiques pour la commodité des astronomes et de leurs auditeurs; sur une grande tour carrée, on voit un énorme gnomon, haut peut-être de vingt pieds, avec l'arc du cadran en proportion, un cercle de 15 pieds de diamètre et une ligne méridienne, le tout en pierre. Tout cela manque de précision, mais c'est une preuve intéressante du zèle avec lequel la science fut cultivée jadis dans ces contrées.

» De l'observatoire, nous descendîmes par

un escalier au bord de l'eau où un bateau nous attendait. J'eus ainsi une occasion de voir l'ensemble de la ville du côté le plus favorable. Elle s'élève en amphithéâtre; les minarets, les dômes nombreux, les ghâts multipliés qui arrivent jusqu'au niveau du Gange, et sont toujours garnis d'une foule d'Hindous, les uns se baignant, les autres priant, produisent un bel effet. Des pagodes et des temples de toutes les dimensions bordent presque entièrement la rive du Gange même en dedans de la ligne où il s'élève dans ses débordemens. Quelques-uns de ces édifices sont très-beaux, quoique petits. On en voit qui sont en partie tombés dans le fleuve, parce qu'on n'a pas réparé leurs fondations à mesure qu'il les minait (Pl. XXXIII — 3).

» Tout le pays d'alentour paraît cultivé plutôt en froment qu'en riz. Les villages sont nombreux et grands; les habitations isolées rares. Il n'y a que peu de bois. Aussi le chauffage y est extrêmement cher; c'est à cette cause qu'on attribue le nombre de cadavres qu'on jette dans le fleuve sans les brûler. Les veuves se laissent consumer ici par le feu avec leurs époux défunts, bien plus rarement que dans les autres parties de l'Inde; mais l'immolation volontaire en se noyant est très-commune. Tous les ans, plusieurs centaines de pèlerins viennent expressément de tous les cantons de l'Inde à Benarès pour terminer leurs jours de cette manière. Ils achètent deux grands pots de terre qu'ils attachent de chaque côté de leur corps et qui, lorsqu'ils sont vides, les soutiennent dans l'eau. Ainsi équipés, ils s'avancent dans le fleuve, remplissent les pots et plongent pour ne plus reparaître. Le gouvernement a quelquefois essayé d'empêcher cette pratique, mais sans autre effet que de faire aller les victimes volontaires un peu plus bas pour y accomplir leur sacrifice. En effet, lorsqu'un homme est venu de plusieurs centaines de milles pour mourir, est-il probable qu'un officier de police pourra prévenir son dessein? L'instruction me semble le seul moyen de rectifier les idées de ces pauvres gens, et j'espère que par degrés ils l'obtiendront de nous.

» J'allai au collége de Vidalaya ou des Hindous; c'est un grand édifice partagé en deux cours, avec deux galeries, l'une supérieure, l'autre inférieure. Les maîtres sont au nombre de dix. Il y a 200 écoliers répartis dans différentes classes; ils apprennent la lecture, l'écriture, l'arithmétique d'après la méthode hindoue, la littérature sacrée et les lois hindoues et persanes, le sanscrit, l'astronomie d'après le système de Ptolémée et l'astrologie.

» Benarès est certainement la cité la plus riche et probablement la plus peuplée de l'Inde; elle est aussi la mieux gouvernée, la police y étant faite par une espèce de garde nationale nommée par les habitans et approuvée par les magistrats; elle est composée de 500 hommes; la ville est partagée en 60 quartiers, fermés chacun pendant la nuit et gardés par un de ces hommes. En conséquence, les vols et les meurtres sont très-rares, malgré la population considérable, la multitude de mendians et de pélerins de tous les pays. On compte ordinairement parmi ceux-ci 20,000 Marattes d'humeur belliqueuse et dont beaucoup sont armés; d'un autre côté, les gardes étant choisis et payés par de respectables chefs de famille, ont intérêt à se bien conduire, à être polis et attentifs à leur devoir.

» Benarès étant, sous tous les rapports, la métropole commerciale de l'Inde, je ne fus pas surpris d'y voir établis des hommes de toutes les parties de la péninsule; mais je fus étonné d'apprendre qu'il s'y trouve un grand nombre de Persans, de Turcs, de Tartares et même d'Européens. Il y a parmi ceux-ci un Grec, homme instruit et de bonnes manières, qui s'y est fixé depuis plusieurs années, et qui se donne comme étudiant le sanscrit; il a été associé dans une maison de commerce de Calcutta; on dit que maintenant il est retiré des affaires. Il y a aussi un Russe qui, par une affinité naturelle, fréquente ce Grec; il est commerçant et son ton annonce qu'il est né dans une classe de la société moins élevée que celle de son ami.

» Quoique Benarès soit la ville sainte de l'Inde, les brahmanes y sont moins intolérans et moins aveuglés par les préjugés que dans la plupart des autres cités. La répétition continuelle de vaines cérémonies qui occupe leur temps a, dit-on, produit chez plusieurs d'entre eux un degré de lassitude de leur propre système, et une disposition à s'enquérir des autres, qui n'existe pas à Calcutta. Benarès aussi est en général attachée et fidèle au gouvernement de la Compagnie, quoique ses habitans étant par le fait supérieurs, par leur rang, leurs richesses et leur éducation, à ceux des villes ordinaires de l'Inde, parlent plus des hommes publics et des affaires de l'Etat. »

CHAPITRE XLVI.

Hindoustan. — Le Goumti. — Laknan. — Royaume d'Aoude. — Le Goggra.

Un peu au-dessous de Benarès, on voit, à la rive gauche du Gange, l'embouchure du

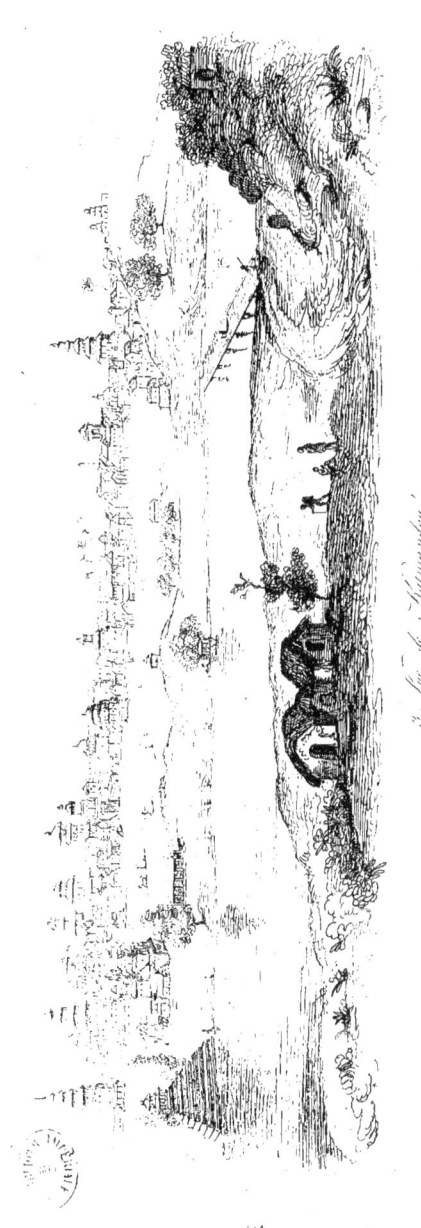

Goumti. Cette rivière, qui a sa source dans les montagnes du Kemâon, coule au S. O. presque parallèlement au Goggra. Son nom, qu'elle doit à son cours très-sinueux, est donné à d'autres rivières de l'Inde. Parmi les villes que le Goumti arrose, on distingue Laknau, capitale du royaume d'Aoude.

Ce pays fut visité en 1824 par Heber, qui avait traversé le Gange à Cânpour. « On avait tant parlé, dit-il, d'excès commis récemment dans cette contrée par suite de la négligence du gouvernement, que, sans que je l'eusse demandé, mon escorte avait été augmentée. Les terres voisines du fleuve étaient incultes; les paysans que nous rencontrions étaient armés jusqu'aux dents : cependant nous les trouvâmes paisibles et polis, quoique notre escorte fût en grande partie beaucoup en avant de nous et que le reste nous suivît de loin, de sorte qu'à la brune nous fûmes plus d'une fois obligés de demander notre chemin. »

En avançant, les voyageurs rencontrèrent les soldats de cavalerie que le roi envoyait au-devant d'eux ; ils étaient montés sur d'assez bons chevaux, et armés de sabres, mais très-mal équipés et ressemblaient plus à des bandits qu'à des militaires. On campait près de villages à moitié ruinés, mais entourés de terrains couverts de moissons. Les routes ne pouvaient qu'être mauvaises, puisque c'étaient simplement des voies tracées à travers les champs labourés. Tout le pays est cultivé et coupé de petites rivières et de ruisseaux ; Heber fut surpris d'y voir tant d'activité et d'industrie.

« La masse de la population, dit-il, est composée de sectateurs de Brahma. Tous les villages ont des pagodes, et plusieurs sont sans mosquées. La plupart des gens que nous voyions le long du chemin portaient sur le front la marque de leur caste ; et, comme c'était un jour de fête de leur religion, le bruit des tambours et de leurs instrumens de musique retentissait dans les plus petits hameaux que nous traversions.

» Une *souari*, ou cortége considérable d'éléphans et de chevaux envoyés par le roi d'Aoude, vint à notre rencontre : les premiers magnifiquement équipés et pourvus de *haoudas* (siéges) en argent, en nombre plus que suffisant pour notre troupe. Un corps de fantassins armés de sabres, de boucliers, de longs fusils à mèche et d'autres armes à feu de toutes les dimensions, de lances semblables à des broches, quelques-unes revêtues d'argent, de grands drapeaux verts triangulaires, formaient un ensemble irrégulier, pittoresque et différant totalement d'un corps de troupes européennes. Il ne fallait pas examiner de trop près les choses qui paraissaient les plus riches, car elles offraient des marques de vétusté ; mais la variété des couleurs des vêtemens militaires, et le nombre ainsi que la taille majestueuse des animaux qui faisaient la partie la plus éminente du groupe, produisaient un effet plus agréable aux yeux d'un poëte et d'un artiste, que celui de la revue la mieux ordonnée des troupes régulières en Europe.

» Tandis que nous changions d'éléphans, un homme de très-bonne mine monta vers moi et me pria de lui donner mon nom et mes titres dans le plus grand détail, afin, dit-il, de pouvoir les faire connaître à l'*Asile du monde*. Suivant ce que j'appris, c'était lui qui écrivait les lettres circulaires de la cour, emploi bien plus difficile et regardé comme bien plus important ici qu'en Europe. Tout ce qui arrive dans la famille du roi, chez le résident, chez les grands-officiers de l'État, ou chez tout étranger venu à Laknau, est soigneusement noté et écrit, et circule dans la ville. On me dit qu'un narré détaillé, contenant l'heure précise à laquelle je me levais, les espèces de mets que je mangeais à mon déjeuner, les visites que je recevrais ou rendrais, et la manière dont je passais mes matinées, serait présenté par les tchobdars (coureurs) du roi à ce prince, dont les actions les plus indifférentes sont également notées sans aucune réserve, pour être soumises à l'inspection du résident.

» Quand je montai mon nouvel éléphant, j'entendis tous les gens de notre suite faire retentir l'air des acclamations de : *Bismillah! Allah Acbar! Allah Kérim!* (Au nom de Dieu! Dieu puissant! Dieu miséricordieux!). Mes oreilles en avaient déjà été frappées ailleurs. C'est un ancien usage musulman ; mes tchobdars et mes porteurs l'ont appris à Laknau, et je ne sais combien de temps ils le conserveront. Il est très-pieux, et je ne désire nullement qu'ils cessent de s'y conformer ; mais je ne leur permettrai pas d'adopter la proclamation qui suivit dans cette occasion, et qui estropia mon nom et mon titre de la manière la plus étrange.

» Maintenant nous nous avançâmes, sur trois éléphans de front, vers Laknau, à travers une foule immense et entre de chétives maisons en terre, bordant les ruelles les plus sales que j'eusse jamais vues, et si étroites que souvent nous étions obligés de réduire notre front à un seul éléphant, et qu'il ne passait pas toujours très-aisément. Des essaims de mendians occupaient tous les coins et les escaliers de toutes les portes, et presque tout le reste de la population était, à ma grande surprise, armé aussi complètement que les gens de la campagne : circonstance qui donnait une bien mauvaise idée de la police de la ville, mais rehaussait singulièrement l'effet pittoresque. Des personnages graves qui avaient l'air d'être assis dans leurs palanquins, et récitant leur chapelet, étaient accompagnés de deux ou trois laquais avec des sabres et des boucliers. Des hommes plus importans, montés sur leurs éléphans, avaient chacun une escorte armée comme la nôtre, et à peu près aussi forte ; enfin jusqu'aux gens de la classe inférieure, qui bayaient dans les rues et aux portes des boutiques, avaient leurs boucliers sur leurs épaules, et leur sabre, dans le fourreau, à la main.

» Je pensai que Laknau présentait alors un aspect plus guerrier que notre capitale aux temps des plus grands troubles civils. A mesure que nous avancions, les maisons avaient meilleure apparence, mais les rues étaient toujours étroites et sales. Nous vîmes de jolies mosquées ; les bazars paraissaient être bien garnis, autant que j'en pus juger de la hauteur à laquelle j'étais assis. Tout-à-coup nous entrâmes dans une rue passablement large, bordée de maisons de style gothique pour la plupart. »

On prévint un jour Heber de ne pas se hasarder dans les quartiers les plus peuplés, à moins d'être monté sur un éléphant et accompagné de gardes. La veille, le prélat et un autre Anglais avaient parcouru à cheval presque toute la ville, et passé par les rues les plus sales et souvent si étroites et si tortueuses, qu'elles présentaient un vrai labyrinthe, et que très-souvent ils furent obligés de demander leur chemin. Ils n'éprouvèrent nulle part la moindre insulte ; au contraire, les gens qu'ils rencontrèrent se conduisirent très-poliment, et firent reculer leurs charrettes et leurs éléphans pour que les étrangers eussent assez de place. Heber a conclu de ces faits, que les Anglais qui se plaignaient d'avoir été insultés s'étaient attiré ce désagrément par leurs manières insolentes. Cependant les habitans de Laknau et des environs ont, dans tout l'Hindoustan, la réputation d'être féroces et enclins au vol.

Le roi cultive les lettres ; il fit don à Heber d'un exemplaire de ses ouvrages. En sortant de chez ce prince, en palanquin, le prélat fut assailli par une foule de mendians auxquels il distribua une bourse de roupies en menue monnaie, que le résident lui avait remise exprès ; ce qui occasiona un grand tumulte parmi tout ce monde, quoiqu'il eût recommandé de laisser approcher de préférence les plus faibles et les plus âgés. Une pauvre femme à laquelle il avait donné une demi-roupie, à cause de son grand âge et de ses infirmités, fut, après son passage, renversée et foulée aux pieds; on lui pinça ou lui meurtrit horriblement les bras et les mains pour l'obliger à lâcher prise. Heureusement les gens du résident vinrent à son secours ; sans cela elle eût été tuée très-probablement. « Je remarquai en passant, dit Heber, que mon tchobdar et le reste de mon escorte avaient l'air de trouver étrange que je fisse une plus grosse part à une femme qu'à la plupart des hommes ; j'avais déjà observé, dans plusieurs occasions, que partout dans l'Hindoustan on regarde la moindre chose comme assez bonne pour le sexe le plus faible, et que les travaux les plus rudes, les vêtemens les plus chétifs, les aumônes les plus minces, les travaux les plus dégradans et les coups les plus durs lui sont réservés. Le même soldat, qui, en faisant faire place devant un grand personnage, parle assez poliment aux hommes, repousse à coups de poing et à coups de pied, sans avertissement préalable et sans pitié, les malheureuses femmes qui croisent sa route. Et cependant il est tout plein d'indulgence et de douceur pour les jeunes enfans. Quelle énigme que l'homme ! et quelles différences il offre dans les divers pays !

» Cette coutume de jeter de l'argent à la multitude, à l'occasion des présentations à la cour et d'autres grandes cérémonies, est, dit-on, la cause du nombre prodigieux des mendians à Laknau. Il y en a effectivement beaucoup ; mais dans d'autres circonstances, je n'en ai pas vu une quantité remarquable, et je crois que, dans toute ville considérable, la certitude de voir distribuer de l'argent à la volée rassemblerait une affluence peut-être aussi forte que celle que j'ai vue aujourd'hui. »

On avait fait un tableau si affreux de l'état du royaume d'Aoude, que Heber fut surpris de le trouver si bien cultivé et si peuplé, notamment au N. de Laknau ; le peuple n'y était pas armé de toutes pièces comme dans le S.

On dit que la population de la capitale est de 300,000 ames ; ce qui ne paraît pas du tout improbable d'après son étendue. On y passe le Goumti sur deux ponts, dont l'un est d'une très-belle construction et a onze arches ; l'autre est un pont de bateaux qui joint le parc au palais du roi, bâti sur une éminence près du bord de la rivière. L'architecture de cet édifice n'offre rien de remarquable, mais il se distingue par son étendue et ses décorations. D'autres beaux monumens ornent les rives du Goumti (Pl. XXXIII — 4).

Feyzabad à 27 lieues à l'E. de Laknau, sur la rive droite du Goggra, était originairement la capitale du royaume d'Aoude : elle est encore très-grande et peuplée surtout de gens de la classe inférieure, tout le reste ayant suivi la cour à Laknau. On y remarque les restes de plusieurs beaux bâtimens en briques. Presque en sortant de Feyzabad, on trouve les ruines d'Aoude, qui jadis fut une des cités les plus considérables et les plus riches de l'Hindoustan. On disait qu'en passant au crible la terre qui l'entoure, on trouvait quelquefois de petits grains d'or. Les pelerins visitent en grand nombre Aoude, qui était l'antique capitale de Rama; ce n'est plus qu'un amas informe de décombres. Elle était à une petite distance de la rivière; la nouvelle ville qui s'étend le long de ses bords est assez peuplée.

Quoique les Anglais donnent le titre de roi au prince qui occupe le trône d'Aoude, et le qualifient de majesté, cependant ses sujets l'appellent simplement le nabab-vizir, comme du temps où il remplissait encore cet emploi à la cour du Grand-Mogol. Il a une couronne. La population de ses États est de 3,000,000 d'ames. Les Anglais lui laissent l'administration de ses possessions et la libre disposition de ses revenus et de son armée. Il est sous-entendu qu'il ne fait rien qui puisse déplaire au résident britannique; celui-ci a près de sa personne un corps de troupes de la Compagnie. Heber dit que la cour de Laknau est la plus polie et la plus brillante qu'il ait vue dans l'Inde. Le roi qui régnait de son temps est mort le 20 octobre 1827. Il avait publié divers ouvrages, entre autres un dictionnaire, une grammaire et un système complet de rhétorique en langue persane. Il laissa une riche bibliothèque que son fils conserve.

Le Goggra, ou Sardjou, ou Déva, est formé par la réunion du Karanali ou Déva, et du Kali, venant tous deux du versant méridional de l'Himalaya; il coule généralement du N. O. au S. E., et, après un cours de 200 lieues, se joint au Gange entre Allahabad et Patna; c'est un des affluens les plus considérables de ce fleuve. Dans les poëmes mythologiques des Hindous, le Goggra est toujours désigné par le nom de Sareya, qui, dans les temps modernes, a été presque oublié. Jadis ses rives étaient réputées extrêmement saintes pour avoir été fréquentées par plusieurs divinités.

CHAPITRE XLVII.

Hindoustan. — Patna. — Gayah. — Monghir. — Boglipour. — Le Cossimbazar. — Mourchedabad. — Le Hougly. — Hougly. — Chinsoura. — Serampour. — Chandernagor. — Calcutta. — Dacca. — Bouches du Gange et du Hougly.

A peu de distance à l'E. de l'embouchure du Goggra, on voit celle du Sôné qui vient des monts du Gandouana dans le S. et qui a un cours de 140 lieues; plus loin celle du Gandok qui a traversé le Népâl dans le N. et dont le cours est de 160 lieues. « Quelle idée, s'écrie Heber, ces grandes rivières ne donnent-elles pas de l'échelle d'après laquelle la nature opère dans ce pays! »

Presque vis-à-vis du Gandok, Patna, grande ville, a une étendue de plus de trois milles sur la rive droite du Gange, dont la largeur dans la saison des pluies est ici de 6 milles. Patna est célèbre par son antiquité; on y compte plus de 300,000 ames. Ses manufactures de soieries, de toiles de coton, de tabac, de sucre, d'indigo, sont florissantes; on y prépare l'opium et le salpêtre dans de vastes ateliers; jadis plusieurs nations européennes y avaient des comptoirs. Les faubourgs, habités principalement par les Anglais, sont plus beaux que la ville même, dont la plupart des maisons sont en terre et défendues par des fortifications antiques et médiocres. Les Hindous y sont bien plus nombreux que les Musulmans.

A 20 lieues au S. S. O. de Patna, on trouve sur un rocher, à la rive gauche du Foulgo, Gayah, ville de 36,000 ames, mal bâtie et fort laide, mais renommée chez les Hindous par ses cavernes creusées dans le granit, et dont les parois n'offrent pas de figures mythologiques, par le Vaïtarani, étang sacré, et par l'empreinte du pied de Vichenou. Le nombre des pelerins qui visitent annuellement Gayah est de 100,000. Une moitié de la ville, bâtie en plaine, habitée par des Musulmans et nommée Sahebganghé, est bien bâtie et a des manufactures de soieries et de toiles de coton.

L'aspect de Monghir, à la rive droite du Gange, est singulier. Le fort, bâti sur une saillie du continent et entouré d'un large fossé, est environné à une distance d'un mille à un mille et demi de 16 groupes de maisons, ayant chacune leur bazar particulier. Quelques-uns étant bâtis sur les bords sablonneux du Gange, il faut tous les ans transporter ailleurs plusieurs maisons durant l'inondation. La population de Monghir dépasse 30,000 ames. Le temple le plus renommé parmi les Musulmans est le tombeau de Pir-châh-lahani, où les Hindous portent également leurs offrandes. Les jardiniers et les tailleurs de Monghir sont très-réputés dans une partie de l'Hindoustan; ces derniers travaillent même pour les Européens: on fabrique aussi à Monghir des souliers pour les indigènes et les étrangers; enfin une prodigieuse quantité de toutes sortes d'objets en coutellerie et quincaillerie, ainsi que des armes à feu, sortent des ateliers de cette ville.

Dans la plaine, à peu près à 5 milles de cette ville, le Siti-kound, source thermale dont la chaleur varie suivant les saisons, jaillit au milieu d'un joli jardin.

En allant à l'E., on voit Boglipour, dans une situation charmante; cette ville de 30,000 âmes, importante pour ses fabriques de soie et de coton, et peuplée principalement de Musulmans qui y ont un collège renommé, passe pour jouir d'un air très-salubre.

Dans les environs de Boglipour et dans d'autres cantons de l'Hindoustan, Heber rencontra des campemens; quelques-uns assez considérables, composés de misérables tentes en nattes, avec une quantité de petits ustensiles, de paniers, de petits chevaux, de chèvres; ils ressemblaient tellement aux Bohémiens (*gypseys*) d'Angleterre que leur ayant demandé ce qu'ils étaient, il ne fut pas surpris d'entendre Abdallah, son interprète, qui avait beaucoup voyagé en Asie et en Europe, lui dire que c'étaient des Bohémiens, qu'ils étaient nombreux dans les provinces supérieures de l'Hindoustan, qu'ils vivaient absolument comme ceux d'Angleterre, qu'il en avait vu en Russie et en Perse, et que ces derniers, tout comme ceux des bords du Gange, parlaient l'hindoustani.

« Ici, dit le prélat, on les nomme *Kandjé*. Plusieurs des hommes portaient de grands turbans couleur de rose; trois des femmes et les enfans suivirent notre bateau en mendiant; celles-ci ne cachaient pas leur visage et n'avaient aucun vêtement, à l'exception d'une espèce de voile grossier jeté sur leurs épaules et d'un misérable chiffon qui leur entourait les reins en guise de jupon. C'est décidément une race plus belle que les Bengalis. Une des femmes était très jolie, et toutes trois présentaient des formes qu'un peintre se serait estimé heureux d'avoir pour modèle. Elles avaient les bras tatoués de lignes bleues; le front de l'une d'elles était légèrement marqué de la même manière. Elles n'avaient pas d'anneaux aux poings ni aux chevilles des pieds. Les enfans, quoique absolument nus, ne manquaient pas de ces ornemens. Comme notre bateau ne pouvait s'arrêter, je roulai de petites pièces de monnaie dans un morceau de papier, et je le remis à un matelot pour qu'il les jetât à terre; par malheur le papier creva, et ce qu'il contenait tomba dans l'eau; le vent ayant fraîchi dans ce moment, il me fut impossible de donner davantage. »

Dans une autre occasion, c'était après son départ de Laknau, Heber vit venir à son camp une troupe considérable qu'il prit pour des Bohémiens, et les personnes de sa suite furent de son avis. Mais ces gens renièrent ce nom; ils dirent qu'ils venaient d'Ahmedabad, qu'ils allaient en pèlerinage au Gange et marchaient depuis huit mois. Ils se donnèrent pour brahmanes, au scandale et à l'indignation extrêmes d'un homme de ma troupe qui l'était et les tança très-rudement de leur présomption. Je leur dis de montrer leurs cordons; alors ils avouèrent qu'ils n'en avaient pas, mais persistèrent à soutenir qu'ils étaient radjpouts. « Parlez franchement, leur dis-je, êtes-vous Bhils ? » C'est le nom des montagnards sauvages des environs d'Ahmedabad. Mes compagnons sourirent à cette question, et s'écrièrent qu'ils étaient des Bhils et rien de plus, ce qu'ils nièrent obstinément. Du reste, ces gens étaient très-gais, mais très-pauvres; jamais je n'ai vu de créatures humaines aussi maigres. Leur misère était si grande que j'envoyai chercher tout de suite un supplément de petites pièces de monnaie pour les leur distribuer. En les attendant, une femme et un homme s'avancèrent et nous régalèrent de deux ou trois chansons, que ce dernier accompagna en jouant d'une petite guitare; leurs voix étaient réellement belles. Les mieux nourris de la bande étaient les enfans, quoique tout nus, et il paraissait qu'on les traitait avec bonté. Mon aumône reçue, ces gens allèrent au village acheter du beurre et de la farine, et bientôt allumèrent du feu sous un pipal. Je les vis le soir qui firent leur repas, et quelqu'un me dit qu'il les avait entendus prier pour moi avant de le commencer.

» Je les aurais regardés comme de pauvres diables très-inoffensifs ou redoutables seulement pour les poulaillers et capables simplement des petits larcins reprochés aux Bohémiens en Angleterre. Mais j'apprends que ces bandes de vagabonds, qui se disent des pèlerins, ont une réputation affreuse en Hindoustan. On suppose presque toujours que ce sont des *thags*. L'usage des scélérats désignés par ce nom est de s'attacher sous un prétexte quelconque à des voyageurs isolés ou à de petites troupes; puis ils guettent l'occasion de jeter un nœud coulant autour du

1. Sambounath en Népal.

2. Djoshar, village du Gherwal.

cou de leurs victimes, les font ainsi tomber de leurs chevaux et les étranglent. On dit qu'ils exécutent cette opération avec une agilité et une dextérité si grandes qu'ils la manquent rarement, et que le voyageur n'a pas le temps de tirer son sabre, de faire usage de son fusil, ni en un mot de se défendre ou de se débarrasser du piège. Ces misérables assassins sont très-nombreux dans le Guzerate et le Malva; ceux qu'on rencontre en Hindoustan viennent généralement des provinces méridionales. »

En se promenant dans des villages le long de sa route, Heber remarqua parfois avec plaisir que les maisons, quoique construites très-simplement, étaient en bon état, propres, jolies et contiguës à des basses-cours bien garnies. Les femmes se servaient pour filer le coton de petits rouets d'une forme singulière (Pl. XXXIV—1).

Dans le Bahar, les paysans, quand ils sortent, tiennent à la main un bâton de leur taille, et se couvrent la tête et les épaules de couvertures noires et d'un tissu grossier. Ils ont l'air bien plus mâles que les Bengalis (Pl. XXXIV — 2).

Radjemal, dans le Bengale, au-delà de Boglipour, situé également à la rive droite du Gange, près d'une chaîne de montagnes habitées par un peuple que les Musulmans n'ont jamais réduit, n'offre plus que l'ombre de son ancienne splendeur. Plus loin, un bras du fleuve s'en détache sous le nom de Cossimbazar, et, coulant au S., passe par Mourchedabad, résidence du nabab titulaire du Bengale. Cette ville, célèbre par son commerce considérable en soieries et en belles toiles de coton, a plus de 165,000 ames. Au S., elle touche à Cossimbazar, ville renommée par ses manufactures de soieries et son commerce de bas de coton tricotés.

Après un cours sinueux de 35 lieues, le Cossimbazar se réunit au Djellinghi, autre bras du Gange, et prend le nom de Hougly. La ville de ce nom est bien déchue de ce qu'elle fut au XVIIe siècle.

Chinsoura eut long-temps un comptoir hollandais, fondé en 1686. On sait que, par le traité de paix de 1814, le royaume de Nederland céda à la Grande-Bretagne toutes les places qu'il possédait sur le continent de l'Inde. Des écoles ont été établies à Chinsoura et dans les environs pour l'instruction des enfans hindous; leurs maîtres sont en général des brahmanes, ou des hommes de la caste des écrivains.

Chandernagor, comptoir des Français, est tout ce qui leur reste dans le Bengale. « La ville, dit Heber, quoique petite, est propre et même jolie, mais on n'y remarque pas beaucoup d'activité. Elle a une église catholique, quelques rues passables et des maisons de bonne apparence. Tous les villages hindous que j'ai rencontrés ont un air de prospérité que l'on contemple avec plaisir: et comme l'Hindou emploie ordinairement une partie de son superflu à construire ou agrandir une pagode, on peut en conclure que le bien-être de ce pays fait des progrès réels, car un Anglais me disait que de Calcutta jusqu'ici toutes les grandes pagodes avaient été bâties ou réparées. »

Serampour, comptoir danois, s'étend, de même que les villes précédentes, sur la rive droite du Hougly. Presque entièrement bâtie à l'européenne, son aspect est agréable. Le bon marché des denrées en fait préférer, par beaucoup de monde, le séjour à celui de Calcutta. Elle est en quelque sorte le quartier-général des missionnaires envoyés d'Europe pour convertir les Hindous. Ils y ont établi des presses qui ont publié des traductions de l'Ecriture Sainte dans la plupart des idiômes de l'Asie. Ils ont aussi un collége où ils reçoivent des enfans de toutes les croyances.

Sur la rive gauche du Hougly, à 4 lieues au S. de Serampour, s'élève Calcutta, métropole de l'Inde britannique. Cette cité, dont la population est au moins de 600,000 ames, s'étend dans un terrain bas, marécageux et encore assez insalubre, quoique l'on ait en partie défriché et éclairci les djengles touffus, comblé les étangs bourbeux qui l'environnaient à l'est, et rendu les rues moins humides. Malgré la diminution de surface de l'eau stagnante, l'air est encore infecté par le voisinage des terres humides qui sont au S.

C'est de ce côté qu'est situé le Fort-William, la plus belle citadelle de l'Asie; au N. est la Ville-Noire, dont les maisons sont généralement chétives, les rues étroites, sales et malpropres; au centre Tchôringhi, ou la ville européenne, remarquable par ses édifices somptueux, de belles maisons en briques, des rues larges et droites, de vastes places. L'architecture grecque, adoptée pour beaucoup d'habitations, paraît peu convenable pour le climat.

On trouve à Calcutta tous les établissemens qui distinguent les capitales des pays civilisés. Le commerce y attire des négocians des contrées les plus lointaines. Les Hindous composent la masse des habitans, puis les Musulmans, ensuite les Anglais et d'autres Européens; on y voit quelques Grecs et peu d'Arméniens.

Les navires de 500 tonneaux et au-dessous peuvent remonter jusqu'à Calcutta, où ils apportent les marchandises de toutes les parties du monde. De nombreux bazars, appartenant soit à des particuliers, soit au gouvernement, les reçoivent, de même que celles qui arrivent du N. De plus, la ville a diverses manufactures, ce qui entretient un mouvement continuel et occupe beaucoup de monde. « On n'y vient pas pour vivre, pour jouir de la vie, dit Victor Jacquemont; on y vient, et cela est vrai dans toutes les positions sociales, pour gagner de quoi en jouir ailleurs. Il n'y a pas à Calcutta un seul *man of leisure* (homme de loisir). »

Les Hindous donnent au Cossimbazar, et par une conséquence naturelle au Hougly, le nom de Bhaghirathi. Ils le regardent et le vénèrent comme le véritable Gange, et y pratiquent leurs dévotions de préférence à tous les autres bras de ce fleuve. On voit sur ses bords de jolies pagodes dont l'entrée principale présente une belle colonnade, à laquelle mène un escalier commode. Quelquefois la cour qui entoure le temple est entourée de tours carrées séparées les unes des autres par un petit intervalle (Pl. XXXIV — 3).

Comme le gouvernement britannique ne gêne pas les consciences, les Hindous observent en toute liberté les cérémonies de leur culte. Une des plus singulières est celle qu'on nomme le *Tcharrak-poudja;* la fête se célèbre en honneur de la déesse Cali. « Elle commença, dit Heber, le 9 avril au soir. Une foule considérable était réunie près du fleuve, autour d'un échafaudage en bambou haut de 15 pieds, et composé de deux perches perpendiculaires et de trois transversales, ces dernières éloignées l'une de l'autre de 5 pieds. Plusieurs hommes montèrent sur cette espèce d'échelle avec de grands sacs, d'où ils jetèrent aux spectateurs divers objets que ceux-ci saisirent avec empressement; mais j'étais trop éloigné pour distinguer ce que c'était. Alors, l'un après l'autre, tous élevèrent leurs mains jointes au-dessus de leur tête et se précipitèrent par terre avec une force qui leur aurait été fatale, si leur chute n'avait pas été amortie par un moyen quelconque. La multitude était trop serrée pour que je pusse découvrir comment cela s'effectuait; mais il est certain que tous étaient sains et saufs, car ils remontèrent aussitôt sur l'échafaud et répétèrent la même cérémonie plusieurs fois.

» Le 10, nous fûmes réveillés avant le jour par le bruit discordant des instruments de musique; aussitôt nous montâmes à cheval et courûmes au Maïdan. A mesure que la clarté parut, nous aperçûmes une foule immense prenant le chemin de Tchôringhi, et se grossissant de toutes les personnes qui débouchaient des rues et des ruelles de la ville. Nous nous mêlâmes à la multitude, au milieu de laquelle marchaient et dansaient de misérables fanatiques qui se torturaient de la manière la plus horrible, chacun entouré de son groupe particulier d'admirateurs avec de la musique et des torches. Leur physionomie annonçait la souffrance, mais ils se glorifiaient évidemment de l'endurer patiemment, et probablement étaient soutenus par la persuasion d'expier leurs péchés de l'année précédente en supportant volontairement et sans un seul gémissement cette gêne.

» Nous eûmes beaucoup de difficultés à nous frayer un passage à travers la foule; mais, arrivés à une petite distance du lieu de la scène, nous jouîmes d'un coup-d'œil pittoresque et très-beau, qui me rappela, malgré moi, celui des courses de chevaux en Angleterre. Des drapeaux flottaient de tous côtés. Des cabanes en planches offraient des échafaudages pour danser. Les vêtemens flottans des indigènes faisaient supposer une réunion de femmes bien mises; et quoiqu'en s'approchant leur teint foncé détruisit cette illusion, cependant le tableau ne perdait rien de son agrément. Jamais je n'avais vu en Angleterre tant de monde réuni; mais cette fête est une des plus fameuses des Hindous, et on y était accouru de tous les villages voisins. Le tintamarre de la musique dura jusqu'à midi, que les enthousiastes se retirèrent pour faire guérir leurs blessures. On dit qu'elles sont dangereuses, et que parfois elles deviennent mortelles. Un de nos *masalchi*, ou porte-flambeaux, de la caste la plus basse, car il paraît que, dans les plus hautes, personne ne pratique ces cruautés, courut par toute la maison avec un petit dard qui lui traversait la langue, mendiant de l'argent de nos autres domestiques; cet homme avait l'air d'être stupéfié par l'opium : on me dit que ces pauvres misérables en prennent toujours pour diminuer la douleur, et que la partie qui doit être transpercée est probablement frottée assez long-temps pour produire un engourdissement.

» L'épreuve du *chiddi mahry* se pratiqua le soir à Boïtaconnah, quartier où sont dressés les mâts pour la suspension des dévots; l'autorité ne permet pas qu'on les place près de la demeure des Européens. Ce mât soutient une traverse à l'une des extrémités de laquelle pend une poulie, où on passe une corde supportant des crochets. La victime couronnée de fleurs fut amenée, sans résistance apparente, au pied de la traverse ; les crochets furent alors enfoncés dans les muscles de ses flancs, ce qu'il endura sans sourciller, et une large bande de toile fut attachée autour de sa taille, pour empêcher que les crochets ne fussent arrachés par le poids du corps. En cet état, le patient fut élevé en l'air et on le fit tourner, d'abord doucement, puis graduellement avec une vitesse extrême. Au bout de quelques minutes, on voulut le descendre ; mais il fit signe de continuer. Cette résolution fut reçue avec des applaudissemens prodigieux, et, après qu'il eut bu quelques gorgées d'eau, on recommença la cérémonie (Pl. XXXIV — 4).

Les ramifications multipliées du fleuve donnent la possibilité d'aller par eau de Calcutta à Dacca qui, à vol d'oiseau, en est éloignée de 54 lieues au N. E. ; mais la route sinueuse que l'on est obligé de suivre force d'en parcourir plus de 130.

Parti le 15 juin de Calcutta, Heber aperçut, le 3 juillet, les tours de Dacca. « A mesure que nous approchions, dit-il, je fus surpris de la grandeur de cette ville et de la majesté de ses ruines qui semblent en effet en composer la plus grande partie. Indépendamment de quelques énormes masses de châteaux et de donjons sombres, dont on devinait aisément la destination et que des lierres et des pipals couvraient, indépendamment de vieilles mosquées et de pagodes visiblement de la même époque, nous apercevions de grands et beaux édifices qui, d'une certaine distance, paraissaient plus hospitaliers et vers lesquels je pensai que nous devions nous diriger, sachant quelle difficulté nous éprouverions pour y parvenir en refoulant le courant, si une fois nous les dépassions. Mais quand nous fûmes assez près pour les distinguer, nous reconnûmes qu'ils étaient en aussi mauvais état que les autres, quoique postérieurs au règne de Djéhan-ghir ; plusieurs offraient de l'architecture grecque : un obélisque hindou ressemblait tant à un clocher que de loin je m'y étais mépris.

» Pendant que nous avancions vers le rivage, un bruit étrange, qui paraissait sortir de l'eau sur laquelle nous naviguions, vint frapper mon oreille. Il était prolongé, profond, très-fort et tremblant, tenant à peu près le milieu entre le mugissement d'un taureau et le souffle de la baleine. « Oh ! me dit un Musulman de ma suite, ce sont des éléphans qui se baignent ; ces animaux sont nombreux à Dacca. » Aussitôt je regardai et je vis à peu près une vingtaine de ces beaux animaux dont les têtes et les trompes se montraient au-dessus du niveau du fleuve.

« Dacca, me dit un des Anglais qui y résidaient, n'est plus qu'un débris de son ancienne grandeur. Son commerce est réduit à la soixantième partie de ce qu'il fut jadis. Tous ses édifices magnifiques : le château de Djéhan-ghir, son fondateur, la superbe mosquée que cet empereur fit bâtir, les palais des anciens nababs, les comptoirs et les églises des Hollandais, des Français et des Portugais, sont en ruines et recouverts de djengles. J'ai vu, continua cet Anglais, une chasse au tigre dans la cour de l'ancien palais, et le cheval d'un de mes amis tomba dans un puits caché par des herbes et des ronces. Presque tout le coton recueilli dans le territoire de Dacca est expédié en Angleterre ; il en revient tissu en toiles que les habitans de cette ville préfèrent à cause de leur bon marché. Il y a encore ici quelques Arméniens ; ils ont une église et deux prêtres ; il y a parmi eux des hommes opulens. Un de leurs archevêques vient tous les quatre à cinq ans de Nakitchevan ici. Les Portugais sont aussi en petit nombre, pauvres et peu considérés. Les Grecs au contraire sont nombreux, actifs et intelligens, fréquentent les Anglais et occupent beaucoup d'emplois subalternes du gouvernement. Il n'y a d'autres Anglais que des cultivateurs d'indigo vivant dans les environs, et les officiers civils et militaires. Les Hindous et les Musulmans composent une population de 300,000 ames.

» Le climat de Dacca est regardé comme un des plus doux de l'Inde, la chaleur y étant constamment tempérée par les immenses rivières qui coulent dans son voisinage, et la rapidité de leur cours emporte les matières putrides de l'inondation avec une promptitude que l'on ne connaît pas sur les bords du Hougly ; l'air n'y est pas insalubre. Du reste, dans la saison actuelle, il n'est pas possible d'aller à cheval à une grande distance, et même durant la sécheresse, on ne peut pas faire de longues courses de cette manière, tant le terrain est entrecoupé de rivières ou de ruisseaux ; voilà pourquoi l'usage des bateaux est si commun, et l'on en construit beaucoup ici.

» Mais les petits navires du pays sont les seuls qui remontent le Gange jusqu'à Dacca. Dans le temps des pluies, des bâtimens de grosseur moyenne pourraient tenter l'aventure, mais elle serait accompagnée de quelques risques, et rien ne dédommagerait ceux qui seraient décidés à les courir. Les Européens préfèrent aller à Chattigan, quoique ce dernier port ne convienne pas non plus aux gros vaisseaux.

» La compagnie entretient à Dacca un haras d'à peu près 300 éléphans que l'on tire annuellement des forêts de Tipérah et du Catchar. On les dresse ici aux habitudes qu'ils doivent acquérir dans l'état de captivité. Ceux que l'on destine aux provinces du N. sont envoyés successivement à Mourchedabad, puis à d'autres villes plus septentrionales, parce que la différence de climat entre elles et Dacca est trop grande pour qu'on les y expose brusquement sans danger.

» Un nabab réside à Dacca : les Anglais lui font une pension et le laissent jouir de tous les honneurs qui peuvent flatter sa vanité sans lui donner la plus légère parcelle de pouvoir. »

Dacca est à 26 lieues de l'embouchure du Gange dans le golfe de Bengale. Nous avons vu précédemment que, dans la partie inférieure de son cours, ce fleuve confondait ses eaux avec celles du Brahmapoutra. L'espace compris entre la plus large de ses bouches et l'embouchure du Hougly est appelé *les Sonderbonds*. Il est coupé d'une quantité infinie de bras de ces fleuves qui se croisent dans une multitude de directions, et forme un nombre prodigieux d'îles basses, presque partout couvertes de bois d'une hauteur médiocre.

Le terrain des Sonderbonds, entièrement composé d'atterrissemens, n'offre nulle part de l'eau douce, ce qui empêche de le cultiver. Cette solitude affreuse est devenue le repaire des tigres et d'autres animaux féroces, de quelques bêtes fauves, des singes et de monstrueux crocodiles. Quelquefois elle est animée par le roucoulement de la colombe, le chant du coq, le cri de la poule, du paon et des perroquets. Dans la saison sèche, les bords des rivières sont fréquentés par des sauniers et des bûcherons, qui exercent leurs terribles professions en risquant continuellement leur existence, car des tigres de la taille la plus forte, non-seulement se montrent sur les rivages, mais très-souvent passent les eaux à la nage et tuent les gens dans les bateaux à l'ancre.

Quoique beaucoup d'infortunés soient tous les ans attaqués et dévorés par les tigres, de dévots musulmans, qui prétendent posséder des charmes contre la cruauté de ces monstres, s'établissent dans de misérables huttes le long du fleuve; ils sont extrêmement révérés par leurs co-religionnaires, ainsi que par les Hindous qui s'aventurent dans ces cantons et qui, pour gagner leur bienveillance, leur font présent de vivres et de cauris. A la longue, ces fakirs deviennent presque toujours la proie des bêtes féroces; mais plus ils restent, plus ils sont vénérés, et, dès que leur place est vacante, un autre s'empresse de la remplir. De petits tas de terre marquent la place où les squelettes des défunts sont dressés auprès de la cabane, et jamais les bûcherons ne manquent, en passant, de réciter des prières avant de commencer leurs opérations.

L'étendue de la côte méridionale des Sonderbonds est de 60 lieues de l'E. à l'O. Huit bouches apportent à la mer les eaux de ce Delta. La plus fréquentée est celle du Hougly. Heber y entra le 4 octobre 1823.

« Au point du jour, dit-il, nous eûmes connaissance de l'île de Sâgor, qui est absolument plate et marécageuse, avec de grands arbres épais, semblables à de sombres sapins, et des djengles au feuillage d'un vert brillant, de la hauteur de nos bois taillis. A l'aide d'une lunette d'approche, je pus distinguer un animal comme un daim qui broutait ou était couché au milieu des herbes du marécage : enfin des cabanes en ruines et des bâtimens pareils à des hangars.

» Ce sont les restes d'un village commencé par une association qui s'était formée pour couper les bois et dessécher les marais de Sâgor; mais elle remarqua que, tandis qu'on abattait les djengles d'un côté, la mer gagnait d'un autre, le sol sablonneux n'étant pas assez compacte pour résister à son invasion, et cette terre fut de nouveau abandonnée à ses daims et ses tigres; car elle a toujours été très-mal famée sous ce dernier rapport, et, d'après ce qu'on me dit, elle inspire une si grande terreur aux indigènes, qu'on les engage difficilement à s'approcher en canot de ces rivages les plus sauvages, à cause des dangers qu'ils y courent. Je crois que, de même que tous les autres, ils ont été très-exagérés; mais il est très-heureux que cette crainte salutaire empêche les matelots oisifs et les jeunes officiers de débarquer à Sâgor pour y chasser, comme c'était autrefois leur coutume; car cette plage et toutes celles des îles de ce canton sont effroyablement insalubres sous un soleil vertical. L'eau qui nous entoure annonce suffisamment par sa couleur brunâtre qu'elle charrie des débris nombreux de matières organiques.

» Un des premiers indices des mœurs du pays qui ait frappé nos regards a été un cadavre flottant lentement à la surface de l'eau, conformément à la coutume des Hindous.

» Vers midi, des canots chargés de fruits et de poissons, et montés par des Hindous, nous accostèrent : tous ces hommes étaient minces,

3. Pont de Téri ou Ghovral.

4. Mérabar.

extrêmement noirs, mais bien faits, de bonne mine, avec de beaux traits: ils nous vendirent des chadeks, des bananes et des cocos. Plusieurs bateaux vinrent successivement; quelques-uns plus considérables que le premier, et à deux mâts comme une des goëlettes; les matelots plus grands et plus beaux hommes que ceux que nous avions vus d'abord : le capitaine, coiffé d'un turban blanc roulé autour d'un bonnet rouge, avait une chemise blanche courte et sans manches, et un anneau d'argent un peu au-dessus du coude; ses gens étaient presque nus, excepté un linge autour des reins. Leur peau était d'une couleur de bronze très-foncée, comme celle du bronze antique; ce qui, joint aux formes élégantes et aux membres bien proportionnés de plusieurs d'entre eux, rappelait parfaitement au spectateur les statues grecques de ce métal. Quant à la taille et à la force apparente, ces hommes étaient bien inférieurs à la plupart de nos matelots.

» En approchant de Kedgeri, village vis-à-vis duquel le Hougly a une largeur d'à peu près 3 lieues, on n'apercevait plus de toutes parts qu'une ligne triste et continue de broussailles touffues et sombres; elle paraissait impénétrable et interminable, et l'on pouvait bien se la figurer comme habitée par tout ce qu'il y a de monstrueux, de dégoûtant et de dangereux, depuis le tigre et le cobra-capello jusqu'au scorpion et aux moustiques, depuis l'orage et le tonnerre jusqu'à la fièvre. Les matelots et les officiers ne parlaient qu'avec horreur de ce rivage, tombeau de tous ceux qui avaient le malheur de rester plusieurs jours dans son voisinage, et même, sous le brillant soleil qui nous éclairait en ce moment, il ne fallait pas de grands efforts d'imagination pour se représenter les exhalaisons fiévreuses qui s'échappaient de toutes ses parties. A mesure que nous approchions davantage des Sonderbonds, leur aspect devenait moins désagréable. Les broussailles prenaient une plus grande variété de verdure et de teintes; on y distinguait plusieurs arbres à cime arrondie et de petits palmiers; enfin le souffle du vent qui venait du rivage nous apportait les émanations fraîches de la végétation. Le courant est ici très-fort, et sa lutte contre la marée élevait des vagues d'une couleur sombre. La présence des cocotiers annonçait un pays plus ouvert et plus habitable. Les djengles s'éloignaient des bords du fleuve; ils étaient remplacés par des champs d'une belle verdure, comme celle de nos prairies : on me dit que c'était du riz ; de petits bocages et des villages composés de cabanes en terre couvertes en chaume, et si basses qu'on les aurait prises pour des tas de foin, y étaient éparpillés.

CHAPITRE XLVIII.

Hindoustan. — Le Dekhan. — Montagnes du Gandouana. — Plateau d'Omerkantok. — Sources du Nerbédah, du Soné et du Mahaneddy. — Diamans. — Nagpour. — Montagnes du Bérar. — Ellitchpour. — Chaîne des Ghâts occidentaux. — Daouletabad. — Elora. — Aurengabad. — Carli. — Haïderabad. — Villes de l'Orissa et des Circars.

Les provinces de l'Hindoustan que nous venons de parcourir sont célèbres depuis longtemps pour leur fertilité et la richesse de leurs productions. Les Hindous, en y comprenant celles qui sont bornées à l'O. par l'Indus, les appellent, relativement à celles de l'E. et du S., *Medhyah-deo* (le pays du milieu); c'est l'Hindoustan proprement dit.

Au S. commence le Dekhan; il est borné au N. par le cours du Nerbédah qui coule de l'E. à l'O. et par une ligne imaginaire qui courant dans une direction opposée va de la source de ce fleuve joindre l'embouchure du Hougly. Les autres bornes du Dekhan sont au S. le cours du Krichna et du Toumbedra; à l'E. le golfe de Bengale, à l'O. la partie de la mer des Indes nommée golfe d'Oman. Les géographes hindous appliquent la dénomination de Dekhan à toute la presqu'île au S. de la Nerbédah jusqu'au cap Comorin.

Le Gandouana, la plus septentrionale des provinces du Dekhan, est couvert de montagnes souvent arides, escarpées et très-difficiles à franchir. Quelques points offrent des forêts impénétrables; elles sont coupées par de belles et fertiles vallées. La population se compose principalement de Gands et de Tchobans que les relations des Anglais représentent comme des sauvages d'un caractère farouche et presque indomptable; quelques tribus de ces peuples sont à peu près indépendantes.

On estime à 1,000 toises l'altitude moyenne des montagnes du Gandouana, dont la direction est en général de l'E. à l'O. et qui envoient des rameaux de divers côtés. Sur l'arête qui sépare les eaux du golfe du Bengale de celles de la mer d'Oman, se trouve Omerkantok à 2,463 pieds d'altitude, sous les 22° de lat. N.; c'est un lieu de pèlerinage célèbre chez les Hindous. Le canton qui l'entoure est sauvage, très-peu habité et fréquenté seulement par quelques dévots qui viennent visiter les sources du Soné et du Nerbédah. En 1828, aucun Européen n'avait encore visité ce lieu élevé; suivant le rapport des indigènes, ces deux rivières tirent leur origine de l'eau renfermée dans les cavités des montagnes qui forment le plateau d'Omerkantok.

La source du Mahaneddy est au versant méridional de ce plateau. Après beaucoup de détours à travers les montagnes, il entre dans l'Orissa et se jette dans le golfe du Bengale par plusieurs bras. Il reçoit un grand nombre d'affluens; son cours est de 250 lieues. On découvre dans le sable de cette rivière, surtout à l'embouchure de plusieurs de ses affluens de gauche, venant des montagnes de Kourbah, et aussi dans le menu gravier de ceux-ci, des diamans de première qualité et de diverses grosseurs. On en recueille aussi après les pluies dans le limon et le sable qui se dépose dans les cavités des rives et sur les îles alluviales. C'est là que les cherchent les Djaharris, tribu des montagnes. C'est entre les 21 et 22° de lat. qu'est situé le canton à peu près inaccessible où serpentent les torrens qui entraînent les diamans; il est extrêmement insalubre, comme l'annonce l'aspect de ses habitans.

Nagpour, dans une plaine humide, sur la rive gauche du Nag, petite rivière qui se jette dans le Bainganga, est la capitale du Gandouana et la résidence d'un radjah auquel les Anglais ont laissé un territoire assez étendu; il l'administre suivant son bon plaisir, et sous la surveillance d'un résident britannique. Cette ville de 115,000 ames n'offre rien de remarquable.

Un peu plus loin vers l'O., on entre dans le Bérar, dont les montagnes coupées de nombreux défilés ont été examinées par des ingénieurs britanniques; elles ont plus de 25 lieues d'étendue et envoient au N. et au S. E. des branches qui séparent les uns des autres les bassins de plusieurs rivières. Le Tapty qui coule vers l'O., le Bainganga et le Pourna qui se dirigent au S., sont les principales. Les ramifications de ces monts qui courent vers l'O. se joignent au N. des 20° de lat. aux contreforts des Ghâts occidentaux.

Cette chaîne célèbre commence à la rive gauche du Tapty et se prolonge au S. jusqu'au cap Comorin, parallèlement à la côte occidentale du Dekhan dont elle est partout très-rapprochée; sa plus grande distance de la mer d'Oman étant de 25 lieues et la moyenne de 7, son développement est de 72° de lat. ou 340 lieues. L'altitude moyenne des Ghâts paraît être de 8,400 pieds et leurs plus hautes cimes atteindre au moins 13,000 pieds.

Le nom de *Ghâts*, qui signifie défilés, a été donné à ces monts parce qu'ils sont entrecoupés de cols nombreux. Leurs flancs escarpés vers l'O. présentent des pentes plus adoucies vers l'E. De ce côté ils soutiennent le plateau du Dekhan. Partout ils sont couverts de forêts touffues et offrent fréquemment des points de vue très-pittoresques.

L'altitude des Ghâts est suffisante pour arrêter la marche des nuages; et en conséquence des saisons opposées règnent en même temps à l'E. et à l'O. de la chaîne. Pendant que la saison pluvieuse et orageuse de la mousson du S. O. se fait sentir sur la côte maritime, on jouit de l'été à l'E. des monts, et au contraire cette contrée endure l'hiver durant la mousson du N. E. qui amène le beau temps à l'O. le long de la côte. Dans quelques cantons de sa partie méridionale, il est tombé annuellement 130 pouces d'eau, notamment en juin, juillet et août, tandis qu'à l'E. les terres contiguës n'étaient, durant la même période, arrosées que par de légères ondées. Cette cause de la différence des climats cesse au N. du Tapty, où la mousson du S. O. ne rencontrant plus l'obstacle de la chaîne des montagnes exerce son action librement et répand des torrens de pluie continus sur tout le pays.

Quoique l'on applique le nom de plateau à toute la contrée au-dessus des Ghâts, sa surface est partout parsemée de coteaux et parfois montueuse.

Vers les 15° de lat., les Ghâts, quoique escarpés et pierreux, ne sont nullement âpres ni partagés en grandes masses de rochers nus. Leur superficie est revêtue d'un terreau gras et ne peut être aperçue que lorsqu'on le fouit. Leurs forêts sont remplies d'arbres magnifiques et il est impossible de voir de plus beaux bambous que ceux qui croissent dans cette portion de la chaîne. Les rotins y acquièrent aussi une dimension prodigieuse; on en a mesuré quelques-uns qui avaient 225 pieds de long et une grosseur bien supérieure à celle des cannes de Malacca.

Le passage des cols des Ghâts offrit d'abord beaucoup de difficultés pour le transport de l'artillerie et des convois militaires; mais les routes que les Anglais y ont frayées ont surmonté tous les empêchemens que la nature opposait, et aujourd'hui on les traverse sans peine.

Le Bérar est une vallée haute où l'on arrive par une suite de ravins; quelques-uns sont impraticables pour les chameaux chargés; d'autres au contraire sont très-accessibles à la cavalerie, ce qui exposait ce pays à de fréquentes invasions. Une partie du Bérar n'est couverte que de broussailles. Sa plus grande rivière est le Tapty.

Son élévation considérable au-dessus de la mer y tempère la chaleur qui est forte dans les vallées. En hiver, les gelées y sont sensibles sur les montagnes.

Ellitchpour, sa capitale, est située entre le Sarpan et le Bitchan, qui se réunissent à peu de distance et vont ensuite grossir le Pourna, affluent du Tapty. Ellitchpour est assez bien peuplé et médiocrement fort. Le Nizam, son souverain, y a un palais en briques.

En marchant au S. O., on traverse les monts Sechacholl, et plus loin, dans la même direction, on rencontre Daouletabad, ville forte dont la citadelle est bâtie sur une butte granitique haute de 500 pieds, entièrement isolée des montagnes voisines (PL. XXXV—1).

A peu de distance au N., Elora, village situé au milieu d'une plaine, appelle l'attention des voyageurs par les temples hindous creusés dans une montagne éloignée d'un mille.

« En approchant de ces temples, dit J. Seely, voyageur anglais qui en a donné une description détaillée, la vue et l'imagination sont également bouleversées par la diversité d'objets intéressans qui se présentent de toutes parts. On éprouve à la fois tant d'étonnement, d'admiration et de plaisir, que les impressions en sont d'abord pénibles, et il faut un certain temps avant qu'elles soient suffisamment apaisées et calmées pour contempler avec attention les merveilles dont on est entouré. Le silence de ce lieu, pareil à celui de la mort, la solitude des plaines voisines, la beauté romantique du pays, et la montagne elle-même, creusée de tous les côtés, tout contribue à frapper l'esprit d'un étranger de sensations absolument nouvelles et bien différentes de celles qui l'émeuvent en examinant des édifices magnifiques au milieu du tumulte ordinaire des cités. Tout ici invite l'ame à la contemplation, et toutes les choses dont on est environné la reportent à une période éloignée et à un peuple puissant qui avait atteint un haut degré de civilisation, tandis que nos ancêtres étaient encore des sauvages vivant dans des forêts...

» Concevez de quelle surprise on est saisi, en apercevant tout-à-coup, dans une vaste cour ouverte, un temple creusé dans le roc vif, avec toutes ses parties parfaitement belles, complètement détaché de la montagne voisine par un espace dont l'étendue est de 250 pieds, et la largeur de 150. Ce temple, qui s'élève à une hauteur de 100 pieds, a 145 pieds de long et 62 de large; ses portes, ses fenêtres sont d'un travail exquis, ainsi que les escaliers qui conduisent aux étages supérieurs, contenant cinq grands appartemens à surface admirablement polie, et régulièrement partagés par des rangées de colonnes. La masse totale de ce bloc immense d'excavations isolées a près de 500 pieds de circonférence. Au-delà de l'emplacement qu'il couvre, règnent trois galeries parallèles à trois de ses côtés et soutenues par des colonnes; des compartimens creusés dans le roc perpendiculaire qui borne la cour contiennent 42 figures gigantesques de la mythologie hindoue. Ces trois galeries occupent un espace de près de 400 pieds de longueur taillé dans la montagne; leur largeur est de 13 pieds 2 pouces; leur hauteur, de 14 pieds et demi. Au-dessus, sont percées de belles et grandes salles. C'est dans la cour, et en face de ces galeries, que s'élève le *Keylas :* tel est le nom du temple dont je viens de parler. Je pense qu'il n'existe pas dans le monde connu un reste d'antiquité qui le surpasse par la grandeur de la conception et le fini de l'exécution.

» Et cependant à Elora douze autres temples sont de même taillés dans la montagne. Une ligne d'habitations et de temples s'étend à droite et à gauche, sur une longueur de plus d'un mille et un quart, dans la direction du N. au S. »

L'intérieur de tous ces temples est orné de sculptures qui représentent des sujets tirés de la mythologie hindoue. Tous ne ressemblent pas exactement au Keylas, mais chacun offre quelque genre de beauté qui le distingue. Beaucoup de figures de divinités sont évidemment celles de Bouddha et de ses serviteurs célestes.

L'entrée désignée par le nom de *Bisma-Karm* fait face au S. Son aspect peut aisément faire croire aux hommes d'une imagination vive qu'elle conduit au palais du roi des Gnomes (PL. XXXV — 2). Cette façade, la plus belle de toutes celles des temples d'Elora, est d'une noblesse frappante; son effet est encore rehaussé par sa position retirée et par le feuillage épais des arbres et des arbrisseaux qui l'environnent.

L'extrémité méridionale des excavations d'Elora est terminée par une des moins magnifiques pour la richesse des ornemens; mais sa position et les rangs de magnifiques colonnes qui la soutiennent de chaque côté la rendent très-remarquable. On la nomme *Dher - Ouarra* (PL. XXXV — 3). C'est un temple de Bouddha.

La salle principale, que représente la gravure, a environ 100 pieds de longueur et 40 de largeur, non compris les renfoncemens de chaque côté ; les piliers qui supportent la voûte sont plus petits et plus élégans que ceux des autres caves ; celle-ci se distingue encore par deux plates-formes peu élevées au-dessus du sol et traversant toute la longueur de l'excavation. On suppose qu'elles ont été construites pour la commodité des étudians, des écrivains et des marchands. Le trafic que font les Hindous toutes les fois qu'ils en trouvent l'occasion et leur habitude d'avoir une foire à l'époque de leurs fêtes religieuses rendent cette conjecture très-probable. Cette cave est très-commodément située pour un tel objet ; la facilité d'y entrer et d'en sortir la rend l'asile ordinaire des bestiaux. Leur fiente et la multitude de toutes sortes d'insectes qu'ils attirent ont sans doute valu à cette cave son méchant renom, et ont fait penser au vulgaire qu'elle n'est bonne qu'à loger des hommes dont la profession est de ramasser le fumier.

Les ornemens des temples d'Elora ont beaucoup souffert de la main des Musulmans ; ceux-ci, excités par leur fanatisme, ont brisé des statues et des bas-reliefs, gratté des peintures qui décoraient les voûtes, détruit en plusieurs endroits des revêtemens en stuc. « Maintenant, dit le voyageur Seely, qu'Elora et les cantons qui l'entourent, possédés autrefois par les Mahrattes, sont en notre pouvoir, on doit espérer que le gouvernement de l'Inde fixera son attention sur ces antiquités vraiment merveilleuses. Le soin de les préserver n'occasionerait pas une dépense considérable ; l'action du temps a bien peu dégradé la plupart de ces monumens, et il est digne d'une nation puissante, généreuse et amie des sciences, de ne pas souffrir que l'on endommage ces ouvrages étonnans...

» Le premier voyageur qui les ait visités est, je crois, J. Thévenot : sa relation manque d'exactitude sur plusieurs points, car il dit que dans l'étendue d'une lieue et demie à deux lieues, on ne voit que superbes tombeaux, chapelles et temples ; il se serait exprimé plus justement en disant deux milles. Du reste, il n'employa que deux heures à examiner ces pagodes. » Seely ajoute que par cette remarque il n'a nullement l'intention de rabaisser le mérite de Thévenot ; nous lui supposons trop de discernement pour avoir conçu un dessein aussi absurde. Il a dû être flatté de ce que la vue d'Elora inspirait à Thévenot, en 1666, les sentimens que lui-même exprime en 1820 :

« ... Si l'on considère, dit le voyageur français, cette quantité de temples spacieux remplis de pilastres et de colonnes, et de tant de milliers de figures, on peut dire avec vérité que ces ouvrages surpassent la force humaine, et qu'au moins les gens du siècle dans lequel ils ont été faits n'étaient pas tout-à-fait barbares, quoique l'architecture et la sculpture n'y soient pas aussi délicates que chez nous. Je n'employai que deux heures à voir ce que je viens de décrire, et on peut juger qu'il m'aurait fallu plusieurs jours pour examiner tout ce qu'il y a de rare ; mais comme je n'avais pas ce temps-là, parce qu'il fallait me hâter si je voulais encore trouver ma compagnie à Aurengabad, j'interrompis ma curiosité, et j'avoue que ce fut avec regret... »

La jolie petite ville de Rozah, éloignée d'un mille et demi d'Elora, est célèbre pour contenir la dépouille mortelle d'Aurengzeb et celle de Bourhan-ed-din, santon musulman, fondateur de la ville de Bourhanpour. Le tombeau du fakir est plus beau que celui de l'empereur. En continuant à marcher sur le plateau où est situé Rozah, Seely arriva au haut d'un défilé pavé entièrement par un des courtisans d'Aurengzeb. Les plaines comprises entre Daouletabad et Aurengabad suggèrent de tristes réflexions ; elles ont un terrain fertile, sont arrosées par plusieurs rivières, et voisines d'une grande ville, et cependant elles seraient réputées un désert par quiconque est accoutumé à l'aspect des campagnes de l'Angleterre, où la prospérité et la sécurité habitent ensemble. Seely ne rencontra pas dix créatures humaines, et observa qu'à peine la dixième partie du pays était en culture.

Vu de loin, Aurengabad a un effet imposant par ses minarets qui s'élancent au-dessus de groupes de beaux arbres, les grands dômes blanchis de ses mosquées avec leurs pointes dorées resplendissant au soleil, et ses nombreuses maisons à toits en terrasse, qui dépassent les murs de la ville. Mais, quand on s'approche, l'illusion disparaît. La moitié de cette cité, faiblement peuplée, n'offre que décadence et ruines. On reconnaît que sa splendeur s'est évanouie avec la vie du monarque dont elle porte le nom. Cependant ses rues sont larges, et quelques-unes pavées : on voit de belles et grandes maisons dans différens quartiers ; les édifices publics, les mosquées, les caravansérais sont bien construits. Des jardins et des bouquets d'arbres, des places, des fontaines diversifient la perspective et ornent les rues ; les boutiques présentent aux yeux beaucoup de

1. Ruines d'une Mosquée près de Dehli.

2. Ruines de l'ancien Dehli.

L. Bailly del.

marchandises précieuses produites par l'industrie du pays où la fécondité du sol; mais il règne dans toute la ville un air de délaissement qui vous annonce que sa gloire s'est dissipée.

Aurengabad est dans les États du Nizam, prince qui règne sous la surveillance d'un résident anglais. Cette ville, située dans une plaine entourée de montagnes, est à 7 lieues au N. du Godavery. Après avoir traversé ce fleuve et continué de voyager vers le S. O., on rencontre Carli, petit village vis-à-vis du fort de Loghor.

A deux milles et demi de Carli, une chaîne de coteaux qui court de l'E. à l'O. offre des excavations semblables à celles d'Elora, mais moins nombreuses. Elles ont été visitées et décrites par madame Graham, Heber, évêque anglican, et lord Valentia. La façade du grand temple qui fait face à l'O. est à 300 pieds au-dessus du pied du coteau, et accessible seulement par un sentier raide et étroit, le long des flancs du coteau, dont la montée en zigzag, à travers les arbres, les broussailles et les fragmens de rochers, a été facilitée par des degrés taillés dans le roc. On arrive ainsi à un temple assez chétif de Siva, qui sert en quelque sorte de portail à la grande pagode; un autre petit édifice tout pareil est à droite de son portique. « Nous fûmes aussitôt entourés, dit Heber, de petits garçons brahmanes nus et oisifs, qui, avec une vieille femme de la même caste, se donnèrent pour les gardiens du sanctuaire, et nous offrirent leurs services pour nous montrer ses merveilles et nous raconter son histoire. Je leur demandai qui en avait été le fondateur. — Le roi Pandou — répondirent-ils. Du reste, on lui attribue tous les temples souterrains, et en général les monumens anciens dont l'origine est inconnue. »

Le temple de Siva est sur une plate-forme large de 100 pieds. On a nivelé cet espace en taillant les flancs du coteau jusqu'à ce qu'on eût obtenu par ce moyen dans le roc vif une surface perpendiculaire d'environ 50 pieds. « On y a creusé une ligne de cavernes, dont la principale, dit lord Valentia, me frappa par son étendue et sa forme: elle est précédée d'un parvis en parallélogramme. Une grande arcade, remplie en partie par des sculptures à jour, donne entrée dans le temple, dont la longueur est de 126 pieds, et la largeur de 46. Sa voûte est cintrée, et repose de chaque côté sur un rang de piliers pour la plupart hexagones. Leurs bases ressemblent à des coussins affaissés, et leurs chapiteaux, à une cloche renversée sur laquelle sont deux éléphans montés chacun par deux cavaliers.

Les cintres de cette voûte offrent la particularité remarquable d'être en bois de tek; ils sont parfaitement ajustés à la place qu'ils occupent, et soutenus par des dentelures qui s'adaptent à des trous dans le roc. On suppose que le but de cette construction est de prévenir le tort que pourraient faire à ce bel ouvrage les pluies de la mousson. Cette membrure en bois est en très-bon état de conservation, et produit un très-bel effet dans la perspective de l'intérieur, qui est très-propre, et serait un temple magnifique pour toute espèce de religion. Au fond, un grand parasol s'élève sur un gros pilier rond (Pl. XXXV — 4). Les parois n'offrent aucune figure; en revanche celles du vestibule sont couvertes de hauts-reliefs représentant des éléphans, des hommes, des femmes et Bouddha. Les inscriptions sont nombreuses partout.

Un rang de cavernes s'étend au N. de la grande, sur un espace de 350 pieds. Elles sont de formes carrées, ont des voûtes plates, et furent destinées probablement à loger les prêtres qui desservaient le temple. On voit une statue de Bouddha dans la dernière, et une inscription dans une autre. On reconnaît facilement qu'aucune de ces excavations n'a été achevée. A droite de l'entrée de la grande pagode, un vaste réservoir taillé également dans le roc contient une eau limpide.

Carli est à une dizaine de lieues au N. de Pounah, autrefois capitale du territoire mahratte, et aujourd'hui chef-lieu d'un arrondissement britannique. Cette ville, située près du confluent du Moula et du Mouta, qui, par leur réunion, forment le Mouta-Moula, est dans une grande plaine, au pied oriental des Ghâts de l'O., à 25 lieues de la côte maritime, à 2,000 pieds d'altitude, et entourée de montagnes de formation trappéenne, offrant l'aspect escarpé, particulier à cette espèce de roche. Du temps des Mahrattes, beaucoup étaient couronnées de châteaux-forts, présentement abandonnés pour la plupart.

« Pounah, dit Heber, n'est pas une belle ville; elle ne paraît pas grande, et cependant, à ma surprise extrême, on me dit que sa population est de plus de 100,000 âmes. Elle n'a ni murs, ni citadelle, est mal pavée, bâtie irrégulièrement, a des rues étroites entremêlées de pipals; des bazars chétifs, beaucoup de pagodes, mais aucune qui soit grande ou frappante par sa beauté. Le palais est vaste, et renferme un joli bâtiment carré entouré de portiques à colonnes en bois sculpté ; mais son apparence extérieure n'a rien que d'humble. »

Seely ne partage pas l'opinion du prélat. « Le soleil était près de se coucher, dit ce voyageur, quand j'entrai dans Pounah ; ses rayons, qui se réfléchissaient sur le toit vénéré du temple de Parvatti, sur des murs garnis de tourelles, sur de grandes maisons blanches à terrasses, sur des obélisques brillans et sur des pagodes d'un bel aspect, mêlées d'édifices musulmans, de palais hindous, de châteaux et de jardins, offraient, par une soirée sereine, une perspective imposante à un étranger, et une belle rivière, coulant devant la ville, ajoutait un trait intéressant à l'ensemble de cette vue. L'effet ne fut pas diminué quand j'entrai dans cette cité, où la foule était considérable et où tous les objets étaient aussi variés que je l'avais pu supposer d'une distance d'un demi-mille. Les maisons sont grandes, massives, en pierres ; on les dirait bâties plutôt pour la défense que pour la commodité. La grande rue est large et belle ; la façade de plusieurs offre des peintures grossières de légendes mythologiques, ce qui, mêlé à la couleur sombre des sculptures en bois, leur donne un aspect bizarre et fantastique, et en même temps très-gai. Les rues portent également des noms tirés de personnages de la mythologie hindoue, de sorte qu'en les parcourant, on peut s'instruire de l'histoire des principales divinités du brahmanisme. Du reste, rien n'annonce que Pounah était naguère la résidence d'un souverain puissant. »

Le territoire de Pounah offre une infinité de lieux consacrés par le zèle religieux des Hindous ; mais ce qu'on y trouve de plus remarquable, sous ce rapport, est une divinité vivante, à laquelle madame Graham et lord Valentia ont rendu visite.

Ce dieu, nommé alternativement *Tchintanam Deo* et *Narraïn Deo*, réside à Tchintchour, petite ville à 10 milles au N. N. O. de Pounah, sur le Mouta. Une grande partie des Mahrattes le regarde comme une incarnation de Gounpaty ou Ganésa, leur divinité de prédilection. Ce dieu apparaît toujours dans la famille des descendans de Maraba Gosseya, illustre par sa piété exemplaire, et qui en fut récompensé par le choix que Ganésa fit de sa personne pour se manifester à ses fidèles ; en même temps il daigna confier à ses soins la garde d'une pierre sacrée qui est dans le temple. La faveur que le dieu conférait à cette famille doit s'étendre jusqu'à la vingt-unième génération.

Le bara (palais) du deo est une énorme masse de bâtimens près des rives du Mouta.

« En entrant dans la cour du palais, dit madame Graham, nous vîmes plusieurs Hindous occupés de l'honorable et saint devoir de préparer de la bouse de vache pour en enduire le sol du bara ; ce lieu nous parut très-sale : les fenêtres étaient garnies de gros brahmanes au teint fleuri, qui sans doute ont grand soin des revenus du dieu. Celui-ci était assis sur un siége de bois, dans une galerie de mince apparence. Rien ne le distinguait des autres enfans, excepté quelque chose d'égaré dans le regard ; ce qui provient, dit-on, de la quantité d'opium qu'on lui fait avaler tous les jours. On ne le laisse pas prier avec les autres enfans, ni parler d'autre langue que le sanscrit, afin qu'il ne puisse converser qu'avec les brahmanes. Il nous reçut très-poliment, nous dit qu'il était toujours bien aise de voir des Anglais. Après quelque conversation qu'un brahmane interpréta, nous prîmes congé du deo : il nous présenta de sa main des amandes et du sucre candi parfumé à l'assa-fœtida ; en retour nous lui donnâmes une poignée de roupies.

» En sortant du palais, nous allâmes visiter les tombeaux des prédécesseurs du deo. Ce sont autant de petits temples entourés d'une petite cour bien pavée et plantée d'arbres ; elle communique à la rivière par de beaux escaliers. Les cérémonies du culte y étaient très-actives ; des femmes versaient de l'huile, de l'eau et du lait sur les statues des dieux ; des enfans les décoraient de fleurs ; les dévots et les pélerins faisaient leurs ablutions, les prêtres chantaient les passages des Védas. Je crus remarquer que tout cela se pratiquait avec une certaine indolence. En passant auprès d'un de ces petits sanctuaires, j'entrevis dans l'intérieur une grande pierre bien polie ; je supposai que c'était celle dont la garde est confiée au deo durant sa vie : comme on me pria de ne pas approcher, je ne pus satisfaire ma curiosité. »

Madame Graham était à Tchintchour en décembre 1809 ; lord Valentia avait vu le dieu en 1803. Le deo, qui avait une taie sur chaque œil, réclama les soins d'un médecin anglais ; ce dernier ne put toucher le deo, qui ayant fait ses ablutions pour la journée, et n'attendant que le départ des Européens pour dîner avec une troupe de brahmanes, n'aurait pas eu le temps suffisant de se purifier avant le repas. « On lui apporta des amandes ; il en prit une poignée, dit le voyageur, qu'il me mit dans la main. Pour la recevoir, j'entrai dans la pièce où il se tenait, ce que chacun de nous fit à son tour. Le deo prit bien garde que nul de notre troupe ne le touchât. Il me donna aussi un bassin plein de riz, en me disant qu'il était d'une qualité très-fine. Au moment de nous séparer de lui, le médecin lui promit de lui envoyer une eau pour ses yeux. »

Tout en déplorant la sottise des Hindous, qui croient aveuglément à une imposture aussi absurde, on est obligé d'avouer qu'elle a été très-utile au pays durant les invasions d'Holcar, ce prince superstitieux ayant ménagé et préservé du pillage les cantons voisins de la résidence du deo.

En voyageant vers l'O., on ne tarde pas à entrer dans les Etats du Nizam, cette principauté qui s'est formée, dans la première moitié du xviii⁰ siècle, d'une portion des débris de l'empire mogol dans le Dekhan. Le souverain est musulman, de même qu'une grande partie de ses sujets. Haïderabad, sur la rive droite du Mossy, est la capitale de son royaume, peuplé de 10,000,000 d'ames. Cette ville, d'une grande étendue et ceinte d'un mur en briques, compte 200,000 habitans ; elle n'offre rien de remarquable. Les Anglais y tiennent une garnison d'infanterie et de cavalerie.

A une lieue au N. O. s'élève sur un rocher, à la rive droite du Mossy, Golconde, ville fortifiée et capitale d'un ancien royaume conquis par Aurengzeb en 1687. Le voyageur Tavernier était à Golconde en 1652. Cette ville était comme elle est aujourd'hui un marché célèbre pour le commerce des diamans ; ils y sont polis et taillés. Les mines où l'on trouve ces pierres précieuses sont à des distances différentes de Golconde, et généralement dans les Etats du Nizam.

La province d'Orissa s'étend le long du golfe du Bengale, jusqu'à l'embouchure du Godavery ; elle a au N. le Bengale, à l'O. le Gandouana. La partie voisine de la côte est couverte de belles forêts, et, dans plusieurs cantons, de marais infestés de crocodiles ; plus loin se déploient des plaines stériles, maigres et peu fertiles ; enfin de hautes montagnes stériles s'élèvent dans l'O. Le climat est généralement insalubre sur les côtes, le long desquelles la pêche est abondante d'octobre en février et où l'on fait de très-beau sel.

Les habitans sont en général peu intelligens, doux et paisibles dans les plaines, farouches et inhospitaliers dans les montagnes. L'Orissa, qui est une terre sacrée pour les Hindous, renferme une quantité de pagodes, entre autres celle de Djaggernath, qui frappe les yeux des navigateurs par sa masse, et qui est entourée d'habitations formant une ville. Balassore est située plus au N., à peu de distance de l'embouchure du Hougly, et Cottak tout près de Djaggernath, entre deux bras du Mahaneddy.

Un peu au S. de ces bouches, le lac Tchilka forme la limite des Circars septentrionaux qui comprennent la partie méridionale de l'Orissa. Leur borne politique au S. est le Gandegam. C'est un pays fertile en riz, en coton, en indigo, en sucre. Les forêts de tek y sont nombreuses. La côte est généralement basse et sablonneuse ; des montagnes escarpées se prolongent dans l'intérieur. Les principaux fleuves sont le Godavery et le Krichna ; entre leurs embouchures, qui sont rapprochées l'une de l'autre, on trouve le Colaï, grand lac marécageux.

On rencontre successivement sur la côte et dans l'intérieur, en allant du N. au S., Gandjam, Vizgapatam, Ellore, Yanaon aux Français, Radjamandry, Cicacolé, Madapolam, Mazulipatam, capitale et principale place de commerce de la province où l'industrie est très-active. Quelques-uns des lieux que nous venons de citer ont donné leur nom aux tissus qui s'y fabriquent.

CHAPITRE XLIX.

Hindoustan. — Le Carnatic. — Les Nilgherris. — Les Ghâts orientaux. — Côte de Coromandel. — Voyage dans l'intérieur et le long de la côte.

On appelle aujourd'hui *Carnatic* la province bornée au N. par le Gandegam, qui la sépare des Circars ; mais autrefois on comprenait sous le nom de *Carnatic*, toute la partie du Dekhan située au S. du Krichna et des Ghâts occidentaux ; de sorte que le Balaghât, le Baramahl, le Maïssour et le Coimbetour lui appartenaient.

Jadis le Carnatic formait un empire puissant ; plus tard, il fut morcelé en plusieurs principautés ; quelques-unes étaient puissantes ; d'autres avaient très-peu d'étendue. Leurs souverains se faisaient fréquemment la guerre ; les Européens établis sur les côtes, notamment les Français et les Anglais, intervinrent, les armes à la main, dans ces hostilités, dont ils tirèrent parti pour agrandir leurs territoires respectifs. Plus heureux que leurs adversaires, les Anglais restèrent maîtres du pays, vainquirent ensuite les princes qui voulurent leur résister et n'en laissèrent régner qu'un très-petit nombre sous leur contrôle.

Les principaux fleuves sont : le Krichna avec

ses affluens, le Neïra, le Tounboidra et le Vadavilly; le Pennar, le Câvery. Une partie de ces fleuves et de ces rivières sort des Ghâts occidentaux.

Vers les 11° de latit., entre les sources du Bhavani et du Cânpour, cette chaîne envoie à l'E. le rameau des Nilgherris (*montagnes bleues*) qui file au N. E. et se termine à la rive droite du Moyar; sa longueur est à peu près de 20 lieues et sa largeur de 5. « Les Nilgherris, dit un voyageur anglais, forment une espèce de plateau isolé entre les Ghâts de l'O. et ceux de l'E. Le Moyar et le Bhavani ont leur origine au pied de leurs pics les plus hauts; l'altitude du Mourtchouti-Bet est de 8,900 pieds; celle de l'Outa-Kamound, de 6,405; d'autres n'ont que 5,659 pieds. La température moyenne de l'air, en avril 1820, était de 65° (14° 65); en mai, de 64° (14° 21). On n'y connait pas ces nuits d'une chaleur étouffante, si incommodes dans l'Hindoustan. Dans toutes les saisons, on supporte très-bien une couverture de laine. Durant les mois d'hiver, le minimum du thermomètre est 33° (— 0° 44), le maximum 39° (3° 11). Ainsi, on voit que le climat y est aussi remarquable par son égalité que par sa douceur. L'air y est d'une clarté parfaite, car on s'y trouve au-dessus de la zône des nuages et des brouillards. La région des fièvres s'arrête à 3,500 pieds, et à 5,000 on n'a plus à redouter aucun danger, même celui du choléra qui, plus bas, fait tant de ravages.

» Ces montagnes éprouvent également l'influence de la mousson du S. O. et de celle du N. E.; toutefois la période pluvieuse est la plus saine de l'année. On a une preuve de l'élasticité de l'air par la distance à laquelle le son se propage et par son effet salutaire sur la constitution animale qu'il ranime.

» Un des traits remarquables de ces montagnes est d'être exemptes de djengles; une partie très-considérable du terrain est bien cultivée, et ce qui reste en friche n'est couvert que de fougères et d'arbustes. On y rencontre des plantes d'Europe, telles que les rosiers rouge et blanc, le chèvrefeuille, les jasmins rouge et jaune, les groseilliers, le myrte, la mélisse, la violette, la pâquerette, la marguerite dorée. On y cultive les plantes potagères et les légumes de l'Europe. Ils y sont excellens. On n'y connaît pas les tigres; on y voit des bœufs, une espèce de mouton et des chevreuils.

» La population se compose de trois tribus d'Hindous, qui sont : les Koters, les Berghers et les Djoders. Ils vivent dans des villages séparés. Les premiers sont noirs et fort laids; les seconds, qui sont les plus nombreux, ont un peu meilleure mine; les troisièmes l'emportent sur les autres, et sont presque aussi grands et aussi musculeux que les Européens, avec de jolis traits bien réguliers et une bonne constitution. Ils mènent la vie pastorale, subsistent du produit de leurs troupeaux de buffles, changent de place avec tout ce qui leur appartient et ne se fixent jamais dans un lieu pour cultiver la terre. »

La salubrité des Nilgherris a fixé l'attention du gouvernement britannique. On y a établi des stations où les personnes, dont le séjour des plaines a détérioré la santé, viennent se rétablir. On a pratiqué pour y arriver des routes que l'on peut parcourir facilement en palanquin, et que les buffles montent sans difficulté.

Au point où cessent les Nilgherris commencent les Ghâts occidentaux qui courent du S. au N., depuis 11° jusqu'à 16° de lat., où ils se terminent à la rive gauche du Krichna. Leur altitude n'a pas été mesurée exactement; mais on sait qu'elle est moindre que celle des Ghâts occidentaux. On suppose que, vers les 13° où se trouvent leurs points les plus élevés, elle est de 3,000 pieds, et que le plateau de Bangalore vers Ouscottah est même plus haut. Les rivières qui ont leur source dans ces monts coulent toutes vers l'E., et plusieurs de celles qui viennent des Ghâts occidentaux coupent leur ligne de faîte, dont la longueur est de 140 lieues; leur largeur est considérable. Deux contrées de cette région ont pris, d'après leur position relativement à ces monts, les noms de *Balaghât* (au-dessus des Ghâts) et de *Payenghât* (au-dessous des Ghâts). La première est le plateau du Dekhan à l'O.; et la deuxième, le Carnatic à l'O., le long de la côte de Coromandel.

Celle-ci s'étend du S. au N., depuis l'embouchure du Krichna jusqu'au cap Calymere, sur une longueur d'à peu près 150 lieues. Elle est basse, sablonneuse, et n'offre aux navigateurs que le seul port de Coringo. Partout ailleurs, elle n'a que des rades ouvertes, sur lesquelles il est très-difficile de débarquer, excepté avec des canots construits et disposés exprès. Cependant on y compte un grand nombre de villes florissantes; presque toutes sont aux Anglais : quelques-unes appartiennent à d'autres puissances européennes qui ont également des comptoirs.

Ordinairement les vents du N. commencent le long de cette côte et dans le golfe de Bengale vers le milieu d'octobre. Le changement périodique, qui est suivi par les saisons pluvieuses

3. le Khottab minar à Dehli.

4. Mosquée à Dehli.

sur le continent au S. du Krichna, est appelé la grande mousson, et fréquemment accompagné de violens ouragans; on n'attend pas un temps serein avant décembre, et quelquefois les tempêtes durent jusqu'au 1er janvier. Aussi est-il ordonné à tous les vaisseaux de quitter la côte le 15 octobre. Le vent du S. commence vers le milieu d'avril, et les premiers temps de cette mousson sont une période de grande sécheresse sur la côte de Coromandel.

Tant que durent les vents chauds, elle est comme brûlée, et ressemble à un désert stérile, car on n'y aperçoit d'autre verdure que celle des arbres; mais, quand les pluies arrivent, la végétation se ranime, les plantes renaissent et tout le pays redevient verdoyant. D'après une observation des indigènes, confirmée par l'expérience des Européens, plus la durée des vents chauds se prolonge, plus les mois qui suivent sont salubres, parce que ces vents purifient l'air. La mer est très-poissonneuse dans ces parages.

Les Anglais ont conservé dans l'intérieur, près des Ghâts occidentaux, un radjah qui possède la principauté de Satarah, dont le territoire est un démembrement du royaume de Beydjapour ou Viziapour, très-florissant encore vers le milieu du XVIIe siècle. La capitale, qui aujourd'hui appartient à ce roitelet, contenait une population immense et 1,600 mosquées; on n'y voit plus que des ruines. Satarah, la capitale actuelle, à 20 lieues au S. de Pounah, est une place très-forte sur un coteau escarpé, élevé de 800 pieds, au-dessus d'une vallée très-bien cultivée en riz et bien boisée.

Mais les Anglais ont gardé pour eux le Balaghât, territoire plus méridional, vaste plateau qui formait une partie de l'ancien royaume hindou de Carnatic. C'est une contrée fertile, bornée au N. par le Toumbedra et le Krichna, et dont les cantons méridionaux offrent de belles vallées. Fréquemment dévasté dans le cours du XVIIIe siècle par des armées belligérantes, le Balaghât avait perdu beaucoup d'habitans et ses campagnes étaient dépouillées d'arbres; le retour de la paix a contribué à lui faire regagner ce qu'il avait perdu. Des mines de diamans existent près des rives du Pennar, dans les cantons de Banganapilly et de Parvettoum.

Au S. du Satarah, le Maïssour est possédé par un radjah qui paie aux Anglais un tribut de 7,000,000 de francs. Il descend de princes que Haïder-Ali avait privés du pouvoir suprême. Après la prise de Seringapatam et la destruction de la puissance de Tippou-Saheb en 1799, les Anglais replacèrent sur le trône la famille détrônée. Le radjah qui est hindou réside à Maïssour. Cette ville fut en partie rasée sous la domination des princes musulmans. Tippou voulut faire disparaître tous les monumens qui rappelaient le culte des idoles.

« Je gravis à cheval, dit un officier anglais, le coteau de Maïssour qui, pendant des siècles, a donné son nom à tout le royaume, et de sa cime je jouis d'une vue magnifique et très-étendue. D'un côté, on aperçoit distinctement Seringapatam avec ses hauteurs et ses rochers si fameux dans nos *Annales militaires de l'Est*. Maïssour, ses forts, ses habitations, ses réservoirs, ses palais et ses jardins, ses vastes et inutiles lignes d'ouvrages de défense, et les ruines de Haïderghour démantelé qui s'y joignent, tous ces objets étaient étendus à mes pieds comme une carte, et les ondulations du pays environnant entremêlé de villages, de pagodes et de ravins traversés par des ruisseaux, s'étendaient à perte de vue.

» Ayant renvoyé mon cheval, je descendis le coteau à pied par des degrés, et à peu près aux deux tiers de la distance depuis le sommet, j'arrivai à une espèce de plate-forme, où il y avait un petit édifice et un immense taureau taillé dans le rocher de granit. Les ornemens de son cou sont bien exécutés, et l'ensemble doit avoir coûté un grand travail manuel à le sculpter et à le polir, mais la forme générale n'annonce pas une grande connaissance de l'art. L'escalier continue jusqu'au pied du coteau et est également creusé dans le granit. J'ai oublié de dire que le sommet, quoique étroit, a sur sa surface une pagode et un village.

» Durant la matinée, nous allâmes nous promener dans le carrosse du radjah, qui est certainement la voiture la plus magnifique que j'aie jamais vue. L'intérieur offre un sofa double pour six personnes, couvert en velours vert foncé et or, surmonté d'un pavillon en brocart d'or en forme de deux petits dômes chantournés qui se réunissent au-dessus du centre, et entouré d'une galerie richement ornée, soutenue par des colonnes légères, élégantes, cannelées et dorées. Ce carrosse, haut de 22 pieds, peut contenir 60 personnes; il est porté sur quatre roues; celles de derrière ont 8 pieds de diamètre, et leur essieu est long de 12 pieds; il est traîné par 6 gros éléphans, conduits chacun par un cornac assis sur leur cou, harnachés, attelés par des traits à l'européenne, et ayant leur grosse tête ornée d'une sorte de bonnet fait d'un tissu brodé. Leur pas était le petit trot; ils parcouraient à peu près 7 milles à l'heure; leur allure était très-réglée; quant aux ressorts de la voiture, ils étaient remarquablement élastiques; et comme c'étaient des cous de cygne, les éléphans tournaient avec la plus grande facilité. Le corps du carrosse était extrêmement élégant et peint en vert foncé et or. C'était l'ouvrage d'un ouvrier hindou, aidé par un Français de demicaste, et sous la direction immédiate du radjah.

» Le lendemain, j'allai visiter à cheval les restes du fort de Haïderghour, construction gigantesque à deux milles de Maïssour. Il fut commencé inconsidérément par le père belliqueux de Tippou-Sultan, et abandonné à moitié fait, quand on s'aperçut qu'il n'y avait pas d'eau dans le voisinage immédiat; d'ailleurs la position était mal choisie.

» Le 18 mars au soir, j'arrivai à Seringapatam, capitale jadis florissante. En venant de Maïssour, on suit la rive droite du Câvery le long des coteaux et l'on parvient ainsi, en passant sous le feu du front méridional des ouvrages, à l'île de Seringapatam où l'on entre par un pont grossièrement fait en pierre. Vers l'extrémité orientale, on voit le mausolée qui contient les restes de Haïder-Ali, de sa femme et de Tippou. C'est un joli édifice, en forme de mosquée; les sépulcres placés sous le dôme sont couverts de riches draperies. Les musulmans entretiennent avec beaucoup de soin la propreté de ce lieu, dont les réparations et le service sont payés par le gouvernement britannique.

» Au-delà, au bout de l'île, nous allâmes voir le Lad-Bagh, palais de prédilection de Tippou, et, en retournant à Seringapatam, nous visitâmes en passant le Daoulet-Bagh, autre maison de plaisance près des remparts.

» Seringapatam est resté aux Anglais. Ils ont aussi une station militaire à Bangalore, ville bien fortifiée, qui en est éloignée de 25 lieues au N. E. et sur un plateau ondulé à 3,000 pieds d'altitude. Le climat y est très-doux; le cyprès et la vigne y croissent à merveille; on cueille des pommes, des pêches et des fraises dans le jardin du radjah. Bangalore est à 66 lieues à l'E. de Madras. Le pays jusqu'à Narsipour n'offre nul intérêt, soit pour la beauté des lieux, soit pour le souvenir des temps passés. Il est plat avec des ondulations partielles et semé de bois; mais il a une multitude de petits réservoirs et un très-grand près d'Ouscottah qui, durant la saison des pluies, déborde ses rives presque tous les ans, et détruit la route qui serpente autour de sa base, si on peut appeler route un assemblage de grands blocs de granit qu'aucun ciment ne réunit entre eux, et qui descendent de la digue en pente douce. Dans le Maïssour, les chemins, excepté dans les cantons semblables à celui-ci, sont passablement fermes et bons.

» Au-delà de Narsipour, on traverse un défilé, puis un pays sauvage et inculte, et on rencontre Colar, ville assez grande, bâtie en terre, et habitée par des Musulmans qui passent, avec raison, pour d'adroits voleurs. Un peu plus loin, on voit un village dont les cabanes grossières sont construites au milieu d'énormes masses de granit, desquelles on les distingue à peine, et le voyageur est extrêmement surpris de voir un désert sauvage et rocailleux soudainement peuplé et fourmillant de gens qui de toutes parts le regardent par-dessus les sommets et à travers les crevasses de ces demeures primitives.

» Un peu à l'E. de Baïtmangalom, un petit ruisseau sépare le territoire du radjah de Maïssour de celui de la Compagnie, et la route est plus négligée. Naïck-and-Karaï, où nous couchâmes le 5 décembre, est à 4 milles du sommet du défilé de Pedanaïgdourgam qui traverse les Ghâts de l'E. Dans cette saison où les réservoirs sont pleins et les prairies verdoyantes, l'aspect de rochers couverts de verdure et coupés de ravins étroits et profonds est agréable. Il dédommage de l'uniformité des paysages du Maïssour. Le village de Lad-Bagh a un jardin qui fait l'admiration des indigènes et qui appartient au nabab du Carnatic; il ne vaut guère la peine d'être visité; cependant il abonde en bons fruits, notamment en oranges.

» Après avoir suivi la vallée d'Ambour, longue de plusieurs milles et très-bien cultivée, je me dirigeai à travers un canton marécageux, et j'atteignis Arcat, sur la rive droite du Palarc qui, dans la saison des pluies, a près d'un mille de largeur, et dans la saison sèche est presque à sec. »

Arcat est fréquemment cité dans les guerres entre les Français et les Anglais, et dans celles de ces derniers avec Haïder-Ali-Khan et Tippou-Sultan. Cette ville était la capitale du Carnatic au-dessous des Ghâts, c'est-à-dire des États du nabab d'Arcat. Ils appartiennent aujourd'hui aux Anglais qui font une pension à ce prince. Cette contrée plate n'est pas renommée pour sa fertilité; mais étant bien cultivée, elle donne des récoltes abondantes en riz; le coton y prospère dans plusieurs cantons; la canne à sucre n'y est pas commune.

Dans les villes et les villages, le long des chemins les plus fréquentés, les gens riches font établir des *chauderies* pour la commodité des voyageurs qui y trouvent un abri contre les injures de l'air; les Hindous les nomment *tchaouvadi*, mot dont les Anglais ont fait *choultry*. « Les Indiens, dit Sonnerat, voyageur français, regardent la construction d'une chauderie comme une action très-agréable aux dieux. Elles sont d'une construction gothique; dans la plupart, on n'emploie pas un seul morceau de bois; elles sont composées pour l'ordinaire d'un grand appartement, quelquefois divisé en deux, sans portes ni fenêtres, mais entièrement ouvert du côté du S.; il règne tout autour une galerie voûtée; à côté de l'édifice, qui est toujours placé auprès d'un bois, on voit constamment un étang et un pagotin dédié à Polleon, afin que le voyageur puisse faire ses ablutions et ses prières avant de se mettre en route; dans quelques-unes on a poussé l'hospitalité jusqu'à lui donner du cange (eau de riz) pour se rafraîchir. »

Des voyageurs plus récens nous apprennent qu'un brahmane demeure ordinairement près de ces édifices et fournit au voyageur des vivres, de l'eau et une natte pour se coucher; mais ils ajoutent que ces chauderies sont habituellement si mal tenues et si sales, qu'elles dégoûtent un Européen, et que l'étang est également malpropre.

Peu de pays de l'Hindoustan égalent le Carnatic pour le nombre des grands temples et d'autres monumens publics de la richesse et de la civilisation des anciens temps. Les sectateurs de Brahma y sont bien plus multipliés que les disciples du Coran. Les efforts des missionnaires des différentes communions chrétiennes n'y ont pas été inutiles, et plusieurs communautés chrétiennes y sont florissantes.

Tous les voyageurs qui ont parlé de Madras s'accordent pour déclarer qu'elle est dans une position peu favorable au commerce; cependant cette ville est grande, riche et peuplée d'environ 450,000 ames. « Madras, dit lord Valentia, diffère infiniment de Calcutta. Ce n'est pas une ville à l'européenne et il n'y a guère de maisons qui servent de magasins dans le fort; les gens riches ou aisés ont leurs habitations dans de vastes jardins où les arbres sont tellement rapprochés les uns des autres, que rarement ils laissent apercevoir la maison voisine. La grande étendue de terrain que chaque jardin occupe force quelquefois de parcourir un espace de trois milles pour faire une visite. »

A 2 lieues au S. de Madras, Méliapour ou San-Thomé, sur une petite baie à l'extrémité d'une belle baie, fut jadis le chef-lieu des établissemens portugais sur la côte de Coromandel; on n'y voit plus que quelques centaines de maisons éparses entre de nombreuses ruines; sur un monticule au S. S. O., lié à Madras par une jolie route, et où il y a un cantonnement anglais, les moines portugais montraient le prétendu tombeau de saint Thomas. Heber ne regarde pas comme improbable que cet apôtre ait pu souffrir dans ce lieu le martyre pour la foi. Un autre mont Saint-Thomas, situé un peu plus loin et plus considérable, ne lui semble pas avoir des droits aussi avérés à cet honneur.

En continuant à voyager au S., on arrive à Mahvalipouram, lieu célèbre par des restes de beaux temples hindous, et nommé ordinairement les Sept-Pagodes. Suivant la tradition du pays, une grande ville et cinq magnifiques pagodes qui s'élevaient ici ont été englouties par la mer; une autre est encore entière dans le village, et la septième est en ruines. Ces ouvrages couvrent une étendue d'un demi-mille sur le continent. Les excavations dans le granite rappellent celles d'Elora; les sculptures sont d'une délicatesse remarquable. Le village est habité par plus de 400 brahmanes.

Sadras, grande ville jadis aux Hollandais, est en décadence complète. Un missionnaire de cette nation y remplit religieusement ses fonctions, suivant le témoignage de Heber, prêche dans sa langue et en portugais et tient une petite école pour les enfans tant chrétiens que païens. « A l'entrée de la ville, dit le même voyageur, il y a une petite pagode dont les principaux desservans, qui sont le brahmane président et les jeunes danseuses, me suivirent à ma tente. C'étaient les premières bayadères du S. que je voyais : elles diffèrent beaucoup de celles du N.; elles sont toutes attachées au service des temples; on les achète toutes jeunes et on les élève avec un soin que l'on consacre rarement aux autres personnes de leur sexe, et qui s'étend non-seulement à la danse, au chant et aux autres arts d'agrément nécessaires pour leur misérable profession; mais on leur fait aussi apprendre à lire et à écrire. Leur costume est plus léger que les paquets de toile rouge qui enveloppent les figurantes de l'Hindoustan septentrional, et on dit qu'elles l'emportent sur elles par l'indécence de leur danse; toutefois leur air et leurs manières en général ne me parurent nullement immodestes, et je trouvai leur maintien plus convenable que celui de la plupart des classes inférieures de ce pays. La pauvre fille que je vis à Sadras, en faisant abstraction de la mise et du teint, aurait pu passer pour une gentille et modeste servante anglaise. L'argent qu'elles gagnent dans la pratique de leur profession est remis à leurs dieux pervers; on dit que les ministres de ces idoles renvoient ces pauvres filles, sans le moindre remords ou avec une bien chétive pension quand l'âge ou la maladie les rendent incapables de continuer leur occupation. Pour la plupart elles meurent jeunes. On m'avait dit que les bayadères étaient considérées, parmi les Hindous, comme étant au service des dieux, et qu'après quelques années passées ainsi, elles faisaient souvent de bons mariages. Mais les informations que j'ai prises me donnent lieu de croire que ces renseignemens n'étaient pas exacts. Le nom de bayadère est un terme de reproche ordinaire pour les femmes du pays, et un homme d'une caste respectable n'en prendrait pas une pour épouse. Ces pauvres créatures m'ont toujours inspiré une affliction et une pitié extrêmes. »

Pondichéry, chef-lieu des établissemens français dans l'Hindoustan, près et au N. de l'embouchure du bras septentrional du Djindgy, fut dans un temps la plus brillante des cités européennes de ces contrées. Suivant l'officier anglais que nous avons cité plusieurs fois, « c'est une petite ville; les maisons, à la différence de Madras, y sont très-rapprochées les unes des autres, ce qui est très-commode pour les habitans dont le goût pour la société est bien décidé, et auxquels la médiocrité de leur fortune ne permet pas d'avoir un carrosse. Je fus enchanté de l'affabilité de la famille chez laquelle je demeurai, et de l'amabilité des personnes qui lui rendirent visite. »

Malgré les désastres répétés qui l'ont accablée, Pondichéry est encore une belle ville mieux située que Madras, et bien bâtie; de jolies promenades décorent le terrain sur lequel s'élevaient jadis les fortifications.

Le nom de Goudelour, très-jolie ville sur la rive droite, et à une demi-lieue de l'embouchure du Panaâr, à 6 lieues au S. de Pondichéry, rappelle une victoire que l'escadre commandée par Suffren remporta en 1781 sur celle des Anglais. Haïder Ali-Khan vint en personne de 40 lieues de distance féliciter l'amiral français.

Tranquebar, à l'embouchure de l'un des bras du Câvery, appartient aux Danois. La mission chrétienne y est florissante. Les ouvrages du fort sont plutôt dans le style de l'Hindoustan que dans celui de l'Europe.

Karikal, également à l'embouchure d'un bras du Câvery, est aux Français, avec son territoire d'un aspect riant et fertile en riz. Le produit des salines le long de la côte est considérable.

Négapatnam, autrefois aux Hollandais, fut une place très-forte et la capitale de leurs possessions sur la côte de Coromandel; à peine reste-t-il quelques débris de la citadelle, qui, en 1781, opposa une vigoureuse résistance aux Anglais, et des Hindous habitent le petit nombre de maisons qui n'ont pas été démolies.

Dans l'intérieur des terres, à 18 lieues au S. O. de Madras, la ville de Condjevéram se déploie dans une vallée avec ses maisons basses, éparses entre des jardins et des plantations de cocotiers, sur une longueur d'environ 2 lieues; le Végavatty contribue, par ses eaux, à répandre la fertilité dans ce canton, où l'on fabrique en coton beaucoup de mouchoirs rouges, des turbans et des toiles pour l'usage du pays. Une grande et belle pagode, dédiée à Chiva, et décorée de belles sculptures, s'élève près de Condjevéram (Pl. XXXVI — 1); elle ressemble à celle de Mahvalipouram.

On voit à Tcheloumbroun, à 15 lieues au S. de Pondichéry, plusieurs belles pagodes; leur architecture annonce qu'elles son très-anciennes. Lorsque lord Valentia visita ce lieu, une riche veuve avait dépensé une somme équivalant à 400,000 francs pour réparer le portail de l'un de ces temples. Le plus grand de tous est extrêmement vénéré par les Hindous et pieusement visité par les pèlerins; mais ses dimensions gigantesques le firent choisir plusieurs fois par les princes musulmans pour servir de citadelle, et ce ne fut qu'après des efforts réitérés que les Anglais les en délogèrent.

Tritchinapali, sur la rive droite du Câvery, fut, jusqu'en 1736, la capitale d'une principauté. Aujourd'hui, un cantonnement important de l'armée britannique y est établi. La colline de syénite, qui probablement fixa d'abord l'attention pour y bâtir une citadelle, a tout au plus 600 pieds de hauteur. A 80 pieds au-dessus du sol de la ville, une suite de maisons de brahmanes bien bâties forme une rue, et un peu plus haut, sur les flancs du N. et de l'E. du rocher, une autre pagode, masse immense, sans fenêtres, se montre avec avantage aux yeux du spectateur. Un bâtiment carré, entouré de colonnes et dédié à Houniman, occupe la cime du rocher (Pl. XXXVI — 2). La face méridionale offre des excavations semblables à celles d'Elora. Des fortifications ceignent cette colline qui a soutenu plusieurs fois des sièges et qu'entoure une ville peuplée de 80,000 ames.

Tanjaour, à 10 lieues à l'E. de Tritchinapali, et également sur la rive droite du Câvery, est la résidence d'un radjah auquel les Anglais ont laissé cette ville et son territoire, et qui doit re-

1. Tombeau d'Akbar à Secandra.

2. Mosquée de Djemma à Agra.

cevoir leurs troupes pour sa défense en cas de guerre. Tanjaour est une belle ville, on y admire des pagodes magnifiques. A côté de la plus grande s'élève une église chrétienne. Le radjah, auquel lord Valentia rendit visite, l'emportait beaucoup par son éducation et ses connaissances sur les autres princes de l'Inde. Il s'exprimait correctement en anglais. Le noble voyageur vit dans un des appartemens quatre armoires remplies de bons livres en cette langue. Dans une autre, les murs étaient couverts de tableaux et de dessins, et, sur une table, il y avait du papier, des couleurs et tout ce qui est nécessaire pour dessiner, occupation que le radjah aimait beaucoup. « En un mot, ajoute le narrateur, il me parut qu'il passait sa vie à des exercices et à des amusemens que la raison ne désapprouve pas. Quelle différence entre cette existence et celle de la plupart des princes de l'Asie qui ne connaissent que les jouissances de l'ambition ou les délices de la volupté! »

Madura, près la rive droite du Vaïg-arou, n'est plus qu'une ville misérable et dépeuplée; on y remarque encore d'anciennes fortifications, un temple et un palais.

Tinnevelly au contraire est grande et bien peuplée; mais sa position au milieu des rizières en rend le séjour malsain pour les Européens. Elle est le chef-lieu du territoire le plus méridional du Carnatic, partagé autrefois entre plusieurs petits chefs nommés polygars qui ne cessaient jamais de se faire la guerre. Présentement les habitans qui, depuis plusieurs années, jouissent d'une tranquillité continue, ont vu augmenter rapidement leur bien-être; ils sont pour la plupart Hindous et ont conservé beaucoup de leurs anciens usages.

Palamcottah, à 200 pieds d'altitude, est ensuite la ville la plus considérable; Tuticorin est habité principalement par des Pacravaras: ce sont des chrétiens de la communion romaine qui se livrent spécialement au cabotage. On pêche dans le voisinage des perles d'une qualité inférieure. Elle est sur le golfe de Manaar qui au N. communique par le détroit de Palk avec le golfe de Bengale. Le littoral est nommé Côte de la Pêcherie.

Ramnad dans le delta du Vaïg-arou, à trois lieues du détroit, est le lieu où abordent les pélerins qui viennent de la pagode de Ramisséram, bâtie dans une île très-proche du continent (PL. XXXVI—3). Ce bras de mer nommé d'après le Hollandais qui le premier essaya d'y passer, sépare la presqu'île de l'Inde de l'île de Ceylan. Sa largeur est de 12 lieues; il n'est pas assez profond pour que les gros navires le franchissent, mais les petits bâtimens le traversent aisément. Il est rempli d'îles, d'écueils et de bancs de sable, de sorte que de mer basse on peut aller à pied entre le continent et l'île; particularité qui a fait appeler cette partie du détroit *Pont de Rama* par les Hindous, et *Pont d'Adam* par les chrétiens et les musulmans.

CHAPITRE L.

Ceylan.

L'île de Manaar sur la côte N. O. de Ceylan dont elle n'est séparée que par un détroit large de trois quarts de lieue, a donné son nom à la baie dont il vient d'être question; elle a 6 lieues de long sur une de large; c'est comme une langue de sable sur laquelle croissent des palmyras et des cocotiers, et qui manque d'eau douce. Un fort bâti sur le détroit fait face à la côte de Ceylan. Des bateaux à voile naviguent constamment entre Manaar et Ramisséram; quelques-uns appartiennent au gouvernement et sont chargés du transport des lettres.

En se dirigeant au N. on trouve Djafnapatam, bâti sur un canal baignant la côte O. d'une presqu'île; c'est une jolie ville qui fait un gros commerce de tabac, de troncs de palmyra employés dans la construction des maisons, et de gros coquillages (*murex tritonis*) qui s'exportent au Bengale où les Hindous les emploient comme instrumens à vent dans leurs cérémonies religieuses. Les environs de cette ville sont bien cultivés, et l'air y est sain. Les Hollandais avaient donné le nom des principales villes de leur pays aux îles voisines, où de bons pâturages procurent la facilité d'élever des chevaux et des bœufs.

En suivant la côte vers le S. on arrive à Trinconomalé, communément appelé Trinquemale, port excellent qui rend si importante pour la Grande-Bretagne la possession de Ceylan. Il est sur une grande baie et se compose de deux bassins séparés par une langue de terre; celui du S., nommé *Tatlegam* par les indigènes, est rempli de bancs de sable, ce qui empêche les gros vaisseaux d'y entrer; celui du N. est un des meilleurs que l'on connaisse.

« Le paysage des environs de Trinquemale, dit madame Graham, est un des plus beaux du monde. Les vaisseaux sont actuellement mouillés dans le port du N. où l'on est parfaitement en sûreté dans toutes les saisons; il est si bien enfermé de tous les côtés par la terre qu'on le prendrait pour un lac. Nous allâmes au fort d'Osnabruck, situé sur une langue de terre haute qui commande les deux bassins du port intérieur. La baie resplendissante des rayons du soleil semblait une nappe d'eau liquide. Elle est parsemée d'îles et bordée de calanques et d'embouchures de rivières. Les fentes des rochers voisins étaient ornées de liserons pourpres, de lunalas blancs et de methonicas écarlate et jaune flottant en l'air comme autant de bannières.

» La baie extérieure est formée par un promontoire élevé, à l'extrémité duquel on voit les ruines d'un temple hindou. Six colonnes d'un beau travail supportant une corniche et le toit servent aujourd'hui de portique à l'hôpital de l'artillerie britannique; une septième colonne est placée sur le sommet d'un rocher en face. On nous dit que dans le voisinage il y avait des souterrains; mais nous ne pûmes savoir s'ils étaient naturels ou creusés de main d'homme, et il fut impossible de trouver un guide pour nous y conduire.

» Autrefois Trinquemale passait pour très-malsain; mais rien dans la localité ne semble contribuer à le rendre tel, et les plaintes à ce sujet diminuent chaque jour. De même que dans les autres parties du littoral de Ceylan, le terrain n'y est pas favorable à la culture des plantes potagères; mais on vient d'y établir, ainsi qu'à Point-de-Galle, une colonie de Chinois; ils cultivent un jardin considérable dont le produit donne déjà les meilleures espérances. On a aussi introduit du bétail et de la volaille qui ont été distribués parmi les indigènes, afin de pouvoir par la suite approvisionner les vaisseaux de l'État. Le bois de construction est très-abondant; on se le procure aisément et on peut, dans beaucoup de calanques, abattre les navires en carène dans toutes les saisons, de sorte que leur radoub y est moins dispendieux que partout ailleurs dans l'Inde, quoique la marée ne s'y élève pas assez pour que l'on y place des bassins de construction.

» La ville est petite et chétive; la population composée principalement d'Hindous venus du continent; je n'y ai vu de Chingulais que quelques ouvriers en or et en argent; les chaînes et les autres ouvrages qu'ils font égalent ceux de Tritchinipali. »

Les Chingulais donnent le nom de *Kottiar* à la baie de Trinquemale. A peu près à 6 milles de distance, il y a des sources thermales dont la température est de 30 à 33 degrés. Elles sont en grande vénération parmi les indigènes.

Plus au S. on trouve l'île, le fort et le village de Batticala, à 4 milles de l'entrée d'un bras de mer qui se prolonge à 30 milles dans l'intérieur des terres, a, dans plusieurs endroits, 2 milles de largeur et est très-poissonneux.

Le pays qui s'étend au-delà vers le S. O. est très-peu cultivé et couvert de forêts immenses. Matoura, tout près de la pointe la plus méridionale de l'île à l'embouchure d'une rivière, est un petit fort entouré d'un village dans un canton extrêmement agreste et sauvage. C'est dans les environs qu'on prend presque tous les éléphans que l'île expédie au dehors. En 1797, une chasse procura 176 de ces animaux.

Point-de-Galle, troisième ville et second port de l'île, est à l'O. de Matoura sur la pointe d'une presqu'île; le port est petit mais sûr; on y entre par un canal resserré entre des rochers; c'est pourquoi les grands navires préfèrent rester sur la rade (Pl. XXXVI — 4).

« Les Chingulais de la côte, dit madame Heber, diffèrent beaucoup des Hindous, tant par le langage que par le costume. Ils ont toujours la tête découverte, se contentant de faire de leurs longs cheveux noirs un nœud qu'ils maintiennent par un peigne d'écaille. Les gens de la classe inférieure n'ont pour vêtement qu'un morceau de toile autour des reins; mais les *moodeliers*, ou magistrats et chefs indigènes, ont adopté un vêtement formé d'un mélange étrange de celui de leur pays et de celui des Portugais; l'or qui y abonde lui donne un bon effet.

» On dit que la chaleur n'est jamais accablante dans ce lieu où des brises de mer constantes et des pluies fréquentes la tempèrent. Dans une course que nous fîmes, nos palanquins furent précédés par des hommes portant en guise de lanternes de longues branches de palmier allumées: l'aspect de ces torches naturelles était pittoresque et leur odeur très-agréable, mais les étincelles qui volaient fréquemment jusque dans mon palanquin menacèrent plus d'une fois de mettre le feu à ma robe de mousseline. Jamais ces torches ne sont en usage dans l'intérieur du fort.

» Le 20 août, à trois heures du matin, nous nous mîmes en marche pour Colombo; nous formions un long cortège de palanquins et de cabriolets légers, précédé d'une escorte de lanciers et d'une musique très-peu harmonieuse, et suivi de lascarins correspondant aux péons ou estafiers du Bengale. Ils ont un joli uniforme blanc, rouge et noir, et un bonnet conique de couleur rouge, surmonté d'une plume blanche. Ils tiennent au-dessus de la tête des voyageurs pour les préserver du soleil de grands éventails faits de feuilles de talipot (*corypha umbraculifera*) et longs de 6 à 9 pieds. Le chemin était partout décoré, comme pour une fête, de longues guirlandes de branches de palmier, soutenues de chaque côté par des cordons; partout où nous nous arrêtions, le sol était couvert de toile blanche, et des tentes très-bien ornées de fleurs, de fruits et de festons de branches de palmier, y étaient dressées. Ces restes d'anciens usages, dont la Bible fait mention, sont curieux et intéressans.

» Au point du jour, nous traversâmes la première rivière dans un canot muni d'un tendelet. A 20 milles plus loin, nous arrivâmes à une des stations construites et entretenues par le gouvernement pour la commodité des voyageurs; ce sont simplement des bengalôs composés de trois ou quatre appartemens; quelquefois il y a des châlits de roseaux, sur lesquels on place les matelas du palanquin. Ici, de même que dans l'Inde, chacun porte avec soi tous les objets dont il peut avoir besoin en voyage, excepté les tentes que sur cette route ces maisons remplacent. Ce lieu nommé Amblegodé est situé sur une hauteur ayant de chaque côté la mer, dont les rivages sont escarpés; on aperçoit de petites calanques ou criques habitées par des pêcheurs.

» On s'arrêtait à 10 heures du matin, et on restait en repos pendant la chaleur du jour; lorsque la fraîcheur revenait, on se remettait en marche. Nous rencontrâmes une troupe de danseurs avec des masques grotesques, et dont le costume ressemblait beaucoup à celui des danseurs de Taïti représentés dans les estampes du Voyage de Cook. Jusqu'ici nous avions constamment voyagé dans une forêt de palmiers dont l'uniformité aurait été ennuyeuse sans les arbustes à fleurs et les broussailles couvrant la terre, et sans le voisinage de la mer qui venait briser sur de grandes masses de rochers de corail. Le littoral ainsi que le pays, à plusieurs milles dans l'intérieur, sont généralement plats et coupés de rivières ou de petits bras de mer. La population paraît consister uniquement en pêcheurs, et les maisons annoncent plus de bien-être que les habitations du même genre dans l'Inde.

» La station de Ben-Totté, 16 milles plus loin, est sur l'estuaire d'une grande rivière, tout près de l'Océan, et au milieu d'un superbe paysage. Il y a toujours une de ces stations sur chaque rive des cours d'eau; il paraît qu'elles ont été construites avant l'établissement des bacs réguliers quand les voyageurs étaient obligés d'attendre peut-être pendant plusieurs jours la diminution des eaux, non moins soudaine ici que leur crue.

» Au-delà de Ben-Totté, le mélange d'arbres ordinaires des forêts aux palmiers rendit la route plus intéressante. Je vis pour la première fois l'arbre à pain qui est d'une grande dimension et a des feuilles découpées comme celles du figuier; le jambose (*eugenia malaccensis*) qui jonchait la terre des pétales de ses belles fleurs écarlates, le figuier des banians, le cotonnier et une infinité d'autres dont j'ignore les noms. Le *methonica superba* et l'*amaryllis formosissima*, qui méritent bien leur nom par leur extrême beauté, paraient avec profusion ce sol où croissaient avec une vigueur admirable beaucoup d'autres plantes que dans les serres chaudes de ma patrie je n'avais aperçues que faibles et chétives.

» A Caltoura il y a sur une colline un petit fort destiné jadis à défendre le passage du Mallivadi près de son embouchure; on passe ensuite à Paltoura, village avec une église, et 7 lieues plus loin on entre dans Colombo, capitale de l'île. Cette ville grande, bâtie à l'embouchure du Kalenyganga, est entourée en partie par la mer, en partie par un lac d'eau douce, ce qui, avec l'absence de coteaux dans le voisinage, rend sa position très-forte; elle est entourée de fossés et défendue par une bonne citadelle. Elle n'a qu'une rade qui n'est tenable que dans la mousson du N. E. Les maisons des Européens, bâties en pierres et couvertes en tuiles, sont dans le fort; la Ville-Noire qui l'entoure est considérable. Colombo a le désagrément de manquer de bonne eau; on en apporte d'une distance d'un mille et demi. De jolies maisons de campagne ornent les environs.

» Les fameux jardins des canneliers sont près de Colombo et couvrent une surface de 17,000 acres. Cet arbre aime de préférence un terrain maigre et sablonneux et une atmosphère humide. Dans les forêts où il croît sauvage, il atteint à la dimension d'un grand pommier; mais, quand on le cultive, on ne lui permet de s'élever qu'à dix ou douze pieds. La feuille ressemble un peu par la forme à celle du laurier; mais elle est d'une teinte plus claire, les pousses sont rouges et verdissent graduellement. En ce moment, la fleur est passée; on me dit qu'elle est blanche, et quand toutes sont développées, elles semblent couvrir le jardin. Ayant entendu parler si souvent de l'haleine parfumée des vents qui partent des rivages de cette île, je fus singulièrement déçue en ne découvrant par mon odorat aucune senteur au moins des plantes, pendant que je me promenais dans les jardins. Une petite plante à fleur très-odorante qui croît sous ces arbres nous fit d'abord croire que nous sentions la cannelle; mais nous fûmes bientôt détrompés: quand on arrache une feuille de cannellier, l'odeur particulière à l'écorce se développe avec beaucoup d'énergie. Comme la cannelle compose la principale marchandise d'exportation de l'île, l'arbre est conservé avec un soin extrême. L'ancienne loi hollandaise punissait de la perte de la main le délit de couper une branche; aujourd'hui la peine est réduite à une amende. Les environs de Colombo conviennent parfaitement au cannellier, par leur position bien abritée, leur température très-égale et la fréquence des pluies, quoiqu'elles durent rarement un jour entier.

» La pêche des perles fut dans un temps très-productive; mais il y a quelques années, elle manqua entièrement, et quoiqu'on l'ait reprise depuis, le profit a été mince. Ceylan, tant par la fertilité extraordinaire de son sol qui permet à peine à une plante étrangère d'y pousser que par la paresse de ses habitans, est une très-pauvre colonie; la pomme de terre n'y réussit pas, et ce n'est qu'à Candy, éloigné de 18 lieues dans l'intérieur, que les plantes potagères d'Europe acquièrent quelque perfection. Chaque matin, on en envoie un panier plein au gouverneur; le fruit à pain est, à mon goût, ce qui remplace le mieux la pomme de terre, mais ne la vaut pas.

» J'ai entendu quelqu'un dire au sujet de la nonchalance des Chingulais: « Donnez à un homme un cocotier, et il ne fera rien pour se procurer sa subsistance; il dort à l'ombre de cet arbre, ou bien se construit une cabane avec son branchage, mange les fruits quand ils tombent, en boit le lait et passe son temps à fumer. » Sur une population considérable, il n'y a que peu de laboureurs. Le système de corvées que nous avons trouvé établi par les Hollandais existe encore jusqu'à un certain point; ainsi on ne peut guère espérer qu'un homme cultive avec soin un champ quand il est sujet à chaque instant à être enlevé pour des travaux publics; il ne reçoit rien dans son canton pour les routes, mais quand il est envoyé un peu loin, on lui paie 3 fanons (15 cent.) par jour. Toutefois les impôts sont légers, et l'aspect de leurs maisons annonce plus de bien-être que je n'aurais été en droit de le supposer d'après tout ce que j'avais entendu dire.

» J'ai vu ici un usage que je n'avais pas observé ailleurs, et qui m'a frappée comme remarquablement humain; de distance en distance le long des chemins, des écuelles sont attachées à de grands pots remplis d'eau fraîche pour le service des voyageurs; souvent l'un ou l'autre de mes porteurs en faisait usage avec empressement, puis courait rejoindre ses camarades.

» Le 14 septembre, nous partîmes pour Candy; à peu près à 5 milles, nous traversâmes sur un pont de bateaux le Kalenyganga qui est assez large ici. Le pays, dans une étendue de 25 milles, est uni et cultivé; immédiatement, le long du chemin, il est couvert d'une masse d'arbres et d'arbrisseaux qui bouchaient la vue presque partout; mais la richesse de la verdure, la variété du feuillage et l'éclat des fleurs dédommageaient bien amplement de cet inconvénient. A la station de Vingoddé, j'aperçus pour la première fois des rayons de miel: il abonde dans ces forêts; les abeilles qui le font sont petites et noires.

» Au-delà de Vingoddé, le pays s'élève graduellement et s'embellit de mille en mille; les coteaux de l'intérieur sont escarpés, hauts et couverts de verdure jusqu'à leur sommet; de gros blocs de rochers percent çà et là ce massif de plantes. Il est impossible de décrire ce paysage qui me rappelait de temps en temps ceux du pays de Galles; mais ici tous les traits ont un plus grand caractère. Un ruisseau qui serpente dans la vallée devient, dans la saison des pluies, une rivière dont les eaux se précipitent en cascade écumante sur un lit rocailleux. Je cherchai vainement des éléphans sauvages; les progrès de l'homme les tiennent éloignés dans l'intérieur; ils se montrent rarement, excepté la nuit: alors il est dangereux de voyager sans escorte et sans lumière. Jadis il y avait tous les ans une chasse à l'éléphant; on en prenait beaucoup et les petits radjahs du centre et de l'ouest de l'Inde en faisaient acheter; mais depuis que la puissance de ces souverains n'existe plus, les éléphans, moins recherchés, se multiplient au détriment des champs de riz.

» La nouvelle route de Colombo à Candy a été ouverte par le gouverneur actuel sir E. Barnes. C'est un ouvrage magnifique qui n'a pu être exécuté qu'avec un travail immense à cause de la nature du pays et des djengles presque impénétrables qu'il traverse. Ces cantons sont très-malsains, et, durant la plus grande partie de l'année, on pense qu'il est dangereux même d'y voyager. Auparavant on employait 6 à 7 jours pour aller de Colombo à Candy; maintenant on y va en un seul, et on évite le péril de dormir en chemin.

3. Le Tadj-Mahal à Agra.

4. Ruines voisines du Tadj-Mahal.

» A mesure que nous avancions, le paysage prenait un caractère plus imposant et plus pittoresque. Les vallées entre les montagnes sont cultivées en riz, et j'appris que c'est là qu'on en récolte le plus par la facilité que ces régions montagneuses procurent pour l'irrigation. J'observai que tous les ponts sur cette route sont couverts et garnis de bancs, de sorte qu'il offrent un lieu de repos très-commode aux voyageurs, mesure très-humaine dans une contrée telle que celle-ci.

» Au défilé de Kadouganarvon, nous aperçûmes à l'E. le pic de Rama ou d'Adam, la plus haute montagne de Ceylan ; on est rarement parvenu jusqu'à son sommet, moins à cause de son élévation que de la difficulté de franchir la dernière partie de la montée, qui est presque perpendiculaire. Toutefois, deux dames sont du petit nombre des aventuriers qui ont réussi dans cette entreprise ; elles s'aidèrent de cordes et de poulies.

» Arrivés au haut du col, nous jouîmes d'une superbe vue des environs de Candy, puis nous descendîmes dans la belle vallée où cette ville est située, entre des montagnes boisées, dont quelques-unes ont 2,000 pieds d'altitude. Elle est plus grande que je ne le supposais ; ses rues sont larges et jolies, quoique bordées seulement de maisons d'indigènes. Elle passe pour salubre, ainsi que le pays, à un mille à l'entour ; les Européens ne poussent pas leurs courses au-delà. Le Malaviganga l'entoure presque entièrement, et c'est sur le bord des rivières que règne spécialement le mauvais air ; mais je serais portée à croire que le changement soudain de température doit être funeste à beaucoup de constitutions ; en effet, on m'a dit que les affections pulmonaires étaient fréquentes. Après une journée extrêmement chaude, la nuit fut assez froide pour me faire désirer une couverture de laine et la clôture des fenêtres, et même en m'éveillant j'étais toute transie.

» La maison où nous logions est au pied d'un coteau couvert de djengles, où les singes, les perroquets et toutes sortes d'oiseaux vivant dans les broussailles font entendre leurs voix ; il y a aussi beaucoup de petits animaux de proie. Un Anglais me raconta que la nuit avant notre arrivée, il fut réveillé par le bruit d'une bête qui grattait à sa porte ; il supposa que c'était un chien ; mais ayant vu le lendemain matin les traces dans son jardin, il reconnut que c'était un *tchita*, ou petit léopard. On ne trouve pas le tigre royal dans l'île, mais les ours, les léopards, les hyènes, les chacals et les chats-tigres y sont nombreux, ainsi que les cerfs, les sangliers, les buffles, les daims et autres, et près de Djafnapatam un grand babouin très-commun n'est pas peureux.

» Ce que j'ai appris des Veddahs ou chasseurs, hommes sauvages vivant dans les profondeurs des forêts, m'a vivement intéressée. Ils sont surtout répandus dans le territoire de Veddahratté, d'où dérive leur nom. Il est situé dans l'O. de Trinquemale ; il paraît qu'il existe deux tribus de ce peuple : ceux des villages et ceux des forêts ; ils se prétendent étrangers les uns aux autres. Les derniers subsistent uniquement de chasse et de fruits, et ne cultivent jamais la terre ; ils n'ont pas de maisons, dorment sous les arbres, où, à la moindre alarme, ils grimpent pour leur sûreté. Ils ont pour armes des arcs et des flèches, et se glissent doucement près de leur gibier avant de tirer ; ils traquent l'animal aux traces de son sang, s'il n'est que blessé, jusqu'à ce qu'ils en soient assez rapprochés pour le viser de nouveau. Comme les bêtes fauves abondent dans les bois, ils ont une ample nourriture, et parfois ils viennent dans les villages échanger leur proie contre du riz, du fer et de la toile. Ils parlent un dialecte du chingulais. Ils croient aux mauvais esprits ; ils n'ont aucune notion d'un Dieu ni d'un état de récompenses ou de punitions futures, et pensent qu'il est indifférent d'agir bien ou mal.

» Les Veddahs des villages ressemblent en beaucoup de points à ceux des forêts ; mais ils demeurent dans des cabanes, et cultivent la terre ; ils cherchent également leur subsistance dans les bois. Ils sont naturellement paisibles ; ils ne commencent jamais une révolte, mais on les engage aisément à s'y joindre ; et, durant la souveraineté des rois de Candy, ils étaient fréquemment employés comme soldats mercenaires dans les commotions de l'intérieur. Sir E. Barnes a fait une tentative pour civiliser la tribu la plus sauvage : on l'a amené dans les plaines, on leur a distribué des vivres, des vêtemens et d'autres objets ; on a donné des prix aux meilleurs tireurs ; mais avec leurs arcs et leurs flèches, ils atteignent rarement le but, même à une distance modérée. Leur habitude, que j'ai décrite plus haut, explique ce fait : quoiqu'ils aient été assez sensibles aux bons traitemens qu'ils éprouvaient pour ne retourner qu'avec répugnance dans leurs forêts, il paraît que nul résultat avantageux n'a suivi l'essai.

» Le 16 septembre, dans la soirée, nous fîmes une charmante promenade à cheval vers les bords d'un petit lac, près du centre de la ville ; on dit qu'elle lui doit, en grande partie, sa salubrité; c'était auparavant un marais que le dernier roi arrangea ainsi. En un quart-d'heure, nous parvînmes à un point d'où je contemplai une des perspectives les plus magnifiques et les plus frappantes que j'eusse jamais vues. Nous avions devant nous un amphithéâtre immense, borné par de hautes montagnes de toutes les formes, revêtues de verdure jusqu'à plus de la moitié de leur élévation. Le pic de Doumberra, Hounigs-ghiri-kandy des indigènes, dont l'altitude est de 6,000 pieds, était en partie voilé par les nuages; la plaine au-dessous de nous ressemblait à une belle pelouse; au milieu, une rivière se précipitait par-dessus des rochers. La seule chose qui manquait pour compléter le tableau, et que les yeux cherchaient en vain, était quelque vestige de la vie humaine; on apercevait tout au plus un temple hindou dans un lieu où la demeure d'un grand personnage aurait très-bien figuré. Sans doute il y avait des cabanes habitées, car le territoire de Candy est populeux, et de plus quelques groupes de cocotiers les indiquaient; car partout ils marquent l'emplacement des villages; mais ils ne sont pas communs dans cette province. Au reste, on ne distingue ces villages des djengles qui les entourent que lorsque l'on est tout près des maisons; de sorte que tout le pays ressemblait à un beau désert. Les bords de la rivière que nous suivions sont ici, comme partout ailleurs, le réceptacle ordinaire de la fièvre : on la nomme fièvre de Candy. On dit qu'au-delà des montagnes le pays est encore plus insalubre et plus dangereux à traverser; mais, par l'effet du manque de routes, on pénètre peu dans l'intérieur. Nous ne nous en retournâmes chez nous que long-temps après le coucher du soleil, qui, ici, est suivi immédiatement de l'obscurité : le chemin était éclairé par des myriades de mouches à feu, plus grandes et plus brillantes que celles que j'avais vues auparavant dans l'Inde. Bien qu'accoutumée depuis deux ans à ces insectes, je ne pouvais me défendre d'un premier mouvement de surprise, quand ils passaient sur moi, tant ils ressemblaient à des étincelles de feu.

» L'horrible coutume de l'infanticide exercé sur les filles règne encore dans quelques cantons de l'île. Le dernier dénombrement fait en 1821 donne un excédant de 20,000 pour le nombre des hommes sur celui des femmes; dans un canton, il y avait sur chaque centaine d'hommes seulement 56 femmes, et dans ceux où les deux sexes étaient en proportions égales, la religion musulmane dominait. L'usage singulier qui permet à une femme d'avoir deux ou un plus grand nombre de maris et la conséquence naturelle qui rend le mariage des filles difficile dans un pays où le célibat est une tache, semblent être les causes de cette pratique inhumaine. Un astrologue est consulté à la naissance d'une fille; s'il prononce qu'elle est venue au monde sous une influence funeste, elle est exposée dans les bois, où elle devient la proie soit des bêtes féroces, soit des fourmis; mais j'ai appris avec plaisir que généralement c'était sans le consentement de la mère.

» Nous avons visité le 17 plusieurs temples de Bouddha. Le principal est un bâtiment carré dont 12 colonnes en maçonnerie supportent le toit. La statue de dimension colossale en pierre a trente pieds; d'autres plus petites sont rangées tout autour; les unes assises les jambes croisées, les autres debout; quelques-unes sont peintes en jaune brillant. La voûte et les parois le sont de même en couleurs très-vives; des fleurs très-odorantes étaient placées comme offrandes devant la grande image et sur le même rang que les petites; on voyait deux cloches, symboles sacrés, couvertes soigneusement. Quoique les prêtres ne les touchent qu'avec respect, ils les découvrirent sans répugnance à notre demande.

» A côté de ce temple, il y en a un plus petit, dans lequel la figure de Bouddha de taille humaine est assise; la physionomie est agréable et ressemble assez à celle des Chingulais. C'est un ouvrage sculpté avec beaucoup d'habileté. Des statues plus petites l'entourent; quelques-unes appartiennent au panthéon hindou. Les Chingulais peignent les images de leurs dieux et y mettent une pupille à l'œil; cette dernière cérémonie est regardée comme conférant un degré supérieur de sainteté, et se pratique avec beaucoup de mystère et de solennité; d'autres petites figures de Bouddha en bronze et en cuivre sont travaillées avec une délicatesse extrême. En effet les Chingulais semblent avoir un talent remarquable pour la sculpture, surtout si l'on considère qu'ils ont si peu d'occasions de faire des progrès.

» Dans un autre temple, on nous montra avec vénération des reliques d'un ancien roi, prises dans son tombeau, à l'époque où toutes les sépultures royales furent ouvertes quand nous nous emparâmes de Candy; on y trouva de l'or et des joyaux pour une valeur considérable. Le cimetière est contigu au temple, les tombeaux sont en pierres, d'une sculpture assez chétive; ils souffrirent beaucoup quand on les viola. Il n'y a de remarquable que de très-beaux pipals ombrageant ces sarcophages, ce qui prouve que la famille royale professait le brahmanisme. Les temples sont très-nombreux à Candy, parce qu'il doit toujours y en avoir un adjacent à la demeure d'un grand personnage. Dans la plupart, des lampes brûlent constamment; leur chaleur ajoutée au puissant parfum des fleurs en rend le séjour désagréable au bout de quelques minutes. Le temps nous manqua pour visiter celui qui est si fameux par la dent de Bouddha que l'on y conserve; on nous fit voir un dessin de cette précieuse relique qui a plus de rapport avec une défense d'animal qu'avec une dent humaine; elle est dans un coffret d'or enrichi de pierres précieuses, et renfermé dans quatre autres tous incrustés de joyaux; jamais relique ne fut plus somptueusement enchâssée, ni plus dévotement adorée. Quand notre armée s'en empara, les Candiens se soumirent paisiblement à notre pouvoir, croyant que les possesseurs d'un objet si saint avaient un droit incontestable à la souveraineté du pays.

» A côté du lac, au centre de la ville, on voit un collége où 40 prêtres de Bouddha vivent sous la discipline la plus stricte, principalement occupés de fonctions religieuses et de l'enseignement; leurs habitations peuvent être rangées parmi les plus belles maisons de Candy; elles sont en terre et couvertes en tuiles. L'enceinte du monastère comprend deux temples et une grande salle pour leurs assemblées, de laquelle le toit est soutenu par d'immenses colonnes chacune d'une seule pièce et hautes de 20 pieds. Le son du tamtam et d'autres instrumens frappés en l'honneur des idoles retentit continuellement dans le couvent.

» La doctrine professée par les prêtres bouddhistes de Ceylan est regardée comme très-orthodoxe, et souvent les difficultés qui s'élèvent parmi ceux des pays compris dans la presqu'île orientale de l'Inde, sont soumises à leur décision.

» Le bouddhisme est la religion la plus répandue dans Ceylan; on y compte beaucoup de chrétiens appartenant à différentes communions; quelques-uns qui ne le sont que de nom emploient les doctrines du bouddhisme comme un préservatif contre les mauvais esprits.

» Les Candiens sont plus beaux et plus robustes que les Chingulais; ceux-ci sont petits et mal faits; leur physionomie ressemble beaucoup à celle des images de Bouddha. Dans notre voyage à l'ancienne capitale, je fus très-touchée de l'empressement des hommes à pousser les voitures en avant dans les montées escarpées, et à les retenir dans les descentes. Le long des côtes, il existe un mélange de descendans de Hollandais, de Portugais, de Malais, de Malabars et d'autres peuples de l'Inde. Il y a partout des Musulmans et des Hindous; mais les derniers sont peu nombreux.

» Le climat sur la côte du S. et du S. O. est très-beau pour une contrée intertropicale. A Colombo, le thermomètre varie de 75° à 86 et 87° (19° à 24° 42); rarement il monte plus haut, quoique l'on soit très-près de la ligne, ce qui doit être en partie attribué aux brises de mer continuelles, ainsi qu'aux vents et aux pluies des deux moussons qui se font sentir à des époques différentes sur les côtes de Malabar et de Coromandel et auxquelles l'île participe en tout temps. En général, Ceylan, soit dans le S. soit dans le N., n'est pas contraire à la constitution des Européens, et j'ai vu plusieurs personnes qui, n'étant jamais sorties de l'île, paraissaient jouir d'une bonne santé, bien qu'elles n'eussent pas de couleurs.

» Je fus très-frappée de l'absence presque totale de petits oiseaux dans l'intérieur de l'île. On suppose que les serpens très-nombreux détruisent les œufs, ce qui paraît assez plausible, car d'ailleurs tout y est favorable à leur multiplication. Je vis des perroquets de différentes espèces, des pigeons, des grues, et j'entendis des poules sauvages et des faisans; les paons abondent dans l'intérieur, et on y trouve le guide-au-miel (*cuculus indicator*), qui indique par son cri le lieu où les abeilles ont construit leurs rayons. Parmi les serpens, on n'en compte que quatre qui soient réellement vénéneux. Le boa qui tue en étouffant les animaux acquiert ici parfois une longueur de 30 pieds; mais on a débité des contes au sujet de ce serpent; il n'attaque jamais le buffle, ni même le tchita, et il ne s'en prend qu'aux chèvres, aux volailles et au petit gibier. Les crocodiles de très-grande taille sont communs dans les rivières. La sangsue volante, dont je n'avais jamais entendu parler auparavant, est très-commune dans les djengles de l'intérieur, et les soldats indigènes en marche sur Candy souffrirent beaucoup de leur morsure; leurs jambes en étaient couvertes et ruisselaient de sang; quelques-uns en perdirent des membres, et même en moururent. Je vis un de ces animaux sur la jambe d'un cheval; il est beaucoup plus petit que la sangsue ordinaire; le plus grand, en état de repos, n'a pas plus de 6 pouces de long et peut s'étendre jusqu'à devenir aussi mince qu'un cordon fin. Les petites sont très-menues; elles ont la facilité de sauter, par le moyen d'un filament, à une distance considérable, et sont très-incommodes pour le bétail et les chevaux.

» Il y a aussi de grands scorpions noirs, des lézards, des caméléons et une variété incroyable d'insectes, que nous ne connaissons jusqu'à présent que très-imparfaitement. Les plus curieux sont les insectes-feuilles qui prennent si exactement la forme, la dimension et l'aspect général de la feuille dont ils se nourrissent, que ce n'est qu'en l'examinant soigneusement qu'on reconnaît leur caractère réel. J'en ai vu plusieurs, mais le plus extraordinaire est celui qui vit sur une plante épineuse et dont le corps ressemblait à une baguette et était couvert d'épines comme l'arbuste.

» Les pierres précieuses pour lesquelles Ceylan est renommé sont moins estimées que celles du continent occidental; l'émeraude est peut-être la seule qu'on ne trouve pas dans cette île. Les Chingulais savent les monter avec beaucoup de délicatesse, et en se servant de moyens qui paraissent insuffisans pour ce travail. »

En allant de Colombo au N., on arrive à Negombo, joli village avec un petit fort près d'une rivière, devant l'embouchure de laquelle il y a une petite île couverte de cocotiers; il communique par une navigation interne avec la capitale.

Tchilan est un grand village entre deux bras d'un gros fleuve. Au N. commence un lac salé, long de 20 milles, large d'un à trois, très-poissonneux, fréquenté par les oiseaux aquatiques, infesté de crocodiles et séparé de la mer par la presqu'île de Calpentyn, qui, dans la mousson du N. E., devient une île. On fait là beaucoup de sel par l'évaporation naturelle.

Aripo, petit village au S. de l'île de Manaar, est le seul lieu de cette partie de la côte où il y ait de bonne eau; c'est au S. que se trouve la baie de Condatchi où se fait la pêche des perles.

L'île de Ceylan, si importante par sa position, forme un gouvernement séparé qui dépend immédiatement du roi d'Angleterre. Elle est située entre 5° 56' et 9° 46' de lat. N. et entre 77° 6' et 79° 42' de long. E. Sa forme se rapproche de celle d'une poire; sa longueur est à peu près de 95 lieues; sa largeur moyenne de 50 et sa surface de 2,560 lieues carrées. La population est évaluée à 1,200,000 ames. On a découvert dans l'intérieur les ruines de Nouradjapoura ou Amouradgourra, ancienne capitale; elles sont de la plus grande magnificence.

CHAPITRE LI.

Maldives et Lakedives.

Au S. O. de la presqu'île de l'Inde s'étend depuis l'équateur jusqu'au 8° de latit. N. l'archipel des Maldives, sur une longueur de 200 lieues. Il est composé de 17 groupes circulaires ou ovales nommés *atolons*. Chaque atolon renferme au centre un bassin peu profond entouré de chaînes de récifs de corail qui sont généralement de niveau avec la mer, et se prolongent depuis 150 pieds jusqu'à un demi-mille du rivage. Dans quelques parties de ces récifs, il y a des ouvertures assez larges pour que les canots y puissent passer, et où des saillies de rocher forment des calanques; quelques endroits offrent un mouillage sur un fond de sable mêlé de coraux et de coquilles.

On peut évaluer le nombre total des îles et îlots des Maldives à 1,200 au moins; mais elles n'ont jamais été explorées complètement, quoique situées si près de la route des navires qui font les voyages de l'Inde. Vu d'une certaine distance de dessus le pont d'un vaisseau, chaque groupe semble ne former qu'une seule île; mais à mesure qu'on s'approche, on découvre une dizaine ou une douzaine d'îlots rocailleux séparés les uns des autres. Les îles les plus considérables sont habitées et cultivées, mais la plus grande partie ne consiste qu'en rochers, en écueils et en bancs de sable inondés dans les fortes marées. Beaucoup sont couvertes de cocotiers et de broussailles touffues; on y trouve de l'eau à quelques pieds de la surface.

Il existe entre les atolons des canaux que les navires peuvent traverser en sûreté, et qui sont en général distingués par des noms indiquant leur position relativement à l'équateur.

Malé est le principal atolon; le sultan de l'archipel y réside. « Cette île, dit J. Schultz, voyageur qui la visita en 1819, est située par 4° 20' de lat. N. Elle a près de 3 milles de circonférence. Quoiqu'elle ait peu d'étendue, le sultan l'a probablement choisie pour sa résidence, parce qu'elle est défendue de presque tous les côtés, excepté de celui de l'O., par un récif, ouvrage de la nature; on en a ensuite formé un artificiel qui joint les deux extrémités de celui-là, et ne laisse que deux passes étroites pour les bateaux; on les ferme avec une pièce de bois, quand on craint une attaque des Lakediviens, ennemis invétérés des Maldiviens. Le ressac est très-fort le long de cette enceinte et par conséquent l'approche en est dangereuse pour un ennemi, mais

1. Caunpour sur le Gange.

2. Bénarès.

entre le récif et l'île la mer est aussi unie que dans un étang; cet espace a 300 pieds de largeur. Tous les navires et les bateaux de pêche de Malé y sont à l'abri. Les premiers étaient au nombre de sept; dans la saison convenable, ils vont à la côte de Malabar, à Ceylan, à Calcutta, à Chattigan. Il y avait une soixantaine de bateaux de pêche.

» A l'exception de la côte de l'E. qui est défendue par la nature, Malé est fortifiée de dix bastions; j'y ai compté 100 pièces d'artillerie, quelques-unes en bronze, les plus grosses de douze; mais ni ces ouvrages ni ces canons ne sont en bon ordre, et ne pourraient résister à une attaque régulière.

» La ville s'étend sur toute la surface de l'île; elle est d'une propreté remarquable, les rues sont larges, bien alignées et balayées tous les matins. On entre en canot par plusieurs petites portes du côté de l'O.; c'est aussi dans cette partie que le sultan réside dans une espèce de citadelle dont les murs très-hauts sont percés de meurtrières et ceints d'un fossé plein d'eau et large de 14 pieds. Le palais est une maison bien simple, à deux étages avec un toit en nattes; deux mosquées attirent les regards par leurs dimensions et leur aspect imposant. Le sultan va tous les vendredis faire ses dévotions à l'un de ces temples; mais, durant notre séjour, sa santé ne lui permit pas de sortir : c'est ce qui nous empêcha de voir la citadelle; on m'avait promis de me présenter à ce monarque quand il serait en état de recevoir.

» Les maisons généralement construites en bois et en nattes sont très-commodes et ont de grands jardins bordés de haies et de puits dont l'eau est excellente. Des réservoirs publics servent aux habitans pour leurs ablutions. On voit dans diverses parties de l'île des cimetières; des tombeaux sont marqués par des pierres placées perpendiculairement et couvertes d'inscriptions en maldivien qui s'écrit avec des caractères arabes.

» Le gouvernement est absolu et héréditaire. Tous les membres de la maison régnante demeurent dans la citadelle; c'est aussi le quartier des troupes régulières qui se montent à 150 soldats. On s'accorda unanimement à me représenter les sultans comme usant de l'autorité suprême d'une manière toute paternelle; la conduite de celui qui occupe le trône en ce moment confirme cette assertion. Les gens pauvres sont vêtus et nourris de ses bienfaits. Il paraît que les délits sont rares. Quand quelqu'un trouble l'ordre public, on le promène dans les rues et chacun lui jette de l'eau et du sable; la honte qui résulte de ce châtiment suffit pour réprimer les mal intentionnés. Si l'un de ceux-ci en vient à des actes de désobéissance et de violence, on lui met pendant un ou deux jours les ceps aux pieds, afin de le rappeler au sentiment de son devoir; on m'a dit que cette peine, la plus sévère de toutes, était infligée deux fois au plus en dix ans. En effet, les habitans de Malé, dont le nombre est à peu près de 2,000, semblent mener une vie exempte de plusieurs des maux auxquels sont sujettes des sociétés plus polies et plus civilisées.

» Le sultan a un ministère composé de huit personnages, portant le titre de vizirs; quatre sont de la plus haute classe des chefs, les quatre autres sont d'un rang inférieur et subordonnés aux premiers. Les vizirs et les gouverneurs des plus grandes îles ont pour appointemens le revenu de certains atolons; les contributions de tout l'archipel sont apportées à Malé, et consistent en écaille de tortues, cauris et cocos; les plus proches de la capitale l'approvisionnent de volailles, d'œufs, de citrons, de fruits à pain, de bananes.

» Les troupes régulières sont vêtues de rouge et armées de fusils et de sabres. Chaque soldat reçoit 20 livres de riz par mois, indépendamment du bétel, et deux habits avec deux mouchoirs par an. En temps de guerre, on fait des levées dans toutes les îles; elles fournissent beaucoup de monde. Depuis long-temps ce fléau est inconnu.

» Les Maldiviens sont musulmans. Si l'on en juge par leurs discours et leurs actions, quand ils commencent une entreprise, ils sont pénétrés d'un sentiment profond de respect pour l'Eternel. Ils ont un assez grand nombre de livres écrits dans leur langue et semblent donner beaucoup d'attention aux écoles où les enfans apprennent à lire et à écrire. Suivant leurs traditions, leurs ancêtres sont venus de la côte de Malabar. Leur idiôme paraît leur être particulier : du moins il n'a aucune affinité avec aucun de ceux de l'Inde que les gens de notre équipage connaissaient. Toutefois, par suite de leurs rapports avec cette contrée, plusieurs Maldiviens parlent l'hindoustani, et je m'entretins avec eux dans cette langue.

» La pluralité des femmes est permise, mais il est défendu d'avoir des concubines. Les prêtres perçoivent une rétribution pour les mariages; elle est d'une roupie pour les gens riches, d'une demi-roupie pour ceux de la classe moyenne, et de quatre fanons pour les autres,

Les divorces s'effectuent sans beaucoup de difficultés. Dans ce cas, l'homme n'est pas tenu de pourvoir à l'entretien de la femme qu'il a répudiée; c'est pourquoi les jeunes filles ne manquent pas, quand on leur fait la cour, de tirer de leurs soupirans autant de présens qu'elles peuvent. On me dit que les divorces étaient rares et que les hommes se contentaient de deux femmes au plus. A la vérité les marins en ont dans plus d'une île, mais cela peut être regardé comme une suite des coutumes de ce peuple.

» La rareté des divorces et la félicité conjugale qui paraît régner dans les familles doivent peut-être s'attribuer à la bonne conduite des femmes après le mariage. Les Maldiviens sont actifs et industrieux. Ils ne restent presque jamais oisifs; ils sont ordinairement occupés à filer ou à teindre de la toile, à tresser du coïr (filasse du coco), à ramasser des cauris, ou à soigner leurs affaires domestiques. Leur habillement est très-modeste ; leurs robes de toile de coton et quelquefois de soie serrent le cou, ont de longues manches, et descendent jusqu'aux talons. Les riches les ornent de galons d'or autour du cou, et portent des boucles d'oreilles et des colliers d'or. »

Il y a quelques années, les établissemens anglais expédiaient aux Maldives annuellement un ou deux navires pour y charger des cauris, mais les retards qu'ils y éprouvaient et l'insalubrité du climat ont fait abandonner ce commerce; ce sont les Maldiviens qui le font dans leurs bateaux construits en bois de cocotier. Ils arrivent à Balassore en juin et juillet, avec des cargaisons de coïr, de cauris, d'huile de coco, de poissons salés, d'écaille de tortue et d'autres productions de leurs îles. Ils retournent chez eux vers le milieu de décembre, emportant du riz du Bengale, du sucre, de la quincaillerie, des soieries, du drap, de grosses cotonnades, du tabac. Beaucoup de leurs bateaux vont tous les ans à Achem dans l'île de Sumatra, et leur archipel est visité par quelques navires malais qui viennent chercher des nageoires de requins.

Un Français, Pyrard de Laval, qui fit naufrage sur les Maldives en 1602, et n'en sortit qu'en 1607, publia une relation très-curieuse de ses voyages; elle est encore la source la plus abondante des renseignemens relatifs aux Maldives. Cet archipel est si pauvre que les Européens n'y sont pas attirés ; mais ils traversent souvent les canaux qui séparent les atolons les uns des autres. M. de Laplace, commandant *la Favorite*, corvette française, passa, en 1830, par celui d'Adamatis. On lui raconta probablement, et il a répété que le sultan de ces îles avait pendant un temps exercé la piraterie, mais que le gouverneur de Bombay avait réprimé ces actes de brigandage. Cela ne paraît nullement vraisemblable, aucun des livres anglais, publiés jusqu'en 1828, n'ayant mentionné ce fait. Tous les écrits relatifs aux Maldives s'accordent à nous représenter les insulaires comme des hommes doux, inoffensifs, hospitaliers; tel est le témoignage unanime que leur rendent les Européens qui sont allés chez eux ; mais souvent les Maldiviens n'ont éprouvé que de l'ingratitude en retour de leur humanité. Des indignités de ce genre, commises en 1812 par un capitaine portugais et son équipage composé de lascars, attirèrent sur ces misérables une punition exemplaire de la part de lord Minto, gouverneur de Ceylan. Ils furent châtiés de leur conduite brutale et des présens furent envoyés aux Maldiviens qui avaient eu à souffrir de leurs mauvais procédés. On découvrit à cette occasion que le sultan avait depuis long-temps la coutume d'envoyer une ambassade à Ceylan, et qu'il avait continué depuis que l'île appartenait aux Anglais.

Le navire *le Hogston*, commandé par le capitaine Sartorius et sur lequel Schultz était embarqué, fit naufrage sur les Maldives du N., le 21 juillet 1819 ; il fut secouru par des bateaux des insulaires qui sauvèrent les infortunés échappés à la mort; le 4 août, les naufragés arrivèrent à Malé où ils furent comblés de soins affectueux. Le 23, ils furent embarqués pour l'île de Ceylan. Sartorius ayant demandé si le sultan consentirait à recevoir une lettre de change sur Calcutta, en paiement des dépenses faites par les naufragés et des vivres qui leur avaient été fournis : « Le sultan, lui répondit le receveur des revenus, ne souffre pas que les hommes qui dans leur malheur ont été secourus par ses sujets, paient rien pour ce qu'ils ont reçu. » En même temps, ajoute le narrateur, il fit apporter un grand registre et nous pria d'y écrire que nous étions prêts à nous embarquer, afin qu'il fût évident que nous ne partions que parce que nous l'avions désiré. Nous nous conformâmes au vœu de l'insulaire et nous ajoutâmes que nous souhaitions de pouvoir exprimer au sultan et à ses principaux officiers notre vive et sincère gratitude, et qu'à notre arrivée à Calcutta, nous ne manquerions pas de reconnaître publiquement nos obligations pour l'hospitalité généreuse, les attentions et la bienveillance que nous avions éprouvées durant notre séjour à Malé.

» A cinq heures après midi, nous nous embarquâmes; nous fûmes accompagnés jusqu'au bord de la mer par tous les officiers principaux du gouvernement qui nous dirent adieu de la manière la plus touchante et adressèrent à Dieu des prières pour notre prospérité. Ce fut ainsi que ces bons musulmans, qui nous avaient accueillis si humainement, continuèrent jusqu'au dernier moment à nous prodiguer des soins et des marques de bonté.

» Nous débarquâmes le 26 à Point de-Galle. »

Les Lakedives, dont le nom signifie les *cent mille îles*, composent un archipel situé au N. des Maldives et compris entre 10° et 14° 30' de lat. N. et entre 69° 30' et 72° de long. E. Il est partagé en 15 groupes qui ressemblent à ceux des Maldives; les plus grands n'ont pas 6 milles carrés d'étendue et sont entourés de récifs de corail qui rendent leur approche très-dangereuse. Ces îles sont très-stériles; les navires peuvent cependant s'y approvisionner de volailles, d'œufs, de cocos, de bananes et d'eau excellente.

Les habitans sont musulmans et très-pauvres; ils ne vivent que de cocos et de poisson; leurs principaux objets d'exportation sont le coïr, le sucre de palmier, l'arec et un peu de bétel. Des bâtimens du Malabar viennent chercher du corail qui est taillé ensuite dans l'Inde en images, ou sert à faire de la chaux. Les Lakediviens vont à la côte de Malabar dans leurs petits navires construits en bois de palmier.

Les Lakedives furent découvertes par Vasco de Gama quand il revint en Europe en 1499; elles sont rarement visitées par les Européens, et obéissent à un chef qui est nominalement vassal des Anglais.

CHAPITRE LII.

Hindoustan. — Cap Comorin. — Côte de Malabar.

La presqu'île de l'Inde est terminée au S. par le cap Comorin; il forme l'extrémité de la chaîne des Ghâts occidentaux, est éloigné d'une demi-lieue des bords de la mer, et a 3,882 pieds d'altitude. Une belle cascade se précipite le long de ses flancs. La déesse Parvatti était adorée sur cette montagne; saint François Xavier y fonda une chapelle dédiée à la Sainte-Vierge.

Madame Graham longeait cette côte, au mois de mai 1810, sur un bâtiment de guerre anglais. « Comme c'est, dit-elle, la saison où les brises de terre et de mer deviennent moins constantes avant que les vents du N. soient bien établis, nous nous glissons lentement le long de la côte et nous en approchons tellement que nous distinguons parfaitement la situation de chaque lieu devant lequel nous passons. Le cap Comorin et les îles qui l'avoisinent ressemblent, vus de la mer, à une pointe haute et rocailleuse, et à mesure que nous avançons vers le N., les montagnes s'élèvent. Dans quelques endroits, elles sont si près du rivage qu'elles paraissent, à la lettre, être suspendues au-dessus de la mer; ailleurs elles sont reculées à quelques milles, laissant assez d'espace pour des villes, des villages et des champs: elles sont à peu près revêtues jusqu'à leur sommet de forêts majestueuses d'une verdure vigoureuse; ce n'est que çà et là qu'un vaste espace couvert d'herbe de djengles ou de masses de rochers interrompt la teinte sombre de ces bois antiques. Au pied des Ghâts, quelques églises blanches des chrétiens indigènes et des Portugais apparaissent au milieu des bocages de cocotiers qui bordent la côte et se mêlent agréablement aux cases des pêcheurs, aux temples hindous et aux ruines des forts qui appartenaient à des établissemens européens abandonnés. La perspective n'est pas moins belle pendant la nuit; il est d'usage de brûler l'herbe des djengles avant les pluies pour engraisser le sol; dans le jour, on n'aperçoit que la lumière; mais dès que la nuit vient, vous voyez sur un espace de plusieurs milles le pays ardent de cendres rouges, ou brillant d'une vive flamme. »

La côte de Malabar est nommée par les Arabes le *pays du poivre*. Cette épice y abonde et y est de très-bonne qualité. Quand on traverse, près du cap Comorin, la chaîne des Ghâts, on arrive à une porte placée dans un défilé peu élevé; elle fut posée par un radjah de Travancore, afin de protéger son pays contre les incursions des polygars du midi. Au-delà de col, le paysage et l'aspect général de la contrée changent singulièrement; de belles forêts, de grands arbres et des champs cultivés, succèdent aux palmiers chétifs et éparpillés et aux plaines arides de Tinevelly; on s'aperçoit que la population est plus considérable, le commerce intérieur plus actif, l'industrie plus générale. Travancore n'est plus qu'un village; le radjah réside à Triavanderam, lieu également chétif, mais bien plus près de la mer. Alipi est un petit port qui appartient à ce prince, et fait un gros commerce en poivre, riz et bois de charpente. Dans plusieurs endroits, les plaines basses du littoral sont coupées de lagunes bordées d'îles étroites et sablonneuses; on navigue dans ces petits bras de mer, ce qui facilite les communications. On a d'un côté des champs de riz que des digues défendent contre l'irruption de l'eau salée; et l'aspect de leur verdure repose l'œil fatigué de la vue des sables stériles et brûlans du rivage.

Cotyam, dans l'intérieur, a un établissement de missionnaires anglicans; ceux de plusieurs autres communions chrétiennes sont aussi répandus dans cette contrée. On voit dans les cantons voisins et dans d'autres lieux, à diverses distances, des villages entiers habités par des chrétiens indigènes. Cette église subsiste depuis les premiers siècles du christianisme. Les princes hindous accordèrent de grands priviléges à ces chrétiens du Malabar qui ne dépendaient en quelque sorte que de leurs évêques, tant pour le temporel que pour le spirituel. Il paraît même qu'ils eurent leurs radjahs particuliers et que la maison de ceux-ci s'étant éteinte, ses Etats passèrent au roi de Cochin.

Lorsque Vasco de Gama vint à Cochin, en 1503, il y vit le sceptre de ce roi chrétien. Les Portugais furent d'abord agréablement surpris de trouver une centaine d'églises chrétiennes dans ces régions; mais quand ils eurent découvert qu'elles ne reconnaissaient pas le pape et qu'elles recevaient leurs évêques du patriarche nestorien d'Antioche, ils les persécutèrent pour les forcer à se conformer aux maximes de l'Église romaine. Les moyens de rigueur ayant eu peu de succès, on en vint à un accommodement avec un certain nombre de ces chrétiens syriaques : c'étaient ceux de la côte; mais ceux de l'intérieur se montrèrent récalcitrans; ils cachèrent leurs livres dont les Portugais voulaient s'emparer pour les brûler, s'enfuirent dans les montagnes et implorèrent la protection des princes indigènes.

Deux siècles s'étaient écoulés sans que l'Europe occidentale eût reçu aucun renseignement particulier sur ce sujet, quand Claude Buchanan, ecclésiastique anglais, obtint, en 1805, du gouverneur-général de l'Inde-Britannique, la permission de visiter ces églises dont quelques personnes révoquaient l'existence en doute. A la fin de 1806, il arriva dans le Travancore et parcourut les territoires habités par ces chrétiens; il y retourna l'année suivante, et dans la relation qu'il publia en Angleterre, donna des détails très-curieux sur leurs livres des saintes Ecritures, sur leur doctrine, leur langage, leurs mœurs et leurs usages. D'autres ecclésiastiques et même des laïques et des militaires ont également porté leurs pas chez les chrétiens-syriaques du Malabar. Les Anglais les ont naturellement pris sous leur protection, et leur ont fait distribuer les saintes Ecritures, imprimées en syriaque d'après un manuscrit qu'ils avaient confié à Buchanan. Il y a chez eux des écoles, et ils montrent un désir très-louable de s'instruire. Pour aller à quelques-uns de leurs villages, un officier anglais, que nous avons cité plusieurs fois, s'embarqua sur le Panda; c'est un fleuve qui, sortant du versant occidental des Ghâts, se jette dans la mer à Alipi. « Au point du jour, dit-il, nous commençâmes à remonter le Panda qui forme une belle nappe d'eau; ses rives sont partout couvertes de jardins et de bois où nous vîmes en quantité prodigieuse le cocotier, l'aréquier, le bétel, le manguier, l'arbre des bananes, le jacquier, le bananier, le tek, le poivrier et une variété infinie de plantes et d'arbres. La rivière était pleine de poissons et les bois peuplés de nombreuses espèces d'oiseaux différens, quelques-uns parés du plus beau plumage que j'eusse jamais admiré. Des chaumières isolées dans les bois, des escaliers taillés grossièrement dans le roc depuis le bord de l'eau jusqu'à leurs portes, des pirogues glissant légèrement le long du Panda, animaient ce magnifique tableau; son effet était encore rehaussé par la lumière éclatante du soleil levant, dont les rayons dardaient par intervalles à travers l'épaisseur du feuillage ou doraient les cimes ondoyantes de l'aréquier élancé. »

Cochin est située sur une île et dans une position si basse, que, lorsque l'on s'en approche par mer, les toits des maisons sont les premiers objets qu'on aperçoit. Elle est bien bâtie et fortifiée à l'européenne; sa citadelle fut la première que les Portugais élevèrent dans l'Inde en 1503. Le commerce est encore très-actif, et les chantiers de construction sont très-occupés.

Dans le voisinage de Cochin habite une colonie très-ancienne de juifs. « Ils vivent, dit Buchanan, à Mattachery, qui est à un mille de cette ville, et y ont deux belles synagogues. Il y a parmi eux des hommes très-intelligens qui connaissent bien l'histoire de leur nation. On y trouve aussi des juifs des cantons de l'Asie les plus éloignés, de sorte que c'est une source de renseignemens concernant ce peuple dans l'Orient; car, par mer, les communications avec le golfe Arabique, le golfe Persique et les bouches de l'Indus sont continuelles. Les juifs de ce pays-ci se divisent en deux classes, savoir : les juifs de Jérusalem ou blancs, et les juifs anciens ou noirs. Les juifs blancs demeurent à Mattachery; les noirs y ont aussi une synagogue, mais le plus grand nombre est répandu dans les villages de l'intérieur.

3. Benares.

4. Lakhnau.

« Les juifs blancs me montrèrent les tablettes de bronze sur lesquelles sont gravés les priviléges que leur accorda le roi de Malabar dans le quatrième siècle de notre ère. »

Paniany, grande ville à l'embouchure du fleuve du même nom, est principalement peuplée de pêcheurs musulmans, et fait un commerce considérable. Le Paniany traverse un défilé des Ghâts qui coupe presque entièrement la ligne de cette chaîne.

Calicut, également habitée par des musulmans, est sur un terrain bas et baigné par un fleuve que les canots remontent à plus de 30 lieues, et par lequel le bois de tek descend jusqu'à la mer. Ce port très-commerçant est celui que les Arabes de Mascat fréquentent de préférence.

Le vaisseau qui portait madame Graham mouilla le 19 mars devant Calicut. « Hier, écrit-elle le 20, nous passâmes la soirée à terre à Calicut. Nous cherchions à nous retracer les scènes du premier débarquement des Européens dans l'Inde, l'entrevue du samorin et de Vasco de Gama, la perfidie du prince, la bravoure et la présence d'esprit de l'amiral portugais. Mais cette ville a passé entre les mains de tant de conquérans, que toute trace de son ancienne splendeur et de son importance est disparue. A 4 milles au N. de Calicut est un petit bras de mer sur lequel les uns conjecturent qu'était placée la ville de ce nom et où la flotte portugaise dut se réfugier durant la mousson. On voit encore quelques tas de pierres et des pans de murailles près de ce lieu; mais si c'est réellement l'emplacement du vieux Calcutta, le bras de mer doit avoir été beaucoup plus profond qu'il ne l'est aujourd'hui pour qu'il ait pu recevoir même un seul vaisseau.

» Nous eûmes le temps de tout voir, excepté la ville telle qu'elle existe aujourd'hui. Il y a dans son voisinage les restes d'vastes murailles en briques et une porte antique couverte de broussailles. Le bazar est considérable; mais il a l'air de menacer ruine, à cause de la précaution prise ici contre le feu; dans la saison sèche, on découvre toutes les maisons et on ne laisse que la charpente. Cet usage doit fréquemment exposer les habitans à de grands inconvéniens; car souvent de violens orages descendent des montagnes; c'est ce qui arriva le soir que nous allâmes à terre. Vers huit heures, de terribles éclairs, accompagnés d'éclats de tonnerre, sillonnèrent le ciel, et furent accompagnés d'un déluge de pluie qui dura toute la nuit, et dont la population entière n'eut aucun moyen de se garantir.

» Le lendemain matin, nous allâmes nous promener, à quelques milles dans l'intérieur, à une maison de campagne d'un Anglais, bâtie dans le cœur des Ghâts. Sur le chemin, nous vîmes une des maisons du samorin, mais en ce moment il était à Paniany, son séjour de prédilection; c'est là que les vaisseaux du gouvernement ont leur station, à cause de la facilité d'y faire arriver par le fleuve, pendant la saison des pluies, les bois de charpente que l'on coupe dans les forêts des montagnes.

» Nous vîmes près de Calicut les murs de la maison d'un naïr : c'étaient les nobles du Malabar; leur caractère brave et turbulent tourmenta beaucoup, non-seulement les premiers colons portugais, mais aussi leurs propres souverains. La maison d'un naïr était un château entouré d'un parapet ou d'une muraille qu'on ne pouvait franchir qu'à l'aide d'une échelle qui était retirée aussitôt qu'on s'en était servi. Aujourd'hui les naïrs ont le cœur abattu; la muraille enceint encore leur habitation, mais l'échelle reste en place le jour et la nuit, et de toute leur ancienne renommée, il ne subsiste plus que la beauté de leurs femmes qui est justement vantée.

» Nous n'avons aperçu que deux pagodes dans notre promenade; elles sont en ruines; il ne reste dans l'un de ces temples qu'une salle où le service se célèbre encore; elle est couverte en nattes de cadjan. »

Mahé, comptoir français, est placé sur un terrain en pente à la rive gauche d'une rivière que l'on peut remonter en bateau à une distance considérable, et de beau temps il est facile aux petits navires de franchir la barre: le principal commerce est celui du poivre.

Tellichery, à 2 lieues plus au N., est aux Anglais depuis 1683, et le principal marché pour le bois de sandal. Dès 1683, les Anglais y établirent un comptoir.

Cananor, grande ville sur un petit fleuve au fond d'une calanque, a un fort bâti par les Portugais en 1502. Les Anglais en ont laissé la souveraineté nominale à la bibi (dame) de Cananor, qui autrefois comptait les Lakedives dans ses possesions. Elle est musulmane; c'est toujours à la ligne féminine qu'est dévolu le pouvoir suprême, conformément à la coutume du pays, pour les héritages.

Plus au N., à l'embouchure du Tchandraghiri, près duquel s'élève le mont Dilla, séparé du continent par un petit bras de mer, finit la côte de Malabar. Ce nom désigne aussi une province qui n'a pas les mêmes limites. Les musulmans de cette côte, connus sous le nom de Mopleys, descendent en général d'Arabes qui s'y établirent dès le huitième siècle; ils sont actifs, industrieux et riches.

CHAPITRE LIII.

Hindoustan. — Goa. — Bombay. — Elephanta. — Golfe de Cambaye. — Surate. — Le Goudjerate.

« Après avoir passé lentement, dit madame Graham, devant Tellichery, les îles Ankedives et le cap Ramas si pittoresque, nous arrivâmes en vue du fort d'Aguada, à l'entrée du port de Goa. J'espérais pouvoir débarquer le lendemain matin pour voir l'ancienne ville, les églises de marbre, les magnifiques couvens, et présenter mes respects à la châsse de saint François Xavier; mais dans la nuit un vent contraire s'éleva et nous éloigna de la côte, de sorte que je fus obligée de me résigner à cette contrariété, en réfléchissant à la misère actuelle de cette colonie jadis si florissante; elle aurait empoisonné le plaisir que j'aurais pu me promettre de la contemplation de sa beauté extérieure. La vieille ville est si insalubre, qu'on en a bâti une à quelque distance, et les rues dépeuplées de l'ancienne cité ne retentissent plus que du bruit de quelque procession qui passe. »

La décadence de Goa remonte au dix-septième siècle. Pierre Della Valle, célèbre voyageur italien, qui visita cette ville en 1623, dit, après avoir parlé de sa population noire et des esclaves : « Les Portugais, qui y sont en petit nombre, possédaient autrefois de grands biens; mais à présent ils sont réduits à d'extrêmes misères par les grandes pertes qu'ils ont faites sur ces mers depuis les excursions des Hollandais et des Anglais. » C'était bien pis encore quand Tavernier y vint en 1641 et en 1648. Il dit que dans cet intervalle la ruine de cette cité avait fait des progrès rapides.

Le gouverneur réside à Pandjim ou Villa-Nova de Goa, bâtie à l'extrémité d'une île, près de l'embouchure du Mandava; elle a deux bons ports, et le commerce y est assez actif.

Bombay, bâti à l'extrémité S. E. d'une île de même nom, est une grande ville dont la population s'élève à 250,000 ames; la troisième présidence de l'Inde-Britannique y siége. Le port est le meilleur et le plus sûr de toute cette côte; il s'y fait un commerce immense; des chantiers de construction pour la marine militaire et la marine marchande, dans lesquels travaillent des ouvriers parsis ou guèbres, sans le secours des Européens, y sont dans une activité continuelle. Ces Parsis composent la masse des habitans de l'île de Bombay.

Ce fut dans cette ville que mourut, le 7 décembre 1832, Victor Jacquemont, à l'âge de trente-un ans; il avait déjà parcouru toute la partie de l'Hindoustan baignée par le Gange, les pays des Seïks, des Mahrattes et des Radjepoutes, enfin les cantons occidentaux du Dekhan; attaqué, dans ses excursions près de Bombay, de la fièvre des bois, il succomba, laissant des regrets à tous les amis des sciences qui espéraient avec raison de beaux résultats de ses recherches. Heureusement ses manuscrits, parvenus en France et confiés à des mains amies et habiles, se publient et nous montreront ce qu'il a fait jusqu'au moment où il fut prématurément enlevé.

L'île de Salsette, au N. de celle de Bombay, lui est jointe par une chaussée; près du village de Kenery, on voit d'immenses excavations semblables à celles d'Elora et de Carli. La plus grande était un temple de Bouddha; elle a servi d'église aux Portugais, qui ont effacé la plupart des bas-reliefs de l'intérieur.

Kalapour, autre île du groupe de Bombay, a été nommée Elephanta par les Européens à cause de la figure colossale d'un éléphant, taillée dans une pierre noire, au pied d'un coteau, près du lieu de débarquement. En septembre 1614, la tête et le corps de ce gigantesque ouvrage s'en détachèrent, et depuis le reste du corps menace de tomber aussi. A quelque distance de là, un vaste temple creusé dans le roc attire la curiosité de tous les voyageurs. Sa voûte est soutenue par une colonnade également taillée dans le roc. Au centre on contemple encore la représentation du *Trimourti* (Trinité des Hindous) de dimension colossale (PL. XXXVII — 1). Elle a échappé miraculeusement aux dévastations des Portugais qui, excités par un fanatisme aveugle, firent jouer le canon pour détruire les symboles de l'idolâtrie de ce monument. Tous les voyageurs qui ont visité la côte occidentale de l'Inde ont décrit les cavernes de Salsette et d'Elephanta.

Le petit port de Damân, à l'embouchure du Dommouy-Ganga, est aux Portugais avec son petit territoire. On y construit beaucoup de navires, parce que les forêts voisines abondent en beaux bois de charpente. Les Parsis y ont un temple dans lequel ils prétendent conserver, depuis près de 1,200 ans, le feu sacré qu'ils ont apporté de Perse.

Un peu au N. commence le golfe de Cambaye,

qui s'enfonce à une cinquantaine de lieues dans la province de Goudjerate. Il est borné à l'O. par la presqu'île de ce nom; sa largeur varie de 6 à 40 lieues. Au fond de ce bras de mer, à 7 lieues de la ville qui lui donne son nom, le fond reste à sec quand la mer est basse; puis, quand la marée monte, c'est avec une vitesse de 2 lieues à l'heure, et elle s'élève jusqu'à 25 et 30 pieds.

Surate, sur la rive gauche du Tapti, à 6 lieues de la mer, compte 160,000 ames; son commerce est bien déchu de ce qu'il fut au dix-septième siècle; alors toutes les nations maritimes de l'Europe occidentale y avaient des comptoirs, et les relations des voyageurs s'accordent toutes pour vanter la splendeur et la richesse de cette ville. Aujourd'hui Bombay l'efface.

D'ailleurs Surate est une ville très-laide, les rues y sont étroites, tortueuses et sales, les maisons presque toutes en terre et en bambous. Les étages supérieurs forment une saillie continue. Les Parsis possèdent la moitié de ces habitations.

« Je n'y ai vu, dit Heber, aucun édifice remarquable, soit musulman, soit hindou. Le palais du nabab est moderne; ce prince vit d'une pension annuelle d'un lak et demi de roupies. Il n'a pas de territoire. »

Des voyageurs ont vanté l'hôpital que des Hindous y ont élevé pour les animaux; on y élève et nourrit non-seulement des singes, des bestiaux, des chiens, des chats, des oiseaux, notamment des paons, des tortues, mais aussi des punaises, des puces et autres insectes immondes. Il est tout naturel de ne pas trouver louable cet excès de charité.

L'embouchure du Nerbedah est à 12 lieues au N. de celle du Tapti; en remontant ce fleuve, on trouve sur sa rive gauche Baroche, grande ville en décadence. « Quoiqu'elle soit près de 40 milles de la mer, dit Heber, la brise du S. O. y arrive avec la marée montante, et répand dans l'air une fraîcheur bien agréable. Toutefois le climat de cette ville et celui de toute la province du Goudjerate où elle est située n'est pas favorable à la santé des Européens.

» Je ne visitai pas l'hôpital des animaux; une curiosité des environs est le célèbre arbre des banianes, nommé *kavir bar*, d'après un santon qui, dit-on, le planta. Il est dans une île du Nerbedah, qu'il couvre entièrement. Dès le temps de l'arrivée des Portugais, il était fameux; tous les voyageurs anciens en ont fait mention, et Milton l'a chanté dans son *Paradis perdu*. Les Hindous racontent que 10,000 cavaliers pouvaient être à l'abri sous son ombre; depuis quelques années les débordemens du fleuve ont emporté une partie assez considérable du sol dans lequel ses branches avaient pris racine par les jets qui en descendent; mais il en reste encore suffisamment pour faire un des plus magnifiques bocages du monde. »

Ahmedabad, sur la rive droite du Sabermatey, fut jadis la capitale d'un royaume musulman indépendant et florissant; aujourd'hui ses ruines nombreuses attestent son ancienne splendeur. Au mois de juin 1819, un tremblement de terre la ravagea, et étendit ses dégâts sur Baroche, sur plusieurs autres villes, et sur la presqu'île du Goudjerate.

Celle-ci, resserrée entre le golfe de Cambaye à l'E., la mer au S. et à l'O., et le golfe de Cotch au N., est généralement montueuse, excepté dans l'E. où s'étendent de vastes plaines. Les monts Tcholala sont remarquables par leur aspect sauvage et la barbarie de leurs habitans; le mont Polletana est cité pour les temples qui ornent son sommet; le Rioutatchil, la plus haute des collines de Djanaghor, est sacré et entouré de plusieurs autres moins élevées, que des vallées séparent. Tous ces groupes et plusieurs autres envoient des rameaux dans diverses directions; enfin des collines s'élèvent isolément au milieu des plaines. Toute la péninsule est remplie de sanctuaires très-renommés parmi les Hindous.

Le golfe de Cotch s'enfonce dans les terres à une distance de 40 lieues de l'E. à l'O. Sa largeur, qui est de 15 lieues à son entrée, diminue graduellement vers l'E., et n'est plus que de 2 lieues lorsqu'il se confond avec le Ren, vaste espace, qui tantôt est un désert aride, tantôt un lac bourbeux. Le Ren a une surface de 1,000 lieues carrées. L'île de Tchokar le divise en deux parties: celle de l'E. communique avec le golfe de Cotch; celle de l'O., la plus considérable, est traversée par les bras les plus orientaux de l'Indus.

Des géographes ont appelé le Ren un marais; « mais, dit M. Burnes, voyageur anglais, cette dénomination manque d'exactitude, car il n'a rien de ce qui caractérise un marais, n'étant couvert ni imbibé d'eau qu'à de certaines époques; on ne voit ni roseaux ni herbes dans son lit, qui, au lieu d'être vaseux, est dur, sec et sablonneux, et tellement compact qu'il ne devient jamais argileux, à moins que ce ne soit par le séjour prolongé de l'eau dans quelque endroit, et d'ailleurs n'est jamais ni mou ni fangeux. C'est une immense étendue de sable durcie, aplatie, imprégnée de sel, qui a quelquefois un pouce de profondeur, parce que le soleil a fait évaporer l'eau, et ailleurs cristallisé magnifiquement en gros morceaux. Tout le pays voisin est tellement pénétré par cette surabondance de sel, que les puits que l'on creuse au niveau du Ren deviennent salés; comme le Ren est plus bas que la contrée qui l'entoure, il paraît assez probable que c'est un lac ou un bras de mer desséché.

» Nulle part le mirage n'est plus remarquable que dans le Ren; les habitans lui donnent justement le nom de *fumée* (dhonan). Vus d'une certaine distance, les plus petits arbustes prennent l'aspect de forêts, et, lorsqu'on s'en approche, on croit apercevoir tantôt des navires à la voile, tantôt des vagues qui brisent contre un rocher. Une fois, un groupe de buissons me représenta un quai garni de navires haut-mâtés; lorsque je fus plus près, il n'y avait pas de banc qui par son voisinage des buissons pût expliquer l'illusion. Quand étant sur le Ren on regarde les coteaux du Cotch, ils paraissent d'une hauteur considérable et enveloppés par les nuages, car des vapeurs cachent leur base. Le *khar gadha* (âne sauvage) est le seul être vivant qui habite cette région désolée; il y erre en troupes nombreuses; sa taille ne dépasse pas celle des ânes ordinaires; mais de loin il semble quelquefois aussi gros qu'un éléphant. Tant que le soleil luit, le Ren offre l'aspect d'une immense nappe d'eau; les hommes qu'une longue habitude a familiarisés avec ces illusions d'optique peuvent seuls distinguer la vérité. Dans les temps couverts, le Ren vu de loin paraît plus haut que le point où l'on se trouve; mais cette observation s'applique également à la mer et aux autres grandes surfaces aquatiques.

» Le tremblement de terre de 1819 produisit des fentes et des crevasses nombreuses à la surface du Ren: des témoins oculaires m'ont raconté que pendant trois jours ces ouvertures vomirent des quantités prodigieuses d'une eau noire et bourbeuse; l'eau sortit en bouillonnant des puits d'un territoire situé sur les bords du Ren, et elle inonda le pays à une hauteur de 6 et même 10 pieds; les pasteurs et leurs troupeaux ne se sauvèrent qu'avec peine. Des tas de clous de navire et de morceaux de fer furent rejetés du sein de la mer dans l'enceinte d'un ancien rempart, et depuis des objets semblables ont été découverts dans les environs de ce lieu en y creusant des réservoirs. »

Le Cotch, renfermé entre le golfe de ce nom, le Ren et la mer d'Oman, est traversé de l'E. à l'O. par les monts Ouâgor qui envoient des rivières de divers côtés; le terrain est très-fertile, on y voit de grandes forêts. Les habitans sont des Radjepoutes musulmans, qui autrefois exerçaient la piraterie, et portaient la terreur dans les contrées et les mers voisines. Ce pays est partagé entre plusieurs petits chefs; celui qui réside à Bhodj est le plus puissant; les Anglais occupent quelques cantons, et tiennent tous les autres en respect.

La presqu'île de Goudjerate obéit également à plusieurs petits princes, qui sont tributaires, soit des Anglais, soit du radjah de Baroda; ce potentat est désigné par le nom de Guykovar, qui est celui de sa famille. Sa capitale, peuplée de 100,000 ames, est située sur la rive gauche du Dhador, dans un canton fertile et bien cultivé au N. de Baroche.

CHAPITRE LIV.

Hindoustan. — L'Adjemir ou Radjepoutana.

Au N. de la province de Goudjerate s'étend celle d'Adjemir, nommée aussi Radjepoutana et quelquefois Marvar. Sa longueur du N. au S. est de 126 lieues, et sa largeur de 72. Sa surface est généralement unie et son sol sablonneux. L'aspect de quelques-uns de ses cantons est affreux, l'œil n'y aperçoit qu'un désert. C'est au N. et à l'O. du Ren que commencent ces terres stériles et inhabitées. Le désert de Tharr est le plus occidental; M. Burnes visita en 1828 le petit territoire de Parkar qui forme une oasis, et que des chaînes de coteaux protègent, d'un côté contre les envahissemens des sables, de l'autre contre ceux du Ren.

Le désert se prolonge vers le N. Des routes le traversent et passent sur des coteaux et dans des vallées; ses collines ressemblent à celles que produit le souffle des vents sur le bord de la mer, mais elles les surpassent de beaucoup en hauteur, car elles s'élèvent de 20 à 100 pieds. Les habitans disent qu'elles changent de position et de figure suivant les mouvemens de l'air. En été, il est dangereux de voyager dans cette partie du désert, à cause des tourbillons de sable brûlant; en hiver, on est moins exposé à ce péril. On rencontre dans ce désert des arbrisseaux épineux et une espèce d'herbe particulière, ce qui présente çà et là des tapis de verdure.

Quelquefois, au milieu de ces coteaux, on aperçoit de misérables villages composés de cabanes en paille, basses, surmontées de toits coniques, et

1. Femmes qui filent.

2. Paysans de Babor.

entourées de haies d'épines sèches. Des champs entourent ces chétives demeures, et attendent les rosées et les pluies périodiques pour humecter le sorgho et des légumes. On creuse dans quelques endroits des puits qui ont souvent jusqu'à 300 pieds de profondeur, et seulement 3 pieds de diamètre; ils sont revêtus de maçonnerie; l'eau qu'on en tire est saumâtre, malsaine et peu abondante. Le mirage est fréquent dans ces sables brûlans et arides.

En avançant vers le N., on arrive à un terrain argileux et dur qui résonne sous les pieds des chevaux, qui est complètement dénué de végétation, et où, excepté un petit fort voisin d'un étang, on ne rencontre ni habitans ni eau; toutefois c'est une route fréquentée par les caravanes. Enfin le désert cesse tout-à-coup, et l'on voit un pays bien arrosé et cultivé.

A l'E., le désert se confond insensiblement avec la province de Dehli; à l'O., il se prolonge au-delà du Radjepoutana. On voit qu'il fait des progrès, et cependant il est soumis à l'influence des pluies périodiques, qui tous les ans versent sur sa surface altérée un déluge d'eau bientôt absorbée. Des rivières ne l'arrosent que dans sa partie méridionale, où il y a, de même que dans les cantons montueux, des arbres qui mettent les habitans à l'abri des ardeurs du soleil; on y bâtit et on y couvre les maisons en pierres; quand on fait les toits en chaume, les chevrons qui les soutiennent sont en herbes nattées.

Le terrain dans toute la province est salin; on y voit beaucoup de sources et d'étangs dont l'eau est salée; le salpêtre s'engendre presque partout spontanément; l'eau d'un très-grand nombre de puits est plus ou moins saumâtre. Néanmoins, malgré tant de circonstances contraires à l'agriculture, on a remarqué que, dans les années ordinaires, le prix du grain ne varie pas plus dans l'Adjemir d'une année à l'autre, que dans le Bengale, pays si justement renommé pour sa fécondité, et où toujours, avant la moisson, le riz s'élève à un taux qui est calamiteux pour le pauvre.

La population se compose de Djâts et de Radjepoutes; les premiers sont de petite taille, noirs et fort laids; les autres sont grands, ont de belles figures, des manières hautaines et une indolence extrême. Ils sont les maîtres du pays, qui est divisé en plusieurs petits États. Jamais l'Adjemir ne fut entièrement soumis à l'empire mogol, quoiqu'une partie lui eût été réunie et lui payât tribut; mais sans cesse des révoltes éclataient. Depuis la chute de cet État, les chefs de l'Adjemir, rendus à leur indépendance complète, ne cessèrent pas de guerroyer entre eux; les Mahrattes ayant profité de ces dissensions intestines pour s'emparer d'une partie du pays, ces petits potentats se sont placés sous la protection de la Grande-Bretagne. Ils résident chacun dans la capitale de sa principauté. La constitution de tous ces États rappelle le système social du moyen-âge; chaque canton, chaque ville, et même chaque village, étant gouverné par un chef qui prend le titre de *thakour* (seigneur), et fréquemment ne respecte guère les ordres de celui qui se qualifie son souverain. « Leurs mœurs, s'écrie Jacquemont, ressemblent étonnamment aux mœurs chevaleresques de la France féodale. »

Aujourd'hui ces États forment une confédération, et vivent en paix. Les principales villes sont Bicanir, Djesselmir, Djeypour, Djoudpour et Odeypour. Les Anglais possèdent Adjemir et son territoire; ils y tiennent une garnison assez forte pour protéger le pays contre ses ennemis, et pour empêcher les Radjepoutes de se révolter ou de se faire la guerre entre eux.

Heber et Jacquemont ont vu la partie orientale du Radjepoutana.

Heber venait d'Agra; il traversa d'abord les États du radjah de Bhertpour, duquel il entendit dire beaucoup de bien, et qui envoya son ministre pour lui présenter ses hommages. « Le pays, dit-il, quoique dénué de bois, a plus d'arbres épars que je n'en avais aperçu depuis plusieurs jours; et quoique le terrain soit sablonneux et seulement arrosé par des puits, c'est un des mieux cultivés et des plus verdoyans que j'aie vus dans l'Inde; des rigoles conduisent l'eau dans les champs. Tout annonçait l'aisance et la sécurité; la population ne paraissait pas considérable, mais le petit nombre de villages que je traversai était en bien meilleur état que ceux des territoires de la Compagnie. » Le prélat s'arrêta ensuite à Farsa, village situé sur les flancs d'un coteau de grès, au-dessous duquel s'étend une cavité sablonneuse. « Mais, ajoute-t-il, on me dit que dans la saison des pluies c'est un ruisseau considérable. Il y a dans le village un château-fort appartenant au radjah; il est maintenant vide et en ruines; mais son architecture n'est pas du tout de mauvais goût, et la cour qui l'entoure est ornée d'un rang de beaux portiques en pierre bordant l'intérieur du rempart en terre.

» Le soir, nous allâmes nous promener dans les champs voisins, presque tous couverts de superbes moissons de froment encore vert. Cependant le terrain n'est que du sable pur; mais sous le soleil de l'Inde le sable devient fertile par l'irrigation. Les habitans de cette contrée sont tellement pénétrés de cette vérité, que, malgré les pluies tombées récemment, nous les vîmes partout très-occupés avec leurs bœufs aux roues de leurs puits, faisant monter l'eau pour remplir les *gouls* (rigoles). Ce travail fatigant doit être dispendieux; mais ils sont bien récompensés de leurs peines et de leurs frais par la bonne apparence des campagnes. Je remarquai que les gens qui remplissaient les gouls avaient leurs lances fichées en terre près d'eux. Je demandai si c'était une précaution nécessaire : on me répondit que maintenant on jouissait de la paix et qu'on ne craignait rien; mais que cet usage avait commencé dans le temps des troubles, et qu'il était bon de le conserver, de crainte que les troubles ne revinssent. Naturellement tous les voyageurs sont armés, mais les paysans en général n'ont pas un aspect aussi belliqueux que ceux de l'Aoude. J'avais entendu parler bien différemment des gens de ce pays ; mais dix années de paix sont suffisans pour avoir produit un changement aussi considérable dans leurs habitudes et leurs sentimens.

» Je vis beaucoup de paons et de ces beaux pigeons verdâtres communs dans ces contrées. Tous ces oiseaux étaient aussi peu farouches que les volailles de nos basses-cours, et se dérangeaient à peine de la route pour nous laisser passer ; ils ornent magnifiquement ces cantons.

» Les femmes djâtes sont, je le crois, plus grandes et plus robustes que celles des provinces que je venais de parcourir ; toutes sont vêtues de manteaux rouges d'un tissu ressemblant à celui des châles, ce qui a meilleur air que la toile de coton sale et grossière dont les femmes du Bengale et du Douab s'enveloppent.

» L'approche d'Ouarh s'annonce par de superbes bocages ; chaque parcelle de terrain cultivé est entourée d'arbres. C'est une grande ville ceinte d'un mur en terre. En faisant le tour des remparts pour arriver à mon camp, je passai devant des baraques habitées par des *tchamars* (corroyeurs) et autres Hindous des classes inférieures, qui exercent des professions regardées comme impures par leurs compatriotes; par conséquent ils ne sont jamais admis dans l'intérieur des villes, non plus que les lépreux, et on trouve généralement beaucoup de Zinganes parmi cette population mélangée et rebutée, qui ordinairement est aussi immorale que dégradée et malheureuse.

» Morah, place frontière de la principauté de Djeypour, a une grande citadelle en terre flanquée de six bastions, et sur un coteau éloigné à peu près de deux milles, il y avait un autre château plus considérable. Nous étions dans un pays où, jusqu'à ces derniers temps, un fort était aussi nécessaire à un laboureur qu'une grange l'est en Angleterre. Il est vrai que les excursions des Pindarris ne s'étendaient pas souvent jusqu'au point où nous sommes maintenant, mais elles n'y étaient pas inconnues. La réputation de courage dont jouissent les Djâts les a préservés en partie des horreurs auxquelles les Radjepoutes, faibles et désunis, étaient exposés, et aujourd'hui, même dans le Djeypour, une famille peut dormir en paix et avec assez de sécurité contre les meurtres, les tortures et la violence. Toutefois l'état de la société est encore si peu réglé, qu'un homme doit surtout compter sur son sabre pour protéger sa tête, et que le vol du bétail ou le brigandage sont à peine regardés comme des crimes. »

Des châteaux couvrent les sommets de toutes les éminences du pays que Heber traversait ; en un jour il n'en compta pas moins de sept. La roche était granitique, on l'apercevait à travers le sable et des herbes flétries. La terre était plus aride, les montagnes devenaient plus escarpées et plus hautes. Djeypour, situé dans une vaste plaine, est grande et défendue par de hautes murailles crénelées et flanquées de tours; ces fortifications extrêmement pittoresques seraient d'une pauvre défense. Les arbres dont les maisons de la ville sont entremêlées, et les jardins qui en dépit de la maigreur de la terre sont épars autour de ses murs, produisent un effet charmant. On rencontre l'eau à peu de profondeur, et avec son aide, sous ce climat, on donne un degré passable de fécondité au sol le plus rebelle à la culture.

« La ville, ajoute le voyageur, est régulièrement bâtie, et remarquable parce qu'un seul souverain, Djaïa-Sing, en a donné le plan. Ce monarque est célèbre dans l'Inde pour son savoir dans l'astronomie. Il fit construire des observatoires à Djeypour et dans d'autres villes. La plupart des maisons ont deux étages, quelques-unes en ont trois et quatre, avec des fenêtres et des balcons ornés, et pour la plupart bien sculptés; elles sont en pierre et revêtues d'un beau stuc qui imite le marbre; les nombreux temples ressemblent à ceux de Bénarès. Une belle tour, haute de 200 pieds, s'élève près du palais qui, avec ses jardins, couvrait près d'un sixième de la surface de la ville. Il offre une façade à sept étages, dont les supérieurs sont moins larges que les autres ; elle représente par son architecture la queue d'un paon; les vitrages coloriés de ses fenêtres imitent les yeux du plumage de cet oiseau. Dans l'intérieur, les escaliers sont remplacés par des plans inclinés doucement et dont la montée est très-aisée; les appartemens sont généralement bas et sombres, mais décorés et peints richement. La ville est propre, et bien que beaucoup de maisons soient délabrées, on y compte encore 60,000 ames. »

Tout près de Djeypour, Heber visita Ambir, l'ancienne capitale; le palais est d'une vaste étendue, et renferme de grands et magnifiques bâtimens, et des temples. Heber en compare les ornemens à ceux du Tadjmahal d'Agra.

Le 7 février, Heber approchait d'Adjemir. « Le pays, dit-il, était aussi aride qu'auparavant, mais plus montueux; des groupes d'arbres épineux et des buissons de cactus en rompaient l'uniformité. Une quantité considérable de chameaux paissaient dans cette campagne. Au premier aspect d'Adjemir, mon attente fut déçue : je croyais voir une grande ville; seulement elle est bien bâtie, mais d'une étendue médiocre, sur la pente d'une montagne. Les maisons sont généralement blanchies, et les rochers voisins sont revêtus d'arbres épineux et de broussailles qui cachent leur nudité, et font bien ressortir les petites mosquées et les tombes musulmanes en ruines éparses autour de l'enceinte de cette cité sainte. Sur le sommet de la montagne, on voit le Taraghar, forteresse remarquable dont le circuit est de près de 2 milles, mais qui, d'après l'irrégularité de sa forme et de sa surface, ne peut pas contenir plus de 1,200 hommes. Toutefois cette citadelle est, sous beaucoup de rapports, une excellente place d'armes; le rocher étant presque partout inaccessible, elle est abondamment approvisionnée d'eau dans toutes les saisons par des réservoirs et des citernes creusés dans le roc. Tous les bâtimens sont à l'épreuve de la bombe, et on en pourrait aisément faire un second Gibraltar; mais la politique du gouvernement britannique dans l'Inde n'est pas de s'appuyer sur les forteresses, et on laisse dépérir tous ces ouvrages.

» Le principal attrait d'Adjemir aux yeux des musulmans est le tombeau du cheïkh Khodja Maouddin, personnage célèbre par sa sainteté, et renommé dans toute l'Inde par ses miracles. La foule des pélerins que nous avons rencontrés depuis trois ou quatre jours prouve que la dévotion pour le sanctuaire n'a nullement diminué, et, dans le Malvâh, il arrive souvent aux dévots qui sont allés visiter le tombeau du cheïkh, de placer près de leur demeure une brique ou une pierre qu'ils en ont tirée; cette possession leur confère un caractère de sainteté, et les rend l'objet d'un pélerinage.

» Les souverains de Dehli favorisèrent Adjemir de plusieurs manières, et surtout en faisant barrer au-dessus de cette ville l'issue d'une vaste vallée, dans laquelle ils dirigèrent plusieurs petits ruisseaux. Il en résulta un magnifique lac d'eau douce, dont la circonférence est de 4 milles, et de 6 milles dans la saison des pluies. Il suffirait, dans cette dernière saison, pour répandre la fertilité dans tout le voisinage; du reste, il fournit de l'eau excellente, abonde en poissons, et on pourrait y naviguer s'il y avait des bateaux.

» Le chemin jusqu'à Nessirabad, éloigné de 14 milles, passe par une plaine sablonneuse, rocailleuse, et bordée de chaque côté de montagnes, qui auraient été pittoresques si le premier plan du tableau eût été moins triste et moins aride. Les coteaux deviennent plus élevés; les petits vallons et les plaines pierreuses qui séparent leurs chaînes sont habités par les Mhaïrs, peuplade musulmane de nom, mais qui réellement n'a de respect pour aucune religion, et est adonnée au brigandage. Nos troupes ont eu beaucoup de peine à les réduire. Quand ils furent assurés qu'on les protégerait contre leurs voisins du pays inférieur, et que leurs terres seraient exemptes de tribut, ils se rendirent. On a levé parmi eux, à leur grande satisfaction, un corps de troupes légères; ces soldats se sont montrés braves et fidèles. On suppose que ces Mhaïrs appartiennent à la même race que les Bhils, qui sont également des montagnards. »

Jacquemont dit qu'Adjemir est la plus jolie ville qu'il ait jamais vue dans les plaines. Il fit de là une excursion à Beaour, capitale du Mhaïrvarra, contrée montagneuse habitée par une race sans autre industrie depuis des siècles que le brigandage dans les plaines adjacentes du Marvar et du Mevar, et convertie miraculeusement depuis dix ans à l'ordre et à la liberté; la dernière toutefois n'est qu'à l'usage des hommes. Le mari achète sa femme; le père vend sa fille, le fils vend sa mère. Le déshonneur pour les femmes consiste à n'être pas vendues ou à être mal vendues.

« J'ai vu, dit-il ailleurs, un peuple de voleurs et de meurtriers changé maintenant en une industrieuse et paisible nation de bergers et de cultivateurs. Aucun chef radjepoute, aucun empereur mogol n'avait été capable de les réduire; il y a quatorze ans tout était à faire pour eux, et il y en a six ou sept que tout est fait. Un seul homme a accompli cet étonnant miracle de civilisation, le major Henri Hall. Il a achevé cette admirable expérience sociale sans qu'elle ait coûté la vie de personne. Il s'assura des plus dangereux, les enferma ou les fit travailler enchaînés aux grandes routes. Ceux qui avaient vécu long-temps de leur épée sans commettre de cruautés inutiles, il les fit soldats; ils devinrent en cette qualité les gardiens de leurs anciens associés, et souvent de leurs anciens chefs; et le reste de la population se soumit à cultiver la terre. Le meurtre des enfans du sexe féminin était généralement pratiqué chez les Mhaïrs comme dans tout le Radjepoutana. Maintenant les décès ne sont pas moins nombreux parmi les enfans mâles que parmi ceux de l'autre sexe, ce qui prouve que cette pratique barbare a été abandonnée. Cependant à peine un seul homme a-t-il été puni pour ce fait. Le major Hall, au lieu de sévir contre les coupables, s'attacha à détruire la cause du crime; il le rendit inutile et nuisible même à leurs auteurs, et jamais il ne reparut. »

CHAPITRE LV.

Hindoustan. — Le Malvâh. — États de Holkar et de Sindiah. — Seiks soumis aux Anglais.

Au S. de l'Adjemir et à l'O. du Goudjerate s'étend l'ancienne province de Malvâh dont le nom en sanscrit signifie pays montagneux. Cette contrée est partagée aujourd'hui entre Holkar et Sindiah, princes mahrattes qui en possèdent la plus grande partie, les Radjepoutes qui ont quelques cantons du N. O., le radjah de Bôpal, les principautés du Bendelkend, et les Anglais qui ont gardé les territoires orientaux.

Le Malvâh offre un plateau dont l'altitude moyenne est de 334 toises, et que traversent de l'E. à l'O., dans sa partie méridionale, les monts Vindiah, formant la ligne de partage entre les eaux qui vont tomber dans le golfe de Bengale et celles de la mer d'Oman; les montagnes se rattachent dans l'E. à celles du Gandouana, et envoient au N. une arête qui sépare les affluens du Djemna des rivières qui se jettent dans les golfes de Cambaye et de Cotch. L'altitude du pic le plus élevé, du côté de Mandou, est de 438 toises.

La température est généralement modérée et le climat salubre; juin, juillet, août et septembre sont les mois pluvieux; dans la saison chaude, les vents brûlans du N. et de l'O. sont comparativement doux et de peu de durée. Le terrain est renommé pour sa fertilité, et l'opium qu'on y récolte est le plus réputé dans le commerce; le tabac du territoire de Bhilsa passe pour le meilleur de l'Inde.

Les principales rivières sont le Tchemboul, le grand et le petit Cali-Siadi, le Perbatty, qui vont grossir le Djemna; le Nerbedah et le Mahy, qui arrivent au golfe de Cambaye. Le Nerbedah seul est navigable; mais, à la saison des pluies, toutes sont sujettes à des débordemens. Les sources du Tchemboul et du Mahy sont dans les monts Vindiah et très-rapprochées l'une de l'autre.

C'est surtout dans les montagnes voisines du Nerbedah qu'habitent les Bhils : ce sont des hommes de petite taille, mais d'un caractère déterminé. « Ce peuple, suivant le témoignage de Jacquemont, est brigand par profession. Leurs souverains mahrattes étaient inhabiles à les gouverner; mais, depuis 1820 à peu près, les Anglais ont entrepris d'administrer leur pays en en remettant les revenus au prince mahratte; déjà ils ont produit un immense et salutaire changement dans les mœurs de ces sauvages. »

La principauté de Bôpal, située dans le S. du Malvâh, est un pays très-montagneux où plusieurs rivières considérables prennent leur source, et où vivaient les Pindarris, qui, depuis, se répandirent dans le reste de la province. C'était un corps de brigands de toutes sectes, qui ne tarda pas à se grossir de soldats licenciés ou déserteurs, d'aventuriers, de mécontens, de criminels échappés à la justice, et à jeter partout la désolation. Ils devinrent assez puissans pour donner un secours efficace aux Mahrattes. Ils combattirent avec eux en 1761 à Pannipat, dans les plaines du Douab. Les Anglais ont réussi à mettre un terme à leurs brigandages.

Le Bendelkend s'étend en partie dans l'ancienne province d'Allahabad, en partie dans celle de Malvâh; il est traversé par les monts Vindiah et Kimour, qui, s'élevant par étages, soutiennent un plateau; l'altitude de la ligne de faîte de la chaîne inférieure égale celle du plateau du Malvâh; au-dessus, on rencontre les Ghâts de Pannah; puis on atteint aux monts Bendaïr.

Les principales rivières sont le Ken, le Desan et le Betva; la main des hommes y a construit d'immenses réservoirs que l'on désigne par le nom de lacs. Les arbres y sont peu nombreux; on y exploite des mines de fer, et sur

3. Pagodes sur le Hougly.

2. Suspension d'un Dévôt.

le plateau, près de Pannah, on travaille depuis long-temps à des mines de diamans. Elles sont la propriété du prince de Pannah et du gouvernement britannique. Jadis elles étaient très-productives; aujourd'hui, elles le sont beaucoup moins; cependant, on en tire encore d'assez belles pierres.

Indore, dans une plaine spacieuse, à 75 lieues N. E. de Surate et à 2,000 pieds d'altitude, est la capitale de l'Etat de Holkar, qui est composé de trois parties séparées l'une de l'autre. Leur superficie totale est de 2,700 lieues carrées et la population de 1,200,000 ames. Le revenu du prince est à peu près de 6,000,000 de francs.

La vieille ville d'Indore ayant été détruite par le feu dans la guerre entre Sindiah et Holkar en 1801, la nouvelle est presque entièrement moderne, et, depuis 1818, elle s'est agrandie avec une telle rapidité, que la population, en quelques années, a monté à 90,000 ames. C'était un spectacle très-rare dans l'Inde, que celui de rues entières formées de nouvelles maisons qui se construisaient de toutes parts. Toutefois, c'est une ville assez laide et mal bâtie, et, à l'exception de quelques édifices des faubourgs, on n'y voit pas de monumens remarquables.

Mandou, à 14 lieues au S. O. d'Indore, fut, dans l'origine, la capitale d'une principauté hindoue, et plus tard celle des Khillighis, souverains musulmans du Malvâh; sous leur règne, elle devint très-florissante; elle avait avec ses faubourgs et ses jardins plus de 7 lieues de circonférence, et portait le nom de Châdiabad. Aujourd'hui, elle présente un vaste espace rempli de ruines; lorsque Roe, voyageur anglais, la visita en 1615, elle était déjà bien déchue de son ancienne splendeur.

On retrouve encore les restes de ses murs, et on admire le palais de Baz-Babadour, bâti sur une éminence, le Djehaz-ka-Mahad, qui est sur une sorte d'isthme, entre deux vastes réservoirs, enfin la mosquée majeure, la plus belle et la plus grande de l'Hindoustan. Depuis plus d'un siècle avant l'occupation du Malvâh par les troupes britanniques, Mandou semble avoir été abandonné aux tigres et aux bandes de Bhils, qui en faisaient leur repaire et cachaient dans ses édifices le fruit de leurs rapines. Ils en ont été chassés; mais jusqu'en 1820, la seule population permanente ne consistait qu'en quelques pénitens hindous.

Jacquemont alla d'Indore à Mandou : « Ruines immenses, dit-il, et peu connues, sur le bord du plateau que supportent les montagnes de Vindiah. La chaleur était devenue excessive. De là, je descendis à Mheysour, sur les bords du Nerbedah, et il y a trois jours, j'arrivai à Mundlesir. Quoique ce soit un des lieux les plus chauds de l'Inde, je m'y refais. Cette contrée, dont la structure géologique est tout-à-fait particulière, a aussi une configuration qui lui est propre, et diffère entièrement de tous les pays de l'Inde que j'ai vus auparavant. Le Nerbedah a un caractère original de beauté qu'aucun autre fleuve ne m'a présenté : il est bien étrange! »

Mundlesir n'est qu'une petite ville, mais sa position sur la route militaire de l'Hindoustan septentrional au Dekhan a décidé les Anglais à y établir une station militaire. Sur un monticule rocailleux, à un mille au N., on voit plusieurs groupes de colonnes basaltiques qui s'élèvent à 4 à 5 pieds au-dessus de la surface du sol.

Oudjeïn, à 12 lieues au N. d'Indore, et sur la rive droite du Sypra, est la capitale de l'Etat de Sindiah. La ville moderne est située à peu près à un mille de l'ancienne, qui offre une vaste surface couverte de ruines. Parmi ses anciens palais, on remarque la prétendue caverne de Radjah-Bhyrtey. Ce n'est qu'un grand édifice en briques, entouré d'immenses constructions au-dessus du niveau actuel, et ornées de colonnes et de sculptures. Suivant une de ces traditions populaires qui se retrouvent dans plusieurs autres lieux, un passage souterrain conduit de ce monument, d'un côté à Herdouar, de l'autre à Bénarès. Tous les voyageurs parlent avec une sorte de ravissement du *Kalydeh*, ou palais des eaux, bâti dans une île. Il est remarquable par son architecture bizarre, son étendue, sa solidité et ses ouvrages hydrauliques, exécutés pour faire tomber l'eau sous mille formes différentes, et donner de la fraîcheur dans les temps les plus chauds.

La ville moderne, l'une des mieux bâties de l'Inde, a de beaux temples et des palais somptueux; quelques-uns de ces édifices sont décorés de sculptures dont les Européens ont vanté la délicatesse et le fini. Oudjeïn est célèbre dans ces contrées par ses écoles et son observatoire; les géographes hindous y font passer leur premier méridien. Elle est regardée comme une ville sainte. La population est évaluée à près de 100,000 ames. Le commerce avec le Bengale y est très-actif.

Goualior, à 90 lieues au N. N. E. d'Oudjeïn, et à 24 lieues au S. d'Agra, est la résidence de Sindiah. Elle est bâtie sur le flanc oriental d'une colline baignée par le Sounrica, au milieu d'une vaste plaine entourée de coteaux schisteux presque dépourvus de végétation. On y compte près de 80,000 ames.

Au sommet de la colline, à 305 pieds au-dessus de la plaine, se trouve la citadelle qui fut long-temps regardée comme imprenable, et qui du temps des empereurs mogols servait de prison d'état. On ne peut y arriver que par un escalier taillé dans le roc et défendu par des bastions. Elle renferme de grandes citernes naturelles toujours remplies d'une eau excellente, et des terrains cultivés pour les besoins de la garnison; la ville même et toute la circonférence de la colline sont entourées d'un mur (Pl. XXXVII — 2).

L'Etat de Sindiah s'étend dans les provinces de Malvâh, d'Agra et de Kandeiche. Sa surface est de 5,200 lieues carrées, et sa population de 4,000,000 d'ames. On évalue les revenus à 25,000,000 de francs. L'armée est de 20,000 hommes. Sindiah et Holkar sont aujourd'hui les plus puissans des princes mahrattes; leurs possessions, autrefois plus vastes, ont été morcelées par les Anglais. Les Mahrattes, peuple du Malvâh et des provinces qui l'entourent, commencèrent à jouer un rôle vers 1660, sous la conduite de leur chef Sevagi, que les empereurs mogols ne purent réduire. Sous ses successeurs, son royaume se divisa. Toutefois, les Mahrattes prirent part à toutes les guerres, et furent maîtres du siège de l'empire mogol jusqu'au moment où les Anglais les dépossédèrent.

Un territoire de 900 lieues carrées, appartenant précédemment à la province de Dehli, a été laissé par le gouvernement britannique à des Seïks dont les chefs sont leurs tributaires. Les principales villes de ce territoire sont Pattialah, sur un affluent du Gagor; Sirhind, jadis florissante, aujourd'hui presque en ruines; Lodianah, sur un bras du Setledje, dans une plaine sablonneuse, exposée en été à des vents brûlans, mais où le froid est assez vif en hiver. Les troupes britanniques y ont un poste.

Le fleuve que nous venons de nommer fait dans ce lieu la limite des possessions de la Compagnie anglaise des Indes-Orientales; elles sont divisées, pour l'ordre administratif, en quatre présidences, savoir : Calcutta, Allahabad, Madras, Bombay; le gouverneur-général réside à Calcutta. Les revenus de la Compagnie s'élèvent à près de 550,000,000 de francs. La population des pays sur lesquels elle règne immédiatement est de 80,000,000 d'ames, et celle des Etats soumis à son contrôle de 60,000,000. Elle entretient une armée de 210,000 hommes; sur ce nombre, 20,000 seulement sont Européens; les autres sont des soldats indigènes connus sous le nom de cipayes.

CHAPITRE LVI.

Royaume de Lahore. — Seïks. — Le Cachemir.

« Presque tout le chemin d'Agra à Dehli et de Dehli à Lahore, dit Tavernier, est comme une allée continuelle plantée de beaux arbres de côté et d'autre, ce qui est fort agréable à la vue : mais il y en a en quelques endroits qu'on laisse périr, et on n'a pas le soin d'en remettre d'autres. »

Si aux jours de la splendeur de l'empire mogol, l'entretien de cette belle route était aussi négligé, il dut l'être bien plus encore dans les temps désastreux qui précédèrent et suivirent la ruine de cet Etat; les arbres ont disparu : on n'en aperçoit plus que près des villages. « Dans les cantons cultivés, dit M. Alexandre Burnes, qui, en décembre 1831, allait de Lodianah à Lahore, le pays ressemble à une plaine immense; on n'y aperçoit pas même de broussailles, et quelques champs de froment ont une étendue de plusieurs milles sans une seule haie. On n'arrose pas la terre, quoique l'on ne trouve l'eau qu'à 26 pieds au-dessous de sa surface. Le bois à brûler est si rare, que partout on le remplace par de la bouse de vache, que l'on fait sécher, et que l'on ramasse en tas. Le feu que l'on obtient ainsi a une telle intensité, que l'on n'a pas sujet de regretter le manque d'un autre chauffage. La contrée située au-delà de la lisière qui borde le Setledje est connue sous le nom de *Maloua*; elle produit différentes sortes de grains qui sont expédiés au Pendjab.

Ce nom, qui signifie *pays des cinq eaux*, vient de cinq rivières : ce sont, en allant de l'E. à l'O., le Setledje (*Hysudrus*), le Beyah (*Hyphasis*), le Ravi (*Hydraotes*), le Tchenab (*Acesines*), le Djalem (*Hydaspes*). Leurs noms anciens, dérivés du grec, montrent qu'elles furent connues dans l'antiquité. Elles joignent leurs eaux : le Beyah, grossi du Setledje, prend le nom de Ghorra, se réunit au Tchenab, qui a reçu le Djalem à droite, puis le Ravi à gauche, et tous deux appelés alors Pendjnad vont tomber dans l'Indus.

Ce fut sur les rives de l'*Hyphasis* (*Ghorra*) qu'Alexandre-le-Grand fut obligé, par les murmures de son armée, d'interrompre sa marche. Il y éleva douze autels de dimension colossale pour marquer le terme de son expédition; M. Burnes en a vainement cherché les traces.

Le Pendjab forme la plus grande partie des États de Rendjit-Sing, *maharadjah* (roi) des Seïks. Au N. E., il a le *Kouhistan* (pays montagneux), qui confine au Cachemir; au S., il est limitrophe du Moultan. Toutes ces contrés réunies ont une surface de 15,000,000 de lieues carrées; leur population est de 8,000,000 d'ames; on estime leurs revenus à 70,000,000 de francs. Rendjit-Sing tient sur pied une armée de 70,000 hommes, organisée en partie à l'européenne; ce sont des officiers français : M. Allard, que nous avons vu en 1836 à Paris, et qui est retourné auprès du maharadjah, M. Court et M. Ventura, qui ont discipliné les troupes de ce potentat asiatique. Il en est fier avec raison, et peut défier tous ses voisins. Les Anglais sont les seuls qu'il aurait à redouter; mais ils vivent avec lui en très-bonne intelligence. Sa résidence est Lahore.

Les Seïks sont un peuple du N. O. de l'Hindoustan; leur terre natale est le Douab, entre le Ravi et le Setledje; leur nom signifie *disciple*: ils l'ont pris depuis qu'au seizième siècle ils eurent adopté la réforme introduite par Baba-Nanek dans le brahmanisme; ils rejettent absolument le culte des images et les nombreuses pratiques qui distinguent cette religion. Les cérémonies de leur culte se bornent à réciter des prières et à chanter des hymnes dans des temples où l'on ne voit que le livre de la loi.

D'abord les Seïks ne formèrent qu'une société religieuse, qui fut persécutée. Un de leurs chefs sut joindre le pouvoir temporel au spirituel; il fit la guerre, et fut heureux; leur nombre s'augmenta, ils se formèrent en corps de troupes, et, guidés par des hommes habiles, ils profitèrent des troubles qui suivirent la mort d'Aurengzeb pour se rendre maîtres du Pendjab. Jusqu'au commencement du dix-neuvième siècle, ils composaient une confédération. Rendjit-Sing est parvenu, par un emploi heureux de la ruse et de la conciliation, à l'emporter sur les autres chefs, et aujourd'hui il est le roi absolu de tous les Seïks. M. Burnes et Jacquemont louent également sa bravoure et son humanité; ce n'est pas en versant le sang de ses rivaux qu'il est arrivé au pouvoir suprême, et jamais il n'a fait punir de mort un criminel; les coupables sont mutilés. Si les Seïks ont réussi à vaincre les Afghans, à envahir une partie de leur territoire au-delà de l'Indus et à conquérir le Cachemir, ils en sont redevables aux talens militaires de Rendjit-Sing.

As.

Ce prince a comblé ces deux voyageurs de présens et de marques d'amitié. Il n'est pas ennemi de la gaieté, et même son humeur peut être regardée comme singulièrement joviale. « Un jour, dit Jacquemont, en plein champ, sur un beau tapis de Perse, sur lequel nous étions accroupis, entourés de quelques milliers de soldats, ne fit-il pas comparaître cinq jeunes filles de son harem, qu'il fit asseoir devant moi, et sur lesquelles il me demanda en riant mon opinion. J'eus la bonne foi de dire que je les trouvais très-jolies, ce qui n'était pas la dixième partie du bien que j'en pensais. Il les fit chanter à *mezza voce* un petit air seïk que leurs jolies figures me firent trouver agréable; il me dit qu'il en avait tout un régiment qu'il s'amusait quelquefois à faire monter à cheval, et il me promit de m'en faire passer la revue. »

« Un soir, dit M. Burnes, il nous donna une audience particulière : nous le vîmes bien à notre aise, car il avait fait retirer tout le monde. A notre arrivée, il était assis dans un fauteuil, entouré d'une quarantaine de danseuses toutes vêtues uniformément en hommes. Elles étaient pour la plupart natives du Cachemir ou des montagnes voisines, et toutes très-jolies; leur habit, en soie de couleur éclatante, leur allait à merveille; un carquois, un arc à la main ajoutaient encore à l'agrément de ce costume. — C'est, nous dit Rendjit-Sing, un de mes *peltans* (régiment); mais elles me disent que c'en est un que je ne puis pas discipliner. — Remarque qui nous divertit et plut infiniment à ces belles. »

Lahore est bâtie sur la rive gauche du Ravi; dès le temps de Bernier, en 1664, elle était déjà une ville bien déchue : ses maisons, plus hautes que celles de Dehli et d'Agra, tombaient pour la plupart en ruines, parce que, depuis plus de vingt ans, la cour était presque toujours dans ces deux capitales. « L'ancienne ville de Lahore, dit M. Burnes, avait de l'E. à l'O. une étendue de 5 milles et une largeur moyenne de 3; ce que l'on reconnaît aisément à l'examen du terrain. Les mosquées et les tombeaux, plus solidement bâtis que les maisons, subsistent encore au milieu des champs cultivés; on dirait de caravansérails au milieu de la campagne. La ville moderne occupe l'angle occidental de l'ancienne. »

La description de Dehli, faite précédemment, peut s'appliquer à Lahore; les bazars n'y déploient pas beaucoup de richesses. A la rive droite du Ravi, le *chahdara*, ou mausolée de l'empereur Chah-Djehan, ouvrage d'un style

39

très-pur et construit en compartimens de marbres noirs et rouges placés alternativement, attire encore l'admiration; mais M. Burnes exprime la crainte que ce beau monument ne soit bientôt emporté par les débordemens de la rivière, dont le cours, dans ce canton, est très-capricieux, et qui, récemment, avait renversé une partie du mur du jardin entourant cette sépulture.

Amritsir, à 16 lieues à l'E. de Lahore, est la ville sainte des Seïks et la capitale de leur pays. La contrée intermédiaire, nommée *le Mandja*, est très-bien cultivée; le Nahr, ou grand canal construit par un des empereurs mogols, et dérivé du Ravi, amène l'eau d'une distance de 80 milles, passe à Amritsir, et court parallèlement à la route de Lahore; il est peu profond, et sa largeur n'excède pas 8 pieds; cependant, de petits bateaux y naviguent. Amritsir est le grand entrepôt du commerce des châles, du safran, des marchandises du Pendjab, de l'Hindoustan et de l'Afghanistan.

« Le temple national, dit M. Burnes, joli édifice à toit doré, est au milieu d'une immense pièce d'eau nommée *Amritsir* (bassin du breuvage de l'immortalité). Après en avoir fait le tour, nous y entrâmes, et nous présentâmes notre offrande au *grinth sahib* (livre saint), ouvert devant un prêtre, qui l'éventait avec une queue d'yak. Quand nous fûmes assis, un Seïk se leva; s'adressant à l'assemblée, il invoqua le gourou Govind-Sing, et chacun joignit les mains. Il dit que tout ce dont les Seïks jouissaient sur la terre leur était donné par le gourou (maître); que les étrangers présens étaient venus d'un pays très-éloigné, avaient apporté des cadeaux du roi d'Angleterre pour cimenter l'union entre les deux peuples, et paraissaient dans le temple avec une offrande de 250 roupies. Cette somme fut placée sur le grinth. Une acclamation universelle pour la prospérité de la religion des Seïks termina le discours. Nous fûmes ensuite revêtus de châles de Cachemir; je priai l'orateur d'exprimer notre vœu pour la continuation de l'amitié des Seïks avec notre nation, et une nouvelle acclamation fit retentir les voûtes du temple.

» De là, nous fûmes conduits à l'*Acali bounga* (maison des immortels), où nous fîmes une offrande égale à la première. Nous n'entrâmes point dans ce lieu, parce que ces acalis ou nihangs sont une secte de fanatiques extravagans dont il est bon de se défier; en retour de notre don, le prêtre principal nous envoya du sucre. Ces acalis sont très-turbulens: ils accablent tout le monde d'invectives et d'insultes, et se portent même à des actes de violence. Il ne se passe pas dans le Pendjab une semaine qu'ils ne fassent perdre la vie à quelqu'un. Quoiqu'ils fassent partie du système de la religion de laquelle Rendjit-Sing se montre observateur scrupuleux, il réprime leurs excès d'une main ferme et résolue. Il a incorporé quelques-uns des plus pétulans dans les bataillons, et en a banni d'autres.

» Sortis du temple, nous fîmes le tour d'Amritsir. Cette ville est aussi grande que Lahore; presque tous les négocians sont des Hindous. On voit devant leurs portes de gros blocs de sel gemme qui sont placés là pour que les vaches sacrées puissent lécher à leur gré cette substance minérale qu'elles aiment beaucoup. Dans notre promenade, nous visitâmes le Rambagh, séjour de prédilection du maharadjah, quand il vient à Amritsir; sa passion pour le militaire se manifeste également dans ce palais: il a fait entourer le jardin d'un retranchement en terre renforcé d'un fossé. »

« Les habitans du Pendjab sont des hommes robustes et athlétiques, grands, bien faits et nerveux. Le vrai Seïk ou Khalsa ne connaît d'autre occupation que la guerre et l'agriculture, et il aime l'une plus que l'autre.

» Les habitans du Pendjab me plaisent beaucoup, dit Jacquemont; ils ont une simplicité et une honnêteté ouverte de manières qu'un Européen savoure mieux après deux ans de séjour ou de voyage dans l'Inde. Leur fanatisme est éteint; et telle est leur tolérance, que le grand-vizir de Rendjit est musulman, et que ses deux frères, musulmans aussi, partagent également la faveur du prince seïk. »

L'humeur belliqueuse des Seïks les porte, lorsque la paix règne dans leur patrie, à aller offrir leurs services à des princes étrangers. Heber en rencontra un dans les plaines, au pied de l'Himalaya: il chevauchait affublé de longs habits de toile de coton, armé d'un long mousquet, d'un sabre et d'un bouclier; son cheval était assez beau; un valet portant deux paniers remplis de provisions le suivait. On dit à l'évêque que probablement il allait chez le radjah du Kemân, chez les Gorkhas, ou peut-être chez les Chinois pour chercher de l'emploi (Pl. XXXVII — 1).

Bernier en 1664, Jacquemont en 1831, allèrent de Lahore au Cachemir; G. Forster, voyageur anglais, a visité également ce pays en 1783, mais il ne venait pas de Lahore; tous trois cependant y sont entrés par le défilé de

1. Dowletabad.

2. Entrée du Biswa-Karma à Elora.

J. Boilly del.   VOYAGE

Bember. Les deux Français ont fait leur voyage dans des temps où le Cachemir obéissait à un prince puissant qui savait y maintenir la tranquillité; quand Forster le visita, il était en proie à l'anarchie, et cet Anglais ne l'a vu qu'à la faveur d'un déguisement : il avait pris celui d'un musulman.

Bernier, médecin d'Aurengzeb, marchait avec l'armée qui accompagnait ce monarque. « Nous voilà enfin arrivés à Bember, au pied d'une montagne escarpée, noire et brûlante, et campés dans un large torrent à sec, de cailloux et de sables brûlans. C'est une vraie fournaise ardente ! » s'écrie-t-il. La plus grande partie du cortége de l'empereur resta dans ce lieu ; ou bien campa dans les plaines du Pendjab ; ce prince ne ficha avec lui que le moins de monde qu'il put, afin de ne pas affamer le petit royaume de Cachemir, des éléphans et des mulets.

Jacquemont cheminà, suivi d'une escorte et d'un gros bagage ; partout il fut bien accueilli par les petits radjahs, vassaux de Rendjit-Sing. Mais tandis qu'il traversait les montagnes, le chef de Berali voulut le retenir prisonnier, et lui extorqua 500 roupies. Jacquemont réussit, par sa bonne contenance, à se tirer des griffes de ce bandit, qui finit par réclamer sa protection auprès du maharadjah, et qui plus tard fut contraint de restituer ce qu'il avait volé.

Cette aventure inspira à notre voyageur cette réflexion : « Les Indiens et les Persans appellent le Cachemir le paradis terrestre. On nous dit que le chemin qui conduit à l'autre est bien étroit et bien difficile : il en est de même de celui-ci sous tous les points de vue possibles. »

Le 13 mai, il écrit de Cachemir : « Enfin m'y voilà, et depuis plusieurs jours le col de Prounch, quoique encore encombré de neiges, n'a été qu'un jeu pour moi. »

La ville de Cachemir, autrefois Siringnagor, est sans murailles. « Elle n'a pas moins de trois quarts de lieue de long et de demi-lieue de large; elle est située Bernier; elle est située dans une rase campagne, éloignée environ de deux lieues des montagnes qui semblent faire comme un cercle, et sur le bord d'un lac d'eau douce de 4 ou 5 lieues de tour, qui se forme des sources vives et des ruisseaux qui découlent des montagnes, et qui va se dégorger par un canal portant bateau dans la rivière qui passe au milieu de la ville. La plupart des maisons sont de bois, mais elles ne laissent pas d'être bien bâties, et même à deux ou trois étages ; ce n'est pas qu'il n'y ait de la pierre de taille très-belle, on y voit encore une quantité de vieux temples d'idoles ruinés et d'autres bâtimens qui en étaient faits ; mais l'abondance du bois qui descend facilement des montagnes par de petites rivières où on le jette fait qu'on trouve mieux son compte à bâtir de bois que de pierre. Les maisons qui sont sur la rivière ont presque toutes leur jardinet qui regarde sur l'eau, ce qui fait une agréable perspective, principalement au printemps ou en été, quand on se promène sur l'eau ; les autres maisons qui ne sont pas sur la rivière ont presque aussi toutes quelque jardin, et même il y en a une quantité qui ont un canal qui répond au lac et un petit bateau pour s'aller promener dessus.....

» Le lac a cela de particulier, qu'il est plein d'îles, qui sont autant de jardins de plaisance qui paraissent tout verts au milieu de l'eau, à cause de ces arbres fruitiers et des allées de treilles, et parce qu'ordinairement ils sont entourés de trembles à larges feuilles disposés de deux en deux pieds, dont les plus gros peuvent être embrassés, mais qui sont longs comme des mâts de navires, ayant un bouquet de branches seulement tout au haut comme des palmiers.

» Au-delà du lac, sur les montagnes, ce n'est que maisons et jardins de plaisance, le lieu s'étant trouvé admirable pour cela, parce qu'il est en très-bel air, en vue du lac, des îles et de la ville, et qu'il est plein de sources et de ruisseaux.

» Le plus beau de tous ces jardins est celui du roi, qu'on appelle *Chah-Limar*... » Bernier en donne une description détaillée : ce devait être un séjour enchanteur.

« Les histoires des anciens rois de Cachemir veulent que tout ce pays n'ait été autrefois qu'un grand lac, et que ce fût un certain père ou saint vieillard nommé Kaclieb qui donna issue aux eaux, en coupant miraculeusement la montagne de Baramoulé..... Pour moi, je ne voudrais pas nier que toute cette terre n'eût autrefois été couverte d'eaux ; on le dit bien de la Thessalie et de quelques autres pays ; mais j'ai de la peine à croire que cette ouverture soit l'ouvrage d'un homme, parce que la montagne est très-large et très-haute ; je croirais plutôt que quelque tremblement de terre, comme ces lieux y sont assez sujets, aurait fait ouvrir quelque caverne souterraine où la montagne se serait enfoncée....

» Quoi qu'il en soit, Cachemir n'est plus un lac ; c'est à présent une très-belle campagne qui est diversifiée de quantité de petites collines, qui a 30 lieues de long ou environ et 10 ou 12 lieues de large, qui est située dans l'extrémité de l'Hindoustan, au N. de Lahore, et qui est enclavée dans le fond des montagnes du Caucase...

» Les premières montagnes qui l'entourent, je veux dire celles qui sont le plus près de la plaine, sont de médiocre hauteur, toutes vertes d'arbres et de pâturages, pleines de bétail de toutes sortes, de gibier de plusieurs espèces et de quelques animaux.

» Au-delà de ces médiocres montagnes, il s'en élève d'autres très-hautes dont le sommet en tout temps demeure couvert de neiges, et qui paraît au-dessus des nuages et des brouillards ordinaires, toujours tranquille et lumineux aussi bien que l'Olympe.

» De toutes ces montagnes, il sort une infinité de sources et de ruisseaux de tous côtés, que les habitans savent amener à leurs campagnes de riz et conduire même à de grandes levées de terre jusque sur leurs petites collines, et qui, après avoir fait mille petits autres ruisseaux et mille cascades de tous côtés, viennent enfin à se rassembler et à former une très-belle rivière (le Djalem) qui porte des bateaux aussi grands que ceux de notre Seine, et qui, après avoir doucement tournoyé à l'entour du royaume et passé par le milieu de la ville capitale, s'en va trouver sa sortie à Baramoulé, entre deux rochers escarpés, pour se jeter de là au travers des précipices, se charger en passant de plusieurs petites rivières qui descendent des montagnes, et se rendre dans le fleuve Indus.

» Tous ces ruisseaux qui descendent des montagnes rendent la campagne et toutes ces collines si belles et si fertiles, qu'on prendrait tout ce royaume pour quelque grand jardin tout vert, mêlé de villages et de bourgades qui se découvrent entre les arbres et diversifiés de petites prairies, de pièces de riz, de froment, de plusieurs sortes de légumes, de chanvre et de safran, tout cela entrelacé de fossés pleins d'eau, de canaux, de quelques petits lacs et de ruisseaux; tout y est parsemé de nos plantes et de nos fleurs d'Europe, et couvert de tous nos arbres, pommiers, poiriers, pruniers, abricotiers et noyers chargés de leurs propres fruits, et de vignes et de raisins dans la saison. Ces jardins particuliers sont pleins de melons, de pastèques ou melons d'eau, de chervis, de betteraves, de raiforts, de la plupart de nos herbes potagères, et de quelques-unes dont nous n'avons pas.

» Il est vrai qu'il n'y a pas tant de fruits que chez nous, et qu'ils ne sont pas même si excellens que les nôtres; mais je crois que ce n'est pas la faute de la terre, et que s'ils avaient d'aussi bons jardiniers que nous, qui sussent cultiver, enter les arbres, choisir les endroits et les soulages propres, et faire venir des greffes des pays étrangers, ils en auraient d'aussi bons que les nôtres, parce qu'entre cette quantité de toutes sortes que j'ai souvent pris plaisir de me faire apporter, j'en ai trouvé plusieurs fois de très-excellens.

» De tout ce que je viens de dire, on peut assez conjecturer que je suis un peu charmé de Cachemir, et que je prétends qu'il n'y a peut-être rien au monde de pareil ni de si beau pour un petit royaume; il mériterait encore de dominer toutes ces montagnes circonvoisines jusqu'à la Tartarie, et tout l'Hindoustan jusqu'à l'île de Ceylan, comme il a fait autrefois; et ce n'est pas sans quelque raison que les Mogols l'appellent le Paradis-Terrestre des Indes; qu'Akbar travailla tant pour s'en emparer sur les rois naturels du pays, et que son fils Djehan-Ghir en devint tellement amoureux, qu'il ne le pouvait quitter, et qu'il disait qu'il aimerait mieux perdre tout son royaume que de perdre Cachemir: aussi, dès que nous y fûmes arrivés, tous les poëtes à l'envi les uns des autres, cachemiriens et mogols, s'efforcèrent de faire des poésies à la louange de ce petit royaume, pour les présenter à Aurengzeb, qui les recevait et les récompensait agréablement. »

Bernier passa trois mois à Cachemir, et fit de petits voyages dans divers cantons du royaume. Il dit que ce qui le surprit après avoir franchi le col de Bember, fut de trouver, en descendant de l'autre côté de la montagne, un air supportable, plus frais, plus doux, plus tempéré, et de se sentir comme transporté tout d'un coup des Indes en Europe.

Forster, dans une lettre écrite de Cachemir en avril 1783, exprime ses regrets de n'avoir pas lu, avant son voyage aux Indes, les véridiques *Mémoires* de Bernier, qui mérite une des premières places parmi les historiens de l'Inde. « Il a eu des avantages, ajoute-t-il, que rencontrent peu de voyageurs, et, heureusement, pour le monde savant, ses talens le mettaient à même d'en profiter. Au moins, la description abrégée que je donne du pays de Cachemir pourra répandre quelque lumière sur celle que nous lui devons, y remplir plusieurs lacunes ou indiquer les changemens survenus depuis ce voyageur. »

L'hommage flatteur que Forster rend à

l'exactitude et à la véridicité de Bernier n'est pas moins honorable pour lui-même que pour le voyageur français. Combien d'autres, dans des circonstances semblables, n'ont-ils pas cherché à dénigrer ceux qui les avaient précédés! Quand Forster vit Cachemir, cette ville n'était pas plus grande que 119 ans auparavant; les maisons avaient les mêmes dimensions. « Elles sont légerement bâties en bois et en mortier avec une vaste charpente, dit-il; sur un toit en bois est étendue une couche de terre fine pour protéger le bâtiment contre la grande quantité de neige qui tombe dans la saison des pluies. Cette couverture procure aussi de la chaleur dans l'hiver et de la fraîcheur dans l'été; alors le sommet des maisons, planté de différentes fleurs, offre au loin l'aspect immense d'un parterre varié de mille couleurs. Les rues sont étroites et salies par les ordures des habitans, dont la saleté est passée en proverbe. Cette ville ne contient pas un seul édifice digne d'être remarqué, quoique les Cachemiriens vantent beaucoup une mosquée de bois, qu'ils appellent mosquée majeure, construite par un des empereurs de l'Hindoustan. Ce monument n'a pourtant pas de grands droits à l'admiration des curieux...

» L'air salubre et doux qui circule dans cette ville, la rivière qui la traverse, le grand nombre de maisons vastes et commodes, tous ces avantages sont fâcheusement balancés par sa construction désagréable et resserrée, et l'extrême malpropreté des habitans. Les bains flottans et couverts qui sont rangés le long des bords de la rivière sont les seuls objets de commodité ou de précaution qu'on remarque dans cette ville. Ces bains sont surtout très-utiles aux Indiens musulmans, qui ont ainsi la facilité de faire les fréquentes ablutions qu'exigent le climat et leur religion; ils sont aussi dispensés de prendre les précautions pour empêcher que leurs femmes ne soient vues.

» Le lac de Cachemir ou le Dall, comme on le nomme dans la langue du pays, est depuis long-temps célèbre pour sa beauté et les jouissances qu'il procure aux habitans. »

Les détails dans lesquels Forster entre ensuite sur l'agrément des environs de Cachemir, sur le Châh-Limar, sur les îles du lac, sont conformes à ceux que donne Bernier. « Les nombreuses petites îles, ajoute-t-il, qui semblent sortir du sein du lac, produisent un heureux effet pour l'ornement du site.

» L'une, d'une forme carrée, se nomme *Tchehâr Tchinâr* (les quatre platanes), parce qu'il y a un de ces arbres à chaque coin; mais l'un est détruit, aussi bien que le pavillon au milieu de l'île : tel est le sort qu'ont éprouvé tous les monumens des Mogols, excepté le Châh-Limar, que l'on entretient en très-bon état, et que le gouverneur visite souvent, car je l'y ai vu avec ses officiers et les principaux habitans de la ville. »

Mais si tous les édifices élevés par les Mogols dépérissaient depuis que les Afghans étaient maîtres du Cachemir, les charmes de la nature restaient les mêmes, et Forster vante la magnifique végétation de ce pays : la rose surtout y brille d'une beauté et d'un éclat qui sont depuis long-temps passés en proverbe dans l'Orient. Les Cachemiriens célèbrent par de grandes réjouissances l'époque où les boutons de roses commencent à s'épanouir. Ils se rassemblent dans les jardins, où l'on voit des scènes de gaieté bien rares parmi les nations asiatiques. Là, ils se dépouillent de cet extérieur de gravité qui constitue la principale partie du caractère musulman.

Jacquemont entra dans le Cachemir en mai, et en sortit au mois de septembre; il était en juillet dans les hautes montagnes, à la source du Djalem. Il revint à la capitale; ensuite, à la fin d'août, il visitait les montagnes désertes qui séparent le Cachemir du Tibet; il redescendit dans le Pendjab par Djammou, ville située sur le Tchenab, à l'E. du col de Bember.

« Le Cachemir, dit-il, sur le revers septentrional d'une grande chaîne neigeuse, se trouve isolé par cette haute barrière du climat de l'Inde, et en a un qui ressemble infiniment à celui de la Lombardie. Les productions végétales de la nature sauvage et de la culture, en tenant compte de la loi suivant laquelle la température décroît de l'équateur au pôle, parlent à celui qui sait l'interpréter un langage si précis sur la hauteur des lieux, que dans l'ignorance complète où l'on était avant mon voyage du niveau de cette étrange vallée, je l'avais fixée entre 5,000 et 6,000 pieds anglais, d'après un certain nombre de plantes que j'avais vues rapportées par des marchands. Or, mes observations l'établissent à environ 5,350 pieds.

» Le peuplier d'Italie et le platane dominent dans le paysage cultivé. Le platane y est colossal; la vigne, dans les jardins, est gigantesque; les forêts sont composées de cèdres et de diverses variétés de sapins et de pins absolument semblables à ceux d'Europe, et, dans une zône plus élevée, de bouleaux qui ne me paraissent pas différer des nôtres. Le nénuphar fleurit à la surface des eaux dormantes; le butome et le ménianthe s'élèvent au-dessus d'elles, associés aux joncs et aux roseaux : toute cette nature est étrangement européenne. »

Sur ce point, Jacquemont partage le sentiment de Bernier; mais sur un autre, combien il en diffère! « Cette vallée de Cachemir, dont la renommée s'étend au loin, ne la mérite peut-être que par les visites fréquentes qu'y fit la cour du Grand-Mogol, ordinairement renfermée dans les murs brûlans de Dehli et d'Agra, dans le pays le plus nu et le plus desséché par le soleil et sans nuages. Les lacs sont bien peu de chose quand on les compare avec ceux des Alpes, et de tous les palais bâtis sur leurs bords par des empereurs mogols, celui de Châh-Limar, le plus célèbre de tous, est le seul qui soit resté debout. J'y fus reçu par le gouverneur, qui fit de son mieux pour me fêter et m'éblouir. L'endroit me plut fort, à cause de ses eaux pures et de ses ombrages magnifiques; mais combien de villas sur les bords du lac Majeur surpassent Châh-Limar en beauté! La physionomie de ces montagnes est, de même que celle de l'Himalaya, plutôt grandiose que belle : des lignes magnifiques, voilà tout. La nature n'a rien fait pour orner l'intérieur : c'est une grande bordure qui n'encadre rien...

» Je suis campé dans un jardin royal, au bord d'un lac transparent. Ce jardin est tout rempli de roses fleuries, mais elles sont petites et peu odorantes. Que de belles plantes j'ai rencontrées!... »

Assis dans l'île des Platanes, il écrit à son père le 8 août : « L'excessive chaleur a brisé depuis quelques jours mon énergie accoutumée. Je déserte mon jardin, devenu une serre chaude, et je viens chercher sur le lac un souffle d'air; mais ici même, au pied des montagnes, le même calme règne dans l'atmosphère. J'envie à l'Inde ses vents chauds... Ces chaleurs accablantes sont rares en Cachemir; elles ne viennent que lorsque les pluies périodiques de l'été ont manqué tout-à-fait, ce qui arrive cette année. Les rivières d'où le pays tire sa subsistance sont à sec depuis un mois : c'est une calamité publique... L'eau du lac est tellement chaude, qu'il me semble ne rien gagner en changeant d'élément quand je m'y plonge : il faut y rester un temps considérable avant de sentir quelque fraîcheur...

» Bernier, que vous avez lu, je pense, parle de cette petite île. C'est un colifichet des empereurs mogols : elle est parfaitement ombragée par deux immenses platanes, les seuls qui restent des quatre plantés par Châh-Djehan; c'est vous dire combien elle est petite. Le palais n'est qu'une salle ouverte à tous les vents, quand il leur plaît de souffler, et dont le plafond est supporté par des colonnes d'un style bizarre. Châh-Limar est en face d'une belle avenue de peupliers. » Il fait ensuite l'énumération de différens lieux voisins dont Bernier a parlé, puis il s'écrie : « Ce panorama qui m'entoure évoque une foule de souvenirs; les habitans de Cachemir passent leur vie à le regarder; il les console de leur misère. »

Voici comme Bernier s'exprime au sujet de ce peuple : « Les Cachemiriens sont renommés pour le beau sang; ils sont aussi bien faits que nos Européens..... Les femmes surtout y sont très-belles; aussi est-ce là que s'en fournissent la plupart des étrangers nouveaux-venus à la cour du Mogol... Et certainement si l'on peut juger de la beauté des femmes qui sont plus cachées et retirées par celles du menu peuple, qu'on rencontre dans les rues et qu'on voit dans les boutiques, on doit croire qu'il y en a de très-belles... »

Maintenant entendons Forster : « Les Cachemiriens sont braves et bien faits; comme ils habitent sous le 34° de latitude, ils peuvent passer pour une belle nation. Dans la France méridionale ou en Espagne, leurs femmes seraient regardées comme des brunes piquantes; mais comme je m'étais formé une haute opinion de leurs charmes, je fus désagréablement désabusé en voyant quelques-unes de leurs danseuses, les plus célèbres par leurs attraits et les talens provoquans de leur profession. Elles ont en général la figure mal taillée, de gros traits et les jambes engorgées.

» La ville de Cachemir abondait autrefois en courtisanes également gaies et charmantes; mais les terribles contributions des impitoyables Afghans en ont bien diminué le nombre, et celles qui restent languissent dans l'état le plus déplorable. Le peu que j'en ai vu m'a causé un sensible plaisir par leurs grâces dans la danse et par leur voix mélodieuse..... Les femmes du Cachemir sont singulièrement fécondes. Malgré toute la tyrannie du gouvernement et les rigueurs de la fortune, on ne s'aperçoit pas que la population ait diminué... »

Jacquemont convient que la race des hommes est parfaitement belle. Quant aux femmes, son goût n'est pas pour les beautés brunes et sombres. Cependant il a rencontré dans l'Inde et le Pendjab, de temps à autre, de belles personnes dans leur genre de beauté; mais Cache-

3. Elora.

2. Temple souterrain de Carlii.

EN ASIE.   Pl. XXXV Pag 310

mir ne lui a pas encore offert une de ces exceptions. « Je suis fâché de me trouver si fort en contradiction avec le petit nombre de voyageurs européens qui ont visité ces contrées avant moi. Si les choses n'ont pas horriblement changé depuis que Forster les visita, il y a 50 ans, sous un déguisement, il faut qu'il ait furieusement embelli la vérité, ce qui devrait n'être permis qu'à un poëte... » On ne peut rien imaginer de plus horrible que les vieilles femmes.

Suivant Bernier, « les Cachemiriens ont la réputation d'être tout-à-fait spirituels, beaucoup plus fins et adroits que les Indiens, et propres à la poésie et aux sciences autant que les Persans; ils sont de plus très-laborieux et industrieux... »

Forster dépeint les Cachemiriens comme vifs, gais, curieux, amis des plaisirs, vicieux et dépravés; Jacquemont écrit que l'intelligence et la friponnerie de ce peuple sont proverbiales dans l'Orient.

Bernier a parlé le premier du produit si remarquable de leur industrie, qui est en si haute estime chez les dames des contrées de l'Occident; il décrit leurs ouvrages en bois, qui sont façonnés avec une délicatesse extrême et recherchés dans toutes les Indes; puis il continue ainsi : « Mais ce qu'ils ont de particulier et de considérable, et qui attire le trafic et l'argent dans leur pays, est cette prodigieuse quantité de châles qu'ils travaillent et où ils occupent les petits enfans; ces châles sont certaines pièces d'étoffes d'une aune et demie de long, d'une de large ou environ, qui sont brodées aux deux bouts d'une espèce de broderie faite au métier, d'un pied ou environ de large; les Mogols et Indiens, hommes et femmes, les portent l'hiver sur leur tête, les repassant par-dessus l'épaule gauche comme un manteau. Il s'en fait de deux sortes : les uns, de laine du pays, qui est plus fine et plus délicate que celle d'Espagne; les autres, d'une laine ou plutôt d'un duvet qu'on appelle *touz*, qui se prend sur la poitrine d'une espèce de chèvre sauvage du Grand-Tibet : ceux-ci sont bien plus chers à proportion que les autres; aussi, n'y a-t-il point de castor qui soit si mollet ni si délicat. J'en ai vu de ceux-ci, que les Omerahs font faire exprès, qui coûtaient jusqu'à 150 roupies ; des autres, qui sont de cette laine du pays, je n'en ai pas vu qui passassent 50 roupies.

» L'on fait cette remarque sur les châles, qu'on a beau en travailler avec tout le soin possible dans Patna, dans Agra et dans Lahore; jamais on n'en peut rendre l'étoffe ni si mollette ni si délicate comme dans Cachemir. On attribue communément cette délicatesse à l'eau particulière du pays... »

« Ce qui fait la principale gloire et la richesse de Cachemir, dit Forster, ce sont ses manufactures de châles, que l'on n'a jamais égalés, et que l'on imite de fort loin. La laine que l'on y emploie n'est point une production indigène; on l'apporte de différens cantons du Tibet à la distance d'un mois de chemin N. O. Elle est naturellement d'un gris foncé; on la blanchit au Cachemir avec une préparation de farine de riz ; on teint les fils de la couleur qu'on croit la plus avantageuse pour la vente. Après que la pièce a été tissue, on la lave une fois. La bordure, qui est ordinairement chargée de figures et bigarrée de différentes couleurs, s'attache après que le châle est sorti de dessus le métier, mais la couture est imperceptible. Le prix de fabrique d'un châle ordinaire est de 8 roupies; il y en a de 15 et de 20, suivant la qualité; j'en ai vu un superbe que l'on a payé 40 roupies au fabricant. Les fleurs en augmentent considérablement le prix, et quand vous entendez dire que l'on a donné jusqu'à 100 roupies à un tisserand pour un seul châle, vous pouvez être assuré que les ornemens ont absorbé la moitié de la somme.

» Il y a trois formes de châles, savoir : les longs et les petits carrés, dont on se sert communément dans l'Inde, et les longs très-étroits, très-mélangés de noir, que les Asiatiques septentrionaux portent en ceinture. »

Du temps de Forster, une partie des revenus du Cachemir était réalisée en châles qui s'expédiaient à la capitale des Afghans ; aujourd'hui, ils sont envoyés à Lahore. Du reste, ce beau pays est remarquablement foulé par les délégués du maharadjah ; Jacquemont et M. Burnes nous en font la confidence ; le premier résume ainsi l'histoire de cette contrée : « Nul doute que la population du Cachemir, d'abord bouddhiste, puis brahmaniste, n'ait eu long-temps des chefs de sa croyance et n'ait joui sous eux d'une indépendance politique absolue, dont la nature avait rendu la défense bien facile par les énormes montagnes dont elle a de toutes parts entouré ce pays. De cette longue période, il ne reste que quelques souvenirs vagues chez ceux qu'on appelle maintenant des lettrés, et çà et là quelques ruines : elles ont par leur structure massive et le style de leurs ornemens le caractère hindou. Il y a encore quelques traces d'anciens travaux d'utilité publique ; ils datent de la même époque. L'islamisme n'a fait que détruire,

Les empereurs de Dehli n'ont bâti que des kiosques et des cascades, jamais de ponts ni de canaux. Les Afghans, dans le siècle dernier, ayant dépouillé les Mogols de cette conquête, et les Seïks en ayant chassé les Afghans dans celui-ci, un pillage général suivant chaque nouvelle conquête, et dans les intervalles de paix, l'oppression, faisant de leur mieux contre le travail et l'industrie, le pays se trouve actuellement si complètement ruiné, que les pauvres Cachemiriens semblent avoir jeté le manche après la cognée, et sont devenus les plus indolens des hommes... Quelques milliers de Seïks stupides et brutaux, le sabre au côté ou le pistolet à la ceinture, mènent comme un troupeau de moutons ce peuple si ingénieux et si nombreux, mais si lâche... »

CHAPITRE LVII.

Le Moultan.

Autrefois, on désignait par le nom de Moultan tout le pays compris entre la province de Lahore au N. et l'Océan au S. Aujourd'hui, cette dénomination ne s'applique qu'à une petite contrée baignée par l'Indus, le Gorrah, le Ravi et le Tchenab; à quatre milles de cette dernière rivière, on voit la ville de Moultan, visitée en 1808 par Elphinstone, en 1831 par M. Burnes. Elle est entourée d'un mur haut de 40 à 50 pieds et flanqué de tours de distance en distance; elle a aussi une citadelle sur un terrain élevé; on y voit plusieurs beaux tombeaux; deux sont ornés de tuiles peintes et vernissées. Moultan est renommée pour ses manufactures de soieries et de tapis, qui le cèdent de peu à ceux de Perse.

Quand le Moultan dépendait des Afghans, il était dans un état déplorable; on reconnaissait que, florissant autrefois, il languissait dans la misère, sous un mauvais gouvernement : ce fut sous cet aspect que le vit Elphinstone. Il s'est relevé depuis qu'il obéit au roi de Lahore. « Rendjit-Sing, dit M. Burnes, a renouvelé la population, réparé les canaux, en a augmenté le nombre et a élevé cette contrée à un degré de richesse et de prospérité qui lui était étranger depuis long-temps. La terre y paie avec usure les travaux du cultivateur; car telle est sa fécondité, qu'un champ de froment est fauché deux fois avant que le grain soit mûr, et l'herbe est donnée au bétail en fourrage; ensuite, on laisse croître la plante, et les épis fournissent une récolte abondante. Celles de l'indigo et de la canne à sucre ne sont pas moins riches; une petite lisière de terre, longue de cinq milles, dont nous suivîmes les bords, produit un revenu annuel de 75,000 roupies. La totalité de celui de ce canton est à peu près de dix laks de roupies; ce qui est le double de ce qu'il rapportait en 1809. Le tabac du Moultan est renommé, mais la datte est, pour une province de l'Inde, sa production la plus singulière. Ce fruit y abonde, et n'est guère inférieur à celui qui croît en Arabie, parce qu'on n'épuise pas l'arbre en le perçant pour en obtenir une liqueur, ainsi qu'on le pratique dans l'Inde-Inférieure. Je conjecture que les dattes doivent leur maturité complète à la chaleur du Moultan, puisque rarement elles y atteignent dans le reste de l'Inde. Les mangues du Moultan sont les meilleures de l'Inde-Supérieure; leur excellente qualité semble provenir de la même cause; car au nord du tropique ce fruit est ordinairement médiocre.

» Les bateaux dont on se sert pour naviguer sur le Tchenab ont un petit mât auquel on hisse une voile; ils sont construits en bois de *dias* ou cèdre, qui croît dans les montagnes où les rivières du Pendjab prennent leurs sources. Ces arbres, qu'elles déracinent et entraînent dans leurs cours durant la saison du débordement, procurent un approvisionnement suffisant pour les besoins de tous les genres, sans que l'intervention d'un commerce spécial soit nécessaire. Pour radouber les bateaux, on se sert du bois de *tali*, arbre qui se rencontre près de chaque village.

» Les Moultanis traversent les rivières sans le secours des bateaux : ils ont recours à des peaux gonflées ou à des paquets de roseaux. On voit des familles entières naviguant de cette manière, qui paraît peu sûre. Je remarquai un homme avec sa femme et trois enfans au milieu du Tchenab; le père, accroupi sur une peau, traînait après lui toute sa famille; un des enfans tétait sa mère. Les vêtemens, le mobilier, tous les effets sont ramassés en paquets, que l'on porte sur la tête. Quoique les crocodiles existent certainement dans les eaux de ces rivières, ils ne doivent pas y être nombreux, ou du moins ne le sont pas assez pour faire craindre aux habitans de répéter un essai qui certainement n'est pas exempt de danger.

» Au S. E. de Moultan, Bahavalpour est la capitale d'un petit territoire situé entre le royaume de Lahore et le Sindhi, arrosé par l'Indus, le Gorrah et le Pendjnad, et contigu à l'E. à l'Adjemir. Un espace de dix milles le long de sa frontière et de celle du Sindhi est laissé en friche, afin de prévenir toute dispute sur les limites respectives.

» La plus grande partie de ce pays est un désert couvert de dunes. Dans le voisinage des rivières, la terre est grasse et fertile, parce que les débordemens annuels de l'Indus et de ses affluens l'arrosent. Les villes sont en petit nombre et très-éparpillées ; mais les hameaux sont fréquens le long du Tchenab. Bahavalpour, à la rive gauche du Gorrah, est la ville la plus commerçante : elle compte 20,000 habitans ; Ahmedpour, ville plus méridionale, est de moitié moins considérable ; le khan y réside, parce qu'elle est plus proche de Daraoual, ancien fort isolé dans le désert, et le seul de ce pays ; il est plus formidable par sa position que par sa force réelle.

» La puissance du khan de Bahavalpour est aussi restreinte que sa principauté : il paie aux Seïks un tribut de 3 laks de roupies ; il lui en reste à peu près 7. Cependant il vit avec magnificence, et entretient un corps de troupes régulières avec un train d'artillerie ; réunies à celles de ses feudataires, elles formeraient un corps de 20,000 hommes.

» Le khan actuel passe pour avoir hérité de son père un trésor considérable. Il est de la famille des Daoudpoutras (fils de David) ; mais le khan prétend descendre d'Abbas, oncle de Mahomet ; ce qui est une lignée bien plus sainte. Les Daoudpoutras sont une tribu musulmane venue du canton de Chikarpour, à la droite de l'Indus. Ils l'occupaient dans les premiers temps du règne d'Aurengzeb. Ayant traversé ce fleuve, ils conquirent par des prouesses de valeur éclatantes sur les Dahas, les Mahrs et autres tribus sindhiennes, le pays qu'ils possèdent aujourd'hui : ils y sont établis depuis cinq générations. Les chefs de la tribu sont appelés *Pirdjani*, les gens du commun *Kihrani* ; le nombre total des Daoudpoutras ne dépasse pas 50,000 ames : ils sont grands, bien faits et blancs ; de longues tresses de cheveux qu'ils laissent pendre sur leurs épaules les défigurent.

» Le Bahavalpour était tributaire du royaume de Caboul ; le chef portait le titre de nabab, et était presque indépendant ; ils lui ont substitué celui de khan. Le prince actuel est très-aimé de son peuple : il encourage le commerce et l'agriculture.

» On fabrique dans le Bahavalpour des *longhis* (ceintures) très-renommés par la finesse de leurs tissus. Les tisserands sont des Hindous qui forment une classe nombreuse, et jouissent, pour l'exercice de leur industrie, d'une liberté plus grande que pour celui de leur religion. Les marchands de Bahavalpour font un commerce considérable en marchandises de manufacture européenne ; ils les reçoivent de Palli, ville du Marvar, par la voie de Bicanir et du désert ; ils les expédient dans l'Afghanistan par la route de Moultan et de Leïa, en leur faisant traverser l'Indus à Kahiri. Les Hindous du Bahavalpour sont très-entreprenans ; leurs affaires les conduisent souvent à Balk, à Bouhara, quelquefois même à Astrakhan.

» Outch, au S. O. de Bahavalpour, et à quatre milles à l'E. du Tchenab, au-dessous de son confluent avec le Gorrah, est dans une plaine fertile ; de beaux arbres l'ombragent ; elle est composée de trois villes distinctes, séparées l'une de l'autre par un espace de quelques centaines de pieds, et entourées chacune d'un mur en briques, maintenant en ruines ; la population est de 20,000 ames. Les rues sont étroites ; des nattes tendues en travers mettent à l'abri du soleil ; en tout, c'est une place chétive. On nous logea dans un jardin bien garni d'arbres fruitiers et de fleurs...

» Nous nous préparions à partir pour aller rendre visite au khan, résidant alors à son château dans le désert, quand un messager vint nous annoncer que ce prince avait parcouru 60 milles afin de nous épargner la peine d'aller le trouver. Cet émissaire nous apportait en présent un chevreuil, tué par le khan, quarante vases de sorbets, autant de confitures et de fruits secs, enfin un sac de 200 roupies, que le khan me priait de distribuer en charités pour célébrer le joyeux événement de notre arrivée.

» Le 3 juin au matin, nous étions chez ce prince, qui était descendu à une grande maison à un mille de la ville... Nous fûmes reçus avec tous les honneurs militaires. Il était assis sur des tapis dans une cour ; il se leva et nous embrassa. Il s'informa très-particulièrement de M. Elphinstone, par l'entremise duquel, nous dit-il, une amitié sincère et durable avait été conclue entre sa famille et le gouvernement britannique.

» C'est un bel homme, d'une trentaine d'années, un peu sérieux, mais très-affable et de manières très-distinguées. Il tenait un rosaire à la main ; cependant, tout en comptant les grains, il continuait la conversation...

» Nous séjournâmes une semaine à Outch. Le 5, le khan vint nous voir ; il avait envoyé une grande tente qui fut dressée près de notre jardin : ce fut là que nous le reçûmes. Il resta près d'une heure avec nous, et nous adressa de nombreuses questions sur les manufactures d'Europe. Il a un goût inné pour la mécanique : il nous montra un fusil à détonation fabriqué sous sa direction, et qui certainement fait honneur à l'artisan; il avait de même confectionné les capsules nécessaires et la poudre fulminante. Il nous exprima sa vive satisfaction des présens que nous lui avions envoyés : c'étaient une paire de pistolets, une montre et quelques autres objets... A son départ, nous l'accompagnâmes à sa voiture, qui était un fauteuil soutenu par deux brancards portés par deux chevaux, l'un devant, l'autre derrière; une escorte d'à peu près 1,000 hommes l'accompagnait. Je remarquai qu'en passant il distribuait des aumônes... Quelques instans après, il nous envoya encore de riches cadeaux, une somme considérable pour nos domestiques et un très-beau mousquet, dont la valeur fut doublée par cette phrase de son messager : — Le khan a tué beaucoup de chevreuils avec cette arme; il vous prie de l'accepter, et quand vous vous en servirez, de vous souvenir que Bahaval-khan est votre ami. — »

» Le soir, nous lui fîmes notre visite d'adieu; je lui donnai un joli fusil à percussion, et je lui exprimai nos sentimens bien sincères, en lui disant que sa bienveillance et son hospitalité ne seraient jamais effacées de notre mémoire. »

C'est à Mittancote, petite ville sur la gauche de l'Indus, sous 28° 55' de lat. N., que les cinq rivières du Pendjab, réunies dans le Tchenab, nommé Pendjnad par les géographes, viennent grossir ce fleuve; sa largeur y est de 6,000 pieds; sa profondeur de 16 brasses dans quelques endroits, et partout de 4. « Il ne faut pas oublier, dit M. Burnes, que j'ai pris ces mesures à la fin de mai, temps où les eaux sont le plus basses. »

A peu près à 100 milles au-dessus de Mittan, Oudoudacote, également sur la rive gauche, fut visité par Elphinstone en 1809; de ce lieu qui est insignifiant, on voit bien les montagnes dans l'O.; elles offrent trois étages qui s'élèvent les uns au-dessus des autres. Entre ces deux points, l'Indus coule droit au S.; on le nomme généralement dans cette contrée *Sind* ou *Attok*; ses rives étant très-basses, il se répand facilement à droite et à gauche. A Kahiri, où Elphinstone le passa au mois de janvier, il a seulement 3,000 pieds de largeur et 12 de profondeur.

A sa droite, le territoire de Dera-ghazi-Khan, ville située sur ses bords, est très-fertile : c'est une des plus grandes qu'il baigne; elle est entourée de jardins et de bocages de dattiers. Ce pays obéit à des chefs qui reconnaissent la suzeraineté de Rendjit-Sing, et lui doivent le service militaire.

Attok, ville près de laquelle M. Burnes traversa l'Indus dans un bateau, est sur la rive gauche; le fleuve n'y a que 780 pieds de largeur et 35 de profondeur. La citadelle, bâtie sur une colline basse, ne parut pas très-forte au voyageur anglais; la ville est peu considérable. Le territoire appartenant à Rendjit-Sing s'étend à 3 milles au-delà du fleuve.

Les trois conquérans qui entrèrent dans l'Inde à la tête d'une grande armée, Alexandre, Tamerlan et Nadirchâh, effectuèrent le passage de l'Indus vis-à-vis d'Attok. Cette ville, située à 72 lieues au N. O. de Lahore, est sous les 33° 56' de lat. N. et à 125 lieues au N. de Mittancote.

CHAPITRE LVIII.

Le Sindhi. — Bouches de l'Indus.

Après avoir reçu les rivières du Pendjab, l'Indus coule droit au S. O., et à quelques milles au-dessous de Mittancote, entre dans le Sindhi, pays qui lui doit son nom. Il se partage en plusieurs bras étroits et tortueux, mais cependant navigables, et que les bateaux qui le remontent choisissent de préférence. Le pays est très-fertile, notamment à la gauche du fleuve; d'innombrables canaux d'irrigation qui en sont dérivés contribuent sur les deux rives à faciliter l'arrosement des terres; le Sindhi, canal navigable, creusé par les empereurs mogols, conduit un gros volume d'eau à Chikarpour dans l'O. Cette ville est la plus considérable de ces contrées, et même du Sindhi; quoiqu'elle soit beaucoup déchue, elle fait encore un gros commerce dans l'intérieur.

Dans cette partie du cours de l'Indus et jusqu'à son embouchure, on ne voit pas un grand nombre de villes ni de villages sur ses rives, à cause de la vaste étendue de terrain que couvrent ses débordemens, qui en rendent une grande partie impossible à cultiver; c'est ce qui engage à conduire l'eau par des canaux dans les cantons plus éloignés.

Le pays à l'O. n'est pas aussi peuplé qu'il pourrait l'être; des tribus de Beloutchis, qui ne vivent que de maraude, le dévastent sans cesse; les princes du Sindhi ont pris le parti d'attacher à leur service les chefs de ces peuplades,

1. Pagode de Conjeveram.

2. Tritchinapali.

J. J. Boilly del.

VOYAGE

mais cela n'empêche pas les petits vols. Quelques hordes occupent les monts Ghendari, qui commencent à peu près sous la latitude de Mittancote et courent parallèlement à l'Indus.

Les bras de l'Indus se réunissent un peu au-dessus de Bahkar, forteresse bâtie sur une île rocailleuse, entre Sakkar à droite et Rori à gauche, et défendue par des canons de rempart. A l'E. de Rori, des monticules siliceux et isolés présentent un aspect stérile et extrêmement triste; au-delà un bocage de dattiers s'étend à 3 ou 4 milles vers le S., et ombrage des vergers et des jardins nombreux.

Sakkar est de moitié moins grande que Rori. Ces deux villes furent jadis considérables; des ruines de minarets et de mosquées l'attestent. La rive du fleuve n'est pas escarpée à Sakkar.

Plus au S., les deux seules villes modernes qui méritent d'être remarquées sont Khirpour à gauche, Kekanah à droite, toutes deux à 14 milles de distance de l'Indus, et sur des canaux qui en dérivent; cette dernière a un petit fort en terre, qui tient en respect les montagnards turbulens du voisinage. Le Mirouah, canal large de 40 pieds, qui passe à Khirpour, se prolonge jusqu'à une distance de 90 milles au S., où l'eau se perd dans les sables, ou bien est absorbée dans les champs. Ce canal et tous ceux qui coupent le pays sont bordés de villages et de campagnes cultivées. Ils procurent la facilité de transporter par eau les productions de la terre, et dans la saison sèche, quand ils sont taris, offrent d'excellens chemins de charroi, préférables en toute occasion aux routes ordinaires, qui en raison de la vigoureuse végétation de ce climat sont généralement obstruées par des broussailles touffues

On compte 105 milles par eau de Bakkar à Sihouan, qui est à 2 milles à l'O. de l'Indus. Entre ces deux points, le fleuve suit un cours sinueux vers le S. O. jusqu'à l'endroit où les monts Sakki s'y opposent; au-dessous de Sihouan, ses rives sont si basses, qu'avec ses ramifications il envahit une partie du terrain, et forme des îlots nombreux et couverts de gras pâturages. Dès que le débordement commence, la terre inondée de chaque côté est complètement arrosée. L'eau surabondante s'ouvre à l'E., au-dessus de Bakkar, une issue dans le désert à Amercote, et va se joindre au Cori, bras le plus oriental du Delta de l'Indus, qui passe à l'O. du Cotch.

A peu près à 25 milles au-dessous de Bakkar, l'Indus envoie à l'O. le Nara, qui baigne les pieds des monts Hala et rejoint le fleuve à Sihouan.

« Dans cette partie de son cours, dit M. Burnes, ce fleuve coule rarement dans un canal unique; avec une largeur de trois quarts de mille, il conserve une profondeur de 15 pieds dans la partie la moins profonde de son lit; nulle part il n'est guéable. Sa pente doit être très-douce, car au-dessus de son Delta, il coule avec une vitesse qui n'est pas de moins de 3 milles et demi par heure. Quoique le pays contigu à ses bords fût dénué d'habitations, et n'offrit à la vue que des buissons touffus de tamarisc, cependant on y apercevait de nombreuses roues pour élever ses eaux. Sa rive orientale, de Bakkar à Sihouan, est la partie la plus peuplée du Sindhi; mais les lieux habités que l'on rencontre sont plutôt nombreux et vivans que considérables et riches; il y en a beaucoup où l'on compte 500 maisons; les villages sont généralement éloignés de 2 et 3 milles du fleuve.

» Les montagnes rocailleuses au-dessous de Sihouan le contraignent à courir au S. S. E.; leur promontoire resserre son lit, et présente un éperon naturel haut d'une cinquantaine de pieds et très-escarpé; le courant est excessivement rapide; et quoique la largeur ne soit que de 1,500 pieds, je doute qu'on pût y construire un pont. On trouve toujours à Sihouan une quarantaine de bateaux à fond plat.

» A l'exception de Sihouan, on ne voit pas de ville considérable jusqu'à Haïderabad; le pays est assez médiocrement peuplé, quoique gras et propre à la culture; dans quelques endroits il est salin et stérile.

» Sihouan paraît être une ville riche; elle est redevable de sa prospérité au sépulcre de Lal-châh-Baz, saint personnage du Khoraçan, également fréquenté par les Hindous et les Musulmans. Le bazar de Sihouan est très-bien approvisionné.

» La curiosité des habitans des deux rives pour nous voir était excessive; la bienveillance qu'on nous montrait égalait l'étonnement que nous causions. L'exclamation dévote de *Bismillah!* (au nom de Dieu!) sortait de toutes les bouches quand nous paraissions; on nous qualifiait rois et princes. Les femmes n'étaient pas moins curieuses que les hommes. Leurs boucles d'oreilles sont de très-grande dimension, et ornées généralement de turquoises. Les Sindanis ou Bebis, qui sont des descendantes de Mahomet, sont voilées ou plutôt vêtues d'une longue robe blanche qui leur couvre le corps entier; des ouvertures garnies d'un réseau y sont pratiquées pour les yeux et la bouche. Ces Bebis sont des mendiantes extrêmement importunes par leurs vociférations pour obtenir des aumônes. Une bande de ces femmes, car elles marchent toujours par petites troupes, s'apercevant que je ne m'empressais pas de satisfaire à leurs demandes, exhiba, pour exciter ma charité, un certificat écrit que leur avait délivré le gardien du tombeau de Lal-châh-Baz. Le P. Manrique, qui parcourut les rives de l'Indus dans le dix-septième siècle, se plaint, dans sa relation, des femmes fragiles qui le molestèrent sur sa route. Présentement le costume des courtisanes que l'on rencontre dans tous les lieux importans de cette contrée, donnerait une idée avantageuse de la richesse du Sindhi; écouter leurs chansons lascives est un des plaisirs peu nombreux des habitans, s'il n'est le seul. Ces femmes sont remarquablement belles, et déploient dans leur jeu une ame et une chaleur inconnues de celles de l'Inde.

» Sihouan est bâtie sur un terrain élevé à l'extrémité d'un marécage sur l'Arral, nom que prend le prolongement du Nara, au-delà de Larkanah. Le plus singulier de ses édifices est peut-être le château ruiné qui la domine, et qui très-probablement date du temps des Grecs. Nous nous arrêtâmes quatre jours dans cette ville où la chaleur était extrême et suffocante. »

A peu près à 100 milles au-dessous de Sihouan, l'Indus envoie à l'E. plusieurs bras, parmi lesquels on distingue le Falaïli; entre ce bras et le corps du fleuve, s'élève Haïderabad, capitale du Sindhi. Cette ville a été visitée par M. H. Pottinger en 1809, J. Burnes en 1827, A. Burnes en 1831. Ces trois Anglais sont les seuls Européens qui aient récemment vu le Sindhi et en aient donné des relations; un quatrième, J. Macmurdo, avait composé un mémoire qui n'a été publié qu'en 1834, après sa mort. M. Alex. Burnes a traversé le Sindhi en entier, en allant par eau de l'embouchure de l'Indus à Lahore. Il était chargé de conduire des chevaux que le roi d'Angleterre envoyait en présent à Rendjit-Sing; M. J. Burnes, chirurgien-major à Bhoudj dans le Cotch, et frère du précédent, avait été appelé par un des émirs du Sindhi, qu'une maladie obligeait de recourir à son habileté; M. Pottinger remplissait une mission du gouvernement suprême de l'Inde. Tous trois ont remonté l'Indus par des bras différens, pour gagner Haïderabad. Leurs relations respectives, écrites avec cette simplicité qui gagne la confiance du lecteur, nous font bien connaître un pays peu fréquenté.

Haïderabad, situé sur la côte orientale d'une île formée, comme on vient de le dire, entre l'Indus et le Falaïli, est à 4 milles au S. O. du premier, et à 1,000 pas seulement du second; un petit bras de celui-ci, assez considérable pour porter bateau dans la saison de la crue des eaux, s'en détache et arrive jusqu'au pied des fortifications. La ville et la citadelle sont bâties sur un monticule rocailleux; les murs sont en brique, de 15 à 30 pieds de haut, et flanqués de tours rondes à des intervalles réguliers (Pl. XXXVIII — 1). Ces remparts ne résisteraient pas à une attaque sérieuse; au centre du fort, une tour massive renferme une grande partie des richesses du Sindhi. Les maisons de la ville sont en terre et chétives. La principale industrie de cette ville consiste dans la fabrication de différentes espèces d'armes; elles peuvent soutenir la comparaison avec celles que font les ouvriers européens. On n'évalue la population qu'à 20,000 ames.

Le Sindhi, borné au N. par les États de Rendjit-Sing, au N. O. et à l'O. par le Beloutchistan, au S. par la mer d'Oman, le Cotch et le Ren, et à l'E. par le Radjpoutana, a 125 lieues du N. au S., 80 de l'E. à l'O., et à peu près 3,000 lieues carrées. C'est un pays plat traversé par l'Indus et ses bras. Après avoir éprouvé diverses vicissitudes, il fit partie de l'empire mogol, et fut gouverné par un soubadar, qui résidait à Moultan et à Tatta. En 1737, époque de la décadence du Mogol, un guerrier de la famille de Calora, venu de l'Afghanistan, se fit céder le pouvoir suprême; mais Nadir-Châh le vainquit, et le força de chercher un refuge à Amercote, dans le désert; cependant il lui permit ensuite de revenir et de reprendre le gouvernement comme vassal. La famille de Calora le conserva jusqu'en 1779; alors les Talpoura, venus du Beloutchistan, s'en emparèrent, et s'engagèrent à payer un tribut annuel au roi de Caboul. Ils remplirent cet engagement jusqu'en 1792; alors ils n'en acquittèrent plus qu'un partie, et, profitant plus tard des dissensions intestines qui déchirèrent ce pays, ils finirent par s'y soustraire entièrement.

Les Talpoura n'ont pas cessé de faire des conquêtes aux dépens des États voisins; et sans la crainte que leur inspirent, d'un côté les Seïks, de l'autre les Anglais, ils les auraient poussées plus loin.

Le pays est partagé entre trois branches de cette famille; la première réside à Mirpour, la seconde à Bakkar, la troisième et la plus puissante à Haïderabad. Les chefs prennent le titre d'émirs: ceux de cette dernière ville gouvernèrent d'abord en commun; ils étaient quatre frères. En 1836, il n'en restait plus qu'un, qui était réellement le seul maître; son neveu, étant d'une santé faible, n'avait aucune part au gouvernement.

Le revenu total du Sindhi est évalué à 13,000,000 de francs. On dit que la valeur du trésor des émirs s'élève à 500 millions, dont 325 en argent monnayé, et le reste en pierreries.

L'armée est de 50,000 hommes. Le Sindhien est brave sur le champ de bataille ; bien différent des autres Asiatiques, il s'enorgueillit d'être fantassin. Ses armes principales sont le mousquet, le sabre et le bouclier. Il est entreprenant, sobre et hardi, soumis et obéissant à ses supérieurs ; ces qualités font qu'il trouve aisément à s'engager au service des princes voisins.

« Les Sindhiens, dit M. Pottinger, ont le teint très-foncé ; cependant on peut dire qu'en général ce sont de très-beaux hommes, bien faits, ayant les traits du visage très-réguliers. La beauté des Sindhiennes est devenue proverbiale avec raison. Le vêtement des hommes consiste en une tunique large, un pantalon plissé qui descend jusqu'à la cheville, et un bonnet de drap ou de toile de coton piqué, semblable à la forme d'un chapeau, et brodé ou avec des fleurs en soie ou en or autour de la partie supérieure (PL. XXXVII — 4). Les femmes ont le même habillement, à l'exception du bonnet, et sous la chemise, elles mettent une camisole de soie qui leur serre la taille et se lace par derrière.

On estime la population à 1,000,000 d'âmes ; elle se compose d'un mélange de Beloutchis et d'Hindous. On désigne par le nom de Djeths les descendans de ces derniers, qui ont embrassé l'islamisme. Ils forment, à proprement parler, le peuple sindhien.

A l'audience que les émirs accordèrent à M. Pottinger et à M. J. Burnes, ces princes étaient vêtus avec une magnificence éblouissante ; la poignée et le fourreau de leurs épées et de leurs poignards, leurs ceinturons resplendissaient de l'éclat des pierreries les plus précieuses ; leur tapis de pied et les coussins contre lesquels ils s'appuyaient étaient revêtus d'une couverture en mousseline brodée en fleurs d'or et d'argent avec une délicatesse exquise. La parure de plusieurs de leurs officiers n'était pas moins riche. « Enfin, dit M. J. Burnes, le coup-d'œil était splendide.

» Je fus ensuite conduit au lieu désigné pour ma demeure. C'était un grand jardin à un quart de mille de la ville ; parmi plusieurs tentes qui y étaient dressées, il y en avait une longue de 40 pieds, haute de 12, et si somptueuse, qu'en la considérant avec une surprise égale à celle que m'avait causée la vue de l'éclat de la salle d'audience, je me rappelai vivement plusieurs des scènes décrites dans les *Mille et une Nuits.* »

Quand le frère de M. J. Burnes vint au Sindhi, la splendeur de la cour des émirs était bien ternie, et, de plus, le profond silence et le bon ordre qui y régnaient à l'époque de la visite des deux précédens voyageurs étaient remplacés par le tapage et la confusion.

Quoique le gouvernement des émirs soit oppressif, le Sindhi n'est pas un pays malheureux. Sa fécondité défie à un certain point les funestes effets d'une administration ignorante et impitoyable. Partout une apparence d'abondance et de contentement frappe les regards de l'étranger surpris. Malgré les entraves qui le gênent, le commerce est actif, et à quel degré de prospérité n'atteindrait-il pas, s'il jouissait de toute la liberté qui lui est nécessaire ! L'Indus, si sa navigation était ouverte, serait pour le Sindhi une source inépuisable de richesses. M. A. Burnes l'a remonté depuis l'une de ses embouchures jusqu'à son confluent avec le Tchenab, et depuis ce point jusqu'à Lahore. Les navires à vapeur pourraient parcourir toute cette distance, et les contrées que ce beau fleuve arrose profiteraient de cette merveilleuse invention.

Tatta est à 12 lieues au S. O. de Haïderabad, et à 20 lieues de la mer, dans une vallée fertile, inondée durant les crues du fleuve. Jadis elle fut la capitale du Sindhi : on y compte 40,000 ames. Une partie des maisons est en ruines ; son commerce et son industrie, quoique remarquablement déchus, ont encore une certaine importance.

A 5 milles au-dessous de Tatta, l'Indus se partage en deux bras : le Baggar à droite, le Sata à gauche. Tous deux se subdivisent ensuite. Le fleuve arrive à la mer par 11 bouches. L'inconstance de son cours à travers son Delta est proverbiale, et sa navigation dans cette partie est également difficile et dangereuse. Les bouches où l'eau douce est le moins abondante sont les plus accessibles aux navires venant de la mer, parce qu'elles sont moins encombrées que les autres de bancs de sable. Le Baggar est par cette raison le bras qui offre le canal le plus net et le plus profond ; le Pitti, une de ses subdivisions, qui arrive dans le hâvre de Coratchi, est très-fréquentée.

Au large des bouches de l'Indus, la mer est peu profonde, mais les sondes y sont régulières

Toute la côte du Sindhi étant ouverte à la mousson du S. O., la navigation y est suspendue plus tôt que dans les pays voisins. Aux pleines et aux nouvelles lunes, la marée s'élève à 9 pieds dans les bouches du fleuve; elle inonde ou bien abandonne avec une vitesse incroyable les bancs de sable et les terres qu'elle couvre. M. A. Burnes a constaté par ses observations les phénomènes qu'elle présente, et qui causèrent une surprise mêlée de terreur aux soldats d'Alexandre-le-Grand, accoutumés jusqu'alors à ne voir que les eaux de la Méditerranée.

Le principal port du Sindhi est Coratchi, au fond du hâvre de son nom; quoiqu'il soit passablement resserré et qu'il ne puisse recevoir que des navires tirant au plus 16 pieds d'eau, il s'y fait un commerce important, sa situation sur les confins du Beloutchistan et des contrées baignées par l'Indus étant très-avantageuse. La ville est défendue par une forteresse médiocre; on y fabrique du feutre et des toiles de coton; la campagne des environs est unie et sablonneuse. Coratchi est une conquête assez récente des émirs du Sindhi.

A 8 lieues au N. O. de Coratchi, le cap Monze ou Mohari, qui s'élève à l'extrémité des monts Hala, marque la limite occidentale de l'Inde.

CHAPITRE LIX.

Beloutchistan.

Après avoir doublé le cap Monze en allant à l'O., on ne tarde pas à découvrir la petite baie de Sonmini, dans laquelle se jette le Pouralli, petit fleuve venant du N. Sur la rive gauche de son embouchure est bâti Sonmini, bourgade habitée par des pêcheurs; elle est dans le Lotsa, province du Beloutchistan. Ce fut dans ce port que débarquèrent, le 2 janvier 1810, MM. Pottinger et Christie, officiers anglais, envoyés par le gouverneur de l'Inde pour explorer les pays compris entre cette contrée et la Perse. Ils voyageaient sous le déguisement d'agens d'un riche Hindou, marchand de chevaux. C'est à leur relation et à celle de leur compatriote M. Grant, qui vit seulement une partie de ces contrées peu fréquentées par les Européens, que nous devons des renseignemens authentiques servant à les faire connaître.

La baie de Sonmini offre un excellent mouillage aux flottes les plus considérables; celle de Néarque, amiral d'Alexandre, s'y réunit. La description que nous en a donnée Arrien est d'une exactitude admirable.

« En parcourant Sonmini, dit M. Pottinger, nous fûmes surpris de ce que le commerce y était si considérable relativement à la chétive apparence de ce bourg; il est entièrement entre les mains des banians ou marchands hindous. Nous questionnâmes un de ceux-ci : il nous apprit qu'il avait été bien plus actif; mais que, vers la fin de 1808, des pirates arabes, venus de la côte du golfe Persique, avaient brûlé et ravagé Sonmini qui ne s'était pas encore remis de ce désastre. »

Les deux Anglais, montés sur des chameaux et accompagnés de leurs bagages, partirent de Sonmini le 19 janvier. Ils traversèrent un marais salin et couvert de broussailles de tamarisc, puis un pays généralement en friche et très-uni; on ne voyait de la culture qu'autour des villages; le 22, ils arrivèrent à Bela, capitale du Lotsa; elle est sur la rive droite du Pouralli; on y compte 2,000 maisons. Le chef qu'on appelle le djam leur donna audience dans une salle d'une simplicité extrême, les reçut avec beaucoup d'affabilité, leur adressa diverses questions sur les mœurs des Européens et sur la puissance navale de l'Angleterre. Les détails qu'ils lui donnèrent lui causèrent un si grand étonnement, qu'il s'écria : « Je suis obligé de croire tout cela, puisque vous me le dites; mais si le saint Prophète, sur lequel soit la paix de Dieu, l'eût raconté aux habitans du Lotsa, ils lui en eussent demandé la preuve. »

Le djam, après qu'ils l'eurent instruit de leurs desseins, leur promit des lettres de recommandation pour les chefs des cantons où ils devaient passer, et, par son entremise, ils conclurent un traité avec Rahmet-Khan, chef des Bezendjas, dans le pays desquels les voyageurs sont souvent détroussés par les voleurs. Ils lui payèrent 60 roupies, et il leur donna sa parole qu'il les protégerait : « Vous êtes en sûreté, leur dit-il; vous ne devez plus craindre aucun mortel; le reste dépend du Tout-Puissant et de son Prophète. »

Le djam gouverne le Lotsa comme vassal du khan de Kelat; son administration est douce et équitable. Les Banians jouissent pour leur commerce de la protection et de la sécurité qu'ils peuvent désirer. Plusieurs d'entre eux, qui étaient de Moultan et de Chikarpour, vinrent rendre visite aux Anglais, et furent ravis des connaissances que M. Christie déploya dans la conversation sur le négoce de ces contrées; ce qui fut très-utile à nos voyageurs.

Bientôt les voilà partis sous l'escorte d'une troupe de brigands. Ceux-ci ayant rencontré le

3. Pagode de Ramisséram.

4. Vue de Ceylan. Point-de-Galle.

long de la route un champ de cannes à sucre, en prirent autant qu'ils en purent emporter, et les pauvres propriétaires, glacés d'effroi, les regardaient faire sans se plaindre : on n'était plus dans le Lotsa.

A mesure qu'on avançait au N., le pays devenait âpre et raboteux ; la perspective était très-variée et parfois magnifique et imposante. Les Anglais passèrent par Khozdar, très-petite ville entourée de jardins remplis d'arbres fruitiers, et située dans une vallée entourée de montagnes. En cheminant dans ce pays âpre, on s'apercevait de la rigueur de la saison : elles étaient couvertes de neige, et l'eau gelait dans les outres.

Le 9 février, les voyageurs entrèrent dans Kelat, capitale du Beloutchistan, et logèrent dans le faubourg. Ils étaient obligés de tenir un grand feu allumé toute la journée au milieu de leur appartement. Les gens de leur suite souffraient beaucoup du froid ; il était si rigoureux, que l'eau gelait à mesure qu'on la versait. « Notre troupe transie, dit M. Pottinger, formait un contraste singulier avec notre vigoureux propriétaire et son frère, qui partaient au point du jour pour aller dans les montagnes voisines couper du bois de chauffage. »

Le khan de Kelat était allé avec tous ses officiers dans le Kotch-Gondava, province à l'E. des montagnes. Il y passe ordinairement l'hiver, parce que le climat y est plus doux. Mahmoud régnait depuis 1795 ; il avait succédé à son père Nessir-Khan, homme remarquable par ses talens et son grand caractère, qui fut le libérateur et le législateur de son pays. Sa mémoire révérée parmi ses compatriotes a fait passer chez eux son nom en proverbe pour désigner un prince accompli. Mahmoud-Khan ne sait pas tenir comme lui d'une main ferme les rênes du gouvernement.

Le 6 mars, les voyageurs partirent de Kelat ; la route devint très-inégale : ils marchèrent à l'O. Les nuits continuaient d'être très-froides. Parvenus, à travers un canton triste et stérile, au sommet d'une montagne, ils aperçurent dans la direction qu'ils suivaient un désert sablonneux qui s'étendait à perte de vue. Une descente rapide les conduisit à Nouchky, village où, d'après les renseignemens qu'ils recueillirent, ils convinrent de se séparer. Christie prit le chemin du N. vers Herat ; M. Pottinger poursuivit le sien vers l'O. Le 25, il sortit de Nouchky avec une suite de cinq personnes. « Aucun de nous, dit-il, n'était bien armé, de sorte qu'il fallait pour notre sécurité nous fier à notre bonne fortune, qui nous éviterait de fâcheuses rencontres, plutôt qu'à nos moyens de repousser les gens disposés à nous piller. »

Bientôt il arriva au dernier puits où l'on emplit les outres, puis il s'enfonça dans le désert. Il fallait souvent aller à pied dans cette immense solitude, dont l'aspect diffère de celles du même genre qu'on voit en Arabie et en Afrique. Le sable, de couleur rougeâtre, est formé de particules si ténues, que, mises dans la main, elles étaient à peine palpables : poussé par le vent, il se forme en masses onduleuses et irrégulières qui se dirigent principalement de l'E. à l'O., et dont la hauteur varie de 10 à 20 pieds ; un des flancs de ces dunes est escarpé, et de loin on est tenté de le prendre pour un mur de briques ; le côté, exposé au vent, présente au contraire une pente douce. Il faut que le voyageur trouve son chemin dans l'espèce de ravin que ces monticules laissent entre eux ; il est très-difficile de traverser ces chaînons ; les chameaux n'y parviennent, après les avoir escaladés, qu'en se laissant glisser de leur sommet avec ce sable : la brèche, ainsi ouverte, est plus aisément franchie par les autres. Elevé dans l'atmosphère par le vent, ce sable lui donne l'apparence d'une vapeur sombre ; il pénètre dans la bouche, les yeux, les narines, y cause une irritation douloureuse et augmente le tourment de la soif, tourment accru par le phénomène du mirage, qui présente de toutes parts à l'homme altéré l'image décevante de lacs d'eau limpide.

Le 1er avril, on marcha dans le lit du Boudon, qui avait 1,500 pieds de largeur, et était complètement à sec. Des villages avaient été abandonnés par leurs habitans, qui fuyaient la disette. Le 2, des torrens de pluie qui tombèrent pendant une demi-heure furent absorbés à l'instant par la terre ; ils furent accompagnés d'une bourrasque terrible. « L'air était si obscurci, dit le voyageur, que je ne pouvais rien distinguer à dix pas. Ces orages sont assez fréquens ; ils incommodent pour le moment, mais ils ont l'avantage de nettoyer et de purifier l'atmosphère : dès qu'on aperçoit les symptômes qui les annoncent, il est à propos de descendre de son chameau, derrière lequel on se met à l'abri. »

Le 4, à l'extrémité de cette région inhospitalière, M. Pottinger arriva dans le Mekran. Avant d'entrer dans Kellegan, son guide, qui était allé instruire le sardar de leur venue prochaine, lui conseilla, d'après l'avis de celui-ci, de changer son costume d'Hindou pour celui d'un pélerin musulman. « Il ne faut pas, lui dit cet homme, te considérer comme étant sur le territoire du khan de Kelat, ni compter sur le bon ordre et sur la sécurité qui y règnent. Nous sommes dans le Mekran, où chaque individu se livre au brigandage, et où l'on vole sans scrupule son frère ou son voisin. Ta qualité d'agent d'un commerçant est la pire de toutes celles que tu peux prendre pour continuer ton voyage; ce serait bien en vain que l'on essaierait de persuader à de telles gens qu'un homme qui se mêle de négoce n'a pas des objets de prix ou au moins les moyens de se les procurer. » Ce n'était pas le cas de perdre le temps à discuter sur cet exposé, qui paraissait exagéré. M. Pottinger se travestit donc suivant le désir du guide, et s'empressa de traverser ces affreux cantons avec toute la promptitude possible. Parvenu chez des tribus moins farouches, ce ne fut qu'à force de présens qu'il put obtenir des chefs des escortes suffisantes pour l'aider à traverser sans accident ces contrées où sans cesse il courait des dangers. Enfin, le 23 avril, il atteignit Régan, place forte, sur la frontière de Perse.

Il rejoignit son compagnon à Ispahan; Christie avait voyagé d'abord dans un pays rempli de buttes sablonneuses, et quelquefois entièrement dénué d'eau. Le 27 avril, il arriva sur les bords du Helmend; la terre, à la distance d'un demi-mille de chaque côté de cette rivière, est cultivée, parce qu'on peut l'arroser; ensuite, le désert commence. Peu s'en fallut qu'une nuit, près d'un village voisin du Helmend, les Beloutchis, avec lesquels Christie cheminait, ne fussent surpris par les Afghans, qui habitaient ce lieu. Heureusement quelqu'un de la troupe donna l'alarme, on entra en pourparlers, et on s'arrangea. Tout ce pays est stérile et infesté de brigands.

A Elondar, dans le Sedjistan, Christie, d'après l'avis d'un Hindou, se sépara de ses Beloutchis, et continua sa route comme pélerin musulman, avec un guide et trois autres voyageurs; il fut très-bien accueilli chez le chef de cette petite ville. « Il était, dit-il, vêtu avec beaucoup d'élégance et entouré de plusieurs domestiques. Il est la terreur de tous les cantons voisins, et vit uniquement de pillage, son territoire étant très-petit, et compris dans l'Afghanistan ; le Helmend l'arrose ; les bords de cette rivière sont très-bien cultivés et féconds, mais la plus grande largeur de ce terrain fertile n'est pas de plus de 2 milles. Au-delà, de hautes falaises annoncent le désert, qui s'étend sans interruption à une grande distance dans tous les sens. Ce pays, habité uniquement aujourd'hui per des Afghans et des Beloutchis, qui vivent sous des tentes de feutre, porte encore des marques de sa civilisation et de sa richesse passées. On rencontre des ruines de villages, de forteresses et de moulins à vent. »

Plus loin, Christie fut accosté par une troupe de six Afghans armés; sa bonne contenance et celle de son guide tirèrent sa troupe d'affaire ; les brigands s'éloignèrent. Le 18, il entra dans Herat, ville de Perse.

Le Beloutchistan, borné au N. et au N. E. par l'Afghanistan, à l'E. par le Sindhi, au S. par la mer d'Oman, à l'O. par la Perse, a 275 lieues de longueur, 175 de largeur, et 16,600 lieues carrées de surface. Les côtes sont sablonneuses et stériles ; le pays s'élève dans l'intérieur, et offre un immense plateau traversé dans l'E. par de hautes montagnes qui, sous le nom général de monts Brahouiks ou Ghiznih, filent du S. au N., et se prolongent dans l'Afghanistan. D'autres montagnes, courant de l'E. à l'O., sont séparées par des vallées longitudinales.

Près de Kelat, les chaînons, séparés par d'effroyables défilés, atteignent à une altitude de 1,400 toises. Le sol est aride et maigre sur le plateau; celui des vallées est communément gras et fertile. Les déserts occupent un vaste espace; les rivières sont peu considérables; quelques-unes se perdent sous les sables; presque toutes tarissent en été. On a vu précédemment qu'en hiver la température était très-rigoureuse dans les cantons montagneux; les chaleurs dans le Mekran, la Gédrosie des anciens, durent de mars en octobre; dans le Kotch-Gondava, à l'E. des monts, l'air est si étouffant en été, que les habitans riches vont chercher la fraîcheur dans le pays haut.

Malgré la nature généralement pierreuse du terrain, quelques cantons produisent d'abondantes moissons de froment et d'orge; ailleurs une herbe touffue et haute procure d'excellens pâturages aux bestiaux. Divers métaux existent dans les montagnes. On exploite des mines de fer et de plomb; le sel gemme est commun dans l'O. Les forêts sont remplies de beaux arbres, et les jardins de fruits d'Europe.

De tous les animaux domestiques, les Beloutchis estiment le plus les chameaux et les dromadaires qui se plaisent beaucoup dans les sables de leur pays; ils ont aussi d'excellens chiens de chasse et en soignent la race. Les chiens sauvages sont nombreux dans les broussailles, de même que diverses bêtes féroces.

On estime la population de tout le Beloutchistan à 3,000,000 d'ames; elle se compose principalement de Beloutchis et de Brahouis; on y trouve aussi des Dehwars, descendans des anciens Guèbres et des Hindous. Les Beloutchis et les Brahouis sont également adonnés à la vie nomade, et se partagent en un grand nombre de tribus. L'idiôme des premiers tient beaucoup de celui des Persans modernes; le brahouiki, au contraire, ressemble à la langue du Pendjab.

Les Beloutchis sont grands, bien faits et alertes. Quelques-unes de leurs tribus, encore très-peu civilisées, tiennent le brigandage en honneur, et n'ont que du mépris pour le larcin. Du reste, l'hospitalité est exercée partout, et jamais ses lois ne sont enfreintes. Les Beloutchis obéissent à leur chef avec empressement; ils habitent sous des *ghedans*, ou tentes de feutre noir ou de couvertures grossières étendues sur une carcasse de branches de tamarise entrelacées. La réunion d'un certain nombre de ces tentes compose un *toumen* (village), et celle de leurs habitans un *kh il* (une communauté): plusieurs khéïls forment une tribu. Quelquefois, la moitié d'un khéïl vit sous des tentes, et l'autre dans des maisons. Le costume et les armes des Beloutchis ressemblent à ceux des Afghans.

Les Brahouis n'ont pas la haute taille des Beloutchis, mais ils sont très-robustes, actifs et endurcis à la fatigue; doux, honnêtes, paisibles et laborieux. Ils s'occupent principalement du soin de leurs troupeaux, et leurs khéïls, situés dans le sein des hautes montagnes, offrirent aux deux voyageurs anglais une image charmante de la vie pastorale. Bien loin d'être recluses comme dans l'Hindoustan, les femmes causaient gaiement avec les étrangers, et tous les membres de la famille, même les petits enfans, prenaient part aux travaux agricoles.

De même que plusieurs peuples de l'Asie, les Beloutchis aiment les mets fortement assaisonnés, ils portent même ce goût à un excès singulier. Un habitant de Nouchki, voulant témoigner sa reconnaissance aux voyageurs anglais, leur apporta un jour, à l'heure du dîner, une jeune plante d'*assa fœtida* cuite dans du beurre rance. Il eut bien de la peine à se persuader qu'ils lui parlaient sérieusement, quand ils lui dirent que la friandise dont il faisait l'éloge en vrai gourmet, et qu'il avait préparée exprès pour eux, n'était nullement de leur goût. « L'odeur, dit Pottinger, en était réellement insupportable; car celle de la plante fraîche est plus forte et plus nauséabonde que celle de la drogue desséchée que nous connaissons en Europe. Nous en eûmes la preuve durant notre séjour dans ce village: tous les habitans avaient eu leur part d'une provision venue récemment: non-seulement ils répandaient une puanteur insupportable, mais l'air même en était infecté. »

L'islamisme est la religion de cette contrée. Le khan de Kélat peut passer pour le chef suprême d'une confédération que composent les serdars des différentes tribus. Plusieurs de ceux-ci ne lui obéissent que lorsque leurs intérêts les y invitent, et quelques-uns se sont rendus entièrement indépendans. On estime la totalité de leurs forces militaires à plus de 100,000 hommes. Le khan était jadis vassal du roi de Caboul; mais, depuis quelques années, il ne reconnaît plus sa suzeraineté.

CHAPITRE LX.
Afghanistan. — Peichaver. — Caboul. — Kandahar. — Hérat.

Lorsqu'en 1782, G. Forster traversa l'Afghanistan, ce pays obéissait à un prince qui résidait à Caboul. La monarchie afghane, alors puissante, subsistait depuis 1747; elle comprenait cinq grandes contrées, savoir : à l'E., une partie du Khoraçan; au centre, l'Afghanistan propre; au N., le Balkhan; au S., le Seistan; à l'O. de l'Indus, le Moultan, c'est-à-dire, le Cachemir, le Pendjab, le Moultan et le Sindhi. Elle s'étendait de 28° 54′ à 37° 26′ de latit. N., et de 57° 46′ à 70° 57′. Sa surface dépassait 80,000 lieues carrées. On évaluait sa population à 14,000,000 d'ames.

Pendant tout le moyen-âge, l'Afghanistan éprouva de nombreuses vicissitudes, et fut soumis tantôt à des chefs indigènes, tantôt aux Persans, aux Mongols, à Tamerlan; ensuite une portion considérable fit partie de l'empire de Dehli. Vers 1720, les Afghans, sous la conduite de chefs indigènes, firent la conquête de la Perse, et prirent Ispahan; Nadir-Châh les en chassa, et soumit leur pays. A la mort de ce conquérant, Ahmed-Khan, chef de la tribu des Abdallis, nommés plus tard Douranis, à la tête de 3,000 hommes de cavalerie, traverse le Khoraçan, marche droit à Kandahar, s'empare d'un trésor destiné pour Nadir, et, sans une trop grande effusion de sang, se fait déclarer châh, ou roi, en octobre 1747. Il étendit ses Etats, poussa ses conquêtes jusqu'à Dehli, et mourut en 1773, à l'âge de cinquante ans, laissant son pays dans un état prospère. Les Afghans parlent encore avec admiration de sa bravoure, de ses talens, de sa puissance et de son caractère conciliant envers les tribus et les nations diverses qui composaient son vaste empire; il appartenait à la famille des Sadozis.

Son fils Timour, dénué des qualités nécessaires pour soutenir un grand E at nouvellement formé, fut forcé d'abandonner le Pendjab aux Seïks; il sut néanmoins conserver la plus grande partie de ses possessions. A sa mort, en 1793, son fils, Zeman-Châh, monta sur le trône, après avoir privé de la vue son frère aîné; mais en 1800 il fut détrôné, et reçut de son jeune frère Mahmoud le même traitement qu'il avait fait éprouver à son aîné. Mahmoud était redevable de ses succès à Feth-khan, chef de la famille des Barakhzis : une rivalité funeste éclata entre ce dernier et Akram khan. Ces dissensions s'accrurent au point que bientôt Mahmoud ne régna plus en réalité que dans sa capitale. En 1803, il fut chassé à son tour par son frère Choudja-oul-Moulk, qui, contre l'usage ordinaire, lui laissa la vie et la vue. Choudja fut mal récompensé de sa clémence : en 1809, Mahmoud, replacé sur le trône par les intrigues de Feth-khan, le força de s'enfuir dans l'Hindoustan. Un peu avant cette époque, l'ambassade anglaise, dirigée par Mount Stuart Elphinstone, arriva. Châh-Choudja la reçut à Peichaver; lorsqu'elle obtint son audience de congé, Mahmoud avait levé l'étendard de la révolte, et les Anglais reprirent la route de l'E.

Kamrou, fils de Mahmoud, mécontent du crédit immense de Feth-khan, réussit, par ses insinuations, à persuader à son père de se défaire de ce ministre, auquel il devait la puissance suprême. Feth-khan eut d'abord les yeux crevés, et ensuite termina sa vie en 1818 dans les tourmens les plus atroces. Aussitôt, tous ses frères se soulevèrent. Mahmoud, délaissé par le plus grand nombre de ses sujets, s'enfuit précipitamment à Hérat, sans même essayer de combattre. Cette fuite marquait qu'il renonçait au pouvoir; car, bien qu'il conservât Hérat et le titre de roi, il devint vassal de la Perse. Il mourut en 1829, et son fils Kamrou hérita de lui sa puissance restreinte.

A peine Mahmoud s'était réfugié à Hérat, que les Barakhzis rappelèrent Choudja, qui se hâta d'arriver à Peichaver; mais sa conduite maladroite lui aliéna ses partisans : ils jetèrent les yeux sur Eyoub, son frère, homme d'une nullité complète, et cependant assez prévoyant pour faire périr les aspirans au trône qui tombèrent entre ses mains.

Choudja, chassé une seconde fois, revint à Lodiana. Des tentatives ouvertes et des menées secrètes pour le replacer sur le trône ont échoué. Il vit des bienfaits du gouvernement britannique.

Les troubles qui suivirent la mort de Feth-khan avaient laissé sans défense le Cachemir et les autres provinces au-delà de l'Indus; elles tombèrent successivement au pouvoir de Rendjit-Sing. En 1822, il passa le fleuve, et, dans une bataille rangée, défit complètement les Afghans. Cette victoire, décidée par sa bravoure, établit la puissance des Seïks dans le pays de leurs ennemis, et depuis cette époque Peichaver paie un tribut au maharadjah.

Les Barakhzis, au lieu de rester unis, se divisèrent, et aidèrent ainsi à la réussite des projets ambitieux de Rendjit-Sing. Au milieu de ces querelles sanglantes, Eyoub, le fantôme de roi, perdit son fils. Dans son angoisse, il chercha un asile à la cour de Lahore, où il est resté. Les Sindhiens renoncèrent à toute dépendance : Balkh et son territoire furent annexés aux États du khan de Boukharie.

Un chef barakhzi s'établit à Kandahar, un autre à Peichaver, un troisième à Caboul : ainsi tomba la monarchie douranie après une durée de 76 ans. Ce fut après sa dissolution que M. A. Burnes voyagea dans l'Afghanistan : il y entra en 1832.

Les Afghans habitent depuis un temps immémorial la contrée à laquelle on a donné leur nom. Ils se désignent eux-mêmes par celui de *Pouchtané*, et c'est par corruption que dans l'Inde on en a fait *Pitan* ou *Patan*. De même que tous les peuples qui ne connaissaient pas l'usage des lettres avant d'embrasser l'islamisme, ils ont adopté l'écriture arabe, et ont perdu la vraie tradition de leur origine. Se fondant sur des idées empruntées au Coran et à des rêveries juives, ils prétendent descendre des dix tribus emmenées en captivité par les rois d'Assyrie. Cette erreur, quoique bien manifeste, fut répétée en Europe par des hommes très-savans. Or, l'idiome de ce peuple suffit pour la réfuter : il n'offre pas la moindre analogie avec aucune des langues sémitiques; seulement des mots arabes s'y sont introduits avec l'étude du Coran; le pechtou présente beaucoup de ressemblance avec le persan dans les mots radicaux.

Les voyageurs qui ont séjourné chez les Afghans les dépeignent comme robustes, maigres et musculeux, ayant les cheveux et la barbe noirs, quelquefois bruns, le nez aquilin, les traits du visage réguliers, la figure alongée : on leur trouvait dans leur air quelque chose

1. Temple Souterrain d'Éléphanta.

2. Jouatier.

J. Bailly del.

VOYAGE

AFGHANISTAN.

d'israélite, ce qui avait contribué à corroborer la fable dont nous venons de parler. Les Afghans de l'E. ont la physionomie moins expressive que ceux de l'O., mais ceux-ci sont plus grands et plus vigoureux, et ont le teint moins foncé que les premiers, parmi lesquels on en voit chez qui il l'est autant que chez les Hindous. Les Afghanes sont belles, jolies et d'une taille plus avantageuse que les femmes de l'Hindoustan.

Les Afghans de l'occident ont participé à la civilisation des Persans, et ceux de l'orient à celle des Hindous; ils ont respectivement adopté les coutumes et les mœurs de leurs voisins; tandis que ceux du centre ont mieux retenu les habitudes antiques de la nation. Elle se divise en deux classes principales : l'une, nomade, habite encore sous des tentes; l'autre a renoncé à sa vie errante.

Cette différence dans les mœurs est déterminée par celle que présente la nature du pays; dans le N. et dans l'E., il est montagneux. A la rive droite de l'Indus, se termine l'Himalaya; à sa rive gauche, commence l'Hindou-Kouch (*Paropamisus* des anciens), qui, avec quelques déviations vers le S., se prolonge de l'E. à l'O., en s'abaissant vers Hérat, où elle n'offre plus qu'un labyrinthe de collines. Sa cime principale, le *Spinghour* (mont blanc), a 20,493 pieds d'altitude; sous le 67e méridien, deux immenses rameaux, filant au S., sous le nom de Soliman Kouh, à l'E., et de Brahouik-Kouh, à l'O., s'étendent parallèlement. On manque de renseignemens précis sur l'altitude de ces monts, qui entrent dans le Beloutchistan; mais on estime qu'elle est à peu près de 1,400 toises; ils envoient des branches à l'E. et à l'O. Celles-ci s'étendent très-loin, et laissent entre elles de vastes plaines.

L'Indus, qui est la principale rivière de l'Afghanistan occidental, reçoit à droite le Caboul, et plus bas le Gomal, qui ont long-temps serpenté entre les montagnes. Dans une direction opposée, coule l'Helmend; après avoir long-temps traversé les cantons montagneux, il arrive dans les plaines de l'O., puis dans le désert, et termine son cours de 250 lieues dans le lac de Zerré.

Le climat varie beaucoup dans l'Afghanistan; le séjour continuel des neiges sur les plus hautes cimes des monts et leur disparition tardive sur d'autres moins élevées influent beaucoup sur la température; elle est très-froide en hiver, et modérée en été dans tout le pays montagneux, tandis que la chaleur est excessive dans les plaines. Les pluies sont en général peu communes; celles qui accompagnent l'hiver sont d'une grande importance pour la culture des terres. L'effet des moussons se fait sentir dans les provinces du S. Partout, les montagnes sont bien boisées. Les productions du sol sont extrêmement variées, et l'on y récolte à la fois celles de l'Europe et une partie de celles de l'Inde. Il en est de même des animaux : les sauterelles, ce fléau des contrées de l'Orient, y causent souvent de grands ravages.

On ne sait encore que bien peu de chose sur la minéralogie de l'Afghanistan. On dit que la plupart des rivières roulent des paillettes d'or; il existe des mines d'argent dans les hautes montagnes de l'Hindou-Kouch, du plomb, du fer, de l'antimoine dans divers endroits. Les sources salées sont nombreuses.

Les tribus dont se compose la nation afghane se montent à plus de 300, en y comprenant leurs subdivisions. *Oulous* est le nom commun pour les désigner toutes. Chaque communauté a un chef (*serdar*) subordonné à celui de la tribu, qui a le titre de khan. Presque toujours le choix dépend du roi, qui peut à volonté révoquer le khan, et mettre un de ses parens à sa place. Dans quelques oulous, le khan est nommé par les membres de la tribu. Dans tous les cas, on a égard au droit d'aînesse, et encore plus à l'âge, à l'expérience et à la réputation. Ce mode irrégulier de succession donne lieu à des troubles et à des intrigues. Dans toutes les guerres civiles, l'ambitieux, qui n'a pu obtenir le commandement de l'oulous, se joint avec ses partisans au prince détrôné.

On désigne par le nom de *djirga* les assemblées des chefs de divisions où se règlent les affaires publiques; le khan préside le principal djirga, formé des chefs des oulous; chacun de ceux-ci réunit ses subalternes en assemblées. Dans les occasions peu importantes, le khan agit d'après ses propres idées; mais, dans les cas plus graves, les assemblées doivent être convoquées; très-souvent chaque subdivision, et même chaque famille, ne consulte pas les chefs, et se comporte suivant son intérêt ou ses caprices. Pour remédier à ce mal, on élit un magistrat temporaire qui est investi d'un pouvoir illimité, et qui, la crise passée, rentre dans la classe des simples particuliers.

La réunion de toutes ces petites communautés était régie par l'autorité d'un chef commun quand la monarchie existait. Aujourd'hui les tribus se sont partagées entre les chefs qui règnent sur différentes parties du pays. Quelques tribus n'avaient jamais reconnu complètement le pouvoir royal.

Les provinces de l'O. sont occupées par les Douranis, les Ghildjis et les Hazarehs, qui sont principalement pasteurs; les Berdouranis, les Youssoufzaïs, les Chiraonis et d'autres tribus vivent dans les montagnes. C'est entre celles-ci qu'éclatent le plus souvent des divisions intestines, et quelques-unes vivent de brigandages.

Suivant les divers voyageurs qui ont observé l'Afghan dans son pays, il est hospitalier, simple dans sa vie, dans ses mœurs, dans son discours; plutôt orgueilleux qu'avare, franc et loyal, mais brusque et emporté; incapable de supporter l'outrage. Il associe à ses ressentimens sa famille et même sa tribu; de sorte que les haines héréditaires se prolongent sans jamais s'éteindre.

Quoique très-attachés aux dogmes de l'islamisme, les Afghans sont étrangers à l'intolérance, et chez eux les cérémonies du mariage, le droit de propriété et l'administration de la justice sont réglés par un code coutumier nommé *Pechtenoualli*, et qui, dans plusieurs de ses dispositions, diffère de celles du Coran.

Les femmes jouissent d'une plus grande liberté que dans les autres pays musulmans, et suivant Elphinstone elles n'en abusent pas. « Les femmes des classes supérieures, dit-il, vivent cachées à tous les regards, mais on leur permet tous les divertissemens, tout le luxe que comporte leur situation. Celles des pauvres travaillent au ménage et vont puiser de l'eau; dans les tribus à demi barbares, elles vaquent à divers travaux hors des maisons. Les dames d'un rang distingué savent presque toutes lire, et quelques-unes ne manquent pas d'instruction. Mais écrire serait pour une femme honnête une injure à la modestie. Les mères de famille ont un grand ascendant sur l'intérieur de la famille. Quand le mari est absent, elles admettent dans la maison les hommes qui viennent réclamer l'hospitalité; les femmes de la campagne et surtout celles des pasteurs sont d'une chasteté reconnue.

» Les Afghans sont, à ce que je crois, le seul peuple de l'Orient chez lequel on puisse voir éclater le sentiment de l'amour, tel qu'on le conçoit en Europe; il n'est pas rare qu'un amant enlève l'objet de sa passion, malgré les risques auxquels il s'expose; et même un jeune homme amoureux d'une jeune fille lui engage sa foi et s'en va dans un canton lointain jusqu'à ce qu'il ait acquis, par son travail ou par le commerce, la somme nécessaire pour l'obtenir de ses parens.

» Cet amour sentimental se trouve plus particulièrement chez les gens de la campagne : il est moins commun parmi les hautes classes; toutefois on en cite des exemples. Une intrigue amoureuse entre le chef des Turcolanis et la femme d'un khan des Youssoufzaïs occasiona une guerre longue et sanglante entre les deux oulous.

» La plupart des chansons et des contes des Afghans roulent sur l'amour; cette passion y est décrite dans les termes les plus ardens et les plus tendres... »

Elphinstone donne beaucoup de détails curieux sur les mœurs des Afghans. « Ils aiment beaucoup la conversation et prennent un grand plaisir aux récits historiques et aux chansons. Tous et surtout ceux de l'O. sont passionnés pour la chasse. Il y a souvent des courses de chevaux, et particulièrement à l'occasion des mariages; l'époux fournit le prix qui est un chameau; vingt ou trente chevaux se disputent la victoire, et parcourent une carrière de 3 à 4 lieues. Ils ont un carrousel qui consiste à courir à toute bride, et à percer ou à enlever un pigeon de bois avec la pointe de la lance.

» Les cavaliers afghans font en courant l'exercice de la carabine, du mousquet ou de l'arc. Des hommes de différens oulous se disputent quelquefois le prix de l'arquebuse; le prix est ordinairement un dîner, et jamais une somme d'argent.

» Le divertissement favori des Afghans de l'O. est de danser l'*attam* ou *goumbou*. Dix à vingt hommes ou femmes se mettent en cercle, en été devant les maisons ou les tentes, en hiver autour d'un grand feu. Les danseurs prennent toutes sortes d'attitudes et exécutent des figures variées : ils crient, battent des mains et font claquer leurs doigts.

» La plupart de leurs jeux nous paraissent puérils et peu d'accord avec leurs longues barbes et la gravité de leur maintien. Comme nos écoliers, les hommes faits jouent aux billes; mais n'en est-il pas de même en Perse et je crois en Turquie? Voici un autre jeu très-commun : un homme tenant son pied d'une main s'avance à cloche-pied contre son adversaire qui a pris la même posture, et tous deux cherchent réciproquement à se renverser; les règles de ce jeu sont très-compliquées. D'autres divertissemens, étrangers pour les gens d'un âge mûr, sont les barres, le petit palet, un jeu semblable à celui de la savatte, et dans lequel on fait courir un bonnet de main en main; enfin la lutte et d'autres exercices gymnastiques. Les combats de coqs, de cailles, de chiens, de béliers et même de chameaux, excitent beaucoup d'admiration.

» Malgré la variété de costumes que l'on observe chez les Afghans, celui des tribus de l'O. ne paraît offrir le type de l'habillement national : il consiste en un large pantalon de toile de coton de couleur foncée, une blouse à manches très-amples et tombant jusqu'aux genoux, des bottines et un bonnet étroit brodé d'une bande de soie noire et surmonté d'une calotte de brocart d'or ou d'une étoffe de couleur brillante. Par-dessus ce vêtement, ils portent fréquemment un grand manteau à collet fait avec des peaux de mouton tannées, et le poil en dedans. Pour être en état de repousser les attaques de leurs ennemis, les villageois douranis s'arment d'un mousquet et d'un sabre (Pl. XXXVIII — 2).

» Les femmes ont une chemise comme celle des hommes, mais plus longue, d'un tissu plus fin, peinte ou brodée en soie de couleur. Leurs pantalons sont de couleur, plus serrés que ceux des hommes ; leur bonnet est de soie d'une couleur éclatante, brodé en or, très-petit, et touche à peine le front ou les oreilles. Elles ont de plus un grand voile, ou plutôt une couverture de toile de coton unie, dont elles se couvrent devant les étrangers. Dans l'O. elles attachent souvent un mouchoir par-dessus le bonnet ; elles partagent leurs cheveux en deux longues tresses qui tombent par-derrière.

» Leurs ornemens favoris sont des sequins de Venise enfilés et attachés autour de leur tête ; elles la parent aussi de chaînes d'or ou d'argent terminées par de grosses boules qui pendent près des oreilles ; elles aiment à suspendre au cartilage du nez des anneaux de différentes dimensions ; quant aux filles, elles se distinguent par la couleur blanche de leurs pantalons et par leurs cheveux flottans.

» Ce qu'il y a de remarquable, c'est que les Afghans ne composent qu'une très-petite partie de la population des villes ; ceux qui y demeurent sont les grands personnages et leur suite, les militaires, les mollahs, un petit nombre de commerçans et d'ouvriers.

» Aucun Afghan ne se livre au commerce en détail ni à l'exercice d'un métier. Ces industries sont exercées par des Tadjiks, qui sont un peuple totalement différent des Afghans : on les retrouve en Perse et dans d'autres pays de l'Asie ; tous ont des demeures fixes, et souvent sont agriculteurs. On les rencontre surtout auprès des villes. Quelques-unes de leurs tribus ont un caractère très-belliqueux ; ils ont pour vêtemens une tunique, une robe, qu'ils serrent par une ceinture et une espèce de petit turban (Pl. XXXVIII — 2).

» Dans les provinces de l'E. les professions mécaniques sont exercées par les Hindkis, peuple qui vient de l'Inde (Pl. XXXVIII—2).

» De même que dans tous les pays musulmans, il y a des esclaves dans l'Afghanistan ; ils sont pour la plupart indigènes ; cependant on en tire aussi des contrées étrangères et on reçoit de l'Arabie des Abyssins et des Nègres. Les esclaves sont principalement employés comme domestiques ou à la culture des terres ; ils sont généralement traités avec douceur, et ces derniers mangent avec leurs maîtres et sont vêtus comme eux.

» Ceux-ci leur font des cadeaux et leur achètent même des femmes prises parmi celles des esclaves. Le propriétaire de la fille reçoit le prix que souvent il abandonne au père ou à la mariée, et cependant il conserve ses droits sur la femme après son mariage, et les enfans qu'elle met au monde lui appartiennent. Les esclaves peuvent posséder des propriétés ; rarement on les bat, ils se considèrent comme faisant partie de la famille à laquelle ils appartiennent, et reconnaissent que pour leur propre bien-être ils doivent travailler.

» Quand un esclave est émancipé, c'est toujours gratuitement ; à cet égard, il se comporte comme les Persans. Le P. Krasinski, dont on ne saurait alléguer la partialité en leur faveur, s'exprime ainsi dans son *Histoire de la dernière révolution de Perse* : « Le traitement qu'ils font à leurs captifs par le droit de la guerre, n'a rien de la barbarie de la plupart des autres nations de l'Orient. Ils regardent comme une inhumanité atroce, et dont ils ont horreur, l'usage de ceux qui les vendent pour esclaves. Il est bien vrai qu'ils se font servir par eux ; mais outre que, dans le temps même de leur servitude, ils les traitent avec bonté et en ont du soin, ils ne manquent jamais, pour peu qu'ils en soient contens, de leur rendre la liberté au bout d'un certain temps. »

A peine M. Burnes eut-il passé les frontières des possessions de Rendjit-Sing, qui sont à 3 milles à l'O. de l'Indus, qu'il quitta son escorte de Seïks ; elle répéta trois fois son salut d'adieu, et se remit entre les mains des Afghans qui l'accueillirent lui et les siens par un *ouas salam aleïkom* (la paix soit avec vous). Ces Afghans étaient de la horde des Khattaks, « race perverse, dit le voyageur. » Toutefois il n'eut qu'à se louer de leur chef, qui témoigna un certain mécontentement de ce que ces étrangers avaient acheté divers objets au bazar d'un village voisin, puisque par là ils avaient semblé douter de son hospitalité. « Il nous dit adieu, ajoute M. Burnes, en nous invitant à nous regarder comme étant aussi en sûreté que les œufs sous la poule. » Ce fut pourtant dans ce lieu même que le pauvre Moorcroft et ses compagnons rencontrèrent des difficultés si sérieuses qu'ils furent obligés de combattre pour passer outre.

» Nous étions maintenant hors de l'Hindoustan et dans un pays où la convoitise du bien du prochain est la passion dominante. En conséquence, nous nous tenions toujours près de notre bagage ; le petit nombre de nos gens fut partagé de manière à faire régulièrement la garde pendant la nuit. Nous nous chargions de surveiller nous-mêmes la pose de nos sentinelles. Nous vivions comme les naturels du pays ; nous n'étions rebutés ni par la dureté de la terre, ni par les misérables cabanes où nous prenions quelquefois notre gîte. Je distribuai une partie de mon argent comptant entre mes domestiques ; le contrôle que nous avions établi était si parfait, que dans tout notre voyage, nous ne perdîmes pas un seul ducat. Nos serviteurs se montrèrent dignes de la confiance que nous avions mise en eux. J'attachai à mon bras gauche, en guise de ces amulettes si communes chez les Orientaux, une lettre de crédit de 5,000 roupies ; mon passeport en plusieurs langues fut fixé à mon bras droit, et je liai autour de mon corps un sac de ducats. »

M. Burnes voyageait avec M. J. Gerard, chirurgien, qui avait séjourné long-temps dans les Himalaya. Le chef de Peichaver avait envoyé, au devant des deux Anglais, un détachement de 6 cavaliers ; à l'entrée de la ville, le fils du chef parut accompagné d'un éléphant et d'une troupe de cavaliers. « C'était un beau garçon, âgé d'une douzaine d'années, vêtu d'une tunique bleue et coiffé d'un châle de Cachemir, en guise de turban. Ayant mis respectivement pied à terre, nous nous embrassâmes. Il nous conduisit immédiatement au sultan Mohammed-Khan, son père, qui nous reçut de la manière la plus flatteuse ; il vint nous recevoir à la porte de sa demeure, et nous mena dans un appartement revêtu de miroirs et barbouillé de peintures détestables. « Ma maison, mon pays, mes biens, nous dit-il, tout est à votre service : je suis l'allié du gouvernement britannique ; je l'ai prouvé par mes bons procédés pour M. Moorcroft ; c'est un véritable traité d'amitié. » Certes, nous n'étions pas gens à vouloir l'enfreindre.

Il avait fait vider son harem pour nous y loger. C'est un accueil auquel nous ne nous étions certainement pas attendus.

» Tous les membres de la famille de Mohammed-Khan étaient des hommes de bonne société et instruits, exempts de préventions religieuses, et quelques-uns très-versés dans l'histoire de l'Asie. Pendant que nous conversions ensemble, plusieurs se levaient quand l'heure fixée pour la prière arrivait, et la récitaient. A mesure que nous connûmes davantage Peichaver, le cercle de nos liaisons s'étendit ; des visites entraient chez nous à chaque instant, surtout si nous étions seuls. Les Afghans n'aiment pas la solitude ; ils nous adressaient toujours des excuses, si, au moment où ils venaient, ils ne voyaient personne avec l'un de nous, quoique parfois il nous eût été agréable de rester solitaires.

« Le 21 mars, jour de la nouvelle année, Mohammed-Khan et ses frères me prirent avec eux pour parcourir, à cheval, les environs de Peichaver. La plupart des habitans étaient réunis dans les jardins où ils se promenaient, tenant à la main des bouquets et des branches de pêcher en fleur. Nous étant assis sur le toit en terrasse d'un de ces lieux de plaisance, nous contemplâmes la multitude rassemblée. Les arbres étaient couverts de fleurs ; rien ne pouvait égaler la beauté du tableau qui nous entourait. Mohammed-Khan et ses frères prirent la peine de me donner des détails sur les montagnes d'alentour, m'expliquant par quelles tribus elles étaient habitées, et m'entretenant de toutes les particularités qu'ils croyaient de nature à m'intéresser. Ils me racontèrent aussi que le noble personnage qui avait fait arranger le jardin où nous nous trouvions, possédait la pierre philosophale (*Seng i fars*), puisqu'on ne pouvait concevoir par quel autre moyen il aurait acquis ses grandes richesses. Ils ajoutaient qu'il jeta le *Seng i fars* dans l'Indus, ce qui au moins les met à l'aise relativement à la possession de ce talisman inappréciable. »

Mohammed-Khan, qui était brouillé avec son frère le souverain de Caboul, essaya de persuader aux deux Anglais de passer par cette ville en cachette et sans le voir. « Il offrait même, ajoute notre voyageur, de nous faire accompagner par un Persan de distinction, qui nous conduirait au-delà de l'Afghanistan. Si j'avais cru que cet arrangement pût s'exécuter, je m'en serais réjoui ; mais il était manifestement difficile de traverser la ville de Caboul et le pays dont elle est la capitale, sans que le

3. Sick en Voyage.

4. Sindhiens.

EN ASIE.

souverain le sût ; or la découverte d'une tentative semblable nous exposait au courroux d'un homme duquel nous n'avions rien à craindre en nous donnant ouvertement comme officiers anglais. J'étais donc décidé à me fier au chef de Caboul comme à celui de Peichaver. Celui-ci finit par se convaincre que nos rapports avec son frère ne diminuaient en rien les sentimens d'estime que nous avions pour lui-même. Il consentit à notre départ, s'en tenant aux avis et aux bons offices pour nous aider à voyager sûrement au-delà de son territoire. Il nous conseilla de changer encore de costume ; nous prîmes donc un habit qui annonçait la pauvreté; celui que j'achetai tout fait au bazar me coûta une roupie et demie (3 fr. 75 c.). Il fut convenu aussi que nous cacherions aux gens du commun notre caractère d'Européens, mais que nous avouerions franchement la vérité à tous les chefs et même à tout homme avec qui nous aurions de l'intimité. Il fut jugé également à propos de cesser de notre part toute distribution de médicamens, cet usage rassemblant trop de monde autour de M. Gerard et ébruitant trop notre venue à mesure que nous avancions ; ce qui d'ailleurs pouvait faire supposer que nous avions avec nous des trésors ; soupçon auquel il était bon de ne pas s'exposer.

» A 5 milles de Peichaver, sur la route de Caboul, nous avions vu un de ces monumens tels que nous en avions déjà observés dans le Pendjab, où ils sont désignés par le nom de *Tope* (tertre, *tumulus*); en sanscrit, ils le sont par celui de *Stoupas*, dont la signification est absolument la même. On en rencontre d'autres sur la grande route qui conduisait de la Perse et de la Bactriane dans l'Inde. Celui des environs de Peichaver est très-délabré. Il a près de 100 pieds de haut : les pierres qui l'avaient revêtu étaient tombées, ou avaient été enlevées. Dans ceux du Pendjab, qu'on a fouillés, on a trouvé un cylindre de fer qui en renfermait un d'étain ou d'un métal mélangé : celui-ci en contenait un troisième en or. Ils étaient placés dans une niche taillée dans un grand bloc de pierre posé dans les fondations. Ce cylindre d'or, long de 3 pouces et d'un diamètre de 6 lignes, était rempli d'une substance noire, sale, semblable à de la bourbe, et mêlée de petits morceaux de verre ou de succin ; il s'y trouvait 2 médailles en or : d'autres étaient répandues dans l'intérieur du monument (PL. XXXVIII — 3). »

Après un mois de séjour très-agréable à Peichaver, les deux Anglais en partirent le 19 avril. Cette ville fut fondée par Akbar, au milieu d'une grande plaine. Les monarques afghans venaient quelquefois y résider dans le *Bala-Hissor*, vaste édifice entouré de beaux jardins, et situé dans la citadelle qui défend la ville ; c'est, avec le caravansseraï principal, le bâtiment le plus remarquable. Quoique bien déchu, Peichaver est encore florissant par son commerce. On n'y compte plus que 70,000 ames ; les villages de la plaine baignée par la rivière de Caboul et divers ruisseaux, sont très-propres et annoncent l'aisance : on voit dans ces jardins des mûriers et la plupart des arbres fruitiers connus en Europe.

Des cinq routes qui mènent de Peichaver à Caboul, les Anglais préférèrent celle qui longe la rivière, parce que le col de Kheïber n'est pas sûr à cause du caractère pervers de la tribu qui habite dans le voisinage. On traversa le Caboul sur un radeau soutenu par des peaux gonflées. Cette rivière, quoique large seulement de 750 pieds, est si rapide, que l'on fut emporté à plus d'un mille avant de pouvoir gagner le bord opposé. Les chevaux de selle et de bagage passèrent à la nage.

« Le 23, dit M. Burnes, nous eûmes ajusté tout ce qui concernait notre marche, en traitant avec les Momands, tribu de brigands un peu moins féroces que les Kheïbéris. Ils demandèrent une roupie pour chaque Musulman, et six pour un Hindou, mais ils se contentèrent de beaucoup moins et se querellèrent entre eux pour le partage. Ayant commencé à grimper sur des coteaux rocailleux, nous eûmes bientôt une preuve de l'influence des Momands ; des voyageurs isolés marchaient accompagnés d'enfans : cette escorte suffisait pour les protéger. Il fallut traverser de nouveau le Caboul de la même manière que la première fois. Il n'y avait de l'autre côté ni village, ni vestige d'habitans : force nous fut donc d'étendre nos tapis à terre et de dormir à la belle étoile par une nuit froide et après une journée fatigante. Cependant le bruit du torrent nous eut bientôt endormis pour la plupart ; et vers minuit on n'entendait plus que la voix des montagnards qui, perchés sur un rocher saillant au-dessus de notre camp, veillèrent jusqu'au jour. Ils avaient l'air de vrais bandits ; c'était une chose divertissante d'observer le respect étudié que tous nous montraient. Leur chef, vaurien déguenillé, qui n'avait pas même de turban, était à cheval : on chanta ses louanges ; on lui donna des présens, mais nous ne fûmes pas plutôt hors de ce canton, que chacun accabla d'injures ceux que l'on venait de caresser. »

Avant d'entrer à Djelalabad, on traverse un grand désert pierreux. Une partie est connue sous le nom de *Decht* ou plaine de Batticote ; le semoum, ou vent pestilentiel, s'y fait sentir dans la saison chaude.

Djelalabad, près du Caboul, est une ville fort petite avec un bazar d'une cinquantaine de boutiques, et n'a que 2,000 habitans ; mais dans la saison froide elle en compte 20,000, parce qu'alors ceux des montagnes voisines viennent s'y réfugier. Une montagne du voisinage offre de vastes excavations dans le roc ; on les fait remonter au temps des infidèles; elles sont disposées par groupes; l'entrée de chacune est séparée et à peu près de la grandeur d'une porte ordinaire ; elles ont peut-être formé autant de villages, car il paraît que jadis ce fut l'usage en Asie de loger dans des cavernes semblables, ainsi que nous l'apprennent les historiens de l'antiquité, qui parlent si souvent de troglodytes. Sept tours rondes, dans les environs de Djelalabad, diffèrent des topes par leur construction ; elles passent pour très-anciennes, et l'on a trouvé à peu de distance beaucoup de médailles.

Des montagnes neigeuses courent parallèlement l'une à l'autre au N. et au S. de Djelalabad ; ces dernières diminuent de hauteur en se prolongeant à l'E. La neige ne fond jamais sur les parties supérieures, ce qui, sous cette latitude, suppose une altitude de 15,000 pieds.

Les voyageurs s'éloignant des bords du Caboul, entrèrent dans la vallée de Bala-Bagh, arrosée par le Sourk-roud et célèbre par ses raisins et ses grenades, fruits très-recherchés dans l'Hindoustan. Au village de Gandamak, on atteignit la ligne de séparation entre la contrée froide et la chaude. On dit que d'un côté de la petite rivière il neige, tandis qu'il pleut de l'autre. La vie végétale y prend de nouvelles formes : le froment que l'on était sur le point de couper à Djelalabad n'avait que trois pouces de haut à Gandamak ; et cependant la distance d'un de ces lieux à l'autre n'est que de 25 milles. Dans les champs, les voyageurs reconnurent des plantes de leur pays. Les montagnes éloignées seulement de 10 milles étaient couvertes de forêts de pins qui commençaient à 1000 pieds au-dessous de la limite inférieure des neiges. L'air devenant plus piquant exigeait que l'on prît des vêtemens plus chauds.

« En cheminant, ajoute M. Burnes, il était facile de reconnaître, sur cette route, l'ancienne chaussée et les maisons de poste bâties, à 5 ou 6 milles les unes des autres, par les empereurs mogols, afin d'entretenir la communication entre Dehli et Caboul. On peut même suivre ces établissemens à travers les montagnes, jusqu'à Balkh, parce que Houmaïoun et Aurengzeb furent l'un et l'autre, dans leur jeunesse, gouverneurs de cette ville.

Nous rencontrâmes des milliers de moutons gardés par des Ghildjis. A présent que la neige ne couvrait plus les plaines ni les montagnes inférieures, ces nomades conduisaient leurs troupeaux sur l'Hindoukouch ; ils y passent l'été. Les hommes faits suivaient les moutons qui paissaient sur le bord des montagnes ; les petits garçons et les petites filles menant les agneaux, formaient l'arrière-garde à un ou deux milles de distance. Une chèvre ou une brebis vieille les encourageait à avancer, et les enfans secondaient ses efforts par des coups légers de brins d'herbes, ou par des cris. Quelques marmots étaient si jeunes qu'ils pouvaient à peine marcher ; mais le plaisir de l'exercice les aiguillonnait. Nous passâmes devant plusieurs camps, sur la berge du chemin ; on était en train de les lever, ou bien on empaquetait les ustensiles du ménage. Les tentes étaient basses, en feutre, et de couleur noire ou plutôt brune. Les femmes faisaient toute la besogne, chargeaient les chameaux et les poussaient en avant; elles étaient très-brunes et peu remarquables par leur beauté. Du reste, tous ces Afghans étaient bien vêtus et chaussés de sandales à larges clous. Les enfans étaient bien portans et joufflus. On dit que chez ces nomades on ne se marie jamais avant l'âge de 20 ans.

» Le 30, nous arrivâmes à Caboul : l'aspect de cette cité n'est nullement imposant, et ce ne fut que lorsque je me trouvai à l'ombre sous son beau bazar, que je me crus dans la capitale d'un empire. »

Les voyageurs anglais obtinrent promptement une audience de Dost Mohammed-khan, souverain du Caboul ; il déploya dans la conversation un degré d'intelligence et d'instruction qui causa de la surprise aux deux Européens ; sa curiosité ne s'étendait qu'aux objets réellement intéressans, ses questions roulaient toutes sur des choses d'une haute importance, et ses réflexions décelaient un jugement sain et une sagacité remarquable.

« Chacun, dit M. Burnes, répète que Caboul est une cité très-ancienne, et on lui attribue six mille ans d'existence. Elle est très-peuplée et très-bruyante; le vacarme y est si grand, l'après-midi, que dans la rue on ne peut se faire entendre d'une autre personne. Le grand bazar est magnifique et bien pourvu de marchandises de toutes les sortes. Le soir il est très-bien illuminé, et alors la perspective est vraiment charmante. Les rues ne sont pas très-étroites, on les tient en bon état pendant la saison sèche ; de petites rigoles, remplies d'eau propre, les coupent, ce qui est très-commode pour les habitans. Les maisons, construites en briques séchées au soleil, ont rarement un étage au-dessus du rez-de-chaussée. On estime la population à 80,000 ames. Cette ville est à 6,000 pieds au-dessus du niveau de la mer : elle a des jardins délicieux ; je m'y promenais avec un plaisir infini, au milieu de nos arbres fruitiers d'Europe ; et le ramage des oiseaux me rappelait également ma patrie.

» Avant de quitter Caboul, je fis la connaissance de beaucoup de négocians brahmanistes de Chikarpour. Tout le négoce de l'Asie centrale est entre les mains de ces hommes qui ont des agens depuis Astrakhan en Russie, et Meched en Perse, jusqu'à Calcutta. Ce sont des gens entièrement absorbés par leurs affaires ; ils ne prennent part qu'aux choses qui les intéressent, et s'assurent la protection du gouvernement de Caboul en lui prêtant de l'argent. Il ne nous fut pas difficile d'ajuster nos affaires de finances et de prendre des arrangemens tels que nous puissions toucher les sommes dont nous aurions besoin, même à la distance où nous allions bientôt être de l'Inde. »

Le 18 mai, M. Burnes et son compagnon partirent de Caboul : laissant à gauche la route de Kandahar, ils remontèrent la vallée où coule la rivière de Caboul jusqu'à sa source ; elle n'a pas plus d'un mille de largeur. La culture y est admirable ; dans quelques endroits des rigoles conduisent l'eau à une hauteur de 100 pieds sur les montagnes. Dans la partie inférieure, les champs de riz s'élèvent d'une manière très-pittoresque en gradins les uns au-dessus des autres ; à cette époque, la cime des monts de chaque côté était coiffée de neige. En bas, le thermomètre se soutenait à 12° 43 au-dessus de zéro.

Avant d'entrer dans la vallée, les voyageurs laissèrent au S. Ghazna, ancienne capitale du pays : ce n'est plus qu'une ville de peu d'importance, remarquable seulement par le tombeau du sultan Mahmoud son fondateur, ceux d'autres grands personnages et la grande digue, ouvrage magnifique et utile ; Mahmoud en avait fait construire sept : il n'en reste plus qu'une. Ces monumens sont tout ce qui rappelle la splendeur de cette cité qui fut pendant deux siècles la capitale de l'empire des Ghaznevides et l'une des plus grandes et des plus belles de l'Asie. Son élévation considérable au-dessus du niveau de la mer la rend un des séjours les plus froids de ces contrées.

Avant d'arriver au sommet du col d'Ounna qui termine la vallée, les voyageurs rencontrèrent la neige ; il en tomba pendant qu'ils traversaient le défilé dont l'altitude est de 11,000 pieds. Jusqu'alors ils avaient cheminé à l'O. ; alors ils tournèrent vers le N., traversèrent une vallée dont les eaux vont joindre l'Helmend ; puis franchirent les monts Kohibaba dont le faîte est couvert de neiges perpétuelles. Les habitans leur dirent que, pendant six mois, la neige les empêche de sortir de chez eux. On sème l'orge en juin, on le récolte en septembre, c'est tout comme dans les contrées boréales de l'Europe. Ces montagnards de l'Afghanistan sont exempts du goître. Au-delà du col de Hadjigak, les voyageurs furent encore obligés de descendre : ensuite ils contournèrent celui de Kalou qui est encore plus élevé : ils firent le tour de l'un de ses flancs et entrèrent dans une vallée arrosée par un affluent de l'Oxus ou Djihoun.

Arrivés à l'extrémité septentrionale de la vallée où un château a été construit, avec un grand travail, sur le sommet d'un précipice, ils purent contempler les idoles gigantesques de Bamian. Ce sont deux figures taillées en haut relief dans la paroi de la montagne ; l'une, haute de 120 pieds, est celle d'un homme ; l'autre, qui est moindre de moitié, représente une femme. Ces deux idoles ont été horriblement mutilées ; du reste, elles ne se recommandent point par l'élégance de la sculpture ; le manteau dont elles sont vêtues a été fait avec une sorte d'enduit. La face du rocher offre une multitude d'excavations carrées ; une route mène des cavernes inférieures au sommet des deux idoles. Les caravanes de Caboul font ordinairement halte dans celles d'en bas, et les supérieures servent de greniers à la population de Bamian (Pl. XXXVIII—4).

Les niches de chaque idole ont jadis été revêtues d'un enduit et ornées de peintures de figures humaines qui ont disparu de presque partout.

Au défilé d'Akiobat, éloigné de 15 milles de Bamian, les voyageurs quittèrent le territoire du royaume de Caboul.

Cet Etat est le plus puissant de ceux qui se sont formés du démembrement de la monarchie afghane. Les revenus se montent à 18 laks de roupies (4,500,000 fr.). L'armée est de 9,000 hommes de cavalerie bien montés et bien équipés, et de 2,000 fantassins, indépendamment des milices et de l'artillerie. Il est fort par sa situation dans les montagnes. Le souverain est justement renommé pour son équité, pour ses vertus privées et pour les encouragemens qu'il donne au commerce. Son éloge sort de toutes les bouches.

Le revenu de Peichaver ne s'élève qu'à 9 laks de roupies ; le sultan paie un tribut au maharadjah des Seïks ; plusieurs chefs de tribus n'acquittent pas l'impôt qu'ils lui doivent ; plusieurs hordes exercent impunément le brigandage sur son territoire. Son armée est tout au plus de 3,000 hommes dont les deux tiers se composent de cavaliers : en cas de besoin, il peut rallier un nombre considérable de troupes irrégulières.

Le khan de Kandahar a un revenu de 8 laks de roupies ; une armée de 9,000 cavaliers et quelques pièces d'artillerie. Sa capitale étant située au cœur du pays des Douranis et près du berceau de la famille des Barakhzis, peut-être il réussirait, dans une circonstance urgente ; à lever un corps formidable de cavaliers. Les étrangers ne jouissent pas, dans ce petit Etat, de la même protection que dans le Caboul ; les indigènes se plaignent de vexations et détestent leur prince.

Peu de voyageurs ont de nos jours passé par Kandahar ; Tavernier parle de cette ville, mais il ne dit pas qu'il y soit allé : il la peint comme très-forte et comme le grand passage de toutes les caravanes qui allaient aux Indes et qui en revenaient. Forster la vit en 1782. M. Conolli qui, en 1830, traversa cette contrée, était si malade qu'il ne put aller à Kandahar, et fut obligé de rester dans une bicoque à 16 milles au N. où son guide avait un établissement. Les récits qu'on lui fit du gouvernement s'accordent avec le rapport de M. Burnes. M. Conolli ajoute que Kandahar est une ville considérable et doit avoir une population de 60,000 ames. Ayant questionné son guide, celui-ci lui répondit : « Tu connais Hérat ; eh bien ! imagine-toi, si tu peux, une ville et une population encore plus sales ! Pouah ! je crache sur la barbe de semblables bêtes ; je ne pourrai jamais redevenir propre. »

Toutefois Kandahar est le centre d'un grand commerce ; et, quoique très-opprimé, le canton qui l'entoure doit produire une quantité considérable de grain, car il y est à bon marché. Le climat n'est pas aussi doux que celui de Hérat, mais le terrain y est bien meilleur, et les eaux y étant plus abondantes, l'irrigation s'y fait naturellement. »

Le pays entre Kandahar et Hérat est médiocrement peuplé, et principalement occupé par des pâturages : on ne laboure la terre que dans les endroits où la fécondité y invite, et surtout dans le voisinage de petites villes qui peut-être doivent leur origine à cette circonstance.

On a vu plus haut que Hérat et son territoire obéissent à Kamrou qui prend le titre de Châh, comme descendant des souverains de la monarchie afghane. M. Conolli le dépeint comme un homme faible, avare et qui se livre à des excès. Néanmoins la classe inférieure de ses sujets respecte en lui le sang de ses anciens rois. Le territoire de Hérat est sans cesse convoité par la Perse ; il n'a échappé à la conquête qu'en payant de grosses sommes. Kamrou tire de sa principauté un revenu considérable qui lui permet de garder auprès de lui quelques chefs afghans et d'entretenir un corps de 5,000 cavaliers.

Forster, Christie compagnon de Pottinger, M. Fraser, M. Conolli ont vu Hérat. « C'est, dit ce dernier, une ville bien fortifiée et passablement grande ; sa population est à peu près de 45,000 ames. Presque tous les habitans sont musulmans de la secte des Chiites : il y a aussi des Banians et quelques Juifs. Cette ville est excessivement sale et boueuse ; de chaque côté des rues principales partent des ruelles qui passent sous des arcades surbaissées, ce qui les rend sombres ; d'ailleurs la vue et l'odorat y sont également blessés par toutes sortes d'ordures. Mais les faubourgs et le pays voisin sont très-beaux. Hérat est d'un côté à 4 milles, de l'autre à 12 milles des montagnes ; tout ce canton offre une multitude de petits villages fortifiés, de jardins, de vignes et de champs de blé, embellis par une infinité de ruisseaux limpides qui coupent la plaine de toutes parts. Un barrage traverse le Hériroud dont les eaux sont distribuées dans une quantité prodigieuse de canaux si bien dirigés, que chaque partie de la vallée de Hérat est arrosée. On se procure ainsi les fruits les plus délicieux, et le climat est salubre quoique les ravages occasionnels de la variole et du choléra soient très-considérables, et que la malpropreté extraordinaire des habitans favorise singulièrement la propagation rapide des maladies contagieuses. »

CHAPITRE LXI.

Turkestan. — Khoundouz. — Balkh. — Boukhara. — Khiva.
Déserts. — Turcomans.

C'est dans la contrée montagneuse habitée par les Hezarehs, tribu qui par sa physionomie se

Haïderabad.

Daurani.   Afghan.   Tadjik.
         Afghan.

J. Bailly del.   VOYAGE

rapproche plus des Turcs que de Afghans et dont les habitudes annoncent un peuple adonné au brigandage, que se trouve la limite septentrionale du royaume de Caboul. Quand donc on est à Sighan, à 30 milles au N. de Bamian, on est dans les États du khan de Khoundouz. Ce potentat est un Ouzbek qui a depuis peu de temps agrandi ses possessions; il est maître de la vallée de l'Oxus supérieur et de ses affluens; Balkh fut même un instant en son pouvoir. La population de ses domaines se compose principalement de Tadjiks ou Sarts qui en sont les aborigènes; les Ouzbeks sont proportionnellement peu nombreux.

Au N. de Bamian, M. Burnes franchit encore trois cols qui font partie de l'Hindoustan, mais qui sont moins élevés que les précédens; on n'y voyait plus de neige. Mohammed Ali-Beg, chef de Sighan, est alternativement sujet du Caboul et du Khoundouz, suivant que les souverains de ces deux États deviennent respectivement plus puissans. Le conducteur de la caravane lui ayant dit que les deux voyageurs étaient de pauvres Arméniens, le beg lui répondit, en plaisantant, qu'ils étaient peut-être des Européens. Ce soupçon pouvait avoir des résultats fâcheux, car ce chef est très-mal famé: il ne se faisait aucun scrupule de rançonner les caravanes, et surtout les juifs et autres infidèles. Le Kafila-Bachi invoqua en faveur des deux Anglais le témoignage d'une lettre de recommandation de Caboul, dans laquelle ils étaient désignés comme Arméniens. Une pelisse de nankin et 8 à 9 roupies, taxe ordinaire d'une caravane, satisfirent cet homme rapace. « Nous passâmes une très-bonne nuit, dit M. Burnes, dans un *mehman khané* (hôtellerie), très-propre et situé à l'extrémité du village; l'intérieur en était tapissé en papier. Le chef nous envoya une cuisse de chevreuil parce que nous étions connus de ses amis de Caboul. Nous nous aperçûmes facilement que nous étions dans une contrée toute différente de celles que nous avions parcourues précédemment. Le pavé des mosaïques était recouvert de tapis de feutre, ce qui indiquait une attention plus stricte à tout ce qui concerne la religion: ces édifices étaient bien mieux construits que ceux que nous avions vus auparavant. Je ne pris plus de relèvement, avec ma boussole, que dans l'intérieur des maisons, tandis que précédemment j'avais fait mes observations au-dehors. Sighan est un joli village avec de beaux jardins, quoique situé dans un vallon triste et dépourvu de toute végétation. »

Heïbak, à l'extrémité d'un défilé où la vallée des montagnes s'ouvre pour la première fois de ce côté, est un village vivant à 4,000 pieds d'altitude. Un chef ouzbek, tyranneau fameux dans ces cantons, y réside dans un château de briques séchées au soleil, et bâti sur un tertre qui domine le pays. La vallée offre des jardins et une vaste nappe de la plus belle verdure. « Bientôt, dit M. Burnes, nous vîmes de nombreux troupeaux broutant les pâturages aromatiques des monts, et de grands vergers remplis d'arbres fruitiers; la population aussi devenait plus considérable à mesure que nous approchions des plaines du Turkestan..... Le 30 mai, nous y débouchâmes à Khouloum, où nous jouîmes d'une perspective magnifique du pays, qui, au N., se prolongeait en pente douce jusqu'à l'Oxus. »

Les voyageurs comptaient partir le lendemain pour Balkh; mais comme les officiers de la douane avaient dépêché un messager au khan de Khoundouz pour l'informer de l'arrivée des deux étrangers, il attendait les instructions qu'il avait demandées sur la conduite à tenir envers eux. Le 1er juin, ils furent sommés de faire partir en toute hâte les deux étrangers pour Khoundouz. Cependant M. Burnes s'achemina seul avec le chef de la douane, qui était un Hindou, très-brave homme; le jeune Anglais sut adroitement l'engager dans ses intérêts. Ce fut très-heureux, car M. Burnes pouvait avec raison concevoir des inquiétudes, puisque le khan de Khoundouz était le même qui, en 1824, avait indignement dépouillé Moorcroft de tout ce qu'il possédait. Ce dernier allait à Boukhara.

Après avoir parcouru 70 milles par un chemin affreux, auquel succédèrent des champs cultivés et de jolis vergers, M. Burnes entra dans Khoundouz. Le premier ministre le fit loger chez lui, dans l'appartement des hôtes. M. Burnes joua parfaitement son rôle d'Arménien; le chef de la douane et un de ses compagnons de la caravane corroborèrent ses assertions. Mourad-Beg, khan de Khoundouz, était à sa maison de campagne, éloignée d'une quinzaine de milles de la capitale. M. Burnes y fut envoyé avec ses deux compagnons. Admis tous trois en présence du khan, chacun lui fit un présent; le jeune Anglais, conformément à son humble condition, s'approcha le dernier, prononça le *salam* à haute voix; puis, plaçant ses mains dans celles du khan, les lui baisa suivant l'usage, et s'écria *taksir*, manière usitée d'exprimer l'infériorité. Mourad-Beg fit un grognement d'approbation; et, se roulant d'un côté, il dit tout haut : « Eh! eh! il entend bien le *salam.* » M. Burnes se retira vers la porte parmi ses moindres domestiques.

Le chef de la douane déclara au khan qu'ayant visité le bagage des deux Arméniens, il avait reconnu qu'ils étaient très-pauvres. Un ordre fut donné de leur délivrer un sauf-conduit pour passer la frontière; il fut remis à M. Burnes, qui, en sortant de ce pas difficile, fait cette remarque pleine de justesse : « Toute cette affaire montre de la part des Ouzbeks une simplicité si grande, qu'elle est à peine croyable; mais il n'y a pas de peuple plus ingénu. »

A Khoundouz, les voyageurs reprirent leur logement chez le premier ministre. Cette ville est située dans une vallée entourée de toutes parts de montagnes, excepté au N., où le pays s'ouvre vers l'Oxus, qui en est éloigné d'une quarantaine de milles. Khoundouz est arrosé par deux rivières qui ensuite se réunissent au N. Le climat y est si insalubre, qu'on dit proverbialement : « Si tu as envie de mourir, va à Khoundouz. » La plus grande partie de la vallée est si insalubre, que les chaussées sont posées sur des piles de bois à travers les roseaux. Cependant, on cultive le froment et l'orge, ainsi que le riz, dans les portions qui ne sont pas complètement inondées. On dit que la chaleur y est insupportable; néanmoins, la neige y couvre la terre pendant trois mois. Jadis Khoundouz fut une ville considérable; mais on n'y compte plus que 1,500 ames; quiconque peut aller vivre ailleurs n'y demeure pas, quoique ce soit le marché du voisinage. Le khan n'y vient qu'en hiver; il réside alors dans un château entouré d'un fossé; la place est assez forte, mais l'excès de la chaleur fait tomber en poussière les briques des murailles, et on est obligé de les réparer continuellement.

De retour à Khouloum, il se hâta d'en sortir, et le 8 juin après midi, il était à Mazar, éloigné de 30 milles. Le pays entre ces deux villes est d'une stérilité affreuse; des ruines d'aqueducs et de maisons annoncent qu'il fut jadis très-peuplé; maintenant il est dépourvu d'eau, et par conséquent d'habitans. Un défilé peu élevé que traverse la route est le repaire de tous les voleurs de la contrée, puisque les différens chefs exercent le brigandage. Celui qui commande à Mazar est un prêtre musulman.

Le 9 juin au soir, les voyageurs anglais entrèrent dans Balkh, ville ancienne qui aujourd'hui fait partie des États du roi de Boukhara. Il fallut cheminer pendant près de trois heures au milieu des ruines avant d'arriver à un caravanseraï, dans la portion habitée de cette cité.

Ses ruines embrassent un circuit de 20 milles, et ne présentent nul vestige de magnificence. Après la conquête d'Alexandre-le-Grand, elle fut florissante sous le nom de *Bactra* et comme capitale d'un État gouverné par des rois grecs. A la dissolution de la monarchie afghane, elle fut envahie par le khan de Boukhara. Elle est dans une plaine, à 6 milles des montagnes. Les fruits de ses jardins sont extrêmement sucrés et à très-bon marché. Le climat y est très-insalubre, parce que les débordemens fréquens du Dehaz couvrent les terres basses de flaques d'eau, que les rayons du soleil ne tardent pas à faire évaporer en partie. Ce fut à Balkh que Moorcroft le voyageur trouva son tombeau; les deux Anglais le virent, ainsi que celui d'un de ses compagnons, à une petite distance de la ville.

En partant de Balkh, ils échangèrent leurs chevaux contre des chameaux. « On place, dit M. Burnes, sur chacun de ces animaux deux grands paniers appelés *kadjaouas*. M. Gerard fut mis en contrepoids avec un Afghan, et j'eus pour le mien mon domestique hindou. D'abord cette sorte de voiture nous parut très-incommode, parce que les paniers n'avaient que quatre pieds de long et deux et demi de large, et j'eus besoin d'un peu de souplesse et d'habileté pour arrimer dans cet espace ma taille de 5 pieds 4 pouces, mon individu ayant été fourré là comme un ballot de marchandises. L'habitude nous eut bientôt familiarisés avec les cahots du chameau et l'espace resserré de la voiture, et ce ne fut pas un petit dédommagement quand nous découvrîmes que nous pouvions lire et même prendre des notes sans être vus. »

Le 14 juin, on entra dans un désert, en se dirigeant vers l'Oxus; on marchait dans une plaine immense où étaient épars çà et là quelques *kirgahs*, sorte de huttes rondes habitées par les Turcomans nomades. La caravane en prit quelques-uns pour escorte, partit au coucher du soleil, et, après avoir parcouru 30 milles en 15 heures, se trouva sur les bords du fleuve; il avait la 2,400 pieds de large et 20 de profondeur; ses eaux coulaient avec une grande vitesse; on le passa en bateaux; un cheval fut attaché à chaque extrémité de l'embarcation par une corde fixée à sa crinière, et l'on parvint ainsi à la rive opposée. On y retrouva le désert; il était dénué de bois; quelques puits y ont été creusés. Sur différens points de la route, on rencontre des caravanseraïs qui sont contigus à de grandes citernes couvertes; dans ce moment, toutes étaient vides.

Le 20, au moment du coucher du soleil, on aperçut, à une très-grande distance dans l'E., une chaîne de montagnes couvertes de neiges; le lendemain, on ne les revit plus; mais, au point du jour, on arriva dans l'oasis de Karchy après avoir parcouru 85 milles, depuis les bords de l'Oxus, sans rencontrer un seul arbre. Karchy est une ville de 10,000 ames, avec un beau bazar. Au N. passe une rivière venant de Chcher-Sebs, ville éloignée d'une cinquantaine de milles, et célèbre pour avoir donné naissance à Tamerlan.

Le 27 juin, une heure après le lever du soleil, la caravane était aux portes de Boukhara. L'approche de cette ville n'a rien de frappant; le pays qui l'entoure est gras et fertile, mais uni, et les arbres cachent les remparts et les mosquées jusqu'au moment où l'on est tout près des murs.

« Notre premier soin, dit M. Burnes, fut de changer encore une fois de costume et de nous conformer aux usages prescrits par les lois du pays. Nos turbans furent échangés contre de chétifs bonnets de peau de mouton avec le poil en dedans, et nos ceintures, contre un morceau grossier de corde ou de tissu de chanvre; nous nous abstînmes aussi de mettre des bas et un manteau, parce que ce sont des signes qui distinguent le croyant de l'infidèle dans la sainte cité de Boukhara. Nous savions aussi que les Musulmans seuls peuvent aller à cheval dans l'enceinte de ses murs, et un sentiment intérieur nous dit que nous devions être satisfaits, si, au prix de ce léger sacrifice, il nous était permis de séjourner dans cette capitale. »

M. G. de Meyendorf, alors colonel d'état-major de l'empereur de Russie, était venu en 1820 à Boukhara comme chef d'une ambassade envoyée par ce monarque au roi de Boukhara. Il pénétra dans le pays par le N., traversa les déserts, et entra dans la capitale le 20 décembre; il y resta jusqu'au 10 mars 1821. Il a publié la relation de son voyage; elle est, avec celle de M. Burnes, la meilleure source pour les renseignemens exacts sur la Boukharie, pays où peu d'Européens pénètrent. Jenkinson, voyageur anglais, vint à Boukhara en 1559, et y resta trois mois.

Cette ville est située dans une plaine à 2 lieues de la rive gauche du Zer-Afchan ou Kohik; un canal lui amène l'eau de cette rivière; mais, comme on ne l'ouvre que tous les quinze jours, cette capitale n'est pas bien approvisionnée d'eau quoiqu'elle soit coupée de canaux ombragés de mûriers; en été elle en est privée pendant des mois entiers, parce que si la fonte des neiges n'a pas été abondante, le Kohik est presque mis à sec par les nombreuses saignées faites le long de ses rives.

« Les oasis de la Boukharie, dit M. de Meyendorf, étant couverts d'allées d'arbres et de nombreux jardins, la vue ne peut s'étendre au loin : on n'aperçoit donc Boukhara qu'à une distance de moins d'une lieue en venant du N.; l'aspect en est frappant pour un Européen. Des dômes, des mosquées, les hautes pointes des façades, les médressés, les minarets, les palais qui s'élèvent au milieu de la ville, la muraille crénelée qui l'enferme, un lac situé près de ce mur et entouré de jolies maisons de campagne à toits plats au milieu d'enceintes crénelées, enfin des champs, des jardins, des arbres, et le mouvement qui règne toujours dans les environs d'une capitale, tout contribue à produire un effet fort agréable; mais l'illusion cesse dès qu'on entre dans la ville; car, à l'exception des bains publics, des mosquées et des médressés, on ne voit que des maisons en terre de couleur grisâtre, bâties sans ordre le long de rues étroites, tortueuses, sales et tracées au hasard. Ces maisons, qui ont leurs façades sur des cours, n'offrent du côté des rues que des murs uniformes, sans fenêtres, sans aucun objet qui puisse attirer l'attention ou récréer les regards des passans. Tout ce qu'on rencontre dans cette cité si peuplée semble annoncer la défiance; la physionomie de ses habitans n'est presque jamais animée par un sentiment de gaîté; jamais de fête bruyante, jamais de chant ni de musique; rien n'indique qu'on s'y divertisse quelquefois, rien ne montre qu'elle soit habitée par des hommes jouissant d'une existence agréable....

» L'édifice le plus remarquable est le palais du khan; les Boukhares le nomment *Ark*. Il est bâti sur une éminence, et entouré d'un mur haut de 10 pieds qui n'a qu'une seule porte, de chaque côté de laquelle s'élève, à 90 pieds, une tour en briques, ornée jadis de tuiles vertes et vernissées; il n'en reste plus que quelques-unes : l'entrée aboutit à un long corridor dont les voûtes ont l'air d'être très-anciennes, et qui conduit au sommet d'un monticule sur lequel on voit les maisons en terre habitées par le khan et par sa cour, une mosquée, un jardin et divers bâtimens de service. Des cigognes ont placé leur nid sur la plate-forme des tours de la porte (Pl. XXXIX — 1).

» Après la prière du soir, la garde du palais est doublée; la grande porte et celles de la ville sont fermées.

» Le minaret de Mirgharab est le monument d'architecture qui m'a semblé le plus beau; il fut bâti par les ordres de Tamerlan, entre une médressé de ce nom et la mosquée principale : il a 180 pieds de haut, à sa base environ 36 pieds de circonférence; il diminue en s'élevant; ses proportions lui donnent une apparence de légèreté fort remarquable; malgré son ancienneté, il est parfaitement conservé (Pl. XXXIX — 2).

» On compte à Boukhara 360 mosquées; il y en a une près ou vis-à-vis de chacune des 61 médressés (collèges); leur architecture varie plus que celle de ces derniers, et toutes ces constructions offrent, par la forme de leur voûte, des traces du style mauresque. Les voûtes des portails des médressés sont souvent fendues à cause des fréquens tremblemens de terre auxquels cette contrée est sujette. »

Boukhara contient près de 8,000 maisons; sa population est d'au moins 80,000 ames; les trois quarts des habitans sont Tadjiks; le reste consiste en Ouzbeks, Tatars, Afghans, Calmouks, Juifs, Hindous. On y trouve un certain nombre d'esclaves russes et persans, qui ont été faits prisonniers par les Turcomans.

La nation boukhare est divisée en deux classes : les Ouzbeks, peuple conquérant et dominant; les Tadjiks, peuple vaincu et sujet; ceux-ci, qui se regardent comme les aborigènes, descendent vraisemblablement des anciens Sogdiens; les Ouzbeks sont d'origine turque : les uns et les autres professent l'islamisme; ils ne se font pas scrupule d'avoir pour esclaves des Persans, quoique ceux-ci soient musulmans comme eux; mais, comme ils sont chiites, les sunnites les rangent parmi les infidèles.

On évalue la population de la Boukharie à 2,500,000 habitans; sur ce nombre 1,500,000 sont Ouzbeks. La partie cultivée du pays est estimée à 1,200 lieues carrées; l'agriculture y serait certainement très-florissante, si la vie nomade avait moins de charmes pour tant d'hommes de ce pays, si l'eau était en général moins rare, et si, pour remédier à cet inconvénient, on suivait de bonnes méthodes d'assolement : on y recueille du froment, du sorgho, du riz, des légumes, du sésame et du coton.

La Boukharie, par sa position géographique, a toujours été le centre d'un commerce actif entre l'Europe et l'Inde. Les droits que le souverain lève sur les marchandises qui entrent sont très-modérés; il n'en exige aucun sur celles qui sortent. Le commerce est presque entièrement libre et les Tadjiks peuvent s'adonner à leur goût pour les spéculations mercantiles. Les Boukhares ayant peu de luxe et de besoins, leur commerce extérieur est plus important que celui de l'intérieur.

Les revenus de l'Etat montent à 12,000,000 de francs; la force armée consiste principalement en cavalerie; elle est de 25,000 hommes.

L'antique réputation de Boukhara, comme ville savante, prouve qu'à une époque reculée cette ville était un foyer de lumières. Aujourd'hui la théologie scolastique y est l'unique objet des études; les écoliers pâlissent pendant dix, quinze et même trente ans, dans les médressés, sur les nombreux commentaires du Coran; puis, gonflés de leur stérile savoir, ils deviennent mollahs, et regardent en pitié quiconque ne le possède pas.

Les idiômes les plus usités en Boukharie sont le persan et le turc; le premier est celui des Tadjiks, des citadins et de tous les Boukhares un peu civilisés; il est également employé dans les affaires et la correspondance; la langue turque, remarquable par sa rudesse, n'est d'usage que parmi les Ouzbeks et les Turcomans nomades.

Après Boukhara, Samarcande est la ville la plus importante du pays; on y compte 50,000 habitans. De superbes mosquées, de vastes médressés en marbre blanc, sont tout ce qui lui reste de son ancienne splendeur lorsque, au moyen-âge, elle était la capitale de l'empire de Tamerlan. Le corps de ce conquérant y repose dans un magnifique tombeau en jaspe, surmonté d'une immense coupole. Mais on cherche en vain dans cette ville des hommes qui, par leurs connaissances astronomiques, puissent rappeler le souvenir d'Ouloug-Beg.

La Boukharie étant un pays entouré de déserts, et en renfermant plusieurs, ne peut avoir des limites bien déterminées. Sa surface est de 10,000 lieues carrées; des montagnes s'élèvent dans sa partie orientale, tandis que l'occidentale offre une plaine à perte de vue. L'Oxus (Djihoun ou Amou-Déria), qui est la principale rivière de cette contrée, la traverse du S. E. au N. O.; il se jette dans le lac ou mer d'Aral; le Zer-Afchan qui coule de l'E. à l'O. se termine au Cara-Koul, lac de 12 lieues de circonférence. D'autres rivières moins considérables, après avoir répandu la fertilité dans les cantons qu'elles arrosent, se joignent aux précédentes ou se perdent dans les sables.

A l'E. et au N. E. du khanat de Boukhara s'étend celui de Khokhan, qui depuis les premières années du xixe siècle s'est agrandi. Il est traversé par le Sihoun ou Sir-Déria (*Jaxartes*) qui coule du S. E. au N. E., et a son embou-

3. Tope.

2. Idoles de Bamian.

chure dans la mer d'Aral. Khokhan est une ville aussi grande que Boukhara ; Khodjend et Turkestan sont aussi de grandes villes. On évalue la population du pays à 1,000,000 d'ames. Le khan a une armée de 20,000 hommes. Ses Etats confinent à l'E. avec l'empire chinois, et sont en grande partie couverts de montagnes ; la terre y est généralement fertile, il s'y fait un grand commerce avec les autres Etats du Turkestan et avec la Chine.

Le Kachgar-Davan, rameau occidental du Thian-chan, parcourt le S. du Khokhan, et se dirigeant par une courbure de l'E. au S. O., se partage en ramifications qui s'abaissent dans la Boukharie. On trouve, dans les branches méridionales de ces monts, le Badakchan à l'E. du Khoundouz dont il dépend. Les hommes de ces contrées parlent avec ravissement de ses vallées, de ses ruisseaux, de ses sites enchanteurs; par malheur, il éprouve quelquefois des tremblemens de terre qui y causent de grands désastres. Il est célèbre par ses mines de rubis et par les rochers de lapis-lazuli répandus sur les rives de l'Oxus.

Au N. du Badakchan, d'autres petits territoires également habités par des Tadjiks, et situés dans les montagnes, ont été en partie envahis par le kkan de Khoundouz; on ne les connaît que par ouï-dire. Marco Polo y pénétra dans le XIIIe siècle ; depuis ce temps, aucun Européen n'y a porté ses pas. M. Burnes a recueilli quelques détails sur ces cantons.

L'islamisme est la religion de ces contrées ; des Kirghiz habitent le plateau de Pamer situé entre le Badakchan et l'empire chinois, et coupé de ravins peu profonds ; le climat y est très-froid. Plus loin, dans le S. E. et au milieu des rameaux de l'Hindou-Kouch, vivent les Kaffir-Siapochs (*infidèles vêtus de noir*), peuple ainsi nommé à cause de ses vêtemens en peaux de chèvres noires; il est en butte aux attaques de ses voisins qui lui font la chasse pour se procurer des esclaves. Ces Siapochs sont à demi sauvages ; ils ont les yeux bleus ; leur pays est traversé par le Kaméh, affluent de gauche du Caboul.

La famille du chef de Badakchan et celles des autres petits princes de ces cantons montagneux prétendent descendre d'Alexandre, roi de Macédoine, ou au moins de ses officiers. « Ce qui confirme en quelque sorte leurs prétentions, dit M. Burnes, c'est que tous ces princes sont des Tadjiks, peuple qui habitait ces contrées avant l'invasion des tribus turques... Du reste, peu importe que cette descendance soit réelle ou fondée, car les habitans reconnaissent la dignité héréditaire des princes, et ceux-ci, à leur tour, réclament tous les honneurs de la royauté et refusent de marier leurs enfans dans d'autres tribus. Ces Tadjiks, aujourd'hui musulmans, regardent Alexandre comme un prophète... J'ai eu l'occasion de converser avec quelques personnages de la famille de Badakchan, mais rien dans leur physionomie ni dans leurs traits ne favorisait l'idée qu'ils appartinssent à une race macédonienne. Ils ont le teint blanc et assez semblable à celui des Persans modernes, et offrent un contraste frappant avec les Ouzbeks et les autres Turcs. »

Le Turkestan, qui tire son nom de ce peuple, est parfois désigné dans les livres de géographie par le nom impropre de Tartarie indépendante. Cette grande contrée de l'Asie occidentale est comprise entre 36 et 41° de lat. N., et entre 48 et 78° de longit. E. Elle a pour bornes au N. la Sibérie, à l'E. l'empire chinois, au S. l'Afghanistan et la Perse, à l'O. la mer Caspienne ; sa longueur est à peu près de 550 lieues, sa largeur de 400, sa surface de 117,000 lieues carrées. Nous avons parlé des montagnes qui la couvrent dans l'E. et au S. L'Aïrouk et ses ramifications, qui sont une branche occidentale du Monghodjar, rameau de l'Oural, traversent sa partie septentrionale ; le Kara-Das, autre rameau filant au S. et prenant le nom de Balkhan, sépare le bassin de la mer d'Aral de celui de la mer Caspienne. Autour du premier de ces grands lacs s'étendent, notamment vers le S. E., des plaines immenses dont le terrain argileux est recouvert de sables mouvans ; dans le S. O. se déploient les steps herbeux du Kharism, et dans le N. les immenses steps des Kirghiz, entrecoupés de pâturages et de lacs salés, pour la plupart salins.

M. de Meyendorf traversa ce pays en allant à Boukhara.

« Les Monghodjar, dit-il, sont des montagnes rocailleuses composées de mamelons coniques d'un aspect sauvage, couvertes de pierres ou de rochers de porphyre, de serpentine, de quartz, de feldspath, de grunstein, jamais de granit.

» Les vallées contrastent singulièrement avec ces montagnes ; dans les fonds partout où l'eau se ramasse et séjourne pendant quelque temps, la végétation est vigoureuse et la terre noire et fertile ; aussi les Kirghiz en profitent-ils doublement, tant pour cultiver les grains que pour faire paître leurs troupeaux ; ils établissent leurs tentes entre les mamelons, de manière à se garantir des intempéries de l'arrière-saison.

» Au S. des Monghodjar, la neige ne tombe

pas abondamment ; le pays beaucoup plus chaud n'en devient que plus aride ; de petites absinthes, presque toujours grises ou noires, croissent sur une terre aride : et dans un espace de plus de 100 lieues, depuis les rives du Kaoundjou jusqu'à celles du Sir-Déria, nous n'avons pas rencontré une seule rivière.

» On parcourt d'abord un pays uni, puis des déserts couverts de sables mouvans ; ce sont ceux de Yousoum-Koum et de Kara-Koum au N. et de Kizil-Koum et Bathak-Koum au S. du Sir-Déria ; enfin des collines argileuses dénuées de végétation, et qui de 10 jusqu'à 30 toises au-dessus de leur pied sont sillonnées et déchirées par l'eau. Si l'on se représente ensuite plusieurs lacs salans, quelques plaines unies, dont le sol formé d'une argile molle et bleuâtre cède sous le pied du voyageur ; enfin, tous les indices ordinaires de la diminution et de la retraite des eaux de la mer, on aura une idée exacte de la nature de cette contrée....

» Près du Kamechlu, petit lac très-proche de la mer d'Aral, nous avons rencontré un grand nombre de Kirghiz que les froids du N. du step avaient fait fuir et qui cherchaient un climat plus doux ; nous en avons vu aussi d'autres auxquels les Khiviens avaient pris leur bétail : la misère les forçait à se faire pêcheurs et agriculteurs, professions qui chez les Kirghiz sont les indices de la pauvreté. Ces deux peuplades à demi sauvages se sont réciproquement pillées depuis 30 ans, soit par voie d'agression, soit par représailles. A la suite de ces troubles, elles commencèrent à se servir de farine dans leurs mets, et bientôt l'habitude et l'économie leur apprirent à la considérer comme un objet de première nécessité. Elles ne l'emploient cependant qu'en petite quantité ; elles viennent l'acheter dans les villes de la frontière de la Russie ou à Boukhara, et donnent en échange des moutons, des cuirs, des laines de chèvres et des chameaux. Cette manière d'exister paraît bien plus facile que de labourer péniblement une terre souvent ingrate ; de plus, ils craignent d'être attachés à la glèbe, et font consister leur félicité à se voir libres comme les oiseaux, comparaison qu'ils emploient chaque fois qu'ils parlent de la vie nomade.

» Les cantons arrosés par le Sir forment le paradis du step des Kirghiz, qui sont fiers de posséder un aussi grand fleuve dans leur territoire. Leur plus ardent désir est de pouvoir hiverner avec leurs troupeaux sur ses rives, où les gelées ne sont jamais assez fortes pour faire périr les bestiaux ni pour incommoder les hommes dans leurs huttes en feutre ; mais les Kirghiz riches sont souvent privés du plaisir de passer l'hiver sur ces bords fortunés, car leurs ennemis les Khiviens viennent les y piller dès qu'ils en trouvent l'occasion...

» Les Kirghiz ne se donnent jamais ce nom, ils se désignent par celui de *Kasak*, qui signifie homme à cheval selon les uns, et guerrier selon les autres. Ils disent que les Bachkirs les ont les premiers appelés Kirghiz, mais ils ignorent la cause de cette dénomination et ils ne l'appliquent qu'aux nomades de la grande horde. Celle-ci, qui vit dans l'E. du step, n'a point de khan pour chef ; elle est sous la dépendance de divers sultans dont quelques-uns implorent tantôt la protection de la Chine, tantôt celle de la Russie, afin d'en obtenir des présens.

» La petite horde, qui occupe l'O., et la moyenne, le milieu du step, sont gouvernées par des khans. Ces chefs doivent être confirmés par la Russie, qui exerce une grande influence sur leur nomination et leur fait prêter serment de fidélité. »

Ces nomades reconnaissent la suzeraineté de cette puissance pour éviter de tomber sous le joug de leurs voisins ; mais ils ne lui paient pas de tribut, et parfois font des incursions sur son territoire.

Au S. de son embouchure dans la mer d'Aral, l'Oxus forme la limite orientale du khanat de Khiva, que les habitans nomment ordinairement khanat d'Ourghendj, d'après la plus considérable de ses villes. Les Arabes appelaient ce pays Kharism.

En 1819, M. N. Mouravief, capitaine d'état-major de l'empereur de Russie, fut envoyé auprès du khan de Khiva. Il quitta ce pays l'année suivante : il publia ensuite une relation de son voyage.

Ce khanat a peu d'étendue, mais est très-fertile. La portion habitée a 70 lieues de longueur du N. au S. et 37 de largeur de l'E. à l'O. Il est de toutes parts entouré de steps arides et sablonneux, excepté au N. où il confine à la mer d'Aral, et à l'E. où il est baigné par le Djihoun, duquel on a dérivé une infinité de canaux d'irrigation. Le climat de la Khivie est un peu plus froid que celui de la Boukharie ; la nature du terrain et les productions y sont à peu près semblables. L'industrie se borne à la fabrication de tissus de soie et de coton ; mais ces étoffes sont peu solides ; les Khiviens font aussi des feutres, des camelots et des couvertures de poil de chameau ; ces objets sont de bonne qualité. Du reste, les denrées de première nécessité abondent en Khivie et la vente en est très-lucrative pour ce pays.

Le souverain et les grands personnages sont des Ouzbeks; les Tadjiks composent la classe des cultivateurs et des marchands. Les Kara-Kalpaks (bonnets-noirs) et les Turcomans mènent en partie la vie nomade et sont plus ou moins soumis au khan. On suppose que la population de toute la Khivie est de 800,000 ames; le quart peut-être obéit aux ordres du souverain; on pense qu'il peut lever une armée de 20,000 hommes. Il a tenté plusieurs fois des expéditions contre la Perse et la Boukharie; habituellement ses peuples font des incursions dans le premier de ces pays pour y enlever des esclaves; ils saisissent aussi des Russes sur la mer Caspienne. Il reçoit un cinquième du butin de toute espèce obtenu de cette manière. Néanmoins, les Khiviens, tout en pillant et volant ainsi leurs voisins, accordent, moyennant un droit fixe, protection et sûreté aux caravanes qui traversent leur territoire, mais les marchands étrangers ne s'y sentent pas à leur aise; les ballots sont ouverts, il survient des retards, quelquefois beaucoup d'objets sont extorqués, et lorsque le chef donne l'exemple de la rapine, il est difficile que le peuple soit honnête.

La Turcomanie est montueuse le long du Gourgan et de l'Atrak, rivières qui la séparent de la Perse et tombent dans la Caspienne: des dunes s'élèvent à une hauteur de 60 à 80 pieds sur les côtes de cette mer; ailleurs, la surface du pays est unie, et n'offre qu'un désert de sable où l'eau est très-rare. Le Turcoman diffère de l'Ouzbek par ce qu'il est essentiellement nomade; il se vante de ne jamais se reposer à l'ombre d'un arbre, ni sous l'autorité d'un roi; il ne reconnaît que l'autorité de ses *Aksakals* (anciens). Il passe sa vie à piller ses voisins et à voler les hommes qu'il peut surprendre. Ce peuple est divisé en un grand nombre de tribus comprenant 140,000 familles; il ressemble beaucoup pour la physionomie aux Kirghiz, aux Bachkirs, aux Ouzbeks issus comme lui de la souche turque.

Durant son séjour à Boukhara, M. Burnes et son compagnon furent présentés au *Kouch-beghi* (premier ministre) qui les accueillit avec bienveillance: ils lui avaient avoué qu'ils étaient Anglais; cette franchise leur fut avantageuse; ils purent se promener en toute liberté et visiter tous les quartiers de la ville. Le 21 juillet, ils firent leur visite d'adieu au ministre. Cet homme respectable, après une longue conversation qui annonçait le plus sincère désir de s'instruire, fit appeler le conducteur de la caravane et le chef turcoman qui devait l'accompagner, et leur recommanda dans les termes les plus formels les deux Européens; puis, s'adressant à ceux-ci: « Vous ne montrerez le firman du roi que je vous remets maintenant que lorsque vous le jugerez nécessaire. Voyagez sans apparat, et ne faites pas de connaissances parce que vous devez traverser un pays dangereux. Quand vous aurez terminé votre voyage, priez pour moi, parce que je suis un vieillard et que je vous veux du bien. » « Là-dessus, dit M. Burnes, il fit don à chacun de nous d'un habillement qui certes n'était pas d'un grand prix, mais qui en acquit un bien considérable par ces mots: « Ne partez pas les mains vides; prenez ceci et cachez-le. » Je lui adressai nos remercîmens; il se tint debout, et, levant les mains, il récita le *fatiha* (formule de bénédiction qui consiste dans le premier verset du Coran). Je me séparai de ce digne homme le cœur ému et en faisant les vœux les plus ardens que je renouvelle encore pour la prospérité de la Boukharie. »

Le même jour, les deux Anglais partirent; arrivés à Mirabad, petit village à 40 milles de Boukhara, les marchands qui composaient la majorité de la caravane refusèrent d'avancer parce que les démarches du khan de Khiva les avaient alarmés. Une enquête fut adressée au youz-bachi de Merve pour qu'il indiquât quel droit on devait payer. Le 10 août, une réponse favorable arriva; le 16, on se mit en route. Quand on eut passé le Djihoun en bac, on s'enfonça dans le désert. La rencontre d'un camp turcoman près des rives du Mourghâb causa quelques inquiétudes; heureusement on en fut quitte pour la peur. On traversa le Mourghâb, et le 2 septembre on atteignit Charaks, village bâti autour d'un petit fort situé sur un monticule; les Turcomans l'habitent; le 11, on en sortit, et la caravane fut rejointe par deux autres.

A l'approche de Charaks, les voyageurs avaient remarqué que le pays s'élevait par degrés, quoique d'une manière imperceptible. Au-delà de cette ville on traversa le lit pierreux et alors à sec du Tedjend, petite rivière qui prend sa source dans les montagnes voisines, et se perd dans les sables. Les flaques d'eau qui restaient étaient salées de même qu'une partie du terrain. Après avoir parcouru 7 à 8 milles, on s'engagea dans des défilés entre les montagnes, et le 12, au lever du soleil, on se trouva en face des tours de Derbend, ou Mouzdéran, poste occupé par les troupes persanes à 45 milles au S.O. de Charaks.

As.

CHAPITRE LXII.

Perse.

Mouzdéran fut jadis une ville bien peuplée et florissante; mais, dans les premières années du xixe siècle, le khan de Khiva s'empara de ce lieu, rasa ses ouvrages de défense, et enleva en masse les malheureux habitans; on voit encore leurs jardins, et les arbres fruitiers qu'ils avaient plantés dans la vallée voisine, arrosée par plusieurs ruisseaux auxquels se joignent les eaux d'une source tiède qui jaillit au-dessous de Mouzdéran. Réparé, ce poste pourrait protéger la grande route et les environs, mais il faudrait pour cela que le gouvernement fixât son attention sur ce point.

Le premier village que nos deux voyageurs rencontrèrent fut Ghouzkan, habité par un millier de Teimouris, appartenant à la tribu des Eimaks, peuple nomade. « Ce sont de pauvres misérables, dit M. Burnes; toute la population sortit pour voir passer notre caravane. Plusieurs de ces Persans nous demandèrent, d'un ton bien triste, si nous ne leur apportions pas des lettres de leurs parens et de leurs amis esclaves au Turkestan. Il est rare que les Turcomans épargnent Ghouzkan dans leurs incursions. »

M. Burnes arriva bientôt à Meched, et plus loin se sépara de M. Gerard qui retourna dans l'Inde; quant à lui, il continua son voyage et traversa la Perse avant de regagner Bombay.

Autrefois la Perse, beaucoup plus étendue qu'elle ne l'est aujourd'hui, était nommée *Iran* par ses habitans; cette dénomination lui a été conservée. Ce pays est compris entre 26 et 39 degrés de lat. N. et entre 43 et 59° de longit. E. Sa longueur du N. au S. E. est de 450 lieues, sa plus grande largeur de 320; sa surface de 60,000 lieues carrées. Il est borné au N. par le Turkestan, la mer Caspienne et l'empire russe, à l'E. par l'Afghanistan et le Beloutchistan, au S. par la mer d'Oman et le golfe Persique, à l'O. par l'empire ottoman.

La Perse est traversée dans le N. par un rameau de l'Hindou-Kouch, qui prend le nom de monts du Khoraçan et d'Elbourz, file à l'O. puis au N., et, sous le nom de Madnofriad, se joint aux Demavend; ceux-ci se rattachent au N. à l'Ararat et aux monts Elvend à l'O.; les monts Bakhtiéri courent au S. et vont à l'E. rencontrer les montagnes du Mékran.

Si nous portons nos regards sur les provinces du royaume, nous voyons le Ghilan et le Mazendéran, entre les montagnes et la mer Caspienne; le Khoraçan, le Kerman, l'Irak-Adjem, le Fars, entre les monts du N. et du S.; le Laristan au S. des Bakhtiéri; le Khousistan, le Louristan, le Kourdistan, l'Azerbaïdjan à l'O., traversés par les montagnes.

« A l'exception du Ghilan, du Mazendéran et de quelques contrées en petit nombre, dit M. Frazer, voyageur anglais, qui, en 1821 et 1822, parcourut la Perse, l'impression que produit l'aspect de ce pays est celle de l'aridité et de la stérilité. On a appelé la Perse une contrée montagneuse; certainement cette dénomination est vraie pour une vaste portion de sa surface, mais elle offre plutôt un plateau entouré d'une région basse. Cette dernière s'étend sous le nom de Dachtistan dans le S. le long du golfe Persique et de la mer d'Oman, et sous diverses autres appellations le long de la mer Caspienne, dans le N. jusqu'au pied des monts Elbourz, et se prolonge vers les plaines du Turkestan. Le plateau occupe tout l'espace compris entre ces deux lignes qui s'étendent de l'E. à l'O. aussi loin que les limites de l'empire. Son altitude doit être à peu près de 3,500 pieds, et de sa surface s'élèvent, à différentes hauteurs, les chaînes qui partagent le pays et renferment entre leurs bases des vallées de dimensions diverses; quelquefois elles ressemblent à des îles au milieu de cette plaine dont la superficie est d'une étendue bien plus considérable.

» L'aspect de ces montagnes est presque partout fort triste, tant elles sont nues et arides, ne présentant aux yeux que d'énormes masses de rochers gris entassés par lits les uns sur les autres; ou bien elles s'élèvent brusquement en un faîte raboteux, du milieu de la plaine qui à leur pied n'offre d'autre ondulation que celle qu'ont produite les amas de débris entraînés de leurs flancs par les pluies. Dans quelques endroits, elles sont moins dépouillées de terre; mais comme celle-ci est formée principalement de particules de rochers décomposés, elle ajoute peu à leur beauté, car elles ne sont parées ni de forêts ni d'arbrisseaux. Pendant à peu près deux mois, au printemps, un peu de verdure teint leurs flancs brunâtres d'une nuance d'émeraude, mais les chaleurs de l'été l'ont bientôt brûlée et la couleur originelle revient graduellement; il ne reste pas une touffe de ces herbes si rapidement nées et flétries. L'aspect général de la plaine n'est guère plus riant; la portion la plus considérable consiste en gravier arraché par les eaux de la pente des monts, ou en amas de matières produites par quelque révolution antérieure de la nature, et déposées en couches

1. Palais du Khan à Boukhara.

2. Minaret de Mirghabad à Boukhara.

épaisses et prolongées, ou en une argile durcie qui, si elle n'est pas humectée par l'eau soit naturelle soit artificielle, est aussi stérile et aussi déserte que tout le reste. Tout le pays est constamment revêtu d'une couverture brune ou grise, excepté dans les deux mois d'avril et de mai.

» L'eau rend en plusieurs endroits ces plaines fertiles, mais elle est ce dont la nature a été le plus avare pour la Perse; les rivières sont peu considérables et en petit nombre, et les ruisseaux, très-rares, ne peuvent être employés qu'en quantité très-restreinte aux besoins de la culture. Dans les cantons les plus favorisés, la faible proportion des terres cultivées ressemble à une oasis dans le désert, et ne sert, par son contraste, qu'à faire paraître ce qui l'entoure plus aride. Les plaines et les montagnes sont également dénuées de bois; les seuls arbres que l'on voit se trouvent dans les jardins des villages, ou sur le bord des rivières, où ils ont été plantés pour fournir le peu de bois de charpente employé dans les constructions: ce sont principalement des arbres fruitiers, le magnifique tchinar ou platane oriental, le peuplier élancé et le cyprès. L'effet produit par un jardin garni de ces arbres, faisant diversion par sa verdure foncée à la plaine grisâtre et poudreuse, est plutôt mélancolique que réjouissant. Dans les paysages de la Perse et des contrées contiguës au N. et à l'E., l'œil cherche en vain ce qui en Europe répand tant de beauté et d'intérêt sur les campagnes; il n'y voit rien qui annonce la paix, la sécurité, l'aisance, le contentement; tout y révèle, au contraire, que l'homme craint son semblable, qu'il ne vit que pour lui-même et au jour le jour, ne s'inquiétant, ne s'intéressant à rien pour sa postérité, enfin qu'il est inculte, abject et avili.

» Quand le voyageur, après s'être fatigué à franchir des monts rocailleux qui coupent les plaines, regarde en bas du haut du col où il n'a grimpé qu'avec peine et fatigue, son œil n'aperçoit qu'une surface brune, uniforme, s'étendant à perte de vue ou bornée par des montagnes bleuâtres semblables à celles qu'il a si péniblement traversées; s'il existe de la culture à portée de sa vue, il la distingue difficilement de la plaine sur laquelle elle est éparse, excepté à l'époque du printemps : s'il y a une ville ou un village dans cet espace, ce qu'il en découvre à sa superficie est une ligne ou un point principalement remarquables par les jardins qui les entourent, et que du reste rien ne discerne des ruines ordinairement bien plus fréquentes que les habitations de l'homme.

» Les vastes déserts qui se rencontrent dans plusieurs parties du royaume forment certainement des objets très-frappans; mais en général l'aspect du pays est si aride, que c'est seulement en suivant de près leurs bords ou en les traversant, que le voyageur peut apprécier leur caractère distinctif; alors, en effet, les efflorescences salines qui brillent aux rayons d'un soleil brûlant et sur une surface immense interrompue çà et là par des masses de rochers noirs, et les phénomènes singuliers du mirage indiquent suffisamment que le désert est là.

» Ainsi que je l'ai déjà dit, le Mazendéran et le Ghilan, et quelques cantons de l'Azerbaïdjan, font exception à cette description; ces trois provinces sont belles par les bois, les eaux et les montagnes qui répandent une variété infinie dans leur aspect; les forêts y sont magnifiques, et, durant la plus grande partie de l'année, une riche verdure y récrée la vue; mais les deux premières paient chèrement cet avantage par l'insalubrité qui est le résultat de l'humidité.

» Si le mécompte du voyageur européen est grand à l'aspect du pays, il ne l'est pas moins à la vue des villes. Accoutumé aux noms de Tauris, Ispahan, Chiraz, et d'autres cités rendues célèbres par les contes et l'histoire de l'Orient, et s'en formant, jusqu'à un certain degré, une idée d'après le modèle des villes d'Europe, ou du moins les revêtant dans son imagination du costume oriental, de colonnes, de minarets, de coupoles, comment peut-il être préparé aux amas de misère, d'ordures et de ruines que les plus belles de ces villes présentent à ses yeux? Il cherche en vain ces preuves si communes et si agréables du voisinage des réunions humaines qui réjouissent l'âme et raniment l'esprit de quiconque approche d'une grande ville d'Europe. »

Ce tableau peu attrayant est cependant fidèle; on le retrouve, à quelques nuances près, chez les voyageurs qui ont visité la Perse. Ces voyageurs sont si nombreux que la simple énumération en serait trop longue. On doit donc se borner à noter les principaux et à offrir l'extrait de leurs relations quand l'occasion s'en présente.

Pietro della Valle, Figueroa, Herbert, le P. Pacifique de Provins, Tavernier, Chardin, virent la Perse dans le XVIIe siècle : elle était alors riche, forte et puissante. De tous ces noms, ceux de Tavernier et de Chardin sont les plus généralement connus chez nous. Tous deux bijoutiers nés à Paris, ils pénétrèrent dans l'intérieur des palais, et décrivirent la pompe et la magnificence d'un empire florissant; mais Chardin l'emporte infiniment sur son compatriote par son étonnante sagacité et son esprit judicieux. Tous les voyageurs venus après lui, même ceux qui n'ont vu la Perse qu'après les troubles effroyables auxquels elle a été en proie dans le XVIIIe siècle, ont unanimement rendu hommage à la justesse et à la profondeur de ses observations, à la variété de ses connaissances, à sa véracité.

Dans le XIXe siècle, M. Amédée Jaubert, feu sir John Malcolm, Adrien Dupré, sir William Ouseley, MM. Morier, Frazer, Burnes, Drouville et d'autres ont vu la Perse depuis que la famille des Kadjars occupe le trône. En 1834, Mohammed-Châh s'y assit à la mort de Feth-Ali-Châh son grand-père.

Les rivières de la Perse ne sont ni nombreuses ni considérables. L'Aras borne la Perse au N. O.; le Kizil-Ozen prend sa source dans les montagnes du Kourdistan, coule au N. E., entre dans le N. O. de l'Irak-Adjem, le sépare de l'Azerbaïdjan et du Ghilan, et pénétrant dans cette province il se jette par deux bouches dans la mer Caspienne; il traverse l'Elbourz; son cours très-rapide est de 120 lieues. La mer Caspienne reçoit aussi l'Atrak et le Gourghan qui viennent des montagnes du Khoraçan et coulent de l'E. à l'O. Le Kerkhah sort à peu près du centre des monts du Kourdistan, se dirige au S., arrose l'O. du Khousistan, et passant sur le territoire ottoman, va se joindre, après un cours d'environ 130 lieues, à la rive gauche du Chat-el-Arab. Le Karoun qui traverse le Louristan est également un affluent du Chat-el-Arab. De petits fleuves vont des montagnes du S. au golfe Persique. Un de ceux-ci, le Zab, qui sépare le Khousistan du Fars, est navigable pour des bateaux jusqu'à une distance de 6 lieues de la mer. Enfin sur le plateau, le Bendemir, le Chouri-roud, le Merghab et d'autres ont leur embouchure dans des lacs ou dans les sables.

Suivant quelques auteurs, la Perse a plus de 20 lacs qui n'ont aucune issue; ils sont pour la plupart d'une petite étendue: les plus considérables sont le lac d'Ourmiah dans l'Azerbaïdjan; le Bakhléghian dans le Fars.

« Il n'y a peut-être pas, dit Malcolm, de contrée qui dans la même étendue présente une aussi grande diversité de climats que la Perse; mais cette différence paraît dépendre plutôt de l'élévation du sol que de la distance de l'équateur. Dans les cantons du S., situés entre les montagnes et le golfe Persique, la chaleur de l'été est très-grande, et s'augmente encore par l'effet de la réverbération du soleil au milieu de plaines sablonneuses. Pendant les deux premiers mois de l'été, un fort vent du N. O. souffle avec une telle violence qu'il arrive chargé de nuages d'un sable léger et impalpable qu'il apporte des côtes de l'Arabie. En automne les chaleurs sont accablantes; mais en hiver et au printemps la température est délicieuse; il n'y fait jamais très-froid et il tombe rarement de la neige sur le flanc méridional des monts. Les pluies qui ne sont pas très-fortes tombent en hiver au commencement du printemps, accompagnées du vent du S. O. souvent impétueux; mais il ne dure jamais plus de trois ou quatre jours de suite. Dans l'intérieur, quelques cantons du Kerman et du Laristan sont sujets à des chaleurs excessives, surtout dans le voisinage du désert de Seïstan.

» Les cantons du Fars, au N. des monts, ont un climat chaud, mais tempéré. La terre y est en général grasse et féconde, et est arrosée par beaucoup de petits ruisseaux. Les territoires montueux offrent d'excellens pâturages aux troupeaux, et les vallées abondent en grains et en fruits.

» A mesure qu'on avance dans le N., on trouve le climat encore plus tempéré. Dans la vaste province d'Irak, les chaleurs ne sont point incommodes en été, et on n'y souffre du froid de l'hiver que durant quelques semaines. Le ciel, dans cette région, est serein et sans nuages; les pluies ne sont jamais fortes et la neige reste rarement sur la terre; l'air est si pur et si sec que le fer poli le plus brillant peut y rester exposé sans être attaqué par la rouille. La régularité des saisons paraît tout-à-fait extraordinaire aux gens accoutumés à une température plus variable; leurs changemens arrivent pour ainsi dire à heure fixe. Lorsque le printemps commence, il n'y a peut-être aucun lieu dans le monde où la nature offre un plus bel aspect qu'à Ispahan. La limpidité de ses eaux, l'ombre qui règne sous les arbres de ses longues avenues, la végétation brillante de ses jardins et la verdure qui couvre ses vastes campagnes semblent se combiner avec la douceur de l'atmosphère pour en faire un séjour ravissant, et lorsqu'on voit ce tableau enchanteur, on se sent presque disposé à ne pas trouver d'hyperbole dans l'opinion populaire qui suppose que ce climat heureux a sur les sens assez de pouvoir pour produire une véritable ivresse.

» Les villes du N. de l'Irak ne jouissent pas d'un climat aussi doux. Le pays autour d'Hamadan est très-montueux et l'hiver y est rigoureux, tandis que Cachan et que Koum, placées sur les bords des déserts, sont exposées en été à une chaleur aussi forte que celle des pays situés sur les bords du golfe Persique. Teheran résidence du roi est immédiatement au-dessous des monts qui séparent l'Irak du Mazendéran, et par conséquent exposée à de grandes vicissitudes de température et à l'insalubrité.

» Dans l'Adzerbaïdjan, l'été est chaud et l'hiver très-rude. Dans certains cantons du Kourdistan, quoique plus au S., l'effet de l'élévation est si sensible, que l'hiver y commence en même temps que l'automne dans des cantons très-proches. Le 17 août 1810, pendant que je campais dans la plaine de Habatou, l'eau gela.

» Le Ghilan et le Mazendéram, provinces du N., ont, comme celles du S., leurs régions froides et leurs régions chaudes. La première est la partie haute et montagneuse qui borde l'Irak et l'Adzerbaïdjan, et l'autre comprend les plaines qui bordent la mer Caspienne. Ces deux provinces abondent en forêts et en rivières qui ailleurs sont rares. On récolte de la soie dans le Ghilan et dans quelques cantons du Mazendéran; dans ce dernier, le riz est d'une qualité supérieure. Les pluies, de même que dans le Ghilan, y sont fortes et fréquentes, et les parties inférieures sont humides et malsaines.

» La grande province de Khoraçan présente toutes les variétés de température; ses territoires qui bordent le désert placé entre l'Irak et le Seïstan sont arides et sujets à d'extrêmes chaleurs. Durant plusieurs semaines de l'été, les habitans de quelques cantons évitent de s'exposer à l'air de peur d'être tués soudainement par le vent pestilentiel, ou ensevelis sous des nuages de sable qui souvent l'accompagnent. Malgré ce mal local, le Khoraçan peut passer pour avoir un climat bon et salubre.

» La rareté des cours d'eau et des sources est cause qu'en Perse on manque d'arbres, excepté de ceux qui sont cultivés: ce défaut de forêts est favorable à la libre circulation de l'air, de sorte que les vapeurs et les exhalaisons qui souvent nuisent à l'homme, parce que le vent ne peut les emporter, y sont généralement inconnues. Mais d'un autre côté il en résulte des inconvéniens fâcheux; car non-seulement cette nudité diminue l'agrément de la perspective, mais, comme le disait un Hindou à des Persans : « Vous n'avez ni ombrage pour vous mettre, pendant l'été, à l'abri des feux du soleil, ni bois de chauffage pour vous défendre, en hiver, des froids qui vous gèlent. »

» Le sol varie beaucoup depuis les plaines sablonneuses et stériles qui bornent le golfe, jusqu'aux terres argileuses et grasses qui avoisinent la mer Caspienne; mais partout il manque l'eau qui pourrait le rendre fécond; c'est surtout par cette raison que les fréquentes invasions auxquelles le pays a été exposé, ont tant contribué à diminuer les productions et par conséquent à arrêter les progrès de la population. La destruction de quelques cours d'eau établis à grands frais peut, dans une saison, faire d'une riche vallée un triste désert. Peu de pays peuvent se vanter de produire soit autant, soit d'aussi bonnes plantes potagères que la Perse. Ses jardins peuvent le disputer en beauté comme en abondance à tous ceux de l'univers. A quelle prospérité ne parviendrait-il pas sous un gouvernement solidement établi et juste! Quelques-unes de ses plus grandes et de ses plus belles vallées, parsemées de ruines de villes et de villages, servent de pacage aux troupeaux des tribus errantes; et dans un espace de cent milles qui se couvrait autrefois de riches moissons, on n'aperçoit aujourd'hui qu'un petit nombre de champs isolés, faible culture qui a paru suffire pour nourrir les familles auxquelles a été donné l'usage de ces terres, et pour fournir chaque année un petit approvisionnement de verdure à leurs chevaux.

» La Perse a peu de minéraux. On trouve dans quelques cantons du fer et du plomb; les mines d'or et d'argent qu'on y a découvertes n'ont jamais été exploitées avec avantage; on n'y rencontre d'autre pierre gemme de quelque valeur que les turquoises; les plus belles se tirent des montagnes voisines de Nichapour, ville du Koraçan, dans une plaine à 20 lieues à l'O. de Méched.

» Parmi les animaux domestiques de la Perse, le chameau, le mulet et le cheval sont à la fois les meilleurs et les plus utiles. Les bœufs que l'on emploie à labourer la terre ne sont ni nombreux ni remarquables sous aucun rapport. Mais dans un pays où il n'y a ni roulage ni rivières navigables, il est naturel que les habitans portent leur attention sur les espèces d'animaux qui sont également utiles pour servir aux arts de la paix et pour seconder les travaux de la guerre. Dans toutes les parties du pays où le sol est aride et sablonneux et qui sont exposées aux grandes chaleurs, on préfère le chameau à tout autre animal pour le transport des fardeaux. Dans quelques cantons du Khoraçan, on peut dire qu'il compose la principale richesse des habitans; mais dans la plupart des autres provinces, les mulets sont d'un usage plus général, et leur force extraordinaire et leur vivacité, ainsi que leur faculté de supporter la fatigue, les placent, dans l'opinion des Persans, immédiatement après le cheval : ils donnent presque autant de soins à élever l'un que l'autre.

» Le cheval du Fars et de l'Irak est d'une race croisée avec celle de l'Arabie, et qui, bien que plus forte que celle-ci, est pourtant petite en comparaison de celles de la Turcomanie et du Khoraçan ; ces deux dernières sont les plus estimées par les guerriers persans ; elles tiennent aussi beaucoup du sang arabe. Il n'y a peut-être pas de chevaux au monde capables de supporter plus de fatigue que ceux des Turcomans ; et lorsque, suivant l'usage, ils ont été dressés pour les pillages et les incursions, ils font parcourir à leurs cavaliers, pendant plusieurs jours de suite, des distances prodigieuses. Les Persans ont appris de bonne heure à estimer cette race d'animaux, par tout ce qu'ils ont eu à souffrir par les invasions des tribus qui les élèvent. Les Turcomans se confiant aux qualités supérieures de leurs coursiers, n'ont pas craint de sortir de leurs plaines par troupes de vingt ou trente, et de venir piller des villages jusque dans le voisinage de Cachan et d'Ispahan.

» Le mouton fait la richesse des tribus nomades ; mais elles ne donnent aucun soin à l'amélioration de l'espèce de cet utile animal, qui leur fournit et des alimens et quelques-uns des objets les plus essentiels de leur vêtement.

» De même que tous les pays dont plusieurs parties sont désertes, la Perse abonde en animaux sauvages : tels sont le lion, le loup, le renard, le chakal, le lièvre, l'âne sauvage, l'*argali* (bélier sauvage), la chèvre de montagne, diverses espèces d'antilopes. On trouve aussi dans cette contrée presque tous les oiseaux communs à celles qui sont situées dans les mêmes latitudes. »

Malcolm et M. Jaubert pensent que les auteurs anciens, et même Chardin parmi les modernes, ont exagéré la richesse et la population de la Perse. Mais quoique ce vaste empire ne soit pas aussi florissant qu'il le fut aux diverses époques de sa splendeur, ces deux voyageurs estiment qu'il n'est pas non plus dans un état de dépopulation croissante ni dépourvu d'élémens de propriété. En Perse, les lieux susceptibles de culture présentent trop de chances de fécondité pour rester long-temps privés d'habitans. « A s'en rapporter au témoignage des Orientaux, dit M. Jaubert, on serait tenté de considérer la population et les revenus de la Perse comme de beaucoup supérieurs à ce que comportent l'étendue, la nature du sol et le gouvernement de cet empire. Les Persans, même les plus instruits, ont peu de connaissances en fait de statistique, et, ignorans ou non, ils sont toujours disposés à exagérer les ressources de leur pays ; mais si leurs calculs manquent d'exactitude numérique, ils ne sont point dépourvus d'une sorte d'exactitude relative, et il n'est pas impossible de tirer parti même de leurs contradictions. »

La population de la Perse est à peu près de 9,000,000 d'âmes ; elle se compose d'habitans sédentaires qui sont des Tadjiks, des Arméniens, quelques Guèbres, Juifs et Zabiens, et de nomades, parlant le turc, le kourde, l'arabe. Le persan est la langue du plus grand nombre d'habitans ; il dérive du pehlvi, modifié depuis que l'islamisme fut devenu la religion du pays.

Les Persans sont musulmans de la secte des Chiites, et bien moins intolérans, sauf les prêtres, que les Sunnites ; plusieurs ne se font pas le moindre scrupule de boire du vin, et on voit, par les récits des voyageurs du xviie siècle, que dans ce temps les monarques étaient les premiers à enfreindre les préceptes du Coran sur ce point ; mais, de nos jours, ils ne donnent plus ce mauvais exemple.

D'après les observations unanimes des voyageurs, les Persans sont grands, robustes, bien faits ; ils ont le teint basané, les yeux vifs et spirituels. Leur costume a changé depuis le temps de Chardin : il se compose du *doné*, robe longue serrée sur la taille et descendant jusqu'aux talons ; elle est de soie, de coton ou de brocart, ou de l'étoffe des châles ; par-dessous est l'*arkhalik*, tunique d'indienne ouatée et piquée, croisée sur les reins, ne tombant que jusqu'aux mollets, et ouverte sur la poitrine ; la robe la cache ; le *nirahen* est la chemise faite de soie, ou de toile de coton ou de lin de différentes couleurs, très-courte, sans collet, fendue sur le côté et brodée d'un petit cordonnet de soie de couleur tranchée ; le *zirdjamé* est un pantalon très large en soie ou en coton, s'attachant sur les hanches et descendant jusqu'à la cheville ; au lieu de bas ou des chaussettes ; au logis ou quand on sort à pied, on porte des mules à talons hauts ; quand on monte à cheval, on met des bottes qui atteignent au-dessus du genou. On entoure la ceinture d'un châle, qui varie suivant la fortune ou la qualité des individus, et dans lequel on passe un poignard dont la poignée indique également le rang et la richesse du personnage qui le porte. Chez les gens du commun, la robe de dessus ne va que jusqu'aux

3. Persans.

4. Persanes.

EN ASIE.

genoux. Du reste, la couleur de tous ces vêtemens varie suivant la mode, qui est très-mobile; ils sont parfois doublés et ourlés de fourrures. En hiver, on se couvre du *kourk*, ou autre espèce de large pelisse.

La coiffure générale des Persans, depuis le roi jusqu'au plus mince de ses sujets, est un bonnet de dix-huit pouces de haut, d'un noir foncé, et fait de peau de mouton ou d'agneau; ce dernier est le plus recherché. La seule distinction réservée au roi, à ses fils et à quelques grands officiers de l'Etat, consiste en un châle entortillé autour du bonnet. Les Persans se rasent entièrement la tête, à l'exception d'une touffe de cheveux sur le sommet de la tête et d'une boucle derrière chaque oreille; les jeunes gens les laissent pendre jusque sur les épaules; mais ils aspirent au moment où une large barbe bien noire et bien touffue ornera leur visage. On la laisse croître dans toute sa longueur, et tous les quinze jours on renouvelle l'opération qui lui donne la teinte désirée; mais celle-ci offre des différences, suivant le goût de chacun (Pl. XXXIX — 3).

Suivant quelques voyageurs, les Persanes sont, sans contredit, les plus belles et les plus jolies femmes du monde. Elles sont grandes, droites, élancées, très-bien faites; celles qui restent renfermées dans les harems sont très-blanches. Elles ont en général une belle chevelure, des yeux noirs très-fendus et très-expressifs, des traits réguliers. On peut leur reprocher d'avoir le visage trop arrondi; mais c'est une beauté extrême dans le pays, puisque les poètes, pour faire un éloge complet de la femme qu'ils préfèrent, la comparent à la pleine lune.

Leur coiffure consiste en un bandeau ou bonnet plus ou moins riche, qu'elles arrangent artistement en forme de turban; les cheveux, disposés en une trentaine de petites tresses, flottent par derrière; ceux de devant sont rabattus sur le front, quelques mèches tombent négligemment des deux côtés sur les joues. Les femmes de la classe inférieure n'ont qu'un simple mouchoir noir sur la tête.

Le reste de l'habillement des femmes ne diffère pas beaucoup de celui des hommes. Leur chemise de soie rouge ou de toile de coton blanche, est attachée par un cordon au-dessus des épaules, fendue vers le milieu de la poitrine, et fermée au cou par un petit bouton d'or, d'argent ou de soie; elle est recouverte d'une grande veste de satin ouaté qui descend jusqu'à la moitié de la cuisse, est ouverte par-devant et se ferme par de petits boutons; enfin une tunique sans collet, très-échancrée par-devant, qui ne se ferme qu'avec trois boutons placés à la hauteur des hanches; celles-ci sont marquées par d'énormes goussets qui contribuent à les faire paraître beaucoup plus larges qu'elles ne le sont réellement; cette tunique ne couvre pas même les genoux; elle est retenue autour du corps par une ceinture brodée, qui est ornée sur le devant d'une plaque d'or ou d'argent enrichie de pierreries. Les pantalons sont ouatés d'une manière si ridicule, que les jambes ressemblent à deux colonnes informes (Pl. XXXIX — 4).

Une femme ne peut se montrer dans la rue qu'enveloppée d'une sorte de linceul de toile de coton blanche, ou à carreaux bleus et blancs; de plus, son visage doit être caché par un voile de même couleur; deux petites ouvertures en forme de grillage sont pratiquées devant les yeux. Du reste, les Persanes aiment beaucoup les bagues, les colliers, les bracelets; l'artisan le plus pauvre est souvent obligé de se priver du nécessaire pour en donner à sa femme, s'il veut avoir la paix dans son ménage.

Nous avons vu plus haut que la population de la Perse se partage en nomades qui habitent les montagnes et parcourent les déserts, et en Tadjiks ou Tats qui vivent dans les cantons cultivés ou séjournent dans les villes; mais chez ces deux classes d'habitans il arrive souvent que le genre de vie change absolument; le nomade ne répugne pas à se fixer dans une cité, et le laboureur embrasse les habitudes des nomades.

Ceux-ci, accoutumés comme les Turcomans à la vie errante, et également enclins au vol et aux passions violentes, sont cependant soumis au prince, quel qu'il soit, qui règne sur la Perse, et contractent même au milieu des camps quelque chose de la douceur et de la politesse du citadin. « Toutefois, dit M. Jaubert, ils préfèrent ces vastes landes, ces hautes montagnes, au séjour des lieux plus favorisés par la nature. Quand on leur demande pourquoi ils ne veulent pas s'affranchir des craintes et de l'incertitude qui assiègent sans cesse leur existence précaire, ils répondent : « Nos pères vivaient ainsi. » Changer de temps en temps de place, respirer un nouvel air, éprouver, pour ainsi dire, à chaque instant, le sentiment de leur indépendance, telle est pour eux la félicité suprême... C'est des tentes des nomades que sortent les hommes les plus robustes et les plus beaux, et presque tous les gens de guerre. Les habitans des villes, indolens et efféminés, ne prennent les armes que dans un danger pressant et dans le cas où ils font partie d'une tribu foraine. Ceux des déserts sont toujours armés et prêts à combattre leurs ennemis.

» Ces troupes mercenaires, combattant uniquement pour la solde qu'on leur paie ou pour le butin qu'on leur fait espérer, sont les seules sur lesquelles le châh de Perse puisse compter. Au printemps, elles quittent leurs retraites, se rassemblent dans les lieux désignés par les ordres du souverain, et s'enrôlent seulement pour une campagne, l'hiver les ramenant toujours à leurs tribus respectives. »

Nadir-Châh était de la tribu des Afchars, et la famille royale actuelle est de celle des Cadjars, toutes deux du nombre des turques. De même que les autres, elles comprennent généralement le persan.

L'armée persane se compose d'infanterie et de cavalerie disciplinées à l'européenne et d'un corps d'artillerie organisé également dans le principe par des officiers français et anglais. Indépendamment de l'artillerie à cheval, il y a des *zombarek* ; ce sont des artilleurs montés sur des chameaux : un pierrier est fixé sur la partie postérieure de la selle ; pour tirer, on fait accroupir le chameau. Les troupes régulières du châh s'élèvent à plus de 20,000 hommes. Son armée, en y comprenant les milices et les nomades, est de 254,000 hommes.

On évalue ses revenus à 80,000,000 de francs. Le produit des domaines royaux, les redevances données par les princes, les khans et autres chefs sur les contributions perçues, les droits de douane, les tributs payés par les chefs des hordes nomades, les présens faits par les solliciteurs et différens droits composent cette somme : elle est presque doublée par l'énormité des frais de perception. Les établissemens publics sont pour la plupart à la charge des provinces, et par conséquent mal entretenus. Les gouverneurs ne songent qu'à entasser des richesses, tant pour leur avantage particulier que pour satisfaire l'avidité des grands et celle des messagers qui leur sont envoyés ; car ceux-ci exigent toujours un salaire proportionné à l'importance de la mission dont ils sont chargés, et qui fort souvent est réglé d'avance.

Cet état de choses ne s'est pas amélioré depuis Chardin ; M. Jaubert le certifie, mais il ajoute : « Si les sommes que l'on verse dans le trésor ne sont pas exorbitantes relativement à l'étendue et à la population de la Perse, elles n'en sortent non plus que pour des dépenses indispensables qui n'en absorbent pas la moitié ; le reste est converti en lingots, en pierreries et en divers objets d'une grande valeur et d'un transport facile en cas d'événement, ce qui doit suffire pour empêcher qu'on ne trouve exagérés les rapports que tous les voyageurs ont faits de la magnificence de la cour de Perse. Ces richesses, il est vrai, pourraient être employées d'une manière plus utile pour le pays et pour le prince lui-même; mais on sait que dans les Etats despotiques l'intérêt public n'est compté pour rien, et que les mots d'économie politique, de sagesse d'administration, d'ordre et de prévoyance, y sont pour ainsi dire inconnus et impossibles à traduire littéralement.

» Les Persans se trouvent donc sans cesse exposés aux exactions et aux violences des agens subalternes du gouvernement. Assez clairvoyans pour pénétrer les motifs réels qui portent Feth-Ali-Châh à thésauriser, ils sentent tous les inconvéniens attachés au système actuel, et n'envisagent l'avenir qu'avec un sentiment d'effroi trop justifié par les événemens précédens. De cet état d'inquiétude résulte un défaut de confiance, un esprit de vénalité et de corruption qui se manifeste de toutes parts. Il y aurait toutefois de l'injustice à ne pas reconnaître que le prince régnant fait tous ses efforts pour prévenir ces maux ou pour les réparer. »

On ne remarque pas une grande diversité entre les différens voyageurs qui ont parlé du caractère des Persans : ils ont l'imagination vive, prompte et facile ; la mémoire aisée et féconde; beaucoup de dispositions pour les sciences, les arts et la guerre ; ils sont hospitaliers, civils et très-polis ; ils ont le naturel souple et pliant, l'esprit facile et porté à l'intrigue ; on leur reproche d'être très-vains, insensibles et même cruels, très-adonnés aux plaisirs des sens, prodigues, enclins à l'avarice, à la dissimulation, à la fourberie, au mensonge, à la perfidie, au parjure. Ils sont très-superstitieux, et ils poussent jusqu'à la minutie la pratique extérieure des devoirs de religion ; mais au fond ils n'ont pas une piété sincère.

Ils observent avec l'exactitude la plus scrupuleuse les règles de l'étiquette. On s'attache à enseigner aux jeunes gens d'un rang distingué les formules du langage usité dans la haute société, et les complimens à adresser à chacun suivant sa condition ; on ne néglige rien pour qu'ils acquièrent toutes les connaissances qu'il convient à un homme bien né de posséder. « Les enfans du commun, dit Chardin, sont aussi élevés avec soin. On ne les voit pas courir dans les rues, ni se débaucher et se corrompre dans le jeu, dans les querelles, et apprendre les *tours d'es-*

piègles. On les envoie deux fois le jour à l'école, et, quand ils sont revenus, les parens les tiennent auprès d'eux, afin qu'ils prennent l'esprit de leur profession et de l'emploi auquel on les destine. Les jeunes gens ne commencent à entrer dans le monde qu'après vingt ans, à moins qu'on ne les marie plus tôt; car dans ce cas ils sont plus tôt émancipés et à eux-mêmes. J'entends par marié, avoir une femme épousée par contrat; car dès seize à dix-sept ans on leur donne une concubine, si l'on découvre qu'ils soient amoureux. Ils paraissent dans leur entrée au monde sages, civils, honnêtes, revêtus de pudeur, parlant peu, graves, attentifs, purs dans leurs discours et dans leur vie. Mais la plupart se corrompent bientôt: le luxe les entraîne; et n'ayant ni des biens, ni des appointemens suffisans pour y satisfaire, ni de ces autres moyens honnêtes, ils se jettent dans les mauvais moyens qui ne manquent jamais de s'offrir et de paraître fort aisés. »

Les Persans se plaisent dans les réunions où l'on s'entretient de la religion, de la poésie, de la littérature; au milieu de ces conversations, on prend du café et des rafraîchissemens, et on fume avec le *narghilé*. Cette sorte de jouissance est regardée comme si indispensable, que, même quand il monte à cheval, un grand personnage est suivi d'un domestique qui porte cette espèce de pipe.

Placée entre l'Europe et l'Inde, la Perse offre de grandes facilités au commerce; aussi les Persans s'y donnent avec ardeur; mais il n'est pas aussi florissant qu'il pourrait l'être, et les Arméniens en font une bonne partie. Quoique les grandes routes soient très-mauvaises, elles sont sûres; les caravanes les parcourent sans risques. C'est ainsi qu'arrivent les marchandises des pays voisins et celles qui viennent des contrées plus éloignées.

Les Persans exportent une partie des choses qu'ils ont reçues, ainsi que de la soie écrue, de l'eau de rose, du henneh pour teindre les ongles et les cheveux, de la laine, du poil de chèvre, des tapis, des fruits secs, des turquoises, du *tunbéki*, sorte de tabac qui se fume dans le narghilé, et des roseaux pour écrire; du coton, du riz, de la noix de galle, des moutons, des bœufs, des chevaux, des châles du Kerman, des tuyaux de pipe en cerisier, des peaux d'agneaux.

Parmi les causes qui concourent à diminuer les avantages que le commerce procure en Perse aux négocians, il faut compter l'aversion très-marquée, sinon invincible, que les habitans de ce pays ont toujours eue pour la mer; ils la portent à un tel point, qu'ils préfèrent la traversée des déserts les plus arides et les plus dangereux à la plus courte navigation. Si l'on ne savait que cette répugnance tient à des préjugés très-anciens et très-enracinés, ainsi qu'on peut le lire dans Hérodote, on aurait peine à concevoir comment des hommes aussi braves sentent défaillir leur courage lorsqu'il s'agit d'entreprendre un voyage maritime. Le manque de marine, résultat d'une telle antipathie, a été doublement funeste à la Perse, en ce qu'il lui a fait perdre d'un côté les nombreux et riches établissemens qu'elle avait sur la mer Caspienne, et de l'autre les îles du golfe Persique.

Au nombre des marchandises que la Perse expédie au-dehors, plusieurs proviennent de l'industrie des ses habitans. Ils réussissent très-bien dans les arts mécaniques; ils façonnent l'or, l'argent et le cuivre avec beaucoup d'habileté; ils fabriquent des tissus de soie et de coton; la vivacité des couleurs en est surprenante; ils font de très-beaux tapis et des châles qui jouissent également d'une grande réputation. Ils ont moins de succès dans l'art de préparer les peaux, quoiqu'ils en entendent bien plusieurs branches; mais les ouvriers ne travaillent que d'après les leçons de la tradition et de la routine; jamais la science ne vient diriger leur main ni perfectionner leurs œuvres. D'ailleurs le Persan est prêt à écouter ses enseignemens; car bien différent du Turc, qui met une espèce de vanité dans son ignorance, il joint à l'ardeur de s'instruire beaucoup d'intelligence et d'adresse; il le prouve dans les ouvrages du genre de ceux qui n'ont pas encore acquis en Europe leur plus haut degré de perfection: ainsi, leurs armes blanches sont aussi bonnes et aussi belles que les nôtres; mais ils ne fabriquent pas aussi bien un fusil.

Les mêmes observations s'appliquent aux beaux-arts. Rien de ce qui tient à un goût pur et délicat n'existe encore chez les Persans. Quoique plus cultivées que chez les Turcs, l'architecture et la peinture sont gênées par les entraves d'une tradition barbare et des pratiques religieuses.

L'architecture est élégante et simple; les maisons sont presque toutes composées d'un rez-de-chaussée. Le toit est une petite plate-forme sur laquelle, aux approches de l'hiver, on a soin de jeter de la terre que l'on bat fortement. Ces habitations renferment d'immenses salles d'audience, entourées de petits appartemens ornés de peintures; les plafonds en sont riches,

As.

et faits avec recherche; elles sont entièrement ouvertes au N. et au S. pour obtenir de la fraîcheur. Au milieu est ordinairement un grand bassin de marbre avec un petit jet d'eau. D'autres appartemens donnent sur des cours spacieuses ou sur des jardins parfumés de fleurs cultivées avec soin, et ombragés d'arbres symétriquement plantés et qu'arrosent des eaux abondantes. Mais ce qu'il y a de vraiment remarquable dans l'architecture persane, c'est l'art de faire des voûtes sans bois, sans poutre, sans rien de solide pour en faciliter la construction; ils n'emploient que des briques.

La sculpture leur est presque inconnue; ils ne font que des ornemens en marbre ou en bois, mais d'un travail médiocre.

Ils ne regardent pas comme un péché de peindre des tableaux avec des figures humaines, mais la peinture est encore chez eux dans son enfance, et les productions ne se recommandent que par la vivacité des couleurs et la beauté des vernis.

Aucun Européen n'a accordé le moindre éloge à la musique des Persans non plus qu'à celle des Turcs. A leur avis, l'une et l'autre sont détestables; ce ne sont que des cris aigus que rendent encore plus désagréables les grimaces du chanteur, qui, pour donner plus d'étendue à sa voix, se bouche les oreilles. Les Persans chantent tous à l'unisson, accompagnés de mauvais instrumens, tels qu'un tambour de basque ou un théorbe. La danse suit ordinairement ce tintamarre. Elle est exécutée dans les harems par des femmes, et en public par des enfans de quatorze à quinze ans qui s'adonnent à cet état. Quoique Mahomet ait défendu la danse et la musique, cette prohibition est enfreinte chez les Persans comme chez les Turcs. Le châh a ses danseurs et ses danseuses; les grands personnages en ont aussi, et les simples particuliers en font venir dans les fêtes qu'ils donnent. L'art de ces saltimbanques consiste généralement dans des tours de force: on a vu un enfant tourner deux cents fois sur lui-même sans s'arrêter. Ceux qui prennent les positions les plus lascives sont sûrs de plaire davantage.

Dans les écoles de la Perse, on étudie la langue arabe, la jurisprudence, la rhétorique, la poésie, la philosophie, la médecine et l'astrologie. La considération dont jouissent dans l'empire les *mirza* (gens de plume), les distinctions qui leur sont accordées, les dignités auxquelles ils peuvent aspirer, encouragent quiconque se sent des dispositions pour la culture des lettres ou des sciences. Mais celles-ci sont bien arriérées, malgré le zèle des maîtres et des disciples. Celle dont on fait le plus de cas est l'astrologie. Les Persans n'entreprennent aucune affaire un peu importante sans consulter les astrologues, dont la profession est lucrative et considérée; le roi ne se déplace même pas pour aller à une campagne voisine, sans que les astres aient été préalablement consultés.

C'est par le port d'Abouchehr, ou Bender-Bouchehr, que l'on entre le plus ordinairement en Perse, quand on vient de l'Inde. Ce port est le plus commerçant du royaume sur le golfe Persique. Il doit son état florissant à la chute du commerce de Bender-Abassi et à la destruction de Bender-Ryk, durant les troubles qui suivirent la mort de Nadir-Châh. Bender-Bouchehr est bâti à l'extrémité N. d'une presqu'île aride qui s'avance à environ trois lieues en mer. Cette ville a un aspect agréable; elle est fermée au S. par un mur flanqué de tours rondes, et gouvernée par un cheikh arabe. Sa population est de 15,000 âmes; il s'y trouve des Arméniens, des Juifs et des Banians. Les Anglais y ont un comptoir. Le bazar, peu vaste mais bien fourni, offre toutes sortes de marchandises d'Europe, de l'Inde et de la Perse. On ne boit que de mauvaise eau; pour en avoir de bonne, il faut l'envoyer chercher à une distance de plus d'une lieue. La rade est ouverte à tous les vents excepté au S., où la ville l'abrite en partie; les gros navires mouillent à trois quarts de lieue du rivage. De petits bâtimens portent les marchandises à Bassora; les caravanes ne vont point par terre de Bender-Bouchehr à cette ville, parce que le pays est désert, infesté de brigands et coupé par des marais.

En sortant de Bender-Bouchehr pour aller à Chiraz, on traverse d'abord un terrain sec et aride, puis on voit des champs cultivés et plantés de dattiers. Les villages sont défendus par des murs, parfois entourés de fossés profonds. Le chemin devient inégal, de nombreux ravins le coupent; on passe à plusieurs reprises de petits fleuves d'eau saumâtre qui coulent dans les montagnes et vont se jeter dans le golfe Persique.

Les habitans des villages que l'on rencontre ne sont pas toujours d'accord avec leurs voisins. « Leurs querelles, dit M. Dupré, tournent toujours à l'avantage du gouverneur du district; il profite de ces mésintelligences pour opprimer les parties belligérantes, sous prétexte de maintenir le bon ordre et la justice.

» A Bauchkoun, le manque d'eau est cause que l'on ne cultive que l'orge et le froment,

1. Palais d'été du R.^{oi} de Perse près Téhéran

2. Ispahan

A. Bouly del.

C'est là que nous vîmes pour la première fois les greniers du Fars : ce sont des fosses profondes, revêtues en briques et enduites d'un ciment, de sorte que l'humidité n'y peut pénétrer. Elles sont ordinairement de figure ovale, étroites à l'ouverture et s'élargissant au milieu et dans le bas ; on les ferme avec le plus grand soin ; les grains s'y conservent parfaitement. Leur usage remonte à la plus haute antiquité.

» En sortant de la vallée, cultivée avec soin dans cette partie, nous avons rencontré un camp de nomades qui attendaient avec impatience le moment de la récolte, qui se fait, dans ces cantons, vers la fin d'avril ou au commencement de mai. Ces nomades ont la liberté d'ensemencer les terres en friche et d'en prendre le produit sans être sujet à aucun impôt.

» Firouz-Abad (séjour de la félicité) est une petite ville bâtie en partie des débris de Firouz-Châh, au milieu de laquelle on voit encore un obélisque et un aqueduc. Enfin on descend dans l'immense et belle vallée de Chiraz, on traverse plusieurs ruisseaux et on entre dans cette ville. C'est une des plus célèbres de la Perse. Elle est de forme irrégulière, et ceinte de murs en briques flanqués de tours où logent les soldats de la garnison ; un fossé, ensemencé dans quelques endroits et en général mal creusé, l'entoure de tous côtés (Pl. XL — 4).

» Chiraz n'offre aucun édifice vraiment magnifique ; toutefois on y remarque le palais du gouvernement et ses superbes jardins, la grande mosquée, les bains qui en sont voisins, et le bazar. On évalue sa population à 30,000 ames. On y fabrique des toiles de coton, des armes à feu, des sabres, de la verrerie, des ouvrages en marqueterie. Elle est très commerçante. Un tremblement de terre y causa de si affreux ravages en 1824, que, suivant un voyageur anglais, tous les monumens de cette ville ont été endommagés. Les Persans l'appellent le séjour de la science.

» C'est dans la vallée et dans les environs que se trouvent les vignobles, dont le vin est si renommé et que les poëtes persans ont vanté avec tant de raison ; il n'est bon à boire qu'au bout de trois ans ; il ressemble assez au vin de Madère pour la couleur et le goût, mais il est capiteux. »

A deux milles au N. E. des murs de Chiraz, on voit le tombeau d'Hafiz, célèbre poëte persan ; il est entouré d'un jardin délicieux, de même que celui de Saadi, autre poëte, qui est un peu plus loin.

Dupré voyagea en Perse en 1808 et 1809 ; M. Morier y était à la même époque ; il alla également de Bender-Bouchehr à Chiraz, mais par une route plus occidentale que celle qui fut suivie par notre compatriote. Il passa par Kazroun, petite ville alors florissante, mais qui depuis fut presque entièrement renversée par le tremblement de terre de 1824. A peu près à 5 lieues au N. de Kâzeroun, il vit les ruines de Chapour ; le premier il les a examinées avec attention. Ce fut une ville bâtie par le roi que nous appelons Sapor Ier. On y a reconnu les restes d'une citadelle, plusieurs bas-reliefs sculptés sur le roc et offrant des sujets très-variés. Dans les environs, on trouve un souterrain qui donne entrée à des grottes et à des excavations immenses ; on y a vu une statue colossale renversée et brisée.

A 12 lieues au N. N. E. de Chiraz, au milieu d'une campagne fertile, près du village de Merdacht, sur un terrain incliné entourant le pied du Rahmet, haute montagne de marbre gris, on aperçoit les célèbres ruines nommées *Tchehel-Minar* (les quarantes colonnes) par les Persans modernes. Ce sont celles d'un palais ornant une ville dont la dénomination ancienne fut *Issthakar* chez tous les Orientaux, et *Persepolis* chez les Grecs. Chardin, Kæmpfer, Corneille Le Bruyn, Niebuhr, Morier, Ker-Porter et d'autres voyageurs ont dessiné ces ruines, qui présentent la forme d'un amphithéâtre et de plusieurs terrasses élevées les unes sur les autres, et auxquelles on monte par un escalier si commode, que dix cavaliers pourraient y passer de front. Au haut de chaque terrasse, on voit des restes de portiques et des débris d'édifices avec des chambres qui paraissent avoir été habitées. Vers le fond, contre le rocher auquel ce monument était adossé, on remarque deux tombeaux taillés dans le roc ; jusqu'à présent, on n'a pas pu en découvrir l'entrée. Tout est construit en marbre, sans chaux ni mortier, et cependant les pierres sont si bien liées, qu'il faut une attention extrême pour distinguer les jointures.

Les murs sont partout couverts de bas-reliefs et d'inscriptions : dans les premiers, le souverain donne audience aux grands de sa cour ou s'acquitte d'une cérémonie religieuse ; ailleurs ce sont des combats d'animaux, généralement fabuleux, soit entre eux, soit contre des hommes. Les caractères composant les inscriptions ont la figure d'un clou, ce qui leur a fait donner le nom de cludiformes ; les savans en ont proposé diverses explications, dont quelques-unes semblent plausibles (Pl. XL — 3).

A quelques milles au N. de Tchehel-Minar, une montagne portant le nom de Nakchi-Roustan (figure de Roustan), offre quatre tombeaux semblables à ceux de Persepolis. Ker-Porter, qui pénétra dans l'un d'eux, reconnut qu'il avait été ouvert par violence. Dans le voisinage, six bas-reliefs offrent des sujets relatifs à la religion des Mages et à un triomphe d'un roi sur un ennemi vaincu. Un peu plus loin, à Nakchi-Redjeb, d'autres bas-reliefs appellent également l'attention de l'observateur. Ces sculptures ont été horriblement mutilées par le fanatisme religieux des Musulmans. Des inscriptions en pehlvi et en grec ne laissent aucun doute sur la destination de ces monumens : ils furent consacrés à perpétuer la mémoire des triomphes de Sapor Ier, qui régna de 240 à 271.

Au N. de ces ruines, on voit dans la plaine de Mourghab le *Meched mader i Soleyman* (tombeau de la mère de Salomon), petit édifice carré avec un piédestal de marbre blanc d'une très-grande dimension. Les Orientaux lui ont donné le nom qui le distingue, par une suite de leur habitude d'attribuer à Salomon tous les monumens dont ils ignorent l'origine. Il est plus probable, d'après l'opinion de Ker-Porter, que c'est le mausolée de Cyrus.

« Les vénérables ruines de Persepolis, dit Scott-Waring, ont beaucoup souffert des injures du temps, mais ce qui en reste est dur et impérissable comme le rocher même. Les tremblemens de terre, si fréquens en Perse, ont renversé la plupart des colonnes et des salles; ce qui en subsiste encore debout est découvert par le haut et se maintient dans cet état. Le sable, que les eaux des pluies entraînent de la montagne voisine pendant l'hiver, encombre de vastes espaces et recouvre plusieurs bases de colonnes.

» Suivant les historiens grecs, Alexandre, au sortir d'une orgie, mit le feu à ce palais. Mais il est difficile d'ajouter foi à ce récit après un examen minutieux et attentif de ces ruines, puisque le feu ne pouvait produire la plus légère impression sur ces masses énormes et indestructibles. »

Tout porte à croire qu'elles ont appartenu à un temple et non à un palais, que les sables renferment dans leur sein et que les nombreux décombres recouvrent des objets extrêmement précieux pour les antiquaires.

Le 17 janvier 1808, Dupré partit de Chiraz, se dirigea au S. S. E. par une plaine qui montait insensiblement, et traversa de temps en temps des ruisseaux; l'eau de quelques-uns était salée. Le pays est médiocrement peuplé. Les flancs du Dara-Ken, montagne voisine d'un village de même nom, étaient tapissés de ces jolis arbrisseaux que l'on appelle en Europe lilas de Perse. On recueille entre les rochers de ce mont la momie liquide, minéral ou bitume très-estimé des Orientaux.

Notre voyageur ne manque pas, dans sa relation, d'indiquer exactement les dépôts ou réservoirs d'eau qu'il trouve sur sa route. « Ce n'est pas sans raison, dit-il. Les lacs salés, les déserts sablonneux occupent une grande partie du pays de la Perse que j'ai parcouru. Les lieux habités sont comme des îles dans le vaste Océan. Le besoin rend industrieux l'homme le moins civilisé. Aussi le Persan, peu soigneux sur tout le reste, s'occupe-t-il sans cesse des moyens qui peuvent fertiliser la terre et assurer sa subsistance... Dans le Fars, il est rare de faire 6 lieues sans rencontrer au moins une citerne. »

Les plaines et les vallées sont remplies de dattiers; un peu au-delà de l'extrémité de celle de Madavar commence le Ghermesir (pays chaud) ou le Laristan. Du sommet d'une montagne, d'où une petite rivière se précipitait en formant une cascade, le voyageur aperçut le golfe Persique et ne tarda pas à entrer dans Gomroûn, ou Bender-Abassi.

Cette ville, si commerçante et si riche dans le dix-septième siècle, est presque retombée dans l'état de misère d'où Châh-Abbas l'avait tirée. Toutes les nations maritimes de l'Europe y avaient un comptoir; à la mort de Nadir-Châh, elles l'abandonnèrent pour la plupart.

Dupré visita la petite île d'Ormuz, située à 3 lieues au S. E. de Bender-Abassi. Ce rocher rocailleux, sans eau potable et presque sans végétation, fut, avant la découverte du cap de Bonne-Espérance et dans les premiers temps de la domination des Portugais dans les Indes, l'un des principaux entrepôts du commerce de ces contrées avec la Perse. Les récits de l'opulence, du faste et de la vie voluptueuse des habitans d'Ormuz paraîtraient fabuleux, s'ils n'étaient attestés par de nombreux témoins. Châh-Abbas, mécontent de la conduite arrogante et tyrannique des Portugais envers ses sujets, s'empara d'Ormuz, en 1622, à l'aide des Anglais, et toute la splendeur de ce lieu s'évanouit. L'imam de Mascate, en Arabie, y tient une garnison de 200 soldats.

De retour à Bender-Abassi, Dupré prit, le 14 février, la route de Lar. Cette capitale de province est réduite à un amas de décombres, parmi lesquelles on distingue encore les restes du palais du khan qui la gouvernait sous Châh-Abbas. On dit que sa population est de 15,000 âmes, nombre qui semble exagéré. Les habitans sont généralement pauvres, quoique industrieux. La fabrication de poteries, d'armes blanches, d'*abas* (capotes en feutre) et de toiles bleues, les occupe principalement. Les environs sont bien cultivés.

En sortant du Beloutchistan, M. Pottinger arriva dans le Kerman, province persane au N. du Laristan. Le Nermanchyr, son canton le plus oriental, est gras et fertile; le reste du pays a beaucoup de territoires stériles et sablonneux, et le désert y gagne toujours du terrain. La ville de Kerman fut jadis très florissante; le commerce y est encore très-actif, et ses manufactures de châles, de mousquets et de *nemeds*, ou tapis de feutre, sont fameuses dans toute l'Asie. Les châles égalent ceux de Cachemir par la finesse et le moelleux du tissu.

Dupré étant revenu à Chiraz, en partit le 6 avril pour Yezd, où il arriva le 16. Elle est dans une vaste plaine, au milieu des sables; elle a beaucoup souffert des invasions des Afghans. C'est dans son territoire que l'on trouve le plus grand nombre de Guèbres, ou sectateurs de l'ancienne religion de ce royaume. Ils sont pauvres, ignorans et en but aux vexations des Musulmans; on les dépeint comme très-doux et très-laborieux.

Yezd est une des villes les plus commerçantes de la Perse, tant par les produits de l'industrie de ses habitans que par sa situation, qui en fait un entrepôt des marchandises de l'Inde : elles y sont apportées par les caravanes d'Hérat et de Boukhara. On y fabrique des étoffes de soie unies ou mêlées d'or et d'argent, et d'autres mêlées de coton; des châles communs unis ou rayés, des fusils à mèche, des pistolets, des armes blanches. En allant de Yezd à Ispahan, Dupré traversa un pays en partie désert.

Meched, à 150 lieues au N. d'Yezd, est la capitale du Khoraçan persan. Cette ville a été décrite par M. Frazer et M. Burnes : ce dernier y éprouva moins de contrariétés que son compatriote, auquel la méfiance ou la bigoterie suscitèrent sans cesse des obstacles quand il voulait satisfaire sa curiosité. Meched, située sur un affluent du Tedjin, florissante par son industrie et son commerce, est célèbre chez les Musulmans par le tombeau de l'imam Réza, cinquième descendant d'Aly. La dépouille mortelle de ce saint personnage repose sous une coupole dorée dont la magnificence est égalée par deux minarets richement décorés et qui, aux rayons du soleil, répandent une lumière éclatante. Meched est aussi le lieu de la sépulture de Nadir-Chah. Son tombeau, aujourd'hui profané et reconnaissable seulement aux ruines du monument qui autrefois le préservait des injures de l'air, offre un sujet de méditation à l'observateur.

A une douzaine de milles de Meched, M. Burnes passa devant les ruines de Tousé, qui fut jadis la capitale du Khoraçan. La vallée où il voyageait est fertile et bien cultivée; il la remonta jusqu'à Koutchan. Ce canton passe pour le plus froid de la province, ce qui n'est pas difficile à croire, puisqu'au mois de septembre le thermomètre y descendit à plus d'un degré au dessous de zéro. On peut conclure, d'après diverses observations, que Koutchan est à 4,000 pieds d'altitude.

Le 29 septembre, M. Burnes se dirigea sur la côte de la mer Caspienne : il suivit la vallée où coule l'Atrak et atteignit Astrabad. Cette ville n'a qu'un commerce très-borné, et l'on ne voit guère dans son bazar que des toiles et les denrées nécessaires à la consommation des habitans. Les riches, pour éviter l'insalubrité du climat durant la saison des chaleurs, se retirent dans leurs *yrilaks*, ou résidences d'été au milieu des montagnes.

On est ici dans le Mazendéran. Astrabad n'est qu'à quatre lieues de la mer Caspienne. « Le climat y est humide et désagréable, dit M. Burnes, et les pluies si fréquentes, qu'il est très-difficile d'y maintenir debout un mur en terre. Pour parer à cet inconvénient, on place sur le haut du mur une natte en roseaux, on la couvre de terre et on y plante des lys, qui y croissent à merveille et le préservent de la pluie. On récolte à Astrabad tous les fruits des pays chauds. »

En marchant à l'O. de l'embouchure de l'Atrak et du Gourgan, on arrive à Achraf, où l'on admire encore les restes nombreux et magnifiques des palais et des jardins dont Châh-Abbas avait orné cette ville; mais tous les jours les édifices dépérissent davantage, quoique construits en matériaux très-solides, parce que quiconque en a besoin pour une construction en vient enlever sans que personne y mette obstacle.

Sari, ville ancienne sur le Tedjin, paraît avoir été considérée de tout temps comme la capitale du Mazenderan. Elle n'est point pavée; les bazars y sont bien fournis. On y remarque plusieurs hautes tours qui semblent être des sépultures de princes ou personnages célèbres, et de belles citernes voûtées.

Farahabad, à l'embouchure du Tedjin, était la résidence d'hiver de Châh Abbas, qui y mourut en 1628. Des ruines, inférieures pourtant à celles d'Achraf, attestent encore son ancienne magnificence.

« Balfrouh, dit M. Frazer, offre une exception singulière et unique peut être au tableau général que présentent toutes les villes de Perse. Elle est exclusivement adonnée au trafic, entièrement peuplée de marchands, d'ateliers et d'hommes qui y sont employés, et jouissant d'une prospérité et d'un bonheur sans exemple partout ailleurs dans le royaume; on y observe avec plaisir un air naturel d'abondance, d'aisance, de commodité, joint, dans les quartiers les plus fréquentés, à un mouvement et à une activité bien rares dans les autres villes. Son port, éloigné de 4 lieues, n'est guère qu'une rade ouverte. On pense que sa population est de 100,000 ames.

Recht, capitale du Ghilan, où l'on recueille beaucoup de soie très-estimée dans le commerce, a de nombreuses manufactures de soieries. Son port est à Inzeli.

Pour aller de Sari à Teheran, M. Burnes traversa le mont Elbourz. Avant de sortir de la région inférieure où il se trouvait, il aperçut la cime neigeuse du Demavend. La vallée du Tilar a une étendue de 60 milles; c'est le plus considérable des passages qui font communiquer le pays haut avec le Mazenderan; on en débouche par le col de Gadouk, qui conduit au plateau de la Perse. Le sommet de ce défilé, à 6,000 pieds d'altitude, est très-froid. Firouz-Kouh rappela au voyageur le souvenir de Bamian; car plusieurs habitations y sont creusées dans le roc, et les villageois y tiennent leur bétail.

En trois marches, M. Burnes alla de Firouz-Kouh à Teheran: le pays est triste, aride et misérable; on rencontre peu de villages; rien n'annonce que l'on approche de la capitale d'un grand royaume. Cette ville, située dans une belle plaine bien arrosée, est à 4 lieues au S. des montagnes de Tchimrân, que domine le pic de Demavend, dont le sommet, en tout temps couvert de neige, jette parfois de la fumée.

Teheran, sous les dynasties précédentes, n'était qu'une ville peu importante; depuis que les Cadjars y ont fixé leur résidence, elle a été entourée d'un mur haut, épais et flanqué de tours. Le châh demeure dans un immense palais, nommé l'*arag*, de forme carrée et environné de murailles; les eaux y circulent avec abondance dans des jardins spacieux; les appartemens en sont vastes, mais quelques-uns seulement se font remarquer par leur magnificence. Teheran prend chaque jour de l'accroissement: on estime que sa population est de 140,000 ames en hiver. Les chaleurs insupportables et l'insalubrité de l'air, en été, en font abandonner le séjour, depuis mai jusqu'en septembre, par la cour et la plupart des gens riches (Pl. XL — 1).

En allant de Teheran au S., on arrive à Kôum, surnommée la *Sainte* parce qu'elle renferme le tombeau de la sœur de l'imam Réza et ceux de plusieurs martyrs musulmans, ainsi que de quelques rois de Perse. On y vient en pélerinage de toutes les parties de l'empire. Tous ces tombeaux sont d'une grande richesse.

Après avoir traversé des montagnes volcaniques, en continuant de voyager au S., on entre dans Cachân, l'une des plus jolies villes de la Perse. On y fabrique beaucoup d'ustensiles en cuivre, des étoffes de soie unies et brochées en or et en argent, des cotonnades et des velours. Feth-Ali-Châh y fit bâtir un collége magnifique et un palais.

Des buttes volcaniques et un pays très-inégal s'offrent aux regards du voyageur qui poursuit sa route au S.; enfin il aperçoit des villages et des aqueducs, passe des cours d'eau dérivés du Zendé-roud, se trouve au milieu d'immenses ruines mêlées cependant à un peu de culture, et a devant ses yeux Ispahan, l'ancienne capitale de la Perse.

Cette ville, bâtie sur la rive gauche du Zendé-roud, n'est plus que l'ombre de ce qu'elle fut au XVIIe siècle. Toutefois plusieurs des vastes et nombreux édifices qui l'ornaient alors, tels que le palais du roi, la grande mosquée, l'immense bazar d'Abbas et des médressés attestent encore sa splendeur passée. Feth-Ali-Châh y fit construire, en 1816, un palais qui ne vaut pas celui de Châh-Abbas. Dans la belle saison, la verdure des arbres dérobe aux regards une partie des affreux ravages que cette cité a éprouvés (Pl. XL — 2).

La population d'Ispahan n'est plus que de 200,000 ames au plus. Cette ville a d'importantes manufactures de soieries, de velours, de toiles de coton, de draps, de verres coloriés pour les fenêtres, de poteries, d'armes à feu, des raffineries de sucre, des ateliers de teinture et des tanneries.

Parmi les monumens que les voyageurs admirent encore, on peut citer le *Méïdan*, immense place publique entourée d'édifices et de portiques superbes.

Le Zendé-roud coule à plus d'un quart de lieue au S. d'Ispahan: on passe cette rivière sur quatre ponts, dont deux surtout méritent d'être distingués par leur architecture élégante. L'allée de Tchar-Bâgh se prolonge depuis la ville jusqu'au pont de Djulfa. Cette belle avenue sur-

3. Ruines de Persépolis.

4. Téhéran.

passe, dans l'opinion de Dupré, tout ce qu'il avait vu dans ce genre en Europe. Elle est formée par quatre rangées de platanes d'une grosseur extraordinaire et singulièrement touffus ; elle a plus de trois mille pas de long et à peu près cent de large ; la fraîcheur de la verdure des arbres est entretenue par des rigoles dérivées de la rivière. Le pont de Djulfa, l'un des plus beaux que l'on connaisse, offre des deux côtés une galerie en arcade sous laquelle les piétons marchent à l'abri ; ce pont a trente-quatre arches ; sa longueur est de 350 pas, sa largeur de 200. Le bourg de Djulfa, si florissant du temps de Chardin, renferme encore quelques manufactures de toile ; les Arméniens qui l'habitent sont presque tous pauvres.

Dupré était entré en Perse par le Kourdistan. Les limites entre ce pays et l'empire ottoman ne sont marquées de ce côté que par un petit ruisseau, qui était alors à sec. Le chemin à travers le mont Ridjao, le *Zagros* des anciens, est rude et souvent taillé dans le roc. On descend ensuite dans la belle vallée de Kirin ; on traverse un pays montueux et bien cultivé. Le 19 novembre 1807, le voyageur était à Kermanchâh.

Cette ville, bâtie dans une plaine ouverte au S., mais fermée au N. par le Bi-Sotoun, haute montagne, est entourée d'un mur en briques cuites au soleil, et défendue par une citadelle. Elle n'a rien de remarquable ; elle est traversée par des canaux qui entretiennent toute l'année une boue épaisse. Une seule fontaine y fournit de bonne eau ; celle de toutes les autres est crue et mauvaise. D'ailleurs Kermanchâh est florissante, a des fabriques d'armes et de tapis.

Olivier regarde le territoire de Kermanchâh comme un des plus beaux, des mieux arrosés et des plus fertiles de la Perse. L'eau qui descend de toutes parts des montagnes voisines y répand la fraîcheur et l'abondance. La terre y donne des grains, des fruits, des légumes et des plantes potagères de toute espèce ; les troupeaux y sont nombreux. Au mois de mai, les jardins exhalent une odeur extrêmement suave, c'est celle des fleurs du chalef, qu'on cultive partout dans ces contrées.

A une lieue de marche de Kermanchâh, on trouve un monument décrit par plusieurs voyageurs, et nommé *Takht Roustem*, ou le trône de Roustan, l'Hercule persan. Il est au pied d'une montagne et offre une vaste plate-forme taillée dans le roc, sur laquelle s'élevait sans doute un palais. Les parois d'une grande et de moindres salles offrent des sculptures représentant une chasse et d'autres scènes ; diverses sculptures en haut-relief et des inscriptions en caractères cunéiformes ornent d'autres faces de la montagne. Tout porte à croire que la plaine située au pied de la montagne formait un immense jardin ou paradis, dans lequel les anciens rois de Perse venaient prendre le plaisir de la chasse et jouir de la fraîcheur, pendant les chaleurs de l'été, dans ces provinces occidentales.

Un autre monument, au pied du Bi-Sotoun, présente divers morceaux de sculpture qui paraissent plus modernes que les précédens, et qui sont également remarquables. Un peu plus loin dans la plaine, on reconnaît l'emplacement d'une ancienne ville.

En allant au S., on arrive dans le Khouzistan, qui répond en partie à l'ancienne Susiane. Chouster, sa capitale, au pied des monts Bakhtieri, sur la rive gauche du Karoun, a des manufactures de coton, de soie et de laine. A peu de distance, des ruines marquent l'emplacement de Suse, où les anciens rois de Perse résidaient dans un palais d'une grande magnificence. Des vestiges de terrasses d'une vaste étendue et des inscriptions cludiformes sont tout ce qui reste de ses monumens.

En revenant au N., on trouve le Lourestan (*Ælymaïs*), pays couvert de montagnes ; les plus considérables sont le Zerdkouh et le Houbenkouh, entre lesquelles s'ouvrent des vallées très-fertiles ; il tire son nom des Loures, qui sont une subdivision des Kourdes. Khourremabad, sa capitale, est un gros bourg où réside le khan des Feïlis, tribu presque indépendante.

Au N. du Lourestan, on rentre dans l'Irak. Kienghevar, grand village que l'on croit être l'ancien Konkoba, semble avoir été une ville de quelque étendue ; on y voit les restes d'un édifice carré, bâti sur une éminence, en marbre blanc ; il était orné de colonnes. Plus loin, on gravit l'Elvend, sur lequel Olivier trouva encore de la neige au commencement de juin, et l'on descend dans une vallée qui aboutit à la belle plaine de Hamadan.

Cette ville, bâtie à peu de distance de la rive droite du Hamadan-Tchaï, a des fabriques de tapis, de tissus de soie et de coton, et des tanneries ; il s'y fait un assez gros commerce. On pense assez généralement qu'elle est très-près de l'emplacement de la superbe Ecbatane, capitale de la Médie, dont Hérodote nous a laissé une si brillante description. Des fragmens de colonne et des vestiges d'inscription sont tout ce qui reste de son magnifique palais. En fouillant la terre dans les environs, on trouve assez fréquemment des médailles et des pierres gravées,

Dupré, M. Jaubert, M. Morier et beaucoup d'autres voyageurs sont allés de Teheran à Cazbin, ville considérable située au milieu d'une vaste lande. Une haute montagne, qui ne permet pas au vent du N. de rafraîchir l'air, y rend la chaleur insupportable en été. Une poussière suffocante y remplit l'air à un tel point, que tous les hommes qu'on y rencontre en ont la barbe et les vêtemens couverts. Malgré ces inconvéniens, les Persans donnent à Cazbin le nom de *Djemal-abad* (lieu de perfection). On y fabrique des sabres très-estimés pour le tranchant, diverses étoffes et des couvertures pour les chevaux. Ses bazars sont immenses. Plusieurs ruisseaux qui sortent de la montagne, au N., concourent, avec l'industrie des habitans, à fertiliser un espace de terre de deux lieues de longueur sur environ une demi-lieue de large, situé à l'O. de la ville. Il y croît des vignes qui donnent un vin très-capiteux, estimé par les Persans presque autant que le vin de Chiraz. Ce terrain produit aussi beaucoup de pistachiers, dont les fruits passent pour l'emporter sur les pistaches d'Alep, si renommées dans tout le Levant.

A l'O. du pays aride qui entoure Cazbin, on entre dans la riante vallée d'Abher. « Rien de plus frais, de plus délicieux, dit M. Jaubert, que les maisons de ce village, si l'on peut nommer ainsi une réunion de maisons propres, commodes et d'une belle architecture. Uniquement occupés du soin de cultiver leurs vergers, les habitans d'Abher ne connaissent de l'agriculture que les douceurs. Jamais ils ne sont forcés d'arracher leur subsistance du sein d'une terre ingrate, ni exposés aux rigueurs de l'hiver ou au souffle brûlant des vents empoisonnés. Heureux s'il pouvaient être également à l'abri des vexations que leur font endurer des tyrans subalternes ! »

A Sultanièh, on est surpris de l'immense étendue que ses ruines occupent ; ses mosquées seules sont encore debout, quoiqu'elles aient beaucoup souffert des secousses de divers tremblemens de terre. La plus grande (Pl. XLI — 1) est un des plus beaux édifices de la Perse en ce genre. A peu de distance de cette ville ruinée, Feth-Ali-Châh fit construire un palais d'été entouré de la ville et de la citadelle de Sultanabad.

Zenghian, qui a un beau bazar, est d'ailleurs encombré de débris, et situé dans une vallée arrosée par la rivière de Sultanièh, qui porte ses eaux au Kizzil-Ouzen ; ce fleuve sépare l'Irak de l'Azerbaïdjan. On peut, en partant de Zenghian, prendre une route qui, se rapprochant de l'Elbourz, passe par Khalkhal, ville bâtie entre des rochers, mais rafraîchie par une belle source d'eau vive. Cette route est agréable, à cause de la fraîcheur de l'air qu'on y respire et de la beauté des paysages qu'on découvre de temps en temps dans les montagnes qui dominent le littoral de la mer Caspienne. Au S. de ces monts est situé Ardebil, qui est ainsi défendue des vents pestilentiels si désastreux pour les bords de cette mer ; elle est médiocrement fortifiée, et remarquable par les tombeaux de plusieurs personnages célèbres. Cette ville, qui sert d'entrepôt aux marchandises allant de l'O. à Teheran et à Ispahan, a des bazars bien entretenus. Tavernier et Le Bruyn ont parlé avec détail d'Ardebil.

En prenant, au sortir de Zenghian, une route plus méridionale, on ne rencontre que des campagnes inégales et peu cultivées ; puis, après avoir traversé le Kizzil-Ouzen, on entre dans les montagnes. Mianeh, gros bourg dont le sol est fertile en grains et en coton, est infesté par les cousins et les moucherons, qui en rendent le séjour insupportable en été. On continue à voyager entre les montagnes, et l'on descend dans la vallée de Tauris.

Cette grande ville, encore florissante et capitale de l'Azerbaïdjan, est, par sa position, l'une des plus commerçantes de la Perse. Des caravanes y arrivent et en partent avec les marchandises de divers pays. Ses bazars sont beaux, couverts et très-bien fournis ; ses caravanseraïls nombreux et vastes. Elle a des manufactures de soie et de coton. La mosquée de Djehan Châh, bâtie comme les autres en briques et ornée de coupoles vernissées, est la seule qui mérite d'être distinguée. Le palais du prince et la citadelle, ainsi que les casernes, sont des bâtimens modernes. M. Jaubert, en quittant Tauris le 27 juillet, marcha toute la nuit pour éviter la chaleur, et arriva le lendemain matin à Dizi-Khalil, village entouré de jardins et situé sur le lac d'Ourmiah, à 5 lieues au N. N. O. du lieu où s'y jette le Tak-Sou (eau amère). Plus loin, Tessouidj est moins un village qu'un groupe d'habitations placées dans une situation des plus riantes, d'où la vue s'étend au loin sur le lac et sur les îles qu'il renferme.

Ce lac, dont la longueur est de 30 lieues, la largeur de 15 et le circuit de 60, a été confondu jusqu'à ces derniers temps avec celui de Van, éloigné de 20 lieues à l'O., et dont il est séparé par des montagnes ; il en est entouré particulièrement au S. et à l'O. : elles sont très-hautes. Quoique les villes d'Ourmiah, de Selmas et de

Meragha soient situées sur ses bords ou à peu de distance, il ne sert aucunement à la navigation. Il a trois îles principales qui sont à peu près incultes. Il n'en est pas de même du pays environnant, qui, indépendamment de vastes et gras pâturages, est fertile en blé, en riz, en lin et en tabac d'excellente qualité. Les eaux de ce lac sont extrêmement salées, ne nourrissent aucun poisson et n'ont que 20 pieds de profondeur; plusieurs rivières viennent les grossir. D'après des observations récentes, il paraît que son niveau éprouve de grands changements.

La ville d'Ourmiah, dans un territoire insalubre, mais fertile, est, dit-on, la patrie de Zoroastre. Salman, plus au N., a des eaux sulfureuses. Ker-Porter a trouvé dans ses environs des bas-reliefs semblables à ceux de Kermanchâh. Meragha, près de la côte occidentale du lac, est remarquable par ses souterrains taillés dans le roc, et par les restes d'un superbe observatoire.

On voyage dans les montagnes pour aller des environs du lac d'Ourmiah rejoindre la grande route, où l'on trouve d'abord Tessuch, lieu jadis important et peuplé, puis divers villages plantés d'arbres fruitiers et de peupliers, au pied de la chaîne du Yam, dont la montée est longue et pénible; après l'avoir descendue on traverse divers filets d'eau dérivés du Khotourah, et l'on entre à Khoï, qui semble avoir tiré son nom de ses salines, ce mot, en kourde, signifiant *sel*.

Khoï, étant une place frontière, a constamment souffert dans toutes les guerres entre la Perse et les Etats voisins; aussi les ruines y sont nombreuses. Les fortifications en sont régulières. On n'y voit pas beaucoup de mosquées ni de maisons considérables, mais les rues sont ombragées d'arbres et traversées par des ruisseaux. Le caravansérail est assez beau.

Après avoir suivi la vallée du Khotourah, qui est très-sinueuse, on traverse les montagnes qui sont une ramification de l'Ararat, dont on aperçoit les sommets neigeux; puis, continuant à marcher au N., on descend sur les rives de l'Aras, qui, de ce côté, marque les limites de la Perse.

CHAPITRE LXIII.

Empire russe. — Arménie.

A peu de distance au-delà de l'Aras, dont le courant est très-fort et la largeur de 300 pieds dans cet endroit, on trouve Nakhchivan. Cette ville de l'Arménie est bâtie en partie sur la cime, en partie sur le revers d'un monticule. Maintenant qu'elle appartient à l'empire russe, les ruines qui ont long-temps couvert le terrain disparaîtront sans doute. Des jardins mêlés aux maisons donnent un aspect riant à cette petite ville, qui est très-ancienne et que sa position sur la route de Géorgie en Perse rendit autrefois très-florissante.

Le pays est montagneux. On traverse, en allant au N., l'Arpa-tchaï et d'autres rivières qui sont des affluens de gauche de l'Aras, et l'on a toujours en vue, de ce côté, l'Ararat et ses cimes neigeuses. Le pays est bien peuplé. Près du village de Develu, qui est à une lieue de l'Aras, les voyageurs ont remarqué un tertre que sa forme régulière et son sommet font reconnaître comme un ouvrage de l'art, et qui a dû coûter des travaux immenses. On suppose que les anciens rois d'Arménie avaient une maison de plaisance dans ce lieu, où il existe quelques débris de bâtimens. Plus au N., au confluent de l'Aras et du Medzamar, s'élevait Artaxata, ville magnifique qui fut long-temps la capitale de l'Arménie; elle fut détruite vers le milieu du IVe siècle de notre ère.

En allant au N., le long de la vallée de Zenghi, on arrive à Erivan, ville ouverte elle est défendue par une citadelle située à 100 toises au-dessus de la rivière. De tout temps elle fut le passage des caravanes de Géorgie en Perse. Tavernier, Chardin et, de nos jours, beaucoup de voyageurs l'ont décrite. Ses maisons sont éparses au milieu des jardins; elle a quelques fabriques de tissus de coton et de poterie, ainsi que des tanneries. Elle est sujette aux tremblemens de terre.

A 3 lieues au N. O. d'Erivan, est le vaste couvent d'Etchmiadzin, qui a donné son nom au village voisin. Ce monastère, qui est la résidence du patriarche des Arméniens, et dont le nom, dans leur langue, signifie *descente du Fils de Dieu*, offre un ensemble de plusieurs corps de logis en pierres de taille, avec des cours plantées de belles allées d'arbres, décorées de parterres, de bassins et de jets d'eau; on peut s'y promener au frais dans les plus grandes chaleurs. Les bâtimens sont construits en partie à l'européenne, en partie à l'asiatique. Des sommes considérables y sont envoyées de toutes les parties du monde, parce que c'est le seul lieu où les Arméniens puissent se procurer leur saint chrême; cette huile sacrée ne peut être préparée que par le patriarche en personne, accompagné de douze évêques. L'église renferme un grand nombre de reliques; aussi les pèlerins y affluent.

Le patriarche peut, sous beaucoup de rapports, être considéré comme le chef de la nation, depuis qu'elle n'est plus indépendante. Les Arméniens se donnent à eux-mêmes le nom de *Haïkan*, et appellent leur pays *Haasidan* et quelquefois *Haïkh*. Leur idiome est rude, appartient à la souche indo-germanique et s'écrit avec des caractères particuliers. Ils sont, de tous les peuples chrétiens de l'Orient, ceux qui ont le plus cultivé les lettres. Peu de temps après la découverte de l'imprimerie, ils commencèrent à en faire usage. Ils ont traduit plusieurs livres grecs, chaldéens et persans, et ont ainsi conservé une portion considérable de l'ancienne histoire de l'Asie occidentale. Ils sont grands, bien faits, ont de beaux traits fortement prononcés, de grands yeux, le teint brun. Les femmes sont remarquables par leurs agrémens extérieurs, et les Musulmans les recherchent pour peupler leurs harems.

L'Arménien est intelligent, sensé, infiniment économe, actif; il n'épargne ni la peine, ni les soins, ni la fatigue pour acquérir de la fortune, et sait la conserver. Depuis qu'il a perdu sa nationalité, il s'est surtout adonné au commerce, qu'il entend à merveille. On trouve des Arméniens dans toutes les contrées de l'Orient, jusqu'aux frontières de la Chine. Ils ont la réputation d'être tranquilles et très-probes, quoique très-adroits dans les affaires. On en rencontre beaucoup en Russie, et même on en voit à Amsterdam et à Londres. Ils ont un collége et une imprimerie à Venise. Ils portent un costume qui se rapproche de celui qui distinguait autrefois les Ottomans, mais leur robe est plus courte; dans l'Europe chrétienne, ils le modifient encore (Pl. XLII — 4).

Après la chute de ses rois, l'Arménie fut entièrement soumise aux Turcs. Les Persans, sous Châh-Abbas, leur en enlevèrent la partie occidentale que les Russes se sont fait céder par le traité de 1828. Aujourd'hui ceux-ci possèdent ce qui fut appelé autrefois Grande-Arménie; les Ottomans ont conservé la Petite-Arménie. L'ensemble de cette contrée forme un plateau qui supporte de hautes montagnes, entre lesquelles s'étendent de longues vallées qui aboutissent à de belles plaines. L'Ararat, le mont le plus élevé de l'Arménie, se fait reconnaître à ses deux cimes couvertes de neiges éternelles à une altitude de 2,400 toises; il est d'origine volcanique. L'Alaverde, rameau septentrional, a 910 toises; le Bambaki, rameau plus occidental, atteint à 1,058 toises. D'autres rameaux, tel que le Doudjikdag, qui court à l'O., ont également des cimes très-hautes. Le Tcheldir borne l'Arménie à l'O.

Le Kour et l'Aras qui, après s'être réunis, portent leurs eaux à la mer Caspienne; l'Euphrate et le Tigre qui, après leur confluent, se jettent dans le golfe Persique, sont les principales rivières qui prennent leur source dans l'Arménie. On y remarque aussi le Djorouk, qui coule parallèlement aux monts Tcheldir et a son embouchure dans la mer Noire. La température offre de grands contrastes; les hautes vallées et les montagnes sont couvertes de neige pendant une grande partie de l'année, tandis que dans les vallées inférieures et dans les plaines les chaleurs sont fortes et durent long-temps.

Chardin et Tournefort, et de nos jours M. Parrot et M. Eichwald, ont parcouru l'Arménie. Tous ont observé que ce pays est couvert de débris volcaniques. En allant d'Erivan au N. O., on rencontre, à 10 lieues, le lac Sévan, qui a 14 lieues du N. au S., sur environ 5 lieues de large. Il reçoit quelques petites rivières et s'écoule dans l'Aras par le Sanga, qui sort de son extrémité S. E. On lui donne le nom de *Goktchaï* (lac bleu), d'après la couleur de ses eaux. M. Eichwald l'a visité. Il renferme dans sa partie septentrionale une île sur laquelle sont bâtis plusieurs monastères célèbres depuis long-temps pour leur sainteté. Il est partout environné de hautes montagnes qui s'abaissent vers le S. Ses eaux sont très-profondes et potables; ses bords sont parsemés de productions volcaniques. Les montagnes au N. O. du lac sont riches en minéraux; on y exploite du cuivre et de l'alun; on trouve de l'or dans le lit de plusieurs rivières.

Dans les monts Bambaki, les anciens rois d'Arménie avaient fondé, au confluent du Tebedé et de l'Arkh-Chehar, la ville de Lori, sur l'emplacement d'un village. Elle ne tarda pas à devenir magnifique et florissante, mais sa splendeur ne fut qu'éphémère; les Mongols la prirent et la saccagèrent en 1238. M. Eichwald, qui a vu les décombres, pense que des recherches soigneuses y feraient découvrir des médailles. Un mur en basalte défend encore aujourd'hui un misérable village habité par une trentaine de familles arméniennes. Les monts Bambaki abondent en sources d'eaux minérales.

M. F. Dubois n'a pu voir sans admiration la plaine de Chacour, qui s'étend à la gauche de l'Aras, à une certaine distance entre Erivän et Nakhchivan. Riz, coton, froment, tout y croît en abondance. Les Russes, dans la dernière campagne, ont fait de grands dégâts dans les jardins en coupant les arbres fruitiers pour en

1. Sultanieh.

2. Tartare du Chirvan.   Prince Imirétien.

J. Boilly del.

VOYAGE

construire des ponts sur la multitude de canaux qui arrosent toute la contrée. Dans un pays qui n'a pas de forêts, c'est une grande perte.

En pénétrant à 3 lieues à peu près au N. O. de Nakhchivan, à travers les étroits ravins qui séparent un groupe de collines calcaires, on trouve une carrière de sel gemme que l'on exploite comme on ferait d'un rocher; elle est d'un bon rapport, à cause du voisinage de la Perse.

Au S. de Nakhchivan, après avoir traversé l'Alindja-tchaï un peu au-dessus de son confluent avec l'Aras, on entre dans Djulfa, bâtie entre des rochers sur les bords de ce fleuve; elle fut jadis très-peuplée et florissante par son industrie et son commerce jusqu'en 1605. Alors Châh-Abbas en enleva toute la population pour la transporter en Perse, notamment aux portes d'Ispahan, où un faubourg porte encore le nom de cette ville arménienne. Divers monumens subsistent encore, mais aucun de ces édifices n'est remarquable soit par la richesse, soit par la beauté de son architecture.

L'Aras continue, au-delà du hameau qui a remplacé Djulfa, à couler entre des rochers escarpés; à Ourdabad, la vallée est tellement resserrée qu'elle ressemble à un bassin fermé de toutes parts. Une partie d'une place publique de la ville est ombragée par un énorme platane, dont le tronc a un diamètre moyen d'à peu près 11 pieds; l'intérieur, qui est creux, offre un espace de 7 pieds et demi complètement vide; des amateurs s'y réunissent pour prendre le thé ou jouer aux cartes. Du reste, la cime de ce platane a été fracassée par la tempête ou par la foudre.

A Ourdabad, l'Aras est encore à 2,500 pieds au-dessus du niveau de la mer Caspienne, et il n'a plus que 30 lieues à parcourir pour se joindre au Kour. Il n'est donc pas surprenant que, pour sortir du bassin où il est encaissé, il se précipite à travers des murailles de rochers. Un sentier à peine praticable pour un cheval permet de le côtoyer dans cette suite si rapide de chutes dont la hauteur est de 1,300 pieds. On y est complètement mouillé par l'écume des eaux, et dans plus d'un endroit on ne marche que sous des blocs de pierres qui menacent à chaque instant de tomber. Enfin on sort de ces gouffres, qui sont entrecoupés d'espaces cultivés et habités, et l'on entre dans les plaines du Karabagh, où l'Aras ralentit son cours et serpente en formant plusieurs îles. A gauche, derrière des collines, s'étend toute la chaîne de l'Alaghez ou du Kapan, qui, des bords du lac Sévan, vient barrer la rivière. Ses sommets sont encore au mois d'avril couverts d'une neige brillante, que percent de temps en temps des pics très-escarpés et entièrement nus.

Le Karabagh, province la plus orientale de l'Arménie, est borné au N. par le Kour et se compose de plaines et de plusieurs chaînes de montagnes. Dans les plaines, la chaleur est insupportable pendant trois mois; alors la population entière se retire dans les monts avec ses troupeaux; les princes et les grands personnages y ont des habitations. Chouchah, sa capitale, est une forteresse sur un rocher escarpé, qui n'est accessible que par un sentier étroit entre deux ruisseaux qui vont grossir le Tenter, affluent du Kour.

A droite de l'Aras, jusqu'à la mer Caspienne, s'étend le step ou désert de Mogan, borné au N. par le Kour. Cette vaste plaine abonde en gras pâturages; plusieurs fois des armées y ont campé. Mais les historiens anciens racontent que celle de Pompée s'y trouva arrêtée par la multitude de serpens qui couvraient la terre, et n'osa y pénétrer. C'était sans doute en été, de juin en août. De nos jours, en 1800, une armée russe y campa et y passa l'hiver. Les soldats, obligés de creuser la terre pour y planter les piquets de leurs tentes, trouvaient à chaque instant des serpens dans cet état d'engourdissement qui, pour ces reptiles et d'autres animaux, dure pendant toute la saison froide.

Au S. de Mogan, en traversant le Balgari, petit fleuve qui va joindre le delta du Kour, on entre dans le Talidj, province qui est baignée, à l'E., par la mer Caspienne, et confine, à l'O., avec l'Azerbaïdjan, au S. avec le Ghilan; les monts Talidj y étendent leurs dernières ramifications. On y recueille du riz, du coton, du sésame, du tabac, de la soie. Le climat y est très-chaud et malsain. Astarah et Lenkéran, ports sur la mer Caspienne, en sont les lieux principaux. On rencontre des tigres dans les forêts voisines de Lenkéran.

CHAPITRE LXIV.

Empire russe. — Le Chirvan.

Le Kour, après avoir reçu à droite l'Aras, continue à couler à l'E., puis il tourne brusquement au S.; quelques bras s'en détachent; il finit par former un delta; un bras court au S. E., l'autre se dirige au S. vers la baie de Kizil-Agadj. Tout ce pays inférieur est bas et souvent noyé par les débordemens du fleuve.

Au point où il se partage en deux bras principaux, on trouve Salian. Cette ville du Chirvan n'a que de petites maisons en terre; l'humidité y est si grande que, d'après le témoignage de M. Eichwald, souvent l'herbe croît dans les appartemens; si l'on creuse à quelques pieds, on est sûr de trouver de l'eau. Ce voyageur alla visiter dans les environs l'établissement de pêche, loué par le gouvernement pour une somme considérable. Les principaux poissons que l'on prend sont le sandar, le saumon et plusieurs espèces d'esturgeon.

En suivant la côte maritime vers le N., M. Eichwald arriva à Bakou. Cette ville, qui a le meilleur port de la mer Caspienne, fait un commerce important, et le bazar est bien approvisionné. Ses habitans sont pour la plupart Persans, le reste Arméniens et Tartares. Elle est située sur la presqu'île d'Abcheron, qui est le prolongement le plus oriental de la chaîne du Caucase.

Cette péninsule offre plusieurs singularités naturelles que n'ont pas manqué de décrire tous les voyageurs qui l'ont visitée, depuis Kœmpfer jusqu'à nos jours. Les puits de naphte fixent d'abord l'attention. On en a creusé une centaine, dans lesquels on puise cette substance liquide; leur profondeur varie de 10 à 60 pieds. Ils sont affermés par le gouvernement, et presque tous à peu de distance de la mer, à la surface de laquelle on voit souvent le naphte s'élever du fond de l'eau et surnager. D'autres puits de naphte sont disséminés dans le Chirvan et les cantons voisins.

A 4 lieues à l'E. de Bakou, dans un pays assez aride, on voit un emplacement carré entouré de murs crénelés. Au milieu de la cour s'élève un autel où l'on monte par plusieurs degrés, et à chaque coin duquel s'élève une cheminée quadrangulaire haute d'environ 25 pieds: c'est par ces tuyaux que s'échappe le gaz inflammable, qui sort naturellement de la terre; il dépasse de deux à trois pieds le sommet de ces cheminées. Pendant la nuit, on le distingue très-bien de Bakou. Au centre de l'autel, et presqu'à fleur de terre, on a établi un foyer dont la flamme jaillit également sans interruption.

Le long du mur intérieur règne un cloître dont les cellules sont occupées par des dévots hindous venus de leur pays, et par des Guèbres adorateurs du feu. Dans chacune on voit deux ou trois chandeliers ou tuyaux d'argile enfoncés en terre; il suffit d'en approcher un corps allumé pour que la flamme paraisse; mais, au plus léger mouvement, elle s'éteint.

Ce monastère, nommé Artah-gok, est un des sanctuaires les plus anciens et les plus renommés de l'Asie pour les ignicoles. Tout à l'entour on voit des puits de naphte, et plusieurs de ces salses ou volcans vaseux, desquels s'échappe continuellement du gaz.

Plusieurs lacs salés sont répandus sur la surface de la presqu'île; ils fournissent une quantité considérable de sel. Les îles voisines abondent en sources de naphte, et l'on a même vu des flammes sortir de l'une d'elles. Tout ce canton est sujet aux tremblemens de terre. Les habitans emploient le feu naturel pour cuire la chaux dans les fours.

On voit d'autres sources de naphte sur le chemin de Bakou à Marazy, village voisin de mines de soufre. En continuant à voyager à l'O., on trouve le Vieux-Chamaki: c'est une réunion de caravansérails, de bazars, de mosquées, d'édifices publics et particuliers, tous bâtis en pierres. Elle souffrit beaucoup par la guerre, et fut détruite par Nadir-Châh. Depuis qu'elle appartient aux Russes, ses murs ont été relevés et la population commence à y reparaître; on y trouve beaucoup de fabriques de soieries.

Plus loin, au S. O., M. Eichwald vit le Nouveau-Chamaki destiné à remplacer le vieux, mais qui lui-même a été détruit dans les guerres continuelles dont cette contrée fut le théâtre. Le voyageur traversa ensuite les montagnes et sortit du Chirvan. Cette province est extrêmement fertile, surtout en froment; on pourrait y cultiver avec avantage le riz, et même le cotonnier dans les contrées voisines du Kour. On élève beaucoup de mûriers dans les montagnes.

CHAPITRE LXV.

Empire russe.—Géorgie.—Le Caucase et les peuples qui l'habitent.—Taman.—Abasie.—Mingrelie.—Imirethi.—Ghouria.

Le Gourian-tchaï, torrent descendant du Caucase vers le Kour, marque, à l'O., la limite du Chirvan. « Les montagnes, dit M. Eichwald, s'avancent jusqu'au bord du grand chemin et forment des ravins assez profonds; elles sont toutes argileuses. On a dérivé de cette rivière un grand nombre de canaux. Le Cheki, province dans laquelle on entre, est très-aride, et cependant les villages y sont entourés de grandes plantations de mûriers, grâce à ces conduits d'eau qui sont très-multipliés. A Minghetchuer, je passai sur la rive droite du Kour; le 29 mars, j'arrivai à Elisabethpol, autrefois appelé Gandja, jolie ville qui fait un bon commerce, mais dont le climat est très-insalubre. A peu de distance au-delà, on rencontre d'immenses ruines, dont quelques-unes sont en pierres, d'autres en briques liées entre elles avec du ciment. Au milieu de ces décombres, on découvre de temps en temps des médailles antiques.

» J'allai visiter deux villages arméniens, habités par beaucoup de forgerons qui façonnent du fer tiré d'un coteau sur les bords du Kour; puis je visitai des fabriques d'alun dans les montagnes. La colonie de Helenendorf, située au pied de ces hauteurs, est peuplée d'Allemands venus du pays de Wurtemberg.

» Le 2 avril, je partis d'Elisabethpol, et, après avoir traversé le Kolchkar, je vis la colonne ou la tour de Chamkhor. Ce monument, remarquable par la hardiesse de son élévation et par sa solidité, est en briques rouges, posées, de la manière la plus régulière, par assises, et correspondant perpendiculairement l'une à l'autre. Sa base carrée a 15 pieds de largeur à chaque face, et 12 pieds de hauteur; la colonne en a environ 12 de diamètre, et à peu près 180 pieds de haut. Des niches et des fenêtres ont été pratiquées dans sa partie supérieure. On y lit deux inscriptions, dont une est en caractères cufiques. L'escalier, en double spirale et assez large pour deux hommes de front, est tellement dégradé qu'on ne peut y monter sans danger, et je ne m'y risquai que jusqu'à la première fenêtre. Ce monument est tout entouré de ruines annonçant que jadis une grande ville existait sur cet emplacement; on voit même les restes d'un très-beau pont de pierres sur le torrent desséché qu'on traverse en venant d'Elisabethpol. Cette colonne a, sans doute, été érigée par les Musulmans, et les mollahs s'en sont servis comme d'un minaret pour appeler les fidèles à la prière.

» La route est unie jusqu'à Chamkhor; plus loin le terrain est inégal. On traverse le Khram sur un très-beau pont; on continue à longer la rive droite du Kour, et on entre dans Tiflis, capitale de la Géorgie.

» Cette ville, décrite par tant de voyageurs, n'en est réellement devenue une qui a des habitans toute l'année, que depuis le temps du général Iermoloff. Récemment encore les maisons étaient chétives, et les rues si étroites que l'on ne pouvait y passer en carrosse. A peine il eut le commandement qu'il fit construire des maisons, de nouvelles rues, de vastes places; alors s'éleva une ligne de belles maisons en pierres, la plupart ornées de colonnes, sur une place qui, peu d'années auparavant, était un marais où l'eau, descendue des montagnes voisines pendant une forte pluie, se précipitait en torrens et l'inondait complètement, de sorte que même les buffles attelés à un araba ne pouvaient la traverser sans courir le risque d'être emportés par la violence du courant.

» Le général fit aussi creuser sur cette place un canal profond et large, qui commence au pied du Ma-Tzminda et qui, dans les temps d'orage, reçoit toute l'eau qu'il conduit au Kour. Ce fut un grand bienfait pour Tiflis; car les averses, et j'en ai été témoin, sont parfois si terribles, qu'en un clin-d'œil les rues sont couvertes d'eau et que l'on n'y aperçoit pas une ame, parce qu'on n'y peut marcher nulle part. Aujourd'hui ce marais, duquel s'exhalaient des vapeurs pernicieuses, est devenu la plus belle place de la ville, sur laquelle, à la droite du Kour, on voit de grands édifices en pierres et un superbe jardin public. La citadelle et le faubourg d'Avlabariss s'élèvent sur la rive gauche. »

M. Eichwald était à Tiflis en 1826; notre compatriote Gamba, qui séjourna dans cette capitale deux ans auparavant, avait fait les mêmes observations.

« Le Kour divise Tiflis en deux parties : sur la droite sont situés la ville ancienne, les bains d'eaux sulfureuses et la ville neuve; sur la gauche le faubourg d'Avlabariss, celui d'Isni, et un village habité par des Allemands. Le pont qui servait de communication menaçait ruine : on en a, depuis trois ans, construit un autre en bois et d'une seule arche; il est placé sur d'énormes culées, de bâtisse ancienne, en briques et assez solides pour n'avoir rien à craindre de la rapidité du courant.

» Lorsque j'ai vu la vieille ville, en 1820 (Pl. XLI — 3 et 4), presque toutes les rues étaient obstruées de décombres, tristes souvenirs de l'invasion des Persans, et sur lesquels on passait souvent avec beaucoup de difficultés pour parvenir à des portes de quatre pieds de hauteur, par où l'on pénétrait dans les maisons a peu près souterraines qui servaient de demeures aux habitans; quelques-unes de ces maisons avaient leurs terrasses presque de niveau avec les rues étroites et tortueuses de la ville. Trois ans ont suffi pour donner à cette antique cité, dont l'air de délabrement annonçait le régime oppresseur des gouvernemens arbitraires de l'Asie, l'aspect qui distingue les cités régies d'après les principes de l'Europe civilisée...

» Parmi les fondateurs des grands travaux, il n'en est pas de plus recommandable que Narsès, archevêque arménien à Tiflis. Cet illustre prélat a fait bâtir dans la ville neuve un immense caravansérail, qui semble prophétiser la grandeur commerciale de cette ville. Il y a joint une école, dans laquelle il se propose d'avoir des professeurs pour les principales langues de l'Asie et de l'Europe, afin de donner à ses compatriotes une instruction dont jusqu'ici ils ont généralement été privés...

» La population de Tiflis s'accroît successivement par l'arrivée des Arméniens, qui viennent y chercher un refuge contre la tyrannie des Turcs et les vexations des Persans...

» Tiflis a trois caravansérails qui se trouvent dans l'ancienne ville, au milieu du bazar. L'entrée et la sortie continuelle des chameaux, la vivacité des marchands persans en contraste avec la tranquillité des Turcs et des Arméniens, enfin le transport des marchandises de tant de sortes différentes et provenant de pays si éloignés, tout donne un aspect singulier et un mouvement extrêmement actif à ces espèces d'hôtelleries, où les marchands de tant de pays et de langues si diverses semblent vivre dans une espèce de communauté. Le plus grand de ces édifices a été bâti aux frais d'un riche marchand arménien. Le bazar est divisé en plusieurs rues, et toujours rempli de promeneurs.

» L'établissement des bains sulfureux est en général bien organisé ; ils sont très-nombreux et tenus par des particuliers. Le gouvernement en a, depuis cinq ans, fait construire un très-vaste et commode ; les employés connaissent tous les procédés en usage dans les bains de Constantinople. Les eaux sulfureuses de Tiflis ont différens degrés de chaleur, et sont fréquentées par les gens du pays et par les étrangers. Les femmes vont surtout aux bains; quelques-unes y passent la moitié de la journée, et y font même leurs repas.

» Dans une ville naissante, on ne peut s'attendre à trouver un spectacle; mais des danseurs de corde allemands et des bayadères tatares de Chamaki viennent de temps en temps exercer leur agilité et leur adresse, les autres attirer par leurs danses voluptueuses les Géorgiens et les étrangers fixés à Tiflis.

» Les travaux pénibles, ceux qui exigent de la force, le soin d'aller chercher de l'eau au Kour pour la distribuer dans toutes les maisons de la ville, celui de transporter les marchandises, sont en général confiés à des Imiréthiens : ce sont les Auvergnats des provinces russes au-delà du Caucase.

» On évalue la population de Tiflis à 30,000, et celle de la Géorgie à 350,000 ames; elle se compose de Géorgiens, d'Arméniens, de Tatares et de Persans.

» Le Géorgien est de haute stature et de forte constitution. Ses traits sont généralement beaux et très-prononcés. Il a les yeux noirs et bien fendus, le nez long et souvent aquilin, moins à la manière des Romains qu'à celle des Israélites. Sa démarche est fière, quelquefois accompagnée d'une sorte de balancement de corps qui la rend presque insolente. Habitant un pays autrefois exposé sans cesse aux invasions, il était dans la nécessité de se tenir continuellement sur la défensive, soit contre les Turcs et les Persans, soit contre les tribus indomptées du Caucase. Sa position l'a donc rendu guerrier; mais, appartenant à une nation peu nombreuse, obligé de se battre contre des armées innombrables, il s'est plutôt accoutumé à la guerre de partisans qu'à des batailles régulières. Nul peuple de l'Asie ne fournissait de plus braves soldats ni de meilleurs cavaliers. Brave, mais quelquefois dur; hospitalier, mais peu affable; intelligent, mais plein d'ignorance, le Géorgien a tout à la fois les vices et les vertus du soldat. Le peuple est généralement agriculteur et artisan ; il néglige le commerce. S'il n'a pas l'air d'arrogance des seigneurs, son ton et ses manières indiquent l'humeur martiale.

» Les Géorgiennes ne sont pas au-dessous de leur haute réputation de beauté. Cette régularité de traits dont les belles statues grecques nous ont laissé le modèle, une taille élancée, la blancheur de la peau, la douceur des regards, distinguent une Géorgienne. »

« Les Géorgiens se donnent à eux-mêmes le nom de Kartouhli. Leur idiome, quoiqu'il offre de l'analogie avec les langues indo-germaniques et avec d'autres, notamment de l'Asie septentrionale, peut cependant être considéré, dit M. Klaproth, comme un idiome originel particulier qui, par ses radicaux de même que par sa grammaire, diffère de tous ceux que l'on connaît. Il a deux alphabets : le sacerdotal et le vulgaire. La forme des lettres offre d'incontestables ressemblances avec celles des Arméniens.

» Les Géorgiens occupent une grande partie de l'isthme caucasien entre la mer Caspienne et la mer Noire. Au N. ils ont le Caucase ; au S. ils sont séparés, par les monts du Karabagh, de Bambaki et de Tchildir, de peuples qui parlent des langues différentes et qui, par conséquent, ne sont pas de même origine qu'eux.

» La nation géorgienne se partage en quatre branches principales, qui diffèrent entre elles

tant par leurs dialectes que par leur état moral. La branche principale, qui est en même temps la plus civilisée, est celle des Géorgiens proprement dits; elle s'étend sur le Karthli, le Kakheti et l'Imirethi. Les habitans de la Mingrelie et du Gouria forment la seconde branche; leur dialecte est moins pur que celui de la première. La troisième ne comprend que les Souanes ou Chnaous, qui habitent les hautes montagnes du Caucase dans l'O.; leur langue est encore plus dissemblable et mêlée d'un grand nombre de mots caucasiens qui la rendent même inintelligible aux Géorgiens. La quatrième est composée des Lazes, peuple farouche qui vit le long de la mer Noire, au S. du Ghouria, par conséquent dans l'empire ottoman. »

Tous les autres peuples géorgiens ont été incorporés à l'empire de Russie, après avoir été gouvernés par leurs monarques indigènes, dont quelques-uns ne régnèrent pas sans gloire. L'imprudence de l'un d'eux qui, en 1424, partagea ses Etats entre ses trois fils, fut la cause première de la décadence de sa famille; chacune de ces monarchies, trop faible pour résister aux Turcs et aux Persans, dont elles devinrent tributaires, et de plus fréquemment déchirée par des dissensions intestines, finit par être obligée de céder son territoire à la Russie, dont elle avait, depuis long-temps, cherché l'alliance. Aujourd'hui la Géorgie est administrée par un gouverneur-général, et divisée en douze provinces.

« Le costume des Géorgiens, dit M. Eichwald, est commode et avantageux. Celui des hommes consiste en un large pantalon, une chemise, un *akhaloub* (tunique ouatée courte) boutonné par devant, une robe longue et une ceinture. En tout temps ils sont coiffés d'un bonnet de peau de mouton qu'ils quittent rarement. Les nobles et les gens en place se rasent, mais portent des moustaches. En hiver et quand il fait mauvais, on s'enveloppe d'un manteau de feutre. Le costume des femmes est le même que celui des hommes; par-dessus l'akhaloub elles mettent le *kaba* (robe), qu'elles nouent avec une ceinture. Elles se coiffent d'un *lytchak* (mouchoir), qu'elles arrangent d'une manière particulière; elles ont des bas de cuir et des souliers ou des pantoufles à talons hauts. Quand elles sortent, elles se couvrent entièrement d'un *tchadra* (grand voile blanc). Elles font usage de fard et de rouge, teignent en noir leurs cheveux et leurs sourcils, qu'elles élargissent et font joindre ensemble. Le soir, elles se réunissent sur les terrasses des maisons pour danser et se divertir (PL. XLII — 1). »

Nous avons vu précédemment que la Géorgie est bornée au N. par le Caucase. Cette chaîne de montagnes, célèbre depuis la plus haute antiquité, se développe sur une longueur de 290 lieues du S. E. au N. O., en comptant les sinuosités qu'elle décrit, et a une largeur de 30 à 35 lieues. « Son massif, dit M. Klaproth, se divise sur toute sa longueur en trois larges bandes presque parallèles entre elles, et disposées verticalement. En plusieurs endroits ses promontoires sont unis, plats et ordinairement couronnés de chênes et de hêtres; on y trouve des marcassites, du soufre, des sources sulfureuses chaudes et froides, du pétrole, du sel commun, de la soude, des terres alumineuses et vitrioliques, du gypse et un peu de fer.

» La crête du Caucase est granitique, et partout couverte de neige et de glaces éternelles. Quelques-unes de ses cimes n'offrent que des roches pelées dont le point culminant atteint la région des nuages; elle contient souvent des masses énormes de porphyre, d'amphibole et de gneiss. Cette bande centrale a rarement plus d'une à deux lieues de largeur; elle est, comme le massif principal, plus escarpée au N. qu'au S.

» Les deux bandes les plus proches de la granitique sont schisteuses et, dans plusieurs endroits, couronnées de glaciers; celle du S. est plus large que celle du N. Le schiste est fréquemment interrompu par des masses de porphyre et du porphyre basaltique qui forme les cimes les plus hautes, et par des bandes calcaires très-larges. Ces monts schisteux sont généralement séparés les uns des autres par des ravins étroits et profonds où les neiges ne fondent jamais; leurs flancs sont couverts de pins clair-semés, de bouleaux et de genévriers, et, plus haut, de bons pâturages.

» Aux bandes schisteuses succèdent les bandes calcaires. Celle du N. O. est moins haute que celle du S.; elles ont chacune à peu près 4 lieues de longueur, et sont partagées en plusieurs rangées de monts. Elles offrent fréquemment des veines de métaux que l'on exploite avec avantage. Les sommets des monts sont aplatis et revêtus, pour la plupart, d'une couche argileuse, et en plusieurs endroits garnis de hêtres et d'autres arbres. Au N. et au S. s'étend une terrasse argileuse et fertile, large de 4 à 6 lieues.

» La chaîne des promontoires a une largeur de 8 à 9 lieues; elle est composée de grès. Au N. ils finissent par n'offrir qu'une vaste lande dépouillée de bois, qui se prolonge très-loin dans les plaines; au S., au contraire, la grande plaine argileuse, au niveau de laquelle ils se sont abaissés, se relève dans les monts Tcheldir, Bambaki et du Karabagh.

» Le Caucase se partage naturellement en quatre grandes divisions séparées par les vallées de ses principales rivières. La première et la plus occidentale est comprise entre la mer Noire et le cours supérieur du Rioni ; elle se termine, à l'E., par l'Elbrouz, la plus haute cime du Caucase et glacier immense ; son altitude est de 16,700 pieds. De cette portion coulent, au N., le Kouban et ses affluens ; au S., le Tskenistsquali, principal affluent du Rioni (Phase), et d'autres rivières qui se jettent dans la mer Noire. A l'O. de l'Elbrouz, la hauteur de la chaîne principale diminue et ne montre que rarement des glaciers ; elle est coupée par plusieurs défilés qui permettent le passage pour les piétons.

» La seconde division va de l'Elbrouz aux vallées du Terek, au N. ; de l'Aragvi, affluent du Kour, au S. Elle est excessivement escarpée et surmontée de glaciers. Le Khokhi, à la naissance du Terek, le Djouaré-vakhé (mont de la croix), 7,534 pieds, le Mqinvari (mont blanc), 14,730 pieds, sont ses principales cimes. Le Rioni a sa source à l'O. du Khokhi. Six défilés traversent cette partie de la chaîne. Les Russes ont établi une route militaire dans celui qui est arrosé, au N., par le Terek, au S., par l'Aragvi, et qui est appelé col de Dariela, d'après le nom d'un fort situé dans une crevasse profonde, que Ptolémée nomme *Porte sarmatique*.

» La troisième division est comprise entre la droite du Terek supérieur et le point où le Caucase tourne brusquement au S. ; elle est moins haute que la précédente, quoiqu'elle offre encore des glaciers. De son versant du N. sortent divers affluens du Terek, ainsi que le Koï-sou, qui coule directement vers la mer Caspienne ; du versant du S. s'échappent l'Alazani et d'autres affluens du Kour, et la Samoura, qui porte ses eaux à la mer Caspienne.

» La quatrième division de la chaîne est le Caucase oriental, qui, des sources du Koï-sou, se dirige pendant 12 à 13 lieues au S., et retourne alors au S. E. jusqu'à la presqu'île d'Abcheron. Elle ne montre que peu de glaciers et de pics couverts de neiges éternelles. On y remarque le Châh-dag et le Châh-Albrouz. A l'O. du Belira-dag, l'altitude des monts est de 1,700 à 2,000 toises ; à l'E., ils diminuent toujours, et n'ont que peu d'élévation à leur extrémité orientale, vers Bakou. »

De cette partie E. du Caucase partent plusieurs branches qui filent vers la mer Caspienne ; elles couvrent le Daghestan (pays montagneux) qui, étant situé au N. de la ligne de faîte du Caucase, se trouve au-delà des limites assignées à l'Asie.

Les vallées méridionales du Caucase, les seules dont nous ayons à nous occuper, offrent dans leur partie moyenne et inférieure un climat tempéré ; en été, il est excessivement chaud. Dans ces vallées et dans ces plaines, on trouve tous les arbres et les arbrisseaux qui, en Europe, ornent et embellissent les forêts, les jardins et les vergers ; la vigne semble y être dans sa patrie primitive. « La production principale de la Géorgie, dit M. Klaproth, qui parcourut cette contrée de 1807 à 1809, est le vin, qui est d'une qualité excellente et abonde tellement dans les pays situés entre la mer Noire et la Caspienne, qu'il deviendrait l'objet le plus important de l'exportation, si l'on pouvait introduire une meilleure manière de le préparer et de le garder ; on le presse sans soin et on le laisse fermenter avec si peu de précaution, qu'il ne dure pas même jusqu'à la vendange suivante. Pour le transporter, on se sert d'outres faites avec des peaux entières d'animaux, qu'on enduit intérieurement de pissasphalte pour les rendre impénétrables, ce qui donne un mauvais goût au vin et contribue à l'aigrir. Jusqu'à présent les Géorgiens ont été trop insoucians pour mettre le vin en barriques, seul moyen de le conserver et de l'améliorer. Leurs montagnes fournissent pourtant du bois excellent pour faire toute espèce de futailles ; il suffit d'envoyer dans ce pays des tonneliers. » C'est ce qu'avait fait notre compatriote Gamba, qui en avait amené avec lui ; mais, en Géorgie comme ailleurs, la crasse ignorance et ses préjugés se montrent les ennemis les plus invétérés de toute réforme salutaire.

« Des bouquetins et des chamois, continue le voyageur allemand, errent près des sources des grandes rivières. Les cerfs, les daims et les *doumbaï* (antilopes) habitent à l'entrée des montagnes calcaires et dans les promontoires. Le loup, le renard, le chat sauvage, le lynx et l'ours vivent dans les forêts des bandes secondaires, mais n'y sont pas communs ; il y a aussi des hérissons, des lièvres et des rats. On aperçoit très-peu d'oiseaux dans les hautes montagnes ; on n'y rencontre que des choucas et des geais ; le verdier saute ordinairement entre les rochers. Les montagnards n'élèvent d'autres oiseaux domestiques que des poules, des canards et des oies, et seulement en petite quantité, à cause du dégât qu'ils font dans les champs. On n'y voit guère que deux espèces de poissons, le barbeau et la truite saumonée. Le premier remonte peut-être de la mer Caspienne, de même que le saumon que l'on prend aussi dans les rivières des hautes montagnes pendant l'hiver ; mais la truite est un poisson particulier à ces contrées. On ne rencontre, parmi les amphibies, que la grenouille et le lézard, communs dans les prairies. Le Caucase est très-pauvre en insectes, à l'exception de quelques espèces de mouches. Dans la bande secondaire et dans les plaines qui lui sont contiguës, les taons sont très-multipliés ; mais on n'y trouve ni cousins, ni moucherons, qui sont un vrai fléau sur les bords du Terek inférieur.

» Les lacs, ordinairement fréquens dans les hautes montagnes, sont très-rares dans le Caucase, parce que la disposition régulière de cette chaîne et sa direction constante sur une seule ligne du N. O. au S. E., s'opposent à ce qu'il s'y rencontre des vallées fermées dans le fond desquelles pourraient se réunir les eaux et former des lacs avec ou sans écoulement. Nous ne connaissons, dans le Caucase, que le petit lac au S. du mont Khokhi ; le Patara-Liakhvi en sort. »

Plusieurs peuples d'origine différente habitent le Caucase ; des tribus turques sont venues s'établir dans les cantons situés au pied des montagnes, notamment dans la partie orientale. Ils sont pour la plupart nomades ; on les appelle vulgairement Tatares ; on en voit dans le Chirvan (Pl. XLI — 2). Plus au N. vivent les Koumouks, qui ont des villages fixes ; ils sont agriculteurs, ont peu de bétail et font la pêche dans leurs rivières, qui sont très-poissonneuses. A l'O., on trouve les Basians. Ces peuplades obéissent à plusieurs petits princes, qui sont en général très-peu d'accord entre eux et reconnaissent la suprématie de la Russie.

Tout le pays montagneux situé entre le Koïsou, l'Alazani et les plaines qui bordent la mer Caspienne, est habité par les Lesghis. Ces peuples se subdivisent en une infinité de petites tribus qui paraissent être établies dans le Caucase depuis un temps immémorial, mais probablement ont été souvent mêlés avec les débris d'autres peuplades arrivées dans ces montagnes.

Comme tous les Caucasiens, les Lesghis sont farouches, cruels et adonnés au brigandage ; ils l'emportent sur tous leurs voisins en bravoure, savent bien manœuvrer à cheval et sont également bons fantassins. Avant l'occupation de l'isthme caucasien par les Russes, l'amitié des Lesghis était recherchée par tous les princes belligérans.

Les Lesghis sont, pour la plupart, musulmans ; il y en a cependant plusieurs qui paraissent ne professer aucune religion, ou chez lesquels on trouve encore quelques faibles restes de christianisme. L'hospitalité et le droit du talion maintiennent chez ce peuple les faibles liens de la société ; une vie simple et austère y conserve la pureté des mœurs et la droiture.

Quelques tribus des Lesghis furent autrefois soumises aux rois de Géorgie. Les Russes les ont aussi rendues tributaires ; elles paient un impôt en soie qui n'est pas très-belle, et que le gouvernement envoie vendre à Moscou.

Les Kistes ou Mitsdjeghis, à l'O. des Lesghis, sont peut-être des brigands encore plus déterminés que ceux-ci ; les Tchetchenses surtout n'ont pu encore être domptés ; il a fallu, pour les tenir en bride, établir une ligne militaire le long de la Soundja, affluent du Terek. Les Ingouches, les plus occidentaux de tous les Mitsdjeghis, sont presque entièrement soumis aux Russes.

A l'O. des Kistes et du Terek supérieur habitent les Ossètes ou Outssi, qui se nomment eux-mêmes *Iron*. Ils demeurent dans des villages gouvernés par un ou deux anciens ; leur terrain, très-ingrat, rend l'agriculture très-pénible et peu productive : ils souffrent souvent de la disette. Les troupeaux de moutons font leur principale richesse ; ils vont les échanger en Géorgie et en Imerethi, ainsi que chez les Tcherkesses et les Arméniens, contre les denrées et les marchandises dont ils ont besoin.

De tous les peuples du Caucase, le plus célèbre est le Tcherkesse, que nous nommons ordinairement Circassien, et qui, dans sa propre langue, s'appelle *Adighé*. Les Ossètes et les Mingreliens, leurs voisins, les désignent par la dénomination de *Kazakh* ; les écrivains du moyen-âge les distinguent par celle de *Zikhes*.

Autrefois les Circassiens s'étendaient beaucoup plus qu'à présent au N. du Caucase, par conséquent sur le terrain européen. Depuis que les Russes eurent établi, en 1777, la ligne militaire nommée d'après cette chaîne de montagne, leur territoire fut resserré, et ils perdirent de vastes pâturages. Les Circassiens de la plaine prêtèrent le serment de fidélité à cette puissance et lui donnèrent des ôtages ; ils vivent encore très-tranquilles sous sa domination ; mais ceux des montagnes persistent à conserver leur ancienne manière de vivre. Lassée de leurs incursions continuelles dans ses possessions, la Russie leur a fait une guerre continuelle. Ils se sont défendus avec une bravoure qui a fixé sur eux les regards de toutes les nations. La Russie exige qu'ils cessent leurs brigandages et se soumettent, et ils s'efforcent de conserver leur indépendance.

Beaucoup de voyageurs, depuis le XVIe siècle jusqu'à nos jours, ont parlé des Circassiens. Nous devons les renseignemens les plus récens sur ce peuple à M. F. Dubois de Montpèreux et à M. E. Spencer. Écoutons le premier : « On se représente ordinairement les Circassiens comme un ramassis de brigands, d'hommes sauvages sans foi ni loi. On se trompe. L'état actuel de la Circassie nous donne une idée de la civilisation de la Germanie et de la France sous ses premiers rois ; c'est un modèle de l'aristocratie féodale, chevaleresque du moyen-âge ; c'est l'aristocratie héroïque de la Grèce antique.

» La constitution est purement féodale. L'esprit des castes y est aussi sévère que naguère en France et en Allemagne. Les princes, les anciens nobles, les affranchis, les serfs, les esclaves, forment cinq classes bien distinctes. Les princes se marient entre eux ; les anciens nobles restent ce qu'ils sont et ne peuvent prétendre à la main d'une princesse ; les serfs seuls peuvent passer dans la classe d'affranchis.

» Malgré cette distinction de castes, la liberté est entière… Dans les tribus soumises à la Russie, cette vassalité est réglée ; mais, chez les montagnards, à peine est-elle sensible. L'influence du prince sur ses nobles est à peine marquée ; c'est une influence de confiance, de persuasion patriarcale ; mais ils n'ont nulle autorité réelle sur leurs serfs que celle que leur donnent les anciens usages.

» Tous les princes sont égaux entre eux, de même que les nobles. Dans toute cette population opposée à la Russie, et qui, dit-on, compte 50,000 hommes en état de porter les armes, aucune tête influente ne peut arranger une coalition, un plan général d'attaque et de défense. Chaque prince, chaque noble, même chaque affranchi est son maître et n'obéit qu'à lui-même. Des milliers d'intérêts divisent donc ce peuple en une multitude de tribus indépendantes, jalouses les unes des autres, jalouses de leur liberté.

» Cet esprit d'indépendance et de défiance se remarque principalement dans leurs habitations. La Circassie n'a, en effet, ni bourgs, ni villages proprement dits. Le pays paraît très-boisé au premier abord. Chaque Circassien, voulant vivre isolé, se bâtit, à une certaine distance de son voisin, une demeure qu'il a soin de placer au milieu de quelques beaux arbres, si fréquens dans cette contrée. Sa maison est en bois ou en clayonnage recrépi d'argile ; le toit est fait de planches recouvertes de paille et assujetties avec des perches. Une grande cheminée, quelques rayons pour y disposer les ustensiles, des clous en bois pour y suspendre les armes et les habits, forment tout le luxe de l'intérieur d'une de ces habitations du peuple ; un magasin placé sur de grands pieux, une écurie en clayonnage complètent les bâtimens, qu'entoure une haie haute. Le Circassien défriche le terrain qui entoure sa demeure pour y semer du millet ou du froment, ayant bien soin de conserver une guirlande d'arbres autour de son champ, pour le défendre et pour lui procurer l'humidité nécessaire sous ce climat….

» Le serf travaille le champ de son seigneur ; mais son principal devoir est de l'accompagner et de le défendre. La gloire du Circassien, c'est de revenir d'une expédition chargé de butin et de prisonniers ; c'est son seul talent, sa seule étude, prince ou vassal. Dès qu'une expédition est résolue, l'assemblée se choisit un chef, qui l'est seulement pour le temps qu'elle dure ; ce choix retombe sur le plus hardi, sur le prince ou le noble qui a su le mieux se faire un parti.

» Le Circassien est assez grand : il a la taille élégante et bien prise ; sa démarche est gracieuse et légère. De même que les Musulmans, il rase ses cheveux et porte des moustaches ; il laisse croître sa barbe noire peu épaisse ; ses yeux sont également noirs ; son nez, sans être long, est mince et bien formé ; les cheveux châtains ne sont pas rares non plus.

» Le Circassien est bon cavalier, bon fantassin. Son costume actuel est encore le pantalon serré et le surtout des anciennes races germaniques. Chez lui, il dépose ses armes, excepté son poignard ou kindjal ; mais il les reprend dès qu'il sort, et ne les quitte jamais. Il porte en bandoulière son fusil, entouré d'un étui de feutre ; son sabre pend à son côté. Quelques princes portent encore la cotte de mailles et le casque (PL. XLII — 3). La discipline européenne ne peut exister chez ce peuple-là. Attaquer à la dérobée, puis fondre à l'improviste sur un ennemi ; entourer tout-à-coup un village de la frontière, le piller, se glisser à travers les bois, tromper la surveillance des Russes, telle est toute la tactique militaire. Quand il fait mauvais temps, le cavalier circassien s'enveloppe d'un ample manteau de feutre (PL. XLII — 3).

» La Circassienne n'est pas au-dessous de sa réputation. Sa taille est remarquablement svelte, et ses traits réguliers rappellent les visages

1. Géorgiennes.

2. Mingréliens.

grecs. Elle ne se cache pas aux regards. Elle est coiffée d'une espèce de turban ; ses cheveux sont nattés en tresses qui lui tombent sur les épaules ; sa robe, d'une forme élégante, est ouverte par-devant et attachée par des agrafes en argent ; son pantalon est très-ample (Pl. XLII — 3).

» L'épouse du Circassien, comme chez tous les peuples peu civilisés, est plutôt sa servante que sa compagne. Elle est achetée de ses parens, auxquels on donne en paiement des armes ou du bétail. De cet usage à celui de vendre sa fille ou sa nièce à un étranger, il n'y a qu'un pas ; mais jamais le Circassien ne vendra un autre Circassien ; il craindrait la loi du sang, qui l'atteindrait dans toute sa rigueur ; il ne vend que son prisonnier ou son esclave. Quelquefois, par une spéculation raffinée, il le traite bien et le marie ; mais c'est pour avoir de lui des enfans dont il puisse faire son profit ; ces enfans de prisonniers, pour l'ordinaire, sont tous vendus.

» La côte de Circassie fut toujours peuplée de pirates. Le vaisseau de guerre qui m'accueillit à son bord reçut deux fois l'ordre de donner la chasse aux galères circassiennes, et j'eus l'occasion de les observer à mon aise. Elles sont grandes et montées généralement de 60 à 70 hommes ; elles vont seulement à la rame, et se glissent le long des côtes pour n'être pas vues. On dit que le port de Mamaï peut en armer jusqu'à 50.

» C'est ainsi que les Circassiens se procurent des esclaves ; c'est par leurs pirateries ou par leurs incursions sur le territoire russe. Cette rudesse de mœurs, cette habitude de brigandage contrastent avec l'inviolabilité de l'hospitalité et le respect pour les vieillards, principes qui sont pour ainsi dire les bases de leurs institutions sociales.

» Les Circassiens ne sont d'aucune religion. Jadis ils furent convertis à la religion chrétienne ; mais ils l'oublièrent en même temps que l'obéissance aux rois de Géorgie, et revinrent à leurs anciennes superstitions. Des missionnaires russes ont opéré des conversions dans les plaines, mais leur zèle a échoué dans les cantons montagneux ; l'islamisme y a pénétré seulement parmi les princes et les nobles ; quant au vulgaire, il est resté païen. »

La chaîne du Caucase se termine, au N. O., par un promontoire au-delà duquel s'étend la plaine de Taman, laquelle est en Europe. Nous n'en faisons mention que parce qu'on observe, sur la presqu'île voisine, les mêmes phénomènes que l'on remarque à l'extrémité S. E. de la chaîne ; il s'y trouve de nombreuses sources de pétrole, et des salses ou volcans vaseux. Les tremblemens de terre y sont fréquens.

« Anapa est le premier port que l'on rencontre sur la côte de Circassie ; il est à peu de distance de l'embouchure du Kouban. Les Turcs fondèrent cette ville en 1784, lorsque les Russes eurent occupé Taman qui auparavant était le marché principal des Circassiens. La possession d'Anapa, ajoute M. Gamba, était d'autant plus importante pour les Turcs, que ce port leur sert de moyen de communication non-seulement avec les peuples musulmans qui habitent le Caucase, mais aussi avec d'autres qui demeurent beaucoup plus loin. »

Par le traité de paix conclu en 1829 avec l'empire ottoman, la Russie s'est fait céder Anapa ; elle y entretient une forte garnison. M. E. Spencer, voyageur anglais, qui navigua dans ces parages en 1836 sur un bâtiment de guerre russe, dit « que les hauteurs voisines, étant au pouvoir des tribus circassiennes, se trouvaient couvertes d'hommes armés qui paraissaient surpris de l'apparition d'une petite flotte. Probablement, continue-t-il, ils prenaient les matelots et les passagers pour des soldats, car on voyait des cavaliers galoper de tous côtés comme pour aller porter l'alarme au loin. Toutefois la foule disparut bientôt et il ne resta plus que quelques sentinelles, placées sur les points culminans, pour observer nos mouvemens. La garnison avait beaucoup souffert dans plusieurs rencontres récentes avec l'ennemi. »

A 8 lieues au S. E. d'Anapa, on trouve Soudjouk-Kalé ; le cap Taouba ferme l'entrée de la baie, où les navires sont en parfaite sûreté pendant huit mois de l'année. « Cette ville, dit M. E. Spencer, est admirablement située, soit comme entrepôt de commerce, soit comme position militaire, pour tenir le pays voisin dans la sujétion, ou pour le défendre d'une attaque par mer ; mais, pour garantir la sûreté de l'établissement, il faut être maître des hauteurs qui commandent l'entrée du port et les fortifier. »

Plus au S. E. Ghelindjik a une baie protégée contre les vents du N. et du S. par deux caps : elle n'est exposée qu'aux vents du S. E. En 1813, un Génois nommé Scaffi, plein d'intelligence et d'activité, y forma un établissement de commerce ; son idée était de civiliser par le négoce les Circassiens, et successivement les autres peuples du Caucase. Ce projet présenté au duc de Richelieu, alors gouverneur-général de la Russie méridionale, fut favorablement accueilli de cet homme d'Etat ; il avait reconnu en faisant la guerre aux montagnards du Caucase que ces peuples, malgré un amour déréglé du pillage, avaient des sentimens élevés; et il avait jugé que leurs incursions continuelles tenaient moins à leur esprit belliqueux et à la facilité de la retraite dans les montagnes inaccessibles, qu'à la misère excessive qu'ils éprouvaient depuis qu'on les avait resserrés dans leur territoire, et que par défaut de commerce extérieur ils ne trouvaient plus de débouchés du produit de leur chasse et de leurs forêts. Il appuya donc les projets de Scaffi, et ils furent adoptés par l'empereur Alexandre. L'exécution en fut commencée; en 1824 des relations amicales étaient établies avec les Circassiens et les Abases.

A 5 lieues au S. E. de Ghelindjik s'ouvre la baie de Pchad, sur les bords de laquelle Scaffi avait fondé son établissement pour procurer du bois de construction à la marine impériale; il fut détruit à la suite du mécontentement que causa l'enlèvement d'une jeune princesse par un employé du comptoir. Ce port était au pouvoir des Circassiens quand M. Spencer visita cette côte.

Avant d'arriver à la baie de Soubachi on rencontre les limites de la Circassie et de l'Abasie. « Depuis long-temps, dit M. Klaproth, les Abases ou Abkhas habitent la partie N. O. du Caucase; autrefois ils s'étendaient beaucoup plus loin qu'aujourd'hui, mais les Tcherkesses les ont repoussés dans les montagnes; ils furent convertis à la religion chrétienne par les empereurs byzantins. On voit encore dans leur pays un grand nombre d'églises anciennes pour lesquelles ils ont une vénération si profonde, que bien qu'ils soient des brigands non moins déterminés que les Tcherkesses, ils n'osent jamais toucher aux ornemens sacerdotaux et aux livres qui se trouvent dans cet édifice. Les Turcs les ayant soumis, dans le dix-huitième siècle, introduisirent l'islamisme parmi eux; mais en 1771 ils se révoltèrent contre la Porte, et retournèrent à leurs anciennes superstitions. Il n'y a plus que quelques familles qui fassent encore circoncire leurs enfans; du reste, toute la nation s'abstient de la chair de pourceau.

» Les Abases habitent en partie sur le bord de plusieurs rivières qui se jettent dans le Kouban, mais en bien plus grand nombre sur les côtes de la mer Noire, au sud du Caucase occidental. Ils ressemblent aux Tcherkesses par leurs mœurs, leur manière de se vêtir et leurs usages (Pl. XLII—4). Il y a également quelque ressemblance entre les idiomes de ces deux peuples. Les Abases aussi cultivent la terre, mais ils vivent principalement du produit de leurs bestiaux. La grande et belle race de leurs chevaux est célèbre. Ils commettent beaucoup de pirateries sur mer, et leurs galères à rames sont souvent confondues sous une même dénomination avec celles des Circassiens. Les femmes abases sont très-belles et très-recherchées par les Turcs, chez lesquels elles passent sous le nom de Circassiennes. »

La baie de Soubachi, la première qu'on rencontre sur la côte des Abases, est assez sûre; on trouve ensuite celle de Mamaï, beaucoup plus ouverte et fréquentée seulement en été. En temps de paix on peut s'y procurer de beau bois de construction en échange de sel. Entre Mamaï et Ardler la côte n'offre que quelques anses; elles étaient visitées autrefois par des bateaux turcs qui venaient y chercher du bois et des pelleteries.

Ardler n'a qu'une plage défendue par un cap qui l'abrite contre les vents du N. C'est dans son voisinage que le fameux défilé de Gagia, situé entre la mer et le revers d'une montagne escarpée et très-haute, sépare l'Abasie méridionale de la septentrionale et de la Circassie. Ce défilé, à l'entrée duquel les Russes ont formé un établissement et changé un monastère en caserne, est arrosé par un torrent.

Pitzounda, baie où l'ancrage est excellent et sûr, offre encore sur la côte voisine des ruines assez entières d'un ancien couvent; tous les objets qu'il renferme sont respectés par les grossiers habitans de cette contrée. M. Spencer y aborda.

« Le fort, dit-il, est à peu près à 2 milles de distance de la côte; nous y allâmes à travers une forêt d'arbres magnifiques, éclaircie en partie depuis que les Russes ont occupé ce château. Comme c'était la première fois que je pénétrais si avant dans l'intérieur d'un pays si rarement parcouru par les Européens, j'examinais tout avec le sentiment le plus vif de la curiosité et de l'intérêt. C'était la première fois aussi que je voyais les Circassiens communiquer amicalement avec les soldats russes; jamais contraste plus complet ne peut s'offrir à l'observation. Le chef de la tribu qui vit dans ce canton est, dit-on, ami de la Russie; il demeure à une certaine distance; nous fûmes tous très-contrariés de ce qu'il ne parut pas. Le fort occupe l'intérieur d'un couvent contigu à une église dont l'état de conservation est admirable, quand on fait réflexion qu'elle fut bâtie sous le règne de Justinien, mort en 565. »

A une quinzaine de lieues au S. E., la baie de

Soukoum-Kalé est bien moins sûre que la précédente; on y voit encore les restes d'un canal qui, en hiver, servait à mettre à l'abri les petits bâtimens de cette place; elle avait une navigation suivie avec Trebizonde et Constantinople. M. Spencer nous dit qu'une inscription en turc se lit encore au-dessus de la porte. « Ce fort est en mauvais état, mais, comme les autres, hérissé de canons, et plutôt destiné à repousser un assaut par terre qu'une attaque par mer. Le premier de ces dangers était évidemment celui que l'on redoutait le plus, car des détachemens étaient postés dans le voisinage, comme si l'ennemi eût été aux portes. »

L'Ingouri forme au S. E. la limite de l'Abasie; un petit prince, chef de la tribu des Psos, commande dans le canton méridional, sous la suzeraineté de la Russie.

Le premier port de la Mingrelie que l'on rencontre en continuant à naviguer au S. est Redout-Kalé, à l'embouchure du Khopi dont l'entrée est difficile. Cette rivière, d'un cours rapide, répand la fertilité dans les plaines qu'elle inonde souvent. L'air de Redout-Kalé est insalubre, inconvénient qui disparaîtra infailliblement quand les forêts qui couvrent une partie du pays auront été éclaircies et que le terrain sera plus cultivé qu'il ne l'est aujourd'hui.

A 7 lieues au S. on trouve l'embouchure du Rioni, le Phase des anciens. Les Russes ont laissé au dadian son titre de tzar ou souverain de la Mingrelie; il a le rang de général dans l'armée russe; des garnisons de ses troupes veillent à la sûreté et à la tranquillité du pays. « Le prince occupe encore, dit le voyageur Gamba, le château de Zougdidi visité par Chardin; il y tient une cour très-nombreuse; il change fréquemment d'habitation pendant l'été, tantôt pour se livrer au plaisir de la chasse, tantôt pour éviter les grandes chaleurs. »

Suivant M. Klaproth, la nation mingrelienne se divise en trois classes, qui sont les princes, les *sakkour* (nobles), les *meniali* (roturiers). Ceux-ci vont couper du bois, suivent les princes et les nobles à pied, et dans leurs voyages portent leur bagage sur leurs épaules. Le meniali est obligé de donner aux deux autres classes une partie de sa récolte et de son bétail quand il s'accroît; de recevoir et d'entretenir les hôtes que les maîtres lui envoient. La fig. 4 de la pl. XLII le représente chargé de denrées. Dans le lointain on aperçoit un *araba* ou chariot du pays, et sur le premier plan une femme vêtue d'une robe dont les manches sont étroites, et que recouvre un surtout à manches pendantes.

Les Mingreliens, issus d'une même souche que les Géorgiens, se distinguent également par leurs agrémens extérieurs. Quand leur pays appartenait aux Ottomans, l'article principal et le plus honteux du tribut qu'ils payaient consistait en un certain nombre de jeunes garçons et de jeunes filles remarquables par leur beauté. Chardin prétend que la Mingrelie fournissait 12,000 esclaves par an, et on pense que cette évaluation est beaucoup trop faible.

En voyageant en Mingrelie on parcourt continuellement de grandes forêts; les oliviers sauvages que l'on y rencontre indiquent assez que l'on pourrait cultiver avec succès cet arbre précieux. Les maisons des villages sont bâties en bois et, quand on le peut, sur des positions élevées. De temps en temps on voit d'anciens couvens dont la construction ressemble à celle des forteresses.

En arrivant sur les bords du Tskhenis-tsquali on est aux frontières de l'Imirethi; au-delà de cette rivière on parcourt un pays qui cesse d'être uniquement couvert de forêts. Un mélange heureux de pâturages, de champs de coton, de maïs, de vignes au milieu desquelles une grande quantité de beaux arbres a été conservée, donne à ce canton l'aspect d'un beau parc.

» Khoutaïs, capitale de l'Imirethi, est sur la rive gauche du Rioni, vis-à-vis de l'emplacement qu'occupait l'ancienne ville sur la rive droite; on voit dans celle-ci les restes d'une ancienne et très-belle église en pierre, d'architecture byzantine; les habitans en enlèvent continuellement des pans de murs et des fûts de colonnes qu'ils emploient à faire des enclos, de sorte que dans peu de temps il ne restera probablement rien de ce superbe édifice; les murs de l'ancienne ville, très-épais et très-solides, sont encore en assez bon état. Dans la ville moderne, les rues étaient généralement tortueuses et les maisons bâties pour ainsi dire au hasard. Les Russes ont donné un alignement régulier. Les habitations de quelques seigneurs et des principaux marchands sont en bois, les autres en clayonnage recrépi extérieurement à la chaux. Les rues et les places publiques sont plantées d'arbres parmi lesquels les cognassiers, les figuiers et les noyers sont les plus nombreux. Au milieu de son irrégularité, l'aspect de Khoutaïs a quelque chose de champêtre et de pittoresque qui plaît à l'œil, et que relèvent d'ailleurs les beautés de la campagne voisine et ce mélangé de vallées et de forêts, encadrées de trois côtés par de hautes montagnes, dont le sommet, pendant la plus grande partie de l'année, est couvert de neige.

» L'Imirethi est divisé en plusieurs districts qui, pour la plupart, ont été nommés d'après les princes auxquels ils ont autrefois appartenu; ces princes n'exercent aujourd'hui aucune autorité; leur costume annonce que le soin de leur sûreté leur faisait préférer l'accoutrement militaire quand ils sortaient de chez eux (Pl. XLII — 3).

» La rivière principale de l'Imirethi est le Rióni qui reçoit toutes les autres : quoiqu'il ne soit pas très-considérable, il est extrêmement poissonneux. Il se jette dans la mer à Pothi, ville du Ghouria, et sépare cette contrée de l'Imirethi. »

Le Ghourieli, prince du Ghouria, gouverne ce pays sous la suzeraineté de la Russie qui a placé une garnison dans Pothi, fort maritime à la gauche du Rioni. Le Ghouria s'étend le long de la mer Noire jusqu'à l'embouchure du Tchorokhi; il est, de même que la Mingrelie et l'Imirethi, remarquable par la fertilité de ses terres et la beauté de sa végétation, et couvert de forêts; il appartient, ainsi que ces deux pays, à la Colchide des anciens; aujourd'hui ils sont délivrés de l'odieux tribut en esclaves qu'ils étaient obligés de livrer aux Turcs, et la traite des blancs ne s'exerce plus qu'à la dérobée sur le littoral de la mer Noire.

Au-delà des monts qui à l'E. bornent le Ghouria on rentre dans la Géorgie; cette portion de ce pays, nommée *Zemo-Karthli* (Karthli supérieur), occupe une portion du bassin du Kour supérieur et de ses affluens; elle a pour capitale Akhiskah ou Akhal-Tzikhé, forteresse bâtie sur le penchant d'une colline dans une belle vallée, sur le Dalki, affluent de gauche du Kour. La rive droite du Dalki est embellie par une infinité de jardins.

Beaucoup d'Européens qui ont fait le voyage entre la Turquie et la Perse ont passé par Akhal-Tzikhé, qui fut cédée par la Porte à la Russie en 1829. On voit dans cette ville une belle mosquée, des collèges, des bains publics, des caravansérails. Le pays est riche par l'agriculture et le nombre de ses troupeaux; on y recueille de la soie, du miel, de la cire : l'olivier y prospère et fournit une quantité considérable d'huile.

CHAPITRE LXVI.

Empire ottoman. — Arménie. — Asie-Mineure ou Anadoli. — Kourdistan. — Mésopotamie.

Lorsqu'en sortant d'Akhal-Tzikhé et en remontant le long du Kour, on va au S., on arrive aux montagnes dans lesquelles ce fleuve prend sa source; si on les franchit, on descend dans le bassin de l'Aras supérieur et on entre dans l'Arménie ottomane. Kars, la première ville que l'on y rencontre, est bâtie en amphithéâtre, sur les flancs S. E. d'un coteau que baigne une rivière du même nom. Le château est tout au haut de la ville sur un rocher fort escarpé; elle a été décrite par Tournefort; peu de voyageurs y passent. Quoique située près des frontières de la Perse, le commerce n'y est pas très-important.

A 43 lieues plus au S. E., Bayazid, ville bâtie au fond d'une vallée étroite que forment des montagnes arides, est une place forte sur les frontières de la Perse. Les maisons sont éparses entre les rochers des deux côtés qui bordent le défilé. A gauche, sur un pic presque inaccessible, s'élève une vieille citadelle; à droite, et sur une hauteur, un bel édifice sert de résidence au pascha. La ville haute est habitée par des tribus kourdes, la ville basse par des Arméniens. On y fabrique des étoffes de coton et sa position la rend commerçante.

Les montagnes qui ferment la vallée de Bayazid au S. sont le prolongement septentrional de celles qui, filant entre les lacs de Van et d'Ourmiah, marquent la limite entre l'empire ottoman et la Perse, et entre le bassin de l'Euphrate et celui de l'Aras : en remontant la vallée du Kotourah, en Perse, vers sa source, on arrive à celle du Khoch-Ab. La ville du même nom est sur un plateau duquel sortent les deux rivières; les montagnes auxquelles il appartient sont dominées par celles des Hékiars; celles-ci sont tellement escarpées qu'un bœuf ne saurait les gravir; mais, comme le sommet en est assez fertile, les Hékiars ont coutume d'y porter sur leurs épaules de jeunes veaux qui deux ans après sont attachés à la charrue.

« Nous allâmes coucher, dit M. Jaubert, sur les terrasses des maisons d'Erdjek, village situé à la sortie du défilé de Mahmoudié et sur les bords d'un lac salé qui n'a guère que deux ou trois lieues de tour.

» Le lendemain nous arrivâmes de très-bonne heure à Van. Les Arméniens prétendent que cette ville est située sur l'emplacement de l'ancienne Sémiramocerte, et fondent cette opi-

3. Circassiens.

4. Marchand Arménien. Abazef.

EN ASIE.

Pl. XLII. Pag. 306.

nion sur ce que Moïse de Khorène, l'un de leurs historiens, raconte que Sémiramis venait tous les ans passer l'été dans cette partie de l'Arménie.

» Van, bâti sur la rive orientale du lac de même nom, est entouré de murs crénelés, en assez bon état, et défendu par une citadelle assise sur un roc isolé. On compte à Van près de 20,000 habitans la plupart Arméniens. Cette ville est environnée de jardins dans lesquels s'élèvent des pavillons élégans où résident en été les habitans qui jouissent de quelque aisance. Rien n'est plus enchanteur que l'aspect de ces vergers arrosés par une infinité de ruisseaux et ombragés de beaux arbres.

» Le commerce qui se fait avec les villes situées sur le lac, et le passage des caravanes, procurent d'assez grands avantages aux habitans de Van; la pêche du lac leur vaut un revenu considérable; elle commence vers le 20 mars et finit au 30 avril; elle est très-abondante, mais elle ne consiste qu'en une seule espèce de poisson qui, bien que plus gros, ressemble assez à la sardine; on le nomme *tarikh*. Tout le reste de l'année, il n'y a aucune pêche dans le lac, le poisson disparaissant tout-à-fait au fond des eaux qui sont très-salées. Un autre phénomène non moins remarquable, c'est que de tous côtés les eaux empiètent sur les terres. Par suite de cette inondation, l'étendue des faubourgs de Van diminue progressivement tous les ans, et la ville d'Arjich devient de plus en plus inhabitée.

» Le pays qui environne la ville de Van jouit d'un climat très-tempéré et d'un ciel presque toujours serein. Il produit assez de blé pour suffire aux besoins des habitans et assez de riz pour qu'on en exporte une certaine quantité. J'y ai vu quelques orangers et citronniers en pleine terre; mais il faut beaucoup de soins pour en faire venir les fruits à maturité. Il n'y a ni oliviers, ni palmiers dans cette contrée; les arbres fruitiers du nord de la Perse y réussissent parfaitement. »

Arrivé à la côte septentrionale du lac qui renferme plusieurs îles verdoyantes, M. Jaubert marcha vers l'O. « Au pied du Seibandagh, on rencontra les Yezidis, hordes de Kourdes qui, sous le titre de Grand-Cheikh, adorent le génie du mal et se croient autorisés à faire tout ce que défendent les lois divines et humaines, sous l'étrange prétexte que Dieu étant essentiellement juste et bon, il est inutile de lui adresser des prières; ils refusent de rendre aucun hommage à la divinité, bien qu'ils reconnaissent son existence, et qu'ils admettent même la plupart des prophètes révérés par les chrétiens et les musulmans : ils sont imbus d'une foule de préjugés, et les Kourdes m'ont dit plusieurs fois que, si l'on traçait autour d'eux, sur la terre, un cercle, symbole de leur croyance, ils mourraient plutôt que d'en sortir. Il leur est défendu d'apprendre à lire et à écrire; mais le vol, l'assassinat et l'inceste sont des actes qu'ils regardent comme licites, ou qui du moins ne leur inspirent aucune horreur. Ils portent des vêtemens noirs et une coiffure noire et rouge, espérant par là plaire au démon considéré par eux comme l'exécuteur des volontés divines, qu'il faut se garder de maudire et dont ils n'osent prononcer le nom. Cette secte a aussi cela de particulier qu'elle ne connaît point de prosélytisme.

» Les Yezidis ne sont vus qu'avec horreur par les Persans; mais comme ils sont braves, entreprenans et très-belliqueux, les princes kourdes les souffrent et tâchent même d'en attirer un grand nombre dans leurs domaines. »

A Melez-Ghird on passe la branche méridionale de l'Euphrate que les Turcs appellent Mourad-Tchaï; on la longe jusqu'à Sultanieh, misérable village, situé dans une vaste plaine « qui, du haut des montagnes voisines, nous offrit, dit M. Jaubert, un spectacle nouveau. Elle était traversée par un torrent de feu d'une largeur égale à celle d'un grand fleuve. C'étaient les Kourdes qui, pour amender les pâturages, brûlaient des herbes sèches restées sur pied, en ayant soin de mettre le feu de distance en distance sur deux lignes parallèles. Lorsque le vent est impétueux, la flamme s'étend avec tant de rapidité qu'un homme à cheval a de la peine à la fuir; l'embrasement dure souvent deux ou trois jours. »

Après avoir traversé sur des outres enflées la Touzla, rivière assez large, sur le bord de laquelle est une saline qui lui donne son nom, on franchit l'*Ak-Dagh* (Mont-Blanc), puis on passe l'Aras à gué, et on gravit la chaîne de Tek-Dack; au sommet du col, on jouit du spectacle imposant que présentent de toutes parts des masses de montagnes dont les cimes au commencement d'août sont encore couvertes de neige; c'est dans ces monts que le Tigre, l'Euphrate et l'Aras ont leurs sources.

On quitte bientôt le plateau sur lequel on a fait route depuis Melez-Ghird, et on descend dans la plaine d'Erzeroum qui est très-élevée. Cette ville, située au pied d'une haute montagne, à peu de distance de la branche septentrionale de l'Euphrate, est très-florissante par son industrie et son commerce ; sa population s'élève à 100,000 ames. Erzeroum a été visitée par beaucoup de voyageurs ; elle est le centre du commerce entre la Perse et l'empire ottoman, et a des relations très-actives avec les principales places de ces deux empires ; à chaque instant des caravanes nombreuses y arrivent et en partent. Il y a des manufactures de tapis, d'étoffes de coton, de soieries, de maroquins et d'ustensiles de cuivre. Du reste, on n'y voit aucun édifice remarquable. Le territoire des environs est tellement dénué de bois, que les villageois sont réduits à employer en guise de chauffage du fumier desséché et arrangé en briques.

La plaine d'Erzeroum est parsemée de villages ; elle ne produit guère que du blé : les fruits n'y mûrissent pas bien. En allant de cette ville au N. O. vers la mer Noire, on rencontre à 4 lieues Elidja, village sur le Kara-Sou, torrent qui va se jeter dans l'Euphrate. « Nous étions au commencement d'août 1822, dit M. Fontanier, et la neige couronnait encore le mont Taurus, mais on n'en voyait plus qu'une très-petite quantité. Elidja possède des eaux minérales sulfureuses assez abondantes. »

On franchit l'Agh-Dagh, rameau du Taurus, dans lequel sont les mines de cuivre de Mandou, et on entre dans Baïbout, petite ville d'une belle apparence, et dans laquelle subsistent encore des restes d'antiquités très-remarquables.

La route coupe ensuite les monts Khalybes et conduit à Trezibonde, ville célèbre qui dans le moyen-âge fut la capitale d'un empire grec fondé par une branche des Comnènes de Constantinople. La rade est fréquentée par beaucoup de navires ; le commerce de Trebizonde est très-actif ; le pays qui entoure cette cité est très-bien cultivé et embelli de vignobles, d'arbres superbes et de prairies verdoyantes.

En longeant la côte vers l'O., on aperçoit les tours de Kérésoun (*Cerasus*), ville bâtie en amphithéâtre sur une éminence rocailleuse, laquelle borne à l'E. une baie ; une partie de l'ancien mur subsiste encore. Selon les traditions historiques, Lucullus, après s'être emparé de *Cerasus*, expédia pour Rome les premiers cerisiers qui prirent leur nom de la ville d'où il les avait tirés.

Plus à l'O. s'ouvre le golfe de Samsoun, entouré de montagnes, et que borne à l'E. le Delta formé par l'embouchure de l'Iékil-Ermak ; ce fleuve, jadis nommé *Iris*, passe sur le territoire de *Themiscyra*, arrosé par le *Thermodon* (Thermeh), sur les bords duquel les traditions mythologiques plaçaient la demeure des Amazones. Ces rivières et le Kizil-Ermak (*Halys*) coupent la chaîne de montagnes, et, se rendant à la mer, arrosent une vaste plaine sillonnée par une infinité de ruisseaux venant des monts et bordés de peupliers, d'ormeaux, de hêtres, d'érables et d'autres arbres de haute futaie. « Des ceps de vigne sauvage, de la plus belle végétation, ajoute M. Jaubert, s'élancent jusqu'à la cime de ces arbres divers et les couronnent. La plus grande partie de cette plaine est en prairies dont l'aspect agreste est ravissant, et sur lesquelles on met en pâtures des bestiaux qui, pour la plupart, finissent par devenir sauvages. Les sangliers abondent dans cette contrée et l'on y trouve aussi beaucoup d'autre gibier. Les branches des arbres recèlent une infinité d'oiseaux, tels que le ramier, la tourterelle, le geai, le merle et le pluvier. Les bords du Kizil-Ermak et ceux de la mer sont fréquentés par une multitude d'oiseaux aquatiques ou échassiers, mais la côte est peu poissonneuse.

» Le climat de ce littoral paraît sain ; le sang y est en général très-beau, et le caractère des Musulmans doux et très-sociable. Malgré les avantages de leur position géographique, ils font peu de commerce ; leur principale industrie consiste à filer de la laine et du poil de chèvre, à faire des tissus de ces deux matières, à scier des planches, à fabriquer des cordages et à construire des barques et des navires à poupe très-élevée, et assez solides pour résister aux orages si fréquents sur cette mer inhospitalière.

» On appelle Djanik tout le pays compris entre le Kizil-Ermak et Kérésoun ; il est montagneux, entrecoupé d'un grand nombre de rivières, et très-humide, cause à laquelle il faut attribuer la promptitude extrême de sa végétation : elle est telle qu'en moins de trois mois le maïs parvient à toute sa hauteur. Les habitants s'occupent peu d'agriculture ; ils vivent de châtaignes et de laitage. Le cerisier, le noyer et le noisetier, arbres indigènes, leur procurent également une partie de leur nourriture.

» L'histoire ancienne représente les habitants de cette contrée comme très-sauvages ; il en est de même aujourd'hui. Quoique voisins de nations civilisées, les habitants du Djanik n'ont que de faibles relations avec elles, et peu de besoins. Celui d'entre eux qui possède cent cinquante francs passe pour riche. Leur pays étant pourvu de chevaux et n'étant pas traversé par les caravanes, ils ne sont point adonnés au vol.

» Comme on y vit dans une sécurité profonde, les habitations sont établies çà et là sur la crête des montagnes, vers les rivages de la mer, et dans tous les lieux qui offrent quelque avantage naturel; elles sont construites en bois et élevées sur des poteaux. On ne loge point dans l'étage inférieur à cause de l'humidité du sol, et l'étage supérieur est entouré d'une galerie couverte.

» Aujourd'hui, comme au temps de Strabon, on trouve peu de villes importantes dans le Djanik. Bafra, la principale, est située sur les bords et près de l'embouchure du Kizil-Ermak, dans une plaine fertile en riz et en lin. Un beau pont, des fontaines publiques et des bazars bien entretenus annoncent que depuis long-temps cette ville est dans un état florissant.

» Samsoun, Tarmèh, Lundèh, Fatsa et Vona, villes élevées sur cette partie de la côte de la mer Noire qui appartient au Djanik, furent pour la plupart des colonies grecques. Elles sont peu commerçantes depuis que la Crimée ne dépend plus de l'empire ottoman. Leurs ports, d'ailleurs, n'offrent que des abris mal assurés contre les vents d'O. qui durant neuf mois de l'année règnent sur cette côte. »

Sinope, au contraire, a un port abrité, et cette ville se reconnaît de loin à la forme d'un cap qui la protège contre tous les vents, excepté celui de l'E., lequel n'est jamais très-violent. « Le port est spacieux, dit M. Fontanier, l'ancrage est excellent; il pourrait contenir des flottes considérables: aussi y construit-on des vaisseaux de haut bord. Sinope ne compte guère que 15,000 habitans, parmi lesquels un quart de Grecs. Les fortifications m'ont paru en meilleur état qu'il n'est d'habitude. Les rues sont aussi plus larges et mieux pavées. Quoique je n'attribue pas ce mérite aux habitans actuels, je cherchai vainement quelques restes d'antiquités.

» Le climat de la mer Noire est tout-à-fait différent à l'E. et à l'O. de Sinope. Entre cette ville et Constantinople, l'olivier et l'oranger ne croissent pas en pleine terre; le froid est très-vif pendant l'hiver; les brouillards s'y amoncellent fréquemment; le vent souffle avec une grande violence. Il n'en est pas ainsi de Sinope jusqu'au bord de la mer Noire: là on trouve partout l'olivier et l'oranger; les brouillards sont rares; pendant l'été le thermomètre ne monte pas aussi haut qu'à Paris; l'hiver il descend rarement au-dessous de zéro. Si dans la première région les vents du N. causent de fréquens naufrages, la seconde ne connaît que ceux de l'E. et de l'O. Par le vent d'E., le ciel est d'une extrême pureté, et ce vent est d'ailleurs si faible, qu'il ride à peine la mer. Mais les vagues que le vent d'O. a soulevées d'une extrémité à l'autre du Pont-Euxin sont souvent très-considérables; les nuages et la pluie l'accompagnent toujours. La neige ne tombe qu'avec le vent du S., qui la précipite du sommet des montagnes. »

A peu près à 20 lieues au-dessus de son embouchure dans la mer Noire, le Kizil-Ermak reçoit, à gauche, le Kara-sou, ou Castamoun, venant de l'O.; il arrose une ville de même nom, bâtie dans une vallée fertile et bien peuplée. On traverse des montagnes et on arrive à Cherki, grande ville située dans une plaine et entourée d'un mur et de jolis groupes d'arbres.

Plus loin, à l'O., Gheredé est une grande ville à l'entrée de laquelle on voit une tannerie considérable. On traverse ensuite un pays magnifique: c'est une suite continue de vignobles et de champs de blé entremêlés de noyers et de chênes; souvent on rencontre des débris d'antiquités. En approchant de Boli, la beauté de la perspective augmente. En arrivant à cette ville par l'E., on ne la découvre que lorsqu'on y entre, parce qu'elle est adossée à une montagne: ses rues et ses bazars offrent un aspect très-animé. En sortant de sa plaine délicieuse, on gravit des montagnes couvertes d'une immense forêt à laquelle elle donne son nom, et qui fournit sans cesse du bois de charpente aux arsenaux de la capitale de l'empire ottoman.

Khandak et Sabandja sont deux bourgs fameux par l'humeur farouche de leurs habitans. Le lac de Sabandja est entouré de rives extrêmement pittoresques. Bientôt on atteint à la chaussée qui conduit à Isnik-mid (*Nicomélie*), ville située au fond d'un golfe de même nom; elle n'offre que de tristes restes de son ancienne splendeur, et a des fabriques de poterie et d'étoffes de soie. Comme les grandes caravanes venant de l'E. s'y arrêtent à la fin de leur voyage, ce concours lui donne occasionnellement beaucoup de mouvement; les environs sont fort agréables par la multitude de jardins et de vignobles; il y a aussi une source d'eaux minérales très-fréquentée.

On passe à Gebizeh, petite ville avec une belle mosquée et de jolis minarets bien blanchis; le canton qui l'entoure est peu boisé. Enfin de nombreuses maisons de campagne et une foule extraordinaire annoncent l'approche d'une très-grande cité : on est à Scutari, ville bâtie en amphithéâtre sur le penchant de plusieurs collines, le long de l'embouchure du Bosphore, vis-à-vis de Constantinople.

Le Bosphore de Thrace (détroit de Constantinople) sépare l'Asie de l'Europe et réunit la mer Noire à la mer de Marmara. « Il n'existe, suivant l'expression du voyageur Lechevalier, aucun détroit sur le globe qui puisse lui être comparé; il les surpasse tous par la beauté de ses rives, par la sûreté de ses mouillages et par la variété infinie des objets pittoresques qu'il offre aux yeux du navigateur. Il serpente comme un beau fleuve entre deux chaînes de montagnes dont les sommets sont ornés de groupes d'arbres, la pente entrecoupée de jardins, et le pied couvert d'agréables villages qui se succèdent presque sans interruption depuis la mer Noire jusqu'à Constantinople. »

Scutari est réellement un des faubourgs de cette capitale : ses mosquées et ses autres édifices publics sont remarquables; c'est le rendez-vous de toutes les caravanes. Le grand-sultan y a un beau palais environné de jardins charmans; la jolie fontaine que l'on voit sur une des places publiques donne une idée de celles que l'on rencontre fréquemment dans ce pays (Pl. XLIII — 1). A l'E. et au S. s'étendent de vastes cimetières, où les grands personnages de l'empire se font enterrer de préférence, parce qu'ils considèrent l'Asie comme leur terre natale.

En faisant voile de Scutari au S., on entre dans la mer de Marmara (*Propontide*); et, en longeant la côte d'Asie, on voit successivement le promontoire où fut Chalcédoine, les îles des Princes, les golfes d'Isnik-mid et de Moudania, à l'entrée duquel est l'île de Kalolimné, la presqu'île de Cysique, d'une fertilité prodigieuse, avec ses deux golfes, l'un à l'E., l'autre à l'O.; l'île de Marmara (*Proconèse*), montueuse et aride; à l'O. de la presqu'île jusqu'à Caraboa, le rivage est une grève plate et marécageuse. Trois fleuves y ont leur embouchure; l'Outsvola-sou, le plus occidental, se perd dans un marais; c'est le Granique, sur les bords duquel Alexandre vainquit pour la première fois les Perses.

A Caraboa, la mer se rétrécit. Là commence le détroit des Dardanelles (*Hellespont*); il a 4 lieues de largeur dans cet endroit; des montagnes s'élèvent des deux côtés; on passe devant Lampsaki, entouré de fertiles coteaux; Abydos est à la partie la plus resserrée du détroit, le château des Dardanelles d'Asie (*Soultanié-Calessi*); la petite ville qui l'avoisine est très-vivante. A l'issue du détroit, le nouveau chateau des Dardanelles est bâti sur la rive gauche de l'embouchure du Mender-sou; ce petit fleuve est le Simoïs grossi du Scamandre, ou Xanthe, qui arrose la plaine de Troie; des moulins, bâtis sur une hauteur plus au S. E. sur la mer Egée, indiquent le cap Sigée. En remontant le long du Xanthe jusqu'à ses sources chaudes, on arrive à Bounarbachi, village tout près de la colline où fut Troie. Au-delà s'élève le mont Ida. Ce petit canton, auquel l'*Iliade* a donné l'immortalité, a été visité par une foule de voyageurs des diverses nations de l'Europe; tous ont rendu hommage à l'admirable exactitude des descriptions d'Homère.

Plus loin on voit, sur la côte, Eski-Stamboul, qui occupe l'emplacement d'*Alexandria-Troas*, originairement *Antigonia*. Une épaisse forêt de chênes nains particuliers au Levant couvre en grande partie les ruines encore remarquables de cette ville, que les Romains ornèrent de monumens magnifiques.

On voit vis-à-vis, à 3 lieues du continent, l'île de Ténédos, qui, *puissante au temps où régnait Priam*, n'est plus aujourd'hui qu'une île pauvre et stérile; son vin rouge est excellent et très-fort. Le château, semblable à une vieille forteresse gothique, commande la ville, bâtie autour d'une anse dans laquelle les navires marchands cherchent un refuge pendant les gros temps (Pl. XLIII — 3).

En suivant vers le S. la côte d'Asie, qui, tantôt parée de coteaux verdoyans, tantôt hérissée de masses de basalte ou de granit d'un gris foncé, présente sans cesse les points de vue les plus pittoresques, on double le cap Baba, formant la pointe S. O. de la chaîne de montagnes qui s'élève insensiblement jusqu'aux sommités glacées du Gargare, et ferme, vers le N., le golfe d'Adramitti. On laisse à gauche le petit groupe des Muconisi (*Hecatones*), et on entre dans le détroit qui sépare Metelin (*Lesbos*) du continent. Cette île, qui vit naître Sapho, Alcée, Théophraste et d'autres personnages célèbres de l'antiquité, est traversée par de hautes chaînes de montagnes, au milieu desquelles on rencontre plusieurs sources thermales; elle est bien arrosée, fertile, peuplée, et a, dans le S. et à l'E., deux bons ports.

Au-delà du groupe des Arginuses, au S. E. de Metelin, s'ouvre, sur le continent, le golfe de Sandarlik, qui reçoit le Mandragoraï (*Caicus*), fleuve sur le bord duquel on voit les ruines de Pergame. Ensuite on aperçoit, à droite, Scio (*Chios*) et le cap de Carabouroun (*Melœna*)

1. Fontaine de Scutari.

2. Château de Brousse.

et à gauche, près de l'embouchure du Sarabat (*Hermus*), Phokia-Nova (*Phocée*), d'où sortirent, au VIIe siècle avant l'ère vulgaire, les fondateurs de Marseille.

Ensuite on entre dans le vaste golfe auquel Smyrne donne son nom. « La situation de cette ville, dit M. Th. Renouard de Bussière, la rendit, dans les temps modernes, le centre d'un commerce florissant ; elle devint peu à peu l'échelle la plus riche et la plus brillante du Levant ; de nombreuses caravanes y apportèrent les productions de l'Asie, et les navires de toutes les parties du monde vinrent les échanger contre d'autres marchandises. L'esprit commercial y adoucit les rapports entre des hommes de mœurs et de croyances diverses ; ce grand comptoir offrit bientôt le mélange des coutumes asiatiques et de celles des peuples occidentaux ; l'intolérance religieuse y perdit son âpreté. Les nations commerçantes de l'Europe et leurs consuls s'y établirent dans un quartier qui prit l'apparence des villes de leurs pays, et le caractère conciliant des autres habitans de Smyrne leur en rendait le séjour facile et agréable...

» Je montai au château le lendemain de mon arrivée ; nous traversâmes le quartier des Francs dans toute sa longueur : les rues y sont plus larges qu'à Constantinople, les maisons m'y semblaient mieux bâties ; il en est beaucoup derrière lesquelles se trouvent de petits jardins avec des galeries couvertes, tapissées, comme en Italie, de plantes grimpantes et ornées de vases de fleurs... Le quartier Turc ne ressemble en rien à celui des Francs : les rues y sont étroites et mal pavées ; les maisons en bois percées d'un grand nombre de fenêtres, surchargées d'avances et d'auvents ; des porteurs d'eau, des files de chameaux et d'ânes y obstruent sans cesse le passage ; les bazars sont décorés avec richesse et couverts de toits saillans et de berceaux de vignes ; les petits cafés qui s'y trouvent servent de lieu de rendez-vous aux Turcs du voisinage.

» Nous arrivâmes, après une heure de marche, au vieux château de Smyrne : il est bâti sur le sommet d'une colline assez élevée... La vue que l'on découvre de là est très-vaste ; les montagnes, quoique arides, forment de belles lignes ; les vallées qui s'étendent derrière Smyrne du côté de l'E., et où la plupart des négocians ont leurs maisons de campagne, sont cultivées avec soin et tapissées de prairies. La mer, couverte de navires marchands, forme une immense nappe aux pieds du spectateur ; les champs des morts, avec leurs longues allées de cyprès, occupent le premier plan du tableau. De l'une des plates-formes du château, on aperçoit, vers le S., une autre vallée étroite et fertile qu'arrose le Mèlès, sur les bords duquel on assure qu'Homère a reçu le jour. Cette rivière passe sous un aqueduc antique, bien conservé et d'une structure assez élégante ; partout de grands arbres la couvrent de leur ombre ; après plusieurs détours, elle vient couler sous le pont des Caravanes, où l'on voit arriver sans cesse les marchands qui apportent à Smyrne les riches toisons d'Angora, les tapis, la soie de Perse. »

On cherche en vain dans Smyrne les restes des édifices qui l'ornaient autrefois. La comparaison entre la ville ancienne et la moderne n'est pas à l'avantage de celle-ci. « Au reste, il en est ainsi de toutes celles qu'on peut faire dans le Levant ; car c'est un pays dont les souvenirs sont le plus grand charme. »

On estime la population de Smyrne à 130,000 âmes. Saccagée plusieurs fois par la guerre, cette ville est trop souvent ravagée par les tremblemens de terre, la peste et les incendies.

A 8 lieues à l'O. de Smyrne, on passe devant le petit archipel et la baie de Vourla, qui fut jadis le port de Clazomène ; les navires y font leur provision d'eau. Quand on est sorti du golfe, en doublant le cap Kara-Bouroun, on entre dans le large canal qui sépare Scio du continent ; sur la côte de ce dernier, la ville de *Cyssus* a été remplacée par Tchesmé, construite sur le penchant d'une colline, au fond d'une baie, dans laquelle l'escadre russe détruisit, en 1770, celle des Turcs.

Scio est traversée par plusieurs chaînes de montagnes qui forment des vallées délicieuses. Ses collines sont couvertes de vignobles, d'orangers, de mûriers, de chênes, de lentisques ; cet arbrisseau est cultivé avec le plus grand soin ; le mastic qui en découle se vend fort cher ; les femmes, en Orient, le mâchent sans cesse, pour conserver une haleine douce et agréable.

Les femmes de Scio ont conservé leur réputation de beauté ; mais leur costume est si bizarre, qu'on les croirait contrefaites.

Scio, riche et florissante, avait, dans le commencement de l'insurrection des Grecs, gardé une stricte neutralité ; aussi les flottes ottomanes ne l'avaient jamais inquiétée. Par malheur, en 1822, un chef samien arrive dans l'île avec quelques navires et des troupes de débarquement : il marche sur le principal fort, gardé par une garnison musulmane. Alors les Sciotes, oubliant leurs précédentes résolutions, se joignent aux

Samiens : la citadelle est enlevée, et la garnison passée au fil de l'épée. Bientôt une escadre ottomane se présente devant le port ; les Samiens regagnent lâchement leurs vaisseaux. Vainement les principaux négocians et les magistrats sciotes implorent la clémence du capitan-pacha, en protestant de leur innocence durant l'insurrection. Les Ottomans se montrent implacables : les massacres commencent ; le carnage dure deux jours entiers. Depuis cette époque épouvantable, Scio est presque déserte et le séjour de la misère, et n'offre plus que des amas de décombres. Les faibles débris de sa population sont réunis de nouveau ; mais il faudra de longues années pour rendre à l'île son ancienne prospérité.

Plusieurs îlots sont éparpillés au S. de Scio ; à gauche, sur le continent, se déploie la baie de Scala-Nova, au fond de laquelle sont les ruines d'Éphèse, près du village d'Ayassalouk. Vis-à-vis du cap Samson qui la termine, s'étend Samos, île couverte de montagnes, les unes escarpées et nues, d'autres boisées et verdoyantes ; on y trouve aussi des plaines bien cultivées. Vathi, sa ville principale, a un port vaste et commode. A l'O. de Samos, on voit Icaria, petite île montagneuse et boisée ; et, au S. O., Pathmos, autre petite île rocailleuse, a plusieurs bons ports. Sur le sommet de la plus haute montagne s'élève le couvent de Saint-Jean-l'Évangéliste ; suivant la tradition, il est bâti sur l'emplacement habité par cet apôtre dans son exil.

Sur la côte du continent, on rencontre l'embouchure du Meinder-Buiuk (*Méander*), fleuve dont le cours est extrêmement sinueux, et au S. duquel florissait jadis Milet, ville fameuse, dans l'antiquité, par son commerce, ses richesses et les nombreuses colonies qu'elle fonda ; on croit avoir découvert ses ruines près du village de Palat (PL. XLIII — 4).

Au S. de l'embouchure du Méandre, est un golfe profond borné, au S., par une longue presqu'île, vis-à-vis de laquelle est située Stanchio (*Cos*), île montueuse et fertile, célèbre pour avoir vu naître Hippocrate ; elle donne son nom à un golfe du continent, sur la côte méridionale duquel on remarque Boudroun (*Halicarnasse*), bâtie sur un coteau en pente douce. On peut distinguer en plusieurs endroits les restes de l'ancienne ville, et, dans les environs, une grande quantité de ruines. M. Beaufort, capitaine de vaisseau de la marine royale d'Angleterre, soupçonne que le fameux mausolée élevé par Artémise à son époux occupait l'emplacement sur lequel est aujourd'hui le château qui domine la cité.

Au S. E. de Stanchio, l'île de Rhodes présente ses collines formées en amphithéâtre et terminées par une haute montagne. « Cette île est plus célèbre aujourd'hui, dit M. F. Didot, par la valeur des chevaliers qui en ont défendu les remparts, que par l'antique merveille de son colosse. » Elle a deux ports. Le petit, que les Turcs ne font jamais curer, est réellement peu considérable ; l'autre, qui est plus grand, peut recevoir des frégates de 40 canons ; mais il est trop ouvert aux vents du N. et du N. E., tandis que le petit port est à l'abri de tous les vents. C'est là que les navires vont caréner.

D'après les récits de Savary, de M. Didot et d'autres voyageurs, la ville moderne, bâtie sur les ruines de l'ancienne, n'occupe pas le quart de son étendue ; elle ne possède aucun monument remarquable ; on n'y retrouve pas même des vestiges de ceux de l'antiquité ; tout a été enlevé ou détruit. Après avoir traversé plusieurs rues tortueuses, dont les fragiles maisons, la plupart en bois, sont habitées par des Turcs, on arrive à une rue large et droite qui porte encore le nom de *rue des Chevaliers* ; elle est bordée des deux côtés par des parapets en marbre, et elle conduit en montant depuis le port jusqu'au palais du grand-maître, qui domine le rempart. Sa vue produit une impression profonde ; car un heureux hasard a conservé, dans toute la longueur de cette rue, les maisons mêmes qu'habitaient ces vaillans chevaliers ; leurs écussons, sculptés sur le marbre, sont encore au-dessus de chaque porte en ogive ; à côté de ces armoiries, on voit encore, au-dehors de plusieurs maisons, quelques niches sculptées avec soin en forme de petites chapelles gothiques. En passant sous la Porte-Rouge, on aperçoit les lourdes armures des chevaliers et leurs longues épées, qui seraient maintenant trop pesantes pour nos bras, suspendues à la voûte et rangées en trophées. Les Turcs en font parade, sans savoir qu'ils honorent ainsi le courage des vaincus plus encore que celui des vainqueurs.

Quoique Rhodes n'ait rien conservé de son ancienne splendeur, l'avantage de sa situation à la pointe d'un promontoire, ses maisons disposées en amphithéâtre, ses murailles solidement construites, ses forts placés en avant sur des écueils, lui donnent un air de force et de puissance qui, de loin, en impose aux yeux des navigateurs. Les beaux arbres qui, autrefois, formaient des forêts épaisses sur les flancs des montagnes de l'île, y sont aujourd'hui clair-semés, parce que les Turcs les emploient à la construction des vaisseaux de guerre, et qu'ils coupent sans jamais replanter. L'île est extrêmement fertile et serait d'un très-grand rapport, si la mauvaise administration ne la dépeuplait chaque jour davantage. Ses vins sont très-recherchés, et ses fruits sont abondans et magnifiques; mais une partie des meilleures terres est inculte.

Vis-à-vis de Rhodes, la baie de Makri, sur le continent, contient un port magnifique; ses côtes offrent des ruines de villes anciennes. Au S. s'élève l'Yrdi-Bouroun, promontoire composé de masses montagneuses hautes et âpres. Le capitaine Beaufort a commencé à cet endroit, en 1811, sa reconnaissance des côtes de la Caramanie. Un peu plus loin, à l'E., on voit, près du rivage, les ruines de Patara, lieu jadis célèbre par un oracle d'Apollon; on distingue encore l'emplacement du port, mais ce n'est plus qu'un marais comblé par les sables et couvert de buissons; la communication avec la mer est interrompue par une plage droite sans ouverture, et de longues rangées de dunes s'étendent de toutes parts.

Au-delà de plusieurs îles désertes, au pied d'une côte escarpée, la ville de Castel-Rosso présente son port petit, mais profond; l'île demeure nue et absolument stérile; la ville est habitée entièrement par des Grecs, gouvernés par un aga turc. On y trouve communément des pilotes pour les autres endroits de cette côte, et même pour la Syrie et l'Egypte. Les montagnes de la Caramanie sont bien boisées et fournissent beaucoup de matériaux pour les constructions navales.

Castel-Rosso forme le côté occidental d'un port rempli d'îlots et d'écueils, et renfermant les ports de Sevedo et de Vathy, qui sont spacieux. On voit, dans les falaises qui s'élèvent autour de ces hâvres, de nombreuses sépultures creusées dans le roc : elles furent, dans le principe, fermées de portes en pierre. Beaucoup de sarcophages sont épars sur la pente de la montagne, mais il n'y a aucun reste digne de remarque ; au contraire, l'isthme élevé qui sépare Sevedo du continent offre des ruines d'édifices considérables, entre autres un théâtre.

Plus loin, à l'E. des îles et des criques innombrables de Cacava, on trouve l'embouchure de l'Andraki, petit fleuve saumâtre qui baigne les ruines de Myra; sur la rive gauche, on voit celles d'un vaste grenier romain, avec une inscription latine qui indique sa construction sous le règne de Trajan. En suivant la côte, on rencontre sans cesse des débris d'antiquités.

M. Beaufort était à l'ancre vis-à-vis de Takhtalou, cime dont l'altitude est de 7,800 pieds.

« La nuit précédente, dit-il, nous avions aperçu de la frégate une lumière peu considérable, mais constante, au milieu des montagnes; lorsque nous en parlâmes aux habitans, ils nous apprirent que c'était un *yanar*, ou feu volcanique, et nous offrirent de nous donner des chevaux pour nous y conduire. Ayant parcouru 2 milles dans une plaine fertile et en partie cultivée, puis suivi un chemin tortueux dans un vallon rocailleux et bien boisé, nous vîmes, dans l'angle intérieur d'un bâtiment ruiné, le mur creusé en-dessous comme si l'on eût voulu y laisser une ouverture de 3 pieds de diamètre et de la forme de la bouche d'un four : c'est de là que sort la flamme, répandant une chaleur intense, mais ne laissant pas de trace de fumée sur le mur ; nous avons pourtant détaché du coi de l'ouverture de petits morceaux de suie durcie ; toutefois la couleur des murs était à peine altérée. Des arbres, des buissons, toutes sortes de plantes croissent autour et tout près de ce petit cratère, à côté duquel passe un ruisseau qui descend des hauteurs ; à quelques pieds d'éloignement, on ne découvre aucun effet de la chaleur de ce feu. La montagne est formée de serpentine friable et de blocs de calcaire isolé. Nous n'avons aperçu dans les environs nul produit volcanique.

» A peu de distance, en descendant la montagne, on voit un autre trou qui paraît avoir donné, pendant quelque temps, passage à une flamme semblable ; cependant notre guide nous assura que, de mémoire d'homme, il n'en avait point paru ; il ajouta que la dimension et l'apparence de la cavité dont il en sortait n'avaient subi aucun changement, que jamais on n'y avait entendu aucun bruit, que jamais la terre n'y avait tremblé, que cette cavité n'avait vomi ni pierre, ni fumée, ni vapeur nuisible, et que l'on avait essayé vainement, en y versant une prodigieuse quantité d'eau, d'éteindre la flamme brillante qui s'en échappait ; les bergers y viennent fréquemment cuire leurs alimens ; enfin notre guide affirma très-sérieusement que la flamme ne rôtissait pas la viande volée.

» Ce phénomène a, sans doute, existé depuis des siècles ; car c'est probablement de ce lieu que parle Pline le naturaliste, quand il dit : « Le mont Chimæra, près de Phaselis, vomit sans cesse une flamme qui brûle jour et nuit. »

» En quittant ce lieu singulier, nous sommes revenus par une autre route, et nous avons fait halte près de quelques huttes de Turcs, où, pour mieux dire, de tas de pierres qui ont à peine la forme de murs et qui soutiennent, en guise de toit, une couverture de branchages, de feuilles et d'herbes ; ces cabanes n'avaient ni cheminées, ni fenêtres ; on ne peut imaginer rien de plus misérable. Ceci ne s'applique qu'à l'extérieur, n'ayant pu juger du dedans ; car dès que les femmes nous virent approcher, elles se dépêchèrent de rentrer, et il ne fut pas permis aux yeux des infidèles de pénétrer dans ces retraites sacrées. Durant le beau temps, ce qui, sous ce climat, a lieu les trois quarts de l'année, les hommes habitent à l'ombre des arbres ; leurs hamacs et leurs petits ustensiles sont suspendus aux branches ; ils étendent leurs tapis à terre, et y passent la plus grande partie du jour à fumer. Un torrent, près duquel ils placent toujours cette demeure ombragée, sert à leur boisson et à leurs ablutions, et les grappes de raisin qui pendent de tous les côtés les invitent à les cueillir. »

Au mois d'août, on ne voyait plus que quelques bandes de neige sur le Takhtalou, tandis que les montagnes lointaines de l'intérieur étaient entièrement blanches dans le quart de leur hauteur depuis le sommet ; on en peut conclure que l'altitude de cette partie du Taurus est au moins de 10,000 pieds, et par conséquent peu inférieure à celle de l'Etna.

Tekrova, au pied du Takhtalou, a remplacé *Phaselis*. Quand M. Beaufort et ses compagnons eurent examiné les ruines et les inscriptions relatives à cette ville antique, ils replacèrent soigneusement ces dernières dans la même situation où ils les avaient trouvées, « ou plutôt nous les mîmes, dit il, dans la position qui nous sembla la mieux calculée pour assurer leur conservation. C'est une pratique à laquelle nous nous sommes invariablement conformés, afin d'être utiles aux voyageurs futurs. » Ce soin louable mérite à ces navigateurs la reconnaissance de tous les hommes éclairés.

Du cap Avova, voisin de Tekrova, M. Beaufort se dirigea, au N., vers la baie de Satalie ou Adalia (*Olbia*). La ville de ce nom est grande et commerçante ; on y voit encore un superbe arc de triomphe érigé à l'honneur d'Adrien. Ensuite, naviguant à l'E., il visita successivement Laara (*Attalia*), avec un beau port aujourd'hui comblé ; Eski-Adalia, nom donné par les Turcs aux magnifiques restes de l'ancienne *Sidé*, si renommée, dans l'antiquité, par l'adresse de ses marins ; elle a le théâtre le plus vaste et le mieux conservé de tous ceux de cette côte ; Alaya (*Coracesium*), entouré de villages, de châteaux et d'églises en ruines, quoique d'une construction peu ancienne ; Selinti (*Selinus*), qui, à la mort de Trajan, prit le nom de *Trajanopolis*, et dont les ruines méritent l'attention ; Anemour, misérable château voisin des ruines d'*Anemurium*, remarquables surtout par leurs nombreux tombeaux ; Selefkeh (*Seleucia*), petite ville avec un port ; on y distingue encore d'immenses citernes, des catacombes, un théâtre et d'autres édifices ; Mezetlu, près des restes de *Soloi* ou *Pompeiopolis*, qui frappent encore d'étonnement ; car la magnifique colonnade, à l'entrée de son port artificiel, présente 44 colonnes debout.

A 15 lieues au S. S. E. du cap Anemour, le plus méridional de la Caramanie, on trouve l'île de Chypre, dont la longueur, de l'E. à l'O., est de 52 lieues, et la largeur moyenne, du N. au S., de 20. Mariti, Macdonald Kinneir, M. Didot, M. Callier et beaucoup d'autres voyageurs l'ont visitée. Voici le résumé de leurs observations :

Chypre est coupée, de l'E. à l'O., par une chaîne de montagnes hautes et escarpées, dont le point culminant, mont Sainte-Croix (*Olympus*), à peu près au centre de l'île, envoie de divers côtés des branches secondaires qui forment des caps très-saillans le long de la côte. Chypre est assez mal pourvue d'eau ; les rivières tarissent durant l'été, et les puits fournissent, pour la plupart, une eau saumâtre.

Larnaca, sur une baie de la côte S. E., près des ruines de *Citium*, est la résidence de plusieurs consuls européens. La plupart des négocians habitent la partie inférieure appelée la Marine, parce que quelques misérables boutiques y sont placées sur le bord de la mer. Un orage éclata durant le séjour de M. Didot dans l'île. « Deux jours après, dit-il, je fus singulièrement surpris en voyant, par les fenêtres de la maison du consulat, située dans la partie la plus élevée de Larnaca, que cette ville avait en quelque sorte disparu sous un tapis de verdure ; la pluie avait fait germer de l'herbe sur tous les toits en terrasse qui, comme les murs des maisons, sont construits en terre mêlée avec de la paille. Nous étions alors dans le mois de janvier, et la température était aussi agréable qu'aux plus beaux jours du printemps...

» Les femmes sont laides à Larnaca, quoique dans l'intérieur de l'île elles soient généralement belles ; à Leucosie ou Nicosie, la capitale, j'en ai vu dont les traits étaient remarquables par leur beauté.

» En allant à cette ville, on passe par un couvent bâti près de la montagne, sur laquelle est

3. Ténédos.

4. Milet.

bâtie l'église de la Sainte-Croix de l'Olympe, puis par le petit village de Dalie, dont le nom conserve le souvenir de l'antique Idalie. On n'y trouve point d'antiquités; la tradition seule et le nom que porte ce village, comme celui de *Ieros Képos* (jardin sacré), près de *Paphos* (Baffo), sont tout ce qui reste d'Idalie, de Paphos, d'Amathonte et des jardins de Vénus, si célèbres autrefois dans l'île de Chypre.

» La ville de Leucosie, bâtie dans une plaine, présente un bel aspect; elle se détache, par la blancheur de ses murailles, sur les hautes montagnes de l'île. Quelques maisons sont fort jolies; presque toutes ont des jardins; la solidité des murs de plusieurs d'entre elles indique qu'ils ont été construits par les Vénitiens.

» Le contour de Leucosie est très-vaste, mais l'intérieur de cette ville est en grande partie désert. D'après les rapports les plus exacts que j'aie pu me procurer, la population générale de l'île est au plus de 80,000 ames. Les mesures sévères que le gouvernement a prises pour empêcher l'émigration ne peuvent l'arrêter. Déjà, du côté de Famagouste, les terres, malgré leur fertilité et la proximité de la mer, restent incultes. Cependant cette île, par sa position, par la fécondité de son sol et la variété de ses productions, qui offriraient de grands avantages au commerce, pourrait aisément contenir plus d'un million d'habitans. Quelques bâtimens viennent encore y chercher, pour exporter en Europe ou en Turquie, du coton, de la soie jaune et blanche, des vins, du froment, de l'orge, du sel, de l'alizari et de la terre d'ombre.

» A 2 lieues de Leucosie, nous trouvâmes sur le chemin des tas de pierres, qui sont autant d'autels d'exécration que forment les habitans contre tel ou tel homme en place dont le pouvoir les opprime. Les eaux qui croupissent en beaucoup d'endroits, et qui seraient d'un grand secours pour l'agriculture si elles étaient bien conduites, sont la principale cause à laquelle il faut attribuer les fièvres qui font chaque année de grands ravages parmi les habitans. Les Européens, en se fixant à Larnaca, semblent avoir choisi le lieu le plus malsain de l'île, puisqu'il est entouré de marais. »

Sur la côte E., Famagouste, à 5 milles au S. de *Salamis*, plus tard *Constantia*, et célèbre par la belle défense des Vénitiens contre les Turcs, qui violèrent de la manière la plus lâche et la plus atroce la capitulation signée en 1571, est maintenant couverte de décombres et habitée par une centaine d'Ottomans.

Cerino (*Cerynia*), sur la côte du N., où s'embarquent les courriers pour le continent, n'a plus rien de remarquable; il en est de même de Limasol (*Amathonte*), sur la côte du S., de Baffo et des autres villes de la côte occidentale.

En revenant sur le continent, à l'embouchure du Tarsous-Khayé (*Cydnus*), on voit, à droite, Ezeloū, qui est l'échelle ou le port de Tarsous. Après avoir parcouru 12 milles le long de la rive droite de ce fleuve, on arrive à cette capitale, qui est encore assez grande et commerçante, et qui fut, dans l'antiquité, très-célèbre, sous le nom de *Tarsus*, par sa puissance, sa richesse et ses écoles. Kinneir dit que « lorsqu'on la voit d'une certaine distance, du haut d'une légère éminence, elle offre plutôt l'apparence d'une vaste forêt que celle d'une ville, à cause des innombrables et vastes jardins dont elle est entourée. Elle a été prise et saccagée tant de fois, depuis la chute de l'empire romain, qu'elle conserve à peine quelques restes de son antique splendeur, et n'occupe pas le quart de son ancien emplacement. Un nombre infini de petits canaux dérivés du Cydnus l'arrosent; mais ce fleuve, qui jadis traversait la ville, en est éloigné de plus d'un demi-mille vers l'E.; les environs sont sujets à des inondations à l'époque de la fonte des neiges, et on aperçoit encore les restes d'un canal que Justinien avait fait creuser pour recevoir la surabondance des eaux.

» En allant de Tarsous à l'E., on traverse une plaine d'une fertilité merveilleuse, cultivée en coton et renfermant plusieurs villages grecs séparés les uns des autres par des jardins et des vignobles; les hautes montagnes restent à 16 ou 17 milles à gauche du chemin qui mène à Adana, ville très-ancienne, sur la rive droite du Seyhoun, et presque aussi considérable, mais mieux bâtie que Tarsous. Un portique majestueux s'élève au milieu du bazar; un beau pont en pierres et un aqueduc bien entretenu s'y font remarquer.

» Au sortir de la ville, ayant passé le Seyhoun, je marchai, au S. E., dans une plaine que coupe une chaîne de montagnes filant au S. E.; puis je traversai une autre plaine naturellement fertile, mais inculte et déserte. Messis (*Mopsueste*), grand village composé de cabanes en terre sur un amas de sable et de décombres, est sur la rive droite du Seyhoun; on le franchit sur un beau pont en pierre, puis on quitte la plaine; on entre dans une chaîne de montagnes, on parcourt 6 milles dans un défilé étroit et rocailleux, et on descend dans une plaine déserte entourée de montagnes arides et de couleur brune. Quoique dans une saison où la terre est brûlée par l'ardeur du soleil, une herbe épaisse et verdoyante couvrait le sol gras de cette campagne. On escalade de nouveau des hauteurs, on arrive à Kartanlec (*Castabala*), ville ruinée habitée par quatre ou cinq familles turcomanes, les seuls êtres humains que nous eussions aperçus depuis notre départ de Messis. Ensuite on parcourt 3 milles sur un plateau, on pénètre dans un défilé couvert de broussailles touffues; puis les rochers se rapprochent, et on passe sous un vieux portique de granit noir nommé *Kara-capi* (porte noire); au-delà, on descend dans une plaine étroite où l'on voit, à droite, le golfe de Scanderoun; au pied des montagnes, les ruines d'Ayas, ville moderne; au N. et à l'O., de légères éminences; au S., la baie d'Issus; à l'E., un vaste marécage. En avançant vers l'E. et le long de la baie, on trouve Payas, sur la pente douce d'un coteau, à un quart de mille de la haute chaîne de l'Amanus qui sépare la Cilicie de la Syrie; Payas occupe l'emplacement d'Issus, célèbre par la victoire d'Alexandre sur les Perses. Tout le pays où nous avions voyagé, depuis Adana, offre le triste tableau des effets d'un gouvernement tyrannique et arbitraire. »

Au N. des montagnes qui rattachent l'Amanus au Taurus, Maratch, situé sur un affluent du Seyhoun, est sur une des routes qui conduisent de l'E. à l'O. En continuant à voyager dans cette direction, on traverse le Seyhoun, ensuite l'Aksou, et on coupe des embranchemens du Taurus. Le pays qui s'étend entre la ville voisine de Kelendry et Caramba est nommé Itchil par les Turcs. « C'est, dit Kinneir, une immense forêt de chênes, de hêtres, de sapins et de genévriers. Elle a pour habitans quelques hordes de Turcomans qui élèvent des chameaux, des chevaux et des bœufs; nous n'y vîmes pas de moutons; en revanche les troupeaux de chèvres étaient nombreux et défendus par de très-gros chiens, remarquables par la longueur de leur poil, leur sagacité, leur force et leur férocité. Les chemins sont mauvais et très-difficiles.

» Caraman, bâti en partie de matériaux tirés des ruines de *Larenda*, est dans une vallée spacieuse qui se rattache à la vaste plaine de Konièh, au centre de laquelle s'élève brusquement le Karadja-dagh, et qui se déroule à perte de vue comme une vaste mer; car, dans son immense développement, elle n'offre ni un arbre, ni un arbrisseau; quelques parties sont fertiles, d'autres imprégnées de salpêtre; une très-petite portion est cultivée et habitée; les caravanes y sont fréquemment pillées.

» Caraman, à l'extrémité méridionale de cette plaine et au pied du Bedlerin-dagh, branche du Taurus, occupe, avec ses plaines et ses jardins, un vaste espace; le climat y est sain, l'eau abondante; on y fabrique de grosses toiles de coton servant à l'habillement des classes inférieures. »

Au pied du Karadja-dagh, on aperçoit encore les ruines de Maden, et on en voit dans différens endroits de la route, qui devient meilleure à mesure qu'on s'éloigne des montagnes et qu'on approche de Konièh (*Iconium*.) Le nombre des mosquées, leur situation pittoresque, les médressés, donnent à cette ville un aspect imposant; mais plusieurs de ces édifices publics sont dans un état de délabrement extrême. La mosquée du sultan Sélim, bâtie sur le modèle de celle de Sainte-Sophie de Constantinople, et celle du cheikh Ibrahim, sont vastes et magnifiques. Les murs de la ville ont été construits avec des débris d'anciens édifices; les portes et les tours sont ornées d'inscriptions arabes. Kinneir aperçut des caractères grecs sur des portions de piédestaux de colonnes; mais ils étaient à une si grande hauteur, qu'il ne put les déchiffrer. Au-dessous du fronton de la porte de Ladik, il observa un superbe bas-relief et une statue colossale d'Hercule, d'un travail exquis; plusieurs figures sont très-mutilées; les Turcs ont essayé de les restaurer en y ajoutant des jambes et des bras, mais l'exécution grossière de ces parties rapportées forme un contraste frappant avec la délicatesse de l'ouvrage antique.

Les habitans de Konièh ont profité des eaux d'une petite rivière pour l'irrigation des jardins et des champs; le reste va se perdre dans un petit lac à 5 ou 6 milles au N. De chaque côté s'élèvent des montagnes neigeuses; mais vers l'E. se déploie la grande plaine.

Après avoir parcouru 14 lieues au N. E. dans un pays peu habité et montagneux, Kinneir entra dans Ladik (*Laodicea combusta*). On ne découvre plus d'autres restes de la ville ancienne, que des fragmens de colonnes et quelques piédestaux et chapiteaux dont les Turcs ont fait des sarcophages.

En sortant de Ladik et se dirigeant au N. O., Kinneir laissa à droite, dans la plaine, deux petits lacs qui reçoivent l'Eilgoun-sou, rivière médiocre coulant vers l'E.; il la traversa et parvint à Eilgoun, ville florissante et dont le marché est bien approvisionné. Plus loin, il vit Akcheher, qui est située au pied des montagnes. Ensuite il passa par Ketchlouk, environnée de jardins; le chemin côtoie le pied d'une grande chaîne de montagnes. A 4 milles de distance vers l'E., un lac s'étend d'Ak-Cheher à Ketchlouk; il est borné, au N., par des coteaux couverts de roseaux que les habitans viennent couper pour faire la toiture de leurs maisons. Baloudyn, sur l'Akar-Sou, est au pied d'une chaîne de montagnes, au S. d'une vaste plaine. Il faut traverser une seconde fois l'Akar-sou pour atteindre Afioum-Kara-Hissar (*Apamea Cibotus*), qui est assez bien bâtie pour une ville turque, et renommée par ses manufactures de feutres noirs aussi bien que par la grande quantité d'opium qu'on y fabrique avec les pavots cultivés en abondance dans le voisinage.

A peu près à 7 milles à l'O. de Kara-Hissar, on voit un couvent singulier, car il est formé d'excavations creusées dans le roc; des moines l'habitent.

Au-delà de Kara-Hissar, Kinneir, continuant à se diriger au N. N. O., voyagea dans un pays désert, inculte et montueux; puis il s'enfonça dans les montagnes et descendit dans la plaine de Kutaièh (*Cotyæum*), grande ville bâtie en partie au pied du Poursak-Dagh, en partie sur l'escarpement de ces monts. Une vieille mosquée est remarquable par sa singulière architecture; les murs de cette ville offrent encore plusieurs inscriptions grecques.

Kinneir marcha ensuite au N., escalada des montagnes dont les flancs sont ombragés de pins, de sapins et de hêtres. La température devenait plus froide à mesure qu'on approchait de l'Olympe, dont le pic neigeux s'élançait dans les airs et semblait se cacher dans un brouillard épais, ce qui l'a fait nommer par les Turcs *Domàn-Dagh* (mont de la fumée). On était alors au 4 mars; il neigea abondamment toute la matinée. Turba est un des cinq hameaux situés dans une riante vallée, sur les bords d'une petite rivière, au pied des défilés du mont Olympe. Les habitans de ces villages sont exempts de tout tribut, à condition de protéger les voyageurs et de leur servir de guides. Jamais aucun voyageur n'a péri dans les neiges. De même que les religieux du mont Saint-Bernard, ces paysans ont une espèce de gros chiens qui découvrent par l'odorat les gens égarés. Après avoir traversé deux petites rivières coulant au N., on descend dans la vallée d'Ioni-Goul, qui est grasse, bien boisée et arrosée par l'Ioni-Sou. On tourne au milieu des rochers, et on arrive enfin dans la vallée de Brousse (*Prusa*); cette ville est bâtie, de l'E. à l'O., sur des coteaux, au pied du mont Olympe, dans une situation délicieuse, à peu de distance du Nilufer; elle a de nombreuses sources thermales, pour lesquelles de magnifiques bâtimens ont été construits; elle est dominée par un château ruiné, ancienne résidence des sultans, et bâti au haut d'énormes rochers; des bas-reliefs à moitié effacés montrent encore l'aigle romaine (Pl. XLIII — 3). On évalue la population de Brousse à 100,000 ames; elle est commerçante et a des fabriques de soieries; les environs sont couverts de plantations de mûriers.

Maintenant retournons à Koniêh, pour voyager vers l'O. par une route plus méridionale et moins fréquentée que celle qui a été suivie précédemment.

En allant au S. O. et traversant les montagnes, on trouve Serski-Seraï, village très-peuplé, près duquel sont des sources thermales très-abondantes. Plus loin, le lac Ghoul-begchari a plus de 60 lieues de circonférence; on y pêche de très-gros poissons; on ne lui connaît pas d'issue. Un autre lac non moins poissonneux, mais moins considérable, baigne les murs du château d'Igherdé, ville assez jolie; une rivière, qui sort de ce lac, coule au S. et se jette dans la mer près d'Atalia.

Bourdour, grande ville à l'O. d'Igherdé, est habitée par des tanneurs, des teinturiers et des tisserands; des ruisseaux d'eau limpide arrosent presque toutes les rues. Le canton qui l'entoure est couvert de rochers entassés de la manière la plus bizarre. A une petite distance commence l'Aghi-Ghoul, qui s'étend vers le N. et le N. O.; ses eaux sont salées et ses rives très-pittoresques.

A 12 lieues au S. E. de Bourdour, on voit, près du village d'Agla-Sou, de très-belles ruines; on pense que ce sont celles de *Segalassus*. « Le beau théâtre, dit M. Arundel, semble avoir servi la veille. » Les restes d'un vaste portique, d'un gymnase et d'autres antiquités sont également dignes d'attention.

Toute la partie occidentale de la contrée qui nous occupe est de même couverte, sur plusieurs points, de ruines de villes anciennes; mais toutes ne sont pas encore connues avec certitude, car des cantons entiers n'ont pu être observés. Guzel-Hissar, florissante par ses manufactures de coton et son commerce, remplace à peu près *Magnésie sur le Méandre*; plus loin, Eski-Hissar s'élève près des débris de *Tralles*. Chandler a visité Ala-Chahi près du Tmolus, montagne tapissée de cistes qui embaument l'air de leurs parfums. Là florissait jadis *Philadelphie*, qui fut détruite autant par les tremblemens de

As.   48

terre que par les ravages des hommes. En coupant le Tmolus et suivant les bords du Sarabat (*Hermus*), on arrive à Sart : ce fut, dans l'antiquité, *Sardes*, résidence des rois de Lydie, dont Cyrus renversa la puissance. M. Leake a observé dans les environs le monument d'Alyates, père de Crésus : c'est un cône en terre haut de 200 pieds; sa base, formée, suivant Hérodote, de grandes pierres de taille, a 6 stades de circonférence. A l'O. du coteau sur lequel il est bâti coule le Pactole, qui prend sa source dans une montagne voisine et se jette dans l'Hermus. Autrefois il passait au milieu de la place publique de Sardes et roulait dans ses flots une si grande quantité de paillettes d'or, que les ancêtres de Crésus en tiraient la plus grande partie de leurs revenus. Cette source de richesses finit par s'épuiser. Hérodote dit qu'à l'exception de cette rivière et du tombeau d'Alyates, la Lydie ne renfermait rien d'extraordinaire. Les ruines d'un grand temple s'élèvent encore entre le Tmolus et la citadelle.

Le Sarabat, avant de verser ses eaux dans la mer, passe à Magnisa (*Magnesia ad Sipylum*). Ce mont Sypile passait avec raison, chez les anciens, pour le séjour constant des orages. Magnisa est très-peuplée et fait un gros commerce. Plus au N., Ak-Hissar (*Thyatira*), sur le Kados, n'a presque plus de restes de son ancienne splendeur. Au N. O., on trouve Kirkagatch, connue dans tout le Levant par la supériorité de son coton et par la bonté de son miel. La route que l'on suit en allant au N. traverse un pays planté de cotonniers. On gravit ensuite une région montueuse « qui, d'après le récit de M. de Châteaubriand, serait couverte d'une admirable forêt de chênes, de pins, de phyllitis, d'andrachnés, de térébinthes, si les Turcs laissaient croître quelque chose ; mais ils mettent le feu aux jeunes plantes et mutilent les arbres... Les villages dans ces montagnes sont pauvres, mais les troupeaux sont assez communs et très-variés; vous voyez dans la même cour des bœufs, des buffles, des moutons, des chèvres, des chevaux, des ânes, des mulets, mêlés à des poules, à des dindons, à des canards, à des oies. Quelques oiseaux sauvages, tels que les cigognes et les alouettes, vivent familièrement avec ces animaux domestiques : au milieu de ces hôtes paisibles règne le chameau, le plus paisible de tous. »

Au revers de ces montagnes coule le Sousou-Ghirli (*Granique*); quand on l'a passé, on peut prendre, à droite, la route de Brousse, ou celle de gauche qui mène à Mikalitza, grande ville turque située sur une rivière à laquelle elle donne son nom; le port de Mikalitza est sur cette rivière, à 16 lieues de la mer de Marmara.

En allant de Brousse au N. N. O., Kinneir traversa d'abord les derniers promontoires du mont Olympe, puis passa le Horni et descendit des hauteurs sur les rivages du golfe de Modania. On s'embarque à la ville de ce nom pour aller à Constantinople. Le golfe reçoit à son extrémité orientale l'Hyla, rivière qui lui apporte les eaux du lac d'Isnik.

C'est sur la rive orientale de ce lac très-poissonneux que l'on voit, parmi les ruines de monumens anciens, la ville d'Isnik (*Nicée*), célèbre, dans l'antiquité, par sa magnificence; dans les premiers siècles de notre ère, par les conciles qui y furent tenus; au moyen âge, par les exploits des Croisés. Ses épaisses murailles, ses tours et ses portes sont encore assez bien conservées. Aujourd'hui elle est bien chétive, mais le commerce y est assez actif.

En sortant de Nicée et se dirigeant au S. E., on entre dans une vallée étroite et inculte, ensuite dans des montagnes. Louka est sur les bords du *Gallus*, qui, plus loin, répand la fertilité dans une vallée remplie de jardins et de vergers. Sogat, sur le Sangar, fut, au moyen âge, la résidence d'Othman, fondateur de l'empire ottoman.

A 9 heures de marche à travers des collines rocailleuses, on descend par une pente douce dans la vaste plaine d'Eski-Cheher (*Dorylée*), où l'armée des Croisés, commandée par Godefroy de Bouillon, défit celle des Turcs. Cette plaine, comme la plupart de celles de l'Asie-Mineure, est peu cultivée faute de population. Des sources thermales très-abondantes jaillissent dans la partie inférieure de la ville, baignée par le Boursouk, qui, plus loin, se réunit au Sangar. Le chemin de Constantinople à Eski-Cheher est en assez bon état.

La vaste plaine ou plutôt le plateau que l'on traverse au-delà d'Eski-Cheher, vers le S. E., est aride, rocailleux, désert; toutefois, dans plusieurs enfoncemens, il fournit d'assez bons pâturages pour les chevaux. Seyd Gouz est une ville chétive, à moitié détruite, avec un vieux château ; Kinneir y observa plusieurs fûts de colonnes de marbre et d'autres débris. Plus loin, il vit des ruines d'une autre ville, et remarqua deux colonnes très-belles et d'autres fragmens de marbre dans un cimetière. « C'est toujours dans des endroits semblables que l'on rencontre des restes de monumens dans cette contrée. » Le milieu de la plaine voisine est em-

1. Kurdes.

2. Babylone.

J. Bailly del.

VOYAGE

belli par des groupes de jolis arbres. Les environs de Keymak, village solitaire, sont jonchés, sur les bords de deux petits ruisseaux, de débris de colonnes.

Sever-Hissar s'élève sur l'escarpement d'une chaîne de rochers abruptes s'ouvrant, au S., vers la plaine. Entre autres curiosités, Kinneir y vit trois figures de lion en marbre blanc, plus grands que nature, mais d'une exécution médiocre; les flancs de l'un d'eux portent une inscription grecque; un sarcophage également en marbre blanc en offre aussi une; elles sont très-frustes. Des fragmens de colonnes et de corniches de marbre, qui jonchent les rues et les environs, paraissent désigner l'emplacement de Sever-Hissar comme celui d'une ville plus ancienne, peut être celle d'*Abrostola*. Mais, comme toute cette partie de la Phrygie était autrefois couverte de villes et de villages, il est actuellement impossible de déterminer une position particulière sans avoir quelque indication certaine pour se diriger dans ses recherches.

A 6 lieues au S. E., le village de Hamam-Aïda occupe un site charmant dans une vallée; des bosquets l'entourent; il est célèbre par ses eaux minérales, ce qui fait supposer à Kinneir que c'est le lieu appelé *Therma* du temps des Romains, à cause de ses bains chauds. Une lieue au-delà, on distingue, à Ghidjak, des ruines de quelques anciens édifices remarquables par leur solidité. Le pays prend un aspect plus riant; beaucoup de petites rivières l'arrosent. On traverse les ruines et les jardins d'Yerma (*Germa*), colonie romaine et ville célèbre par sa sainteté; les paysans étaient occupés à faire leur récolte, qui consistait en froment et en orge.

Quand on a passé le village de Mirgon, on entre dans un pays abondant en pâturages, entrecoupé de vallons et de coteaux couverts des tentes des Turcomans; et, à 4 lieues de là, on retrouve tout-à-coup le Sangar, large seulement de 30 pieds, mais rapide, profond et très-encaissé; on le traverse sur un pont en bois. Ensuite Kinneir chemina au N., puis à l'E. S. E.; le terrain s'élevait, mais toute la contrée était sauvage et déserte.

On n'aperçoit aucune trace de culture ni d'habitation; tout-à-coup on découvre, du sommet d'un coteau, Angora, (*Ancyre*), éloignée de 12 milles dans l'E. N. E. Beaucoup de voyageurs ont visité et décrit cette ville. Elle est bâtie sur la croupe O. et S. de la plus considérable et de la plus méridionale de plusieurs collines situées à l'E. d'une plaine. Ses murs descendent jusqu'aux bords du Tabahanah, petite rivière qui, après avoir reçu l'Insoukh, va grossir le Chibouk-souh; cependant l'eau est rare à Angora; le bois ne l'est pas moins; on le remplace par du fumier sèché.

Autrefois cette cité fut décorée d'un grand nombre de superbes édifices; il n'en reste presque plus rien, et c'est de leurs débris qu'ont été construits presque tous ceux qui existent aujourd'hui, ainsi que les portes et les murailles. Tous les voyageurs ont parlé du monument d'Ancyre, le plus grand qui, dans les temps modernes, existât en Asie. Il était tout en marbre blanc à gros quartiers; il avait fait partie d'un temple d'Auguste; une longue inscription latine, presque entière, rappelait les principaux événemens de la vie de cet empereur. Depuis quelques années, la destruction de ce reste imposant a repris avec une nouvelle force, et bientôt on le cherchera inutilement.

Angora est célèbre par ses nombreuses fabriques de camelots, faits avec le poil des chèvres particulières à son territoire, et d'une finesse égale à celle de la soie; il frise naturellement par tresses de sept à huit pouces de long, et éblouit par sa blancheur. Le canton dans lequel vivent ces chèvres n'a pas plus de 9 lieues de rayon autour d'Angora et de Beibasar; partout ailleurs, la qualité de leur poil se détériore; elles sont plus petites que les nôtres. Le poil de plusieurs autres animaux de ce canton présente la même particularité que celui des chèvres.

« Angora, s'écrie Tournefort, nous réjouit plus qu'aucune autre ville du Levant. Nous nous imaginions que le sang de ces braves Gaulois qui occupaient autrefois les environs de Toulouse et le pays qui est entre les Cévennes et les Pyrénées, coulait encore dans les veines des habitans de cette place. » La partie de l'Asie-Mineure conquise par les Gaulois prit le nom de Galatie.

Une route menant d'Erzeroum à Angora a été suivie par plusieurs voyageurs. A 6 lieues de Baibout, on quitte le chemin de Trébizonde et on marche, à l'O., vers la plaine de Sumur, traversée par un ruisseau qui va joindre l'Ekil-Ermak. « Elle se prolonge jusqu'à Batch-Tchiflik, où elle se resserre, dit M. Fontanier, et ne laisse à la rivière qu'un étroit passage. Vers l'O., elle est fort bien cultivée; à l'E., on ne rencontre que des pâturages et des tentes de nomades...

» Avant d'arriver à Kara-Hissar, on parcourt un charmant vallon parsemé de villages; à droite et à gauche, d'énormes rochers coupés à pic contrastent, par leur forme abrupte, avec les ondulations d'un terrain formé de petits monticules et couvert de la plus belle végétation. Nous étions à la fin d'août et au moment de la récolte; tous les villageois étaient sortis pour couper le blé, et c'était un spectacle agréable que de voir ce mouvement et cette activité répandus sur la surface d'un pays où, dans les temps ordinaires, règnent la solitude et la crainte. Les femmes travaillent comme les hommes; toutes portaient des robes de soie, parures fort habituelles dans ces contrées et qui, partout ailleurs, auraient paru d'un trop grand luxe. »

Il faut traverser deux chaînes de montagnes pour atteindre Kara-Hissar. « Je n'ai jamais vu de pays où les descendans de Mahomet fussent plus nombreux; on ne rencontrait partout que des hommes portant des turbans verts. Cette ville ne renferme, m'a-t-on dit, aucun reste d'antiquité; je suis peu disposé à le croire, car j'ai observé, à quelques pas de la porte par laquelle je sortis, un mur qui certes n'avait pas été bâti par les Turcs. Dans le voisinage, sur la route de Trébizonde, on trouve des mines d'alun, d'où l'on extrait tout celui qui est consommé dans les fabriques; il y a également des mines de plomb que l'on n'exploite pas. »

Kara-Hissar est entouré de beaux jardins. Ensuite on voyage à travers des rochers couverts de pins; le sol est peu cultivé et la population fort rare. On passe à gué le Kizil-Ermak. « On avait déjà fait la récolte, mais les gerbes restaient dans la campagne sans que l'on veillât avec trop de soin à leur conservation. Les petits vols, en Turquie, sont punis avec une telle sévérité, qu'il est rare que l'on ose en commettre. » Les paysans paraissaient contens de leur sort. C'étaient des Arméniens.

Au-delà d'une chaîne de montagnes, on entre dans la plaine de Sivas (*Sebaste*). Cette ville est construite sur une plaine tellement rase, que lorsqu'on approche de ses murs on ne voit autre chose que ses premières maisons, et que l'on est obligé de la parcourir pour juger de son étendue. On y remarque les restes d'une citadelle bâtie, dit-on, par les Grecs; et, dans une des rues, une mosquée abandonnée, vis-à-vis d'un vaste caravansérail. Ces deux monumens sont en marbre et rappellent les beaux jours de l'islamisme.

A 20 lieues au N. O. de Sivas s'élève Tocat, sur le Tocatlan-Sou, petite rivière venant des montagnes, au S.; c'est dans ses eaux que l'on trempe les peaux de chèvres pour les tanner et leur donner différentes couleurs; elles sont connues, en Europe, sous le nom de maroquins. Tocat est également renommé par ses fabriques d'ustensiles de cuivre, d'étoffes de soie et de coton, de toiles peintes et de tapis. Sa population est estimée à 100,000 ames. Cette ville, bâtie dans une situation très-pittoresque, est entourée de maisons de campagne, de jardins et de terres bien cultivées. La vallée voisine abonde en toute espèce de fruits; la vigne y est très-bien soignée, et on y récolte de la soie. « Tocat a une apparence tout-à-fait européenne, et, vue de loin, ne présente pas l'aspect monotone des villes musulmanes. On pourrait aussi remarquer que là commence l'influence de la richesse, et que la différence de religion met moins de distance entre les hommes. Les mœurs deviennent moins rudes, et, quand on arrive de l'Orient, on croit quitter le pays de la barbarie pour entrer dans celui de la civilisation.

» En partant de Tocat, je ne cherchai pas à suivre une nombreuse caravane, car il n'y avait plus aucun danger à craindre; nous devions traverser des pays fertiles, habités par des populations agricoles, amies de l'ordre et de la tranquilité.

» Ce n'est que 4 heures avant d'arriver à Amasia que l'on trouve les jardins qui dépendent de cette ville. Alors c'est un magnifique spectacle que la suite non interrompue de maisons de campagne, de mûriers, d'arbres fruitiers qui se succèdent jusqu'à ses portes. Sur le penchant des montagnes sont de vastes forêts dans lesquelles les meilleurs fruits naissent sans culture, tandis que sur le plateau on récolte les céréales. »

Amasièh est à 20 lieues au N. O. de Tocat, à l'extrémité d'une gorge étroite, au pied d'une colline, dans le même emplacement décrit, il y a 1837 ans, par le grand géographe Strabon, qui était né dans cette ville. Elle compte près de 100,000 ames. M. Morier a visité des cavernes creusées dans la montagne, au-dessous de la citadelle; on en voit d'autres situées plus bas; elles offrent des restes de peintures. « Il est fâcheux, dit M. Fontanier, de ne pouvoir faire à Amasia des recherches et des fouilles de quelque importance; peu de villes contiennent d'anciennes ruines dans un meilleur état de conservation.... Le plus beau monument moderne qu'elle renferme est, sans contredit, la mosquée construite par le sultan Bayazid, dans la plaine, à l'entrée de la ville; les minarets s'élèvent au milieu des cyprès et des mûriers... La soie est la principale richesse d'Amasièh; les fruits y abondent; on y fait beaucoup de vin, dont on fabrique de l'eau-de-vie; la jeunesse turque préfère cette liqueur parce qu'elle enivre aisément, et que l'ivresse seule plaît à tout musulman qui boit du vin. »

Les manufactures d'Amasièh ont peu d'importance et de réputation; elles se réduisent à celles de toiles de coton, qui sont ensuite imprimées en couleur.

Suivant Morier, « les habitans d'Amasièh se distinguent par leur urbanité et leurs égards envers les étrangers. Les femmes ont la réputation d'être les plus belles et les plus aimables de l'Asie-Mineure. Le hasard ne m'offrit qu'une seule occasion d'en juger. En passant à cheval dans les rues, je vis une femme sans voile qui jouait devant sa porte avec une petite négresse; elle était plus belle que toutes celles que j'avais aperçues depuis quelque temps; à mon aspect, elle ne chercha pas à fuir pour n'être pas regardée, et probablement nous étions animés d'une curiosité égale. Je logeais chez un Turc très-riche. Il avait trois frères demeurant dans des maisons très-proches de la sienne; ils vinrent tous nous rendre leurs devoirs. Jamais je n'avais rencontré d'Asiatiques qui eussent le teint plus blanc; leurs manières étaient singulièrement douces et aimables; ils furent avec nous d'une politesse extrême; ils parlaient avec ravissement de leur patrie, quoiqu'ils n'eussent guère vu d'autre ville. »

On traverse ensuite une plaine très-unie pour aller à Marcivan, remarquable par ses beaux noyers et les champs de blé qui l'entourent. A 4 lieues à l'O., le grand village de Hadji-Keui est le point de réunion des caravanes de Smyrne, d'Angora, d'Erzeroum et d'autres villes. A 2 lieues à l'O de ce village, on trouve de riches mines de cuivre exploitées avec beaucoup d'activité; on en extrait le métal qui seul peut faire de bonnes cymbales.

On traverse des montagnes pour gagner Osmandjik, dont les environs sont bien cultivés; elle est bâtie sur le Kizil-Ermak, qui est là un fleuve considérable. On le passe deux fois; il se dirige au N., et l'on continue à cheminer à l'O. vers la plaine de Tozia, où l'on cultive du riz qui en prend le nom; il est semblable à celui de la Perse, et on l'estime plus que celui de l'Egypte; il est aussi plus cher, et c'est ce qui empêche de le porter à Constantinople. D'un autre côté, on voit quelques bouquets de ces arbrisseaux (*rhamnus infectorius*) qui produisent la drogue nommée *graine jaune*. Au-delà, de hautes montagnes couvertes de forêts offrent, sur leurs flancs, une multitude de villages; partout la campagne est bien cultivée jusqu'à Tozia. Cette ville est la première où l'on fabrique ces étoffes recherchées dans le Levant pour la finesse et le moelleux de leur tissu; elles sont connues sous le nom de *châli* d'Angora, et sont fabriquées avec la laine des chèvres dont il a été question précédemment.

On gravit de petites collines couvertes de jardins bien entretenus et, du côté opposé, on descend dans la jolie plaine de Koulé-Hissar. Cette ville est dans une riante position. M. Fontanier rencontra dans ce canton plusieurs troupeaux de chèvres d'Angora; des nuées de sauterelles, répandues dans les plaines voisines de cette ville, avaient forcé de les conduire dans le territoire de Koulé-Hissar; elles paissaient sur des montagnes tapissées de gazon ras, et on les baignait dans les eaux du Tozia-Kara-Sou. Les fabricans se plaignaient déjà du changement qu'avait apporté à leur toison la différence du climat et des pâturages.

Cherkès est une jolie petite ville près de laquelle on trouve, ce qui est rare en Turquie, une promenade d'arbres bien alignés, où l'on n'enterre pas les morts. En 1740, Pococke fit la route entre Angora et Cherkès; il traversa de hautes montagnes, qu'il compara à celles de la Savoie, passa par une vallée étroite, et vit, dans deux endroits différens, des sources thermales et tièdes.

Kinneir, en sortant d'Angora, se dirigea vers Youzghat, au S. E., à travers un pays qui devenait de plus en plus stérile et désert, et le long de la rivière, qui diminuait graduellement; puis il traversa de très-hautes montagnes pour descendre dans le bassin du Kizil-Ermak. Le pays était nu, couvert de pâturages, dénué de bois et aride; mais des hordes de Turcomans y faisaient paître leurs troupeaux. Youzghat est une ville assez considérable, bâtie dans une vallée profonde, bornée de tous côtés de montagnes escarpées. Les plaines et les monts se succédaient sans interruption. Long-temps avant d'entrer dans Kaïsarièh, on découvrit le mont Argée, au pied duquel cette ville est située, ce qui l'a fait nommer par les anciens *Césarée du mont Argée;* elle avait auparavant été appelée *Mazaca*. Aujourd'hui son étendue n'est pas considérable; elle est le rendez-vous des marchands de l'Asie-Mineure et de la Syrie, qui viennent y acheter du coton récolté en grande quantité dans son territoire; mais ce commerce est bien ralenti. On ignore si ses monumens furent magnifiques et nombreux, car il en reste à peine des traces; on remarque seulement, à l'O., de hautes murailles percées de fenêtres qui peuvent avoir appartenu à quelque palais. Les monumens modernes, qui consistent en mosquées, méritent de fixer l'attention, parce qu'ils sont antérieurs à la prise de Constantinople, et par conséquent construits d'après les principes de l'ancienne architecture arabe.

« Le mont Argée, dit M. Texier, domine la ville et ne se rattache aux chaînes du Taurus que par des contreforts presque insensibles. Sa forme matérielle prouve qu'il ne doit son origine qu'à l'action des feux souterrains. Son sommet est toujours couvert de neige et contribue à tempérer les chaleurs de l'été; il est le plus haut des monts de l'Asie-Mineure; dès les temps les plus anciens, il fut, pour les habitans de cette contrée, l'objet d'une étude et d'une admiration continuelle. Sa position au milieu d'une plaine unie en fait paraître la masse encore plus considérable; aussi n'hésitèrent-ils pas à le regarder comme la plus haute des montagnes; ils prétendaient même que de son sommet on découvrait à la fois la mer Noire et la Méditerranée. » Les observateurs modernes ont pu constater l'inexactitude de cette assertion.

Tout le territoire de Kaïsariêh, même le terrain d'une grande partie de l'Asie-Mineure, est de nature volcanique. M. Texier visita la vallée d'Urgab, à 6 lieues à l'O. de Kaïsariêh; elle est large, et sur sa surface s'élèvent d'innombrables cônes de pierre ponce qui hérissent un territoire de 7 lieues de longueur sur 4 de largeur. Les anciens y avaient creusé des sépultures, et ces grottes sont devenues aujourd'hui des villages habités. Paul Lucas, voyageur français très-ignorant et dont les écrits sont parfois sujets à caution, avait décrit, en 1715, cette même vallée, mais on avait révoqué en doute sa véridicité.

Elle a été reconnue, dans cette occasion, par M. Texier et M. Camille Callier, qui de nos jours ont, par leurs travaux, répandu un jour nouveau sur l'Asie-Mineure. Ce dernier notamment a éclairci d'une manière très-remarquable tout ce qui concerne la géographie de cette contrée, ainsi que celle du Kourdistan ottoman, de la Syrie, de la Palestine, de l'Arabie-Pétrée et de l'Égypte septentrionale; il traversa avec un autre Français M. Stamaty, les hautes vallées où coulent les affluens de l'Euphrate, puis ils gagnèrent le lieu où se réunissent les deux branches qui forment ce fleuve; ensuite, prolongeant leur course vers le Tigre, ils atteignirent l'antique cité d'Amida, aujourd'hui Diarbekir.

Cette ville, qui fut le point le plus oriental de leur voyage, faillit en être le terme. Leur arrivée et celle de quelques hommes qui les accompagnaient devinrent pour la population un sujet d'outrages. Tout à-coup le bruit se répandit qu'ils étaient envoyés près du gouvernement pour mettre à exécution les plans de réforme commencés à Constantinople, et surtout pour organiser quelques levées militaires. Cette rumeur souleva contre eux la populace; leurs jours furent menacés, force leur fut de sortir précipitamment de Diarbekir pour regagner les montagnes de l'O. et pénétrer dans les défilés du Taurus, que traverse l'Euphrate.

Diarbekir a été visité par plusieurs autres voyageurs européens. Cette ville, située à la droite du Tigre, est grande et bâtie sur des rochers de lave; elle en est également entourée, et ses maisons en sont construites; ils réfléchissent les rayons du soleil, ce qui rend la chaleur insupportable. Sa population, de 60,000 âmes, se compose de Turcs, de chrétiens de différentes communions et de juifs. Diarbekir est le passage de toutes les caravanes; on y fabrique des toiles de coton, des toiles peintes, des étoffes rayées en soie et en coton; les maroquins rouges qu'on y prépare sont les plus beaux de tout le Levant; on y raffine le cuivre apporté des mines d'Argana. Parmi les fruits, on distingue les melons d'eau; ils sont d'une grosseur si extraordinaire, que deux suffisent pour la charge d'un cheval. Le climat n'est pas très salubre.

On suit les bords du Tigre, où le passe à gué, ainsi qu'un autre bras de rivière; on s'en éloigne, on marche au S.; on traverse un pays très-inégal et parfois désert; les coteaux finissent par être bordés des deux côtés de vignobles qui produisent un vin excellent, doux et sec à la fois.

Mardin, au N. O. et sur la croupe de monts qui unissent la chaîne du Taurus aux montagnes du Kourdistan, est peuplé de la même manière que Diarbekir. Le climat y est sain; on n'y boit que de l'eau de citerne; dans les temps de sécheresse, elle devient très-rare. Le coton, remarquable par sa blancheur et dont on fait de belles toiles pour chemises; d'autres toiles plus communes; de petites étoffes en soie, où en soie et coton; l'huile, les pistaches et le *maleb*, fruit dont le noyau est la partie la plus suave et la plus savoureuse, sont l'objet d'un commerce actif.

On voyage, au S., dans une plaine inégale, cultivée seulement auprès des villages et très-exposée aux ravages des Kourdes; des ruines sont éparses de divers côtés. Il ne reste qu'un pauvre village de la grande et populeuse ville de Nisibin, qui s'étendait dans la plaine presque

3. Ruines de Palmyre.

au pied du mont Kara-Déré (*Masius*), près du Djadjak, petite rivière qui tombe dans le Kabour, affluent de l'Euphrate. Le Djadjak, dont l'eau n'est pas très-bonne, coule sous un petit pont à l'entrée de la ville. « Il y avait jadis un autre courant d'eau appelé Kuez; on prétend que cette eau donnait la mort à ceux qui en buvaient. L'air de ce lieu est pestilentiel; aussi les habitans ont-ils l'air pâle et le teint plombé. »

On rencontre beaucoup de Kourdes dans ces cantons à moitié déserts; ils inquiètent souvent les voyageurs qui ne sont pas bien escortés. Leur pays, situé plus à l'E., est partagé entre la Perse et la Turquie; mais ils vivent indépendans, ont des lois particulières, et sont gouvernés par leurs propres chefs. Ceux de la Turquie sont plus sédentaires que ceux de la Perse; on les regarde comme les descendans des anciens Parthes. Ils sont de grande taille, ont le teint blanc et le nez aquilin. Ils se donnent à eux-mêmes le nom de *Kourd* ou *Kourmandji*. Leur langue, qui se rapproche beaucoup du persan par les racines et la grammaire, est mêlée d'un grand nombre de mots syriens et chaldéens. Ils sont musulmans. Rich, qui parcourut leur pays, a donné le dessin des soldats qui gardaient le palais de l'un de leurs chefs. « Ils avaient une physionomie farouche, leur vêtement consistait en une robe de laine blanche à la persane. Leur bonnet réellement curieux était en feutre noir, pointu au sommet et terminé en bas par de longues pointes. Ils s'appuyaient sur de longues carabines.

» Les Kourdes sont ordinairement vêtus d'une longue robe et coiffés d'un turban. Les femmes ont comme les Turques un pantalon et une chemise très-larges qu'elles serrent avec une ceinture ornée de grandes agrafes en or ou en argent. Par-dessus, elles mettent une robe boutonnée au cou, mais qui plus bas est laissée ouverte et flottante; elle est de toile de coton plus ou moins fine, ou de soie rayée ou de brocart d'or, suivant la saison ou suivant la fortune. Ensuite vient le *beniche* ou manteau, généralement en satin, taillé comme la robe, mais à manches étroites, qui ne vont pas jusqu'aux coudes. En hiver il est remplacé par la *libada*, qui est en toile de coton ouatée. En hiver aussi, les femmes kourdes portent le *tchacokhia* qui est en soie ou en laine à carreaux; c'est une espèce de pèlerine qui, par derrière, descend jusqu'au gras de la jambe; ce vêtement qui leur est particulier se remplace dans les occasions par le manteau. La coiffure se compose de mouchoirs de soie, ou plutôt de châles, de toutes les couleurs de l'arc-en-ciel, artistement attachés ensemble par-devant avec des épingles, de manière à former une espèce de mitre haute de deux pieds; les extrémités des châles pendent par derrière jusqu'aux talons. Les femmes qui ont le moyen ornent le devant de la mitre de larges bandes de dentelle d'or. Des deux côtés flotte un cordon de corail, et par-dessus un grand châle de mousseline, qui est froncé par-devant, forme un nœud sur la poitrine, et pend sur le dos; mais il n'est porté que par les femmes mariées; de toute la chevelure une boucle seulement se montre de chaque côté (PL. XLIV — 1).

» Cette coiffure est prodigieusement lourde ; apprendre à la porter est très-pénible. Ordinairement elle arrache une bonne partie des cheveux du haut de la tête. Ce qui paraîtra à peine croyable, les femmes dorment avec cet attirail ; elles ont de petits coussins exprès pour le soutenir. Elles ont peu de joyaux ; leurs ornemens consistent en or et en corail ; celles du commun se parent de petites pièces de monnaie en argent, de petits morceaux de métal et de verroteries.

» Les femmes kourdes ne sont pas tenues aussi sévèrement que les Turques ou les Arabes. Elles ne se cachent, dans l'intérieur, ni des domestiques du sexe masculin, ni même des étrangers; quand elles sortent, elles s'affublent d'un voile, mais à l'exception des dames d'un rang très-élevé, et sauf le cas où elles rencontrent quelqu'un de qui elles ne se soucient pas d'être reconnues, elles ne le baissent pas sur leur visage. Quelquefois même elles se montrent en public sans voile. Malgré cette liberté et cette immodestie apparente, leur conduite est très-régulière, et elles sont bien plus chastes que les Turques. »

En continuant à cheminer dans le désert vers l'E., on entre dans les montagnes, puis on traverse un pays pierreux et inégal ; on aperçoit des troupeaux, et on découvre le Tigre.

Au-delà de ce fleuve, des ruines étendues s'offrent aux regards. Les gens du pays disent que ce sont celles de Ninive; mais l'emplacement de cette capitale de la première monarchie assyrienne paraît plutôt être à *Esky-Mossoul* (Vieux-Mossoul). Il est habité par des Arabes et des Kourdes qui campent sur le bord du Tigre.

Mossoul, bâtie à la droite de ce fleuve, est regardée comme la ville principale de la Mésopotamie; ce nom désigne la plus grande partie de la contrée comprise entre l'Euphrate et le Tigre; il lui fut donné dans l'antiquité; les Turcs la désignent par celui de *Djezireh*; elle est très-fertile sur les rives des fleuves, mais stérile dans les autres cantons qui sont couverts de bois et de pierres.

On passe le Tigre à Mossoul sur un pont de pierre de seize arches qui ne va qu'à la moitié du fleuve; ensuite on chemine sur un pont de bois qu'il faut enlever au temps de la crue des eaux, et alors on a recours à un bac. L'eau s'est trouvée trop profonde pour que le pont fût achevé en pierre : c'eût été chose facile pour des Européens que de vaincre cet obstacle, mais le génie turc ne s'élève pas si haut.

Le commerce de Mossoul est beaucoup déchu de son ancienne splendeur : les mousselines, auxquelles cette ville a donné son nom, n'y sont pas fabriquées; on ne fait que les y teindre ou imprimer; elles viennent de l'Inde par Basra. On y fait des cotonnades. Les marchandises et même les voyageurs descendent assez souvent le Tigre jusqu'à Bagdad sur des bateaux appelés *kélek;* ce sont des espèces de radeaux, soutenus par des outres. Le printemps est la saison la plus favorable pour cette navigation, parce que le fleuve est alors plus large et coule avec plus de vitesse, et que les kéleks courent ainsi moins de risque d'être surpris par les Arabes qui sont aux aguets au milieu des broussailles, avec des grapins prêts à jeter sur l'embarcation pour l'attirer à eux. D'autre fois ces brigands viennent à la nage faire simplement visite aux passagers, portant leurs habits et leurs armes sur leurs têtes. Pour s'en débarrasser on leur donne du tabac à fumer. Les kéleks ne vont que de jour : ils s'arrêtent la nuit près de quelque village, mais ayant toujours soin de se tenir sur leurs gardes. Parvenus à leur destination, les bateliers, après avoir déchargé le kélek, délient les outres, et les vendent avec le bois, ou bien, si le voyage n'est pas long, ils les rapportent chez eux pour s'en servir dans une autre occasion. On voit de ces bateaux jusqu'à Diarbekir; ils sont les seuls en usage jusqu'à Bagdad. Le Tigre, devenu plus profond, porte alors de gros bateaux.

Deux routes mènent par terre de Mossoul à Bagdad. L'une à la gauche du Tigre, l'autre par le désert et Tekrit. Cette petite ville, située à 6 journées en descendant le fleuve et sur la rive droite, est tellement forte par sa position, que Tamerlan, déjà maître de toute la Mésopotamie, ne put s'emparer du château qui la défendait, et qui aujourd'hui est en partie ruiné. Entre Mossoul et Tekrit le fleuve forme plusieurs îles, et son lit est tortueux.

En prenant l'autre route de Mossoul à Bagdad, Dupré cessa bientôt de voir le Tigre; il voyagea dans un pays inégal. A la descente d'une petite gorge, il passa par l'emplacement de Maghloubé, détruite entièrement par des tremblemens de terre; deux hameaux à droite et à gauche du chemin en occupent la place. Plus loin Enkevat est, suivant quelques voyageurs, le champ de bataille de Gangamele, où Alexandre vainquit Darius. A quelque distance de là, Dupré traversa Erbil, petite ville, qui est l'ancienne *Arbèle* dont Alexandre s'empara après avoir remporté sur les Perses la victoire désignée par le nom de ce lieu. Erbil est dominé par un fort perché sur une montagne artificielle et entourée d'un fossé, au milieu d'une plaine, ce qui forme une vaste citadelle circulaire.

La campagne est bien cultivée et arrosée par plusieurs rivières qui coulent vers le Tigre. Le territoire de Kaïkouk produit beaucoup d'orge; les rochers voisins de cette petite ville, bâtie comme Erbil sur une colline artificielle, donnent de la naphte. Les premiers dattiers se voient à Sin, mais ils ne produisent pas de fruits; on commence à en récolter au-delà du Tchaouk-Tchaï. Le terrain devient inégal; on se rapproche et on s'éloigne du Tigre; ce fleuve augmente de largeur et prend un aspect majestueux; les villages de la plaine sont entièrement entourés de dattiers. On entre dans Bagdad.

Kinneir a fait le voyage en descendant le Tigre sur un kélek; on aperçoit sur les rives du fleuve des habitations temporaires, ou tentes noires, des paysans, qui les cultivent dans un espace de 200 pas de chaque côté; au-delà tout est sable et désert. Une ancienne digue passe pour avoir été construite par les monarques assyriens, afin d'élever les eaux du Tigre et de rendre plus facile l'irrigation des terres. On distingue de temps en temps des villages, des coteaux et même des montagnes; le lit du fleuve est parfois entrecoupé d'îles et d'écueils. On passe devant des embouchures de rivières à droite et surtout à gauche, et devant des sources de naphte dont une odeur très-forte annonce l'approche. Sur la rive droite s'élève au-dessus de *Hamam-Ali* (les bains d'Ali), une montagne ronde d'où sortent des sources sulfureuses; ces bains sont très-fréquentés.

La rapidité du Tigre est toujours la même; auprès de Tekrit, il est très-large; ses deux rives sont couvertes de machines pour l'irrigation des champs où l'on cultive les melons; ce fruit est exquis. Les premiers palmiers se montrent un peu au-dessus d'Esky-Bagdad. Samanar, sur la rive gauche, fut la résidence favorite de plusieurs kalifes; on remarque au milieu de ses ruines un tombeau magnifique et une tour très-haute, de forme conique; on peut arriver jusqu'à son sommet par un escalier d'une pente si douce qu'il est praticable pour les mulets et les chevaux. En avançant, on voit les ruines du palais des khalifes; il paraît avoir été fort vaste, et construit en briques, mais il ne renferme plus rien qui attire l'attention; il est au milieu d'un désert, où la chaleur doit être excessive; d'autres ruines marquent ailleurs l'emplacement de villes anciennes.

Quand on parcourt Bagdad, on a de la peine à croire que l'on est dans cette cité fondée par les khalifes, que leur résidence rendit si célèbre, et que les récits enchanteurs des *Mille et une nuits* nous ont fait imaginer si belle. D'après le témoignage unanime des voyageurs modernes, l'intérieur de Bagdad n'a rien d'attrayant; ses rues sont étroites, couvertes de poussière en été, et de boue en hiver. Les maisons, en briques séchées au soleil, sont isolées, et ont des portes si basses qu'il faut se baisser pour y entrer. Celles des gens riches sont grandes, avec une cour et un jardin; toutes ont des toits en terrasse sur lesquelles on dort la nuit durant les chaleurs de l'été. Les bazars sont propres, vastes, bien approvisionnés et forment une espèce de ville particulière; les caravanseraïls sont nombreux; les mosquées, si on en excepte celles qui renferment les tombeaux des imams, sont d'une construction très-ordinaire; il y en a une dont le minaret est sensiblement incliné. Bagdad paraît ne renfermer au plus que 100,000 habitants; les manufactures y sont peu considérables; on y teint les mousselines, on y fait quelques mouchoirs de soie, mais cette ville, par sa situation, est l'entrepôt des marchandises de l'Europe, de la Turquie, de l'Arabie, de la Perse et de l'Inde; son commerce est immense; on y compte de très-riches négocians dans toutes les religions; il y arrive journellement quelque caravane.

Indépendamment des bazars, on cite parmi les édifices remarquables de Bagdad le palais du Pacha. Quant au jardin, voici ce qu'en dit Keppel, voyageur anglais, qui le visita en 1824 : « Il comprend un espace de 8 à 10 acres entourés d'un mur en terre, et contient un assemblage confus d'arbrisseaux, d'arbustes, et d'arbres à fruit. Un pavillon d'été sur le bord du Tigre, et en tout digne du jardin, était un petit bâtiment chétif où la saleté, l'humidité et la négligence avaient effacé presque toutes les traces des barbouillages de fleurs à fresque dont les parois avaient été jadis décorées. Pour nous dédommager à un certain point de la perte de nos illusions, nous jouîmes, des fenêtres de ce pavillon, d'une belle vue de Bagdad et de ses environs. » Bagdad est presque entièrement bâti sur la rive gauche du Tigre; un pont de bateaux le joint au faubourg situé sur la rive opposée.

Pour descendre ce fleuve, au-dessous de Bagdad, on se sert de grands bateaux qui ont un mât et une voile carrée. Quand le vent est favorable on va à la voile, mais les sinuosités du fleuve obligent souvent de tirer le bateau à la cordelle; six avirons de chaque côté, servent aussi à le faire marcher. Sestini, voyageur italien, nous apprend « que les rives sont généralement unies, basses, sablonneuses, cultivées en quelques endroits. On passe devant les embouchures de plusieurs rivières, et les ruines de diverses villes; parfois, on aperçoit des lions qui se promènent sur la plage. Amara, qui est, dit-on, à moitié chemin de Bagdad à Basra, se trouve vis-à-vis d'un grand canal, creusé de main d'homme et qui va du Tigre à l'Euphrate. Là le terrain, marécageux et souvent inondé, ne change pas de nature jusqu'à Korna, bourgade avec un fortin, au confluent des deux fleuves. La pointe de Mésopotamie paraît un lieu de délices à ceux qui viennent de traverser tant de déserts. Les plages des deux fleuves sont couvertes de palmiers dont la forme et la verdure flattent les yeux. Si le paradis terrestre était ici comme on le prétend, Adam devait s'y trouver passablement bien. Je crois pourtant cette langue de terre plus agréable à voir en passant qu'à habiter. »

Au-dessous de Korna, le Tigre et l'Euphrate réunis prennent le nom de Chat-el-Arab; ce fleuve est navigable pour des navires de 500 tonneaux; à 25 lieues de Korna, Basra s'élève sur sa rive droite. Cette ville est fort laide, et son séjour peu récréatif pour les étrangers; en juin, juillet et août les chaleurs y sont excessives; le vent du nord rafraîchit quelquefois l'air à la fin d'août, mais septembre est encore très-chaud; alors des fièvres ardentes enlèvent beaucoup de monde. L'hiver est très-pluvieux; rarement il neige, mais le froid est sensible; toutefois il ne l'est pas assez pour se chauffer habituellement.

Quoique Basra soit à 38 lieues de l'embouchure du Chat-el-Arab dans le golfe Persique, les navires peuvent sans aucun danger venir mouiller à peu de distance des murs de cette ville; il en arrive de l'Inde, de Mascat, des côtes de l'Arabie et de la Perse; aussi le commerce y est-il très-actif. Les Français et les Anglais y ont des comptoirs; les bazars sont bien garnis de marchandises d'Europe et d'Asie; on évalue la population à 6,000 ames. Des jardins et des plantations, coupés de canaux d'irrigation, que la marée montante nettoie, occupent une grande partie de l'intérieur de Basra.

Niebuhr, Sestini, Keppel et plusieurs autres voyageurs ont, en partant de Basra, remonté le Chat-el-Arab. Tout le long des rives jusqu'à Korna, on voit des enceintes rondes faites de roseaux et de branches de palmiers; elles sont destinées à prendre le poisson qui y reste enfermé quand la marée baisse. Le pays de chaque côté est habité par des Arabes. Le village de Der, à droite, aujourd'hui en ruines, a une mosquée qui, suivant la tradition des musulmans, y a été apportée par les Anges; elle est hantée par les farfadets; ce qui a obligé les habitans de s'en éloigner; elle n'a pas de portes, et le minaret est sans galerie.

Les rives de l'Euphrate, au-dessus de Korna, sont bien plus basses que celles du Chat-el-Arab; près du hameau de Mansourié, on aperçoit le canal de communication dont l'autre embouchure est à Amara sur le Tigre. Près de Felli on en rencontre un autre. Les bords du fleuve sont couverts de champs de sorgho, que les cultivateurs ont beaucoup de peine à défendre des ravages des oiseaux et des bêtes sauvages.

L'Euphrate devient sinueux, il forme plusieurs îles; ses rives s'élèvent et s'abaissent alternativement. Arghié, malgré les désastres de la guerre, est encore une ville considérable entourée de jardins; on y construit des bateaux. Des villages, parfois très-grands, se montrent à droite et à gauche. A celui de Lemlum, sur la rive gauche, vis-à-vis une île de même nom, commence une contrée déserte. Là, Niebuhr traversa le fleuve, et débarqué sur la rive droite, il poursuivit à cheval, avec une troupe d'Arabes, son chemin au N. O. vers Roumaiéh. « Je ne vis pas de mosquée le long de la route, mais je remarquai dans les villages, de même qu'au milieu des champs, beaucoup de *koubbets*, ou petits édifices, bâtis sur le tombeau des santons; ces monumens indiquent probablement l'emplacement d'anciens villages. Le terrain est partout très-fertile; cependant plusieurs petits canaux qui autrefois servaient à l'arroser sont aujourd'hui à sec, et les habitations très-rares. De nombreux troupeaux de bœufs, de moutons et de chevaux paissent çà et là dans ces campagnes. Près de Roumaiéh un canal considérable recevait son eau de l'Euphrate éloigné de 4 lieues; il y retourne près de Sémaoué situé bien plus bas; aujourd'hui elle n'y arrive que dans les grandes crues; en décembre, il était à sec.

» De Roumaiéh à Meched-Ali je parcourus 7 lieues, rencontrant encore plusieurs canaux desséchés et de petits koubbets où, faute de mosquée, les habitans vont faire leurs prières. La petite ville de Meched-Ali tire son nom d'une mosquée magnifique, construite en honneur d'Ali, quatrième khalife; une bonne partie des Musulmans croit que ce gendre et cousin de Mahomet y fut enterré. Son tombeau est visité par un grand nombre de pélerins, notamment par les Chiites, et les plus dévots de ceux-ci demandent à être enterrés près de ce sanctuaire: ils y sont apportés, après leur mort, non-seulement des environs, mais aussi de la Perse et de l'Inde. Ce sanctuaire possédait autrefois un gros trésor, qui a été transporté dans une mosquée de Bagdad pour le soustraire au pillage des Vahabites. Nadir-Châh fit revêtir la coupole et le sommet des minarets, de cuivre qui fut ensuite doré, ce qui produit un effet superbe quand le soleil luit. Le haut de la coupole est terminé par une main étendue qui représente celle d'Ali. Ce temple est entouré d'une place où se tient tous les jours un marché, et le tout est ceint de bâtimens où demeurent les principaux ministres de la mosquée. Une ville a été bâtie autour de ce sanctuaire; les Sunnites et les Chiites, qui ailleurs ne peuvent se souffrir mutuellement, vivent ici très-paisiblement ensemble. A chaque instant on entend invoquer le nom d'Ali.

» A peu près à 2 lieues à l'E. N. E. de Meched-Ali était située jadis la ville de Koufa; le Djai-Zaad, grand canal parallèle à l'Euphrate, y passait; son lit est aujourdui à sec; le canton est entièrement désert, et la ville abandonnée. Ce que l'on y trouve de plus remarquable est la mosquée dans laquelle Ali fut blessé à mort; mais il n'en reste guère que les quatre murs, des débris et divers petits bâtimens.

» Le 25 décembre, j'allai, vers le N., à Kéfil; c'est le nom arabe du prophète Ezéchiel; des milliers de Juifs viennent annuellement à ce village pour visiter son tombeau qui est, sans aucun ornement, dans une chapelle surmontée d'une petite tour. En sortant de Kéfil je traversai plusieurs ruisseaux qui, dans cette saison, sont presque tous taris. On ne rencontre d'ailleurs que des cabanes isolées, et des koubbets.

» Le 26, je séjournai à Hillah; le lendemain je me mis en route pour Meched-Hossein, ville qui est bâtie dans le canton de Kerbèla, rendu célèbre dans l'histoire de l'Islamisme par la ba-

1. Damas.

2. Baalbek.

J. Boilly del.

taille dans laquelle Hossein, fils d'Ali, perdit la vie. Cette campagne était alors inhabitée; bientôt on la rendit fertile, on y amena l'eau de l'Euphrate, et aujourd'hui on y voit une grande forêt de dattiers. La ville est plus grande et plus peuplée, mais moins bien bâtie que Meched-Ali. La grande mosquée, qui est fort belle, renferme une chapelle qui, suivant les Chiites, est bâtie exactement sur lieu même où le corps du petit-fils de Mahomet fut foulé aux pieds des chevaux et enterré. Des coupoles et quatre minarets ornent la mosquée, dont le mur extérieur est occupé par une immense fenêtre vitrée, aspect qui surprend beaucoup dans ce pays où l'on aperçoit si peu de vitres. C'est peut-être un présent d'un Persan qui les a envoyées de Chiraz où l'on en fabrique.

» Les Chiites montrent aussi les tombeaux de plusieurs parens ou amis de Hossein qui périrent également à la journée de Kerbèla, et une mosquée est élevée en honneur de l'un d'entre eux. Plusieurs autres lieux, soit dans la ville soit dans les environs, sont vénérés par les Chiites; la mosquée de Hossein n'est pas visitée avec moins de dévotion, mais avec moins d'enthousiasme par les Sunnites.

» Le 30 décembre je revins à Hillah en compagnie de 200 pèlerins. Cette ville, située sur la rive droite de l'Euphrate, est assez grande, parce qu'elle renferme beaucoup de jardins plantés de dattiers, de citronniers, de limons doux, de grenadiers. »

Hillah, florissante encore lorsque Niebuhr la visita en 1766, avait beaucoup souffert quand Mignan y vint en 1825. L'Allemand Rauwolf (1574), l'Italien Pietro Della-Vallé, Beauchamp, Olivier et Bruguière, Rich, Raymond, Keppel, Mignan, plusieurs autres voyageurs ont vu cette ville qui est sur la rive de l'Euphrate opposée à celle où s'élevait, dès l'antiquité la plus reculée, Babylone, si célèbre par sa vaste enceinte, la hauteur de ses murs, ses portes de bronze, ses nombreux palais, le temple de Bélus, ses jardins suspendus, et regardée par Hérodote comme la première ville du monde.

On a supposé que Hillah était comprise dans l'enceinte de Babylone; elle communique par un pont de bateaux avec l'emplacement de l'antique cité. Au premier coup-d'œil, le sol sur lequel elle fut assise ne présente aucune trace de ville; il faut le parcourir en entier, pour remarquer quelques buttes. Parmi les monceaux de décombres, le monticule appelé par les Arabes *al Casr* (le Château) paraît répondre au palais du roi; à côté sont des pans de murs qui semblent avoir servi de fondement aux jardins suspendus; un vieil arbre, au tronc creux, y subsiste encore; de longs corridors et des chambres servent aujourd'hui de retraites aux bêtes féroces. La forme du monticule paraît carrée; son pourtour est à peu près de 1100 pas ordinaires; sa masse diminue chaque jour par les briques que l'on en tire continuellement.

En remontant le long du fleuve, Mignan, après une recherche attentive de plus de deux heures, parmi les fragmens de brique et de maçonnerie, sur le bord de l'eau, découvrit deux grands crampons de bronze. « Je ne prétends pas, dit-il, déterminer quel était leur usage; toutefois, il n'est pas improbable qu'ils appartenaient au pont qui traversait l'Euphrate dans cet endroit; et la position de ce lieu, par son voisinage de celui où l'on pense qu'étaient le palais et les fameux jardins suspendus, s'accorde avec celle qu'on lui attribue généralement. Rauwolf, qui s'approcha de ces ruines par eau, parle des restes d'un ancien pont en briques qui s'y voyait encore de son temps. On pourra se faire une idée exacte de la rive du fleuve, et de la colline d'Amram, située au-delà, par l'esquisse que j'en ai dessinée (PL. XLIV — 2). »

Sur la rive droite de l'Euphrate, à 2 lieues au S. de Hillah, un monticule, nommé par les Arabes *Birs-Nemrod*, a 2000 pieds de circonférence et 200 pieds de haut; il est surmonté d'une tour qui a 35 pieds de hauteur. On distingue encore trois des huit enceintes qui probablement en couronnaient jadis le sommet. Les observateurs ont présumé que ce monument était la *Tour de Babel*, qui, sous le nom de *Temple de Bélus* occupait encore un espace immense au temps d'Alexandre.

« Quand on examine l'emplacement de Babylone, dit Olivier, on voit que la terre a été presque partout remuée. Là, des Arabes sont occupés, depuis plus de douze siècles, à fouiller la terre et à retirer les briques dont ils ont bâti en grande partie presque toutes les villes qui se trouvent dans ces contrées. Mais ce qui a contribué, autant que ces fouilles, à faire disparaître la presque totalité des ruines de Babylone, c'est que, bâtie sur un terrain uni, terreux, totalement privé de pierres, et dans un pays où le bois a toujours été rare, les habitans furent obligés d'avoir recours à la terre que les fleuves ont déposée; ils en formèrent des briques qu'ils firent durcir au soleil et qu'ils lièrent avec le roseau qu'ils avaient sous la main. C'est par la même raison qu'ils employèrent communément, dans la construction des édifices en briques cuites, le bitume au lieu de chaux. On sent qu'un édifice bâti avec des briques qui n'étaient pas cuites, a dû, lorsqu'il a été détruit, ne laisser que de faibles traces de son existence ; les débris ont dû se confondre bientôt avec la terre environnante.

» Cependant, malgré le temps et les Arabes, malgré le peu de solidité des matériaux qui y furent employés, on découvre encore quelques grands édifices. On voit des murs très-épais que les Arabes démolissent jusqu'à leurs fondemens; ils sont en briques cuites ; elles sont liées les unes aux autres par le même bitume dont j'ai déjà parlé. Il y a, entre chaque couche de briques, un mince lit de roseaux et de bitume. Entre le monticule du Casr et le fleuve, il y a beaucoup de décombres, beaucoup de fondemens de vieux murs. C'est là que l'on trouve ordinairement de grandes briques sur lesquelles sont tracées des inscriptions en caractères cunéiformes. »

En fouillant la terre, on trouve de ces petits cylindres généralement en pierres dures, sur la surface desquels sont gravées diverses figures.

Babylone est à 20 lieues au S. de Bagdad. En partant de cette dernière ville et suivant la rive gauche du Tigre, on traverse, après 3 heures de marche, la Diala, et, après 2 heures de marche de plus, on se trouve sur les ruines de Ctésiphon où l'on remarque un vaste monument nommé *Tak-Kesré* et décrit par Yves, Beauchamp et Keppel : il est en briques cuites, à un quart de lieue du fleuve ; on suppose que c'était un palais de rois Parthes. Le sol où était Ctésiphon a près de deux milles d'étendue. On suit, en plusieurs endroits, les murs qui formaient l'enceinte : ils étaient fort épais, assez élevés et bâtis en grandes briques durcies au soleil et liées avec de la paille. On y voit çà et là des buttes de décombres, et des restes de murs en briques. Il y a aussi, du côté du fleuve, quelques restes de fortes murailles bâties en briques cuites, pour lesquelles on avait employé le bitume au lieu de ciment. La végétation sur le sol de cette ville est plus abondante qu'aux environs ; les plantes y sont plus vigoureuses et les arbrisseaux plus touffus et plus forts.

A la rive droite du Tigre, vis-à-vis Ctésiphon, il y avait une autre ville dont celle-ci ne fut d'abord que le faubourg ; c'était Seleucie, dont l'accroissement sous les Grecs fut si considérable que Babylone en souffrit. Elle fut bâtie en partie aux dépens de cette dernière. Il y a, comme à Ctésiphon, beaucoup de ruines, beaucoup de décombres ; les remparts sont encore très-apparens et bâtis en briques durcies au soleil. Ces deux lieux sont désignés par les Arabes sous le nom d'*El-Medaïn* (les deux villes).

Au-dessus de Hillah, l'Euphrate n'est pas tout-à-fait aussi rapide qu'au-dessous de cette ville ; celles que l'on rencontre sur ses rives sont Hit, dans le voisinage de laquelle il y a des sources de petrole très-abondantes; Annah, dont le territoire est très-fertile, et produit du coton, des dattes, et toutes sortes de fruits en abondance ; Kirkésia, au confluent du Khabour venant de l'E. ; Racca-Beïda, au confluent du Brlikhé ; elle est entourée de ruines. [Le célèbre Aaroun-al-Rachid y avait fait construire un château.

Un chemin qui va droit au N., à travers la Mésopotamie, mène des bords de l'Euphrate à Harran, sur la rive droite du Djallab, ville déchue et habitée seulement par des Arabes. La défaite de Crassus par les Parthes l'a rendue célèbre. A 10 lieues au N. O., on trouve Orfa, ville bien bâtie sur la pente de deux collines baignées par l'Ibrahim-Khalb. « Entre les deux collines, dit Olivier, est une source très-abondante qui fournit de l'eau aux habitans et qui va arroser ensuite un grand nombre de jardins. Un peu au-dessous de la source, on a construit un bassin carré, d'une centaine de pas de longueur, dans lequel on voit une prodigieuse quantité de poissons. Leur nombre ne s'est accru à ce point que parce qu'on est persuadé qu'ils sont consacrés à Abraham et qu'ils donneraient la mort à quiconque oserait en manger ou même leur faire le moindre mal. Il y a, sur les bords de ce bassin, des marchands de gâteaux pour les dévots et les oisifs qui veulent régaler les poissons et se procurer le divertissement de les voir accourir de toutes parts, se presser, se heurter, se renverser, pour attraper les morceaux qu'on leur jette. Ces poissons, prodigieusement nombreux pour une étendue si bornée, fournissent dans tous les temps un spectacle fort agréable et rendent ce lieu le plus fréquenté de la ville. Le bassin baigne d'un côté les murs d'une mosquée, et est ombragé de l'autre par de très-beaux platanes. »

Ourfa est peuplée par des Arabes, des Kourdes, des Turcs, des Arméniens, et des Juifs. Elle est industrieuse et commerçante. On y fabrique des toiles de coton, des ouvrages d'orfèvrerie et de bijouterie, et de très-beaux maroquins. Le château, à la cime d'un rocher calcaire, offre des amas de ruines de différens âges. Tous les escarpemens de cette colline, à l'O. de la ville, sont percés d'ouvertures carrées ou en arceau qui conduisent à autant de catacombes taillées dans le roc, et dont quelques-unes portent des ornemens de bon style; plusieurs sont occupées par des familles kourdes.

Orfa portait dans l'antiquité les noms de *Callirhoé* et d'*Edessa*; sous le dernier, elle joua un rôle remarquable du temps des Croisades.

Beaucoup de caravanes passent par cette ville; celles qui vont à l'O. voyagent presque toujours dans une plaine au N. de laquelle on voit, à une distance de 12 lieues, une chaîne de montagnes qui, au commencement de mars, est encore couverte de neige. Après avoir traversé des collines de craie, on descend sur les bords de l'Euphrate à Bir, petite ville où l'on passe ce fleuve; alors, on entre en Syrie.

« D'après le témoignage de Raymond, la rive droite de l'Euphrate est peu élevée, à Bir; celle de gauche l'est beaucoup davantage. Dans cet endroit le fleuve est large et rapide, mais quand les eaux sont basses, les caravanes le passent à gué, à onze heures de distance plus bas. A l'embouchure du Khabour, l'Euphrate est très-large; à Annah et à Hit il est plus resserré. Quand il est dans sa plus grande crue, il coule avec beaucoup de rapidité, et son volume d'eau est alors plus considérable que celui du Tigre. De Bir à Féloudjéh, il n'y a point de canaux d'irrigation; on n'aperçoit dans la Mésopotamie que quelques marais formés par les débordemens, le terrain sur les deux rives étant généralement trop élevé, tout inégales qu'en sont les berges. Pour arroser les terres qu'ils cultivent, les Arabes se servent de machines hydrauliques. On y voit néanmoins quelques îles dont la principale, qui se trouve entre Annah et Hit, est habitée et bien cultivée, et plusieurs marécages dont le plus important est connu sous le nom de *Kara-Osman* (la Forêt-Noire), un peu au-dessus de Féloudjéh; c'est de cette forêt que cette petite ville tire le bois pour le charbon qu'elle envoie à Bagdad,

» Un peu au-dessous de Féloudjéh se présente une levée qui a été construite de temps immémorial pour contenir l'Euphrate dans son lit, et que le pacha de Bagdad prend soin, chaque année, de faire réparer; ainsi, ce n'est que de ce point que ce fleuve, moins encaissé, commence à être coupé par divers canaux, et qu'il franchit, dans les grandes crues, pendant plusieurs jours, ses bords, jusqu'aux portes de Hillah et quelquefois jusqu'à celles de Bagdad.

» Qu'elle qu'ait été la rapidité de l'Euphrate de Bir à Hillah, c'est depuis cette dernière ville qu'il coule avec impétuosité jusqu'auprès de Lemlum, quoiqu'en approchant de ce lieu remarquable il alimente, dans son cours, plusieurs canaux que l'industrie a creusés sur ses deux rives, afin de rendre le pays fertile. Ceux de droite rentrent dans le fleuve, ceux de gauche se perdent dans la plaine où ils forment de vastes marais. Un peu resserré à Hillah, l'Euphrate en s'éloignant s'élargit peu à peu d'une manière à surprendre. Quoique ses bords des deux côtés soient fort élevés, on aperçoit partout des marques de ses ravages. De Roumahié à Lemlum, la rive droite est moins élevée que la gauche, et si l'on n'avait pas soin d'y faire une levée, le fleuve inonderait la plaine qui est au-dessous du niveau de son lit. A Lemlum il a beaucoup perdu de son volume; quelquefois même il y est partagé en deux bras, les Arabes Casaïls ouvrent à gauche un canal qui lui enlève un bon tiers de ses eaux; et ces bras traversent les marais dont il a été question plus haut et qui se prolongent vers le S. A quelques lieues au-dessous de Lemlum, l'Euphrate, par ses débordemens, forme des marais à droite et à gauche, et c'est le point où son cours est le moins rapide; mais à Samaoué, la plupart des canaux rentrent dans son lit qui, resserré par ses rives plus élevées, semble reprendre sa première rapidité, quoique son lit soit plus tortueux. Enfin ses rives s'abaissent en s'approchant de Korna, et le terrain qu'il arrose est souvent submergé. »

De nos jours, des tentatives ont été faites pour établir une navigation de bateaux à vapeur sur l'Euphrate, depuis Bir jusqu'au golfe Persique; diverses causes ont empêché ces essais de réussir.

La Mésopotamie, nom sous lequel nous comprenons toute la portion asiatique de l'empire ottoman, baignée par le cours moyen de l'Euphrate et du Tigre, est contigue à l'O. à l'Asie mineure ou Anadoli. Cette dernière contrée, bornée au S. par le mont Amanus et la mer Méditerranée, à l'O. par l'Archipel, le détroit des Dardanelles, la mer de Marmara, et le détroit de Constantinople, au N. par la mer Noire, forme un vaste plateau uni à celui de l'Arménie au N. E., s'abaissant par terrasses vers l'O.; supporté au S. par la chaîne du Taurus très-haute et très-escarpée, et projetant vers l'Archipel plusieurs bras auxquels les îles voisines semblent appartenir.

Les côtes sont en général très-découpées et offrent une grande quantité de golfes, de baies, de ports où l'ancrage est sur et facile. Elles sont escarpées et offrent souvent des falaises dans le S.

La surface de cette contrée est fréquemment

plate et aride ; on y rencontre des déserts salins, des lacs sans écoulement et des cantons volcaniques qui se prolongent assez avant dans la Mésopotamie. Les tremblemens de terre n'y sont pas rares.

Le climat, très-âpre sur les hautes montagnes, est ailleurs tempéré, doux et pur; il est ardent sur la côte du S.; fréquemment brumeux et très-humide sur celle du N.; les ravages de la peste devastent trop souvent l'Anadoli.

La nature en a fait un des plus riches pays de la terre; mais depuis qu'elle est soumise aux Turcs elle n'a pas joui de la prospérité qui lui fut connue dans l'antiquité. De belles rivières l'arrosent. Les productions de la terre y sont abondantes partout où la culture est soignée. Les mines de cuivre, de plomb et de fer sont productives, bien qu'exploitées avec peu d'habilité; l'industrie et le commerce y florissent plus que dans la Turquie d'Europe.

De même que les autres possessions de l'empire ottoman, l'Asie mineure et la Mésopotamie sont divisées en éyalets ou pachaliks, et ceux-ci comprennent un certain nombre de sandjaks. Des géographes ont déjà remarqué qu'il était difficile, pour ne pas dire impossible, d'offrir exactement les divisions administratives de cet empire, surtout en Asie, à cause de l'anarchie à laquelle cette contrée est livrée depuis longtemps.

La surface de l'Asie mineure est à peu près de 24,000 lieues carrées. La population, composée pour les quatre cinquièmes de Turcs, et pour un cinquième de Grecs et d'Arméniens, n'est pas en proportion avec cette étendue.

CHAPITRE LXVII.

Empire ottoman. — Syrie.

Quand on a passé l'Euphrate à Bir, on voyage dans un pays inégal où les plaines sont fertiles et bien cultivées. Bab est un gros village tout démantelé. En avançant, à 6 lieues plus loin vers l'E., on trouve Alep, grande ville qui peut passer, suivant Sestini, pour la plus belle de l'empire ottoman. Elle est bien bâtie en pierres; ses rues sont bien pavées et tenues très-propres. Deux tremblemens de terre, en 1822, renversèrent plus de la moitié de cette cité, et ruinèrent ou endommagèrent considérablement une grande partie de ses édifices publics.

La position d'Alep en a fait l'entrepôt d'un commerce très-important entre l'Europe et une partie du Levant; on évalue sa population à 200,000 âmes. Elle est un mélange d'Arabes, de Turcs, d'Arméniens, de Maronites.

» Les environs d'Alep, d'après le récit d'Olivier, sont un peu montueux. La ville est dans une vallée profonde où coule le Koïk, petite rivière qui arrose une quantité assez considérable de jardins destinés à la culture du coton, du tabac et de divers légumes. Cette rivière, au sortir de la ville, se dirige au S. S. E. et va former un lac d'eau salée, quoique celle d'Alep, la seule qui l'entretient et l'alimente, soit très-douce et très-bonne à boire. On retire chaque année, à la fin de l'été, c'est-à-dire, lorsque l'évaporation a consommé une grande partie des eaux de ce lac, un sel marin dont se servent les habitans d'Alep et des environs. Le Koïk prend sa source aux environs d'Antab, ville florissante, située au N. N. E. d'Alep.

» Celle-ci est entourée d'un mur épais, fort haut, solidement construit en beaux moëllons, flanqué de tours très-rapprochées, au pied desquelles est un fossé qui a disparu ou a été comblé en partie. La ville a près de 6 milles de circuit; les maisons sont en maçonnerie, la plupart sont en pierre de taille, surmontées par de très-belles terrasses : quelques-unes ressemblent, par leur étendue et leur distribution intérieure, à nos anciens couvens de moines.

» Il y a, vers le centre de la ville, une élévation factice assez considérable, en forme de cône tronqué, entourée d'un château très-spacieux où le gouverneur logeait autrefois avec toute sa garde. Ce château tombe en ruine aujourd'hui.

» Quoique Alep soit situé au 36° 11'. de lat., la température y est cependant fort douce. L'air est rafraîchi l'été par un vent d'O. N. O. qui vient chaque jour de la Méditerranée et suit le golfe d'Alexandrette. Le froid ne se fait presque pas sentir en hiver, lorsque le vent du N. ne souffle pas; mais si ce vent dure quelques jours, le thermomètre descend, pendant la nuit, à 4 ou 5 dégrés au-dessous de zéro; tandis qu'il est à 8 ou 9 dégrés au-dessus de ce point pendant le jour et à 2 ou 3 pendant la nuit, lorsque ce vent ne souffle pas. En été, le thermomètre se fixe ordinairement à 25 ou 26 dégrés. Il tombe quelquefois de la neige en décembre et janvier, mais il est rare qu'elle reste plus d'un jour sans fondre.

» Il pleut quelquefois en hiver, fort peu en automne, mais plus souvent au commencement du printemps. L'été est toujours fort sec et on voit très-rarement des nuages. On éprouve, au printemps et en automne des coups de vent de

3. Le Mont-Liban.

4. Antioche.

S. Pendant leur durée, qui est tout au plus de deux à trois jours, le thermomètre monte à 28, 31, et même 33 dégrés. Ces vents sont suffocans et mal sains, mais heureusement fort rares.

» L'air est en général très-sain à cause de l'élévation du sol, du voisinage des déserts et de la pureté du ciel. Cependant, les habitans sont sujets à une sorte de bouton qui attaque les enfans la première année de leur naissance et même les étrangers pour peu qu'ils séjournent dans la ville. Il se montre ordinairement à l'une des deux joues dans les enfans, et à toutes les parties du corps dans un âge plus avancé. Quand il est passé, il laisse une cicatrice. »

Une route, qui traverse la chaîne des montagnes séparant le bassin du Koïk de celui de l'Oronte, mène d'Alep à Antakièh, ville qui fut si célèbre dans l'antiquité sous le nom d'*Antioche*. Les rois Séleucides de Syrie y faisaient leur résidence ordinaire; plusieurs empereurs romains y fixèrent leur séjour; c'était un lieu de délices. Toute cette splendeur s'est évanouie. Les siéges que cette cité a soutenus contre les Sarrasins, les Perses, les Croisés, ont ruiné les somptueux édifices qui la décoraient; les tremblemens de terre ont achevé la désolation. On reconnaît aujourd'hui sa vraie situation parce que l'enceinte de ses anciennes murailles est encore très-distincte jusque sur le sommet des montagnes qui dominent cette ville réduite à un état bien chétif; elle compte à peine 10,000 âmes. Ses aqueducs sont les seuls restes remarquables de sa grandeur passée (Pl. XLV — 4).

L'Oronte, qui, avant de baigner les murs d'Antioche, reçoit les eaux d'un lac situé au N., tourne à l'O. et poursuit son cours vers la Méditerranée où il se jette au S. du golfe d'Alexandrette ou *Scanderoun*. La ville de ce nom, à 10 lieues au N. O. d'Antakièh, fut long-temps le centre d'un commerce assez actif; mais l'insalubrité excessive de son climat, occasionnée par les exhalaisons d'un marais au S. E., le tremblement de terre de 1822, et d'autres causes, l'ont fait abandonner, quoique sa rade soit sûre.

Souaïdièh, méchante bourgade à l'embouchure de l'Oronte, est le port d'Antakièh. On voit, à 2 lieues plus au N., Kepri qui a remplacé Séleucie, ville forte, fondée par Séleucus Nicator, sur un promontoire.

En suivant la côte, au S. de Souaïdièh, on arrive devant Latakièh (*Laodicea ad mare*). Le terrain que celle-ci occupait est inégal et aujourd'hui couvert de jardins où l'on trouve plusieurs débris d'antiquités. Le port qui subsiste encore est tellement comblé que les petits bâtimens y entrent à peine. Il est fermé au S. par les débris d'une ancienne muraille et les restes d'un môle en ruines. Un fort au N. en commande l'entrée, et communique à la Terre-Ferme par un pont de plusieurs arches ; au S. sont les restes d'un bassin taillé dans le roc, sans doute pour la construction des navires.

A un quart de lieue du port, et toujours en marchant au N., on trouve les catacombes qui ont servi à la demeure des premiers habitans. Les excavations sont rangées en gradins, les unes au-dessus des autres ; Corancez en compta 18 dans la salle la plus haute.

« La nouvelle ville est à un quart de lieue au S. O. du port, continue ce voyageur. Il y a à l'extrémité méridionale un arc de triomphe soutenu par des colonnes de marbre. Ce monument, qu'on croit élevé en l'honneur de Septime-Sévère, est aujourd'hui masqué par des maisons. On trouve près de là un autre portique d'ordre corinthien. On y arrive par un double rang de colonnes de granit gris qui paraissent avoir été apportées d'Egypte. Elles faisaient sans doute partie d'un portique appartenant à cet édifice. Aujourd'hui, elles sont enchâssées dans une file de boutiques qui forment le principal bazar de Latakièh.

» Cette ville, quoique mal peuplée, fait un commerce actif surtout avec l'Egypte et l'île de Cypre. Derrière la ville, des plaines, coupées par des collines inégales, sont arrosées par les nombreux détours du Nahr-el-Kebir qui, lorsque ses eaux sont hautes, y répand la fertilité. Dans les lieux bas croissent le froment, l'orge, le coton ; plus haut on cultive le tabac et la vigne. Le tabac de Latakièh est celui que l'on recherche le plus en Egypte. »

Continuant à longer la côte vers le S., on passe devant les ruines de plusieurs villes.

Les montagnes qui filent entre le bassin de l'Oronte et la mer, sont le *mont Casius* des anciens ; elles se rattachent au N. aux montagnes de la Natolie ; elles sont toutes calcaires. Quoique peu élevées, elles sont difficiles à franchir par leur pente inégale et hérissée de rochers. Au S. elles se joignent aux dernières ramifications du Liban.

Entre cette dernière chaîne et celle qui suit un cours parallèle au sien, sous le nom d'Anti-Liban, s'ouvre la profonde vallée de Bécaa, visitée par plusieurs voyageurs, entr'autres par Maundrell, La Roque, Volney, Burckhardt ; et où l'on voit Baalbek (*Héliopolis*), dont les noms signifient Ville du Soleil, et qui est située au pied de l'Anti-Liban, précisément à la dernière ondulation de la montagne dans la plaine. « En arrivant par le S., dit Volney, on ne découvre la ville qu'à la distance d'une lieue et demie, derrière un rideau d'arbres dont elle couronne la verdure par un cordon blanchâtre de dômes et de minarets. Au bout d'une heure de marche, l'on arrive à ces arbres qui sont de très-beaux noyers ; et bientôt, traversant des jardins mal cultivés, par des sentiers tortueux, l'on se trouve conduit au pied de la ville. Là se présente en face un mur ruiné, flanqué de tours carrées, qui monte à droite sur la pente et trace l'enceinte de l'ancienne ville. Ce mur, qui n'a que 10 à 12 pieds de hauteur, laisse voir dans l'intérieur des terrains vides et des décombres qui sont partout l'apanage des villes turques ; mais ce qui attire surtout l'attention sur la gauche, c'est un grand édifice qui, par sa haute muraille et ses riches colonnes, s'annonce pour un de ces temples que l'antiquité a laissés à notre admiration. Ce monument, qui est un des plus beaux et des mieux conservés de l'Asie, mérite une description particulière (PL. XLV. — 2). » Tous les Européens qui ont vu Baalbek, parlent avec les mêmes éloges de ses superbes antiquités.

La vallée de Becaa est l'ancienne *Cœle-Syrie* ou Syrie-Creuse proprement dite. « Sa disposition en encaissement profond, ajoute Volney, en y rassemblant les eaux des montagnes, en a fait de tout temps un des plus fertiles cantons de la Syrie ; mais aussi, en y concentrant les rayons du soleil, elle y produit en été une chaleur qui ne le cède pas même à l'Egypte. L'air néanmoins n'y est pas mal sain, sans doute parce qu'il est sans cesse renouvelé par le vent du N. et que les eaux sont vives et non stagnantes. L'on y dort impunément sur les terrasses. Avant le tremblement de terre de 1759, tout ce pays était couvert de villages et de cultures aux mains des Motoualis ; mais les ravages que causa ce phénomène, et ceux que les guerres des Turcs y ont fait succéder, ont presque tout détruit. »

Depuis 1785, que Volney quitta ces contrées, leurs misères ont été augmentées encore par des tremblemens de terre et des guerres.

Des défilés conduisent de la vallée de Bécaa dans celle de l'Oronte ou *Aasi*. En suivant le cours de ce fleuve vers le N., on trouve, sur la rive droite, Homs (*Emesus*), assez importante par ses manufactures sur les deux rives ; Hama, grande ville, célèbre par son commerce florissant, son industrie et ses roues hydrauliques qui sont en effet les plus grandes que l'on connaisse : elles ont jusqu'à 32 pieds de diamètre ; elles versent l'eau dans un bassin d'où elle se rend par des canaux aux bains publics et particuliers ; les campagnes voisines sont d'une fécondité prodigieuse ; Famiéh (*Apamea*), où les rois Séleucides avaient établi l'école et la pépinière de leur cavalerie ; ses riches pâturages nourrissent encore de nombreux troupeaux ; la pêche que l'on fait dans le lac d'El-Taka, qui communique avec l'Oronte, est très-productive.

« Sur la fin du dernier siècle, écrivait Volney en 1785, des négocians anglais d'Alep, las d'entendre les Bédouins parler des ruines immenses qui se trouvaient dans le désert, résolurent d'éclaircir les récits prodigieux qu'on leur en faisait : une première tentative, en 1678, ne fut pas très-heureuse ; les Arabes les dépouillèrent, et ils furent obligés de revenir sans avoir rempli leur objet. Ils reprirent courage en 1691, et parvinrent enfin à voir les monumens indiqués. Leur relation, publiée dans les *Transactions philosophiques*, trouva beaucoup d'incrédules et de réclamateurs : on ne pouvait ni concevoir, ni se persuader comment, dans un lieu si écarté de la terre habitable, il avait pu subsister une ville aussi magnifique que leurs desseins l'attestaient. Mais depuis que le chevalier Dawkins, anglais, a publié, en 1753, les plans détaillés qu'il avait lui-même pris sur les lieux en 1751, il n'y a plus eu lieu d'en douter, et il a fallu reconnaître que l'antiquité n'a rien laissé, ni dans la Grèce, ni dans l'Italie, qui soit comparable à la magnificence des ruines de Palmyre. »

Wood, associé et rédacteur du voyage de Dawkins, publia la description de ces ruines étonnantes ; Volney, qui les visita, donna l'extrait de cette relation ; d'autres voyageurs ont depuis porté leurs pas vers ces monumens, et tous ont partagé les sentimens que ces restes magnifiques avaient fait naître dans l'âme de ceux qui les avaient contemplés précédemment. On y remarque surtout le magnifique temple du soleil, environné de colonnades colossales et d'une vaste enceinte carrée formant un immense portique intérieur ; les quatre énormes colonnes de granit, situées au centre de l'avenue ; les débris de cette même avenue qui offrent une colonnade longue d'un mille ; les restes d'un arc de triomphe et ceux des tombeaux, espèces de tours carrées à plusieurs étages, en marbre, sans ornemens à l'extérieur, mais enrichis de colonnes et de sculptures dans l'intérieur (PL. XLIV — 3 et 4).

« Palmyre, située à 3 journées de l'Euphrate, dut sa fortune à l'avantage d'être sur l'une des routes du grand commerce qui a de tout temps existé entre l'Europe et l'Inde. Les deux sources d'eau douce que son sol possède furent surtout un attrait puissant d'habitation dans ce désert aride et sec partout ailleurs. Ce furent, sans doute, ces deux motifs qui attirèrent les regards de Salomon, et qui engagèrent ce prince commerçant à porter ses armes jusqu'à cette limite si reculée de la Judée. — Il y construisit de bonnes murailles, dit l'historien Josephe, pour s'en assurer la possession, et il l'appela *Tadmour*, qui signifie Terre de Palmiers. — C'est le nom sous lequel la désignent encore les Arabes, ses habitans actuels.

» La chute de toutes les grandes métropoles environnantes, arrivée par gradation, devint pour Palmyre, sous l'empire des Perses et sous les successeurs d'Alexandre, le mobile de l'accroissement qu'elle semble acquérir tout-à-coup au temps des Parthes et des Romains; elle eut alors une période de plusieurs siècles de paix et d'activité, qui permirent à ses habitans d'élever ces monumens d'opulence dont nous admirons encore les débris. »

Sous le règne d'Odénat et de Zénobie elle parvint à sa plus grande prospérité ; mais ayant osé essayer de lutter contre la puissance de Rome, elle fut prise et saccagée par Aurélien; restaurée et fortifiée par Justinien, elle fut ensuite dévastée dans les guerres perpétuelles de ces contrées: les canaux du commerce, bien affaibli, ont été dérivés par Alep et Damas, et Palmyre n'est plus qu'un misérable village, où vivent quelques centaines de familles de Bédouins, et où l'on n'arrive pas sans danger.

Il faut traverser le désert dans la direction du N. N. E. au S. S. O. pour aller de Palmyre à Damas, nommée par les Arabes *El-Cham*. Cette ville, l'une des plus anciennes dont l'histoire fasse mention, est située dans une plaine ouverte au S. et à l'E. du côté du désert, et serrée à l'O. et au N. par des montagnes qui bornent d'assez près la vue. En récompense, il vient de ces montagnes une quantité de ruisseaux qui font du territoire de Damas le lieu le mieux arrosé et le plus délicieux de toute la Syrie. Les Arabes n'en parlent qu'avec enthousiasme, et ils ne cessent de vanter la verdure et la fraîcheur des vergers, l'abondance et la variété des fruits, la quantité des courans d'eaux vives et la limpidité des jets d'eau et des sources. « C'est aussi, ajoute Volney, le seul lieu où il y ait des maisons de plaisance isolées et vraie campagne. Les naturels doivent mettre d'autant plus de prix à tous ces avantages, qu'ils sont plus rares dans les contrées environnantes. Du reste, le sol, maigre, graveleux et rougeâtre, est peu propre aux grains ; mais cette qualité tourne au profit des fruits dont les sucs sont plus savoureux. Nulle ville ne compte autant de canaux et de fontaines. Chaque maison a la sienne. Toutes ces eaux sont fournies par trois ruisseaux ou plutôt par trois branches d'une même rivière, le Bahraddy, qui, après avoir fertilisé ses jardins pendant 3 lieues de cours, va se rendre au S. E. dans un bas-fond du désert où elle forme un marais appelé *Behaïrat-el-Modj* (Lac du Pin). »

Tous les voyageurs s'accordent à dire que Damas est une des plus jolies villes de l'empire ottoman; malgré sa haute antiquité, elle n'offre aucun monument ancien qui soit remarquable; mais son ensemble offre un aspect imposant par ses mosquées, ses bazars, ses palais et ses caravansérais (Pl. XLV — 1). Elle est le rendez-vous des nombreux pèlerins qui s'y rassemblent de tous les pays de l'Europe et de l'Asie musulmane, pour aller en caravane à la Mecque. Ce concours d'étrangers a rendu Damas le centre d'un commerce très-actif. Burckhardt la regarde comme la ville de l'Orient où l'on fait le plus grand commerce de manuscrits. Sa population, en y comprenant ses faubourgs, est évaluée à 140,000 ames. La majeure partie est composée d'Arabes et de Turcs. Volney dit que les Ottomans ne parlent point du peuple de Damas sans observer que c'est le plus méchant de l'empire; les Musulmans y sont plus fanatiques et plus intolérans qu'ailleurs.

Beaucoup de voyageurs ont parcouru les contrées du Liban et de l'Anti-Liban. Le sommet le plus élevé de la première de ces chaînes a une altitude de 1491 toises. Il conserve la neige pendant une grande partie de l'année. On l'aperçoit en mer d'une distance de 30 lieues.

Presque toute la côte entre Latakieh et Tripoli est un terrain de plaine. « Les ruisseaux nombreux qui y coulent, dit Volney, lui donnent de grands moyens de fertilité ; mais, malgré cet avantage, cette plaine est bien moins cultivée que les montagnes, sans en excepter le Liban, tout hérissé qu'il est de rocs et de sapins (Pl. XLV — 3). Les principales productions sont le froment, l'orge et le coton. »

En allant au S., on trouve Djebelé (*Gabala*) où il y a des ruines romaines ; Morkab, lieu escarpé, renfermé entre d'anciennes fortifications; Tortosa, dont les murs ont leurs fondations taillées dans le roc, et qui est entourée de cavernes ayant servi de sépultures. Vis-à-vis est l'îlot de Rouad, jadis ville et république puis-

As. 50

sante sous le nom d'*Aradus*. Le commerce, les manufactures, les arts y florissaient. Aujourd'hui l'île est rase et déserte, et la tradition n'a pas même conservé le souvenir d'une source d'eau douce que les Aradiens avaient découverte au fond de la mer.

Tripoli (*Tarabolos* des Orientaux) est à un petit quart de lieue de l'embouchure du Nahr-el-Kadéh; cette ville, de médiocre étendue, est regardée par Irby et Mangles comme la mieux bâtie de la Syrie; elle est environnée de jardins et de campagnes bien cultivées; son commerce est assez actif, quoique le mouillage de sa rade offre des dangers, à cause des roches qui en couvrent le fond.

Au S. de Tripoli est le Kesraouan, qui s'étend du Nahr-el-Kelb, par le Liban, jusqu'à Tripoli même. Djebaïl (*Byblos*), la ville la plus considérable de ce canton, n'a pas plus de 6,000 habitans; à peine reste-t-il des traces de son ancien port. Le Nahr-el-Ibrahim (*Adonis*), a le seul pont que l'on trouve depuis Antioche, celui de Tripoli excepté. Il est d'une seule arche de 50 pas de large, d'une structure très-légère, et a plus de 30 pieds d'élévation au-dessus du rivage; il paraît être l'ouvrage des Arabes.

Dans l'intérieur des montagnes, les lieux les plus fréquentés des Européens sont les villages d'Eden et de Bicharrai. Pendant l'hiver, plusieurs des habitans descendent sur la côte et laissent leurs maisons sous les neiges avec quelques personnes pour les garder. De Bicharrai, l'on se rend aux cèdres, qui en sont à 7 heures de marche quoiqu'il n'y ait que 3 lieues de distance. Ces arbres fameux sont sur un terrain inégal, et forment un petit bois. « Je comptai les plus vieux qui étaient en bon état, dit Burckhardt, il y en avait une douzaine; une cinquantaine d'autres étaient de grosseur moyenne, et plus de 300 de petits et jeunes. Les plus anciens ont plusieurs troncs sortant d'une même racine et offrent une quantité considérable de noms de voyageurs, remontant jusqu'à 1640. »

Sur la frontière du Kesraouan, à une lieue au N. du Nahr-el-Kelb, est le petit village d'Antoura où les missionnaires catholique ont une jolie maison, dans une situation très-agréable.

Beirout (*Berytus*), au S. de l'embouchure du Nahr-el-Sahib, est dans une plaine, sur le bord de la mer. Jusqu'à ces derniers temps, c'était par son port que les Druzes et les Maronites exportaient le coton et la soie qu'ils avaient récoltés et recevaient les marchandises dont ils trafiquaient avec leurs voisins.

Le pays des Druzes s'étend à l'E. de Beirout, dans les vallées du Liban, de Baalbek à Arhoun. Le lieu le plus remarquable est *Daïr-el-Camar* (Maison de la Lune), où résident les émirs. Ce bourg, mal bâti, est assis sur le revers d'une montagne au pied de laquelle coule un affluent du Nahr-el-Damour (*Tamyrus*). La population se compose de Druzes, de Maronites, de Grecs et de quelques Turcs.

Le palais que Volney avait vu n'était qu'une grande et mauvaise maison qui menaçait ruine. Celui que M. de Lamartine a décrit est somptueux; le plancher du pavillon du S. O. est de marbre à compartimens, avec une fontaine au milieu; les murs sont incrustés d'ivoire et de dorures, ornés d'inscriptions arabes en grandes lettres d'or, de même que les murs de la salle d'audience de l'émir, dont un côté est tapissé des plus riches tissus de cachemires en draperies.

Les Druzes sont un petit peuple qui doit son origine à une division survenue entre les musulmans, dans le commencement du onzième siècle de notre ère. Les nouveaux sectaires persécutés se réfugièrent dans le Liban et s'y maintinrent. Après avoir long-temps défendu leur indépendance, ils ont fini par reconnaître la suzeraineté du grand sultan; ils lui paient un tribut et ils ne sont gouvernés que par leur émir.

Sous le rapport de la religion, ils sont divisés en *occals* (initiés) et les *djahats* (ignorans). Ils adorent un seul dieu incarné dans la personne du khalife Hakem (*Biamr-Allah*). A cette superstition ils en ajoutent beaucoup d'autres. Du reste, ils n'observent aucune des pratiques religieuses en usage chez les peuples voisins, et tiennent les cérémonies de leur culte très-secrètes, ce qui les a fait accuser d'y commettre des abominations; imputation à laquelle bien peu de religions ont échappé. Leurs livres sacrés ont enfin été connus en partie, et on y a trouvé beaucoup de rêveries.

Les Druzes parlent l'arabe avec pureté; ce sont de beaux hommes, d'un caractère belliqueux et entreprenant, hospitaliers et laborieux; leurs femmes ont un beau teint; leur taille, avantageuse, est rehaussée par l'ornement singulier de leur coiffure: c'est une corne d'argent, d'un pied de longueur et droite, avec des figures ciselées; leur voile y est suspendu et retombe avec grâce de chaque côté de leur visage.

On évalue à 120,000 ames la population du pays des Druzes. L'accueil qu'ils ont fait aux Grecs et aux Maronites ont décidé ces chrétiens à fonder plusieurs couvens. Le principal est

1. Lac de Tibériade.

2. Murs de Jérusalem.

T. Bolly del.

VOYAGE

celui de Mar-hanna, bâti sur une pente escarpée, au pied de laquelle coule, en hiver, un torrent qui a nom Nahr-el-Kelb. Ce couvent est surtout remarquable par une imprimerie arabe.

Les Maronites occupent la partie du Kesraouan située au N. de celle que les Druzes habitent; leur cheikh dépend de l'émir de ces derniers; ils paient un tribut aux Ottomans, et reconnaissent la suprématie du pape. Leur patriarche réside au couvent de Kanobin, dans les montagnes, à 10 lieues E. S. E. de Tripoli, sur le Nahr-Kadis. On compte plus de 200 monastères d'hommes ou de femmes sur leur territoire.

La population de ce canton est à peu près de 150,000 ames; les mûriers et les vignes y sont le principal objet de la culture. « On peut, dit Volney, considérer la nation entière comme partagée en deux classes, le peuple et les cheikhs. Par ce mot, on entend les plus notables des habitans à qui l'ancienneté de leurs familles et l'aisance de leur fortune donnent un état plus distingué que celui de la foule. Tous vivent répandus dans les montages, par villages, par hameaux, par maisons isolées, ce qui n'a pas lieu dans la plaine. La nation entière est agricole; chacun fait valoir de ses mains le petit domaine qu'il possède ou qu'il tient à ferme. Les cheikhs même vivent ainsi, et ils ne se distinguent du peuple que par une mauvaise pelisse, un cheval et quelques légers avantages dans la nourriture et le logement; tous vivent frugalement, sans beaucoup de jouissances, mais aussi sans beaucoup de privations, attendu qu'ils connaissent peu d'objets de luxe. En général, la nation est pauvre, mais personne n'y manque du nécessaire, et si l'on y voit des mendians, ils viennent plutôt des villes de la côte que du pays même. La propriété y est aussi sacrée qu'en Europe, et, l'on n'y voit point de ces spoliations, ni ces avanies si fréquentes chez les Turcs. On voyage de nuit et de jour avec une sécurité inconnue dans le reste de l'empire. L'étranger y trouve l'hospitalité comme chez les Arabes; cependant l'on observe que les Maronites sont moins généreux et qu'ils ont un peu le défaut de la lésine. Conformément aux principes du christianisme, ils n'ont qu'une femme, qu'ils épousent souvent sans l'avoir vue, toujours sans l'avoir fréquentée. Contre les principes de cette même religion, ils ont admis ou conservé l'usage arabe du talion, et le plus proche parent de tout homme assassiné doit le venger. Par une habitude fondée sur la défiance et l'état politique du pays, tous les hommes, cheikhs ou paysans, marchent sans cesse armés du fusil et du poignard; c'est peut-être un inconvénient, mais il en résulte cet avantage, qu'ils ne sont pas novices à l'usage des armes dans les circonstances nécessaires, telles que la défense de leur pays contre les Turcs. Comme le pays n'entretient point de troupes régulières, chacun est obligé de marcher quand il y a guerre; et si cette milice était bien conduite, elle vaudrait mieux que bien des troupes d'Europe. Les recensemens que l'on a eu occasion de faire dans les dernières années portent à 35,000 le nombre des hommes en état de manier le fusil. »

Au N. du pays des Maronites, s'étend celui des Ansarié ou Nassaris; c'est un peuple agricole et grossier qui habite la chaîne des montagnes comprise entre Antakié et le Nahr-el-Kebir. Il est divisé en plusieurs peuplades ou sectes qui se rapprochent plus ou moins de l'islamisme; mais les dogmes de cette religion sont mêlés à d'autres croyances dont il est résulté un ensemble informe.

Les Ansarié paient un tribut au pacha de Tripoli. Leurs montagnes sont communément moins escarpées que celles du Liban, et par conséquent plus propres à la culture, mais, par cette raison aussi, plus ouvertes aux Turcs; et c'est par cette raison, sans doute, qu'avec une plus grande fécondité elles sont cependant moins peuplées que celles des Druzes et des Maronites.

Pendant un certain temps, les Motouâlis qui habitent la vallée de Becaa, jouèrent un rôle et se rendirent formidables à leurs voisins: c'étaient des musulmans chiites; mais après diverses vicissitudes, ils ont été presque entièrement anéantis; ce qui en reste s'est réfugié dans l'Anti-Liban et le Liban des Maronites; et il est probable que leur nom même finira par s'éteindre.

En descendant du Liban vers la côte, on passe près du couvent de Mar-Elias-Alzo, où réside, depuis plusieurs années, Lady Esther Stanhope. Cette dame anglaise, proche parente du célèbre ministre Pitt, a complétement adopté les usages de l'Orient et jouit d'un grand crédit parmi les Arabes-Bédouins. Sa recommandation auprès d'eux est une sûre garantie pour voyager sans trop d'inconvéniens dans le désert. Elle accueille avec bienveillance les étrangers qui viennent chez elle, mais les mauvaises plaisanteries de quelques voyageurs, ses compatriotes, l'ont décidée à n'admettre que ceux qui seraient officiers de terre ou de mer. Elle fait beaucoup de bien dans le pays où elle a fixé sa demeure et où elle compte finir ses jours.

A 3 lieues du couvent, on trouve Saïde, si célèbre, dès l'antiquité la plus reculée, sous le nom de *Sidon*, par son commerce immense et ses richesses. Elle fut la mère de toutes les villes phéniciennes. Aujourd'hui elle est couverte de ruines; ses monumens ont disparu; son ancien et magnifique port, formé par de grands môles, est comblé; le port actuel est petit et presque encombré de sable. Cependant il s'y fait un assez bon commerce parce qu'elle est le principal entrepôt de Damas et du pays intérieur. On remarque dans les environs des tombeaux creusés dans le roc; Hasselquist, voyageur suédois, pense que ce sont ceux des rois de cette contrée; maintenant ils sont ouverts et servent d'asile aux pasteurs.

A 7 milles au S. de Saïde, Sarfeid (*Sarepta*) est un gros village, sur un côteau, d'où l'on jouit d'une superbe vue, et entouré de jardins plantés d'oliviers et d'arbres fruitiers.

Plus loin on traverse le Casmich (*Litane*), qui vient de la vallée de Becaa, on chemine le long des ruines et l'on aperçoit au S. d'une baie une ville bâtie à l'extrémité septentrionale d'une presqu'île. On la nomme Sour; elle remplace *Tyr* qui, dans l'antiquité, fut la reine des mers, couvrit de ses colonies une partie des côtes de la Méditerranée et de l'océan Atlantique, et acquit par son commerce une opulence prodigieuse. Tyr fut d'abord construite sur le continent; ses habitans, afin de se soustraire aux attaques d'un roi d'Assyrie, transportèrent ensuite leurs demeures sur une île voisine; Alexandre, pour les atteindre, joignit l'île au continent par une digue que les atterrissemens ont changé en un isthme, le long duquel on reconnaît encore les arcades d'un aqueduc qui amenait les eaux de sources. Le port de Sour, creusé de main d'hommes, au N. de l'ancienne île, est tellement comblé de sables, que les petits enfans le traversent sans se mouiller les reins; l'ouverture est défendue par deux tours correspondant où jadis l'on attachait une chaîne de 50 à 60 pieds pour fermer entièrement le port. Une ligne de murs, dont on suit encore la trace par leurs fondations, enfermait l'île entière, dont une grande partie est couverte de décombres. Entre le rivage et des rochers à fleurs d'eau, à une distance de 300 pas, s'ouvre une espèce de rade où les navires mouillent avec assez de sûreté. Dans ces derniers temps, Sour s'est un peu relevée et présente une jolie petite ville.

En revenant vers le continent, on trouve des ruines étendues: un château, de vastes citernes, dont la tradition attribue la construction à Salomon; elles reçoivent leurs eaux de sources d'eaux vives, et communiquent avec l'antique aqueduc. Ensuite on gravit par un chemin escarpé, taillé dans le roc calcaire, une montagne dont le prolongement vers la mer forme le cap Blanc. Après être descendu de l'autre côté, on passe à côté d'un grand monceau de ruines, de dessous lesquelles sort, du côté de la mer, une fontaine de fort belle eau.

Deux lieues plus loin, on traverse une montagne fort rude et fort inégale et on entre dans la plaine d'Acre; le chemin pour y arriver est fort pierreux, mais, d'après le témoignage de Maundrell, la beauté de la plaine récompense suffisamment de la peine que l'on a eue depuis le cap Blanc.

Après avoir cheminé près d'une lieue dans cette plaine, on arrive près de Zib, vieille ville située sur une éminence près de la côte, et 3 lieues plus loin on trouve Acre (*Acco-Ptolemaïs*). Cette ville, connue sous le nom de Saint-Jean-d'Acre, fut au moyen âge la dernière que les musulmans enlevèrent aux rois chrétiens de Jérusalem; elle a de nos jours résisté aux attaques réitérées de Napoléon Bonaparte; elle est de médiocre étendue, située à l'extrémité septentrionale d'une baie, et bâtie sur un promontoire. Le port, au S. de la ville, est petit, cependant il s'y fait un commerce considérable. La rade n'étant pas sûre en hiver, les navires vont alors mouiller à Caïffa (*Sycaminus*), qui est vis-à-vis, au pied du mont Carmel. Ce promontoire célèbre, haut de 2,000 pieds, forme la pointe méridionale de la baie d'Acre et s'élève brusquement: « Ses flancs et son sommet, dit Munro-Vere, voyageur anglais qui y grimpa en 1833, sont revêtus de fleurs sauvages et d'arbustes. Le couvent, récemment bâti, est vaste, et occupe à peu près l'emplacement de celui qui existait depuis que les chrétiens eurent perdu la Terre-Sainte; il est dédié au prophète Elie. De ce point, on jouit d'une vue magnifique. Le drapeau tricolore flottait sur la chapelle du couvent; la belle France était la protectrice de la Terre-Sainte.

» Le Carmel est percé, dans toute son étendue, de cavités habitées jadis par des pêcheurs ou des ermites. Quelques-unes sont consacrées par la tradition comme ayant été la demeure d'Élie et d'autres prophètes. La chaîne du Carmel s'abaisse graduellement vers le S.; notre route se prolongeait entre ses flancs et la mer;

la plaine, qui a un mille et demi de largeur, est défendue contre les vagues par une barrière de rochers, dont on a avidement tiré des pierres pour des constructions.

Cette côte est parsemée de ruines de villes anciennes; à Amah (*Dorum*), on est sur la limite méridionale de la Phénicie, où l'on voyage depuis Tripoli.

CHAPITRE LXVIII.

Empire ottoman. — Palestine (Terre de Canaan ou Terre-Sainte).

A 4 lieues au S. du mont Carmel, le cours du Coradjè (*Chorpus*) marque la borne septentrionale de la Palestine; puis on arrive aux bords du Nahr-Zerca, au-delà duquel un aqueduc, des remparts, divers monumens bien conservés, inspirent une surprise indéfinissable. Ce sont les restes de Cesarée, ville magnifique, bâtie par Hérode en l'honneur d'Auguste. On y trouve des rues et des places publiques, et, suivant l'observation de M. le comte de Forbin, en rétablissant les portes de ses hautes et terribles murailles, il serait facile de l'habiter et de la défendre. A 2 lieues plus loin, la route s'écarte de la côte et passe dans les gras pâturages de la verdoyante vallée de Saron qui se prolonge à perte de vue; elle n'est pas fréquentée par les pasteurs arabes, parce que sa partie moyenne est sans eau. Ce chemin se rapproche de la mer. On voit le village d'Arsouf, qui a remplacé Apollonia, et on entre dans Jaffa (*Joppé*).

Cette petite ville a un port qui, bien que mauvais, est celui où abordent la plupart des pèlerins chrétiens, parce qu'il est le plus proche de Jérusalem. Aussi a-t-il été décrit par une foule de voyageurs. Il était le principal de ceux que possédaient les Hébreux.

M. de Châteaubriand y débarqua après avoir longé la côte pour y arriver. « Dans le lointain s'élevait l'amphithéâtre des montagnes de la Judée. Du pied de ces montagnes, une vaste plaine descendait jusqu'à la mer. On y voyait à peine quelques traces de culture, et pour toute habitation un château gothique en ruines, surmonté d'un minaret croulant et abandonné. Au bord de la mer, la terre se terminait par des falaises jaunes, ondées de noir, qui surplombaient une grève où nous voyions et entendions briser les flots....

» Jaffa ne présente qu'un méchant amas de maisons rassemblées en rond, et disposées en amphithéâtre sur la pente d'une côte élevée. Les malheurs que cette ville a si souvent éprouvés y ont multiplié les ruines, un mur qui, par ses deux points, vient aboutir à la mer, l'enveloppe du côté de la terre, et la met à l'abri d'un coup de main. »

« A l'E. et au N.E. de Jaffa s'étend une plaine presque unie, sans rivière ni ruisseau pendant l'été, dit Volney, mais arrosée de quelques torrens pendant l'hiver. Malgré cette aridité, le sol n'est pas impropre à la culture, l'on peut même dire qu'il est fécond; car, lorsque les pluies d'hiver ne manquent pas, toutes les productions viennent en abondance; la terre, qui est noire et grasse, conserve assez d'humidité pour porter les grains et les légumes à leur perfection pendant l'été. L'on y sème plus qu'ailleurs du doura, du sésame, des pastèques et des fèves; l'on y joint aussi le coton, l'orge et le froment; mais quoique ce dernier soit le plus estimé, on le cultive moins, parce qu'il provoque l'avarice des commandans turcs et les rapines des Arabes.

Quand on franchit les montagnes à l'E., on entre dans l'ancienne Samarie, aujourd'hui nommé pays de Naplouse. La ville de ce nom, située près de *Sichem*, occupe le flanc oriental du mont Garizim, vis-à-vis du mont Ebal, dans une vallée étroite très-fertile et d'un aspect ravissant. Naplouse est comme la métropole des Juifs de la secte des Samaritains; elle est considérable par son commerce et son industrie: c'était sur le mont Garizim que les rois de Samarie avaient élevé un temple rival de celui de Jérusalem. Une tradition populaire place à Naplouse la grotte sépulcrale de plusieurs des anciens personnages illustres chez les Hébreux et que ceux-ci visitent avec respect. Parmi les puits du voisinage, l'un est renommé comme celui de Jacob, près duquel N. S. Jésus-Christ conversa avec la Samaritaine.

A 2 lieues au N., Sebasta, chétif village, a remplacé *Samarie*, capitale du royaume d'Israël, et détruite par un roi d'Assyrie. Hérode la rebâtit, l'orna de monumens magnifiques, et la nomma Sebaste en l'honneur d'Auguste; on n'y voit plus que quelques colonnes encore debout, et d'autres renversées au milieu de nombreux débris.

Bientôt s'ouvre la vallée d'Esdrelon, la plus fertile du pays de Canaan. A son extrémité S.E. s'élève le mont Thabor, illustré par la transfiguration de J.-C. Ce mont est un cône tronqué, haut d'à peu près 500 toises et d'où l'on a une des plus riches perspectives de la Syrie; le sommet a deux lieues de circuit. Jadis il portait une citadelle, mais à peine en reste-t-il quelques pierres. De là, on découvre au S. une suite de vallées et de montagnes qui s'étendent jusqu'à Jérusalem. Le 17 avril 1799, l'armée française remporta une victoire près du Thabor.

A 2 lieues au N., on trouve la petite ville de Nazareth, où J.-C. passa les premières années de sa vie ; le couvent latin est un vaste bâtiment, et l'église une des plus belles de la Palestine ; dans l'église souterraine, plusieurs grottes changées en chapelles sont, d'après une pieuse croyance, des portions de la demeure de la sainte Vierge ; et plus loin, on montre divers autres lieux également sanctifiés par le séjour de N. S. Cana, joli petit village des environs, est remarquable par son premier miracle. On est ici dans la Galilée dont les plaines sont fertiles.

« En se dirigeant à l'E. on traverse le Jourdain et l'on entre dans les plaines du Hauran, qui sont d'une étendue immense. Les pèlerins musulmans qui les traversent pendant cinq ou six jours pour aller à la Mecque, attestent qu'ils y trouvent à chaque pas des vestiges d'anciennes habitations. Cependant ils sont moins remarquables dans les plaines, attendu que l'on y manque de matériaux durables ; le sol y est une terre dure, sans pierres et presque sans cailloux. Ce que l'on rapporte de sa fertilité actuelle, répond parfaitement à l'idée qu'en donnent les livres des Hébreux. Partout où l'on sème le froment, il rend en profusion si les pluies ne manquent pas, et il croît à hauteur d'homme. Les pèlerins assurent même que les habitants ont une force de corps et une taille au-dessus du reste des Syriens ; ils en doivent différer à d'autres égards, parce que leur climat, excessivement chaud et sec, ressemble plus à l'Egypte qu'à la Syrie. Ainsi que dans le désert, ils manquent d'eaux vives et de bois, font du feu avec de la fécule, et bâtissent des huttes avec de la terre battue et de la paille. Ils sont très-basanés ; ils paient des redevances au pacha de Damas. Mais la plupart de leurs villages se mettent sous la protection de quelques tribus arabes, et quand les cheikhs ont de la prudence, le pays prospère et jouit de la sécurité. Elle règne encore plus dans les montagnes qui bornent les plaines à l'O. et au N. : ce motif y a attiré nombre de familles druses et maronites. »

Ce témoignage, emprunté de Volney, est confirmé par les relations de Burckhardt, de Seetzen, des capitaines Irby et Mangles et d'autres voyageurs qui ont parcouru le Hauran. Ces deux derniers, en revenant vers la Palestine, après être sortis de Damas, franchirent le Djebel-el-Cheikh, et à leurs pieds virent le petit lac de Phiala, regardé par les Anciens comme la véritable source du Jourdain ; probablement par un cours souterrain, car il n'a point d'écoulement apparent. Plus loin, ils entrèrent dans Panias (*Cæsarea-Philippi*); cette ville joua un grand rôle dans les guerres des princes d'Alep et de Damas avec les Croisés qui la nomment *Panéas*. Elle est comprise, d'un côté, entre la branche du Jourdain venant du N.O., un petit ruisseau, de l'autre, et des montagnes par derrière. On rencontre dans les environs plusieurs ruines : elles ont été examinées par Seetzen et Burckhardt. La petite rivière de Panias sort d'une caverne creusée dans un rocher escarpé dont les flancs offrent plusieurs niches ornées de sculptures, avec des inscriptions grecques. Un mille et demi plus bas, cette rivière porte ses eaux à la branche occidentale du Jourdain : celle-ci vient d'un prolongement de l'Anti-Liban, connu sous le nom de Djebel-el-Cheikh, local élevé d'où sortent ces sources et celles d'une foule de petits ruisseaux dont s'arrose la plaine de Damas, et qui compose un petit pays qu'on appelle Hasbeya. Le Jourdain, que les habitants du pays appellent *El-Arden* ou *Charia*, après la réunion de ses deux branches au-dessous de Panias, traverse le lac de Toulé et arrive au lac de Tibériade. Celui-ci, qui semble encaissé dans le cratère d'un volcan, est connu aussi dans l'Evangile sous les dénominations de lac de Galilée et de Genezareth (Pl. XLVI — 1).

La petite ville de Tibériade ou Tabarié, située sur la rive occidentale, est remarquable par la beauté de sa position. Les deux capitaines Irby et Mangles disent que le poisson est très-abondant, peu varié, mais excellent dans ce lac, sur les bords duquel une partie des Apôtres exerçaient la profession de pêcheurs, avant de suivre J.-C. Les deux navigateurs anglais furent frappés de ne pas apercevoir un seul bateau sur ce joli lac ; on prend le poisson au filet qu'on jette en se tenant sur le rivage.

Près de Tabarié on voit les sources thermales d'Emmaüs, très-fréquentées encore de nos jours par les malades. Il ne reste plus que des ruines de Capharnaüm, de Bethsaïda, de Corozaïm et d'autres villes voisines de ce lac.

Les voyageurs que nous venons de citer, ont, ainsi que Seetzen et Burckhardt, parcouru le pays à l'E. Ce n'est pas sans peine qu'ils purent déterminer les guides arabes à les conduire. Ils y ont vu Bosra (*Bostra*), dont les antiquités rappellent l'importance et la splendeur, lorsqu'aux temps de Trajan et d'Alexandre-Sévère, qui la fortifièrent et l'embellirent, elle était la métropole d'une province romaine.

3. Église du St Sépulcre.

4. Mosquée d'Omar.

EN ASIE.

Djerache (*Gerasa*), plus au S., a dû être une ville magnifique. Bâtie des deux côtés d'une vallée, traversée par une rivière, elle paraît avoir été composée de deux rues qui se croisaient au centre à angles droits, et que décorait un double rang de colonnes. Nulle part on ne rencontre autant d'édifices superbes réunis sur un aussi petit espace.

Rabbath Ammon (*Philadelphia*) est une autre ville abandonnée depuis plusieurs siècles. Les ruines d'un palais considérable, un magnifique amphithéâtre, des temples, annoncent son ancienne splendeur.

Les montagnes qui bornent cette contrée à l'E., portaient jadis le nom de *Galaad*; les plus orientales offrent un entassement de rochers âpres et raboteux, dont la perspective est lugubre, et suivant, l'expression de Volney, « annonce dans le lointain l'entrée du désert et la fin de la terre habitable. »

Elles se rattachent dans le N. à l'Hermon, branche méridionale de l'Anti-Liban; le mont Basan, dans sa partie septentrionale, est renommé par ses excellens pâturages et ses forêts de chênes. Le mont Abarim est terminé au S. par le Nebo, sur lequel mourut Moïse et de la cime duquel il put contempler la terre promise, dans laquelle il ne lui était pas permis d'entrer.

La plaine entre les montagnes et entre le Jourdain est généralement aride et inégale, et coupée par des vallées fertiles. Irby et Mangles arrivèrent au village de Szalt en traversant des vignes entourées de murs; les environs sont également couverts d'oliviers; plus des deux tiers de la population est composée de chrétiens. Çà et là on aperçoit des ruines de monumens et des tombeaux taillés dans le roc. Les voyageurs pensent que Szalt est Machèron, où saint Jean-Baptiste fut décapité.

Les voyageurs passèrent ensuite le Jourdain à gué; ce fleuve était alors très-gros et très-rapide, et les chevaux le traversèrent à la nage. La plaine où ils entrèrent est fertile et se prolonge au N. jusqu'à Naplouse. Maundrell la traversa. Quand il en sortit au Kan-Léban, qui est à l'E. d'une petite vallée délicieuse, il trouva un chemin plus pierreux, et un pays plus montueux et très-rude, qui offrit à ses yeux plusieurs villages ruinés; il était évident qu'autrefois la culture y avait été florissante.

Bir est très-agréablement situé sur un côteau exposé au S. Après avoir marché pendant 2 heures 20 minutes dans cette direction, le voyageur aperçut du haut d'une colline Jérusalem.

Ainsi que nous l'avons dit précédemment, la route la plus fréquentée par les pèlerins est celle de Jaffa. On chemine d'abord au milieu de jardins qui, suivant le témoignage de M. de Châteaubriand, « devaient être charmans autrefois; on s'avance ensuite dans la plaine de Saron, dont l'Écriture loue la beauté: elle n'est pas d'un niveau égal; elle forme quatre plateaux qui sont séparés les uns des autres par un cordon de pierres nues et dépouillées. Le sol est une arène fine, blanche et rouge qui paraît, quoique sablonneuse, d'une extrême fertilité. Mais, grâce au despotisme musulman, ce sol n'offre de toutes parts que des chardons, des herbes sèches et flétries, entremêlées de chétives plantations de coton, de doura, d'orge et de froment; c'est là que paraissent quelques bouquets d'oliviers et de sycomores. » Ce dernier arbre est une espèce de figuier.

A moitié chemin de Jaffa à Rama ou Ramlé on trouve un puits indiqué par tous les voyageurs. Bientôt on découvre Ramlé, situé dans un endroit charmant, à l'extrémité d'un des plateaux ou des plis de la plaine. De là, à travers une forêt de nopals, on se rend au minaret d'une mosquée abandonnée, autrefois le clocher d'un monastère dont il reste d'assez belles ruines; elles consistent en des espèces de portiques.

Les maisons de Ramlé sont des cahutes de plâtre, surmontées d'un petit dôme; elles semblent placées dans un bois d'oliviers, de figuiers, de grenadiers, et sont entourées de grands nopals. Du milieu de ce groupe confus d'arbres et de maisons, s'élancent les plus beaux palmiers de l'Idumée. Le monastère où logent les voyageurs est comme tous ceux de la Terre-Sainte; il ressemble à une forteresse lourde et écrasée.

Ramlé est l'ancienne *Arimathie*. On y file du coton et on y fabrique du savon. Lod (*Lydda* et *Diospolis*), à une demi-lieue au N., est aussi ruiné que Ramlé; cependant il s'y tient deux fois la semaine un marché.

Au-delà de Ramlé on chemine vers l'E. et on parvient à la première ondulation des montagnes de Judée; on s'enfonce dans le labyrinthe que décrivent les sinuosités de leurs flancs; elles sont de forme conique, à peu près semblables entre elles et enchaînées l'une à l'autre par la base. A chaque revers du rocher croissent des touffes de chênes nains, des bois et des lauriers-roses. Dans le fond des ravins s'élèvent des oliviers, et quelquefois ces arbres forment des bois entiers sur la pente des monts.

Ce fut en approchant d'un village de la vallée de Saint-Jérémie que M. de Châteaubriand fut frappé tout-à-coup de ces mots prononcés distinctement en français : « en avant : marche !— je tournai la tête, ajoute l'éloquent écrivain, et j'aperçus une troupe de petits Arabes tout nus qui faisaient l'exercice avec des bâtons de palmier ; je ne sais quel vieux souvenir de ma première vie me tourmente : et quand on me parle d'un soldat français le cœur me bat ; mais voir de petits Bédouins, dans les montagnes de la Judée, imiter ces exercices militaires et garder le souvenir de notre valeur ; les entendre prononcer ces mots qui sont, pour ainsi dire, le mot d'ordre de nos armées et les seuls que sachent nos grenadiers ; il y aurait eu de quoi toucher un homme moins amoureux que moi de la gloire de sa patrie.... Je donnai quelques medins au petit bataillon, en lui disant : — en avant : marche !— Et afin de ne rien oublier, je lui criai : — Dieu le veut ! Dieu le veut !—comme les compagnons de Godefroy et de saintLouis. »

De la vallée de Jérémie on descend dans celle de Terebinthe ; elle est plus profonde et plus étroite que la première. On y voit des vignes et quelques roseaux de doura. On passe un torrent sur un pont de pierres, le seul qu'on rencontre dans ces déserts ; à main gauche, sous le village de Caloni, on remarque des ruines romaines. Après avoir passé le torrent on découvre le village de Keriet-Lefta, au bord d'un autre torrent desséché qui ressemble à un grand chemin poudreux. El-Biré se montre au loin sur la route de Naplouse. On continue à s'enfoncer dans un désert où des figuiers sauvages, clair-semés, étalent au vent du midi leurs feuilles noircies. La terre, qui jusqu'alors a conservé quelque verdure, se dépouille ; les flancs des montagnes s'élargissent et prennent à la fois un air plus grand et plus stérile : bientôt toute végétation cesse ; les mousses même disparaissent. Les montagnes se teignent d'une couleur rouge et ardente. On gravit pendant une heure ces régions attristées pour atteindre un col élevé que l'on voit devant soi. Parvenu à ce passage, on chemine pendant une autre heure sur un plateau nu, semé de pierres roulantes. Tout-à-coup, à l'extrémité de ce plateau, on aperçoit une ligne de murs gothiques flanqués de tours carrées et derrière lesquels s'élèvent quelques pointes d'édifices ; c'est Jérusalem (Pl. XLVI — 2).

Cette ville, nommée par les Arabes *El-Kods* (la Sainte), présente, comme tant d'autres, un grand exemple de la vicissitude des choses humaines : mais au milieu des ruines et des décombres dont son enceinte est embarrassée, elle est encore un objet de vénération pour les chrétiens, les musulmans et les Juifs. «Tous, sans distiction de secte, remarque Volney, se font un honneur de voir ou d'avoir vu la ville *Noble* et *Sainte*. »

C'est pourquoi le nombre des voyageurs qui l'ont décrite est infini ; les chrétiens européens logent généralement au couvent des Pères de la Terre-Sainte dont le couvent est peu éloigné de l'église du Saint-Sépulcre ; l'extérieur de ce temple n'a rien de bien imposant (Pl. XLVI — 3). L'intérieur, que M. de Chateaubriand avait vu en 1806 tel qu'il existait depuis des siècles, fut ravagé par un incendie le 12 octobre 1807 ; mais les flammes n'atteignirent pas le sépulcre de J.-C., renfermé dans une chapelle sous le dôme de l'église, « la plus vénérable de la terre, soit que l'on pense en philosophe ou en chrétien. »

A très-peu d'exceptions près, toutes les relations des voyageurs, n'importe à quelle communion ils appartiennent, confirment cette belle pensée de M. de Châteaubriand ; elles expriment les sentiments du profond respect, de la dévotion sincère, de l'émotion religieuse. Il est infiniment petit le nombre de ceux qui sont restés indifférens à la vue du tombeau de Jésus-Christ !

« A l'entrée se voit la pierre sur laquelle son corps fut étendu pour l'embaumer. Au-dessus du sépulcre est suspendue une tenture en satin blanc broché en or ; le vestibule est tendu en soie cramoisie, à fleurs en or. La chapelle est surmontée d'un dôme sous lequel trois rangs de lampes brûlent perpétuellement. La pierre sur laquelle l'ange s'assit est portée par un trépied. Le tombeau, taillé dans le roc, est revêtu de marbre et couvert d'une légère étoffe de soie bleue, chamarrée de fleurs en blanc.

C'est dans le livre de M. de Châteaubriand et dans les autres ouvrages relatifs à la Terre-Sainte qu'il faut lire la description de l'église du Saint-Sépulcre, et tout ce qui concerne la visite des lieux saints de Jérusalem.

M. de Châteaubriand, la seconde fois qu'il visita cette vénérable église, monta dans la galerie où il rencontra le moine Capte et l'évêque Abyssin ; « ils sont très-pauvres, et leur simplicité rappelle les beaux temps de l'Evangile. Ces prêtres, demi-sauvages, le teint brûlé par les feux du tropique, portant pour seule marque de leur dignité, une robe de toile bleue, et n'ayant point d'autre asile que le Saint-Sépulcre, me touchèrent bien plus que les chefs des papas grecs et le patriarche arménien ; je défierais l'imagination la moins religieuse de n'être pas émue à cette rencontre de tant de peuples au tombeau de Jésus-Christ, à ces prières prononcées dans cent langages divers, au lieu même où les apôtres reçurent du Saint-Esprit le don de parler toutes les langues de la terre. »

L'église, détruite par le feu, a été rebâtie sur les mêmes fondemens et sur l'ancien plan, mais comme la pauvreté des religieux de la communion latine est extrême, et qu'ils n'ont reçu pour cette destination aucun secours proportionné à l'entreprise, ils ont été forcés d'en laisser l'honneur aux Grecs et aux Arméniens qui sont fort riches. La nouvelle église est d'une grande magnificence. On y a prodigué la dorure ; mais, suivant le témoignage de plusieurs voyageurs, le bon goût n'a pas présidé à l'exécution de cet ouvrage. L'impossibilité où se sont trouvés les Latins d'avoir la principale part à la reconstruction de l'église, leur a fait perdre la prérogative, dont ils jouissaient autrefois, d'être les seuls possesseurs des lieux saints. Chaque jour, les Grecs empiètent sur leur priviléges avec une violence toujours croissante.

Tous les ans des pélerins chrétiens arrivent à Jérusalem, surtout à l'époque de la semaine sainte. Les plus nombreux sont ceux des églises orientales. Ils cheminent par caravanes nombreuses, comptant pour rien les fatigues d'un voyages de plusieurs centaines de lieues, bravant les intempéries de l'air, ne vivant, à la fin de leur course, que de ce qu'ils trouvent. Ce ne sont pas seulement des hommes faits qui s'imposent tant d'incommodités et de privations, ce sont des vieillards affaiblis qui ne veulent point mourir avant d'avoir vu Jérusalem, des femmes et des jeunes filles, des enfans à peine échappés au berceau.

De nos jours, une jeune paysanne du canton d'Unterwalden, en Suisse, a fait le pélerinage de Jérusalem. Partie en 1828, elle revit son pays en 1831. « Exaltée par le sentiment religieux, dit M. Gaucheraud qui a raconté cette pérégrination extraordinaire, elle a mené à bien cette entreprise dont peuvent seules rendre raison des circonstances particulières et une disposition toute particulière à cet enthousiasme de la tête et du cœur qui voit disparaître la vue des obstacles devant la volonté. »

La première fois que le religieux, qui a rendu compte du séjour de la pélerine à Jérusalem, la prit pour la conduire à la chapelle de l'église du Saint-Sépulcre, déjà la foule se pressait dans la maison de Dieu. Le supérieur avait recommandé d'épargner, autant que possible, à la jeune fille le spectacle si affligeant, pour les pères de la Terre-Sainte, mais plus blessant encore

As.

pour les étrangers, de la cohue, des cris, des inconvenances de toutes sortes, dont, par un déplorable abus, les pélerins des sectes de toute espèce, profanent le temple de Jérusalem.

Ces scènes scandaleuses ont affligé presque tous les voyageurs ; et ceux-ci les ont racontées avec une indignation empreinte de douleur.

Les Turcs, maîtres de Jérusalem, ne laissent entrer les chrétiens dans les lieux saints qu'en exigeant d'eux une redevance ; et ils leur interdisent l'accès et, si c'était possible, la vue de leurs mosquées. Il est défendu, sous peine de mort, de mettre le pied dans le parvis de celle d'Omar, qui a été bâtie sur l'emplacement du temple de Salomon. « Une magnifique plate-forme, dit M. de Lamartine, préparée sans doute par la nature, mais évidemment achevée par la main des hommes, était le piédestal sublime sur lequel s'elevait le temple de Salomon ; elle porte aujourd'hui à son centre le temple, la mosquée d'Omar, ou *el Sakhara*, édifice admirable d'architecture arabe. C'est un bloc de pierre et de marbre, d'immenses dimensions, à huit pans ; chaque pan est orné de sept arcades plus rétrécies, terminées par un dôme gracieux, couvert en cuivre, autrefois doré. Les murs de la mosquée sont revêtus d'émail bleu ; à droite et à gauche s'étendent de larges parois, terminées par de légères colonnades moresques correspondant aux huit portes de la mosquée. De hauts cyprès, disséminés comme au hasard, quelques oliviers, et des arbustes verts et gracieux, croissant çà et là, relèvent l'élégante architecture de la mosquée et la couleur éclatante de ses murailles par la forme pyramidale et la sombre verdure qui se découpent sur la façade du temple et des dômes de la ville (PL. XLVI — 4). »

L'Espagnol Badia qui, sous le nom d'Ali-B y, parcourut une partie de l'Afrique et de l'Asie musulmanes, et quelques Européens déguisés, ont pénétré dans la mosquée d'Omar. Badia en a donné une description détaillée : c'est moins une mosquée, qu'un groupe de mosquées. La principale, nommée *El-Aksa*, est divisée en 7 nefs, soutenues par des piliers et des colonnes d'un beau marbre brun ; la nef centrale, surmontée d'une coupole, a 162 pieds de long, sur 32 de large. Il y a, en face de la porte principale, une chaussée de 284 pieds de long, au milieu de laquelle on voit un beau bassin en marbre avec une fontaine en forme de coquille, qui anciennement versait de l'eau. A l'extrémité de cette chaussée, un superbe escalier conduit au *Sakhara*, qui est l'autre mosquée ; elle prend

51

son nom d'un rocher fort élevé qui s'élève au centre de l'édifice. Il est de forme octogone, et chacun de ses côtés a en dehors 60 pieds de long. Son intérieur, décoré avec un goût exquis et la plus grande richesse, est constamment éclairé par plusieurs milliers de lampes. Au-dessous de la coupole, un espace entouré d'une haute grille en fer doré renferme le *Sakhara-Allah* (la Roche-Sacrée); les musulmans croient que c'est la pierre sur laquelle Jacob reposa sa tête; et que c'est le lieu où les prières des hommes sont le plus agréables à Dieu, après le temple de la Mecque. Suivant une tradition populaire, ce rocher porte encore l'empreinte du pied de Mahomet, qui s'y reposa un instant pour faire sa prière dans la nuit où la jument *El-Borak* le transporta au ciel.

Le nom arabe de la mosquée d'Omar est *El-Haram*, que porte également celle de la Mecque; il signifie positivement un temple, un lieu consacré par la présence particulière de Dieu et défendu aux profanes, aux infidèles. Malgré cette prohibition expresse, on souffre que des maçons et autres ouvriers chrétiens viennent travailler aux réparations dont l'intérieur de la mosquée peut avoir besoin.

A l'exception de M. de Lamartine, tous les voyageurs dépeignent l'intérieur de Jérusalem comme extrêmement triste. Écoutons à ce sujet D. Géramb, pèlerin sexagénaire qui, en 1832, partit courageusement du monastère de Saint-Urbain, dans la Suisse. « Quand une fois on est dans l'intérieur, cette apparence de grandeur qui frappe de loin, cette illusion que produit un moment l'aspect imposant des dômes, des mosquées, des minarets qui dominent les autres édifices, tout s'évanouit. Jérusalem ne paraît plus que ce qu'elle est en réalité, une ville de décombres et de ruines. Ses maisons, carrées, en général petites, basses, couvertes d'un toît plat en terrasse, au-dessus duquel s'élève quelquefois une petite rotonde, ressemblent à une masse de pierres entassées pour la construction d'une habitation, plutôt qu'à une habitation, et sont de l'effet le plus triste. » M. de Châteaubriand et M. Michaud sont entièrement d'accord avec D. Géramb sur l'aspect mélancolique de Jérusalem.

L'opinion unanime est que, pour bien juger cette ville dans son ensemble, il faut s'asseoir sur le mont des Oliviers qui la domine. Il s'élève à l'E. de la ville et en est séparé par la vallée de Josaphat, dans laquelle coule le torrent de Cédron. Les pèlerins ne manquent pas de visiter ce mont, ainsi que les sépulcres des rois, qui sont au N., à une petite distance de la grotte de Jérémie; puis, en faisant le tour de la ville, ils s'arrêtent aux tombeaux d'Absalon, de Josaphat et de Zacharie, dans la vallée de Josaphat.

La population de Jérusalem est à peu près de 30,000 âmes. Elle se compose de musulmans, de chrétiens, de juifs. « L'industrie et le commerce, dit M. Michaud, offrent peu de ressources; la cité, les rochers et les montagnes qui l'environnent, n'ont jamais connu les moissons. Chacun vit de sa croyance. L'Orient n'a point de sectes qui n'envoient des aumônes à Jérusalem : les pèlerins arméniens et grecs y apportent des sommes considérables; les dons et les offrandes de la dévotion soutiennent ainsi la population chrétienne et la population juive; les musulmans profitent de tous ces trésors envoyés par la piété; et si chaque secte vit de la foi qu'elle professe, on peut dire que les mécréans vivent et s'enrichissent de la foi de tous. Ce qu'il y a de singulier, c'est que ces musulmans se rencontrent avec les chrétiens et avec les juifs dans la vénération de plusieurs lieux sacrés. »

Les juifs demeurent dans le quartier le plus sale; tous ceux de la Palestine sont si pauvres, qu'ils envoient chaque année faire des quêtes parmi leurs frères en Égypte et en Barbarie.

La principale industrie des habitans de Jérusalem consiste dans la fabrication de chapelets, de modèles du Saint-Sépulcre et d'autres objets de dévotion, incrustés en nacre de perle.

Après avoir accompli à Jérusalem leurs devoirs religieux, les pèlerins font le voyage du Jourdain. Ils franchissent le mont des Oliviers, au bas duquel on montre l'emplacement du jardin de Gethsémani, où Jésus-Christ se retirait quelquefois, où il pria la veille de sa passion et où il fut trahi par Judas Iscariote; un peu plus loin à l'E. est situé le petit village de Béthanie où, d'après la tradition, on montre encore la maison de Marthe, de Marie et de Lazare, leur frère; le tombeau de ce dernier; et d'autres objets dont il est fait mention dans l'Évangile.

On entre ensuite dans une vallée noire et profonde, véritable repaire de brigands, ce fut là que se passa la scène de la parabole du voyageur pillé et assassiné par des bandits, et secouru par un Samaritain. La route à travers les montagnes s'élargit ensuite, elle est pavée par intervalle; c'est peut-être une voie romaine.

A l'extrémité d'une vallée, le village de Rikha correspond à Jéricho. En face, sur les deux rives du Jourdain, un bocage d'une grande

El Ouedj.

Mecca.

étendue, marque à peu près l'endroit où les Israélites passèrent ce fleuve. Les pélerins y accourent au temps de Pâques, pour se baigner dans ses eaux. Ils y trempent leurs vêtemens, ramassent des branches d'arbres, et remplissent des bouteilles de l'eau de la rivière célèbre, pour les remporter chez eux, en commémoration de leur voyage.

En descendant au S., on arrive à l'embouchure du Jourdain dans la mer Morte; un peu au-dessus, il est profondément encaissé et coule au travers d'un petit bois de baumes et de tamarisces, qu'à son grand étonnement M. de Châteaubriand voyait s'élever au milieu d'un sol stérile. On ne distingue le cours du fleuve au milieu du sable de couleur jaune, qui est aussi celle de ses eaux, que par les saules et les roseaux qui le bordent; l'Arabe se cache dans ces roseaux pour attaquer le voyageur et dépouiller le pélerin. Raé Wilson, qui vit le Jourdain au mois de février, dit qu'il était alors très-rapide et très-gonflé; il goûta de son eau qui n'avait rien de désagréable.

Il n'est pas un voyageur qui ne décrive l'aspect de la mer Morte comme étant d'une tristesse épouvantable; elle est bornée dans le N. par des dunes de sable, entre lesquelles on suit des fissures qui se forment dans une vase cuite aux rayons du soleil. Une croûte de sel recouvre la plage et présente comme un champ de neige d'où s'élèvent quelques arbustes rachitiques. Il règne sur le lac un silence affreux; quand Raé Wilson se promena sur la grève, parsemée de pierres brûlantes, le bruit de ses vagues épaisses, poussées par le vent qui soufflait alors, et poussait en même temps des torrens de pluie, était plus effrayant que la désolation de ses rivages.

Dans cette solitude, ce voyageur éprouva comme une sensation de plaisir à la vue d'un épervier volant au-dessus du lac. Ce qui semblait démentir l'assertion de ceux qui pretendent que les émanations empoisonnées qui s'en exhalent, empêchent les oiseaux de passer dans l'air au-dessus de sa surface. M. de Châteaubriand ayant entendu quelque bruit sur le lac, les Arabes lui dirent que c'étaient des légions de petits poissons qui venaient sauter au rivage; ce qui contredirait encore l'opinion suivant laquelle il ne produit aucun être vivant. On a découvert des coquillages sur sa rive; des morceaux de bitume, aussi durs que du fer, y sont jetés quelquefois; on en fait des croix que l'on vend à Jérusalem.

Tous les voyageurs qui ont essayé de se baigner dans ce lac disent que son eau est bien plus salée que celle de la mer, et qu'elle a également un goût d'amertume insupportable. Les personnes qui ne savent pas nager, flottent à sa surface comme du liége; en y trempant la tête, les yeux ressentent une douleur cuisante, et quand on en sort, l'eau ne s'évapore pas de dessus le corps, mais reste attachée à la peau et est grasse au toucher. Si on entre dans le lac avec des bottes, elles sont à peine séchées qu'elles se couvrent de sel; les vêtemens de toute espèce et les mains sont en moins de trois heures imprégnés de ce minéral.

La mer Morte, nommée aussi lac Asphaltite, en arabe *Bahr-Loud* (mer de Loth), a 23 lieues de long du N. au S., et 6 lieues dans sa plus grande largeur. Indépendamment du Jourdain, elle reçoit divers torrens; elle se courbe en arc, et est encaissée entre deux chaînes de montagnes qui n'ont entre elles aucune homogénéité de sol, et vont se perdre dans les déserts au S. Celles de l'E. ont des sources thermales.

C'était vers son extrémité méridionale et sur les deux rives que se trouvaient les villes coupables, détruites, du temps d'Abraham, par une catastrophe épouvantable. Elle se rétrécit dans cette partie, puis s'élargit de nouveau, de sorte qu'il existe une espèce de détroit formé par les hauteurs des deux côtés opposés : sa largeur est à peu près d'un mille. MM. Irby et Mangles, qui poussèrent leurs recherches de ce côté, trouvèrent le rivage jonché de coquilles, d'escargots et de sauterelles mortes, complètement incrustées de sel, et devenues incolores. Ils aperçurent une couple d'oies d'Egypte et ensuite une volée de pigeons traverser l'air au-dessus du lac.

En remontant vers le N. O., on arrive à Hébron, ville nommée par les Arabes *el Kalil* (le Bien-Aimé). On y montre la grotte sépulcrale d'Abraham et de Sarah, ainsi que les tombeaux des autres patriarches. Volney dit que Hébron est assise au pied d'une élévation, sur laquelle sont de mauvaises masures, restes informes d'un ancien château. Le pays des environs est un espèce de bassin oblong, de 5 à 6 lieues d'étendue, assez agréablement parsemé de collines rocailleuses, de bosquets de sapins, de chênes avortés et de quelques plantations d'oliviers et de vignes. L'emploi de ces vignes n'est pas de procurer du vin, attendu que les habitans sont tous musulmans zélés, au point qu'ils ne souffrent chez eux aucun chrétien; l'on ne s'en sert qu'à faire des raisins secs mal préparés, quoique l'espèce soit fort belle. Les paysans cultivent encore du coton que les femmes filent et qui se débite à Jérusalem et à Gaza. Ils y joignent quelques fabriques de savon dont la soude est fournie par les Bédouins, et une verrerie fort ancienne, la seule qui existe en Syrie; il en sort une grande quantité d'anneaux colorés, de bracelets pour les poignets, pour les jambes, pour les bras au-dessus du coude, et diverses autres bagatelles que l'on envoie jusqu'à Constantinople. Au moyen de ces branches d'industrie, Hébron est le lieu le plus puissant de ces cantons.

MM. Irby et Mangles disent aussi que le pays d'alentour est très-bien cultivé, et que sur chaque vigne s'élève une tour pour faire le gué; quelques-uns de ces édifices leur parurent antiques. En allant au N., on rencontre Tekoa et Hariatoun où l'on remarque des ruines, et enfin on entre dans Bethléem, si célèbre par la naissance de Jésus-Christ.

Cette petite ville est bâtie sur un monticule, dans un pays de coteaux et de vallons qui pourrait devenir très-agréable. « C'est, suivant Volney, le meilleur sol de ces cantons; les fruits, les vignes, les olives, les sésames y réussissent très-bien, mais la culture manque, comme partout ailleurs... Les habitans, dont une partie professe le christianisme, font du vin blanc qui justifie la réputation qu'avaient jadis les vins de Judée, mais il a l'inconvénient d'être trop capiteux. »

Le monastère de Bethléem est une véritable forteresse, ses murs sont très-épais : il tient à l'église par une cour fermée de hautes murailles. Cette église est certainement d'une haute antiquité, et, quoique souvent détruite et souvent rebâtie, elle porte les marques de son origine grecque. Deux escaliers tournans, composés chacun de 15 degrés, s'ouvrent des deux côtés du chœur, et descendent à l'église souterraine. Celle-ci occupe l'emplacement de l'étable et de la crèche; elle est taillée dans le roc; les parois de ce roc sont revêtues de marbre et le pavé de la grotte est également d'un marbre précieux. Elle n'est éclairée que par la lumière de 32 lampes envoyées par différens princes chrétiens. Tout au fond de la grotte, du côté de l'Orient, un marbre blanc, incrusté de jaspe, et entouré d'un cercle d'argent, radié en forme de soleil, indique, par une inscription latine gravée autour des rayons, que dans ce lieu Jésus-Christ **est né de la vierge Marie.**

Un autel de marbre et appuyé contre les flancs **du rocher**, s'élève au-dessus de l'endroit où le **Messie vint à la lumière**; il est éclairé par trois lampes qui brûlent sans cesse. Quelques marches plus bas, on trouve la crèche, et vis-à-vis, un autel occupe la place où Marie était assise quand les trois mages vinrent adorer son fils.

Cette église souterraine est enrichie de beaux tableaux des écoles italienne et espagnole. Les pèlerins visitent aussi la sépulture des innocens, la grotte, le sépulcre de Saint-Jérôme et ceux d'autres saints personnages.

Après être sorti de Bethléem, par un chemin étroit et scabreux qui se dirige au N., on passe devant Rama, village dans les montagnes; la tradition place dans le champ voisin le tombeau de Rachel. En avançant, on trouve la profonde ravine du torrent de Cédron qui se prolonge vers la mer Morte. Ce torrent, qui est à sec et ne roule qu'au printemps une eau fangeuse et rougie, peut avoir 350 pieds de profondeur; c'est dans cette ravine que le couvent de Saint-Saba est bâti. L'église occupe une petite éminence dans le fond du lit; de là, les bâtimens du monastère s'élèvent, par des escaliers perpendiculaires et des passages creusés dans le roc, sur le flanc de la ravine, et parviennent ainsi jusqu'à la croupe de la montagne où ils se terminent par deux tours carrées. Du haut de ces tours, on découvre les sommets stériles des montagnes de la Judée, et au-dessous de soi, l'œil plonge dans le ravin desséché du torrent de Cédron, où l'on voit des grottes qu'habitèrent jadis les premiers anachorètes. « Un palmier croît dans un mur sur une des terrasses du couvent; je suis persuadé, ajoute M. de Châteaubriand, que tous les voyageurs le remarqueront comme moi : il faut être environné d'une solitude aussi affreuse, pour sentir le prix d'une touffe de verdure. »

Au S. de Bethléem, les voyageurs visitent les citernes dont on attribue la construction à Salomon; elles sont au nombre de trois, placées les unes au-dessus des autres; on dit que leur profondeur est très-considérable; elles sont en assez bon état, et parfois pleines d'eau. La plus haute est alimentée par une source abondante qui jaillit du roc, au pied du mur d'un château crénelé dont on rapporte aussi l'origine à Salomon. Dans la saison de la sécheresse, la seule eau dont Jérusalem est approvisionnée, indépendamment de ses propres citernes, vient de ces trois réservoirs; elle est conduite par un aqueduc. La vallée où ils sont est profonde et pittoresque. Il y a un village où l'on prétend qu'étaient les jardins où le sage roi des Hébreux venait se délasser de ses travaux.

En cheminant d'Hébron vers le couchant,

l'on arrive, après cinq heures de marche, sur des hauteurs qui, de ce côté, sont le dernier rameau des montagnes de la Judée. « Là, dit Volney, le voyageur, fatigué du pays raboteux qu'il quitte, porte avec complaisance ses regards sur la plaine vaste et unie qu'il a en face ; c'est cette plaine qui, sous le nom de *Falestine* ou *Palestine*, termine de ce côté le département de la Syrie. »

Le nom de Falestine dérive de celui des Phistitins, qui habitaient cette contrée bien avant l'époque où les Hébreux y entrèrent, qui firent si longtemps la guerre à ces derniers. On a vu précédemment que cette dénomination s'était étendue bien au-delà du petit pays qu'elle désigna d'abord.

Jafa y est compris. Plus loin, vers le S., on trouve des villages habités par les Arabes qui cultivent la terre. Sur une colline voisine de Masmiè on trouve des débris considérables d'habitations et des souterrains tels qu'en offrent les fortifications du moyen âge.

Yabnè (*Iamnia*) n'a de remarquable qu'un monticule factice, comme il y en a plusieurs dans ce pays, et un ruisseau, le seul de ces cantons qui ne tarisse pas en été. Parmi les ruines que l'on rencontre ensuite, la plus considérable est Edzoud (*Azot*), jadis si puissante. La bourgade actuelle n'est fameuse que par ses scorpions.

El Madjebal est dans une plaine superbe et entouré d'un rempart de palmiers et de grands agavès. Toutes les haies y sont formées d'une haute charmille de nopals entrelacés, plus impénétrable que la muraille la plus épaisse. C'est là que les Croisés remportèrent une victoire sur le soudan d'Egypte, et que de nos jours campa l'armée française. On file à El Madjebal les plus beaux cotons de la Palestine, qui sont cependant très-grossiers.

Sur la droite est Ascalon. « Cette ville, qui ne compte plus un seul habitant, dit M. le comte de Forbin, est située sur un côteau immense formant le demi-cercle : la pente est presque insensible du côté de la terre ; mais l'escarpement est très-considérable au-dessus de la mer, qui forme la corde de cet arc. Les remparts, leurs portes, les temples, les maisons sont debout. » Il n'y manque que des habitans ; les chacals, qui se réunissent par bandes sur la place publique, sont à présent les seuls maîtres d'Ascalon.

« Toute cette côte s'ensable journellement, au point que les lieux qui ont été des ports dans l'antiquité sont maintenant reculés de quatre ou cinq cents pas dans les terres. Gaza, ajoute Volney, en est un exemple qu'on pourrait citer. Gaza, que les Arabes appellent *Razè*, est un composé de trois villages, dont l'un, sous le nom de château, est situé au milieu des deux autres, sur une colline de médiocre élévation. Ce château, qui put être fort pour le temps où il fut construit, n'est maintenant qu'un amas de décombres. Le seraï de l'aga, qui en fait partie, est aussi ruiné que celui de Ramlè, mais il a l'avantage d'une vaste perspective ; de ses murs, la vue embrasse et la mer, qui en est séparée par une plage de sable d'un quart de lieue, et la campagne, dont les dattiers et l'espect nu et à perte de vue rappellent les paysages de l'Egypte...

» La position de Gaza, en la rendant le moyen de communication entre ce pays et la Syrie, en a fait de tout temps une ville assez importante. Les ruines de marbre blanc qu'on y trouve encore quelquefois, prouvent que jadis elle fut le séjour du luxe et de l'opulence ; elle n'était pas indigne de ce choix. Le sol noirâtre de son territoire est très-fécond, et ses jardins, arrosés d'eaux vives, produisent sans aucun art des fruits exquis et des fleurs. »

Cette petite ville est encore florissante par son industrie et son commerce. Le passage des caravanes est de même pour elle une source de prospérité. M. de Forbin loue aussi la beauté des campagnes voisines, « où des palmiers chargés de fruits savoureux montrent la nature redoublant d'effort sur la frontière du désert. »

« Les Français ne s'emparèrent de Gaza, à l'époque de la campagne d'Egypte, qu'après une résistance assez vive... Les Arabes de ces contrées sont encore occupés du souvenir des Français. Ils nous indiquaient les différentes positions qu'avaient occupées nos troupes, les lieux où s'étaient livrés les combats les plus vifs, et livraient au vent des poignées de sable pour figurer des morts. »

« Au-delà de Gaza, ce n'est plus que désert. Cependant, ajoute Volney, il ne faut pas croire, à raison de ce nom, que la terre devienne subitement inhabitée ; l'on continue encore une journée, le long de la mer, de trouver quelques cultures et quelques villages. »

CHAPITRE LXIX.

Arabie.

Le désert qui s'étend au S. de Gaza est nommé par les Arabes *Boraï el Cham* (désert de Syrie). Du temps de Volney, le pays n'avait été visité par aucun voyageur; cet auteur, qui le décrit fort bien, ajoute qu'il méritait de l'être : il l'a été de nos jours. Seetzen, Burckhardt, les capitaines Irby et Mangles, MM. Léon de La Borde et Linant l'ont parcouru.

Toute la contrée au S. de Rabbath-Ammon offre fréquemment des ruines de villes anciennes, ornées de temples et de colonnes. Kérek, petite ville à l'E. de la mer Morte, est bâtie au sommet d'une colline escarpée et entourée de tous côtés d'une vallée profonde et étroite. Des sources abondantes y donnent naissance à des ruisseaux, le long desquels les habitans cultivent des plantes potagères et des oliviers. Les chrétiens y vivent avec les musulmans.

Après avoir rencontré des ruines dans différens lieux, on arrive dans le Quady-Mousa, vallée dont Eldjy, dans une situation très-pittoresque et entouré d'un mur en pierre, est le principal village. En suivant vers l'O. le cours du ruisseau d'Eldjy, la vallée se rétrécit de nouveau, et c'est là que commence la longue suite des magnifiques monumens de *Petra*. On rencontre d'abord la vaste nécropole; le flanc de la montagne, qui prend là un aspect plus raboteux, offre de chaque côté des tombeaux creusés à différentes hauteurs. Les plus remarquables, qui se trouvent le long du chemin, sont ornés de colonnes, de pilastres, d'entablemens, de portiques, de figures de lions, de pyramides; quelques-unes de ces décorations sont d'un bon style, les autres ont quelque chose de fantastique, et d'autres sont d'un travail médiocre. On n'aperçoit qu'un très-petit nombre d'inscriptions; elles sont en anciens caractères syriaques. Le tamarisc, le figuier sauvage, le laurier rose, le caprier croissent abondamment le long du chemin et rendent parfois le passage difficile; ça et là il n'a que la largeur nécessaire pour deux cavaliers de front, et à droite et à gauche l'élévation des rochers est de 400 à 700 pieds.

Quand on a ainsi parcouru près de deux milles, on arrive à un espace assez ouvert et on a devant soi la façade d'un grand temple, admirable par la richesse et le fini exquis de ses ornemens, quoiqu'ils ne soient pas tous d'un goût très-pur. Tous ces ouvrages sont taillés dans le roc, et les embellissemens, même les plus petits, partout où ils n'ont pas été mutilés par la main de l'homme, sont encore d'une perfection étonnante.

De la place sur laquelle donne ce temple, on va, par un défilé bordé de tombeaux et terminé par un théâtre, à l'emplacement de la ville, ceint de toutes parts de rochers très-hauts, escarpés et coupés par des ravins qui se prolongent dans toutes les directions. Les flancs de ces montagnes présentent une diversité infinie de sépultures et d'habitations, creusées dans le roc vif. Le sol, assez uni, est jonché d'immenses débris, au milieu desquels s'élèvent des colonnes et des arcades; celles-ci ont dû appartenir à un palais; on remarque des restes d'aqueducs.

Au N. O. de la ville, le sommet du mont Hor offre un tombeau qui, suivant la croyance populaire, est celui d'Aaron, frère de Moïse.

Ce fut d'après le nom de *Petra* que les Anciens appelèrent cette contrée *Arabie pétrée*. Aujourd'hui elle fait partie du Hedjaz. *Petra* était la capitale du pays des Nabathéens, qui avaient acquis de grandes richesses par le commerce.

Le Nedjd, autre partie de l'Arabie, entourée de déserts, haute et montueuse, est à l'E. du Hedjaz. Quelques-uns de ses cantons sont remarquables par leurs bons pâturages, où l'on élève une race excellente de chameaux. Le Nedjd est traversé par l'Aftan, gros torrent qui coule vers le golfe Persique. C'est dans cette province que prit naissance, dans le dit-huitième siècle, la secte des Wahabites. Elle avait fait de grands progrès et menaçait l'Egypte. En 1818, leur puissance fut anéantie par Ibrahim-Pacha, fils de Mohammed-Ali. Il s'empara de la personne de leur chef et de Deraïèh, leur capitale. Cette ville est bâtie dans une vallée très-resserrée; ses maisons sont en pierre; des puits fournissent aux habitans l'eau qui leur est nécessaire. Le Nedjd et le Hedjaz correspondent à l'*Arabie déserte*.

A l'E. de Deraïèh, le pays est appelé Zeïder jusqu'aux limites de la province d'El Hassa. Celle-ci s'étend le long de la côte méridionale du golfe Persique. Le territoire de Hassa, sa capitale, arrosé par l'Aftan et célèbre par ses puits nombreux, est tellement abondant en eau, que les Arabes peuvent y cultiver du trèfle, avec lequel ils nourrissent leurs chevaux. Hassa est bien peuplée et entourée de murs flanqués de tours.

En allant vers l'E., on arrive à El Katyf, ville fortifiée sur une baie; elle est la plus commerçante du golfe, parce que son voisinage des îles Bahrain, où l'on fait l'une des plus riches pêches de perles du globe, y attire une foule de marchands; mais l'air y est très-insalubre.

Parmi les autres villes de cette côte, très-peu visitée par les Européens, on peut citer Ras-el-Kheima, dans le canton des Arabes Djôsmi; elle a le meilleur port de la côte. Ses habitans étaient des corsaires déterminés qui infestaient le golfe. Avec une soixantaine de gros bâtimens et plus de 800 canots bien montés, ils s'empa-

Moka.

Montagnes de Beit el Fakih.

raient des navires marchands et attaquaient même des vaisseaux de guerre. Une expédition, partie de Bombay en 1825, a mis un terme à leurs pirateries, et a détruit leurs forces navales ainsi que leurs chantiers de construction.

Bélad-ser, à l'embouchure d'un torrent, avec un assez bon port, était aussi un autre repaire de pirates. Les divers cantons de l'El-Hassa sont gouvernés par des cheikhs indépendans.

Le cap Mosendon, à l'entrée du golfe Persique, est sur la limite septentrionale de l'Oman, pays de l'Arabie-Orientale, sur la mer auquel il donne son nom. Sa ville principale est Mascate, que beaucoup de voyageurs ont décrite. Elle est entourée de jardins et de dattiers. Son port est vaste et très-sûr, et l'entrée en est protégée par des forts. Au-delà des murs s'étend une vaste plaine sablonneuse, bornée de tous côtés par des précipices rocailleux, entre lesquels on ne pénètre que par des défilés étroits.

Mascate fait un commerce très-important avec l'Inde, les villes du golfe Persique, l'Arabie et la côte d'Afrique; aussi le bazar est-il très-bien approvisionné de toutes sortes de marchandises.

L'Oman, dont la population est de 1,600,000 ames, a pour souverain l'imam de Mascate; ce prince, allié des Anglais, possède, sous la suzeraineté du roi de Perse, un canton maritime du Kerman, ainsi que les îles de Kichm et d'Ormus: il possède sur la côte d'Afrique l'île de Zanzibar; il a cédé aux Anglais celle de Socotoa; il réside ordinairement à Rostak, sur un côteau dans l'intérieur, à quelque distance de Mascate. Sohar ou Oman, au N. de cette ville, a un bon port et plusieurs chantiers.

L'Oman se termine, au S., au golfe de Caria Muria; là commence le Hadramaout, dont la côte offre plusieurs ports, entre autres Dafar et Kéchin. L'intérieur est en partie montagneux et coupé par des vallées fertiles; ailleurs des cantons extrêmement arides aboutissent au désert qui borne ce pays au N. Le Hadramaout obéit à plusieurs cheikhs indépendans; il est presque inconnu; il formait, avec l'Yemen et une partie de l'Oman, l'*Arabie heureuse* des Anciens.

L'Yemen, à l'O. du Hadramaout, occupe toute la partie S. O. de l'Arabie. Ses côtes méridionales sont baignées par la mer d'Oman; celles de l'occident par le golfe Arabique ou mer Rouge. Nirbuhr, qui visita l'Yemen en 1763, dit que « la nature semble l'avoir divisé en deux parties. Celle qui touche au golfe et qui s'étend depuis Bab-el-Mandel, vers le N., jusqu'à Hah, est basse et se nomme le *Téhama;* l'autre fort élevée au-dessus du niveau de la mer, et appelée par les Arabes *Djébaïl* (contrée montagneuse), est plus à l'E. Le Tehama est uni, sablonneux, aride; extrêmement chaud; aucune rivière n'y conserve de l'eau toute l'année. Le Djébaïl est coupé par plusieurs chaînes de montagnes, souvent escarpées, qui renferment des vallées fertiles. Beaucoup de rivières qui s'y forment pendant la saison des pluies, tarissent durant la sécheresse; celles qui s'enflent assez pour sortir de cette région montagneuse, vont se perdre dans le Tehama; un très-petit nombre porte ses eaux jusqu'à la mer.

L'Yemen est partagé entre plusieurs chefs; le plus puissant est l'imam de Sanaa.

Aden, sur la mer d'Oman, est le principal port de la côte du S. Il fut autrefois très-florissant et fit un commerce immense avec l'Inde. Aujourd'hui on n'en tire qu'un peu de café et de gomme; mais il est encore assez fréquenté. Des ruines nombreuses attestent son ancienne splendeur.

A 70 lieues à l'O. s'ouvre le détroit de Bab-el-Mandeb, par lequel l'Océan indien communique avec le golfe Arabique: il est situé par 12° 48' de lat. N., et a environ 12 lieues dans sa plus grande largeur. Plusieurs îles, entre autres celle de Perim, rendent sa navigation dangereuse. Son nom, signifiant *porte de celui qui s'expose à la mort*, exprime l'impression qu'on éprouvent à la vue des deux côtes arides qui le bordent.

Quand on a parcouru quelques lieues au N. dans le golfe, on aperçoit la ville de Mokha. « Avec tous ses édifices blanchis et ses trois mosquées, dont les minarets s'élèvent à une hauteur considérable, elle offre un assez bel aspect, vue de la mer. Lorsqu'on arrive au môle, qui a été construit pour la commodité du commerce, ajoute lord Valentia, le tableau s'embellit par l'effet pittoresque que produisent les murs crénelés et une tour élevée qui fait saillie et qui est destinée à défendre la porte de la mer » (PL. XLVII — 3). Mais aussitôt qu'on a passé cette porte, l'illusion cesse, et on ne voit que des rues sales, étroites, tortueuses, et beaucoup de maisons en ruines.

Cette ville, la plus commerçante de l'Arabie, est le principal entrepôt du café que produit cette contrée. Plusieurs nations étrangères y ont des comptoirs, et, parmi ces négocians, on compte plusieurs riches Banianes. L'eau potable y est rare; les gens riches la font venir de Mousa, bourg à 8 lieues dans l'E., à l'entrée d'un pays montagneux. On suppose qu'autrefois il était baigné par les eaux de la mer, et que les envahissemens du sable l'en ont éloigné (Pl. XLVII — 2).

En continuant à suivre la grande route, on trouve Taas, ville considérable, au pied des monts Sabber et dans un canton fertile en froment et en fruits. Le pays qui sépare cette ville de Sanaa, éloignée de 34 lieues au N., est montagneux, bien peuplé et bien cultivé. Il a été parcouru par Niebuhr, qui fut, ainsi que ses compagnons de voyage, bien accueilli par l'imam; ce prince leur donna audience dans une grande salle carrée, voûtée et ouverte par le haut, et au milieu de laquelle un jet d'eau s'élevait à 14 pieds.

Sanaa est bâtie sur une éminence aride, au milieu d'une plaine fertile et au pied d'une montagne; elle a plusieurs mosquées et de beaux palais; des jardins occupent une partie de sa surface ceinte de murs. Des aqueducs y amènent l'eau des hauteurs voisines.

Niebuhr et ses compagnons partirent de Sanaa le 26 juillet, et arrivèrent le 2 août à Beit-el-Fakhi, petite ville qui est le marché où les cultivateurs des environs apportent leur récolte de café. Les voyageurs dessinèrent les plantations de caféières voisines du village de Boulgoke (Pl. XLVII — 4). La curiosité de voir des Européens, amena dans leur demeure des femmes et des jeunes filles qui n'étaient pas voilées.

Un chemin, qui se dirige au N. N. O., conduit à Hodeïda, assez bon port; on y fait le commerce du café, ainsi qu'à Loheïa, autre port à 13 lieues plus à l'O., celui-ci est le plus septentrional des états de l'imam. Ce prince paie depuis quelque temps un impôt au grand Sultan; on estime la population de ses états à 2,500,000 ames, et ses revenus à 16 millions de francs.

Djiddah, port à lieues de Loheïa, est dans le Hedjaz, contrée qui se prolonge, au N., jusqu'au grand désert de Syrie. Djiddah est le port où abondent les pèlerins musulmans, qui arrivent par mer pour accomplir leurs dévotions. Ils ont encore à parcourir 22 lieues par terre vers l'E., pour atteindre au but de leur voyage.

Il se termine à la Mekke, grande ville située dans un vallon stérile au milieu des montagnes. Il est défendu à quiconque n'est pas musulman de mettre le pied même dans les environs. Des circonstances particulières ont, à diverses époques, procuré à quelques Européens la possibilité de pénétrer dans la ville la plus sainte de l'islamisme. De nos jours Seetzen, Badia et Burckhardt ont pu, à la faveur d'un déguisement, la visiter et la décrire.

La grande mosquée nommée *Bethou'llah* (maison de Dieu) ou *el Haram* est un édifice remarquable seulement par la *Kà'aba* qu'il renferme, car dans d'autres villes de l'Orient, il y a des mosquées aussi grande et bien plus belles. La Kà'aba, ainsi appelée de sa forme carrée, passe, chez les musulmans, pour avoir été bâtie par Abraham, aidé de son fils Ismaël; elle a 34 pieds de haut sur 27 de large. L'unique porte par laquelle on y entre et qui ne s'ouvre que deux ou trois fois par an, est sur la face du N. et à peu près à 7 pieds au-dessus du sol; on y arrive par un escalier mobile en bois. Cette porte est entièrement revêtue d'argent et a plusieurs ornemens dorés. Tous les soirs on place sur le seuil de petites bougies allumées et des cassolettes remplies de musc, de bois d'aloès et d'autres parfums.

A l'angle N. E. de la Kà'aba, près de la porte, est enchâssée la fameuse *pierre noire* dont la surface a été usée et polie par les attouchemens et les baisers dévots de plusieurs milliers de pèlerins; elle est entourée d'une large plaque d'argent. A la face O. de la Kà'aba, aboutit, à 2 pieds au-dessous du sommet, le mizab ou la gouttière par laquelle s'écoule l'eau de la pluie qui tombe sur le toit de l'édifice sacré; on dit qu'elle est d'or massif. Le pavé qui entoure la Kà'aba, au-dessous du mizab, est fait de pierres colorées de teintes différentes, ce qui forme une très-jolie mosaïque. Au centre, deux grandes dalles de beau vert antique marquent la sépulture d'Ismael et d'Agar, sa mère. C'est une œuvre méritoire pour les pèlerins d'y réciter une prière et de s'y prosterner deux fois.

Les quatre faces de la Kà'aba sont enveloppées du *Kesoua*, immense tenture de soie noire, renouvelée tous les ans, au temps du pèlerinage, et apportée du Caire ou elle est fabriquée aux frais du grand Sultan. On y laisse une ouverture pour la pierre noire et une autre au S. E. pour une pierre commune que les musulmans se contentent de toucher. Diverses prières sont tissues dans l'étoffe du Kesoua et de la même couleur, ce qui les rend très-difficiles à lire. Aux deux tiers de sa hauteur, sur une large bande, sont brodées en or d'autres sentences pieuses et la profession de foi de l'islamisme: *Il n'y a pas d'autre Dieu que Dieu; et Mahomet est l'envoyé de Dieu.* La partie du Kesoua qui couvre la porte est richement brodée en argent.

Autour de la Kà'aba, un beau pavé en marbre est environné de 32 piliers en bronze doré, liés entre eux par des barres de fer à chacune desquelles sont suspendues 7 lampes, qui sont allumées tous les soirs au coucher du soleil. Au-delà de ces piliers, on voit le bâtiment qui renferme *le puits de Zemzen;* suivant la tradition musulmane, il fut trouvé, par Agar, dans le désert, au moment ou son fils Ismael était mourant de soif. Il paraît probable que la Mekke doit son origine à cette source; car à plusieurs milles à l'entour, on ne rencontre pas d'eau douce. Les pélerins boivent par dévotion l'eau de Zemzen, et en emportent dans des bouteilles. Autour de la Ka'aba des bâtimens de formes diverses sont destinés aux imams qui de là dirigent la prière, ou bien contiennent des objets révérés; le *mambar* ou la chaire du prédicateur et l'escalier mobile, sont également à peu de distance.

Tout ces objets sont dans un emplacement long de 250 pas, large de 200 et entouré d'une colonnade surmontée de petites coupoles; quelques-unes des lampes suspendues aux arcades en ogive sont allumées chaque soir; toutes le sont dans le mois de ramadhan qui est le temps du pélerinage (Pl. XLVIII — 1 et 2). Ecoutons Burckhardt sur ce qu'il a observé dans ce temple.

« Au coucher du soleil, les fidèles se réunissent en grand nombre pour la prière du soir; ils se forment en plusieurs larges cercles, quelquefois au nombre de 20 autour de la Ka'aba, comme un centre commun vers lequel chacun se prosterne; parce que, suivant l'observation des théologiens musulmans, la Mekke est le seul lieu du monde où le vrai croyant peut convenablement se tourner vers tous les points de l'horizon pour faire sa prière. Un imam se place près de la porte de la Ka'aba et ses génuflexions sont imitées par toute la multitude assemblée. Il est impossible au spectateur le plus apathique, de ne pas éprouver une secrète impression de respect religieux en voyant six ou huit mille personnes s'agenouiller ou se prosterner toutes à la fois, surtout si l'on se représente l'éloignement ou la diversité des pays d'où sont venus les hommes rassemblés en ce lieu, et le motif qui les y amène tous. »

Les pélerins, après avoir pratiqués plusieurs actes de dévotion à la Mekke, vont sacrifier sur le mont Arafat qui en est peu éloigné, puis dans la vallée de Mina. Badia et Burckhardt se conformèrent à toutes ces cérémonies, qu'ils ont soigneusement décrites. Le premier, qui voyageait en grand seigneur, eut l'insigne honneur de balayer et de parfumer la Ka'aba après le scherif de la Mekke.

Les rues principales de cette ville sont assez régulières : on pourrait même les appeler belles à cause des jolies façades des maisons (Pl. XLVIII — 3).

Le pélerinage au tombeau de Mahomet à Médine n'est pas d'obligation, c'est simplement un acte méritoire. Burckhardt le fit cependant avec une petite caravane de dévots musulmans. On voyage dans un pays aride et montueux, coupé de vallées où il y a des puits et de la culture.

Médine, située sur la lisière du grand désert, tout près de la chaîne de montagnes qui traverse l'Arabie du N. au S., est bâtie dans la partie la plus basse d'une plaine et entourée de jardins et de bocages de dattiers entremêlés de champs cultivés.

Burckhardt dit qu'après Damas c'est la ville la mieux bâtie qu'il ait vue en Orient; mais elle offre l'aspect d'une décadence complète. Elle est surtout remarquable par sa grande mosquée, appelée, comme celle de la Mekke, *el Haram*, mais bien moins grande que celle-ci. Le tombeau du prophète, placé près de l'angle du S., est entouré d'une grille de fer peinte en vert, elle est d'un fort beau travail imitant le filigrane, et entrelacée d'inscriptions en cuivre, regardé par le vulgaire comme de l'or. Une tenture semblable à celle de la Ka'aba est suspendue entre le tombeau et la grille. Aboubekre et Omar, les deux premiers successeurs de Mahomet, sont enterrés près de lui. Autrefois un riche trésor était conservé dans cette mosquée, les Wahabites s'en emparèrent.

Yambo-el-Bahr, à 45 lieues au S. O. de Médine, est le port de cette ville; il est assez bon et les frégates peuvent y mouiller, mais des rochers en rendent l'entrée difficile. Il fait un commerce assez étendu avec l'Égypte. Presque toutes les familles aisées d'Yambo ont une maison de campagne, dans une fertile vallée, éloignée de 7 lieues dans le N. E.; mais les environs la ville sont de complètement stérile. Au-delà du terrain salant contigu à la mer, la plaine sablonneuse se prolonge jusqu'aux montagnes.

La côte offre dans toute sa longueur un aspect semblable; elle est partout bordée d'écueils. Un peu au N. des 26° de lat. s'ouvre le port de Vouchk ou Vadji, regardé, par M. Rüppell, comme le plus important de ces parages; tous les navires allant de Djidda vers le N. y entrent pour s'y approvisionner d'eau qui est excellente. A 4 lieues à l'E., dans l'intérieur, Kalaat-el-Vouchk est un chateau fortifié où les caravanes de pélerins, venant par terre, s'arrêtent pendant deux jours; alors les Arabes des environs y arrivent pour vendre leurs denrées. Plus au

N. Kalaat-el-Mohila est une autre station des pèlerins.

A quelques lieues au N.-O. on entre dans le Bahr-el-Akaba, ainsi nommé d'après une ville située à son extrémité septentrionale. Son petit port est le rendez-vous d'une partie des pèlerins d'Égypte, de Barbarie et de Syrie. C'est l'*Esiongaber* d'où Salomon expédiait ses flottes au pays d'Ophir.

La côte, depuis Akaba jusqu'au ras (cap) Mohammed, se dirige au S. Cette pointe de terre à l'extrémité méridionale de la péninsule, située entre le Bahr el Akaba et le Bahr el Suez, est basse et sablonneuse, mais dans l'intérieur, les montagnes s'élèvent à une hauteur considérable, et le port d'El-Ouiche, dans les environs, offre un abri aux navires arabes soit pendant la nuit, soit aux approches du mauvais temps. (PL. XLVII — 1).

Beaucoup d'îles rocailleuses sont répandues à l'E. et à l'O. du ras Mohammed ; elles sont fréquentées par les Arabes qui y mènent paître leurs troupeaux.

Le Bahr-el-Akaba et le Bahr-el-Suez sont deux bras que le golfe Arabique forme, le premier à l'E., le second à l'O. Celui-ci est le plus fréquenté par les Européens. Sur sa côte orientale, on rencontre Tor, qui n'est plus qu'un village en ruines. Les habitants l'ont abandonné à cause des vexations horribles qu'ils éprouvaient de la part des équipages des navires arabes qui venaient faire de l'eau dans ce port. La population s'est retirée à quelque distance dans l'intérieur ; elle est composée en grande partie de chrétiens.

Suez, située très-près de l'extrémité septentrionale du golfe Arabique, est le port le plus fréquenté de ces parages. La ville est petite, mal bâtie, et entourée d'un mauvais mur et de quelques tranchées de campagne élevées par les Français. Par sa situation entre l'Égypte et l'Arabie, Suez pourra acquérir une grande importance, quand la communication avec l'Inde, par les navires à vapeur, sera bien établie. Le golfe n'a, vis-à-vis de Suez, qu'une demi-lieue de largeur dans les hautes marées, ce qui a donné lieu de penser que le passage de la mer Rouge par les Hébreux, que poursuivait l'armée de Pharaon, s'était effectué dans cet endroit.

Les hauteurs que l'on traverse en sortant de Suez sont le prolongement septentrional des monts de la péninsule renfermée entre les deux bras de la mer Rouge. Les groupes les plus hauts, situés vers le S., sont coupés par des vallées profondes. Là, d'après le témoignage de M. Ruppel : « Trois montagnes élèvent leurs cimes au-dessus de la chaîne du Djebel-Cuadéjé ; celle du milieu, que nous avions devant nous directement au S., est le Djébel-Mousa ou mont Sinaï ; celle de l'O. est l'Horeb ou mont Sainte-Catherine. Nous pénétrâmes par le N. dans ce groupe, bientôt nous tournâmes à l'O., on ne voyait partout que des rochers de granit raboteux et à couches perpendiculaires. Après quelques heures de marche nous arrivâmes au couvent de Sainte-Catherine ; je crois que son altitude est au plus de 584 toises ; quand à celles du Sinaï et de l'Horeb, comme en hiver il ne neige que rarement, et seulement par intervalle dans la partie inférieure des monts, je ne crois pas qu'elle atteigne 1,400 toises. »

Beaucoup de voyageurs ont visité le couvent de la Transfiguration, appelé couvent de Sainte-Catherine. Il a été bâti du temps de Justinien et ressemble à une petite citadelle (PL. XLVIII—4). Durant l'occupation de l'Égypte par les Français, une partie du mur de l'E., qui était tombée, fut complètement rebâtie par l'ordre du général Kléber, lequel envoya exprès des ouvriers. La porte ne s'ouvre que pour l'archevêque qui réside au Caire ; les autres personnes n'y sont introduites qu'en s'asseyant sur un bâton attaché à une corde qui se hisse par un cabestan. Ces précautions sont dictées par les craintes continuelles des Bédouins.

Le couvent a un jardin qui en est séparé par un mur, et avec lequel les moines communiquent par un passage souterrain. Ces religieux ont pour se défendre contre les Bédouins deux petits canons et des fusils. Henniker dit que l'une de ces pièces d'artillerie est en bois. A côté de l'église s'élève une mosquée avec son minaret ; c'est une sauve-garde pour ce monastère, auquel Mahomet accorda des priviléges. La bibliothèque ne contient pas beaucoup de livres précieux, tout ce qui en valait la peine, a été transporté récemment en Égypte. La communauté est composée d'une trentaine de cénobites.

Le Sinaï est au S. du couvent, on y montait par des degrés taillés dans le roc ; mais ils sont si usés qu'on n'en peut plus faire usage. A certains intervalles, on se repose à de petites chapelles consacrées à des événements mémorables de l'histoire des Hébreux. Sur le sommet, on voit une église en ruine, et un peu plus bas une mosquée. Tout près de l'église on montre dans les rochers une cavité dans laquelle on pense que se tenait Moïse, quand l'Éternel se fit voir à lui dans toute sa gloire.

Une chapelle contiguë à l'église du couvent

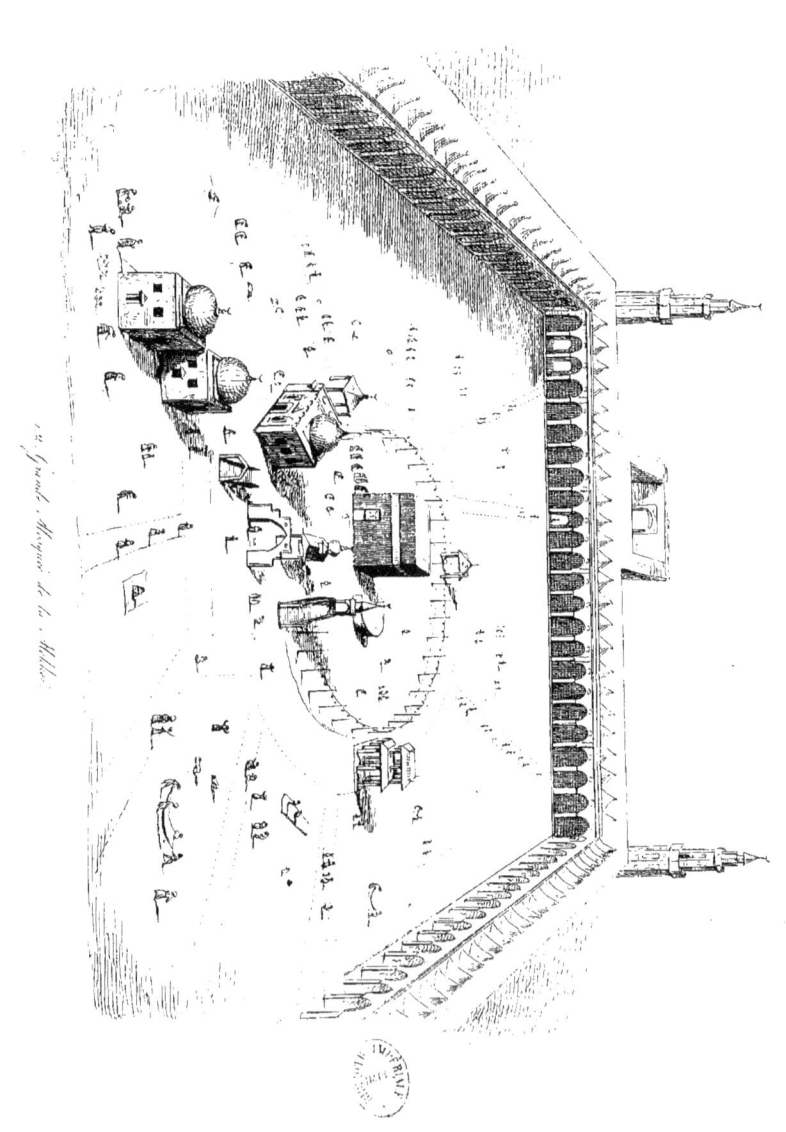

ARABIE.

passe pour être bâtie sur le lieu où le Seigneur apparut à Moïse dans le buisson ardent.

Le Sinaï est également vénéré par les Hébreux, les chrétiens et les musulmans, comme ayant été sanctifié par la présence de Dieu lorsqu'il donna le Décalogue à Moïse. Autrefois un nombre considérable de pèlerins venait le visiter; mais, depuis assez longtemps, il a beaucoup diminué. Des églises et des chapelles étaient bâties dans divers emplacemens des montagnes voisines, quelques-unes auprès de vastes couvens; elles ont été abandonnées; les Bédouins se réfugient parfois dans quelques-uns de ces édifices.

Les voyageurs ont parlé de caractères gravés sur des rochers de ce désert; on n'a pas encore découvert à quelle langue ils appartiennent : on en trouve des copies dans diverses relations. Des figures d'animaux, grossièrement dessinées, y sont quelquefois jointes.

Parmi les objets remarquables de la Péninsule sinaïque, on ne doit pas oublier le Djebel Nakous (mont de la cloche), ainsi nommé parce qu'on y entend périodiquement un bruit souterrain. M. Ruppel alla visiter cette montagne, qui est à 3 lieues et demie au N. O. de Tor, et à peu de distance de la mer; il reconnut que le bruit était occasionné par la chute de masses de sable amoncelées et renversées par le souffle du vent ou par toute autre cause accidentelle; et que ce bruit, en se propageant de la montagne dans les cavités inférieures de ces souterrains, pouvait facilement recevoir des modifications sensibles à l'ouïe, et que les Bédouins auront prises pour les modulations du son d'une cloche.

Les chemins qui traversent les montagnes de la Péninsule sinaïque sont extrêmement étroits et tortueux. Les sources d'eau vive n'y sont pas très-rares, mais le trajet en est difficile, parce que les tribus arabes qui habitent cette contrée étant ennemies les unes des autres, font courir de grands risques aux voyageurs.

L'Arabie, comprise entre 12° 40' et 34° 7' de lat. N., et entre 30° 15' et 57° 30' de longit. E., a 600 lieues de long et 500 de large. On évalue sa surface à 80,000 lieues carrées, et sa population à 12,000,000 d'âmes, ce qui est bien peu pour cette vaste étendue; mais plus des deux tiers sont occupés par des déserts.

La nature du pays a produit la division des habitans en deux classes : les Arabes à demeures fixes et cultivateurs; les Arabes nomades, *Scenites* des Anciens, parce qu'ils vivent sous des tentes et errent avec leurs troupeaux; ces derniers sont appelés Bédouins.

Ils ont principalement fixé l'attention des voyageurs; aucun ne les a mieux décrits que Burckhardt, parce qu'il a longtemps vécu parmi eux; il parlait très-bien leur langue et avait adopté leurs mœurs; ils le vénéraient et le désignaient par le nom de Cheïkh Ibrahim. On trouve des Bédouins depuis la rive droite ou occidentale de l'Euphrate, jusqu'au-delà du Nil en Afrique, et même, on peut le dire, jusqu'aux rivages de l'océan Atlantique; car beaucoup d'Arabes de cette immense région sont nomades.

L'Arabe est bien fait, de moyenne taille, maigre et comme desséché par la chaleur, leste et agile; il a le teint brun et tirant sur le noir, l'œil et la chevelure d'un noir de jais, la barbe forte. Il est vif, fougueux, passionné, emporté; il s'appaise aussi facilement qu'il s'irrite; il est franc, prévenant, hospitalier; mais vindicatif, jaloux, rusé, vain, superstitieux. Quoique grave, il prend part très-volontiers aux réunions joyeuses. Il a l'esprit pénétrant; il aime ardemment la liberté. Les femmes sont jolies et bien faites.

La sobriété des Arabes est extrême : une galette de froment ou de dourra, pétrie au lait de chameau ou à l'huile, au beurre ou à la graisse, fait leur nourriture habituelle; ils y joignent du pilau, du lait, du beurre, qu'ils aiment avec excès, de la crème, des plantes potagères; l'eau est leur boisson habituelle, et après le repas le café. Cependant ils boivent en cachette, quand ils peuvent s'en procurer, du vin et de l'eau-de-vie. Tous fument du tabac; chez les pauvres, il est souvent remplacé par des feuilles de chanvre.

Les Arabes sédentaires obéissent aux princes des territoires dans lesquels ils sont établis; les Bédouins se font gloire de vivre indépendans et de ne reconnaître que l'autorité des chefs qu'ils ont élus dans leur sein. Ils sont tels aujourd'hui qu'ils furent au temps des patriarches des Hébreux; ils retracent le tableau vivant de la manière de vivre de ceux-ci et de leurs voisins.

Chaque tribu a son cheïkh principal, et chaque camp son cheïkh ou au moins un homme de quelque considération. Néanmoins ce cheïkh n'exerce aucune autorité réelle; malgré l'influence que ses qualités personnelles peuvent lui acquérir, ses ordres seraient méprisés; mais on a de la déférence pour ses avis, s'il a fait preuve d'habileté dans les affaires publiques et particulières.

Le cheïkh ne peut déclarer la guerre, ni conclure la paix, ni même lever le camp sans consulter les hommes de sa tribu. Bien loin de tirer aucun revenu annuel de sa dignité, elle le force à faire des dépenses pour régaler les étrangers et soulager les pauvres. Il y subvient par le tribut qu'il exige des villages qu'il protège et des caravanes de pèlerins.

A la mort d'un cheïkh, un de ses fils ou de ses frères ou de ses parens, distingué par sa bravoure ou sa libéralité, lui succède ; à moins qu'un autre membre de la tribu ne possède ces qualités à un dégré plus éminent et ne se concilie la pluralité des voix. Souvent des divisions éclatent dans la tribu à cette occasion. Parfois un cheïkh est déposé et remplacé par un homme plus généreux que lui.

Dans le cas de litige, le cheïkh n'a pas le pouvoir d'exécuter une sentence ; chez quelques tribus, l'autorité judiciaire est confiée à des kadhis ; la procédure est coûteuse. Tous les délits sont punis par des amendes : chaque Arabe en connaît la nature et le taux ; la crainte de les encourir maintient l'ordre et la tranquillité dans la tribu.

En cas de meurtre, même à la guerre, le droit du talion est exercé dans toute sa force ; la victime est vengée de droit sur la personne de l'homicide ou sur celle d'un parent ; dès qu'il y a eu satisfaction ainsi obtenue, toute haine demeure éteinte entre les deux familles. Cette institution terrible de la vengeance du sang, rend la guerre la plus invétérée presque exempte de mort d'homme. Il dépend des proches parens de l'homme tué d'accepter le prix du sang qui, chez quelques tribus, est fixé par d'anciennes lois.

On est forcé de reconnaître que, sans cette loi du talion, les tribus des Bédouins seraient pour la plupart anéanties depuis longtemps ; car elles sont dans un état presque continuel de guerre les unes contre les autres ; mais ces guerres sont rarement de longue durée ; la paix se fait aisément ; elle est de même rompue sous le plus léger prétexte. Les batailles ne sont pas fréquentes : surprendre l'ennemi par une attaque soudaine et piller un camp sont les principaux objets des deux partis. Voilà pourquoi les hostilités ne sont pas sanglantes. Tout ce qui est pris dans une expédition se partage d'après un arrangement préalable. Autrefois les démêlés cessaient durant certains mois ; aujourd'hui les Bédouins attaquent leurs ennemis même dans le saint mois du ramadhan ; cependant certaines tribus cessent les combats aux sixième et seizième jours et à la nuit du vingt-unième de chaque mois.

Les guerres des Bédouins des montagnes sont plus vives que celles des Bédouins des plaines, peut-être parce qu'elles sont moins fréquentes. Alors il arrive qu'une tribu massacre tous les hommes de la tribu ennemie dont elle peut s'emparer. Ses adversaires usent naturellement du droit de représailles quand l'occasion s'en présente. Cet usage existe encore parmi les Arabes de la Syrie méridionale, du Sinaï et de la mer Rouge. Un guerrier serait blâmé par sa tribu s'il ne se conformait pas à la coutume générale et s'il écoutait la voix de l'humanité, dans le cas où ses compagnons auraient résolu le massacre. « Je crois, ajoute Burckhardt, que la cruelle boucherie des rois captifs, c'est-à-dire, des cheïkhs bédouins, par les Israélites, doit avoir eu pour cause un usage semblable, qui prévalait dans ces temps reculés ; et les chefs peuvent avoir insisté sur l'observance rigoureuse de cette ancienne pratique, de crainte que, si elle était négligée, il n'en résultât un affaiblissement de l'esprit martial dans la tribu, et que ses voisins ne fussent portés à la moins respecter. Même aujourd'hui, les Bédouins seraient sévèrement réprimandés par leurs compagnons pour avoir épargné la vie des hommes appartenant à une tribu qui n'aurait montré nulle miséricorde pour eux. »

L'arme la plus ordinaire des Bédouins est la lance ; ils ont aussi le javelot, le sabre, le coutelas recourbé, la masse d'armes ; ils se servent du bouclier, de la cotte de mailles, du casque ; quelques tribus connaissent l'usage des mousquets ; très-peu se servent de pistolets. Les pasteurs qui gardent les troupeaux à une certaine ditance du camp sont armés de javelots et de frondes, qu'ils manient très-adroitement. On garantit les chevaux au moyen de caparaçons en carton très fort, qui se fabrique à Alep, et qui les défend bien des coups de lance.

Le Bédouin n'a ordinairement qu'une seule épouse ; les exemples d'infidélité conjugale sont rares. Il est jaloux ; toutefois il n'empêche pas sa femme de jaser et de rire avec les étrangers. Rarement il la bat ; s'il en vient à cet extrémité, elle appelle à grands cris son *Ouasi* ou protecteur à son aide, et celui-ci pacifie le mari et lui fait entendre raison. D'ailleurs les femmes, de même que chez tous les peuples grossiers, ne sont que des servantes ; elles font tout le travail dans la tente et doivent même aller chercher l'eau, quelquefois à une assez grande distance, et l'apporter dans une outre, sur leur dos. Les filles vont garder les troupeaux, quand ce soin n'est pas dévolu aux esclaves ou aux domestiques. Du reste, les femmes sont respectées, et lorsqu'un camp est pillé, soit de jour, soit de nuit, leur honneur reste intact, bien qu'elles soient contraintes de se dépouiller elle-même de tous leurs ornemens et de les livrer aux pillards.

Chez quelques tribus, le divorce est fréquent, et souvent pour des causes insignifiantes. Les femmes ont le droit de le demander. Cet usage relâche les liens de famille. Cependant les Bédouins montrent beaucoup de respect pour leurs parens, mais plus d'affection pour leur mère que pour leur père; ce qui entraîne parfois de la discorde dans l'intérieur de la tente, et le fils en est chassé.

Il n'est point de chef puissant, parmi les Bédouins, qui chaque année ne se procure une demi-douzaine d'esclaves nègres des deux sexes. Au bout de quelques années, il les émancipe, les marie à d'autres esclaves, ou aux descendans de ceux qui sont établis dans la tribu. Ces affranchis ne peuvent épouser une fille blanche, et jamais un Arabe ne prend pour femme une fille négresse. Mais les artisans, vivant dans la tribu, ne se font aucun scrupule de s'allier avec ces gens de couleur noire.

Les Bédouins riches sont quelquefois servis par des domestiques de leur nation. Ceux-ci sont traités avec bonté, et les esclaves sont rarement battus, parce que trop de sévérité pourrait les décider à s'enfuir.

La personne d'une hôte est regardée comme sacrée. Un étranger qui a un seul protecteur dans une tribu, devient l'ami de toutes celles qui sont liées avec celle-là ; en même temps il a pour ennemi, tous les ennemis de la tribu. Il peut confier en toute sûreté sa vie et son bien à l'homme qui l'a accueilli. Dire à un Bédouin qu'il néglige son étranger ou ne le traite pas bien, est une des injures les plus graves qu'on puisse lui adresser.

Dans sa tente, le Bédouin est très-indolent et paresseux. Sa seule occupation est de donner à manger à son cheval ou de traire le soir les chamelles ; de temps en temps il va à la chasse avec son faucon. Il passe le reste de son temps assis devant sa tente et fume sa pipe ; s'il s'aperçoit, au volume extraordinaire sortant de l'appartement des femmes d'une tente, qu'un étranger est arrivé au camp, il court à cette tente, salue celui-ci et attend une invitation de dîner et de boire du café avec lui.

Dans les cantons où la sécurité règne, les Bédouins restent souvent campés toute l'année, n'occupant que deux ou trois tentes réunies ensemble, à plusieurs heures de distance de tout autre individu de leur tribu. Dans les plaines où l'eau est rare, ils campent, en été, près des puits, où ils restent des mois entiers, et leurs troupeaux paissent à l'entour, à une distance de quelques lieues, sous la garde d'esclaves ou de pasteurs qui, tous les deux ou trois jours, les conduisent aux puits pour qu'ils s'y abreuvent. C'est dans ces occasions qu'une tribu en attaque une autre, parce qu'elle suppose qu'il lui sera facile de la surprendre. Si dans un camp on pense qu'une attaque de ce genre est à craindre, on s'y tient constamment prêt à défendre le bétail, pour que l'ennemi ne l'emmène pas. Les tribus les plus exposées à ces agressions soudaines, ont toujours devant leurs tentes des chameaux sellés afin de pouvoir courir plus vite au secours de leurs pasteurs.

Malgré leur paresse générale, quelques Bédouins sont laborieux ; par exemple ceux qui font le transport des marchandises ; ils sont presque toujours en mouvement, et retirent un profit considérable du loyer de leurs bêtes de somme. Ils gagnent aussi beaucoup en faisant le métier de guides et d'estafettes.

D'autres tannent le cuir, façonnent des outres, tissent des tentes, des sacs et des manteaux. Les femmes cousent les outres. Dans le Hedjaz elles font de très-jolis licous pour les chameaux que montent leurs maris. On voit fréquemment la quenouille dans la main des hommes ; il peut paraître étrange qu'ils ne regardent pas cet usage comme dérogeant pour leur dignité masculine, tandis qu'ils rejettent avec dédain toute autre occupation domestique.

Les seuls Bédouins que l'on peut considérer comme riches, sont ceux dont les tribus font paître leurs troupeaux dans les plaines fecondées par les pluies d'hiver. Les tribus pauvres sont celles des territoires montagneux où les chameaux ne trouvent que peu de nourriture, et sont peu prolifiques. Un Bédouin des monts Sinaï gagne péniblement sa vie à conduire au Caire ses chameaux chargés de charbon ; avec le mince profit qu'il en retire, il achète du froment pour sa famille, un peu de tabac pour lui, une paire de souliers ou un mouchoir pour sa femme.

Parmi les possesseurs de troupeaux on ne répute comme riches que ceux qui ont au moins cent chameaux. Quelques familles, principalement celle des chéïkhs, n'ont pas d'autre bétail, et s'il arrive des étrangers, pour lesquels il soit nécessaire d'égorger un agneau, il faut qu'on en amène un à la tente.

Dans les circonstances les plus fâcheuses, quand il ne possède ni chameaux, ni brebis, un Bédouin est trop fier pour se montrer mécontent et encore moins pour se plaindre. Il ne demande jamais à personne de l'assister: il fait tous ses efforts, soit comme chamelier, pâtre ou voleur, de regagner ce qu'il a perdu. Sa ferme espérance dans la bonté de Dieu et une résignation complète à la volonté divine sont profondément imprimées dans son esprit; mais cette résignation ne paralyse pas son activité autant que chez le Turc.

La force avec laquelle le Bédouin supporte les maux de tout genre, est vraiment exemplaire. Son principal désir, quand il est pauvre, est de devenir assez riche pour être en état d'égorger un agneau à l'arrivée d'un hôte et de rivaliser au moins dans cet acte d'hospitalité avec tous les hommes de sa tribu, sinon de l'emporter sur eux. Si ce vœu est accompli, il souhaite un beau cheval ou un dromadaire, et de bons vêtemens pour sa femme. Ces objets obtenus, il ne songe plus qu'à maintenir et à conserver sa réputation de bravoure et d'hospitalité.

Il est certainement bien malheureux, quand il se sent si pauvre qu'il ne peut régaler son hôte comme il le désirerait; alors il regarde avec un œil d'envie ses voisins plus fortunés que lui; il redoute les moqueries de ses amis et de ses ennemis, qui le jugent incapable de recevoir honorablement un étranger; mais quand il peut réussir à déployer son hospitalité, il se considère comme l'égal du cheikh le plus opulent.

Non-seulement le Bédouin est jaloux de l'honneur de sa tribu, mais il pense aussi que les avantages de toutes les autres sont plus ou moins liés à ceux de la sienne, et tous manifestent un esprit de corps général qui est très-honorable pour leur caractère national. Les succès de Mohammed Ali contre les Wahabites, quoique très-important pour eux, puisqu'il détestaient le joug de ces sectaires et s'en étaient affranchis dans les cantons où cette tentative leur avait été possible, furent universellement déplorés dans tout le désert, parce qu'on les considérait comme préjudiciables à l'honneur de la nation et dangereux pour son indépendance. Par la même raison, les Bédouins regrettent les pertes causées à quelques-unes de leurs tribus par les envahissemens de colons ou par des troupes étrangères, quoiqu'eux-mêmes soient en guerre avec ces tribus. Quant à l'attachement d'un Bédouin pour sa propre tribu, il se manifeste par l'intérêt profond qu'il prend à sa puissance et à sa renommée, et par les sacrifices de tout genre qu'il est prêt à faire pour sa prospérité; ces sentimens se déploient rarement avec autant de force chez toute autre nation. C'est avec la fierté énergique d'un patriotisme inné, et nullement inférieur à celui qui ennoblit l'histoire des peuples les plus célèbres, qu'un A'nezé, si on l'attaque soudainement, saisit sa lance, et la brandissant au-dessus de sa tête, s'écrie : « Je suis un A'nezé. » Il en est de même des autres tribus.

On trouve des Arabes dans plusieurs autres pays que celui qui porte leur nom; nous avons vu qu'ils sont répandus en Asie-Mineure, en Mésopotamie, en Syrie, en Palestine; on rencontre aussi quelques-unes de leurs peuplades en Perse, et sur les côtes de l'Inde; enfin en Afrique, le long du littoral de la Méditerranée et d'une partie de l'océan Atlantique, ainsi que sur les côtes baignées par la mer des Indes et le golfe Arabique, une grande partie de la population est composée d'Arabes.

La langue de ces peuples est partout la même avec des différences de dialectes. Cet idiôme, l'un des plus anciens qui soient parlés aujourd'hui sur la surface du globe, fut cultivé de très-bonne heure et sa littérature est très-riche. L'époque de Mahomet est regardée comme celle où il fut le plus florissant; on vit les Arabes non-seulement produire des écrits qui sont encore admirés, mais aussi traduire des ouvrages composés en langues étrangères. Leur langue s'est conservée pure à travers la longue suite des siècles, et aujourd'hui les livres du temps du législateur de l'islamisme sont compris sans peine.

Comme langue savante et religieuse, l'arabe s'étend partout où règne l'islamisme, depuis les îles Moluques jusqu'à Constantinople, et depuis les côtes de l'océan Atlantique et de la mer des Indes jusqu'en Sibérie et dans l'empire russe. Il a laissé en Espagne des traces marquantes du séjour des peuples qui le parlent. Les caractères avec lesquels on l'écrit sont disposés de droite à gauche : ils ont été adoptés par les nations persane et turque, avec l'addition de quelques signes pour rendre les sons qui lui sont étrangers; et il a naturellement été admis chez des peuples qui, tels que les Malais et les Nègres, ignoraient entièrement l'usage des lettres.

3. Vue de la Mekke.

TABLE DES CHAPITRES

CONTENUS DANS CE VOLUME.

CHAPITRE I.

Sibérie. — Passage de l'Oural. — Changement d'aspect du pays. — Écaterinenbourg. — Usines. — Foire d'Irbit. 1

CHAPITRE II.

Sibérie. — Usines de l'Oural. — Condition des ouvriers. — Neviansk. — Nijni-Taghilsk. — Gîtes de minerai de fer et de cuivre. — Or. — Platine. — Usines et mine de Blagodat. — Le Kabihkamen. 3

CHAPITRE III.

Sibérie. — Verkhotourié. — Bogoslovsk. — Malfaiteurs condamnés aux travaux des mines. — Les Vogouls. — Plaisirs de Bogoslovsk. — Usines de Tchernoïstotckinsk. — Beresov. — Arrivée des bannis à Ecaterinenbourg. 6

CHAPITRE IV.

Sibérie. — Tumène. — Tobolsk. — L'Irtiche. — Préparatifs contre l'hiver. — Résultats du passage de l'Irtiche. — Petit marché aux habits. — La Promouisl. — Chasse et gibier. — La ville haute. 9

CHAPITRE V.

Sibérie. — Savodinsk. — Repolovo. — Samarovo. — L'Ob. — Iourtes des Ostiaks. — Animaux sauvages. — Kevachinsk. — Eau qui ne gèle pas. 13

CHAPITRE VI.

Sibérie. — Beresov. — Tentative pour cultiver les céréales. — Commerce des Ostiaks. — Russes bannis. 18

CHAPITRE VII.

Sibérie. — Attelage de rennes. — Grand froid. — Obdorsk. — Terre constamment gelée. — Ile de Vaigaz. — Commerce avec les peuples nomades. — Samoyèdes. — Monts Obdoz. — Voyage de Souyev à la Mer-Glaciale. 23

CHAPITRE VIII.

Sibérie. — Step d'Ichim. — Omsk. — Barnaoul. — Smeiov. — Mine d'argent. — Colyvan. — Riddersk. — Organisation des mines. — Oustkamenogorsk. — Krasnoïarsk. — Le Belki. — Monts Coksoun. — Kalpouks. — Le Korgon. — Boukhtarminsk. — Syrenovsk. — Fikalva. — Visite à un poste chinois. — Lac de Culyvan. — Lac salin. — Barnaoul. — Mines et usines. 33

CHAPITRE IX.

Sibérie. — Oustkamenogorsk. — Boukhtarminsk. — Lignes de postes russes. — Excursion sur le territoire chinois. — Le Noor-Saisan. — Ruines d'Ablaikit. — Semipalatinsk. — Step de Dsoungarie. — Rencontre de Kirghiz. — Le Djinghis-Tau. — Camp de Kirghiz. — Kar-Karaly. — Poste russe. — Emeraudes de l'Altyn-Toubé. — Colonie de Kar-Karaly. 46

CHAPITRE X.

Sibérie. — Tomsk. — Koutznetsk. — Teleoutes. — Krasnoyarsk. — Irkoutsk. — Lac Baïkal. — Verkhni-Oudinsk. — Selenghinsk. 52

CHAPITRE XI.

Sibérie. — Kiakhta. — Maïmatchin. — Commerce avec les Chinois. — Limites des deux empires. — Nertchinsk. — Mines d'argent. — Daourie. — Mont Tchécondo. 55

CHAPITRE XII.

Sibérie. — La Lena. — Kirensk. — Changement de climat. — Les Toungouses. — Yakoutsk. — Bivouac dans la neige. — Iourtes de refuge. — Beurre de roche. — Zakhiversk. — L'Indighirka. 57

CHAPITRE XIII.

Sibérie. — Cercle polaire arctique. — Sredni-Kolymsk. — Froid excessif. — Nijni Kolymsk. — Youkaghirs. — Anouï-Ostrog. — Tchouktchis. — Foire et trafic. ... 61

CHAPITRE XIV.

Sibérie. — Sredni-Kolymsk. — Verkhni-Kolymsk. — Conjurations d'un chaman. — Approvisionnement inattendu. — Désert. — Omékone. — Les Yakouts. — L'Okhota. — Le Roukar. — Okhotsk. 66

CHAPITRE XV.

Sibérie. — Départ d'Okhotsk. — Petropavlosk. — Voyage dans l'intérieur du Kamtchatka. — Bolcheresk. — Itchinsk. — Tighilsk. — Un *pourga*. — Khartchina. — Klioutchev. — Volcan. 73

CHAPITRE XVI.

Sibérie. — Voyage de Lesseps dans la presqu'île du Kamtchatka. — Milkovaïa-Derevna. — Karaghi. — Habitations des Kamtchadales. — Costume. — Mœurs. 75

CHAPITRE XVII.

Sibérie. — Pays des Koriaks. — Poustaresk. — Kaminoï. — Camp de Tchouktchis. — Ouragan. — Penjina. — Les Koriaks. — Source thermale. — La Tamotova. — Tonmeniz. — Yomsk. — Taousk. — Okhotsk. — Iakoutsk. — Ieniseïsk. 78

CHAPITRE XVIII.

Sibérie. — Surface. — Montagnes. — Rivières. — Golfes et baies. — Iles. — Climat. — Productions. — Population. — Diverses nations qui la composent. — Conquête et découverte. — Sa division en gouvernemens. — Colonies de l'Ieniseï. — Le Kamtchatka. 84

CHAPITRE XIX.

Iles Kouriles. — Productions. — Habitans. — Histoire. — Iles Ieso et Tarakaï. 89

CHAPITRE XX.

Ieso. — Tarakaï. — Manche de Tartarie. — Voyages du P. de Angelis et de Van Vries. 92

CHAPITRE XXI.

Ieso. — Tarakaï. — Manche de Tartarie. — Voyages de Lapérouse et de Broughton. 93

CHAPITRE XXII.

Ieso — Tarakaï. — Voyages de Laxmann, de Krusenstern, de Khovstov et de Davidov, de Golovnin. — Coup-d'œil général. 105

CHAPITRE XXIII.

Japon. — Tentatives inutiles des Anglais pour s'y substituer aux Hollandais. 118

CHAPITRE XXIV.

Observations générales sur les Japonais. 125

CHAPITRE XXV.

Iles Licou-Khieou. 128

	Pages.
CHAPITRE XXVI.	
Empire chinois. — Corée.	131
CHAPITRE XXVII.	
Empire chinois. — Pays des Mandchoux.	146
CHAPITRE XXVIII.	
Empire chinois. — Mongolie.	156
CHAPITRE XXIX.	
Empire chinois. — Le Si-youeï (ancienne Dzoungarie et Turkestan chinois).	168
CHAPITRE XXX.	
Empire chinois. — Tibet.	172
CHAPITRE XXXI.	
Empire chinois. — Boutan.	185
CHAPITRE XXXII.	
Empire chinois. — Chine propre.	187
CHAPITRE XXXIII.	
Empire d'Annam ou le Tong-king. — La Cochinchine. — Le Tsiampa. — Le Camboge et une partie du Laos.	200
CHAPITRE XXXIV.	
Royaume de Siam.	206
CHAPITRE XXXV.	
Presqu'île Malaïe. — Patani. — Kalantan. — Tringano. — Pahang. — Djohor. — Sincapour. — Malacca. — Sa augore. — Roumbo. — Pérak. — Kédah. — Poulo-Pinang. — Isthme de Krâ.	212
CHAPITRE XXXVI.	
Archipel Mergui. — Possessions britanniques entre la presqu'île Malaïe et la Birmanie.	215
CHAPITRE XXXVII.	
Empire Birman.	217
CHAPITRE XXXVIII.	
Archipels Nicobar et Andaman.	227
CHAPITRE XXXIX.	
Arrakan. — Cassay. — Catchar. — Djintiah. — Garraous. — Assam.	228
CHAPITRE XL.	
Les Monts Himalaya. — Les cantons du Bengale arrosés par le Brahmapoutra.	232
CHAPITRE XLI.	
Le Népâl.	234
CHAPITRE XLII.	
Hindoustan. — Le Kemâon. — Le Gherval. — Sources du Gange. — Herdouar.	241
CHAPITRE XLIII.	
Hindoustan. — La Djemna. — Dehli. — Agra.	247
CHAPITRE XLIV.	
Hindoustan. — Le Douab. — Cânpour. — Allahabad.	256
CHAPITRE XLV.	
Hindoustan. — Mirzapour. — Tchounar. — Bénarès.	258
CHAPITRE XLVI.	
Hindoustan. — Le Goumti. — Laknau. — Royaume d'Aoude. — Le Goggra.	262
CHAPITRE XLVII.	
Hindoustan. — Patna. — Gayah. — Mong'ir. — Boglipour. — Le Cossimbazar. — Mourchedabad. — Le Hougly. — Hougli. — Chinsoura. — Serampour. — Chandernagor. — Calcutta. — Dacca. — Bouches du Gange et du Hoog'ly.	265
CHAPITRE XLVIII.	
Hindoustan. — Le Dekhan. — Montagnes du Gandouana. — Plateau d'Omerkantok. — Sources du Nerbédah, du Sôné et du Mahaneddy. — Diamans. — Nagpour. — Montagnes du Bérar. — Ellitchpour. — Chaîne des Ghâts occidentaux. — Daouletabad. — Elora. — Aurengabad. — Carli. — Haïderabad. — Villes de l'Orissa et des Circars.	271
CHAPITRE XLIX.	
Hindoustan. — Le Carnatic. — Les Nilgherris. — Les Ghâts orientaux. — Côte de Coromandel. — Voyage dans l'intérieur et le long de la côte.	277
CHAPITRE L.	
Ceylan.	283
CHAPITRE LI.	
Maldives et Lakedives.	290
CHAPITRE LII.	
Hindoustan. — Cap Comorin. — Côte de Malabar.	293
CHAPITRE LIII.	
Hindoustan. — Goa. — Bombay. — Elephanta. — Golfe de Cambaye. — Surate. — Le Goudjerate.	296
CHAPITRE LIV.	
Hindoustan. — L'Adjemir ou Radjepoutana.	298
CHAPITRE LV.	
Hindoustan. — Le Malvâh. — Etats de Holkar et de Sindiah. — Seïks soumis aux Anglais.	302
CHAPITRE LVI.	
Royaume de Lahore. — Seïks. — Le Cachemir.	304
CHAPITRE LVII.	
Le Moultan.	312
CHAPITRE LVIII.	
Le Sindhi. — Bouches de l'Indus.	314
CHAPITRE LIX.	
Beloutchistan.	318
CHAPITRE LX.	
Afghanistan. — Peichaver. — Caboul. — Kandahar. — Hérat.	321
CHAPITRE LXI.	
Turkestan. — Khoundouz. — Balkh. — Boukhara. — Khiva. — Déserts. — Turcomans.	330
CHAPITRE LXII.	
Perse.	338
CHAPITRE LXIII.	
Empire russe. — Arménie.	353
CHAPITRE LXIV.	
Empire russe. — Le Chirvan.	355
CHAPITRE LXV.	
Empire russe. — Géorgie. — Le Caucase et les peuples qui l'habitent. — Taman. — Abasie. — Mingrelie. — Imirethi. — Ghouria.	356
CHAPITRE LXVI.	
Empire ottoman. — Arménie. — Asie-Mineure ou Anadoli. — Kourdistan. — Mésopotamie.	366
CHAPITRE LXVII.	
Empire ottoman. — Syrie.	390
CHAPITRE LXVIII.	
Empire ottoman. — Palestine (Terre de Canaan ou Terre-Sainte).	397
CHAPITRE LXIX.	
Arabie.	405

FIN DE LA TABLE DES CHAPITRES.

TABLE
ALPHABÉTIQUE ET ANALYTIQUE

DES NOMS GÉOGRAPHIQUES, DES NOMS D'HOMMES, DE TRIBUS ET D'OBJETS REMARQUABLES, MENTIONNÉS DANS LE VOYAGE PITTORESQUE EN ASIE.

NOTA. — Les noms de lieux, de villes, de montagnes, de fleuves, etc., sont en italique. — Les noms de peuples, de monuments et de choses, sont en romain. — Les noms de voyageurs, d'historiens, etc., sont en petites capitales.

A

Abalak, monastère près de Tobolsk, 53.
Abarim, montagne de Palestine, 399.
Abases, peuple du Caucase, 364.
Abcheron, presqu'île du Chirvan, 356.
ABLAÏ, prince dzoungar, 47.
Ablakitka, riv. de la Sibérie, 47.
Ablaïkit, temple ruiné en Sibérie, 47.
Abouchehr, port de Perse, 346.
Abydos, château des Dardanelles, 370.
Achenginski, poste russe sur la frontière chinoise, 57.
Achraf, ville du Mazendéran, 349.
Adam (pic d'). V. Rama.
Adana, ville de l'Asie-Mineure, 375.
Aden, port de l'Arabie, 407.
Adjemir, province et ville de l'Hindoustan, 298-302.
Adramitti, golfe de l'Asie-Mineure, 370.
Afghanistan, une des cinq divisions du royaume de Caboul, 321-330.
Afghans, peuple qui a donné son nom à l'Afghanistan, 324,
Afioum-Kara-Hissar, ville de l'Asie-Mineure, 377.
Aftan, torrent de l'Arabie, 406.
Agh-Dagh, rameau du Taurus, 362, 368.
Aghié, mont. de la Dzoungarie, 169.
Aghi-Ghoul, riv. de l'Asie-Mineure, 377.
Agla-Sou, village de l'Asie-Mineure, 377.
Agra, cité de l'Hindoustan, 255.
Ahmedabad, ville de l'Hindoustan, 297.
Aigué Kerbetchi, riv. du pays des Mandchoux, 153.
Aïnos, nom des insul. des Kouriles, 117.
Aïrouk, montagne de Boukharie, 335.
Akai-Sou, riv. de l'Asie Mineure, 577.
AKBAR, empereur mongol, 248. — Son tombeau à Secandra, 255.
AKBAR II, empereur mongol, 250, 253.
Akchehar, ville de l'Asie-Mineure, 576.
Akhal-Tzikhé, ville de la Géorgie, 366.
Aksou, ville du Turkestan chinois, 171.
Aksou, fleuve de l'Asie-Mineure, 376.
Alacananda, fleuve de l'Hindoustan, 241, 245.
Ala-Chaki, ville de l'Asie-Mineure, 577.
Alachan, ville de la Mongolie, 157.
Ala-Koul, fleuve de la Dzoungarie, 169.
Alaverde, mont. de l'Arménie, 354.
Alazea, riv. de la Sibérie, 61.
Alaya, ville de l'Asie-Mineure, 374.
Aldan, ville et riv. de la Sibérie, 59, 84.
Alep, ville de la Syrie, 390.
Alexandrette. V. Scanderoun.

Alindja-tchaï, rivière de l'Arménie, 355.
Alipi, petit port de la côte Malabar, 293.
Allahabad, ville de l'Hindoustan, 256.
ALLARD, officier franç. à Lahore, 305.
Altaï, grande chaîne de montagnes en Sibérie, 39, 84; — en Mongolie, 157.
Altyn-Sou, riv. de la Sibérie, 50.
Altyn-Toubé, montagne de la Sibérie, 50.
Amah, ville de la Syrie, 397.
Amakinima, une des îles Liéou-Khieou, 129.
Amanus, chaîne de montagnes de l'Asie-Mineure, 376.
Amasieh, ville de l'Asie-Mineure, 380.
Amathonte. V. Limasol.
Ambir, anc. capitale de l'Adjemir, 301.
Amblegodé, station pour les voyageurs dans Ceylan, 285.
Ambour, vallée de l'Hindoustan, 280.
Amérapoura, ville de l'emp. Birman, 225.
Amherst (le lord), vaisseau de la compagnie des Indes, explore la côte de Corée, 142.
Amhersttown, capit. de la prov. de Martaban, 216.
Amour ou *Yamour*, grand fleuve de l'Asie orientale, 146.
Amritzir, ville sainte des Seiks, 306.
Anadyr, fl. du pays des Tchouktchis, 85.
— (Golfe de l'), sur la côte orientale de la Sibérie, 85.
Anadoli. V. Asie-Mineure.
Anacoutane, une des Kouriles, 89.
Anapa, port de la côte de Circassie, 363.
Ancyre. V. Angora.
Andaman, arch. de l'Inde orientale, 228.
ANDRADA (le P. de), missionnaire portug. au Tibet, 177.
Andraki, fleuve de l'Asie-Mineure, 373.
Anemour, cap. de la Caramanie, 374.
Anga, riv. de la Sibérie, 55.
ANGELIS (le P. Jérôme de), missionnaire sicilien, 92.
Angora, ville de l'Asie-Mineure, 379.
Anioui, riv. de la Sibérie, 62.
Anioui-Ostrog, fort russe en Sibérie, 63.
Anica, baie de la côte de Tarakaï, 112, 118.
Annah, ville de l'Asie-Mineure, 388.
Annam, ou *Tong-King*, empire de l'Indo-Chine, 200, 206.
Annamitains, habitans de l'emp. d'Annam. Leurs mœurs, leur physionomie, leur état politique, 203. 205.
Ansarié, peuples de la Syrie, 393.

Antab, ville de la Syrie, 390.
Antakieh, ville de la Syrie, 391, 395.
Antioche. V. Antakieh.
Antoura, village de Syrie, 394.
Aoude, prov. et ville de l'Hindoustan, 265.
Aoul, réunion de iourtes ou huttes chez les Kirghiz, 49.
Arabes. Leurs mœurs, leur état politique, 411.
Arabes-Bédouins, peuple nomade, 413.
Arabie, pays, 405, 414.
Arabie Déserte, prov., 406.
Arabie Heureuse, prov., 407.
Arabie Pétrée, prov., 406.
Arafat, montagne d'Arabie, 409.
Aragvi, fleuve de la Géorgie, 360.
Arakou, eau-de-vie de lait chez les Kalmouks, 40.
Aral-Toubé, cime volcanique de la Dzoungarie, 169.
Arama-Koutane, une des Kouriles, 89.
Ararat, montagne de Perse et d'Arménie, 338, 354.
Aras, fleuve de Perse et d'Arménie, 340, 353, 354, 355, 367.
Arcat, ville du Carnatic, 280.
Ardebil, ville de Perse, 352.
Ardler, port de la côte des Abases, 364.
Argée, montagne d'Arménie, 381.
Argent (mines d') en Sibérie, 34, 56.
Arginures, mont. de l'Asie-Mineure, 270.
Arghié, ville de l'Asie-Mineure, 386.
Argoune, riv. de la Sibérie, 85.
Aripo, village de Ceylan, 290.
Ark, palais du khan à Boukhara, 333.
Arkh-Chehar, riv. de l'Arménie, 354.
Arkalyki, mont. de la Sibérie, 48.
Arkaoul, montagne de la Sibérie, 47.
Armanghi, village de la Sibérie, 84.
Arménie, prov. vassale de la Russie et de l'emp. ottoman, 353, 366.
Arméniens, répandus dans toutes les contrées de l'Orient, 354.
Arpa-Tchaï, riv. de l'Arménie, 353.
Arrakan, prov. dans la presqu'île orientale de l'Inde, 229.
Arrakanis, habitans de l'Arrakan. Leurs mœurs, 229.
Arsouf, village de la Palestine, 397.
Artah-gok, monastère du Chirvan, 356.
Artaxata, anc. cap. de l'Arménie, 353.
ARUNDEL, voyageur anglais dans l'Asie-Mineure, 377.
Assam (royaume d'), 230.
Assamis, habitans de l'Assam, 231.
Ascalon, ville de Palestine, 405.

TABLE ANALYTIQUE

Asphaltite. V. mer Morte.
Astrabad, ville du Mazandéran, 349.
Athien, ville de l'emp. d'Annam, 201.
Atrak, riv. de la Perse, 340, 349.
Attam, danse des Afghans, 324.
Attok, ville du Moultan, 314.
Audience (salle d') à Ava, 224.
Aurengabad, ville de l'Hindoustan, 274.
Aurengzeb, empereur mongol, 248.
Ava, ville de l'emp. Birman, 224.
Avatcha, ville et cap du Kamtchatka, 75.
— Baie, 68.
Avlabariss, faub. de Tiflis, 357.
Ayas, ville de l'Asie-Mineure, 376.

B

Baalbek, ville de Syrie, 391.
Bab, village de Syrie, 390.
Baba, cap de l'Asie-Mineure, 370.
Bab-el-Mandeb, détroit de l'Arabie, 407.
Baboucheka, riv. du Kamtchatka, 83.
Babylone, anc. ville de l'Asie-Mineure, 387.
Bac-Kinh. V. Ké-Cho.
Badia, voyageur espagnol, 401.
Baffo, ville de la Mésopotamie, 375.
Bafra, ville du Djanik, 369.
Bagdad, ville de l'Asie-Mineure, 384.
Baggar, bras de l'Indus, 317.
Bâgmatti, rivière du Népâl, 235.
Bahavalpour, ville du Moultan, 312.
Bahadour-Sah, régent du Népâl, 254.
Bahr-el-Akaba, prov. d'Arabie, 410.
Bahr-el-Suez, bras du golfe Arabique, 410.
Baïbout, ville d'Arménie, 368.
Baïdar, esp. de bateau chez les Koriaks, 80.
Baikal, lac de Sibérie, 53.
Bakhléghian, lac de Perse, 340.
Bakhtieri, montagne de Perse, 338.
Bakkar, ville du Sindhi, 315.
Bakou, ville du Chirvan, 356.
Bala-Bagh, vallée de l'Afghanistan, 328.
Balaghât, prov. de l'Hindoustan, 279.
Balfrouch, ville de la Perse, 350.
Balk, ville de la Boukharie, 332.
Balkhan, contrée de l'Afghanistan, 321.
Balou, ville de l'arch. Mergui, 217.
Baloudin, ville de l'Asie-Mineure, 377.
Bambaki, montagne de l'Arménie, 354.
Bangalore, ville de l'Hindoustan, 280.
Banganapilly, ville de l'Hindoustan, 279.
Bannis (condition des) en Hindoustan, 9, 22.
Bantchan-erdeni. V. Bantchin-rimbotchi.
Bantchin-rimbotchi, pontife régénéré au Tibet, 170, 180.
Bargou-Bouriates, tribu mongole, 54.
Bargouzine, riv. de la Sibérie, 54.
Barnaoul, ville de la Sibérie, 34, 45.
Barnes (E.), gouverneur de Ceylan, 286.
Barralas, village de la Sibérie, 59.
Barrow, voyageur anglais dans l'empire d'Annam, 205.
Basan, mont. de la Palestine, 399.
Basians, peuple du Caucase, 361.
Basra, ville de la Mésopotamie, 385.
Batticala, île et village de Ceylan, 284.
Bayadères, célèbres danseuses de l'Hindoustan, 281.
Bayazid, ville d'Arménie, 366.
Bazilovka, ville de la Sibérie, 52.
Beauchamp, voyageur français dans l'Asie-Mineure, 388.
Beaufort, voyageur anglais, 373, 374.
Beaour, ville de l'Hindoustan, 304
Becaa, vallée de Syrie, 392.
Beïrout, ville de Syrie, 394.
Beït-el-Fakhî, ville d'Arabie, 408.
Bela, capitale du Lotsa, 318.
Belaïa, riv. de la Sibérie, 35.
Bélad-Ser, ville d'Arabie, 407.

Bellingfield, officier anglais, 231.
Belki, montagne de la Sibérie, 38.
Beloutchis, habitans du Béloutchistan, 320.
Béloutchistan, pays, 318.
Bember, ville du Cachemir, 307.
Bénarès, ville de l'Hindoustan, 260.
Bendelkend, prov. de l'Hindoustan, 302.
Bender-Abassi. V. Gomroûn.
Bender-Bouchehr. V. Aboucheher.
Bengale, prov. de l'Hindoustan, 267.
Ben-Totté, station pour les voyageurs dans l'île Ceylan, 285.
Bérar, prov. de l'Hindoustan, 272.
Berdouranis, tribu de l'Afghanistan, 324.
Beresov (mines d'or de), 8, 18.
Bering, découvre le détroit qui sépare l'Asie de l'Amérique, 86.
Béring, île et détroit du grand Océan, 85.
Bernier, voyageur français dans l'Hindoustan, 248, 306.
Béryte. V. Beirout.
Béthanie, village de Palestine, 402.
Béthléem, ville de Palestine, 404.
Betva, riv. du Malvâh, 302.
Beurre de pierre, matière terreuse et onctueuse mangée par les Toungouses, 60.
Beyah, riv. du royaume de Lahore, 304.
Bhadrinath, lieu de pèlerinage pour les sectateurs de Brahma, 242.
Bhagirati, riv. de l'Hindoustan, 244.
Bhaiva-Kound, source dans les monts Himalaya, 235.
Bhertpour, ville de l'Adjemir, 299.
Bhils, peuple sauvage du Malvâh, 202.
Bicanir, ville de l'Adjemir, 299.
Bicharri, village de la Syrie, 394.
Bidjni, petite principauté du Boutan, 187.
Bim-Phedé, montagne du Népâl, 236.
Bir, villes de l'Asie-Mineure et de la Palestine, 389, 399.
Birman (empire), 217-227.
Birmans. Leurs mœurs, leur état politique, 225.
Birmans (soldats). Leur costume, 226.
Bistra, riv. du Kamtchatka, 75.
Blagodat, mont. et usines, 5.
Blanc (cap), en Syrie, 396.
Bobac, espèce de marmotte en Sibérie, 58.
Boglipour, ville de l'Hindoustan, 266.
Bogoslovsk, ville de la Sibérie, 7.
Bolcheïa, riv. du Kamtchatka, 75.
Bolchoï-Zavod, usine en Sibérie, 36.
Boli, ville de l'Asie-Mineure, 369.
Bolor. V. Tsoung-Ling.
Bolouvanatch, riv. de Sibérie, 68.
Bombay, présid. et ville de l'Hindoustan, 296.
Bonzes, moines chinois, 196.
Bôpal, principauté de l'Hindoustan, 302.
Botala, mont. du Tibet, 181.
Bouddha, fondateur de la doctrine religieuse qui règne dans une grande partie de l'Asie, 133, 172, 203, 210.
Boudroun, ville de l'Asie-Mineure, 372.
Bougloke, village d'Arabie, 408.
Boukhara. capit. de la Boukharie, 333.
Boukharie, contrée du Turkestan, 334.
Boukhtarma, riv. de la Sibérie, 42.
Boukhtarminsk, mine de cuivre en Sibérie, 42, 46.
Boulouktak, lac et riv. de la Sibérie, 67.
Bounarbachi, vill. de l'Asie-Mineure, 370.
Bouran, ouragan de neige dans les steps de la Sibérie, 34.
Bourdour, ville de l'Asie-Mineure, 377.
Bouriats, tribu des Mongols, 138.
Boutan, pays vassal de la Chine, 185, 187.
Boutanis, habitans du Boutan. Leurs mœurs, 185.

Bosphore, détroit, 370.
Bosra, ville de Palestine, 398.
Bostak, ville de l'Arabie, 407.
Brahma, Dieu des Hindous, 281.
Brahmanes, prêtres de Brahma, 246.
Brahmapoutra, fl. de l'Hindoustan, 250.
Brlikhé, riv. de l'Asie-Mineure, 388.
Brodiaghi, vagabonds de la Sibérie, 7.
Broughton, navigateur anglais sur la côte orientale de l'Asie, 101, 136, 159.
Broughton, une des Kouriles, 90.
Brousse, ville de l'Asie-Mineure, 377.
Bruguière (Barthélemy), missionnaire français en Corée sous le titre d'évêque de Capse, 144.
Buchanan (Claude), ecclésiastique anglais, visite les églises chrétiennes de l'Hindoustan, 294.
Bunge, compagnon de Meyer, dans son voyage au step des Kirghiz, 40, 86.
Burckhardt, voyageur suisse en Syrie, 391; — en Palestine, 398; — en Arabie, 406.
Burlton, officier d'artillerie anglais, massacré par les Garraous, 231.
Burnes, voyageur anglais dans l'Hindoustan, 297, 306, 316, 325, 331.
Burney, agent du gouv. britannique dans le royaume de Siam, 211.

C

Caboul, ville et roy. de l'Afghanistan, 328.
— rivière de l'Afghanistan, 325.
Cachan, ville de Perse, 341, 350.
Cachemir, ville et province de l'Hindoustan, 307.
Cachemiriens, habitans du Cachemir, 310.
Caiffa, ville de la Syrie, 396.
Calcutta, métropole de l'Indebritan., 267.
Calicut, port de l'Hindoustan, 295.
Cali-Sindi, riv. du Malvâh, 302.
Callier (Camille), voyageur français dans l'Asie-Mineure, 382.
Caloni, village de Palestine, 400.
Caltoura, ville de Ceylan, 285.
Cambaye, golfe de l'Hindoustan, 296.
Camboge, royaume et ville de l'empire d'Annam, 201.
Cana, village de la Palestine, 398.
Cananor, ville de l'Hindoustan, 295.
Candieus, habitans de Candy dans l'île de Ceylan, 289.
Candy, ville de Ceylan, 287
Canpour, ville de l'Hindoustan, 257.
Canton, port chinois, 188.
Caraboa, ville de l'Asie-Mineure, 370.
Carabouroun, cap de l'Asie-Mineure, 370.
Caraman, ville de l'Asie-Mineure, 376.
Caria-Muria, golfe de l'Arabie, 407.
Carli, petit village de l'Hindoustan, 275.
Carmel, montagne de Syrie, 396.
Carnaprayaga, vill. de l'Hindoustan, 243.
Carnatic, prov. de l'Hindoustan, 280.
Car-Nicobar, île de l'arch. Nicobar, 227.
Casmieh, riv. de la Syrie, 396.
Caspienne (mer), 360.
Cassa, président du comptoir hollandais à Nangasaki, 121.
Cassay, province anglaise de l'Hindoustan oriental, 229.
Castel-Rosso, ville de l'Asie-Mineure, 373.
Castries, baie sur la côte de la Tartarie chinoise, 98.
Catchar, province anglaise de l'Hindoustan oriental, 230.
Catcharis, habitans du Catchar, 230.
Caucase, prov. et mont. de la Géorgie, 359.
Cavery, fleuve de l'Hindoustan, 282.
Cazbin, ville de la Perse, 352.

Cédron, torrent de la Palestine, 402.
Cembro, espèce de pin en Sibérie, 4.
Cerino, ville de l'Asie-Mineure, 375.
Césarée. V. Kaïsarièh.
Ceylan, île au S. S. E. de la presqu'île occidentale de l'Inde, 285.
CHAB-ALEM, empereur mongol, 249.
Chab-Limar, un des jardins du roi à Cachemir, 307.
Chaloupe de guerre chez les Birmans, 226.
Chamatari, montagne du Boutan, 185.
Chaman ou sorcier chez les Yakouts, 67.
Chamaki (nouveau), ville du Chirvan, 356.
Chamaki (vieux), ville du Chirvan, 356.
Chamkor (colonne de), en Géorgie, 357.
Chamo. V. Góbi.
Chandernagor, comptoir français dans le Bengale, 267.
CHANDLER, voyageur anglais dans l'Asie-Mineure, 377.
Chan-Si, l'une des provinces septentr. de la Chine, 144.
Chantibon, ville considérable du royaume de Siam, 206.
Chapour, ancienne ville de Perse, 347.
Charaks, ville de la Boukarie, 357.
CHARDIN, voy. franç. en Perse, 339, 347.
Chartache, village de la Sibérie, 8.
Chastras, livres sacrés des Hindous, 245.
Chat-el-Arab. V. Tigre et Euphrate.
CHATEAUBRIAND, voyageur français, 378, 397, 399.
Chattigang, ville et fleuve du Bengale, 235.
Chauderies, édifices construits pour la commodité des voy. dans l'Hindoustan, 281.
Cheki, prov. de la Géorgie, 356.
Cherki, ville de l'Asie-Mineure, 369.
Cherkés, ville de l'Asie-Mineure, 381.
Chersonèse d'Or. V. presqu'île Malaie.
Chestokova, riv. du Kamtchatka, 80.
Chèvres du Tibet, remarquables par la finesse de leur laine, 177.
Chibouk-Souh, fl. de l'Asie-Mineure, 379.
Chiens (attelage de), en Sibérie, 25, 26, 61.
Chikarpour, ville du Sindhi, 314.
Chilka, riv. de Sibérie, 56, 85, 154.
Chine, empire, 187, 199.
Chingulais, habitans de l'île de Ceylan, 284.
Chinois. Leurs coutumes, leur caractère physique, leur état politique, 191, 198.
Chinsoura, ville de l'Hindoustan, 267.
Chios. V. Scio.
Chiraonis, tribu de l'Afghanistan, 324.
Chiraz, ville de Perse, 347.
Chirinki, une des Kouriles, 89.
Chirvan, prov. de l'emp. russe, 355, 356.
Choung-Tchuen, île de la Chine, 199.
Chou-Madou, pyramide à Pégou, 220.
CHOUMICLOV, chef des Toungouses, 70.
Choumtchou, la plus septentrionale des Kouriles, 89.
Chouri-Roud, riv. de Perse, 340.
Chouster, capitale du Khousistan, 351.
Choutchia, riv. de Sibérie, 52.
CHRISTIE, officier anglais, explore le Beloutchistan, 318; — le Caboul, 330.
Cicacolé, ville de l'Hindoustan, 277.
Circars, province de l'Hindoustan, 277.
Circassiens, peuple du Caucase, 361, 362.
Cocos (île des), au N. de la grande Andaman, 228.
Cochinchine. V. Annam.
Cochin, ville de l'Hindoustan, 294.
Cochinchinois. Leurs mœurs, 205.
Cœlé-Syrie. V. Becaa.
Colar, ville de l'Hindoustan 280.
Colombo, capitale de Ceylan, 285.
Colyvan, bourg et usine en Sibérie, 55.

Colyvan (lac de), 44.
Commerce. Manière dont il se pratique à Beresov, 21.
— des Russes avec les Chinois, 55.
Comorin (cap), à l'extrémité S. de l'Hindoustan, 295, 296.
Condjeveram, ville de l'Hindoustan, 282.
CONOLLI, voyageur en Perse et au Caboul, 330.
CONANCEZ, voyageur en Syrie, 391.
Coradjé, riv. de Palestine, 397.
Coratchi, port du Sindhi, 318.
Corée (presqu'île et royaume de), 151, 146.
Coréens. Leurs mœurs et coutumes, 151, 134.— Leur histoire et leur gouvernement, 134, 146.
Corfin-Pira, affl. du Sakhalian-Oula, 153.
Coromandel (côte de), dans l'Hindoustan, 278, 283.
Cos. V. Stanchio.
Cossimbazar, ville et fl du Bengale, 267.
Cotch, golfe et prov. de l'Hindoustan, 297, 298.
Cotyam, ville de la côte de Malabar, 294.
Coulis, portefaix chinois et hindous, 191.
COURT, officier français à Lahore, 305.
Crillon (cap), nom de la pointe mérid. de l'île de Tchoka, 100.
CRAWFURD, ambassad. du gouv. général du Bengale, auteur d'un ouvrage sur l'Hindoustan, 207, 212, 218, 229.
CSOMA DE KOERÖS, savant hongrois, 177.
Ctésiphon, ancienne ville de Mésopotamie, 388.
Cydnus. V. Tarsous-Khayé.
Cygne (chasse au) sur les bords de l'Irtiche et de l'Ob, 12.
Cypre, île de l'Asie-Mineure, 374.
Cyzique, presqu'île de l'Asie-Mineure, 370.

D

Dacca, ville de l'Hindoustan, 269.
Dafar, port de l'Arabie, 407.
DALAI-LAMA, chef visible du Bouddhisme, 172.
Dalie, ville de l'Asie-Mineure, 375.
Dalenkara, montagne de la Sibérie, 47.
Dalki, affluent du Kour, 366.
Dall, lac du Cachemir, 309.
Damas, ville de Syrie, 394.
Daman, port de l'Hindoustan, 296.
DAMPIER, célèbre navigateur, 213.
Daouletabad, ville de l'Hindoustan, 273.
Daourie, contrée montagneuse de Sibérie, 57, 154.
Dara-Kin, montagne de Perse, 548.
Dardanelles (détroit des), 370.
Dauphin, cétacé de l'Ob, 12.
DAVIS, président de la loge anglaise à Canton, 189, 190.
DAWKINS, voyageur anglais en Syrie, 392.
Dehli, prov. et ville de l'Hindoustan, 248, 255.
Dekhan, prov. de l'Hindoustan, 271.
DELISLE DE LA CROYÈRE, compagnon de Bering, 86.
Demavend, montagnes de Perse, 338.
Dera-Ghazi-Khan, ville du Moultan, 314.
Deraïeh, capitale du Nedjd, 406.
Desan, r vière du Kalyah, 302.
Dévaprayaga, ville de l'Hindoustan, 244.
Develu, ville de l'Arménie, 353.
Diala, riv. de l'Asie-Mineure, 388.
Diarbekir (autrefois Amida), ville de Mésopotamie, 382.
DIDOT, voyageur français, visite l'île de Cypre, 374.
Dilla, montagne qui termine la côte de Malabar, 295.

Dizi-Kholel, village de Perse, 552.
Djachi-Loumbo, ville et couvent du Tibet, 178, 180.
Djadjak, riv. de l'Asie-Mineure, 385.
Djofnapatam, ville de Ceylan, 283.
Djaggernath, temple de l'Hindoustan, 277.
Djaï-Zaad, canal de l'Asie-Mineure, 386.
Djalem, riv. du royaume de Lahore, 304.
Djallab, riv. de l'Asie-Mineure, 388.
Djanik, prov. de l'Asie-Mineure, 368.
Djats, habitans de l'Adjemir, 299.
Djebel-Cuadjé, mont. de l'Arabie, 410.
Djebelé, ville de Syrie, 393.
Djebel-el-Cheikh, riv. de Palestine, 398.
Djebel-Mousa. V. Sinaï.
Djebel-Nakous, montagne de l'Arabie, 410.
Djelalabad, ville de l'Afghanistan, 328.
Djellinghi, bras du Gange, 267.
Djenna, rivière de l'Hindoustan, 247.
Djerach, ville de Palestine, 399.
Djerdaïr, village du Gherval, 245.
Djesselmir, ville de l'Adjemir, 299.
Djeypour, ville de l'Adjemir, 299.
Djiddah, port d'Arabie, 408.
Djihoun. V. Oxus.
Djighilen, montagne de Sibérie, 49.
Djinghis-Tei, poste chinois sur la front. de la Sibérie, 42.
Djinghis-Tau, montagne de Sibérie, 49.
Djintiah, pays de l'Inde britann., 229.
Djintiahpour, capitale du Djintiah, 229.
Djohor, ville de la presqu'île Malaie, 212.
Djorhât, ville de l'Assam, 232.
Djorouk, fleuve de l'Arménie, 354.
Djouaré-Vakhé, une des cimes du Caucase, 360.
Djoudpour, ville de l'Adjemir, 299.
Djorimath, ville de l'Adjemir, 244.
Djvilfa, ville de l'Arménie, 355.
DOBBEL (Pierre), voyageur anglais, 84.
DOEFF, président du comptoir hollandais à Naugasaki, 119, 120.
Dogdo, riv. de Sibérie, 60.
Dommouy-Ganga, fleuve de l'Hindoustan, 296.
Dorylée. V. Eski-Cheher.
DOST MOHAMMED-KHAN, souverain du Caboul, 328.
Douab, prov. de l'Hindoustan, 256.
Douranis, tribu de l'Afghanistan, 324.
Doudjikdag, montagne de l'Arménie, 354.
Douna-Baïssi, montagne du Népâl, 237.
Druzes, peuple de Syrie, 394.
DUBOIS (F.) DE MONTPÉREUX, voyageur suisse en Arménie, 354, 362.
DUNDAS COCHRANE (John), voyageur anglais en Sibérie, 52.
DUPRÉ (Adrien), voyageur français en Perse, 340; — en Asie-Mineure, 384.
Dzanbo, riv. du Tibet, 178, 180.
Dzang, province du Tibet, 177, 178.
Dzang-Tsiou, fleuve, 181.
Dzoungarie. V. Si-Youeï.

E

Ebal, montagne de Palestine, 397.
Ecaterinenbourg, ville de Sibérie, 1, 2.
Eden, village de Syrie, 394.
Edzoud, ville de Palestine, 405.
EHRENBERG et Rose, compagnons de Humboldt dans son voyage en Sibérie, 86.
El-Biré, ville de Palestine, 400.
Elbrouz, la plus haute cime du Caucase, 359, 360.
Eldjy, village d'Arabie, 406.
EICHWALD, voyageur allemand au Caucase, 354, 356.
Eilgoun, ville de l'Asie-Mineure, 376.
Eilgoun-Sou, riv. de l'Asie-Mineure, 376.

Eléphans (chasse aux), 222.
Elephanta. V. Kalapour.
El-Hassa, prov. et ville de l'Arabie, 406.
Elisabeth, cap de la côte de Tarakaï, 110.
Elisabethpol, ville de Géorgie, 356.
El-Katif, ville d'Arabie, 406.
Ellitchpour, capitale du Bérar, 273.
Elliot, résident anglais à Dehli, 250.
Ellore, ville de l'Hindoustan, 277.
El-Madjebal, ville de Palestine, 403.
Elora, village de l'Hindoustan, célèbre par ses temples, 275.
El-Omihe, port de l'Arabie, 410.
Elphinstone, voyageur anglais dans l'Afghanistan, 314, 324.
El-Taka, lac de Syrie, 392.
Elvend, montagne de Perse, 338.
Enkevat, ville de l'Asie-Mineure, 384.
Epée du Prince Regent. V. Liao-Toung.
Erbil, ville de l'Asie-Mineure, 384.
Erdjek, village arménien, 366.
Ergoné, riv. du pays des Mandchoux, 153.
Erivan, ville d'Arménie, 353.
Erman, voyageur en Sibérie, 1, 33, 86.
Erzeroum, ville d'Arménie, 367.
Esdrelon, vallée de Palestine, 277.
Eski-Adalia, autrefois Sidé, 374.
Eski-Cheher, ville de l'Asie-Mineure, 378.
Eski-Hissar, ville de l'Asie-Mineure, 377.
Eski-Stamboul, ville de l'Asie-Min., 370.
Estaing (baie d'), côte O. de Tarakaï, 118.
Etchmiadzin, couvent et village d'Arménie, 353.
Euphrate, le plus grand fleuve de la Turquie d'Asie, 354, 367.
Euleuths, tribu des Mongols, 158.
Exilés (condition des) en Sibérie, 87.
Ezelou, port de l'Asie-Mineure, 375.

F

Famagouste, ville de Cypre, 375.
Faï-Fo ou Hué-Han, ville et baie de l'emp. d'Annam, 200.
Famieh, ville de Syrie, 392.
Farahabad, ville de Perse, 249.
Farrakabad, ville de l'Hindoustan, 27.
Fars, prov. de Perse, 340.
Farsa, village de l'Adjemie, 299.
Fatsa, ville du Djanik, 309.
Feyzabad, ancienne capitale du royaume d'Aoude, 265.
Fétoudjeh, ville de l'Asie-Mineure, 389.
Fiakas, peuples du pays des Mandchoux, 155.
Figueroa, voyag. portug. en Perse, 339.
Fikalka, village de Sibérie, 42.
Finlayson, voyageur anglais dans l'emp. d'Annam, 200, 203, 215.
Firouz-Abad, ville de Perse, 347.
Foe, nom de Boudha en Chine, 130, 133.
Fontanier, voyageur français en Asie-Mineure, 369, 379.
Forbin (comte de), voyageur français en Palestine, 397, 405.
Formose, ile de Chine, 199.
Forrest (Thomas), navigateur angl., 215.
Forster (G.), voyag. angl., 306, 321, 330.
Foung-Hoang-Tching, ville de la prov. de Ching-King, 150.
Foung-Thian, capit. de la province de Ching-King, 149.
Fousam. V. Tchosan.
Fraser, voyageur anglais, 241, 330, 338, 340.
Froid (rigueur du) en Sibérie, 61.

G

Gaddada. V. Tchin-Tchou.
Gadjar, montagne de Mongo'ie, 157.
Gagia, défilé de l'Abasie, 364.
Galanima, rivière de Sibérie, 60.
Galilée, province de Palestine, 398.
Gallus, riv. de l'Asie-Mineure, 378.
Gamba, voyageur français en Géorgie, 357.
Gandamak, village du Caboul, 328.
Ganoja. V. Elisabethpol.
Gandjam, ville de l'Hindoustan, 277.
Gandouana, prov. du Dekhan, 271.
Gandsiri, rameau de l'Himalaya, 255.
Gangoutri, bourgade près de la source du Gange, 244
Gange, grand fleuve de l'Hindoustan, 241.
Gargare, mont. de l'Asie-Mineure, 376.
Garizim, montagne de Palestine, 397.
Garraous, peuple de l'Assam, 250.
Gaoutama, nom de Bouddha chez les Birmans, 218.
Galcheraud, écrivain français, 401.
Gavenki, village du Kamtchatka, 78.
Gaza, ville de Palestine, 405.
Gayah, ville de l'Hindoustan, 265.
Gebizeh, ville de l'Asie-Mineure, 369.
Gerard, voyageur anglais, 241, 326.
Gérasim (D.), pèlerin allemand en Palestine, 402.
Gerbillon (le P.), missionnaire français en Mongolie, 168.
Georgi, des compagnons de Pallas, 86.
Géorgie, prov. de l'emp. russe, 356, 366.
Géorgiens. Leurs mœurs, leur caractère physique, 358, 359.
Ghâts, chaine de montagnes de l'Hindoustan, 272, 278.
Ghazna, ancienne cap. du Caboul, 329.
Ghelindjik, v. de la côte de Circassie, 365.
Gheredé, ville de l'Asie-Mineure, 369.
Ghertok ou Gortope, ville du Tibet, 177.
Gherval, prov. et terre sainte des Hindous, 246.
Ghidjak, ville de l'Asie-Mineure, 379.
Ghilan, prov. de Perse, 338, 341.
Ghirin, gouv. du pays des Mandchoux, 148.
Ghirin-Oula-Hoton, cap. de la prov. de Ghirin, 150.
Gholam-Kadir, chef hindou, 249.
Ghoul-Begchari, lac de l'Asie-Min., 577.
Ghouria, province du Caucase, 366.
Ghouzkan, village de Perse, 338.
Gigatsé, ville du Tibet, 178.
Ginseng, plante aromatique. Sa culture, 151.
Gleden, canton montueux de Sibérie, 55.
Gmelin (J.-G.) et Muller parcourent la Sibérie, 86.
Goa, ile et ville de l'Hindoustan, 296.
Gôbi, vaste step de la Mongolie, 157, 166.
Goggra, fleuve de l'Hindoustan, 265.
Golconde, ville de l'Hindoustan, célèbre par son commerce de diamans, 277.
Golovnin, capitaine russe, 113.
Gomal, riv. du l'Afghanistan, 325.
Gomroûn, ville de Perse, 348.
Gorrah, riv. du Moultan, 312.
Gordon, capit. angl., attéri au Japon, 121.
Gotossor (Pierre), prince yakout, 69.
Goualior, ville de l'Hindoustan, 305.
Goudelour, ville de la côte de Coromandel, 282.
Goudjerate, prov. de l'Hindoustan, 297.
Goumbou. V. Attam
Gounong-Ledang, mont. de la presqu'île Malaie, 213.
Gourghan, riv. de Perse, 340.

Goutmi, riv. de l'Hindoustan, 263.
Gozzman, Holl. établi a Nangasaki, 119.
Graham (Mme), auteur d'un ouvrage sur l'Hindoustan, 275, 276, 283, 293.
Grammatoukha, riv. de la Sibérie, 37.
Granique. V. Sousou-Ghirli.
Grant, voyageur anglais dans le Béloutchistan, 318.
Guzel-Hissar, ville de l'Asie-Min. 377.
Gutzlaff, missionnaire prussien, visite la côte de Corée, 142; — La Chine, 187; — Siam, 211.

H

Habits (marché aux) à Tobolsk, 11.
Hadji-Keui, vill. de l'Asie-Mineure, 381.
Hadramaout, prov. de l'Arabie, 407.
Hali, ville de l'Arabie, 407.
Haïderabad, capitale du Sindhi, 277, 316.
Haïderghour, fort de l'Hindoustan, 280.
Haï-Nan, ile de la côte méridionale de la Chine, 199.
Halicarnasse. V. Boudroun.
Hall, capitaine du brick anglais la Lyre, visite la côte de Corée, 19, 141.
Hall (Henri), major anglais, civilise les Mhairs dans l'Hindoustan, 302.
Hama, ville de Syrie, 392.
Hamadan, ville de Perse, 340, 351.
Haman-Aïda, vill. de l'Asie-Min., 379.
Hamel, voyageur hollandais en Corée, 131.
Hamilton, navigateur anglais, 212, 239.
Han, riv. de Corée, 132.
Hang-Tcheou-Fou, ville de Chine, 198.
Hariatoun, village de Palestine, 404.
Harran, ville de l'Asie-Mineure, 388.
Hasselquist, voyag. suédois en Syrie, 396.
Hauran, contrée de Palestine, 398.
Hazarehs, tribu de l'Afghanistan, 324.
Heber (Reginald), évêque anglican de Calcutta, auteur d'un ouvrage sur l'Hindoustan, 250, 254, 260, 266, 275, 297, 306.
Hébron, ville de Palestine, 403.
Hedjaz, contrée d'Arabie, 406.
Heibak, village du Turkestan, 331.
Hekiars, peuple de l'Arménie, 366.
Hekiars (mont. des), en Arménie, 366.
Helenendorf, colonie allemande en Géorgie, 357.
Heliopolis. V. Baalbek.
Helmend, fleuve du Béloutchistan, 320.
— de l'Afghanistan, 323.
Hellespont. V. Dardanelles.
Henniker, voyageur en Arabie, 410.
Hérat, ville du Caboul, 330.
Herdouar, village vénéré des Hindous, 246.
Hermon, montagne de Palestine, 399.
Hettaoura, ville du Népâl, 236.
Hillah, ville de Mésopotamie, 387.
Himalaya, gr. chaine de mont. qui sépare l'Hindoustan du Tibet, 176, 232, 234.
Hindou-Kouch, montagne de l'Afghanistan et de Perse, 323, 338.
Hindoustan, pays de l'Asie méridionale, 241, 304.
Hit, ville de Mésopotamie, 388.
Hiver (préparatifs contre l') à Tobolsk, 11.
Hodeida, port d'Arabie, 408.
Hodgson, voyageur anglais, 239, 241, 247.
Homs, ville de Syrie, 392.
Hor, montagne d'Arabie, 410.
Horeb, montagne d'Arabie, 410.
Ho-Tcheou, montagne volcanique de la Dzoungarie, 169.
Houbenkouh, montagne du Lourestan; 351.

DU VOYAGE EN ASIE.

Hougly, fl. et v. de l'Hindoustan, 267.
HUMBOLDT, voyag. visite la Sibérie, 86; — la Dzoungarie, 169.
Hué, v. et fl. de l'emp. d'Annam, 200.
Hyla, riv. d'Asie-Mineure, 578.

I

Iableni-Daba, mont. de Sibérie, 56.
Ibrahim-Khalh, riv. d'Asie-Min., 388.
Ichim, step près de Tobolsk, 53.
— rivière de Sibérie, 85.
Iconium. V. Koniéh.
Ida, montagne d'Asie-Mineure, 370.
Iedo, capitale du Japon, 127.
Iékil-Ermak, fleuve d'Arménie, 363.
Ienden, v. de la prov. du Ching-King, 149.
Ienisei, fleuve de Sibérie, 63, 85.
Ieniseïsk, ville et gouv. de Sibérie, 57.
Ierbat, vill. du pays des Toungouses, 57.
IERVEÏ-KHAVANOV, aventurier russe, 154.
Ieso, île au N. du Japon, 91, 104, 116.
Igherdé, ville d'Asie-Mineure, 377.
Ijné, montagne du Kamtchatka, 85.
Ikarma ou Egarma, une des Kouriles, 90.
Ili, riv., prov. et ville de Dzoungarie, 169, 170.
Imirethi, prov. du Caucase, 365.
Indighirka, riv. de Sibérie, 60, 85.
Indore, ville de l'Hindoustan, 303.
Indus, grand fleuve arrosant plusieurs contrées de l'Asie, 312, 314, 323.
Ingoda, riv. de Sibérie, 56.
Ingouches, peuple du Caucase, 361.
Injiga, fort, riv. et golfe de Sibérie, 88, 85.
Insoukh, riv. d'Asie-Mineure, 379.
Iôni-Goul, vallée d'Asie-Mineure, 377.
Ioni-Sou, riv. d'Asie-Mineure, 377.
Iourte, cabane des peuples de la Sibérie, 15, 41.
Iran. V. Perse.
Iraouaddy. V. Yaro-Dzengbo-Tchou.
Irak, prov. de Perse, 340.
Irbit (ville et foire d'), 1, 2.
INBY et MANGLE, voyageurs anglais, 394, 398, 406.
Irkoutks, ville de Sibérie, 55.
Iro ou Iouro, riv. de Mongolie, 165.
Irticha, fleuve de Sibérie, 10, 37, 85.
Iset, lac et rivière, de Sibérie, 2.
Isni, faubourg de Tiflis, 357.
Isnik, ville et lac d'Asie-Mineure, 378.
Isnik-Mid, ville d'Asie-Mineure, 369.
Ispahan, ancienne capitale de Perse, 350.
Issus, ville et baie d'Asie-Mineure, 376.
Itchil, contrée de l'Asie-Mineure, 376.
Itchinsk, ville du Kamtchatka, 74.
Itouroup, une des Kouriles, 114, 116.

J

JACQUEMONT (Victor), voyageur français dans l'Hindoustan, 253, 290, 299, 309.
Joffa, ville de Palestine, 397.
Japon, empire insulaire, 118.
JAUBERT (Amédée), voyageur français en Perse, 340, 366, 368.
Jého, ville de Chine 197.
JENKINSON, voya. angl. en Boukharie, 333.
Jérusalem, ville de Palestine, 400.
JONSSON, voyageur anglais, 241.
Joppé. V. Jaffa.
Josaphat (vallée de), en Palestine, 402.
Jourdain, fleuve de Palestine, 399.

K

Kà'aba (la), sanctuaire des Musulmans à la Mekke, 408.
Kachgar-Davant, mont. de Boukharie, 335.

Kados, riv. d'Asie-Mineure, 378.
KÆMPFER, voyageur au Japon; — en Perse, 347; — au Chirvan, 356.
Kaïus, montagnards de l'empire birman, 226.
Kaïsariéh, ville d'Asie-Mineure, 382.
Kalantan, ville et état de la presqu'île Malaie, 212.
Kalenyyonga, riv. de l'île Ceylan, 286.
Kalmouks, peuple mongol, 59, 41.
Kalou, montagne du Caboul, 329.
Kamechlu, lac de Boukharie, 336.
Kamen-du-Maslo, riv. de Sibérie, 60.
Kaminoï, fort russe au Kamtchatka, 79.
Kamtchadales, habitans du Kamtchatka, 75, 76, 77.
Kamtchatka, presqu'île de l'Asie orientale, 73, 88.
Kandahar, ville du Caboul, 330.
Kaniakovskii Kamen, mont. de Sibérie, 7.
Kankao, riv. de l'emp d'Annam, 201.
Katcheng, peuple du pays des Mandchoux, 152.
Katchkamar, mont. de Sibérie, 6.
Katihar, région alpine du Népâl, 240.
Katmandou, capitale du Népâl, 238.
Kara, golfe sur la côte sept. de Sibérie, 58.
Karabahg, prov. d'Arménie, 355.
Kara-Bouroun, cap d'Asie-Mineure, 371.
Kara-Das, montagne du Turkestan, 335.
Karadja-Dagh, mont. d'Asie-Min., 376
Karagni, fort russe au Kamtchatka, 75.
Kara-Hissar, ville d'Asie-Mineure, 380.
Kara-Koram, rameau de l'Himalaya, 176.
Kara-Sou, affl. du Kizil-Ermak, 369.
Karchy, ville de Boukharie, 333.
Karikal, comptoir français sur la côte de Coromandel, 282.
Kar-Karaly, mont. de Sibérie, 50.
Karoun, riv. de Perse, 340.
Kars, ville d'Arménie, 366.
Kartanlec, ville d'Asie-Mineure, 376.
Kazroun, petite ville de Perse, 447.
Kéchin, port d'Arabie, 407.
Ké-Cho, capitale de l'emp. d'Annam, 200.
Kédah, ville de la presqu'île Malaie, 213.
Kéfil, village d'Asie-Mineure, 386.
Kekanah, ville du Sindhi, 315.
Kelat, capitale du Beloutchistan, 319.
Kemán, canton du Gherval, 245.
Ken, riv. du Malváh, 302.
Kenery, village de l'Hindoustan, 296.
KEPPEL, voyageur anglais, 385, 388.
Kepri, ville de Syrie, 391.
Kevek, ville d'Arabie, 406.
Kérisoun, ville d'Arménie, 368.
Keriet-Lefta, village de Palestine, 400.
Kerkhab, riv. de Perse, 340.
Kerman, province de Perse, 340, 349.
Kermanchah, ville de Perse, 351.
KEN-PORTER, voy. angl. en Perse, 347.
Ketchlouk, ville d'Asie-Mineure, 376.
Ketoï, une des Kouriles, 90.
Kevachinsk, village des Ostiaks, 15, 16.
Keymak, village de l'Asie-Mineure, 379.
Khabour, rivière d'Asie-Mineure, 383, 388.
Khachkar, ville du Turkestan chinois, 171.
Khakodadé, baie de la côte d'Ieso, 104.
Khalkhal, ville de Perse, 352.
Khalkhas, tribu des Mongols, 158.
Khalouti, village du Kamtchatka, 75.
Kham, prov. du Tibet, 177, 132.
Khamil, ville du Turkestan chinois, 117.
Kanami, riv. de Sibérie, 28, 30.
Khandak, bourg d'Asie-Mineure, 369.
Khangai, mont. de Mongolie, 157.
KHANG-HI, empereur de la Chine, 157.
Khan-Oola, montagne de Mongolie, 166.
Khara, riv. de Sibérie, 32, 33.

Kharisni, village de Sibérie, 57.
Khartcina, village du Kamtchatka, 75.
Khicos-Tao, une des îles Licou-Khieou, 129.
Khing-Khan, mont. du pays des Mandchoux, 146; — de Mongolie, 157.
Khinkhan-Dahagan, montagnes qui séparent la Mongolie de la Chine, 167.
Khirpour, ville du Sindhi, 315.
Khobck, riv. et mont. de Dzoungarie, 170.
Khoch-Ab, ville d'Arménie, 366.
Khoï, ville de Perse, 355.
Khokhan, ville de Boukharie, 335.
Khokhi, une des cimes du Caucase, 360.
Kholsoum, rameau de l'Altaï, 42.
Khopi, rivière de Mingrelie, 365.
Khoraçan, contrée de l'Afghanistan, 321; — de Perse, 341.
Khotan, ville du Turkestan chinois, 172.
Khoukhou-Noor, pays et lac de Mongolie, 157.
Khoutoum, ville du Turkestan, 332.
Khoundouz, ville du Turkestan, 332.
Khourremabad, capit. du Lourestan, 351.
Khoutaïs, capit. de l'Imirethi, 365.
Khoutoukhtou, prêtre qui tient le premier rang après le grand-lama, 166, 173.
Khozdar, petite ville du Beloutchistan, 319.
Kiakhta, riv. et fort de Sibérie, 55.
Kienghevar, grand village de l'Irak, 351.
Ki-Kioï, une des îles Licou-Khieou, 129.
Kilengs, peuple du p. des Mandchoux, 155.
KINNEIR, voyag. angl. dans l'Asie-Mineure, 375, 378.
Kirensk, ville de Sibérie, 57.
Kirghiz, peuple turc, 55, 57.
Kirkagateh, ville d'Asie-Mineure, 378.
Kirkésia, ville d'Asie-Mineure, 388.
Kirring, village de Sibérie, 57.
Kistes, peuple du Caucase, 361.
Kizil-Ermak, riv. d'Arménie, 368, 380.
Kizil-Ouzen, riv. de Perse, 340, 352.
KLAPROTH, savant et voyageur allemand dans plusieurs contrées de l'Asie, 117, 128, 134, 147, 155, 160, 359.
Klioutchev, village et pic volcanique au Kamtchatka, 75.
Kohibaba, montagne du Caboul, 329.
Koïk, riv. de Syrie, 390.
Koï-Sou, fleuve de Géorgie, 360.
Koksoun, ville de Sibérie, 38.
— (alpes de), ramific. de l'Altaï, 38, 39.
Kolyma, riv. de Sibérie, 61, 85.
Kondou, village de Sibérie, 38.
Kondousoun, riv. de Sibérie, 71.
Kong-Kaden, baie du roy. de Siam, 207.
Koniéh, ville d'Asie-Mineure, 376.
Korgon, montagne, ramific. de l'Altaï, 41.
Koriaks, peuple de Sibérie, 74, 81.
Korkobolikha, riv. de Sibérie, 34.
Korna, ville d'Asie-Mineure, 386.
Kosaman et Tantalem, îles du royaume de Siam, 212.
Kotch-Gondana, prov. du Beloutchistan, 319.
K'ouang-Hien, rocher célèbre en Chine par sa hauteur, 198.
Kouban, fleuve de Géorgie, 360.
Koucheva, ville et rivière de Sibérie, 5.
Kouen-Loun, mont. du Turkestan chinois, 170.
Koufa, ville d'Asie-Mineure, 386.
Kouï, cap du royaume de Siam, 212.
Koulé-Hissar, ville d'Asie-Mineure, 381.
Koulyal, riv. de Sibérie, 67.
Koum, ville de Perse, 341.
Kounouks, peuple du Caucase, 361.
Kounassir ou Kounachir, une des Kouriles, 91.
Kounevatsk, village de Sibérie, 28.

Kour, rivière d'Arménie, 354. — De Géorgie, 366.
Kourak, mont. et torrent de Sibérie, 67.
Kourdes, peuple, 383.
Kourdistan, prov. de Perse, 340, 341.
Kouriles, groupe d'îles entre le grand Océan et la mer d'Okhotsk, 89.
Kour-Karha-Oussou, province et ville de Dzoungarie, 169.
Koutchou, ville de Perse, 349.
Kouznetsk, ville de Sibérie, 52.
Krâ, isthme de la presqu'île Malaïe, 214.
KRACHENNINIKOV, savant russe, 86.
KRASINSKI (le P.), auteur d'un ouvrage sur la Perse, 325.
Krasnoyarsk, ville de Sibérie, 58, 52.
Krichna, fleuve du Carnatic, 278, 279.
Kroukouski, mine d'argent en Sibérie, 37.
KRUSENSTERN, voyageur russe au Japon, 107, 112.
Kutaïéh, ville d'Asie-Mineure, 377.

L

Laara, autrefois *Attalia*, ville d'Asie-Mineure, 374.
LA BORDE (Léon de), voyageur français en Arabie, 406.
Lac salin, en Sibérie, 44.
Ladak. V. Leh.
Lad-Bach, village de l'Hindoustan, 280.
Ladik, ville d'Asie-Mineure, 376.
Lahore, royaume et ville de l'Hindoustan, 304, 305.
Lakedives, archipel de l'Hindoustan, 290, 293.
Laknau, capitale du royaume d'Aoude, 263.
LA LOUBÈRE, voyageur français, 209.
LAMARTINE, voyageur français en Syrie, 394. — En Palestine, 401.
Lamas, prêtres bouddhistes, 165, 173.
Lamay, île de Chine, 199.
Lambi ou *Domel*, île de l'arch. Mergui, 215.
Lampsaki, ville d'Asie-Mineure, 370.
LANGLE (De), lieutenant de l'expédition de Lapérouse, 95, 97.
Langle (De), baie de la côte O. de Tarakaï, 118.
Lanterne magique, en Chine, 196.
Laodicée. V. Latakiéh.
LAPECUINE, un des compag. de Pallas, 86.
LAPÉROUSE, célèbre navigateur français, explore les parages de l'Asie orientale, 93, 101.
Lapérouse (détroit de), qui sépare Ieso de Tchoka, 101.
LA PLACE, capitaine de frégate français, 206, 292.
Lar, capitale du Laristan, 348.
Laristan, province de Perse, 340.
Larnaca, ville d'Asie-Mineure, 374.
LA ROQUE, voyag. français en Syrie, 391.
Latakiéh, ville de Syrie, 391.
Latinsk, établissement de lavage pour l'or et le platine en Sibérie, 6.
LEAKE, voyag. dans l'Asie-Mineure, 378.
LAXMANN, officier russe, ambassadeur au Japon, 105.
LECHEVALIER, voyageur français, 370.
LE BRUYN (Corneille), voyageur en Perse, 347.
LEDEBOUR, profes. de botanique à Dorpat, visite l'Altaï, 33, 88.
Leh, ville du Tibet, 178.
Lemlun, village d'Asie-Mineure, 386.
Lena, fleuve de Sibérie, 57, 84, 85.
Lesbos. V. Metelin.
Lesghis, peuple du Caucase, 361.
Lesnaïa, riv. de Sibérie, 32.

LESSEPS, interprète pour la langue russe, attaché à l'expédition de Lapérouse, traverse le Kamtchatka, 75.
Leucosie, capit. de l'île de Cypre, 374.
Lhassa, capit. du Tibet, 181.
Lhasset-Tsio-Kang, temple tibétain, 182.
Liaïkhov groupe d'îles sur la côte de Sibérie, 85.
Liatia, rivière de Sibérie, 6.
Liao-ho, fl. du pays des Mandchoux, 148.
Liao-Toung, promont. du pays des Mandchoux, 147.
Liban, montagne de Syrie, 394, 395.
LICHT, capitaine anglais, 214.
Liéou-Khiéou, archipel entre Formose, le Japon et la Corée, 128. — Mœurs et coutumes des habitants, 150, 151.
Ligor, ville du royaume de Siam, 212.
Limasol, ville d'Asie-Mineure, 375.
LINANT, voyageur en Arabie, 406.
LINDSAY, subrécargue de la comp. angl. à Canton, visite la côte de Corée, 142, — de la Chine, 187.
Lislvéga, rameau de l'Altaï, 42.
Louang-Houang-Chan, une des îles Liéou-Khiéou, 130.
Loktevsk, village de Sibérie, 44.
Loktevka, riv. de Sibérie, 44.
Lo-Ouang, une des îles Tchéou-Chan, 198.
Loptaka, pays qui termine le Kamtchatka, 88.
Lori, ville d'Arménie, 354.
Loisa, province du Béloutchistan, 518.
Lo-Tsi, courant dangereux des îles Liéou-Khiéou, 129.
Louka, ville d'Asie-Mineure, 378.
LOUREIRO, voyag. dans l'emp. d'Annam, 205.
Lourestan, province de Perse, 351.
LUCAS (Paul), voyageur français dans l'Asie-Mineure, 382.
Lundéh, ville du Djanik, 369.
Lydie, ancienne prov. d'Asie-Min., 378.

M

Macao, ville portugaise en Chine, 189.
Mackouanpour, fort du Népal, 236.
MACMURDO (J.), voyageur angl., 316.
Madapolam, ville de l'Hindoustan, 277.
Maden (ruines de), dans l'Asie-Min., 376.
Madjico-Sima, groupe des îles Liéou-Khiéou, 129.
Madras, port de la côte de Coromandel, 281.
Madura, ville de l'Hindoustan, 283.
Magnésie. V. Magnisa.
Magnisa, ville d'Asie-Mineure, 378.
Mahaneddy, fleuve de l'Hindoustan, 272.
Mahé, comptoir franç. dans l'Hindoustan, 295.
Mahkanpour, ville de l'Hindoustan, 256.
Malvalipouram, v. de l'Hindoustan, 281.
Maïmatchin, ville chinoise sur la front. de la Sibérie, 55.
Maïmatchin, faub. des marchands dans plusieurs villes de Chine, 165.
Maïssour, prov. et ville de l'Hindoustan, 279.
MAJORIBANKS, président des subrécargues à Canton, 187.
Makan-Kour-Assy, une des Kouriles, 89.
Makri, baie d'Asie-Mineure, 573.
Malabar, prov. de l'Hindoustan, 275.
Malacca, ville et détroit de la presqu'île Malaïe, 213.
Malaie (presqu'île), 212, 215.
Malais. Leur origine, leurs mœurs, 214.
MALCOLM (John), voy. ang. en Perse, 340.
Maldives, arch. de l'Hindoustan, 290, 293.

Maldiviens, habit. de l'arch. des Maldives. — Leurs mœurs, 291.
Malé, île de l'arch. des Maldives, 290.
Malka, village du Kamtchatka, 75.
Malane, village de Sibérie, 61.
Mamaï, baie de la côte des Abases, 364.
Manach, ville de l'Hindoustan, 241.
Manes-Sarovar, lac du Tibet, 176.
Mandara, fl. de l'Hindoustan, 296.
Mandchoux, peuple de l'empire chinois, 126. — Leur origine et leur histoire, 147. — Leurs mœurs, 148. — Leur pays, 146, 156.
Mandou, v. de l'Hindoustan, 303.
Mandragoraï, fl. d'Asie-Mineure, 370.
Manipour, capit. du Cassay, 229.
MANNING (Thomas), voyageur anglais au Tibet, 183.
Maratch, village d'Asie-Mineure, 376.
Marattes, peuple de l'Hindoustan. Leurs guerres contre les Anglais, 250.
Marcivan, ville d'Asie-Mineure, 381.
MARCO-POLO, célèbre voyageur, 201, 335.
Mardin, ville d'Asie-Mineure, 382.
Mar-Elias-Atzo, couvent de Syrie, 595.
Mar-Hanna, couvent des Maronites de la Syrie, 395.
Marie, cap de la côte de Tarakaï, 110.
Marionnettes chinoises, 196.
Marmara, mer et lac d'Asie-Min., 570.
Maronites, peuple de Syrie, 395.
Martaban golfe, prov. et ville de l'emp. birman, 217.
Mascate, capit. de l'Oman, 407.
Matoura, petit fort de Ceylan, 284.
Matsmaï, cap. de l'île d'Ieso, 104, 106.
Mattacherie, ville de l'Hindoustan, 294.
Ma-Tzminda, mont. de Géorgie, 357.
MAXWELL, voyag. angl. en Syrie, 391.
MAXWELL, cap. du vaiss. angl. *l'Alceste*, visite la côte de Corée, 139, 141.
May-Kang, fl. de l'emp. d'Annam, 201.
Mazany, village du Chirvan, 356.
Mazendéran, prov. de Perse, 358, 341.
Mazulipatam, ville de l'Hindoustan, 277.
Méandre. V. Meinder-Buiuk.
Meched, capitale du Khorassan, 349.
Meched-Ali, ville de Mésopotamie, 386.
Meched-Hossein, ville, 386.
Médine, ville d'Arabie, 409.
Mednoï-ostrovy, ou île du Cuivre dans le Grand-Océan, 115.
Medzamor, fl. d'Arménie, 353.
Meinder-Buiuk, fl. d'Asie-Min., 372.
Mekke (la), ville d'Arabie, 408.
Melez-Ghird, ville d'Arménie, 367.
Meliapour, établiss. portugais sur la côte de Coromandel, 281.
Mender-Sou, fl. d'Asie-Mineure, 370.
MENTCHIKOF, exilé en Sibérie, 19.
Meragha, ville de Perse, 353.
Merdacht, village de Perse, 347.
Meryhab, fl. de Perse, 340.
Merghen, v. du pays des Mandchoux, 153.
Mergui, archip. de la presqu'île orient. de l'Inde, 215, 217.
Mergui, île de l'arch. de même nom, 216.
Metelin, île d'Asie-Mineure, 370.
MESSER SCHMIDT, parcourt la Sibérie, 86.
Messis, village d'Asie-Mineure, 375.
MEYENDORF (G.) voy. russe en Boukharie, 555.
MEYER, docteur, entreprend un voyage au step des Kirghiz, 46, 86.
Mezetlu, ville d'Asie-Mineure, 374.
Mhairvarra, pays de l'Hindoustan, 301.
Miadeh, bourg de Perse, 352.
Miamou, ville de l'emp. birman, 224.
Miao-Tsé, peuple tibétain, 182.
MICHAUD, historien franç., 402.

MIGNAN, voyag. en Asie-Mineure, 387.
Mikalitza, ville d'Asie-Mineure, 378.
Milet, ville d'Asie-Mineure, 372.
Milkovoïa-Derevna, village du Kamtchatka, 75.
Mina, vallée d'Arabie, 409.
Mines (organisation des), en Sibérie, 36.
Mingrelie, prov., 365.
Mingreliens, habit. de la Mingrelie, 365.
M. trobod, village de Boukharie, 357.
Mirgon, village d'Asie-Mineure, 379.
M. trouuh, canal du Sindhi, 315.
Mirzapour, ville de l'Hindoustan, 259.
Mitsdjeghis. V. Kistes.
Mittancote, ville du Moultan, 314.
Modania, v. et gol. d'Asie-Min., 378.
MOHAMED-KHAN, sult. de l'Afghanistan, 326.
Mois et Mouangs, tribus sauv. de l'empire d'Annam, 201.
Mokha, ville d'Arabie, 407.
Monghir, ville de l'Hindoustan, 265.
Mong-odjin mont. de Siberie, 84; — de Boukharie, 355.
Mongols, habitans de la Mongolie. Leur origine, leurs mœurs, leur état politique, 158, 165.
Mongolie, prov. de l'emp. chin., 156, 168.
Monze, cap du Sindhi, 318.
MOONCROFT, voyag. anglais dans le Tibet, 177; — dans l'Hindoustan, 241.
Mopsueste. V. Messis.
Morah, ville de l'Hindoustan, 300.
MORIER, voyag. angl. en Perse, 347; — dans l'Asie-Min., 380, 381.
Morkab, ville de Syrie, 395.
Morte (mer), en Palestine, 403.
Mosendon, cap d'Arabie, 407.
Mossoul, ville d'Asie-Mineure, 383.
Moukden. V. Foung-Than.
Moultan, ville et princip. de l'Hindoustan, 312, 314.
MOURAD-BEY, khan de Khoundouz, 331.
MOURAVIEF (N.), voyageur russe en Turcomanie, 336.
Mourghab, plaine de Perse, 348.
Mousa, bourg d'Arabie, 407.
Moussir ou Egukto, une des Kouriles, 90.
Moutons chez les Kirghiz, 4.
Moutorao Mutona, une des Kouriles, 90.
Mouzderan, ville de Perse, 338.
Moya, riv. de Siberie, 84.
Mqinwari, une des cimes du Caucase, 360.
Muconisi, mont. d'Asie-Min., 370.
Mundlesir, ville de l'Hindoustan, 303.
MUNRO-VERE, voyag. en angl. Syrie, 396.
Muraille (grande) de la Chine, 198.

N

NADIR-CHAH, roi de Perse, 249.
Näf, fleuve des monts Himalaya, 233.
Nag, riv. de l'Hindoustan, 272.
Nagpour, ville de l'Hindoustan, 272.
Nahr-el-Damour, riv. de Syrie, 394.
Nahr-el-Ibrahim, riv. de Syrie, 394.
Nahr-el-Kadeh, riv. de Syrie, 394.
Nahr-el-Kebir, riv. de Syrie, 394, 395.
Nahr-el-Kelb, rivière de Syrie, 394.
Nahr-Kadis, riv. de Syrie, 395.
Nahr-Zerca, riv. de Palestine, 397.
Naick-and-Karaï, village de l'Hindoustan, 280.
Nakchi-Redjeb, ville de Perse, 348.
Nakchi-Roustan, mont. de Perse, 348.
Naklichivan, ville d'Arménie, 355.
Naliki, liqueur spiritueuse en Sibérie, 8.
Nandaprayaga, fl. de l'Hindoustan, 243.
Nangasaki, port du Japon, 107.
Nan-Yang, résidence du roi de Corée, 143.

Napakiang, ville et port des îles Lieou-Khieou, 129.
Napanas, vill. et rivière du Kamtchatka, 74.
Naplouse, v. et pays de Palestine, 397.
Nara, riv. du Sindhi, 315.
NARSÈS, archevêque arménien, 357.
Nazareth, ville de Palestine, 398.
Nebo, mont. de Palestine, 399.
Nedjd, contrée d'Arabie, 406.
Negapatnam, ancienne possession hollandaise sur la côte de Coromandel, 282.
Negombo, village de Ceylan, 290.
Negrais, cap de l'empire birman, 227.
Neïra, fleuve du Carnatic, 278.
Nelma, espèce de saumon en Sibérie, 9.
Neoundah, ville de l'empire birman, 223.
Népâl, roy. de l'Hindoustan, 234, 241.
Népâlis, habitans du Népâl; leur histoire, 239.
Néra, riv. de Sibérie, 68.
Nerbedah, fl. de l'Hindoustan, 271, 297.
Nercha, riv. de Sibérie, 56.
Nermanchyr, canton du Kerman, 349.
Nertchinsk, ville de Sibérie, 56.
Neviansk, ville et usine en Sibérie, 3.
Ngari, prov. du Tibet, 177.
Nicée. V. Isnik.
Nichopour, ville du Khoraçan, 341.
Nicobar, archipel de l'Inde, 227, 228.
NIEBUHR, voyageur allem. en Perse, 347. — En Arabie, 407.
Nierghi, bourg du pays des Mandchoux, 153.
Nijnaïa-Kolivanka, riv. de Sibérie, 44.
Nijni-Kamtchask, v. du Kamtchatka, 75.
Nijni-Kolymsk, v. de Sibérie, 62.
Nijni-Taghilsk, ville et usine en Sibérie, 4.
Nijni-Tourinsk, ide. de Sibérie, 8.
Nilgherris, mont. du Carnatic, 278.
NIKITI DEMIDOV, forgeron, souche de la riche famille de ce nom, 3.
Nimro, baie de la côte d'Ieso, 105.
Ningouta, ville de la prov. de Ghirin, 150.
Ninive (ruines de), 383.
Nipon, la plus considérable des îles du Japon, 104, 108.
Nisibin, ville de Mésopotamie, 382.
Niutché, ancêtres des Mandchoux, 147.
Nôhkoté, ville du Népâl, 237.
Noire (mer), 358.
Noor-Saïsan, lac près de l'Irtiche, 46.
Nor-tian, village chinois, 167.
Nouchky, village du Béloutchistan, 319.
Noué, affluent du Soungari-oula, 153.
Nouni-oula, riv. du pays des Mandchoux, 153.
Nouradjapoura (ruines de), ancienne capitale de Ceylan, 290.
Novaïa-Zemlia, île de Sibérie, 85.

O

Ob, fleuve de Sibérie, 15, 27, 28, 85.
Obdor, mont. de Sibérie, 30.
Obdorsk, ville de Sibérie, 25.
Odeypour, ville de l'Adjemir, 299.
Okhota, riv. de Sibérie, 71.
Okhotsk, ville et port de Sibérie, qui donne son nom à une mer, 73, 84.
Okhotsk (mer d'), 85.
Olekminsk, village des Yakouts, 58.
OLIVIER, voyag. franç. en Perse, 351. — Dans l'Asie-Mineure, 387. — En Syrie, 390.
Olives (montagne des), en Palestine, 402.
Olkhone, île du lac Baïkal, 55.
Ototorka, riv. du Kamtchatka, 82.
Oloutoriens, tribu de Koriaks, 82.

Olympe. V. Sainte-Croix.
Oman, province d'Arabie, 407.
Omar (mosquée d'), à Jérusalem, 401.
Omekone, ville et riv. de Sibérie, 68, 69.
Omsk, ville de Sibérie, 34.
Onone, riv. de Sibérie, 56.
Ordos, tribu des Mongols, 158.
Orerak, montagne de Sibérie, 84.
Orfa, ville d'Asie-Mineure, 388.
Orissa, prov. de l'Hindoustan, 277.
Ormuz, île du golfe Persique, 348.
Oronte, fleuve de Syrie, 391.
Orotchys, Tartares habitant vers l'embouchure du Séghalien-oula, 98.
Osnabruck, fort de Ceylan, 284.
Osokena, ville de Sibérie, 52.
Ossètes, peuple du Caucase, 361.
Ostiaks, peuple de Sibérie, 14, 15, 21, 22, 24.
Ostrog, nom des forts russes en Sibérie, 74.
OTTER, voyageur en Perse, 249.
Ouady-Moussa, vallée d'Arabie, 406.
Ouagor, montagnes de l'Hindoustan, 298.
Ouarh, ville de l'Adjemir, 300.
Oubinsk, ramification de l'Altaï, 36, 39.
Oudjeïn, ville de l'Hindoustan, 303.
Oudoudacote, ville du Moultan, 314.
Oueï, prov. du Tibet, 177, 181.
Ouliassoutou, ville de Mongolie, 162.
Oundés ou Ournadesa, canton du Tibet, 177.
Oural, mont. de Sibérie, 1, 84.
— (Usines de l'), 3.
Ourbitch, port de la côte d'Itouroup, 114.
Ourdabad, ville d'Arménie, 355.
Ourga, capitale du pays des Khalkhas, 165.
Ourmiah, v. et lac de Perse, 340, 352.
Ouroumtsi, v. de Dzoungarie, 167.
Ouroup, une des Kouriles, 91.
Ours (danse de l'), en Chine, 196.
Ours blanc, sur les côtes de la mer Glaciale, 27.
OUSELEY (William), voyag. angl. en Perse, 340.
Ousouri, riv. du pays des Mandchoux, 150, 152.
Oussassir, une des Kouriles, 90.
Ouskamenogorsk, v. de Sibérie, 37, 46.
Outch, ville du Moultan, 313.
Ou-tchi-chan, sommet élevé de l'île de Haïnan, 199.
Outsvolasou, fl. de l'Asie-Mineure, 370.
Ouzbeks, habitans de la Boukharie, 334.
Oxus, riv. de Boukharie, 334.

P

PACIFIQUE (le P.), voyag. franç. en Perse, 359.
Pactole, fleuve d'Asie-Mineure, 378.
Paghan nian, ancienne capit. de l'empire birman, 223.
Pahang, ville et état de la presqu'île Malaie, 212.
Palamcottah, v. de l'Hindoustan, 283.
Palestine, prov. de la Turquie asiat., 405.
PALLAS, voyageur en Sibérie de 1733 à 1744, 86.
Palmyre, anc. ville de Syrie, 392.
Palté, lac du Tibet, 176.
Paltoura, village de l'île Ceylan, 285.
Panda, fleuve de l'Hindoustan, 294.
Pandjim, résidence du gouvern. de Goa, 296.
Pandoua, village des monts Himalaya, 234.
Paniany, v. et fl. de l'Hindoustan, 295.
Panias, v. de Palestine, 398.
Paphos. V. Baffo.

424 — TABLE ANALYTIQUE

Papra, détroit de l'arch. Mergui, 216.
Paracels, rochers de la côte d'Annam, 201.
Pareiné, fort. et riv. du Kamtchatka, 80.
Parkar, petit territ. de l'Hindoustan, 298.
PARROT, voyag. en Arménie, 354.
Parvettoun, v. de l'Hindoustan, 279.
Patani, ville de la presqu'île Malaïe, 212.
Patara-Liakhvi, riv. du Caucase, 361.
Patara (ruines de), dans l'Asie-Mineure, 375.
Pathmos, île d'Asie-Mineure, 372.
Patience, cap de la côte de Tarakaï, 109, 118.
Patna, v. de l'Hindoustan, 265.
Pa-Tchouang-chan, une des îles Lieou-Khieou, 129.
Payas, v. d'Asie-Mineure, 376.
Pchad, baie de la côte de Circassie, 364.
Pé-chan, mont. de Dzoungarie, 169.
Pégou, v. de l'empire birman, 218.
Peichaver, v. de l'Afghanistan, 326.
Péking, capit. de la Chine, 195.
Pendjab, contrée du roy. de Lahore, 306.
Penjina, vill., riv. et golfe de Sibérie, 80, 85.
PENNABILLA (Horace de), missionnaire au Tibet, 185.
Pennar, fleuve de l'Hindoustan, 279.
Pérok, petit pays de la presqu'île Malaïe, 213.
PEREIRA, missionnaire portugais, 154.
PÉRON, général français, 255.
Persans; leurs mœurs, leur caractère physique, 342.
Perse, royaume, 338, 355.
Persépolis, ancienne ville de Perse, célèbre par ses ruines, 347, 348.
Pescadores. V. Phong-hou.
Pe-tchi-li, province de Chine, 198.
Petropavlosk, port du Kamtchatka, 75, 88.
Phase. V. Rioni.
Pheng-hou, îles de Chine, 199.
Phiala, lac de Palestine, 398.
Phokia-Nova, v. d'Asie-Mineure, 371.
Phocée. V. Phokia-Nova.
PIERRE-LE-GRAND, fait explorer la Sibérie par des savans, 86.
PIETRO DELLA VALLE, voyageur italien en Perse, 339.
PIGNEAU DE BÉHAINE, missionnaire franç. dans l'empire d'Annam, 206.
Pitzounda, baie de la côte des Abases, 364.
Platanes (île des), dans le Cachemir, 310.
POCSON, navigateur anglais, 255.
Point-de-Galles, v. et port de Ceylan, 284.
POIVRE, voyageur français, 201.
Polletana, mont. de l'Hindoustan, 297.
Poloni, riv. de Sibérie, 25.
Pondichéry, chef-lieu des établissemens français dans l'Hindoustan, 282.
Ponthiamas, anc. v. de l'emp. d'Annam, 201.
Poromouchir, une des Kouriles, 89.
Postes russes (ligne de), sur la frontière chinoise, 46.
Poulo-Condor, île de la côte d'Annam, 202.
Poulo-Sambilon, groupe d'îles de la presqu'île Malaïe, 213.
Pounah, ville de l'Hindoustan, 275.
Pouralli, fleuve du Beloutchistan, 318.
Pourga, ouragan de neige au Kamtchatka, 74.
Pouslaresk, village du Kamtchatka, 78.

Pou-ta-la, temple de Fo, à Jého, en Chine, 197.
Pou-tou, une des îles Tchéou-Chan, 198.
POTTINGER (H.), voyageur anglais dans le Sindhi, 316. — Dans le Beloutchistan, 318, 319. — Dans le Caboul, 330.
Preparis, groupe d'îles de l'archipel Andaman, 228.
Pricas ou divan, conseil chez les Kirghiz, 50.
Prigormaia Sopka, mont. en Sibérie, 83.
Prince de Galles (île du). V. Poulo-Pinang.
Promé, v. ancienne de l'empire birman, 222.
Prosovka, ville de Sibérie, 52.
Ptolémaïs. V. Saint-Jean-d'Acre.
PYRARD DE LAVAL, voyageur franç., auteur d'une relat. sur les Maldives, 292.

R

Rabbath-Ammon, ancienne ville de Palestine, 399, 406.
Racca-Beïda, ville de l'Asie-Mineure, 388.
Radjamandry, v. de l'Hindoustan, 277.
Radjemal, v. du Bengale, 267.
Radjepoutana. V. Adjemir
Radjepoutes, habitans de l'Adjemir, 299.
RAFFLES (Sir Stamford), gouverneur de Java pour les Anglais, 120, 121.
Rahkoké, une des Kouriles, 90.
Rama, haute mont. de Ceylan, 287.
— ville de Palestine, 404.
Ramlé, v. de Palestine, 399.
Ramnad, v. de l'Hindoustan, 285.
Ramri, île de l'Arrakan, 229.
Rangoun, v. de l'empire birman, 218.
RAPER, officier anglais, 241.
Ras-el-Kheima, v. d'Arabie, 406.
Rasochena, riv. du Kamtchatka, 74.
Rassagou ou *Rachoua*, une des Kouriles, 90.
Ravi, riv. du royaume de Lahore, 304. — Du Moultan, 312.
RAYMOND, voyageur dans l'Asie-Mineure, 389.
Recht, capit. du Ghilan, 350.
Redout-kalé, port de Mingrélie, 365.
RÉMUSAT (Abel), orientaliste. Son opinion sur le bouddhisme, 175.
Ren, désert dans l'Hindoustan, 297.
RENDJET-SING, souverain de Lahore, 305.
Renne, quadrupède ruminant de la Sibérie, 20.
RENOUARD DE BUSSIÈRE, voyageur français, 371.
Repolovo, v. de Sibérie, 13.
RESANOV, ambassadeur russe au Japon, 112.
Rhahaans, prêtres birmans, 225.
RICORD, capitaine russe, compagnon de Golovnin, 115.
RIDDER, découvre la mine de Riddersk, 55.
Riddersk, ville et mine d'argent en Sibérie, 54.
Rikha, village de Palestine, 402.
Rioni, fleuve de Géorgie, 360. — De l'Imirethi, 365, 366.
Rioutatchil, colline sacrée de l'Hindoustan, 297.
ROE, voyageur anglais dans l'Hindoustan, 248.
Rori, v. du Sindhi, 315.
Rouad, îlot et ville de Syrie, 395.
Roudaprayaga, village de l'Hindoustan, 245.

Roukar, riv. de Sibérie, 72.
Roumaïéh, v. d'Asie-Mineure, 386.
Romanzov, baie de la côte d'Ieso, 108.
Roumbo, canton de la presqu'île Malaïe, 213.
Rozah, ville de l'Hindoustan, 274.
RUPPELL, voyageur européen en Arabie, 409.

S

Sabandja, bourg et lac d'Asie-Mineure, 369.
Sabber, mont. d'Arabie, 408.
Sabermaty, fleuve de l'Hindoustan, 297.
Sadras, grande ville de la côte de Coromandel, 281.
Sagor, île de l'Hindoustan, 270.
Saïde, ville de Syrie, 396.
Saïgong, ville du Camboge, 201.
Saisan (prince ou commandant), dignité chez les Kalmouks, 39.
Sainte-Croix, mont. d'Asie-Mineure, 374.
Saint-Jean-d'Acre, v. de Syrie, 396.
Saint-Jérémie, vallée de Palestine, 399.
Saint-Laurent, île du Grand-Océan, 85.
Saint-Mathieu, île de l'archipel Mergui, 215.
Saint-Saba, couvent de Palestine, 404.
Saint-Sépulcre, église de Jérusalem, 400.
Sakhalian. V. Tarakaï.
Sakhalian-oula, gouv. du pays des Mandchoux, 148.
— nom mandchou du fleuve Amour, 164.
Sakhalian-oula-holon, ville du pays des Mandchoux, 313.
Sakkar, ville du Sindhi, 315.
Sakki, mont. du Sindhi, 315.
Salang, île de la presqu'île Malaïe, 214.
Salengore, état et ville de la presqu'île Malaïe, 213.
Salian, v. du Chirvan, 356.
Salsette, île de l'Hindoustan, 296.
Samanar, v. d'Asie-Mineure, 384.
Samarcande, v. de Boukharie, 334.
Samarie. V. Naplouse.
Sambhou-nath, montagne et temple du Népal, 258.
Samorovo, village de Sibérie, 14.
Samos, île d'Asie-Mineure, 372.
Samoyèdes, peuple de Sibérie, 27, 29.
Samsoun, ville et golfe d'Arménie, 368, 367.
Sanaa, v. d'Arabie, 408.
Sandarlik, golfe d'Asie-Mineure, 370.
Sancian. V. Tchuen.
Sangar, riv. d'Asie-Mineure, 378.
Sanguar, détroit entre Nipon et Ieso, 104.
Sang-koï, grand fleuve de l'empire d'Annam, 200.
Sangora, v. du royaume de Siam, 212.
Sanlouen, ville et fleuve de l'archipel Mergui, 216.
San-Thomé. V. Meliapour.
Sarabat, riv. d'Asie-Mineure, 370, 371.
Sarana, plante bulbeuse entrant dans la nourriture des Kamtchadales, 77.
Sardak, poste de Cosaques en Sibérie, 61.
Sardes. V. Sart.
Sarepta. V. Sarfeïd.
Sarfeïd, village de Syrie, 376.
Sari, ancienne ville de Perse, 349.
Saron, vallée de Palestine, 397.
Sart, v. d'Asie-Mineure, 378.
SARTORIUS, commandant du navire anglais le *Hoyston*, 292.
Satu, bras de l'Indus, 317.
Satarah, prov. et v. de l'Hindoustan, 276.

Satalie, ville et baie d'Asie-Mineure, 374.
Savodinsk, v. de Sibérie, 13
Scaffi, Génois, fonde un établissement à Ghelindjik, 363.
Scala-Nova, baie d'Asie-Mineure, 372.
Scamandre ou *Xanthe*, fleuve d'Asie-Mineure, 370.
Scanderoun, v. et golfe de Syrie, 376, 394.
Schultz (J.), voyag. aux Maldives, 290.
Scio, île et v. d'Asie-Mineure, 371.
Scott-Waring, voyag. ang. en Perse, 348.
Scutari, ville d'Asie-Mineure, 369.
Sébasta, village de Palestine, 398.
Secandra, ville de l'Hindoustan, 255.
Sechacholl, mont. de l'Hindoustan, 273.
Sedanka, vill. et riv. du Kamtchatka, 74.
Seely (J.), voyageur anglais dans l'Hindoustan, 273.
Seetzen, voyag. allemand, 398, 406.
Seïks (pays des), 305, 306.
Seiks, peuple du N. O. de l'Hindoustan 305.
Selefkeh, petite v. d'Asie-Mineure, 374.
Selenbhinsk, v. de Sibérie, 54.
Selenga, riv. de Sibérie, 54.
Séleucie. V. Selefkeh.
Selinti, v. d'Asie-Mineure, 374.
Selmas, ville de Perse, 352.
Semaoué, v. d'Asie-Mineure, 386.
Semipalatinsk, v. et fort en Sibérie, 47.
Semoussir, une des Kouriles, 90.
Seradpour, v. de l'Hindoustan, 258.
Sérampour, comptoir danois dans l'Hindoustan, 267.
Serinagor, ville de l'Hindoustan, 243.
Seringapatam, v. de l'Hindoustan, 280.
Serski-Seraï, vill. d'Asie-Mineure, 377.
Sestini, voyageur italien dans l'Asie-Mineure, 385, 390.
Setledje, fleuve du Lahore, 176, 304.
Sévan, lac d'Arménie, 354.
Sever-Hissar, v. d'Asie-Mineure, 379.
Severo-Vostokhnoï, cap le plus septentrional de la Sibérie, 85.
Seyd-Gouz, ville d'Asie-Mineure, 378.
Seyhoun, fleuve d'Asie-Mineure, 375.
Siam, royaume, 206-212.
Siamois; leurs mœurs, leur état politique, 210.
Sibérie, vaste pays de l'Asie septentrionale, 1-84.
Sidon. V. Saïde.
Siebold, voyageur allemand, 128.
Sighan, village du Turkestan, 331.
Siglan, fort ou ostrog des Koriaks, 85.
Sihouan, v. du Sindhi, 315.
Sihoun, riv. de Boukharie, 334.
Sikkim, territ. montag. du Boutan, 187.
Silah-miou, ville de l'emp. birman, 223.
Simoïs. V. Mender-Sou.
Simovia, habitation d'hiver en Sibérie, 7.
Sinaï, mont. d'Arabie, 410.
Sincapour, île et ville au S. de la presqu'île Malaie, 212.
Sindhi, principauté de l'Hindoustan, 318.
Sindhiens, habitans du Sindhi, 317.
Sindiah, état de l'Hindoustan, 304.
Sinope, port sur la mer Noire, 369.
Siou, lac de Chine, 198.
Siou-tieou-khieou. V. Lamay.
Sirhind, ville de l'Hindoustan, 304.
Sitang, bras de l'Iraouaddy, 217.
Siti-goud, source thermale de l'Hindoustan, 266.
Si-vang, vill. en Mongolie, 145.
Sivas, ville d'Asie-Mineure, 380.
Si-Youei, gouvernement de l'empire chinois, 168.
Skinner (le colonel), auteur d'un ouvrage sur l'Hindoustan, 254.

Slohode, nom donné par les Cosaques aux lieux de leur résidence, 46.
Sineinogorsk. V. Smeiov.
Smeiov, v. de Sibérie, 34.
Smyrne, v. et golfe d'Asie-Mineure, 371.
Sogat, v. d'Asie-Mineure, 378.
Sunderbonds, terrain inhabité de l'Hindoustan, 270.
Song-pira, affl. du Sakhalian-oula, 153.
Sonmini, ville du Beloutchistan, 318.
Soné, fleuve du Dekhan, 271.
Sonnerat, voyag. français dans l'Hindoustan, 281.
Sosnoviche, village des Ostiaks, 17.
Sosva, riv. de Sibérie, 18.
Souaïdieh, port de Syrie, 394.
Soubachi, baie de la côte des Abases, 364.
Soudjouk-Kalé, v. de Circassie, 363.
Soukoum-Kalé, baie de la côte des Abases, 365.
Solmoor, lama tibétain, 234.
Soundja, affluent du Terek, 361.
Sounggari, fl. du pays des Mandchoux, 150.
Souuits, tribu des Mongols, 166.
Souradjpour, v. de l'Hindoustan, 257.
Sourk-roud, riv. de l'Afghanistan, 328.
Sour, v. de Syrie, 396.
Sousou-Ghirli, fl. d'Asie-Mineure, 378.
Soutev, voyag. russe, 32, 86.
Spangenberg, un des compagnons de Bering, 86.
Spencer, voyageur anglais, 363, 364.
Spinnghour, mont. de l'Afghanistan, 323.
Sredni-Kolymsk, v. de Sibérie, 61.
Srednoï, fort du Kamtchatka, 83.
Stawaty, voyageur dans l'Asie-Min., 382.
Stanchio, île d'Asie-Mineure, 372.
Stanhope (Lady Esther), Anglaise résidant en Syrie, 395.
Staunton (Sir George), auteur d'un ouv. sur la Chine, 193, 194.
Steller, compagnon de Bering, 86.
Step, plaine unie ou onduleuse, absolument privée d'arbres, 33, 38.
Stepanov, gouverneur de Ieniseïsk, 88.
Strabon, géogr. de l'antiquité, 380.
Sustan, contrée de l'Afghanistan, 321.
Suez, ville et isthme d'Arabie, 410.
Sultanabad, v. de Perse, 352.
Sultanieh, v. de Perse, 352.
Sultanièh, village d'Arménie, 367.
Sui-Fond-Pira, fleuve du pays des Mandchoux, 152.
Surate, ville de l'Hindoustan, 297.
Sviatoï-nos ou *Cap-Saint*, en Sibérie, 85.
Symes, voyageur anglais dans l'empire birman, 218-228.
Sypile, mont d'Asie-Mineure, 378.
Syrénovsk, mine d'argent en Sibérie, 42.
Syrian, v. de l'empire birman, 218.
Syrie, prov. de la Turquie asiat. 390-397.
Szali, village de Palestine, 399.

T

Taas, ville d'Arabie, 408.
Tabahanah, riv. d'Asie-Min,. 379.
Tabalak, village de Sibérie, 59, 60.
Taghil, riv. de Sibérie, 4.
Tahtatou, mont. d'Asie-Min., 373, 374.
Tak-Sou, riv. de Perse, 352.
Tambeh-Kan, vill. du Népâl, 257.
Tanasserim, prov. de l'Arch. Mergui, 217.
Tanjatar, ville de l'Hindoustan, 282.
Taouba, cap de la côte de Circassie, 365.
Taousk, fort du Kamtchatka, 83.
Tapty, riv. de l'Hindoustan, 273, 297.

Taraghar, forteresse de l'Adjemir, 301.
Tarakaï, île appartenant au Japon, 91, 95, 109, 116, 117.
Tarbagataï, prov. et v. de Dzoungarie, 169.
Tarbagataï-Oola, m. de Dzoungarie, 169.
T'armêh, ville du Djanik, 369.
Tarsous, ville d'Asie-Mineure, 375.
Tarsous-Khayé, fleuve d'Asie-Min., 375.
Tassisudon, ville du Boutan, 186.
Ta-Tao, une des îles Lieou-Khieou, 129.
Tatta, ville du Sindhi, 317.
Tauris, cap. de l'Azerbaïdjan, 352.
Taurus, ch. de mont. d'Asie-Min., 376.
Tavaï, v. et fl. de l'arch. Mergui, 216.
Tavernier, voyageur français, 248, 296, 304, 330, 359.
Tchagouka, riv. de Sibérie, 49.
Tchampava, m. de l'emp. d'Annam, 201.
Tchandraghiri, fl. de l'Hindoustan, 295.
— montagne du Népâl, 237.
Tchang-Kià-Khéou, ville chinoise, 167.
Tchang-pé-Chan, chaîne de montagnes qui sépare la Corée du pays des Mandchoux, 132, 146.
Tchaouk-Tchaï, ville d'Asie-Min, 384.
Tchariche, riv. de Sibérie, 29.
Tchedoba, île de l'Arrakan, 229.
Tchehâr-Tchinâr, île du Cachemir, 309.
Tchehel-Minar, ville de Perse, 347.
Tchekondo, le plus élevé des monts daouriens, 57.
Tcheldir, mont. d'Arménie, 354.
Tcheloumbroum, v. de l'Hindoustan, 282.
Tchemboul, riv. du Malvâh, 302.
Tchenab, riv. de l'Hindoustan, 304, 312.
Tchéou-Chan, arch. de la côte chin., 198.
Tcherkesses. V. Circassiens.
Tcherna, riv. de Sibérie, 4.
Tchornoïsotchinsk, usines en Sibérie, 8.
Tchesmé, ville d'Asie-Mineure, 371.
Tchetchenses, peuple du Caucase, 361.
Tchikota, une des Kouriles, 91.
Tchilan, village de Ceylan, 290.
Tchindat, fort de Sibérie, 57.
Tchinghistan, mont. de Sibérie, 84.
Tchirikov, compagnon de Bering, 86.
Tchirinekoulane, une des Kouriles, 90.
Tchirpoï, une des Kouriles, 90.
Tchisupani, mont. du Népâl, 236.
Tchita, riv. de Sibérie, 65.
Tchoka, île située à l'orient de l'Asie, 75, 97, 100.
Tchokar, mont. de l'Hindoustan, 297.
Tcholata, mont. de l'Hindoustan, 297.
Tcholoès ou Pasès, habitans de l'archipel Mergui, 216.
Tchouboukalah, riv. de Sibérie, 60.
Tchouka, forteresse du Boutan, 186.
Tchoutktchis, peuples de Sibérie, 63, 80.
— (foire des), 65.
Tchounar, v. forte de l'Hindoustan, 259.
Tchourou-Khaï-Taevst, vill. en Sibérie, 57.
Tchôringhi. V. Calcutta.
Tchosan, port de la côte S. E. de la Corée, 138.
Tebedef, riv. d'Arménie, 354.
Teheran, nouv. cap. de la Perse, 350.
Tekoa, ville de Palestine, 404.
Tekrel, ville d'Asie-Mineure, 384.
Tekrova, v. antique d'Asie-Min., 374.
Teïengoutes. V. Teleoutes, 52.
Teleoutes, peuple de l'Altaï, 52.
Tellichery, ville de l'Hindoustan, 295.
Tenedos, île d'Asie-Min., 370.
Tentes. Leur forme chez les Samoyèdes, 29; — chez les Toungouses.
Térébinthe, vallée de Palestine, 400.
Terek, fleuve de Géorgie, 360.

/ TABLE ANALYTIQUE DU VOYAGE EN ASIE.

Teri, v. et pont suspendu dans l'Hindoustan, 245.
Ternai, baie sur la côte de la Tartarie chinoise, 95.
Terre-des-Etats, île au N. d'Iéso, 92.
Terre-de-la-Compagnie, île au N. d'Iéso, 85, 101.
Terre-Sainte. V. Palestine.
Tessy, voyageur dans l'Hindoustan, 248.
Tessoudj, village de Perse, 352.
Texier, voyag. franç. en Asie-Min., 382.
Thabor, montagne de Palestine, 397.
Thaï-Ouan. V. Formose.
Thamas-Koulikhan. V. Nadir-Châh.
Théâtre (état du), dans l'emp. d'Annam, 206.
Thevenot (J.), voyageur français dans l'Hindoustan, 248, 274.
Thian-Chan, chaîne de mont. qui sépare la Dzoungarie du Turkestan chin., 168.
Thian-Chan-Nan-Lou. V. Turkestan chin.
Thian-Chan-Pélou. V. Dzoungarie.
Thien-Tsin, ville chinoise, 198.
Thsing-Ho-laï-Ho, riv. de Chine, 167.
Thsin-Tchou, v. du roy. de Corée, 134.
Tibériade, ville et lac de Palestine, 398.
Tibet, pays vassal de l'emp. chinois, 175.
Tibétains, leurs mœurs et leur état politique, 183, 184.
Tiflis, cap. de la Géorgie, 357.
Tighil, riv. du Kamtchatka, 75.
Tighilsk, port du Kamtchatka, 74.
Tigre, fl. de Mésopotamie, 367, 384, 385.
Timkovski, voyageur russe en Chine, 155, 158, 196.
Tinnevelly, ville de l'Hindoustan, 283.
Tippou-Saïb, sultan de Maïssour, 279.
Taurus, mont. d'Asie-Mineure, 377.
Tobol, riv. de Sibérie, 10, 85.
Tobolsk, ville et gouvernement, 9, 10.
Tocat, ville d'Asie-Mineure, 380.
Tocatlan-Sou, riv. d'Asie-Min., 380.
Toïon, chef chez les Tchouktchis, 63.
Tola, riv. de Mongolie, 165.
Toma, riv. de Sibérie, 52.
Tomsk, ville de Sibérie, 52.
Tondon, lieu d'exil pour les criminels chinois dans la province de Ghirin, 150.
Tonghouska, riv. de Sibérie, 9.
Tong-King, royaume et golfe de l'empire d'Annam, 200.
Tope, espèce de monument funèbre dans l'Afghanistan, 327.
Tor, ville d'Arabie, 410.
Tortosa, ville de Syrie, 393.
Tostak, riv. de Sibérie, 51, 60.
Toukoulan, mont. et rivière de Sibérie, 59.
Toumané, fort du Kamtchatka, 83.
Toumatsk, île à l'emb. de la Léna, 85.
Toumbedra, fl. de l'Hindoustan, 279.
Toumbcara, fleuve du Carnatic, 278.
Toumen-Oula, fl. du pays des Mandchoux, 151.
Toungouses, peuple de Sibérie, 58.
Toura, riv. de Sibérie, 9.
Tourane, v. et baie de l'emp. d'Annam, 200.
Tournefort, voy. français en Arménie et en Asie-Mineure, 354, 379.
Tourpan, v. du Turkestan chin., 171.
Touse, ancienne cap. du Khoraçan, 349.
Tourla, riv. d'Arménie, 367.
Tosia, ville d'Asie-Mineure, 381.

Tranquebar, v. de la côte de Coromandel, 282.
Travancore, v. de la côte de Malabar, 293.
Trébizonde, ville d'Arménie, 368.
Trincomalé. V. Trinquemale.
Tringano, v. de la presqu'île Malaie, 212.
Trinquemale, ville et baie de Ceylan, 284.
Tripoli, ville de Syrie, 394.
Tritchinopali, ville de l'Hindoustan, 282.
Troïtskó-Savsk, fort russe en Sibérie, 55.
Tsakhars, tribu des Mongols, 158, 166.
Tsao-Ho, riv. du Ching-King, 150.
Tsiampa, prov. de l'emp. d'Annam, 201.
Tsin-Cnan, île de Chine, 198.
Tsitsikar, v. du pays des Mandchoux, 153.
Tskenistsquali, fl. de Géorgie, 360.
Tsong-Ming, île de la côte de Chine, 198.
Tsouny-Ling, m. du Turkestan chin., 170.
Tsu-Sima, île de l'arch. Coréen, 135.
Tumène, ville de Sibérie, 9.
Tumenska, rivière de Sibérie, 9.
Tumotova, riv. du Kamtchatka, 82.
Turba, village d'Asie-Mineure, 377.
Turkestan chinois. V. Si-Youeï.
Turkestan indépendant, 350-358.
Turner (Samuel), officier anglais, visite le Tibet, 179, 185.
Tuticorin, ville de l'Hindoustan, 283.
Tyr. V. Sour.

U

Urgab, vallée d'Asie-Mineure, 382.

V

Vadavilly, fleuve du Carnatic, 278.
Vaïgats, île de Sibérie, 26.
Valantia (Lord), voyageur anglais, 227, 256, 275, 407.
Van, ville et lac d'Arménie, 366.
Vandiaski, bourg de Sibérie, 24.
Vasco de Gama, arrive aux Indes en 1499, 295, 294.
Vathi, ville d'Asie-Mineure, 372.
Veddahs, peuple de Ceylan, 287.
Veddahratté, territoire de Ceylan 287.
Ventura, officier français à Lahore, 305.
Verkhni-Tourinsk, fonderie de canons en Sibérie 6.
Verkhni-Oudinsk, ville de Sibérie, 54.
Verkhni-Kamtchatsk, village du Kamtchatka.
Verkhni-Kolymsk, village de Sibérie, 67.
Verkolensk, ville de Sibérie, 57.
Verkhotourie, ville de Sibérie, 6.
Verouchina, ville de Sibérie, 52.
Vegavatty, fleuve de l'Hindoustan, 282.
Vigoulka, rivière de Sibérie, 18.
Villeghi, sommet le plus élevé des monts Villeghinskoï-Khrebet, 83.
Villeghinskoï-Khrebet, chaîne de mont. du Kamtchatka 83.
Vindiah, mont. du Malvâh, 302.
Vingoddé, station pour les voyag. dans l'île de Ceylan, 286.
Vittim, village toungouse, 57.
Vizapa am ville de l'Hindoustan, 277.
Vogouls, habitans du Blagodat, 3, 7.
Volcans (baie des), sur la côte or. d'Asie, 102.
Volney, voyageur français en Syrie et en Palestine, 391, 397, 403, 405.
Vona, ville du Djanik, 369.

Vouchk, port d'Arabie 409.
Vou-Men, riv. de Corée, 132.
Vourla, arch. et baie d'Asie-Min., 371.
Vries (Martin de), capitaine holl., 92.

W

Wahabites (secte des), dans le Nedjd, 406.
Wampo, fleuve de Chine, 189.
Wang-Tching, une des capitales du roy. de Corée, 134.
Wardenaar, président du comptoir hollandais à Nangasaki, 120.
Webb, officier du génie anglais, explore les sources du Gange, 233, 241, 243.
White, voyageur nord-américain, 201.
Wilcox, voyag. angl. dans l'Hindoustan or., 231.
William (fort), citadelle de Calcutta, 267.
Wrangel (Baron), officier de la marine russe, 62.
Wood, voyageur anglais en Syrie, 392.

Y

Yabné, ville de Palestine, 405.
Yak, bœuf du Tibet, remarquable par sa queue, 176.
Yakouts, peuple de Sibérie, 58, 69.
Yakoutsk, ville de Sibérie, 58, 84.
Ya-Lou, riv. de Corée, 152.
Yama, riv. de Sibérie, 61.
Yambo-el-Bahr, port d'Arabie, 409.
Yamsk, fort et riv. du Kamtchatka, 83.
Yanaon, comptoir français dans l'Hindoustan, 277.
Yandabon, ville de l'empire birman, 224.
Yang-tsé-kiang, fleuve du Tibet, 176.
— fleuve de Chine, 193.
Yarkand, v. du Turkestan chinois, 172.
Yarkand-daria, riv., 172.
Yaro-Dzengbo-Tchou, fl. du Tibet, 176.
Yassahan, riv. de Sibérie, 67.
Yelovska, fort et riv. du Kamtchatka, 75.
Yemen, prov. d'Arabie, 407.
Yezd, ville de Perse, 349.
Yésou-kia-sou, une des Lieou-Khieou, 130.
Youkaghirs, peuple de Sibérie, 62.
Youma-Dong, chaîne de montagnes de l'empire birman, 222.
Youssoufzaïs, tribu de l'Afghanistan, 324.
Youzghat, ville d'Asie-Mineure, 381.
Yrdi-Bouroun, promontoire d'Asie-Mineure, 373.
Yudoma, vill. et riv. de Sibérie, 84.
Yupi (Tartares), sur les bords de l'Oussouri, 152.
Yves, voyag. dans l'Asie-Mineure, 353.

Z

Zab, riv. de Perse, 340.
Zakhiversk, v. de Sibérie, 69.
Zeïder, contrée d'Arabie, 406.
Zendé-roud, fleuve de Perse, 350.
Zenghi, vallée d'Arménie, 355.
Zenghian, ville de Perse, 352.
Zerd-koub, mont. du Louréstan, 351.
Zer-Afchan, fleuve de Boukharie, 354.
Zerré, lac de l'Afghanistan, 325.
Zib, ville de Syrie, 396.
Zikhicérst, vill. yakout, 69.
Zyzunga, riv. de Sibérie, 67.

FIN DE LA TABLE ANALYTIQUE DU VOYAGE EN ASIE.

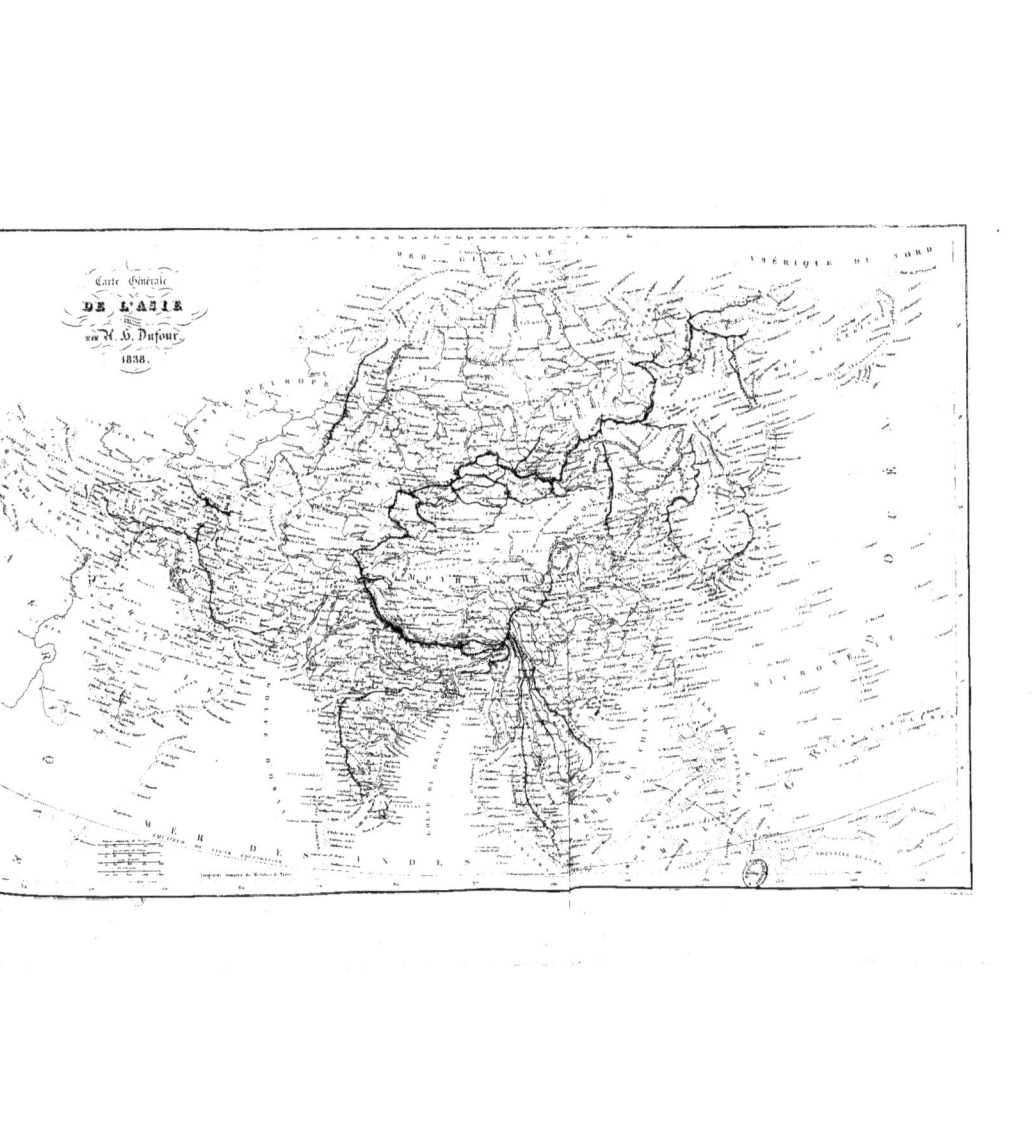

VOYAGE

PITTORESQUE

EN AFRIQUE.

VOYAGE PITTORESQUE EN AFRIQUE.

CHAPITRE I.
Égypte.

Le voyageur qui sort de l'Asie par l'isthme de Suez ne pénètre en Afrique qu'en traversant des déserts.

Le fort d'El-Arich, près de l'embouchure d'un torrent, dans la Méditerranée, est regardé comme appartenant à l'Egypte; il est sur l'emplacement de *Rhinocorure ;* les Français l'occupèrent presque jusqu'au moment où ils évacuèrent cette contrée; des puits, quelques cabanes, des palmiers, des jardins l'entourent. Au-delà de cette oasis, on ne rencontre plus que des sables. Ce désert fait partie de celui d'El-Tih, qui commence en Syrie, que M. Callier a parcouru par une route nouvelle, et qui se prolonge jusqu'en Egypte.

En avançant le long de la Méditerranée, vers l'O., on voit une plaine couverte d'une épaisse croûte saline blanche, et assez forte pour ne pas rompre sous les pas des animaux; ensuite, on a à sa gauche des dunes de sable mouvant, à sa droite un golfe qui remplace l'ancien lac Sirbonis, puis des marécages, des étangs, des ruisseaux d'eau salée; ils sont assez profonds pour qu'en les passant les chevaux aient quelquefois de l'eau jusqu'au ventre.

Insensiblement les palmiers se montrent et deviennent nombreux; on atteint Tineh, près des ruines de *Péluse.* Cette ville était à l'extrémité orientale du lac de *Tanis*, aujourd'hui le lac de Menzaleh, qui n'est séparé de la Méditerranée que par une langue de terre très-étroite, et interrompue sur toute sa longueur, de 86,000 mètres seulement, par trois ouvertures correspondantes aux bouches pélusiaque, tanitique et mendésienne du Nil; deux fausses bouches sont encombrées par les plantes marines. L'eau du lac est douce pendant l'inondation du Nil; elle devient salée à mesure que le fleuve rentre dans son lit. Ce lac renferme plusieurs îles où l'on voit des ruines anciennes; très-peu sont habitées; il est très-poissonneux, et sa pêche est affermée par le pacha. La surface du Menzaleh est peuplée d'une grande diversité d'oiseaux aquatiques, et ses rives sont bordées de villages, de sorte qu'il offre sans cesse un spectacle très-animé; il communique par plusieurs canaux avec le bras oriental du fleuve; la moderne Damiette se présente en demi-cercle sur la rive droite de ce bras, à deux lieues et demie de son embouchure. « Des maisons élevées, élégamment bâties, disent MM. Cadalvene et Breuvery, et couvertes de terrasses que surmontent des belvédères ouverts aux vents frais du N.; des barques nombreuses sillonnant les eaux du Nil; une population industrieuse qui se presse sur les quais; des champs de riz toujours verts; des jardins brillans de végétation où croissent pêle-mêle l'oranger, le dattier et le sycomore; un ciel dont aucun nuage n'altère la pureté, et sous lequel cependant la chaleur ne s'élève presque jamais plus haut que dans le midi de la France : voilà le spectacle enchanteur que présentent Damiette et ses environs au voyageur qui arrive à la mer.

» Le charme cesse dès qu'on pénètre dans la ville; dès que l'on parcourt ses rues étroites et tortueuses, occupées par des troupes immondes de chiens errans; dès que l'on se trouve au milieu de ses maisons de terre et de paille qui menacent ruine; dès que l'on retrouve enfin une bourgade turque avec son hideux ensemble de misère et de dégradation.

» Le commerce de riz, qui se fait presque exclusivement à Damiette, a conservé à cette ville une certaine importance. Les relations suivies avec la Syrie, qui lui envoie en échange ses tabacs, la maintiennent dans un état voisin de l'aisance. Sa population ne s'élève cependant pas beaucoup au-delà de 20,000 ames. L'air qu'on respire à Damiette est beaucoup plus sain qu'on ne pourrait l'espérer en voyant les rizières qui l'entourent à plusieurs lieues; et cette ville est de toute l'Egypte l'endroit où l'on jouit de la plus douce température. »

Une lieue plus bas, le village de Lesbé est

sur l'emplacement de l'antique Damiette sarrasine, justement célèbre par l'acharnement avec lequel les croisés la disputèrent aux musulmans.

Insensiblement le fleuve s'élargit; le navigateur n'aperçoit plus à la fois les deux rives couvertes de villages et de palmiers. Le sable que le Nil charrie en grande quantité est retenu à son embouchure par le mouvement des flots de la mer, et y forme une barre dangereuse sur laquelle beaucoup de navires se perdent chaque année pendant la mauvaise saison. Une seule passe étroite, tracée par le courant au milieu des sables, permet aux barques ou aux bâtimens légers de remonter le fleuve; mais ce n'est que par un beau temps et avec beaucoup de circonspection qu'on ose s'engager dans ce passage dangereux nommé *le Boghaz;* il forme l'issue de la bouche phatnitique.

La côte est partout extrêmement basse, ce qui la rend très-périlleuse; en la suivant, vers l'O., on rencontre le cap Bourlos, le plus septentrional de l'Egypte, et à égale distance des deux principales embouchures du Nil; un peu au S. O., on trouve l'issue du lac de Bourlos, grande nappe d'eau, dont la partie S. O. est occupée par d'immenses marécages, et qui n'est navigable que dans sa partie septentrionale. Il reçoit de nombreux canaux du Nil. Le passage par lequel il communique avec la mer est l'ancienne bouche *Sebennytique.* Un fort est bâti sur ce point.

La côte court à l'O. S. O. vers la bouche *Bolbitinique,* qui se termine comme celle de Damiette par un boghaz, et à 2 lieues de la mer, on trouve, sur la rive gauche du bras oriental du Nil, Rachid ou Rosette, ville qui a beaucoup perdu de son importance. D'après le témoignage des voyageurs cités précédemment, « on y compte maintenant peu d'Européens; la population indigène a elle-même considérablement diminué, et s'élève à peine aujourd'hui à 12,000 ames. Avec les avantages commerciaux ont disparu cette gaieté et cette opulence qui donnaient à Rosette une physionomie plus animée que ne l'est ordinairement celle des villes égyptiennes. Ses environs n'ont cependant pas encore perdu l'aspect riant qui semble l'apanage du Delta; ses jardins surtout sont remarquables, si toutefois quelques kiosques, entourés de berceaux ou ombragés de bouquets de bananiers et d'acacias suffisent pour faire donner le nom de jardins à de vastes vergers arrosés par de petits ruisseaux, et où croissent pêle-mêle et presque sans culture les arbres fruitiers de l'Europe et ceux de l'Afrique.

» A peu de distance de Rosette est le *Tékié* d'Abou-Mandour, situé dans la position la plus pittoresque et sur une petite éminence où la vue s'étend jusqu'à la mer. Ce couvent est habité par quelques derviches chargés d'entretenir une superbe fontaine, fondation pieuse d'un musulman. Elle mérite à son généreux auteur d'autant plus de reconnaissance, que l'eau est fort mauvaise à Rosette. »

En continuant à suivre la côte vers le S. O., on parvient à la bouche *Canopique;* aujourd'hui ce n'est qu'un petit canal qui fait communiquer la mer avec le lac de Madieh, lequel aboutit à l'E. par un marécage au lac d'Edkou, qui communique avec le lac de Deraït. Le lac de Madieh est séparé par une langue de terre étroite de la rade d'Aboukir, devenue trop célèbre par le désastre de la flotte française en 1798; mais, l'année suivante, l'armée de terre vainquit sur la plage voisine les troupes nombreuses des musulmans. La bourgade d'Aboukir, défendue par un château, est voisine de l'ancienne Canope.

Après avoir traversé une plaine sablonneuse, on rencontre les faubourgs d'Alexandrie. Mais écoutons ceux qui arrivent par mer dans cette ville célèbre; voici comme s'exprime madame la baronne de Minutoli :

« Alexandrie, avec ses décombres et ses maisons grisâtres et à toits plats, ressemble de loin à une ville dévastée par l'ennemi. Tout rappelle ici la marche des siècles, et la nature, comme pour seconder de son côté l'impression grave qu'on éprouve au souvenir de tant de grandeur passée, n'offre à l'œil attristé du voyageur que les sables du désert. A gauche de la ville s'étend le désert qui conduit à Rosette; à droite le grand désert de Barca. A l'exception de quelques palmiers solitaires qui s'élancent tristement dans les airs et qui ressemblent de loin à des colonnes isolées, on n'aperçoit sur cette côte aucun vestige de végétation. Voilà l'état actuel de cette terre qui a subi tant de révolutions, de ce berceau des lumières si fameux par son culte, ses arts, ses philosophes, les voyageurs illustres qui abordèrent sur ce rivage, les conquérans qui vinrent l'envahir...

» L'impression que j'éprouvai en traversant pour la première fois les rues d'Alexandrie serait difficile à décrire. Quel mouvement, quel tumulte dans ces rues étroites, continuellement embarrassées par une quantité innombrable de chameaux, de mules et de baudets : les cris de leurs conducteurs, avertissant sans cesse les passans de prendre garde à leurs pieds nus; les vociférations et les grimaces des jongleurs; le

1. Le Phare d'Alexandrie.

2. Les Pyramides de Gizeh.

R. Bodley del.

VOYAGE

costume brillant des fonctionnaires turcs ; la draperie pittoresque des Bédouins, leur longue barbe, et la figure grave et régulière des Arabes ; la nudité de quelques santons, autour desquels la foule se presse ; la multitude d'esclaves nègres ; les hurlemens des femmes pleureuses, accompagnant un convoi funèbre en s'arrachant les cheveux et se frappant la poitrine, à côté du bruyant cortége d'une noce ; les chants des muezzims, appelant du haut des minarets à la prière ; enfin, le tableau déchirant de malheureux mourant de faim et de misère, et les troupeaux de chiens sauvages qui vous poursuivent et vous harcèlent, tout cela, dis-je, arrête à tout moment les pas et fixe l'attention du voyageur étonné. »

On appelle *Okels*, à Alexandrie, les édifices connus en Turquie sous le nom de *Khans* et ailleurs caravanseraï. Ce sont ordinairement des bâtimens à quatre faces autour d'une cour carrée, sur laquelle règne à chaque étage un rang de galerie.

« Des okels de construction récente, disent les deux voyageurs déjà cités, quelques mosquées peu remarquables, l'arsenal et le palais du pacha sont les seuls monumens qu'offre la moderne Alexandrie ; un château lourd et peu utile à la défense de la ville remplace le phare admirable dû au génie de Sostrate, et rien dans la ville actuelle n'indique même la place d'un édifice antique (Pl. 1—1).

» Au reste, il ne faut pas chercher dans l'Alexandrie de Mohammed-Ali la moindre trace ni même l'emplacement de celle des Ptolémées, bâtie sur l'isthme qui joint l'île de Pharos au continent, et qui sépare les deux ports : la capitale maritime de l'Egypte, dont la population s'élève aujourd'hui à peine à 30,000 ames, occupe un sol nouveau.

» Un vaste espace, fermé de murs récemment reconstruits que protége un large fossé, et qui est défendu par quelques forts établis sans ensemble comme sans discernement, marque hors des limites de la ville actuelle la place qu'occupa celle des khalifes. Cette dernière était elle-même construite sur une partie des ruines de la cité d'Alexandre, dont les débris s'étendent bien au-delà.

» Deux monumens, vainqueurs du temps, s'élèvent seuls au milieu des ruines de l'antique Alexandrie ; c'est d'une part la colonne de Pompée, et de l'autre l'un des obélisques de granit rose connus sous le nom d'*aiguilles de Cléopâtre*, près duquel le second obélisque gît renversé dans la poussière.

» A peu de distance de la ville antique s'étend le lact Mariout (*Maréotis*). Ce lac, aujourd'hui presque entièrement desséché, n'a plus de communication avec la mer. Dans les rochers qui servent de base à l'étroite langue de terre comprise entre le lac et la mer, sont creusées les fameuses catacombes. Quelques tombeaux souterrains, en partie habités par de pauvres fellahs, et où l'on arrive avec peine en se glissant à plat-ventre, voilà tout ce qui reste de cette nécropole, pieux et dernier asile que l'Egypte consacrait toujours aux dépouilles mortelles de ses enfans. Près de là, quelques excavations taillées dans un roc presque dévoré par la mer, et pompeusement décorés du nom de *Bains de Cléopâtre*, rappellent le souvenir de cette reine fameuse en qui s'éteignit la race des Ptolémées.

» Des constructions modernes isolées, des jardins, des tombeaux arabes occupent une partie de l'enceinte de la ville sarrasine... On aperçoit çà et là une colonne de granit, un riche chapiteau, des vestiges de toutes sortes renversés ou enfouis, et de place en place l'ouverture de vastes citernes, seuls restes encore utiles d'une ancienne magnificence.

» Quelques centaines de huttes en terre, basses et obscures, construites ou plutôt cachées parmi d'énormes amas de décombres, donnent asile à une population dont la misère nous semblait dépasser les limites du possible, peu accoutumés que nous étions encore au spectacle de la nouvelle civilisation égyptienne....

» Des Nubiens, des nègres, esclaves pour la plupart, quelques Juifs, quelques Arméniens, forment, avec les Arabes, les Turcs, les Coptes, les Francs et les Grecs, la population d'Alexandrie, et complètent le tableau de ces races différentes de religion, de mœurs, de costumes et de langage, qui, réunies par le lien du commerce ou comprimées par la force, habitent la même cité.

» Bien que le Caire soit le centre du gouvernement et la véritable capitale de l'Egypte, Alexandrie est au moins pendant huit mois la résidence du vice-roi. La marine et le commerce, ces deux grands leviers de sa puissance, concentrés à Alexandrie, exigent de sa part la surveillance la plus active et la plus assidue. Les affaires administratives, dont le Caire est le siège, peuvent souffrir quelque retard avec moins de dommage ; d'ailleurs, le pacha peut y pourvoir plusieurs fois chaque jour, au moyen de la ligne télégraphique établie entre ces deux villes. »

En 1830, la marine du vice-roi se composait de 7 vaisseaux de ligne, 6 frégates, 4 corvettes,

7 bricks, 2 bateaux à vapeur, 23 navires de transport. Il y avait alors sur les chantiers 3 vaisseaux de ligne, une corvette, un cutter.

On pouvait évaluer à 12,000 le nombre des marins embarqués à bord de la flotte, dont plusieurs bâtimens sont toujours occupés à louvoyer hors du port, pour exercer les équipages. Dès que les hommes destinés à la marine sont arrivés à Alexandrie, on leur grave une ancre sur le dos de la main, afin de pouvoir les reconnaître en cas de désertion, puis on les embarque pour les former aux manœuvres des voiles et de l'artillerie, dont ils s'acquittent en peu de temps avec beaucoup d'adresse et de précision.

L'armée de terre du pacha était, en 1830, de 101,000 hommes enrégimentés; outre ces soldats de toutes armes et disciplinés, Mohammed-Ali entretient à son service des troupes irrégulières d'infanterie et de cavalerie, composées d'Albanais et de Candiotes; il a de plus abandonné à plusieurs tribus de Bédouins des terres voisines du Nil, pour lesquelles ils ne paient aucune redevance, sous la condition imposée à chaque cheikh de fournir, à la première réquisition, un nombre déterminé d'hommes montés et équipés auxquels une somme annuelle est allouée dès ce moment.

« Alexandrie étant la seule place maritime de l'Egypte, c'est là qu'on transporte nécessairement la presque totalité des denrées que le vice-roi livre au commerce. Une administration supérieure veille à l'exécution des marchés passés avec les négocians européens. La direction de cette administration, dans un pays où le souverain s'est réservé le monopole commercial, est confiée au ministre du commerce et des relations extérieures... On peut évaluer, année commune, l'importation en Egypte à 52 millions de francs, et son exportation à 50 millions. »

Le port vieux est à l'O.; le port neuf à l'E. de l'isthme sur lequel est bâtie l'Alexandrie moderne; ce dernier est un mouillage exposé à tous les vents, et dont le fond est de mauvaise tenue; autrefois le premier était exclusivement réservé aux navires musulmans; Mohammed-Ali en a ouvert l'accès à ceux de toutes les nations en 1813. Jadis le canal de Cléopâtre unissait le port vieux d'Alexandrie au Nil; mais, par une suite de la négligence des Turcs, il n'était plus d'aucun usage. Mohammed-Ali l'a fait creuser de nouveau et la nommé Mahmoudié, d'après le grand-sultan. Il a 15 lieues de longueur; 150,000 fellahs des deux sexes y ont travaillé pendant dix-huit mois, grattant la terre avec leurs mains et portent les déblais dans des couffes. Plus de 20,000, moissonnés par la faim, la fatigue ou les maladies, perdirent la vie pendant le cours des travaux; les berges recouvrent leurs ossemens. Par malheur, le Mahmoudié ne procure pas les avantages qu'on en avait espérés; il n'est navigable qu'au moment des plus hautes eaux, et pour des barques d'un assez faible tonnage; il aboutit à Fouah, au-dessus de Rosette, mais le limon charrié par les eaux du Nil en obstrue tous les ans l'embouchure. Pour obvier à cet inconvénient, on a récemment fermé cette issue par un massif de maçonnerie, dans lequel on a seulement ménagé quelques ouvertures par où on laisse arriver l'eau quand on le juge convenable, et elle est constamment maintenue dans le canal à un niveau assez haut pour que la navigation ne soit jamais interrompue. De grandes roues hydrauliques, établies près du barrage, élèvent à cet effet la quantité d'eau nécessaire, quand la baisse du fleuve rend cette opération indispensable.

L'avantage de la position de Fouah sur la rive droite du Nil, a déterminé le vice-roi à y établir une filature de coton et une fabrique de *fess*, ou calottes de laine, à l'imitation de celles de Tunis.

En remontant le bras occidental du Nil, on voit, près de la rive gauche, Ramaniêh, sur le bord du Mahmoudièh, petite ville importante par sa position; plus loin à l'O., près d'un canal, Damanhour (*Hermopolis parva*), remarquable par les plantations de coton qui l'entourent; à la droite du fleuve, Kourat (*Naucratis*), florissante, sous les Pharaons, par son port, le seul du royaume qui fût ouvert aux étrangers; *Sas-el-Hadjar*, village près des ruines de *Saïs*, jadis capitale du Delta, célèbre par la culture des sciences, par sa fameuse fête des lampes, par ses édifices magnifiques. Les restes imposans des circonvallations gigantesques de ses trois nécropoles, que Champollion a visités, sont tout ce qui subsiste de cette grande cité. Mehallet El-Kebir (*Khoïs*), sur le canal Melig, assez grande ville, importante par son industrie. Tantah, presqu'au milieu du Delta, a une belle mosquée; le tombeau de Seyd-Ahmed-el-Bedaouy, y attire trois fois par an un nombreux concours de pèlerins, ce qui donne lieu à trois foires considérables, notamment au mois d'avril; Menouf, sur un canal de son nom, est dans un territoire extrêmement fertile.

Portons-nous maintenant sur le bras occidental du Nil: nous trouverons, à gauche, Samannoud (*Sebennytes*), « couronnée de hauts minarets. Je n'ai point vu, ajoute Savary, de position plus agréable que celle-ci ; le ciel, la terre, les eaux, les ombrages, la verdure, les fleurs, l'aspect des hameaux et des villes, tout y est rassemblé pour le plaisir des yeux. » Samannoud est de médiocre grandeur, peuplée et commerçante ; c'est le port de Tantah. Au N., près du lac Bourlos, Koum-Zalat, méchante bourgade, marque l'emplacement de *Butis*, remarquable par l'immense sanctuaire monolithe de son temple de Buto (*Latone*) et par son oracle. Bhabeit, également au N., mais à peu de distance, a les ruines imposantes de la ville d'Isis ; les figures qui couvrent ses monumens sont admirablement sculptées. Abousir correspond à *Busiris*, renommée par le grand temple et la fête solennelle d'Isis.

Sur la rive droite, Mansourah est dans un canton qui passe pour le plus fertile et l'un des mieux cultivés de l'Egypte ; M. Michaux y a encore vu le bâtiment où Saint-Louis fut détenu après la bataille qu'il perdit contre les Sarrasins. On voit à Mansourah de vastes fours où l'on fait éclore les poulets. Du temps de Niebuhr, les habitans d'Athrib avaient la réputation de voleurs déterminés. Le nom de ce village rappelle *Athribis*, dont ses chaumières couvrent les ruines. Un peu au-dessous d'Athrib est un large canal qui coule vers la partie orientale du lac de Menzalèh. Une autre dérivation du Nil, qui commençait au-dessus de la pointe du Delta, venait s'y réunir et ils formaient ensemble la branche pélusiaque. Sur ce dernier canal, on trouve Matarièh, petit village où l'on voit encore les ruines du fameux temple du Soleil, des débris de Sphinx et un superbe obélisque ; ces monumens appartenaient à *On* ou *Heliopolis*, une des villes les plus considérables de l'ancienne Égypte. Plus bas, *Onion* était remarquable par un magnifique temple des juifs, construit sur le modèle de celui de Jérusalem. Belbeïs, à la jonction de plusieurs canaux, fut fortifiée par les Français, en 1798. Pietro-della-Valle y vit des restes d'antiquités. Tell-Bastah, chétif village, remplace *Bubaste*, ville dont les ruines sont nombreuses. On y adorait *Bubastis* (Diane), qui était représentée sous la figure d'une chatte. Hérodote a décrit d'une manière pittoresque le culte qu'on rendait à cette déesse ; ces cérémonies se répètent, dans l'Egypte moderne, aux fêtes et aux réunions des habitans. Sur le même canal, Hehidèh est une petite ville moderne, florissante par son industrie. *Phacusa* (*Facous*) est située à un point où le canal se partage. Salegèh correspond à Tacasyris.

Au-dessous de Mansourah, un canal coule au N. E., vers Akhmoun (*Mendès*) ; il est large et profond, et aboutit au lac de Menzalèh, près de la ville de ce nom, qui est peu importante. *Tanis* (Zan), qui donnait son nom à une branche du Nil, fut la résidence de deux dynasties de rois d'Egypte ; on y trouve des débris d'obélisques et de temples. Tmay-el-Emid (*Thmuis*), au S. d'Akhmoun, offre encore un beau sanctuaire monolithe en granit posé sur une base de même matière, et orné d'hiéroglyphes.

Présentons maintenant l'extrait des observations de Volney sur le Delta et sur l'aspect général de l'Egypte.

« Alexandrie, par sa position hors du Delta et par la nature de son sol, appartient au désert d'Afrique : ses environs sont une campagne de sable plate, stérile, sans arbres, où l'on ne trouve que la plante qui donne la soude et une ligne de palmiers, qui suit la trace des eaux du Nil par le Kalidj.

» Ce n'est qu'à Rosette que l'on entre vraiment en Egypte ; là on quitte les sables blanchâtres, qui sont l'attribut de la plage, pour entrer sur un terreau noir, gras et léger, qui fait le caractère distinctif de l'Egypte ; alors aussi, pour la première fois, on voit les eaux du Nil si fameux ; son lit est encaissé dans deux rives à pic. Les bois de palmiers qui le bordent, les vergers que ses eaux arrosent, les limoniers, les orangers, les bananiers, les pêchers et d'autres arbres donnent, par leur verdure perpétuelle, un agrément à Rosette, qui tire surtout son illusion d'Alexandrie et de la mer que l'on quitte. Ce que l'on rencontre de là au Caire est encore propre à la fortifier.

» Dans ce voyage, qui se fait en remontant le fleuve, on commence à prendre une idée générale du sol, du climat et des productions de ce pays célèbre. On voit quelques bois clairs de palmiers et de sycomores, et quelques villages de terre sur des élévations factices. Tout ce terrain est d'un niveau si égal et si bas, que, lorsqu'on arrive par mer, on n'est pas à trois lieues de la côte au moment où l'on découvre à l'horizon les palmiers et le sable qui les supporte ; de là, en remontant le fleuve, on s'élève par une pente si douce, qu'elle ne fait pas parcourir à l'eau plus d'une lieue à l'heure. Quant au tableau de la campagne, il varie peu ; ce sont toujours des palmiers isolés ou réunis, plus rares à mesure que l'on avance ; des villages bâtis en terre et d'un aspect ruiné ; une plaine sans borne qui, selon les saisons, est une mer d'eau douce, un marais fangeux, un tapis de verdure ou un champ de poussière ; de toutes parts un horizon lointain et vaporeux; enfin, vers la jonction des deux bras du fleuve, l'on commence à découvrir, dans l'E., les montagnes du Caire, et, dans le S., tirant vers l'O, trois masses isolées que l'on reconnaît à leur forme pour les pyramides (Pl. II — fig. 2). De ce moment, l'on entre dans une vallée qui remonte, au midi, entre deux chaînes de hauteur parallèle. Celle d'Orient, qui s'étend jusqu'à la mer Rouge, mérite le nom de montagne par son élévation brusque, et celui de désert par son aspect nu et sauvage; mais celle du couchant n'est qu'une crête de rochers couverts de sable, que l'on a bien définie en l'appelant digue ou chaussée naturelle. Pour se peindre en deux mots l'Egypte, que l'on se représente d'un côté une mer étroite et des rochers; de l'autre, d'immenses plaines de sable; et au milieu, un fleuve coulant dans une vallée longue de 150 lieues, large de 307, lequel, parvenu à 30 lieues de la mer, se divise en deux branches, dont les rameaux s'égarent sur un terrain libre d'obstacles et presque sans pente.

« Partout où l'on creuse, en Egypte, on trouve de l'eau saumâtre, contenant du natron, du sel marin et un peu de nitre. Lors même qu'on inonde les jardins pour les arroser, on voit, après l'évaporation et l'absorption de l'eau, le sol effleuri à la surface de la terre, et ce sol, comme tout le continent de l'Afrique et de l'Arabie, semble être de sel ou le former.

» Au milieu de ces minéraux de diverses nature (le calcaire coquiller, le granit rouge, la serpentine), au milieu de ce sable fin et rougeâtre propre à l'Afrique, la terre de la vallée du Nil se présente avec des attributs qui en font une classe distincte. Sa couleur noirâtre, sa qualité argileuse et liante, tout annonce son origine étrangère, et, en effet, c'est le fleuve qui l'apporte du sein de l'Abissinie; l'on dirait que la nature s'est plu à former par art une île habitable dans une contrée à qui elle avait tout refusé. Sans ce limon gras et léger, jamais l'Egypte n'eût rien produit; lui seul semble contenir les germes de la végétation et de la fécondité, encore ne les doit-il qu'au fleuve qui les dépose. »

MM. Cadalvène et Breuvery, allant de Damiette au Caire, s'étaient embarqués sur un *daadïe*, grande barque pontée qui porte deux voiles latines. Écoutons leur récit : « Notre barque, qui voguait paisiblement, nous permettait d'admirer ces belles plaines du Delta, où la nature étale une végétation si puissante, si variée. Le blé, l'orge, le doura, le millet, le maïs, le chanvre, le lin, le coton, le carthame, l'indigo, la canne à sucre et une foule de plantes potagères croissent à l'envi de tous côtes. Le saule à chevelure pendante, l'osier aux branches flexibles, naissent au bord des eaux ; le dattier, le gommier, le jujubier, l'oranger, le bananier, l'acacia, cent arbres divers, s'élèvent dans la campagne, où de grands sycomores déploient aussi leur magnifique ombrage... L'éducation des vers à soie n'a pas été négligée; on peut évaluer à trois millions le nombre de pieds de mûriers plantés en Egypte... A mesure que nous avancions, les dattiers devenaient plus nombreux et leur culture était plus soignée... Notre reïs (capitaine) s'étant arrêté à Kelioub, sa patrie, nous parcourûmes cette ville, où sont établis des fabriques et des filatures, et où un marché de bestiaux attire chaque semaine une affluence nombreuse. Nous fîmes une longue promenade dans ces rues étroites et enterrées, comme celles de toutes les villes d'Egypte, au milieu de monceaux d'ordures et de décombres... Nous nous rembarquâmes; le vent reprit avec force vers le soir, et nous arrivâmes en peu d'heures au sommet du Delda, appelé par les Arabes *Bathn-el-Baghar* (ventre de la vache). Le fleuve est en cet endroit d'une largeur étonnante; son aspect magnifique et une foule de barques qui se croisent dans tous les sens, ajoutent encore à la beauté du spectacle. »

Les plus belles choses trop répétées finissent par ennuyer. « Les rives du Nil, dit madame de Minutoli, offrent peu de variété ; les villages, les mosquées, les tombeaux des santons étant tous construits à peu près de la même manière, ce paradis de l'Egypte me parut d'une uniformité fatigante. Si quelque chose me surprit, ce fut la force et l'agilité de nos bateliers ; allant contre le courant, qui, en beaucoup d'endroits, est extrêmement rapide, et souvent avec un vent contraire, je vis une vingtaine de ces malheureux se précipiter à la nage pour tirer la barque, arriver sur le rivage, continuer des demi-journées ce travail terrible, exposés à un soleil brûlant, et obligés, par l'inégalité du terrain et des eaux, de nager et de courir tour-à-tour. Leurs forces me parurent plus qu'humaines, et je crois qu'on ne voit qu'en Egypte des mariniers aussi infatigables. C'est encore une des meilleures classes du peuple.

On débarque à Boulac, qui est le port du Carré pour toutes les barques qui arrivent du Delta. Il y existe une imprimerie où le pacha fait publier plusieurs livres arabes, turcs et persans, qui passent pour être assez corrects.

De Boulac, on se dirige vers la capitale que

3. Une Porte du Caire.

2. Mosquée de Hassan, au Caire.

les Arabes nomment *El-Masr*, et qui n'est éloignée des bords du Nil que d'un quart de lieue environ. A peu de distance de Boulac, on aperçoit les greniers d'abondance, nommés vulgairement *greniers de Joseph*. On traverse en entrant dans la ville la place de l'Elzbékièh, la plus remarquable du Caire, qui offre une étendue à peu près égale à celle de l'intérieur du Champ-de-Mars de Paris; elle est entièrement inondée lorsque le Nil arrive à son plus haut point : et dans les années de grandes crues, des barques légères sillonnent ce vaste bassin, où quelques mois plus tard les promeneurs vont prendre le frais sous d'antiques sycomores.

Aujourd'hui la population du Caire s'élève encore à 330,000 ames. On peut évaluer à 10,000 le nombre des Coptes. Aux traits de leur visage, et à la couleur jaunâtre de leur peau, il est difficile de ne pas reconnaître le caractère de figure des anciens Egyptiens que nous trouvons représentés sur les monumens.

Le Caire, ville moderne, reçut de Saladin un accroissement prodigieux et des embellissemens de tous genres. Grâce à la tolérance religieuse, plus grande aujourd'hui en Egypte que dans aucune autre contrée de l'Orient, les Européens peuvent visiter toutes les mosquées : les plus remarquables sont celles du sultan Hassan (PL. 1—4), et celle d'El Ahsar (des fleurs). La hardiesse des coupoles, l'élégance des minarets ornés d'un double rang de galeries, du haut desquelles les muezzims appellent les vrais croyans à la prière, font de ces monumens deux des plus gracieux modèles de l'architecture arabe.

La vieille enceinte de la ville est fermée de murailles, plus ou moins hautes et solides, flanquées de tours rondes et carrées et percées de portes dont plusieurs sont aussi garnies de tours et de tourelles propres à la défense, on peut dire que quelques-unes sont d'une belle architecture (PL. 1—3).

La citadelle, devenue si fameuse par le massacre des mamelouks, s'élève sur un rocher séparé du Mokattam par une vallée ; elle domine la ville, mais elle est elle-même dominée par la montagne. Le palais du pacha en occupe aujourd'hui la partie la plus considérable. Près de là, une mosquée ornée des magnifiques colonnes de granit rose qui décoraient le Divan de Saladin, va s'élever sur les debris de cette salle fameuse, et le puits de Joseph rappellera seul désormais, dans la citadelle du Caire, le nom de son fondateur. Joseph était le prénom de Saladin. Une fonderie de canon, une fabrique d'armes et de machines, une imprimerie et l'hôtel des monnaies, sont renfermés dans cette citadelle.

Les rues du Caire sont extrêmement étroites et tortueuses : on se croirait dans un vrai labyrinthe quand on les parcourt; elles sont encombrées d'immondices et défendues des rayons du soleil par des lambeaux de nattes suspendus entre les maisons, et fermées par un double rang de palais, de mosquées, de maisons, quelquefois de belle apparence, mais irrégulières et entremélées à chaque pas de masures et de mines. Sous un climat aussi brûlant que celui de l'Egypte, dit madame Minutoli, ces rues offrent l'agrément de maintenir pendant une partie de la journée l'ombre et la fraîcheur.

Champollion, enlevé si prématurément à la science, partage ce sentiment. « On a dit beaucoup de mal du Caire : pour moi je m'y trouve fort bien, et ces rues, de 8 à 10 pieds de largeur, si décriées me paraissent fort bien calculées pour éviter les trop grandes chaleurs. Sans être pavées, elles sont d'une propreté fort remarquable. »

Le pacha a fait bâtir un château de plaisance au village de Choubra, et a fondé à Abou-Zabel une école de médecine et de chirurgie et un hôpital.

D'énormes buttes de décombres obstruaient depuis longtemps la route du Caire à Masr-Fostat, *Babylone*, appelé par les Européens le Vieux-Caire ; elles ont été nivelées et de belles plantations couvrent ce terrain. Vis-à-vis de cette ville s'étend l'île de Raoudah, à l'extrémité méridionale de laquelle on voit les restes du fort de Nedjim-Eddin, renfermant le *mekias* ou nilomètre, aujourd'hui presque abandonné et dans l'état de délâbrement le plus complet. La coupole qui le surmontait s'est écroulée, et il ne reste plus debout que la colonne isolée au milieu d'un bassin carré, dans lequel l'eau du Nil est amenée par des canaux souterrains ; « nous essayâmes en vain, ajoutent MM. Cadalvène et Breuvery, de distinguer quelques divisions régulières au milieu des milles mesures confuses dont cette colonne est couverte, et l'habitude seule peut donner les moyens de s'y reconnaître, aux crieurs chargés de proclamer chaque jour les progrès de la crue du fleuve. Au surplus, la mauvaise foi apportée par le gouvernement dans ces proclamations, rend à peu près inutile l'usage du mekias, dont on ne constate exactement les indications que dans les années où la crue s'élève au niveau le plus favorable à la production. L'année est bonne quand le fleuve monte au Caire à 24 pieds au-dessus du niveau des plus basses eaux ; elle est mauvaise, s'il reste au-dessous de 21, ou s'il s'élève au-dessus de 27.

Sur la rive gauche du Nil, en face de l'île de Raoudah, s'élève Gizeh, petite ville où abordent les voyageurs qui vont visiter les pyramides. Après deux heures de marche au S. S. O., on traverse avec assez de peine un terrain marécageux ; une demi-lieue après, on atteint la limite des champs cultivés et le pied de la chaîne des rochers calcaires sur laquelle les pyramides sont assises. Plusieurs excavations sépulcrales sont creusées dans le flanc de ces rochers et forment des salles dans lesquelles on peut passer la nuit.

Autrefois, il était nécessaire de se faire accompagner d'une escorte nombreuse, afin de ne pas être exposé aux déprédations des Bédouins, quand on allait aux pyramides ; tandis que, sous le gouvernement de Mohammed-Ali, on jouit de ce plaisir en parfaite sécurité.

« Ces merveilles, dit Champollion, ont besoin d'être étudiées de près pour être bien appréciées ; elles semblent diminuer de hauteur à mesure qu'on en approche, et ce n'est qu'en touchant les blocs de pierre dont elles sont formées, qu'on a une idée juste de leur masse et de leur immensité. »

Madame Minutoli partage cette manière de voir. « En apercevant de loin ces monumens, ils ne nous parurent pas d'une grandeur colossale, et ce n'est qu'après nous en être tout-à-fait approchés, que nous pûmes juger de l'immensité de leurs dimensions, par les objets de comparaison qui se trouvaient à notre portée. Un étonnement silencieux, voisin de l'effroi, saisit l'ame à la vue de cet amas gigantesque de pierres qui paraît être posé là au milieu de ce désert par enchantement. Quand on considère combien de milliers de bras ont travaillé à élever ces édifices et combien de connaissances les anciens devaient posséder dans l'emploi des moyens mécaniques, non seulement pour parvenir à transporter ces énormes blocs de pierres, mais encore pour réussir à les élever à cette hauteur, on reste frappé d'étonnement à la vue d'une semblable entreprise, et l'on fait des réflexions pénibles sur l'inutilité de la plupart des travaux des hommes.

« J'entrai dans la plus grande des pyramides : celle de Cheops. Le chemin voûté et tortueux qui conduit dans l'intérieur de ce monument est très-pénible à parcourir ; dans plusieurs endroits, on est obligé de se coucher par terre et de se glisser de cette manière par une ouverture très-étroite ; dans d'autres, les degrés sont si élevés, que, sans l'aide de deux Arabes qui me soutenaient et me portaient, pour ainsi dire, je n'aurais jamais pu parvenir à les escalader. Malgré mon déguisement, ces bonnes gens avaient sans doute deviné mon sexe, car ils avaient pour moi beaucoup d'attentions, me rassurant et me prevenant sans cesse des passages dangereux qu'il fallait traverser ; d'autres Arabes nous précédaient avec des flambeaux ; l'obscurité de cette voûte souterraine, les singuliers effets de lumière qui se produisaient sur la figure rembrunie, et expressive de mes conducteurs, les cris des oiseaux de nuit et des chauves-souris auxquels ces lieux sombres et solitaires servent de refuge, et l'atmosphère suffocante que nous respirions me faisaient croire par instant que j'étais le jouet de quelque songe, dans lequel je voyais se dérouler devant moi les scènes de la *lampe enchantée* d'Aladin. Nous arrivâmes pourtant dans la grande pièce de l'intérieur de la pyramide, et je n'y trouvai qu'une espèce de sarcophage, qu'on suppose être le tombeau d'un des Pharaons... J'avoue que j'éprouvai, en sortant, un mouvement de joie bien vif, quand je revis au-dessus de ma tête la voûte azurée et la clarté du jour. Me sentant trop épuisée, il me fut impossible de gravir au sommet de la pyramide. »

MM. Cadalvène et Breuvery, arrivés le soir au pied de ce monument gigantesque, passèrent la nuit dans les grottes voisines. « Le lendemain, avant que le jour commençât à poindre, nous étions au pied de la grande pyramide, et nous franchissions, sans trop de difficultés, les 203 degrés inégaux que l'on compte de la base au sommet, autrefois plus élevé de quelques pieds. Arrivés avant l'aurore sur le plateau formé par l'enlèvement des assises supérieures, nous pûmes jouir à notre aise du magnifique spectacle qu'offre, au lever du soleil, l'immense panorama que l'œil embrasse de toutes parts. A nos pieds, autour des masses énormes des pyramides, gisaient confondus pêle-mêle les débris des temples et des sépultures de l'antique Égypte, bornés vers le S. par les immenses catacombes et par les pyramides lointaines de Sakkara.

» Du sommet du plus gigantesque des monumens qu'ait élevés la main des hommes, nous embrassions d'un même coup-d'œil les vastes solitudes du désert, et cette fertile vallée de l'Égypte, si justement nommée le rendez-vous de toutes les gloires du monde.

» Nous planions sur la métropole des Arabes

et sur les débris de celle des Pharaons, sur les champs de bataille illustrés par César et par Bonaparte; sur le fleuve où se sont désaltérés tour à tour les soldats de Sésostris et d'Alexandre, de Cambyse et de Saladin.

» Presque entièrement dépourvue de son revêtement, la grande pyramide est accessible de toutes parts, et les gradins que forment ses assises offrent une espèce d'escalier, sinon commode, du moins suffisant pour permettre de la gravir sans danger. La descente, sans être très-périlleuse, exige cependant des précautions dont quelques accidens récens sont encore venus prouver la nécessité. En 1832, un voyageur anglais fut brisé en roulant du haut de la pyramide.

» Des monticules, mélange des débris du revêtement et de sables accumulés par les siècles, occupent le pied de chacune des faces de la pyramide. C'est au sommet de celui du nord qu'est située l'entrée du monument, à 40 pieds environ au-dessus de sa base.

» Parmi les nombreuses pyramides élevées sur le plateau qui domine la pleine de Gizeh, les trois principales, séparées l'une de l'autre par un espace d'environ 500 pas, méritent seules de fixer l'attention par leurs dimensions colossales. La seconde, nommée *Chéphren*, presque aussi grande que la première, n'offre au-dehors aucune différence avec elle, et bien que sa disposition intérieure ne soit pas entièrement la même, on reconnaît qu'un même but a présidé à sa distribution, celui de soustraire à jamais aux recherches les salles que renferme le monument. Ce sont, comme dans la grande pyramide, des couloirs rapides et étroits, des rampes raides et ascendantes, enfin des galeries horizontales, construites pour la plupart en larges blocs de granit poli, qui conduisent à une grande salle, dite la *chambre du roi*, où se trouve un sarcophage de granit sans ornement et dont le couvercle a été brisé.

» L'entrée de la deuxième pyramide était demeurée inconnue quand, en 1818, Belzoni réussit à la découvrir après des fouilles dirigées avec la sagacité qui caractérise les travaux de cet homme remarquable.

» Cependant, lorsqu'il pénétra pour la première fois dans l'intérieur, il y trouva une inscription qui lui apprit que cet asile de la mort avait déjà été violé du temps des khalifes, comme l'indiquaient assez d'ailleurs les spoliations exercées dans ces sombres demeures et l'état de mutilation du sarcophage, dans lequel il ne trouva que des ossemens de bœuf. Le revêtement de l'édifice est encore aujourd'hui presque intact dans sa partie supérieure et y forme un glacis inaccessible; cependant un soldat eut le courage de la gravir sous les yeux du général Bonaparte, à l'aide de sa baïonnette, et fut assez heureux pour descendre sans accident.

» La troisième pyramide, nommée *Mycerinus*, semblable aux précédentes par la forme, leur est inférieure de beaucoup sous le rapport des dimensions, mais elle a sur elles l'avantage d'un revêtement de granit rose. Une large tranchée verticale a été pratiquée sur le milieu de la face N. par ordre d'un bey des mamelouks qui voulut tenter d'y pénétrer; mais ses efforts sont demeurés infructueux. »

Non loin de là, s'élève du milieu des sables qui l'ont peu à peu enseveli jusqu'aux épaules, un sphinx gigantesque, taillé dans le roc même de la montagne. Malgré son état de mutilation et ses proportions colossales, il conserve encore, grâce à leur admirable précision, une expression douce et gracieuse. Des fouilles assez considérables, qui furent exécutées il y a quelques années autour de la base de ce sphinx, mirent à découvert la partie antérieure du colosse et ses pattes de devant. A côté, sont un petit temple d'Osiris, enterré maintenant à 40 pieds de profondeur, et plusieurs autels. La hauteur totale, de la base au sommet de la tête, est de 65 pieds. Il est à l'E. du Chéphren.

Autour des grandes pyramides, on en voit une centaine d'autres de moindre dimension qui achèvent de s'écrouler. La construction de celles-ci, dont quelques-unes seraient remarquables partout ailleurs, paraît remonter à des époques très-différentes. Deux ou trois d'entre elles contiennent des salles décorées d'hiéroglyphes d'une exécution remarquable.

Les débris d'un grand temple, situé à l'E. et au pied de la seconde pyramide, plusieurs chaussées, et enfin nombre de grottes et de puits creusés dans le roc et d'où l'on a, à divers temps, tirés des restes précieux d'antiquités, complètent le groupe des monumens de Gizeh.

Le 22 juillet 1798, vingt jours après son débarquement en Égypte, l'armée française remporta, dans la plaine comprise entre les pyramides et le Nil, une victoire signalée sur l'armée des mamelouks.

Au S. de Gizeh, commence l'emplacement que couvrait Memphis, capitale de l'Égypte à l'époque où elle fut envahie par les Perses. Hérodote put encore admirer et décrivit plusieurs monumens de cette cité. Aujourd'hui on n'y voit plus que des ruines éparses entre les villages de Bedréchein, Mit-Rahineh et Memf. Un immense bois de dattiers couvre la terre. « Passé le village de Bedréchein, qui est à un quart d'heure dans les terres, dit Champollion, on s'aperçoit qu'on foule le sol antique d'une grande cité, aux blocs de granit dispersés dans la plaine, et à ceux qui déchirent le terrain et se font encore jour à travers les sables qui ne tarderont pas à les recouvrir pour jamais. Entre ce village et celui de Mit-Rahineh, s'élèvent deux longues collines parallèles qui m'ont paru être les éboulemens d'une enceinte immense, construite en briques crues comme celle de Saïs et renfermant jadis les principaux édifices sacrés de Memphis. »

Champollion vit dans l'intérieur de cette enceinte un grand colosse récemment exhumé, et qui, bien qu'une partie des jambes fut disparue, n'avait pas moins de 34 pieds et demi de long; sa physionomie suffisait pour le faire reconnaître comme une statue de Sésostris.

A Sakkarah, Champollion visita la plaine des momies, la nécropole de Memphis, parsemée de pyramides et de tombeaux violés, qui ont été recomblés après avoir été pillés. « Ce désert est affreux, ajoute le savant voyageur; il est formé par une suite de petits monticules de sable, produits des fouilles et des bouleversemens, le tout parsemé d'ossemens humains, débris des vieilles générations. Deux tombeaux seuls ont attiré notre attention, et m'ont dédommagé du triste aspect de ce champ de désolation. J'ai trouvé dans l'un d'eux une série d'oiseaux sculptés sur les parois et accompagnés de leurs noms en hiéroglyphes; cinq espèces de gazelles avec leurs noms, et enfin quelques scènes domestiques, telles que l'action de traire le lait, deux cuisiniers exerçant leur art. »

Les pyramides de Sakkarah sont en briques ou en pierre et les plus hautes après celles de Gizeh; on a découvert d'immenses galeries sous la plus grande, et des chambres couvertes d'hiéroglyphes en relief ou seulement tracés en noir. On voit aussi des pyramides au village de Dahhour et d'Abousir, et près de celui-ci de vastes catacombes entièrement remplies de momies d'oiseaux.

On a reconnu que tous les monumens de Memphis avaient été construits en pierres tirées des carrières de beau calcaire blanc de la montagne de Thorah, située sur la rive droite du Nil, en face de cette antique capitale. Champollion visita une à une toutes les cavernes, dont le penchant de cette montagne est criblé, et il constata, par la lecture de plusieurs inscriptions tracées en caractères hiéroglyphiques, que ces carrières avaient été exploitées à toutes les époques. Ici finit le *Bahrié* ou la Basse-Egypte.

Maintenant remontons le Nil, chaque rive nous offrira des lieux remarquables. Athey (*Aphroditopolis*), à droite, est une petite ville, vis-à-vis de laquelle, sur la rive opposée, on voit des pyramides. Un peu plus bas, on trouve les embouchures du canal qui, au temps du débordement, apporte au fleuve les eaux du Birket-el-Keroun, jadis le lac *Mœris*, creusé dit-on par un Pharaon pour recevoir l'excédent de l'inondation. Ce lac est à la partie méridionale du Fayoum, fertile plateau, dont la capitale est Medinet-el-Fayoum (*Crocodilopolis* ou *Arsinoë*). Des pyramides, des grottes sépulcrales, un obélisque, un temple, ornent encore ce canton, où était situé le Labyrinthe, magnifique édifice dont il ne subsiste plus de traces.

Beny-Soueyf, sur la même rive, est commerçante, industrieuse et très-peuplée. Behnesé (*Oxyrinchus*) n'est plus qu'un misérable village; jadis cette ville fut fameuse par le culte qu'elle rendait au poisson de son nom, et, plus tard, par l'excessive dévotion de ses habitans; le nombre des moines et des religieuses y surpassait celui des laïques, et tous les temples anciens y avaient été convertis en églises ou en couvens. Minyèh a des manufactures de coton qui font usage de machines à l'européenne, et on y fabrique des *bardacs*, ou vases à conserver l'eau très-fraîche.

Le village de Beni-Hassan, à droite, est voisin de grottes que divers voyageurs, et notamment Champollion, ont visitées; ce dernier y trouva une étonnante série de peintures, toutes relatives à la vie civile, aux arts, aux métiers et à la caste militaire de l'ancienne Egypte. Celles de l'un de ces hypogées sont d'une finesse et d'une beauté de dessin fort remarquables; on peut les comparer aux belles gouaches très-bien faites. L'entrée de ces grottes offre des colonnes semblables à celles des plus anciens temples grecs.

A l'époque de la campagne des Français, on voyait encore à Cheikh-Abadé les belles ruines d'*Antinoé*; un éboulement de la berge du Nil en a fait disparaître une partie; le reste a été détruit.

A Akhmounein, en face, à l'O., le magnifique portique d'*Hermopolis magna* attirait naguère l'admiration par sa double rangée de colonnes d'une dimension colossale; il a été démoli pour construire une nitrière.

Champollion découvrit dans une montagne déserte de la montagne Arabique, vis-à-vis de

Temple de Dendérah.

Ruines de Thèbes & Obélisques de Luxor.

Beni-Hassan-el-Aamar, un petit temple creusé dans le roc et orné de beaux bas-reliefs coloriés; il répond à la position nommée par les Grecs *Speos-Artemidos* (grotte de Diane), et est entouré par divers hypogées de chats sacrés; devant le temple, sous le sable, est un grand banc de momies de chats, pliés dans des nattes et entremêlés de quelques chiens.

Manfalout, à l'O., perd chaque année de son importance, parce que le Nil, en changeant de place, a miné le sol élevé et friable sur lequel reposaient ses maisons de terre, dont plus d'un tiers a été enlevé par l'inondation de 1829. Manfalout est la ville la plus méridionale de l'*Ouestanièh* (Heptanomide ou Egypte-Moyenne). Plus loin, on entre dans le Saïd (Thébaïde ou Haute-Egypte). Un peu au-dessus, et de l'autre côté du fleuve, la grotte de Samoun, peu connue des habitants eux-mêmes, a été visitée par M. Pariset et MM. Cadalvène et Breuvery: elle est d'une étendue prodigieuse; tout concourt à faire penser qu'elle a été le foyer d'un vaste incendie. On se traîne sur des amas d'ossemens calcinés; les parois sont revêtues d'une couche épaisse de suie grasse, et on respire une odeur de fumée mêlée à celle que répandent des myriades de chauves-souris. C'est à cet incendie qu'on doit de pouvoir pénétrer aujourd'hui dans ces vastes catacombes, et il en faudrait un nouveau pour qu'on pût aller plus avant; car, après un quart-d'heure de marche, on voit succéder aux ossemens réduits en cendres, des restes de momies d'abord à demi-conservées, puis mieux conservées à mesure qu'on avance davantage. Les momies humaines et celles des crocodiles forment la presque totalité de celles qu'on rencontre à Samoun; on y en trouve cependant quelques autres, ainsi que des ossemens de divers animaux et des vertèbres de squales.

Syout (*Lycopolis*), à l'O., est la capitale du Saïd et la ville la plus importante de l'Egypte, après le Caire ou Alexandrie. Elle offre, de loin, un aspect gracieux et varié; ses environs sont occupés par de nombreux jardins, et la campagne y est admirable de fertilité. « Des rues, plus larges et plus propres que celles des villes de l'Egypte, des places publiques, des bazars, une fabrique de coton, le palais du gouverneur, et surtout deux superbes mosquées, ornent l'intérieur de Syout; un bain public, d'une beauté remarquable, s'élève au milieu de la ville. Le commerce a beaucoup diminué depuis que le monopole exercé par le vice-roi a détruit les avantages que trouvaient à venir en Egypte les caravanes du Darfour, qui y arrivaient plusieurs fois l'année, et qui maintenant se dirigent le plus souvent vers les États barbaresques; cependant cette ville a encore conservé quelques relations avec les contrées du S., et surtout avec le Kordofal et le Sennâar, provinces soumises au vice-roi; aussi le marché des esclaves y est assez important. Les habitants chrétiens ou musulmans de Syout se livrent presque tous à des professions industrielles, et on peut évaluer sa population à plus de 20,000 ames. La nécropole antique, ajoutent MM. Cadalvène et Breuvery, occupe un vaste développement sur le champ de la chaîne Libyque; et, parmi ses hypogées, celui qui se distinguait surtout par la régularité de son travail et la prodigieuse quantité d'hiéroglyphes dont il était orné, se trouvait, quand nous le visitâmes, rempli d'ouvriers qui, sans respect pour les magnifiques peintures dont ses parois étaient revêtues, les exploitaient en guise de carrière.

» Favorisés par une bonne brise du N., nous passâmes rapidement devant Aboutig (*Abotis*), Kaout-el-Kâbir (*Antæopolis*) et Cheikh-el-Aridi (*Passalon*). De vieilles fondations, des hypogées dégradés, quelques colonnes ou des fragmens de granit épars sur le sable, voilà tout ce qui atteste aujourd'hui l'existence de ces antiques cités; car là aussi la destruction a fait des progrès rapides, et aujourd'hui on navigue sur l'emplacement qu'occupait le temple d'Antæopolis, englouti depuis peu d'années par suite d'un changement de direction du fleuve. »

El-Akhmin (*Panopolis*), à droite, et Menchyeh (*Ptolemaïs*), à gauche, ne présentent plus que des amas de décombres; les montagnes du voisinage sont, comme ailleurs, percées de grottes sépulcrales ornées de peintures.

Un peu au-dessus de Ptolemaïs, Champollion aperçut les premiers crocodiles; ils étaient couchés sur un îlot de sable, et une foule d'oiseaux circulaient au milieu d'eux. On ne tarde pas à voir Djirgèh. Quoique singulièrement déchue, cette ville possède encore un vaste bazar, quelques maisons assez élégantes, et huit belles mosquées. Entourée de jardins, elle occupe, sur la rive gauche du Nil, un terrain assez élevé; mais le fleuve, dont le cours, en cet endroit, se rapproche sans cesse de l'O., a déjà, comme à Manfalout, entraîné le sol sur lequel reposaient les dernières maisons, et chaque inondation menace d'emporter à son tour quelque nouvelle partie de la ville.

A 4 lieues plus au S., mais à 2 lieues seulement des bords du Nil, sur un canal, Madfouniêh ou la ville enterrée (*Abydos*), s'élève au pied de la chaîne Libyque, sur un canal; elle était détruite dès le temps de Strabon. Un palais magnifique et un temple y sont enterrés dans les sables; la dimension des blocs employés dans la construction du palais est vraiment extraordinaire. Les fouilles exécutées dans les catacombes ont produit une multitude d'objets de toute matière, appartenant à tous les usages de la vie publique et privée, civile et religieuse de l'Egypte, dont se sont enrichies les collections de l'Europe. Quant aux édifices et à leurs débris, comme ils sont en pierre calcaire, ils alimentent sans cesse le four à chaux établi près du village.

MM. Cadalvene et Breuvery s'arrêtèrent à Samhoud pour visiter le champ de bataille où Desaix remporta l'importante victoire qui le rendit maître de toute la Haute-Egypte. Plus au S., ils dépassèrent Farchout, célèbre par ses melons, les meilleurs de l'Egypte. Un canal latéral, dérivé du Nil, commence à Farchout, et suit constamment le pied de la chaîne Libyque, en communiquant de temps en temps, par des canaux transversaux, avec le fleuve auquel il ne se réunit qu'au-dessus de Terraneh, près de l'issue de celui du Fayoum. Ce canal, encore utile aujourd'hui, serait de la plus haute importance pour l'agriculture de l'Egypte si, dans plusieurs endroits, il n'était tellement comblé qu'on a peine à en reconnaître la place.

Kasr Essayad (*Chenoboscion*) a quelques débris d'un quai antique. De grands espaces couverts de décombres et de fragments de poterie attestent que Hou eut jadis une certaine importance. A peu de distance, d'autres monceaux de décombres signalent l'emplacement de *Diospolis parva*. Il y a quelques années, on y découvrit un petit temple enseveli dans les sables jusqu'au-dessus des combles, et près duquel s'ouvrait la bouche d'un puits conduisant à de vastes catacombes.

A mesure qu'on s'éloigne de Djirgèh, on rencontre en plus grand nombre les palmiers doum, dont la tige fourchue contraste agréablement avec les flèches élancées des dattiers; quelques acacias aux fleurs jaunes et odorantes se mêlent à ces groupes et varient un peu l'aspect du paysage en formant d'élégans bouquets de verdure.

« Les murs blanchis d'une fabrique de coton, ajoutent MM. Cadalvene et Breuvery, et les pointes des minarets qui se dessinent au dessus des grands arbres signalent de loin Keneh (*Cœnopolis* ou *Neapolis*). Cette ville, la plus importante du Saïd, après Syout, est bâtie avec quelque élégance, et possède de vastes bazars. Elle est, pendant la saison des basses eaux, située à une assez grande distance du fleuve auprès duquel elle fut originairement bâtie. Mais le Nil prend chaque année son cours plus à l'O. de Keneh; le bras qui en était voisin s'obstrue davantage à chaque crue, et reste maintenant à sec pendant la plus grande partie de l'année.

» Devenu, par sa position à l'entrée de l'une des vallées qui du Nil s'étendent vers la mer Rouge, l'entrepôt du commerce entre le Caire et Djidda, Keneh est également le point de réunion des pèlerins et des marchands maugrébins ou de Barbarie, qui vont à la Mekke par la voie de Kosseïr. Keneh est célèbre en Egypte par sa fabrique de *bardacs* ou *goulés*, faits d'une belle argile poreuse, non cuite et seulement séchée au soleil. Ils ont, quand on les expose à un courant d'air, la propriété de rafraîchir promptement l'eau qu'ils contiennent, et dont ils laissent suinter une partie. Ceux de Keneh sont préférés aux autres par l'élégance et la variété de leurs formes, qui rappelle celle des vases que l'on voit représentés sur les monumens. On fait aussi à Keneh des jarres qui sont également expédiées en grande quantité au Caire. On lie ensemble, la bouche en bas, un nombre considérable de ces jarres, maintenues par quelques bâtons, et on en forme d'immenses radeaux, souvent de plusieurs rangées d'épaisseur.

» Un peu au-dessus de Keneh, sur la rive opposée du Nil, et au milieu d'une plaine immense aujourd'hui presque inculte, s'élèvent les buttes de décombres qui signalent l'emplacement de Denderah (*Tentyris*), dont les ruines offrent encore aux voyageurs l'un des temples les plus remarquables et surtout les mieux conservés de l'Egypte (Pl. II — 1). » Champollion dit que c'est un chef-d'œuvre d'architecture, couvert de sculptures de détail du plus mauvais style. C'est du plafond de l'une des salles supérieures que l'on a tiré le planisphère qui, apporté en 1821 à Paris, a suscité de longues controverses entre les savans. Le petit bourg de Denderah est renommé par ses fabriques de chapelets en noyaux de doum peints en rouge, dont il se fait un bon commerce avec le Kordofal et l'intérieur de l'Afrique. Aujourd'hui, on cherche en vain dans les environs les restes des nombreux couvens qu'y fonda saint Pacôme, et dont le premier fut celui de Tabenne, sur le bord du Nil.

Keft (*Coptos*), à 6 lieues au S. de Keneh, est comme cette ville bâtie à l'entrée d'une vallée qui s'étend à l'E. dans le désert. Sous le règne des Ptolémées, elle était l'entrepôt du commerce qui se faisait avec l'Inde par le port de *Bérénice*, qui est entièrement ruiné et désert, et où l'on voit encore des débris à moitié enfouis dans les sables. Aujourd'hui, les caravanes de Keneh et de Keft vont à Kosseïr, petit port beaucoup plus au N., et moins éloigné que Bérénice.

Les ruines de Kous (*Apollinopolis parva*) présentèrent à Champollion bien plus d'intérêt que celles de Keft, quoiqu'il n'existe de ses anciens édifices qu'un propylon à moitié enterré. En quittant Kous, on s'avance entre deux nappes de verdure qui couvrent les bords du fleuve, puis on aperçoit au-dessus des palmiers les masses énormes des monumens de Thèbes.

Les Grecs nommèrent cette ville *Diospolis magna;* elle s'étendait sur les deux rives du Nil. Les misérables villages de Louxor, Karnak, Med-Amoud à droite, Medinet-abou, Kournah et d'autres à gauche, sont bâtis sur le terrain occupé par les ruines gigantesques de cette antique métropole, célèbre dès le temps d'Homère par ses cent palais.

Ce ne serait pas trop d'un gros volume pour décrire convenablement ce qui subsiste encore de nos jours des monumens de cette ville, dont l'aspect, malgré les dégradations qu'ils ont éprouvées depuis Cambyse, produit une impression si vive sur tous les hommes qui les aperçoivent pour la première fois. Laissons parler Denon, qui marchait avec nos phalanges : « Ce sanctuaire abandonné, isolé par la barbarie, et rendu au désert sur lequel il avait été conquis ; cette cité toujours enveloppée des voiles du mystère par lequel les colosses mêmes sont agrandis ; cette cité reléguée, que l'imagination n'entrevoit plus qu'à travers l'obscurité des temps, était encore un fantôme si gigantesque pour notre imagination, que l'armée, à l'aspect de ses ruines éparses, s'arrêta d'elle-même, et par un mouvement spontané battit des mains, comme si l'occupation des restes de cette capitale eût été le but de ses glorieux travaux, eût complété la conquête de l'Egypte! Je fis un dessin de ce premier aspect, comme si j'eusse pu craindre que Thèbes m'échappât, et je trouvai dans le complaisant enthousiasme des soldats des genoux pour me servir de table, des corps pour me donner de l'ombre, le soleil éclairant de rayons trop ardens une scène que je voudrais peindre à mes lecteurs pour leur faire partager le sentiment que me firent éprouver la présence de si grands objets et le spectacle de l'émotion électrique d'une armée composée de soldats dont la délicate susceptibilité me rendait heureux d'être leur compagnon, heureux d'être Français.

» La situation de cette ville est aussi belle qu'on peut se la figurer ; l'étendue de ses ruines ne permet pas de douter qu'elle ne fut aussi vaste que la renommée l'a publié ; le diamètre de l'Egypte n'étant pas assez grand pour la contenir, ses monumens s'appuient sur les deux chaînes qui la bordent, et ses tombeaux occupent les vallées de l'O. jusque bien avant dans le désert. »

Maintenant écoutons Champollion : « C'est dans la matinée du 20 novembre, que le vent, lassé de nous contrarier depuis deux jours et de nous fermer l'entrée du sanctuaire, me permit d'aborder enfin à Thèbes. Ce nom était déjà bien grand dans ma pensée ; il est devenu colossal depuis que j'ai parcouru les ruines de la vieille capitale, l'aînée de toutes les villes du monde ; pendant quatre jours entiers j'ai couru de merveille en merveille. Le premier jour, je visitai le palais de Kournah, les colosses du Memnonium (Pl. II — 3) et le prétendu tombeau d'Osymandias, qui ne porte d'autres légendes que celles de Rhamsès-le-Grand (*Sésostris*) et de deux de ses descendans; le nom de ce palais est écrit sur toutes ses murailles.

» Le second jour fut tout entier passé à Médinet-abou, étonnante réunion d'édifices... Le troisième jour, j'allai visiter les vieux rois de Thèbes dans leurs tombes, ou plutôt dans leurs palais creusés au ciseau dans la montagne de Biban-el-Molouk ; là, du matin au soir, à la lueur des flambeaux, je me lassai à parcourir des enfilades d'appartemens couverts de sculptures et de peintures, pour la plupart d'une étonnante fraîcheur. Je ne parle pas ici d'une foule de petits temples d'édifices épars au milieu de ces grandes choses..... Le quatrième jour, je quittai la rive gauche du Nil pour visiter la partie orientale de Thèbes. Je vis d'abord Louxor, palais immense, précédé de deux obélisques de près de 80 pieds, d'un seul bloc de granit rose, d'un travail exquis, accompagné de quatre colosses de même matière et de 30 pieds de hauteur environ, car ils sont enfouis jusqu'à la poitrine (Pl. II — 2).

» J'allai enfin au palais ou plutôt à la ville de monumens, à Karnac. Là m'apparut toute la puissance pharaonique, tout ce que les hommes ont imaginé et exécuté de plus grand. Tout ce que j'avais vu à Thèbes, tout ce que j'avais admiré avec enthousiasme sur la rive gauche me parut misérable en comparaison des conceptions gigantesques dont j'étais entouré. Je me garderai bien de vouloir rien décrire ; car ou mes expressions ne vaudraient que la millième partie de ce qu'on doit dire en parlant de tels objets, ou bien, si j'en traçais une faible esquisse, même fort décolorée, on me prendrait pour un enthousiaste, peut-être même pour un fou. Il suffira d'ajouter qu'aucun peuple ancien ni moderne n'a conçu l'art de l'architecture d'une manière aussi sublime, aussi large, aussi grandiose que le firent les vieux Egyptiens; ils concevaient en hommes de 100 pieds de haut, et l'imagination, qui, en Europe, s'élance bien au-dessus de nos portiques, s'arrête et tombe impuissante au pied des 140 colonnes de la salle hypostile de Karnac.

» Dans ce palais merveilleux, j'ai contemplé les portraits de la plupart de ces vieux Pharaons connus par leurs grandes actions, et ce sont des portraits véritables; représentés cent fois dans les bas-reliefs des murs intérieurs et extérieurs, chacun conserve une physionomie propre et qui n'a aucun rapport avec celle de ses prédécesseurs ou successeurs. Là, dans des tableaux colossals, d'une sculpture véritablement grande et tout héroïque, plus parfaite qu'on ne peut le croire en Europe, on voit Mandoueï combattant les peuples ennemis de l'Egypte et rentrant en triomphateur dans sa patrie; plus loin, les campagnes de Rhamsès Sésostris; ailleurs Sesonchis traînant aux pieds de la trinité thébaine (Ammoun, Mouth et Kous) les chefs de plus de 30 nations vaincues, parmi lesquelles j'ai reconnu, comme cela devait être, en toutes lettres, le royaume des Juifs ou de Juda. »

Entendons encore un troisième témoin, madame de Minutoli : « Nous arrivâmes à Thèbes le 17 de janvier, à cette Thèbes dont l'antiquité remonte aux temps fabuleux de l'histoire, et dont les ruines imposantes et gigantesques attestent encore la grandeur passée. Le portique du temple de Louxor frappe d'abord les regards du voyageur, mais d'autres avant moi ont décrit ces restes magnifiques; aussi me contenterai-je de décrire ici l'impression que j'éprouvai à la vue des ruines de Karnac. C'était vers l'heure du coucher du soleil que nous approchâmes de ce temple, éloigné de Louxor d'une demi-lieue de chemin. Les avenues de sphinx qui y conduisent, maintenant à moitié encombrées et mutilées, semblent inviter l'ame au recueillement, et paraissent vouloir la préparer à tous les mystères du culte antique et sacré qui fut célébré dans son enceinte; aussi, en apercevant cette forêt de colonnes, ces portiques imposans, ces obélisques encore debout, et ces pylones, que le temps et la fureur fanatique des conquérans de l'Egypte n'ont pu réussir à détruire,

l'on reste frappé d'un étonnement muet, et l'imagination s'entoure de toutes les illusions du passé. Montant alors quelques marches dégradées, je parvins à une espèce de plate-forme de laquelle je pouvais embrasser toute l'étendue du terrain occupé par le temple et les bâtimens qui l'environnaient. Mais comment rendrai-je le spectacle vraiment imposant et sans doute unique qui se développa alors à mes yeux récréés encore par les teintes magiques du soleil couchant, dont les derniers feux, dardés sur des obélisques du plus beau granit rose, leur prêtaient les nuances du pourpre, d'une couleur vive et tranchante qui contrastait avec l'azur des cieux, formant le fond du tableau. Des ombres prolongées se dessinaient à travers une innombrable quantité de colonnes qui s'étendaient à perte de vue; ici une enfilade d'appartemens indiquent la demeure somptueuse de ces rois puissans, à la voix desquels toutes ces merveilles s'étaient élevées; là, mes yeux s'arrêtaient sur un amas confus de décombres, de colosses mutilés et de colonnes brisées, qui ne permettent plus de se former une idée de l'ensemble de ce bel édifice, mais qui, dans leur état actuel de dégradation, offrent encore les traces de grandeur imposante imprimées à toutes les constructions de l'architecture égyptienne, et dont les dimensions extraordinaires semblent avoir été produites plutôt par la volonté toute-puissante d'un génie supérieur que par la volonté de l'homme.

Les ruines d'une jetée antique attestent que Louxor était autrefois, comme il l'est encore aujourd'hui, le port de Thèbes. Autour des ruines du palais ont été construites des maisons de boue surmontées de colombiers assez élevés, qui, au nombre de 200 environ, font le village de Louxor; une fois par semaine les habitans des villages voisins s'y réunissent pour échanger leurs marchandises. Devant les pylones du palais étaient placés, à côté de deux colosses à demi enfouis, deux magnifiques obélisques, de l'un desquels la France s'est enrichie en 1835.

Erment (*Hermontis*), à gauche du Nil, a un temple dont la construction ne remonte qu'au règne de Cléopâtre : une partie des colonnes est demeurée imparfaite. Esné (*Snes* ou *Latopolis*) a un temple qui, grâce à sa nouvelle destination de magasin de coton, échappera quelque temps encore à la destruction. « L'architecture en est assez belle, ajoute Champollion, mais les figures en sont détestables. Tout ce qui est visible à Esné est des temps moder-

3. Statues de Memnon.

4. Intérieur du Portique du grand Temple d'Elfou.

nes; c'est un des monumens les plus récemment achevés. »

Ce voyageur avait d'abord débarqué sur la rive droite pour voir le temple de *Contra-lato*. « Mais, dit-il, j'y arrivai trop tard, on l'avait démoli depuis une douzaine de jours pour renforcer le quai d'Esné, que le Nil menace et finira par emporter.

» Le 29 au soir, nous étions à El-Kab (*Elethya*), à l'E. Je parcourus l'enceinte et les ruines la lanterne à la main, mais je ne trouvai plus rien; les restes des deux temples avaient disparu: on les a aussi démolis il y a peu de temps pour réparer le quai d'Esné ou quelque autre construction récente. Avais-je tort de me presser de venir en Egypte? »

Esné est le rendez-vous des caravanes du Darfour et du Sennaar; il s'y tient un grand marché pour les chameaux; on y fabrique des châles nommés *milaych* et de la poterie.

Edfou (*Apollinopolis magna*), à l'O., a un grand temple encore intact, dont la sculpture est très-mauvaise; cet édifice et un autre sont à moitié enfouis dans le sable (Pl. II — 4). Le grand temple domine toute la contrée, c'est pourquoi on l'appelle *Kala* (la citadelle). Le péristyle est un des plus grands de l'Egypte, mais les faces latérales et les entrées sont masquées et les toits sont couverts par les huttes des fellahs (Pl. III — 1). Le sanctuaire est entouré d'un mur très-élevé, sans doute afin de le soustraire aux regards des profanes. L'extérieur, aussi bien que l'intérieur, est couvert d'hiéroglyphes. De beaux escaliers pratiqués dans l'intérieur conduisent sur des plates-formes. On fabrique à Edfou des bardacs de très-belle forme. Les environs sont habités par des Ababdés.

Près d'El-Kalb s'ouvre à l'E. une vallée qui va du Nil à la mer Rouge et conduit à Bérénice. M. Cailliaud la parcourut en 1816; il y découvrit les mines d'émeraudes dont les anciens avaient parlé; il rencontra aussi des routes qui croisaient celle qu'il suivait, et attestaient un travail prodigieux. Il vit des temples semblables à ceux de la vallée du Nil, et ornés de même de sculptures et de peintures. Plus tard, Belzoni a vu les mêmes choses et en a trouvé de nouvelles. Sans doute les voyageurs futurs feront aussi des découvertes. Les ruines des maisons de Bérénice et d'un temple marquent l'emplacement probable de cette place de commerce.

» A peu de distance au S. d'Edfou, la vallée du Nil se resserre, et à Djebel-Selselé (mont de la chaîne) *Silsilis*, des roches de grès d'une très-grande élévation viennent de chaque côté border le fleuve. Tous ces rochers sont percés de vastes carrières dont les plus étendues sont celles de la rive droite. On y distingue encore les routes anciennes qui les traversèrent, et qui sont sillonnées par les traces des roues des chars. Quelques-unes de ces excavations ont jusqu'à 600 pieds de long sur 300 de large et 80 d'élévation. « C'est de là sans doute, ajoutent MM. Cadalvène et Breuvery, que sont sortis les matériaux des monumens d'Edfou, d'Esné et peut-être de Thèbes. La plupart de ces carrières ont ensuite été ornées d'inscriptions hiéroglyphiques. Les sculptures de ces carrières ne sont qu'à demi terminées; mais les arêtes sont tellement vives, les éclats tellement frais, qu'on dirait que l'artiste n'a quitté ses travaux qu'hier et qu'il doit les reprendre le lendemain, et cependant cet hier date de 2000 ans et ce lendemain ne doit venir jamais. »

Plusieurs des bas-reliefs ont été jadis recouverts de peintures; un sphinx n'est pas achevé; des blocs ne sont qu'à demi détachés.

Koum-Ombou (*Ombos*), misérable village à l'E., a un temple d'une très-belle architecture et d'un grand effet; ce vaste édifice, dont les ruines ont un aspect imposant, est du temps des Ptolémées. Champollion a reconnu que les matériaux d'un petit temple avaient appartenu à un monument plus ancien. »

« Quand on approche d'Assouan (*Syene*), à l'E., l'aspect du pays change entièrement; aux montagnes calcaires de l'Egypte succèdent des masses de granit, dont la couleur sombre donne au paysage une physionomie toute nouvelle. Mais, sous quelque forme que se présentent ces blocs granitiques, on est toujours sûr de les trouver empreints du sceau de la puissance égyptienne, soit qu'ils aient été exploités comme carrières, soit que, convertis eux-mêmes en monumens, ils présentent une surface couverte d'inscriptions hiéroglyphiques.

» Assouan, ajoutent MM. Cadalvène et Breuvery, est une bourgade de terre qui mérite à peine aujourd'hui le nom de ville, et dans laquelle végète misérable une population d'à peu-près 4,000 habitans, mélange confus de fellahs, d'Ababdés, de Barabras, d'Albanais et de toutes les races que la guerre y a conduites tour à tour.

» L'Assouan actuel s'élève sur la pente peu rapide d'un côteau planté de dattiers. Ses maisons étagées, entremêlées de bosquets de verdure, présentent de loin un air d'aisance, lorsqu'on arrive par le fleuve; mais, quand on approche davantage, cette trompeuse apparence de prospérité disparaît pour laisser apercevoir dans toute leur réalité des masures qui achèvent de s'écrouler parmi d'énormes monceaux de décombres, au S. de la ville. L'Assouan des Sarrasins couvre les flancs d'une colline élevée des restes de ses demeures en ruines, parmi lesquelles on remarque encore quelques traces de murs et de tours romaines.

» Les catastrophes dont Syene fut le théâtre à diverses époques, n'ont presque rien laissé subsister des édifices qui la décoraient. Les restes d'un môle restauré plusieurs fois et ceux d'un petit temple enfoui, dédié aux dieux de la cataracte, sont avec les inscriptions hiéroglyphiques gravées sur les rochers, les seuls vestiges antiques qu'on y rencontre aujourd'hui.

» Un petit canal étroit, et qu'on peut passer à gué, dans la saison des basses eaux, sépare Assouan de l'île Eléphantine. Les monumens qu'on y admirait encore du temps de l'expédition française ont disparu; convertis en chaux, ils ont servi à blanchir les casernes et les magasins construits avec leurs débris. On voit dans le S. des fragmens de murailles très-anciennes; un escalier conduit de ce quai au nilomètre découvert par P. S. Girard, et confondu aujourd'hui avec d'autres décombres. » Les différens noms donnés par les Arabes à Eléphantine signifient *île des fleurs*, dénomination qu'elle mérite par ses groupes de palmiers et d'autres arbres, par ses jardins et par ses champs cultivés; elle offre l'aspect d'un jardin aux voyageurs qui arrivent de la Nubie.

Au dessus d'Eléphantine, le Nil, resserré entre deux murailles de rochers granitiques, coule avec fracas sur un barrage naturel formé par des écueils et des îles; ce sont les fameuses cataractes beaucoup trop vantées par les anciens, et nommées *chellal* dans le pays. La largeur du fleuve est là d'un quart de lieue, et sa pente de 7 à 8 pieds sur un longueur de 1800 pieds, partagée en trois chutes de 30 pieds chacune, et en plusieurs bras séparés par des rochers; les tourbillons qui existent au temps des basses eaux rendent la navigation très-pénible, sinon impossible; dans les grandes eaux, au contraire, les chutes disparaissent entièrement et le Nil acquiert une telle extension, que les bâteaux et les marins nubiens avec leurs radeaux y passent, mais non sans danger.

Le rétrécissement extrême de la vallée fait disparaître la culture de chaque côté; les îles même ne sont habitées que par de pauvres pêcheurs. Mais un grand nombre d'inscriptions et d'hiéroglyphes taillés dans les blocs de granit, rappellent ici les temps de la plus haute antiquité, où ces solitudes étaient sans doute visitées par de pieux pèlerins, comme le sont encore aujourd'hui les sources du Gange.

Une route tracée en ligne droite traverse par terre la chaîne de rochers dont nous venons de parler, et où sont des carrières de granit jadis exploitées par les Égyptiens; les voyageurs modernes qui ont passé par là ont reconnu de toutes parts les traces des travaux anciens.

Une seconde route, plus longue que la précédente, suit, à peu de distance, le cours du Nil. En une heure et demie de marche, on arrive au village d'El-Chellal; bientôt on aperçoit l'île de *Philæ*, la plus petite de celles qui se présentent ici à la vue. Elle sort du sein du fleuve brillante de verdure et de fraîcheur, couverte de palmiers et de temples. « Rien, ajoutent MM. Cadalvène et Breuvery, ne peut rendre l'effet de ces pylones majestueux, de ces colonnades éblouissantes de blancheur qui se dessinent au milieu des groupes d'arbres dont ils sont entourés; de ce site si gracieux auquel l'opposition de la nature désolée qui l'environne ajoute encore un charme nouveau (Pl. III — 2). »

C'est à Philæ que nos soldats cessèrent de poursuivre les mamelouks auxquels Desaix n'avait pas laissé un instant de relâche. Ils ne voulurent pas quitter ces lieux, auxquels leurs victoires venaient de donner une nouvelle célébrité, sans y consigner leur succès. Une des faces intérieures d'un pylone n'avait pas reçu d'hiéroglyphes; ils y gravèrent la date du débarquement de l'armée et celle de leur arrivée au-delà des cataractes, les noms des généraux qui étaient venus jusque-là et celui du général en chef. Ceux des savans qui avaient accompagné cette division sont gravés sur un mur des terrasses du temple, et suivis de cette indication : longit. à l'E. de Paris 30° 15', lat. boréale 24° 3'.

Au S. de Philæ, l'île nommée Djezirah-el-Helseh offre une grande surface, mais elle est peu connue. Ici sont les limites de l'Egypte.

La longueur de ce pays, du N. au S., est de 210 lieues, sa largeur de 120, sa surface de 24,000 lieues carrées; mais la plus grande partie de cette étendue est occupée par des déserts, où sont épars quelques oasis, et la portion susceptible de culture se réduit à peu près à 1,700 lieues carrées. Sans le débordement du Nil, presque tout ce terrain ne pourrait être labouré. On a dit avec raison que ce fleuve était pour l'Egypte la mesure de l'abondance, de la prospérité et de la vie. On évalue la population à 4,000,000 d'ames.

L'Égypte est comptée parmi les possessions appartenant à l'empire ottoman, mais le pacha s'y est réellement rendu indépendant, s'est emparé de la Syrie, et a fait la guerre au grand-sultan. Il administre les contrées où il est le maître d'une manière qui, jusqu'à présent, a rendu les habitans très-misérables. Tous les voyageurs qui ont récemment parcouru l'Égypte sont d'accord sur ce point. Toutes les productions de la terre et de l'industrie sont soumises à un monopole dont il s'est réservé les profits, et qui produit ses résultats ordinaires; d'ailleurs, il encourage les sciences; il a introduit dans la contrée qu'il gouverne en maître plusieurs établissemens utiles, et il y a fait régner la tranquillité. Les voyageurs peuvent maintenant parcourir l'Égypte avec sécurité; aussi plusieurs femmes ont-elles entrepris cette pérégrination qui, auparavant, n'était pas sans péril.

« On pourrait aisément, a dit Badia, former une bibliothèque entière de voyages en Égypte et de descriptions de cette contrée. » Or, le livre de Badia date de 1814, et depuis ce temps, le nombre de ces relations s'est encore accru. Le grand ouvrage français de la commission d'Égypte est celui qui contient la plus grande quantité de renseignemens utiles sur tous les points.

CHAPITRE II.

Nubie.

Les Barabras ou Kénous, que l'on rencontre pour la première fois à Éléphantine, habitent la plus grande partie du pays qui s'étend le long des deux rives du Nil, entre la première et la seconde cataracte, ainsi que le *Dar-el-Kourkour* (pays des tourterelles), assez vaste contrée du désert occidental; ils se distinguent par leurs mœurs, leurs traits et leur langue des Arabes du désert et des Fellahs, avec lesquels ils sont en contact à Assouan, et des Noubas, avec lesquels ils se mêlent depuis Ibrim jusqu'à Ouady-Halfa. Quoiqu'ils soient presque noirs, leurs lèvres minces, leur nez fin, leurs cheveux longs et légèrement crépus, sans être laineux, en un mot, toute l'habitude de leur corps les rapprochent plus des races arabes que des races nègres. Les enfans des deux sexes restent nus jusqu'à l'âge de puberté; on laisse le plus souvent croître les cheveux des jeunes filles; ceux des garçons sont rasés, mais il leur en reste sur le front un bandeau large de deux doigts et une touffe au sommet de la tête. Les hommes faits sont, comme les Fellahs, vêtus d'une chemise bleue; quant aux femmes, elles se drapent en outre avec une ample pièce de toile (*malayeh*), le plus souvent bleue; et, contrairement à l'usage musulman, elles ne se couvrent pas le visage, et laissent voir leurs cheveux.

MM. Cadalvène et Breuvery, desquels nous empruntons ces détails, estiment la population totale des Barabras à 40,000 ames au plus. « Un grand nombre d'entre eux partent fort jeunes de leur pays pour aller en Égypte se mettre au service des Turcs, et surtout des Francs, qui les préfèrent aux Arabes à cause de leur vieille réputation de probité, et qui les emploient généralement comme portiers ou palefreniers. Dès qu'ils ont amassé quelque petite somme, ils se hâtent de revenir au milieu de leur famille consumer doucement le fruit de leur travail et de leur économie, puis partent de nouveau pour gagner quelque argent, et ils renouvellent leurs voyages jusqu'à ce que l'âge et les infirmités les retiennent dans leur patrie.

» Les moyens d'existence de ceux qui ne quittent pas leur pays sont assez bornés et consistent en grande partie dans la culture des terrains fertiles qui s'étendent le long du fleuve; ils tirent en outre du pays de Kourkour du sel, du beurre, du henné et une assez grande quantité de charbon de bois d'acacia, qu'ils expédient au Caire, et qu'ils échangent contre des céréales. La lisière du désert leur fournit aussi deux variétés de séné très-communes dans ces parages; mais l'exportation de ce dernier produit a beaucoup diminué depuis quelques années. »

» Les Barabras ne sont ni aussi féroces ni aussi obstinés que l'ont prétendu quelques voyageurs, et leurs vices paraissent moins chez eux l'effet de leur caractère que celui de l'état de guerre et d'anarchie dans lequel leur pays fut longtemps plongé.... La crainte est le seul sentiment auquel on doive de pouvoir aujourd'hui parcourir leur pays en sûreté. »

Les relations de Norden, de Burckhardt et des autres voyageurs qui le traversèrent parlent des tracasseries de tout genre qu'ils éprouvèrent; mais, depuis 1816, MM. Cailliaud, Ruppel, Hoskins, Drovetti, Linant, Belzoni, Waddington et Hanbury, Champollion, Cadalvène et Breuvery, lord Prudhoe et d'autres ont pu le visiter à leur aise.

A peu de distance du village de Deboud (*Tébot*), sur la rive gauche du Nil, un temple antique offre des constructions de plusieurs époques. L'état de dégradation de quelques parties de l'intérieur permet aujourd'hui d'apercevoir l'entrée des passages secrets qui règnent dans l'épaisseur des murs, et qui furent sans doute destinés à cacher aux yeux des profanes les fraudes pieuses des prêtres chargés de rendre les oracles. L'effet général de l'édifice est assez gracieux, mais les décorations de la partie moderne n'ont jamais été entièrement achevées.

A peu près à cinq heures de distance au S. de Deboud, un petit temple de la plus charmante architecture, mais ruiné en partie, s'élève à Gartass, sur une colline de grès à peu de distance à l'O. du Nil. A partir de ce point, tout le rocher de grès des coteaux que l'on suit en remontant le fleuve porte les traces de vastes exploitations. Un peu plus loin, au milieu des travaux confus et des rochers taillés à pic par la main de l'homme, on remarque, dans un endroit écarté, une porte sculptée sur le flanc du roc; elle donne entrée dans une niche revêtue d'un beau stuc jaune. Tout le rocher voisin est couvert d'inscriptions grecques ou latines entourées d'un cadre. A une petite distance, on rencontre une vaste enceinte formée de murs épais construits de pierres peu volumineuses, mais revêtus de gros blocs.

On arrive ensuite à Teffah (*Taphys*), village à l'O., entouré de ruines coupées de la manière la plus pittoresque par des bosquets de dattiers et de doums. En face de Teffah, on trouve un vaste amas de décombres qui couvrent l'emplacement de *Contra-Taphys*.

Un peu au-dessus de ces ruines, le grès est de nouveau remplacé par le granit, et les montagnes se resserrent tellement des deux côtés du fleuve, qu'elles ne laissent aucun passage le long de ses rives; des rochers semés dans son lit même pendant l'espace de plus d'une lieue en rendent la navigation difficile, et forment les rapides d'El-Kalabcheh. La montagne prend là le nom de Djebel-Bahiti. Un château de terre, sur la même rive, et les ruines d'un autre château entouré de quelques habitations sur une petite île, attestent que cette contrée n'était pas autrefois sans quelque importance, au moins sous le rapport militaire.

La plaine commence à s'ouvrir au-delà du village d'El-Kalabcheh (*Talmis*), sur la rive gauche, composé d'une soixantaine de huttes de terre entourant un très-grand temple. Ses habitans, dont le nombre est à peu près de 400, passent pour les plus méchans de la Nubie inférieure. Un autre édifice, creusé dans le roc vif, n'est pas moins remarquable par ses dimensions que par la pureté de son style, et surtout par la beauté des bas-reliefs qui décorent les flancs du rocher coupé à pic. La montagne qui domine le grand temple est couverte des ruines d'une vaste forteresse et d'une quantité de tombeaux d'époque récente. Ailleurs, le sol semble avoir été remué pour chercher des tombeaux anciens. Partout on aperçoit une énorme quantité de fragmens de poterie, signes certains de l'existence d'une grande ville; la plupart de ces vases sont de fabrique grecque.

Après El-Kalabcheh, qui est un peu au S. du tropique du cancer, la lisière de terre cultivable, le long des bords du Nil, est toujours fort resserrée jusqu'à la cataracte d'Abou-Hor, qui n'est guère plus considérable que la précédente. Le fleuve, extrêmement rétréci et semé d'écueils, n'y laisse de praticable dans la saison des basses eaux qu'un étroit passage où les canges peuvent naviguer sans danger en longeant la rive droite. Ce passage était autrefois commandé par un château de construction arabe maintenant en ruines.

Le pays présente l'aspect le plus triste et le plus désolé. D'énormes blocs de rochers interrompent fréquemment l'étroite ligne de culture; et de place en place, on aperçoit les restes de jetées antiques formées de grandes pierres brutes et destinées à protéger les champs exigus des habitans contre les hautes eaux.

Au-delà d'Abou-Hor, la vallée s'élargit, et les paysans, plus industrieux que leurs voisins, réussissent à rendre fertile une grande étendue de terrain au moyen de sakiés ou machines à élever l'eau, solidement construites en pierres, et qui la reçoivent par de petits canaux souterrains. Les huttes de terre éparses au milieu des dattiers et des doums sont bâties avec plus d'élégance que celles qu'on a précédemment rencontrées en Nubie.

A deux heures au S. des ruines d'Abou-Hor, le temple de Dandour, à l'O., se montre sur un sol incliné, à 300 pas du fleuve; il est adossé aux rochers de la montagne, et d'un très-joli style. Le village de Dandour est sur la rive opposée.

Le temple de Kircheh, à trois heures plus au S., quoique peu éloigné du Nil, est élevé de plusieurs mètres au-dessus du niveau des hautes eaux. « Les dégradations commises par les Perses, qui ont ruiné le monument de Kircheh, comme la plupart de ceux qui existaient alors entre la première et la seconde cataracte, et la fumée dont il est souillé, ont rendu indéchiffrable une partie des hiéroglyphes dont ses murs sont couverts; cependant, ajoutent MM. Cadal-

1. Edfou (Apollinopolis Magna).

2. Île de Philæ.

vène et Breuvery, malgré cet état de délabrement, malgré les mutilations qu'il a souffertes, ce temple mérite encore un rang distingué parmi les productions si majestueuses de l'art égyptien, et peut-être serait-il vrai de dire qu'il l'emporte sur toutes, par la sévérité de son style et le caractère imposant et sombre de son architecture.

» Non loin du temple, s'élèvent quelques tombeaux de santons surmontés de dômes..... Plusieurs lieux, où reposent ainsi les restes de santons révérés, jouissent en Nubie d'une grande réputation de sainteté, et il est rare que les caravanes les traversent sans y déposer quelques offrandes, que recueille un faky, chargé de l'entretien de ces chapelles.

» Sur la croupe de la montagne qui domine le temple de Kirchèh, sont les ruines d'une forteresse en terre, et en face, sur la rive arabique, dans un lieu appelé Semagora, celles d'un autre fort plus vaste construit en pierres. Autour de ces ruines, s'étendent les restes peu remarquables de *Contra-Tutzis*, si toutefois on doit, comme le supposent quelques auteurs, voir dans Kirchèh l'antique *Tutzis*, que d'autres croient voir à Dandour.

» Cette division des villes anciennes en deux parties séparées par le fleuve est générale dans la Basse-Nubie, où l'exiguité des produits de la terre obligeait sans doute les habitans à se diviser pour subsister, et il est bien rare qu'en face d'un monument antique on ne rencontre pas d'autres ruines sur le bord opposé. »

En continuant à avancer, on aperçoit les restes d'une ville nubienne du moyen-âge, puis quelques plaines fertiles, et sur une plage aride, le temple de Dekkèh (*Pselcis*), remarquable par son état de conservation presque intact. Vis-à-vis, le village de Kobban est voisin des ruines de *Contra Pselcis*, encore entourées d'un mur de briques crues. Une heure au-delà, est le village d'Allaki, ainsi nommé à cause de sa position à l'extrémité de la chaîne de montagnes du même nom, qui court à l'E., à travers le désert, jusqu'au golfe Arabique.

« C'est dans cette chaîne, disent les deux voyageurs déjà cités, que furent exploitées les principales mines d'or qui donnèrent, jusque dans le XIIe siècle, une si grande importance au désert situé entre le Nil et la Mer-Rouge, depuis Assouan jusqu'au grand coude du Nil, à Abou-Hammed, vers les 19° de lat.... Dans les temps anciens, le besoin d'exploiter ces mines détermina souvent les Pharaons à traiter avec les Bedjahs (*Blemmyes*), habitans de ce désert. »

Ces mines continuèrent à être exploitées, d'après la même méthode politique, sous les différens gouvernemens qui se succédèrent en Egypte. Des rivalités de tribus troublèrent souvent les travaux; ils furent abandonnées vers le Xe siècle. Mohammed-Ali, devenu maître de la Nubie, fit en 1831 quelques tentatives pour les découvrir de nouveau. Découragé par le peu de succès des premiers essais, il donna ordre de suspendre les explorations.

Plusieurs îles divisent le cours du Nil au-dessus d'Allaki; celle de Dizar est la plus remarquable par son étendue et par sa belle culture. Vis-à-vis, sur la rive de l'E., on rencontre près du village de Kourtoun les ruines d'un petit temple très-dégradé, et plus loin, dans l'Ouady-Meharrakah, celles d'un édifice semblable, qui dut être très-considérable. Meharrakah fut jadis *Hiera Sycaminos* : c'est la dernière ville dont les itinéraires romains fassent mention dans ces contrées. Plus loin, on trouve, sur la rive de l'O., les ruines d'une bourgade arabe, et au-delà, sur des rochers, des restes de construction soignée, parmi lesquels on distingue ceux de plusieurs églises chrétiennes.

La vallée se rétrécit ensuite, le Nil baigne de chaque côté le pied des montagnes, un sable aride et des rochers d'un grès rougeâtre sont presque les seuls objets que découvre l'œil du voyageur; nulle trace de verdure, nul vestige d'être vivant n'apparaissent dans cette région désolée; seulement, de loin en loin, d'immenses groupes de grues et de cigognes s'enlèvent, à l'approche de l'homme, de dessus les îles de sable que le fleuve laisse à découvert, et tournoient longtemps dans les airs.

L'Ouady-Seboua (la vallée des Lions) est ainsi nommée sans doute des figures de sphinx qu'on aperçoit au-devant d'un temple antique, et que les habitans auront pris pour des lions; l'édifice adossé à la montagne est construit de pierres assez grandes, mais taillées grossièrement. Les hiéroglyphes gravés sur la surface inégale des murs et des pylônes sont d'un travail médiocre; çà et là, on retrouve quelques restes d'un stuc grossier, mais aucune trace de peinture (PL. III — 3).

La quantité de fragmens de briques et de poteries qu'on rencontre principalement sur les bords du Nil annonce qu'une ville de quelque importance exista jadis dans les environs. On compte aujourd'hui peu d'habitations modernes parmi ces débris; mais, sur la rive opposée, le village de Seboua est assez considérable; c'est le point de réunion habituel des caravanes qui viennent de Berber ou qui y vont, en traversant le désert des Chaykiés. Les habitans du canton de Seboua et ceux de l'Ouady-el-Arab, qui en est voisin, sont des Arabes El-Légat originaires du Hedjaz. Ces deux vallées forment vers le S. la limite du pays Barabras proprement dit; au-delà, il est habité par un mélange de Barabras et de Noubas.

Korosko est un bourg où s'arrêtent les caravanes arrivant directement du Sennâar; elles emploient, à traverser le désert qui s'étend entre ce bourg et Abou-Hammed, neuf journées d'une marche citée comme excessivement pénible à cause de la nature du sol et du manque d'eau.

A partir de Korosko, le Nil décrit un coude considérable : il tourne d'abord au N. O. et à l'O. dans un espace de 10 ou 15 milles, puis il reprend sa direction vers le S. O. jusqu'à Ouadi-Halfa. Ce coude du fleuve est un malheur pour les habitans de cette partie de ses rives, les barques se trouvant dans l'impossibilité de profiter des vents du N. et du N. O., presque les seuls qui soufflent dans ces parages, les riverains sont assujétis à quitter leurs travaux à leur approche et à venir gratuitement tirer la corde pour les remorquer. Ils se relaient ainsi de sakié en sakié jusqu'à Derr, où l'on commence de nouveau à pouvoir naviguer à la voile.

Dans les environs du bourg d'Amada, les bouquets de verdure et les villages deviennent plus nombreux; les sables lybiques couvrent un riche terrain d'alluvion, dont la surface est aujourd'hui au-dessus du niveau des plus hautes eaux. A quelque distance d'Amada, et à 300 pas à peu près du Nil, un temple antique est à moitié englouti sous le sable de la rive O.; les hiéroglyphes des parois et des dalles du plafond sont d'une grande finesse d'exécution; quelques images du culte chrétien ont remplacé une partie de ces sculptures. Ce temple est très-bien conservé.

Dans la saison des basses eaux, Derr est éloigné de quelques minutes de chemin des bords du Nil. Ce bourg, composé de huttes épaisses, est la capitale de la Nubie inférieure; sa mosquée est la première que l'on rencontre depuis Assouan. Son temple antique, le plus important de la rive droite du Nil dans cette contrée, est un des mauvais ouvrages du temps de Sésostris. Le bourg a-t-il remplacé *Phœnicon*, l'un des quatre principaux établissemens des Blemmyes? C'est ce que les érudits n'ont pas encore décidé.

« Les habitans actuels de Derr descendent en grande partie des Bosniacs, qui, après la conquête de l'Egypte par le sultan Selim, furent envoyés en Nubie, et finirent par demeurer maîtres du pays. Le doura, ajoutent MM. Cadalvène et Breuvery, le dokn (espèce de millet), l'orge, le henné, le tabac, le coton, le séné, le ricin, et plusieurs variétés de pois et de haricots, sont, avec les dattes, les produits principaux du canton de Derr, comme de tout le pays qui s'étend entre les deux premières cataractes. Les naturels élèvent quelques chameaux et beaucoup de bœufs, de moutons, de chèvres et de volailles. Le doura, le dokn, le lait aigre et les haricots forment la base de leur nourriture. Ils mangent en général peu de viande, si ce n'est quelquefois la chair de chameau. Les sauterelles grillées sont aussi de leur goût, quand ils peuvent s'en procurer. L'usage de fumer du tabac n'est pas général chez eux; ils préfèrent le plus souvent de le mâcher après l'avoir enveloppé d'un linge, et y ajoutent ordinairement un morceau de natron. La principale exportation de Derr est celle de ses dattes, qui, comme celles d'Ibrim, jouissent en Egypte de quelque réputation.

» C'est à Derr que Norden, voyageur danois, fut, en 1738, obligé de retourner sur ses pas, après avoir été vexé de mille manières par le cachef qui y commandait à cette époque. »

Au S. de Derr, on voit bientôt se déployer les plaines de l'Ouadi-Ibrim, canton populeux où l'on récolte une assez grande quantité de coton. Près du village de Ghetteh, les murs de quelques hypogées d'une petite dimension et creusées dans le roc, conservent une fraîcheur et un éclat admirables. On ne tarde pas à apercevoir de très-loin le château d'Ibrim, construit au haut d'une montagne de grès, et qui s'élève à pic à plus de 200 pieds au-dessus du Nil. Il est aujourd'hui abandonné, et Ibrim, qui a remplacé *Premnis*, n'offre plus que des amas de décombres dont le lugubre silence n'est interrompu que par le cri des chacals. Au N. et au S. de la ville, on distingue encore les traces de deux monumens antiques.

En avançant au S., l'île d'Hogos s'élève au milieu du fleuve, couronnée des restes d'une tour antique. L'absence de végétation sur la rive O. et le rapprochement des montagnes, dont le pied est souvent baigné par les eaux, semblent interdire l'espoir de rencontrer sur cette rive aucun vestige de l'habitation des hommes, quand tout-à-coup, au milieu des rochers qui s'élèvent au-dessus du Nil, on découvre les deux temples d'Ibsamboul. Ils sont entièrement creusés dans le roc et couverts de sculptures.

Selon Champollion, « le grand temple vaut à lui seul tout le voyage de Nubie; c'est une merveille qui serait une fort belle chose, même à Thèbes. Le travail que cette excavation a coûté effraie l'imagination. La façade est décorée de quatre colosses assis n'ayant pas moins de 61 pieds de hauteur; tous quatre d'un superbe travail... C'est un ouvrage digne de toute admiration. Telle est l'entrée; l'intérieur en est tout-à-fait digne; mais c'est une rude épreuve que de le visiter. A notre arrivée, les sables et les Nubiens, qui ont soin de les pousser, avaient fermé l'entrée. Nous la fîmes déblayer; nous assurâmes le mieux que nous le pûmes le petit passage qu'on avait pratiqué, et nous prîmes toutes les précautions possibles contre la coulée de ce sable infernal, qui, en Égypte comme en Nubie, menace de tout engloutir. » Il fallut se déshabiller presque complètement, et les voyageurs se présentèrent à plat-ventre à la petite ouverture d'une porte qui, déblayée, aurait au moins 25 pieds de haut. Ils crurent être à la bouche d'un four, et, se glissant entièrement dans le temple, se trouvèrent dans une atmosphère chauffée à 51°; ils parcoururent cette étonnante excavation avec un de leurs Arabes, chacun une bougie à la main. La première salle est soutenue par huit piliers, contre lesquels sont adossés autant de colosses de 30 pieds chacun, représentant Rhamsès-le-Grand (Pl. IV — 1). Sur les parois de cette vaste salle règne une file de grands bas-reliefs historiques, relatifs aux conquêtes du Pharaon en Afrique.... Les autres salles, et on en compte seize, abondent en beaux bas-reliefs religieux offrant des particularités fort curieuses. Le tout est terminé par un sanctuaire au fond duquel sont assises quatre belles statues, bien plus fortes que nature et d'un très-bon travail.

Burckhardt est le premier des voyageurs modernes qui ait signalé l'existence de ce monument, mais il ne réussit pas à y pénétrer. Plus heureux que lui, Belzoni, sans se laisser décourager par le peu de succès d'une première tentative, parvint enfin à y entrer le 1er août 1817.

Au S. d'Ibsamboul, on voit le château de Djebel-Abdeh, encore plus ruiné que celui d'Ibrim; le rocher y est percé de quelques hypogées d'une belle conservation. Les parois d'un autre petit temple souterrain ont été couvertes de mortier par des chrétiens qui ont décoré cette nouvelle surface de peintures représentant des saints, et surtout saint Georges à cheval. Mais Champollion parvint à constater, en faisant sauter le mortier, que les antiques peintures égyptiennes étaient encore intactes sous cet enduit.

On voit un autre petit sanctuaire égyptien également creusé dans le roc à Machakit. On aperçoit à Faras quelques colonnes de granit soutenant une mosquée en ruines et plusieurs tombeaux taillés dans le roc, vis-à-vis de l'île du même nom. La plaine s'élargit de plus en plus, notamment sur la rive droite. Au milieu de bouquets de dattiers, de doums, d'acacias, s'étend un village dont les cabanes sont entremêlées de champs de doura et de coton (Pl. III — 4); les sakiés, qui se succèdent à de très-petites distances, indiquent, par leur rapprochement, que l'on est arrivé dans un territoire plus riche que les plaines que l'on a rencontrées depuis Assouan. En avançant, quelques rochers, avant-coureurs de ceux de la seconde cataracte, commencent à se montrer çà et là dans le lit du fleuve.

Ouadi-Halfah (la vallée des Joncs) doit son nom à la quantité de plantes de cette espèce qui croissent dans les plaines voisines. Avant l'invasion égyptienne, les habitants en fabriquaient de belles nattes très-estimées, ce qui donnait une certaine activité à ce canton. Mohammed-Ali a fait un monopole de cette pauvre industrie, comme à Assouan et ailleurs, et l'a étouffée.

Les rochers de la seconde cataracte du Nil forment une quantité considérable d'îlots, très-élevés, pour la plupart, au-dessus du niveau du fleuve; la surface de quelques-uns offre une belle végétation, et est en partie couverte d'arbrisseaux, ce qui ajoute à la beauté de la scène produite par le contraste de la couleur noire des rochers avec la blancheur des eaux bruyantes et la teinte rouge du sable. Les cascades du Nil occupent une longueur d'environ 10 milles; les plus hautes chutes n'ont pas plus de 8 à 10 mètres. Il était autrefois impossible de faire traverser ces rapides aux embarcations, mais aujourd'hui les travaux exécutés par les ordres de Mohammed-Ali ont rendu ce passage praticable, bien qu'avec les plus grands dangers, pendant quelques mois de l'année, en remorquant les barques à force de bras.

Les rapides d'Ouadi-Halfah sont les plus considérables de ceux auxquels on a donné le nom commun de seconde cataracte; les autres s'étendent vers le S., sur un espace d'environ 30 lieues, jusqu'au village de Dâl. Ces rapides sont séparés entre eux par des espaces plus ou moins étendus, où le Nil reprend son cours ordinaire.

En face d'Ouadi-Halfah, on voit les ruines de *Beheni*; trois temples presque entièrement détruits sont les seuls édifices dont on retrouve encore des vestiges distincts; ils remontent à une très-haute antiquité. Champollion découvrit dans ces débris des indications précieuses pour l'histoire de ces contrées, 2,000 ans avant notre ère.

Au S. d'Ouadi-Halfah, la cataracte se resserre vers Mirkis, où elle est le plus obstruée par les rochers. Sur un de ceux qui sont les plus saillans, se trouvent des restes de grosses murailles en terre; formant des enceintes qui dénotent assez l'emplacement d'un ancien village. Plus loin, le Nil paraît navigable; puis il est de nouveau barré par des îles offrant des ruines, de la végétation, et parfois des habitations. « On est étonné, dit M. Cailliaud, de rencontrer autant de constructions ayant appartenu aux chrétiens; elles sont répandues sur la plupart des îles de cette cataracte, toujours situées sur des rochers élevés et occupant des positions presque inaccessibles. »

On désigne par le nom de *Dar* ou *Batn-el-Hadjar* (pays de pierres) la contrée comprise entre Ouadi-Halfah et Dâl, ou sur toute la longueur de la seconde cataracte. Comme cette dénomination l'indique, elle n'offre qu'un sol de pierres, des rocs amoncelés et des sables arides; à peine y rencontre-t-on de loin en loin quelques champs cultivés ou des dattiers épars. Burckhardt, qui visita ces contrées en 1813, n'estime pas à plus de 200 le nombre de leurs habitans; il n'a pas pu augmenter. « Ces Nubiens, pauvres, timides et sans cesse exposés à toutes sortes de vexations, vivent par familles isolées, les uns sur les bords du fleuve, les autres sur les îles escarpées dont son lit est semé. Ils cultivent sur le limon, que le Nil dépose entre les rochers, un peu de doura et de lupins (*tourmous*), qui, joint au produit de leur pêche et au lait de quelques chèvres, forment leurs seuls moyens d'existence. Ces insulaires sortent à peine de leurs retraites deux ou trois fois dans le cours de leur vie, et tous sont dans un état presque sauvage et dans une complète ignorance du monde entier. L'absence de toute uniformité dans leurs traits indique le mélange de plusieurs races; mais le type dominant est celui des Fellahs arabes. »

Au S. du Dar-el-Hadjar est le Dar-Sokkot (pays de Sokkot), séparé par la montagne de Doche du Dar-Mahass, qui s'étend jusqu'à la troisième cataracte. Ces deux contrées peuvent, sous quelques rapports, être comparées à la Basse Nubie, et offrent comme elles, sur les bords du Nil, une étroite ligne de culture qui s'élargit ensuite. Les voyageurs parcourent ce pays par terre.

Jusqu'à Ouadi-Halfah, la scène qui s'offre à leurs yeux est à peu près la même qu'en Égypte; plus loin, elle change entièrement : ils y voient l'homme entièrement inculte, avec son allure libre et rude. Aux dattiers, élégante mais monotone parure des bords du Nil en Égypte, se mêlent des arbres nouveaux : le gommier (*acacia gummifera*), l'achar (*asclepias procera*), le tamarisc, l'osier et une foule de végétaux jusque-là rares ou inconnus viennent varier l'aspect du paysage. Tant que l'on suit les bords du fleuve, on contemple toujours une vallée verdoyante, ombragée de palmiers et couverte de riches moissons; mais si on s'éloigne de quelques lieues de ses rives, tout change. Nulle trace de culture, nul vestige d'habitation; point de sentiers tracés; quelques arbustes rabougris, quelques puits, placés à de longs intervalles, sont les seuls signes de reconnaissance de la route. On n'aperçoit de toutes parts que le tableau d'une éternelle stérilité; mais ce ne sont pas ces immenses plaines de sable qui sont pour nos imaginations européennes l'unique image du désert. Tantôt on trouve d'immenses amas de pierres, tantôt des montagnes escarpées; çà et là des blocs de rochers épars et servant d'appui aux dunes de sable que le vent amoncèle derrière eux. C'est au milieu de cette nature désolée qu'après une marche de huit ou dix heures, et lorsque le soleil commence à darder ses rayons sur la tête, que l'on plante sa tente, et que l'on attend, en se livrant au sommeil, que la fraîcheur du soir permette de continuer le voyage.

A Semneh (*Tasitia*), on voit les ruines d'un temple sur le sommet d'un rocher très-élevé, et en face, la rive E. en offre un autre que M. Cailliaud a décrit. On rencontre, dans les environs de Semneh, beaucoup de restes de bâtimens en terre jadis habités par des chrétiens; on continue à voir pendant longtemps des ruines, tant sur le continent que sur les îles nombreuses du fleuve, notamment sur l'île d'Argo. Enfin les terres cultivables prennent une plus grande extension, et annoncent l'approche des plaines du Dongolah. Les hippopotames commencent à se montrer dans ces cantons, et causent beaucoup de ravages dans les champs cultivés.

Marakah ou Ourdy, nouvelle capitale du

3. Temple de Seboua.

4. Village Nubien près d'Ouadi-Halfa.

EN AFRIQUE.   Pl. III. Pag. 22.

Dongolah, dont elle a reçu le nom, est à peu près à 600 pas du fleuve : elle prend chaque jour de nouveaux accroissemens; des fortifications suffisantes pour résister aux attaques des naturels l'entourent. A quelques pas, au S. de la forteresse, est un autre groupe de maisons, non fermé de murs; c'est là que se trouvent, avec le bazar, la plupart des habitations des Dongolaoui, dont on peut évaluer le nombre à 1500. Un nombre au moins égal est réparti dans les maisons de paille éparses dans les campagnes, à peu de distance de la ville. Ces maisons, consistant en un treillage de bois recouvert de paille ou de tiges de douras, peuvent facilement se transporter d'un lieu dans un autre.

Les Dongolaoui proprement dits descendent des anciens Éthiopiens; quoique dans la suite des siècles ils se soient mélangés avec les Barabras et d'autres tribus, un examen attentif fait reconnaître chez eux les traits que retracent constamment les monumens de l'antique Egypte. Le visage ovale, le nez bien fait, légèrement rond à l'extrémité, les lèvres un peu épaisses, la barbe peu touffue, les yeux vifs, les cheveux crépus, mais non laineux, la taille moyenne, mais bien prise, et le teint couleur de bronze, tels sont les traits qui les caractérisent.

Au milieu d'eux, demeurent des Arabes qui ont conservé la physionomie de leurs ancêtres; ils vivent séparés des Dongolaoui comme des Barabras, qu'ils méprisent, et dont ils affectent de ne pas parler la langue, tandis que ceux-ci parlent l'arabe.

Une courte chemise de toile à larges manches, un caleçon ou seulement un morceau de toile de coton roulé autour des reins, forment le vêtement des Dongolaoui : ils portent ordinairement au bras droit, et attachées au-dessus du coude avec des cordons de peau tressée, des amulettes roulées dans de petits cylindres de cuir, des pinces à épiler, et quelquefois une petite corne creuse contenant du musc de crocodile ou d'autres drogues odoriférantes. A leur bras gauche est suspendu, de la même manière, un poignard à deux tranchans, de la longueur de nos couteaux, et qui leur en tient lieu; quelques-uns portent un second poignard fixé de même au-dessus du genou. Autrefois, ils ne marchaient guère sans être armés de boucliers de peau d'hippopotame ou de crocodile et de lances dont le fer avait jusqu'à trois pieds de longueur; mais dans le Dongolah, de même qu'en Egypte, Mohammed-Ali a défendu de porter ces armes, et cet ordre est assez généralement exécuté.

« La beauté des femmes est remarquable, disent les voyageurs déjà cités; partout on rencontre de grandes jeunes filles à la taille svelte, aux yeux noirs et veloutés, aux poses simples et gracieuses, aux cheveux nattés comme à la cour des Pharaons. Dans cette physionomie si naïve, si souriante, dans ce corps si souple et si élégant, dans cette gorge, dont la forme est si pure, que l'âge même ne l'altère que tardivement, il est impossible de méconnaître le modèle que cherchaient à imiter les artistes de l'antique Egypte, et dont ils ont souvent heureusement approché.

» L'épaisse chevelure des femmes du Dongolah est tressée avec beaucoup d'art et ornée de morceaux de succin, de corail, de cornaline; quelques-unes y suspendent un anneau d'argent qui vient leur tomber sur le front : les deux sexes portent dans leurs cheveux une longue aiguille de bois ou de métal qui leur sert à arranger les nattes qu'ils défont au plus une fois chaque année (Pl. V — 4); car c'est un travail de plusieurs jours que l'arrangement d'une semblable coiffure, composée d'une infinité de petites tresses d'égale longueur et artistement travaillées. »

Tous se graissent la chevelure et le corps, « notamment les femmes, suivant le témoignage de M. Cailliaud. Elles n'ont pour vêtement qu'un morceau de toile dont un bout est porté en trousse à la ceinture, et le reste se drape sur les épaules et autour du corps; quelquefois, surtout dans leur ménage, elles suppriment cette dernière partie de leur ajustement. Celles qui sont aisées ont des bracelets d'argent ou d'ivoire, souvent même en cuir garni de quelques boutons d'argent ou d'étain; elles en portent quelquefois au bas des jambes. Leur cou et leur chevelure sont aussi parés d'ouvrages en verroterie et de petites plaques d'argent. Les pauvres femmes se contentent de bracelets de bois ou de verre. Il est du bon ton pour les premières d'avoir les ongles longs et teints en rouge. Des sandales en cuir sont la chaussure des deux sexes. Les jeunes filles portent autour des reins une pagne (*rahad*) en peau de gazelle découpée en lanière, et toujours ornée de petits coquillages blancs du genre des porcelaines; elles la quittent en se mariant. »

La nourriture ressemble à celle des autres habitans de ces contrées; on fait ici, comme dans les provinces inférieures, du *névite* ou vin de dattes; quoique doucereuse, cette boisson acquiert de la force par la fermentation et n'est pas désagréable. Ils préparent, avec le doura fermenté, le *bilbil* et la *méryse*, qui ressemblent à de la bière épaisse, et qu'ils aiment beaucoup.

Le dialecte diffère de celui de la Basse-Nubie, mais pas assez pour empêcher les naturels des deux pays de se comprendre entre eux.

Il ne pleut que rarement dans le Dongolah, et seulement de septembre en novembre. Mars, juin et juillet y sont les mois les plus chauds. De midi à trois heures, le thermomètre s'élève ordinairement, en mars, à 28°, et en mai et juin jusqu'à 38. La crue du Nil, qui commence à cette époque, amène avec elle de l'Abyssinie une fraîcheur salutaire, et le pays est parfaitement sain.

On fait en général, dans le Dongolah, deux récoltes par an. Les premières semailles ont lieu en septembre, après que le Nil a commencé à baisser, et la moisson se fait en janvier; elle est suivie immédiatement de nouvelles semailles, et la moisson est mûre en mai. Depuis la conquête des Égyptiens, le coton, le safranum, l'opium et l'indigo ont augmenté le nombre des productions de la terre; mais les impôts excessifs ont, comme en Égypte, causé une misère extrême et générale. Malgré leur condition malheureuse, les Dongolaoui conservent un grand fond de gaîté, et ils oublient facilement leurs maux, pourvu qu'ils aient de l'eau-de-vie de dattes ou de bilbil. On les dit légers, perfides et paresseux, mais au moins ils ne sont ni fanatiques, ni vindicatifs, ni enclins au vol.

Au-delà de l'île de Ghertot, le Nil décrit un coude vers l'E., et les villages deviennent assez rares dans un assez long intervalle. Dans ce désert, la chaleur est accablante durant le jour, tandis que le soir, on a de la peine à se garantir de la fraîcheur. De midi à trois heures, le thermomètre marque 36° et 38° à l'ombre; à huit heures du soir, il baisse jusqu'à 16°, et même beaucoup plus dans la nuit.

Les environs de Basleyn, où l'on franchit des rapides, sont assez bien cultivés; vis-à-vis est une île du même nom. Les montagnes d'Abd-Abah, que l'on aperçoit ensuite, disparaissent à leur tour pour faire place au désert d'El-Keleh. On commence à retrouver de la culture près des bourgs assez importans de Kodokol et d'Olok.

Enfin, on atteint Dongolah-el-Agouz (le vieux). Il est sur un rocher d'environ 500 pas de long, qui s'élève à pic sur le fleuve. Cette ville, à moitié enterrée par les sables du désert, qui l'entourent des trois autres côtés, fut la capitale d'un royaume chrétien puissant au moyen-âge; aujourd'hui, ce n'est presque plus qu'un amas de ruines. Au XVe siècle, le pays fut divisé en plusieurs principautés, dont les chefs, ou meleks, relevaient des Foungis du Sennâar. Au XVIIIe siècle, les Arabes Chaykiés devinrent les souverains du pays et le rançonnèrent.

Les mamelouks, chassés d'Égypte, délivrèrent le Dongolah de la tyrannie des Chaykiés, et le gouvernèrent avec douceur; mais en 1820, ils furent obligés d'émigrer dans le Dar-Four, à l'approche de l'armée égyptienne, et le Dongolah est aujourd'hui compris dans les possessions de Mohammed-Ali. La capitale a vu sa population s'éloigner; c'est à peine s'il y reste 200 habitans. Cependant, la culture est très-soignée sur la rive opposée et dans les îlots du Nil.

Debbeh, gros bourg de 2,000 âmes, doit son importance à sa position, à l'angle d'un grand coude que le Nil fait vers l'E., ce qui l'a rendu le lieu de rassemblement des caravanes du Kordofan. Quand on a dépassé Debbeh, la direction du fleuve, qui remonte vers le N. E., rend contraires à la navigation les vents du N., qui soufflent presque seuls durant l'été; aussi le hâlage des barques est très-régulièrement organisé dans cette partie du pays.

Peu à peu la ligne de culture qui borde le fleuve se rétrécit; des coteaux de grès se montrent sur l'une et l'autre rive; on aperçoit parfois dans le désert quelques groupes d'arbres d'une belle végétation, et le long du Nil, des ruines de châteaux, lesquelles offrent des vestiges de christianisme. Amboukou est un poste fortifié entouré de quelques habitations. MM. Cadalvène et Breuvery allèrent, dans ses environs, à la chasse aux girafes et aux autruches.

Daïga est près de la limite qui sépare le Dar-Dongolah du Dar-Chaykié; il n'est pas un coin de terre dans celle-ci qui n'atteste l'activité et l'industrie des habitans. Le nom du village de Meraoui frappe naturellement l'esprit du voyageur qui l'entend pour la première fois; mais ce n'est pas là que l'on trouve les ruines d'un lieu célèbre dans l'antiquité. Barkal, misérable hameau de la rive gauche, est situé près des restes de *Napata*. Des débris de temples et de pylônes sont entassés au N. O. du mont Barkal. Plus loin, vers l'O., s'étendent des pyramides au-delà desquelles on trouvait encore, il y a peu d'années, des puits sépulcraux taillés dans le roc, et aujourd'hui presque entièrement comblés par les sables.

Noari, sur la rive droite, est voisine des pyramides d'El-Bellal, qui s'élèvent au milieu d'une plaine inculte, mais où l'on reconnaît les vestiges d'un canal qui faisait presque le tour de ces monuments, et qui aboutissait au Nil. Leur nombre a dû être autrefois de plus de 40; mais à peine en compte-t-on aujourd'hui 15 qui soient assez bien conservés pour qu'on puisse juger de leur forme : elles varient entre elles de grandeur et d'inclinaison, et ne diffèrent de celles d'Égypte que parce qu'elles sont plus effilées.

Un peu au-dessus de Noari, une quatrième cataracte obstrue le cours du Nil, qui, arrivé à Abou-Hammed, reprend sa direction au S. On trouve une cinquième cataracte à El-Solimanieh. Vis-à-vis d'Ed-Mossalab, sur la rive gauche, ce fleuve reçoit, pour la première fois, un affluent depuis son embouchure; cette rivière est l'Atbarah (*Astaboras*), qui, un peu au-dessus, a été grossie par le Mogren. C'est au confluent du Nil et de l'Atbarah que la nature a placé les limites septentrionales des pluies des tropiques.

L'Atbarah marque au S. les bornes du Dar-Berber. La plus grande partie de cette contrée est en plaines, dont les deux tiers sont cultivées en doura; on ne moissonne ce grain qu'une fois par an; on récolte aussi du coton, un peu de froment, de l'orge, des pois ou *ommoss* de diverses espèces, dont une est excellente. On n'y fait point d'huile, le beurre la remplace dans tous ses usages, et on en brûle dans les lampes pour s'éclairer la nuit. Le Dar-Berber manque de bois; l'arbre le plus commun est l'acacia d'Égypte, dont les branches s'affaissent souvent sous le poids des nids d'oiseaux. Il y croît dans le N. quelques doums et un petit nombre de dattiers d'un faible rapport; ce palmier ne se montre plus dès qu'on a passé le canton d'Abou-Egli, et le sycomore devient rare lorsqu'on a quitté le Barabrah. Les pluies périodiques n'y sont point continues, fort heureusement, car elles réduiraient en boue les maisons, uniquement construites en terre. Les habitans ressemblent, pour les coutumes et les usages, aux Nubiens que l'on a vus plus au N.

A peu près vis-à-vis de l'île de Kourgos, le village d'Assouv, à peu de distance de la rive droite du Nil, est au N. O. des pyramides, qui indiquent l'emplacement de Meroë, antique métropole de l'Ethiopie. Le célèbre géographe d'Anville avait marqué, avec sa sagacité ordinaire, la situation de cette ville, fameuse par son commerce, par ses monumens, par son oracle. M. Ruppel et M. Hoskins ont aussi visité les ruines de Meroë, et, de même que M. Cailliaud, tous deux ont dessiné leur aspect (Pl. IV — 2).

On voit aussi, à Naya, des restes de sept temples; et à El-Meçaourat, ceux de huit autres sanctuaires que M. Cailliaud regarde comme ayant appartenu à un collége où les jeunes gens étaient élevés dans la connaissance de la religion. M. Ruppel a observé sur l'île de Kourgos trois groupes de mausolées antiques.

Avant l'invasion de l'armée égyptienne, Chendy, près de la rive droite du Nil, était la capitale d'un petit royaume vassal du Sennâar, et le plus grand marché de la Nubie. En 1821, Nimr, son melek, vaincu par Ismaël-Pacha, fils de Mohammed Ali, perdit le pouvoir suprême. L'année suivante, étant venu avec un autre chef pour rendre ses devoirs à Ismaël, celui-ci lui demanda un subside très-considérable en argent, en bétail et en esclaves. Nimr protesta, en termes très-polis, de l'impossibilité où il était de faire droit à cette réquisition; le pacha, dans un accès de colère, le frappa de sa pipe. Nimr allait tirer son sabre pour se venger, quand son compagnon le retint. Le soir, aidés de leurs gens, les deux meleks entourèrent d'une grande quantité de bois la maison où Ismaël logeait, et y mirent le feu. Ismaël y fut brûlé avec tous les gens de sa suite. Cet événement se passa dans un village voisin de Chendi. Une insurrection générale éclata contre les Egyptiens; mais, en 1824, une nouvelle armée vint reconquérir le pays. M. Ruppel, qui le visita la même année, a raconté les massacres et les exécutions sanglantes qui signalèrent le retour des Egyptiens. Chendi fut détruit. Quand M. Hoskins vit cette ville en 1833, elle comptait au plus 700 cabanes éparses sur un vaste terrain. Beaucoup d'habitans se sont transportés à Métammah, qui est sur la rive opposée du fleuve et la capitale actuelle de cette contrée, mais dont l'aspect est aussi triste que celui de Chendi.

A quelque distance au S., M. Cailliaud et M. Hoskins virent à Ouadi-Ouatib ou Meçaourat, au milieu d'un désert, de vastes ruines d'un édifice antique, contenant des temples, des cours, des corridors. Leur situation leur parut singulière, car, en ligne droite, elles sont à six heures de marche du Nil. Un peu plus loin, on rencontre d'autres ruines à Abou-Naga. M. Hoskins n'alla pas plus loin, parce que la crainte des lions était trop puissante sur les indigènes pour qu'ils se décidassent à lui servir de guide. Mais en 1821, M. Cailliaud, qui voyageait avec l'armée d'Ismaël-Pacha, poussa ses courses plus avant. Près de Gherri, village composé d'une suite de cabanes éparses habitées par des Arabes Hassanyéhs, qui s'occupent de la recherche du sel gemme, des rochers de granit qui dominent au-dessus du fleuve, et de petites îles couvertes de verdure, rendent cette partie du Nil remarquable, et y forment même une cataracte que l'on peut regarder comme la sixième; c'est la plus petite.

Halfay, situé à un quart de lieue du Nil, dans une vaste plaine cultivée seulement dans la partie voisine du fleuve, occupe un emplacement d'une lieue et demie de circonférence, parce que ses maisons, disposées en groupes épars, sont entourées de grands enclos.

A 5 lieues au S., le Nil reçoit à droite le Bahr-el-Azrek (fleuve bleu), qui vient d'Abyssinie. Sa rive droite forme la limite occidentale du Dar-Sennâar. La pointe de terre qui est à l'extrémité orientale de cette presqu'île se nomme *Ras-el-Gartoum* ou *El-Khartoum*. Une ville s'y est élevée. Lord Prudhoe, en 1829, y trouva une trentaine de maisons en terre; le sandjar ou gouverneur y réside.

M. Cailliaud et lord Prudhoe virent à Sobah, au N. E. et à une petite distance de la rive droite du Bahr-el-Azrek, les décombres d'une ville ancienne qui couvraient un emplacement d'une lieue à peu près de circonférence, et au milieu desquels ils découvrirent un sphinx couché sur le sol.

Plus loin, le Rahad, ensuite le Dender, viennent se joindre à la rive droite du Bahr-el-Azrek; M. Cailliaud vit, dans une forêt près de Kourd-Leykeh, beaucoup de singes, les traces fraîches de l'éléphant, des pintades et divers oiseaux à beau plumage, mais ne poussant que des cris aigus. « Depuis les Pharaons, ajoute-t-il, peut-être aucune barque n'avait déployé ses voiles sur le fleuve où je naviguais... La nature brute et sauvage se montre seule au milieu de cette végétation sans cesse renaissante... Le 17 juin, nous essuyâmes un orage très-fort : le tonnerre grondait d'une manière épouvantable. Je regrettais le beau ciel d'Egypte. » A Mounâ, grand village de la rive gauche, M. Cailliaud observa les traces d'un ancien canal qui semble avoir été destiné à porter les eaux dans l'intérieur.

Sennâar, capitale du pays, est sur la rive gauche du Bahr-el-Azrek; jadis elle était grande et bien bâtie. En 1829, lorsque lord Prudhoe y arriva, il n'y restait que les mosquées, construites en belles briques cuites, et dont les jolies croisées en bronze sont un ouvrage de l'Inde. Quand Ismaël-Pacha fit la conquête du pays en 1821, presque toute la population s'enfuit dans l'Aleihé, canton à dix journées de distance au S. E., sur les frontières de l'Abyssinie.

Le peu qui est resté vit dans des cabanes de paille, excepté quelques marchands d'esclaves, dont les maisons sont en terre. Le marché est chétif et mal fourni. Le melek détrôné demeurait à Dakkina, dans les environs; il était traité avec un certain respect; le vainqueur lui avait promis une pension qu'il ne lui payait pas, et néanmoins on exigeait de lui sa contribution foncière.

Les principales places de commerce étaient, en 1829, Misselemieh, dans une grande plaine à quatre heures de marche de la rivière, et Ouelled-Médine; ces deux villes sont au N. de Sennâar.

Le mélange du sang des nègres, des étrangers venus du Soudan, des Arabes nomades et des Ethiopiens avec celui des indigènes proprement dits, a produit, par la suite des temps, six classes tellement distinctes, qu'il n'est aucun individu qui ne sache à laquelle il appartient.

Comme dans les provinces du N., les Sennâariens couchent sur des *engarebs* (chalits) recouverts d'une peau de mouton bien graissée ou d'une natte, et se couvrent de leurs vêtemens; ils ont aussi l'usage du support semi-circulaire de bois qui tient lieu d'oreiller. Ils ont pour s'asseoir de petits tabourets; chaque maison en a toujours un certain nombre. Tous ces meubles ont conservé la forme qu'avaient ceux des anciens.

Les femmes plus que les hommes ont l'habitude de fumer; leur pipe est en terre, avec un tuyau en bois long de trois pieds environ; les uns et les autres ont adopté, depuis peu de temps, l'usage du *bouga* : c'est de l'eau saturée d'une forte dose de tabac qu'ils gardent long-temps dans la bouche.

Malgré le grand nombre d'esclaves nègres qui habitent le Sennâar, on n'y parle que l'arabe, et avec plus de pureté qu'en Egypte.

M. Cailliaud fit des excursions au Djebel-Monyl, montagne granitique et bien boisée qui est au S. O. de Sennâar; ensuite, ce voyageur accompagna l'armée égyptienne dans sa campagne au S. Il fallait souvent traverser des forêts remplies d'arbres épineux, et où les bêtes sauvages seules s'étaient frayé des passages; ailleurs, la terre, nouvellement imbibée par les eaux, était criblée de trous creusés par les pas des éléphans, et qui, masqués par l'herbe, faisaient trébucher les chameaux.

Le 16 décembre, on s'était éloigné de la rivière pour faire route au S. O. Le village d'El-Kérébyn, sur une montagne située par 12° 6' de lat., dépend encore du Sennâar. Bientôt on en-

1. Knarabrul.

2. Pyramides de Méroé.

tra dans le Fazoql. Il prit fantaisie à Ibrahim-Pacha, général de l'armée égyptienne, d'envoyer ses mamelouks à la chasse de l'éléphant. Guidés par les naturels du pays, ils rencontrèrent sans peine deux de ces animaux paisibles; avant de tirer, ils s'approchèrent de très-près, afin que la balle pût percer la peau, et firent feu tous à la fois. Les éléphans, légèrement atteints, mais épouvantés, devinrent furieux, et blessèrent cinq mamelouks, dont deux mortellement; ils en saisirent deux autres avec leur trompe, et les lancèrent par-dessus les arbres; ceux-là, on désespérait de pouvoir les sauver. Ces animaux achevèrent de passer leur rage en mettant en pièces les arbres qui les environnaient.

Les habitans du Fazoql sont des nègres à cheveux crépus, aux grosses lèvres, aux pommettes des joues saillantes; peu d'entre eux ont le nez épaté, plusieurs même ont de belles physionomies.

Les villages bâtis sur le sommet ou sur la pente des montagnes sont composés de cabanes circulaires en argile et couvertes en chaume; un groupe de quatre à cinq, liées les unes aux autres par de petits murs, entourait une cour peu spacieuse; quelques huttes, plus petites que les autres, servent de poulailler ou de grenier pour serrer le doura. Un esprit d'ordre semble régner dans ces habitations. Ces montagnards recueillent les eaux de pluie dans des citernes et d'autres réservoirs moins considérables. Ils ne descendent dans la plaine que pour soigner leurs champs de doura.

Le 29 décembre, l'armée, changeant de direction, fit route à l'E., à travers un pays montueux. Les torrens étaient à sec; un soldat, ayant eu l'heureuse idée de creuser un trou dans le sable, eut l'incroyable plaisir d'y voir filtrer un peu d'eau; aussitôt son exemple fut suivi, et on put se désaltérer. Tous ces torrens viennent du S. O.; leur fond est de sable et d'argile.

Arrivée sur les bords du Bahr-el-Azrek, en face du Djebel-Gargadah, situé sur la rive E., l'armée marcha au S. Il fallut qu'elle s'ouvrît un passage tant soit peu praticable à travers les arbres. Elle eut des torrens à traverser.

Le 1er janvier 1822, elle parvint à l'embouchure du Toumat, que le Bahr-el-Azrek reçoit à gauche. Les bords sont ombragés par de grands doums, des acacias, des nebkas, des arbres papyrifères et d'autres. Le Toumat vient du S. O., et, suivant les renseignemens que M. Cailliaud put recueillir, sa source est à plus de vingt jours de marche au S. du village de Fazoql, bâti au pied d'une montagne. Notre voyageur obtint du melek et des savans des renseignemens sur le pays; mais aucun ne connaissait seulement le nom de Tombouktou ni celui du Bahr-el-Abiad (fleuve blanc); personne, parmi leurs compatriotes, n'avait jamais songé à porter ses pas de ce côté.

Le Baba, que l'armée rencontra plus loin, est un grand torrent que le Toumat reçoit à droite. On dit que, comme beaucoup d'autres, il vient de Dar-el-Mokada (l'Abyssinie).

Le Dar-el-Key (pays des chevaux) entoure la montagne d'Aqara, dont les points les plus élevés au-dessus de la plaine ont de 8 à 900 pieds de haut; les habitans sont les uns idolâtres les autres musulmans.

Après avoir passé et repassé plusieurs fois le Toumat, l'armée longea sa rive droite entre des montagnes très-rapprochées et remarquables par leur belle végétation; là, sa largeur n'était plus que de 60 pas et son cours très-rapide. Bientôt on entra sur le territoire de Qamamyl. On se dirigeait dans le S. après s'être enfoncé de nouveau dans les bois. « Parvenus à une certaine élévation, dit M. Cailliaud, nous découvrions à l'O la longue chaîne des montagnes d'Obeh. De demi-heure en demi-heure, la route était coupée par des torrens qui tous allaient aboutir au Toumat. »

Le Qamamyl, qui a deux journées d'étendue, passe pour le canton le plus abondant en or de toute cette contrée. M. Cailliaud, suivi d'une escorte de soldats, aperçut dans le lit et sur les bords de l'Abqoulghi, torrent venant du S. E., et coulant vers le Toumat, des excavations peu profondes; auprès étaient des sébiles en bois, et des pieux. Il descendit dans l'une de ces excavations, en posant les pieds sur des piquets de bois fichés en terre à droite et à gauche; un homme pouvait difficilement s'y introduire, tant l'ouverture était étroite. Ce puits, creusé jusqu'au roc, avait 20 pieds de profondeur. Là, une petite galerie avait été commencée; il ramassa une certaine quantité de sable ferrugineux qu'elle contenait, et il en fit le lavage dans les sébiles qu'il avait sous la main. Il réussit à dégager quelques parcelles d'or pesant en tout un grain. Il les porta au pacha, qui ne parut pas enchanté d'une si riche trouvaille.

Le jour suivant on fit des recherches, les Turcs s'y prenaient maladroitement, on obtint qu'une très petite quantité d'or. Un vieux cheikh, que l'on fit prisonnier, indiqua les endroits les plus favorables aux recherches et la manière dont il fallait s'y prendre pour le lavage des sables; quelques autres nègres la mirent en pratique. Néanmoins, le résultat de tout ce travail ne fut pas plus fructueux que celui des jours précédens.

Tous les torrens de ces contrées charrient plus ou moins de parcelles d'or; c'est après les fortes pluies que les naturels se livrent à l'envi à ces recherches et qu'ils fouillent avec une patience et une attention inouïes, tous les ravins qui sillonnent les coteaux. S'il faut les en croire, ils y trouvent, par fois, des pepites d'un assez gros volume : les femmes surtout s'occupent de la recherche de ces dernières. Elles renferment ces grains d'or dans des tuyaux de plumes de vautour qui, ainsi remplis, tiennent lieu de monnaie dans le trafic entre les nègres ; comme ils ne savent pas fondre ce métal, ils le livrent à des Arabes musulmans de Singhé, en échange de bœufs, de moutons et de toiles. Ces Arabes le portent à Fadassy, village dans le S., sur les confins du pays des Gallas en Abyssinie ; là, ils le fondent, le tirent à la filière et en forment de petits anneaux : c'est sous cette forme qu'il circule dans le commerce.

Le Qamamyl fait partie du Dar-Bertât, grand pays habité par des nègres idolâtres. « Ils sont généralement, dit M. Cailliaud, bien faits, forts et vigoureux ; quoiqu'ils aient les cheveux crépus, cotonnés ; le nez épaté et les lèvres épaisses ; ils n'ont pourtant pas les os des pommettes aussi proéminens que chez les nègres de l'Afrique occidentale. Ces idolâtres sont indociles, belliqueux ; on ne doit cependant pas en conclure qu'ils sont naturellement cruels et féroces comme auraient pu le faire croire quelques actes de vengeance exercés contre les Turcs. La guerre aussi atroce qu'injuste que ceux-ci leur faisaient, ne permettait pas qu'on pût se faire une idée nette des mœurs habituelles de ces hommes poussés au désespoir. Je suis au contraire porté à les croire hospitaliers et pacifiques ; ce qui me le persuade, c'est l'union dans laquelle ils vivent avec des Arabes musulmans et même, dit-on, avec quelques Abyssins, restés dans le pays à la suite d'invasions antérieures. J'ai trouvé, en effet, en parcourant leurs cabanes, des *caras* ou vases faits avec des calebasses sur lesquels étaient sculptées des croix chrétiennes. Quand aux nègres du Bar-el-Abiad, ils passent pour être cruels et perfides.»

Le 6 février, M. Cailliaud était au village de Singhé, situé par 10° 29' de lat. N. et 32° 20' de longit. à l'E.-S. de Paris, et composé de 5 à 600 habitations éparses sur des coteaux. Les Arabes de Singhé tannent et préparent beaucoup de peaux qu'ils exportent jusqu'au Sennâar. Plusieurs petits torrens leur procurent l'eau nécessaire à leurs besoins. Leur territoire dépend du Dâr-Fôc (pays d'en haut), c'est en effet le canton le plus méridional du Bertât ; il se prolonge au S. à deux journées de marche jusqu'à Fadassy, bâti sur les bords de l'Yabouss, rivière assez forte qui vient, dit-on, du Dar-el-Galla, et se réunit au Bahr-el-Azrek, à deux journées au-dessus du Fazoql ; elle a beaucoup d'eau toute l'année, on ne la passe qu'à la nage ou sur des radeaux ; les hippopotames et les crocodiles y abondent.

Fadassy est un marché ou les Abyssins échangent des chevaux, des bestiaux, des fers de lances, des casse-têtes en fer, des haches, du froment, du café, du miel, des épices, des toiles peintes de l'Inde, des peaux tannées contre de la poudre d'or, du sel, de la verroterie de Venise.

Le 11 février, Ismaël-Pacha, ennuyé de lutter sans obtenir de grands avantages contre des peuplades belliqueuses, abandonna ces contrées, et fit retourner l'armée vers le N. M. Cailliaud n'avait nullement souffert des fatigues de la route ou des diversités de climats ; mais M. Le Torzek, officier de la marine, son compagnon de voyage, était consumé par la fièvre. Ces deux Français étaient les seuls de leurs contemporains d'Europe qui eussent étendu aussi loin vers le S. leurs recherches dans cette partie de l'Afrique, en venant d'Egypte par terre.

Le 14, l'armée atteignit Adassy, sur les bords de Bahr-el-Azrek ; le 18, les deux Français s'embarquèrent sur cette rivière ; leur barque courut des dangers et éprouva des dommages à la cataracte d'El-Qerr ; le 26 elle s'arrêta devant la ville de Sennâar.

M. Cailliaud y trouva les troupes turques qui avaient fait une excursion dans l'O. jusqu'à Dinka, village situé à peu près sous les 11° de lat. N. et les 29° 5' de longit. E. Voici les renseignemens que lui fournit M. Asfar, médecin copte qui avait accompagné l'expédition : Dinka donne son nom à un pays qui commence près Sennâar, et se prolonge au S. O., le long du Bahr-el-Abiad. Les productions et les habitans de cette contrée semblent être les mêmes qu'au Bertât. Les hommes sont presque nus ; les femmes se ceignent d'une peau en forme de jupon court ; les filles ne portent qu'une petite peau qui leur couvre la chute des reins et se noue par-devant. Les unes et les autres se parent de colliers et de ceintures en verroteries de Venise, de boutons d'ivoire, de bracelets en ivoire ou en fer, ou de bagues aussi en fer. Lorsque les enfans parviennent à l'âge de puberté, on leur arrache les quatre dents incisives inférieures, que ces peuples regardent comme inutiles et comme déparant le visage. Un homme peut prendre autant de femmes qu'il peut donner de bœufs ou de vaches. Les femmes sont d'une fécondité étonnante : elles mettent au monde, le plus souvent, deux enfans à la fois.

En hiver, et dans la saison des pluies, les nuits étant très-froides, les Dinkaouis se couchent, pour dormir, sur des cendres chaudes. Ils fument du tabac qu'ils récoltent. Leurs armes sont des lances de fer très-lourdes, des bâtons munis de cornes droites et aiguës, et quelquefois des dards en fer, enfin de grosses massues courtes qu'ils lancent avec beaucoup d'adresse ; ils se servent de boucliers faits en peau d'éléphant.

Par leur courage et leur nombre, les Dinkaouis se rendent redoutables à leurs voisins du Bertât, à l'E., et du Bouroum, à l'O. Ces hostilités leur attirent parfois de fâcheuses représailles de la part des premiers, qui se réunissent pour en tirer vengeance. Le résultat de ces guerres est de faire des esclaves que l'on vend, et de piller les bestiaux et les récoltes. A l'O. du Bahr-el-Abiad, habitent les Chilouks, qui sont également des nègres.

Les deux Français partirent de Sennâar le 1er mars ; ils étaient le 14 à Chendi ; ils y rencontrèrent M. Linant, qui, depuis peu, avait quitté le Sennâar, et venait de visiter les ruines au S. de Chendi.

En 1813, Burckhardt, qui avait parcouru l'Egypte, partit le 24 février d'Assouan, où il laissa son bagage, et suivit un guide fidèle la rive droite du Nil. L'état de la Nubie, à cette époque, présentait beaucoup de dangers pour un voyageur, à cause de la présence des mamelouks. Cependant Burckhardt parvint sans accident à Ouadi-Halfah, puis à Tinareh, dans le Dar-Mahass. Là, il se trouva au milieu des hommes les plus farouches et les plus déréglés qu'il eût encore rencontrés. Le chef lui dit nettement : « Tu es un agent de Mohammed-» Ali ; mais, au Mahass, nous crachons sur la » barbe de Mohammed-Ali et nous coupons la » tête à quiconque est ennemi des mamelouks. » Ces menaces ne produisirent aucun résultat fâcheux pour la personne de Burckhardt ; mais entrevoyant des difficultés qu'il lui serait probablement impossible de vaincre, il ne poursuivit pas sa route vers le Dongolah, de la frontière duquel il n'était éloigné que de deux journées et demie. Il rebroussa chemin vers le N. jusqu'à Kolbe, où il passa le Nil à la nage, en se tenant d'une main à la queue de son cheval, qu'il poussait de l'autre. Ensuite, il descendit le long de la rive gauche du fleuve jusqu'à Ibsamboul, dont il admira le temple antique, puis à Derr, où il se sépara de son guide, et le 31 mars il rentra dans Assouan.

L'année suivante, il se joignit à une caravane d'une cinquantaine de djellabs ou marchands d'esclaves qui allaient en Nubie. On partit le 2 mars de Daraou, ville d'Egypte, au N. E. d'Assouan ; on marchait sous l'escorte d'une trentaine d'Arabes Ababdehs. Vêtu comme un pauvre marchand et n'ayant qu'un âne pour le porter, ainsi que ses provisions, il eut beaucoup à souffrir de la conduite de ses compagnons de voyage, qui, cependant, le prenaient pour un musulman. On traversa le même désert où Bruce, qui venait d'Abyssinie, avait tant souffert de la disette d'eau en 1772. Après avoir enduré toutes les peines imaginables dans le trajet de cette région inhospitalière, on s'avança le 23 dans une plaine qui s'abaissait vers le Nil, et le soir on atteignit Ankeïreh, village qui est le chef-lieu du canton de Berber. Il n'était habité que par des bandits dont le principal plaisir paraissait consister à tromper et à piller les voyageurs.

La caravane, diminuée d'un tiers, se remit en marche le 7 avril. Elle passa par Damer, où l'autorité est entre les mains de fakys ou religieux musulmans. Burckhardt n'eut qu'à se louer d'eux. Le 17 avril, il entra dans Chendi. Il eût pu aisément pousser jusqu'à Sennâar, et de là en Abyssinie, mais il aurait suivi la route déjà parcourue par Poncet et par Bruce ; il aima mieux visiter des contrées inconnues. Une caravane se disposait à partir pour le golfe Arabique ; il vendit ses marchandises, et, du produit qu'il en tira, il acheta un esclave nègre et un chameau. « Tous mes comptes réglés, dit-il, je reconnus qu'il me restait quatre piastres fortes : l'exiguité de cette somme ne me causa aucun souci, sachant qu'arrivé sur la côte, je pourrais me défaire de mon chameau pour un prix qui me donnerait le moyen de payer les dépenses de ma traversée jusqu'à Djidda, et d'ailleurs j'avais sur cette place une lettre de crédit pour une somme considérable. »

La caravane se dirigea vers l'Atbarah, dont les rives sont embellies par une végétation magnifique ; ensuite, elle traversa le pays de Taka, très-fertile, mais habité par des Arabes qui ne sont nullement hospitaliers, et chez lesquels Burckhardt, qui avait pris le caractère d'un pauvre derviche, n'aurait pu demeurer; il renonça donc à l'idée de franchir les montagnes pour gagner Massaouah, et suivit la caravane jusqu'à Saouakim, où elle arriva le 26 juin.

Cette ville, située au fond d'une baie étroite, est bâtie en partie sur un îlot, en partie sur le continent; elle fait un grand commerce, notamment en esclaves. Burckhardt estime sa population à 8,000 individus; ce sont, pour la plupart, des Arabes El-Haderah, tribu des Bichariens; ceux-ci occupent la plus grande partie du désert de Nubie, compris entre le Nil et le golfe Arabique; ils ont un port à Olba, misérable village sur la côte. Les Hadanda habitent le Beled-el-Toka et les vallées des montagnes de Langay, qui sont le prolongement septentrional de celles de l'Abyssinie; quelques-uns cultivent la terre. Leur principal village est Got Redjah, sur l'Atbarah. Les Hammodah vivent le long de cette rivière, qui donne son nom à leur plus grande bourgade. Les Hallenkahs sont des brigands fieffés qui volent et pillent tous leurs voisins. A l'O. de Saouakim, s'élève la chaîne du Djebel-Dayab (Mont-d'Or), où jadis on exploitait ce métal, et où se trouvent les sources du Mogren.

La Nubie, comprise entre 9° et 24° de latit. N. et entre 26° et 37° de long. E., a 330 lieues de long du N. au S., et 220 lieues de largeur moyenne de l'E. à l'O. Sa surface est d'environ 60,000 lieues carrées, et on estime sa population à 2,000,000 d'ames.

CHAPITRE III.

Abyssinie.

Presque tous les Européens qui ont voyagé en Abyssinie ont débarqué au port de Massaouah, sur la côte de ce pays. La ville est située sur une île d'un quart de lieue de long. Le port, qui peut contenir une cinquantaine de navires, est sûr, profond et d'un accès facile, quoique l'entrée en soit étroite. Massaouah manque d'eau douce; on recueille l'eau de pluie dans de grandes citernes; mais, comme on la tient presque toute en réserve pour les navires du gouverneur, les habitans vont s'approvisionner d'eau à Arkiko, misérable bourgade éloignée de 3 lieues au S. sur le continent, et qui donne son nom à une vaste baie.

Massaouah faisait autrefois un commerce très-étendu, mais qui est bien tombé depuis que cette place est tombée au pouvoir des musulmans; néanmoins, son port sera toujours assez fréquenté pour le négoce avec l'Abyssinie.

A l'E. de la baie d'Arkiko, s'étend l'île de Dahalak, qui est très-grande, mais aride et mal peuplée; Bruce y ayant abordé en 1769, aperçut les hautes montagnes de l'Abyssinie; « elles forment, dit-il, une chaîne unie comme un mur, et se prolongent parallèlement à la côte jusqu'à Saouakim. » Elles s'approchent beaucoup de la mer; on ne les franchit pas sans peine. En sortant d'Arkiko, on marche entre des jardins. Le chemin qui se dirige au S.O. est montant, inégal et rude; Bruce, Salt, M. Gobat, M. Ruppel et d'autres Européens y ont passé. On voyage à dos de mulet; des chameaux portent le bagage. A mesure que l'on avance, le chemin devient meilleur, quoiqu'il serpente entre des montagnes; il est coupé par des torrens, qui, en été, sont à sec. Le pays est couvert d'acacias qui ont 40 pieds de hauteur, et ont leurs troncs entourés de plantes grimpantes; on rencontre des torrens bourbeux. Des hordes de Hazortas ou pasteurs sont campés dans les plaines avec leurs troupeaux de moutons et de chèvres; ils y viennent, dans la saison chaude, pour chercher des lieux arrosés par des eaux courantes; leur campement, presque circulaire, est entouré d'épines et de broussailles.

On continue à monter, la vallée se resserre; bientôt ce n'est plus qu'une gorge large seulement de 300 pieds, et bordée de chaque côté de hautes montagnes escarpées; un peu plus loin, elles paraissent se réunir. Salt les nomme monts Hamhamou, d'après un petit tertre où il fit halte pendant la nuit, près d'un torrent; elles sont très-hautes, et courent du N. au S.; elles sont habitées par des Hazortas et des Oueillas.

Le terrain qui, depuis Arkiko, s'est élevé sensiblement, s'exhausse davantage et plus brusquement après le cinquième jour de marche. « On voyait de toutes parts, dit Salt, de la fiente d'éléphans; la plupart des figuiers étaient ébranchés jusqu'au sommet, afin de donner au bétail la facilité de brouter les feuilles et les bourgeons, toute l'herbe étant brûlée par l'excès de la chaleur. On voyait des chaumières et des habitans sur les pentes des montagnes. »

Ensuite, il faut monter la Taranta, pour parvenir au col de ce nom. Le chemin est d'abord uni et facile, ensuite il devient plus raide et embarrassé de pierres et de grands quartiers de rochers. Toute la montagne est couverte de *kolquals*, espèce d'euphorbe arborescente et branchue qui atteint à 40 pieds de haut, d'*arzès* (*Oxycedrus virginiana*), arbre dont le bois est très-

3. Savant et Esclave (Abyssinie).

4. Chasse de l'Hippopotame.

dur, de *kan'ouffas* (*Pterolobium lacereus*), arbre à feuilles composées et garnies d'épines acérées ; enfin de *daros*. La région froide des forêts d'arzés commence avec l'*ouara*, dont le feuillage ressemble à celui de l'osier. Arrivé au haut du col, le voyageur, en portant la vue au S., découvre les immenses chaînes des montagnes escarpées du Tigré et les crêtes de celles d'Adouch ; elles sont diversifiées par des tapis de verdure, et coupées par de nombreuses vallées. On ne descend que pendant une heure, mais par une pente très-rapide, pour arriver sur un plateau. Le changement de climat y devient très-sensible. Au mois de mars, Salt trouva l'ardeur du soleil dévorante, comparée à la chaleur qu'il avait éprouvée de l'autre côté du Taranta, dans les hautes vallées ; les plantes étaient brûlées, les ruisseaux à sec, et on avait envoyé tout le bétail sur les montagnes pour y chercher des pâturages. Ce voyageur observe que ce changement subit de température est mentionné dans la relation de Nonnosus, ambassadeur de Justinien vers le roi des Axoumites.

Quand on est arrivé au bas de la plus mauvaise partie du chemin, on suit, à travers un pays agreste et hérissé de rochers, un sentier sinueux qui conduit à Dixan. Cette ville est bâtie autour d'une colline, de laquelle on jouit de la vue des montagnes du Tigré et des cantons voisins, toutes couvertes de villages. Les maisons n'ont point de fenêtres. Au lieu de cheminées, on place, sur une ouverture du toit, qui est plat, deux pots de terre l'un sur l'autre, mais cette issue est si étroite, que seulement une petite partie de la fumée peut s'échapper par-là. Le seul édifice public de Dixan est la chapelle ou l'église. Elle a très-peu d'apparence : les murs sont en terre, et le toit, en chaume, est de forme conique. Les hyènes rôdent dans les environs pendant toute la nuit, et entrent même dans la ville ; au reste, il en est de même dans toute l'Abyssinie.

Salt vit ce pays en 1804, et une seconde fois en 1810 ; il ne voyagea que dans le Tigré, où nous le suivrons. Le 5 mars de cette dernière année, il partit de Dixan, et se dirigea vers l'O., puis au S., en traversant la plaine de Zaraï, qui était dépouillée de toute verdure ; on n'en voyait que dans le lit des torrens et des rivières où il restait quelques flaques d'eau. On suivait les plaines et on traversait les vallées qui bordent le flanc occidental des monts Taranta. Le Devra-Damo, une des plus hautes montagnes de cette chaîne, est remarquable parce qu'elle fut choisie, dans un temps, pour y reléguer les princes des branches cadettes de la maison régnante. Ce fait rappela aussitôt à l'esprit de Salt le roman de *Rasselas*, par Johnson. « Un tel souvenir, dit-il, ne pouvait manquer d'ajouter infiniment au plaisir que j'éprouvais de traverser les sauvages régions de l'Ethiopie.

« La montagne de Devra-Damo paraît être complètement escarpée de toutes parts, et l'on m'a dit qu'elle est d'un accès très-difficile et qu'on ne pouvait arriver à son sommet que par un seul sentier. » Ce sommet est aplati. Au bout de quelques milles, on arrive à un défilé nommé *Kella*, parce que les rochers voisins ressemblent à des fortifications, Kella signifiant château en abyssinien de même qu'en arabe.

Salt jugea qu'il était parvenu à la plus grande altitude de ces monts, parce que, bien qu'il fît route au S., il trouvait chaque jour le climat plus tempéré et la végétation plus retardée ; il éprouva naturellement un vif regret de ce qu'un accident avait mis son baromètre hors d'état de servir.

Dans une vallée très-bien cultivée et arrosée par un ruisseau, la première récolte de foin n'avait pas encore été faite, quoique la seconde de froment et d'orge approchât de la maturité, et semblât devoir être fort abondante. Cette fécondité du sol dépend beaucoup de l'intelligence et de l'adresse avec laquelle les habitans dirigent l'irrigation ; ils creusent plusieurs petits canaux depuis le point le plus élevé du courant d'eau, et le conduisent ainsi dans la plaine partagée en compartimens carrés comme dans l'Inde.

Un pays âpre et montagneux fut suivi d'une vaste campagne ouverte. Magga, où le voyageur et ses compagnons trouvèrent avec peine un chétif asile sous des hangars, est habité par des gens de très-mauvais renom. C'est pourquoi les caravanes évitent d'y passer. Ce canton est un des plus beaux de l'Abyssinie. A l'E. du Tacazzé, on voit, dans un vallon voisin du bourg, beaucoup de massifs d'arbres, ce qui n'est pas commun dans ce pays. Ghibba, situé à l'extrémité d'un ravin âpre et sauvage, est dans un petit vallon écarté, orné de collines boisées, et qu'entoure presque entièrement une rivière abondante en poissons et en oiseaux sauvages. Ce fut là que Salt aperçut, pour la première fois, le *sanga* ou bœuf galla, remarquable par la vaste dimension de ses cornes, particularité que Bruce attribue à tort à une maladie.

Au-delà de Ghibba, le pays est très-montueux. On suit longtemps le bord d'un précipice, d'où l'on descend dans la riche et fertile plaine de Gambéla, puis on gagne le sommet d'une montagne qui domine la vallée de Tchelicot.

Le raz ou souverain réel du Tigré y résidait alors. Salt lui remit les présens du roi d'Angleterre. Il est difficile de donner une idée de l'admiration que ce chef et ses principaux chefs exprimèrent en les contemplant. Il y avait, dans le nombre, un panneau de glace peinte, un tableau représentant la vierge Marie et une table de marbre. Tous ces objets furent envoyés à l'église. Le principal prêtre récita une prière dans laquelle le nom anglais fut répété fréquemment; et, en sortant du temple, le raz ordonna que toutes les semaines on priât pour la santé du roi de la Grande-Bretagne.

Durant la dernière partie du mois de mars, la température fut très-douce; pendant plusieurs jours, il tomba de fortes ondées, ce qui était extraordinaire pour la saison, mais très-favorable pour les biens de la terre. Le thermomètre se tenait presque constamment à 17° 32.

Comme le carême rendait le séjour des Anglais à Tchelicot peu agréable, Salt demanda au raz et obtint de lui la permission d'aller visiter les cantons arrosés par le Tacazzé. Il partit le 5 avril avec Pearce et Coffin, ses compatriotes, et deux chefs abyssins.

Après avoir traversé la vallée de Tchelicot, une des plus délicieuses de l'Abyssinie, on fit route à l'O.; on traversa deux rivières, le Mac-Afgaol et le Mac-Galoa, coulant à l'E., puis on monta insensiblement jusqu'à Antalo, capitale de l'Enderta, bâtie sur le flanc d'une montagne; la vue s'étend de là sur un pays qui en est couvert; et, par un temps clair, on peut en distinguer de très-éloignées. On traversa ensuite une contrée très-inégale dont l'aspect rappela au voyageur celui des cantons intérieurs de la colonie du Cap de Bonne-Espérance. On tua beaucoup de pintades et de perdrix: elles étaient en troupes nombreuses, et parfois perchaient sur les arbres.

Un pays mieux cultivé succède à ces déserts, où le gibier abonde. Il est habité par les Agaous. Agora est une bourgade où l'on perçoit un droit sur le sel qui se transporte dans l'intérieur. Bientôt on aperçut dans l'O. la chaîne des montagnes gigantesques du Samen. L'Arequa, que l'on passa le 8 avril, a, dit-on, sa source au village d'Assa, éloigné de 10 milles au S. S. O. d'Antalo; c'était la rivière la plus large et la plus considérable que l'on eût rencontrée depuis la côte maritime. Elle coule au N. O. vers le Tacazzé, et reçoit probablement toutes celles qui arrosent la fertile province d'Enderta. Le temps ayant été très-serein dans la matinée, Salt put, pour la première fois, distinguer de la neige sur les sommets du Beyeda et de l'Amba-Haï, les plus élevés des monts du Samen; les Abyssins la nomment *berrit*. Ouezkétarvé, petite ville sur une montagne, est peuplée entièrement d'Agaous; ces peuples ne diffèrent des Abyssins que parce qu'ils sont généralement plus robustes et moins vifs qu'eux; mais ils parlent une langue totalement dissemblable de celle du Tigré; elle est plus douce et moins énergique que celle-ci. La température était plus chaude qu'à Tchelicot: durant toute la journée, le thermomètre ne baissa pas au-dessous de 21° 31, et à midi, il se tenait à 24° à l'ombre.

« Aux riches pâturages où paissaient de nombreux troupeaux de bétail et que l'on traversait depuis trois jours, succéda un terrain aride et sablonneux où s'élevaient quelques arbustes épineux et des acacias. A midi, le thermomètre marquait 25° à l'ombre... En ce moment, le soleil dardait presqu'à plomb sur nos têtes; la chaleur était étouffante, et cependant les montagnes en face de nous étaient couvertes de neige, et nous en distinguions parfaitement de grandes plaques sur leurs flancs. »

On voyagea ensuite dans des montagnes tellement embarrassées de broussailles et de buissons à épines très-longues, que l'on eut beaucoup de peine à y passer sans éprouver trop de dommage, et on descendit dans une gorge profonde et sablonneuse qui, dans la saison des pluies, doit être le lit d'un torrent. Cette gorge ressemble à celle qui conduit de Hamhammo au Taranta, et on y vit de même des câpriers, des genévriers, des tamariniers, et l'entata; espèce de baobab. Les tamarins, qui étaient mûrs, procurèrent aux voyageurs un rafraîchissement fort agréable. Après une autre descente, qui fut très-douce, on découvrit une vaste étendue de pays, et on se hâta d'arriver sur les bords du Tacazzé. Cette rivière est celle qui, après sa sortie de l'Abyssinie, prend le nom d'Atbara et va grossir le Bahr-el-Abiad.

Le cri de *gomari! gomari!* nom de l'hippopotame en abyssinien, se fit entendre, parce qu'un de ces animaux s'était montré à la surface de l'eau; mais il disparut bientôt. On remonta le long des rochers qui encaissent le lit de la rivière; il est souvent interrompu par des sauts qui le rendent guéable dans presque toutes les saisons: entre ces gués, se trouvent des cavités d'une profondeur presque incommensurable. « De l'élévation où nous étions, dit Salt, ces trous ressemblaient à de petits lacs: ce sont ces retraites que les hippopotames préfèrent. Après avoir un peu marché, nous arrivâmes à l'une des plus fréquentées. Plusieurs de ces animaux étaient réunis; nous étant dépouillés d'une partie de nos vêtemens, nous passâmes la rivière avec nos fusils, afin de nous embusquer convenablement; le Tacazzé avait là 150 pieds de largeur et 3 pieds de profondeur, et coulait assez doucement. Placés sur un rocher élevé et saillant, au-dessus du bassin dont j'ai parlé, nous ne tardâmes pas à apercevoir, à 60 pieds de distance, un hippopotame qui, sans défiance, montra son énorme tête au-dessus de l'eau, en ronflant violemment, à peu près comme un marsouin. Trois des nôtres lui tirèrent leur coup de fusil (Pl. IV — 4) : on le crut atteint au front; il regarda autour de lui en grondant et mugissant avec colère, et plongea aussitôt. On s'attendait à voir son corps flotter à la surface de l'eau; mais il reparut presque à la même place, avec plus de précaution, et sans avoir l'air déconcerté de ce qui venait de lui arriver. Nous fîmes feu de nouveau sans plus de succès que la première fois. On continua à faire feu sur eux chaque fois qu'ils paraissaient; je ne puis assurer qu'aucun ait été blessé même légèrement. Nos balles en plomb étaient trop molles pour pénétrer dans le crâne très-dur de ces gros animaux; elles rebondissaient constamment. Cependant, vers la fin du jour, devenus plus circonspects, ils se bornaient à mettre leurs narines hors de l'eau qu'ils faisaient jaillir en l'air par la force de leur souffle.

« D'après mon observation, l'hippopotame ne peut pas rester plus de cinq ou six minutes de suite sous l'eau; il faut qu'alors il vienne à la surface pour respirer; il plonge avec une facilité étonnante, car la limpidité de l'eau me permettait de le distinguer à 20 pieds de profondeur. Je crois que ceux que nous vîmes n'avaient pas plus de 16 pieds de long; la couleur de leur peau était d'un brun sale, comme celle de l'éléphant. A quelque distance de nous, des crocodiles se montraient à la surface de l'eau; ils me parurent très-grands et d'une couleur verdâtre, les Abyssins, qui les nomment *égous*, les redoutent extrêmement. Le thermomètre, à l'ombre, marquait 28° près des bords du Tacazzé. »

On reprit, le lendemain, le chemin de Tchelicot, à travers un pays rocailleux et sablonneux, dont la production la plus importante est le coton, que l'on cultive dans les environs du Tacazzé. Le 16 avril, on rentra dans Tchelicot, après s'être avancé à 60 milles dans l'O.

Le 20 avril, une caravane attendue depuis longtemps, arriva de la plaine du Sel; elle était composée de plusieurs centaines de mulets et d'ânes chargés. Elle fut accueillie avec de grands cris de joie, parce que les environs de la plaine sont infestés par une horde cruelle de Gallas. Une escorte de 200 hommes, conduite par un parent du raz, avait accompagné les ouvriers, qui sont ordinairement des hommes de la dernière classe. Les soldats avaient signalé leur courage en se battant contre les Gallas; dans cette campagne, six avaient été tués, ce qui était regardé comme une perte légère. Les soldats défilèrent devant le raz en dansant et poussant des cris; ils avaient orné leurs lances de petits morceaux de drap rouge.

Un jour, Salt fut invité à être le parrain d'un jeune Bédouin qui était au service de Pearce. La cérémonie se fit au milieu d'une aire voisine de l'église, parce que l'entrée de celle-ci est interdite à quiconque n'est pas chrétien. Tout s'y passa à peu près comme dans les autres communions chrétiennes pour les questions adressées au cathécumène et au parrain, et pour les prières qu'ils récitèrent. Le jeune Bédouin avait préalablement été lavé soigneusement par les prêtres dans un grand bassin plein d'eau. Il en sortit bien mouillé, et fut amené nu devant le prêtre officiant. Lorsque le cathécumène eut satisfait à tous les rites prescrits par l'église, le célébrant le prit par une main, plongea l'autre dans l'eau, et lui fit le signe de la croix sur le front, en disant la formule adoptée par les chrétiens; alors tous les assistans à genoux récitèrent avec lui l'oraison dominicale.

Salt dit qu'il s'est un peu étendu sur la cérémonie de baptême, afin de prouver que les jésuites avaient avancé à tort qu'un vice dans la forme d'administrer ce sacrement le rendait nul. Ils exigèrent donc que les Abyssins, qui voulaient être admis dans le sein de l'église romaine, se fissent baptiser de nouveau, ce qui causa de grands troubles, et finit par amener l'expulsion de tous ces religieux et produire une haine violente contre tous les catholiques romains.

Quand les voyageurs partirent de Tchelicot, ils furent accompagnés, l'espace de quelques milles, par différentes personnes; de ce nombre, était le premier peintre du raz. A considérer le peu de moyens de se perfectionner qu'offre le pays, Salt, qui était un dessinateur habile, marqua sa surprise des progrès que cet homme avait faits dans son art; il se comparait à un homme qui a les yeux bandés. « Je travaille » sans y voir, je ne puis donc rien faire qui soit

» bien bon. » « Tous les Abyssins, continue Salt, aiment passionnément les peintures, les murs de leurs églises en sont couverts, et il n'est pas de chef qui ne soit charmé d'avoir un tableau peint sur les murs de sa salle principale. »

Salt descendit le col escarpé de l'Atbara, qu'il avait monté précédemment. A peu près à mi-chemin, jaillit une source d'eau minérale qui tombe successivement dans plusieurs bassins que son action continue a creusés par sa chute d'un rocher sur un autre; cette source est très-fréquentée, et des personnes de marque y viennent des provinces les plus éloignées. On traversa plusieurs rivières, et, le 8 avril, Salt aperçut d'un lieu élevé les neiges qui couvraient les hautes cimes des monts du Samen.

Adoueh, où l'on entra après avoir parcouru un pays montagneux, est situé en partie sur la pente et en partie au pied d'une montagne; les maisons forment des rues régulières, et sont entremêlées d'arbres et de petits jardins, dont quelques-uns sont soigneusement cultivés. La ville est arrosée par trois ruisseaux. Sa population doit être de 8,000 ames. Adoueh est le principal entrepôt de commerce des provinces à l'E. du Tacazzé; presque tous les négocians sont des musulmans. On y fabrique des toiles de coton communes et des fines; les premières passent pour les meilleures de l'Abyssinie. Le coton récolté dans les plaines arrosées par le Tacazzé est préféré à celui que l'on apporte de Massaouah; toutefois, celui-ci se vend avec profit. Les autres marchandises qui arrivent du dehors sont : un peu de plomb, de l'étain en bloc, du cuivre, des feuilles d'or, de petits tapis de Perse de couleur vive, des soies écrues de la Chine, du velours, du drap de France, des cuirs d'Egypte teints, de la verroterie et de la verrerie de Venise et divers autres menus objets qui sont fournis par Djidda. Les exportations consistent en or, en ivoire, en esclaves, cette marchandise que toute l'Afrique fournit avec abondance.

Les provinces au S. d'Adoueh échangent leurs bestiaux, leurs grains et le sel tiré de leur frontière, contre les objets dont elles ont besoin. On fabrique, dans le Samen, des petits tapis qui font honneur à l'habileté des ouvriers; les habitans d'Axoum et des environs sont renommés pour la préparation du parchemin. Le cuivre et le fer sont façonnés dans toute l'Abyssinie; les chaînes de fer les mieux finies viennent du S., et passent pour être faites chez les Gallas.

Tous les ouvriers en fer sont désignés par le nom de *bada*; par une étrange superstition, on leur attribue la faculté de se transformer la nuit en hyènes, et d'être alors antrhopophages : on croit que si, durant cette métamorphose, ils sont blessés, la plaie se retrouve, lorsqu'ils ont repris leur forme ordinaire, sur la partie correspondante de leur corps.

Axoum n'est qu'à 12 milles à l'O. d'Adoueh; pour y aller, on traverse de belles vallées séparées les unes des autres par des chaînes de collines hautes, puis on entre dans une grande plaine très-bien cultivée, dont la surface est parsemée d'agates et de fragmens de cristaux colorés. Lorsqu'on approche de cette ville abritée par les coteaux voisins, le premier objet qui frappe la vue est un petit obélisque tout uni ; vis-à-vis, est une grande pierre carrée présentant une inscription grecque. Lorsqu'on a passé entre ces monumens, la ville et l'église commencent à se montrer, et, en inclinant un peu au N., on aperçoit, à gauche d'un immense daro, un obélisque haut de 60 pieds, et terminé au sommet par une patère arrondie (Pl. V — 3).

La surface de ce magnifique monument, formé d'un seul bloc de granit, offre des ornemens en relief d'une exécution très-hardie, ce qui, avec l'espèce de rainure creusée tout le long de sa partie moyenne, lui donne une élégance et une légèreté qui, probablement, n'a jamais été égalée. Plusieurs autres obélisques, dont un très-grandes dimensions, sont couchés à terre dans les environs. Salt suppose que tous sont l'ouvrage d'artistes venus d'Egypte, vers le temps des Ptolémées.

L'extérieur de l'église d'Axoum ressemble à celui des manoirs seigneuriaux de l'Angleterre au moyen-âge. La hauteur de ce temple est de 40 pieds; on y arrive par un escalier séparé en deux parties par une plate-forme (Pl. V — 2); on y entre par un péristyle que soutiennent quatre piliers carrés.

Salt fit don à l'église d'une pièce de satin rouge. On lui montra tous les riches ornemens et les livres que ce temple possède; on l'encensa, on le conduisit sur le toit qui est plat, enduit de mortier et de stuc. Sa connaissance de l'Ecriture sainte fut vérifiée; le grand-prêtre, ravi de sa science, lui baisa la main.

Le costume des ecclésiastiques diffère un peu de celui des laïques. Outre le manteau d'une grande ampleur et les caleçons serrés qui composent l'habillement ordinaire, ils portent sur la peau une sorte de tunique de toile blanche qui descend jusqu'aux genoux. Leur coiffure

consiste en un châle de toile de coton mince qui laisse le sommet de la tête à découvert. Ils ont réellement un air respectable, et Salt ajoute que, d'après ce qu'il a pu apprendre, leurs mœurs sont très-pures. Il a donné le portrait de Dofter Esther, homme très-instruit, généralement respecté, qui montrait un vif désir de recueillir des renseignemens sur l'Angleterre, et en revanche semblait prendre un grand plaisir à répondre à ses questions (Pl. IV — 3).

De retour à Adoueh, Salt reçut un message d'une ozoro ou princesse, qui l'invitait à venir la voir. « Je fus introduit dans son appartement, dit-il, avec deux autres Anglais et un interprète; elle était assise à l'extrémité supérieure du salon, sur une belle couche placée dans une alcôve dont le rideau était tiré en partie. Elle avait le bas du visage couvert et le teint très-foncé; plusieurs femmes très-parées se tenaient autour d'elles; des parfums brûlaient sur un réchaud élevé. La conversation fut très-animée; l'ozoro m'adressa plusieurs questions avec une politesse infinie; elle se distinguait, par ses manières, des autres Abyssines que j'avais vues. On nous versa d'amples rasades de *maize*, c'est la bière du pays, et la soirée finit par un souper. Lorsque je pris congé de l'ozoro, elle me fit présent d'une pièce de toile la plus belle qui se fabrique à Adoueh, et me pria de ne la faire servir qu'à mon seul usage (Pl. VI — 3). »

Salt étant à Antalou, où se trouvait le raz, fut témoin d'une revue. « La cavalerie passa la première, et fit le tour du cirque au galop, chaque homme brandissant sa lance avec beaucoup d'agilité. Presque tous portaient en écharpe sur l'épaule, et fixé par une agrafe d'or sur la poitrine, un manteau soit de satin, soit de damas brodé à fleurs d'or, soit de velours noir avec des ornemens en argent, et avaient la tête ceinte d'un bandeau de satin jaune, vert ou rouge, noué par derrière, et dont les bouts, très-longs, flottaient au gré du vent. Quelques-uns avaient remplacé cet ornement par une bande de peau, dont les poils hérissés rendaient leur aspect singulièrement farouche. Un petit nombre avait une corne d'or s'élevant perpendiculairement au-dessus du front ou faisant une saillie en avant; plusieurs avaient un disque d'argent attaché sur la partie supérieure du bras gauche; d'autres avaient au bras droit des bracelets d'argent de la forme d'un collier de cheval et en nombre égal à celui des ennemis qu'ils avaient tués. Les chevaux étaient richement caparaçonnés. Les guerriers d'un ordre inférieur étaient vêtus de peaux, principalement de mouton, quelques-unes bordées de bleu et de rouge. Il y eut des combats simulés entre les cavaliers et les fantassins, et parmi ceux-ci entre les lanciers et les mousquetaires (Pl. VI — 2). Les Abyssins me parurent aussi bons cavaliers qu'il est possible de l'être sans discipline, chose dont ils n'ont pas la moindre idée; un lancier est représenté pl. VI — 1.

» Après ce spectacle, on entra dans une grande salle où tout était préparé pour un banquet somptueux. La table était fort longue. Le raz se plaça sur une estrade à l'un des bouts, et nous fit asseoir près de lui sur une plus basse. Il n'y avait pas de bancs, les chefs s'accroupirent à terre. Des galettes de teff, de deux pieds et demi de diamètre, étaient posées en piles hautes d'un pied sur les deux bords de la table, sur laquelle il y avait une file de plats contenant des *carris* de volaille chaude, du mouton, du *ghi* (beurre fondu) et du lait caillé. Plusieurs beaux pains de froment ronds avaient été préparés pour le raz. Il les rompit, nous en donna les premiers morceaux, et distribua les autres aux chefs qui l'entouraient. A cette sorte de signal, des femmes esclaves, placées à différentes parties de la table, se lavèrent les mains à la vue du raz, puis trempèrent les pains de teff dans les carris et les autres plats, et les offrirent aux convives.

» Durant ce temps, on tuait, à la porte de la salle, les bœufs réservés pour le festin; on renverse d'abord l'animal, puis, avec un *djambi* (coutelas), on lui sépare presque entièrement la tête du corps, en prononçant ces mots : *Bis m'iloh guebra menfos kedos*; invocation qui semble empruntée des musulmans; ensuite on enlève, avec toute la diligence possible, la peau d'un côté de la bête. On ôte les poumons, le foie, les intestins, que dévorent les valets, quelquefois sans prendre la peine de les nettoyer. La chair de l'animal, dont le cœur et la croupe passent pour les parties les plus délicates, est découpée en grands morceaux dont les fibres palpitent encore lorsqu'on les apporte aux convives, à la fin du repas. Le *brinde*, ainsi nomme-t-on cette chair crue, était en morceaux inégaux, mais tenait ordinairement à un os par lequel les serviteurs le présentaient aux chefs. Ceux-ci en détachaient tour-à-tour, avec leurs couteaux recourbés, une grande tranche qu'ils découpaient ensuite en aiguillettes d'un demi-pouce de largeur, en la prenant avec les deux premiers doigts de la main gauche, puis ils la portaient à la bouche. Si un morceau ne plaisait pas à celui qui l'avait coupé, il était passé par celui-ci à un de ses inférieurs, et allait quelquefois jusqu'à la septième main avant que quelqu'un en voulut.

» Tandis qu'on dévorait le brinde, dont il fut consommé une quantité vraiment incroyable, on remplit des gobelets de maïze, les cornes ne servant que pour le *bouza*, autre sorte de bière. Les premiers convives rassasiés, d'autres, d'un rang inférieur, les remplacèrent et mangèrent les restes de la chair crue; un troisième, un quatrième, enfin un cinquième rang se succédèrent; les derniers furent réduits à se contenter d'un pain de teff grossier et d'une corne de bouza; ils furent même congédiés par le maître des cérémonies avant d'avoir pu se rassasier. »

L'étiquette exige qu'à la cour, et partout devant le roi ou le raz, on ne se présente que le corps découvert jusqu'à la ceinture (PL. VI — 1); cependant, quelques Abyssins se bornent à mettre leur poitrine à nu, ensuite, ils replacent leurs vêtemens.

En retournant vers la côte, Salt logea dans un hangard dont une partie était occupée par des Hazortas, venus là pour aider à faire la moisson. Leur souper ne consista qu'en galettes grossières faites avec du grain recueilli le jour même. « Une vieille femme commença par le dégager d'une partie de son enveloppe, puis elle le broya, à l'aide d'une jeune fille; elle fit ensuite, avec la farine, une pâte épaisse qu'elle versa de sa main sur un plat à moitié cassé et placé sur un feu vif. Les deux femmes ne cessèrent pas de surveiller avec beaucoup d'attention les progrès de la cuisson. Un vieillard, qui paraissait être le chef de la famille, était assis fort tranquillement, fumant son houka; un jeune garçon d'environ seize ans se tenait dans un coin, sur une espèce d'estrade; deux enfans, une vache et quelques chèvres formaient le reste du tableau: il me parut tellement caractéristique, que je le dessinai. La famille eut à peine la patience d'attendre que la première galette fût cuite; à peine ôtée de dessus le feu, la galette fut mangée avec avidité, et, afin que rien ne fût perdu, la vieille femme chercha dans les cendres les miettes qui pouvaient y être tombées. Tous semblèrent fort contens de leur frugal repas, qu'ils terminèrent en buvant de l'eau fraîche à grands traits (PL. VI — 4). »

Salt, dans ses deux voyages, revint par Massaouah. En 1805, le naïb était un Abyssin musulman duquel il fait l'éloge (PL. V — 1).

Nathaniel Pearce, matelot anglais qui avait accompagné Salt en Abyssinie, lui demanda la permission de rester dans ce pays. Elle lui fut accordée. Il dessinait passablement, possédait quelques connaissances en médecine, et était doué d'une grande facilité pour apprendre les langues. Le raz promit d'avoir soin de lui. Quand Salt fit son second voyage, Pearce vint au-devant de lui jusqu'à Massaouah. Il lui raconta que deux fois il s'était brouillé avec le raz, quoiqu'il eût rendu dans la guerre des services signalés à celui-ci; enfin ils se réconcilièrent. Il avait parcouru une grande partie du pays, dont il parlait facilement la langue, et fournit à Salt beaucoup de renseignemens importans. Il continua de séjourner en Abyssinie quand Salt le quitta pour la seconde fois, et, en 1814, lui envoya un journal de ce qui s'y était passé depuis son départ.

Coffin, autre Anglais, subrécargue d'un navire marchand, avait été envoyé en Abyssinie par Salt, quand celui-ci, avant que de rentrer dans cette contrée, en examinait la côte. Débarqué le 10 avril 1810 au port d'Amphilah, il avait voyagé vers l'O., en compagnie d'un jeune chef abyssin. Chaque jour, ils avaient marché pendant douze heures, à travers des montagnes âpres et stériles, entre lesquelles on rencontrait parfois un village ou un petit campement. Le 13, les voyageurs rencontrèrent, à 150 milles de la côte, une vaste plaine où commence le terrain qui fournit le sel. Le lendemain, ils traversèrent des montagnes habitées par les Hartons, tribu des Danakil soumise par les Abyssins, descendirent ensuite dans des plaines pour gravir plus tard le Sanafé, qui passe pour être plus haut que le Taranta. Le pays au-delà est fertile; le 18, ils entrèrent dans Tchelicot. Coffin, de même que Pearce, se fixa en Abyssinie; il y resta. Son compagnon revit sa patrie, où le résultat de ses observations a été publié.

L'excursion faite par Coffin d'Amphilah dans l'intérieur de l'Abyssinie est d'autant plus curieuse, que, depuis les Portugais, aucun Européen n'y avait pénétré par là. Le premier de cette nation qui y vint fut Pierre de Covilham; il y arriva en 1490, et y fut très-bien accueilli; mais, d'après une loi qui existait alors, il ne put obtenir la permission d'en sortir. Toutefois, il réussit à faire parvenir, par la voie de l'Egypte, de ses nouvelles dans sa patrie. D'un autre côté, il ne cessait de vanter la puissance de son souverain au roi d'Abyssinie. Celui-ci, alarmé des progrès des Turcs le long des côtes du golfe Arabique, envoya un ambassadeur au roi de Portugal pour lui demander du secours: une flotte partie de Lisbonne parut devant Massaouah le 6 avril 1520. Les Portugais furent très-mal accueillis par le peuple, pénétré d'une haine profonde pour les catholiques romains. Cette première tentative échoua; cependant, les progrès des musulmans décidèrent le monarque abyssin à solliciter de nouveau l'appui du roi de Portugal. Une troupe de soldats de celui-ci vainquit en 1541 les musulmans, et sauva le pays.

Les intrigues des missionnaires avaient déjà causé de grands embarras; ils augmentèrent avec leurs prétentions : les jésuites réussirent en 1620 à faire publiquement reconnaître l'autorité du pape par le roi. Il n'en résulta que des guerres civiles très-sanglantes; elles n'eurent un terme qu'en 1632, lorsqu'un édit chassa tous les catholiques romains, et rendit la suprématie spirituelle à l'*abouna*, envoyé par le patriarche copte d'Alexandrie pour être le chef du clergé.

Durant leur long séjour en Abyssinie, les Portugais visitèrent toutes les provinces de cette contrée, et les ouvrages qu'ils publièrent en contiennent des descriptions qui sont encore bonnes à consulter.

En 1613, le P. Antoine Fernandez traversa les provinces du Sud, puis les royaumes de Narea, de Zendero ou Gingiro, de Cambate et d'Alaba, pour arriver à la mer des Indes; mais, après un voyage de dix-huit mois, il fut obligé de revenir sur ses pas. Sa relation très-succincte est intéressante par les détails qu'elle contient sur des pays où, depuis Fernandez, aucun Européen n'est allé.

Le P. Paez découvrit, en 1618, les sources du Bahr-el-Azrek, et donna la description du canton où elles se trouvent. Le P. Lobo le visita en 1625; vers cette époque, le roi, qui favorisait le catholicisme, étant mort, Lobo ne put sortir de l'Abyssinie qu'en prenant des chemins détournés. Le récit de ses courses, imprimé en portugais, puis en français, parut aussi en anglais en 1798.

Depuis l'expulsion des Portugais, l'Abyssinie était devenue étrangère à l'Europe, lorsqu'en 1698, le roi, attaqué d'une maladie cutanée qui résistait à tous les remèdes, chargea un de ses facteurs au Caire de chercher un médecin qui pût le guérir. Maillet, consul de France, lui indiqua Poncet, établi dans cette ville depuis plusieurs années. Ce dernier partit donc le 10 juin, accompagné du P. Brevedent, qui passait pour son domestique, et du facteur du monarque abyssin. Arrivés à Manfalout, les voyageurs se dirigèrent, avec une caravane, vers la grande oasis, retrouvèrent les bords du Nil à Mochot, et suivirent sa rive gauche jusqu'au faubourg de Dongolah. Poncet fut très-fêté dans cette capitale pour ses succès dans les cures qu'il entreprit. Partout où il passait, il recevait des marques non équivoques de respect et de bienveillance, parce qu'on savait qu'il allait chez le roi d'Abyssinie. Le 12 mai 1699, il partit de Sennâar, fit route à l'E., et entra en Abyssinie à Serk. Le P. Brevedent mourut à Barko, et Poncet fut retenu douze jours, par une maladie, dans cette petite ville, qui n'est éloignée que d'une demi-journée de Gondar, qu'il atteignit le 21 juillet. Il réussit à guérir le roi et son fils en fort peu de temps. « Ainsi, dit Bruce, il remplit cette partie de sa mission aussi parfaitement que le médecin le plus habile eût pu le faire. Quant au second objet dont on l'avait chargé, et qui était d'engager le monarque à envoyer une ambassade en France, je doute qu'un autre eût pu s'en acquitter autrement qu'il le fit. Le projet d'une ambassade abyssine demandée par les jésuites, et vivement sollicitée par Maillet, était une chimère impraticable, mais qui heureusement n'eut aucune suite. » Poncet se conforma donc le mieux qu'il put aux instructions du consul, en emmenant avec lui un Arménien nommé Mourat, neveu d'un chrétien du même nom, qui, depuis longtemps, jouissait de la confiance du roi d'Abyssinie. Ce prince reconnut publiquement Mourat pour son délégué auprès du roi de France, et lui fit remettre les présens destinés à Louis XIV. Poncet sortit de Gondar le 2 mai 1700, passa par Adoueh, visita les ruines d'Axoum, traversa les montagnes du Taranta, et descendit à Massaouah, où il s'embarqua.

Quand il fut au Caire avec Mourat, Maillet se brouilla avec celui-ci; sa mauvaise humeur s'étendit jusque sur le médecin qu'il desservit et calomnia; de sorte que, quoiqu'il eût été présenté au roi, qui l'avait accueilli très-gracieusement, la réalité de son voyage fut suspectée. Maillet se garda bien de dire que l'agent du monarque abyssin revenu au Caire lui avait remis une lettre de ce prince, qui le remerciait de lui avoir envoyé Poncet, auquel il devait sa guérison. La calomnie avait produit son effet : Poncet, déconsidéré, quitta Paris fort chagrin; il retourna dans le Levant, et mourut en Perse en 1708.

Le recueil des *Lettres édifiantes* contient la relation de son voyage et la traduction de la *Relation d'Abyssinie* par Lobo offre une lettre à Maillet dans laquelle il l'instruisait des dispositions hostiles des Abyssins envers les étrangers. Cette révélation, si contraire aux projets de ce dernier, provoqua sans doute sa colère contre Poncet; ses ressentimens furent partagés par plusieurs savans en France, et le pauvre médecin fut traité d'imposteur. Bruce, qui, certes, n'est pas indulgent pour les fautes de son prochain, prend la défense de Poncet; il atteste que tout ce qu'il a dit de l'Abyssinie est vrai; il reconnaît qu'il lui est échappé des inexactitudes, et qu'on trouve dans son récit des invraisemblances, mais il les attribue aux écrivains qui ont publié sa relation et qui ont voulu l'embellir. « On l'a critiqué avec tant de dureté et d'injustice, ajoute-t-il, qu'on a fini par le faire tomber dans l'oubli et le mépris. J'essaierai de l'en tirer. Je veux examiner les faits, les lieux, les distances dont il parle; corriger les erreurs s'il y en a, et lui rendre enfin la place qu'il mérite dans l'histoire des découvertes et de la géographie. On trouve, dans cette relation, le premier itinéraire de ces déserts, et je conçois que nous serons longtemps avant d'en avoir un autre. » Salt rend également justice à Poncet.

Le projet d'envoyer des missionnaires catholiques en Abyssinie n'était pas abandonné en France; on espéra y réussir par le moyen d'une ambassade. Elle fut offerte à Maillet, et, en homme prudent, il s'excusa, et désigna pour cette entreprise Lenoir du Roule, vice-consul de France à Damiette, distingué par son zèle pour les intérêts de sa nation et par les qualités brillantes de son esprit. Il partit du Caire en 1704. Les ordres les plus précis avaient été donnés pour la sûreté de son voyage; le roi d'Abyssinie, informé de sa venue, l'avait recommandé aux princes de Nubie, ses alliés. Cependant, arrivé à Sennâar, du Roule y fut assassiné, avec toute sa suite, devant le palais du mélek. Ce crime, provoqué par d'odieuses menées de moines, jaloux de ce que, à leur préjudice, les jésuites devaient être chargés de ramener les Abyssins dans le sein de l'église catholique, demeura impuni; il ne l'eût pas été, si on eût pris en France autant de soin d'en poursuivre les auteurs que fit le roi d'Abyssinie. Les mémoires de du Roule ont été perdus; ceux que cite d'Anville avaient été écrits au Caire avant son départ pour la Nubie.

Au départ de Poncet, l'Abyssinie était tranquille; mais bientôt des troubles y éclatèrent, et la guerre civile désolait cette contrée, lorsque Bruce attérit à Massouah en 1769. Il vit les mêmes lieux que Salt a décrits depuis, et, le 10 janvier 1770, il fit d'Adouch une excursion au couvent de Fremona, principal établissement des jésuites. Cet édifice en ruines occupait un emplacement d'un mille de circuit sur une montagne qui forme à l'E. et au N. des précipices horribles, et s'incline doucement vers le S.; il est entouré de murailles crénelées et flanquées de tours, et ressemble plus à une citadelle qu'à un monastère. Jusqu'alors Bruce n'avait pas vu dans tout le pays un lieu plus aisé à défendre.

Le 22, il était à Siré, ville bâtie près d'une vallée étroite et profonde, où coule un ruisseau bordé de dattiers qui ne donnent pas de fruits. Ayant traversé de grandes plaines séparées par des coteaux, il atteignit les bords du Tacazzé, qui sépare le Tigré à l'E. de l'Amhara à l'O. De même que toutes les rivières du pays, il déborde dans la saison des pluies, et alors cause de grands ravages. Bruce fait une description ravissante des rives du Tacazzé; elles sont ombragées d'arbres majestueux et couvertes d'arbustes et de plantes dont les fleurs odorantes peuvent le disputer à celles des plus beaux jardins; son onde est limpide et d'un goût parfait; enfin, on pêche diverses espèces d'excellens poissons dans ses eaux, et ses bords abondent en gibier.

Bruce put le traverser à gué dans un endroit où sa largeur était de 200 pas au moins; il coulait avec beaucoup de rapidité; c'était le temps le plus sec de l'année. Il s'engagea ensuite dans les montagnes du Lamalmon, qui sont, dans le N. O., une des branches les plus hautes de celles du Samen; les forêts étaient infestées par les hyènes. Il suivait le chemin que sont obligées de prendre toutes les caravanes qui vont à Gondar. « Les Falachas, dit notre voyageur, sont les habitans indigènes de ces montagnes; ils conservent la religion, la langue et les mœurs de leurs ancêtres; ils ne se mêlent pas avec d'autres peuples. Leur nombre est considérablement diminué; leur courage et leur puissance ont déchu à proportion. Ils sont laboureurs, bûcherons, porteurs d'eau, potiers et maçons. Comme ils excellent dans l'agriculture et vivent plus vieux que le reste des Abyssins, ceux-ci ne manquent pas d'attribuer leur supériorité à la magie. Les villages des Falachas sont presque tous situés hors des routes fréquentées par les armées quand elles sont en marche, sans quoi ils seraient continuellement exposés à des dévastations, tant à cause de l'aversion que l'on a pour ce peuple que par l'espérance de lui extorquer de l'argent. »

L'Ouoggora est un pays de plaines hautes; au mois de février, les nuits y étaient très-froides, quoiqu'il ne tombât pas de rosée, et que la terre fut brûlée par l'ardeur du soleil pendant le jour.

3. Obélisque d'Axum.

4. Xaleni.   5. Sumaulé.

Le 14 février, Bruce aperçut Gondar, dont les maisons étaient cachées par la quantité des arbres touffus qui croissent dans cette ville. Le 14 mars, guidé par Tecla Mariam, secrétaire du monarque, il fut présenté à ce prince, devant lequel il se prosterna. « Je vous amène, dit Tecla Mariam au roi, un de vos serviteurs qui vient d'un pays si éloigné, que, si vous le laissez jamais s'en retourner, nous ne pourrons ni le suivre ni savoir où il faudra l'aller chercher. »

— « Le roi ne répondit rien, du moins autant que je pus en juger, ajoute Bruce, car sa bouche était couverte ; il ne changea même pas de contenance. Cinq jeunes hommes se tenaient debout, à côté du trône, deux à droite, trois à gauche. L'un de ces jeunes gens, qui était fils de Tecla Mariam, et qui devint par la suite mon intime ami, s'avança de la gauche où il était le premier, et, me prenant par la main, me plaça au-dessus de lui. S'apercevant ensuite que je n'avais pas de coutelas à la ceinture, il tira le sien et me le donna. Lorsque je fus ainsi placé, je baisai de nouveau la terre. »

Des questions furent adressées à Bruce, et quand il y eut moins de monde dans la salle d'audience, le roi découvrit sa bouche et lui parla de son voyage à Jérusalem, des armes à feu, des chevaux, des Indes et de la manière dont il se servait de son télescope.

« Gondar est bâti sur une montagne très-haute dont le sommet est assez uni ; le palais du roi, situé à l'O. de la ville, est un grand bâtiment carré à quatre étages, et flanqué de quatre tours carrées ; brûlé à différentes reprises dans les guerres civiles, il n'offre presque plus qu'un monceau de ruines, et on n'habite plus que dans le rez-de-chaussée et dans le premier étage. Cet édifice fut bâti du temps des Portugais par des ouvriers venus des Indes et par des Abyssins, que les jésuites avaient formés à l'architecture.

» La montagne sur laquelle s'élève Gondar est environnée d'une vallée profonde, dans laquelle coule le Kahha, qui passe au S. de la ville ; l'Angrab, qui vient de l'Ouoggora, la contourne au N. O., puis ces deux rivières se réunissent à un quart de mille plus au S.

» De l'autre côté du Kahha, est une ville habitée par des musulmans actifs et laborieux qui, pour la plupart, ont soin des équipages du roi et de la noblesse ; ils forment dans l'armée un corps commandé par des officiers ; mais jamais ils ne combattent pour aucun parti. »

Le principal objet du voyage de Bruce en Abyssinie avait été de découvrir les sources du Nil, nom par lequel il désigne le Bahr-el-Azrek, et que nous allons employer. Le 4 avril 1770, Bruce, parti pour son entreprise, fit route au S. Au bout de trois heures, il traversa le Moghetch sur un pont de pierre très-solide, chose excessivement rare en Abyssinie, mais très-nécessaire dans cet endroit, car le Moghetch, qui descend des montagnes de l'Ouoggora, ne tarit jamais, et dans le temps de la crue des eaux il gonfle tellement, qu'il serait impossible aux gens portant des denrées à Gondar de le passer. Le Moghetch court vers le lac Tzana ou Dembea ; son eau n'est pas bonne sans doute à cause des particules minérales qu'elle charrie. Bruce ne tarda pas à voir le lac à sa droite ; il chemina dans un canton coupé de montagnes et de rivières. Le grand village de Tangouri est peuplé de marchands musulmans qui vont en caravane à l'O., au-delà du Nil et très-avant dans le S., trafiquent avec les Gallas. Emfras, ville sur une haute montagne, est entourée de jardins ; de là, on voit bien l'ensemble du lac et même la campagne qui s'étend au-delà. C'est la plus vaste nappe d'eau de ces contrées. Sa plus grande largeur de l'E. à l'O. est de 35 milles ; mais il se rétrécit beaucoup à ses deux extrémités. Sa plus grande longueur est de 49 milles du N. au S. Il est traversé, dans sa partie méridionale, par le Nil, qui coule de l'O. à l'E. Dans la saison de la sécheresse, c'est-à-dire d'octobre en mars, il décroît beaucoup ; mais, dans celle des pluies, il déborde et inonde une partie de la plaine.

Si l'on en croit les Abyssins, qui sont de grands menteurs, ce lac renferme 45 îles habitées ; je pense que ce nombre peut être réduit à 11. La principale est Dek, située dans la partie moyenne vers la rive occidentale. Autrefois, les grands personnages du pays tombés en disgrâce étaient relégués dans ces îles, ou bien ils les choisissaient pour leur retraite quand ils étaient mécontens de la cour, ou lorsque dans les temps de troubles ils voulaient metre en sûreté leurs effets les plus précieux. On voit beaucoup d'hippopotames, mais il n'y a pas de crocodiles dans le lac Tzana.

Dara, village habité par des musulmans, est voisin d'un canton montagneux que le Nil traverse après sa sortie du lac, et où il se précipite à Alata d'une hauteur de 40 pieds, par une cascade large de plus d'un demi-mille : elle a été décrite inexactement par Lobo ; mais son effet est d'une magnificence admirable. A peu de distance au N. E. d'Alata, des eaux thermales jaillissent à Lebec.

Bruce revint à Dara et en repartit le 22 mai, se dirigeant vers le Nil, qui était fort haut; il le passa à la nage; à midi, lui, ses gens et son bagage étaient sur la rive opposée; trois heures après, on atteignit Tsoumoua, village éloigné de 12 milles, et situé au S. du lac. La vaste et fertile plaine de Maïtcha se prolonge vers le S. O., à droite et à gauche du Carcagna. Divers incidens forcèrent Bruce à retourner à Gondar, en passant à l'O. du lac.

Le 28 octobre, il partit de nouveau, cheminant à l'O. S. O., et ayant à chaque pas à traverser des rivières coulant vers le lac; le 30, il arriva sur ses bords, et les suivit jusqu'à Bamba, village dans une vallée en partie couverte de buissons et de chétifs arbrisseaux, et en partie bien cultivée. Dingleber, autre village plus au S., est à l'entrée du pays montueux qui mène au Sakala, canton occupé par les Gallas. On traversa plusieurs affluens du Nil, et, le 2 novembre, Bruce était sur ses bords. Le passage en fut difficile, à cause de l'inégalité du fond. La largeur de cette rivière était de quatre pieds dans le milieu de son lit, et de deux seulement le long des rives. Celle de la gauche était ombragée de grands arbres du genre du saule; les Abyssins le nomment *ha*, et s'en servent pour faire le charbon, qui entre dans la composition de leur poudre à tirer. La rive droite est hérissée de rochers pointus, entre lesquels croissent des arbres d'un feuillage sombre qui finissent par former une forêt.

Les habitans de cette contrée haute sont des Agôs. « Ils accoururent en foule autour de nous, dit Bruce, dès que nous voulûmes passer la rivière, et nous y aidèrent; mais ils s'opposèrent à ce qu'aucun homme de ma troupe, monté sur un cheval ou sur un mulet, entrât dans l'eau; ils insistèrent pour que chacun ôtât ses souliers, et menacèrent de lapider quiconque ferait mine de laver ses vêtemens dans le Nil; il s'ensuivit une vive altercation qui me causa un plaisir extrême, puisque j'y retrouvais des traces du culte rendu dès la plus haute antiquité à ce fleuve célèbre; enfin, on nous permit, ainsi qu'à nos animaux, de boire de son eau. »

Le village de Goutto est peu éloigné d'une cataracte qui est appelée la première; ses bords ne sont ni si bien boisés ni si verdoyans que ceux de la seconde, qui est plus au N. Sa hauteur n'est que de 16 pieds, et sa largeur, interrompue en plusieurs endroits par des rochers, n'a que 180 pieds. Le Nil forme encore d'autres cascades dans ces cantons; quelques-unes sont très-peu considérables.

Continuant à cheminer dans un pays très-montagneux, coupé de nombreux ravins et de rivières, et couvert de beaux pâturages, Bruce eut, le 5 novembre, la satisfaction de contempler la source du Nil, près du village de Ghich; elle consiste en deux filets d'eau sortant d'un tertre herbeux situé au milieu d'un terrain humide. Bruce exprime dans un langage emphatique les sentimens qu'il éprouva, puis il entame une longue discussion pour prouver qu'il est le premier Européen qui ait vu ces sources sacrées, donne une copie de la description que Paez en a faite, et s'efforce d'en démontrer la fausseté. Il est fâcheux pour sa mémoire que toute la peine qu'il prend produise un effet tout contraire à celui qu'il attendait; car la description du jésuite et la sienne ne diffèrent que dans des minuties; ses compatriotes eux-mêmes l'ont sévèrement blâmé de son outrecuidance. Il croyait être dans les montagnes de la Lune, où, depuis longtemps, on place les sources du Nil. Il en était bien loin, et cette chaîne de montagnes, dont on ne désigne la position qu'au hasard, attend encore la visite de quelque voyageur intrépide et heureux.

Ivre de joie d'avoir vu le berceau du Nil, et dans un endroit où cette rivière est si étroite, qu'on pouvait sauter d'un bord à l'autre, Bruce s'en donna le plaisir une soixantaine de fois, but des rasades de son eau fraîche à la santé du roi George III et de sa nombreuse postérité, à celle de l'impératrice Catherine II, enfin à son heureux retour, et il fit participer à ces libations un Grec qui l'accompagnait.

Le 10 novembre, il quitta ce canton montagneux, et, quand il fut dans un pays moins inégal, il prit une direction plus orientale que celle qu'il avait suivie en venant. De retour à Gondar, il obtint du roi la permission de sortir de l'Abyssinie. Il n'en put profiter aussi promptement qu'il l'aurait désiré à cause de la guerre civile; enfin, le 21 novembre 1771, il sortit de Gondar, et fit route au N. Le 2 janvier 1772, il était à Tcherkin, où se tient un grand marché. Bientôt il prit son chemin à travers les bois; les villages de cette contrée sont souvent dévastés par les Changallas, peuple nègre qui habite une partie de l'espace compris entre la rive droite du Tacazzé et le Bahr-el-Abiab. Leur pays est généralement montagneux, assez bien arrosé et couvert de forêts. Ce sont des sauvages continuellement en hostilités avec les Abyssins.

Bruce chemina ensuite à l'O., vers le Ras-el-Fil; il regarde ce pays comme un des plus chauds de la terre; cependant, l'ardeur de ce climat ne produisit pas sur sa personne une impression proportionnée à son intensité. Ce ne fut pas sans peine qu'il échappa aux embûches que lui avait tendues un chef de l'Atbara. Le 23 mai, il passa le Rahad; le 24, le Dender. Un peu plus loin, les forêts cessèrent; il ne voyagea plus que dans des campagnes découvertes et bien cultivées. Les Noubas, chez lesquels il était, ont les cheveux laineux, le nez aplati, et parlent un idiome doux, sonore, et totalement différent de ceux qu'il avait entendus jusqu'alors. Ils sont païens. L'immense plaine qu'ils habitent n'a d'autre eau que celle des puits; Bruce en mesura un qui avait 80 brasses de profondeur. Il traversa le Bahr-el-Azrek à Basbokh, qui est sur la rive droite de cette rivière. Le 29 mai, il entra dans Sennâar, où il fut accueilli très-amicalement par le roi. Quatre mois après, il était au village d'Oued-Hodjila, au N. de Cheikh-Amman. « C'est là, dit-il, que l'Abiad, plus considérable que le Nil, se réunit à ce fleuve; cependant, le Nil conserve encore, après sa jonction, le nom de Bahr-el-Azrek..... L'Abiad est très-profond; il n'a presque point de pente; il coule lentement; et cependant ses eaux ne diminuent jamais, parce qu'il prend sa source sous une latitude où il pleut toute l'année, au lieu que le Nil supporte six mois de sec, qui le font décroître. » On voit que Bruce, dans sa prévention d'avoir découvert les sources du vrai Nil, ferme les yeux à l'évidence des faits qui lui démontraient que le Bahr-el-Abiad méritait seul cette dénomination.

On vient de voir le motif qui avait amené Bruce en Abyssinie; Salt y fut conduit par le désir de lier des relations commerciales entre sa patrie et ce pays. En 1830, deux missionnaires protestans y entrèrent pour travailler à épurer le christianisme de ses habitants, mêlé de beaucoup de pratiques superstitieuses. Abraham, savant Éthiopien qui avait accompagné Bruce, étant venu au Caire en 1808, le consul de France conçut l'idée de lui faire traduire le *Nouveau-Testament* en langue amharique; ce personnage, après s'être acquitté parfaitement de cette tâche, fit le voyage de Jérusalem, où la peste l'enleva bientôt. Son manuscrit tomba entre les mains de la Société biblique de la Grande-Bretagne, qui le fit imprimer, et pria la Société des missions de l'église anglicane d'expédier quelques missionnaires en Abyssinie; le choix tomba sur MM. Samuel Gobat, de Berne, et Christian Kugler, de Wurtemberg. Ils vinrent au Caire en 1826, et, pendant un séjour de dix mois, ne purent trouver aucun moyen de pénétrer dans la contrée où leur zèle les appelait. Ils parcoururent alors la Syrie et la Palestine, et continuèrent l'étude de l'amharique et du tigréen. Revenus en Égypte en août 1827, ils furent contraints d'y rester jusqu'en octobre 1829, attendant avec impatience que la guerre qui désolait alors l'Abyssinie leur laissât entrevoir l'espoir d'y entrer. Le 12 octobre, ils purent enfin quitter l'Égypte, accompagnés de G. Aichinger, charpentier chrétien qui devait les aider dans leur œuvre. Le 18 décembre, ils abordèrent à Massouah; le 15 janvier 1830, ils quittèrent la côte; puis, traversant le Taranta, et après une marche de quatre semaines, arrivèrent à Adigrat, dans le Tigré. Sabagadis, souverain de cette partie du pays, les accueillit amicalement. Bientôt les deux missionnaires songèrent à se séparer; Kugler et Aichinger demeurèrent dans le Tigré, dont ils possédaient bien la langue; Gobat, qui connaissait le mieux l'amharique, partit le 25 février pour Gondar.

Au moment où il entra dans cette ancienne capitale du royaume, tout le pays qui l'entoure était livré à l'anarchie. La petite caravane avec laquelle le missionnaire voyageait n'avait pu se procurer des vivres qu'avec une difficulté extrême. Elle parcourait de longues distances sans rencontrer un seul village, et cependant tout ce territoire est naturellement fertile.

Sur une montagne voisine, était campé Oubié, jeune chef qui gouvernait le Samen. Quoiqu'il dépendît du gouverneur de l'Amhara, ses talens militaires lui avaient acquis une influence qui l'égalait aux raz. M. Gobat, instruit qu'il allait bientôt partir avec son armée, courut à sa rencontre. En ce même moment, des prêtres s'acheminaient processionnellement vers lui. M. Gobat se tint un peu en arrière pour attendre qu'ils eussent été reçus; mais aussitôt qu'Oubié eut aperçu notre missionnaire, il descendit de sa mule et s'avança vers lui. Les prêtres lui adressèrent des vœux pour sa prospérité; les ayant écoutés à peu près trois minutes, il leur dit d'attendre, et fit asseoir M. Gobat à côté de lui. Le missionnaire lui fit présent d'un joli pistolet, qui plut beaucoup au jeune chef. Pendant qu'il l'examinait, M. Gobat lui offrit, en présence de tous ses officiers, un exemplaire des *Quatre Évangélistes*. Oubié n'eut pas plutôt vu le livre, qu'il le parcourut, et dit à M. Gobat qu'il l'acceptait avec le plus grand plaisir. « Mais, ajouta-t-il, pourquoi es-tu venu dans ce mauvais pays, livré à la guerre et aux troubles? — Je connaissais, reprit M. Gobat, l'état actuel de Gondar : je crains Dieu, et je sais qu'au milieu du désordre et des guerres, l'Éternel règne pour protéger ceux qui l'invoquent. » Alors Oubié se tournant brusquement vers ses officiers, s'écria : « Voilà un vrai blanc, oui, c'est la perle des blancs; nous n'en avons pas encore eu de semblable. » Ensuite, il appela les prêtres, leur recommanda l'étranger, et les rendit responsables de sa sûreté.

L'etchégué (chef de tous les moines abyssins), chez lequel M. Gobat fut conduit, était à peu près le seul personnage dont l'autorité fût respectée à Gondar; le quartier qu'il habite est toujours sûr, même au milieu des plus grands troubles, aucun chef militaire n'osant y pénétrer par force.

Le monarque qui régnait alors passait pour être âgé de quatre-vingt-six ans. Ce fantôme de souverain logeait dans une petite maison ronde bâtie sur les ruines du palais, et qui cependant était le bâtiment le mieux construit que notre missionnaire eût encore vu en Abyssinie. Trois salles et quelques petites chambres se trouvaient encore en assez bon état; mais le désordre de leur ameublement annonçait que depuis long-temps elles n'avaient pas été habitées. Le roi n'occupait qu'une seule chambre divisée en deux parties par un rideau blanc. Néanmoins, malgré l'aspect chétif de tout ce qui l'entourait, le roi de Gondar ne manquait pas d'une certaine dose d'orgueil et de jactance. « As-tu jamais vu, demanda-t-il un jour à M. Gobat, un palais aussi magnifique que le mien? » La réponse affirmative du missionnaire lui causa un étonnement extrême, et il reprit ainsi : « Quoi! il existe encore des hommes qui peuvent en construire de semblables? »

Avant que M. Gobat s'embarquât pour retourner en Europe, le roi avait été privé du trône, et on lui avait donné deux successeurs. Au commencement de 1831, le missionnaire revint dans le Tigré, où il passa deux ans; il y fut témoin des luttes sanglantes auxquelles se livrèrent les différens chefs qui se disputaient le pouvoir. Dans ces révolutions, qui se succédaient avec une rapidité prodigieuse, M. Gobat ne courut pas précisément de grands risques pour sa personne; mais il fut contraint de passer trois mois assez désagréables dans un village du pays des Ghohas, qui sont des espèces de sauvages. Aussitôt qu'ils eurent appris la mort du chef abyssin qui les avait soumis, et auquel ils payaient un tribut, ils refusèrent de l'acquitter. Des querelles éclatèrent dans tous les villages. Les jours de marché, il en survenait toujours quelqu'une; des bandes de trois ou quatre cents hommes en venaient aux mains : mais, tout sauvages que sont ces Ghohas, ils usent de grandes précautions pour que personne ne perde la vie dans ces mêlées, parce que, dans le cas où un homicide est commis, les parens de l'homme tué ne manquent pas de poursuivre le meurtrier ou un de ses parens même pendant plusieurs générations.

Avant cette aventure, M. Gobat avait eu le malheur de perdre Kugler, son compagnon, qui l'avait rejoint dans la ville d'Adoueh. En ce moment, le charpentier Aichinger était malade. Les cris et les hurlemens que, suivant leur usage, les Abyssins, hommes et femmes, dont la maison était remplie, poussèrent quand ils apprirent que Kugler venait d'expirer, tourmentaient Aichinger; M. Gobat l'encouragea à prendre patience pour quelques instans, afin de ne pas contrarier leurs idées. Au bout d'un quart d'heure, il leur représenta que ces lamentations bruyantes fatiguaient le malade, ne faisaient aucun bien au mort, et que ceux qui aimaient véritablement Kugler devaient se résigner à la volonté de Dieu. La plupart de ses auditeurs convinrent qu'il avait raison; la nuit se passa dans un morne silence. Aichinger recouvra la santé.

Quoique M. Gobat argumentât sérieusement contre les Abyssins toutes les fois qu'il s'agissait de religion, ce qui arrivait très-fréquemment, néanmoins il ne cessa pas un seul instant d'être bien vu, ce qui donne lieu de présumer qu'il discutait avec beaucoup de douceur et sans aucune aigreur, et que, d'un autre côté, les théologiens du pays sont très-tolérans, puisqu'on voulut absolument le nommer abouna. Quand le moment de son départ approcha, un docteur du pays, avec lequel il avait souvent discuté, se sépara de lui en versant des larmes. Ainsi, la franchise de M. Gobat n'avait pas déplu. Cependant il reprenait durement les prêtres et tous ceux dont il combattait les sentimens erronés.

Il attribue la corruption des mœurs en Abyssinie à la vie vagabonde des habitans : il pense que malgré leurs dissolutions, ils ont pourtant en public plus de pudeur qu'on ne pourrait le supposer d'après les détails donnés par Bruce. Il avoue qu'il a entendu beaucoup de discours scandaleux, mais qu'il a vu bien moins d'actions indécentes dans la capitale de l'Abyssinie que dans celles d'Angleterre, de France et d'Égypte.

M. Gobat disculpe les Abyssins de plusieurs reproches qui leur ont été adressés par d'autres voyageurs européens, et les loue notamment de leur hospitalité.

1. Jeune Prêtre et Guerrier Abyssins. 2. Jeune Noble Gallas.

3. Guerriers Abyssins.

M. Gobat regarde le pays des Gallas comme un vaste champ qui offrirait moins de difficultés aux messagers de l'Évangile que celui de peuples dont l'esprit est égaré par des superstitions opposées au véritable christianisme. Un jeune Galla, qui vint plusieurs fois chez notre missionnaire, et qui, doué des plus heureuses dispositions, avait, sans secours et presque sans maître, appris l'éthiopien, qu'il écrivait passablement, raconta qu'il était chrétien, et qu'étant allé voir ses parens pour les engager à venir dans l'Amhara pour y embrasser la religion chrétienne, ils n'élevèrent aucune objection sur ce dernier point, mais ils refusèrent de quitter leur patrie.

En 1832, M. Gobat quitta l'Abyssinie avec Aichinger; son zèle l'a ramené de nouveau dans ce pays : vers la fin de 1834, il était à Massouah avec son compagnon, M. Isenberg.

M. Ruppel, dont nous avons parlé en décrivant la Nubie, était en Abyssinie quand M. Gobat en partit. Ces deux Européens s'étaient vus. M. Ruppel est revenu en Europe dans le courant de l'année 1835; la relation de son voyage n'a pas encore paru. Deux jeunes Français, MM. Combes et Tamisier, ont récemment visité l'Abyssinie. Déjà ils avaient parcouru l'Arabie et remonté le Nil jusqu'au-delà de Khartoum. Au mois de janvier 1835, réunis à Djidda, ils poussèrent leur course jusqu'à Beit-el-Fakih. Ils revinrent à Mokah, et s'embarquèrent pour l'île de Dahalak, où ils débarquèrent le 1er avril 1835. Quatre jours après, ils étaient à Massouah, et bientôt ils entrèrent en Abyssinie. Un marchand leur procura pour interprète un jeune musulman nommé Béchir, qui parlait le tigréen et l'amharique, ainsi que les divers idiomes de la côte. Nos voyageurs s'étaient munis de marchandises destinées à pourvoir à leurs besoins et à faire des présens aux grands personnages. Ils traversèrent le Taranta, et, après être descendu dans le Tigré, ils eurent le plaisir de rencontrer M. et madame Gobat au village d'Emni-Harmas. M. Isenberg et sa femme étaient à Adoueh.

« Quoiqu'il y eût d'autres blancs dans le pays, nous fûmes, dès le moment de notre arrivée à Emni-Harmas, l'objet d'une vive curiosité; nous avions remarqué depuis quelque temps que, chaque fois que nous ôtions nos *tarbouchs* (bonnets), les Abyssins manifestaient une surprise dont nous n'avions pas encore cherché à pénétrer la cause. Cet étonnement fut si général parmi les curieux d'Emni-Harmas au moment où nous découvrîmes nos têtes, que nous ne pûmes nous empêcher d'en demander la cause à notre interprète; il nous apprit que c'était nos cheveux noirs qui fixaient ainsi l'attention de ses compatriotes; car ils s'étaient imaginé, parce qu'ils n'avaient presque jamais vu que des Allemands ou des Anglais, que tous les blancs devaient être blonds, et ils ne pouvaient se lasser d'admirer la couleur de notre *tête*, qu'ils trouvaient bien supérieure à celle des Européens qu'ils avaient vus avant nous. Nous fûmes très-étonnés nous-mêmes de voir des noirs, pour qui une peau blanche est si précieuse, donner la préférence aux bruns sur les blonds. »

Le 2 mai, MM. Combes et Tamisier entrèrent dans Adoueh. C'était jour de marché. De longues files d'hommes couvraient les sentiers qui conduisaient à cette ville, où demeuraient plusieurs blancs venus d'Arménie, de Géorgie et de Grèce. Les environs étaient occupés par une armée; les généraux de cette troupe indisciplinée accueillirent bien les deux Français, qui ne tardèrent pas à se mettre en marche avec elle.

« La timidité des femmes du camp, qui n'avaient osé encore nous approcher, s'évanouissait peu à peu, et, durant la route, elles nous entourèrent en grand nombre, et adressèrent à notre interprète les questions les plus singulières. Elles demandaient si nous étions de la même composition que les autres hommes, et si nous n'étions pas différemment façonnés. Béchir s'empressait de nous traduire leurs paroles, qui excitaient notre gaîté; et ces femmes, encouragées par nos éclats de rire, devenaient de plus en plus libres. La licence des mœurs, portée à l'excès dans les villes, est encore plus effrayante dans les camps, où le désordre est extrême. Ces Abyssines, avec leur caractère si original, nous offraient de continuelles distractions : sans aucun souci, elles suivaient les soldats en chantant, vivaient au jour le jour; et, malgré leurs fatigues et les rudes travaux auxquels elles sont condamnées, puisqu'on leur fait porter de lourds fardeaux, elles menaient joyeuse vie sans penser à s'inquiéter des terribles chances de la guerre. »

Après de grandes fatigues, on vint camper au N. du Devra-Damô, haute montagne déjà décrite par Salt; mais ce voyageur avait été mal informé, car on est obligé de se faire hisser par une corde pour parvenir sur le plateau qui la termine. C'est là que se trouvait encore l'Anglais Coffin; il s'y était réfugié après la mort du chef abyssin auquel il avait voué ses services.

Admis chez Oubi, qui était maître du Tigré, les voyageurs lui communiquèrent leur projet de pénétrer dans le royaume de Choa; ils étaient alors sur les frontières du pays de Lasta. Ayant demandé à Oubi un guide, ce chef les détourna de leur dessein, en leur remontrant les dangers inévitables dont ils étaient menacés. Décidés par ses explications, les deux Français renoncèrent à leur plan et suivirent l'armée. Après beaucoup de courses, ils arrivèrent à Axoum.

Le 30 juin, ils sortirent de cette ville et se dirigèrent au S., à travers une contrée montagneuse. Déjà l'abondance des pluies avait gonflé les rivières; le lit du Tacazzé avait 90 pieds de largeur; son courant était impétueux; beaucoup de soldats commençaient déjà à tenter le passage. Ils avaient de l'eau jusqu'au cou, et se soutenaient à l'aide d'une longue perche ou de leur lance; ils portaient leurs effets avec la main gauche. Les femmes et les enfans traversèrent avec beaucoup de difficulté sur des mulets, que les hommes tenaient par la bride. « Nous remarquâmes avec plaisir, disent nos voyageurs, les secours que les forts prodiguaient aux faibles avec cette générosité qu'on trouve surtout dans les camps : quatre nègres, aux formes athlétiques, se montraient infatigables. Nous étions assis sur les bords de la rivière, et les Abyssins, persuadés que nous redoutions de la traverser, s'avancèrent pour nous prêter leur secours; mais, lorsqu'ils furent près de nous, nous nous élançâmes dans les eaux, et nous disparûmes à leurs yeux. Toute la troupe était rassemblée sur le rivage; la frayeur des femmes et des soldats était à son comble; et, quand nous reparûmes, leur étonnement se manifesta par des cris de joie universels : on nous avait crus noyés ou emportés par les crocodiles ou les malins esprits qui, d'après ces gens, résident dans la rivière; ils prétendirent alors que nous étions des diables, et que nous connaissions l'eau. Quand nous eûmes atteint l'autre bord, tout le monde nous entoura pour nous complimenter. Cette circonstance, si simple en elle-même, nous rehaussa dans l'esprit de la troupe, qui nous prit pour des êtres extraordinaires parce que nous savions nager. Les nègres dont nous avons parlé firent monter nos deux jeunes domestiques sur les mulets et nous les amenèrent. »

Bientôt MM. Combes et Tamisier entrèrent dans le Samen. Devra-Tabour était la résidence de Raz-Ali, qui conçut pour eux une vive amitié, et voulut absolument les retenir, en leur faisant les offres les plus séduisantes. Ce ne fut qu'en feignant de renoncer à leur projet de départ, qu'ils réussirent à s'échapper, en laissant derrière eux Béchir, leur fidèle interprète.

Le Bachilo, qu'ils traversèrent, forme, au N., la limite du territoire occupé par les Gallas, qu'on leur avait dépeints constamment sous des couleurs si terribles; aussi, tout en se félicitant d'avoir échappé aux poursuites d'Ali, la juste méfiance que leur inspirait le caractère des peuplades qu'ils allaient visiter les empêchait de goûter une joie parfaite. Leurs craintes ne tardèrent pas à se réaliser, et ils coururent les plus grands dangers chez Hassan-Doullo, l'un des roitelets Gallas entre lesquels le pays est partagé. Soupçonnés, en leur qualité de blancs, de posséder d'immenses richesses, ils furent dépouillés de tout ce qu'ils possédaient, et on leur enleva même leurs manuscrits, leur plus précieux trésor. Accusés d'idolâtrie chez ces peuplades musulmanes, ils se défendirent en récitant leur profession de foi; ensuite, on les enferma dans une chaumière pour leur faire avouer où ils cachaient leurs richesses; ils furent même condamnés à mort, et les bourreaux se présentèrent à eux. Mais la reine s'était intéressée à leur sort; elle leur fit dire par un émissaire qui leur apporta du pain et de la confiture de poivre, que Dieu était grand, et qu'ils ne devaient pas perdre tout espoir. Après quelques jours de captivité, on les remit en liberté, et la reine elle-même leur rendit leurs manuscrits et d'autres objets.

En passant l'Ouahet, ils se trouvèrent sur un territoire habité par des chrétiens. Chacun, en les voyant passer, se réjouissait et se trouvait heureux de pouvoir contempler des hommes de Jérusalem, car c'est ainsi qu'on les désignait. L'hospitalité généreuse de Sammou-Nougous, gouverneur de Dhèr, les consola des persécutions qu'ils venaient d'éprouver. Il attendait les deux voyageurs avec impatience, et dès qu'ils avaient paru, ils avaient été immédiatement admis en sa présence, quoiqu'ils fussent couverts de misérables haillons. Sahlé-Sellassi, roi de Choa, résidait alors dans un palais d'Angolala. Ce monarque est passionné pour l'industrie; il veut qu'on exécute sous ses yeux tous les travaux de main, et l'intérieur de son palais est rempli par des tisserands, des menuisiers et d'autres ouvriers qui s'occupent à faire la poudre, à réparer les fusils ou à tourner et travailler l'or, l'argent et l'ivoire. Il sort de ses ateliers des toiles magnifiques, des bracelets, des sabres, des boucliers et des brassarts. Les principaux personnages de sa suite sont tous des ouvriers qu'il entoure de la plus grande considération.

Persuadé, comme la plupart des Orientaux, que les Européens sont doués de connaissances universelles, Sahlé-Sellassi ne put croire que nos deux voyageurs ne fussent pas des ouvriers, quoique la peau de leurs mains pût lui prouver leur sincérité. Il avait bonne envie de les retenir; il les questionna sur les arts et les métiers; mais ils se gardèrent bien de se vanter de la moindre connaissance, et auraient-ils su quelque chose, ils se seraient bien gardés d'en faire parade. Le roi les mena dans ses ateliers; car, aussi rusé qu'Ulysse, il pensait qu'à la vue des instrumens de travail, nos voyageurs ne pourraient se contenir; mais, plus prudens qu'Achille, ils se contentèrent de regarder sans mot dire et sans toucher à rien. Une autre fois, il vint dans l'idée du roi que MM. Combes et Tamisier pouvaient bien être médecins, et ils ne furent pas peu étonnés de se voir présenter une quantité de médicamens d'Europe venus par l'Inde. Cette tentative ne réussit pas mieux que la précédente. Malgré leur nullité, Sahlé-Sellassi ne cessait de leur montrer une bonté toute paternelle. Enfin, après avoir épuisé tous les moyens de séduction, il les laissa partir à son grand regret.

Ankober, capitale du pays de Sahlé-Sellassi, est bâtie sur le penchant d'une colline, que domine le palais du roi, remarquable par sa vaste dimension : plusieurs églises, magnifiquement ombragées, apparaissent sur les éminences. Les sources du Chaffa et du Denn sortent de la colline, d'où l'on jouit d'une vue magnifique.

Lorsque le roi sut que les deux Français allaient s'éloigner, il leur fit témoigner ses regrets : « Sahlé-Sellassi, leur dit son intendant, m'a chargé de vous faire ses adieux; il est si chagrin de votre départ, que votre vue lui ferait mal; demandez tout ce que vous voudrez pour votre voyage, et soyez certains que mon maître vous l'accordera. — Touchés de la conduite loyale de Sahlé-Sellassi, nous ne voulûmes pas, ajoutent les deux voyageurs, abuser de sa générosité; nous nous bornâmes à demander 20 talaris et deux mulets, qu'on nous donna sur-le-champ. Notre domestique reçut l'ordre de nous accompagner jusqu'à la frontière, et de nous faire bien fêter par les chefs des villages qui se trouvaient sur notre route. Nous partîmes aussitôt le cœur gonflé de joie, et une suite nombreuse nous accompagna jusqu'à la sortie de la ville. »

Les principaux chefs de Choa sont généreux et magnifiques. Si la population de ce pays ne se montra guère hospitalière envers MM. Combes et Tamisier, en revanche tous les gouverneurs les accueillirent avec la plus grande bienveillance. L'autorité de Sahlé-Sellassi s'étend sur une partie du pays habité par les Galla-Boréna, qui sont idolâtres. Ils montrent un vif désir d'être instruits; d'après leur conversation avec un choum, nos deux voyageurs sont persuadés que des missionnaires habiles qui oseraient s'aventurer chez ces tribus sauvages, mais hospitalières et bonnes, parviendraient aisément à les réunir sous une même loi; et que tous ces Gallas, qui vivent aujourd'hui sans croyance et sans liens communs, formeraient alors une nation grande et intéressante.

Les deux Français voyageaient vers l'O.; ensuite, ils se dirigèrent au N. Le 3 janvier 1836, ils arrivèrent sur les bords de l'Oualaka, rivière profondément encaissée, qui, un peu plus bas, se joint au Nil. Le lendemain, ils traversèrent à la nage cette dernière rivière. Les hommes et les femmes qui cheminaient avec eux se dépouillèrent alors de leurs vêtemens, les enfermèrent dans des outres qu'ils attachèrent sur leur ventre, et arrivèrent ainsi sur la route opposée avec le secours de quelques Gallas, qui, par extraordinaire, savaient nager. Avant de s'engager dans le Nil, on avait eu grand soin de jeter des pierres dans l'eau et de pousser de grands cris, afin d'effrayer les crocodiles et les hippopotames qu'on voyait quelquefois paraître à la surface.

Les habitans du Gojam se montrèrent très-hospitaliers envers les deux voyageurs : à Bichana, ceux-ci, après avoir traversé la place du marché, s'étaient assis sous un grand arbre à l'extrémité du village. « On se précipita en foule sur nos pas; les commerçans ne songèrent plus à s'occuper de leurs affaires; les prêtres, les principaux personnages du lieu, les femmes, arrivèrent à la fois; le marché fut entièrement abandonné. On nous entourait, on nous pressait à nous suffoquer; tout le monde voulait nous voir en même temps, et de tous côtés on laissait échapper ces paroles : « Le roi est arrivé (*Negous matta*). » Nous ne comprenions pas d'abord le véritable sens de ces paroles; mais, à force de les entendre répéter, le souvenir d'une tradition abyssine suivant laquelle un blanc doit un jour régner dans le pays, nous vint à la mémoire et nous donna l'explication de notre royauté improvisée. Cette croyance est encore plus répandue dans le Gojam que parmi les courtisans de Sahlé-Sellassi; mais, dans le Choa, cette tradition n'est guère accréditée que chez les grands, qui s'en effraient; tandis qu'en-deçà du Nil, elle est incarnée chez le peuple....

» Ce jour-là, les plus jolies femmes du Gojam semblaient s'être donné rendez-vous à Bichana;

nous n'avions jamais vu en Abyssinie une réunion de femmes aussi généralement belles, et nous pûmes alors nous convaincre par nous-mêmes que, sous ce rapport, le Gojam mérite la haute réputation dont il jouit depuis le Choa jusqu'aux dernières limites du Tigré. »

Durant le séjour de MM. Combes et Tamisier dans le Gojam, on ne cessa pas de leur manifester le plus vif intérêt : le 16 janvier, ils atteignirent l'extrémité du plateau du Gojam, et découvrirent devant eux la profonde vallée du Nil. Ils passèrent près du saut d'Alata, que Bruce a visité et décrit. Après avoir traversé la rivière, ils se trouvèrent dans le Béghemder, où règne Raz-Ali, dont ils n'avaient pas eu à se louer.

« On était informé jusqu'au Gojam, disent-ils, des scènes qui avaient eu lieu à Devrà-Tabour durant notre séjour dans cette capitale; on savait que le prince, abusant de son autorité, avait voulu nous retenir malgré nous; et, comme la renommée grossit tous les bruits, à entendre certaines personnes, nous avions fait des prodiges pour nous soustraire à ses tyranniques bontés. A Mouta, principalement, plusieurs soldats qui ne nous connaissaient pas nous racontaient nos *exploits* : ils nous dirent que deux blancs, qu'on avait cherché à retenir prisonniers, avaient mis Devrà-Tabour en émoi, avaient bravé la puissance du raz et de ses troupes, et s'étaient éloignés triomphans de cette capitale. Le prince les avait fait longtemps poursuivre, déterminé à les reléguer sur quelque sommet inaccessible pour les punir d'avoir désobéi à ses volontés; mais il avait renoncé à ses iniques projets, parce qu'on lui avait prédit que s'il exerçait la moindre violence contre ces étrangers, il attirerait la vengeance céleste sur son pays et sur lui-même. » A leur arrivée à Madhera-Mariam, ville sacrée du Béghemder, MM. Combes et Tamisier demandèrent des nouvelles de Béchir, leur interprète. Ils apprirent avec peine que ce brave homme, désolé de les avoir perdus, avait suivi un chef abyssin dans ses possessions, croyant ainsi se rapprocher d'eux. « Nous devions, ajoutent-ils, renoncer à le revoir jamais, et nous en éprouvâmes un véritable chagrin. »

Quoique Raz-Ali eût été informé de l'arrivée des deux Français, il feignit de l'ignorer. Néanmoins, lorsqu'il eut appris par un de ses pages qu'ils avaient visité le royaume de Choa, il leur envoya plusieurs émissaires afin de savoir si la réputation de Sahlé-Sellassi, dont on vantait partout la puissance, n'était pas usurpée; mais, loin de rabaisser l'importance de ce monarque, comme on s'y attendait peut-être, MM. Combes et Tamisier vantèrent à l'excès sa magnificence et l'éclat de sa cour. Ils ajoutèrent qu'il était la terreur des peuples Gallas, qui lui payaient de riches tributs.

Abbeuto (c'était le nom du page), jeune homme d'une perversité consommée, mit tout en œuvre pour voler à nos voyageurs leur argent; son acharnement à les poursuivre leur fit soupçonner que le raz, qui n'osait pas les attaquer ouvertement, et qui avait néanmoins l'intention secrète de leur nuire, avait autorisé son page à les piller ou à les faire piller. Dès le premier jour, on leur vola un *sel;* le lendemain, un enfant, qui leur servait de domestique, leur enleva une ceinture renfermant neuf talaris, presque la moitié de leur fortune; mais, effrayé de l'énormité de la somme, le voleur la rapporta. Lorsque Abbeuto fut informé de la niaiserie de cet enfant, il en fut désespéré. Dès ce moment, ils redoublèrent de précautions et déjouèrent ainsi les tentatives de plusieurs domestiques envoyés par Abbeuto. Pour dérouter cet ennemi, ils résolurent de s'éloigner de la ville à l'improviste. Un nouveau domestique leur proposa de les suivre dans le Tigré; mais, avant leur départ, il eut avec Abbeuto une conversation mystérieuse qui ne devait pas contribuer à calmer leurs justes appréhensions. Ils avaient échangé un talari au marché de Devrà-Tabour; il leur restait quelques sels renfermés dans un petit sac dont ils avaient chargé le domestique. Ils faisaient marcher celui-ci devant eux, afin de pouvoir l'observer. Il se tournait et se retournait à chaque instant; il regardait de tous côtés avec la plus vive attention, et l'on eut dit qu'il attendait des complices pour tenter un coup de main. « Nous cheminions depuis une heure environ, ajoutent-ils, lorsque, non loin des bords d'un frais ruisseau, qui coulait à notre gauche, et qui longeait dans ses sinuosités un taillis fourré et couvert d'épines, cet homme nous demanda la permission d'aller boire. Nous nous arrêtâmes pour l'attendre; mais, au lieu d'étancher sa soif de commande, il s'enfonça brusquement dans le bois et disparut à l'instant. Nous étions nu-pieds, nos mulets refusaient d'entrer dans les broussailles, et il nous fut impossible de poursuivre le voleur.

» Quoique dupes encore une fois, nous fûmes heureux d'en être quittes à ce prix, et nous continuâmes notre route avec plus de sécurité. »

Après avoir traversé le plateau de Devrà-Tabour, MM. Combes et Tamisier descendirent de nouveau dans la belle plaine qu'ils avaient déjà traversée quelques mois auparavant : ils se diri-

Une Princesse Abyssine.

Famille de la tribu d'Hazorta.

geaient vers Gondar; le 25 janvier, ils entrèrent dans cette capitale, qui ne leur offrit, de même qu'aux autres voyageurs modernes, que les restes de son ancienne grandeur. Lic-Iatsko, l'un des juges, et, suivant M. Ruppel, le seul honnête homme d'Abyssinie, les reçut avec une grande joie. Il leur donna, de concert avec Kidana-Mariam, homme, ainsi que lui, très-érudit, et le plus riche marchand de la ville, la liste des livres qui composaient autrefois la bibliothèque des rois d'Abyssinie, et qui se trouvent aujourd'hui dispersés dans les divers monastères du pays et chez les riches particuliers.

« Nous avions fait à Gondar des dépenses folles, et nous étions sans argent pour continuer notre route. Kidana-Mariam nous prêta 10 talaris au taux ordinaire de l'intérêt du pays, qui est de 10 pour 100 par mois. Son domestique nous accompagna jusqu'à Adoueh, où nous acquittâmes notre dette d'après nos conventions. Avant de partir pour le Choa, nous avions laissé un léger dépôt dans le Tigré.

Après s'être agréablement délassés de leurs fatigues, les voyageurs partirent de Gondar un lundi, 9 février, traversèrent de nouveau l'Ouaggara, revirent Daouarik, descendirent les monts du Lamalmon, et traversèrent le Tacazzé. Un grand nombre d'hommes et de femmes étaient campés avec eux sur le bord de cette rivière. Au soleil couchant, on alluma des feux qui éclairaient toute la vallée. Un Abyssin avait un bœuf malade; persuadé que cet animal n'aurait pas la force de gravir la montagne, au pied de laquelle on reposait, il le fit tuer; les membres du bœuf dépecé furent suspendus aux branches des arbres. Tout le monde dormait depuis plus d'une heure; on n'entendait plus le cri de l'hyène ni la voix de l'hippopotame; tout-à-coup un rugissement féroce glaça d'effroi toute la troupe : les hommes, réveillés en sursaut, coururent à leurs armes. Un lion, attiré sans doute par l'odeur du sang qui avait été répandu, se précipita avec furie sur de malheureuses femmes, qui pressaient dans leurs bras et cherchaient à cacher de pauvres petits enfans encore à la mamelle. Avant qu'on eût eu le temps de se lever et de songer à se défendre, le lion avait fait un effroyable carnage : les deux Français et les plus braves des Abyssins, formant un carré, présentèrent la pointe de leurs armes au lion, qui chercha vainement à les surprendre. Fatigué sans doute de leur résistance, le lion se précipita de nouveau sur les victimes qu'il avait déjà immolées, les déchira de ses griffes, saisit entre ses dents un malheureux enfant, qui se plaignait encore, et s'éloigna en grondant. De temps en temps, il détournait la tête comme s'il eut regretté d'abandonner le champ de bataille; enfin, il disparut dans les ténèbres.

» Quand on fut délivré d'un danger si terrible, on s'empressa autour des cadavres qui ensanglantaient la terre. Une femme respirait encore; on visita sa blessure, et l'on vit, avec une grande satisfaction, qu'elle était à peine égratignée, et que sa vie ne courait aucun risque; mais c'était son enfant que le lion avait emporté. Ecrasée sous le poids de sa douleur, qu'elle avait manifestée par ses cris et ses vociférations, elle tomba épuisée et comme anéantie. Lorsqu'elle se réveilla de sa léthargie, elle était plus tranquille; elle versa d'abondantes larmes, et attendit le jour avec quelque résignation.

Le lendemain matin, on creusa un grand fossé où l'on déposa cinq cadavres défigurés. « Lorsque nous eûmes accompli ce pieux devoir, ajoutent MM. Combes et Tamisier, l'aurore commençait à paraître, et nous nous éloignâmes tristement de la fatale rivière; nous reçûmes les félicitations de nos compagnons d'armes, qui nous appelaient leurs sauveurs. »

On était au 18 février. Après une montée longue et raide, on atteignit les vastes plateaux du Siré. La ville de ce nom n'existe plus. Le 21, les deux voyageurs revirent Axoum, et bientôt, en approchant d'Adoueh, M. Isenberg et Joannès l'armurier, instruits de leur arrivée par le domestique de Kidana-Mariam, vinrent au-devant d'eux et leur témoignèrent leur vive satisfaction de les revoir après une aussi longue absence. Tous se rendirent ensuite dans la maison de M. Gobat, qui était malade; sa femme lui avait récemment donné un garçon.

MM. Combes et Tamisier apprirent que l'Anglais Coffin avait abandonné le couvent inaccessible de Devra-Damo, et qu'il avait été nommé choum d'un village. On assurait qu'il était décidé à passer le reste de ses jours en Abyssinie. Nos compatriotes, qui n'étaient pas dans les mêmes dispositions, partirent d'Adoueh avec une caravane allant à Massouah, et dont le chef les combla d'égards. A leur arrivée dans cette ville, l'écrivain de la douane, après les avoir considérés pendant quelque temps, les prit pour des marchands d'esclaves. Aussitôt, ils se rendirent chez le lieutenant du gouverneur, auquel ils remirent le firman de Mohammed-Ali. Lorsque leur identité eut été reconnue, les offres de service leur furent prodiguées, et ils se dirigèrent vers leur ancienne demeure, où l'un des fils du propriétaire leur remit tous leurs effets, qui étaient intacts. Le 17 avril, quoique malades, ils s'embarquèrent pour Djidda.

Dans la relation de leur voyage, ils ont rectifié diverses assertions des voyageurs qui les avaient précédés; par exemple, Salt loue les prêtres abyssins de la pureté de leurs mœurs, tandis que, suivant MM. Combes et Tamisier, elles ne sont nullement recommandables.... La phrase que prononce les Abyssins en égorgeant un animal doit s'écrire ainsi : « *B'ism abb'oua guebra oua menfis Godeus.*» C'est-à-dire, au nom du Père, du Fils et du Saint-Esprit.

D'après les observations de tous les voyageurs qui ont vécu avec les Abyssins, ce peuple a la taille svelte, élancée, les formes belles, les yeux grands; sa couleur va du brun foncé au brun clair, à l'olivâtre et même à la couleur d'encre pâle; quelques femmes même sont assez blanches. Ses traits et ses cheveux sont ceux de la race blanche; ceux-ci sont assez souvent crépus, mais ne sont jamais laineux. Les esclaves abyssines sont recherchées en Égypte et en Arabie. Salt en a représenté une dont la figure justifie les éloges que MM. Combes et Tamisier donnent aux femmes abyssines (PL. IV — 3).

Les Gallas ont la chevelure des nègres; mais les traits de leur visage les rapprochent des Abyssins (PL. VI — 1). Plusieurs de leurs tribus sont aujourd'hui bien moins barbares que dans les premiers temps où les voyageurs européens commencèrent à parler d'eux, et l'on a vu, par les observations de nos compatriotes, ainsi que par celles des missionnaires, que la civilisation peut faire des progrès parmi eux.

L'Abyssinie est une contrée très-montagneuse, et doit à cette circonstance la douce température dont elle jouit, quoique très-proche de l'équateur. Ses principales chaînes sont celles du Samen et du Lasta; mais leur élévation n'égale pas celle des Alpes ni même des Pyrénées, quoiqu'en aient pu dire certains missionnaires. On peut diviser l'Abyssinie en région haute et région basse. Celle-ci, comprise entre les montagnes du Tigré et le golfe Arabique, se nomme Dankali, et les tribus qui l'habitent sont appelées Danakil : sa partie septentrionale est désignée par le nom de Samhar; ses habitans prennent celui de Ghoho, probablement les *Gholas*. Des pluies périodiques arrosent cette région basse depuis septembre jusqu'en mars : elles commencent précisément à l'époque où celles du pays haut cessent complètement. Les habitans sont généralement pasteurs; ils cultivent quelques champs; mais les récoltes ne suffisent pas à leur consommation : ils se nourrissent de lait, de la chair de leurs troupeaux, et de poissons. Toutes ces tribus nomades, non contentes d'exercer leurs brigandages envers les étrangers, sont entre elles dans un état d'hostilité continuelle. Elles n'obéissent à leurs chefs que lorsque leur propre intérêt le commande.

Lord Valentia, Salt et quelques navigateurs ont décrit la côte du Dankali. Au S. et à l'O. de la baie d'Azab, qui la termine dans la première de ces directions, s'étend un pays peu fertile que le commerce avait rendu florissant, et dont les agressions firent souvent trembler l'Abyssinie. Le royaume d'Adel avait pour capitale la ville de Haussa, située dans le désert, à l'endroit où le Haouach se perd dans les sables. A l'E., habitaient les Samaulis; au S. et à l'O., on trouvait d'autres tribus obéissant à des chefs plus ou moins puissans. Depuis longtemps, quelques-unes sont soumises aux Gallas. Les Samaulis, qui longent la côte depuis la presqu'île de Zeylah jusqu'au-delà de celle de Berbera, célèbre par son marché, ont conservé leur indépendance. Zeylah, leur port principal, est au S. du détroit de Bab-el-Mandeb; la côte court de Zeylah vers l'E., où elle se termine par le cap Guardafui. Les Samaulis sont musulmans. Les traits de leur physionomie indiquent leur origine arabe (PL. V — 4). Au moyen de leurs caravanes, ils font un commerce important avec l'intérieur de l'Afrique. Leur pays et ceux qui les avoisinent n'ont été visités par aucun voyageur.

A l'E. du cap Guardafui, on trouve l'île de Socotora, qui est considérable, mais aride, pierreuse, et en grande partie dépourvue d'eau et de végétation. On y récolte le meilleur aloès que l'on connaisse et beaucoup de dattes. Elle dépend de l'imam de Mascat. Dans l'antiquité, elle fut un entrepôt de commerce très-fréquenté; mais, depuis le xvie siècle de notre ère, les Européens l'ont entièrement négligée.

CHAPITRE IV.

Côtes d'Ajan et de Zanguebar.

La côte orientale de l'Afrique, au S. du cap Guardafui, présente à l'œil du navigateur une suite presque continue de rochers et de sables. Habitée par des Arabes, elle ne contient aucune ville remarquable au N. de Magadocho, capitale du pays le plus septentrional du Zanguebar. Magadocho, que l'on distingue de loin à trois grandes mosquées, est à une petite distance du bord de la mer. Les violences exercées par les

Portugais, qui venaient y enlever des esclaves, sont causes qu'on n'y accueille plus les Européens qu'avec beaucoup de méfiance.

A 25 lieues au S. de Magadocho, la ville de Brava offre, vue de la mer, un assez bel aspect; elle fait un commerce actif avec l'Inde. Elle fut conquise, au XVIe siècle, par les Portugais, qui, depuis, l'ont perdue. La côte, en allant au S., continue à être basse, souvent marécageuse; néanmoins, on peut s'en approcher sans danger, parce qu'elle est libre d'écueils. D'épaisses forêts s'étendent dans l'intérieur. L'équateur coupe le pays à 36 lieues au S. de Brava.

Mélinde, dans une belle plaine sur une baie avec un port, est une ville grande et bien bâtie, à l'embouchure du Quilimanci. Des rochers et des bancs de sable rendent l'accès du port difficile. Ces écueils et des îles de différentes grandeurs bordent la côte sur une étendue très-considérable. Mélinde est la capitale d'un petit royaume gouverné par un chef d'origine arabe; mais la plus grande partie de la population se compose de nègres indigènes.

Mombaza, sur une île du même nom, conserve encore les ruines d'une citadelle construite par les Portugais.

L'île de Pemba est basse et a 14 lieues de longueur. Salt en parle comme étant très-fertile et très-boisée. L'île de Zanzibar a environ 15 lieues de long sur 5 de large; un port, situé sur sa côte occidentale, est excellent et bien abrité. Les habitans, musulmans et d'extraction arabe, sont gouvernés par un cheikh que nomme l'imam de Mascat, souverain de l'île. Elle fait un gros commerce avec le golfe Arabique, Madagascar et les îles voisines. On ignore l'étendue du cours du Loffih, grand fleuve dont on rencontre plus bas l'embouchure.

L'île de Monfia abonde en bœufs sauvages, que les habitans de Quiloa viennent chasser. Cette ville, située dans une île qui lui donne son nom, est vis-à-vis d'une péninsule formée par l'embouchure de deux fleuves, le Koavo et le Mongallo. Le roi est nègre et vassal de celui de Zanzibar. Un fort et des vestiges d'anciennes murailles témoignent de la grandeur passée de cette ville. Les relations fréquentes des habitans de Quiloa avec l'île Maurice leur ont rendu la langue française assez familière. Du temps de Vasco de Gama, Quiloa était la capitale d'un royaume puissant par sa richesse et son commerce. Les Portugais, après des attaques réitérées, s'y établirent en 1529; mais, comme ils firent de Mozambique le centre de leurs établissemens, Quiloa ne tarda pas à décliner; ils finirent par la perdre.

Afr.

Le cap Delgado détermine la limite méridionale de la côte de Zanguebar. L'intérieur du pays ne nous est connu que par les relations des géographes arabes, dont voici le résumé : un grand fleuve rempli de crocodiles, des déserts sablonneux, un climat brûlant, des léopards d'une très-grande taille, des troupes innombrables d'éléphans, de girafes, de zèbres; des mines de fer dont les habitans tirent leurs ornemens favoris; pour toutes plantes alimentaires, le doura et la banane; pour toutes bêtes de somme, des bœufs dont on se sert même dans la guerre.

Des hordes nomades de Cafres, de nègres, d'Arabes au teint très-olivâtre, vivent dans cette immense région, où les géographes ont placé les royaumes du Monoémugi, des Bororos, de Botoua, du Monomotapa, des Macouas, des Monjous et d'autres. Ils parlent aussi d'un lac Maravi, dont l'étendue, du N. au S., est immense et paraît exagérée. Quant aux monts *Lupata* (l'Epine du Monde), on peut croire que les expressions de Jean dos Santos, qui en parle, ont été mal saisies, car il dit que c'est une forêt remarquable tant à cause de sa largeur, qui est de plus de 5 lieues, qu'à cause des rochers qui l'environnent, rochers si prodigieusement hauts et affreux, qu'ils semblent, aussi bien que les arbres qui y croissent, porter leurs cimes jusque dans le voisinage des nues. Mais la présence des arbres sur ces montagnes prouve que leur élévation n'est pas excessive. D'ailleurs, le Zambèze s'est ouvert un chemin à travers ces rochers.

Les Portugais, dans le XVIe siècle, visitèrent ces côtes et les décrivirent; mais il s'écoula plus d'un siècle avant que d'autres Européens en donnassent des relations détaillées. Alexandre Hamilton, navigateur anglais qui les a parcourues dans les premières années du XVIIIe siècle, de nos jours Lord Valentia, Salt et quelques autres voyageurs en ont parlé. Enfin, le capitaine Owen a récemment compris ces côtes dans le relevé qu'il a fait du littoral de l'Afrique.

CHAPITRE V.

Mozambique.

Le cap Delgado est entouré d'un groupe d'îles nommées Querimba, jadis très-peuplées, mais que les incursions continuelles de pirates venus de Madagascar ont ruinées. On trouve également, le long de la côte jusqu'à Mozambique, des traces de leurs dévastations. La ville de Mozambique est située sur une île vis-à-vis de l'ouverture d'une baie profonde. Suivant le récit de Salt, ses habitans offrent un singulier mélange des costumes indiens, arabes et européens, qui forment entre eux un contraste frappant. L'insalubrité de son climat a engagé la population à bâtir, au fond de la baie, le bourg de Mézuril, où l'on voit plusieurs jolies maisons de campagne. Celle du gouverneur, bâtie sur un coteau et à peu de distance du rivage, est d'un effet très-pittoresque (Pl. VII — 2). Le territoire voisin fournit à la consommation journalière de Mozambique. Une grande partie des terres n'est pas cultivée; de nombreux troupeaux de bétail et de porcs y trouvent une subsistance abondante.

Dans les courses que firent les Anglais, ils ne virent que peu de dames. « En général, elles sont maigres, pâles, affaiblies par la chaleur, et ont cette inertie qui résulte ordinairement d'un long séjour entre les tropiques. De plus, ajoute Salt, elles négligent beaucoup leur toilette, excepté les jours de grande parure. De même que beaucoup de femmes blanches des colonies européennes, elles vont sans bas. Elles aiment beaucoup à fumer. Elles sont vives, et leur conversation est très-animée. »

Salt vit à Mézuril des trafiquans monjous; ils étaient venus avec une caravane d'esclaves principalement composée de femmes; ils amenaient aussi de l'or et des dents d'éléphans. Ces Monjous racontèrent qu'ils avaient été en route pendant près de trois mois; qu'ils avaient des relations avec d'autres trafiquans appelés Evisi et Maravi, qui avaient pénétré assez avant dans l'intérieur pour voir de grandes eaux, des hommes blancs (comparativement sans doute) et des chevaux. Les Monjous sont les nègres les plus laids que Salt ait vus: leurs armes sont des arcs et des flèches et de très-courtes lances avec une pointe de fer; leurs flèches sont longues, barbelées et empoisonnées. Une partie de la garnison de Mézuril est composée de Makouas. Ce peuple nègre occupe une vaste région à l'O. de Mozambique; il a des formes athlétiques, et s'est rendu très-redoutable aux Portugais par ses fréquentes incursions.

Lorsque les Portugais découvrirent la côte orientale de l'Afrique, elle était entièrement possédée par des Arabes. La réputation des mines d'or de cette contrée et la commodité des ports pour les navires faisant le commerce de l'Inde, les portèrent bientôt à expulser les Arabes. En 1508, ils fondèrent la ville de Mozambique; plus tard, ils tâchèrent de s'avancer dans l'intérieur pour s'emparer des mines d'or et d'argent; mais toutes leurs tentatives échouèrent; et, comme les Arabes, ils se sont bornés à faire le commerce d'une manière plus paisible à maintenir leur influence, en opposant les uns aux autres les chefs des tribus indigènes, et à se contenter de la possession de la côte, depuis le cap Delgado, au N., jusqu'à la baie de Lorenzo-Marquès, au S. Mozambique est le centre du commerce des Portugais dans ces contrées. Les exportations pour Goa, Daman et Diu consistent en poudre d'or, argent monnayé et en lingots, ivoire, cornes de rhinocéros, ambre gris, résine. Jadis, le commerce des esclaves était très-important; ils étaient, pour la plupart, expédiés au Brésil (Pl. VII — 1).

Un navire peut en trois ou quatre jours aller de Mozambique au port de Quilimane, petite ville à l'embouchure principale du Zambèze. Ce fleuve n'est navigable que pour les petites embarcations; celles-ci remontent jusqu'à Séna, gros bourg sur la rive droite du fleuve, et défendu par un fort. Le marché principal pour l'or est Manika, située à environ vingt jours de marche au S. O. de Séna, et où se tient annuellement une grande foire. La première partie du voyage se fait dans un pays soumis à l'influence des Portugais; ensuite, on traverse des cantons habités par les indigènes, dont les trafiquans sont obligés de se concilier l'amitié par de gros présens. Il faut aussi payer un tribut à un chef désigné par le nom de Quitève, et qui réside à Zimboa. En continuant à remonter le fleuve, on passe par le défilé très-resserré qu'il franchit à travers les rochers de Lupata, et l'on arrive à Téte, où il y a un petit fort portugais. C'est là que s'arrêtent les notions à peu près positives que l'on a sur ces régions, décrites par Thomann, missionnaire allemand. On dit que le principal marché de l'intérieur est Zambo, où les habitans permettent aux Portugais d'avoir un petit comptoir, et où l'on arrive, après une marche d'un mois, par terre et par eau. Les commerçans envoient de divers côtés leurs agens avec des marchandises, et ceux-ci leur rapportent en retour, à Zambo, de l'or, de l'ivoire et d'autres objets précieux.

Plus loin, au S., les Portugais ont, sur la côte, le village de Sofala, sur la baie et à l'embouchure d'une rivière de même nom. Le port ne peut recevoir que de petits navires. Salt, qui a visité cette baie, dont la côte semble appartenir à un pays peu ou point inhabité, dit que les baleines sont très-communes dans ces parages; l'intérieur du canton de Sofala abonde en mines de fer et de cuivre. Il confine au S. avec celui d'Inhambane, qui a un bon port et un territoire

1. Nègres de la Côte de Mozambique.

2. Maison du Gouvernement à Mozambique.

s'étendant beaucoup dans l'intérieur. L'ivoire que l'on en tire est le meilleur de la côte.

Le cap Correntes ou des Courans est au S. de l'embouchure de l'Inhambane. On lui a donné son nom à cause du courant, qui est là d'une très-grande force. En 1808, les Français s'emparèrent d'un petit fort construit sur cette pointe de terre ; mais les attaques des indigènes, dirigées par les Portugais, les forcèrent de l'abandonner.

La baie de Lorenzo-Marquès ou de Lagoa, longue de 15 lieues du N. au S., et large de 10 lieues de l'E. à l'O., reçoit plusieurs fleuves, qui sont le Mafumo ou Tembi, le Lorenzo-Marquès, le Manica ou Espiritu-Santo, et le Mapouta. La quantité de baleines qui la fréquente y attire tous les ans beaucoup de navires. Les avantages que devait naturellement présenter un établissement dans ce lieu détermina plusieurs nations maritimes de l'Europe à s'y fixer ; mais les Portugais sont restés les maîtres de la partie septentrionale. Quant à la côte de l'O., elle est occupée par un poste anglais. Lorsque le capitaine Owen longeait la côte orientale de l'Afrique, il y vint mouiller, dans la baie de Lagoa, avec ses deux vaisseaux. Un de ses officiers, ayant pénétré dans le Tembi, sentit tout-à-coup un choc violent qui frappa son canot, le souleva presque entièrement hors de l'eau, et jeta dans le fleuve le midshipman qui tenait le gouvernail ; mais on eut le bonheur de le rattraper. Cette secousse était causée par un monstrueux hippopotame qui s'était élancé avec furie sur la petite embarcation, et avec ses dents en arracha quelques bordages ; il disparut ensuite quelques secondes, puis se leva de nouveau ; mais un coup de fusil, tiré à bout portant, le fit renoncer à son projet. On fut obligé de hâler le canot à terre pour le radouber. On dressa les tentes ; et, pendant que les ouvriers travaillaient, une autre partie de l'équipage parcourut les environs, qui n'offraient aucune trace d'habitation.

Le botaniste et un autre Anglais s'étant avancés dans un bois, se trouvèrent tout-à-coup près d'un énorme hippopotame couché dans la vase. Comme ils ne s'étaient pas munis d'armes à feu, ils ne purent profiter de cette occasion favorable, et appelèrent du monde. Le lieu du campement était peu éloigné ; une troupe de chasseurs se mit aussitôt en marche ; il était trop tard, l'animal avait déjà disparu. Le seul résultat qu'ils obtinrent fut de jeter l'effroi parmi les nombreuses familles de grands babouins qui se jouaient sur les arbres et sautaient de branche en branche. Le lendemain, on continuait à remonter le fleuve, lorsqu'en approchant d'un banc de sable, on se vit à l'improviste au milieu d'une troupe d'hippopotames tellement serrés les uns contre les autres, que, s'ils ne s'étaient pas enfoncés dans l'eau, les Anglais n'auraient pu se frayer le passage que de vive force ; cependant il en resta trois, et l'un d'eux, ouvrant une bouche large de trois pieds, lançait des regards menaçans : ses deux camarades le quittèrent ; mais celui-là resta assez longtemps dans la même position pour recevoir une volée de balles, dont une seule le blessa : alors, il poussa un cri affreux, et se précipita au fond de l'eau. La promptitude des mouvemens de cet animal colossal est vraiment extraordinaire ; car souvent après la lumière produite par l'inflammation de l'amorce, il était sous l'eau avant que la balle put l'atteindre.

Les Anglais rencontrèrent, sur les rives du Tembi, une troupe de Hollontontes, qui sont une tribu de Cafres. Leur teint est très-noir ; ils sont d'une taille élevée, robustes, belliqueux ; ils ont l'air prévenant sans bassesse, et on éprouva bientôt qu'ils se défiaient des blancs. On avait campé dans un lieu où les chevreuils abondaient ; on en avait abattu un que l'on fit cuire pour le souper ; la veille, les Hollontontes, en s'en allant, avaient promis de revenir bientôt pour échanger un buffle contre des marchandises.

Pendant la nuit, les démarches de ces sauvages ayant paru suspectes, on força ceux qui s'étaient trop approchés à s'éloigner, et l'on fit bonne garde. Un peu avant minuit, l'attention d'une sentinelle avancée fut excitée par un objet blanc qui lui parut s'élever peu à peu de terre et s'avancer doucement vers lui à travers les buissons : aussitôt il donna l'alarme, et, au même moment, il reçut dans la cuisse deux zagaies, et, en se retournant, une autre dans le dos ; celle-ci, étant barbelée, resta dans la blessure. Un officier, qui avait veillé jusqu'alors pour observer les astres, courut de toute sa force vers le camp, en criant aux armes. En un clin-d'œil, tous les Anglais furent debout et accueillirent les Hollontontes à coups de fusil et de baïonnette. Les sauvages firent une retraite précipitée, en enlevant leurs blessés ; on présuma que leur chef était du nombre. Il aurait été imprudent de les poursuivre, puisqu'on ne connaissait pas leurs forces, et on eut soin de tenir de grands feux allumés tout le reste de la nuit. Cette précaution n'était pas inutile, car on découvrit que les Hollontontes n'étaient pas très-éloignés et se tenaient blottis dans les buissons voisins ; on les entendit même parler à voix basse ; alors on dirigea sur eux deux fusées volantes qui leur arrachèrent des cris de terreur, et bientôt le silence le plus absolu régna partout. Le lendemain, en parcourant le terrain voisin, on trouva quelques boucliers, un assez bon nombre de lances, mais très-peu de zagaies. On n'aperçut aucune trace de sang; cependant on apprit plus tard, par d'autres habitans des rives du Tembi, que la fusillade avait tué plusieurs Hollontontes.

Les attaques des sauvages ne pouvaient guère être aussi meurtrières pour les équipages du capitaine Owen que le furent les atteintes des fièvres, si communes le long des côtes de ces contrées : un grand nombre d'hommes y succomba. Le plus funeste exemple de leurs ravages fut celui qu'offrit une expédition qui remonta le Zambèze jusqu'à Séna. Le 23 juillet, elle partit de Quilimane : elle était composée de cinq hommes, savoir : deux officiers, un chirurgien et deux nègres ; le 3 août, un officier se trouva si incommodé, qu'il ne put suivre ses compagnons à la chasse. On était logé chez un mulâtre portugais qui avait le rang de colonel de milice; il faisait en même temps le commerce, et son principal trafic était en ivoire et en poudre d'or. Dans la soirée du 4 août, le malade, qui paraissait se remettre, eut une rechute grave, et fut saigné. Le Portugais désapprouva ce traitement, et indiqua celui qui, dans des occasions semblables, était en usage dans le pays. Le chirurgien lui représenta que la constitution d'un Européen exigeait un traitement différent de celui que demandait un homme habitué au climat de l'Afrique équinoxiale. Le voyage fut continué : le 16, le malade mourut; le 4 septembre, l'autre officier rendit le dernier soupir; le 28 octobre, le chirurgien, qui était allé jusqu'à Téte, et qui revenait vers l'embouchure du fleuve, fut forcé de s'arrêter chez une Portugaise, qui essaya, comme son compatriote, de lui persuader d'essayer du traitement usité dans le pays ; mais, au lieu de se rendre à ces sages conseils, et quoique auparavant il eut été très-tempéré dans ses habitudes, il chercha de la consolation et du soulagement dans des excès qui terminèrent sa vie. Les deux nègres lui prodiguèrent leurs soins jusqu'au dernier moment, et, après sa mort, revinrent à Quilimane.

CHAPITRE VI.

Iles Comores et Iles Séchelles.

A 110 lieues au N. E. de Mozambique, on trouve Angazayè ou la grande Comore, île qui donne son nom à un groupe composé de trois autres; ce sont, de l'O. à l'E., Mohila, Anjouan et Mayota. Anjouan est la plus fréquentée par les navires européens qui traversent le canal de Mozambique, près de l'entrée septentrionale duquel ce groupe est situé, parce qu'elle offre plusieurs rades commodes et des aiguades faciles.

Malgré le grand nombre de voyageurs qui ont parlé des Comores, aucun n'en a donné une description qui puisse passer pour complète. Capmartin et Epidariste Colin, tous deux habitans de l'île de France, sont ceux auxquels nous devons les détails les plus complets : ils ont été publiés en 1811 :

« L'aspect d'Anjouan, disent-ils, est très-pittoresque; ses montagnes, d'une forme imposante, ombragées de bois d'une fraîche verdure, variées par de belles clairières et coupées par de grandes vallées, s'élèvent majestueusement au-dessus les unes des autres jusqu'à une hauteur de près de 600 toises; elles se terminent à un pic couvert d'une éternelle végétation. L'île entière paraît avoir subi l'action d'un volcan considérable : partout les pierres sont volcaniques; partout on rencontre les traces d'un feu violent. »

Cette baie présente beaucoup de facilité pour faire de l'eau : plusieurs ruisseaux coulent à travers les bois de cocotiers dans les vallons qui séparent les montagnes; l'un d'eux arrose la côte au N.; deux autres ont leur embouchure sur la plage où l'on est à l'ancre. Le plus occidental offre une aiguade commode, et l'eau qu'on y fait est très-bonne.

La baie de Machadon, où abordent ordinairement les vaisseaux européens, est sur la côte N. de l'île. C'est à peu près vers le milieu de la baie qu'on laisse tomber l'ancre vis-à-vis d'une plage plantée en cocotiers auprès de hautes montagnes profondément découpées, et que la proximité fait paraître d'autant plus hautes, qu'elles s'élèvent du bord de la mer. Avant même d'être parvenu au mouillage, un grand nombre de pirogues montées par des insulaires et chargées de fruits viennent à votre bord; on se sert quelquefois de ces embarcations pour se faire remorquer. Aussitôt qu'un navire y jette l'ancre, le roi y envoie son chancelier et quelques personnes de sa maison pour s'informer du sujet de sa relâche ; il est d'usage alors de faire un présent à ce ministre pour le disposer à vous traiter favorablement. « En allant de l'aiguade à la ville, on passe au pied d'une montagne absolument conique, et l'on peut présumer, d'après sa forme et les éboulemens des parties volcaniques qui la revêtent, qu'elle a supporté anciennement un cratère. La côte est couverte de galets semblables à ceux de toutes les îles volcaniques, et le sable que l'on trouve en quelques endroits contient beaucoup de parties ferrugineuses. La ville est à une demi-lieue du mouillage; elle est entourée de murs hauts de 15 pieds, et flanquée de tourelles carrées; lorsqu'on y est entré, on croit parcourir de longs corridors; le peu de largeur des rues, les murailles mal crépies, les maisons, ou, plutôt, les masures qui composent la ville, contribuent à lui donner une apparence misérable. L'intérieur des maisons est le même dans toutes et aussi chétif que l'extérieur. La première pièce est un appartement ouvert; d'un côté sont des bancs ou estrades, et de l'autre, dans un enfoncement obscur, est un lit élevé de sept à huit pieds au-dessus du plancher; au-delà d'une petite cour intérieure, est l'appartement des femmes.

« Des nattes, des niches pratiquées dans le mur, et qui contiennent quelques vases, des débris de miroir, des étoffes sales servant de rideaux, sont les seuls ornemens que nous ayons aperçus, même chez les habitans qui paraissaient les plus aisés. La seule apparence de luxe que nous remarquâmes parmi eux est l'usage immodéré du musc: les maisons sont tellement imprégnées de cette odeur, que nous ne pouvions y rester longtemps sans en être incommodé; cependant, malgré leur prédilection pour ce parfum, les Anjouannais lui préfèrent l'eau de lavande, pour laquelle ils ont une sorte de passion, et le désir qu'ils témoignent d'en posséder est d'autant plus vif, qu'ils ont rarement l'occasion de le satisfaire. Un autre usage auquel ils tiennent beaucoup, et qui leur vient certainement des Arabes, est celui de teindre leurs ongles en couleur orange avec le suc du henné (*lawsonia inermis*).

» Un petit et chétif édifice, surmonté d'un minaret, sert de mosquée; c'est, avec un fort qui domine la ville, les seuls édifices publics de Machadon. On monte à ce fort par un escalier de près de 400 marches, renfermé entre deux murailles. La demeure du sultan, qu'un voyageur a bien voulu appeler un palais, est tout au plus une demeure commode; elle ne diffère des maisons ordinaires que par un vestibule plus vaste et un long corridor servant de salle d'audience. A son extrémité, est un petit espace borné par une cloison ayant trois grandes fenêtres fermées par des volets remplis de petits trous, et séparés par une balustrade du reste de la salle: les femmes voient par là, sans être vues, ce qui s'y fait. En dedans de la balustrade, est posé un fauteuil sur lequel s'assied le sultan. Des deux côtés du corridor, sont rangés des bancs sur lesquels se placent les nobles. Cette salle sert aussi d'arsenal, car une grande quantité de fusils sont suspendus le long de la muraille, et aux plafonds sont accrochées des cornes remplies de poudre.

» Il y avait autrefois, à 7 lieues à l'E. de Machadon, sur une très-belle baie, une ville nommée Johanna. Les notes que nous ont laissées quelques voyageurs en peignent les environs comme singulièrement pittoresques et embellis par des bocages d'orangers et de citronniers, de cocotiers et de bananiers. Johanna fut détruite par les Madécasses en 1790. »

La campagne est un peu aride dans les environs de Machadon; mais bientôt elle devient plus riante et offre cet aspect qui frappe lorsqu'on approche de l'île. Le pied des hauts mornes est ombragé par des bosquets d'arbres que nous venons de nommer, et de manguiers. On voit des champs de patates et d'ignames; le pourpier croît dans les terrains humides; le goyavier, le tamarinier et d'autres arbres de ces climats croissent sur les flancs des coteaux. L'indigo sauvage est très-commun; la canne à sucre pousse à merveille, mais on n'en sait pas tirer parti. Les animaux domestiques sont la chèvre et le zébu, ou bœuf à bosse; le maki brun paraît être le seul habitant des forêts; les champs fourmillent de petites souris qui doivent causer de grands dommages aux récoltes. Les tourterelles et les cailles abondent; les pintades sont moins communes. Les côtes des Comores ne sont pas poissonneuses, ce qu'on peut attribuer à la multitude des requins. Les insectes incommodes qui désolent les contrées voisines sont inconnus dans ce petit archipel. Le climat, quoique très-chaud, passe pour salubre.

Il paraît probable que les Comores furent primitivement habitées par des nègres, et qu'ensuite les Arabes s'y établirent vers le XIIe siècle. Leur mélange avec les Aborigènes a produit une race mixte; mais le sultan et les principaux nobles ont conservé la physionomie de leurs ancêtres. La religion des Comores est l'islamisme. Ce peuple est très-affable, hospitalier, pusillanime, paresseux, sensé, spirituel et poli. D'après leurs fréquentes relations avec les Anglais et les Français, ils ont retenu quelques mots des deux langues; ils parlent cependant le français avec plus de facilité que l'anglais. Ces insulaires sont bons marins; avec leurs grandes barques, ils vont jusqu'à Bombay et à Surate; nous en avons vus qui étaient venus aux îles de France et de Bourbon. Ils ont toujours bien accueilli les Européens que des naufrages avaient jetés sur leurs côtes. En 1774, un vaisseau de la Compagnie des Indes anglaises s'y était perdu : cette société, voulant reconnaître les bons traitemens prodigués à l'équipage de ce navire, envoya en présent au sultan d'Anjouan un bassin d'argent du poids de huit marcs, et sur lequel elle avait fait graver une inscription attestant l'humanité des insulaires.

Le sultan d'Anjouan exerce également sa souveraineté sur les trois autres îles; il paraît qu'en certains cas, il est obligé de prendre l'avis des nobles. La plupart de ceux-ci sont les pourvoyeurs des navires européens; aussitôt qu'il en arrive un, ils se transportent à bord et présentent un petit registre où il est d'usage que chaque capitaine inscrive le nom de son bâtiment et le sien propre. Avant le départ, ils ont coutume de demander un certificat qui puisse leur servir à leur attirer la confiance des voyageurs futurs, et il faut rendre la justice de dire qu'ils mettent dans les affaires la loyauté et la bonne foi que l'on ne trouve pas toujours chez les peuples les plus fiers de leur civilisation.

Angazaye n'a aucune rade, et l'extrême difficulté d'y aborder la rend peu intéressante pour les Européens. De loin, elle ressemble à une immense montagne dont la hauteur paraît approcher de 1,300 toises. En mer, on la découvre à 35 lieues de distance; elle a plusieurs villages, dont le principal est dans la partie du S. O.

Mayote n'offre aucune rade abritée; mais on peut, avec des précautions, mouiller sur quelques parties de la côte du N., où se trouve un village assez considérable. Les habitans craignent tellement les Madécasses, qu'ils ne marchent jamais qu'armés de fusils et de zagaies.

Mohila est entourée d'une chaîne de récifs où l'on trouve cependant quelques passes; elle a deux bourgades situées l'une au N., l'autre à l'E. Le chef de cette île s'était autrefois soustrait à la domination du sultan d'Anjouan, ce qui occasionna une guerre entre eux qui finit par la dépopulation presque totale de Mohila, et les Madécasses n'ont pas peu contribué à l'augmenter encore. Elle est si grande dans ce petit archipel, que le nombre total des habitans est évalué seulement à 25,000 ames.

Le cinquième degré de lat. S. coupe à peu près par le milieu l'archipel des Séchelles; il est composé de deux groupes : celui des Amirantes, au S. O., comprend douze îles ou îlots; celui de Mahé ou des Séchelles, au N. E., en renferme trente; elles sont éparses sur deux bancs immenses de corail et de sable, généralement hautes et rocailleuses. Mahé, la plus considérable, la plus peuplée et la plus cultivée, offre deux hâvres parfaitement sûrs; l'île Pralin en a aussi un excellent. L'atmosphère est constamment humide. Les sources y sont nombreuses. La température est presque toujours d'une chaleur suffocante. Les productions de ce petit archipel sont celles des contrées intertropicales; la plus curieuse est le coco auquel il donne son nom. Ce fruit étant assez rare, sa forme bizarre, son origine inconnue, tout avait contribué à lui faire attribuer de grandes propriétés, et à faire imaginer des fables sur son existence. Le naturaliste Sonnerat, de qui nous empruntons ces détails, ajoute : « L'arbre qui produit le coco de mer, s'elevant, en beaucoup d'endroits, de l'île Pralin sur le rivage même de l'Océan, la plus grande partie de ses fruits tombe dans les eaux, se soutient à leur surface; le vent les pousse; les courans, dont la direction, dans ces parages, est à l'E. N. O., les porte jusque sur le rivage des Maldives, seule contrée où l'on avait trouvé ce fruit avant la découverte de l'île Pralin, vers 1744. Les Européens lui avaient donc donné le nom de *coco des Maldives*, et les Maldiviens celui de *Tracarerné* (trésor); il fut ensuite appelé *coco de Salomon*, pour lui donner apparemment un nom qui répondît au merveilleux qu'on attachait à son origine. Ne connaissant point l'arbre qui le produisait, ne le pouvant découvrir, on avait imaginé que c'était le fruit d'une plante qui croissait au fond de la mer, se detachait quand il était mûr, et que sa légèreté faisait surnager au-dessus des flots. Il restait, pour achever la fable, à prêter à ce fruit si extraordinaire les plus grandes et les plus rares propriétés; c'est ce qui ne manqua pas d'arriver. On débita, et on crut, non-seulement aux Indes, mais dans toute l'Asie, que l'amande du coco de mer a toutes les propriétés que nous attribuons à la thériaque, et que nous exagérons peut-être; que sa coque est un antidote assuré contre toutes sortes de poisons. Les grands seigneurs de l'Indostan achetèrent longtemps ce fruit à très-haut prix. Ils font faire de sa coque des tasses qu'ils enrichissent d'or et de diamans; ils ne boivent jamais que dans ces tasses, persuadés que le poison, qu'ils craignent beaucoup, parce qu'ils s'en servent trop eux-mêmes, ne saurait leur nuire, quelque actif qu'il soit, quand leur boisson a été versée et s'est purifiée

3. Montagne de Pieter-Bot (Isle de France).

2. Cascade de la Rivière des Roches (Isle Bourbon).

dans ces coupes salutaires. Les souverains de îles Maldives mettaient à profit l'erreur générale et s'attribuaient la propriété exclusive d'un fruit, qui, porté sur les eaux et poussé sur les côtes par le vent, aurait dû appartenir à celui qui le ramassait. »

Ce ne fut qu'en 1768 que le botaniste français Commerson, venu dans l'île Pralin, distingua ce palmier, qu'il nomma *lodoïcea sechellarum*. L'arbre a un bois très-dur à sa surface, tandis que l'intérieur est rempli de fibres molles; son tronc, après avoir été fendu et dépouillé de sa partie fibreuse, sert à faire des jumelles pour recevoir l'eau et des palissades pour les habitations et les jardins. Les feuilles sont employées à couvrir et à entourer les cases; avec cent feuilles, on peut construire une maison commode, la couvrir, l'entourer, faire les portes, les fenêtres et les cloisons des chambres. Le duvet attaché à ces feuilles tient lieu d'ouate pour garnir les matelas et les oreillers. On fait des balais et des paniers avec les côtes des feuilles; les jeunes, séchées, coupées en lanières et tressées, fournissent la matière de chapeaux pour les hommes et les femmes.

Cet archipel, découvert par les Portugais, reçut d'eux le nom général d'*îles Amirantes*; les Séchelles furent désignées par celui de *Sette Irmaos*. Un grand nombre d'îles qui s'étendent plus au S., ne consistent, pour la plupart, qu'en rochers entourés de sable et d'écueils, sont très-dangereuses pour les navigateurs; elles sont couvertes de quelques arbres et fréquentées par des tortues. La plus remarquable pour l'histoire de la navigation est celle de Jean de Nova, découverte en 1501 par un Gallicien au service du Portugal.

Les Séchelles appartiennent à la Grande-Bretagne depuis 1814.

CHAPITRE VII.

Madagascar.

Les géographes arabes parlent de plusieurs îles de la mer des Indes; il est certain que, dès le XIIe siècle, Madagascar était fréquentée par les navigateurs venus du golfe Arabique et de la côte orientale de l'Afrique. Dès cette époque, des colonies arabes s'établirent sur les côtes de cette grande île. En 1500, lorsque Pierre Alvarès Cabral vint à Q'ioa, le sultan qui régnait dans cette ville comptait, parmi ses possessions, les îles Comores et plusieurs ports à Madagascar. D'après le bruit répandu alors que Madagascar, ou, comme on l'appelait alors, l'île Saint-Laurent, produisait des épiceries fines, Tristan da Cunha l'alla reconnaître avec plus de soin qu'on ne l'avait fait jusqu'alors; il n'y trouva que du gingembre, des nègres farouches et quelques Arabes répandus le long des côtes où ils avaient des comptoirs, dont l'importance et la sûreté dépendaient de leurs colonies d'Afrique. Les Portugais essayèrent, à diverses reprises, de s'y fixer; ce fut toujours sans succès. Les autres nations européennes n'ont pas été beaucoup plus heureuses. Les Français sont ceux qui ont fait les plus fréquentes tentatives de ce genre. Elles ont du moins eu pour résultat de faire naître sur Madagascar des ouvrages qui ne sont pas sans mérite : celui de François Cauche, qui, de 1638 jusqu'en 1641 séjourna sur la côte orientale près du fort Dauphin, n'est pas un des moins curieux. La simplicité de son récit inspire la confiance, et, malgré son peu d'éducation, il ne raconte pas des faits qui tiennent du merveilleux. Flacourt, qui, de 1648 à 1655, gouverna un établissement français, publia en 1658 son *Histoire de la grande île de Madagascar*. Il est le premier voyageur qui en ait donné une description générale; voici sur ce livre le jugement porté par Epidariste Colin, que nous avons cité précédemment : « La véracité de Flacourt, l'exactitude de ses descriptions, la fidélité de son pinceau condamnent au silence quiconque n'a pas à lui opposer six années d'observations sur les lieux dont il parle, et dans un poste dont les relations le mettaient à même de bien connaître cette île sous tous les rapports. C'est dans le pays même que Flacourt doit être lu. »

Un autre Français, qui n'est connu que sous le nom du sieur de V..., commissaire provincial de l'artillerie de France, a également décrit Madagascar. Étant arrivé au fort Dauphin en 1664, il fit plusieurs incursions dans l'intérieur de l'île avec des chefs indigènes contre d'autres chefs, leurs ennemis; il visita l'île Sainte-Marie et la baie d'Antongil, en compagnie de Champmargon, qui était gouverneur de la colonie; il prit part à des guerres de chefs madécasses les uns contre les autres; il put donc étudier les mœurs des insulaires. Souchu de Rennefort, envoyé en 1664 par la Compagnie des Indes, fit paraître en 1668, après son retour en France, la relation de son voyage à Madagascar; en 1668, il donna sur cette île un ouvrage plus considérable que le premier. Dubois, arrivé au fort Dauphin en 1669, y trouva Mondevergue remplissant les fonctions de gouverneur; Champmargou était son lieutenant-général. En 1671, Dubois, perclus de tous ses membres, quitta l'île où il avait commandé dans le canton d'Anosse, à 150 lieues au N. du principal poste français. Sa relation parut en 1674. Durant son séjour, de La Haye, chef d'escadre, vint remplacer Mondevergue. Jaloux du crédit de Champmargou et de La Case, autre militaire français, parmi les Madécasses, il leur ordonna d'attaquer un roitelet du pays qui ne lui avait pas rendu ses hommages. Cette expédition injuste n'eut aucun succès. De La Haye en conçut un tel dépit, qu'il abandonna le fort Dauphin, et porta ses forces à Surate. Son départ fut suivi de la mort de La Case, et Champmargou survécut peu à ce dernier. Bientôt il fut impossible aux Français de se maintenir plus longtemps au fort Dauphin : ceux qui échappèrent au massacre se réfugièrent à Bourbon et à l'Ile-de-France.

Robert Drury, Anglais, embarqué sur un navire qui revenait des Indes, et qui, en 1702, fit naufrage sur la côte méridionale de Madagascar, put se sauver avec ses compagnons d'infortune. Menés devant le roi du pays, il leur déclara qu'ils devaient l'aider à combattre ses ennemis; pour toute réponse, ils se saisirent de sa personne et de celle de son fils, afin de les retenir comme otages pendant qu'ils marcheraient vers le fort Dauphin; mais, au bout de quelques jours, ayant imprudemment relâché ces gages de leur sûreté, ils furent, pour la plupart, massacrés par les Madécasses. Quelques-uns s'échappèrent; Drury et trois jeunes gens furent épargnés et menés en esclavage dans l'intérieur du pays. Drury passa ainsi quinze ans, occupé tantôt à labourer la terre, tantôt à garder le bétail. Quelquefois on l'employait dans des expéditions guerrières; dans une de ces occasions, il prit une jeune fille qu'il épousa. Malgré l'affection qu'il avait conçue pour elle, le dégoût de la vie servile lui fit chercher l'occasion de s'enfuir. Sa femme et un Madécasse, auquel il confia son projet, ayant refusé, par une crainte superstitieuse, de partager son sort, il partit seul, et, après une longue marche, arriva près du bord de la mer. Après bien des aventures, il rencontra un de ses compatriotes, qui avait été laissé sur l'île par accident, et qui, n'étant pas esclave, obtint bientôt la permission de s'embarquer. Drury passa le reste de son séjour à Madagascar dans un esclavage moins dur que le premier, et fut enfin racheté par un capitaine de sa nation, porteur d'une lettre de son père, auquel on avait appris qu'il vivait encore. Lorsqu'il rejoignit ses compatriotes, il avait presque oublié leur langue; il était d'ailleurs tellement noirci par l'ardeur du soleil, qu'ils eurent de la peine à le reconnaître pour un Européen. A son retour dans sa patrie, en 1717, il fut instruit de la mort de son père, qui lui avait laissé une petite fortune. Sa relation fut imprimée à Londres en 1729.

Le Gentil et Rochon, astronomes français, vinrent à Madagascar, le premier de 1761 à 1763, le second en 1770; ils ont publié une relation de leurs voyages. Du Petit-Thouars, célèbre botaniste mort en 1831, avait visité Madagascar dans les dernières années du xviiie siècle; il s'est borné à décrire les végétaux de cette grande île; Commerson et Michaux, moins heureux que lui, y avaient succombé à l'intempérie du climat.

Chapelier, voyageur du gouvernement français, avait séjourné à Madagascar; une partie de ses observations fut rendue publique par Epidariste Colin, qui lui-même avait vu Madagascar et qui joignit ses remarques à celles de Chapelier. De nos jours, Goudon, voyageur du Jardin-des-Plantes de Paris, Ackerman, chirurgien de la maison française, sont également allés sur différens points de cette grande île; voici le résultat de toutes les recherches dont elle a été l'objet :

Madagascar, comprise entre 12 et 25° 45' de lat. S. et entre 40° 20' et 48° 45' de long. E., a 350 lieues de longueur, 110 dans sa plus grande largeur, et 25,000 lieues carrées, ce qui égale presque sa surface à celle de la France. Sa côte orientale, peu découpée, offre dans le N. la baie d'Antongil; la côte de l'O., plus sinueuse, n'en a pas une aussi grande. L'île Sainte-Marie, au-dessous de la baie d'Antongil, est la seule un peu considérable, les autres n'étant que des rochers ou des récifs. Une chaîne de montagnes, qui, dans le N., est appelée Ambohisteniene ou Aquiripi, au milieu Béfour, est dans le S. Ambatismènes ou Botismènes parcourt Madagascar dans toute sa longueur; quelques-uns de ses sommets ont une altitude de 1,800 à 1,900 toises. De ses flancs opposés coulent de belles rivières, les unes à la mer des Indes, l'autre au canal de Mozambique; presque toutes ont de superbes cascades, et presque toutes forment des lacs dans la partie montagneuse; on remarque entre autres celui de Manangarè, près de la mer, celui de Nossé-Bey, qui renferme des îlots nombreux. Les côtes sont généralement bordées de forêts touffues, qui s'étendent également dans les plaines et sur les hauteurs. Une partie des côtes est marécageuse, ce qui les rend très-insalubres, notamment pour les Européens.

L'intérieur est très-peu connu; on sait cependant que les montagnes recèlent plusieurs métaux, et l'on y a trouvé des blocs de cristal de roche d'une très-grande dimension, ainsi que des pierres précieuses de qualité médiocre. De très-beaux arbres remplissent les forêts; le bois de plusieurs espèces est bon pour la charpente et la marqueterie; toutes les plantes des climats équinoxiaux y abondent.

Parmi les animaux, l'antamba ressemble à la panthère, et le farossa au chacal. Les zébus, les moutons à grosse queue, les chèvres, les sangliers, les ânes sauvages, toutes les espèces de volaille et d'oiseaux aquatiques abondent; les poissons de mer et d'eau douce sont très-communs. Les rivières sont infestées de crocodiles; les insectes pullulent.

La population de Madagascar a été évaluée à 4,000,000 d'âmes; elle consiste en une race primitive qui ressemble beaucoup aux Cafres, et à laquelle se sont mêlés des Arabes de la côte d'Afrique; en effet, une partie est très-noire et a les cheveux crépus des Cafres; une autre a le teint bronzé et les cheveux lisses et très-longs. Ces peuples sont de taille avantageuse, assez bien faits, d'un caractère souvent enjoué, mais apathiques et adonnés aux plaisirs des sens; ceux de la côte de l'E. passent pour plus hospitaliers et moins cruels que ceux de la côte de l'O. Ils sont assez généralement braves, se servent de lances et quelquefois d'armes à feu, et ne manquent pas d'industrie; ils savent fabriquer des étoffes de coton et de soie, des outils en fer, des bijoux en argent, des pagnes avec l'écorce intérieure d'un arbre. Ils pêchent les baleines, assez communes sur leurs côtes, et naviguent dans des pirogues qu'ils tirent à terre tous les soirs.

Une seule langue est parlée à Madagascar, avec quelques différences de dialecte; on y reconnaît un assez grand nombre de mots arabes et malais. Leur religion consiste en pratiques superstitieuses; la circoncision est en usage.

Les Madécasses se divisent en plusieurs nations : les unes soumises à des roitelets héréditaires, qui sont en guerres perpétuelles les uns contre les autres, pour s'entrevoler et enlever leurs bestiaux et leurs esclaves; les autres, gouvernées par des chefs temporaires, vivent dans une espèce de liberté turbulente.

Depuis quelques années, la nation des Ovas a subjugué celles qui l'entouraient. Leur pays comprend l'intérieur de l'île entre les 16e et 19e parallèles. Leur roi Radama voulut ensuite civiliser ses Etats. Aidé par des Anglais, il a discipliné ses troupes, bâti des places de guerre, fondé des écoles pour l'instruction de la jeunesse; il a même envoyé à l'île Maurice et en Europe quelques-uns de ses sujets pour s'y instruire de nos arts et de nos sciences. On lui supposait le projet de soumettre l'île entière, lorsqu'il mourut en 1828. Sa veuve Ranavala-Manjoka a continué ses plans de réforme; elle a même fait preuve d'intelligence pour les intérêts commerciaux de son peuple.

Tananarine ou Emirne, capitale des Ovas, est située au centre d'un vaste plateau, où elle occupe un grand espace; les cases qui la composent étant disséminées sous les arbres et formant plusieurs petites bourgades. Un temple, des palais, le mausolée de Radama, sont construits en pierres, d'après les règles de l'architecture européenne; un architecte français, venu de Maurice, les a élevés. Des missionnaires anglais ont établi une imprimerie de laquelle est déjà sortie une traduction des Saintes-Ecritures en langue madécasse.

La partie septentrionale du pays des Antavares, qui s'étend le long de la côte E., appartient au royaume des Ovas; ces Antavares faisaient autrefois de fréquentes excursions dans les îles Comores. On y trouve la baie Vohémar, où les Français et d'autres nations font la traite du riz et des bœufs. Sa partie méridionale offre la baie d'Antongil avec le port Choiseul : les Français y ont eu un établissement. Tinting est la résidence d'un roitelet madécasse qui a été élevé en France; vis-à-vis est l'île Sainte-Marie, occupée souvent par les Français. Plus au S., Foulpointe est le lieu le plus commerçant des Betimsaras. Le territoire des Bétanimènes est le plus peuplé et le plus fertile de tous ceux de la côte. Tamatave, sa capitale, qui n'était autrefois qu'un petit village de pêcheurs, est devenu le principal marché sur la côte de l'E. L'air est là plus salubre qu'à Foulpointe; il y a beaucoup moins de bois et de marais. Son port est aussi plus fréquenté par les marchands de Maurice et de Bourbon. Il y a une rade spacieuse et un mouillage sûr. On ne voit à Tamatave aucun édifice remarquable, si ce n'est l'habitation royale, dont la construction en bois ne diffère pas de celles de nos colonies; les autres sont des cabanes murées avec des feuilles de ravenal. Quelques établissemens de commerce élevés par les blancs ne sont que des grands magasins bâtis de cette manière et entourés de palissades. Les cocotiers sont les seuls arbres que l'on rencontre sur ce plateau aride et couvert de sables mouvans. Ivondrou, territoire plus méridional que Tamatave, appartient au même chef. Mananzari et Malatane sont deux ports commerçans, surtout en riz, dans le pays des Antacimes.

Le pays d'Anossy, le plus méridional de Madagascar, est partagé entre plusieurs petits chefs indépendans et généralement amis des Français. C'est dans cette contrée que se trouvent l'île Sainte-Luce et les ruines du fort Dauphin.

Sur la côte de l'O., la baie de Saint-Augustin est entourée de plusieurs peuplades qui sont presque sauvages. Plus au N., le pays des Séclaves a le port de Bombetoc, fréquenté par les peuples des côtes de Mozambique et de Zanguebar. Ceux-ci visitent aussi Mouzangaye, ville la plus commerçante de toute cette côte : les Arabes forment une partie très-considérable de sa population.

M. Leguevel de Lacombe, voyageur français, duquel nous avons emprunté quelques particularités, s'exprime ainsi : « L'ancienne prospérité de nos établissemens sur les côtes de Madagascar ne peut être révoquée en doute, quoiqu'elle n'ait duré qu'un instant. Un homme entreprenant, courageux et capable, Flacourt, chargé de les diriger, ne négligea rien pour établir la domination de la France sur des peuples que la nature a favorisés, en leur donnant, avec un sol fertile, la fièvre, pour les délivrer des étrangers cupides qui chercheraient à s'en occuper.

» Flacourt envoyait continuellement des expéditions en découverte dans la partie de l'île voisine du fort qu'il commandait, et conservait dans son journal, avec un soin bien admirable, les rapports de ceux qui étaient assez heureux pour en revenir. Lui-même employait la plus grande partie de son temps à étudier les mœurs et les usages de ceux qui l'entouraient. Quel a été le résultat de ses travaux? Presque nul; car, si l'on en excepte les Antachimes, les Antamboules, les Ampales et les habitans de Mandreri, parmi lesquels il a vécu et dont il nous a laissé l'histoire, le reste est insignifiant ou fabuleux.

» En effet, quelles contrées ses envoyés ont-ils parcourues pendant un séjour de plusieurs années qu'il a dû faire au fort Dauphin? Une étendue de 40 ou 50 lieues tout au plus sur le littoral d'un pays qui en a 800 de circuit. Il nous dit lui-même que ses agens n'ont pas été plus loin que Matatano, pays des Anta Ymoures, dont il n'a décrit ni les superstitions, ni les usages bizarres. On ne trouve pas un mot dans son livre qui puisse donner lieu de penser qu'il a connu l'existence de la nation Ova, et de celle des Séclaves, plus remarquable encore. Il parle de tigres, de léopards et autres animaux qui nous sont inconnus et qu'il a la bonhomie de décrire, quoiqu'il soit certain que Madagascar n'en a produit dans aucun temps; car s'ils eussent été détruits, les naturels ne manqueraient pas d'en faire mention dans leurs traditions, qu'ils conservent avec tant de soin.

» Quelques-uns des successeurs de Flacourt furent moins habiles ou plus malheureux que lui; d'autres, n'allant à Madagascar que pour faire fortune, s'enrichirent en peu de temps aux dépens de la compagnie qu'ils représentaient, et s'empressaient de revenir en Europe dissiper le produit de leurs rapines dans la mollesse et les plaisirs. La plupart de ces agens infidèles passaient une partie de leur temps à convertir les Madécasses, qui, repoussant avec horreur le christianisme, contraire à leurs mœurs et devant les séparer des objets qu'ils affectionnaient le plus, ne cédaient qu'à la violence que leurs oppresseurs étaient presque toujours forcés d'employer; ils passaient les momens que leur laissait cette fureur de prosélytisme à intriguer, pour s'emparer des places lucratives que la mort des titulaires laissait continuellement vacantes.

» Les Madécasses, épuisés par leurs exactions et indignés de leur intolérance, prirent un jour une résolution désespérée et massacrèrent tous ceux que les maladies avaient épargné. On voit encore, sur la côte du S., les débris du fort Dauphin, construit par nos ancêtres, et les ruines de plusieurs maisons religieuses, qui, par un zèle mal entendu, concoururent à notre perte.

» Depuis cette époque fatale, à moins qu'on ne compte pour quelque chose les expéditions désastreuses de 1820 et de 1829, les côtes de Madagascar n'ont été visitées que par des capitaines de Maurice et de Bourbon, qui, n'y restant que le temps nécessaire pour prendre leurs cargaisons, n'ont ni la volonté ni le loisir de parcourir le pays, et de s'enquérir de ses ressources; il est vrai qu'on y rencontre quelques marchands créoles et d'anciens matelots européens établis à Tamatave et à Foulpointe, mais la plupart de ces traitans n'ont ni l'intelligence ni l'aptitude convenable pour voyager en observateurs. Ils préfèrent d'ailleurs la vie douce et nonchalante qu'ils mènent dans leurs cabanes à des marches pénibles à travers les bois et les marais; aussi à peine connaissent-ils le ruisseau de Manarèse, quoiqu'il ne soit qu'à un quart de lieue de Tamatave. »

1. Cafre.

2. Troupes d'Autruches et de Couaggas près des Monts Snow.

Le même voyageur donne des détails curieux sur une classe d'habitans de Madagascar : « Les Ampanyres, qui forment une caste particulière, sont plus pauvres que les autres Madécasses, qui les méprisent parce qu'ils ne veulent pas se donner la peine de bâtir des cases spacieuses et solides, d'élever des troupeaux, de cultiver du riz. Il est difficile de juger de leur paresse quand on n'a pas passé chez eux. Ils s'établissent près de la mer, où ils construisent de petites cabanes en feuillages tellement fragiles, qu'elles exigent à peine un jour de travail; ils ont toujours au feu plusieurs *villangues* ou pots de terre cuite pleins d'eau de mer, et changent le sel qu'elle produit contre des denrées de première nécessité : c'est ce genre d'industrie qui les fait vivre. En entrant dans leur demeure enfumée, je vis des hommes bien différens des autres Madécasses, qui sont en général très-propres. Ceux-ci avaient les yeux chassieux, les cheveux et le corps couverts de suie et de crasse. Les hommes et les femmes étaient vêtus d'un *ceidic* d'écorce d'arbre. Le ceidic est un morceau de toile de coton que les Madécasses croisent sur le ventre. Celui des esclaves est si court, qu'il couvre à peine leur nudité. Le ceidic des femmes forme une espèce de tunique; il est beaucoup plus ample que celui des hommes, et descend au-dessous du genou. »

Les Madécasses, naturellement amis du merveilleux et portés à l'exagération, prétendent que les hautes montagnes de leur île sont habitées par les *Kimous*, race de nains qui habitent des cavernes et mènent la vie pastorale. Quelques voyageurs ayant répété ces fables, M. Leguevel de Lacombe questionna à leur sujet les Madécasses les plus raisonnables : ils considéraient l'existence des Kimous comme fabuleuse.

CHAPITRE VIII.

Ile Bourbon.

Plusieurs Français, ennuyés de l'insalubrité de Madagascar, prirent la résolution de quitter cette grande île pour s'établir sur celle de Bourbon, dont on savait que l'air est extrêmement salubre. Ils eurent la sage précaution de transporter avec eux des vaches, un jeune taureau et des bêtes à laine. Cette île, découverte en 1545 par Mascarenhas, navigateur portugais, était alors inculte, quoique Flacourt en eût pris possession en 1649 au nom du roi de France; elle reçut alors le nom de Bourbon. Dès 1646, des Français exilés de Madagascar s'y étaient réfugiés. Louis XIV la céda en 1664 à la Compagnie des Indes, qui, l'année suivante, y envoya un commandant et une vingtaine d'ouvriers. Peu à peu la culture de la canne à sucre et du froment y fit des progrès. En 1718, on y apporta de Mokha des plants de caféiers; ils y ont parfaitement réussi.

Dans le courant du xviiie siècle, Poivre, intendant de nos îles de la mer des Indes, fut le bienfaiteur de Bourbon par la sagesse de son administration et l'introduction de plusieurs cultures nouvelles. Il fut puissamment secondé dans ses efforts par plusieurs colons, entre autres par Joseph Huber, qui réussit à greffer le muscadier et à faire ainsi porter des fruits par les individus mâles de cet arbre dioïque.

Bourbon, située à 100 lieues à l'E. de Madagascar, présente une forme arrondie; suivant l'observation de M. Bory de Saint-Vincent, elle semble composée de deux montagnes volcaniques, le Gros-Morne, au N., éteint depuis longtemps, et le Piton-de-Fournaise, au S., qui est encore en activité. Le Piton-de-Neige, élevé de 1,800 toises au-dessus du niveau de la mer, est la cime la plus haute de l'île; le volcan et les deux cimes du Brûlé de Saint Paul, nommés le Grand et le Petit-Bernard, ont une altitude à peu près égale. Lorsque le ciel est parfaitement pur, le Piton-de-Neige est aperçu de l'île Maurice.

On estime la longueur de Bourbon, du N. O. au S. E., à 17 lieues, et sa plus grande largeur, du N. E. au S. O., à 12 lieues, et sa surface à 200 lieues carrées. Depuis le bord de la mer, le terrain va toujours en s'élevant vers le centre. Dans le S., une lisière large d'une demi-lieue, parallèle à la côte et interrompue par le *pays brûlé*, est tout ce que l'on a défriché sur la pente des montagnes. Dans le N., la culture occupe un plus vaste espace. Des espèces de bassins ou de vallons, des rivières rapides cernées par des remparts perpendiculaires, des monticules jetés dans ces vallons et dans les torrens, dont ils embarrassent le cours, des prismes basaltiques, souvent disposés en colonnades régulières, des couches de laves les plus variées, des fissures profondes, des indices d'un bouleversement général, tout, comme le remarque M. Bory de Saint-Vincent, annonce d'anciennes et terribles révolutions physiques.

Les rivières se changent en torrens dans la saison des pluies; quelques-unes offrent un aspect remarquable, entre autres la rivière des Roches, qui se précipite par une fort belle cascade (Pl. VII — 4). Un chemin qui fait le tour de l'île n'est praticable que dans quelques parties.

Les habitans de Bourbon divisent leur île en partie du vent ou de l'E. qui est la plus riante et partie sous le vent qui passe pour la plus riche, quoique la moins arrosée; la première, où la température est rafraîchie par des brises continuelles, rappelle souvent l'aspect de nos provinces méridionales; elle est la mieux cultivée; le climat est plus doux dans la seconde.

Le long de la côte, la chaleur est excessive depuis la fin de novembre jusqu'au commencement d'avril; heureusement on trouve un refuge contre cette température ardente en montant vers les habitations. Rarement au pied des montagnes le thermomètre marque moins de 14 degrés ou plus de 30. Les vents les plus communs sont ceux du S. E. Les ouragans causent souvent de grands ravages; et, comme l'île n'offre sur toute sa circonférence ni une rade, ni un port sûr, les navires sont obligés de s'éloigner avec précipitation aussitôt que les signes d'une tempête se montrent. Du reste, le climat est extrêmement salubre. Le sol, de nature volcanique, est très-fertile, et donne les productions des régions tempérées et des contrées équatoriales.

La population de l'île est de 86,000 ames, dont 18,000 blancs et 68,000 nègres esclaves. Le commerce, soit avec la métropole, soit avec Madagascar et Maurice, est considérable et emploie beaucoup de navires. Saint-Denis, ville principale de l'île, est située sur la côte N. de l'île. Parny, l'un de nos poètes les plus aimables, était né à Bourbon.

CHAPITRE IX.

Ile Maurice.

Mascarenhas, qui avait découvert l'île Bourbon, aperçut aussi le premier l'île Maurice, qu'il nomma *Cerne;* elle était inhabitée; les Portugais ne s'y établirent pas. Les Hollandais en prirent possession et l'appelèrent *île Maurice*, d'après le fondateur de leur indépendance. Ils l'abandonnèrent en 1712. Les Français l'occupèrent en 1721, ils l'ont gardée jusqu'en 1814, qu'ils la cédèrent à la Grande-Bretagne. Elle est à 35 lieues à l'E. N. E. de Bourbon; sa forme offre un ovale irrégulier; sa longueur, du N. E. au S. O., est de 14 lieues, et sa plus grande largeur, de l'E. à l'O., est de 8 lieues; sa surface est de 100 lieues carrées; on lui donne 45 lieues de circuit. Ses côtes sont découpées par un grand nombre de caps et de baies, et forment deux bons ports, celui du N. O. ou Port-Louis, et le grand port ou Port-Bourbon, au S. S. E. de l'île.

D'après Bernardin de Saint-Pierre, la partie N. O. de l'île est sensiblement unie, et celle du S. E toute couverte de chaînes de montagnes de 300 à 350 toises de hauteur; la plus haute de toutes, à l'embouchure de la rivière Noire, a 424 toises… L'île est arrosée par plus de soixante ruisseaux, dont quelques-uns n'ont point d'eau dans la saison sèche, surtout depuis qu'on a abattu beaucoup de bois. L'intérieur de l'île est rempli d'étangs, et il y pleut presque toute l'année, parce que les nuages s'arrêtent au sommet des montagnes et aux forêts, dont elles sont couvertes. Ajoutons à cet aperçu celui qui a été tracé par M. Bory de Saint-Vincent : « Les récifs plus ou moins éloignés du rivage en rendent l'abord extrêmement dangereux pour toutes sortes d'embarcations qui tirent un peu d'eau. Le sol va toujours en s'élevant depuis la côte jusqu'au centre, où est un plateau boisé de 200 à 250 toises d'élévation. Au milieu de ce plateau, on voit une montagne conique et très-pointue, absolument en forme de pain de sucre, et que sa situation a fait nommer le Piton du milieu de l'île; son altitude est de 302 toises. Les autres montagnes de l'île, séparées les unes des autres, semblent former de petits systèmes isolés qui ont tous leur pente douce du côté de la mer et des escarpemens plus ou moins brusques vers le Piton du milieu. Le Piter-Boot, au S. S. E. de ce piton, est le point le plus élevé de la chaîne du Pouce. Selon Lacaille, son altitude est de 420 toises; sa cime est surmontée par un rocher énorme et inaccessible qui se distingue à une assez grande distance en mer, et ressemble assez à une tête (Pl. VII — 3). De ce point à peu près central partent différentes branches ou arrêtes interrompues par des brisures plus ou moins spacieuses ressemblant quelquefois à des embrasures flanquées de créneaux….. De la cime du Pouce, l'œil embrasse toute l'île.»

Son aspect annonce qu'elle a été bouleversée par les feux volcaniques. Le sol est calcaire dans sa partie septentrionale; ailleurs tout annonce l'action des volcans, mais il est très-difficile de trouver aujourd'hui le point où était situé le cratère principal. « Des secousses, dit M. Bory, des affaissemens, le temps, les pluies, la végétation, les vents, la culture, tout a contribué à défigurer la surface de l'île; on pourrait seulement présumer, à la disposition des systèmes littoraux des montagnes, que le centre était autrefois la cavité d'un énorme volcan, dont le dôme s'est écroulé, et qu'après ce grand événement, le Piton du milieu fut le dernier soupirail d'une force expirante qui s'éleva sur les débris de l'ancienne montagne dont toutes les autres étaient descendues.

» Piter Boot et le Pouce, étant les deux sommets les plus élevés qui soient à une grande distance, leur faîte est souvent environné de nuages qu'ils attirent ou qui s'y forment; c'est surtout le matin que des brumes s'y remarquent; et lorsque la fraîcheur de la nuit, qui cesse presque subitement, est remplacée par l'ardeur du jour naissant, on voit ces vapeurs, cédant à la pression du nouveau fluide qui se répand dans l'atmosphère, fuir vers la mer avec plus ou moins de vitesse.

» L'humidité que portent ces nuages contribue à la force de la végétation qui pare les rochers presque nus de ces lieux; les plantes de ces monts sont aussi vigoureuses sur leurs crêtes qu'elles sont en général maigres et languissantes sur leurs flancs brûlés. Elles offrent des végétaux de la plus grande beauté, entre lesquels les fougères se distinguent par leur élégance. »

Les Créoles ont donné le nom de *grand bassin* à un étang immense situé dans la partie de la plaine la plus élevée de l'île. Ils regardent comme un prodige qu'il soit toujours rempli d'eau; mais, suivant l'observation très-juste de M. Milbert, cette particularité s'explique aisément, puisqu'il faut descendre beaucoup pour arriver sur ses bords, qu'il est comme encaissé au milieu de montagnes bien boisées, que des filets d'eau imperceptibles sortent de leurs bases au travers des laves poreuses, sans parler des conduits souterrains que l'œil ne saurait découvrir. Il est bordé de grands arbres dont les branches touffues se projettent sur sa surface et contribuent puissamment à attirer l'humidité des nuages. On a dit à tort que ses eaux étaient toujours au même niveau, même dans la saison des pluies; M. Milbert a reconnu qu'elles doivent déborder et que leur niveau varie.

Les quatre mois les plus chauds de l'année sont octobre, novembre, décembre et janvier; c'est dans ce dernier et en février qu'éclatent les orages et les coups de vent; décembre est le temps des ouragans, qui, parfois, causent tant de dommages aux navires mouillés sur les rades ou marchant le long des côtes, et même aux maisons; le tonnerre se fait entendre rarement; la grêle est encore moins commune. Dans quelques plaines, la plus grande chaleur est de 22 degrés et la moindre de 14; rarement le thermomètre à l'ombre monte à 25 degrés. Les nuits sont généralement fraîches, au point que l'on voit du givre sur les plantes et les arbustes. Le long des côtes, la chaleur est quelquefois de 30 degrés. Les vents de S. E. et de S. S. E. apportent une fraîcheur salutaire, tandis que ceux du N. et de l'O., mais surtout ceux du N. O., amènent les pluies et les orages.

La fécondité du sol est remarquable dans les quartiers où l'on a su profiter des irrigations naturelles ou les ménager avec art. A peu près un cinquième de l'île est en culture. Mahé de La Bourdonnaie y introduisit la canne à sucre, le coton et l'indigo; Poivre y fit apporter le muscadier, le giroflier et d'autres végétaux précieux; le plus remarquable de ceux qui sont indigènes est l'ébénier. Les récoltes de maïs et de froment ne suffisent pas à la consommation.

Parmi les animaux, les singes sont extrêmement incommodes par leurs dégâts dans les champs; les fourmis sont la terreur des colons, qui ont bien de la peine à garantir de leurs attaques les fruits et les autres objets comestibles. Le termite et la blatte, ou le kakerlat, ne sont pas moins dangereux pour le bois, les meubles, le papier.

Le Port-Louis, la principale ville de Maurice, est bien bâti : parmi les quartiers de l'île, celui des Pamplemousses offre le beau jardin de l'Etat fondé par Poivre, et dont Céré eut long-temps la direction. A l'E. de ce quartier, le vallon appelé *Anse-des-Prêtres* est arrosé par la rivière des Lataniers; c'est dans ce vallon solitaire que Bernardin de Saint-Pierre a placé la demeure de Paul et Virginie. Le voyageur cherche vainement l'allée de bambous qui conduit à l'église des Pamplemousses. Quoiqu'elle n'ait existé que dans l'imagination de l'auteur, elle a été si habilement dessinée par M. Isabey, que l'on aime à croire à sa réalité, et les voyageurs regrettent de ne pas la trouver. Le cap Malheureux, au S. de l'île, et la baie du Tombeau, sur la côte de l'E., rappellent la catastrophe racontée d'une manière si touchante par Bernardin de Saint-Pierre. On évalue la population de l'île Maurice à 90,000 habitans, dont 11.000 blancs, 14.000 nègres et hommes de couleur libres, et 65,000 esclaves. Parmi les gens de couleur figurent des Madécasses et des Malabares.

L'île Rodrigue ou Diego-Ruys dépend de Maurice, dont elle est éloignée de 125 lieues au N. E. Elle n'a que 7 lieues de long sur une lieue et demie de large. C'est un rocher sur lequel une petite portion de terre propre à la culture ne présente qu'un espace peu considérable en comparaison des sables arides et stériles; quelques ruisseaux fournissent de l'eau potable à une population peu nombreuse. Les tortues et les crabes y abondent, et la mer y est très-poissonneuse.

Ce fut sur cette île que François Leguat et quelques autres Français, expatriés par suite de la révocation de l'édit de Nantes, séjournèrent depuis 1691 jusqu'en 1693. Ils furent les premiers Européens qui habitèrent ce coin de terre. Leguat en a donné la description.

D'autres îles se prolongent au N. jusqu'aux Séchelles, et on en voit une suite qui, à différentes distances, atteignent presque jusqu'aux Maldives.

CHAPITRE X.

Cafrerie.

En revenant au continent africain, que nous avons quitté à la baie de Lorenzo-Marquès, nous trouvons la contrée désignée par le nom de Cafrerie. On fixe sa limite, au S., au *Groote-Vis-Rivier* (grand fleuve des Poissons). Comprise entre 23° 30' et 33° 20' de lat. S. et entre 24° 20' et 31° 30' de long. E., sa longueur, du N. au S., est à peu près de 270 lieues, et sa largeur de 100 lieues.

Le nom de ce pays est dérivé de celui de Cafre ou *Kafir*, qui, en arabe, signifie *infidèle*. Il désigne un grand nombre de nations différentes les unes des autres; les géographes arabes l'avaient appliqué à la totalité de l'intérieur de l'Afrique, où leur religion n'avait pas pénétré: mais graduellement son étendue a diminué sur les cartes, et on l'a restreint à la région dont nous avons indiqué l'étendue. Elle est encore assez imparfaitement connue. Les peuples Cafres, d'après le témoignage des voyageurs, n'ont rien de commun avec les nègres, sinon la couleur de la peau et la chevelure: leur tête n'est point allongée, la ligne, depuis le front jusqu'au menton, est convexe; leurs cheveux sont noirs, laineux, rudes au toucher, et leur barbe est rare. Alberti, voyageur néerlandais, auquel on doit une bonne description du pays de ces peuples, dit qu'ils sont grands et bien faits. Les femmes diffèrent beaucoup des hommes pour la taille; mais leurs contours sont bien arrondis et très-gracieux; les deux sexes ont la peau unie et douce. Les Cafres s'enduisent le corps d'ocre rouge réduit en poudre et délayé dans l'eau; on y ajoute quelquefois le suc d'une plante odoriférante. Pour que cet enduit tienne bien, on le recouvre d'une couche de graisse. Ils jouissent généralement d'une bonne santé, qu'ils doivent à la simplicité de leurs alimens; ce sont la chair du gibier, plutôt que de leurs troupeaux, ordinairement rôtie, le laitage, le sorgo, des fruits. L'eau est leur unique boisson. Ceux qui vivent près des colons européens sont avides du vin et des liqueurs spiritueuses; ils aiment beaucoup le tabac: hommes et femmes fument celui qu'ils ont récolté et le mêlent avec la feuille d'une autre plante nommée *dakha*.

Le principal habillement des Cafres consiste en un manteau de peau, dont le côté velu est tourné en dedans. Celui d'un homme n'a que la largeur suffisante pour pouvoir le fermer par devant; il descend jusqu'au gras de la jambe et se ferme avec une courroie sur la poitrine quand il fait froid ou humide; lorsque le temps est doux, on le laisse ouvert, de manière que le ventre et les cuisses restent nus. Le haut du manteau forme, autour du cou, une espèce de collet renversé (PL. IX — 1). Quand il fait très-chaud, le Cafre se dépouille entièrement de son manteau; en voyage, il le porte sur son épaule au bout d'un bâton.

Dès l'âge de puberté, les hommes attachent, à la ceinture du corps, une espèce de tablier dont la forme varie, et qu'ils ornent de grains de verroterie ou d'anneaux de cuivre suspendus à une courroie.

Les manteaux des femmes enveloppent le corps de manière que l'un des bouts rentre sous l'autre, de sorte que le sein est couvert. Par-dessous, elles portent une ceinture faite de lanières minces et nouée au moyen d'une courroie qui passe sur les hanches. Les femmes ne vont pas, comme les hommes, la tête nue, elles la couvrent d'un bonnet fait de peau d'antilope, dont le poil est tourné en dehors; elles l'ornent de plusieurs rangées d'anneaux de cuivre ou de fer, et, comme cette partie de la coiffure est recourbée en avant, ces anneaux descendent presque jusqu'aux paupières. Des courroies servent à assujetir le bonnet autour de la tête. Les femmes riches recouvrent les coutures de grains de verroterie (PL. VIII — 1). Ce sont les femmes qui font les habits pour les deux sexes: au lieu de fil, elles les cousent avec des tendons d'animaux que l'on a fait sécher et que l'on partage ensuite en les frappant avec un caillou, puis en les frottant entre les mains.

Les armes des Cafres sont la zagaie, la massue et le bouclier: la massue consiste en un bâton ordinairement long de deux pieds et demi sur dix lignes d'épaisseur, et terminé par un nœud de la grosseur du poing. Ils se servent de cette

2. Grand Craseul des Matabhupis.

3. Kraal Corannas

EN AFRIQUE.   Pl. viii Pag. 62.

arme, dans les combats particuliers, avec une adresse étonnante, portant d'une main des coups avec leur massue, et parant de l'autre ceux de leur adversaire avec leur bouclier (Pl. VIII—1).

Attaquer son ennemi à l'improviste et sans l'avoir prévenu par une déclaration de guerre, est regardé par les Cafres comme un acte blâmable. En conséquence, une tribu qui en veut attaquer une autre, la fait prévenir par des hérauts portant, pour marque de leur qualité ou de la nature de leur message, une queue de lion ou de léopard ; en même temps, tous les hommes en état de porter les armes sont avertis de se rendre auprès de leur chef. Quand ils sont réunis, une grande quantité de bétail est tuée pour les régaler ; on danse, et, jusqu'au moment du départ, on se livre à la joie et on se divertit. Nul guerrier ne peut, sous peine de la confiscation de tous ses biens, se soustraire à l'appel aux armes. Quand un chef suprême entreprend la guerre, les principaux capitaines et les officiers sont seuls instruits du but de l'expédition ; les simples combattans sont tenus d'obéir aveuglément.

Avant d'entrer en campagne, le chef suprême distribue aux capitaines, et même aux simples guerriers distingués par leur bravoure, des plumes d'autruche dont ils ornent leur tête ; ensuite, l'armée se met en marche, emmenant avec elle tout le bétail dont elle croit avoir besoin. Arrivée dans le voisinage du camp de l'ennemi, elle fait halte ; puis les hérauts annoncent son approche et répètent les motifs de la déclaration de guerre. Si celui-ci n'a pas encore rassemblé toutes ses forces, il en informe son adversaire, qui est obligé de différer l'attaque jusqu'au moment où l'autre sera prêt à le recevoir.

On choisit pour champ de bataille une plaine unie et dégagée de buissons, où rien ne puisse gêner la vue ni favoriser les surprises. Les deux partis s'avancent l'un contre l'autre, jusqu'à une distance d'une centaine de pas, en poussant de grands cris. On commence par se lancer des zagaies, qu'on ramasse de part et d'autre pour s'en servir de nouveau. Le chef se tient constamment au centre de sa ligne, sur laquelle les capitaines et les officiers ont aussi leur place ; d'autres sont en arrière pour empêcher la fuite ou la désertion. On continue à combattre dans cet ordre ; les deux partis tâchent continuellement de se rapprocher davantage ; si la résistance est opiniâtre, il s'ensuit un combat corps à corps, et, dans cette mêlée, les massues sont employées jusqu'à ce que l'un des deux partis plie et soit forcé d'abandonner le champ de bataille. Le plus souvent, le parti le plus faible prend la fuite avant d'en venir aux mains de si près. Dès que la déroute commence, les vainqueurs s'empressent de poursuivre les vaincus, surtout afin de s'emparer du bétail, des femmes et des enfans. La poursuite terminée, le chef victorieux fait tuer tout de suite une partie des bestiaux pour régaler sa troupe.

Si la nuit vient séparer les combattans avant que le sort de la bataille soit décidé, on crie d'une armée à l'autre qu'il convient de poser les armes jusqu'au lendemain. Aussitôt, les deux partis s'éloignent l'un de l'autre de quelques mille pas, et posent chacun des postes avancés pour éviter toute surprise. Quelquefois on profite respectivement de cette suspension d'hostilités pour faire des propositions d'accommodement. Si l'un des chefs prête l'oreille aux remontrances de ses capitaines, qui lui exposent la possibilité d'une chance désastreuse pour ses sujets, il envoie des hérauts offrir à son adversaire les conditions de la paix. Si les négociations échouent, le parti qui s'obstine à la guerre ne peut recommencer les hostilités le lendemain sans l'avoir fait annoncer dans les formes.

Quand une paix définitive se conclut, la première condition du traité est toujours que le chef vaincu reconnaîtra le vainqueur pour son supérieur, et lui jurera foi et hommage. Immédiatement après, les femmes et les enfans sont remis en liberté ; une partie seulement du bétail enlevé est rendue ; le reste du butin est distribué aux guerriers qui l'ont conquis. Quand les deux partis sont rentrés dans leurs habitations respectives, le vaincu, pour marque de sa sincérité, envoie quelques bœufs au vainqueur, et celui-ci régale de nouveau son monde comme avant de le mener à la guerre.

Dans les batailles, les deux armées ne font pas des pertes aussi grandes qu'on serait tenté de le croire d'après leur manière de combattre ; le nombre des morts de chaque côté est peu considérable, ce qui vient probablement de la position que le chef garde constamment au centre de sa ligne. Il ne peut exiger de sa troupe plus de hardiesse qu'il n'en montre ; et, comme les guerriers n'ont pas à espérer pour eux-mêmes de grands avantages du succès de la bataille, il ne peut espérer qu'ils s'élanceront avec intrépidité dans les rangs ennemis s'il ne donne pas l'exemple ; de sorte que la bravoure d'une armée cafre dépend uniquement de celle que montre son chef.

Un ennemi désarmé, saisi avec la main et fait

prisonnier, ne peut être mis à mort; à la conclusion de la paix, sa liberté lui est rendue sans rançon. La personne des hérauts est toujours respectée; cependant, si l'acharnement mutuel semble faire craindre une infraction à cet usage sacré, des femmes sont envoyées en parlementaires, notamment pendant la suspension d'armes. Lorsqu'un chef ne se croit pas assez puissant pour soutenir ses prétentions ou défendre ses droits par lui-même, il tâche de se procurer un allié; dans ce cas, celui dont on réclame le secours pèse attentivement le sujet de la querelle avant de s'engager. Si la victoire favorise les alliés, le chef qui a fourni du secours obtient pour sa part la moitié du butin fait sur l'ennemi.

Les détails que nous venons de donner se rapportent surtout à la tribu des *Koussas*, l'une des plus rapprochées de la côte. Toutes, sans exception, se sont montrées hospitalières et douces. Si parfois elles ont été inhumaines et cruelles, les voyageurs en ont attribué la cause aux attaques des Européens. Pendant longtemps, celles qui vivent le long des côtes accueillirent les naufragés avec une bonté compatissante, souvent même elles les accompagnèrent, à travers une étendue de plusieurs centaines de lieues, vers le S., au cap de Bonne-Espérance, ou vers le N., jusqu'à Sofala; celles de l'intérieur accueillirent également avec bienveillance les premiers Européens qu'elles virent. Les historiens portugais racontent que Vasco de Gama trouva les tribus cafres armées de lances de fer et portant pour ornemens des anneaux en cuivre; elles étaient si prévenantes, si hospitalières, si confiantes, qu'il appela cette côte la *Terre de la Paix*.

Louis Alberti était, en 1806, commandant du fort Frédéric, dans la baie d'Algoa; son séjour dans ce lieu et ses rapports fréquens avec les Koussas lui fournirent l'occasion de les bien observer. Plus tard, des voyageurs partis du cap sont allés chez plusieurs autres nations comprises sous la dénomination générale de Cafres. Leurs relations étant, pour la plupart, très-récentes, nous ne nous en occuperons qu'après avoir décrit la célèbre colonie longtemps possédée par les Hollandais, et maintenant au pouvoir de la Grande-Bretagne.

CHAPITRE XI.

Colonie du cap de Bonne-Espérance.

Ce fut en 1486 que Barthélemy Diaz, navigateur portugais, doubla le premier le cap de Bonne-Espérance sans l'apercevoir. Battu par des vents impétueux, il passa en s'avançant vers l'E. à la vue d'une baie qu'il nomma *Dos Vaqueros* (des Vachers), à cause de la grande quantité de troupeaux avec leurs bergers qu'il y vit sur la côte: il était alors à 40 lieues à l'E. du cap. De temps en temps, il avait débarqué des nègres qu'il avait amenés du Portugal, et qui étaient richement habillés, afin qu'ils s'attirassent le respect des indigènes. Il leur donnait aussi des marchandises pour faire des échanges, et prendre des informations sur le pays; mais les habitans de ces côtes étaient trop farouches et trop timides pour que l'on put obtenir d'eux aucun renseignement. Quand l'escadre de Diaz, réduite à deux vaisseaux, arriva devant les petites îles situées dans la baie d'Algoa, les équipages murmurèrent et demandèrent à s'en retourner, parce que les vivres étaient épuisés. Diaz réussit par ses exhortations à leur faire poursuivre leur route 25 lieues plus loin. Les Portugais atteignirent ainsi l'embouchure d'un fleuve qu'ils nommèrent *Rio-do-Infante*, aujourd'hui le Groote-Vis-Rivier. On peut s'imaginer quelles furent la joie et la surprise de Diaz et de ses compagnons, en apercevant à leur retour vers l'O., au milieu d'une tourmente affreuse, le promontoire qu'ils cherchaient depuis si longtemps. Ils y élevèrent une croix, et dédièrent cette terre à Saint-Philippe. Diaz, après avoir déterminé la position du cap, et reconnu les baies et les ports qui l'avoisinent, poursuivit sa route vers le Portugal. Dans le récit qu'il fit de son voyage au roi Jean II, il s'étendit beaucoup sur les difficultés qu'il lui avait fallu surmonter pour doubler le promontoire qu'il avait découvert, et qu'en conséquence il avait appelé *Cabo Tormentoso* (Cap des Tempêtes); mais le roi, persuadé que le passage de ce cap devait ouvrir la route des Indes, le nomma *cap de Bonne-Espérance*, dénomination que chaque nation traduisit en sa langue.

Dans leurs fréquens voyages aux Indes, les Portugais s'arrêtaient au cap de Bonne-Espérance; mais ils n'y formèrent point d'établissement permanent. En 1600, les Hollandais, dans l'enfance de leur commerce avec les Indes, fondèrent une station au cap afin de renouveler les vivres de leurs navires qui y passaient; mais ce ne fut qu'en 1652, que, sous la conduite de Van-Riebeck, ils y bâtirent une ville et commencèrent à étendre leurs conquêtes dans l'intérieur. Les Hottentots ne leur opposèrent aucune résistance. La colonie, peuplée d'abord de

Hollandais, fut augmentée d'un grand nombre de Français qui avaient fui leur patrie après la révocation de l'édit de Nantes; des Allemands s'y fixèrent aussi. En 1795, les armées britanniques s'emparèrent du Cap. La paix d'Amiens (1802) le rendit à la Hollande. En 1806, le sort des armes le fit retomber au pouvoir de la Grande-Bretagne, à laquelle il est resté par le traité de 1814, et qui l'a beaucoup agrandi.

Cette contrée est comprise entre 29° 50' et 34° 50' de lat. S., et entre 15° 15' et 26° 10' de long. E. Sa longueur est à peu près de 200 lieues, sa largeur moyenne de 75, sa surface de 14,500 lieues carrées; elle est bornée au S. par l'océan Indien, à l'O. par l'océan Atlantique, ailleurs par des pays où vivent des tribus de Cafres et de Hottentots.

Ces derniers sont les indigènes que les Portugais y trouvèrent; ils formaient des peuplades qui furent ou subjuguées ou repoussées vers le N. Ils ont le teint d'un jaune foncé, assez ressemblant à la couleur d'une feuille fanée, les traits fort laids, le nez très-aplati, les yeux couverts, ne s'ouvrant qu'en longueur, très-éloignés l'un de l'autre, brunâtres et se relevant vers les tempes; les sourcils très-marqués, quoique minces et non saillans, légèrement crépus; le visage très-large par en haut et se terminant en pointe, les pommettes des joues très-saillantes, la bouche grande, mais garnie de dents très-blanches; les cheveux noirs ou seulement brunâtres, excessivement courts, laineux et disposés par petites touffes détachées; le front proéminent, surtout dans la partie supérieure, puis aplati et quelquefois même comme déprimé. Vue de face, la figure du Hottentot rappelle assez exactement celle des peuples jaunes de l'Ancien-Monde et celle de quelques tribus de l'Amérique méridionale; mais, vue de profil, elle est bien différente et réellement hideuse; les lèvres, lividement colorées, s'y avancent en un véritable grouin contre lequel s'aplatissent, pour ainsi dire, de vrais naseaux ou narines qui s'ouvrent presque longitudinalement et de la façon la plus étrange. Il n'existe que très-peu de barbe à la moustache ou sous le menton, et jamais on n'en voit en avant des oreilles, dont la conque est plutôt inclinée d'avant en arrière que d'arrière en avant. Le pied prend déjà une forme si différente de celle du nôtre et de celui des nègres, qu'on reconnaît au premier coup-d'œil la trace du Hottentot imprimée sur le sol. Ils sont généralement de taille moyenne, mais bien faits, et ont les extrémités petites. Les femmes, dont les traits diffèrent peu de ceux des hommes, perdent, aussitôt qu'elles sont devenues mères, les formes gracieuses de leur corps, et, à mesure qu'elles avancent en âge, leur gorge acquiert une grosseur énorme, leur ventre devient saillant et leur fessier prend une ampleur démesurée.

Tous les voyageurs dépeignent les Hottentots comme un peuple doux, paisible, inoffensif, honnête et loyal, humain et susceptible d'attachement, mais apathique, paresseux et timide, doué de peu d'intelligence, enfin d'une malpropreté révoltante. Le principal vêtement du Hottentot consiste en un manteau de peau de mouton, de gazelle ou d'un autre animal; une ceinture de peau est découpée en courroie, dont les bouts viennent tomber vers le milieu de la cuisse; les femmes ajoutent à cette ceinture un petit tablier long de huit pouces, et par derrière une peau de mouton qui descend jusqu'au mollet. Jadis les Hottentots se chargeaient le cou, les bras et les jambes d'intestins d'animaux qu'ils venaient de tuer et qu'ils ne lavaient même pas, qu'ils laissaient se dessécher et qu'ils finissaient par dévorer. Cette mode n'est pas tout-à-fait passée, et les femmes surtout ont substitué à cette sale parure des cordons de verroterie ou d'autres petits ornemens en métal, en conservant les plus beaux pour enjoliver leur tablier. Comme beaucoup d'autres peuples africains, les Hottentots se frottent le corps et les cheveux de graisse mêlée d'une couleur noire ou rouge.

Depuis que leur pays est en partie soumis aux Européens, leurs mœurs ont subi des modifications, et leur nombre a considérablement diminué. Cette dépopulation a été attribuée à différentes causes; les principales sont leur coutume de ne jamais s'allier qu'entre familles de mêmes tribus; leur indolence, qui, souvent, les fait se priver de nourriture plutôt que de se donner la peine de la chercher; enfin et surtout les traitemens cruels qu'ils ont éprouvés de la part des colons. Ceux-ci les ont réduits à un état de dépendance voisin de l'esclavage. Les Hottentots sont adroits à la chasse, et se servent avec habileté du fusil; leur industrie se réduit à faire des arcs, à façonner grossièrement des pots de terre et des flèches, et à coudre des peaux de mouton pour leurs vêtemens d'hiver.

L'idiome de toutes les tribus hottentotes, malgré des différences de dialecte très-marquées, présente un caractère général de ressemblance. Suivant la remarque de plusieurs voyageurs, il se fait remarquer par une multitude de sons rapides, âpres, glapissans, poussés du fond de la poitrine, avec de fortes aspirations, et modifiés dans la bouche par un claquement singulier de la langue.

Les Hottentots n'ont ni lois ni religion, mais on trouve chez eux des sorciers qui les ont asservis à des pratiques ridicules où des voyageurs ont cru reconnaître l'existence d'un culte. Des missionnaires européens ont, depuis 1737, essayé de leur prêcher le christianisme. Le premier qui entreprit cette œuvre méritoire fut George Schmidt, Allemand, qui appartenait à l'église des frères Moraves. Ses travaux ne furent pas sans succès, durant sept ans qu'il passa dans l'Afrique australe. La prédication de l'Evangile, interrompue ensuite jusqu'en 1792, fut reprise alors par les mêmes frères Moraves avec un zèle vraiment exemplaire, malgré les obstacles de tous genres qu'ils eurent à combattre, et qui étaient notamment leur pauvreté, la mauvaise volonté des paysans hollandais, et la guerre qui, de l'Europe, se propagea jusque dans ces régions lointaines. Toutes ces contrariétés furent surmontées; plus tard, des missionnaires de différentes églises protestantes arrivèrent successivement, et aujourd'hui des établissemens pour l'instruction chrétienne sont formés dans plusieurs lieux.

Les habitations des Hottentots consistent en huttes faites de branchages, et ressemblent à des ruches; on y entre en rampant; le foyer est au centre. Pendant la nuit, la famille dort pêle-mêle autour du feu; durant le jour, elle s'étend à terre, en dehors de la cabane, pour se chauffer au soleil. Une réunion de ces cahutes compose un *kraal* (village).

Ten-Rhyne, médecin hollandais, donna le premier une description détaillée du Cap de Bonne-Espérance, où il était arrivé en 1673. Sa relation, qui parut en 1686, est d'autant plus précieuse, qu'elle fut écrite lorsque les Européens n'avaient pas encore, par leurs brigandages, forcé les Hottentots à s'éloigner du Cap et à se réfugier dans les montagnes voisines. Au commencement du xviiie siècle, plusieurs expéditions furent entreprises de différens côtés, et l'une d'elles pénétra jusqu'en Cafrerie; elles réussirent à trafiquer avec les Hottentots, qui recevaient de la verroterie, des colliers de grains de cuivre et du tabac en échange de bestiaux. Quelquefois, dans une route longue et pénible, on ne rencontrait que deux misérables kraals dépourvus de bœufs et de moutons. La liberté du commerce accordée aux Hollandais n'avait pas produit partout les bons effets que le gouvernement en avait espérés. Des vagabonds de cette nation avaient pillé les kraals, et les malheureux Hottentots, dépouillés de ce qu'ils possédaient, s'étaient vus contraints à leur tour de voler leurs voisins. Ces déplorables représailles avaient ruiné tout le pays et fait d'un peuple pacifique, et vivant sous ses chefs du produit de ses troupeaux, une horde de brigands réduits à demeurer dans les montagnes et dans les forêts, et à se fuir les uns les autres.

Ce fut vers cette époque que Pierre Kolbe, Allemand né dans le pays de Bayreuth, fut envoyé au Cap de Bonne-Espérance pour y faire des observations astronomiques; il y resta depuis 1704 jusqu'en 1713, après avoir séjourné quelque temps dans l'intérieur du pays. Sa relation, qui parut en allemand en trois volumes in-folio (1719), était une des plus curieuses, des plus instructives et des plus complètes qui eût encore été publiée sur une contrée quelconque du globe. Elle fut traduite en français et abrégée. Kolbe s'attacha particulièrement à connaître et à bien décrire les mœurs des Hottentots; il recueillit tous les récits, les notes, les renseignemens que voulurent bien lui fournir les Européens au milieu desquels il vécut en Afrique, et qui avaient l'avantage d'avoir pu observer les indigènes à une époque où ils étaient plus rapprochés des Hollandais. Il décrivit aussi le territoire de la colonie et en dressa des cartes plus complètes que celles que l'on possédait jusqu'alors; enfin, il dressa le catalogue le plus ample qu'il put se procurer des productions de la nature. Son livre a été critiqué avec une dureté extraordinaire : on lui a reproché des inexactitudes, sans doute bien involontaires; l'extrême bonhomie de Kolbe lui aura fait ajouter foi aux rapports de colons, ou menteurs ou crédules, et réellement son ouvrage renferme des choses très-singulières.

Après avoir parlé de la musique et de la danse des Hottentots, Kolbe ajoute que, pour récompenser celui qui, dans un combat particulier, a tué un gros animal, on lui décerne une récompense dont il se regarde comme très-honoré. Il commence par se retirer dans sa hutte. Bientôt les habitans du kraal lui députent un vieillard qui l'amène au milieu de ses compatriotes; ils le reçoivent avec des acclamations. Alors il s'accroupit dans une hutte préparée exprès pour lui, et les autres se placent autour de lui dans la même posture. Son guide s'approche et pisse sur lui depuis la tête jusqu'aux pieds, en prononçant certaines paroles, et s'il l'affectionne, il l'inonde de son urine; plus la dose est copieuse, plus le récipiendaire se croit honoré. Il a eu

1. Reine de Lattakou – Chef de Lattakou & sa femme.

2. Maisons à Kourutchane – Chef des Moroutsis.

soin d'avance de creuser avec ses ongles des sillons dans la couche de graisse dont il est enduit, afin de ne rien perdre de l'aspersion, et il s'en frotte soigneusement le visage et le corps; ensuite, le guide allume sa pipe et la fait circuler dans l'assemblée jusqu'à ce que tout le tabac soit consumé; puis, prenant les cendres, il en saupoudre le nouveau chevalier, qui reçoit en même temps les félicitations de ses compatriotes sur sa prouesse et sur l'honneur qu'il a fait au kraal; ce grand jour est suivi de trois grands jours de repos, pendant lesquels il est défendu à sa femme d'approcher de lui. Le soir du troisième, il tue un mouton, il reçoit sa femme, et fait bombance avec ses amis et ses voisins. La vessie de l'animal dont il a triomphé est le monument de sa gloire; il la porte suspendue à sa chevelure comme une marque de distinction.

L'inondation d'urine est aussi, d'après le même auteur, pratiquée à l'égard de l'adolescent, qui, parvenu à sa dix-huitième année, est admis au rang des hommes; jusqu'à ce moment, il ne lui est pas permis de converser avec eux, pas même avec son père; le candidat s'est préalablement bien frotté de graisse et de suie.

L'abbé de La Caille, célèbre astronome français, entraîné par le seul amour de la science, vint au Cap en 1751 pour étudier les astres de l'hémisphère austral et déterminer avec précision la position de ce point très-important pour la géographie; son séjour dans l'Afrique australe ne fut qu'une suite de travaux assidus et pénibles. En 1753, il s'embarqua pour l'Ile-de-France.

Il a reproché à Kolbe d'avoir exagéré le nombre des tribus hottentotes vivant sur un sol aussi stérile que celui des environs du Cap; mais il n'a pas fait attention que le voyageur allemand, bien loin de placer toutes les nations qu'il nomme dans le territoire immédiat du Cap, les étend très-loin au N. et à l'E. jusqu'à la côte de la Cafrerie.

En 1760, Coetsee, bourgeois du Cap, s'étant avancé bien loin au-delà des limites de la colonie, remit, à son retour, au gouverneur Ryk-Tulbagh, la relation de son voyage, dans laquelle il faisait la description de riches mines de cuivre qu'il avait trouvées sur sa route, et dont il rapportait des échantillons. Il avait aussi entendu parler d'une nation habillée de linge et d'une couleur basanée qui se trouvait au N. Tulbagh, craignant que ce ne fussent des Portugais établis à quelque distance de la colonie hollandaise, et désirant mettre à profit, si c'était possible, les mines trouvées par Coetsee, ordonna qu'il serait fait une expédition de ce côté; il permit à treize bourgeois de l'accompagner, et nomma Henri Hop chef de la caravane, dont un arpenteur, un jardinier et un chirurgien faisaient partie.

Les Hollandais, après avoir passé la rivière des Eléphans à un point situé par 18° 18' de long. E. de Paris et 31° 40' de lat. S., poursuivirent leur route dans le pays des Grands-Namaquas, au N. de la colonie; on s'avança ensuite dans la même direction, bien plus loin que n'avait fait précédemment Coetsee. L'air de ce pays est pur et tempéré; les Grands-Namaquas sont des hommes sains et vigoureux. Leurs richesses consistent dans leurs nombreux troupeaux de bétail; les objets qu'ils recherchent le plus sont les barres de fer et les verroteries. Le 17 décembre 1761, la caravane reprit le chemin du Cap; les rochers, renfermant le minerai de cuivre, furent examinés; mais, bien qu'il contint un tiers de métal pur, on considéra que la dureté de la roche en rendrait l'exploitation très-difficile; que, de plus, les environs étaient dénués de bois, et qu'enfin les bancs et les écueils qui obstruaient le lit d'une rivière voisine coulant vers l'océan Atlantique l'empêchaient d'être navigable.

Le 27 avril 1762, on fut de retour au Cap. Aucun voyageur n'avait auparavant pénétré aussi loin vers le N. que Hop. Cette expédition procura aussi des descriptions exactes et des figures bien dessinées de douze des plus grands mammifères de l'Afrique australe; plusieurs étaient nouveaux et d'autres mal connus. Tous les gens de la caravane revinrent sains et saufs; mais la fatigue et le manque d'eau avaient fait périr beaucoup de bétail. On acquit la connaissance de plusieurs tribus; quelques-unes conservaient des usages que les Hottentots, voisins du Cap, avaient perdus.

André Sparrman, naturaliste suédois, vint dans l'Afrique australe en 1772 pour être précepteur des enfans d'un riche habitant de la colonie; il consacrait à la recherche des plantes tous les instans qu'il pouvait dérober à ces fonctions. Un singulier hasard vint l'arracher à ces occupations. Cook, ayant abordé au cap, Sparrman se laissa persuader par les deux Forster, naturalistes de l'expédition, de s'embarquer avec eux; Cook approuva cet arrangement, et Sparrman accompagna ainsi cet illustre navigateur dans son second voyage autour du monde. De retour en Afrique au mois de juillet 1775, il y exerça la médecine et la chirurgie, ce qui lui procura les moyens d'entreprendre une longue excursion dans l'intérieur du pays. Il raconte qu'avant de se mettre en route, il chercha de tous côtés des renseignemens sur les contrées qu'il voulait parcourir; mais le résultat de ses recherches lui apprit qu'elles étaient très-mal connues des habitans de la capitale, et on lui représenta l'extravagance et même le danger de son projet. Néanmoins, il persista, et prit pour compagnon de route Daniel Immelmann, jeune Hollandais né en Afrique, qui avait déjà visité une partie de l'intérieur, et qui regardait comme une honte pour les colons leur ignorance de ce qui les entourait.

Pourvu de tout ce qui était nécessaire pour traverser une contrée où l'on ne rencontre d'autre facilité en voyageant que l'hospitalité des habitans, Sparrman partit le 25 juillet, et se dirigea vers l'E. Se tenant à une certaine distance de la mer, sur la partie inférieure de la terrasse des montagnes la plus proche de la côte, il visita la baie Mossel, regagna l'intérieur, et ne se rapprocha que très-rarement de l'Océan. Il alla ainsi jusqu'aux rives du Groote-Vis-Rivier, et remonta ensuite au N. vers l'*Agter-Bruyntjes-Hoogte*, canton élevé voisin de la chaîne des *Sneeuw Bergen* (monts neigeux). Il était là sous les 28° 30' de lat. S. et à 350 lieues du Cap. Le 6 février, il reprit le chemin de cette ville, s'éloignant en quelques endroits de celui qu'il avait suivi précédemment, et arriva le 15 avril avec des dépouilles d'animaux de toutes les dimensions et une grande quantité de plantes.

Thunberg, compatriote de Sparrman, et G. Paterson, militaire anglais, voyagèrent aussi dans la colonie du Cap : le premier en 1772; le second de 1777 à 1779; tous deux avaient pour but de recueillir des objets d'histoire naturelle. Paterson pénétra dans le N. un peu au-delà de la rivière Orange, et à l'E. bien au-delà du Groote-Vis-Rivier, jusque dans le pays des Cafres.

Peu de temps après, les mêmes contrées furent visitées par François Le Vaillant, né, dans la Guiane hollandaise, de parens français. Arrivé au Cap en 1780, son adresse à tirer, sa force, son agilité, son courage furent pour lui de puissantes recommandations dans un pays où le besoin d'éloigner et de détruire les bêtes féroces et de se procurer du gibier rend tous les hommes chasseurs habiles, hardis et infatigables. Ses connaissances en ornithologie et dans l'art de préparer les peaux d'animaux étaient également des titres auprès des habitans du cap, qui formaient des collections ou recherchaient les oiseaux, soit pour eux-mêmes, soit pour en trafiquer et les envoyer en Europe. Le Vaillant ne manqua donc point de protecteurs et d'amis. Le fiscal de la colonie le prit sous sa protection, et lui fournit tout ce qui lui était nécessaire pour exécuter ses projets et voyager avec fruit : des chariots, des bœufs, des chevaux, des provisions, du bétail, des objets d'échange pour les sauvages, des domestiques hottentots pour l'escorter, des guides pour le conduire, des lettres de recommandation pour les magistrats et les colons.

Il partit du Cap le 18 décembre 1781, escortant à cheval son convoi, qui consistait en deux grands chariots; son train était composé de 60 bœufs, de 3 chevaux, de 9 chiens et de 5 Hottentots. Il se dirigea vers l'E., choisissant, autant qu'il le pouvait, les lieux les moins fréquentés, afin de rencontrer plus d'oiseaux peu connus. Il vit des troupes de gazelles et d'autres antilopes, qui se montraient presque familières, et enfin de zèbres et d'autruches qui, au contraire, étaient très-sauvages. En général, il s'éloigna peu de la côte.

A Zwellendam, chef-lieu d'un district, il fit l'acquisition d'une charrette, sur laquelle il plaça sa cuisine et son office; il acheta plusieurs bœufs et un coq, dont il comptait faire un réveil-matin. En effet, cet oiseau s'habitua bien vite à dormir sur la tente de notre voyageur et sur son chariot; il annonçait régulièrement à toute la caravane le lever de l'aurore; il s'apprivoisa tellement, qu'il ne quittait jamais les environs du camp; si le besoin de nourriture le faisait s'écarter un peu, l'approche de la nuit le ramenait toujours. Quelquefois il était poursuivi par de petits quadrupèdes du genre des fouines ou des belettes; alors on le voyait, moitié courant, moitié volant, battre en retraite vers le camp et crier de toute sa force; mais un homme ou un des chiens ne manquaient jamais d'aller bien vite à son secours.

Un autre animal, dont Le Vaillant tirait des services plus essentiels encore, était un babouin, espèce de singe très-commune au Cap; il l'avait dressé à lui obéir au moindre signal, l'avait nommé Kees, et en avait fait le dégustateur et la sentinelle de la troupe. Lorsque Le Vaillant trouvait des fruits ou des racines inconnus à ses Hottentots, il ne permettait pas qu'on y touchât avant que Kees en eût goûté; si ce singe les rejetait, on les jugeait ou désagréables ou dangereux, et on les abandonnait. Kees était en outre d'une vigilance sans égale; soit de jour, soit de nuit, le moindre bruit le réveillait à l'instant. Par ses cris et ses gestes de frayeur, on était toujours averti de l'approche de l'ennemi avant même que les chiens s'en doutassent; mais, aussitôt qu'il avait donné l'alerte, ils s'arrêtaient pour épier le signal, puis ils s'élançaient tous ensemble du côté vers lequel il portait la vue. Dans la marche, quand il se trouvait fatigué, il montait sur un des chiens, qui avait la constance de le porter des heures entières.

Les chefs des habitations voisines de sa route, chez lesquels, malgré les plus vives instances, Le Vaillant refusait d'entrer, lui envoyaient des vivres, et surtout du laitage. Il partageait sa provision avec ses gens et avec Keés, très-friand d'un tel régal, et qui ne manquait jamais d'aller très-loin au-devant de celui qui l'apportait.

Cependant, les pluies survinrent et tombèrent avec une telle violence, que les torrens, en se grossissant, dévastaient et entraînaient tout. Le Vaillant et toute sa troupe furent sur le point de périr : ils se réfugièrent dans des arbres creux, et ne purent plus aller à la chasse; ils furent trop heureux de trouver un buffle qui s'était noyé, et dont la chair les empêcha de mourir de faim. Vers la fin de Mars, les pluies devinrent moins fréquentes, les torrens disparurent, et Le Vaillant s'empressa de transporter son camp à trois lieues plus loin, sur la colline de Pampoen-Kraal (village aux potirons); il l'a décrit comme étant un lieu enchanteur. Les fatigues qu'il avait éprouvées lui occasionnèrent une fièvre ardente. Il fit aussitôt arrêter sa caravane, assit son camp dans le voisinage d'un ruisseau, et se saigna. Douze jours de repos et de diète le rétablirent, et il reprit ses occupations ordinaires.

Bientôt, en donnant la chasse à des éléphans, il courut les plus grands dangers; il ne fut sauvé que par le dévouement, le courage et la présence d'esprit d'un de ses Hottentots nommé Klaas, qui, dès ce moment, devint son fidèle compagnon et son premier lieutenant dans le commandement de sa troupe. Dans cette occasion, quatre éléphans furent abattus; on se régala de leurs pieds bouillis, que notre voyageur vante comme un mets exquis, et on emporta l'ivoire de leurs longues défenses.

Plus loin, Le Vaillant rencontra des Hottentots fuyant devant des Cafres qui avaient ravagé leur kraal, situé derrière les Agter-Bruyntjes-Hoogte. Les déprédations des colons avaient causé ces représailles des Cafres, et les Boschjesmans profitaient de ces hostilités pour piller également les Cafres, les Hottentots et les colons.

Au-delà des Agter-Bruyntjes-Hoogte, Le Vaillant parvint à des habitations de colons, qui furent d'abord effrayés de sa longue barbe : il ne se l'était pas faite depuis onze mois; mais ils furent rassurés en voyant les lettres dont il était porteur. Ils avaient avec eux une troupe de Hottentots métis; ils sont plus courageux et plus intelligens que la race des indigènes purs. Comme ils connaissaient le pays et la langue des Cafres, Le Vaillant en prit avec lui trois, les envoya en avant, et fit halte au-delà d'une petite rivière qui alors bornait la colonie de ce côté. Le lendemain ils lui ramenèrent un autre métis nommé Hans qui avait toujours vécu parmi les Cafres, et qui ne dissimula pas à notre voyageur le danger auquel il s'exposait en s'aventurant chez ce peuple exaspéré contre les colons. « Néanmoins, ajouta-t-il, votre réputation vous a précédé; vous pourrez aller en sûreté jusque chez le roi de ce territoire où vous êtes déjà. » Ce conseil pouvait cacher un piége, mais Le Vaillant, repoussant tout soupçon, crut devoir le suivre; seulement il commença par proposer à Hans d'annoncer sa visite à ce chef et de lui porter des présens de sa part. Hans accepta cette mission et partit avec les deux Hottentots les plus fidèles de notre voyageur; celui-ci alla l'attendre au-delà du Groote-Vis-Rivier. Une dizaine de jours après, il fut très-surpris, à son réveil, de se voir entouré, au milieu de son camp, d'une vingtaine de Gonaquas; le chef s'approcha pour lui faire compliment, les femmes lui offrirent toutes un petit présent; Le Vaillant se montra reconnaissant et distingua, parmi celles-ci, une jeune fille de seize ans dont il a fait le portrait le plus séduisant qu'il termine par ce trait : « C'était la plus jeune des Grâces sous la figure d'une Hottentote. Je trouvais son nom difficile à prononcer et désagréable à l'oreille; je la nommai donc *Narina*, qui signifie *fleur* en langage hottentot. » Cet épisode du voyage de Le Vaillant est un de ceux qui ont été les plus goûtés; des critiques ont prétendu qu'il était étranger à son sujet; le savant M. Walckenaer est d'un sentiment différent; voici comme il s'exprime dans son *Histoire générale des Voyages* : « Nous n'en avons pas jugé ainsi; à part les couleurs vives dont l'a orné le rédacteur du journal de notre voyageur, il nous a semblé que tout ce récit portait un cachet de vérité et qu'il était plus propre à faire connaître les mœurs de ces sauvages, qu'une simple description. »

Les Gonaquas s'étant acheminés vers leur kraal, Le Vaillant alla leur rendre visite : ce fut un jour de fête. Le lendemain il revint à son camp; quelques jours après, on lui raconta que l'on venait d'apercevoir, de l'autre côté de la rivière, une grosse troupe qui se disposait à la traverser; on se rangea aussitôt en bataille, et l'on se prépara à la défense; mais les Cafres s'arrêtèrent lorsqu'ils se trouvèrent à la portée de la zagaie, et l'on vit avec une joie inexprimable Hans se détacher de la troupe et se diriger seul vers Le Vaillant; il lui apprit qu'il lui était libre de voyager chez les Cafres, et qu'ils le recevraient comme un ami et même comme un protecteur; ils pensaient en effet qu'il aurait le pouvoir de les venger d'un colon de Bruyntjes-Hoogte, dont le nom seul, à cause de ses cruautés, inspirait de l'horreur.

Le Vaillant fit signe aux Cafres d'avancer, et bientôt il en fut entouré; il leur distribua du tabac et d'autres présens. Néanmoins il lui fut impossible de dissiper la défiance des gens de sa caravane, qui refusèrent d'entrer dans le pays des Cafres. Il partit donc le 3 novembre, avec Hans, quatre Gonaquas et trois autres Hottentots, puis le singe Keés, et chemina vers l'E.; il rencontra des kraals abandonnés, il y en avait un où des huttes paraissaient avoir été brûlées; enfin, les premiers Cafres qu'il vit eurent besoin d'être rassurés, tant ils craignaient l'approche des colons; d'un autre côté, les Tamboukis, nation voisine de la côte, les massacraient et les forçaient de se retirer vers le N. Le Vaillant ayant avancé à 20 lieues plus à l'E. que Sparrman, rebroussa chemin, remonta le long du Groote-Vis-Rivier, et regagna son camp.

De là il se porta au N. vers les Sneeuw-Bergen, vit en passant le camp des Gonaquas et Narina, qu'il combla de présens, le 16 décembre traversa le Klein-Vis Rivier (petite rivière des poissons), et eut sur ses bords l'occasion d'être témoin, pour la première fois, d'une émigration de sauterelles; « elles voyageaient en si grand nombre, dit-il, que l'air en était réellement obscurci; elles ne s'élevaient pas beaucoup au-dessus de nos têtes, mais elles formaient une colonne qui pouvait occuper deux à trois milles en largeur, et, montre à la main, elles mirent plus d'une heure à passer. Ce bataillon était tellement serré qu'il en tombait comme une grêle des pelotons étouffés ou démontés; mon Keés les croquait à plaisir, en même temps qu'il en faisait provision. »

Laissant derrière lui les Bruyntjes-Hoogte, Le Vaillant aperçut au N. O. les Sneeuw-Bergen qui, bien que l'on fût dans le temps des plus fortes chaleurs, conservaient encore de la neige dans les anfractuosités et les enfoncemens les plus rapprochés de leurs sommets. Il parcourut, autant que les précautions qu'il avait à prendre pour sa sûreté le lui permettaient, les rameaux de ces montagnes où s'étaient réfugiées des hordes de Hottentots pour éviter les vexations des colons hollandais; ensuite il marcha au S. O., et, le 3 février 1783, entra dans les plaines arides du Karrô; il souffrit beaucoup du manque d'eau et de la chaleur; le 2 avril il était de retour au Cap après une absence de seize mois.

Cette première excursion ne l'avait pas entièrement satisfait; il en fit quelques autres dans les environs de la ville, et augmenta considérablement ses collections. Enfin, il reprit son ancien projet de traverser toute l'Afrique du S. au N., et se remit en route le 15 juin 1784; il avait avec lui 19 personnes, en comptant Klaas et sa femme; de plus, 36 bœufs pour l'attelage de ses trois chariots, 14 pour relais et 2 pour porter le bagage de ses Hottentots; 3 vaches à lait; un bouc et 10 chèvres; 3 chevaux et 13 chiens bien appareillés. Le coq qui, dans le premier voyage, lui avait procuré quelques instans de plaisir, lui fit naître l'idée d'en emmener un dans celui-ci; enfin, Keés compléta la troupe.

Lorsque l'on fut parvenu à la rivière des Elephans, elle était débordée. Le Vaillant ne savait pas nager; il se mit donc à califourchon sur un arbre attaché à des cordes que deux forts nageurs tiraient après eux; ce ne fut pas sans peine qu'il atteignit ainsi la rive droite. On avança vers le N.; les bœufs étaient très-affaiblis par la mauvaise nourriture, et deux, en allant boire, avaient péri, entraînés par les eaux. Le pays n'offrait qu'une surface aride et brûlée; on ne trouvait au lieu d'eau qu'une boue humide; le nombre des bestiaux diminuait rapidement. On reçut des secours de deux colons métis chez lesquels on s'arrêta, et l'un d'eux l'accompagna.

Dans le voisinage des monts Kamis, Le Vaillant fut accueilli par Vander-Westhuysen, colon allemand; d'autres colons lui vendirent des bœufs: ceux-ci n'avaient pour toute habitation que de méchantes huttes. Pendant la nuit, notre voyageur sentit la température se refroidir considérablement et fut tout surpris de voir à son réveil la terre couverte de neige; dans certains endroits, la glace avait deux pouces d'épaisseur. Le gibier était très-abondant le long des bords de la Rivière Verte qui arrosait une vallée riante.

Le 11 septembre, on rencontra un kraal de Namaquas, tribu de Hottentots plus robustes que ceux du Cap; on en vit successivement plusieurs autres et on entra dans un désert de

3. Intérieur d'une Maison à Kourrichane.

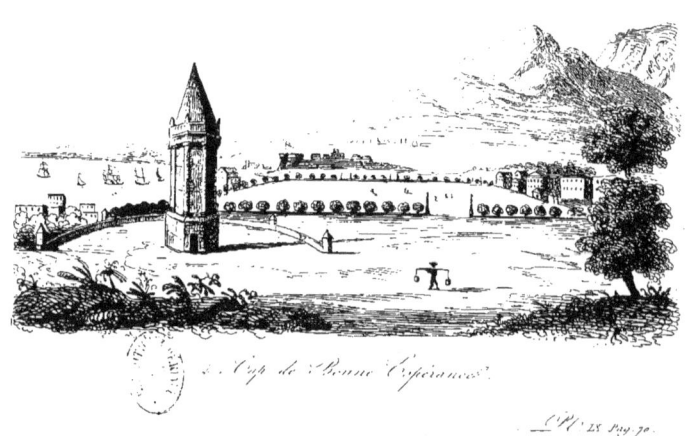

4. Cap de Bonne Espérance.

sable hérissé de monticules peu élevés. On y aperçut des huttes habitées par des Boschjesmans qui s'enfuirent à l'approche de la caravane. On campa dans ce lieu, et à son départ, Le Vaillant laissa dans la hutte la plus apparente du tabac et divers objets de quincaillerie.

La journée suivante fut encore plus pénible, parce que les sables qu'on traversa, en devenant plus fins étaient en même temps plus mobiles. Heureusement quelques heures de marche rendirent l'espoir à nos voyageurs ; le sol et le sable se montrèrent couverts d'une espèce particulière de graminée, les coteaux avaient un aspect moins nu, on y découvrait de chétifs arbrisseaux parmi les grands aloës ; enfin on entendit au N. O. le mugissement des flots. Aussitôt toute la caravane se mit à galoper pêle-mêle et arriva ainsi sur les bords de la grande rivière Orange.

Le Vaillant ne tarda pas à s'apercevoir qu'il avait eu le tort d'entreprendre son voyage pendant le temps de la sécheresse ; et les pluies ayant, contre l'ordinaire, manqué pendant la saison humide, il en résultait une aridité extraordinaire et affreuse ; de sorte que les bestiaux ne trouvaient point de fourrage, et étaient réduits à manger les jeunes pousses d'une sorte de roseau. Quant aux hommes, ils ne manquaient de rien, la chasse et la pêche fournissaient à tous leurs besoins.

Il fut résolu de remonter plus haut, on y campa ; Le Vaillant y tua un grand nombre d'oiseaux et même de grands animaux, surtout des éléphans et des hippopotames ; on avait écarté les lions en mettant le feu aux arbres à plus de cinquante pas à la ronde. Cependant l'état de dépérissement des bestiaux ne permettait pas de se hasarder plus loin avec eux. Le Vaillant se décida donc, comme dans son premier voyage, à laisser son camp sous la garde d'un homme de confiance, et il partit le 28 octobre avec 18 de ses fusiliers, un colon métis, huit Namaquas, son singe, deux chevaux et six bœufs de charge.

On traversa la rivière sur un radeau, puis on la cotoya en remontant. Après de nombreuses courses, Le Vaillant réussit enfin, le 10 novembre, à tuer une girafe ; il avoue que ce jour fut un des plus heureux de sa vie, et il raconte cette affaire avec un ton d'enthousiasme sincère. Il décrit minutieusement les soins qu'il prit pour que la peau de ce bel animal fût bien conservée ; chacun sait qu'il l'a rapportée heureusement en Europe, et qu'elle figure empaillée au Muséum d'histoire naturelle de Paris.

Le Vaillant était là dans le pays des Grands-Namaquas ; il y reçut la visite d'une horde de Caminouquas qui, plus tard, lui offrirent de l'accompagner et lui fournirent des bestiaux pour la continuation de son voyage au N. Il laissa donc encore une fois une partie de ses gens dans un camp ; mais il marchait avec une caravane plus nombreuse que la première, car elle se composait de 60 personnes et de 40 bêtes, tant de somme que de trait, enfin de chiens.

On était alors aux jours les plus longs et les plus chauds de l'année, et chacun était marqué par un orage, mais malheureusement sans pluie. Tout en cheminant, la troupe était grossie par des femmes qui consentaient à suivre les hommes dont elles accueillaient les propositions. Elles se montraient plus laborieuses et plus vigilantes que les hommes, et furent tellement utiles, que Le Vaillant n'eut pas à se repentir de son consentement à les admettre dans la caravane.

On arriva chez les Koriquas ; l'anarchie et le désordre régnaient parmi eux à cause de la mort du chef ; ils promirent à Le Vaillant d'obéir à celui des prétendans qu'il choisirait. Après s'être informé secrètement de celui qui paraissait réunir les suffrages du plus grand nombre, il désigna un nommé Haripa, âgé d'une quarantaine d'années, grand, bien fait et très-fort, « et, par conséquent, ajoute-t-il, appelé par la nature à dominer la tourbe des faibles. » Haripa fut inauguré à la satisfaction de tous, et Le Vaillant obtint de cette horde tous les secours qu'il pouvait désirer, et des guides.

Plus au N. E., les Kabobiquas habitaient un pays très-aride : la nécessité les avait obligés à creuser des puits pour leur usage et celui de leurs bestiaux ; mais cette ressource précaire leur manquait par fois, et il fallait changer de demeure. Le Vi--Rivier, ou Konoup, était alors à sec. Bientôt des orages violens vinrent grossir toutes les rivières ; on se porta en avant, chez des Kabobiquas qui se distinguaient des autres, parce que tout le monde y faisait usage de sandales. Le Vaillant ayant annoncé son intention d'aller chez les Houzouanas, une terreur soudaine se répandit dans sa caravane, tant cette tribu était redoutée, et on menaçait d'abandonner notre voyageur. Cependant, après de vives exhortations, les uns par crainte des Boschjesmans, les autres par amour-propre, se disposèrent à le suivre.

Le troisième jour, on reconnut la plaine entourée de rochers et de monticules, ainsi que les montagnes désignées par les Kabobiquas-porte-sandales pour être la demeure des Houzouanas; on aperçut leurs feux, mais la terreur générale qu'ils inspiraient commandait à Le Vaillant de grandes précautions. Quand on arriva en vue du camp, il n'y avait en dehors que des femmes qui poussèrent un cri d'alarme; à ce signal les hommes sortirent, armés d'arcs et de flèches, et toute la troupe s'enfonçant dans une gorge gagna un terrain d'où elle pouvait, en sûreté, observer la caravane. Le Vaillant s'avança vers les huttes; elles étaient vides: il y laissa du tabac et de la verroterie, et se retira. Les Houzouanas vinrent ramasser les présens qu'il y avait laissés; ensuite ils se décidèrent à communiquer avec lui, et il vint camper sur les bords de leur ruisseau. Il apprit d'eux qu'ils n'étaient pas alors dans le lieu de leur séjour habituel; et qu'ils allaient en ce moment vers l'O. Il fit route avec eux et ils finirent par le conduire jusqu'au Karoup : là, il se sépara d'eux. Il les dépeint comme une race sobre, agile, active et fidèle; ils sont plus petits et moins noirs que les Hottentots, et on les distingue par le nom de Hottentots chinois.

Il revint enfin à son camp du fleuve Orange; il alla chez les Ghossiquas, et après diverses aventures, fut de retour au Cap après une seconde absence qui, de même que la première, avait duré 16 mois. Il était parvenu jusqu'à 25° de latitude.

Le 16 septembre 1796, la Grande Bretagne s'empara de la colonie du Cap; en 1797, lord Macartney, qui en fut nommé gouverneur, avait pour secrétaire particulier M. J. Barrow, homme d'esprit, très-instruit et habile écrivain. Celui-ci ayant eu à sa disposition tous les papiers de la colonie, put en donner une bonne description; il la parcourut aussi, et étant parti le 1er juillet, avec un détachement de ses compatriotes, grossi d'une troupe de colons, il traversa le Karrô ou Désert aride, qui forme dans l'E. un vaste plateau, long de 200 lieues, et dont la température est plus froide que ne le ferait supposer sa position entre les 30 et 33° de latitude S. On y arriva par un *kloof* (défilé) qui débouche dans une vallée profonde, unie, longue de 15 milles et large de 2, et où habitent quelques familles; des montagnes au N. étaient couvertes de neige, et cependant, à leur pied, des orangers montraient des fruits mûrs. A l'extrémité de cette vallée, les voyageurs dirent adieu à toute habitation humaine pour au moins 16 jours, temps nécessaire pour traverser le grand Karrô.

Le 12 juillet, la caravane, après 4 heures de marche au N. E., atteignit au sommet des monts les moins hauts de la vallée. On avait monté d'étage en étage, jusqu'à une hauteur d'environ 1,500 pieds, par une route d'à-peu-près 6 milles. Parvenu en haut, l'œil n'aperçoit de toutes parts qu'une surface raboteuse, sillonée de quelques collines; aucune créature vivante n'anime cette solitude, quelques plantes chétives, éparses, rampantes, y végètent sur une argile brunâtre. La route était assez bonne et on passait généralement sur des lits de grès mêlé de quartz et sur une baryte ferrugineuse. Quelques rivières traversent le Karrô; bien différentes de toutes les autres, elles diminuent à mesure qu'elles avancent, quoique de petits ruisseaux viennent les joindre. Enfin, on traversa des vallées boisées et habitées, et le 28, on dressa les tentes à Poort. Ce lieu peut être considéré comme l'entrée du Cambdebo, canton montueux et verdoyant.

Après s'être reposé à Graaf-Reynet, qui est le chef-lieu d'un district, M. Barrow se dirigea, par un pays habité en partie, vers la baie d'Algoa, où il arriva le 18 août, gagna ensuite les bois de Bruyntjes-Hoogte, et s'avança par un pays sauvage et inhabité vers la Cafrerie; il ne tarda pas à rencontrer les indigènes de ce pays. Il passa le Groote-Vis-Rivier, puis le Keis-Kamma, et trouva Gaïka, roi du canton qui, bien que jeune, montra dans ses discours beaucoup de bon sens et de jugement. Il répondait d'une manière exacte, nette et précise à toutes les questions de M. Barrow; il paraissait que ses sujets l'aimaient et le respectaient. M. Barrow le combla de présens ainsi que sa mère et sa femme, puis, marchant au N., il entra dans le pays des Boschjesmans. Il y visita une caverne sur les parois de laquelle ces sauvages avaient dessiné différens animaux; plusieurs n'étaient que des caricatures, mais les autres étaient assez bien exécutés pour mériter l'attention. Plus loin, il vit une troupe de sauterelles posées à terre, elles couvraient un espace d'un quart de mille.

M. Barrow visita les Sneeuw Bergen. Ce qui distingue ce canton montagneux, est l'absence totale d'arbrisseaux; plusieurs habitans n'ont jamais vu un arbre et ne peuvent se figurer une forêt. Ils n'ont pour se chauffer que le fumier desséché; du reste, le pays abonde en céréales, mais les récoltes ont à craindre la grêle et les ravages des sauterelles; le gros bétail et les moutons y prospèrent, et le beurre que l'on y fait passe pour le meilleur de la colonie.

Un des principaux motifs du voyage des Anglais était de s'assurer par expérience de la manière dont les paysans conduisaient leurs expéditions contre les Boschjesmans. On avait rencontré plusieurs de leurs kraals, mais ils étaient tous déserts, et on reconnaissait qu'ils avaient été récemment évacués; la nombreuse troupe d'Européens, qu'ils regardaient comme des ennemis, leur avait sans doute fait prendre la fuite. Il fut convenu que l'on se bornerait à investir un de leurs kraals, et qu'ensuite on resterait sur la défensive. M. Barrow exigea que l'ordre positif fut donné de ne pas tirer un seul coup de fusil, à moins que la nécessité n'y forçât; parce qu'il voulait, s'il était possible, avoir une entrevue avec quelque chef de ces sauvages. On campa; des partis d'éclaireurs furent envoyés de différens côtés. Le lendemain matin, une de ces escouades vint annoncer qu'elle avait aperçu, à une vingtaine de milles à l'E., plusieurs feux dans le fond d'un ravin. On se mit en route le soir, et, à l'aurore du jour suivant, on découvrit le kraal. On partit à l'instant au galop, et, dans un moment, on se trouva au milieu de quelques chétives huttes en paille. A ce moment, les Anglais entendirent un bruit horrible, semblable au cri de guerre des sauvages, et de tous côtés, en même temps, les cris perçans des femmes et des enfans. M. Barrow lâcha son cheval au galop, et joignit le commandant et un autre fermier au moment où tous les deux faisaient feu sur le kraal. M. Barrow arrêta cette attaque inutile et imprudente. Les Boschjesmans ne tardèrent pas à s'apercevoir que, loin de les poursuivre sur les hauteurs, comme on le pouvait aisément, on avait mis bas les armes et lâché les chevaux dans les pâturages. Rassurés, ils envoyèrent bientôt plusieurs petits enfans dans la plaine. On leur distribua du biscuit et quelques bagatelles, et on les laissa retourner vers leurs parens. Une quarantaine de femmes et de jeunes filles vinrent alors au-devant des Européens, mais sans être entièrement rassurées; on se conduisit envers elles comme envers les enfans, et on les envoya dire à leurs maris de descendre pour recevoir un présent de tabac; mais, bien plus défians qu'elles, ils tournèrent longtemps autour du sommet de la montagne, incertains de ce qu'ils devaient faire, et leurs femmes allèrent et revinrent plus de douze fois avant qu'aucun d'eux eut pris son parti; enfin il en vint un, et, en s'approchant, il donnait tout à la fois des signes de peine et de plaisir; il riait et pleurait tout ensemble, et tremblait; on aurait dit d'un enfant effrayé. On lui donna un gros morceau de tabac, et on le chargea de dire à ses compagnons que des cadeaux les attendaient aussi. Trois autres se hasardèrent également à descendre; mais il fut impossible d'en engager un plus grand nombre à risquer l'aventure; en effet, la manière dont leur kraal avait été attaqué justifiait leurs craintes.

La manière dont cette affaire se terminait dut leur paraître bien différente de ce qu'ils avaient éprouvé précédemment dans des occasions semblables, l'usage étant de poursuivre et de fusiller sans pitié tout ce qui échappait au premier carnage; les femmes et les enfans étaient saisis et emmenés en esclavage.

Cette fois on les traita bien, et on leur laissa la liberté de rester avec la troupe des voyageurs ou de s'en retourner. Quand on leur témoigna le désir de parler à leur chef, ils répondirent qu'ils n'en reconnaissaient pas, que chacun gouvernait sa famille comme il le trouvait bon, et quittait la horde quand la fantaisie lui en prenait.

Les trois Boschjesmans accompagnèrent les Anglais jusqu'à leurs chariots. Avant de les renvoyer, on leur fit à chacun un présent considérable en tabac, verroteries, couteaux, briquets, pierres à fusil. On leur recommanda de dire à tous ceux de leurs compatriotes qu'ils rencontreraient, que, s'ils voulaient renoncer à leurs pirateries continuelles, les colons les regarderaient comme des amis, et que, toutes les fois qu'ils viendraient dans une ferme, sans armes, déclarer leurs besoins, on leur donnerait autant ou plus de moutons qu'ils ne pouvaient espérer d'en enlever par la ruse ou la force. On ajouta que, dans le voyage actuel, le gouvernement anglais n'avait d'autre but que de terminer la guerre qu'on leur faisait depuis longtemps, en détruisant le motif des hostilités, que leur conduite précédente avait provoquées, et qu'il dépendait d'eux d'arrêter pour toujours. Ils restèrent volontairement quelques jours avec la caravane, puis ils retournèrent à leur kraal, très-satisfaits du traitement qu'ils avaient éprouvé et des présens qu'ils avaient reçus.

Ce kraal consistait en vingt-cinq huttes de la forme de celles des Hottentots, faites d'une natte de paille, dont les extrémités étaient assujéties sur la terre par deux chevilles de bois; elles étaient hautes de trois pieds et larges de quatre. Au centre, la terre était creusée, et un peu d'herbe au fond de ce trou composait leur lit, dans lequel il paraît qu'ils se couchent en rond et repliés comme certains quadrupèdes. Ils n'ont d'autre animal domestique que le chien. Les seuls vivres que l'on trouva dans les huttes étaient de petites racines bulbeuses, des larves de fourmis et des larves desséchées de sauterelles,

Les hommes étaient entièrement nus, ainsi que la plupart des femmes; quelques-unes avaient un baudrier de peau d'une espèce d'antilope, dont le devant était découpé en franges longues, mais si minces, qu'elles ne pouvaient rien cacher; ces franges tombaient indifféremment par devant, par derrière, sur la hanche ou sur la cuisse; parfois elles descendaient plus bas. La tête de quelques-unes de ces femmes était coiffée d'un bonnet de peau de zèbre assez semblable à un casque, et leur cou était orné de morceaux de cuivre, de coquilles et de grains de verroterie. Quant aux hommes, tous avaient un morceau de bois ou un piquant de porc-épic passé au travers du cartilage du nez.

Les Boschjesmans sont très-petits; le plus grand de ceux que l'on vit n'avait que quatre pieds neuf pouces; et la plus grande des femmes, quatre pieds quatre pouces. Tout leur extérieur annonce qu'ils ont une origine commune avec les Hottentots, et on peut dire qu'ils les surpassent en laideur, de même que par leur agilité à la course, par leur gaîté, par leur activité continuelle et leur audace.

M. Barrow marcha ensuite au N. jusqu'aux cantons arrosés par le cours supérieur du fleuve Orange; ensuite, il revint au S., traversa des montagnes situées près des frontières de la colonie, et entre lesquelles se trouvent, à la suite les uns des autres, quatre lacs salés, autour desquels le terrain est aride et recouvert de légères efflorescences salines : le gibier y abondait. Un peu plus loin, près des bords du Vis-Rivier, coulent deux sources d'eau thermales que les paysans fréquentent. On fit une seconde excursion en Cafrerie, puis on revint vers Graaf-Reynet; le Karrô était encore plus aride que lorsqu'on l'avait passé précédemment. Au contraire, le pays plus au S., arrosé par le Knysna et coupé de lacs, est le plus magnifique, le plus verdoyant et le plus majestueux de toute l'Afrique méridionale; les fermes y sont aussi plus belles, mieux entretenues et mieux bâties que celles que l'on rencontre à une aussi grande distance de la ville.

Après avoir visité la baie de Plettenberg, M. Barrow se dirigea vers l'O. Il vit la baie Mossel, traversa le Gauritz, fleuve sujet à des débordemens considérables, et entra dans le district de Zwellendam, puis dans celui de Stellenbosch. A Bavian's-Kloof il y avait un petit établissement de frères Moraves; ces missionnaires avaient réuni une communauté d'à peu près 600 Hottentots, et le nombre en augmentait tous les jours. « Ils vivent, dit M. Barrow, dans de petites huttes éparses dans la vallée, et chacune a son petit jardin; tout cela est très-propre. Quelques-uns de ces Hottentots travaillent à la semaine, au mois ou à l'année chez les colons voisins; d'autres font et vendent des nattes et des balais; ceux-ci nourrissent de la volaille; ceux-là élèvent du gros bétail, des moutons ou des chevaux. » Le 18 janvier 1798, notre voyageur fut de retour au Cap après une absence de sept mois.

Le gouvernement, ayant décidé de faire examiner la partie occidentale de la colonie, en se dirigeant au N., M. Barrow partit le 10 d'avril; il longea la baie de Saldagne, vaste et parfaitement sûre, mais dépourvue d'eau douce; plus au N. est la baie Sainte-Hélène. La rivière des Éléphans est du petit nombre de celles de la colonie qui ne tarissent jamais. Plus loin, le Bokkeveld était couvert d'un brillant tapis de verdure, grâce aux pluies tombées récemment; il est contigu à un désert désigné, comme celui du S., par le nom de Karrô.

M. Barrow y reçut la visite d'un parti de Boschjesmans, conduit par son chef, établi depuis quinze ans dans ce canton; ils y ont vécu paisiblement du fruit de leur industrie. « Il nous assura, ajoute notre voyageur, qu'il ne doutait pas que plusieurs hordes de ses compatriotes ne reçussent avec plaisir des propositions d'accommodement, et que leur détresse était si déplorable, qu'ils accepteraient volontiers l'offre de vivre tranquillement au service des colons. »

La traversée du désert fut assez pénible; on arriva dans le pays des Namaquas, où tout annonçait la stérilité, et on traversa les monts Kamis. M. Barrow vit, dans un kraal, un Damara qui lui donna quelques détails sur sa contrée natale. On revint ensuite par Bokkeveld, et, par un canton raboteux et pierreux, on parvint au pied des monts Hantam, entourés de fermes; ensuite, M. Barrow marcha au S. E. vers le Roggeveld, dont il escalada les hauteurs; elles sont couvertes de neige pendant plusieurs mois de l'année. Cette division du district de Stellenbosch passe pour fournir les meilleurs chevaux de la colonie. M. Barrow, ayant descendu dans les plaines du Karrô, prit la route du cap, où il fut de retour le 12 de juin.

En 1799, M. Barrow fit un second voyage au pays des Cafres; le but n'avait aucun rapport avec la géographie.

Une épizootie ayant causé d'énormes ravages parmi les bestiaux de la colonie, on songea aux moyens de réparer les pertes que l'on avait éprouvées, et on décida que M. Truter, membre

1. Congo. Comptoir Européen sur la Côte d'Angola.

2. Congo. Mont Cabenda. — Manière de voyager.

de la cour de justice, et M. Somerville, seraient chargés d'en aller acheter chez les peuplades voisines. Munis des lettres de créance et des instructions du gouverneur, ils commencèrent leur voyage le 1ᵉʳ d'octobre 1801, avec une caravane nombreuse, et se dirigèrent vers le Karrô. Continuant à marcher au N., ils traversèrent des plaines verdoyantes où ils rencontrèrent çà et là des indigènes très-craintifs et mourans de faim ; on leur donna des vivres et du tabac. Enfin on atteignit la rive gauche du Gariep ou fleuve Orange, sur la rive opposée duquel était un kraal, habité par des Koras, tribu de Hottentots. On était alors au 29ᵉ degré de lat. S. Ces hommes possédaient de nombreux troupeaux. Ensuite, on trouva au-delà d'un désert deux kraals de Boschjesmans réunis sous la conduite de missionnaires. Parmi eux vivaient deux Betchouanas et un paysan hollandais qui avait été forcé de quitter la colonie ; ils consentirent à servir de guides et d'interprètes.

Quand on fut sur les rives du Kourouman, coulant vers le N., on se trouva près du pays des Briquas, tribu des Betchouanas. L'un des guides fut expédié en avant pour annoncer l'arrivée de la caravane. Le messager fut de retour dans l'après-midi avec quatre de ses compatriotes. Le lendemain matin, il en vint quatre autres, parmi lesquels était le frère du roi. On séjourna quelque temps sur les bords délicieux du Kourouman pour rafraîchir le bétail épuisé de fatigue. Quand on se remit en marche, on traversa de grands halliers d'une espèce de *mimosa*, que broute la girafe. Une députation envoyée par le roi déclara que la caravane était attendue avec impatience. On rencontra de belles sources. Plus on avançait, plus la campagne était riante, et abondait en bêtes fauves.

Quand on sut qu'on était près de la demeure du chef, la caravane fit halte, et les commissaires continuèrent leur route à cheval, emportant avec eux les présens destinés à ce personnage. Ils avaient déjà traversé des champs cultivés, lorsque, vers le milieu du jour, ils entrèrent dans une sorte de ville spacieuse composée de chaumières qui n'étaient pas disposées par rues, et entourées chacune d'une palissade. La vue d'un si grand nombre d'habitations humaines après un voyage si long au milieu des déserts fut aussi agréable qu'inespérée. Bientôt les voyageurs parvinrent à l'endroit où le chef, entouré des anciens du peuple, les attendait. Il les reçut de la manière la plus amicale, et accepta leurs présens, qui excitèrent l'attention générale. Chaque objet fut examiné minutieusement, et il fallut expliquer son usage. En retour, on offrit aux commissaires du lait caillé. Le chef invita ensuite les Européens à l'accompagner à son habitation, où il les présenta à ses deux femmes et à ses deux enfans. Une foule nombreuse les suivait. Les femmes se montraient les plus curieuses ; elles ne pouvaient se persuader que les cheveux des blancs fussent naturels ; elles s'imaginaient que c'était la queue de quelque animal collée à leur tête.

Les chariots étant arrivés vers le coucher du soleil : les voyageurs dressèrent leurs tentes à 600 pas au S. de la ville, le long d'une rivière. La population presque tout entière leur rendit visite, mais sans devenir importune ; tout ce monde paraissait d'humeur fort douce. Les femmes apportèrent, dans des vases de bois, des pots de terre ou des outres, assez de lait pour la consommation de toute la caravane. A mesure que la nuit approchait, la foule abandonna le camp, et les voyageurs se disposèrent à passer la nuit aussi tranquillement et avec aussi peu de crainte pour leur sûreté personnelle que s'ils eussent encore été au milieu des déserts.

La ville de Latakou est située par 27° 6' de lat. S. et par 21° 59' à l'E. de Paris. Une rivière qui, d'après la largeur de son lit, doit quelquefois être assez considérable, la traverse. On jugea que la population était à peu près de 12,000 ames. Chaque maison est de forme circulaire, de 12 à 15 pieds de diamètre, ouverte par devant, et généralement tournée vers l'E. Les trois quarts du cercle sont fermés par un mur haut de cinq pieds, fait d'argile et de gravier ; un tiers de la totalité de la surface est coupé par un mur de forme courbe, où l'on renferme les vêtemens de peaux, les ornemens d'ivoire, les zagaies, les couteaux et autres objets utiles ou précieux ; c'est là aussi que couchent les plus âgés de la famille ; les plus jeunes dorment dans l'espace à moitié fermé. L'habitation pose sur une surface en argile bien battue, et élevée de quatre pouces au-dessus du sol du reste de l'enceinte. Le toit, de figure conique, est en roseau et en paille de sorgo, arrangé avec beaucoup de soin, et lié avec des courroies. Il est supporté par des piliers engagés dans le mur, et libres sur la façade ouverte. Une enceinte faite des mêmes matériaux ou de branches d'arbres entoure, à une certaine distance, chaque habitation (Pl. IX — 2), et laisse ainsi un intervalle où l'on voit un énorme vase en argile, ressemblant à une jarre, et dans lequel on renferme le produit des récoltes, et qui est placé sur trois piliers élevés de 6 à 9 pieds. Ces habitations sont bien supérieures à tout ce que l'on avait vu en Afrique jusqu'à ce moment ; elles l'emportent même sur les huttes de quelques paysans d'Europe. La surface de l'enceinte extérieure est disposée de manière à ce que l'eau s'écoule tout de suite au dehors, et, comme c'est là où l'on fait la cuisine, l'intérieur de la maison n'est point gâté par la fumée.

On devine aisément qu'un spectacle si nouveau frappa les Européens d'une sorte d'admiration. N'ayant pu terminer aussi heureusement qu'ils l'auraient désiré l'affaire qui les avait amenés, ils partirent de Latakou le 12 décembre, non sans éprouver de vifs regrets, et accompagnés d'une foule nombreuse. Le 12 d'avril, ils repassèrent les limites de la colonie. Le bruit de leur découverte engagea plus tard d'autres voyageurs à marcher sur leurs traces.

La colonie du cap ayant été rendue aux Hollandais par le traité d'Amiens, conclu en mars 1802, M. Janssens en fut nommé gouverneur. M. Henri Lichtenstein, qui était précepteur de ses enfans, et qui, depuis sa tendre jeunesse, éprouvait le plus vif désir de visiter l'Afrique australe, accompagna M. Janssens, et débarqua au Cap, avec sa famille, en 1803.

M. de Mist, commissaire-général de la colonie, crut devoir faire un voyage dans les cantons du N. O. pour examiner l'état de cette contrée, où jamais les autorités supérieures ne s'étaient montrées. M. Lichtenstein fut attaché à cette expédition comme naturaliste. La caravane partit le 9 d'octobre. Peu de jours après, on trouva, dans une maisonnette située sur la pente du Klipberg, Jean Slaber, qui, avec son père, mort depuis 17 ans, avait accompagné Le Vaillant dans ses chasses, et dont ce voyageur parle avec éloge. La famille avait gardé un bon souvenir de Le Vaillant, et paraissait très surprise et même mécontente qu'il eut entretenu le public des détails de leur intérieur ; elle jugeait aussi qu'il avait exagéré les dangers de ses excursions.

Au-delà du fleuve des Éléphans, on éprouva toute la rigueur du froid nocturne de ces régions, et cependant on était en novembre, qui correspond au mois de mai de l'hémisphère boréal. On atteignit le pied des monts Hantam, dont le plateau, semblable à celui de la montagne de la Table, s'élève à 1,500 pieds au-dessus de la vallée où coule le Groote-Doorn-Rivier ; les chevaux y trouvent d'excellens pâturages, et y sont à l'abri des épidémies, qui, tous les ans, font de grands ravages dans la colonie. Pendant trois mois, ce plateau est couvert de neige ; l'eau est rare dans ce territoire, aussi plusieurs lieux sont inhabitables en été à cause de la sécheresse. En hiver, les sources recommencent à couler sans qu'il ait plu, et les eaux saumâtres du Roggeveld s'adoucissent. Dans les Hantam, on cultive peu de grains.

La caravane marcha ensuite au S. E. vers le Roggeveld inférieur, en traversant une plaine où s'élèvent des montagnes isolées, toutes de la même hauteur, et terminées les unes en mamelon, les autres en table. Pendant l'hiver, les habitans descendent, avec leurs bestiaux, dans le Karrô, où chacun possède un terrain avec des cabanes pour se loger lui et son monde. Les habitans du Bokkeveld, autre canton très-élevé, viennent également s'y établir ; alors on renouvelle connaissance et on devient voisin pour une saison ; c'est celle du repos et des plaisirs sociaux. La surface du Karrô, dont la hauteur moyenne est de 1,000 pieds, qui n'offre en été qu'une plaine couverte d'un mélange d'argile et de sable plus ou moins imprégné de particules ferrugineuses, dur comme de la brique, parsemé de quelques ficoïdes et autres plantes grasses, ainsi que de liliacées et de végétaux protégés par une enveloppe de fibres ligneuses, change d'aspect aussitôt que le temps se rafraîchit ; les fibres des racines, en s'imbibant d'humidité, se gonflent et soulèvent l'argile ; de sorte qu'au moment où les pluies commencent à tomber, l'immense plaine présente un magnifique tapis de verdure ; bientôt les fleurs éclosent, ce tapis est diapré des couleurs les plus vives ; toute l'atmosphère est embaumée.

Malheureusement ce luxe de la nature ne dure qu'un mois, à moins que des pluies abondantes ne viennent prolonger son existence. La force progressive des rayons du soleil et l'accroissement des jours flétrissent promptement les plantes ; les fleurs tombent ; les tiges se dessèchent ; l'écorce de la terre, en se gerçant, étouffe les nouveaux germes. Les troupeaux ne trouvent plus d'autre pâture que les plantes grasses ; les rivières diminuent, les sources donnent à peine un mince filet d'eau ; elles finissent par tarir ; c'est un avertissement pour le colon de regagner la montagne. Peu à peu on abandonne le Karrô ; vers la fin de septembre, ce n'est plus qu'un désert.

Ce fut dans cet état que le trouvèrent les voyageurs. Ils virent à Bavian's-Kloof la mission fondée par Schmidt ; ils allèrent jusqu'à la baie d'Algoa. Le village de Bethelsdörp, fondé en

1797 par le missionnaire Van-Der-Kemp, ne présentait pas un aspect florissant. Le capitaine Alberti commandait le fort voisin; il accompagna le gouverneur-général dans le pays des Cafres; le commissaire-général et M. Lichtenstein l'y suivirent; ils furent de retour au Cap le 23 mars 1804, après avoir parcouru 800 lieues.

En 1805, M. Lichtenstein fut adjoint à M. Corneille Van de Graaf, landdrost ou administrateur du district de Tulbagh, chargé d'inspecter la partie N. E. de la colonie et d'aller jusque chez les Betchouanas. La caravane partit le 24 avril; on était, le 29 mai, près d'un défilé voisin du pays des Boschjesmans, et où Kicherer, missionnaire allemand, avait fondé un établissement. Les Boschjesmans l'avaient pillé récemment; mais on courut sus aux valeurs; on reprit quelques têtes de bétail.

Les voyageurs s'étant arrêtés là, on amena devant le landdrost plusieurs de ces sauvages qui avaient commis des vols sur le territoire de la colonie, entre autres un qui avait été souvent arrêté, mais qui s'était toujours évadé; tous furent envoyés à Tulbagh. On écrivit au gouverneur-général pour l'informer de la position déplorable des colons; ils ne demandaient pas mieux que de faire une expédition contre les déprédateurs; mais les deux commissaires furent d'avis que, dans le cas où elle serait autorisée, il fallait épargner la vie des Boschjesmans; se contenter de les faire prisonniers et de les réunir près du chef-lieu, dans un endroit où on les accoutumerait au travail.

Au-delà des limites de la colonie, M. Lichtenstein fit une excursion dans les vallées orientales des monts Karri; elles sont absolument nues et arides; se joignent et s'entrelacent de manière à présenter l'aspect d'un vaste labyrinthe; elles sont bordées par des montagnes isolées, les unes coniques, les autres à sommet aplati; elles se prolongent vers l'E. S. E. : on dit qu'il faudrait voyager pendant six jours pour en voir la fin. Au détour d'un de ces monts, M. Lichtenstein aperçut une troupe d'autruches qui prit aussitôt la fuite; elle était suivie d'une troupe de couaggas. Ces deux espèces d'animaux se tiennent, par instinct, l'une près de l'autre; les autruches avertissent les couaggas de l'approche du danger, et ceux-ci, par leur fiente, attirent de gros scarabées que recherchent les autruches (Pl. VIII — 2).

Au sortir des monts Karri, on entra dans un pays sablonneux, puis dans des plaines imprégnées de sel; enfin on campa sur les bords du Gariep, que l'on put passer à gué. Un coup de fusil fut tiré pour avertir de la présence de la caravane les indigènes errant dans les environs. Quelques heures après, parurent effectivement des Boschjesmans, puis des Cafres.

Une colonie de Hottentots métis s'était établie, sous la direction de deux missionnaires, au milieu de ces déserts; des individus de diverses hordes de Hottentots, entre autres des Corannas, l'avaient grossie. On y échangea des bœufs fatigués contre des attelages frais, et le 17 juin, on se remit en route. Au-delà d'un défilé, l'air était obscurci par une nuée de sauterelles, dont une grande quantité couvrait la terre. Cette masse volante s'avançait obliquement, relativement à la direction du vent. Quoiqu'elle ne se fût montrée que depuis une heure, tous les buissons étaient déjà dépouillés de leurs feuilles.

La colonie se prolonge à travers des collines où, peu de jours auparavant, une caravane de Hottentots métis avait été lâchement attaquée par des Boschjesmans qui étaient venus se joindre à eux, et qu'ils avaient bien traités. Deux frères, des femmes et des enfans avaient été assassinés; M. Lichtenstein réussit à guérir les enfans blessés par des flèches empoisonnées. Des Namaquas accoururent pour secourir ces malheureux; nos voyageurs pourvurent à leurs besoins, et continuèrent leur route. Pendant la nuit, on fit bonne garde, parce que l'aboiement des chiens annonçait l'approche clandestine des sauvages, dont le voisinage fut trahi par l'arrivée d'un chien étranger, que l'odeur de la cuisine du camp attirait. Le rugissement d'un lion qu'on entendit dans les ténèbres fut presque un signal de joie pour la troupe, parce qu'il força les ennemis à déguerpir.

Les premiers Betchouanas qu'on aperçut furent trois pasteurs couchés sous un gros mimosa, au milieu des nombreux troupeaux de bœufs qu'ils gardaient. Ils saluèrent les voyageurs du mot *morra* (bon jour), imité du hollandais, et, voyant dans la caravane le missionnaire Kok, qu'ils connaissaient, ils témoignèrent leur joie par des battemens de mains et de grands éclats de rire. Au premier village où l'on arriva, toute la population témoigna également sa joie. On parvint bientôt aux rives du Kourouman, puis au village où demeurait le roi Moulhavang. Les Betchouanas se pressèrent autour de Kok et montrèrent le roi qui s'avançait; il paraissait âgé de plus de soixante ans, était suivi par quatre hommes du même âge, et, plus loin, par une foule considérable. Il tendit la main droite aux voyageurs, et salua cordialement le missionnaire, qui lui expliqua le motif de son retour inattendu, et lui raconta le malheur arrivé aux deux familles hottentotes. Nos voyageurs se retirèrent ensuite sur le bord de la rivière, où était située la cabane de Kok.

On s'y était à peine arrangé, que le roi vint, avec toute sa suite, leur faire une visite. Kok lui exprima le désir du gouvernement hollandais de vivre en bonne intelligence et d'avoir des rapports intimes avec lui. Il ajouta que les deux envoyés étaient chargés de lui porter ces assurances et de lui offrir des présens. La réponse de Moulihavang ne manqua pas de dignité, déclarant, comme si les présens lui eussent été indifférens, qu'il recevrait avec plaisir tous les étrangers qui voyageaient dans son pays, surtout lorsqu'ils étaient introduits par son ami Kok, qu'il revoyait avec une très-grande joie. Le roi avait avec lui deux de ses conseillers et deux de ses fils, dont l'aîné, Metibi, était d'une physionomie agréable.

Tant que le roi parla, le peuple s'était tenu tranquille; mais, dès qu'il eut fini, quelques-uns des plus éloignés demandèrent à nos gens du tabac. Cela fit souvenir de présenter au monarque et à ses fils une pipe garnie. Ils l'allumèrent, puis chacun s'accroupit très-satisfait à terre. Moulihavang passa bientôt la pipe à un de ses conseillers, les princes en firent autant, et elles circulèrent parmi les gens de leur suite. A la chute du jour, le roi, avant de se retirer, dit aux envoyés qu'il était fâché de ce qu'ils avaient placé leur camp aussi loin de sa demeure, parce qu'il ne pourrait pas les voir aussi souvent qu'il le désirait, ayant de la peine à marcher. Ils s'excusèrent sur ce que le voisinage de la rivière leur offrait l'emplacement le plus commode, notamment pour le pâturage de leurs bestiaux, et promirent de lui épargner la fatigue de la route par leurs fréquentes visites. Kok le suivit à une certaine distance, et leur dit à son retour : « Le roi m'a pris à part; il désire qu'à l'audience publique vous ne lui présentiez que les choses qui lui sont destinées comme prince, et que vous réserviez pour une entrevue particulière toutes les bagatelles comme friandises et parures que vous comptez lui donner; car si son peuple le savait, il serait assailli de sollicitations, et il ne pourrait refuser de partager avec le plus mince de ses sujets tout ce qu'il aurait reçu... »

Dès que le roi fut parti, la foule demanda avec instance du tabac, de l'eau-de-vie et d'autres objets. On craignait qu'un refus ne causât du mécontentement et des malentendus; alors M. Lichtenstein, rassemblant tout ce qu'il savait de betchouana, leur annonça que les distributions de présens ne se feraient que le lendemain. Au lieu de murmurer, ils ne cessèrent pas de se montrer confians, manifestèrent tout haut et à plusieurs reprises leur étonnement de ce qu'un étranger parlait leur langue, puis continuèrent à parler avec une vivacité et une telle volubilité, qu'il ne comprit pas un mot de ce qu'ils disaient, et ne put leur répondre. A la grande surprise des Européens, il n'y avait pas une seule femme dans la foule; ils apprirent qu'elles étaient chez elles à vaquer aux soins du ménage.

Le lendemain matin, les Betchouanas reparurent parés comme pour un jour de fête, ayant, pour la plupart, de beaux manteaux de peaux de chacal et de genette, s'étant frottés le corps et surtout les cheveux de poudre de mica mêlée à de la graisse, ce qui les rendait brillans; et, comme presque tous étaient venus très-vite et transpiraient, on aurait dit que les gouttes de sueur qui leur tombaient sur le visage étaient de vif-argent. Bientôt parut un jeune homme à l'air distingué, plus richement paré que les autres, le bras gauche orné de plusieurs anneaux d'ivoire; il venait de la part du roi pour conduire les étrangers; ils le suivirent. En route, des femmes, occupées à abattre du bois, quittèrent leur ouvrage pour mendier du tabac; il empêcha M. Lichtenstein et ses compagnons de leur rien donner, et renvoya ces importunes à la besogne en les menaçant de coups de cravache; mais elles n'en tinrent compte, et obtinrent ce qu'elles désiraient, ce qui attira aux étrangers de justes réprimandes.

Ils trouvèrent le roi assis à terre avec ses conseillers sous un grand acacia à girafe; il se leva aussitôt, tendit la main droite à chacun, et de la gauche leur montra l'arbre comme pour les inviter à s'asseoir sous son ombre. Alors Kok lui répéta les assurances d'amitié du gouvernement hollandais, dont il lui présenta les deux voyageurs comme les délégués; ensuite, on lui remit les présens : c'étaient une grosse canne longue de cinq pieds, à pomme de métal; sur laquelle étaient gravées les lettres initiales des mots *République batave*, la date de l'année et le nom de Moulihavang; un rouleau de tabac pesant dix livres, quelques livres de verroteries de diverses couleurs, quelques douzaines de boutons d'acier, des couteaux, du fil de laiton et d'autres objets. Conformément à son désir, Kok lui apporta en cachette dans la soirée les friandises et les choses propres à la parure.

3. Ile Ste Hélène — Fortifications de James-Valley

4. Congo. Femme de Malembé — Homme de Loango.

Dans cette audience publique, il montra un tact admirable des convenances; il répondit à la harangue de Kok qu'il consentait à recevoir les blancs dans son pays, pourvu qu'ils apportassent de quoi vivre; qu'il reverrait avec plaisir les missionnaires qui étaient déjà venus chez lui, et surtout Kok, parce qu'il connaissait l'agriculture et lui avait enseigné plusieurs procédés utiles.

Les voyageurs visitèrent plusieurs maisons où on les laissa entrer et examiner les armes et les ustensiles sans témoigner la moindre méfiance, et parfois les propriétaires restaient même alors dans l'enceinte extérieure. « Kok nous mena ensuite, dit M. Lichtenstein, chez le grand-prêtre, en nous recommandant d'être aussi attentifs et aussi polis que nous le pourrions envers cet homme, qui exerce une grande influence sur le roi, est très-respecté du peuple et peu porté pour les étrangers. C'était un homme âgé, au visage hargneux; il nous regarda avec dédain, et continua de coudre un manteau de peaux de chacals, ne répondant que par monosyllabes au discours de Kok et à notre prière de lui faire un présent de tabac, de verroteries et de boutons; cependant il les accepta et les plaça près de lui sans mot dire, de sorte que nous le laissâmes. Ses fonctions consistent à circoncire, tous les deux ans, les jeunes gens parvenus à l'âge de la puberté, de bénir le bétail avant les excursions guerrières, et, après la victoire, de pratiquer des cérémonies très-simples. Il possède des connaissances en médecine, sait observer le cours des astres, et taille des dés à jouer, qui, d'après la ferme persuasion du peuple, portent bonheur; en un mot, tout ce qui concerne la croyance ou la superstition est de son ressort.

» Nous employâmes le reste du temps à faire une promenade à l'O. de la ville, vers une montagne, d'où nous l'apercevions tout entière. Kok, qui, l'année précédente, avait voyagé plus au N. et vu les tribus des Mouroulong et des Matsaroqua, nous dit que leurs villes principales étaient plus considérables que celle des Betchouanas. Quand Truter et Somerville avaient visitée celle-ci, elle était plus peuplée que dans le moment actuel, parce qu'alors les Mouroulong étaient unis aux Betchouanas sous le commandement suprême de Makraki; mais, l'année suivante, ce chef et Moulihavang s'étaient séparés de bon accord, et plus des deux tiers de la population avaient suivi le premier. En 1801, la capitale était à trois journées, plus au N. E., à la source du Takouna, ce qui fit appeler ce lieu *Latakou* par Truter et Somerville; mais jamais un tel établissement n'a pris de nom propre; il porte toujours celui du chef et de la localité la plus proche. Ainsi, le nom de la rivière Kourouman désignait en même temps le chef-lieu des Matjapius ou Betchouanas.

» Ayant observé toutes sortes de figures symétriques sur le grès qui forme la base de la montagne, nous nous enquîmes de leur signification; Kok et les Betchouanas nous assurèrent qu'elles n'en avaient aucune, et que des bergers les avaient tracées pour passer le temps. On en voit, sur les outils en bois, de semblables, qui sont gravées à l'aide du feu, et montrent des dispositions à rendre les formes avec exactitude.

» En revenant à notre camp, je demandai à un vacher, que nous avions pour guide à travers les bois, quel était son nom; il me répondit *Manong* (vautour); et, quand je lui en témoignai ma surprise, il répliqua que c'était l'usage, que son frère s'appelait *Tjoni* (babouin) et son oncle *P'hnkouiè* (chacal). Kok m'apprit que le peuple seul portait des noms d'animaux, et que ceux des princes et des grands n'ont aucune signification; je les crois dérivés de l'arabe. Chaque personnage distingué en a plusieurs; un étranger ne tarde pas à recevoir un sobriquet; on m'appelait déjà *T'hamma Kouna* (cou rouge) à cause de la couleur du collet de mon uniforme, et M. Truter avait été nommé *Angokorra* (visage *fâché*) à cause de son regard un peu sombre et de ses sourcils épais. »

Le roi dîna au camp des voyageurs. Les mets furent de son goût. Trois verres de vin l'animèrent. Il parlait tant, que Kok avait à peine le temps d'interpréter ses discours. Il nous dit : « Vous voyez aujourd'hui tout au plus la sixième partie de mes sujets; un grand nombre des hommes en état de porter les armes est à la chasse; d'autres, sous la conduite de Tellékella, mon second fils, sont allés vers le Gariep pour recruter des alliés, et une autre troupe est chez les Corannas. Je regrette de n'avoir pas assez de monde pour marcher avec vous contre les Boschjesmans, afin de venger le meurtre des deux Hottentots. Makraki, mon ancien allié, est un perfide : il enlève mes troupeaux et ceux de mes sujets, j'espère un jour en tirer vengeance. » Nous priâmes Kok de changer le sujet de la conversation, parce que nous ne souhaitions pas de prendre part à ces querelles. Nous parlâmes donc de ses femmes, que nous n'avions pas encore vues; il répondit qu'elles ne manqueraient pas de venir, et fut très-étonné d'apprendre que plusieurs des voyageurs hollandais n'étaient pas mariés, et qu'en Europe chacun n'a qu'une femme. Ces usages lui semblèrent très-absurdes; il ajouta qu'il avait cinq femmes, et que son beau-frère, roi d'une des tribus des Mouronlong, en avait eu dix, il y avait huit ans, et, en ce moment, en avait probablement davantage.

Vers la fin de leur séjour, les envoyés apprirent par Kok que Moulihavang désirait vivement de conclure une alliance avec les Hollandais afin d'obtenir d'eux un secours de chevaux et de fusils pour marcher contre Makraki; leurs instructions ne leur prescrivaient rien à cet égard. M. Lichtenstein aurait bien voulu poursuivre le voyage vers le N., en laissant à l'O. le territoire des tribus en guerre, et de revenir par celui des Corannas; mais son confrère représenta que les chevaux et le bétail étaient épuisés de fatigue; qu'il y avait peu d'espoir de trouver de meilleurs pâturages en avançant vers le N.; que les approvisionnemens de toutes les sortes tiraient vers leur fin, et que les chariots étaient en mauvais état. Il fut donc résolu de regagner la colonie. Les Betchouanas, parmi lesquels il y avait d'habiles forgerons, aidèrent à réparer les voitures, quoiqu'ils n'eussent pour enclumes que des pierres et pour tenailles que de grosses branches d'arbres.

On alla chez le roi, auquel on témoigna le plus vif regret de ne pouvoir l'assister dans son expédition contre ses ennemis, et la nécessité où l'on était de retourner au Cap. Il parut plus fâché du départ précipité des envoyés que de leur refus. Deux de ses fils les accompagnèrent à une certaine distance, et reçurent de Kok la promesse de revenir. Celui-ci tint sa parole; mais, en 1808, s'étant pris de querelle avec un Betchouana, il fut tué. Le roi s'engagea solennellement envers sa veuve, qui revint dans la colonie, de punir le meurtrier.

Après diverses excursions, M. Lichtenstein revint au Cap à la fin de septembre 1805. En janvier 1806, une escadre anglaise débarqua des troupes; le 8, la ville capitula; le 23, le gouverneur-général fut obligé de céder à une armée beaucoup plus forte que la sienne. Il s'embarqua pour l'Europe dans les derniers jours de mars. M. Lichtenstein le suivit.

G. J. Burchell, naturaliste anglais, débarqua au Cap dans les derniers jours de novembre 1810. Son principal objet était d'étudier et de recueillir les productions de la nature. En 1811, il alla au N. E. et traversa le Gariep. Les établissemens des missionnaires avaient fait des progrès. Après être revenu au Cap en mars 1812, il en repartit le 18 avril, reprit la même route que dans sa première excursion, et, le 10 juillet, entra dans Latakou. Cette ville n'était pas sur le même emplacement que celle que Truter et Somerville avaient visitée en 1802. Ces chefs-lieux sont sujets à changer de place; ils portent toujours le même nom. Avant 1802, ils étaient sur le Mochoua; à cette époque, sur le Kourouman; en 1806, ils furent transportés là où Burchell les trouva.

Métibi avait succédé à son père Moulihavang. M. Burchell avait pour interprète un homme du pays; on lui dit qu'il était attendu depuis quelque temps; il répondit très-civilement : « J'ai éprouvé un vif désir de connaître votre nation, et je n'aurais pas voulu retourner dans mon pays sans avoir visité votre ville. » On lui répliqua : « Ton discours est très-sage; nous sommes bien aises de t'entendre parler ainsi. » Comme tout le monde était resté debout auprès des chariots, Métibi exprima le désir que l'on s'assît, et se plaça en face de Burchell, qui se mit à terre, les jambes croisées, à la manière africaine; les parens du roi et les principaux personnages formèrent autour d'eux un cercle de deux à trois rangs. Le peuple se tint debout dehors. Métibi était assez silencieux; son oncle et un de ses frères prirent la principale part à la conversation. Les questions qui furent adressées à Burchell roulaient sur le motif qui, dans son précédent voyage, l'avait fait retourner au Cap sans venir jusqu'à Latakou, sur la quantité de tabac et de verroterie qu'il apportait, sur le but de sa venue. Burchell, s'adressant directement à Métibi, lui dit : « J'ai voulu faire connaissance avec toi et avec ton peuple, dont j'ai entendu raconter tant de bien. On m'a tant vanté Latakou, que j'ai éprouvé un vif désir de voir cette ville; mon dessein a été aussi de faire la chasse aux bêtes sauvages. Je me propose de demeurer dans ton pays assez longtemps pour pouvoir en apprendre la langue, afin de dire moi-même à ton peuple beaucoup de choses que j'ai envie de lui faire savoir. J'espère que nous deviendrons de vrais amis, et que, de retour chez moi, je pourrai dire que les Batchapins sont un bon peuple; en sorte qu'en entendant cela, d'autres hommes blancs viennent le voir et lui apportent de la verroterie et du tabac en abondance. Approuves-tu tout ce que je viens de dire?... » Métibi répondit : « C'est cela. » Ce qui signifiait qu'il donnait son consentement. La foule qui entourait le cercle ne perdait pas un mot de ce qui se disait; tous les yeux étaient fixés sur l'étranger, qui se trouvait fort à l'aise qu'elle manifestât, par ses regards, la satisfaction qu'elle éprouvait.

Métibi se leva au bout de dix minutes, et prit le chemin de sa maison; puis il revint, apportant à M. Burchell une petite calebasse remplie de lait: l'Anglais en but une partie, et donna le reste à un Hottentot qui était resté près de lui. Ensuite, il présenta du tabac en poudre à Métibi et à l'oncle de ce roi; Métibi, prenant un petit couteau suspendu à son cou, distribua de petites prises à tout le cercle, et ne s'en réserva qu'une.

Quant aux présens plus considérables à faire au roi, celui-ci manifesta, comme son père, dans une occasion semblable, le désir qu'ils lui fussent apportés en particulier. Tout se passa à merveille entre l'étranger et Métibi. Un léger nuage vint obscurcir ces heureux commencemens. Métibi, en butte aux attaques de plusieurs hordes de brigands qui l'environnaient et qui possédaient des armes à feu, souhaitait vivement d'en posséder de pareilles; il était très-mécontent des habitants d'une mission peu éloignée, parce qu'ils avaient refusé de lui en vendre. Il pria Burchell, qui en avait une certaine quantité, de lui en céder quelques-unes. Cette demande embarrassa naturellement notre voyageur: toutes ces armes étaient nécessaires à sa troupe, et quelques-unes appartenaient aux Hottentots, qui en faisaient usage. Burchell exposa nettement ces faits, ajoutant que n'ayant, durant son voyage, d'autres moyens de subsister que par la chasse, son existence et celle de son monde dépendaient de leurs fusils, et que d'ailleurs ils auraient à se défendre en traversant le territoire des Barabras (Boschjesmans). Les Batchapins insistèrent. Burchell, excédé de leurs importunités, finit par refuser d'un ton ferme; mais ils réussirent, par subtilité, à lui enlever un fusil; ils avaient offert des bœufs en échange, ils n'en amenèrent pas le nombre promis. Alors Burchell, indigné de leur mauvaise foi, déclara qu'il allait partir, ce qui causa une grande rumeur dans le conseil. Enfin un rapprochement s'opéra; le fusil fut laissé aux Betchouanas; Burchell y ajouta des munitions; les bœufs promis furent donnés.

Notre voyageur aurait bien voulu faire le portrait de Métibi; celui-ci s'y était toujours refusé, probablement par quelque idée superstitieuse. Molemmi, un de ses frères, après quelque résistance, se laissa persuader à contenter Burchell, qui fut assez heureux pour attraper la ressemblance. Métibi, en voyant ce portrait, s'écria: *Singké! Singké!* (très-bien!) La foule accourut pour voir, comme elle le disait, Molemmi dans un livre; après quelques minutes d'étonnement muet, elle éclata de rire. Burchell fut moins heureux pour le portrait d'un autre frère de Métibi; aussi les Betchouanas s'écrièrent: *Machoué! Machoué!* (laid!) Il dessina aussi, mais avec succès, Massisan, fille de Métibi. Quand le portrait fut terminé, il attacha au cou de Massisan un joli collier de petites boules noires et dorées, ce qui enchanta la jeune fille. Le père, non moins ravi du portrait, voulut que Burchell écrivit au-dessous: *Mossarri o Morropi*, *Massisan* (Massisan, épouse de Morropi). Quoiqu'elle ne fut âgée que de douze à treize ans, elle était déjà fiancée.

Depuis quelque temps, les Betchapins avaient commencé à travailler le fer: l'un d'eux avait appris cet art des tribus vivant au N. E. Burchell partit de Latakou le 3 août. Une grande foule le suivit. Le nom de Betchouanas, donné par les voyageurs précédens à la tribu qui a Métibi pour chef, appartient à une nation considérable répandue dans une vaste contrée, et composée de plusieurs peuplades; les Batchapins, nommés Matchapins par d'autres Européens, en forment une. Burchell regarde les Betchouanas comme appartenant à la grande famille des Cafres.

Nous avons vu précédemment que le missionnaire Van Der Kemp avait fondé une communauté chrétienne parmi les Hottentots près de la baie d'Algoa; d'autres furent ensuite instituées, d'après le même plan, dans divers cantons de la colonie, et même au-delà de ses limites. Van Der Kemp en avait l'inspection générale. La mort l'ayant enlevé, la société des missions choisit, parmi ses membres, Jean Campbell, pour aller examiner les églises, et en même temps pour établir, de concert avec les autres missionnaires, les règlemens les plus propres à opérer la conversion des païens et leur civilisation.

Le 23 novembre 1812, Campbell débarqua au Cap. Il remarqua que l'islamisme fait de grands progrès dans cette ville; on y compte cinq mosquées. Une vingtaine de musulmans libres se réunissent, louent une grande maison, et y attirent de pauvres esclaves ignorans qui embrassent leur religion; les préventions de ces nouveaux sectateurs du Coran contre les blancs ou les chrétiens en deviennent plus fortes. Les maîtres disent que ces maisons sont des cavernes de voleurs et de receleurs pour les choses que leurs esclaves leur dérobent. « Cette circonstance, ajoute notre missionnaire, engagera peut-être les maîtres à s'occuper davantage de l'instruction de leurs esclaves, ce qui finirait par être un bienfait et une sécurité pour la colonie. Ces infortunés sont généralement bien traités dans la ville du Cap. Dans la maison où je logeais, ils l'étaient comme des membres de la famille; la plupart n'auraient pas voulu la quitter. »

Après une première excursion à Caledon, village à 28 lieues dans l'E. S. E. du Cap, et voisin de sources thermales, Campbell se remit en route le 13 février 1813, et, le 21 mars, atteignit Bethelsdorp, mission proche de la baie d'Algoa; elle était dans un triste état qui tenait à des causes hors du pouvoir des missionnaires. La stérilité du terrain et d'autres motifs leur ayant fait toujours supposer qu'ils n'étaient pas assurés de rester constamment dans ce lieu, ils n'avaient bâti leurs maisons qu'en roseaux. Un grand nombre d'Hottentots étaient employés continuellement chez les fermiers; on mettait en réquisition les plus actifs pour marcher contre les Cafres et pour servir de guides aux postes militaires; ils ne recevaient aucun paiement pour ces corvées; il en résultait que leurs familles, restées à la maison, mouraient de faim. Ceux de ces hommes qui avaient commencé à se construire des maisons en terre, étaient obligés de les laisser à moitié finies; à leur retour, ils les retrouvaient dans un grand délabrement : tout cela décourageait quiconque aurait voulu songer à des bâtisses solides.

Cependant Campbell vit, parmi les Hottentots de Bethelsdorp, des forgerons, des charpentiers, des charrons, des vanniers, des fabricans de couvertures de peaux de mouton cousues très-proprement ensemble, et que les officiers anglais achetaient; il y avait aussi des fabricans de pipes, de nattes, de bas, de savon; des tuiliers, des tailleurs, des couvreurs en chaume, des tonneliers, des chaufourniers, des voituriers, enfin un meunier. « Tous ces ouvriers travaillent grossièrement, ajoute-t-il ; mais enfin c'est un commencement bien louable chez un peuple accoutumé à ne pas faire grand'chose. » En parcourant le village, j'observai les femmes et les enfans occupés aux différens ouvrages que leurs forces leur permettent d'exécuter.

Après un séjour de trois semaines à Bethelsdorp, Campbell en partit le 9 avril; il visita le drosdy d'Albany, comprenant le canton nommé précédemment Zoure-veld, ainsi que le pays des Gonaquas, tribu éteinte par ses mariages avec les Hottentots et les Cafres, et surtout par ses guerres avec ces derniers, qui s'étaient emparés du territoire. On les en avait chassé, il en était résulté des hostilités entre eux et la colonie : elles duraient encore. Le nouveau district ne comptait pas encore beaucoup d'habitans, excepté dans les postes militaires bâtis pour empêcher les incursions des Cafres, qui, malgré la vigilance des garnisons, commettaient assez souvent des déprédations.

Après avoir examiné dans l'E. divers emplacemens convenables pour des missions, Campbell fit route vers le N. N. O. Il eut le plaisir de rencontrer, à Graaf-Reynet, J. Burchell, qui parcourait ces régions pour en examiner l'histoire naturelle. Près du pays des Boschjesmans, on tua une lionne; le mâle, légèrement blessé, prit la fuite. Le terrain était montueux et la température très-froide pendant la nuit. Les Boschjesmans accueillirent bien la caravane; Campbell leur dit : « Nous venons d'un pays très-éloigné; nous avons enseigné plusieurs bonnes choses aux Hottentots ; nous avons aussi le dessein de vous envoyer des instituteurs. »

Ces sauvages témoignèrent de la satisfaction de ce discours, et l'un d'eux s'offrit pour accompagner Campbell jusqu'à une rivière lointaine. Il fut très-utile à la caravane, en indiquant les lieux où l'on trouverait de l'herbe, de l'eau et du bois pour la nuit.

Le 20 juin, on entra dans le pays des Betchouanas; le 24, on était à Latakou. Lorsque Campbell eut offert des présens à Métibi, ce roi lui dit : « Tu aurais été parfaitement en sûreté quand même tu n'aurais pas eu Kok et ses amis avec toi, ou que tu ne m'aurais rien donné. » Puis, s'adressant à Kok, il l'invita à se regarder autant chez lui, à Latakou, qu'au lieu ordinaire de son séjour. Il écouta favorablement la proposition de fonder une mission dans son territoire. Le 7 juillet, Campbell partit, se dirigeant au S. Il visita les missions établies sur divers points, et des kraals de Corannas (PL. VIII — 4), puis traversa le Gariep, et fit route à l'O., en s'éloignant peu de ce fleuve. Les bestiaux de la caravane furent volés par des Boschjesmans ; on les reprit tous. Un Hottentot chrétien, blessé par une flèche empoisonnée, mourut d'une manière très-édifiante.

Le 12 septembre, la caravane était à Pella, mission fondée chez les Namaquas, dans un canton extrêmement aride. Ensuite, on chemina au S., et on arriva chez madame Van der Westhuys, femme âgée qui reçut amicalement les missionnaires. Elle se souvenait très-bien de Le Vaillant, qui, disait-elle, passait son temps dans les monts Kamis à chercher des oiseaux, des pierres et des fleurs, ce qu'elle regardait comme

1. Le Roc des Fétiches sur le Zaïre.

2. Guinée. Soldats Achantins.

F. Boilly del.

VOYAGE

une occupation bien futile. « Puisque je parle de Le Vaillant, observe Campbell, je dois dire que, bien que son livre contienne des choses romanesques, c'est cependant, à mon avis, celui qui donne les notions les plus exactes sur les mœurs et les usages des Hottentots. »

Le 31 octobre, Campbell fut de retour au Cap. Le 13 février 1814, il s'embarqua pour l'Angleterre.

C. J. Latrobe, missionnaire morave, fut envoyé au Cap en 1815 pour visiter les deux établissemens de Groene-Kloof et de Guadenthal, et pour aviser aux moyens d'en fonder un troisième. Il ne sortit pas de la colonie, et la quitta en 1816; vers la fin de son séjour, il alla faire une promenade au fameux vignoble de Constance, situé à 5 lieues au S. E. de la ville. Voici la description que le Hollandais Corneille de Jong en a donnée. « Ce lieu fut fondé par le gouverneur Van Der Stell, qui aurait eu bien de la joie s'il avait pu prévoir que le nom de Constance, sa femme, qu'il lui imposa, répété un jour de table en table, retentirait dans toute l'Europe. Constance était autrefois une propriété si vaste, qu'après avoir été divisée en trois parties, chacune d'elles forme encore un domaine important; le premier, la grande Constance, est le plus considérable, et fournit le vin le plus estimé; la petite Constance a le même terroir; mais la culture, y étant moins soignée, le vin qu'elle produit n'a pas le même prix. Cependant il y a fort peu de différence entre les qualités des deux vins blancs, et l'avantage est même quelquefois pour le dernier. »

La grande Constance appartient à la famille Cloete. Le chemin qui conduit du cap à Constance est bordé de chaque côté de jolies maisons et de jardins. Des bosquets de protéa, de chênes, d'ormes et d'arbrisseaux entourent de tous côtés les habitations du village et le vignoble, et en dérobent la vue jusqu'à ce qu'on ait doublé une montagne. Les vignes de Constance proviennent de ceps de Bourgogne et du Rhin.

Les directeurs de la société des missions de Londres envoyèrent de nouveau Campbell en Afrique. En conséquence, il s'embarqua le 18 novembre 1818 à Liverpool avec son confrère John Philip; le 20 février 1819, ils débarquèrent au Cap. En mai, ils allèrent, avec deux autres missionnaires, visiter les postes situés dans l'E. Une guerre survenue dans la Cafrerie les empêcha de pousser plus loin leurs courses de ce côté. Campbell revint au Cap en novembre. Plus tard, il fut décidé qu'il conviendrait d'inspecter les missions du N., au-delà des limites de la colonie. Comme Campbell et Philip ne pouvaient être absens à la fois, le premier partit seul avec le missionnaire Moffat et sa femme, et une troupe de Hottentots. Quand la caravane fut sur les bords du Gariep, une vingtaine de Corannas d'un kraal voisin vint rendre visite à Campbell; celui-ci alla ensuite au kraal, qui était médiocrement peuplé; à sa vue, une partie des habitans prit la fuite; il supposa que son parasol les avait effrayés.

Quand on eut passé le fleuve, à l'aide de Griquas, venus exprès pour aider aux voyageurs, on reçut de nombreuses visites de Hottentots, de cette tribu et de celle des Corannas; presque tous prirent part aux prières; quelques-uns étaient en état de lire les saintes écritures. Les missionnaires de Griqua-Town étaient bien portans. Les habitans témoignèrent hautement leur joie de revoir Campbell. Celui-ci observa de grandes améliorations dans cette mission : l'école était plus fréquentée qu'autrefois; il y avait plusieurs maisons en pierre avec des portes et des fenêtres. Les femmes Griquas, vêtues à l'européenne, étaient occupées à coudre divers objets en toile de coton. Campbell leur fit présent d'aiguilles, de fil, de dés. Un moulin à farine était mis en mouvement par un petit ruisseau.

Plus loin, le chant d'un coq, que les voyageurs entendirent à leur réveil, leur annonça que leur camp n'était pas loin d'un kraal; des champs cultivés l'entouraient. Des Griquas et des Boschjesmans vinrent saluer les missionnaires, et furent suivis par des Matchapins de Latakou; ceux-ci allaient en caravane à Beaufort, village nouvellement établi dans le N. de la colonie; ils comptaient y échanger des peaux de bœufs, des zagaies, des couteaux, des boucliers et d'autres objets contre des verroteries. Ils paraissaient n'avoir d'autres provisions de voyage que deux à trois sacs remplis de lait aigre, privé de sa partie liquide et extrêmement dur; il avait le goût de vinaigre.

Une nouvelle ville de Latakou avait été fondée à 50 milles au S. S. O. de celle où Métibi avait reçu Campbell en 1812. Celui-ci, accueilli comme un ancien ami, put s'apercevoir que ce roi et son peuple avaient profité, en quelques points, du séjour des missionnaires parmi eux. Campbell avait projeté, dès le commencement de son voyage, de pénétrer aussi loin qu'il le pourrait dans l'intérieur de l'Afrique. Les circonstances favorisèrent ses desseins : les nations vivant au N. des Matchapins étaient en paix. Métibi se montrait favorable à l'entreprise; Monamits, oncle du roi, consentit à accompagner la caravane; Read, Européen familiarisé avec les mœurs et les usages des Betchouanas, et plusieurs Matchapins s'y joignirent. Elle partit le 11 avril; le surlendemain, elle était au vieux Latakou, bâti à 6 milles à l'O. de celui que Campbell avait vu dans son premier voyage. L'emplacement était couvert de grands buissons de mimosa, qui, en peu de temps, ne devaient pas tarder à former une forêt impénétrable.

Une partie de la population de la ville était venue au-devant des missionnaires à leur arrivée. Elle les suivit à leur départ jusqu'à un coteau éloigné de plus d'un mille. « Du haut de cette éminence, dit Campbell, le pays que nous avions devant nous présentait un aspect nouveau. Du Cap à Latakou, la surface de la terre était nue, excepté sur le bord des rivières; ici elle était couverte de bois partout; les arbres, généralement épars, étaient quelquefois réunis en groupes; on pouvait se croire dans un beau parc; de l'herbe très-longue croissait entre les arbres. Quoique l'hiver fut proche, la chaleur de l'air rappelait l'été de l'Angleterre. Ce pays diffère du territoire d'Albany, sur les confins de la Cafrerie, en ce que, dans ce dernier, les forêts sont presque impénétrables, excepté pour les Cafres. Ici, le voyageur s'imagine être entouré d'un bois où il n'arrive jamais, les arbres ayant l'air de se séparer à mesure qu'il avance. Les traces des chariots n'étaient pas visibles; on n'apercevait que des sentiers tracés, sur une longueur de 18 pouces, par les pas des Matchapis, qui vont, des kraals à bétail, porter du lait à la ville. Les racines des herbes poussant en touffes isolées étaient si dures, que les chariots étaient cahotés comme s'ils eussent roulé sur des pierres. »

Après avoir traversé des montées, des descentes, des plaines, on arriva le 20 à Meribôhouey, capitale des Tamahas. Des troupes de femmes et d'enfans quittèrent les champs de sorgho, et accoururent pour contempler le spectacle étrange des chariots, qu'ils appelaient des maisons mouvantes. Tous se tenaient à une distance respectueuse; quelques enfans, plus hardis, s'avancèrent jusqu'à une trentaine de pas; le mouvement des roues attirait principalement l'attention de cette foule, qu'il divertissait beaucoup. Quand on approcha de la ville, on en vit sortir un grand nombre d'hommes armés de zagaies, de haches de combat, de longs bâtons, et coiffés de bonnets de peau, vêtus de manteaux de cuir, chaussés de sandales, enfin entièrement peints de rouge. Ils présentaient un aspect formidable, quoiqu'ils vinssent comme amis. Après des salutations mutuelles, tout le monde entra à la fois dans la ville, et les chariots furent placés dans un enclos près de la porte principale.

Campbell réussit à se concilier l'affection du chef des Tammahas, qui consentit à recevoir des missionnaires; il en fut de même chez les Machôs. On traversa deux rivières coulant à l'O., et l'on entra dans le pays des Maroutzis. Des montagnes très-hautes séparent les eaux qui vont à la mer des Indes de celles qui courent vers l'océan Atlantique. Le temps était devenu pluvieux, ce qui incommodait beaucoup plusieurs des indigènes. Les chariots causèrent, comme ailleurs, un grand étonnement aux habitans de Kourritchané, grande ville bâtie sur un coteau escarpé et pierreux. « Nos deux chevaux, observe Campbell, excitèrent autant de curiosité qu'en produiraient deux éléphans traversant les rues de Londres. »

Le roi paraissait âgé d'environ seize ans. Durant sa minorité, Liqueling, un de ses oncles, exerçait la régence. Il dit à Campbell : « Les Moroutzis aiment la paix; j'ai appris avec plaisir que les blancs (les missionnaires) enseignent que les hommes doivent vivre paisiblement; c'est tout ce que je désire. Quand j'ai instruit de ces sentimens mon voisin Makkabba, roi des Ouanketzis, il m'a répondu qu'ils ne lui plaisaient point, parce que cela l'empêcherait de faire du butin. Mon peuple et moi nous ne combattons que pour rattraper le bétail qui nous a été volé. »

Campbell lui ayant demandé pourquoi la ville avait été bâtie sur une éminence, et non dans la vallée voisine; « c'est, répondit-il, parce que cette position aide à découvrir les ennemis; par la même raison, plusieurs autres villes sont placées sur des hauteurs; mais cela est très-incommode, parce que l'on est très-éloigné de l'eau et du bois.

Un *pitso*, c'est-à-dire une assemblée générale, se tint; il dura quatre heures; on y parla, on y chanta, on y dansa. Le régent prononça un discours en faveur de l'admission des missionnaires. Ensuite un envoyé de Makkabba fut présenté à Campbell; on lui remit des présens pour son maître. Il en vint, peu de jours après, un autre de plus grande qualité qui invita les missionnaires à rendre visite à Makkabba. Ils répondirent qu'ils ne pouvaient changer leur premier plan, qui avait été de ne pas aller au-delà du pays des Moroutzis, mais que des hommes blancs ne tarderaient pas à s'établir chez ces derniers, et iraient chez les Ouanketzis.

Le costume de Liqueling (Pl. IX — 2) peut donner une idée de celui des personnages de distinction parmi les Moroutzis. Dans les occasions d'apparat, l'ornement de la tête est une sorte de turban fait de peau de sanglier, dont les soies sont d'une blancheur éblouissante. Le manteau est recouvert par un autre plus long, et composé de courroies flottantes. Les femmes en portent de semblables (Pl. IX — 1); Campbell observe que, malgré leur admiration pour les modes européennes, elles ne sont nullement disposées à les adopter.

Korritchané était la ville la plus considérable que l'on eut vu jusqu'alors dans l'Afrique australe; Campbell estima sa population à 16,000 ames. Il loue beaucoup la propreté et la surface parfaitement unie des cours qui entourent les maisons. Le sol est d'abord recouvert d'argile bien battue, ensuite, on fait passer par-dessus des rouleaux d'argile très-durs (Pl. IX — 2). L'intérieur des maisons plaît également à la vue. Campbell en a représenté une dont l'intérieur était crépi; la paroi, peinte en jaune, offrait des dessins de boucliers, d'éléphans, de girafes; enfin elle était ornée d'une corniche peinte en rouge (Pl. IX — 3).

Le 12 juin, la caravane partit de Korritchané; quand elle fut dans le pays des Tammahas, elle voyagea directement au S., puis se dirigea vers l'O., revit Latakou, Griqua-Town et le pays des Boschjesmans; ceux-ci continuaient toujours leurs brigandages. Le 10 novembre, elle rentra heureusement dans la ville du Cap après une absence de neuf mois.

George Thompson vint au Cap en 1816 pour y faire le commerce. Le désir de recueillir des renseignemens sur les ressources que le territoire de la colonie pouvait offrir à un négociant lui fit entreprendre divers voyages dans l'intérieur.

En janvier 1821, accompagné d'un de ses amis, il gagna par mer la baie d'Algoa; puis, ayant pris des chevaux au Port-Elisabeth, qui n'était alors qu'un petit hameau, ils allèrent par Uitenhagen, Graham's-Town et Fort-Willshire, à la résidence de Gaïvka, chef des Cafres; ils revinrent à travers le pays. « Cette excursion, qui dura six semaines, ajoute le voyageur, me fournit l'occasion de voir les districts situés le long de la côte méridionale de la colonie, jusqu'aux rives du Keïskamma. Toutefois, j'étais bien éloigné de me regarder comme suffisamment instruit sur les points qui m'intéressaient, et ma curiosité était plutôt excitée que satisfaite. En 1822, en conséquence du naufrage d'un navire anglais près du cap des Aiguilles, le plus austral de l'Afrique, j'allai visiter ce coin retiré et quelques cantons voisins. Vers la fin d'août 1822, je fis une tournée dans les districts de Zweilendam et de George. »

Enfin, le 20 avril 1823, Thompson partit du Cap. Il revit Port-Elisabeth, qui comptait déjà plus de 300 habitans, anglais pour la plupart. Bethelsdorp était devenu florissant; Uitenhagen promettait de devenir la ville la plus peuplée et la plus importante dans l'E. de la colonie. Thompson parcourut le pays jusqu'aux sources du T'koba, fleuve qui est le Groote Vis Rivier des Européens; elles sont dans les Sneeuw-Bergen. « Les habitans de ces campagnes, dit Thompson, étaient très-hospitaliers et très-interrogans, ce qui ne doit pas étonner, puisque, dans leur canton écarté, ils voient rarement un voyageur, et surtout un Européen. Leur curiosité et leur admiration m'ont souvent diverti, quand, ayant placé devant moi ma carte, mon compas et ma boussole, j'écrivais mon journal, toute la famille se réunissait autour de moi, les yeux ouverts et la bouche béante, comme si j'avais été un magicien ou un astrologue. »

La mission de Griqua-Town, au N. du Gariep, ne prospérait pas à cause de l'aridité excessive du terrain. Thompson présume, comme Campbell et Philip, que cette cause et l'irrégularité des saisons apporteront toujours de grands obstacles aux progrès de l'agriculture et à ceux de la civilisation, qui en sont la suite; de plus, le bois, facile à façonner pour les usages ordinaires, manque dans le voisinage, et il faut aller chercher très-loin celui qui est bon pour la charpente.

Quelques jours avant l'arrivée de Thompson, un bruit très étrange s'était répandu: on disait qu'une horde immense venant du N. E. s'avançait contre Latakou, ravageant le pays et exterminant quiconque osait s'opposer à son passage. Bientôt M. Moffat, un des missionnaires établis chez les Matchapins, vint réclamer l'aide des Griquas. Les fugitifs échappés à la rage des ennemis les représentaient comme composant une armée immense de pillards commandée par plusieurs chefs, et formée de peuples de couleurs différentes, noirs pour la plupart et presque nus; ils marchaient accompagnés de leurs femmes et de leurs enfans. On ne désignait pas avec précision le point d'où ils étaient venus originairement, mais ils avaient fondu d'abord sur les Lehoyas, nation betchouana, dans le S. E.; ensuite, ils avaient pénétré au N. chez les Ouanketzis, qui les avaient repoussés; alors ils s'étaient dirigés vers les Matchapins, après avoir défait et pillé tous les autres peuples, au nombre de 28, qu'ils avaient rencontrés. Suivant les dernières nouvelles, ils marchaient sur le vieux Latakou; leur dessein était de s'avancer de là contre les Griquas, enfin contre la colonie. On les appelait Mantatis.

Métibi se préparait à fuir avec toute sa tribu, à moins que les Griquas ne vinssent à son secours. Melvill, agent anglais chez ces derniers, n'était pas peu embarrassé, car la division régnait parmi eux. Cependant, il convoqua tous leurs chefs, même ceux des mécontens, qui étaient alors au kraal. Thompson et Moffat assistèrent au conseil de guerre. Après une délibération longue et sérieuse, les Griquas résolurent de réunir leurs forces avec toute la célérité possible, et d'aider les Betchouanas; des messagers furent aussitôt expédiés aux postes éloignés pour demander des hommes et des armes. Les chefs griquas calculèrent qu'ils pourraient réunir en peu de jours 200 cavaliers armés de fusils; s'ils avaient eu le temps nécessaire, ils auraient pu en mettre le double en campagne. Ils promirent d'être à Kourouman dans huit jours.

Le 11 juin, Thompson partit avec Moffat pour Kourouman. Ils rencontrèrent en route une caravane de Betchouanas, de la tribu des Kalliharris, qui allaient à Griqua-Town échanger des peaux de chat sauvage et de chacal contre des verroteries, des boutons de métal et autres menus objets. On estime que leur pays est à 300 lieues au N. Des Griquas, chez lesquels les voyageurs logèrent, ne furent pas plutôt instruits de la levée qui s'effectuait chez leurs compatriotes, qu'ils convinrent de se tenir tout prêts à marcher avec eux. A huit heures du soir, Thompson entra dans Latakou, sur le Kourouman.

Le premier soin des voyageurs fut de questionner le missionnaire Hamilton sur la marche des ennemis : la diversité des bruits qui couraient empêchait d'en croire aucun. Le lendemain, Métibi fut ravi de joie en revoyant son ami Moffat, et en apprenant de lui la détermination des Griquas; il ne fut pas moins satisfait de la venue de Thompson. Un pitso, ou grand conseil, fut annoncé pour le lendemain; des messagers furent dépêchés de tous les côtés pour y appeler les capitaines.

Campbell et Thompson ont décrit cette assemblée; la circonstance et les bruits qui couraient sur la marche de l'ennemi donnèrent un intérêt particulier à celle qui fut tenue le 14 juin.

« De bonne heure, les chants de guerre des hommes et les voies aiguës des femmes et des enfans se firent entendre. Les guerriers, dispersés en groupes dans les environs de la ville, avaient l'air de discuter entre eux les sujets qui allaient être débattus. Vers dix heures, la multitude s'avança vers le centre de la ville, entrecoupant sa marche de chants de guerre et de danses, de quelques combats simulés dans lesquels on déployait une adresse et une agilité extraordinaires. Les guerriers étaient munis d'un paquet de zagaies, d'un bouclier en peau de bœuf, d'un arc et d'un carquois rempli de flèches empoisonnées, et d'une hache d'armes.

» Il y avait, au milieu de la ville, un espace circulaire entouré d'une enceinte en pisé; il est uniquement destiné aux assemblées publiques; son diamètre est à peu près de 450 pieds. Un côté était réservé aux guerriers, qui, à mesure qu'ils arrivaient, s'asseyaient à terre en rangs serrés, tenant leur bouclier devant eux, et leurs zagaies, dont 7 à 8 étaient fichées en terre derrière chaque bouclier, formaient une longue masse hérissée. Les vieillards, les femmes et les enfans prirent place du côté opposé; le milieu, resté vide, fut occupé de moment à autre par les guerriers privilégiés ou par ceux qui avaient tué un ennemi; ils y vinrent danser et chanter leurs prouesses, ce qui dura une demi-heure avant l'ouverture des débats, et fut accompagné des gestes et des contorsions les plus bizarres et des applaudissemens bruyans des spectateurs.

» Je fus placé, avec les deux missionnaires et un interprète, près du roi et des principaux chefs. Je pus donc noter la substance des discours prononcés et dessiner cette scène remarquable (Pl. VIII — 3).

» Métibi, s'étant levé et placé au centre, commanda que l'on fit silence; les guerriers lui répondirent par un gémissement profond, en marque d'attention. Il tira une zagaie de derrière son bouclier, et, en indiquant le N. E., il maudit les Mantatis et leur déclara la guerre. Un bruit sifflant des guerriers témoigna leur approbation. Alors, il tourna sa zagaie au S. et au S. E. pour maudire les mangeurs de bœufs (Boschjesmans). Il obtint le même signe de consentement. Ayant remis la javeline à sa place, il prononça un discours, dans lequel il parla des ravages des Mantatis, ne dissimula pas que le danger était pressant pour les Matchapins, annonça le secours promis par les Griquas et par les blancs que l'on voyait dans l'assemblée, et invita chacun à dire son opinion. Alors il fit avec sa zagaie les mêmes gestes

3. Chambre à coucher du Roi à Coumassi.

4. Guinée. Guerrier. Musulman.

EN AFRIQUE. Pl.º XI. Pag. 86.

qu'avant de parler, puis il en dirigea la pointe vers le ciel. Tout le monde s'écria *poula* (pluie ou bénédiction); et il s'assit au milieu de cris répétés et d'autres marques d'approbation.

» Ensuite, les guerriers exécutèrent leur danse martiale, qui fut accompagnée des acclamations universelles; et elles furent répétées après le discours de chaque orateur, excepté d'un seul. Métibi reprit la parole, résuma les diverses harangues en les approuvant ou les blâmant, gronda les femmes, et exhorta chacun à combattre vaillamment. L'air retentit de cris de jubilation; les guerriers recommençaient leur danse, à laquelle la multitude se joignait quelquefois, et, pendant plus de deux heures, fit les gestes les plus extravagans et les plus grotesques. Vers la fin de l'assemblée, un messager du roi remit à chaque capitaine une branche de mimosa, ce qui signifiait qu'une assemblée de guerriers se tiendrait le lendemain dans les montagnes pour discuter des sujets qu'il ne convenait pas de traiter en présence des femmes, des enfans et des gens de la classe inférieure; ensuite, chacun s'en retourna chez soi. »

Dans la soirée, des Matchapins échappés du nouveau Latakou annoncèrent l'approche des Mantatis. Le lendemain, le conseil secret fut tenu; rien de ce qui s'y décida ne fut connu du public.

Thompson, désireux de savoir quelque chose de positif sur les Mantatis, partit à cheval le 16 avec Moffat pour Latakou; ils rencontrèrent en chemin une caravane conduite par Arend, esclave fugitif qui était armé d'un fusil, et qui leur représenta qu'il serait imprudent d'aller plus loin, à cause des détachemens d'ennemis qui rôdaient de tous côtés : ils se décidèrent donc à rebrousser chemin. On fut très-surpris à Kourouman de leur prompt retour. On avait l'air de se préparer avec beaucoup d'activité à la guerre; mais les nouvelles étant, les jours suivans, devenues très-alarmantes, la frayeur commença à se répandre. Métibi était allé, avec plusieurs capitaines, dans les villages voisins pour lever un plus grand nombre d'hommes : « Nous n'étions pas sans quelque crainte, observe Thompson, que l'armée des Mantatis, éloignée seulement de 80 milles, ou un de leurs détachemens, ne fondît à l'improviste sur nous avant l'arrivée des Griquas. » M. Moffat concevait qu'il fallait, malgré sa répugnance, songer à la fuite. Les choses prenaient un aspect sérieux; l'inquiétude avait gagné tous les esprits.

« Dans ces conjonctures, ajoute Thompson, je pensai qu'au lieu d'endurer plus longtemps l'état de perplexité où l'on se trouvait par une suite naturelle du manque d'avis positifs, le meilleur moyen de calmer l'anxiété générale était d'aller, comme j'en avais déjà eu le dessein, reconnaître l'armée ennemie. Ce dessein fut aussitôt effectué que conçu. Ayant rempli mon havresac de quelques provisions, je partis à cheval avec mon guide betchouana. Je rencontrai Arend à la même place où je l'avais laissé. Dès que je l'eus instruit de mon plan, il réfléchit un moment, et me promit de m'accompagner. Nous nous mîmes en route le lendemain, laissant mon guide avec la troupe du voyageur. Parvenus au Latakou de Truter et Somerville, nous ne nous en approchâmes qu'avec précaution, de crainte que cette ville ne fût déjà au pouvoir de l'ennemi. Elle était déserte et silencieuse. Les habitans s'étaient certainement enfuis en grande hâte, car les marmites pleines étaient encore sur le feu et les mets à moitié cuits. Nous conclûmes de cette circonstance que l'approche des ennemis à l'improviste avait décidé la population à fuir. Le bruit d'un coup de fusil que je tirai sur un vautour n'ayant fait paraître personne, il était évident qu'aucun habitant ne se tenait caché.

» Arend était d'avis de faire retraite, parce que nos chevaux, harassés de fatigue, ne pouvaient nous porter plus loin sans nous faire courir le risque de tomber entre les mains des Mantatis. Il avait raison; mais je lui représentai que nous devions avancer jusqu'à ce que nous les eussions aperçus, afin de pouvoir rapporter à Kourouman des renseignemens certains. Nous marchâmes donc avec circonspection au N. E. Nous parcourûmes quelques milles entre des touffes de mimosa : il n'y avait pas de chemin tracé. Indécis sur notre marche ultérieure et très-altérés, nous nous étions arrêtés dans un endroit d'où nous apercevions la vallée dans laquelle coule la rivière, où nous voulions y descendre pour étancher notre soif, quand Arend, dans une agitation extrême, s'écria : « Les » Mantatis! les Mantatis! » Je regardai vers le point qu'il désignait, et je les aperçus qui formaient une immense colonne dans la vallée au-dessous de nous, et s'avançaient vers la rivière. Aussitôt Arend, avec une présence d'esprit admirable, me dit : « Ne bougez pas, autrement » ils nous découvriront. » Restant immobiles, nous pûmes, à travers les branches des arbres, observer les mouvemens de ces barbares. Ils ne se doutaient pas de notre présence. J'avais bonne envie de les aller reconnaître de plus près. Nous passâmes la rivière; puis, donnant de l'éperon à nos chevaux, qui marchèrent plus vite que je ne l'aurais supposé, nous atteignîmes une position d'où nous dominions sur le vieux Latakou, où il restait une demi-douzaine de cabanes; les Mantatis s'y précipitèrent, et, au même moment, nous remarquèrent. Un détachement considérable marcha vers nous. Une idée de les attendre pour essayer d'entrer avec eux me passa par la tête. Arend m'en fit sentir l'extravagance. Nous gagnâmes au galop une autre éminence où nous fîmes volte-face. L'ayant bientôt quittée pour traverser la plaine, nous la vîmes occupée par l'ennemi, qui s'en était approché furtivement par un ravin. Ils n'essayèrent pas de nous poursuivre plus loin, et nous regardèrent jusqu'au moment où nous les perdîmes de vue. »

Le soleil était sur son déclin lorsque les deux voyageurs arrivèrent au kraal d'Arend. Leurs chevaux avaient parcouru, dans cette journée, au moins 80 milles sans manger autre chose que l'herbe qu'ils avaient pu brouter près des sources des ruisseaux. Thompson fit seller aussitôt ses deux autres chevaux, et partit, avec son guide betchouana, pour Kourouman, où il arriva un peu après minuit. On fut surpris de son prompt retour. Il raconta ce qu'il avait vu. Les missionnaires commencèrent le 21 à enterrer leurs effets les plus précieux; la fuite semblait inévitable, car les Griquas ne paraissaient pas; les indigènes se préparaient à évacuer la ville où régnait la tristesse et l'abattement. Vers neuf heures, on entendit un coup de fusil qui fut bientôt suivi d'un second; aussitôt, les cris de joie des Betchouanas annoncèrent la venue de deux cavaliers griquas, expédiés en avant par leurs compagnons. Les missionnaires persuadèrent aux Betchouanas de rester et d'envoyer des éclaireurs pour observer les mouvemens de l'ennemi et revenir en rendre compte.

Métibi rentra vers midi, et fut très-déconcerté en apprenant la situation des affaires; tout son monde paraissait peu rassuré et plutôt disposé à la fuite qu'à la moindre résistance si l'ennemi se montrait avant les Griquas. Enfin ceux-ci, au nombre de 80, arrivèrent le 22, et rendirent la confiance aux Betchouanas; le roi leur exprima sa reconnaissance par un petit discours qui ne manquait ni de grâce ni d'éloquence. Six bœufs furent abattus pour les régaler. Les fugitifs revinrent en foule. Les deux missionnaires réparèrent les fusils endommagés; les guerriers matchapins nettoyèrent leurs armes.

Un pitso fut convoqué: les Griquas, invités à s'y rendre, y allèrent marchant en bon ordre et l'arme au bras, ce qui excita l'admiration de la multitude. Une place d'honneur leur fut assignée. Tout s'y passa comme à l'ordinaire. Ensuite, un festin général eut lieu; les missionnaires ouvrirent leur chapelle, et le peuple s'unit à eux pour implorer la protection divine. Peu d'instans après, quelques-uns des éclaireurs annoncèrent que les Mantatis étaient encore à Latakou, se régalant des provisions qu'ils y avaient trouvées. Cette nouvelle fut confirmée par des Boschjesmans fugitifs, blessés et dépouillés par ces barbares.

Les affaires de Thompson le rappelaient au Cap. Il partit donc le 23 de juin. A une dizaine de milles, il rencontra Melvill avec une autre troupe de Griquas qui allaient rejoindre leurs compatriotes, et, 30 milles plus loin, un troisième détachement composé de 20 cavaliers et d'une cinquantaine de fantassins, avec des chariots et des bœufs de charge. Le 8 juillet, il revit le Cap.

En juillet 1824, il alla au N. jusqu'aux monts Kamis, et visita les établissemens des missionnaires le long du cours inférieur du Gariep. « Je ne puis, dit-il, pour rendre justice à la vérité, m'empêcher d'applaudir sincèrement à leurs travaux dans l'Afrique australe. Il est incontestable qu'ils y ont non-seulement prêché notre sainte religion aux tribus païennes, mais qu'ils y ont aussi coopéré, avec un zèle infatigable, aux progrès de la civilisation et de la géographie. » Thompson fut de retour au Cap le 1er septembre.

Il raconte, dans sa relation, ce qui s'était fait à Kourouman depuis son départ. Dès que Melvill y fut arrivé, on décida, dans une conférence tenue entre les missionnaires et les chefs des Griquas, que Waterboer, l'un de ceux-ci, commanderait l'expédition contre les Mantatis; que Melvill et Moffat l'accompagneraient, afin d'ouvrir, s'il était possible, des relations amicales avec ces sauvages, et d'éviter toute effusion du sang humain. Métibi fut invité à se joindre, avec ses guerriers, à la troupe de Waterboer; mais, dans le cas où une bataille deviendrait inévitable, de s'abstenir de tuer, suivant leur coutume, les femmes et les enfans. Tout ennemi qui mettrait bas les armes devait recevoir quartier comme prisonnier de guerre. Métibi le promit.

Les Griquas partirent le 24 juin. Métibi les rejoignit sur les bords du Maquaria. Le lendemain, un détachement de dix hommes, envoyés en avant, aperçut les Mantatis près de Latakou. Moffat, à cheval, marcha comme lui sans armes; il voulait engager quelques-uns d'entre eux à venir conférer avec eux. Pour toute réponse, les Mantatis se précipitèrent avec tant de force et d'impétuosité contre Moffat et son compagnon, que ceux-ci n'eurent que le temps de faire tourner leurs chevaux et de regagner le détachement au galop. Un de leurs hommes fut presque atteint par un coup de massue. Le mauvais succès de cette tentative pacifique détermina les Griquas à faire sentir le lendemain aux Mantatis l'effet des armes à feu, qui, peut-être, arrêterait leur marche. Vers huit heures du matin, ils s'avancèrent au galop; les Mantatis étaient campés dans une plaine; ils ne se dérangèrent pas. Cette division fut estimée à 15,000 hommes. On était à 300 pas de leur front. Tout-à-coup, avant que la moitié des Griquas fût arrivée, les Mantatis poussèrent leur horrible cri de guerre, et déployèrent leurs deux ailes, comme s'ils eussent voulu envelopper leurs adversaires. Des centaines de guerriers se précipitèrent en avant, en lançant des zagaies et des massues; il fallut s'éloigner au plus vite. Quand on fut hors de la portée de leurs armes, on fit volte-face, et on tira sur les guerriers les plus avancés, qui tombèrent. Un peu déconcertées par cet échec, les ailes se replièrent sur le corps de bataille, se cachant derrière leurs boucliers lorsqu'un coup partait.

Sur ces entrefaites, les Matchapins accoururent pour se joindre aux Griquas; mais leur aide ne produisit pas un grand avantage, car un petit nombre seulement fut assez courageux pour atteindre l'ennemi avec leurs flèches; et tous lâchèrent le pied avec promptitude chaque fois que des poignées de Mantatis s'élançaient vers eux. Les Griquas s'étant de nouveau avancés et ayant fait feu, puis s'étant retirés pour laisser aux Mantatis l'occasion de traiter s'ils y étaient disposés, et ayant renouvelé plusieurs fois cette manœuvre, le combat dura près de deux heures et demie. Les Mantatis montrèrent d'abord un courage remarquable, beaucoup de hardiesse et de résolution, s'élançant continuellement contre les cavaliers, et marchant avec fureur et intrépidité sur les cadavres de leurs compagnons. Enfin, voyant l'inutilité de leurs efforts pour atteindre et envelopper les Griquas et leurs plus braves guerriers atteints par des armes invisibles contre lesquelles leurs boucliers ne leur offraient aucune défense, leur audace diminua, toutefois sans montrer l'intention de faire retraite. Mais les plus hardis s'étant rapprochés du cercle des femmes et des enfans qui entouraient le bétail, les Griquas occupè-

rent un terrain élevé, d'où ils purent mieux viser les guerriers. Bientôt une confusion et une terreur extrêmes se manifestèrent parmi les Mantatis; le bétail finit par s'échapper du milieu de la foule qui l'environnait; les Griquas s'en emparèrent. Les Mantatis se retirèrent en faisant bonne contenance, et opérèrent leur jonction avec leurs compatriotes restés à Latakou. Ils continuèrent à combattre vaillamment; mais, voyant l'impossibilité d'en venir aux mains avec l'ennemi, qui leur avait fait perdre leurs plus braves capitaines, ils sortirent lentement de la ville après y avoir mis le feu; on les poursuivit à 8 milles plus loin dans le N. E. Leurs deux divisions réunies s'étendaient en une masse compacte longue de 1,500 pieds sur 300 de profondeur; on évalua leur nombre à 50,000 individus.

Les Betchouanas furent aussi cruels envers les femmes et les enfans laissés en arrière qu'ils avaient été pusillanimes pour le combat. Ils les égorgeaient de sang-froid. Les missionnaires et Melvill eurent beaucoup de peine à faire cesser ce massacre; ils n'en vinrent à bout qu'en les battant et les menaçant de leurs fusils.

Beaucoup de Mantatis, notamment les femmes et les infirmes, paraissaient souffrir de la famine. Cinq cents cadavres couvraient le champ de bataille; un Griqua seulement fut blessé; un Betchouana fut assommé, et il le méritait, par un blessé qu'il dépouillait.

Ces Mantatis appartiennent à la grande famille des Cafres, qui comprend aussi les Betchouanas. Tous parlent des dialectes de la même langue, et se ressemblent d'ailleurs par les caractères physiques, les mœurs et les usages. Toutes ces tribus tirent leur principale subsistance de la chair et du lait de leurs troupeaux, et pendant leurs guerres, leur agriculture, d'ailleurs bornée, est souvent négligée totalement. Par conséquent, les Cafres, privés de leur bétail, sont réduits au désespoir, et il faut qu'ils exercent le brigandage pour ne pas mourir de faim. C'est ce qui était arrivé aux Mantatis. Incapables de résister à leurs voisins les Zoulas, qui les accablaient par le nombre, ils furent pillés et expulsés de leur pays, se joignirent à d'autres tribus qui avaient éprouvé le même sort, devinrent formidables, et se précipitèrent comme un torrent fougueux sur celles de l'intérieur, faibles et peu belliqueuses.

D'autres voyageurs ont, depuis Thompson, publié les relations de leurs courses dans la colonie du Cap et dans le pays des Cafres, sans agrandir en rien le domaine de la géographie.

Il n'en a pas été ainsi des missionnaires français établis dans l'Amérique australe, près du Gariep. Au mois de janvier 1836, il fut convenu, dans une conférence tenue à la station de Béthulie, qu'une expédition serait entreprise au N. du pays des Bassoutos pour reconnaître la contrée qui s'étend de chez ceux-ci aux rives du Fal, rivière qui est le prolongement du Namagari.

En conséquence, MM. Arbouset et Daumas partirent de Morija, poste dans les montagnes du pays des Mantatis; ils passèrent par trois établissemens de missionnaires vesleyens; celui de Merabing, le plus septentrional, fut le point d'où ils dirigèrent leurs explorations, dans les terrasses inférieures des monts Maloutis. Après une semaine ainsi employée, ils se séparèrent: la plus grande partie de leur petite troupe revint à Merabing, et l'un d'eux, accompagné d'un guide seulement, poussa jusqu'au haut des Maloutis, en remontant le long du Caledon, et rencontra deux peuplades de cannibales. Arrivé au point culminant situé à l'extrémité N. E. des Maloutis, il le nomma *Mont aux Sources*. Ce nœud de montagnes mérite effectivement cette dénomination, car de ses flancs, comme d'un immense réservoir, s'échappent au S. le *Sinkou* (fleuve d'Orange), qui traverse le continent africain jusqu'à l'océan Atlantique; à l'E. le Letoulé et le Muomou, qui coulent vers la mer des Indes; au N. le Namagari, qui parcourt près de 200 lieues avant de se joindre au Sinkou; enfin le Caledon, qui court parallèlement à ce dernier, dont il est un affluent.

Après s'être réunis à Merabing, les missionnaires reprirent, avec leurs fourgons, la direction du N. Ils virent successivement les territoires des Mantatis et des Lighoyas. Au bout de quelques jours, ayant perdu de vue la chaîne imposante des Maloutis, leur chariot roula pendant huit jours sur un terrain plus uni; un silence profond régnait dans ces cantons, qui offraient le triste spectacle des dévastations de la guerre. Parvenus au confluent du Namagari et du Lekoua, d'où ils apercevaient facilement au N. les monts Français, situés dans les États d'Omsiligas, chefs des Matabilis et d'autres peuples, ils changèrent de route, et tournèrent au S. O., à travers le pays des Lighoyas, auxquels ils annoncèrent la parole de Dieu. Ces sauvages leur firent un accueil amical, malgré la crainte que leur inspirait d'abord l'aspect d'hommes si différens de tous ceux qui les entourent. Enfin, les missionnaires rentrèrent sous leur paisible toit de Morija. Leur voyage avait duré deux mois et demi; ils étaient parvenus au 26° de lat. S. et au 30° de longit. à l'E. de Paris; les monts Maloutis, formant le point de partage des eaux entre les deux Océans, se rapprochent beaucoup de la côte de l'E., car leur sommet n'en est éloigné que d'une dizaine de lieues dans sa partie la plus étroite.

En 1834, M. André Smith, médecin au Cap, fit un voyage avec une nombreuse caravane. Le rendez-vous avait été donné à Graaf-Reynet, éloigné de 156 lieues à l'E. N. E. du Cap. On en partit le 12 d'août. On était le 28 aux établissemens fondés par des missionnaires chez différentes nations indigènes. On s'arrêta à Verhuel, station dirigée par M. Pélissier, qui est Français. Le résultat des informations recueillies par le voyageur lui prouva que le sort des Africains vivant dans les missions était infiniment plus heureux qu'il ne l'avait été dans leur état sauvage.

Le 8 novembre, M. Smith était près des sources du Caledon. Quand il les eut examinées, il chemina vers l'O., et fit des excursions vers le N. pour constater la possibilité de pénétrer dans le Kalahari, désert situé de ce côté. Le 17, il atteignit la demeure de M. Lemue, autre missionnaire français. Son grand objet était de se concilier l'amitié d'Omsiligas. M. Moffat, qui l'avait rejoint à Kourouman en janvier 1835, lui fut d'un grand secours dans sa visite à Omsiligas.

Le pays que les voyageurs virent en marchant ensuite au N. est naturellement fertile; mais il reste inculte, parce que les sujets d'Omsiligas craignent de le cultiver ou d'y conduire leurs troupeaux, exposés qu'ils seraient aux attaques de Dingan, autre chef qui réside plus à l'E. On traversa l'Ouri, on entra dans une contrée stérile, et on se trouva près du point le plus élevé des monts Cachan et des sources de l'Umpéban. Des collines isolées et des chaînes de montagnes d'une élévation médiocre, séparées l'une de l'autre par de vastes plaines, se prolongent au N. E. et à l'E., seuls points vers lesquels la vue puisse se porter. On n'apercevait que peu de bois: il croissait au pied des montagnes. Vers la fin de juillet, on atteignit les bords du Makoua, et on les suivit jusqu'à son confluent avec l'Ouri; il prend alors le nom de Limpopo.

Quand M. Smith fut arrivé à 24° 30' de latit. australe, il reconnut qu'il était sur la limite septentrionale du territoire des Matabilis. Au-delà, le pays lui parut faiblement peuplé. Beaucoup d'habitans souffraient de la faim. On reçut d'eux plusieurs renseignemens remarquables. Ils dirent qu'à une grande distance au N. il y

Groupe de Ma Yerba. — *Groupe de Ba Simera.*

2. *Femme et Fille de Timanni.* *Musicien de Kisserenko.*

J. Reilly del.

avait un vaste lac, et qu'au-delà vivaient des tribus de Hottentots et de Corannas obéissant à des chefs de leur propre nation. Ils parlèrent aussi des monts Baka, qui sont du même côté; ce n'est que dans la saison des pluies qu'il est possible de voyager dans le pays qui les avoisine. M. Smith souhaitait vivement d'avancer dans cette direction; à son chagrin extrême, il fut convaincu que ses bœufs étaient épuisés de fatigue, et que toute tentative d'aller plus loin serait imprudente; il fut donc obligé de songer aux moyens de retourner au Cap. Cependant, avant de rebrousser chemin, il fit une petite excursion qui le conduisit à une certaine distance au-delà du tropique du capricorne. Du haut d'un très-grand arbre, il put distinguer facilement le sommet des monts Baka, droit au N.; une plaine à peu près unie et couverte de broussailles touffues s'étendait de tous côtés à perte de vue. Suivant le rapport des indigènes, les campagnes, au-delà des monts, offrent fréquemment un aspect semblable, notamment à l'E. et au N. E.

En retournant au S., M. Smith passa sur l'emplacement où Campbell avait vu la ville des Marotzis près du sommet du Korritchané. Il avait d'abord eu l'intention de passer une quinzaine de jours à Mosiga, chez Omsiligas; mais les bœufs se trouvèrent si mal d'avoir brouté de l'herbe nouvelle, qu'il fallut partir presque immédiatement. Ce chef paraissait désirer vivement qu'on lui fit une visite plus longue. Toutefois, il entendit raison, et convint que tout retard serait préjudiciable à la caravane; il lui envoya en présent 14 bœufs et 3 moutons, et témoigna le plus vif désir que M. Smith revînt le voir. Celui-ci rentra heureusement au Cap avec une très-belle collection d'animaux, de minéraux et de plantes.

En 1836, M. J. E. Alexander, capitaine d'infanterie, partit du Cap le 10 septembre avec une caravane, et se dirigea vers le N. Le 10 octobre, il traversa les monts Kamis; les missionnaires wesleyens y ont établi une mission où ils ont réuni des Petits-Namaquas. Il visita l'embouchure du Gariep, et découvrit, à quatre journées de marche en remontant, une masse de minerai de cuivre extrêmement riche; il trouva aussi du fer à peu de distance, mais au-delà des limites de la colonie. Le pays, des deux côtés du Gariep, est extrêmement aride et stérile à plusieurs milles de distance. Des collines nues et noires sont environnées de plaines de sable jaune où la végétation est chétive.

Le 25, on passa ce fleuve à gué au N. des monts Kamis, et, le 27, M. Alexander était à Nabis, poste de mission le plus septentrional de ce côté. Il est à 450 milles au N. du Cap. Elle est principalement composée de Grands-Namaquas. On y voit une source thermale dont la chaleur est de 31° 54'. Notre voyageur s'y baigna avec les gens de sa suite, et leur exemple fut suivi par les Namaquas.

Après avoir fait deux excursions dans l'E., M. Alexander revint à Nabis, où, dans les premiers jours de 1837, la chaleur fut accablante. « De temps en temps, dit-il, nous apercevions à une certaine distance, des nuages chargés de pluie, mais ils ne venaient pas jusqu'à nous. Le ruisseau des eaux thermales diminua; l'ardeur de l'atmosphère fit noircir l'herbe. Ennuyé d'attendre inutilement la pluie, je me décidai à avancer; en conséquence, mon chariot allégé, je m'acheminai le 18 vers le N. avec quelques bœufs de charge et un troupeau de moutons. Plus loin, je laissai le chariot sur les bords du Hoom avec la moitié de mon monde pour aller dans les monts Karas, dont la hauteur est de 3,000 pieds au-dessus de la plaine; ensuite, ayant rejoint mon camp, je continuai ma route à travers des plaines herbeuses. »

M. Alexander traversa le lit de plusieurs rivières, dont quelques-unes étaient taries, et eut beaucoup à souffrir de la soif. On rencontra des Boschjesmans. Le 30 mars, il passa les défilés du Kopam'naas, qui coupent une chaîne de montagnes à sommets aplatis, et hautes de 2,000 pieds; au-delà s'étendait une plaine où une ligne d'arbres, serpentant vers le S. O., marquait le cours du Tchantop, rivière dont le gros gibier fréquente les bords. Dans un seul jour, on vit 10 rhinocéros. On entra ensuite dans le désert de Tans, qui est d'une aridité affreuse, bordé au N. E. par de hautes montagnes noires; à l'O. s'élevaient des dunes. La caravane manqua de périr de soif. Le thermomètre marquait 30 degrés. Le 8 d'avril, on atteignit avec beaucoup de peine les bords du Kuisip; des chevaux, des bœufs, des moutons et des chiens étaient morts de soif.

On suivit le cours du Kuisip, dont les eaux étaient taries en divers endroits; elles formaient des étangs séparés les uns des autres; une fois, on parcourut 30 milles sans en rencontrer. « Un jour, dit notre voyageur, ayant aperçu des pas d'hommes, nous les suivîmes, et nous rencontrâmes deux Namaquas appartenant à une tribu vivant sur les bords du fleuve. Nous les traitâmes bien. Ils nous montrèrent les places où il y avait de l'eau, puis nous conduisirent à la baie *Walvis* (des Baleines), où nous arrivâmes le 19 avril. Nous étions les premiers Européens qui, partis du Cap par terre, y fussions parvenus. »

Deux navires américains y vinrent mouiller pour faire la pêche; l'un des capitaines offrit à M. Alexander de le conduire avec ses gens, au nombre de 7, à Sainte-Hélène pour un prix raisonnable; mais notre voyageur voulait pousser plus loin ses explorations. Il fit donc route à l'E. le 3 mai, après avoir traversé le Kuisip, n'ayant pu trouver un guide parmi les indigènes, dont le chef était absent. On passa de nouveau le Kuisip le 15, et on entra dans le pays des Damaras, peuple nègre. Le premier de leurs villages que l'on aperçut était au bas d'une colline, sur un plateau, à peu près à 2 milles d'un étang. Il consistait en 8 huttes coniques, construites en perches fichées en terre, réunies par le haut et recouvertes de branchages. Quelques-unes de ces cabanes avaient une espèce de portique grossier fait des mêmes matériaux; toutes ces habitations étaient disposées en cercle. On distinguait, sur la pente des coteaux voisins, des lignes de buissons épineux longues de plusieurs milles, et destinées à diriger les pas des rhinocéros et des zèbres vers des fosses creusées par intervalles pour les y faire tomber. On ne découvrit pas d'habitans, parce que, durant la dernière saison de la sécheresse, l'eau avait été excessivement rare, et les Damaras, suivant ce que l'on apprit des guides boschjesmans, s'étaient transportés plus à l'E.; on se dirigea de ce côté.

Ce ne fut qu'au-delà du Tans, montagne dont l'élévation, au-dessus de la plaine, est de 4,000 pieds, que sous 24° 55' de lat. S. on arriva au premier village damara, situé près des bords du Keï-Karop, au pied de montagnes pittoresques, et nommé *Ni-ais* (ville noire). « Une troupe d'hommes montés sur des bœufs, dit notre voyageur, vint au galop au-devant de nous, et me conduisit très-poliment à la cabane d'Aamarap, leur chef. Nos besoins furent amplement satisfaits : je troquai des couteaux et des mouchoirs de coton contre des moutons; des châles et des haches contre des bœufs; des aiguilles contre du lait. On se régala d'hydromel. Les Damaras exécutèrent des danses. »

M. Alexander obtint des renseignemens précieux sur la géographie de ces contrées reculées. Il était à plus de 200 milles à l'E. de la côte. Il aurait bien voulu pénétrer plus avant au N. ou à l'E.; personne ne consentit à lui servir de guide, ni même à se charger d'un message pour les Nobbis, peuple rouge, au N. des Damaras. On dit à notre voyageur qu'un désert impraticable s'étendait à l'E. de Ni-ais, et que personne n'avait jamais osé le traverser. En conséquence, il prit le parti de retourner au S., et suivit une route plus orientale que la première. Le 6 juin, il était hors du pays des Damaras. Il traversa les monts Onoma, qu'il avait déjà vus de loin, et, le 13 juillet, arriva à Bethany, poste de missionnaires où il s'était arrêté précédemment. Le 21 septembre, il fut de retour au Cap.

Cette ville a été décrite par un très-grand nombre de voyageurs. Elle est dans une situation très-agréable, entre la baie de la Table et les montagnes, qui la dominent. Quand on est sur l'esplanade, au S., on jouit de la vue de la rade et des monts qui l'entourent (Pl. IX — 4). « Les Anglais, dit madame Graham, vivent ici comme partout, et suivent, autant que les circonstances le permettent, les usages de leur pays. Les colons hollandais conservent, en général, leur simplicité et leur hospitalité anciennes. J'ai été enchantée du beau teint et des manières franches des jeunes dames hollandaises, surtout en les comparant aux visages pâles et à l'indolente affectation des Anglaises nées aux Indes. Les Hollandaises parlent généralement bien l'anglais, et plusieurs l'écrivent correctement. »

Nous avons dit que les Anglais avaient agrandi le territoire de la colonie; autrefois, ses limites, du côté des Cafres, étaient, comme nous les avions marquées, à la rive droite du *T'koba* (Groote-Vis-Rivier); elles ont été portées à celle du Kneiba ou Keï; ainsi, une partie du territoire des Kousa, dont le milieu est coupé par le Keisikamma, est occupé aujourd'hui par les sujets de la Grande-Bretagne.

CHAPITRE XII.

Congo.

Les pays de la côte occidentale d'Afrique sont très-peu connus; au N. des Damaras, dont nous venons de parler, on indique les Cimbébas, tribu nomade, et les Makoss, visités en 1697, par Lojardière, voyageur français qui fut laissé chez eux par accident; ce qu'il dit des mœurs de ce peuple et de ses voisins, fait penser qu'ils appartiennent à la famille des Cafres.

La côte est d'un abord dangereux et très-peu habitée; les Portugais, qui les premiers la virent, donnèrent des noms à ses caps et à ses baies; L'Angra do Ilheo paraît être identique avec la baie Walfis. Les Anglais qui ont plus récemment exploré ces parages, disent que l'eau potable y est très-rare, que celle des fleuves est saumâtre à leur embouchure, et que l'on n'aperçoit que çà et là des traces de verdure. Enfin on arrive au cap Negro, situé par 15° 52' de latitude S., à l'extrémité d'une presqu'île recourbée, ayant au N. une grande baie.

Là commence la côte de Congo, qui se termine au cap Lopez-Gonsalvo, à 30' au S. de l'équateur; on désigne aussi cette vaste contrée par le nom de Guinée-Inférieure. Sa longueur est donc de 400 lieues, on ignore quelles sont ses bornes à l'E. Les côtes baignées par l'Océan atlantique sont bien découpées, tantôt élevées et tantôt plates, souvent marécageuses et boisées, par conséquent très-insalubres, notamment pour les Européens; la chaleur y est excessive.

La saison de la sécheresse ou de l'hiver dure depuis avril jusqu'en septembre inclusivement. Les premières pluies tombent par petites ondées une ou deux fois dans les 24 heures, depuis la fin de septembre jusqu'au milieu d'octobre; alors les femmes préparent la terre pour les semailles. Les secondes pluies, qui sont très-fortes, commencent en novembre et finissent en janvier; elles sont suivies de grandes chaleurs mais de peu d'ouragans; on plante alors le sorgo, le maïs et les autres végétaux qui mûrissent en trois mois; les troisièmes pluies continuent en février et en mars, et sont les plus abondantes; de violens ouragans, le tonnerre, les éclairs et des météores ignés les accompagnent. Vers la fin de la saison de la sécheresse, la verdure est partout flétrie, et les campagnes sont dépouillées de leur parure.

Le Congo fut découvert en 1484 par les Portugais, sous le commandement de Diego Cam: ils y subjuguèrent plusieurs territoires et étendirent leur domination ou leur influence sur les autres; les missionnaires essayèrent d'y établir la religion chrétienne, leurs tentatives n'obtinrent que des succès partiels; mais plusieurs d'entre eux, tels que Denis Carli, de Plaisance, et Angelo de Gattine, en 1666, Cavazzi (1654 à 1670), que Labat a traduits en français; Merolla (1682 à 1687); Antonio Zucchelli (1698 à 1704), tous capucins; des prêtres français (1766 à 1776), ont publié des relations intéressantes, dans lesquelles on trouve par fois des circonstances fabuleuses. D'autres voyageurs ont également donné le résultat de leurs observations sur le Congo. Ce sont Edouard Lopez, portugais (1578 à 1586); André Battel, anglais (1589 à 1603); Samuel Braun, allemand (1611 à 1621); Jacques Barbot, anglais (1700); divers portugais, entre autres, Grégoire Mendes (1770 à 1807); Feo Cardoso, protugais (1816 à 1819); Jacques Tuckey, anglais (1816); Grandpré, français (1786 à 1787); le marquis d'Étourville (1797 à 1812); J.-B. Douville, également français (1828 à 1830). Ces deux derniers ont pénétré très-avant dans l'intérieur; la relation de Douville a été l'objet de critiques violentes, on a même prétendu qu'il n'était jamais allé en Afrique; c'était pousser l'hostilité trop loin; s'il n'a pas vu par lui-même tout ce dont il parle, il paraît très-probable qu'il a eu en sa possession des matériaux très-curieux et des cartes dressées par une main habile. Sa grande faute a été de n'avoir pas su tirer un parti convenable de ces choses, et de s'être exprimé avec une présomption d'autant plus déplacée que trop souvent il trahit une ignorance profonde. Quant à d'Étourville, tout ce que l'on sait de ses pérégrinations repose sur une communication faite en 1821, par M. Bory de Saint-Vincent, et insérée dans le tome X des *Annales des Voyages*.

D'après les renseignemens donnés par Feo Cardoso, le Congo peut se diviser en deux parties, savoir: au S., les pays soumis aux Portugais; au N. et à l'E., les pays indépendans.

Les premiers comprennent les deux royaumes d'Angola et de Benguéla avec leurs dépendances, qui consistent en petits forts et dans quelques loges sur les autres territoires. Ces deux royaumes composent la capitainerie générale d'Angola et Congo. De vastes espaces de terrains absolument déserts, et des peuplades indépendantes séparent, les uns des autres, les cantons de l'intérieur. L'Angola est arrosé par le Landa, le Bengo, le Coanza, le Moreno, le Tonga; le Benguéla, par le Coudo, le Gubororo, le Mombeiro, le Bambarougué.

Saint-Paul-de-Loanda, sur une éminence et dans une plaine, près de l'embouchure du Zenza ou Bengo, est une belle ville, défendue par un fort et des batteries. Le gouverneur-général et l'évêque y résident; on y voit plusieurs églises et des couvens. Elle a un bon port; son commerce est considérable; sa population, évaluée à 6,000 âmes, se compose principalement de nègres et de mulâtres. Saint-Philippe-de-Benguela, au S., sur une baie à l'embouchure du Maribombo, est comme Saint-Paul un lieu d'exil pour les criminels portugais.

Au N. de l'Angola, le royaume de Congo est arrosé par le Laindo, l'Ambriz, le Lozé, le

Daudé. Il comprend plusieurs provinces gouvernées par des chefs auxquels les Portugais ont fait adopter les titres de ducs et autres; chacune a un *banza* (chef-lieu). Banza-Congo ou San-Salvador, résidence du roi, est une ville sur une montagne, à 16 lieues au S. du Zaïre; les Portugais y ont conservé une église, mais le monarque est indépendant, et il a pour tributaires Bamba, Soundi, Pango, Batta, Pemba et une partie de Sogno, enfin, les Mossossos, qui ont pour capitale Hialala.

En allant au N. O., on entre dans le royaume de Loango, qui a pour tributaires Setté, Mayombe, Cacongo ou Malembe, Engoio et une partie de Sogno. Banza-Loango ou Booalis, située dans une plaine fertile et avec un port peu profond, sur une baie de l'Atlantique, est la capitale du royaume. Kinghalé est celle du Cacongo; Malembe, Cabenda, dans l'Engoyo, remarquable par la beauté de sa situation, la fertilité de ses environs et la commodité de son port, étaient des marchés très-fréquentés pour la vente des esclaves, quand la traite des nègres existait.

D'autres royaumes sont situés dans l'intérieur; Feo Cardoso en fait mention dans son livre; quelques-uns de ces pays ont été parcourus par Grégorio Mendès, en 1785; Douville en a également vu plusieurs, suivons-le. La province de Golongo-Alto est une des plus orientales du royaume d'Angola, et remarquable par ses sites variés et pittoresques, et par des forêts si touffues, qu'elles présentent à l'œil une seule masse de verdure et de fleurs. Les collines que l'on rencontre en venant de la mer, sont les premières terrasses d'une haute montagne qui paraît s'élever graduellement en se prolongeant vers l'E., où les collines se ramifient. Près des limites méridionales de cette province, le mont Muria, dont le noyau est composé de grès, s'élève à peu près à 2,500 toises d'altitude, il ne gèle pas sur son sommet, mais en hiver il doit y tomber de la neige que les habitans prennent pour des nuages. Cette province, la plus belle de l'Angola, est habitée par les Dembas qui, parmi les nègres de ces contrées, sont les plus avancés en civilisation; ils apprennent à lire et à écrire afin de pouvoir signaler au gouverneur-général les actes arbitraires des régens.

Les états des Dembas, où les Portugais n'entretiennent aucune force militaire, sont entourés au N. et à l'O. par les Mahoungos, qui, chaque jour, prennent du terrain; ils se sont emparés de tout ce qui séparait cette province de la côte, et peuvent ainsi traiter directement avec les navires qui viennent à Ambriz ou à l'embouchure du Lozé, du Hezo ou du Onzo.

Toutes ces rivières prennent leur source dans une chaîne de montagnes qui se prolonge du N. au S., et dont les branches vont rejoindre la côte. Cette chaîne est coupée par quelques fleuves, tels que le Catumbéla, le Coanza, le Zaïre. A une certaine distance de la mer, le terrain s'élève graduellement. On arrive ainsi à des terrasses dont l'altitude diffère. Celle du Haro est de 194 toises; celle du Tamba, de 677; celle du Bailundo, de 781; celle du Bihé, dans le S. E., de 1,040.

Toutes ces contrées sont généralement montagneuses. Dans le Tamba, on voit moins de plaines que dans le Bihé. L'aspect de ces divers pays est sauvage; peu de terrains cultivés, point de routes, et de nombreuses forêts. Dans le Haro, on s'aperçoit déjà que la timidité du nègre, vassal des Portugais, a disparu; on est au milieu d'hommes indépendans, énervés à la vérité par la chaleur du climat, paresseux à l'excès. Jamais un ouvrier ne travaille sans avoir fait des prières et des sacrifices à ses idoles. L'homme du Tamba est plus robuste, plus énergique que ses voisins, mais il n'a pas leurs bonnes qualités; entre eux, les nègres du Tamba sont très-unis et partagent loyalement tout ce qu'ils ont, tout ce qu'ils prennent, ou ce qu'on leur donne. Le souverain lui-même distribue au peuple les étoffes qu'il reçoit de la vente des esclaves.

Le Bihé est le point le plus méridional où M. Douville soit parvenu dans cette partie de l'Afrique. Jadis le Bihé comprenait les provinces septentrionales du Humbé. Le marché d'esclaves de Bihé est un des plus considérables de l'Afrique méridionale. Les peuples du Bihé et du Humbé sont braves et belliqueux; les derniers sont très-féroces et même antropophages. Douville n'alla pas chez eux.

On n'avait que des notions vagues sur le Moulondou-Zambi, montagne volcanique de ces contrées, M. Douville la visita. Tous les habitans avaient vu, par intervalle, des flammes sortir de son flanc. Il paraît que récemment il n'a pas eu d'éruption; tout annonce qu'elles ont dû être nombreuses et fortes; son altitude est de 1780 toises; il est un objet de terreur pour les peuples du voisinage. Des exhalaisons sulfureuses se manifestent dans différens endroits de ces pays; mais le phénomène le plus remarquable est celui du lac Kouffoua, situé sous le 25me méridien à l'E. de Paris, et vers les 5º de latitude

3. Habitans de Soulimana.

4. Soldat & Chef du Sangarah.

S.; sa longueur est d'environ 20 lieues, sa plus grande largeur de 10, son altitude de 860 toises; la végétation diminue à mesure qu'on avance vers ses bords, et, à 2 lieues de distance, disparaît totalement. Des vapeurs sulfureuses gênent la respiration, surtout pendant la nuit; il ne reçoit aucune rivière, il est probablement alimenté par des sources souterraines; ses eaux sont couvertes d'une couche épaisse de bitume que les rayons du soleil ne peuvent percer; leur chaleur est moindre que celle de l'air atmosphérique; leur saveur est désagréable; elles ne renferment dans leur sein aucun être organisé.

Le Kouffoua est entouré d'une ceinture de montagnes raboteuses, crevassées, d'où sortent des vapeurs suffocantes; son contour n'offre que trois ouvertures; deux à l'O. donnent naissance à six cours d'eau; une grande rivière s'échappe par celle de l'E.

Avant d'aller au Kouffoua, M. Douville avait passé par le Cassange, royaume puissant, dont la capitale est Cassanci, sur une rivière de même nom qui est un affluent du Coanza. Le roi ou jaga est un guerrier redoutable et le plus riche marchand d'esclaves de toute l'Afrique. Cassanci compte 1,500 maisons, bâties sans aucun ordre, mais divisées en plusieurs quartiers, dont un, exclusivement habité par le roi et ses nobles, est entouré d'une forte palissade. Il n'y a que trois places publiques, celle où le jaga donne audience, une seconde dans le quartier des nobles, la troisième destinée aux sacrifices humains; car cette coutume affreuse est mêlée à quelques traits d'un état social moins sauvage qu'on ne le supposerait chez ces nègres; comme chez certains peuples de l'antiquité, elle se lie au culte religieux.

Le Couango prend sa source dans le pays des Regas, entre les 9 et 10° de latitude S.; ces peuples sont en communication avec la côte orientale de l'Afrique; on voit chez eux des hommes venus du S., qu'ils nomment Biri et qui ont le teint cuivré, ce sont peut-être des Cafres. Le Couango coule au N. O. et prend le nom de Zaïre.

Le Coanza, au contraire, sort du mont Hélé, dans le pays des Mumbros, entre les 12 et 13° de latitude S., et les 15 et 16° de longitude E. Ce mont Hélé est couvert de neige.

Au N. du Kouffoua, on trouve le pays des Moulouas qui a deux capitales, savoir, Yanvo, résidence du roi, et, à 50 lieues au S., Tandi-Vouas, où habite la reine. Cette cité, bâtie dans une île, entre deux bras de l'Agattu, offre un aspect agréable par l'alignement de ses rues et le mélange de ses maisons en briques, et de grands arbres touffus; de nombreux ruisseaux d'eau vive la traversent en tous sens et contribuent à y entretenir la propreté.

Yanvo est plus grand et plus peuplé que Tandi-Voua; le nombre de ses habitans, y compris les esclaves, est à peu près de 40,000; après Bihé et Cassanci, c'est le marché central le plus fréquenté. Le palais du mouata ou roi occupe seul une des trois îles que le Rigi entoure de ses bras. Les Moulouas sont les plus industrieux des peuples du Congo; ils savent fabriquer des briques, composent un très-bon ciment, employent le mica pour remplacer le verre à vitre, tissent de jolies étoffes avec les fibres de plusieurs plantes, façonnent habilement le cuivre, ornent leurs meubles de sculptures, se servent du jaspe pour décorer leurs armes, connaissent l'usage du tour pour tailler et percer les pierres fines dont les femmes font leur parure. Tout ce peuple est d'une grande propreté; sans les superstitions grossières et cruelles qui étouffent son intelligence, ses facultés lui ouvriraient les voies d'une civilisation plus complète. Des mines de cuivre très-riches et peu éloignées d'Yanvo, sont exploitées avec beaucoup d'activité, mais avec peu d'habileté.

Une longue chaîne de montagnes court au N. des Moulouas; son point culminant est le Zambi, dont l'altitude doit être à peu près de 2,458 toises. De son sommet, dénué de végétation, on distingue des ramifications qui se dirigent vers les divers point de l'horizon. A peu de distance, le désert de Tandi se trouve sur le point de partage de deux rivières dont les sources sont à moins de deux lieues de distance l'une de l'autre; l'Agattu coule à l'E., le Hogis à l'O. Les environs d'Yanvo offrent des roches aurifères.

Des caravanes viennent du Quilimané et du pays des Cazembis à Yanvo; leur voyage dure 80 jours. Elles rencontrent sur leur route beaucoup de rivières, dont une seule est considérable; c'est le Zamzi, venant du N.; il est large et rapide; dans la saison des pluies, ses débordemens forment de vastes marais temporaires. Ces nègres, qui ne connaissent le Kouffoua que par ouï dire, savent seulement que la rivière qu'il envoie à l'E. se dirige vers le N. E.; ils la traversent sur un pont dans le pays des Sagniés. Le Rdombegi, qui sort du Kouffoua, en coulant à l'O., finit par envoyer ses eaux au Couango.

Le Bomba, royaume au N. des Moulouas, paraît être identique à celui de Mani-Emougi. Sa domination s'étend vers le N. et le N. E. sur le pays des Mouenchaï et sur celui des Samouenchaï.

Le Sala, situé à l'O., et dont le roi est connu sous le nom de Micoco-Sala, est probablement identique avec le royaume d'Anzico des anciens voyageurs qui nomment son roi le Makoko. Il réside à Missel ou Monsol, et reçoit les tributs de plusieurs chefs ses vassaux.

En allant au S., on trouve le Cancobella, dont les habitans sont très-féroces ; ce pays est baigné par le Bancora, affluent du Couango. On arrive ensuite chez Holoho, duquel dépendent les Mahungos et les Mouchicongos. Sur le territoire de ces derniers est situé Ambriz, qui était autrefois un des principaux entrepôts de la traite des nègres sur cette côte. Les Européens qui la fréquentaient élevaient leurs maisons à quelques pieds au-dessus de la terre, afin de se soustraire au désagrément d'habiter dans la poussière. Ces maisons, appelées *quibanga*, sont construites avec de gros baliveaux, assez longs pour qu'enfoncés en terre il en reste à peu près 7 pieds en dehors ; ils supportent des solives sur lesquelles on établit un plancher, et on élève sur cet échafaudage une grande case en paille qui est percée de portes, de fenêtres, tapissée et meublée convenablement. Les nègres, qui en ont le moyen, imitent ces quibangas qu'ils trouvent avec raison plus commodes que les habitations ordinaires (Pl. X,—1).

Tous les nègres du Congo voyagent à pied, à moins qu'ils n'aient une fortune suffisante pour se faire porter en hamac suspendu à un bambou de 24 ou 25 pieds de long (Pl. X,—2).

Les nègres du Congo vont presque nus, mais certaines parties de leur corps sont vêtues. Leur grosse cravatte est d'ivoire, il leur faut une longue habitude pour que leur cou endurci n'en soit pas blessé. Leur pagne était autrefois de *macoute*, c'est-à-dire de paille ; aujourd'hui elle est de toile, d'indienne, de soie, de drap, même de velours. Les riches portent une longue chaîne d'argent qui fait 8 ou 10 tours sur les reins ; ils aiment passionément le corail rouge. La pièce la plus importante de leur toilette est une peau de chat garnie de grelots et de petites clochettes qu'ils mettent sur leur pagne, par-devant. Ce *canda*, comme ils le nomment, est le cachet de l'honneur. C'est, en quelque sorte, dégrader un homme que de le lui arracher ; les esclaves ne peuvent s'en décorer.

La pagne des femmes est moins longue que celle des hommes ; elles se couvrent le sein d'un morceau de toile ; et, quand elles en ont le moyen, les colliers et les bracelets de corail et de verroteries de diverses couleurs complètent leur parure (Pl. X, — 4).

La langue la plus répandue dans le Congo est le bounda ; elle se subdivise en plusieurs dialectes. Cannécattim, missionnaire portugais, a composé une grammaire de cet idiome et un dictionnaire portugais, latin et bounda.

Lorsque les voyages effectués dans la Haute-Guinée, à la fin du XVIIIe siècle, eurent révélé l'existence d'un grand fleuve coulant de l'E. à l'O., les géographes bâtirent à l'envi des systèmes sur le point de la côte d'Afrique, où devait se trouver son embouchure. Le moins singulier ne fut pas celui qui la supposa identique avec celle du Zaïre. Adopté avidement en Angleterre, il décida l'expédition, dont le commandement fut confié au capitaine Tuckey. Tous les moyens de succès furent prodigués pour la faire réussir, parce qu'on espérait pénétrer par là dans les contrées de l'Afrique intérieure, où une population nombreuse procurerait un débouché assuré aux manufactures de la Grande-Bretagne. Tuckey était accompagné de plusieurs officiers instruits, de Christian Smith, botaniste norwégien, et d'autres savans. Il avait sous ses ordres *le Congo* et *la Dorothée*, navires de transport.

Parti le 19 mars 1816 de l'embouchure de la Tamise, Tuckey mouilla le 30 juin près de Malembe. Le *mafouc* (douanier) du roi nègre fut très-scandalisé d'apprendre que l'on ne venait pas pour acheter des esclaves, et vomit un torrent d'invectives contre les rois de l'Europe, qui ruinaient son pays. Le 6 juillet, Tuckey était à l'embouchure du Zaïre, qui est large de 15 milles ; son bâtiment ne pouvant remonter le fleuve, il s'embarqua sur *le Congo* avec les naturalistes. Le 25, on eut en vue le roc de Fétiches, sur la rive droite du fleuve ; il est granitique, escarpé et de difficile accès ; sa base couverte d'arbres, ses sommets nombreux, la variété et la beauté de la végétation qui orne ses flancs, enfin la longueur de la perspective du fleuve qu'il commande composent un paysage magnifique (Pl. XI, — 1).

Le 5 août, Tuckey passa, avec une partie de son monde, dans des canots et des chaloupes, parce que la hauteur des rives du Zaïre ne permettaient plus d'avancer à la voile. Le 10, la rapidité du courant et la quantité des rochers qui obstruaient le lit du fleuve firent penser qu'il conviendrait de continuer le voyage tantôt par terre, tantôt par eau. Il fallut, le 20, prendre définitivement la première route, parce qu'une grande cataracte interrompit le cours du fleuve. Les difficultés croissaient à chaque instant; les nègres refusaient de porter les fardeaux. Tuckey avait laissé en arrière une partie de son équipage malade. Enfin, parvenu à 280 milles de la mer, il fut contraint de rebrousser chemin, et, le 16 septembre, il remonta sur le Congo. Mais la saison des pluies avait commencé; chaque jour le nombre des hommes attaqués de maladies augmentait; la plupart y succombèrent. Tuckey, le cœur navré de tant de pertes, fut conduit, dans un état complet d'épuisement, à bord de la Dorothée; il y mourut le 4 d'octobre. Smith le botaniste avait cessé de vivre dès le 22 septembre.

CHAPITRE XIII.

Ile Sainte-Hélène. — Ile de l'Ascension.

Jean de Nova, navigateur galicien au service du Portugal, revenait de l'Inde avec une escadre, lorsque le 21 mai 1502 il découvrit l'île Sainte-Hélène. Elle était absolument inhabitée. Un des vaisseaux portugais se perdit sur la côte de cette petite île, éloignée de 450 lieues à l'O. du cap Negro, en Congo, qui en est la terre la plus proche. La longueur de Sainte-Hélène, de l'E. à l'O., est de 3 lieues trois quarts; sa largeur, du N. au S., de 2 lieues et demie; sa circonférence de 10; sa surface d'environ 9 lieues carrées. L'altitude du pic de Diane, point culminant de l'île, est de 2,468 pieds; celle des autres montagnes est de 1,400 pieds; elles sont d'origine volcanique, et forment des groupes aboutissant à une côte escarpée. Les parois des rochers nus et noirs, hauts de 150 à 200 toises, offrent à l'œil une ceinture à peu près continue. Quelques îlots sont répandus le long des côtes.

« Du pic de Diane descendent des vallées dans le fond desquelles serpentent de petits filets d'eau douce; les sommets sont presque toujours couverts de nuages. La partie au vent est froide, nue, aride, battue des pluies et d'une humidité intolérable; la partie sous le vent est sèche et chaude; il y pleut rarement. Si on excepte quelques points privilégiés, la végétation est à peu près nulle. Il fait trop chaud pendant le jour, trop froid pendant la nuit; les fruits n'y mûrissent point. Ce n'est qu'à force de soins qu'on peut faire venir quelques raisins, figues et pêches de très-mauvaise qualité. »

J.-R. Forster, qui fit avec Cook le second voyage autour du monde, dit que l'aspect de Sainte-Hélène, surtout à l'endroit où mouillent les navires, est ce que l'on peut imaginer de plus horrible et de plus triste; mais, à mesure que l'on avance, le pays devient moins désolé, et les parties les plus intérieures sont toujours couvertes de plantes, d'arbres et de verdure; toutefois, on observe partout les marques les plus évidentes d'un grand et total changement causé par un volcan ou par un tremblement de terre qui peut-être a plongé dans la mer la plus grande partie de l'île.

Alexandre Beatson, qui fut, pendant plusieurs années, gouverneur de Sainte-Hélène, pense qu'au temps de sa découverte cette île et même quelques-uns des précipices penchés vers la mer étaient couverts de forêts de gommiers (conyza gummifera); elles furent détruites par les chèvres introduites dans l'île en 1513, et qui s'y multiplièrent tellement, que, suivant le récit de Thomas Cavandish, qui y aborda en 1588, elles composaient des troupeaux innombrables. Elles y sont encore très-nombreuses. On y élève des bœufs et de la volaille. On y voit des sangliers. Les rats y sont très-incommodes, et ravagent les terres ensemencées. La mer est poissonneuse.

Sainte-Hélène appartient aux Anglais depuis 1673; Charles II en fit alors la cession à la Compagnie des Indes-Orientales. Celle-ci a le monopole du commerce de l'île, qu'elle approvisionne de denrées et de marchandises. La population est évaluée à 4,500 individus, dont 3,000 esclaves nègres.

James-Town, sur la côte N. de l'île, située par 15° 59' de lat. S. et 8° 9' de lat., sur une baie, est à l'issue d'une petite vallée offrant un des points très-peu nombreux où l'on peut débarquer. Tous sont couverts de batteries, notamment devant cette bourgade, qui est la capitale (Pl. X — 3). Les habitans passent presque toute l'année dans leurs maisons de campagne. James-Town est sous le vent; elle a un bon ancrage et de l'eau excellente. Les tempêtes sont inconnues à Sainte-Hélène; les orages y sont très-rares. En 1819, on y ressentit un tremblement de terre assez fort qui s'étendit dans la direction de l'Ascension.

Sainte-Hélène a, de nos jours, acquis une célébrité impérissable; elle fut, pendant cinq ans et demi, la prison de Napoléon Bonaparte. Après avoir épuisé tous les genres de gloire, abattu par le nombre de ses ennemis, il y fut amené à la fin de 1815, et y mourut le 5 mai 1821. Il y montra une véritable grandeur dans l'adversité. Malgré ses fautes, la France lui doit une reconnaissance éternelle pour l'avoir délivrée de l'anarchie et dotée d'institutions que les gouvernemens précédens n'avaient pu réussir à lui donner.

AFR.

« Il habitait Longwood, maison située dans la partie orientale de l'île, sur un plateau d'une demi-lieue de tour environ, à 1650 pieds d'élévation, ayant vue sur le côté de la mer, par où arrivent les bâtimens. C'est la partie la plus malsaine, constamment battue des vents alizés, sujette à des variations de température de plus de 20° Réaumur dans l'espace d'une heure et à une humidité insupportable.

» Le général Bertrand choisit, pour inhumer Napoléon, le voisinage d'une source où il s'était reposé, et dont il avait bu l'eau dans sa dernière maladie. Sur la côte d'une vallée inculte de plus de 1,000 pieds de profondeur sont quelques saules pleureurs forts petits qui ombragent un léger filet d'eau douce. Au milieu d'eux, on creusa la tombe du défunt; il y est descendu enveloppé du manteau de Marengo. Une pierre la ferme à fleur de terre. Aucune inscription n'apprend qui elle couvre. »

Nous empruntons ces détails et quelques autres que l'on a lus plus haut de M. E. de Las Cases, qui, avec son père, partagea pendant un an la captivité de Napoléon et lui servit de secrétaire.

Lorsque Jean de Nova allait du Portugal aux Indes, il rencontra, par 7° 55' de lat. S. et 16° 43' de long. E., une île nouvelle qu'il nomma la *Conception*. Deux ans après, Albuquerque, qui y toucha dans son voyage aux Indes, l'appela l'*Ascension*. Elle est à 262 lieues au N. N. O. de Sainte-Hélène, et à 350 S. S. O. du cap des Palmes en Guinée. Elle a environ 3 lieues de long sur 2 de large et 21 de circonférence.

Sa surface est couverte de scories volcaniques, et, au centre, s'élève une montagne de pierre ponce nommée par les Anglais *Green-Mountain*, et dont l'altitude est de 2,400 pieds. Quoique cette cime soit souvent enveloppée de nuages, rarement ils se condensent assez pour donner de la pluie.

G. Dampier, célèbre navigateur anglais, en revenant de la Nouvelle-Hollande, échoua sur cette côte le 22 février 1701; son navire, qui tombait de vétusté, ne put se relever. Dampier aborda heureusement à terre sur un radeau avec son équipage. « Le lendemain de notre arrivée, dit-il, nous eûmes beaucoup de joie d'y trouver une source d'eau douce à 8 milles de l'endroit où nous avions dressé nos tentes, au-delà d'une fort haute montagne où il fallait grimper..... Elle est au S. E., à environ un demi-mille du sommet. Il y avait tout auprès quantité de chèvres et de crabes de terre; mais l'air y est fort malsain à cause des brouillards qui s'y élèvent, et qui le rendent excessivement froid. » Le 8 avril, un navire anglais recueillit Dampier et ses compagnons. C'est avec raison qu'on a donné à ces sources le nom de Dampier. Elles sont bien précieuses pour l'île, puisque ce sont les seules. Elles fournissent une si petite quantité d'eau, que chaque homme n'en a que trois pintes par jour.

Pierre Osbeck, naturaliste suédois qui attérit à l'Ascension en 1752 et y demeura trois jours, n'y trouva que 5 végétaux phanérogames et 3 cryptogames. La fréquentation des hommes et des animaux en a augmenté considérablement le nombre.

Autrefois, on ne s'arrêtait à l'Ascension que pour y prendre des tortues et pour voir si quelque navire n'y avait pas déposé, dans une cavité destinée à cet usage, des lettres adressées aux marins qui y viendraient plus tard. En 1815, la Grande-Bretagne pensa qu'il lui convenait d'établir un poste sur ce rocher, pour la plus grande sûreté de Sainte-Hélène. Aujourd'hui, la petite colonie de l'Ascension se compose de 240 personnes, hommes, femmes et enfans. Une bonne route mène à la Montagne-Verte, où des étables et des écuries ont été bâtis; un beau réservoir en pierre reçoit l'eau des sources de Dampier; des canaux en fonte la conduisent au rivage. Des cultures en plantes potagères, en cannes à sucre, en arbres fruitiers et forestiers couvrent une surface de 1,200 arpens. Les poules et les pintades, abandonnées à elles-mêmes, se sont multipliées prodigieusement. Un réservoir a été creusé sur la plage pour y tenir des tortues en dépôt. La mer abonde en poissons excellens. « Ainsi, comme le dit avec raison un des officiers de M. d'Urville, cette île de l'Ascension, jadis déserte, commence maintenant à offrir un coup d'œil intéressant à l'observateur, et c'est une preuve de ce que peut un bon système administratif, suivi avec constance, dans les lieux qui semblent le moins propres à être habités. »

CHAPITRE XIV.

Guinée.

Les Européens ont donné le nom de Guinée à la contrée de l'Afrique occidentale comprise entre l'embouchure de l'Assazi (1° S.), près du cap Lopez Gonsalvo et le Rio Nunez (10° N.). Sa longueur est ainsi de 750 lieues. Ses côtes, baignées par l'océan Atlantique, se dirigent du S. au N., puis de l'E. à l'O., enfin du S. E. au

Vue de l'Île St. Louis du Sénégal.

2. Nègre Féloup.   Nègre Mandingue.

J. Boilly del.

N. O., et sont appelées côtes de Gabon, de Biafra, de Calabar, de Benin, des Esclaves, d'Or, des Dents, des Graines, de Sierra Leone.

L'enfoncement formé entre le cap Lopez et le cap des Palmes (1° 15' N.) comprend ceux de Biafra et de Benin, séparés par le cap Formoso. Les fleuves les plus remarquables qu'il reçoit sont l'Assasie, le Gabon, la rivière Saint-Jean, le Rio de los Camerones, le Rio del Rey, entre lesquels s'élèvent les hautes terres d'Ambozes, le Calbary, le Rio Formoso, le Rio Benin, qui sont les bras principaux d'un grand fleuve embrassant un vaste delta; le Rio Lagos, le Rio Volta, l'Ancobra; puis, en remontant au N., on trouve le Rio Sestos, le Rio Mesurado, le Cherbro et la Rokelle ou rivière de Sierra-Leone. On a remonté cette dernière jusqu'à sa source; on présume que toutes les autres, jusqu'au Benin, sortent de la chaîne des montagnes de Kong, qui se dirige parallèlement à la côte, en courant vers l'E. On ignore où est son extrémité de ce côté; on conjecture que, sur quelques points, elle est couverte de neige, au moins en hiver. Quant aux fleuves au S. du Rio del Rey, à peine les a-t-on remontés à quelques lieues de la mer.

Parmi les îles du golfe de Guinée, les plus importantes sont celles de Fernando-Po, du Prince, de Saint-Thomas et d'Annobon. De même que les côtes du continent, en général fort basses, elles sont exposées aux chaleurs les plus ardentes de la zone torride. Le mois d'août est le plus malsain; les brouillards qui s'élèvent alors causent des fièvres; le même effet est produit en mars par le commencement des pluies. Vers la fin de décembre, le harmattan, vent du N. E. très-fort, se fait sentir et dure quelques mois; il est incommode pour les habitans, qui le trouvent froid; il sèche la terre et assainit l'air. Septembre et octobre sont les mois les plus chauds; novembre, quoique pluvieux, passe pour un mois salubre. Les nuits sont généralement très-belles, et la lune y brille de l'éclat le plus pur.

Le harmattan est toujours accompagné d'une espèce de brume, ce qui fait paraître le soleil rougeâtre. Comme il dessèche complètement les arbustes et l'herbe, qui jaunit sur pied, les nègres profitent de cette circonstance pour y mettre le feu, et ils détruisent ainsi beaucoup de reptiles et d'insectes malfaisans. Le commencement des pluies périodiques en avril est annoncé par de grands coups de vent du N. E., appelés *Tornados*, par corruption du mot portugais *travados*. Ils sont accompagnés de violens coups de tonnerre, auxquels succède une pluie très-forte qui dure deux ou trois heures. Ces pluies, humectant la surface de la terre, durcie par 6 ou 8 mois d'une sécheresse excessive, dégagent des vapeurs extrêmement nuisibles à la santé des Européens.

La nature des montagnes n'a pas encore pu être observée en détail; on sait qu'il y en a de primitives; on y a vu du granit et du gneiss; l'or est commun dans plusieurs endroits; on trouve aussi du fer; mais les nègres ne sont pas assez habiles pour le découvrir partout où il existe.

De même que dans tous les pays situés sous la zone torride, la végétation est en Guinée d'une richesse extraordinaire. Les bords des rivières, voisins de la mer, sont remplis de mangliers, dont les branches les plus basses sont couvertes d'huîtres. Les palmiers sont très-communs; et les forêts, tellement fournies d'arbres, d'arbrisseaux et d'herbes, qu'elles paraissent impénétrables. Des plantes sarmenteuses, entortillées ensemble et chargées de végétaux parasites, tombent du haut des branches, reprennent racine en touchant la terre, s'attachent, en grimpant de nouveau, à d'autres arbres, et semblent réunir toutes les forêts en une seule masse; de tous côtés pendent des festons de fleurs aux couleurs les plus vives et les plus variées. Parmi les arbres remarquables, on peut citer le chi ou onoougoa, qui est très-grand et de la famille des sapotilliers; à sa fleur, de couleur rouge, succède un fruit charnu renfermant une cosse où sont contenues quatre ou six amandes. On fait bouillir celles-ci, puis on en exprime l'huile, ou bien on la retire quand elle surnage sur l'eau. Les voyageurs disent que cette substance, devenue concrète par le refroidissement, a le goût du beurre frais; on s'en sert pour l'assaisonnement des mets; c'est ce qu'on nomme ailleurs beurre de Galam.

D'autres arbres ont le tronc assez gros pour qu'on y creuse une grande pirogue; d'autres rappellent, par leur aspect, le baniane de l'Inde; on voit, dans ce pays, l'énorme baobab (*Adansonia digitata*), le sablier (*Hura crepitans*), le goyavier, le tamarinier, le citronnier, l'oranger, le papayer, le bananier, le cotonnier, le tabac, l'ananas, la canne à sucre, le maïs, le sorgho, diverses espèces de melons, de haricots, de pois, l'indigo, l'igname, le manioc, la patate, l'arachide et une foule d'autres plantes qu'il serait trop long d'énumérer.

Parmi les désagrémens de ces contrées, on peut compter la multitude d'insectes incommodes et malfaisans. Les termites et les fourmis causent des ravages immenses dans tous les lieux habités et dans les champs cultivés. Les premiers bâtissent en terre des huttes coniques fortement cimentées, dans lesquelles ils vivent à l'abri de leurs ennemis; ils détruisent toutes les substances animales ou végétales qu'ils rencontrent; les fourmis se jettent même sur les animaux vivans, et ceux-ci ne peuvent s'en débarrasser qu'en se plongeant dans l'eau. C'est en septembre et en octobre que l'on est le plus tourmenté. Pour se défendre contre elles, le feu, le fer, l'eau, la poudre à canon ne sont pas toujours des moyens suffisans. Il y en a une espèce qui construisent, sur des branches, des habitations semblables à des ruches.

On trouve, dans beaucoup d'endroits, une prodigieuse quantité d'abeilles pareilles à celles d'Europe; elles établissent leurs ruches dans des cavités souterraines ou dans les creux des arbres. Les nègres savent en tirer fort adroitement le miel et la cire.

La multitude de cousins, de maringouins et de mouches est incroyable. On est obligé d'employer de jeunes esclaves pour les chasser pendant le sommeil ou durant les repas. Les voyageurs font mention d'énormes scorpions, de scolopendres, de mille-pieds, de plusieurs variétés de sauterelles et d'autres insectes qui infestent ces régions. On y voit, en revanche, de très-beaux papillons et des coléoptères, dont les élytres, à reflet métallique, produisent un effet extrêmement brillant.

La mer abonde en nombreuses espèces de poissons bons à manger; quelques-unes sont particulières à ces parages; d'autres se retrouvent ailleurs. Les descriptions de quelques-uns de ces poissons par des voyageurs peu instruits offrent des traits d'une bizarrerie remarquable. Les nègres sont très-habiles à la pêche, qu'ils pratiquent de différentes manières.

Ils ne sont pas moins hardis à affronter les crocodiles, qui remplissent toutes les eaux de l'intérieur, où ils causent des dommages notables aux hommes, aux bestiaux et aux animaux sauvages. Les autres sauriens, soit terrestres, soit aquatiques, sont de même très-répandus. Les serpens sont très-communs, plusieurs sont venimeux, et d'autres, tels que les boas, d'une grosseur énorme. Ils se tiennent en embuscade dans les lieux aquatiques; et, s'élançant sur leur proie, ils l'étranglent, puis lui brisent les os en la serrant des nombreux replis de leur corps; c'est ainsi qu'ils viennent à bout des plus gros animaux. Ensuite, ils étendent leur victime sur la terre, la couvrent de leur bave, qui est une salive très-muqueuse, et commencent à l'avaler, la tête la première. Dans cette sorte de déglutition, les deux mâchoires du boa se dilatent considérablement; il semble avaler un aliment plus gros que lui. Cependant la digestion commence à s'opérer dans l'œsophage: alors le serpent s'engourdit, et il devient très-facile de le tuer, car il n'oppose aucune résistance, et il lui est impossible de s'enfuir; aussi les nègres vont-ils à la recherche de ces serpens afin de s'en procurer la chair, qu'ils aiment beaucoup. Enfin diverses espèces de grenouilles, de crapauds, de tortues complètent la classe des reptiles, si riche dans les contrées intertropicales.

Menrad, voyageur danois, dit que parmi cette multitude d'oiseaux, qui, dans la Guinée, étalent aux yeux des couleurs si belles et si éclatantes, il n'en est pas un qui charme par les accens de sa voix. Le soir, un frémissement général formé par un mélange de bruits confus se fait entendre de toutes parts, mais aucun son harmonieux ne porte à l'oreille de l'homme de douces sensations. Des cris sauvages et des hurlemens lui rappellent qu'il habite la plus triste et la plus inhospitalière partie du monde. Dans le jour, depuis dix heures jusqu'à trois, il règne un silence tel, que la nature entière semble frappée de mort dans ces régions; la nuit y est le temps du mouvement et de la vie.

Parmi les oiseaux domestiques, on voit des poules, des canards, des oies, des pigeons; les pintades et une espèce de perdrix sont très-communes. Les bords des marécages, des étangs et des rivières sont fréquentés par des pélicans, des spatules, des bécasses, des hérons, des aigrettes, des flamans, des vanneaux, des grues, des grues couronnées et beaucoup d'autres oiseaux échassiers. Les oiseaux de proie ne sont pas moins nombreux. Enfin les perroquets, d'espèces très-variées, volent par troupes multipliées et causent de grands dégâts dans les champs.

Beaucoup d'espèces de singes vivent dans la Guinée: le champanzé, le plus grand de tous, a été confondu avec l'orang-outang, qu'il surpasse peut-être en intelligence; le mandrill est hideux par son museau de chien; le callitriche ou singe vert, ainsi nommé de la nuance de son pelage, est le plus doux de cette famille. Les nègres élèvent des bœufs, des buffles, des moutons et des chèvres; les moutons ont du poil au lieu de laine; les chevaux sont petits et laids; l'âne, au contraire, est beau et robuste. Les chameaux sont peu communs; les gazelles et les autres antilopes parcourent les campagnes peu habitées. On rencontre, dans les lieux marécageux, le sanglier d'Éthiopie à l'aspect hideux; le sanglier ordinaire est moins gros qu'en Europe, et le cochon est également petit. L'hippopotame peuple les grands fleuves et les lacs, et l'éléphant habite les forêts et les plaines. Le lion, la panthère, l'hyène, le chacal et d'autres animaux carnassiers vivent aux dépens de ces mammifères paisibles. Le chien est, comme dans nos contrées, le compagnon de l'homme; et, ce qui est réellement surprenant, on ne le voit jamais attaqué de la rage dans ces contrées, dont le climat est si ardent.

L'habitant de cette région de l'Afrique est le nègre, reconnaissable à son teint noir, ses cheveux crépus et laineux, son crâne déprimé, son nez écrasé, son museau saillant, ses grosses lèvres, ses hanches saillantes, ses reins cambrés, ses extrémités inférieures courtes; il exhale une odeur particulière qui se sent de très-loin. Ses traits généraux sont quelquefois modifiés par les localités, et les Européens qui ont vécu longtemps en Guinée et dans tous les pays habités par les nègres, distinguent, au premier coup d'œil, à quelle nation appartient l'individu qu'ils aperçoivent de cette race.

Ce sont les nègres qui, depuis le commencement du XVIe siècle jusqu'à nos jours, ont été la principale marchandise qui s'exportait par mer. C'était une source inépuisable de revenus pour leurs rois; ils vendaient non-seulement les prisonniers faits à la guerre, entreprise souvent pour se les procurer, mais aussi leurs propres sujets, qu'ils enlevaient du milieu de leurs familles; celles-ci ne se faisaient pas le moindre scrupule de prendre dans leur sein un ou plusieurs individus qui étaient livrés en échange de marchandises. La traite s'alimentait ainsi. Aujourd'hui, elle n'a plus lieu qu'à la dérobée; mais le sort de la population ne s'est pas amélioré.

Suivant une tradition répétée par plusieurs auteurs, des marchands de Dieppe expédièrent, dès le milieu du XIVe siècle, des navires à la côte de Guinée, et ne tardèrent pas à y fonder une colonie. Le commerce y fut très-florissant jusqu'en 1413; les guerres civiles, qui commencèrent à troubler la France à cette époque, le firent tomber dans une langueur telle, que les Normands furent obligés d'abandonner tous leurs établissemens. On allègue, pour preuve de ces faits, les noms de plusieurs lieux, qui sont ceux de villes de France. Mais comme les grands historiens de ce royaume n'ont jamais parlé d'entreprises de cette nature, on peut regarder la tradition que nous venons de rapporter comme dénuée de fondement.

Il est avéré, au contraire, que les Portugais découvrirent la côte de Guinée en 1452; ils y souffrirent beaucoup de l'intempérie du climat; leur vaisseau fut poussé sur l'île Saint-Thomas. D'autres expéditions succédèrent à celle-ci; l'une, sous la conduite de Jean de Santarem et de Pierre Escovar, en 1471, s'occupa de bâtir des forts. Par la suite des temps, toutes les nations maritimes de l'Europe fréquentèrent la côte de Guinée, et plusieurs y fondèrent des établissemens qu'elles y ont conservés. Des navigateurs et des commerçans, qui fréquentèrent cette contrée, en ont écrit des relations. On en a aussi de quelques missionnaires, que leur zèle y amena. Les plus anciennes sont contenues dans des recueils de voyages; les plus remarquables de celles qui ont été publiées à part sont celles de Villaut, Français (1666); d'Elbée, Français (1669); Barbot, Français (1680); Loyer, dominicain français (1701); Bosman, Hollandais (1704); Desmarchais, Français (1724); Smith, Anglais (1726); Suelgrave, Anglais (1727); Pruneau de Pommegorge, Français (1743-1769); Römers, Danois (1760); Norris, Anglais (1772); Isert, Danois (1783); Matthews, Anglais (1785); Beaver, Anglais (1792); Watt, Anglais (1794); Meredith, Anglais (1812); Hutton, Anglais (1816-1820); Bowdich, Anglais (1817); Dupuis, Anglais (1820); Laing, Anglais (1821).

En allant le long de la côte, du S. au N., puis de l'E. à l'O., on rencontre les territoires des différens peuples qui l'habitent; les Européens les ont appelés des royaumes. Les uns sont très-circonscrits, d'autres ont une grande étendue; les uns sont tributaires, d'autres indépendans; quelques-uns se sont agrandis aux dépens de leurs voisins; enfin presque tous ont subi les vicissitudes ordinaires aux choses terrestres.

La côte du Gabon n'offre que de petits états peu importans; ceux de l'intérieur, bien plus considérables, ne sont connus que par des relations vagues: les Européens, qui ont voulu y pénétrer, ont péri victimes de l'intempérie du climat. Le Benin est puissant: on dit qu'il s'étend à 20 journées de marche de la mer; le Lagos, le Badagri, l'Ardrah le cèdent en étendue au Dahomey; le Juidah fut jadis important; l'Achanti, fondé depuis plus d'un siècle, compte plusieurs états tributaires; le Cavally est une espèce de république oligarchique; le Sangouin est près du cap des Palmes; le Soulimana, le Kouranko, le Timanni, sont les états les plus septentrionaux.

La forme du gouvernement est en général le

despotisme le plus absolu; le roi consulte parfois ses cabocirs ou capitaines. Les villes sont quelquefois très-vastes et entourées de fossés profonds; les maisons sont en terre, de forme ronde, basses, couvertes en chaume ou en feuilles de palmier; les palais ne se distinguent que par leurs plus grandes dimensions.

La religion ne consiste que dans le fétichisme le plus grossier; tout objet peut être *fétiche*, et par conséquent sacré; c'est un crime d'y toucher. Des jongleurs exploitent la crédulité publique; on les consulte avant d'entreprendre quelque affaire importante, et leur réponse, qu'ils font au nom du fétiche, est toujours bien payée.

Presque partout le vêtement consiste en une pagne dont la largeur diffère et dont la longueur est de trois ou quatre aunes : on la met en écharpe ou en forme de ceinture; on la dispose en manteau. Celle des pauvres est si étroite, qu'elle cache à peine leur nudité. Les femmes sont très-occupées de leur parure; elles se font une étude d'arranger leurs cheveux avec une sorte d'élégance, de les poudrer avec une terre rouge après les avoir enduits d'huile de palmier, de les orner de corail, de verroterie, d'aigrettes; elles se parent de colliers, de pendeloques, de bracelets, d'anneaux, de chaînes de métal.

La nourriture ordinaire est le mil ou sorgho broyé et cuit à l'eau, ou bien des ignames, des patates, du manioc ou des herbes bouillies sur lesquelles on jette un peu d'huile de palme. Un morceau de poisson est un régal. L'excès de la bonne chère est la viande de mouton, de bœuf et la volaille. Bosman observe que si les nègres sont sobres, c'est par avarice, et qu'en revanche ils sont disposés à boire beaucoup. Leur boisson ordinaire est l'eau ou le vin de palme, qui, d'abord, est fort doux, mais qui s'aigrit en vingt-quatre heures; les nègres le gardent ainsi deux autres jours pour avoir le plaisir d'y trouver une certaine âpreté qui leur râcle la gorge et qui les flatte bien plus qu'un goût emmiellé; enfin ils aiment passionnément le vin, l'eau-de-vie et les liqueurs fortes, que leur donnent les Européens.

On conçoit que l'industrie de ces peuples est très-bornée : ils font des gamelles, des plats, des assiettes et d'autres vaisseaux de bois, et des calebasses, des nattes de joncs, des toiles de coton qui n'ont que 5 à 6 pouces de largeur, et qu'ils joignent par pièces au nombre de 10 à 12 pour qu'elles deviennent des pagnes. Quelques-unes sont teintes en bleu; ils fabriquent aussi des poteries et des pipes à fumer et tannent le cuir. Quelques-uns savent tailler les pierres fines et l'ivoire.

La profession dans laquelle ils montrent le plus d'adresse et d'intelligence est celle de forgeron : avec un petit nombre d'instrumens grossiers ils façonnent des sabres, des haches, des couteaux, des serpes, des bêches, qui sont d'une dureté passable et d'un fort beau tranchant. Ces mêmes forgerons font des boîtes à mettre des parfums, des bracelets, des anneaux d'or et d'argent et les bijoux qui entrent dans la parure des femmes.

Le long de la côte, les nègres vont à la pêche du poisson; dans les campagnes ils cultivent la terre; les femmes partagent ces travaux, et en outre prennent soin des enfans, broient le mil. Fort souvent elles s'exténuent pendant que le mari reste tranquillement assis à fumer devant sa case.

Dès que le soleil est couché, commence le temps des divertissemens : les sons rauques d'une trompette et ceux d'une espèce de tambourin se font entendre, et aussitôt toute la population se livre à la danse, qui dure toute la nuit. Les chants et les concerts d'un village répondent à ceux d'un autre. Les nègres sont extrêmement adonnés au jeu. Celui qu'ils nomment *ouri* offre des combinaisons ingénieuses.

Les funérailles d'un nègre sont, comme chez tous les peuples barbares, accompagnées de sanglots, de hurlemens et de cris épouvantables : le corps est mis dans un cercueil avec ses plus beaux habits, quelques ustensiles de cuisine, des bijoux, des armes, et on l'enterre dans un endroit écarté. Cette cérémonie terminée, tous les assistans reviennent à la maison du défunt et l'on se réjouit à boire et à manger pendant plusieurs jours.

Les obsèques d'un roi ou d'un personnage considérable se célèbrent par d'effroyables massacres. On immole sur leurs tombeaux leurs femmes, plusieurs de leurs officiers et leurs esclaves, quelquefois au nombre de plusieurs milliers. Ces boucheries ont lieu également aux grandes fêtes. On y sacrifie aussi des animaux.

Depuis que les Européens fréquentent la côte de Guinée, les nègres connaissent l'usage des armes à feu; ils mettent la poudre dans une corne de bœuf. Les cavaliers sont armés d'une lance, d'un arc et de flèches. Les grands personnages ont des chevaux complètement caparaçonnés et sont vêtus d'une espèce de grand manteau; leurs jambes et leurs cuisses sont enveloppées de toiles de coton, leur tête est couverte d'une espèce de turban surmonté de cornes et derrière lequel pend une touffe de crins (Pl. XI — 2).

3. — Le Seymoun (Vent du Désert.)

4. Négresses du Soudan.

Lorsque Bowdich entra dans Coumassie avec quelques-uns de ses compatriotes, plus de 5,000 hommes, la plupart militaires, vinrent au-devant d'eux avec une musique guerrière étourdissante et qui n'était discordante que par sa confusion. Des décharges continuelles de mousqueterie les entouraient d'une épaisse fumée et ne leur permettaient pas de voir les objets qui se trouvaient loin d'eux. On leur fit faire halte pendant que les capitaines exécutaient une danse pyrrhique au milieu d'un cercle formé par les guerriers. On y voyait une multitude de drapeaux anglais, hollandais et danois; ceux qui les portaient les agitaient en tous sens avec un enthousiasme qui ne pouvait se comparer qu'à celui que mettaient à leur danse les capitaines qui, tout en dansant et en faisant des gestes, des contorsions d'énergumènes, tiraient des coups de fusil de si près que les drapeaux ne se voyaient qu'au milieu des tourbillons de feu et de fumée. Leur suite, placée derrière l'ambassade, faisait aussi des décharges continuelles. Le costume des capitaines était le bonnet de guerre, orné de cornes de bélier dorées qui leur couvraient le front, chargé des deux côtés d'une immense quantité de grandes plumes d'aigle, et attaché sous le menton par une chaîne de cauris. Leur vêtement était de drap rouge qu'on apercevait à peine sous la multitude de fétiches et de grigris en or et en argent, et d'ornemens brodés de toutes couleurs, qui les couvraient et qui battaient contre leur corps pendant qu'ils dansaient. D'autres ornemens étaient mêlés de petites sonnettes de cuivre, de cornes et de queues de divers animaux, de coquilles, de couteaux. Leurs bras étaient nus et des queues de léopard y étaient suspendues. Ils portaient des pantalons de coton fort larges et de grandes bottes de cuir rouge qui montaient jusqu'à moitié de leurs cuisses et qui étaient attachées à leur ceinture par de petites chaînes. Cette ceinture était aussi ornée de sonnettes, de queues de chevaux, de morceaux de cuir et d'un nombre infini d'amulettes. Un petit carquois rempli de flèches empoisonnées était suspendu à leur poignet droit et ils tenaient entre les dents une longue chaîne de fer au bout de laquelle était suspendu un papier chargé de caractères mauresques. Ils portaient à la main gauche une petite javeline couverte d'étoffe rouge et de morceaux de soie. La peau noire de leur visage et de leurs bras ajoutait à l'effet de ce costume singulier et leur donnait une figure à peine humaine (Pl. XI — 4).

Coumassie est à peu près à 45 lieues de la côte, sur le flanc d'un immense rocher ferrugineux. Au N., elle est bornée par un marais qui contient plusieurs sources d'eau potable; les exhalaisons qui en sortent remplissent l'air, matin et soir, d'un brouillard épais et occasionnent la dyssenterie. Coumassie a près de 4 milles de circonférence; quatre des principales rues ont un demi-mille de long, et 15 à 30 pieds de large et bien alignées. Toutes ont des noms et chacune est sous la garde d'un cabocir. Le palais est entouré d'un grand mur par devant et sur les côtés, le marais lui forme un rempart naturel par derrière; il comprend les demeures des frères du roi et de quelques grands personnages, ainsi que deux ou trois petites rues où le roi se promène lorsque, pour se conformer aux superstitions, il ne sort pas du palais.

Bowdich a décrit l'extérieur de la chambre à coucher de ce monarque: elle forme le côté d'une cour de 30 pieds en tout sens; les arbres que l'on voit dans un coin sont des fétiches, de même que les chiffons suspendus à de longues perches, et les coupes de cuivre soutenues par des bâtons fourchus. Au-dessus des portes, de forme elliptique, et reconnaissables à leur surface qui offre un échiquier en relief, pendent des sacs contenant des amulettes écrites par des musulmans (Pl. XI — 3).

La doctrine de Mahomet tend à se propager dans la Guinée. Depuis vit à Coumassie un corps de 300 musulmans, dont l'attitude posée contrastait fortement avec l'allure bruyante des Achantins: leur costume variait; quelques-uns avaient, une tunique sans manches, tombant jusqu'aux genoux, et par dessous une autre plus longue; leur coutelas était enfermé dans un fourreau attaché à un cordon assez court; ils étaient munis d'une lance et coiffés d'un turban en coton, garni de divers ornemens et d'amulettes (Pl. XI — 4).

Les Néderlandais possèdent, sur la côte de Guinée, plusieurs forts et d'autres établissemens; le principal est celui d'Elmina. Les Danois y ont Christiansbourg et d'autres postes fortifiés: ils s'occupent avec zèle de répandre parmi les nègres les bienfaits de la civilisation. Les Portugais ont dans le golfe de Guinée les îles de San-Thomé et Do Principe, toutes deux fertiles et bien boisées.

En 1778, ils cédèrent l'île d'Annobon aux Espagnols, qui n'en prirent point possession. Les Anglais s'y sont établis, et y ont construit le fort Clarence sur un terrain acheté aux indigènes: cette colonie est florissante. Ils ont aussi sur la Côte d'Or et sur la Côte des Esclaves plusieurs forts, entre autres Anamabou et le Cap-

Corse, résidence d'un gouverneur-général. Ils ont essayé de fonder, dès 1787, au S. de l'embouchure de la rivière de Sierra-Leone, une colonie habitée par des nègres libres qui propageraient le christianisme et la civilisation parmi les Africains. L'exécution de ce plan louable a coûté la vie à presque tous les blancs qui sont venus y coopérer. La ville de Freetown et plusieurs villages ont néanmoins prospéré : des écoles et une imprimerie y ont été établies.

Une tentative semblable a été faite par une compagnie de Nord-Américains : ils ont fondé à l'E. S. E. de Sierra-Leone, sur les bords du Mesurado, à l'E. du cap de Monte, la colonie de Liberia ; elle est habitée par des nègres délivrés de l'esclavage, et a pour chef-lieu Monrovia, petite ville fortifiée avec un port. Selon les rapports les plus récens, elle est dans un état assez satisfaisant ; elle a résisté aux attaques de tribus réunies pour l'anéantir ; et son influence bienfaisante se manifeste sur les peuplades voisines.

Quoique les Européens eussent fréquenté depuis le XVe siècle la côte de Sierra-Leone, dont le nom signifie la montagne de la lionne, ils n'avaient pas essayé de remonter le fleuve, qui a son embouchure au nord du promontoire duquel dérive cette dénomination qu'il partage. En 1822, Gordon Laing, major d'infanterie en garnison à Free-Town, fut chargé par sir Charles Maccarthy d'opérer une réconciliation entre deux rois nègres, qui se faisaient la guerre, et de prendre des informations sur l'industrie et le commerce de plusieurs pays de l'intérieur.

Laing partit le 3 février, et revint le 9 ; et, d'après les renseignemens qu'il rapporta, il fut décidé qu'il irait dans le pays des Soulimas où l'or et l'ivoire abondent. Il se remit en route le 16 avril en suivant la rive gauche de la Rokelle, nom du fleuve de Sierra-Leone avant qu'il entre dans l'estuaire formant son embouchure. Laing était alors dans le Timanni. On ne peut cheminer, dans ces royaumes nègres, qu'après avoir terminé des palabres ou négociations avec les chefs ; des présens leur sont faits à cette occasion, et tout cela occasionne des délais très-ennuyeux.

« A Ma-Boung, au moment où nous allions partir, dit notre voyageur, un de mes gens s'aperçut qu'il manquait un fusil dans mon paquet ; j'adressai ma plainte au chef du village et à mon guide, qui, d'après l'usage du pays, était tenu de veiller à la sûreté de mes effets. Celui-ci insista pour voir l'homme au grigri ou magicien. Cette demande ne lui fut accordée qu'après une violente opposition ; alors parut un homme vêtu de la manière la plus extraordinaire : sa tête soutenait un énorme échafaudage de crânes, d'ossemens et de plumes ; il avait les cheveux et la barbe dressés en forme de serpents : son approche fut annoncée par le carillon de morceaux de fer qui, attachés à ses jointures, marquaient chacun de ses mouvemens : il fit plusieurs fois le tour de l'assemblée, puis, se plaçant au centre, il s'informa de la cause qui l'avait fait appeler. Quand on l'en eut instruit, il agita plusieurs fois sa baguette en l'air, et ensuite s'en alla dans un bois voisin où il resta un quart d'heure. A son retour, il parla assez longtemps et finit par nommer l'homme qui avait volé le fusil ; ajoutant qu'il était bien fâché de ce qu'on ne pouvait pas recouvrer cette arme immédiatement parce que le larron était en ce moment bien loin. Je donnai à l'homme au grigri une tête de tabac pour sa peine, et je m'imaginais qu'il m'avait fait un conte ; je me trompais, car, plus tard, en revenant à Sierra-Leone, je retrouvai mon fusil qu'on avait repris au voleur. »

En sortant d'un autre village, Laing eut à se plaindre d'un homme qui prétendait être le grigri de Ba-Simera, et qui, accompagné d'une douzaine d'autres, essaya de s'emparer d'une partie des vêtemens des gens de la troupe ; heureusement on était sur ses gardes et les projets de ces brigands furent déjoués (Pl. XII — 1).

Suivant Laing, les femmes de Ma-Boung sont extrêmement jolies, très-agréables et très-aimables : elles montrent un si vif désir d'être prévenantes et attentives pour les étrangers que leurs agaceries causent souvent des accidens sérieux et très-déplaisans. Comme toutes celles du Timanni, elles n'ont pour vêtement qu'une pagne. Elles aiment beaucoup à orner leur tête, leur cou, leurs bras et leurs poignets de grains de verroterie (Pl. XII — 2).

Dans le Kouranko, le roi fit un accueil très-gracieux à Laing et même lui rendit visite pour lui exprimer ses regrets de ce qu'un long palabre avait mis obstacle à son départ ; « il ajouta, poursuit notre voyageur, qu'il avait donné ordre à plusieurs musiciens de danser pour m'amuser. Quelques minutes après, je vis entrer dans ma cour un homme tenant une espèce de violon.

« Dès qu'il eut commencé à en jouer, les danseurs déployèrent leur agilité avec plus de souplesse que de grâce. Les femmes les entouraient, les encourageaient en frappant des mains et manifestaient leur approbation par leurs acclamations et leurs gestes (Pl. XII — 2). »

Laing fut retenu plusieurs jours à Kamato par

une fièvre violente : le 4 juin, dans la soirée qui était le cinquième jour de sa maladie, il vit arriver une troupe de soldats avec deux chevaux que le roi des Soulimas lui envoyait. Il se mit en route dès le lendemain et traversa la Rokelle sur une espèce de pont suspendu fait très-grossièrement : on le nomme un nyankata. Dans toutes les villes où il s'arrêtait, il était reçu par des bandes de musiciens; on le félicitait sur sa venue. Il était abondamment pourvu de vivres de la part du roi : ces marques d'honneur augmentèrent à mesure qu'il approcha de la capitale.

Le 11 juin, il entra dans Falaba. Le roi lui prit la main et le fit asseoir à côté de lui. Des évolutions militaires accompagnées de salves de mousqueterie complétèrent la fête, elles étaient entremêlées de danses et de chants qui avaient pour objet l'arrivée de l'homme blanc.

Le Guiriot qui conduisait le chœur était élégamment vêtu de toile blanche; il avait le poignet et les coudes ornés de grelots et frappait sur un balafo dont le son était fort doux. Un autre musicien tenait sous le bras gauche un tambour et de la main droite un morceau de fer creux.

Les danseuses, parées de belles pagnes blanches et jouant avec une écharpe, avaient la tête ornée d'une espèce de diadème en cauris et en toile (Pl. XII — 3).

Laing, qui souffrait encore, n'était nullement amusé du vacarme qui l'entourait : « Non, jamais, dit-il, je n'ai entendu voix de femme poussée si haut, j'en étais réellement effrayé; j'appréhendais à chaque instant de leur voir cracher le sang, surtout quand la mesure était longue et qu'elle s'efforçaient de continuer à vociférer jusqu'au dernier point sans reprendre haleine. »

Quand la fête fut terminée, il obtint, non sans peine, la permission de se retirer. En allant à la maison qui lui avait été assignée pour y loger et qui était éloignée d'un bon demi-mille, il fut obligé de traverser une foule innombrable de femmes et d'enfans ravis d'admiration. Tous le saluaient à haute voix; il fallait à chaque instant qu'il fît une réponse polie : il suppose que plus d'une fois on ne lui adressa la parole que pour l'entendre parler, car, lorsqu'il avait répondu, on s'écriait : « Il parle, l'homme blanc parle. » Ces importunités qui, dans un autre temps, l'auraient amusé, le fatiguèrent et le harassèrent tellement, que, dès qu'il fut entré dans son logis, il s'étendit sur sa natte et ressentit aussitôt le premier frisson d'une attaque de fièvre. Peu d'instans après, le général des Soulimas arriva dans la cour, précédé d'une troupe de musiciens; mais, voyant que Laing était malade, il se retira. Malgré de nouvelles interruptions, qui toutes avaient pour motif de l'honorer, il se trouva en état d'assister le 14 à une grande fête. L'usage veut que tous les ans les habitans de Falaba donnent au roi trois jours de leur travail : l'un pour semer son riz, l'autre pour le sarcler, le troisième pour le moissonner. Laing fut témoin du labourage et de la semaille. Le roi assista au travail, qui s'exécuta au son des instrumens de musique : les ouvriers étaient divisés en deux lignes, l'une de 500, l'autre de plus de 2,000 individus. Les premiers semaient le grain, les autres le couvraient de terre avec la houe; l'ouvrage semblait marcher comme par enchantement.

Le 11 juillet, Laing fut en état d'aller à cheval jusqu'à Sangouïa, ville très-considérable à 10 milles au N. N. O. de la capitale. Elle est dans une vaste plaine entourée de montagnes en amphithéâtre. Elle est bien bâtie, très-propre et entourée d'un mur épais et très-élevé. De retour à Falaba, Laing, qui désirait continuer sa route vers l'E., afin d'arriver, si c'était possible, aux sources du Dialiba, sonda le roi sur cette tentative. Aussitôt ce monarque s'écria : « Allah Akbar ! » Puis il ajouta, en secouant la tête : « Homme blanc, cela est impossible; je suis en guerre avec les peuples du Kissi, pays d'où sort la rivière : en apprenant que tu arrives du mien, ils te tueront à l'instant. » Laing, contrarié, fit de nouvelles instances; le lendemain, le roi s'engagea à envoyer deux messagers à un chef, qui était son allié, et dont la ville était voisine du Dialiba; et il promit que si ce chef consentait à lui envoyer son fils en ôtage, il laisserait partir Laing; « car, lui dit-il, tu es mon étranger, et je dois veiller à ta sûreté. »

Le 19 août, Laing partit enfin pour continuer son voyage à l'E. Il avait déjà atteint un village sur la frontière, où il passa le reste de la journée. Dès le lendemain, arriva un messager du roi qui était chargé de le ramener à Falaba. La résistance eut été inutile; les nouvelles objections que le monarque nègre fit à notre voyageur, les craintes qu'il lui témoigna sur les dangers de son entreprise le déterminèrent à retourner à Sierra-Leone. Le roi fut enchanté de cette détermination.

Laing obtint, avec beaucoup de difficulté, un guide pour aller explorer le cours de la Rokelle. Cette rivière est la seule qui, suivant l'observation de Laing, dans ces contrées, conserve son nom depuis la source jusqu'à la mer.

Il partit le 2 septembre et chemina vers l'E.; le 3, il était près de l'emplacement de Berria; le lendemain, il arriva aux sources de la Rokelle, qui sont sous un rocher immense et ombragées par un bouquet de dattiers. Le jour suivant, il grimpa sur une montagne, et put, de son sommet, distinguer le mont Loma, à environ 25 milles au S. E.; c'est le plus élevé de toute la chaîne dont il fait partie. Les nègres indiquèrent à Laing le point d'où sort le Dialiba : il lui parut de niveau avec celui où il se trouvait, c'est-à-dire à près de 1,600 pieds d'altitude. Le mont Loma est situé dans le Sangara, contrée riche en bestiaux, en chevaux, en pâturages, en mil et en riz, divisé en un grand nombre de petites tribus. Les habitans sont belliqueux ; l'arc et la lance sont leurs principales armes. Le roi des Soulimas en a un grand nombre à son service (Pl. XII — 4). A son origine, le fleuve porte le nom de Tembié, mot qui signifie eau dans la langue du Kissi.

De retour à Falaba, Laing fut de nouveau comblé de marques d'amitié par le roi; il reçut des lettres de Sierra-Leone. Entre autres objets qu'on lui envoyait se trouvait une lancette et deux tubes de vaccin. Il obtint la permission de vacciner un grand nombre d'enfans, à commencer par ceux du roi. Le 17, il quitta Falaba, accompagné du roi, qui, en se séparant de lui, ne put cacher son attendrissement, lui fit de riches présens et le pria de revenir dans ses états.

Etant à Kamato, Laing y vit arriver Ballansama, roi du Kouranko septentrional ; il était accompagné de 300 hommes et d'un nombre presque égal de femmes, dont la plupart lui appartenaient. Le 26 octobre, il fut de retour à Sierra-Leone.

CHAPITRE XV.

Sénégambie.

Les Européens ont désigné par le nom de Sénégambie la contrée de l'Afrique occidentale comprise à peu près entre 10° et 18° de latit. N., et entre 6° et 20° de long. O. Elle est bornée au S. par la Guinée, à l'E. par le Soudan, au N. par le Sahara, à l'O. par l'Océan Atlantique. On évalue sa longueur à 300 lieues, sa largeur moyenne à 200, sa surface à 54,000 lieues carrées. La côte est généralement très-basse et bordée d'immenses terrains d'alluvion ou d'attérissement. Le pays s'élève à mesure qu'on s'avance vers l'intérieur. Ses deux principaux fleuves, le Sénégal et la Gambie, prennent leur source dans les montagnes, sous le 10° de lat., coulent d'abord au N., puis tournent vers l'O. Le Rio-Grande suit les mêmes directions. On remarque, sur la côte, le Cap-Vert, ainsi nommé parce que de grands baobabs entourent sa base et contrastent avec l'aridité du sable qui couvre le rivage. Tout ce que nous avons dit du climat, de la température et des productions naturelles de la Guinée peut s'appliquer également à la Sénégambie. Les nègres qui l'habitent sont partagés en plusieurs nations, parmi lesquelles on distingue les Mandingues, au S., et les Yolofs, au N. Les Foulahs ou Fellatas diffèrent de ces deux familles par une couleur moins foncée et une chevelure moins crépue que celle des nègres. Les Yolofs et les Mandingues ont le visage ovale, le nez moins aplati et les lèvres moins épaisses que les nègres de la Guinée inférieure ; ils sont de taille moyenne et bien prise, gais, vifs, enjoués, braves et querelleurs. Une partie de ces peuples a embrassé l'islamisme, et on ne trouve pas chez ceux qui sont restés idolâtres les horribles coutumes de la Guinée.

Les Foulahs ou Feloups rassemblent leurs cheveux sur le sommet de la tête, au-dessus du front, et en forment une espèce d'aigrette de 5 à 6 pouces de longueur. Ils laissent croître leur barbe et la taillent en pointe. Ils sont couverts d'amulettes ou grigris. Leurs armes sont des arcs, des flèches et des zagaies.

Les Mandingues et les Yolofs s'enveloppent la partie inférieure du corps d'une pagne qui tombe jusqu'aux genoux ; une autre, qui est de toile de coton rayée, leur couvre en tout ou en partie le haut du corps. Ils se coiffent d'un petit bonnet. Ils portent au cou, et en bandoulière, de nombreux grigris. Quand ils travaillent, ils sont presque nus. L'habillement des femmes est composé de deux pagnes, l'une longue d'une aune et demie, qui se noue au-dessus de la ceinture et tient lieu de jupon, et l'autre beaucoup plus longue, et dont un bout se rejette sur l'épaule gauche comme un manteau. Celles qui sont aisées portent sur cette pagne une chemisette qui ne dépasse pas la gorge et n'a point de manches.

Pour se procurer le vin de palmes, il faut grimper au haut de l'arbre dont on le tire, et qui s'élance souvent à plus de 80 pieds; à cet effet, les nègres font un cerceau avec des branches de palmier amorties au feu. Ces cerceaux s'ouvrent par le moyen d'un nœud, de manière que, fermés, ils puissent contenir l'homme et l'arbre, en laissant entre eux deux au moins deux pieds de distance. Le nègre appuie les reins contre les cerceaux et les pieds contre l'arbre, en les élevant successivement, tandis

1. Vue d'une partie de la Ville de Tombouctou prise d'un tertre à l'E. N. E.

J. Bailly del.

qu'avec ses mains il fait monter le cerceau et parvient ainsi par degré jusqu'à la cime. Alors, assis sur son cerceau, il prend un instrument de fer tranchant par le bout; après avoir fait une incision dans l'arbre près de l'endroit où croît le fruit, il y insinue quelques feuilles pour servir de conduit à la sève et la faire tomber goutte à goutte dans une calebasse qui la reçoit, et qu'il laisse attachée aux branches les plus proches. Lorsqu'il a fini ce travail, il retire les autres vases qu'il y avait placés la veille, et qui sont remplis de liqueur (Pl. XIII — 2). Un bon palmier produit ordinairement 10 à 12 pintes de vin. Lorsqu'on vient de le descendre de l'arbre, il présente une boisson douce, blanche, un peu sucrée, légèrement acidulée, pétillante, assez semblable à du vin de Champagne blanc un peu sucré. Les Européens le trouvent alors délicieux; il ne porte pas à la tête, à moins qu'on en boive une trop grande quantité, et il est fort rafraîchissant. Au bout de vingt-quatre heures, sa fermentation est si vive, qu'il devient aigre et fait sauter les bouchons avec éclat. C'est alors que les nègres le boivent; il est fort enivrant et cause de violens maux de tête lorsqu'on en boit avec excès. Au bout de trois ou quatre jours, ce n'est plus que de mauvais vinaigre.

Les Portugais arrivèrent en 1444 sur la côte de la Sénégambie. Denis Fernandez découvrit, en 1446, l'embouchure du Sénégal, et, bientôt après, le Cap-Vert; d'autres navigateurs de la même nation s'avancèrent jusqu'à Sierra-Leone et au-delà. Ils formèrent quelques autres établissemens dont ils n'ont conservé qu'une partie. D'autres nations de l'Europe les suivirent dans ces parages. Cadamosto, Italien, les a décrits (1454).

Les Français s'établirent, dès 1626, dans la partie septentrionale de la Sénégambie. Plusieurs de ceux qui ont visité cette contrée en ont publié des relations; tels sont Alexis de Saint-Lô, capucin (1635), Jannequin (1637), Lemaire (1682), Gaby, cordelier (1682), Brue, dont les observations précieuses ont été publiées par le père Labat (1697 à 1718); Pruneau de Pommegorge (1743), Adanson, célèbre naturaliste (1749), Demanet (1763), Lamiral (1779), Durand de las Bordas (1784), Golberry (1785), Geoffroy de Villeneuve (1785), Pelletan (1787).

L'île de Saint-Louis, chef-lieu des établissemens français sur la côte occidentale d'Afrique, est un banc de sable formé par le Sénégal, et dont la distance de la mer varie, mais est à peu près de 3 lieues. « Cette île, que les nègres appellent Ndar, dit M. Geoffroy, a 1,200 toises du N. au S., et 100 toises de l'E. à l'O., largeur moyenne. Vue de la mer, elle présente un aspect assez agréable. Le fort est l'objet principal du tableau. A droite et à gauche s'étendent les deux parties de la ville, dont les rues sont bien alignées et composées la plupart de cases en paille entremêlées d'un assez grand nombre de maisons en maçonnerie, couvertes en plate-formes (Pl. XIII — 1). Les bois que l'on aperçoit au-delà appartiennent à l'île de Sor; entre la mer et l'île Saint-Louis s'étend une langue de terre sablonneuse, étroite, d'une aridité affreuse, et que l'on appelle la pointe de Barbarie. En face du fort, Ghethendar, village nègre, occupe un mamelon sur cette presqu'île. L'île de Gorée, au S. du Cap-Vert, et une partie de la côte voisine, appartiennent aussi à la France.

La population de l'île Saint-Louis se compose de nègres libres et esclaves, de mulâtres et de quelques blancs. Saint-Louis est le principal entrepôt de commerce de la colonie française, lequel consiste en gomme, cire, ivoire et peaux de bœufs. La France a des postes à Bakiel et à Podor. C'est à ce dernier que remontent les navires qui vont faire la traite de la gomme avec les Maures habitant sur la rive droite du fleuve. Dans la saison où il déborde, de la fin de juillet à la fin de septembre, on le remonte jusqu'aux cataractes qui interrompent son cours dans le pays de Galam, à 350 lieues de la mer. Autrefois, la traite des nègres était le principal objet de ce voyage. Il est très-dangereux pour les blancs. La plupart de ceux qui l'entreprennent périssent victimes de l'insalubrité du climat, et le petit nombre de ceux qui échappent à la mort reviennent avec une santé délabrée.

Le cours du Sénégal forme, dans cette région, la ligne de démarcation entre les Maures et les nègres. On a vu, plus haut, que trois nations de ces derniers se partagent la domination de la Sénégambie; c'est parmi elles que se sont effacés les Serrères, les Djalonkès et une foule d'autres peuplades moins considérables. Chez les Foulahs, on trouve des monarchies sacerdotales et électives, héréditaires et mixtes chez les Mandingues, mixtes chez les Yolofs.

Les états yolofs sont l'Oualo, près de l'embouchure du Sénégal; le Cayor, le long de la côte jusqu'au Cap-Vert; le Baol et le Syn, plus au S. Tous sont des démembremens du grand empire des Yolofs, dont il reste encore le royaume de ce nom dans l'intérieur, et dont le chef est reconnu par les autres comme une sorte de suzerain.

Les états foulahs commencent au N. des précédens, à la rive gauche du Sénégal; ce sont le Fouta-Toro, le Bondou, au S. E.; le Fouta-Dhiallon, qui occupe la contrée haute où sont les sources du Sénégal, de la Faleme son affluent, de la Gambie et du Rio-Grande; le Fouladou, plus au N.

Sous le nom de Mandingues on comprend les Sousous et les Bambaras, qui parlent la même langue; leurs états sont le Kaarta, au N. du Sénégal; le Kadjaga ou Galam, traversé par ce fleuve et par la Faleme. Ce pays est riche en or. Le poste de Bakel est sur ce territoire. Les Français y avaient autrefois le fort Saint-Joseph; le Bambouk, le Dentilia, sur la Haute-Faleme; le Tenda, l'Oully, le Saloum, sur la Gambie; le Cambou, entre le Rio-Geba et la Gambie.

C'est près de l'embouchure de ce fleuve qu'est situé le principal établissement des Anglais, sur l'île Banjole ou Sainte-Marie; on l'a choisie à cause de ses avantages pour le commerce, quoique son climat soit très-insalubre. On y voit la petite ville de Bathurst. Vintam, Djonkakonda, sur la rive droite et à 90 lieues de l'embouchure de la Gambie, et Pisania, à 45 lieues à l'E. de Bathurst, sont leurs autres postes.

Dès les premiers temps de leur séjour au Sénégal, les Français avaient entendu parler de la richesse des mines d'or de Galam. Brue, qui mettait la plus grande importance à bien connaître ce pays, résolut d'y envoyer un de ses facteurs pour l'examiner. La plupart de ceux auxquels il proposa de faire ce voyage refusèrent de l'entreprendre, quoiqu'il leur promit une forte récompense; quelques-uns même, après avoir donné leur parole, se pressaient de la retirer dès qu'ils apprenaient de quels dangers étaient menacés les blancs qui osaient pénétrer dans le royaume de Bambouk. Enfin Compagnon, un de ces facteurs, risqua ce périlleux voyage. Après s'être muni de marchandises convenables et de présens pour les chefs de villages qui pouvaient favoriser son dessein, il remonta le Sénégal jusqu'au fort Saint-Joseph, puis il parcourut le Galam dans tous les sens pendant dix-huit mois. Il visita les fameuses mines de Tamba-aoura et de Netteko, dans le Bambouk, fixa ses observations sur tous les objets dignes d'attention, et leva la carte du pays. La sagesse de sa conduite et son adresse lui gagnaient l'affection des naturels, et calmèrent leur défiance contre les blancs. Il obtint des échantillons de la terre dont on tirait l'or, et en envoya à Brue, qui les fit passer à Paris. Compagnon est le premier Français qui soit entré dans ces contrées, peu visitées par les Européens.

En 1786, Durand, directeur de la Compagnie du Sénégal, pour se soustraire aux exactions des peuples qui bordent le fleuve, et au milieu desquels il faut passer quand on le remonte pour aller à Galam, résolut d'y envoyer par terre un de ses employés. Son choix tomba sur Rubault, qui partit le 11 janvier 1786, avec Sidy-Carachy, Maure, que sa qualité de marabout ou docteur de la loi rendait respectable partout. Il était accompagné de deux nègres conduisant trois chameaux destinés à porter le bagage et les vivres, et à servir de montures. Il traversa tantôt des campagnes bien cultivées, et dont les habitans lui firent un accueil amical, tantôt des forêts épaisses, peuplées de lions, de panthères et de chacals. Le roi d'Yolof, qui résidait à Hikarkor, après avoir témoigné à Rubault sa joie de voir un blanc s'entretenir avec lui des différens genres de commerce dont son pays était susceptible, lui fit entendre qu'il serait très-flatté si les Français s'établissaient dans ses états.

Le 31 janvier, après avoir voyagé pendant quatre jours dans une forêt très-touffue, Rubault entra dans le pays des Mandingues. Le chef de Malème, dans le royaume de Bambouk, le combla de marques d'amitié. Ces nègres sont beaucoup plus civilisés que ceux de la côte. Ceux qui habitent Caldenne sont presque tous teinturiers.

Arrivé dans le royaume d'Youli, Rubault eut à franchir des montagnes escarpées et très-hautes; deux de ses chameaux, ayant bronché dans un passage étroit et difficile, furent à l'instant précipités au fond d'un abîme d'où il fut impossible de les retirer; c'étaient précisément ceux qui portaient ses marchandises de traite. Cet accident devint la cause de tous les désagrémens qu'il essuya pendant le reste de son voyage, n'ayant plus rien à donner aux différens princes par le territoire desquels il passait. Le chef du premier village qu'il traversa ne voulait pas le laisser partir sans ce qu'il lui eût fait un présent. Rubault obtint cependant la liberté de s'en aller, en promettant d'envoyer de Galam de la poudre et un fusil. Ce fut à l'aide de semblables promesses, faites dans différens endroits, que Rubault arriva le 17 février à Tamba-Boucani, village dépendant du royaume de Galam. C'est dans ce village qu'était situé le fort Saint-Joseph. La veille, Rubault avait couché à Kaïnoura, village considérable situé sur les bords de la Faleme à 20 lieues au-dessus de son confluent avec le Sénégal. Rubault n'avait mis que trente-six jours à se rendre à sa destination, et il avait séjourné pendant dix jours, ce qui réduit à vingt-six jours le temps nécessaire pour faire la route.

Rubault ne tarda pas à gagner l'affection des habitans du pays. Sirman, leur prince, écrivit à Durand pour lui annoncer l'heureuse arrivée de son agent; il témoignait aussi le plus vif désir de voir Durand entreprendre ce voyage. La lettre du prince nègre fut portée par Sidy-Carachy, auquel Rubault en remit également une. « Ma santé, disait-il, s'est bien soutenue, et je me porte bien; mon voyage a été pénible sous le rapport des privations et des fatigues; mais partout j'ai trouvé de bonnes gens qui nous aiment et qui nous désirent, et qui m'ont traité de leur mieux; presque partout on m'a fait des demandes : j'ai donné ce que j'ai pu; souvent rien, toujours peu de chose; nulle part je n'ai été insulté. » Rubault exposait ensuite l'état des affaires, et son récit faisait concevoir les plus flatteuses espérances. Malheureusement elles ne se réalisèrent pas. Au mois d'août, les esclaves renfermés dans le fort, qui était en assez mauvais état, se révoltèrent. Rubault, averti par le tumulte, sauta par la fenêtre; il fut arrêté sur-le-champ et massacré; la maison et les magasins furent livrés au pillage. Les habitans de Galam, absolument étrangers à cet événement, n'en furent instruits que lorsqu'il n'était plus temps d'arrêter l'insurrection; elle fut si rapide et si violente, qu'ils eurent de la peine à se garantir eux-mêmes. Plus tard, ils envoyèrent une députation à l'île Saint-Louis pour calmer l'indignation des Français. Comme le mal était sans remède, on fut obligé de ne plus s'occuper de cette malheureuse affaire.

En 1818, M. Mollien, attaché à l'administration du Sénégal, entreprit, avec l'autorisation du gouvernement, de pénétrer dans l'intérieur de l'Afrique. Le 28 janvier, il partit avec Diai Boukari, marabout nègre qui parlait l'arabe, le foulah, et l'yolof. Les voyageurs avaient un cheval et un âne pour porter leur bagage. Ils firent route à l'E., traversèrent le pays des Bourb-Yolof, puis le Fouta-Toro : ces deux pays sont séparés par une immense forêt. Le terrain, depuis le bord de la mer, s'élève insensiblement jusqu'à ce point. On avait rencontré une caravane à laquelle on s'était joint : elle était composée d'une soixantaine de personnes de tout âge et de tout sexe; les unes marchaient à pied, en chassant devant elles leurs ânes chargés de sel, de petit mil et de pagnes, qu'elles allaient vendre dans les pays situés plus à l'E.; d'autres conduisaient des troupeaux. Les cavaliers, au nombre desquels était M. Mollien, étaient chargés de faire avancer les traîneurs et d'aller à la découverte. Chacun portait sa provision d'eau et de riz sec. On ne se mettait jamais en route avant de demander à Dieu qu'il rendît le voyage heureux. Tandis que l'on cheminait dans la forêt, on entendit tout-à-coup le rugissement d'un lion. La terreur s'empara de toute la caravane; les femmes se réfugièrent entre les jambes des chevaux, et notre voyageur avoue qu'il fut très-effrayé; car il était loin d'ajouter foi à ce que disent les nègres, que le lion n'attaque pas l'homme dans les bois. La crainte avait donné des forces aux plus faibles, et la caravane faisait beaucoup plus de chemin depuis l'apparition du lion (Pl. X — 6). On allumait de grands feux, précaution indispensable pendant la nuit en Afrique, où la rosée est très-abondante, et où il est dangereux d'arrêter la transpiration.

A Sénopale, patrie de Boukari, nos voyageurs furent traités comme de vieux amis; plus loin, pendant que M. Mollien était à Banaï, son guide vint lui annoncer que l'almamy ou roi du pays voulait absolument le voir. On passa de nouveau à Sénopale et on entra dans Dandiolli où se trouvait alors l'almamy. Ce prince fit venir Boukari pendant que M. Mollien reposait, et chercha par des questions astucieuses à le mettre en défaut. Boukari lui répondit avec douceur et lui expliqua avec franchise toute leur conduite; l'almamy fut si content de son discours qu'il lui dit : « Si ton blanc veut retourner au Sénégal ou aller dans l'Oully, je lui donnerai un guide; je le prends sous ma protection, il n'a rien à craindre. » Le 11 mars, M. Mollien, muni d'un passeport de l'almamy, fit route au S., puis il traversa le Nerico et entra dans le Bondou, où il fut bien reçu par les habitans. Un désert sépare ce pays du Fouta-Dhiallon. On le traversa en compagnie d'une caravane. Cette contrée montagneuse est sujette aux tremblemens de terre; peu de mois avant le passage de M. Mollien on en avait éprouvé un extrêmement violent. Ces monts s'élèvent toujours davantage en se prolongeant à l'E., et leurs ramifications renferment les sources d'une infinité de ruisseaux qui répandent quelque verdure au milieu de cette région stérile.

M. Mollien prit un guide qui, par des chemins détournés, le conduisit à travers les monts Badet sur une haute cime d'où l'on apercevait en bas deux bouquets de bois; l'un cachant la source de la Gambie (*Diman* en foulah) l'autre, celle du Rio-Grande (*Comba*). Ce ne fut pas sans résistance que le nègre consentit à conduire notre voyageur jusqu'à ces sources : il fut résolu que, pour courir moins de risques d'être découverts, Boukari se rendrait seul au village voisin; continuant de marcher à l'O., M. Mollien et son guide descendirent rapidement la montagne ferrugineuse dont ils parcouraient le sommet depuis le lever du soleil. Il examina les deux sources, puis se hâta de rejoindre Boukari, et on se décida à partir tout de suite pour ne pas éveiller les soupçons des habitans. Tous les villages que M. Mollien traversa ensuite en allant au S. E. sont entourés d'orangers, de papayers et de bananiers; c'est aux Portugais que le Fouta-Dhiallon doit ces arbres fruitiers qui ne sont pas indigènes de l'Afrique. M. Mollien visita ensuite la source de la Falème, et le 20 avril il entra dans Timbou, capitale du Fouta-Dhiallon : il alla loger chez un tisserand, par l'ordre d'Abdoulaï, simple marabout qui remplissait les fonctions de gouverneur en l'absence du roi. « Ce vieillard, dit M. Mollien, refusa d'abord de nous recevoir à cause de la disette qui régnait à Timbou; ensuite il consentit à nous donner asile, fort heureusement pour nous, car il pleuvait à torrens; c'était le prélude de la saison pluvieuse.

« On vint le lendemain de grand matin nous annoncer que nous ne pouvions partir qu'après le retour de l'almamy, qui ne devait avoir lieu que dans 25 jours; cette injonction équivalait à un ordre de rester à Timbou pendant six mois, car durant la saison des pluies, il est presqu'impossible de voyager dans un pays où les ruisseaux deviennent alors de larges rivières. Depuis longtemps je m'étais résigné à la patience, ce nouveau contre-temps ne m'irrita donc pas. Cependant j'allai aussitôt avec Boukari chez Abdoulaï. Il était occupé à tenir avec d'autres marabouts une conférence littéraire; l'un d'eux lisait à haute voix; les jeunes gens suivaient attentivement sur leurs livres, et Abdoulaï, qui était aveugle, expliquait les passages difficiles. La discussion s'entamait ensuite sur le sens de divers passages du livre qui était l'histoire de Mahomet : puis un des jeunes gens prit le livre et lut tout haut; les autres, dirigés par un marabout, corrigeaient les fautes qui s'étaient glissées dans les copies de l'ouvrage qu'ils tenaient entre les mains. Le silence le plus profond régnait parmi cette jeunesse qui paraissait vraiment studieuse. Boukari eut occasion de montrer qu'il savait parfaitement l'arabe, car on lui adressa diverses questions auxquelles il répondit d'une manière qui surprit tous les auditeurs. La classe se tenait dans la case d'Abdoulaï; c'était réellement celle d'un savant. Un lit avec une natte, une outre remplie de livres, une cruche pleine d'eau, deux ou trois pots pour les ablutions en composaient l'ameublement. La leçon terminée, Abdoulaï nous fit passer dans la salle d'audience et me demanda le sujet de mon voyage. « Je suis venu, lui répondis-je, pour saluer l'almamy de la part du gouverneur de Saint-Louis et l'inviter à engager ses sujets à donner plus d'activité à leurs relations avec notre colonie, ou toutes les marchandises abondent; je lui offre ce fusil en présent, et je me propose de te donner deux mains de papier. » Je réservai, comme on voit, la partie la plus éloquente de mon discours pour la péroraison. Abdoulaï approuva le but de mon voyage, m'assura que jamais présent aussi magnifique n'avait été offert à l'almamy, et que les habitans du Fouta-Dhiallon s'empresseraient d'aller à Saint-Louis; c'est ce qui arriva effectivement. »

Cette négociation, et quelques présens de plus, valurent à M. Mollien la permission de partir le lendemain. Abdoulaï lui fit don, au nom de ses concitoyens, de deux sacs de riz, et lui remit une lettre écrite en arabe; elle constatait que Gaspard Mollien et Diaï-Boukari étaient venus à Timbou, et que l'approche des pluies les avait obligés à n'y séjourner que 3 jours. Cette lettre se terminait par cette formule : « Grâces à Dieu, si leur voyage se termine sans accidens. » Elle était adressée au gouverneur de Saint-Louis.

La ville de Timbou ne l'emporte sur les villages de ces contrées que par son étendue. « Qu'on se représente, dit M. Mollien, des milliers de nos meules de blé, disposées sans symétrie, et l'on aura une idée exacte de la capitale du Fouta-Dhiallon. Les habitans entretiennent des relations très-fréquentes avec le Rio-Nunez et Sierra-Leone. » Nos voyageurs se mirent en route le 23, et allèrent visiter la source du Sénégal. M. Mollien grava sur l'écorce d'un des arbres voisins, la date de l'année dans laquelle il avait fait cette découverte.

L'aspect des lieux que l'on avait parcourus en allant à Timbou, avait totalement changé; le pays plat était inondé, on ne pouvait plus voyager qu'en portant ses vivres sur son dos. A Bandeïa, M. Mollien acquitta le terrible tribut que doivent les Européens à l'humidité pénétrante qui charge l'air dans la saison des pluies. La dyssenterie se joignit à une fièvre tenace qui le tourmentait depuis plusieurs jours; bientôt il se crut sur le point de mourir; et il écrivit ses dernières volontés. Dans ces terribles momens, le nègre qui l'avait reçu dans sa case avec une

2. Femmes de Tombouctou.

3. Femmes de Bournou.

cordialité apparente, essaya de l'empoisonner pour s'emparer de sa dépouille : heureusement, M. Mollien put échapper à ces dangers; il se fit placer sur son âne par Boukari et son nouveau guide, et le 22 juin, après un voyage très-pénible à travers des montagnes, il entra dans un village du Tenda, pays petit et pauvre situé sur la première terrasse, par laquelle on descend du haut plateau du Fouta-Dhiallon dans les contrées arrosées par le Rio-Grande. Après avoir passé deux fois ce fleuve, la petite caravane fut reçue par le chef de Kansoraly. Ce brave homme fit préparer pour M. Mollien, qui était dans un état désespérant, un lit formé de roseaux très-souples. M. Dioqui, gouverneur de Géba, établissement Portugais peu éloigné de Kansoraly, n'eut pas plutôt appris, par une lettre de M. Mollien que lui remit Boukari, la triste position où il se trouvait, qu'il lui envoya du vin de Porto, trois pains frais, du sucre et du tabac en poudre. Il l'invitait en outre à se rendre auprès de lui, où tous les soins lui seraient prodigués. Après avoir passé quelques jours chez ce brave homme, il profita du départ d'une barque pour se rendre à Bissao, dont le gouverneur, M. de Mattos, se montra aussi généreux envers lui que M. Dioqui. Après bien des contre-temps, qui retardèrent le départ de M. Mollien, il s'embarqua, le 3 janvier 1819, sur une goëlette de Gorée, et le 19 il revit l'île Saint-Louis.

Parmi les renseignemens importans qu'il recueillit dans son voyage, où il s'éloigna de plus de 150 lieues du point de son départ, on peut remarquer qu'il a parlé le premier de Kouranko, du Soulimana, du Sangara, dont Laing a plus tard fait mention, et que, de même que ce voyageur, il a indiqué les sources du Dialiba près du point où celui-ci les a marquées.

En 1815, l'Angleterre fit partir de l'embouchure du Rio-Nunez une expédition pour l'intérieur de l'Afrique; elle était composée de Peddie, officier d'infanterie, Campbell, capitaine, et Cowdrey, chirurgien-major. Ce dernier ne tarda pas à succomber à l'influence du climat, et fut remplacé par Dochard; on s'avança dans l'intérieur. Le 1er janvier 1817, Peddie mourut près de la frontière du Fouta-Torro. Le 13 juin, Campbell ne put résister aux fatigues qu'il avait éprouvées, et rendit le dernier soupir; c'est ce même officier qui, au mois de février 1815, quitta l'île d'Elbe où son gouvernement l'avait placé comme résident auprès de Napoléon et alla passer son temps à Florence. En revenant le 27 à l'île d'Elbe, il aperçut, du haut du vaisseau qu'il montait, la petite flotille qui allait débarquer à Cannes; mais, ajoute-t-il dans la justification qu'il adressa à son gouvernement, sans se douter de ce qu'elle portait.

Après d'autres désastres, Gray, major d'infanterie, prit le commandement de l'expédition au mois de novembre 1817; on retourna vers la côte. Le 3 mars 1818, on partit de l'île Sainte-Marie, à l'embouchure de la Gambie; on remonta ce fleuve jusqu'à Kayaye, puis on marcha vers l'E. à travers l'Oully et le Bondou. Boulibany, capitale de ce dernier royaume, est dans une vaste plaine bornée à un quart de mille à l'E. par une chaîne de montagnes rocailleuses, et à l'O. par le lit d'un gros torrent qui, dans la saison pluvieuse, va se perdre dans la Falème. Le 17 juillet, le roi de Bondou permit, après de longues négociations, aux Anglais de s'établir à Samba-Contaye, petit village à 27 milles au N. de Boulibany. Le 23, Dochard se sépara de la caravane avec quelques hommes pour aller porter un présent à Dhaa, roi de Ségo. Les pluies étaient à cette époque si fréquentes que l'on comptait à peine un jour de sécheresse pour toute une semaine. Nos voyageurs étaient parvenus, à force de travail, à se construire des cabanes plus solides que celles des nègres, et l'espèce d'abondance dont ils jouissaient avait un peu diminué leurs souffrances.

Dans les premiers jours d'août, Gray apprit que la flotte française de Saint-Louis était arrivée à Galam; il se rendit aussitôt à Conghell, ville située sur le Sénégal; il resta deux jours avec les officiers français; à son retour, il trouva l'almamy malade. Ce dernier mourut le 8 janvier 1819. Son successeur exigea impérieusement que Gray transportât son camp dans Boulibany; il fallut obéir. Le 22 mai, Gray quitta Boulibany, et se dirigea vers le Sénégal. Arrivé à Bakel, les officiers français le reçurent avec la plus grande cordialité, et lui promirent de lui fournir tous les secours qui seraient en leur pouvoir. Gray trouva dans ce village Isaac, le même nègre qui avait accompagné Mungo-Park dans son dernier voyage. Il proposa au major anglais de l'escorter dans l'intérieur du pays, et de se faire suivre par trois de ses gens, si on voulait leur fournir des armes. Gray était occupé des préparatifs nécessaires pour continuer son voyage, lorsque le 28 juin il reçut des lettres de Dochard, datées du 10 mai. Il était à Bamakon sur le Dialiba; il y attendait les ordres du roi de Ségo, auquel il avait écrit plusieurs fois.

Le 6 juillet 1820, Gray partit pour le fort Saint-Joseph où il arriva le lendemain, et où, à sa grande surprise, il rencontra Dochard, qui s'y trouvait depuis deux jours attaqué d'une dyssentrie si violente qu'il put à peine se lever de sa natte pour donner une poignée de main à son ami; il ne rapportait qu'une réponse évasive du roi de Ségo. Grâces à l'obligeance des officiers français, Dochard fut transporté par eau à Bakel, ensuite il fut envoyé au Sénégal sur la flotte de Galam. Le 17 novembre, l'expédition, réduite à 16 personnes y compris le major, quitta enfin Bakel, et se dirigea vers le Bondou. Tous les efforts de Gray pour s'avancer vers l'E. furent inutiles; en conséquence, il essaya de gagner par terre les bords de la Gambie, mais ce voyage était devenu impossible à cause des hostilités qui avaient éclaté entre les Français et les nègres. Il marcha donc vers les bords du Sénégal, et arriva le 8 octobre à Saint-Louis, où M. Le Coupé, gouverneur de la colonie, lui accorda tous les secours dont il avait besoin. Le 3 novembre, il s'embarqua à Gorée sur un navire qui le conduisit à l'île Sainte-Marie, et il se rendit ensuite à Sierra-Leone.

CHAPITRE XVI.

Iles du Cap-Vert. — Açores. — Madère. — Canaries.

En 1450, Antoine Noli, navigateur génois au service du Portugal, découvrit à 120 lieues à l'O. du Cap-Vert un archipel auquel il donna le nom de ce promontoire, et qui est situé entre 14° 45' et 17° 20' de lat. N., et entre 24° 15' et 27° 30' de long. O. Il est composé de dix îles principales, qui sont : du N. au S., Saint-Antoine, Saint-Vincent, Sainte-Lucie, Saint-Nicolas, l'île du Sel, Boavista, Mayo, Saint-Yago, Fogo ou Saint-Philippe, et Brama ou Saint-Jean..

Lorsque les Portugais y abordèrent, ces îles étaient habitées par des nègres Yolofs; on présuma qu'ils y avaient été jetés par les tempêtes. Elles sont de nature volcanique. Fogo ou l'île du feu, a un volcan en activité; elle s'aperçoit de fort loin, et tous les navigateurs ont été frappés de l'étonnante hauteur à laquelle elle s'élève au-dessus du reste de l'archipel; elle est fort petite, son altitude est au moins de 7,400 pieds.

Sant-Yago est aussi fort élevée; le Pico-Antonio, son point culminant, a 6950 pieds d'altitude; la chaîne dont il fait partie se dirige du N. O. au S. E. Boavista, Saint-Nicolas, Saint-Vincent, Saint-Antoine sont peu élevées au-dessus de la surface de la mer.

Les îles du Cap-Vert sont peu boisées, fréquemment couvertes de brouillard, très-venteuses; le terrain y est sec, les eaux courantes sont très-rares. Le climat y est sain, excepté dans les îles de Mayo et de Sant-Yago, où, durant les mois de pluie, de juin à octobre, les Européens sont attaqués de fièvres, quand ils se permettent quelque irrégularité dans leur régime diététique. Quelquefois les pluies périodiques manquent, et alors les disettes y exercent de grands ravages. Le froment que l'on y consomme est apporté du Brésil. La vigne, la canne à sucre et le tabac, sont cultivés avec succès dans plusieurs îles. L'indigo et le coton y croissent naturellement; on y trouve en outre tous les fruits de la zône torride. Le vin que l'on y fait n'est que peu inférieur à celui de Madère; on recueille sur les rochers une grande quantité d'orseille qui est de qualité excellente; c'est un monopole très-productif pour le gouvernement.

On trouve, dans ces îles, tous les animaux domestiques de l'Europe et les animaux sauvages de la côte occidentale de l'Afrique. Les tortues fourmillent dans les vallées; les côtes sont très-poissonneuses. Les sauterelles causent souvent de grands dégâts dans cet archipel. On recueille beaucoup de sel dans les îles de Boavista, de Mayo et du Sel. On estime la population à 80,000 ames. Elle est composée principalement de mulâtres; on y compte aussi beaucoup d'esclaves nègres. Saint-Yago, la principale île du groupe, est la résidence du gouverneur et d'un évêque. Le clergé est nombreux, et en partie composé de gens de couleur et même de nègres. Porto-Praya, capitale de l'île, a un excellent port où s'arrêtent souvent les navires européens allant aux Indes orientales ou au Brésil. Le 16 avril 1781, Suffren attaqua, dans cette rade, une escadre du commodore Johnston, et la combattit pendant une heure et demie; ensuite, il continua sa route vers le cap de Bonne-Espérance, dont cette action hardie avait assuré le salut.

L'archipel des Açores est compris entre 36° 56' et 39° 44' de lat. N., et entre 27° 14' et 33° 32' de long. E., et forme trois groupes bien distincts : Sainte-Marie, Saint-Michel et les Formigas, au S. E.; Terceira, Graciosa, Saint-Georges, Pico et Fayal, au centre; Corvo et Flores, au N. O., à une très-grande distance. L'île de Saint-Michel n'est qu'à 310 lieues du cap Roca, en Portugal. Les Açores furent découvertes, de 1432 à 1450, par Gonçalo Velho Cabral, navigateur portugais. Le grand nombre de milans (en portugais *açor*) que l'on y aperçut leur fit donner le nom de ces oiseaux.

Elles sont fréquentées par les navires européens qui viennent de l'Amérique méridionale, et l'on en trouve des descriptions plus ou moins complètes dans beaucoup de relations de voyages. Hebbe, officier de la marine suédoise, s'exprime ainsi : « Leur aspect, leur forme, la nature du sol, tout enfin annonce leur origine volcanique. Les tremblemens de terre y sont fréquens. En approchant de ces îles, les marins ne peuvent naviguer avec trop de précaution ; car, bien qu'à raison de leur élévation au-dessus de la mer elles puissent être aperçues de très-loin, cependant, comme en hiver elles sont toujours enveloppées de brouillards et de nuages, il arrive fréquemment qu'on ne les voit pas d'une très-petite distance. Le climat des Açores est en quelque sorte plus doux que celui des contrées européennes situées sous la même latitude ; il est très-salubre. Les rigueurs de l'hiver y sont inconnues ; il ne gèle qu'à Corvo et sur les sommets des plus hautes montagnes des autres îles. La tempête, les pluies, les bourrasques caractérisent l'hiver. Les chaleurs de l'été sont tempérées par les vents, qui, à cause du peu d'étendue de chacune de ces îles, conservent toujours la fraîcheur de l'air de la mer. La température du printemps, de l'automne et d'une partie de l'été est délicieuse. Cette douceur du climat facilite la culture, qui, d'ailleurs, est rendue pénible en plusieurs endroits par l'âpreté et l'inégalité du sol. En général, elles sont bien cultivées, et des récoltes abondantes récompensent le laboureur de ses peines. Tous les fruits, les légumes et les plantes potagères de l'Europe moyenne et méridionale y réussissent et y acquièrent une saveur parfaite. On y récolte aussi des ignames, des patates et quelques autres végétaux de la zone torride. Il y a des bananiers dans les jardins, et jadis on y avait planté des cannes à sucre. A l'exception des métaux et du bois de construction en quantité suffisante, cet archipel possède toutes les commodités de la vie. Il expédie à la métropole beaucoup de froment et de fruits, et du vin, non-seulement en Portugal, mais aussi dans plusieurs pays de l'Ancien et du Nouveau-Monde. On y trouve les quadrupèdes et les oiseaux domestiques que l'on a coutume d'élever en Europe. On prétend que l'on n'y rencontre aucun animal venimeux. La mer y offre une grande quantité de poissons ; les tortues de la petite espèce sont assez communes. »

La population des Açores est de 220,000 ames. Les hommes sont grands, bien faits, robustes et d'un extérieur agréable ; les femmes sont petites et enjouées : la plupart plaisent par la vivacité de leurs yeux et la douceur de leur langage ; quelques-unes peuvent réellement passer pour belles ; celles d'un certain rang sont, comme partout ailleurs, plus blanches que les autres ; car l'influence du climat a donné en général une couleur foncée à la peau, à la chevelure et aux yeux des habitans.

Terceira, l'une des plus grandes îles du groupe, a pour capitale Angra, où résident le gouverneur-général et l'évêque ; c'est la plus sujette aux tremblemens de terre ; on y voit plusieurs sources d'eau chaude, et, à 6 milles au N. O. d'Angra, le mont Brazil, ancien volcan dont le cratère est d'une très-grande dimension.

Saint-Georges, au S. O. de Terceira, est très-étroite, très-escarpée. Elle approvisionne les autres îles de bestiaux, de bois, de tuiles ; elle exporte beaucoup de vins et même de l'eau-de-vie. Pico, ainsi nommé d'après le cime de sa principale montagne, dont l'altitude est estimée à 7,328 pieds, a le terrain le plus stérile de l'archipel. Néanmoins, à force de persévérance, on y a obtenu du froment, et les vignobles y sont considérables. La bouche du volcan vomit encore des flammes.

Fayal est remarquable par ses belles forêts, et son nom lui vient de celui du hêtre (*Faya* en portugais). L'aspect de cette île, beaucoup plus petite que les précédentes, est extrêmement agréable ; toutes les routes y sont bordées et ombragées de grands arbres ; de chaque côté, les champs, les jardins et les vergers se succèdent sans interruption. Graciosa, au N. O. de Terceira, est petite et peu importante. Il en est de même de Corvo et de Flores.

Saint-Michel, la plus grande île de l'archipel, est très-fertile et très-commerçante ; ses eaux minérales, tant chaudes que froides, sont très-fréquentées même par les Européens. Ces avantages sont compensés par la fréquence des tremblemens de terre. Sa plus haute montagne a 2,000 pieds d'altitude. A plusieurs époques, de petites îles se sont élevées du fond de la mer dans les environs de Saint-Michel, et n'ont pas tardé à disparaître. Le premier phénomène de ce genre fut observé le 11 juin 1638, un autre le 31 décembre 1719, un troisième le 31 janvier 1811. Vers la fin de février 1812, l'île nouvelle, qui, dès le mois d'octobre précédent, avait commencé à s'enfoncer peu à peu, n'était plus visible, et on ne voyait plus que des vapeurs se dégager de temps en temps de l'endroit de la mer où elle était surgie.

Les Formigas ne sont que des écueils situés

entre Saint-Michel et Sainte-Marie. Cette dernière, la plus méridionale de l'archipel, est petite et de peu d'importance. On y fabrique toutes sortes de poteries communes.

Madère, la plus grande île du groupe de ce nom, est à 160 lieues O. du cap Kantin, sur la côte de Barbarie. Fonchal, sa capitale, est par 32° 37' lat. N. et 19° 15' long. O. Madère fut découverte, dit-on, en 1344 par un Anglais. Elle le fut de nouveau en 1418 par Jean Gonçalve Zarco et Tristan Vaz Teixeira; ils lui donnèrent le nom qu'elle porte parce qu'elle était couverte de bois (*Madeira* en portugais). Elle est visitée par la plupart des navires qui vont d'Europe aux Indes ou en Amérique; sa longueur est de 13 lieues; sa plus grande largeur de 5, et son circuit d'environ 60. Les côtes sont très-élevées et d'un abord difficile. Les deux seules rades qu'elles offrent, au S. et à l'E., sont mauvaises, surtout en hiver. Sur la première, s'élève la ville de Fonchal, dont les maisons blanches, dit M. J. Barrow, contrastent d'une manière pittoresque avec les noirs rochers de lave et la verdure vive des arbres suspendus sur le talus des montagnes; au milieu de ces bois, des maisons de campagne, des églises, des chapelles, des couvens et d'autres bâtimens, tous différens de forme, ajoutent à la beauté du paysage. Entrés dans la ville, nous vîmes des rues étroites, tortueuses, malpropres, pavées en petits cailloux pointus ou en quartiers de lave aigus; des courans d'eau en traversent quelques-unes; mais, loin de contribuer à leur propreté, ils y nuisent au contraire de mille manières.

La surface de l'île est montagneuse. Le point culminant est le pic Ruivo, dont l'altitude est de 914 toises. La cime de Toringas en a 860. Les roches annoncent une origine volcanique. On y a découvert des minerais de fer; une source est ferrugineuse; et on dit qu'on y a rencontré de l'or natif. Le climat est extrêmement agréable; la température moyenne est de 16°, et le thermomètre n'éprouve que peu de variations; aussi le séjour de Madère est-il recommandé aux personnes attaquées de phthisie. Le vent d'E. est extrêmement chaud, et cause un certain malaise; heureusement il ne souffle jamais plus de trois jours de suite, et seulement en été. Les pluies ne sont pas trop abondantes; quelquefois on éprouve des tremblemens de terre. Les productions de la terre sont les mêmes que celles des Açores; mais on est obligé d'importer du froment. On a presque entièrement abandonné la culture de la canne à sucre; aujourd'hui ce sont les vignobles qui sont la principale richesse de l'île. Les premiers ceps furent apportés de l'île de Cypre en 1445. On évalue la récolte du vin à 26,000 pipes par an. La population est à peu près de 100,000 ames.

Le gouverneur général de Madère a dans son ressort l'île de Porto-Santo, située à 12 lieues dans le N. E., et ainsi nommée d'après son excellent port, qui est sur la côte du S. Elle est montagneuse, bien cultivée, et compte 6,000 habitans. La juridiction de ce gouverneur s'étend aussi sur les Salvages, îlots à 60 lieues au S. de Madère. Ils se composent de deux groupes séparés l'un de l'autre par un espace de 3 ou 4 lieues; les plus grands sont entourés de nombreux écueils; on y recueille de l'orseille. Elles ne sont habitées que par des oiseaux de mer.

En allant des Salvages au S., on ne tarde pas à apercevoir le pic de Ténériffe; l'île de ce nom est la plus peuplée et la plus grande de l'archipel des Canaries; elle a 18 lieues de long et 9 de large. Ses côtes sont en général escarpées, et n'offrent qu'un petit nombre de baies. Celle de Santa-Cruz, au N. E. de l'île, est constamment fréquentée par les navires européens, qui, de là, poursuivent leur route à travers l'océan Atlantique; aussi la ville de Santa-Cruz a-t-elle été décrite bien des fois. Les navires y relâchent pour renouveler leurs provisions. Cook conseille aux marins de s'y arrêter plutôt qu'à Madère.

Santa-Cruz est une jolie ville défendue par plusieurs forts; les maisons sont passablement bâties en torchis ou en pierre; on a soin de les bien blanchir, ou même de les barioler, ce qui donne à l'extérieur un air très-propre. Elles sont distribuées par pièces d'une grandeur énorme; beaucoup ont les toits plats. Le canton où Santa-Cruz est située se fait remarquer par son aridité. Tout y est brûlé; on marche sur des laves roulantes aiguës qui blessent à travers les plus fortes semelles, et que cependant les paysans parcourent pieds nus dès la plus tendre enfance. Le pays change dès Laguna, située à l'O., et seulement à une lieue de distance du port, et où l'on arrive par un chemin qui monte constamment.

Le pic de Teyde est situé dans la partie méridionale de l'île; sa cime, toujours fumante, est à 1909 toises d'altitude, par conséquent à 40 toises au-dessus des neiges perpétuelles sous cette latitude. On l'aperçoit quelquefois de 50 lieues en mer. Parmi les nombreux voyageurs qui ont écrit leur ascension sur cette montagne célèbre, on doit citer M. de Humboldt et M. Léopold de Buch.

1. Une Favorite du Sultan de Bornou.

2. Lancier du Sultan de Beghermé.

J. Bailly del.

Ce dernier voyageur a aussi visité la Grande-Canarie, située à l'E. S. E. de Ténériffe: elle est également montagneuse et de nature volcanique. Le sol y est extrêmement fertile et la végétation très-abondante; mais la culture y est mal entendue. La capitale est Ciudad de las Palmas, sur la côte N. E.

Fortaventura, à l'E. N. E. de Canarie, est d'une forme allongée; elle est montueuse et peu boisée; l'eau de source y est rare, et l'on recueille celle des pluies dans des citernes. Quand les pluies sont abondantes, les récoltes de froment, d'orge et des autres céréales sont tellement productives, que l'excédent est expédié à Canarie et à Ténériffe. Le cotonnier, que l'on y avait d'abord cultivé comme objet d'agrément, s'y est pour ainsi dire naturalisé.

Lancerote, la plus septentrionale de l'archipel, est au N. de Fortaventura, et a les mêmes productions que celle-ci. En 1730, une éruption volcanique détruisit presque le tiers de l'île. Quand M. de Buch la visita en 1815, « elle semblait partout plate, dit ce voyageur, quand on venait de quitter les îles de Palma, de Ténériffe, de Canarie, et aucune montagne ne se distinguait particulièrement du reste du pays. »

A Porto de Naos, sur la côte S. E., M. de Buch apprit, avec quelque surprise, que la montagne brûlait encore, et que, pour cette raison, elle était nommée Montana de Fuego. Il alla visiter ce phénomène. Il observa que des fissures du cratère s'échappaient des vapeurs très-chaudes. Un autre cratère, creusé dans la crête la plus élevée de la montagne, est à 229 toises d'altitude. Du haut de cette montagne, on découvre l'horizon de la mer par dessus tous les cônes environnans; il n'y a que l'immense cône d'éruption de Coronna, sur le rivage septentrional de l'île, qui s'élève un peu au-dessus de la trace de cet horizon. Au N. de Lancerote, on remarque trois îlots, savoir : Graciosa, complètement aride, Clara, plus petite que la précédente, mais couverte de chèvres qui y réussissent à merveille; Allegranza, inculte et stérile. Elle est nommée Joyeuse par Jean de Béthencourt; ce fut la première terre des Canaries qu'il découvrit.

Gomera, au S. O. de Ténériffe, n'est en quelque sorte qu'une montagne très-haute dont le sommet est couvert de neiges dans la mauvaise saison. Le centre est une vaste forêt où les hêtres et les pins sont très-nombreux. Quoique la culture y soit négligée, les récoltes en tous genres sont abondantes, parce que les sources d'eau y sont communes. Saint-Sébastien, sa capitale, est une petite ville agréable, bien située, avec un assez bon port. Christophe Colomb s'y arrêta en 1492, quand il allait découvrir l'Amérique.

Palma, au N. O. de Ténériffe, est remarquable par la Caldéra, vaste cratère entouré de montagnes, et dont le fond est à 361 toises d'altitude. Le plus haut des pics qui l'environnent en a 1193. « Cette Caldera représente le grand arc creux de Palma; les bords de l'île se développent circulairement autour de cet arc, et formeraient complètement le cercle s'il n'y avait du côté méridional un prolongement par lequel l'île se termine peu à peu en pointe. Aussi loin qu'elles entourent la Caldéra, les montagnes sont notablement élevées, au point que leurs falaises, du côté de la mer, sont encore plus escarpées que les rochers qui environnent le pic de Teyde. Dès qu'elles s'éloignent de la Caldéra, leur niveau s'abaisse, et leurs crêtes, du côté de la pointe méridionale, n'ont plus rien de remarquable par leur hauteur. »

« On a toujours parlé, ajoute M. de Buch, de la grande Caldéra de Palma comme d'une merveille de la nature, et ce n'est pas sans raison, car c'est ce qui distingue principalement cette île de toutes les autres, et ce qui la rend une des plus remarquables et des plus intéressantes de l'Océan. Aucune ne montre aussi bien et aussi clairement la forme avec laquelle les îles basaltiques sont sorties du sein de la terre, et aucune ne permet de pénétrer aussi loin et aussi profondément dans son intérieur.

» La capitale, Santa-Cruz, se trouve sur le côté oriental, en face de Ténériffe, et à peu près au point où la partie ronde de l'île commence à se détourner pour se terminer en pointe. A peine si on a pu trouver sur cette plage escarpée l'espace nécessaire pour les maisons; les rues et les places sont unies avec art, et s'élèvent, pour la plupart, en terrasse, les unes au-dessus des autres. »

Cette île est fertile en grains, en fruits et en vin; elle produit aussi de la soie, dont on fabrique des étoffes; on pêche, le long de ses côtes, beaucoup de poissons, que l'on sale. On retire des forêts de pins une quantité considérable de résine, et elles fournissent même du bois de construction.

Fer, quoique la plus petite et la plus stérile des Canaries, n'a pas laissé que de jouir longtemps d'une sorte de célébrité, parce qu'étant la terre la plus occidentale de l'Ancien-Monde, on y faisait passer le premier méridien, usage aujourd'hui presque entièrement abandonné. Les sources y sont si rares, qu'on a même cru qu'elle en était entièrement privée. Son nom dérive de *Héro*, qui, dans la langue des indigènes, signifiait crevasse de rocher, parce qu'elle en est en effet remplie. Le bétail y est commun.

Les îles Canaries, connues des Anciens sous le nom d'*Iles Fortunées*, sont comprises entre 27° 39′ et 29° 26′ de lat., et entre 15° 40′ et 20° 30′ de long. O. Cet archipel s'étend sur un espace de 110 lieues, de l'E. à l'O. Il comprend 11 îles, dont les 7 principales sont seules habitées. On évalue leur superficie à 270 lieues carrées. Le voisinage de la zone torride y rend la chaleur très-forte; toutefois, elle est tempérée, pour les vents du N. et de l'O., par les brises de mer et par la hauteur des montagnes. Celles de l'E., exposées au vent de la côte aride de l'Afrique, en éprouvent de graves inconvéniens : lorsqu'il souffle plusieurs jours de suite, il flétrit la végétation, dessèche les ruisseaux, cause des maladies, et amène des nuées de sauterelles.

Jusqu'aux premières années du xv° siècle, les Canaries furent habitées par les Guanches, peuple qui, suivant les apparences, avait de l'affinité avec les Berbers de l'Afrique septentrionale. Dès 1360, des navigateurs espagnols y abordèrent; mais les rois d'Espagne ne s'en occupèrent pas, et les cédèrent en 1400 à Jean de Béthencourt, gentilhomme du pays de Caux. Celui-ci s'empara de Lancerote et de Fer. De retour en Europe, il rétrocéda ce qu'il appelait ses droits à un noble Castillan. La conquête continua; elle ne fut achevée qu'en 1512, époque à laquelle les Canaries avaient été vendues au roi d'Espagne. Les insulaires déployèrent un courage héroïque contre les étrangers qui envahissaient leur pays. Malheureusement la désunion régna souvent entre eux; elle contribua sans doute à compléter leurs désastres. Leur race est totalement anéantie.

La population actuelle des Canaries est principalement composée d'Espagnols; on l'évalue à 210,000 âmes. Les Canariens se font remarquer par l'activité de leur esprit et par leur goût pour les entreprises; ils vont, par choix, s'établir dans les contrées lointaines appartenant à l'Espagne.

On trouve aux Canaries tous les animaux domestiques et les végétaux employés en Europe dans l'économie rurale. La soude, cultivée sur quelques côtes, forme un objet de commerce; le principal est le vin.

Parmi les auteurs qui se sont spécialement occupés des Canaries, nous citerons M. Bory de Saint-Vincent, qui vint en 1800 à Ténériffe; M. Léopold de Buch, qui, en 1815, visita Ténériffe, Canarie, Palma et Lancerote; M. Berthelot, qui, de 1819 à 1830, a vu toutes les îles de cet archipel. Lancerote n'est qu'à 25 lieues de la côte de Barbarie, à laquelle on fait quelquefois des expéditions.

CHAPITRE XVII.

Sahara.

Trop souvent des navires parvenus dans les parages des Canaries ne se dirigent pas assez à l'O.; les brumes dont cet archipel est enveloppé fréquemment les empêchent de l'apercevoir; un courant violent les pousse vers la côte d'Afrique, et ils font naufrage sur la côte du Sahara. Parmi les infortunés qui furent victimes de ces tristes événemens, quelques-uns en ont publié la relation; ce sont Follie, Français (1784); Saugnier, Français (1784); Brisson, Français (1785); Adams, Anglais (1810); Riley, Nord-Américain (1815); Cochelet, Français (1819). C'est à leurs récits que nous devons la connaissance d'une portion de la région occidentale du Sahara et des mœurs de ses habitans.

Le Sahara, le plus vaste désert du globe, est situé dans la partie septentrionale de l'Afrique, entre 16° et 30° de lat. N., et entre 27° de long. E. et 19° 22′ de long. O. Sa longueur est de 1,100 lieues; sa plus grande largeur, vers le 5° méridien E., est de 400; la moindre, sous le 11° méridien E., est de 180; sa superficie est évaluée à 230,000 lieues carrées; c'est neuf fois celle de la France, et à peu près la moitié de celle de l'Europe. Le Sahara n'offre pas une surface unie; sa partie orientale, qui est la moins considérable, est montueuse; elle commence en quelque sorte à la rive gauche du Nil. Les monts Haroudj s'élèvent, dans la partie septentrionale. Sous le 11° méridien E., une suite de rochers escarpés se prolongent du N. au S.; d'autres élévations s'étendent des monts Haroudj vers l'O. Des coteaux s'élèvent çà et là dans la partie occidentale. Cet immense désert est borné, le long de la côte, par des dunes de sable mobile. Les caps Agadir et Bojador, enfin le cap Blanc, si tristement célèbres par les naufrages d'un grand nombre de navires, sont les plus remarquables du littoral. Le sable, poussé par les vents dans la mer, la remplit à un tel point, que l'on peut marcher à une grande distance dans les eaux. Au côté opposé du Sahara, les sables envahissent les terres. Un petit nombre de rivières très-peu considérables arrivent à l'océan Atlantique.

L'atmosphère, continuellement échauffée par les rayons du soleil, que le sable réfléchit, est d'une ardeur extrême; souvent elle est remplie de particules sablonneuses. L'éclat de la lumière est si éblouissant, qu'il fatigue horriblement la vue. Pendant la plus grande partie de l'année, l'air conserve l'aspect d'une vapeur rougeâtre. On observe fréquemment le phénomène du mirage, qui cause un tourment de plus au milieu de l'aridité dont on est entouré. Des pluies tombent parfois dans le désert, et sont aussitôt absorbées par le sable. On aperçoit bien rarement des arbres réunis en groupes et des touffes d'herbe; leur présence annonce que le sol conserve là quelque humidité. C'est dans des endroits semblables et dans ceux qu'une expérience transmise d'âge en âge a fait connaître pour recéler de l'eau à une profondeur plus ou moins grande, que s'arrêtent les caravanes. Il serait impossible à l'homme seul de franchir cette immense solitude. Les marchands se réunissent donc en troupes, et entreprennent avec leurs bêtes de somme la traversée du Sahara.

L'animal le plus fréquemment employé par les caravanes est le chameau, nommé, depuis un temps immémorial, le *vaisseau du désert*. Avant de se mettre en route, on fait sa provision d'eau, que l'on renferme dans des outres. Le plus grand malheur que l'on ait à redouter est d'être assailli par le seymoun, qui élève des tourbillons de sable et tarit l'eau dans les outres, et aux sources répandues sur différens points. Ce fut ainsi qu'en 1805 une caravane, composée de 2,000 personnes et de 1,800 chameaux, n'ayant pas trouvé d'eau aux lieux ordinaires de repos, périt tout entière. Celles qui ne succombent pas entièrement, perdent toujours quelques infortunés esclaves qui n'ont pas la force de résister à l'ouragan (PL. XIII — 3).

Sur la lisière du désert, on rencontre des lions, des panthères, des serpens d'une dimension souvent énorme, des gazelles et d'autres antilopes, enfin des autruches en troupes nombreuses. Çà et là le désert est interrompu par des oasis dont nous parlerons plus tard.

Le Sahara est habité par des Maures, des Berbers, et des Arabes. Les premiers vivent sur la côte occidentale; ils sont divisés en tribus, savoir : les Monselmines, les Mougearts, les Ouadlims, les Labdessebas. Ces hommes cruels, féroces, perfides, avides, tantôt attaquent les caravanes, tantôt accourent sur le bord de la mer pour piller les navires naufragés et réduire en captivité leurs malheureux équipages. Plus au S., les Braknas, les Trarsas et les Darmankous occupent le terrain qui s'étend jusqu'à la rive droite du Sénégal; ils sont moins barbares que leurs voisins. C'est sur leur territoire que se trouvent les trois grandes forêts de mimosa, produisant toute la gomme qui fait le principal objet du commerce du Sénégal. Ces peuples mènent la vie pastorale.

Le centre du Sahara est occupé par les Berbers, divisés en deux tribus principales, les Touariks, à l'O., et les Tibbous, à l'E. Ils ont le teint bronzé, les cheveux longs et lisses, le nez mince; ils se cachent le visage avec un morceau de toile de coton; cette espèce de voile descend depuis le nez jusque par-dessus la poitrine; ils sont coiffés d'un turban ou d'un bonnet, et vêtus d'une chemise très-ample, dont les manches sont aussi larges que le corps, et enveloppés d'un manteau. Tous portent un fouet pendant à un baudrier qui va de l'épaule gauche à l'épaule droite. Leurs armes sont un sabre très-long et presque droit, un poignard, une lance, et parfois un fusil, dont ils se servent très-habilement (PL. XIII — 3). Les uns sont nomades, d'autres ont des demeures sédentaires; ils sont musulmans, mais fort ignorans sur leur religion. Les Touariks et les Tibbous sont fréquemment en guerre entre eux et avec leurs voisins, les nègres et les Arabes; tantôt ils pillent les caravanes, tantôt ils leur servent de guides.

CHAPITRE XVIII.

Soudan.

Les géographes anciens avaient parlé d'un fleuve de l'intérieur de l'Afrique septentrionale, au S. du désert, qui coulait de l'O. à l'E. Ils le nommèrent le *Niger*, et tous ceux que les modernes connaissaient dans cette région ayant leur embouchure sur la côte de l'océan Atlantique, on fut longtemps embarrassé pour placer ce fleuve sur les cartes : d'Anville le marqua le premier d'une manière satisfaisante; mais aucun Européen n'était parvenu sur ses bords avant la fin du XVIIIe siècle.

En 1788, une société dont le but était d'encourager les découvertes dans l'intérieur de l'Afrique, fut formée à Londres. Elle envoya des voyageurs de différens côtés. En 1789, Houghton, qui avait longtemps résidé à Gorée et sur la côte de Maroc, offrit ses services à la société; ils furent acceptés. D'après ses instructions, il devait tâcher de pénétrer par la Gambie jusqu'au

Niger. Il partit le 16 octobre 1790, arriva le 16 octobre à l'embouchure de la Gambie, remonta ce fleuve jusqu'à 900 milles de la mer, et s'avança ensuite par terre vers le N. E., afin de parvenir au fleuve, qui était le but de ses recherches: il traversa ensuite plusieurs royaumes nègres, tantôt bien, tantôt mal reçu. Le 1er de septembre 1791, il était à Simbing, village sur la frontière du Bambouk et du Loudamar; il fut volé; ses domestiques nègres refusèrent de le suivre dans le pays des Maures. Cependant il ne se découragea point, ainsi que le prouve une lettre qu'il écrivit de ce lieu et qui fut la dernière que l'on reçut de lui. Arrivé enfin à Djarra, il fit connaissance avec des marchands maures qui allaient acheter du sel à Tibhit, ville voisine du Sahara, et fit route avec eux. S'étant aperçu qu'ils voulaient le tromper, il voulut les quitter au bout de deux jours; ils le pillèrent et s'enfuirent. Obligé de s'en retourner à pied à Djarra, il mourut en chemin de la dyssenterie. Il fut impossible de recouvrer ses papiers.

Malgré l'obscurité qui enveloppa ses derniers momens, la nouvelle de sa mort ne tarda pas à être confirmée. Néanmoins l'association ne ralentit pas ses efforts et accepta les offres de service de Mungo-Park, jeune chirurgien écossais, qui venait des Indes-Orientales et qui donna les preuves les plus satisfaisantes de ses connaissances en astronomie, en géographie, en histoire naturelle. Il partit de Portsmouth le 22 mai 1795, débarqua le 21 juin à Jillifrey, sur la rive septentrionale de l'embouchure de la Gambie, et arriva le 5 juillet à Pisania, à 200 milles plus haut; il y séjourna plusieurs mois pour recueillir des renseignemens sur les pays qu'il allait parcourir et pour apprendre la langue mandingue. Le 2 décembre, il s'avança par terre, d'abord à l'E., ensuite au N., car la guerre avait éclaté entre deux princes nègres. Le roi de Kaarta, l'un d'eux, avait bien accueilli notre voyageur qui prit la seule route où il put marcher en sûreté. Le 13 février 1796, il sortit de Kemmour, passa par Simbing et gagna Djarra, grande ville dont les maisons sont bâties en pierre. Il y resta quatorze jours pour attendre le retour d'un messager envoyé par son hôte vers Ali, prince maure, afin de solliciter la permission de traverser son territoire. Un esclave d'Ali apporta le 26 une réponse favorable. Tous ses domestiques, à l'exception de Demba, petit nègre, refusèrent de le suivre; alors il remit le double de ses papiers à l'un d'eux, pour qu'il les transmît aux Anglais de la Gambie, et laissa le superflu de sa garde-robe à son hôte. Sur ces entrefaites, son sextant lui fut volé, accident qui l'empêcha de continuer ses observations de latitude.

Le 27, il quitta Djarra, traversa un pays sablonneux conquis sur les nègres par les Maures, fut grossièrement insulté et même volé par ces derniers, hommes féroces et fanatiques; un détachement de soldats le conduisit à Benoun, où résidait Ali. C'était un camp sur la limite du désert. Il y fut indignement traité. Ali fit venir de Djarra tous les objets qu'il y avait laissés et s'en empara. Heureusement ses papiers n'avaient pas été saisis. On lui enleva Demba. Sa vie même courut des dangers, car plusieurs fois il fut question de le faire mourir : il dut la conservation de ses jours à l'intérêt qu'il avait inspiré à la femme d'Ali. Pour diminuer l'ennui qu'il éprouvait, il apprit à lire l'arabe, en priant les Maures les plus insolens soit d'écrire des caractères sur le sable, soit de déchiffrer ceux qu'il y avait tracés; il réussit ainsi, en flattant leur orgueil, leur vanité, et la haute idée qu'ils avaient de leur science, à déjouer leurs mauvaises intentions.

Dans ses conversations avec deux marchands musulmans qui se trouvaient à Benoun, Park apprit des particularités curieuses sur le voyage à travers le Sahara et sur Tombouctou; ils n'étaient pas de nature à l'encourager dans sa tentative de pousser jusqu'à cette ville.

Ali transporta son camp de Benoun plus au N. Park le suivit; Ali partit ensuite pour Djarra; Park l'y accompagna, et le prince étant retourné à Benoun, laissa Park à Djarra. Bientôt le roi de Kaarta s'avança avec son armée contre cette ville; chacun s'empressa d'en sortir. Au milieu de la confusion, Park, saisissant une occasion favorable, s'enfuit à cheval le 2 de juillet, et se hâta de gagner le désert dans l'E., ensuite, il rencontra des lieux habités et reçut l'hospitalité dans quelques endroits, se cachant souvent dans les halliers pendant le jour, quand il apercevait quelqu'un sur la route. Le 5 il atteignit Ouonoro, petite ville appartenant au roi de Bambara. Il voyagea tranquillement dans ce pays; enfin, le 21 juillet, des Kaartans fugitifs avec lesquels il cheminait, s'écrièrent : — Voyez l'eau. « Regardant devant moi, dit-il, je vis avec un plaisir inexprimable le grand objet de ma mission, le majestueux Niger que je cherchais depuis si longtemps. Large comme la Tamise l'est à Westminster, il étincelait des feux du soleil et coulait lentement vers l'*Orient*; je courus à ses bords et, après avoir bu de ses eaux, j'élevai mes mains vers le ciel, en remerciant avec ferveur l'Éternel

3. Forteresse de Mozrzouk.

4. Le Mont Késa sur le Kouarra.

EN AFRIQUE. Pl. XV. Pag. 118.

de ce qu'il avait couronné mes efforts d'un succès si complet. »

Sego, capitale du Bambara, située par 14° 10' de lat. N., est composée de quatre villes distinctes, dont deux sont à gauche et les deux autres, entourées de hautes murailles en terre, sont à droite du fleuve. Les maisons, construites également en terre, sont de forme carrée, à toits plats, quelques-unes sont à un étage et beaucoup peintes en blanc. Les rues sont étroites et les mosquées très-nombreuses. Park en a estimé la population à 30,000 ames. Il y arriva un jour de marché. La foule qui se pressait pour passer le fleuve, nommé Dialiba, était tellement nombreuse qu'il attendit son tour pendant plus de deux heures. Le roi, instruit de l'arrivée d'un blanc, lui fit défendre de passer outre avant de l'avoir instruit du motif de son voyage et lui enjoignit d'aller loger dans un village à quelque distance. La vue de Park effraya les habitans. Pas un ne consentit à lui donner l'hospitalité. Cependant le vent s'élevait et menaçait d'un orage; Park, morne et abattu, s'assit au pied d'un arbre. En ce moment, une femme qui revenait des champs l'aperçut; émue de compassion, elle prit la bride et la selle de son cheval qui paissait là auprès, dit à Park de la suivre et le conduisit dans sa cabane, alluma sa lampe, lui donna du poisson grillé et l'invita à se reposer sur une natte. Ensuite elle se mit à filer du coton avec quelques jeunes femmes ses compagnes. Pendant ce travail, qui dura une grande partie de la nuit, elles s'amusèrent à chanter. « L'une des chansons fut improvisée, dit Park, car j'en étais l'objet; elle était chantée par une femme seule; les autres se joignaient à elle par intervalle en forme de chœur. L'air en était doux et plaintif; voici le sens des paroles : « Les vents mugissaient et la pluie tombait. Le pauvre blanc, faible et fatigué, vint et s'assit sous notre arbre. Il n'a point de mère pour lui apporter du lait; point de femme pour moudre son grain. *Chœur*. Ayons pitié de l'homme blanc, il n'a point de mère, etc. »

« Emu jusqu'aux larmes d'une bonté si peu espérée, le sommeil fuit de mes yeux. Le matin, je donnai à ma généreuse hôtesse deux des quatre boutons de cuivre qui restaient à ma veste; c'était le seul don que j'eusse à lui offrir pour témoignage de ma reconnaissance. »

Le lendemain, un messager du roi de Bambara vint demander à Park s'il avait apporté quelques présents pour son maître. Le voyageur lui répondit que les Maures l'avaient dépouillé de tout. L'après-midi, un second messager lui intima l'ordre de quitter le voisinage de Sego; et lui remit 5,000 cauris de la part du roi, ce qui équivalait à peu près à 25 francs. Cette somme pouvait suffire à le faire vivre pendant quelque temps, puisque 100 cauris suffisent pour l'entretien journalier d'un homme et de son cheval. Ce second messager était chargé de servir de guide à Park, qui sortit de Sego le 23 juillet, et suivit le cours du Dialiba. A Sansanding son nègre le quitta, et bientôt notre voyageur fut obligé de laisser, dans un champ, son cheval qui ne pouvait plus marcher, et, s'embarquant sur le fleuve, il poursuivit sa route au N. E. jusqu'à Silla. Convaincu par une triste expérience que des obstacles insurmontables s'opposaient à sa marche, il prit le parti de retourner sur ses pas. Il était alors à 1,100 milles de l'embouchure de la Gambie. Les pluies continuelles rendaient les chemins impraticables sur la rive gauche; il se mit donc en route, le 30 juillet, par la route opposée pour retourner à l'O. Il eut le bonheur de retrouver son cheval qui s'était refait un peu; mais il apprit en même temps que le roi de Bambara, cédant aux insinuations perfides des Maures, avait ordonné de l'arrêter. Il évita donc Sego, en faisant un détour; puis, revenant vers le Dialiba, il traversa un grand nombre de villages et de villes. Le 23 août, il quitta ses bords à Bammakou où il cesse d'être navigable. Entré dans le pays des Mandingues, des maraudeurs le pillèrent deux jours après et lui enlevèrent son cheval. Park était résigné à mourir, sa confiance dans la Providence lui donna de la force; il continua sa marche, recouvra son cheval et ses effets, laissa le pauvre animal en témoignage de sa gratitude à un chef de village, et enfin, après des fatigues inouïes, atteignit Kamalia où un nègre, marchand d'esclaves, lui donna l'hospitalité et lui promit de le conduire au comptoir anglais de la Gambie aussitôt que la saison le permettrait. Les soins de ce nègre et de sa famille sauvèrent la vie à Parck qui ne tarda pas à être attaqué d'une fièvre violente. Le 19 avril 1797, il partit avec son hôte et une nombreuse caravane d'esclaves; le 12 juin il fut de retour au comptoir anglais d'où il était parti et où on le regardait comme un homme échappé du tombeau. Le 17, il s'embarqua sur un navire américain allant aux Antilles; il arriva en Angleterre le 22 septembre.

Park fut en quelque sorte reçu en triomphe par la société d'Afrique et par le public : il le méritait, car son voyage était le plus important qu'aucun Européen eut encore fait dans l'intérieur de la Nigritie. Six ans après, le gouvernement anglais ayant résolu d'envoyer une expédition considérable pour descendre le Dialiba, jeta les yeux sur Park pour la diriger. Le 30 janvier 1805, il fit voile de Portsmouth avec un chirurgien et un dessinateur, ses compatriotes, et quelques ouvriers. A Gorée, il prit un officier et trente-cinq soldats d'artillerie. Il entra dans la Gambie vers les premiers jours d'avril, et tout le monde étant réuni au-dessus de Pisania, petite ville sur le fleuve, il engagea à son service Isaac, marabout mandingue et marchand, pour guider la caravane. Le 27 avril, elle marcha vers l'E. Le 19 août, elle arriva sur les bords du Niger à Bammakou dans le plus triste état. Il n'y avait plus que onze Européens en vie et les quatre chefs étaient malades. Toutes les bêtes de somme avaient péri. Dans ces conjonctures critiques, Park conservait tout son courage. Le 21, il s'embarqua sur le Dialiba et s'arrêta à Marrabou, d'où il dépêcha, le 28, Isaac au roi de Bambara pour en obtenir la permission de construire un navire à Sansanding. A son arrivée dans cette ville, s'étant procuré deux mauvaises pirogues, il en fit, avec l'aide de deux des trois soldats qui étaient encore en vie, une goëlette à fond plat. La mort du chirurgien vint encore, pendant ces travaux, ajouter au chagrin de Park. Aucune perte, comme il l'a écrit lui-même dans son journal, ne pouvait lui paraître plus cruelle. Le 16 novembre, l'armement de la goëlette fut complété; il termina son journal et écrivit plusieurs lettres. Son enthousiasme n'avait pas diminué. « Je vais, mandait-il à lord Camden, secrétaire d'Etat, faire voile à l'E. avec la ferme résolution de découvrir l'embouchure du Niger, ou périr dans cette entreprise. » Dans sa lettre à sa femme, il montrait beaucoup de confiance, probablement pour calmer ses inquiétudes. Ces papiers furent apportés à la Gambie par Isaac, et, depuis ce moment, on ne reçut plus de ses nouvelles. La nouvelle de sa mort fut annoncée au comptoir anglais par des marchands nègres en 1806. Au mois de janvier 1810, Isaac, qui reparut à un de ces comptoirs, fut envoyé à la recherche de Park; il revint en 1811 et confirma les rumeurs sinistres répandues précédemment. On a su positivement qu'il était parvenu, en descendant le Dialiba, jusqu'à Boussa, ville dans le pays de Haussa.

Peu de temps après le départ de Park pour son premier voyage, la société d'Afrique accepta les offres que lui fit Hornemann, jeune allemand, qui lui proposait de faire un voyage dans l'intérieur de cette partie du monde. En juillet 1797, il vint de Londres à Paris où il reçut l'accueil le plus obligeant; il alla s'embarquer à Marseille pour Cypre, d'où il gagna Alexandrie. La peste et d'autres obstacles l'avaient forcé de prolonger son séjour au Caire; il se disposait à partir avec une caravane pour l'intérieur, lorsqu'à la nouvelle du débarquement des Français en Egypte, il fut, ainsi que tous les Européens, enfermé dans le château pour les y mettre à l'abri de la première rage de la populace. A l'arrivée de l'armée, ils furent relâchés. Le général Buonaparte, instruit des projets de Hornemann, lui fit donner un passeport et lui offrit tout ce qui pouvait lui être nécessaire pour son voyage. Le 5 septembre 1798, Hornemann partit avec la caravane du Fezzan; le 8, il entra dans le désert; le 16, il atteignit Siouah où l'on pense qu'était le temple de Jupiter-Ammon. De là il gagna Audjelah, oasis connue dès le temps d'Hérodote. Enfin, après soixante-quatorze jours d'une route pénible, il entra dans Morzouk, capitale du Fezzan. Il y resta quelque temps et fit une excursion à Tripoli. Revenu à Morzouk, il écrivit, le 6 avril 1800, qu'il allait partir pour le Bornou, avec la grande caravane du Soudan. Depuis cette époque, on ne reçut plus de ses nouvelles; mais on a appris qu'il était mort dans le voyage. Sa relation, qui a été traduite en français, offre beaucoup de renseignemens intéressans sur le pays qui s'étend du Caire au Fezzan, sur cette dernière contrée et sur d'autres parties de l'Afrique.

Le désir d'obtenir sur l'intérieur de cette partie du monde des notions positives qui pussent être utiles au commerce, décida le gouvernement britannique à y envoyer Ritchie, homme instruit et habile; il devait être secondé par un capitaine de vaisseau de la marine royale. Des empêchemens s'étant opposés à ce que celui-ci acceptât cette mission, Lyon, qui servait également dans la marine, offrit à Ritchie de l'accompagner; ils s'adjoignirent Jean Belford, charpentier très-adroit. Ces arrangemens furent faits à Malte, où Ritchie s'était rendu; on s'embarqua pour Tripoli.

Le 25 mars 1819, les voyageurs partirent pour le Fezzan avec Mohammed-Mokni, sultan de cette contrée, et une caravane nombreuse; on fit route au S. E., on traversa les montagnes de Techouna; à Beniolid, on entre dans le désert. Le 6 avril, on était aux puits de Boudjem, dont l'eau est très-mauvaise : à une distance d'un demi-mille, on voit un ancien château romain; des inscriptions latines se lisent au-dessus de ses portes; celle du N. est la mieux conservée.

Bondjem est sur la frontière septentrionale du Fezzan.

Le désert continue jusqu'à Sokna, ville bâtie dans une immense plaine graveleuse que bornent au S. les monts Soudah, qui sont basaltiques. Les dattes y sont abondantes et excellentes. Le désert recommence ensuite : on marcha au S. Le 26, on passa par Zeighan, village muré et environné d'une grande forêt de dattiers ; il est renommé pour la vie sainte de ses marabouts, de même que Samnou qui est un peu plus loin. Sebha se présente en amphithéâtre sur un coteau ; les dattiers deviennent fréquens. On rencontre quelques hameaux chétifs. Le 4 mai, nos voyageurs firent leur entrée dans Morzouk avec le sultan. Ils furent logés dans une grande maison voisine du château (PL. XV — 3).

Les Anglais ne tardèrent pas à être attaqués de la dyssenterie ; le 20 novembre, Ritchie mourut. Lyon, quoique faible encore, partit bientôt après pour Zuéla, ville située à l'E. N. E.; de là, il alla à Gatrone qui est au S. et poussa sa course jusqu'à Tegherri, ville la plus méridionale du Fezzan, où il arriva le 2 janvier 1820. On y voit les ruines d'un grand château bâti par les Arabes. La langue de ce peuple y est peu en usage ; on y parle celle du Bornou. Les dattiers y sont très-communs ; c'est là que cesse la culture de cet arbre. On récolte principalement dans les jardins de petites carottes, des ognons et des potirons. Le désert commence au S. de la ville, qui est située par 24° 4' de lat. N. Après avoir fait une petite excursion au S., Lyon retourna au N. et rentra dans Morzouk, le 17 janvier, avec une caravane qui revenait du S. et ramenait beaucoup d'esclaves. Il en partit le 9 février avec Belford qui était encore extrêmement faible ; il marchait avec une caravane composée principalement d'esclaves ; sa conduite humaine envers ces infortunés lui valut l'expression de leur reconnaissance et de leurs regrets quand il se sépara d'eux, à peu de distance de Tripoli ; il revit cette ville le 25 mars 1820.

Le Fezzan est en relation continuelle avec le Soudan ou pays des nègres. C'est pourquoi Lyon assure dans sa relation que c'était de Morzouk qu'il convenait de partir pour pénétrer dans cette dernière contrée. Le gouvernement anglais eut égard à cet avis, et une nouvelle expédition pour l'intérieur de l'Afrique ayant été décidée en 1820, les personnes qui la composaient durent se rendre à Tripoli : c'étaient Oudney, chirurgien ; Denham, capitaine d'infanterie ; Clapperton, lieutenant de vaisseau de la marine royale. Ils étaient accompagnés de Hillman, habile charpentier. Tous y furent réunis à la fin de novembre 1821. Ils firent leur entrée à Morzouk, le 8 août 1822. Ils y furent reçus avec les plus grands honneurs, mais le sultan les contraria singulièrement quand il leur annonça qu'une escorte de 200 hommes armés, absolument indispensable pour traverser en sûreté le pays au S. de Morzouk, ne pourrait partir avant le printemps suivant, à cause du temps exigé pour les préparatifs du voyage à travers une région où tout devait être transporté à dos de chameau. Heureusement pour nos voyageurs, Boukhaloum, riche marchand et personnage considérable du Fezzan, prit intérêt à eux et leur assura que le sultan avait les moyens de les envoyer au Bornou s'il le voulait, et que lui-même se chargeait de conduire la caravane si le pacha de Tripoli le permettait. Il ne tarda pas à partir pour cette ville avec beaucoup de marchandises et d'esclaves : le sultan quitta sa capitale peu de jours après.

« Dans cette position, dit Denham, nous n'avions d'autre parti à prendre que d'aviser à des moyens certains de nous mettre en marche au printemps suivant. Le sultan avait emporté tout ce qui nous était nécessaire ; il était impossible de se procurer un seul chameau ; tout l'argent du pays avait été enlevé pour Tripoli ; c'était donc de cette ville que nous devions attendre tout ce qu'il nous fallait. En conséquence, il fut décidé que je m'y rendrais bien vite pour représenter au pacha qu'il devait nous donner autre chose que des promesses en échange de nos guinées. Denham sortit de Morzouk le 20 mai, avec un nègre, son domestique, et deux Arabes. Le 12 juin, il revit Tripoli ; le lendemain, il représenta au pacha, dans les termes les plus énergiques, le tort causé à lui et à ses compagnons par le retard apporté à leur départ pour le Bornou, et le pria d'en fixer l'époque précise. Il ajouta que s'il ne recevait pas une réponse favorable, il irait en Angleterre expliquer la cause de leur inaction forcée. Le pacha essaya de se disculper ; il attribua tous les inconvéniens dont les Anglais se plaignaient à la volonté de Dieu qui les avait fait arriver pendant une maladie du sultan du Fezzan. Denham, loin de se payer de ces défaites, s'embarqua pour Marseille ; il y était encore en quarantaine, quand une lettre du pacha lui annonça que Boukhaloum était nommé pour commander l'escorte qui devait conduire les Anglais au Bornou. Denham se remit aussitôt en mer ; en sept jours il aborda les côtes de la Barbarie ; Boukhaloum et une partie de l'escorte étaient déjà à l'entrée du désert; le 30 octobre tous rentraient dans Morzouk.

Notre voyageur y trouva ses compatriotes malades: ceux-ci, persuadés que le changement de climat leur rendrait la santé, se mirent en route le 29 novembre, accompagnés de presque tous les habitans qui avaient un cheval. Le 9 décembre, ils étaient à Tegherri; puis on entra dans le désert parsemé de buttes de terre et de sable et couvertes d'arbustes, entre autres d'athila, plante que les chamaux mangent avec avidité. Plus loin, la plaine ne présenta plus la moindre apparence de végétation. Le voisinage des puits où l'on s'arrêtait était rempli de squelettes humains; on marcha presque toujours droit au S. De temps en temps la pluie tombait; on voyagea souvent entre des rochers escarpés dans lesquels des vallées s'ouvraient de chaque côté. Des villages sont parfois bâtis sur leur sommet; leur position, qui les met à l'abri de l'atteinte des bêtes sauvages, ne les garantit pas de l'attaque des Arabes et de leurs autres ennemis. Les voyageurs anglais furent plus d'une fois témoins des excès commis par leur escorte sur les malheureux Tibbous qui habitent ces solitudes. Bilma est le village le plus considérable de ceux que l'on vit. La chaleur était forte, et, pour s'en préserver, l'on cherchait l'ombre.

Le 4 février 1823, la caravane était à Lari; son approche en avait fait fuir tous les habitans; ce fut du haut des éminences voisines que les Anglais eurent le plaisir de contempler le lac Tchad. « La vue de cette nappe d'eau si intéressante pour nous, dit Denham, produisit en moi une satisfaction dont aucun terme ne pourrait rendre la force et la vivacité; mon cœur battait, car je pensais que ce lac était le principal objet de notre voyage. »

Lari est habitée par des nègres: la plupart des femmes étaient occupées à filer du coton. Là, une trentaine d'esclaves affranchis quittèrent la caravane pour retourner au Kanem, leur patrie, éloignée de trois jours de route à l'E. Les villages se succédaient le long du lac, ce qui n'empêche pas les éléphans et d'autres bêtes sauvages de venir paître sur ses bords.

Le 13, on passa l'Yéou, grande rivière coulant à l'E. vers le lac; c'était la première que les Anglais eussent vue depuis Tripoli. Les Arabes lui donnaient le nom de Nil. Le 17, les Anglais entrèrent dans Kouka, capitale du Bornou. Ce pays était gouverné par le cheikh El-Kanemi. Quelques années auparavant il avait été conquis par les Felatah. El-Kanemi le délivra; les Bornoui voulaient l'élever au trône. Il y plaça un parent des anciens souverains, mais se réserva pour lui-même l'exercice de l'autorité suprême. Le sultan réside à Birnie, ville murée et nommée aussi Nouveau Bornou. Angournou, entre le lac Tchad et Birnie, est la plus grande ville de l'empire. Kouka est à une petite distance du lac et d'une médiocre étendue. Le Vieux-Bornou, sur l'Yéou, ancienne capitale, est entièrement ruinée; ses décombres couvrent un vaste espace.

Le cheikh reçut amicalement les Anglais. « Sa physionomie prévenait en sa faveur; elle était, dit Denham, spirituelle, riante et bienveillante. Nous lui remîmes les lettres du pacha de Tripoli; après les avoir lues, il nous demanda pourquoi nous étions venus dans le Bornou; nous lui répondîmes que c'était uniquement pour voir le pays, afin de décrire ses habitans, sa nature et ses productions, parce que notre sultan désirait connaître toutes les parties du monde. Le cheikh répliqua: « Soyez les bien-
» venus; vous montrer quelque chose sera pour
» moi un plaisir; j'ai ordonné que l'on construi-
» sît pour vous des cases dans la ville; vous
» pouvez aller les examiner, accompagnés par
» un de mes officiers. Lorsque vous serez remis
» des fatigues de votre voyage, je serai très-
» content de vous voir. » Après ce discours, nous nous retirâmes. »

Le lendemain, les Anglais offrirent au cheikh les présens qui lui étaient destinés; il en fut très-content. Tous les jours il leur envoyait des provisions en quantité. Il ne cessa de les bien traiter durant leur séjour.

» Un marché se tenait devant une des principales portes de la ville. Des esclaves, des moutons, beaucoup de bouvillons, étaient les principales créatures vivantes qui s'y vendaient. Il y avait au moins 1,500 personnes réunies dans ces occasions; quelques-unes venaient de lieux éloignés de deux et trois jours de marche. Le froment, le riz, le gossob, le tamarin en gousse, les arachides, les haricots, l'ochra, l'indigo abondaient; les plantes potagères étaient moins communes. Il y avait aussi du beurre, du leban (lait aigre), du miel. Le cheikh nous fit cadeau des citrons de son jardin; nous ne vîmes pas d'autres fruits.

» Parmi les autres marchandises, le cuir et les gamelles tenaient le premier rang: on me présenta aussi pour les acheter des peaux de grands serpens et des morceaux de peaux de crocodiles employées pour orner des fourreaux de poignards.

» Les denrées et les marchandises étaient

1. Kasr-el-Zaïan, dans la grande Oasis.

2. Nécropole près Kharigeh.

J. Bailly del.   VOYAGE.

presque toutes vendues par des femmes dont les costumes variaient à l'infini. Celles du Kanem et du Bornou étaient les plus nombreuses (Pl. XIII — 4). La principale différence consiste dans la coiffure (Pl. XIV — 3). »

Au mois de mars, Boukhaloum partit pour Birnie afin de rendre ses devoirs au sultan ; les Anglais l'accompagnèrent. Le prince leur donna audience dans une grande place remplie de ses courtisans, qui, après s'être prosternés devant lui, s'asseyaient à terre en lui tournant le dos, ce qui est l'usage du pays. Le prince était accroupi dans une espèce de cage en roseau ou en bois, près de la porte de son jardin ; il regarda à travers le grillage l'assemblée réunie devant lui en demi-cercle. Elle parut très-grotesque aux Anglais ; un gros ventre et une grosse tête étant des attributs indispensables pour quiconque fait partie de la cour du monarque.

Les présens de Boukhaloum et des Européens furent renfermés dans un grand châle, puis remis à un nègre horriblement laid et principal eunuque du sultan ; il les lui présenta, étant le seul qui puisse s'approcher de sa personne.

Le fantôme de monarque ne reste pas toujours enfermé dans son palais ; quand la guerre éclate avec un peuple voisin, il marche avec l'armée, mais jamais il ne prend part à l'action. Le prédécesseur du sultan que virent les Anglais avait été tué dans une bataille contre les Bégharmiens. Le prince est suivi de ses eunuques et de son harem ; les femmes sont placées à cheval comme les hommes ; un petit nègre ou un eunuque guide la marche du cheval (Pl. XV — 1).

Les lanciers du sultan de Bégharmi portent une grande casaque ouatée et piquée ; elle leur protège suffisamment le cou, les bras et les jambes. Ils sont coiffés d'un bonnet du même genre, et leur cheval est également défendu par un caparaçon semblable (Pl. XV — 2).

Le cheikh tient à son service des fantassins du Kanem qui sont armés de longues lances et d'un bouclier, et qui, du reste, sont vêtus à la légère (Pl. XV — 2).

Une expédition avait été résolue contre les Fellatah, qui habitaient assez loin au S. du lac Tchad ; elle était composée de Bornoui, de Mandarans et des Arabes de Boukhaloum. Denham témoigna le désir de l'accompagner ; le cheikh lui adressa des représentations sur son empressement à courir les hasards des combats, puisque cette troupe ne partait que pour aller faire des esclaves ; Denham le remercia de sa sollicitude, et lui répondit : « Je ne dois pas négliger une seule occasion de voir des pays que je ne connais pas. »

L'armée se mit en route le 15 avril, marcha au S., entra dans les montagnes, et atteignit Mora, capitale du Mandara. A mesure qu'on avançait, le pays devenait plus haut et plus âpre ; de malheureux infidèles, qui n'avaient pas de moyens de se défendre ou étaient hors d'état de prendre la fuite, furent égorgés sans pitié ou jetés dans les flammes. Enfin, les Bornoui et leurs alliés attaquèrent Mosféia, ville dans une situation très-forte et protégée par des marais, des palissades, des fossés. Les Arabes fondirent sur l'ennemi avec une grande bravoure, mais furent mal secondés par les Bornoui et les Mandarans. A l'aide de leurs armes à feu, ils emportèrent les palissades et repoussèrent les Fellatah sur les hauteurs ; ceux-ci firent pleuvoir sur les assaillans une grêle de flèches empoisonnées ; de toutes parts, on voyait les femmes qui en fournissaient de nouvelles aux guerriers, et qui finirent par faire rouler de gros blocs de rochers sur les Arabes. Les Fellatah, remarquant le petit nombre de ceux qui les poursuivaient, firent volte-face et les attaquèrent : les Arabes reculèrent, la cavalerie des Fellatah chargea. Si un groupe d'Arabes, guidé par Boukhaloum et un autre chef, n'eut pas tenu bon et forcé l'ennemi à s'arrêter, tous eussent probablement péri ; beaucoup furent tués. Le cheval de Denham fut blessé au cou ; lui-même eut le visage effleuré par une flèche. Dès que la défaite des Arabes fut évidente, leurs alliés se hâtèrent de fuir.

Denham, forcé de mettre pied à terre, ne dut son salut qu'à son pistolet ; il put monter sur un autre cheval ; mais, au bout de quelques centaines de pas, l'animal, effrayé, s'abat, le renverse et s'échappe : notre voyageur reste à pied et désarmé. Il est entouré par les Fellatah, en un clin-d'œil dépouillé de tous ses vêtemens, et percé de plusieurs coups de lance. Les Fellatah se disputent ce qu'ils lui ont enlevé ; il profite de ce moment pour se relever, et se jette dans un bois voisin. Poursuivi, il saisit les branches d'un arbre et se laisse tomber dans un torrent. Il gagne le bord opposé, et il est sauvé. Apercevant, à travers les arbres, trois cavaliers, il reconnaît Boukhaloum et d'autres Arabes ; il les appelle à grands cris, et ils ne l'entendent pas au milieu de la confusion, du bruit et des gémissemens des mourans. Les Fellatah étaient à leurs trousses, tenus seulement en respect par les armes à feu du chef.

Un Bornoui, chargé par le cheikh de veiller spécialement sur Denham, le reconnaît de loin, avance à cheval vers lui, le fait monter en croupe; ils rejoignent au galop, et au milieu des décharges continuelles de flèches, l'arrière-garde de leurs troupes. Boukhaloum fit revêtir d'un barnus Denham, qui était totalement nu et souffrait horriblement de la chaleur. Ce chef lui eut à peine rendu cet important service, qu'il mourut d'une blessure au pied. Un torrent qu'on rencontra permit aux fugitifs d'apaiser leur soif dévorante. Denham recouvra son premier cheval et sa selle; l'animal était trop maltraité pour qu'il pût s'en servir : on lui en donna un autre. Ses pistolets étaient perdus. « Ainsi, s'écrie-t-il, se termina cette malheureuse expédition. Comme elle n'avait d'autre motif que l'injustice et l'oppression, qui pourrait regretter qu'elle n'ait pas réussi? » Dans les premiers jours de mai, il fut de retour à Kouka. Grâce au régime sévère qu'il fut contraint de suivre, ses blessures et ses meurtrissures se guérirent promptement, et il put entreprendre d'autres excursions moins périlleuses.

Au mois d'août, la saison des pluies commença : elles étaient extrêmement abondantes; malgré la force du soleil, l'air était excessivement humide pendant quelques heures, par la quantité prodigieuse d'eau qui tombait. Tous les Anglais devinrent malades, les nègres aussi se ressentaient de l'insalubrité de la température. Enfin, au mois de novembre, les vents secs soufflèrent et purifièrent l'atmosphère; les maladies disparurent. Le 14 décembre, Oudney et Clapperton partirent, avec une caravane, pour Saccatou. Le 23, Denham eut le plaisir de voir arriver un de ses compatriotes, Toole, jeune officier qui avait parcouru en trois mois et demi la distance entre Tripoli et Kouka : il apportait différentes choses utiles à Denham, dont la position devenait ainsi plus agréable.

Le 23 janvier 1824, Denham et Toole partirent avec une expédition qui longea le lac Tchad, marcha vers l'E., et entra dans le Loggoun, pays allié du Bornou et arrosé par le Chari. Arrivé à Choui, près de l'embouchure de cette rivière, on voyagea au S. à travers un pays marécageux et très-boisé. La singulière construction des maisons excita la surprise de Denham. Ce sont littéralement cinq à six caveaux situés à la suite l'un de l'autre. Il fut encore plus étonné quand il sut que cet étrange arrangement était adopté pour que les habitants pussent trouver dans leurs demeures une retraite contre les attaques continuelles des mouches, des cousins, des maringouins et des abeilles. Denham avait peine à croire ce qu'on lui disait, quand un des hommes de sa suite, qui, inconsidérément, était sorti, rentra ayant les yeux et la tête dans un si piteux état, qu'il en fut malade pendant plus de trois jours.

Kernok est la capitale du Loggoun; ce pays est tout entouré par les Chouaâ; ceux-ci confinent à l'E. avec les Bégharmiens. Depuis quelque temps Toole était malade; son état empira tellement, que Denham fut obligé de retourner vers le N. Arrivé à Angala, ville située sur le Gambalaroum, près de son embouchure dans le Tchad, Toole y mourut : il n'avait que vingt-deux ans; malgré sa forte constitution, il ne put résister aux fatigues du voyage dans un pays humide et très-chaud.

Cependant, le Loggoun est plus sain que les autres contrées arrosées par le Chari. Il est très-fertile. Tous les soirs il se tient à Kernok un marché où la viande et le poisson abondent; le sel est très-rare; il paraît qu'il n'est guère recherché. On le remplace quelquefois par du natron, que Denham trouva très-amer et nauséabond. L'industrie est très-active dans le Loggoun : on y fabrique beaucoup de toiles de coton, que l'on teint très-solidement en bleu. « On y a aussi, ajoute Denham, une monnaie métallique, la première que j'eusse vue dans le Soudan. Elle consiste en plaques de fer minces qui ont à peu près la forme de leurs fers à cheval. On en fait des paquets de dix à douze, suivant le poids; dix de ces paquets équivalent à une piastre forte; mais le cours de cette monnaie éprouve des fluctuations; chaque vendredi, au commencement du marché hebdomadaire, il est fixé par une proclamation. Il en résulte naturellement que les joueurs à la hausse et à la baisse font respectivement des spéculations d'après leur opinion. Avant que le sultan reçoive le tribut ou le droit sur les bouvillons ou l'indigo, le magistrat fixe généralement le cours au-dessous du pair; tandis qu'au contraire quand il a des achats à faire avant une fête publique, la valeur du métal est invariablement augmentée. L'annonce du cours fixé excite un tumulte étonnant, comme cela arrive toujours quand les uns gagnent et que les autres perdent par sa variation. »

De retour à Kouka, Denham s'occupa d'un nouveau voyage vers l'E. Le 19 mai, il fut rejoint par Tyrwhit, un de ses compatriotes, qui venait pour résider comme consul à Kouka. Il accompagna Denham dans son excursion, qui commença le 16 juin. On traversa la partie inférieure du Loggoun, et on entra sur le territoire des Chouaâ. Denham aurait bien voulu faire le tour du lac et revenir par le N., mais il ne put aller que jusqu'à Tangalia, ville située à l'extrémité orientale du lac. Les Bornoui avaient marché contre les habitans de l'Ouaday; ils furent défaits et revinrent chez eux. Denham put voir des îles vers l'extrémité du lac; il y en a d'autres au milieu; elles sont habitées par les Biddoumah, peuple païen qui fait des incursions chez ses voisins.

De retour à Kouka le 17 juillet, Denham y trouva Clapperton revenu de Saccatou avec une petite caravane. « Il était tellement changé, dit Denham, que je ne le reconnus qu'en l'entendant m'appeler par mon nom. Notre entrevue fut bien triste : Oudney, son compagnon, était mort; j'avais fermé les yeux du mien, beaucoup plus jeune et plus robuste que moi. Malgré sa faiblesse extrême, Clapperton parlait de retourner dans l'O. aussitôt après la saison des pluies.

Nous avons dit précédemment que Clapperton était parti le 14 décembre 1823 avec une caravane composée d'une cinquantaine de Bornoui et de 27 marchands arabes : la plupart de ceux-ci montaient des chevaux destinés à être vendus, et quelques-uns en menaient un en lesse. Les Bornoui étaient à pied. On marcha vers l'O., le long des rives de l'Yeou. Parvenue aux frontières du Bornou, la caravane se dirigea au S. jusqu'au lac Tomboun, qui est dans le pays des Bidis, peuple païen; ils accueillirent bien les Anglais. La température était très-basse. Oudney, déjà malade au moment du départ, s'affaiblissait davantage chaque jour. En continuant à marcher à l'O., on traversa de nouveau l'Yeou, et, le 2 janvier 1824, on entra dans Katagoum, ville du Haussa. Le gouverneur fit un accueil très-flatteur aux Anglais. Ils en sortirent le 11. On fut obligé de placer sur un chameau le lit d'Oudney, qui était trop faible pour supporter le cheval, et on s'arrêta le lendemain à Mourmour, où le malade expira à l'âge de trente deux ans. La fraîcheur extrême des nuits contribua sans doute à hâter sa mort; c'est une cause très-fréquente d'accidens funestes pour les Européens dans ces climats où la chaleur est brûlante pendant le jour.

Après avoir rendu les derniers devoirs à son ami, à son compagnon, à celui qui avait eu la première idée du voyage dans l'intérieur de l'Afrique, et qui avait bien voulu l'y associer, Clapperton, désormais seul, et lui-même souffrant, continua son voyage avec persévérance. En marchant toujours vers l'O., il atteignit Kano, une des principales villes du Haussa; de là, il se porta encore à l'O., mais en remontant un peu plus haut vers le N. Des détachemens assez nombreux, envoyés par Bello, souverain des Fellatah, vinrent en plusieurs endroits à sa rencontre, et lui rendirent honneur par un bruit assourdissant de tambours et de trompettes. Le 17 mars, il parvint à Saccatou, résidence de Bello; il eut avec ce prince plusieurs entrevues très amicales et assez familières. Bello avait des notions assez confuses de l'Europe et de sa civilisation; Clapperton rectifia ses idées sur ce point, et s'efforça de le faire entrer dans les vues du gouvernement anglais pour la suppression de la traite des nègres. A ce sujet, Bello apprit, à son étonnement extrême, qu'il n'y a pas d'esclaves en Angleterre; qu'aucun homme n'y a le droit d'y frapper un autre homme, et que les soldats sont nourris, habillés et payés par l'état. La bienveillance que Bello témoignait à Clapperton fit penser à celui-ci qu'il avait réussi à vaincre chez lui cette défiance si naturelle chez tous les princes barbares à l'égard des étrangers. Bello lui promit d'accorder sa protection à tous les Européens qui pourraient venir, dans l'intérêt de la science, visiter ses états. Au moment de prendre congé de Bello, Clapperton en reçut une lettre adressée au roi d'Angleterre pour lui demander de vouloir bien envoyer à Saccatou un consul et un médecin, mais, malgré toute sa bonne volonté, le sultan n'alla pas jusqu'à remplir le vœu le plus cher de Clapperton, en lui donnant les facilités nécessaires pour pousser plus loin son exploration du continent africain. Chaque fois que celui-ci en parlait, Bello objectait les difficultés et les dangers inséparables d'une pareille entreprise.

Du reste, ce monarque africain avait fait preuve de magnanimité. Dès le lendemain de l'arrivée de Clapperton, après l'avoir questionné sur les différentes communions chrétiennes de l'Europe, il fit apporter des livres qui appartenaient à Denham, et s'exprima avec beaucoup d'amertume sur la conduite de Boukhaloum, qui avait fait une incursion sur son territoire. Il ajouta : « Je suis sûr que le pacha de Tripoli n'a jamais eu l'intention de me frapper d'une main tandis qu'il me fait des présens de l'autre; c'est du moins une étrange manière d'en agir entre amis. Mais qu'est-ce que ton ami allait faire là? » Clapperton répondit que Denham avait seulement voulu faire une petite excursion dans le pays. Bello rendit les livres à Clapperton de la manière la plus gracieuse, et cette affaire en resta là. Clapperton, en retournant au Bornou, passa par Cachenah, ville très-commerçante fréquentée par les Touariks et par les marchands de Gadamès et de Touat. Il reprit à Kano la route qu'il avait suivie en venant, et rentra le 8 juillet à Kouka.

Le moment du départ approchait : le cheikh consentit à ce que Tyrwhit restât auprès de lui comme consul, et promit de protéger les marchands anglais qui viendraient dans son pays. « Il faut, ajouta-t-il, que ce soient de petits marchands, autrement leur profit ne serait pas assez considérable pour les dédommager de leurs frais. » Il exprima ensuite le désir d'écrire au roi de la Grande-Bretagne. Après avoir remis sa lettre aux Anglais, il leur envoya un chameau, un cheval et des outres à eau pour leur voyage dans le désert, enfin des présens pour eux et leur souverain. Le 16 août, il leur donna une audience de congé, et ils s'acheminèrent vers Tripoli avec une caravane. Denham suivit par le N. les rives du Tchad jusqu'à Mahal, village sous les 14° 28′ de lat., et les 12° 40′ de long. E.; c'est le plus septentrional. La nature marécageuse du lac ne lui permit pas de s'avancer plus loin. Il reste, d'après sa carte, un espace de 136 milles qu'il ne put pas visiter. Le 14 septembre, tout le monde fut réuni à Voudié, sur la rive occidentale du lac. On revint à Tripoli par la même route qu'on avait tenue en allant au Bornou; Denham pense qu'elle est plus difficile et plus fatigante au N. qu'au S. Un nouveau sultan commandait Morzouk ; il fut très-bienveillant pour les Anglais, qui revirent Tripoli le 20 janvier 1825. Les deux voyageurs furent avancés en grade.

L'issue heureuse de ce voyage fit naître naturellement au ministère britannique le désir d'envoyer une nouvelle expédition dans l'intérieur de l'Afrique, afin de profiter des dispositions favorables montrées par les deux souverains aux voyageurs anglais. Il fut décidé que Clapperton partirait le plus tôt possible. Il prit avec lui son compatriote Dickson, chirurgien qui avait longtemps séjourné aux Antilles. On leur adjoignit Pearce, capitaine de vaisseau de la marine royale, dessinateur habile, enfin Morrisson, chirurgien et naturaliste distingué. Clapperton avait pour domestique Richard Lander. Des présens considérables, consistant en munitions de guerre et autres objets, furent choisis pour les deux princes africains. On partit de Portsmouth le 27 août 1825; on arriva dans le golfe de Benin le 25 novembre suivant. Dickson voulut débarquer à Juida, afin de gagner Saccatou par terre. On sut qu'il était allé jusqu'à Chon, ville de l'intérieur, et depuis lors on n'en entendit plus parler. D'après les observations d'un négociant anglais établi depuis longtemps dans le Benin, on alla débarquer à Badagry. Le 7 décembre, on en partit, et on marcha vers le N. Il n'était pas toujours facile de trouver des porteurs pour le bagage. Quelquefois, ceux qui avaient consenti à s'en charger s'enfuyaient au moment de se mettre en route; toutefois, on ne perdit pas la plus petite chose.

Les cabocirs, ou chefs du village, montrèrent en général beaucoup de complaisance pour les voyageurs. La plupart leur fournirent abondamment toutes les denrées que produisaient le pays : c'étaient des moutons, des chèvres, des cochons, des poules, des ignames, du lait, du miel, du doura, du maïs et diverses sortes de boissons. On entra bientôt dans le royaume d'Yeo, nommé Yourriba par les Arabes et les Haoussanis. Le pays, qui, près de la côte, est bas et uni, s'élève bientôt. Les Anglais étaient bien accueillis partout; mais, dès le 27 décembre, Pearce n'existait plus; quelques jours après, Morrison et un matelot, qui l'avaient suivi, moururent; Clapperton et Lander furent aussi attaqués de la maladie qui avait emporté leurs compatriotes; ils purent néanmoins continuer leur voyage. Après avoir traversé un pays montagneux, ils atteignirent, le 23 janvier 1826, Katounga, capitale de l'Yourriba. Le roi fit un accueil très distingué à Clapperton; mais il lui refusa la permission de marcher directement vers le Bornou; il alléguait pour motif que les pays qu'il fallait traverser étaient déchirés par la guerre civile, et que les Fellatah, appelés par un parti, faisaient partout des ravages.

Le 7 mars, Clapperton sortit de Katounga, se dirigea vers l'O., puis vers le N., passa successivement chez plusieurs chefs nègres dont il fut très-content, et arriva ainsi à Boussa, sur le Dialiba, nommé dans le pays Kouarra. Clapperton, ayant questionné le sultan sur les hommes blancs qui, une vingtaine d'années auparavant, avaient péri dans la rivière, celui-ci répondit qu'à cette époque il était très-jeune, et qu'il n'avait rien qui eût appartenu aux blancs. Tous les efforts de Clapperton pour découvrir les livres de Park furent inutiles. On lui indiqua l'endroit où le bateau de cet infortuné voyageur avait touché et où son équipage avait trouvé la mort.

Pressé d'arriver au terme de son voyage avant la saison des pluies, Clapperton, après avoir passé le Kouarra, traversé ensuite les pays de Gouari et de Zegzeg, qui étaient agités par des dissensions intestines et soulevées contre les Fellatah. Quoiqu'il eût annoncé qu'il allait chez Bello, sultan de ces derniers, on le laissa passer moyen-

3. Temple de Cusr-Naüti.

4. Ruines du Temple de Jupiter-Ammon.

nant quelques présens, et on lui fournit même une escorte pour le conduire jusqu'à Fatticah, première ville du territoire de ce sultan. Il franchit les monts de Naroa, et, le 20 juillet, il revit Kano, où il reçut une lettre de Bello, qui, prévenu de son arrivée, le félicitait sur son retour et l'invitait à venir le rejoindre. Divers obstacles, et notamment les pluies, empêchèrent Clapperton d'arriver auprès de lui avant le 15 octobre. Il était à son camp près de Kounia. Quand ils furent à Saccatou, Clapperton reconnut un grand changement dans les manières du sultan à son égard. Bientôt il apprit par le secrétaire intime de Bello que le cheikh du Bornou avait écrit à ce prince pour l'inviter à mettre Clapperton à mort, « parce que, disait-il dans sa dépêche, si l'on encourage trop les Anglais, ils reviendront l'un après l'autre dans le Soudan, et, lorsqu'ils se trouveront assez forts, ils s'empareront du pays : c'est ce qu'ils ont déjà fait au Bengale. » Bello avait repoussé avec horreur la proposition du cheikh. Toutefois, il refusa obstinément à Clapperton la permission de continuer son voyage vers le Bornou, et lui déclara qu'il ne pourrait retourner en Europe que par l'une des trois voies suivantes : ou par l'Yourriba, ou par Tombouctou, d'où il irait chez les Fellatah de l'O., voisins des comptoirs anglais, ou enfin par Agadès, Touat et Morzouk. Tant de contrariétés exercèrent une influence fâcheuse sur la santé de Clapperton, déjà altérée par les fatigues et par les effets du climat africain. Elle éprouva une nouvelle atteinte lorsqu'il apprit que le sultan avait fait saisir le bagage qu'il avait laissé à Kano sous la garde de Lander malade. Bello n'avait pu voir sans jalousie et sans inquiétude que le voyageur anglais fut chargé d'offrir des présens, et entre autres des munitions de guerre, au cheikh du Bornou, qui, en ce moment, était en hostilité ouverte avec lui. A son propre insu, Bello s'était conformé aux dispositions du code, que le gouvernement britannique lui-même a proclamées, et qu'il ne manque jamais de mettre en pratique : il s'était emparé de ce qu'une puissance neutre envoyait chez une autre avec laquelle il était en guerre. Il alla plus loin : il voulut exiger de Clapperton la communication d'une dépêche de lord Bathurst au cheikh ; mais, sur ce point, il n'obtint qu'un refus bien prononcé. Cette lutte acheva d'épuiser les forces du courageux voyageur ; la dyssenterie vint se joindre à la maladie qui le minait depuis longtemps. Le 11 mars 1827, il cessa d'écrire son journal. Quelque temps après, sentant sa fin approcher, il remercia tendrement Lander de ses services affectueux, le nomma son ami et son fils, et lui recommanda de chercher, immédiatement après sa mort, à regagner la côte et à porter ses papiers en Angleterre. Le 11 avril, il expira entre les bras de ce serviteur fidèle ; il n'était âgé que de 38 ans.

Peu de jours après, Bello fit venir Lander, lui accorda la permission de retourner en Europe, et lui donna en paiement de divers objets qu'il retint un mandat sur un habitant de Kano. Lander prit en partant de cette dernière ville une route plus orientale que celle par laquelle il était venu : il traversa différentes rivières qui coulaient vers le Kouarra, et vit une suite de montagnes dans l'E. Déjà il était parvenu à Denrorah, ville éloignée de 245 milles au S. de Kano, et avait l'espérance d'arriver bientôt à Funda, sur le Kouarra, lorsque des messagers du sultan de Zegzeg lui firent rebrousser chemin vers Zariiah, parce que le prince avait envie de le voir. Il accueillit très-amicalement le jeune voyageur, et lui fit cadeau d'une jeune négresse. Lander l'accepta parce qu'il pensa qu'elle lui serait d'un grand secours ; il acheta de plus un jeune homme. Le 21 novembre, il arriva heureusement à Badagry, en traversant les mêmes lieux qu'il avait déjà parcourus. En route, il paya souvent sa dépense en vendant des aiguilles, des grains de verroterie et d'autres bagatelles. A Badagry, il faillit être victime de la perfidie de quelques Portugais marchands d'esclaves : il eut le bonheur d'échapper à leur fureur, et s'embarqua sur un navire marchand pour le Cap Corse, où il rendit la liberté à la négresse et au jeune homme qui l'avaient accompagné. Le 3 février 1828, il monta sur une corvette de l'état, et, le 30 avril suivant, il débarqua en Angleterre.

Le gouvernement anglais, après avoir reçu par Lander les papiers de Clapperton, jugea avec raison que personne n'était plus propre que ce jeune homme, à poursuivre les découvertes commencées dans le Soudan. En conséquence, quand celui-ci fut bien remis de ses fatigues, on lui donna des instructions : il prit avec lui son frère John et tous deux s'embarquèrent à Portsmouth le 9 janvier 1830. Le 22 mars ils étaient à Badagry ; au mois de mai ils entrèrent dans Katounga ; le Sultan reçut Richard Lander comme une ancienne connaissance, et procura aux jeunes voyageurs toutes les facilités désirables pour traverser son pays ; ils allèrent d'abord au N. Le chef de Kiama, dans le Borgou, leur conseilla d'éviter une ville où, dans le précédent voyage, des nègres qui portaient les marchandises de Clapperton, étaient restés, et dont le gouverneur, qui protégeait ces fripons, n'avait pas voulu les rendre. Les jeunes voyageurs continuèrent donc à marcher au N. A l'exception des champs d'ignames voisins de Kiama, ils ne rencontrèrent pas, dans la première journée, une toise de terrain cultivé. Kakafungi, la première ville où ils s'arrêtèrent, leur plut beaucoup par l'urbanité des habitans et la propreté des maisons. Cependant John Lander tomba malade dans cette ville hospitalière ; on fut obligé de l'aider pour qu'il put monter à cheval ; le lendemain 6 juin, sa maladie empira, il eut le délire à Coubly où l'on se reposa pendant plusieurs jours : heureusement la fièvre s'apaisa dans la nuit du 11 au 12. Des émissaires du roi de Boussa arrivèrent bientôt ; ils étaient chargés d'escorter les deux voyageurs jusqu'à la capitale où ils arrivèrent le 17. Il n'aurait pas été prudent d'expliquer au roi le vrai motif de la venue des deux Anglais dans son pays, sachant de quel œil jaloux tous les peuples nègres regardent ce qui concerne leurs rivières. Richard lui dit, en conséquence, qu'il voulait aller au Bornou en passant par Yaouri, et lui demanda sa protection pour traverser sûrement ses états ; il reçut une réponse encourageante.

Avant leur départ, le roi vint chez eux accompagné d'un homme qui tenait un livre sous son bras. Il dit aux voyageurs qu'il avait été retiré de la pirogue qui avait péri avec l'homme blanc dans le fleuve. Les Anglais, en ouvrant le livre, reconnurent que c'était un ouvrage nautique du XVIIIe siècle. Le titre y manquait ; il y avait entre les feuillets divers morceaux de papier de très-peu de conséquence. Le roi et le propriétaire du livre furent aussi mortifiés que les voyageurs quand ceux-ci leur dirent que ce n'était pas ce qu'ils cherchaient, et que, par conséquent, ils ne pouvaient donner la récompense promise. Le maître du livre le replaça soigneusement sous une grande enveloppe de toile de coton et le remporta, car il l'estimait comme un dieu pénate. Ainsi toutes les espérances de recouvrer à Boussa le journal ou les papiers de Mango-Park sont entièrement évanouies.

Le 23 juin, les deux Anglais partirent à cheval, le lendemain ils s'embarquèrent pour remonter le Kouarra. Le 27, ils débarquèrent sur la rive gauche et gagnèrent par terre Yaouri. Le gouverneur était d'une humeur très-capricieuse ; il avait d'abord envoyé des vivres aux voyageurs. Tout-à-coup il cessa de les approvisionner et ceux-ci se trouvèrent très-gênés, parce que leurs ressources étaient presque épuisées. Les aiguilles n'avaient pas une grande valeur à Yaouri ; le dernier voyage des Anglais en 1826 en avait inondé le pays, d'ailleurs, celles que les deux frères avaient apportées étaient défectueuses, malgré l'annonce pompeuse de leurs enveloppes et quoique leur fabricans eussent sans doute été recommandés, selon l'usage, par les feuilles quotidiennes. On en rapporta aux deux Anglais une grande quantité qui manquaient de trous ; ils furent obligés de les jeter. La meilleure et la presque unique ressource des deux frères consistait dans les boutons dorés et argentés.

La guerre dans les pays à l'E. et au S. d'Yaouri empêcha le gouverneur d'accorder aux voyageurs la permission d'aller de ces côtés. Ils prirent congé de lui le 1er août ; le 5, ils revirent Boussa. Après des délais qui accompagnent toutes les affaires en Afrique, Richard et John Lander allèrent, le 30 septembre, s'embarquer à Patachie sur une pirogue, et descendirent le Kouarra. Ses rives étaient hautes et assez escarpées ; ses eaux paraissaient être profondes et libres d'écueils ; sa largeur variait d'un à trois milles ; ensuite, le pays s'abaissa : quelques villages de chétive apparence étaient épars sur les bords du fleuve ; des arbres touffus les ombrageaient ; tout annonçait que la terre était bien cultivée par une population nombreuse. Çà et là, on apercevait des villes commerçantes et très-peuplées ; de grandes pirogues, au milieu desquelles s'élevait une cabane où logeaient des marchands avec leur famille, voguaient sur le fleuve ; il coulait vers le S. E. Au-dessous de Badjebo, grande ville de la rive droite, il se partage en deux bras. L'aspect de ses bords est magnifique ; cependant il manque à ce beau paysage, quoiqu'il soit habité, la vie qui embellit ceux des contrées civilisées de l'Europe. Les bateliers, que l'on avait pris dans une ville, s'en retournaient chez eux quand on arrivait à une autre ; il n'était pas toujours facile de s'en procurer promptement de nouveaux, parce que ces gens ne se souciaient pas de s'éloigner trop de chez eux.

Les voyageurs furent accueillis très-amicalement par le chef de l'île de Madjé. Un peu au-dessous, le fleuve est coupé par d'autres îles, dont l'une forme le mont Késa, haut de 300 pieds, et très-escarpé ; son aspect singulier le rend un objet de respect superstitieux pour les nègres (PL. XV — 4).

Les jeunes Anglais ne débarquaient pas aussi souvent qu'ils l'auraient désiré, sachant par expérience que leurs visites aux personnages d'une certaine importance était très-dispendieuse. La navigation était fort gaie : on rencontrait sans cesse des pirogues; les hommes ramaient, les femmes chantaient en s'accompagnant de la guitare; la vue des blancs causait à tous ces nègres une surprise qu'ils exprimaient par leurs exclamations.

Le 19, les Anglais passèrent devant l'embouchure du Coudonia, affluent de gauche du Kouarra; Richard Lander l'avait traversé précédemment dans la partie supérieure de son cours. Le pays paraissait s'élever beaucoup de chaque côté; cependant ils ne purent arriver à Egga, grande ville de la rive droite, qu'en naviguant à travers un marais profond et très-large. Beaucoup de grandes pirogues remplies de marchandises et de denrées étaient mouillées devant cette ville. Les deux frères y furent très-bien accueillis, mais extrêmement importunés par la curiosité des habitans, qui ne pouvaient se rassasier du plaisir de les voir. On ne leur laissait pas un instant de repos pour qu'ils écrivissent des charmes; au moins, on accompagnait ces demandes d'un présent de denrées. Beaucoup de nègres d'Egga étaient vêtus de tissus venant du Benin et des possessions portugaises, ce qui fit penser aux voyageurs qu'il existait des communications actives entre cette ville et le golfe de Guinée.

En avançant, les Anglais remarquèrent que les rives du fleuve s'élevaient toujours davantage. Le 22, ils s'arrêtèrent près de Kacunda, grande ville de la rive droite, dans une position semblable à celle d'Egga, et où ils furent également bien accueillis. Au-delà, le fleuve tourne au S. Bientôt les voyageurs se trouvèrent entre de hautes montagnes. Dans la soirée et pendant la nuit, les lumières qu'ils aperçurent sur chaque rive annonçaient que le pays était peuplé. Le 25, dans la matinée, ils virent à gauche l'embouchure du Chary ou Tchadda. Les palmiers commençaient à orner les rives du Kouarra; un lieu commode pour débarquer se présenta à droite; on y aborda, on se dépêcha d'y élever une tente parce que le temps parut menaçant. Des restes de feu éteint et d'autres indices annonçaient que cet emplacement avait été récemment visité par une troupe nombreuse. Des douves de baril à poudre indiquaient qu'il existait des communications entre les indigènes et les Européens. Trois hommes étant allés à la découverte, entrèrent dans un village où il n'y avait que des femmes; celles-ci, ne comprenant pas leur langage, s'enfuirent effrayées dans les bois où les hommes travaillaient. A peine les trois éclaireurs finissaient-ils leur récit, qu'une troupe nombreuse de nègres, armés de fusils, d'arcs, de flèches, de zagaies, se montra; heureusement les deux blancs eurent le temps de la voir venir et de prendre un parti décisif : ils s'avancèrent seuls vers le chef de la bande, jetèrent leurs pistolets à terre, et firent tous les gestes qu'ils purent imaginer pour empêcher une attaque. Ils y réussirent, et la paix fut bientôt faite, grâces au secours d'un vieillard, qui comprenait la langue du Haussa, et qui servit d'interprète. Les nègres apportèrent en présent des vivres, et leur chef donna aux voyageurs 8,000 cauris. Ce village était Bocqua, fameux entrepôt de commerce, dont R. et J. Lander avaient beaucoup entendu parler. Le chef leur assura qu'ils n'avaient rien à craindre en descendant le fleuve, mais qu'ils feraient bien d'éviter Atta, grande ville de la rive gauche, parce que le roi pourrait, par caprice, les retenir chez lui plus longtemps qu'ils ne voudraient. Ils se rembarquèrent le 26. Le Kouarra continuait à couler entre de hautes montagnes; ils aperçurent Atta; mais ensuite ils ne virent plus que des forêts des deux côtés et pas une seule cabane dans une étendue d'une trentaine de milles. Le fleuve se dirigeait au S. O.; bientôt la vallée s'élargit; les montagnes s'écartèrent à droite et à gauche; les bords du Kouarra, notamment de ce dernier côté, s'abaissèrent et devinrent marécageux; des broussailles touffues les couvraient; un bras se sépare du fleuve et coule au S. E. Ensuite, on découvrit des pirogues et des habitations; tous les nègres avaient l'air effrayé. Qu'on juge de la surprise des Anglais, quand, le 27, en passant devant un grand village, ils entendirent un homme vêtu d'une veste de soldat anglais qui, dans la langue de leur pays, les invita à s'arrêter; ils ne tinrent compte de ces paroles; mais une douzaine de pirogues les poursuivit et les força de débarquer pour rendre leurs respects au roi de Damaggou. Ce chef les accueillit bien, les régala, et ne les laissa partir que le 4 novembre. Ils se placèrent dans une pirogue qu'il leur fournit; leurs gens étaient dans celle qui leur avait servi précédemment. On s'arrêta la nuit dans un village bien peuplé, et qui fait un grand commerce d'huile de palme. Afin de n'être pas trop retardés par la lenteur ordinaire des nègres, les deux frères se mirent chacun dans une pirogue différente. Richard s'éloigna le premier du rivage vers sept heures du matin; bientôt il passa devant Kirri, grand marché de la rive droite; un bras du fleuve coule de là vers l'O. Beaucoup de grandes pirogues remplies de monde et ornées de pavillons attachés à de longs bâtons de bambou, étaient le long du rivage; on n'y fit pas attention, et on continua de descendre le fleuve. Peu de temps après, on aperçut une cinquantaine de pirogues semblables qui le remontaient. R. Lander avoue qu'il distingua, avec un certain sentiment de fierté, le pavillon anglais parmi ceux qui les décoraient. Sa satisfaction ne fut pas de longue durée : dès que la première pirogue fut près de lui, un homme de très-grande taille et de très-mauvaise mine lui fit signe de venir le trouver; sa vue et celle de tout son monde très-bien armé lui en ôta l'envie; aussitôt, ses oreilles furent frappées du son du tambour, et des fusils se dirigèrent vers lui. Il n'y avait pas moyen de songer à la fuite ni à la défense; chaque pirogue ennemie avait un canon à l'avant et toutes sortes d'armes d'attaque et d'abordage.

En un moment, R. Lander vit son bateau abordé et pillé; il coucha le chef en joue; trois des nègres ennemis sautèrent sur lui, lui prirent son fusil et le dépouillèrent d'une partie de ses vêtemens. D'autres bandits essayèrent d'enlever la femme d'un de ces nègres; alors sa fureur ne connut plus de bornes : il encouragea ses gens à s'armer de leurs pagayes et à se défendre jusqu'à la dernière extrémité. Il la délivra, et le mari tua le ravisseur d'un coup de pagaye, qui était en bois de fer.

Comme les pillards semblaient aller vers Kirri, on les suivit. Dans la route, on fut hêlé en anglais par le chef d'une grande pirogue, qui invita le jeune voyageur à passer sur son bord. Lander se rendit à son invitation, et fut traité avec beaucoup de bonté. Un moment après, en regardant autour de lui, il aperçut son frère, dont la pirogue avait été également pillée, et peu s'en était fallu qu'il ne se noyât, parce qu'elle avait été abordée avec tant de violence, qu'elle avait presque coulé à fond; il en avait gagné à la nage une autre, montée par des gens de Damaggou. Toutes les pirogues naviguèrent vers Kirri; les nègres descendirent à terre, et forcèrent les deux blancs à rester à bord. Les infortunés étaient presque nus, et exposés à l'ardeur du soleil. Un mallam de Fundah leur adressa quelques paroles de consolation; des habitans de Damaggou prirent également part à leur infortune; des femmes leur apportèrent des bananes et des cocos.

Quelques momens après, le mallam ou docteur leur dit de venir reconnaître leurs effets, que l'on avait retrouvés en fouillant les pirogues des bandits; les coffres étaient pleins d'eau; un grand sac avait été coupé et à peu près vidé. Tout-à-coup des cris et le bruit des armes se firent entendre; les hommes tirèrent le sabre et coururent du côté d'où venait le tumulte; les femmes s'enfuirent vers le fleuve. Les deux blancs, appréhendant d'être foulés aux pieds dans cette bagarre, se réfugièrent avec les fuyards dans les pirogues, et s'éloignèrent de terre. Cette alarme était causée par des nègres d'Eboe, qui avaient fait une irruption pour enlever les choses retirées de l'eau. Les habitans de Kirri les repoussèrent.

Dans le palabre qui se tint ensuite, des prêtres musulmans parlèrent avec tant de chaleur et d'énergie en faveur des deux Européens, que, au coucher du soleil, ceux-ci furent mandés à terre, et on leur communiqua en ces termes le résultat de la délibération : « On vous » rendra ce qui a été retiré de l'eau; la personne » qui a commencé l'attaque sera condamnée à » perdre la tête pour avoir agi sans la permission » de son chef. Vous devez vous considérer » comme prisonniers; vous serez conduits de-» main chez Obié, roi d'Eboe; il vous fera subir » un interrogatoire et prononcera sur votre » compte. » Les jeunes voyageurs écoutèrent cette décision avec un vif sentiment de joie, et remercièrent Dieu de les avoir conservés sains et saufs; ils étaient dépouillés de tout.

Obié les traita avec bonté. Après s'être fait expliquer les faits qui les amenaient en sa présence, il consentit à les relâcher, pourvu qu'un des capitaines anglais mouillés le long de la côte payât leur rançon, qu'il fixa à une valeur de 20 esclaves en marchandises. Le fils d'un roi, voisin de l'embouchure du Rio-Nun, principal bras du Kouarra, promit de répondre de la somme si les prisonniers lui en comptaient une assez forte. Richard Lander consentit à remettre à ce personnage un mandat sur un des capitaines anglais. A cette condition, il fut remis en liberté, et, le 12 novembre, ils s'embarquèrent avec leur monde dans une grande pirogue. Le 14, on s'engagea dans un petit bras du fleuve qui se dirigeait à gauche; bientôt les voyageurs, à leur grande satisfaction, s'aperçurent du mouvement de la marée. On ne tarda pas à rencontrer le roi, venu en pirogue à la rencontre de son fils. Il mena les jeunes voyageurs à sa capitale, qu'ils décrivent comme le lieu le plus sale, le plus misérable et le plus affreux qu'il soit possible de voir. Le monarque leur demanda le paiement du droit acquitté par tous les blancs qui viennent dans la rivière, et, comme il insis-

1. Tombeaux antiques à Cyrène.

2. Ruines de Tombeaux antiques à Ptolometa. Exercices d'Arabes.

J. Bailly del.

tait pour le recevoir, R. Lander lui remit un mandat sur un capitaine, mouillé à l'entrée de la rivière. Alors le jeune homme partit avec un de ses serviteurs; son frère, et les autres devaient rester jusqu'à ce que les marchandises eussent été délivrées au roi. En conséquence, R. Lander partit le 17 dans la pirogue de celui-ci, et avec un de ses nègres; le 18, il était entré depuis un quart d'heure dans le Rio-Nun, quand il aperçoit un brick anglais à l'ancre. Il monte à bord : le capitaine ne faisait que de se remettre d'une violente attaque de fièvre; Lander se nomme, et lui fait lire ses instructions par un homme de son équipage, afin de lui prouver qu'il ne lui en impose pas; puis il le prie de le racheter, lui et son frère, lui assurant que tout ce qu'il déboursera pour leur compte lui sera certainement rendu par le gouvernement britannique. Mais, à sa surprise et à sa consternation extrême, le capitaine refusa de donner un seul schelling; et, malgré sa maladie et sa faiblesse, il jurait de la manière la plus épouvantable.

Lander tenta un nouvel effort auprès du capitaine; la seule réponse qu'il en put tirer fut : « Tâchez de faire venir votre frère et vos gens à mon bord, je les emmènerai; mais, je vous l'ai déjà dit, vous n'obtiendrez pas même de moi une pierre à fusil. » Heureusement le nègre se laissa persuader par Lander d'aller chercher le frère de celui-ci, ainsi que ses compagnons; il partit très-mécontent; néanmoins, il s'acquitta fidèlement de sa commission, et, le 24, dans la matinée, les deux frères furent réunis à bord du navire anglais. Ils promirent au nègre qu'un jour il recevrait le paiement de ce qui lui était dû : cet engagement fut rempli.

Le 27, le navire passa la barre du Rio-Nun, et, le 1er décembre, les jeunes voyageurs débarquèrent à Clarens-Cove, dans l'île de Fernando-Po. Le 20 janvier 1831, ils s'embarquèrent sur un vaisseau de guerre qui allait à Rio-Janeiro; le 9 juin suivant, ils arrivèrent à Portsmouth.

Le gouvernement britannique et la société de géographie de Londres récompensèrent magnifiquement ces jeunes voyageurs, qui venaient de résoudre un problème longtemps discuté; ils avaient découvert l'embouchure de ce fleuve, désigné, depuis les temps les plus anciens, sous le nom de *Niger*, et que les nègres connaissent sous deux noms différens, ceux de Dialiba et de Kouarra, avant qu'il se partage en plusieurs bras pour former le vaste delta par lequel il arrive dans le golfe de Guinée. Plusieurs de ces bouches n'ont pas encore été explorées, et l'insalubrité des contrées basses et marécageuses que traversent les ramifications multipliées du fleuve opposera longtemps des obstacles au zèle des hommes hardis qui voudraient les remonter.

Des négocians de Liverpool pensèrent à profiter de la découverte de Lander. Une compagnie équipa deux navires à vapeur : le *Kouarra*, de 150 tonneaux, était construit en bois; l'*Alburka*, de 56 tonneaux, était en fer et ne tirait que trois pieds d'eau; un brick de 150 tonneaux devait accompagner ces navires et devait stationner à l'embouchure du Rio-Nun pour recevoir les marchandises qu'ils auraient traitées. R. Lander dirigeait cette expédition; son jeune frère ne voulut pas tenter les hasards de cette nouvelle entreprise. Les navires partirent de Liverpool vers la fin de juillet 1832; ils arrivèrent à l'embouchure du Rio-Nun le 19 octobre suivant. Le 27, les navires à vapeur commencèrent à remonter le fleuve; ce ne fut pas sans éprouver de la résistance de la part des chefs; ceux-ci, tirant leurs principaux profits de la traite des nègres, cherchaient naturellement à faire échouer une expédition qui voulait pénétrer dans l'intérieur, se borner à traiter de l'huile de palme, de l'ivoire, des cuirs, de l'or, enfin d'autres productions de ces régions, et, de plus, fournir à leurs habitans des marchandises d'Europe à bien meilleur marché que celles qui leur étaient vendues par les trafiquans de la côte. On avait pris des pilotes nègres pour remonter le fleuve. Un des chefs enjoignit à l'un d'eux de faire chavirer le navire qu'il conduisait. Cependant, on arriva le 7 novembre à Eboe sans que l'on eut perdu personne. Mais on avait été obligé de détruire un village situé à 30 milles plus bas : les habitans avaient voulu empêcher les bâtimens de passer, et il avait fallu faire un exemple. Néanmoins, le roi d'Eboe fit un très-bon accueil aux Anglais, et des présens furent échangés de part et d'autre. On prit des vivres, et, le 9, on parvint à un grand élargissement du fleuve, que Lander avait précédemment regardé comme un lac; sa largeur est là de 1,500 toises environ, et sa profondeur de 42 pieds.

Deux jours après avoir quitté Eboe, les maladies commencèrent à ravager les navires; le 5 décembre, le *Kouarra* avait perdu 14 hommes et l'*Alburka* 3. Cette différence entre la mortalité des deux vaisseaux fut attribuée à la fraîcheur répandue dans l'intérieur de l'Alburka par le fer qui formait son enveloppe. Le roi d'Atta accueillit fort mal les Anglais, et les prêtres eurent recours à toute espèce de sortilèges pour s'opposer au passage des navires. On offrit inutilement d'échanger des marchandises d'Europe contre de l'ivoire.

On parvint ensuite à Bocqua, petite ville que Lander avait vue précédemment sur la rive droite, mais qui, ayant été depuis saccagée par une peuplade ennemie, avait été transportée sur la rive opposée. La nouvelle ville aussi bien que l'ancienne possédait un marché sur le fleuve; une circonstance qui mérite d'être remarquée, et qui montre que les extrêmes en civilisation et en barbarie se rencontrent quelquefois, c'est que ce marché est un terrain neutre, une espèce de port libre où les tribus, obéissant à des rois ennemis, apportent, sans courir aucun danger, les objets d'échange. Les principaux consistent en pagnes, chevaux, chèvres, moutons, riz, mil, beurre et autres denrées. Au-dessus d'Atta, le fleuve est d'une navigation extrêmement difficile; son fonds est souvent parsemé de rochers. Le *Kouarra* toucha plusieurs fois; il finit par demeurer échoué pendant six mois. L'*Alburka*, qui tirait moins d'eau, fut plus heureux, et parvint jusqu'au confluent du Tchadda et du Kouarra. Cependant la mortalité décimait les équipages. Des matelots nègres, que l'on avait pris en passant à Sierra-Leone, et que l'on appelle les Kroumen, résistèrent au fléau qui enlevait les blancs, et se montrèrent toujours fidèles. Le capitaine du *Kouarra*, s'ennuyant à bord, fit, au mois de février 1833, une excursion jusqu'à Fundah, ville importante sur le Tchadda. Cet Anglais essaya vainement d'établir un comptoir à Fundah; le roi lui défendit de communiquer avec ses sujets; du reste, il ne le maltraita pas. A son retour à bord, le capitaine trouva son navire remis à flot; l'équipage était réduit à deux matelots anglais malades. Lander, qui s'était embarqué sur un canot, avait remonté le Kouarra jusqu'à Egga, puis il était retourné vers son embouchure pour prendre de nouvelles marchandises à bord du brick; ensuite, il alla jusqu'à Fernando-Po. Plus tard il remontait le fleuve dans une pirogue, lorsque, le 21 juillet 1833, il rencontra le capitaine du *Kouarra*, qui retournait vers la côte; il fut convenu que ce dernier continuerait son voyage, et que Lander, avec l'*Alburka*, pousserait, s'il était possible, jusqu'à Rabba, et même jusqu'à Boussa. Ce jeune homme comptait fermement sur la réussite de ses projets, et espérait établir des relations suivies entre sa patrie et ces contrées intérieures de l'Afrique.

A la fin de l'année, il revit encore Fernando-Po; le gouverneur de ce comptoir lui prêta une grande chaloupe, et il s'embarqua sur un cutter pour le Rio-Nun. Là, il quitta le navire, et passa avec ses marchandises sur la chaloupe. Son projet était de rejoindre l'*Alburka*, qu'il avait expédié quelques semaines auparavant. Il avait déjà parcouru plus de 300 milles, remontant avec peine le courant; ses gens et lui étaient en bonne santé. Tout-à-coup ils furent accueillis d'une fusillade partie d'un buisson; trois hommes tombèrent morts, et quatre furent blessés. Lander était de ce nombre. Au moment de l'attaque, la chaloupe se trouvait engravée, et ils étaient descendus à terre pour tâcher de la dégager. Ils furent donc obligés, pour se sauver, de sauter dans un canot qui suivait la chaloupe, et de fuir au plus vite. Des pirogues de guerre, remplies d'hommes, les poursuivirent pendant plus de cinq heures, jusqu'à la nuit, en tirant continuellement sur eux. Les Anglais parvinrent à gagner l'embouchure du Rio-Nun, et, le 27 janvier, ils débarquèrent à Fernando-Po. Lander, malgré les secours que lui prodigua le commandant de l'île, mourut le 5 février 1834. On a supposé que des trafiquans européens, intéressés au commerce des esclaves, n'avaient pas été étrangers à l'assassinat de cet intrépide voyageur. Tous ses papiers furent perdus.

Parmi les différentes entreprises dont nous venons de rendre compte, plusieurs avaient eu pour but la ville de Tombouctou, si célèbre par les relations des voyageurs arabes. En 1826, Laing, dont nous avons rapporté le voyage aux sources de la Rokelle, parvint à Tombouctou, mais maltraité, blessé et dépouillé par les nomades du désert, qui avaient arrêté la caravane avec laquelle il était parti de Tripoli; son domestique avait été tué par ces barbares. Les Maures de la caravane de Laing le relevèrent, et, à force de soins, le rappelèrent à la vie. Dès qu'il eut repris connaissance, on le plaça sur son chameau, tant il était faible. Sa convalescence fut lente, mais enfin il guérit, grâce aux soins d'un Tripolitain, habitant de Tombouctou, à qui on l'avait confié. Il ne fut pas tourmenté durant son séjour dans cette ville; il put s'y promener librement et même entrer dans les mosquées. Il fit une excursion jusqu'aux rives du Dialiba, qui passe à peu de distance au S. de Tombouctou, et combina son voyage ultérieur de manière à remonter ce fleuve jusqu'à Ségo: de là il aurait gagné les comptoirs français du Sénégal; mais, à peine eut-il communiqué son projet aux Foulahs établis sur les bords du Dialiba, que tous déclarèrent qu'ils ne souffriraient jamais qu'un *Nazarah* mît le pied sur leur territoire, et que, s'il le tentait, ils sauraient bien l'en faire repentir. Laing, voyant qu'il courrait trop de risques à suivre son premier dessein, choisit une autre route, espérant se joindre à une caravane de marchands maures qui portaient du sel à Sansanding; mais, après avoir marché cinq jours au N. de Tombouctou, la caravane rencontra une horde conduite par un vieillard fanatique, qui arrêta Laing sous prétexte qu'il était entré sur son territoire sans sa permission; ensuite, il voulut l'obliger à prononcer la profession de foi musulmane. Laing, trop confiant dans la protection du pacha de Tripoli, qui l'avait confié à tous les cheikhs du désert, refusa d'obéir, et se montra inébranlable à toutes les instances qui lui furent faites. Le cheikh le fit étrangler par des esclaves nègres. Les instrumens de Laing, ses papiers et le peu de marchandises qui lui restaient furent pillés.

René Caillié, Français né à Mauzé, département de la Vendée, fut plus heureux que Laing. Il faisait le commerce au Sénégal; mais le projet de visiter l'intérieur de l'Afrique dominait toutes ses pensées. Il passa d'abord dans les établissemens anglais de la Gambie, et prit part aux tentatives de Grey et de ses compagnons; ensuite, revenu au Sénégal, il alla chez les Bracknas, vivant le long des bords du Sénégal. Voyant qu'il ne pouvait rien effectuer de ce côté, il gagna Kakondy, sur les bords du Rio-Nunez, se déguisa en musulman, et, le 19 avril 1827, se joignit à une caravane de Mandingues qui s'acheminait vers le Dialiba. Il raconta aux marchands mandingues qu'il était né en Egypte de parens arabes; que, dès son plus jeune âge, des soldats de l'expédition française l'avaient emmené dans leur pays; que, depuis, il avait été conduit au Sénégal pour y suivre les affaires de son maître, qui, satisfait de ses services, l'avait affranchi. « Libre maintenant d'aller où je veux, ajouta-t-il, je désire naturellement retourner en Egypte pour y retrouver ma famille et reprendre la religion musulmane. » Caillié était accompagné d'un guide et d'un Foulah, porteur de son modeste bagage. Il traversa le Foutah-Diallon, et, le 3 août, il arriva dans le village de Timé, où il fut retenu malade pendant cinq mois entiers, et attaqué d'une affection de scorbut qui le laissa longtemps entre la vie et la mort, par suite de l'intempérie du climat et des fatigues qu'il avait essuyées en traversant les montagnes escarpées de ce pays.

Échappé à cette maladie funeste, Caillié se remit en route le 9 janvier 1828; il alla par terre jusqu'à Jenné. Cette ville est dans une île; elle peut avoir deux milles et demi de tour; elle est entourée d'un mur en terre, assez mal construit, haut de 10 pieds et épais de 14 pouces. Ses maisons, bâties en briques séchées au soleil, sont de la grandeur de celles des villages d'Europe; la plupart ont un étage, et le toit est en terrasse. Les chambres ne reçoivent le jour et l'air que par des fenêtres qui donnent sur une cour intérieure. Les murs, surtout à l'extérieur, sont très-bien crépis en sable, car on manque de chaux. Un escalier intérieur conduit sur la terrasse; il n'y a pas de cheminée, et assez souvent les esclaves font leur cuisine en plein air; les rues ne sont pas alignées, cependant elles sont assez larges pour un pays où l'on ignore l'usage des voitures; 8 ou 9 personnes y peuvent passer de front; elles sont très-propres, et balayées presque tous les jours. Placée sur une élévation de 7 à 8 pieds, Jenné est préservée des débordemens périodiques du fleuve; une grande mosquée en terre est dominée par deux tours massives et peu élevées; des millions d'hirondelles y font leur nid, ce qui y répand une odeur infecte. Un grand nombre de mendians, de vieillards, d'aveugles et d'infirmes viennent chercher un abri à l'ombre des arbres qui l'entourent. On voit en effet, dans quelques endroits de la ville, des groupes de baobabs, de rondiers, de dattiers et de mimosas.

Des Mandingues, des Bambaras, des Foulahs composent la population de Jenné, que Caillié estime à 10,000 ames. Beaucoup de Maures y sont établis. On y parle les idiomes propres à ces quatre nations, et, de plus, un dialecte particulier qui est appelé *kissour*, et qui est en usage jusqu'à Tombouctou. Tous les habitans sont musulmans; et, quand des Bambaras païens y viennent, ils sont obligés de faire la prière, sans quoi ils seraient maltraités par les Foulahs, qui sont les plus nombreux et les plus fanatiques. Cependant les femmes sortent sans être voilées; mais elles ne mangent jamais avec leurs maris, ni même avec leurs enfans mâles.

L'écriture des Arabes est la seule en usage; presque tout le monde est en état de la lire, mais peu de gens comprennent bien la langue. Il y a des écoles où l'on enseigne à lire le Coran. Le commerce est actif à Jenné; Caillié fut étonné de la foule qui était au marché; il le trouva très-bien fourni de toutes les denrées nécessaires à la vie. Elles y sont apportées par les habitans des villages voisins, qui viennent acheter du sel et d'autres marchandises; celles d'Europe y sont très-chères; presque toutes parurent à notre voyageur de fabrique anglaise; il y vit aussi quelques fusils français, qui sont très-estimés. Il rencontra dans les rues beaucoup de colporteurs qui, de même qu'en Europe, crient les marchandises qu'ils ont à vendre. Tous les jours, il part et arrive des caravanes.

Le 23 mars, Caillié s'embarqua sur un grand bateau qui descendait le Dialiba. Depuis Jenné, ce fleuve renferme un grand nombre d'îles jusqu'au lac Débo ou Dibbie. Cette nappe d'eau est d'une étendue considérable. Elle contient quelques îles. Le Dialiba, qui, jusqu'à sa sortie du lac, a coulé au N. E., se dirige ensuite vers l'E., à travers des marais, jusqu'à Cabra, grand village situé sur un monticule, qui le préserve de l'inondation dans la saison des pluies. Un petit canal conduit à Cabra; il n'est navigable, dans les temps ordinaires, que pour de petites pirogues; les autres sont obligées de rester dans le port, sur les rives du Dialiba. Les marchandises sont transportées de Cabra à Tombouctou sur des ânes et des chameaux.

Le 20 avril, au coucher du soleil, Caillié entra dans Tombouctou, « cette cité mystérieuse, objet des recherches des nations civilisées de l'Europe. Je fus saisi d'un sentiment inexprimable de satisfaction, ajoute notre voyageur : je n'avais jamais éprouvé une sensation pareille, et ma joie était extrême. Mais il fallut en comprimer les élans. Ce fut au sein de Dieu que je confiai mes transports : avec quelle ardeur je le remerciai de l'heureux succès dont il avait couronné mon entreprise! Que d'actions de grâces j'avais à lui rendre pour la protection éclatante qu'il m'avait accordée au milieu de tant d'obstacles et de périls qui paraissaient insurmontables! Revenu de mon enthousiasme, je trouvai que le spectacle que j'avais sous les yeux ne répondait pas à mon attente : je m'étais fait de la grandeur et de la richesse de cette ville une tout autre idée : elle n'offre, au premier aspect, qu'un amas de maisons en terre mal construites; dans toutes les directions, on ne voit que des plaines immenses de sable mouvant, d'un blanc tirant sur le jaune, et de la plus grande aridité. Le ciel, à l'horizon, est d'un rouge pâle; tout est triste dans la nature; le plus grand silence y règne; on n'entend pas le chant d'un seul oiseau. Cependant, il y a je ne sais quoi d'imposant à voir une grande ville élevée au milieu des sables, et l'on admire les efforts qu'ont eus à faire ses fondateurs. Tombouctou est principalement habitée par des nègres de la nation kissour; beaucoup de Maures y sont établis et y font le commerce; ils retournent ensuite dans leur pays pour y vivre tranquilles; ils exercent une grande influence sur les indigènes. Le roi ou gouverneur est un nègre très-respecté de ses sujets et très-simple dans ses habitudes. Comme beaucoup d'autres chefs de ces contrées, il est commerçant et très-riche : ses ancêtres lui ont laissé une fortune considérable.

» Tombouctou peut avoir 3 milles de tour, et ressemble beaucoup à Jenné (Pl. XIV — 1). Elle renferme sept mosquées; sa population est au plus de 12,000 âmes; les caravanes qui y séjournent augmentent momentanément ce nombre; elle n'a d'autre ressource que son commerce de sel; elle tire de Jenné tout ce qui est nécessaire à son approvisionnement. Les caravanes qui viennent de Tripoli et de Maroc y apportent toutes sortes de marchandises d'Europe et d'Asie, qui sont ensuite expédiées vers les autres contrées du Soudan.

» Les habitans sont d'une propreté recherchée pour leurs vêtemens et l'intérieur de leurs maisons : les femmes sont vêtues d'une ample tunique en toile de coton; elles portent des babouches en maroquin; leurs cheveux sont tressés avec beaucoup d'art. Les riches ornent leur col et leurs oreilles de verroterie et de grains de corail. De même que celles de Jenné, elles ont un anneau aux narines, des bracelets en argent et des cercles en fer argenté aux chevilles (Pl. XIV — 2). »

Pendant les quatorze jours que Caillié resta à Tombouctou, le temps fut constamment chaud, et le vent ne cessa pas de souffler de l'E.

Le 4 mai, Caillié partit avec la caravane de Tafilet : elle était composée de 1,400 chameaux chargés de marchandises; les voyageurs, en y comprenant les esclaves de tout âge et de tout sexe, étaient au nombre de 400. On fit route au N.; on passa par Araouan, ville où se fait un grand commerce de sel, et habitée par des Maures. De temps en temps, on rencontrait des puits d'eau saumâtre, où l'on faisait halte souvent. On souffrait beaucoup de la soif. Caillié dit qu'à la vue du désert, qui ne présentait aux regards qu'une immense plaine de sable éclatant de blancheur et enveloppée d'un ciel de feu, les chameaux avaient poussé de longs mugissemens, et que les esclaves nègres, accoutumés à la belle végétation de leur patrie, étaient devenus mornes et silencieux. Le 29 juin, la caravane atteignit El-Harib, où elle se partagea en plusieurs troupes, et, le 23 juillet, elle entra dans Tafilet. Caillié évita de passer par la capitale de l'empire de Maroc; et, le 17 septembre,

3. Musicien et Danseuse à Tripoli.

4. Arc de Triomphe antique à Tripoli.

accompagné d'un guide, il arriva dans les murs de Tanger. M. Delaporte, vice-consul de France, accueillit le jeune voyageur avec cet intérêt dû à un homme courageux, dont le dévouement n'a pas connu d'obstacle pour contribuer aux progrès des sciences.

CHAPITRE XIX.

Les Oasis.

Au milieu de l'immense étendue du Sahara, sont dispersés des espaces habités et cultivés que l'on peut comparer à des îles. A l'exemple des anciens, nous les désignons sous le nom d'Oasis; les Arabes les appellent *Ouah*. Les plus considérables sont dans l'E. du désert. La plus méridionale est le Darfour, visitée en 1793 par W. G. Browne, anglais. Il partit du Caire avec la caravane qui allait dans ce pays, traversa les déserts, puis les oasis d'El-Khargeh et de Selimé, et, le 23 juillet, il atteignit l'Ouadi-Mazrouk, première source d'eau vive située dans le Darfour. L'abondance des pluies et les ravages des fourmis blanches contraignirent les gens de la caravane d'aller loger au village de Souëini, où tous les marchands, même indigènes, sont obligés de s'arrêter en attendant la permission du sultan pour aller plus loin. Browne, qui n'avait rien de commun avec les commerçans, et qui était regardé dans la caravane comme l'étranger du roi, demanda au *mélik* ou gouverneur la faculté de poursuivre sa route, offrant de payer les droits qu'on exigeait de lui pour son bagage; mais il avait été desservi auprès du sultan par un homme du Caire, qui l'accompagnait, et qu'on lui avait recommandé pour les affaires qu'il pourrait avoir à traiter au Darfour. Ce perfide fit insinuer au prince, par un habitant de Souëini, que Browne était un infidèle venu dans le pays avec de mauvais desseins, et qu'il était à propos de le surveiller. Bientôt l'émissaire de Browne revint avec une lettre du sultan, qui ordonnait de le laisser partir pour Cobbé, la capitale où il devait demeurer jusqu'à ce qu'il eût reçu l'ordre de se présenter devant le monarque. Le 7 août, Browne entra dans Cobbé. Tous les gens qui l'avaient connu en Égypte et pendant le voyage, et qui auraient pu lui rendre service, s'étaient dispersés. Les Darfouris, qui le regardaient comme un infidèle dont la couleur même était un signe de maladie et de la réprobation divine, répugnaient à communiquer avec lui. Ces inquiétudes lui occasionnèrent bientôt une fièvre violente qui le réduisit à l'extrémité. Au bout d'un mois, se sentant mieux, il obtint la permission d'aller à El-Tacher, où était le roi. La cessation des pluies lui rendit momentanément la santé. Revenu à Cobbé, on s'accoutuma un peu à sa vue. Enfin, dans l'été de 1794, retourné à El-Tacher, il vit le sultan, lui offrit des présens, et sollicita vainement la permission de partir : elle ne lui fut accordée qu'en 1796. Durant ce long séjour, on lui avait pris la plus grande partie de ses effets, et on ne les lui avait payés que le dixième de leur valeur. Accablé d'ennuis, il ne trouva d'autre moyen de se divertir que d'acheter deux lions pour les apprivoiser. Enfin, le 3 mars, il partit avec une caravane qui n'arriva qu'au bout de quatre mois à Siout, sur le Nil.

Le Darfour ou pays de Four est une véritable oasis composée de plusieurs groupes, bornée à l'E. par les rochers de Téga et d'Ouanna, et entourée de déserts sablonneux. On n'y voit que des ruisseaux qui même ne s'emplissent que dans la saison des pluies; à peine elles commencent à tomber, que la terre, auparavant aride, se couvre de la plus belle végétation et d'une riche verdure. Le dourah, les fèves, le sésame et autres plantes y croissent en abondance et servent à la nourriture des habitans. Le tamarinier est le seul arbre qui s'élève à une grande hauteur; le dattier n'acquiert qu'une grosseur médiocre. Les chameaux, les brebis, les chèvres, les bœufs sont communs.

Browne évalue la population du Darfour à 200,000 ames. Les Darfouris ont les cheveux laineux et la peau noire. Il y a parmi eux des Arabes, les uns nomades, les autres sédentaires; et des Berbers; tous professent l'islamisme. Les caravanes du Soudan et de l'Égypte font halte dans le Darfour. Le départ de celle qui va au Caire est le plus grand événement de l'année : elle a quelquefois compté 15,000 chameaux chargés et jusqu'à 72,000 esclaves.

En sortant du Darfour pour voyager au N. vers l'Égypte, on marche pendant huit jours dans le désert, en longeant des rochers que l'on traverse obliquement à Bir-el-Malha. L'eau de ce puits est si saumâtre, qu'on ne peut la boire. On recueille, dans le voisinage, du natron très-blanc et solide; les marchands en portent en Égypte, où il se vend fort cher, et où la plus grande partie est employée dans la préparation du tabac en poudre.

On va en quatre jours à El-Eghy, où il y a un peu d'eau saumâtre, et de là en cinq jours à Selimé, petite oasis verdoyante, dont l'aspect réjouit doublement, car on y trouve la meilleure eau de toute la route; mais il n'y croît rien qui puisse servir à la nourriture de l'homme. Les marchands débitent, suivant leur usage, beaucoup de contes sur une petite maison en pierres brutes que l'on voit là, et qui probablement fut construite par quelqu'une des hordes arabes qui s'y arrêtent en traversant le désert. Il y a des mines de sel au N. de Selimé.

On emploie deux jours pour aller jusqu'à Cheb, dont le nom indique que le sol abonde en alun. La surface de la terre, argileuse en beaucoup d'endroits, est couverte de pierres rouges. Il faut creuser le sable à quelques pieds pour trouver de l'eau. Ce lieu est fréquenté par les Ababdé, qui sont des brigands déterminés.

On continue à marcher pendant cinq jours, on coupe le tropique du Cancer, et on arrive à Moghs, village le plus méridional de l'oasis d'El-Khargeh, *oasis magna* des anciens. Elle a été visitée par Poucet et Browne, et récemment par d'autres voyageurs, entre autres MM. Cailliaud, Edmonstone, Hoskins, qui l'ont décrite soigneusement. Sa longueur, du N. au S., est de 35 lieues, et sa largeur moyenne de 5. Des rochers de grès la bornent à l'E. et à l'O. Ses sources d'eau vive, ses petits ruisseaux, sa verdure constrastent agréablement avec les sables arides qui l'entourent de toutes parts. Le thermomètre y monte jusqu'à 37 degrés. Le climat est très-variable en hiver; quelquefois les pluies sont abondantes. En été, l'eau des sources est fortement imprégnée de fer et de soufre, et chaude en sortant de terre : jamais elle ne tarit. Le sol est léger, de couleur rougeâtre ; on le rend fertile par l'irrigation qui s'effectue au moyen de petits canaux. Les principales récoltes sont celles de l'orge et du riz. Les dattiers donnent une grande quantité de fruits ; les citrons et les limons sont également très-communs dans les jardins enclos.

La population se compose de Bédouins que le pacha d'Egypte a soumis à son autorité. Il les traite fort doucement, ne lève pas de recrues chez eux, et se contente d'un tribut.

Parfois ils souffrent des incursions que font sur leur territoire des Maugrebins ou Maures de l'O. Ils ont le teint moins foncé que les Fellahs d'Egypte, et paraissent pâtir à certaines époques, soit de l'insalubrité du climat, soit de la mauvaise qualité des eaux. Ils fabriquent artistement, avec les feuilles des palmiers, des paniers et des nattes. Les femmes ne sont pas voilées.

L'oasis offre, sur différens points, des restes d'édifices, les uns très-anciens, et portant les caractères de ceux du siècle des Pharaons, d'autres plus modernes, et dont les ornemens attestent qu'ils ont été des églises chrétiennes ou des mosquées. Le temple de Kasr-el-Zayan est situé sur une colline, et construit en briques ; son aspect est très-pittoresque (Pl. XVI — 1), quand on l'aperçoit du milieu d'un bocage de palmiers et d'acacias bordant un ruisseau. On lit, sur des fragmens de pierre, des restes d'inscriptions grecques. Toutes les sculptures sont dans le style égyptien, mais quelques-unes ne remontent pas au-delà du temps des empereurs romains.

Kasr-Ouaty, à une lieue au N. de Zayan, a un temple magnifique bâti sur le sommet d'une colline. Il est entouré d'un mur très-épais, grossièrement construit en briques, et qui a servi de demeure à des chrétiens. Le sable s'est accumulé à l'abri de cette clôture, et a pénétré dans l'intérieur du temple (Pl. XVI — 3).

Plus au N., le village d'El-Khargeh, le plus considérable de l'oasis, offre un plus grand nombre de monumens ; son temple est entièrement semblable à ceux de l'Egypte ; sur un des pylônes, on lit deux longues inscriptions grecques du temps des Romains. La nécropole, sur un coteau d'apparence volcanique, à un mille et un quart au N. du temple, a résisté, par sa position élevée, à l'envahissement des sables du désert. A peu près 250 sépulcres en briques séchées sont disposés en rues irrégulières, et varient de formes et de dimensions ; cependant, la plupart sont carrés ; les uns avec le toit aplati, les autres surmontés d'un dôme. Leur extérieur est orné de pilastres et d'arcades. Leur excellent état de conservation est une preuve de la sécheresse du climat. L'intérieur a été fouillé ; les chambres sont jonchées de morceaux de linceuls de momies. On distingue sur les parois des inscriptions presque illisibles en copte, en grec, en arabe, et des croix grecques (Pl. XVI — 2).

Trois routes conduisent de l'oasis d'El-Khargeh, au N. et à l'E., en Egypte ; une quatrième se dirige à l'O., en traversant d'abord le désert, puis une gorge rocailleuse et escarpée où l'on rencontre les ruines du temple d'Aïn-Amour, contigu à une source ombragée par des dattiers. On voyage ensuite sur un plateau, et on descend dans le lit d'un torrent à sec. Teneydeh est le village le plus à l'O. de l'oasis de Dakhel, ou intérieure ou occidentale, à 35 heures de marche de celle d'El-Khargeh, avec laquelle elle offre de nombreux traits de ressemblance. Ses principaux villages sont El-Cazar et El-Calamoun. Les environs de Bellata et de Deyr-el-

Haya offrent des ruines de temples antiques. On y fabrique de l'indigo. Edmonstone et deux autres Anglais découvrirent cette oasis en 1819. Le premier l'a décrite et en a dessiné les monumens. M. Cailliaud et M. Wilkinson l'ont visitée depuis. Tous ces voyageurs vantent le caractère aimable et bienveillant des habitans.

En marchant au N. O., à travers un pays élevé et désert, on arrive en moins de quatre jours à l'oasis de Farafreh, qui a peu d'étendue. Les habitans ne s'y montrent pas aussi affables que ceux de Dakhel envers les chrétiens. Les maisons du village entourent un château dans lequel la population se réfugie quand les Arabes viennent pour l'attaquer. On en ferme la porte par une pierre énorme, et du haut d'une muraille les uns tirent des coups de fusil sur les assaillans, les autres font pleuvoir sur eux une grêle de pierres. Les terres en culture sont dispersées dans le désert; les meilleures sont couvertes d'oliviers, et touchent au village; on cultive aussi des céréales, des plantes potagères, des dattiers et d'autres arbres à fruits.

Il faut trois jours de marche au N. E. pour parvenir à la petite oasis. On passe par El Hayz, qui en dépend, et où l'on vient en pèlerinage au tombeau d'un santon. On voit à Ouqsor, à cinq quarts de lieue au S. E., des restes d'édifices chrétiens et d'autres débris dont les sables diminuent sans cesse le nombre.

El-Ouah-el-Bahryeh (*oasis parva* des anciens), à trois journées au N. O. de Farafreh, est une vallée d'environ 10 lieues de l'E. à l'O., et de 3 lieues de largeur moyenne, entourée de rochers, et séparée par une montagne en deux parties, dont l'orientale est la plus grande. Browne, Belzoni et M. Cailliaud l'ont décrite. El-Mendyeh, avec des restes d'anciens aqueducs et des sources ferrugineuses ; Zabou, près duquel sont de misérables débris d'habitations coptes ; Beled-el-Agouzeh, sont les villages de l'E. ; et Kasr, avec de nombreuses ruines d'aqueducs, des catacombes et un petit arc de triomphe romain ; et El-Baoufyti, sont ceux de l'O. M. Cailliaud et M. Le Torzek furent très-bien accueillis dans cette oasis, où leurs opérations astronomiques et géodésiques finirent par éveiller des soupçons chez une population ignorante et superstitieuse ; on ne les maltraita pas, mais on les vit partir avec plaisir. « La partie occidentale est surtout très-boisée ; c'est une terre couverte en toute saison d'une épaisse végétation ; depuis la fin de janvier, les abricotiers étaient en fleur. Un grand nombre de rigoles portaient l'eau sur les terres, où elle serpentait entre des tapis de verdure, sous des bois épais de palmiers et d'abricotiers. De belles treilles, des pêchers, des citronniers et des orangers ajoutent à la richesse de cette campagne et en font un séjour enchanté..... Le sol de la petite oasis, continue M. Cailliaud, est une argile sablonneuse ; le sel marin y est répandu avec profusion ; l'ocre rouge y abonde aussi ; cet oxide de fer se montre partout à la surface du sol. Les habitans me dirent que presque tous les ans, au mois de janvier, il tombait un peu de pluie. Leurs sources sont presque toujours à la même hauteur toute l'année ; cependant il y a une petite diminution en été. Quelquefois, mais rarement, des nuées de sauterelles se précipitent sur les arbres, mangent et détruisent tout, comme sur les bords du Nil ; on est étonné que le désert immense qui entoure l'oasis ne soit pas une barrière contre ce fléau. »

En neuf jours de marche à l'O. N. O., à travers le désert tantôt pierreux, tantôt sablonneux, et où l'on rencontre un grand lac d'eau salée nommé *El-Bahreyn*, on arrive à l'oasis de Syouah ou d'Ammon, dont la longueur est d'environ 55 lieues, et dont la largeur varie d'une demi-lieue à trois quarts de lieue. Dans les temps modernes, Browne l'a découverte ; Horneman, MM. Cailliaud et Le Torzek, le général Minutoli, Ch. Drovetti, Bottin, colonel français, et d'autres voyageurs, l'ont également visitée et décrite. Elle fut fameuse dans l'antiquité par le temple de Jupiter Ammon. Cambyse, roi de Perse, envoya, pour détruire cet édifice, une armée qui périt dans le désert. Plus tard, Alexandre-le-Grand vint consulter son oracle.

C'est pour visiter les ruines de ce temple que tant de voyageurs sont venus dans cette oasis ; elles sont nommées *Omm-Beydeh*, et voisines de Gharmy, village entouré de palmiers qu'arrosent de nombreuses sources, entre autres celles du Soleil. Cette ruine, quoique peu étendue, est imposante par ses grandes masses construites selon le style égyptien. On reconnaît les restes très-apparens de deux enceintes ; au centre elles contiennent les restes de l'édifice, lesquels consistent dans une portion de la façade et dans les montans de la porte principale, qui est celle du N. (PL. XVI — 4). D'après les traces des décombres, on peut conclure que la longueur totale de l'édifice a pu être de 45 à 50 mètres.

En avant du monument, sont des restes épars de chapiteaux, en forme de lotus, et des tronçons de fûts de colonnes de 3 mètres de circonférence. L'état de vétusté ne permet pas de juger les ornemens des chapiteaux; les colonnes ne paraissent pas avoir de sculptures. L'enceinte extérieure qui renfermait toutes les constructions, pouvait avoir 360 pieds sur 300. Les parties intérieures des murailles et leurs plafonds sont couverts de sculptures égyptiennes, ainsi que le montant de la porte à gauche. Ces ruines se dégradent sans cesse. « La nature, plus que la main de l'homme, observe M. Cailliaud, a avancé la destruction du temple d'Omm-Beydeh. Le plateau qui les porte est un calcaire coquillier, souvent pénétré de sel; par l'humidité, il devient très-friable. Les pluies, les vents du N., le contact des eaux salées sont aussi des causes puissantes et actives qui minent de plus en plus les antiquités de Syouah; enfin elles sont encore exposées aux tremblemens de terre. »

Les habitans de cette oasis se montrent généralement soupçonneux envers les étrangers. La construction de Syouah, leur principal village, est bizarre: il est sur un rocher conique, et fermé par un mur haut de 50 pieds, qui a une douzaine de portes. Des habitations y sont adossées; les maisons ont de trois à cinq étages; les rues sont montueuses et raides, la plupart semblables à des escaliers, tortueuses, couvertes et obscures; souvent, pour s'y conduire en plein jour, il faut tenir une lampe à la main; plusieurs sont si basses, qu'il faut se courber pour y entrer. On s'élève des maisons inférieures aux supérieures par des chemins qui sont couverts de chambres. Celles d'en bas reçoivent la lumière par de petites ouvertures pratiquées dans la partie haute. Il y a dans l'enceinte trois puits, un d'eau douce et deux d'eau saumâtre. Syouah est à peu de distance et à l'O. d'Omm-Beydeh. La difficulté d'extraire des pierres de la montagne, faute d'outils, a fait employer comme matériaux des restes d'anciens monumens et des blocs de sel, qui est commun dans les montagnes environnantes.

On voit, à Gebel-Montaï, des catacombes où les hiéroglyphes sont très-rares; à Beled-el-Kamysch et ailleurs, des ruines de divers genres; les plus remarquables sont celles de Deyr-roum.

A l'E. du principal village, sont ceux de Gharney et de Menchyeh, situés dans le terrain le plus fertile, couvert d'arbres fruitiers et de bois touffus de dattiers; à l'extrémité, une lagune d'eau salée s'étend, au N. E., vers le désert. A l'O. de Syouah, un lac d'eau saumâtre, long d'une lieue, réduit les terres cultivables à quelques champs épars. D'autres portions du territoire sont abandonnées à cause de la quantité de sel dont le sol est imprégné. Parmi celles que l'on peut cultiver, la principale est Zeïtoun, riche en oliviers, et où l'on trouve des restes assez considérables d'édifices antiques.

L'oasis contient plusieurs sources d'eau minérale sulfureuse. En hiver, les vents du N. sont constans, et les pluies communes en janvier et en février. Les dattes de Syouah sont renommées, et forment l'objet d'un commerce important.

En venant du Fayoum à Syouah, on passe par la petite oasis de Garah ou Neghebel Bagli. En allant vers l'O., on rencontre celles d'Audjelah, de Maradèh, où il y a des débris d'antiquités; le Fezzan; enfin celles qui sont éparses dans la partie occidentale du Sahara.

Dans son voyage en Égypte, M. Wilkinson fut informé qu'à six journées de route à l'O. du chemin d'El-Hayz à Farafreh, on trouvait Ouadi-Zerzoara, oasis découverte récemment par un Arabe qui cherchait un chameau égaré. On y voit quelques ruines. A six journées plus loin à l'O., on trouve l'oasis de Gebabo, et encore plus loin celle de Tazerbo, puis celle de Rabina. Toutes sont habitées par des nègres chez lesquels les Maugrebins font des incursions pour se procurer des esclaves.

CHAPITRE XX.

Barcah et Tripoli.

L'oasis de Syouah est à 40 lieues au S. de la Méditerranée. Lorsqu'en partant d'Alexandrie, on suit la côte vers l'O., on n'aperçoit qu'une contrée nue; des terres cultivables côtoient la mer et s'étendent à gauche jusqu'à une distance de 10 à 15 lieues; au-delà, commence le désert. Des collines dont la hauteur s'élève progressivement en s'éloignant des bords de la mer, croisent en tout sens cette lisière, et donnent passage à des torrens. Çà et là s'élèvent des dattiers et des figuiers. On se trouve dans la Marmarique, pays qui est une dépendance naturelle de l'Égypte. On voit des ruines à la Tour des Arabes, à Abousir (*Taposiris*), à Bounnah, un château sarrasin à Lamaïd, des ruines à Chammameh, à Dresieh, des grottes taillées dans le grès à Maktaëraï, des puits et des ruines à Djammemeh. L'Akabah-el-Souagheïr correspondant au *Catabathmus parvus* des anciens, couronne des collines qui aboutissent au cap Kanaïs. Des ruines se montrent à Mohadah, à Berek-Morsah ou Barétoun (*Paretonium*), à Boun-Adjoubah (*Apis*), qui ont un port de

1. Tripoli.

2. Tunis.

T. Bailly del.

même qu'Aryoub-souf. Les ruines de Kasr-Lab-jédabiah sont considérables et du temps des Sarrasins. L'Akabah-el Kebir est le *Catabahtmus magnus*. On peut y placer la séparation entre les gouvernemens d'Égypte et de Tripoli. Les Arabes qui vivent dans les vallées voisines élèvent des troupeaux et cultivent la terre. La montagne de l'Akaloah a environ 900 pieds d'altitude; elle commence immédiatement au bord de la mer, d'où elle se divise au S. E. pour aller joindre les hauteurs qui côtoient l'oasis d'Ammon. Les terres, au sommet du plateau, sont très-fertiles; on découvre de là, sur le bord de la mer, Marsah-Soloum (*Panormus*), port spacieux.

On descend dans la vallée de Dafneh, où l'on aperçoit partout des canaux d'irrigation; Toubrouk a un port et des ruines du temps des Sarrasins; des collines avec des grottes sépulcrales très-bien ornées dans le style greco-égyptien et une belle source d'eau sulfureuse nommée *Aïn-el-Gazal* sont voisines du golfe de Bomba, où l'on a marqué les limites occidentales de la Cyrénaïque. Les hauteurs contournent brusquement vers le S. et se prolongent jusqu'aux monts Cyrénéens. La Marmarique est habitée à l'E. par les Aoulad-Ali, à l'O., par ceux-ci et les Harabi.

Les savans de l'expédition française d'Égypte, Browne, Scholz, le général Minutoli et Pacho, voyageur né à Nice, ont vu différentes portions de la Marmarique. Ce dernier l'a parcourue dans toute son étendue. « Après avoir franchi, dit-il, une lagune que forme le golfe de Bomba, nous arrivâmes sur les premiers échelons de l'ancienne Pentapole libyque. Les ravins qui en sillonnent les flancs obligent les caravanes à faire de nombreux contours..... Plus nous nous élevions, plus la nature changeait d'aspect. D'abord l'on n'aperçoit que des oliviers et quelques arbrisseaux étrangers à la Cyrénaïque; le sol, encore peu boisé, en rend le coup d'œil assez triste. La force de la végétation suit la progression des hauteurs. Enfin, après quatre heures de marche, dès que nous en eûmes atteint le sommet, un spectacle nouveau s'offrit à nos regards : la terre, continuellement jaunâtre ou sablonneuse dans les cantons précédens, est colorée dans ces lieux d'un rouge ocreux; des filets d'eau ruissellent de toutes parts, et entretiennent une belle végétation qui fend les roches mousseuses, tapisse les collines, s'étend en riches pelouses ou se développe en forêts de genévriers rembrunis, de verdoyans thuyas et de pâles oliviers. »

C'est cet aspect qui a fait nommer par les Arabes *Djebel Akhdan* (désert verdoyant) la Pentapole cyrénaïque. Aujourd'hui, cette contrée porte le nom de *Barcah*; elle dépend de Tripoli. Sa longueur, de l'E. à l'O., est de 200 lieues; sa largeur, du N. au S., n'excède pas 100 lieues. Le revers des montagnes, au S., forme le commencement du désert.

En marchant au N., on arrive à l'extrémité des aspérités rocailleuses qui bornent la vue, et on aperçoit, à très-peu de distance au-dessous de soi Derne (*Darnis*) dans une petite plaine. Cette lisière de terre sépare les escarpemens du plateau des bords de la mer : la ville est bâtie en partie sur cette plaine et en partie sur la pente des collines qui forment les premières assises de la montagne. De ce point, les maisons des habitans et les dômes de leurs marabouts paraissent comme des taches blanches à travers des bouquets de palmiers, ou bien sont éparses sur des tapis de verdure, au milieu des jardins de la ville et des petits champs qui l'entourent. Elle est réellement composée de cinq villages séparés, et désignés chacun par un nom particulier; c'est vis-à-vis de celui d'El-Meghorah qu'est le port de Derne, mauvaise petite rade qui n'offre qu'un mouillage peu sûr dans la mauvaise saison. Les montagnes voisines sont percées de nombreuses catacombes.

Des vestiges d'anciennes constructions plus ou moins remarquables couvrent tout le pays. En remontant vers l'O. N. O., on arrive à Grennah, qui occupe l'emplacement de *Cyrène*, sur un coteau tourné au N., et couvert partout de ruines et de débris d'édifices antiques. Les tombeaux attestent le respect des Cyrénéens pour les morts; ils sont creusés dans le roc et somptueusement décorés (Pl. XVII — 1). Au milieu des décombres, on reconnaît encore l'aqueduc dont les eaux alimentaient jadis la fontaine d'Apollon.

En descendant de nouveau vers la mer, on arrive à Tolometa (*Ptolemaïs*), port avec une petite rade. Parmi les restes d'antiquité, on remarque les débris d'un temple, une caserne sur les murs de laquelle est une inscription grecque de 56 lignes, et des tombeaux formés par d'énormes blocs de pierre, et situés sur des tertres (Pl. XVII — 2).

Plus loin, la côte tourne au S. : on rencontre les ruines d'*Arsinoé*, de *Teuchira*, d'*Adriana*, enfin celles de *Bérénice*. Benghazi, qui a succédé à cette dernière ville, est la résidence du bey qui gouverne le pays de Barcah; les puissances maritimes de l'Europe y ont des consuls, et le commerce avec Malte et d'autres places de la Méditerranée est assez actif. Partout où l'on fouille le sol des anciennes cités, dont les ruines sont souvent enterrées sous les sables, on trouve des médailles, des inscriptions, des statues, des fragmens de colonnes et d'autres débris.

Benghazi est à l'entrée du Djoun-el Kabrit, ou golfe de la Sidre, connu, dans les temps anciens, sous le nom de Grande-Syrte, et tristement fameux par les désastres des navigateurs. Il a 125 lieues de largeur de l'E. à l'O., et environ 60 de profondeur. C'est dans sa partie orientale qu'il s'avance le plus dans les terres. Des bancs de sable, des haut-fonds et d'autres écueils augmentent les dangers que font courir les vents du N. et de l'O. Le rivage est généralement nu, bas, sablonneux, coupé çà et là par des embouchures de torrens, des lagunes d'eau saumâtre et des marais; de temps en temps il est bordé de dunes de sable mobile. En longeant ce littoral, d'un aspect si triste, on rencontre successivement Ghiminés, Cacora, Loubeh, Aïnaga, Moktas, Busaïda, Zafran et autres bourgades près de la plupart desquelles il y a des ruines, enfin Mesurata et le cap de même nom qui forme le point le plus occidental du golfe. Des caravanes partent de Mesurata pour le Fezzan et l'Ouadey.

On marche ensuite dans une plaine d'une fertilité prodigieuse; on voit des ruines antiques à Ozir; on passe l'Ouadi-Kouaam (*Cynips*); on arrive à Lébida (*Leptis*), où il reste encore des débris d'édifices magnifiques; on traverse les belles plaines de Tagioura, ombragées de palmiers, et on entre dans Tripoli.

Cette ville, capitale d'un état que les voyageurs modernes regardent comme le plus avancé de ceux de la côte de Barbarie dans la carrière de la civilisation, est un des principaux entrepôts de commerce de l'Afrique septentrionale avec l'Europe; c'est le point du littoral le plus rapproché des contrées de l'intérieur; aussi, les caravanes de Soudan en partent et y arrivent de préférence aux autres ports du N. de l'Afrique. On y fabrique des tapis; les étoffes de laine se font principalement dans les tentes des Arabes. Lyon observe que les boutiques les plus belles ressemblent à des échoppes, mais que souvent elles renferment des marchandises d'un grand prix. Un bazar est uniquement destiné à la vente des esclaves; l'autre est bien approvisionné de denrées.

L'intérieur de Tripoli renferme des tas de décombres qui rendent la surface des rues très-inégale. L'attention des voyageurs européens est attirée par un arc de triomphe érigé en l'honneur de Marc-Aurèle, et très-haut. On estime que la partie recouverte par les sables est au moins égale à celle qui se trouve à découvert et qui offre de belles sculptures. Il sert de magasin (Pl. XVII — 4).

On évalue la population de Tripoli à 25,000 ames; elle se compose de Maures, d'Arabes, de Turcs, de juifs et de quelques chrétiens. Les costumes sont ceux que l'on voit dans les autres contrées du Levant. Les Arabes aiment beaucoup à s'exercer à des jeux qui leur fournissent l'occasion de montrer leur adresse à manier les armes en courant au grand galop (Pl. XVII — 2).

Quand un Tripolitain veut faire honneur à un hôte, il fait venir des danseuses; leur accoutrement, de même que leurs pas, ne peuvent paraître que très-bizarres à un Européen. Les instrumens qui accompagnent ces divertissemens sont des cymbales et des cornemuses (Pl. XVII — 3).

Des religieux, guidés par leur zèle charitable pour le rachat des captifs chrétiens, ont, les premiers, publié des relations de Tripoli. De nos jours, cette ville et son territoire ont été décrits par Della-Cella, Lyon, Tully, Denham, Clapperton, H. W. et F. W. Beechey et Blaquières. D'après leur témoignage, Tripoli, vu de la mer, présente un bel aspect. Elle est entourée d'un mur haut et flanqué de bastions au-dessus desquels on distingue les dômes des bains publics et les minarets des mosquées. Par leur blancheur, ils offrent un contraste agréable avec la teinte sombre des bosquets de dattiers, qui s'élèvent, en groupes variés, des jardins de la partie de la ville la plus éloignée. L'atmosphère, généralement pure, fait ressortir avec avantage les agrémens de cette perspective (Pl. XVIII — 1).

L'état de Tripoli est sous la souveraineté nominale du grand sultan, auquel il paie un tribut, et qui envoie un pacha; mais ce pays est réellement indépendant, et depuis plus d'un siècle héréditaire dans la famille des Caramanli, ce qui n'a pas peu contribué à garantir la sûreté des personnes et des biens. Le prince porte le titre de bey. La surface du pays et de tous les Etats qui en dépendent est de 45,000 lieues carrées; la population de 1,500,000 ames. On évalue les revenus à 2,000,000 de francs. L'armée est de 4,000 hommes.

CHAPITRE XXI.

Tunis.

Le voyageur qui, sortant de Tripoli, marche à l'O. et suit le littoral, passe devant des bourgades et des villes où l'on voit des ruines antiques, et arrive sur les bords du golfe de Cabès, où il entre sur le territoire de Tunis. Les anciens appelaient ce golfe la *Petite-Syrte*. Son nom moderne lui vient de celui de Cabès (*Tacape*), ville au pied des monts Hamara. A l'entrée méridionale du golfe, on voit Gerbi : c'est *l'île des Lotophages* d'Homère; elle était aussi nommée *Méninx*. Quoique sablonneuse, elle est bien cultivée et couverte d'arbres, entre autres d'oliviers et de dattiers. On y remarque un arc de triomphe.

Desfontaines, voyageur français (1784), a observé que dans le golfe de Cabès ou de Gerbi la marée s'élève jusqu'à 9 pieds à l'époque des équinoxes. L'extrémité septentrionale du golfe est marquée par les deux îles Kerkeny, qui sont basses, fertiles, et habitées par des pêcheurs très-habiles à tirer les éponges du fond de la mer. Sfax, sur la côte, vis-à-vis de ces îles, est une jolie petite ville avec des rues pavées. On y fait un grand commerce de soude. Le pays est plat, sablonneux et peu cultivé jusqu'à El-Jem (*Thysdrus*), ville située au N. dans une immense plaine, et remarquable par un bel amphithéâtre, que Peyssonel, voyageur français, dessina (1724); mais, depuis ce temps, il a beaucoup souffert. Ces édifices de l'antiquité servent aux Africains modernes de carrières où ils vont chercher des matériaux pour leurs bâtisses. En Europe, et notamment à Rome, on a eu recours au même procédé pour se procurer des pierres. Desfontaines déclare que l'amphithéâtre d'El-Jem est le plus beau monument antique qu'il ait vu en Barbarie, et il lui parut digne en tout de la magnificence romaine. On trouve souvent dans cette ville des médailles et d'autres objets curieux (Pl. XVIII — 4).

En revenant vers la côte, on parcourt une contrée que Desfontaines regarde comme la plus fertile du royaume; elle est rendue féconde par de fréquens arrosemens qu'il faut faire depuis le moment où la semence est confiée à la terre jusqu'à celui de la récolte. Peyssonel, Desfontaines et quelques autres voyageurs ont visité cette côte, où l'on rencontre, du S. au N., Inchilla, Aself, Chebba, Afrika, Dimass, Lempta, Monastir, Suse, Herkla, Labiad, Hammamet, qui donne son nom à un golfe. Une presqu'île, qui se termine au N. par le cap Bon forme de ce côté la côte méridionale du golfe de Tunis.

En arrivant par mer, on découvre le cap Carthage, nom qui rappelle la cité fondée par Didon. L'emplacement que cette ville célèbre occupait n'offre plus d'édifice debout. Desfontaines dit : « Trois grandes citernes, les débris de l'aqueduc, quelques vieilles murailles, des monceaux de pierres répandus çà et là dans la campagne, sont tout ce qui reste de cette fameuse rivale de Rome. La charrue a passé sur ses murs, et l'on sème le blé au milieu des ruines. »

Depuis le voyage du botaniste français, plusieurs Européens sont venus visiter ces lieux si intéressans. M. de Châteaubriand y était au commencement de 1807. Il a consacré plusieurs pages de son *Itinéraire* à l'histoire et aux ruines de Carthage, au récit des destinées de la ville qui lui succéda, et à celui de la dernière expédition de saint Louis, qui mourut sur cette plage africaine le 25 août 1270.

M. Falbe, capitaine de vaisseau de la marine royale de Danemark et consul-général à Tunis, a passé plusieurs années à étudier, à relever, à mesurer le terrain des ruines de Carthage. Il a publié le résultat de ses travaux, et l'a éclairci par de bonnes cartes. M. Dureau de La Malle a exposé des vues nouvelles sur le même sujet dans ses *Recherches sur la topographie de Carthage*. Enfin en 1838 il s'est formé à Paris une société pour exécuter des fouilles dans le sol de l'ancienne Carthage. Déjà ses efforts ont obtenu des conséquences heureuses.

Après avoir doublé le cap Carthage, on se dirige au S., puis on passe devant les forts de la Goulette, bâtis sur les bords d'un canal, qui fait communiquer le golfe avec le lac de Tunis, et l'on entre dans celui-ci, dont la surface est toujours animée par les nombreux *sandals*, grands bateaux à voile latine qui transportent les marchandises des navires, obligés de mouiller sur la rade de Carthage, à Tunis, bâti à l'extrémité occidentale de cette nappe d'eau, sur la pente et au pied d'une montagne. Les maisons, blanches comme la neige et disposées en amphithéâtre, offrent dans le lointain un ensemble agréable et très-pittoresque. Le mur d'enceinte, construit avec solidité, peut avoir 4 milles de circonférence. Tunis renferme un grand nombre de mosquées dont les minarets présentent des formes très-variées et s'élèvent souvent à de très-grandes hauteurs (Pl. XVIII — 2).

Les maisons construites en pierres ou en briques sont peu élevées, et n'ont ordinairement qu'un étage; elles sont si rapprochées, que l'on pourrait facilement passer de l'une à l'autre, et parcourir ainsi un quartier de la ville. Comme dans toutes celles de l'Orient, les appartemens y sont disposés autour d'une cour carrée, au-dessus de laquelle, dès que les fortes chaleurs se font sentir, on déploie une large pièce de toile pour arrêter les rayons du soleil; elles ressemblent d'ailleurs, par leur forme et leur distribution, à celles de Tombouctou. Un second escalier s'élève de la galerie jusqu'au sommet de l'édifice, dont la terrasse est entourée d'un parapet assez bas. En été, les habitans montent, vers le soleil couchant, sur ces terrasses, pour y chercher la fraîcheur, pour y jouir de la beauté du ciel et du spectacle de la campagne. C'est là que les femmes, lorsqu'elles sont seules, soulèvent leur voile et se montrent aux regards des Européens.

Sous la plupart des maisons, sont creusées de vastes citernes où s'amassent les eaux des pluies qui tombent en hiver sur les terrasses ou sur la cour. On n'en boit presque point d'autre; celle des puits a un goût saumâtre; il n'y a qu'un petit nombre de sources aux environs, encore sont-elles peu abondantes, et les plus proches de la ville en sont éloignées de 2 à 3 milles. Les mosquées n'offrent rien d'imposant à l'œil du voyageur.

« Tunis est une ville riche et commerçante; on y fabrique des toiles, des étoffes de soie et de laine, des ceintures, des bonnets à la mode des musulmans. Le territoire produit en abondance des blés, des olives, des légumes, des fruits excellens. De nombreux troupeaux couvrent les campagnes; le lac et le golfe sont très-poissonneux, et la ville est bien approvisionnée de toutes les choses nécessaires à la vie. Il y a, dans les divers quartiers, plusieurs bains publics pour la commodité des habitans et des étrangers. Le grand nombre de plantes aromatiques que l'on brûle contribue sans doute à purifier l'air, vicié par les exhalaisons infectes qui s'élèvent des bords du lac, et des égouts où se rendent les immondices d'une cité immense, et par la puanteur horrible que répandent les cadavres d'animaux exposés et souvent entassés le long des chemins et dans les campagnes voisines.

» On jouit à Tunis d'un très-beau climat. L'hiver y offre l'image du printemps : dès le mois de janvier, les champs sont couverts de verdure et émaillés de mille fleurs. Le thermomètre de Réaumur se soutient ordinairement à 10 ou 12 degrés au-dessus de zéro, souvent il monte à 15 ou 16. Les pluies commencent à tomber en octobre, et continuent par intervalles jusqu'à la fin d'avril. Plus elles sont abondantes, plus on a l'espoir d'une heureuse récolte. Elles sont toujours annoncées par le vent du N. Souvent il se déchaîne avec violence, excite des tempêtes le long de la côte, et rend la navigation très-dangereuse. Dans le commencement de mai, les nuages disparaissent, et le ciel est presque toujours serein jusqu'au retour de l'hiver.

» Les chaleurs de l'été sont brûlantes, et seraient insupportables, si elles n'étaient tempérées par un vent frais qui s'élève sur les neuf heures du matin. Il vient de la mer, et augmente à mesure que le soleil monte sur l'horizon; il diminue ensuite à proportion que l'astre s'abaisse, et tombe tout à fait aux approches de la nuit. Alors un calme absolu règne dans la nature. Les vapeurs aqueuses élevées et répandues dans l'atmosphère, pendant la chaleur du jour, retombent en rosées abondantes, et épanchent une fraîcheur délicieuse sur la terre aride et desséchée. Des milliers d'étoiles brillent sur un ciel d'azur : elles lancent des feux plus vifs et plus étincelans que dans les climats tempérés.

» Dans les mois de juin, de juillet, d'août, le thermomètre se soutient, à l'ombre, depuis 24 jusqu'à 30 degrés. Un grand nombre d'habitans se retirent à la campagne : ils y vont respirer un air plus pur et plus frais, dans leurs jardins, sous des bosquets touffus de lentisques, de jasmins, de grenadiers et d'orangers.

» Les marchandises que l'on exporte sont des huiles, des blés, des dattes, des pois chiches, du séné, de la barille, des cuirs, des laines, des éponges, de la cire, des bonnets, des ceintures à la mode des Orientaux. On rapporte des laines d'Espagne, des draps, du bois de campêche, de la cochenille, du kermès, des épiceries, du sucre, du café, du papier, des toiles de coton, des soieries, diverses espèces de gomme, de la noix de galle, des planches, du fer, du cuivre, des liqueurs spiritueuses, dont les Maures sont très-avides, quoique l'usage leur en soit défendu par la religion et par les lois. »

On évalue à 130,000 ames la population de Tunis. Elle se compose, de même que celle du royaume, de Maures, d'Arabes, de Cabaïles, de Turcs, de juifs. On parle trois langues, l'arabe, qui est la plus répandue, la turque et la franque. La religion du plus grand nombre est l'islamisme. « Le sang des Maures, observe Desfontaines, est très-mélangé par les alliances

2. Constantine.

1. El Jem (Thysdrus).

continuelles que les Turcs et les renégats chrétiens de diverses nations contractent avec les femmes du pays. Les hommes sont en général d'une constitution sèche; ils ont du caractère et de la fierté dans la physionomie; leur taille commune est de 5 pieds 3 à 4 pouces : on en voit peu d'infirmes et de contrefaits. La vie sobre et paisible qu'ils mènent les exempte de beaucoup de maladies particulières aux peuples policés. Ils vivent aussi longtemps que ceux des climats tempérés, et atteignent le terme de leur carrière sans crainte, sans inquiétude, et presque sans s'en être aperçus.

» Les Mauresques sont en général très-belles; elles ont le teint délicat et animé, les yeux pleins d'expression, de sentiment et de vie; de longs cheveux noirs tressés tombent sur leurs épaules, ou sont fixés avec des rubans au sommet de leur tête.... Les enfans sont aussi blancs que ceux d'Europe. Parvenus à un âge plus avancé, l'ardeur du soleil leur brûle le teint et leur donne une couleur presque basanée. »

Le pays de Tunis est le plus petit, mais le mieux cultivé, et relativement le plus peuplé des états barbaresques. Il est borné au N. et à l'E. par la Méditerranée, au S. E. par Tripoli, au S. par le Sahara, à l'O. par l'Algérie. Sa longueur, du N. au S., est à peu près de 160 lieues; sa largeur varie de 70 à 25 lieues; sa surface est de 9,700 lieues carrées. On estime sa population à 1,900,000 ames.

Le souverain porte le titre de bey; sa dignité est héréditaire; à son avénement, il reçoit du grand-sultan une pelisse et le titre de pacha à trois queues; d'ailleurs il est complètement indépendant. Les revenus de l'état sont de 7,200,000 francs; l'armée est de 6,000 hommes; la flotte se compose d'une frégate et de quelques bâtimens de guerre.

Le bey réside à Bardo, joli château situé au milieu d'une grande plaine, à trois quarts de lieue N. de Tunis. Sa cour est très-nombreuse.

Shaw, voyageur anglais (1732), Peyssonel et Desfontaines ont parcouru la partie méridionale du territoire dans l'intérieur. Le dernier partit de Tunis le 22 décembre 1732, à la suite du bey, qui, cette année-là, marchait à la tête de son camp. La marche était lente : à peine parcourait-on 5 à 6 lieues par jour. La première ville que l'on rencontra après huit jours de marche fut Caïrouan (*Vicus augusti*), la plus grande du royaume après Tunis; elle est même mieux bâtie et moins sale que celle-ci. La grande mosquée passe pour la plus belle et la plus sainte de tout le royaume. Le peuple y est très-fanatique. Les plaines voisines sont très-étendues, mais presque partout incultes. La terre est imprégnée d'une si grande quantité de sel marin, qu'elle en est toute blanche dans certains endroits; aussi les eaux sont-elles toutes amères et saumâtres, et l'on ne trouve dans ces contrées que des plantes marines. Le sel de nitre est aussi très-commun.

On continua ensuite à marcher droit au S., et, le troisième jour, on entra dans une plaine immense située entre deux montagnes qui se dirigent à peu près du N. au S. Pas une seule habitation sur la route, beaucoup de mines peu intéressantes; elles prouvent du moins que cette partie de l'Afrique, quoique la plus aride du territoire de Tunis, était autrefois habitée. Les Arabes Bédouins sèment l'orge dans le voisinage des ruisseaux, qui sont très-rares. Les oliviers sauvages y sont très-gros.

Cafsa (*Capsa*), située entre des montagnes calcaires et nues, est très-mal bâtie. Toute la fécondité des environs est due à deux sources d'eaux chaudes à 30 degrés, très-limpides et bonnes à boire. L'huile de Cafsa passe pour la meilleure de toute la Barbarie. Desfontaines trouva plusieurs inscriptions à Cafsa, malheureusement la plupart effacées. On lit sur plusieurs pierres du château lés noms de Trajan, d'Adrien, d'Antonin. « A quelques lieues au S. E., ajoute notre voyageur, sont deux autres pays que je n'ai pas eu le loisir de visiter; l'un se nomme le *Saïque*, et l'autre *Aisch*. Les Maures y logent dans des maisons. On m'a assuré que ces lieux étaient fertiles, et qu'on y voyait des plantations d'oliviers, de dattiers et d'autres arbres fruitiers du pays. »

Quelques heures après le départ de Cafsa, on entra dans le désert; les deux chaînes de montagnes continuent à droite et à gauche jusque dans les environs d'El-Hammah, petit canton du Gérid où les Maures ont de grandes plantations de dattiers et une habitation. Ces montagnes se joignent à deux autres, dont l'une s'allonge vers l'E. et l'autre vers l'O. Ce sont les bornes du désert; elles sont habitées par des Arabes vagabonds qu'il est très-dangereux de rencontrer. Pendant deux jours, on ne trouva que de l'eau saumâtre. On campa près d'El-Hammah, où il y a de très beau grès rouge. Le lendemain, on partit pour Tozer, qui n'est qu'un assemblage de maisons en boue. Les eaux, très-abondantes, sont saumâtres. Tozer est très-renommé pour les dattes. A 5 lieues au S. E., le canton de Nefta produit les dattes les plus estimées du royaume, de bonnes oranges, d'excellens limons doux, des grenades en abondance. Près de Nefta, commence le Chibka-el-Loudian (Lac des Marques — *Lybia Palus*), qui a, dit-on, plus de 20 lieues de long; son eau est salée. A quelques lieues au S. de Tozer, le Bahr Faraoun (*Tritonis lacus*) est une mer de sable. Le bey ne voulut pas permettre à Desfontaines d'aller le visiter; il est dangereux de s'en approcher, et des voyageurs arabes y périrent durant le séjour de ce botaniste au Gérid, où les eaux sont très-abondantes. Il vit des ruines fort étendues près de Loudian, canton à 3 lieues à l'E. de Tozer; elles paraissent être du temps des Romains.

On était là sur la limite du désert. Vers la fin de février, on revint à Cafsa; le 5 mars, on était à Spaïtla, où il y a des ruines magnifiques dans une plaine immense couronnée de hautes montagnes. Tout près coule un fort ruisseau d'eau douce qui se perd bientôt dans les sables. Il est traversé par un aqueduc romain qui conduisait les eaux à Spaïtla. Après avoir marché pendant plusieurs heures au N. O. dans une forêt de pins et de genévriers de Phénicie, on campa pendant quelques jours auprès des ruines de Sbiba (*Sufes*); elles sont moins belles, mais plus étendues que celles de Spaïtla. Vers la fin de mars, on alla vers Keff, ville frontière du royaume, assez bien fortifiée, et située dans un canton fertile, bien cultivé, et le plus fécond du royaume. « J'ai traversé deux fois le Méjerdah; j'ai visité, ajoute Desfontaines, un pays agréable habité par d'anciens Andalous, et dont les maisons sont couvertes de tuiles comme en Europe; enfin je suis arrivé à Tunis le 8 avril 1784. »

Ce voyageur visita ensuite le Hammam-el-Enf, montagne située à 3 lieues au S. E. de Tunis et à l'extrémité de sa rade; elle est célèbre par ses eaux thermales, que les Tunisiens fréquentent dans toutes les saisons de l'année, et dont les vertus sont très-efficaces. La montagne, qui a peu d'élévation, est le commencement d'une chaîne qui, en se dirigeant du N. E. au S. O., traverse le royaume jusqu'au Sahara. A 3 lieues au S. de Hammam-el-Enf, la petite ville de Soleïman, dans une grande plaine féconde et couronnée de montagnes, a une population d'origine espagnole; les chrétiens y sont très-bien accueillis. A 3 ou 4 heures au N. E., le village de Corbus cultive la canne à sucre, que l'on vend à Tunis. Il y a aussi là des bains d'eau très-chaude.

En sortant de Tunis par le côté du N., et en suivant la côte, on traverse un canton montueux et boisé, puis on descend dans une belle plaine au milieu de laquelle coule le Méjerdah (*Bagradas*), le principal fleuve du royaume, et dont les débordemens annuels déposent un limon qui engraisse la terre. Après l'avoir traversé, on trouve les ruines d'Utique, qui, à l'exception d'un aqueduc, de citernes et de quelques autres bâtisses, sont toutes ensevelies sous le sable. Cette ville, qui était sur le bord de la mer lorsque Caton s'y donna la mort, en est aujourd'hui éloignée de près de 2 lieues. Les navires abordent aujourd'hui à Gor-el-Meleh, nommée par les Européens Porto-Farina, petite ville bâtie en amphithéâtre. Son port, défendu par une montagne qui forme le cap Zibibe (*Apollinis promontorium*), est sûr, mais son entrée se comble de jour en jour par les sables que charrie le Méjerdah. A 7 lieues au N. O., entre un grand lac et la mer s'élève Biserte (*Hippo Zarytus*); il s'y fait un commerce considérable en huile et en blé. Le lac communique avec la mer par un canal fort étroit. Peyssonel et Desfontaines ont observé que les eaux de la Méditerranée y entraient constamment pendant trois heures, et en sortaient pendant les trois heures suivantes. Partout, dans les environs, on voit des ruines.

En cheminant au S. O., on laisse à droite le cap Blanc (*Promontorium candidum*), le plus septentrional de l'Afrique; on arrive ensuite au cap Nègre, où il y a un établissement pour la pêche du corail, substance qui est commune le long de cette côte. Plus loin, le lit de l'Oued-el-Berber (*Tusca*), nommé aussi Oued-el Zaïne, marque de ce côté la limite occidentale du territoire de Tunis, que les Romains appelaient *Africa*. Il comprenait au S. la Byzacène, au N. la Zeugitane, et formait la plus grande partie de celui de Carthage.

CHAPITRE XXII.

Algérie.

Quand on a passé l'Oued-el-Zaïne, on est sur le territoire d'Alger. Nous parcourrons ce pays avec les Européens qui le visitèrent avant 1830. Ils sont peu nombreux. Les difficultés de tous genres que les voyageurs rencontraient dans leurs excursions éloignaient ceux que la curiosité aurait pu attirer dans une contrée où beaucoup d'événemens mémorables s'étaient passés, et où des monumens remarquables avaient échappé à la destruction. Ce ne fut que dans le XVIIIe siècle qu'il en vint quelques-uns, guidés par le désir de visiter ce pays: J.-A. Peyssonel (1724), Th. Shaw (1777), Hebenstreit (1732), Bruce (1768), D sfontaines (1784), Poiret (1785). Quelques relations sont dues à des infortunés tombés en esclavage; tels que Th. Chaloner (1541), Em. Aranda (1640), Regnard, poète comique (1678), Rocqueville (1683), Pananti (1813); d'autres à des personnes qui avaient rempli à Alger les fonctions de consul: Laugier de Tassy (1725), Morgan (1728), Shaler (1826); enfin les religieux, que les règles de leur pieuse institution appelaient dans les États barbaresques pour y racheter les captifs, ont aussi publié des ouvrages où il est question d'Alger; mais ils n'avaient vu que cette ville ou d'autres situées sur la côte, et ne connaissaient pas l'intérieur du pays. On en peut dire autant des Européens tombés en esclavage et des consuls; ainsi, les voyageurs cités comme l'ayant visitée sont ceux qui donnent les renseignemens les plus intéressans sur l'Algérie; mais Shaw n'a pas donné son itinéraire: ainsi on ne peut distinguer les lieux qu'il a vus d'avec ceux dont il traite seulement par ouï dire; et Poiret n'a pas fait de grandes excursions.

A l'embouchure de l'Oued-el-Zaïn, à une portée de fusil du continent, on voit l'île de Tabarca, que les Génois avaient jadis occupée, et où il y avait des établissemens pour la pêche du corail. La côte, en allant à l'O., est formée par des falaises parfois rocailleuses. Une montagne peu élevée, mais à sommet arrondi, qui lui a fait donner le nom de *Monte Rotondo*, est à l'E. d'une petite rivière qui sort d'un lac. Un peu plus loin, La Calle avait des établissemens pour la pêche du corail; ils appartenaient aux Français. En 1604, sous le règne de Henri-le-Grand, une compagnie de négocians passa, sous la protection de ce prince, un traité avec le dey d'Alger, et obtint la libre pêche du corail et le commerce des marchandises du pays, moyennant une rétribution annuelle. Ces marchands s'établirent d'abord au Bastion de France, petite anse à 3 lieues plus à l'O.; mais, en 1681, pendant la guerre avec les Algériens, on l'abandonna, et l'on vint à La Calle. « C'est, dit Peyssonel, une presqu'île qui se joint à la terre ferme par une plage de sable, mais qui devient véritablement une île dans les mauvais temps, lorsque la mer est agitée par les vents du N. O. » Cet établissement fut incendié en 1827, lors de la déclaration de guerre entre Alger et la France. Les murailles, qui sont encore debout, se voient à une assez grande distance.

Peyssonel, en sortant de La Calle, prit sa route à l'O., traversa quelques coteaux sablonneux, une forêt de liége, puis l'étang de la Mazoule, et ensuite celui de Boumalah, qui communique avec la mer près de l'ancien Bastion de France. On alla passer la nuit dans un *douar* considérable ou camp d'Arabes; un lion enleva une vache au douar même, et alla la manger à une lieue de là, dans un endroit où les bergers trouvèrent le lendemain les os de l'animal mort.

Après avoir franchi plusieurs collines sablonneuses couvertes d'arbrisseaux, Peyssonel découvrit la plaine traversée par la rivière de Boubias (le Mafrag); il le passa près de son embouchure dans la mer. « On entre ensuite, dit-il, dans la plaine de Bone, habitée par diverses nations d'Arabes; elle est très-fertile en blé; mais les semences sont sujettes à être noyées en hiver, et à souffrir des grandes sécheresses de l'été, ce qui rend les récoltes fort variables et très-souvent médiocres. »

On traversa plus loin la Seybouse, puis le Boudjehma. Entre les embouchures de ces deux fleuves, qui se joignent avant de tomber dans la mer, sont les ruines d'Hippone (*Hipporegius*), qui avait été une des résidences des rois de Numidie, et qui, au IVe siècle, fut illustrée par saint Augustin, son évêque, célèbre docteur de l'église latine, prélat vertueux, philosophe profond. Il était né à Tagaste, petite ville qui était au S. E. d'Hippone, mais dont on ignore la véritable position.

Les environs de Bone sont couverts de plantations d'oliviers, et renferment des mines de fer. La ville, bâtie sur la côte O. du golfe de son nom, est entourée d'une muraille assez épaisse renfermant un espace rectangulaire, dont le côté oriental, baigné par la mer, occupe une falaise élevée au pied de laquelle est le mouillage, particulièrement nommé *rade de Bone*. Au S. est le fort Cigogne, qui domine à l'O. une petite baie sur laquelle on a établi une jetée en pierres sèches, pour servir de débarcadère; cette baie, si elle était plus profonde, serait un excellent abri contre les vents du N.

Bone est appelée par les Arabes *Bleïd el-Huneb* (ville des jujubiers), à cause de la grande abondance de ces arbrisseaux, dont les fruits, séchés au soleil, se conservent pour l'hiver. « Ce qu'on appelle dans cette ville, dit Hebenstreit, les jardins de saint Augustin situés à un mille de l'ancienne Hippone, sont des allées bien alignées de jujubiers, de mûriers, d'amandiers, de citronniers, d'orangers, de figuiers et d'oliviers.

Desfontaines dit également que les environs de Bone sont bien cultivés, et que l'on y voit de très-jolis jardins plantés de vignes et de divers arbres fruitiers. La plaine qui s'étend au S. O. de la ville est basse, sablonneuse et baignée en partie; il y avait beaucoup de kali et d'autres plantes marines.

« La ville, dit Peyssonel, est presque ronde, ayant un quart de lieue de circuit, bâtie à la mauresque, presque toute en briques... On n'y trouve ni place, ni aucun édifice qui mérite attention, sauf la grande mosquée appelée *Bournouronan* (PL. XIX — 3). Il n'y a rien qui paraisse fort ancien. On y voit quelques colonnes antiques qu'on y a apportées des ruines d'Hippone. » Desfontaines observe que le peuple d'Hippone est assez doux. « On y vit en sûreté, ajoute-t-il. Le commerce de la Compagnie d'Afrique n'a pas peu contribué à civiliser un peu les Maures de cette contrée. »

Peyssonel, sorti de Bone, fit route au S. S. O. dans la plaine, passa à Ascour devant les ruines d'*Ascurus*, qui étaient assez remarquables, et suivit un chemin pavé où il vit les restes d'un pont, et qui le conduisit jusqu'à Hammam-Berda (*aquæ tibilitanæ*). Il y avait des ruines, et tout auprès une belle source d'eau chaude qui forme aussitôt un ruisseau considérable. On découvre de là les ruines de Ghelma (*Suthul* ensuite *Calama*). On continua de marcher au milieu de petites montagnes, on côtoya la Seybouse, on retrouva encore le prolongement du chemin pavé, il allait jusqu'à une grande ville qu'il y avait dans ce pays élevé. On gravit la montagne d'Anoune. On était au 28 janvier; la pluie et la grêle, qui avaient ce jour-là incommodé les voyageurs, se changèrent en neige et en brouillard si fort, que l'on fut obligé d'aller chercher au plus tôt un gîte pour se mettre à l'abri du froid. Anoune offrit une quantité considérable de ruines dénotant l'emplacement d'une grande et belle ville. On en rencontra d'autres à Touille (*Tigisis*). Dans un espace de 20 lieues, entre la montagne d'Anoune et celle de Sequenié, on n'aperçut pas un seul pied d'arbre, et on ne trouva que très-peu d'eau potable.

Le 2 février, Peyssonel partit de Sequenié, marche au N. O. dans une plaine, traversa ensuite de hautes montagnes couvertes de neige et des collines assez douces, passa sur un chemin pavé, vit des ruines de peu de conséquence, et arriva le soir à Constantine. Cette ville portait le nom de *Kirtha* lorsqu'elle était la capitale de la Numidie et le séjour des rois de ce pays. Elle est entre deux montagnes assez hautes et bâtie sur un rocher escarpé de tous côtés. L'Oued-Madou ou Bouzarmouk, dont l'eau est chaude à sa source, et qui vient du S., et le Rummel, qui vient du S. E., se réunissent à deux portées de fusil de la ville; il reste à leur confluent une partie d'un aqueduc très-beau. Le rocher sur lequel pose Constantine forme un losange imparfait; il n'est joint au terrain voisin que par un isthme également rocailleux où sont les deux principales portes de la ville; ainsi, elle est entourée de précipices affreux, et on ne peut en approcher que par le S. (PL. XVIII — 3).

Shaw et Poiret ont pensé que la ville moderne n'est pas aussi grande que le fut Kirtha. Le premier fonde son opinion sur ce que l'isthme et la portion du terrain extérieur à laquelle il aboutit sont entièrement couverts de ruines et de débris qui descendent jusqu'à la rivière.

Un pont sur le Rummel est un ouvrage ancien des Romains; parmi les bas-reliefs dont il est orné, Hebenstreit a observé un aigle romain et et des figures hiéroglyphiques. Le Rummel se perd sous ce pont, et disparaît sous terre; il reparaît au bout de cent pas; on l'aperçoit ensuite par une ouverture de dix pas de largeur dans la montagne, puis il se cache encore pendant trente pas; alors il reparaît entièrement et coule entre des rochers escarpés et inaccessibles qui le retiennent encore prisonnier jusque vers le N. E.; là, il se précipite d'une haute montagne perpendiculaire de 30 pieds, en formant plusieurs cascades. Ce roc est le point le plus élevé de la ville; c'est de là que l'on précipite les criminels et les femmes adultères.

Les eaux de Rummel, profondément encaissées, ne doivent pas introduire beaucoup d'humidité dans les silos, qui, suivant Edrisi, géographe arabe, existent dans toutes les maisons de Constantine, ainsi que des citernes dans lesquelles l'eau arrivait par le moyen de l'aqueduc cité plus haut, et qui probablement servaient de château d'eau. Shaw compta vingt de ces citernes occupant dans le milieu de la ville un espace de 50 yards (41 mètres et demi) en carré.

Desfontaines et Poiret ont donné des détails sur l'intérieur de Constantine. Comme dans tout l'Orient, les rues sont généralement étroites et sales; la plupart cependant sont pavées. Les maisons sont assez bien bâties, et toutes couvertes en tuiles. Desfontaines ajoute que Constantine est extrêmement peuplée; on lui supposait 30,000 habitans. Son territoire est très-fertile, surtout à l'O.

Après être resté trois jours à Constantine, Peyssonel en partit le 6 février, et fit route au

Mosquée à Alger.

Bains du Dey d'Alger.

J. Bailly del.

N. E. à travers des montagnes hautes et stériles. Le lendemain, il alla coucher à Hammam-Meskoutin, où sont des eaux thermales dont l'odeur sulfureuse s'étend au loin; tout le terrain environnant annonce une origine volcanique. Les eaux bouillonnent au sommet de petites élévations, d'où elles s'échappent par des ouvertures circulaires, tombent en nappes, et forment un petit ruisseau qui coule au bas du vallon et grossit dans sa course. On rencontre, de distance à autre, de grosses pyramides calcaires hautes de 6 pieds, produites par le dépôt du sédiment des eaux, qui s'échappaient jadis de leur sommet.

De retour à Bone, Peyssonel partit le printemps suivant avec un chef arabe, parcourut l'intérieur, observa de belles ruines à Zaïnah (*Diana*), et pénétra au S., dans les montagnes d'Aurès (*mons Aurasius*), dont les ramifications commencent à l'E., dans l'État de Tunis, et se prolongent à l'O. jusque dans l'empire de Maroc. Elles sont fort hautes, rudes, escarpées, ingrates et stériles, remplies pourtant de plusieurs bonnes sources d'eau douce. Elles sont habitées par des Berbères, qui cultivent les terrains où il est possible de semer. Notre voyageur admira des ruines magnifiques à Lamba (*Lambasa*); ensuite, il vint à Constantine.

Au mois de juillet, il en sortit de nouveau, fit route à l'O. Il vit les ruines de Sitifi, capitale de la *Mauritania Sitifensis*; plus loin, dans les montagnes, la petite ville de Zammourah, où l'on fait quantité de bernous très-fins, des tapis et autres ouvrages de laine à l'usage du pays. Il fallut ensuite escalader des montagnes assez rudes, et on se trouva dans des vallons couverts de pins, de chênes, d'oliviers, ainsi que d'autres arbres et arbrisseaux; tandis que depuis les montagnes d'Aurès et d'Anoune jusque-là le pays est absolument nu; mais on traverse plusieurs rivières, entre autres l'Oued-Adjebi.

Au bas d'une montagne très-haute, la caravane de Peyssonel trouva une source d'eau douce, puis des sources d'eau salée qui forment un grand ruisseau et donnent beaucoup de sel; une heure de route au-delà, on atteignit El-Biben ou la Porte de Fer, fameux défilé à travers le Jerjera, chaîne de montagnes qui commencent à la mer, près de Bougie, et se prolongent vers le S. O. jusqu'au Sahara. Après avoir franchi El-Biben, on marcha au N. O.; on rencontra plusieurs petits villages de Cabaïls, que les Turcs n'avaient pu soumettre, et qui vivent en partie de brigandage. On passa l'Adouse, qui va se joindre à l'Adjebi, et, plus loin, l'Oued-Isser, qui coule directement vers la mer. On côtoya la montagne des Azouaghis: on traversa plusieurs fois l'Oued-Zitoun (rivière des Oliviers), qui arrose un beau et riche vallon, mais est très dangereuse en hiver.

Enfin, le 23 juillet, la caravane grimpa la montagne du Couco, du haut de laquelle on découvrit Alger, la mer et la grande plaine de Mitijah, traversée par l'Arache, rivière qui se jette dans la rade d'Alger.

Vers la fin d'avril 1784, Desfontaines obtint du dey d'Alger la permission de se joindre à un camp volant qui devait bientôt se mettre en route pour parcourir la partie occidentale du pays. On partit le 4 de mai; après avoir traversé des chemins très-rudes coupés par des ravins, on alla camper dans la plaine de la Mitijah; elle est très-belle et très fertile, située au pied du mont Atlas, à quelques lieues au S. d'Alger. Les habitants de cette ville y ont un grand nombre de maisons de campagne et de jardins plantés d'orangers et de grenadiers; ils les appellent des *maceries*, et y vont passer l'été avec leurs familles. « Si cet heureux pays, observe notre voyageur, appartenait à des Européens, ils en feraient un séjour délicieux. » Bélida, ville au S. O. d'Alger, est voisine de hautes montagnes dont les sommets sont souvent couverts de neige jusqu'à la mi-mai; elles sont couronnées de chênes ballottes dont les glands nourrissent un grand nombre d'habitans de ces cantons. L'on y voit des ravins profonds, des vallons très-fertiles remplis d'arbres fruitiers, arrosés par des sources d'eau vive. Les frênes, les peupliers blancs, les micocouliers s'y élèvent à une grande hauteur, et offrent des ombrages où il est agréable de se reposer.

Les Cabaïls ou tribus des montagnes sont tous soumis à la régence d'Alger; ainsi il est possible, avec deux hommes d'escorte, de s'y promener sans rien craindre, pourvu cependant qu'on n'y passe pas la nuit.

On marcha obliquement vers le S. O. en s'approchant de l'Atlas; on traversa plusieurs petites rivières qui en descendent, et qui sont très-fortes quand les pluies d'hiver les gonflent. On entra dans les montagnes; les Arabes qui les habitent à droite et à gauche sont indomptables, et ne paient aucun tribut à la régence; ils sont fort misérables et de grands voleurs. On passa l'Ouager ou Mazaffran; on campa au milieu de l'Atlas, près de Medea. On y récolte tant de grains, que ces contrées sont appelées le grenier d'Alger.

La plaine de Miliana est très-unie et arrosée

dans toute sa longueur par le Chélif, une des plus grandes rivières de l'Algérie. Lorsque Desfontaines visita cette belle campagne, les blés commençaient à jaunir, les blés étaient superbes. Hammam-Altas a une source d'eau chaude un peu salée, au pied d'une montagne aride et peu élevée. On dit au voyageur français qu'il y avait des mines de plomb et de cuivre dans le Djebel-Ouannasseris, hautes montagnes à 10 lieues plus au S. On voit des ruines le long de l'Oued-Cherba et près de l'Oued-el-Mina, rivière très forte; ensuite le terrain devint montueux et inculte, il était couvert de lentisques, d'oliviers sauvages et d'arbrisseaux curieux. Plus loin, les vallons sont très-fertiles; les Arabes qui habitaient les tentes où l'on passait la nuit paraissaient être dans l'aisance; les tentes étaient plus grandes et plus belles que toutes celles qui avaient été vues jusqu'à ce moment.

Une belle plaine s'étend jusqu'à Tremecen: cette ville est bâtie en pente au pied des montagnes, très-étendue, et divisée en quatre quartiers. Il y a, dans les environs, de beaux jardins bien plantés de beaux arbres fruitiers. La base de la montagne et les bords de la plaine sont couverts de vieux oliviers dont la plupart tombent de vétusté. et tout le pays sera bientôt nu, parce que les habitans ne prennent pas soin de le replanter. Les vallons voisins de la ville sont admirablement arrosés. En marchant une heure vers l'O., on arrive à une fontaine intermittente seulement pendant l'été; le jet est au moins égal en grosseur au corps d'un homme. Cette fontaine se nomme *Aïn-Hattar;* elle jaillit avec grand bruit. « Les Arabes, ajoute notre voyageur, m'ont débité mille contes ridicules à son sujet; par exemple, lorsqu'une femme se présente à son embouchure, les eaux sortent sur-le-champ. Elles coulent et s'arrêtent trois fois dans vingt-quatre heures; mais lorsque je visitai cette fontaine, elle n'était pas encore intermittente.

» Le pays est si fertile, que les Algériens ne se soucient pas qu'il soit visité par les chrétiens, dans la crainte qu'il ne devienne un objet de conquête. Tremecen est environ à 14 lieues de la mer. Outre les ruines anciennes, on en voit beaucoup d'autres; on y rencontre quelquefois des médailles.

» Je demandai au caïd un guide pour m'accompagner dans les montagnes plus éloignées au S. Il me donna un cheikh arabe qui commande dans un canton très-étendu. Je montai jusque sur les plus hautes montagnes, et je campai pendant près de huit jours. Nous entendîmes plusieurs fois, pendant la nuit, le rugissement des lions, et, pendant notre séjour, ces animaux mangèrent un âne dans un douar voisin de celui où nous couchions. J'ai vu dans ces montagnes un homme qui avait tué à coups de fusil quinze lièvres et trois panthères. Ces animaux dorment pendant le jour dans les buissons les plus épais, et ce n'est que vers le soleil couchant qu'ils sortent de leurs repaires.

» Les monts qui sont derrière Tremecen se nomment *Mafresch;* ceux qui sont plus éloignés, et que je visitai en dernier lieu, sont appelés *Djebel Terdi.* Ces montagnes sont remplies de vallons charmans et de prairies agréables et fertiles, où les Arabes élèvent de nombreux troupeaux; ils seraient dans l'aisance s'ils n'étaient continuellement dépouillés par les Algériens. »

Desfontaines alla ensuite à Arzew, qui est au N. E. de Tremecen. On marcha pendant dix heures d'abord dans la plaine, puis dans un bois d'oliviers sauvages et de lentisques qui s'étend jusqu'au bord de la mer. Le golfe d'Arzew est profond, et sa forme est presque circulaire; le port, situé du côté du S., est très-sûr et très-commode; tous les capitaines le regardent comme un des meilleurs de toute la côte de Barbarie. « Il n'y a aucune habitation dans ce lieu; le gouvernement d'Alger y a établi un caïd qui préside aux divers chargemens de grains que l'on y fait; on les y apporte à dos de chameau, et c'est le lieu de la côte occidentale où l'on en charge davantage, parce qu'il y en a peu d'autres où les navires puissent aborder commodément. L'on voit une prodigieuse quantité de sangliers autour d'Arzew; l'eau y est un peu saumâtre. A une lieue au S., sur un coteau très-agréable, on aperçoit les ruines de l'ancienne ville (*Magnus portus*).

On traversa l'Oued-el-Hammam, on abandonna le bord de la mer, on longea un grand lac poissonneux sur le bord duquel croît une grande quantité de kali qui fournirait beaucoup de soude si l'on savait en tirer parti. Après avoir franchi des montagnes où l'on marcha par des précipices affreux, on entra dans la ville de Mascara. Desfontaines ayant obtenu la permission du bey, visita des mines de plomb situées dans des montagnes au S. O. Il trouva que la mine de galène était fort riche. Il poussa son excursion vers l'O. jusqu'au-delà de l'Oued-Tafna, la plus forte rivière de ces contrées. Le bey avec sa troupe étant venu rejoindre le botaniste français, on poussa fort loin vers l'O., au-delà de la Tafna. Le pays qui s'étend depuis ses rives jusqu'aux frontières de Maroc, est sablonneux, stérile et inculte. On s'arrêta au pied des monts Trara, à 5 lieues d Oadjelah, ville du Maroc.

En revenant vers Mascara, Desfontaines aurait bien voulu passer près d'Oran afin d'en bien connaître la situation; mais l'escorte qu'on lui avait donnée ne voulut jamais le lui permettre. Mascara est située sur le penchant d'une montagne peu élevée du côté du S. La culture principale de la plaine fertile qui l'entoure est celle de l'orge et du froment. On ne trouve à Mascara aucun monument antique; les jardins sont assez bien cultivés. « Les journées de notre troupe, observe le botaniste voyageur, étaient fort courtes, et j'avais bien le temps d'herboriser. Les côtes de l'Afrique sont fertiles, mais beaucoup de leurs productions sont les mêmes que celles des provinces méridionales de France et d'Espagne. »

Desfontaines visita des mines de cuivre qui sont à trois quarts de lieue à l'O. de celles de plomb, dans la même chaîne de montagnes; elles sont fort riches, et ont été exploitées anciennement. Tous les monts voisins sont bien boisés; ils sont presque inhabités et présentent un aspect sauvage. Notre voyageur fut de retour à Alger dans les premiers jours de juillet, « après avoir parcouru plus de 300 lieues dans des pays où l'on a tout à craindre des hommes et des bêtes féroces. »

La ville d'Alger est bâtie en amphithéâtre sur le flanc oriental et fortement incliné d'une colline dont le pied est baigné par la mer. Vu de la rade, Alger se présente comme une voile latine étendue sur un champ de verdure; les hauteurs qui l'environnent, une campagne bien cultivée, toute couverte de maisons blanches, parmi lesquelles sont quelquefois de superbes édifices, présentent, à mesure qu'on s'en approche, un des plus beaux points de vue qu'offrent les rives de la Méditerranée. Cette cité, déjà très-forte par sa position, est encore défendue par des batteries formidables et par la citadelle de la Cassauba, qui couronne le sommet de la colline et commande la ville et le bord de la mer.

Le charme de la perspective que présente Alger quand on y arrive par mer se dissipe aussitôt qu'on entre dans son enceinte. Il n'y existe d'autres voies de communication que des ruelles étroites, escarpées et tortueuses, dont la pente est adoucie par des marches espacées de 5 à 6 pieds. La plupart de ces ruelles sont voûtées et tellement resserrées, que de distance en distance on a ménagé des retraites pour que deux bêtes de somme puissent y avoir passage. Toutes ces ruelles aboutissent, vers la partie inférieure de la ville, à une ruelle parallèle au port (*Marina*), un peu plus large que les autres, et communiquant sur un plan uni de la porte Babazoun, à la porte Bab-al oued. Cette ruelle, que l'on pourrait nommer la rue marchande d'Alger, encombrée par des échoppes ouvertes devant chaque maison, est si étroite, que les piskeris (porte-faix) y circulent difficilement, et pourtant cette rue est la seule communication de l'extérieur de la ville à la marine.

Alger a 9 grandes mosquées et 50 petites, 3 écoles publiques et 3 bazars ou marchés. Une des grandes mosquées, que l'on peut voir du port, offre un assez bel aspect (Pl. XIX — 1). Les plus beaux bâtimens sont ceux des 5 casernes, ce qui n'est pas surprenant dans un pays où les soldats forment le corps souverain.

Le palais du dey a deux grandes cours entourées de galeries spacieuses, soutenues par des colonnes de marbre : il renferme des jardins avec des jets d'eau, et des bains à l'orientale (Pl. XIX — 2). De même que dans les autres villes musulmanes, aucune maison n'a de jour extérieur; elles sont toutes closes par de hautes murailles, et n'ont d'issue qu'une poterne basse et enfoncée, à laquelle on ne parvient souvent qu'en descendant deux ou trois degrés. Les terrasses de ces maisons sont disposées de manière que celles du côté de la mer n'ôtent pas la vue à celles qui sont au haut ou à l'extrémité de la ville; elle peut avoir une demi-lieue de circonférence entourée de murailles.

Alger, en arabe *Al-Djezaïr* (les îles), tire ce nom d'une île qui a été jointe au continent par un môle, et on a ainsi formé un port. C'est une ville bâtie par les Maures. Elle est à peu près sur l'emplacement d'une bourgade nommée *Iomnium Municipium*, connue seulement pour avoir été un siège épiscopal. La population était estimée à 70,000 ames, et se composait de Turcs, de Maures, d'Arabes, de Cabaïls, de juifs et de marchands chrétiens; mais cette évaluation a été regardée comme exagérée. Le recensement effectué en 1838 a donné pour résultat 30,000 ames.

L'Algérie est en grande partie composée de la Numidie et de la Mauritanie césarienne des anciens. Sa longueur, de l'E. à l'O., est de 215 lieues; sa largeur, du N. au S., est de 180; sa surface de 10,540 lieues carrées; sa population peut être évaluée à 2,200,000 ames. Ce pays, gouverné par ses princes indigènes, fut **conquis par les Romains. Les Sarrasins le leur** enlevèrent ; les Espagnols s'étant emparés de quelques places et de la capitale en 1509, les Algériens appelèrent à leur secours les Turcs, qui, sous la conduite de Barberousse, devinrent les maîtres du pays. Alors s'établit ce gouvernement qui devint la terreur de tous les peuples policés. Les pirates algériens exerçaient impunément leurs déprédations dans la Méditerranée. Le dey, leur chef, était censé vassal de la Porte ottomane ; mais, souverain de fait, il ne respectait pas les ordres du grand sultan. Les principales puissances de l'Europe avaient, à l'aide de traités conclus avec les Algériens, garanti en partie leurs sujets des attaques de ces forbans ; mais d'autres étaient obligées de leur payer un tribut déguisé sous le nom de présent, et quelques-unes étaient constamment exposées aux agressions des Algériens. Les traités même ne mettaient pas toujours à l'abri de ces violences. Alors les grandes puissances bombardaient Alger ; c'est ce que firent Louis XIV en 1683 et 1684, la Grande-Bretagne en 1816. A cette dernière époque, la marine algérienne fut totalement détruite ; le dey restitua sans rançon tous les captifs chrétiens, remboursa les sommes qu'il avait reçues pour leur délivrance promise et prit l'engagement d'abolir l'esclavage des chrétiens dans ses états.

Mais l'arrogance de ces brigands était incorrigible ; en 1827, Hussein-Pacha, dey d'Alger, offensa grièvement le consul de France. Il importait de punir cet outrage ; une satisfaction convenable fut demandée inutilement ; alors la France résolut d'en finir avec ces ennemis du genre humain. Une armée partit de Toulon le 25 mai 1830 ; elle relâcha durant quelques jours à Palma, dans l'île de Mayorque ; le 12 juin, elle eut connaissance de la côte d'Afrique ; elle débarqua le 14, le 15 et les jours suivans, au rocher de la pointe Torré-Chica, à l'O. d'Alger. Dès le 19, nos postes avancés furent attaqués ; le 5 juillet, Alger capitula ; le 10, le dey s'embarqua pour l'Europe.

« Le 14 juin, l'armée a touché le sol de l'Afrique, et le 5 juillet elle avait atteint le but de sa mission ; ainsi, en 20 jours, cette armée avait vengé le pavillon français, détruit la piraterie, et enfin accompli les vœux que formaient depuis trois siècles les hommes généreux et éclairés de toutes les nations. » Telles sont les expressions de M. le baron Denniée, intendant en chef de l'armée d'expédition.

Il ne peut entrer dans notre plan de donner des détails sur ce qui s'est passé dans l'Algérie depuis que le drapeau français flotte sur les remparts de sa capitale. Bornons-nous à dire que les différens points de la côte ont été occupés, des conventions ont été conclues avec des chefs indigènes. Le bey de Constantine n'ayant pas cessé de montrer des dispositions hostiles on marcha contre sa capitale en novembre 1836 ; l'hiver et ses rigueurs la sauvèrent. En 1837, l'armée française, partie de Bone, commença par établir des camps sur differens points de la route. Le 1er octobre, elle sortit de celui de Medjez-el-Hamar. Le général Damrémont la commandait. A l'avant-garde marchait le second fils du roi des Français, qui, comme l'année précédente, avait voulu partager les périls de nos soldats ; le 13, la ville était prise de vive force. Le général en chef paya cette victoire de sa vie ; le commandement passa aux mains du général Vallée, qui, depuis, fut appelé aux fonctions de gouverneur général.

Suivons maintenant la côte de l'E. à l'O. en partant de Bone. On double le Cap de Fer, et on trouve la baie de Stora. Après avoir passé l'embouchure de l'Oued-Resas, on arrive à Stora (*Rusicada*), où sont les ruines d'une grande ville ruinée. La distance de ce port à Constantine étant moindre de moitié que celle par Bone, les Français ont occupé Stora, afin de faciliter les communications avec l'ancienne résidence des rois de Numidie ; on voit encore, en différens endroits, les restes de la voie romaine qui existait entre Stora et Constantine, et qui traverse un pays d'un accès facile.

Le Collo ou Collou est une bourgade située au bout de la mer, sur le golfe de Stora, au pied d'une montagne, sur les ruines d'une ville plus considérable ; une petite rivière, dont la source n'est pas éloignée, verse ses eaux au fond du hâvre. Les environs sont extrêmement pittoresques. On double le cap Boujaroune, on passe l'embouchure du Rummel, et on rencontre Djigelli ou Gigeri (*Igilgilis*), village qui fut autrefois une ville assez commerçante, sur une petite presqu'île plate. On y voit les debris de fortifications que les Français y avaient construites lorsqu'ils prirent Gigeri en 1664.

Au-delà de Gigeri, on double le cap Cavallo, et on longe les côtes d'un golfe qui reçoit les eaux de l'Oued-Mansouriah et celles de l'Oued-Adouse. A peu de distance de ce dernier fleuve, on entre dans Bougie (*Saldæ*). Les ruines nombreuses qui composent le sol sur lequel elle repose annoncent une grande importance passée et une haute antiquité. La ville moderne s'étend jusque sur le bord de la mer. Les troupes françaises s'en emparèrent le 29 septembre 1833.

3. Mosquée à Bones.

4. Portes d'Oran.

Des communications faciles conduisent maintenant aux principaux points de défense; un fort sur le mont Gouraya, dont il porte le nom, domine cette position. Des travaux sont proposés pour rendre l'accès du port sûr et facile. Tout le territoire, à trois jours de marche, ne présente que des montagnes boisées ou stériles sillonnées par des vallées étroites que les Cabaïls habitent. Ce canton, que l'on avait représenté comme improductif, est un des plus fertiles et un des mieux cultivés de toute l'Algérie ; l'armée française a pu s'en assurer dans ses excursions.

Au N. de Bougie s'élève le cap Carbon, ensuite on rencontre ceux de Sigli, Corbelin, Tedlés, Bengut, près duquel est Dellys (*Ruscurara*), le cap Djinet, enfin le cap Matifou ou Ras-Temendfus; il ferme, à l'E., le golfe d'Alger, dont la limite, à l'O., est le cap Caxine, beaucoup plus élevé que l'autre. De là, en descendant vers le S., on parvint à la pointe de Sidi Ferruch ou Torre-Chica. Plus loin, est l'embouchure du Mazafran, fleuve grossi de plusieurs rivières dont les branches ont arrosé les environs de Boufarik et de Blida.

Au-delà des bouches du Mazafran, Coleah, et surtout Cherchell (*Julia Cæsarea*), offrent des ruines de villes antiques. Tous les environs de Cherchell sont rians, arrosés et fertiles. Les habitans cultivaient autrefois le mûrier; ils élevaient des vers à soie et fabriquaient même des étoffes, façonnaient assez bien le fer et l'acier. La jalousie des Algériens travailla longtemps à diminuer la population et l'industrie de Cherchell; elle y réussit.

Tenez, bâtie également sur l'emplacement d'une ville ancienne, est près d'un cap et de l'embouchure d'une rivière de même nom. On rencontre ensuite des embouchures de plusieurs petits fleuves; enfin, à 4 milles au S. du cap Ivy, celle du Chellif, qui est le plus considérable de l'Algérie. Bientôt on trouve Mostaganem, ville située dans un canton très-fertile et généralement cultivé; Mazagran, dans une belle vallée abondante en vignes et en oliviers. Autrefois, on récoltait beaucoup de coton dans les territoires de ces deux villes, bâties sur la côte E. du golfe d'Arzew, qui se termine à l'O. au cap Carbon.

Quand on a doublé le cap Ferrat, on entre dans le golfe d'Oran. La ville de ce nom est sur la côte du S., à l'embouchure d'un petit cours d'eau assez fort pour arroser les jardins, fournir aux besoins de la ville et faire tourner une demi-douzaine de moulins. Oran appartint aux Espagnols depuis 1509 jusqu'en 1791; les ravages causés l'année précédente dans la ville par un tremblement de terre les décidèrent à l'abandonner en emmenant leur artillerie et tous leurs approvisionnemens. Les Turcs s'empressèrent de démolir tout ce qu'avaient construit les Espagnols. Ce qui restait des anciennes constructions maures ne consistait qu'en tours voisines des portes (Pl. XIX — 4).

Lorsque les Français se sont emparés d'Oran en 1831, tout y était dans un tel état de dévastation, qu'il fallut adopter un système de destruction pour édifier de nouveau. Il en est résulté que son aspect s'est considérablement amélioré : on y a construit rapidement des bains, des habitations, des boutiques, des cafés. La ville est bien percée et dans un site varié et agréable; c'est un des points les plus sains de la côte.

Mers-el-Kebir, excellent port à une heure de marche par terre au N. d'Oran, mais privé d'eau, est défendu par un fort. En continuant à suivre la côte, on arrive à l'embouchure de la Tafna, puis à celle du Malouia, où sont les limites naturelles de l'Algérie.

CHAPITRE XXIII.

Empire de Maroc.

Les limites politiques de l'empire de Maroc, sur la côte de la Méditerranée, sont à quelque distance à l'E. de l'embouchure du Malouia. Le fleuve le plus considérable de l'empire coule, du S. au N., entre deux rameaux de l'Atlas. Il prend sa source au point où ils se séparent; son cours est à peu près de 100 lieues; son lit est à sec une partie de l'année.

La partie de l'empire à l'E. de l'Atlas est arrosée par le Ghir, le Ziz, le Fileli et le Drah, dont les eaux vont se perdre dans les sables du Sahara. Entre l'empire de Maroc et l'Algérie s'étend le désert d'Angad, qui est compris entre les deux rameaux de l'Atlas renfermant le bassin du Malouia. On y voit quelques oasis. Au S. de la branche orientale où se trouvent les sources des quatre rivières qui vont vers le Sahara et traversent le Beled-ul-Gérid (pays des dattes), sont situées les villes de Seghelmesse, de Tafilet et autres : elles ne sont connues que par les relations des voyageurs arabes; elles étaient jadis très-florissantes.

Un chef arabe a formé, il y a quelques années, au S. du Drah, sur les confins du Sahara, un petit état indépendant dont la principale ville est Talent; il possède aussi Oued-

Noun, plus à l'O., et à 30 lieues de l'océan Atlantique. Ce territoire trafique avec les habitans de Maroc et les Arabes du désert.

Entre l'Atlas et l'océan Atlantique, Taroudan, ville à la gauche du Raz-el-Ouadi, dans une campagne fertile, est bien peuplée, commerçante et capitale de la province de Souse. Au N. O., Agadir ou Sainte-Croix, port sur l'Atlantique, faisait autrefois un grand commerce avec l'Europe. Plus au N., Mogador ou Soruéira, également avec un port, fait beaucoup de commerce avec l'Europe. Elle est dans un terrain sablonneux; ses fortifications la préservent des attaques des Arabes nomades.

Une distance de 45 lieues sépare Mogador de Maroc, capitale de l'empire. Cette ville est bâtie dans une plaine qui s'étend de l'E. à l'O., a au N. une chaîne basse de coteaux schisteux, et au S. les sommets sourcilleux de l'Atlas, dont les pics escarpés sont couverts de neige. L'altitude de cette plaine a été estimée à 1500 pieds. Les bords des ruisseaux qui l'arrosent sont garnis de lauriers-roses.

Au N. du Tensift, fleuve qui coule près de cette capitale, les forêts de dattiers et d'oliviers couvrent le sol. Maroc a environ 2 lieues de circuit: mais cette vaste surface renferme beaucoup de jardins; quelques-uns ont jusqu'à 30 acres. Le palais de l'Empereur est au S., en face de l'Atlas et hors de l'enceinte de la ville. Les appartemens n'ont rien de magnifique : des tours carrées en pisée surmontent les remparts (PL. XX — 1). La grande mosquée est remarquable par sa haute tour. Plusieurs fontaines sont ornées de sculptures délicates. Le bazar est bien fourni de toutes sortes de marchandises et de denrées. Le principal marché, nommé Sok-el-Kamise, se tient près de la porte septentrionale de la ville : on y trouve toutes sortes d'objets fabriqués dans le pays. Hors de la porte, se tient le marché aux chameaux, aux chevaux et aux moutons; tout s'y passe fort tranquillement, excepté pour la vente des chevaux, qui a lieu à l'encan. Le crieur fait marcher l'animal avec beaucoup de vitesse d'un côté et d'un autre, en répétant à haute voix le dernier prix qui a été offert.

Des conduits d'eau très-nombreux entourent Maroc; quelques-uns ont 10 à 12 pieds de profondeur; mais ils sont généralement en ruines : ils se prolongent jusqu'au pied de l'Atlas; quelquefois à une distance de 20 milles on peut les regarder comme des signes évidens d'une population très-nombreuse et d'une connaissance des arts plus avancée que celle qui existe aujourd'hui.

L'empire de Maroc est compris entre 28° 30' et 35° 50' de lat. N., et entre 3° 40' et 12° 40' de long. O. Il est borné au N. par la Méditerranée et le détroit de Gibraltar; à l'O. par l'Atlantique; au S. par le Sahara et à l'E. par l'Algérie. Sa longueur, du N. au S., est de 190 lieues; sa largeur moyenne de 150, et sa surface de 24,000 lieues carrées. Des plaines ondulées se développent entre l'Atlas et l'Atlantique, dans lequel l'El-Koss, le Sébou, le Bourougreb, l'Oum-ez-Beg, le Tensift, le Souse et d'autres moins considérables ont leurs embouchures. Le sol, généralement fertile, serait mieux cultivé si les pluies étaient plus fréquentes. Beaucoup de terrains sont occupés par les tribus nomades.

C'est dans l'empire de Maroc que l'Atlas atteint sa plus grande hauteur. Le Miltsin, son point culminant, visible de Maroc, a une altitude de 4,000 mètres; mais on ignore si d'autres points plus à l'E. ne sont pas plus élevés. La population est évaluée à 8,800,000 âmes; elle se compose de Maures, d'Arabes, de Berbères, de juifs. Excepté ces derniers, tous sont musulmans.

La dynastie des Muley règne sur l'empire depuis 1547. Le gouvernement est despotique; les revenus de l'état sont estimés à 22,000,000 de francs; l'armée est de 26,000 hommes. La flotte se compose de quelques bâtimens de guerre. Autrefois, les Marocains étaient tristement fameux par leur piraterie. Le port de Salé expédiait le plus grand nombre de ces écumeurs de mer; mais, depuis la fin du XVIIIe siècle, les empereurs de Maroc ont acquis assez d'autorité sur ces forbans pour les faire renoncer à leur infâme métier.

L'empire de Maroc comprenait autrefois une portion de la Mauritanie césarienne et de la Mauritanie tingitane. Ces pays passèrent, comme le reste de l'Afrique septentrionale, des Romains aux Vandales, de ceux-ci à l'empire grec. Ils leur furent arrachés par les Arabes. Différentes dynasties se disputèrent longtemps cette contrée jusqu'au XVIe siècle ; alors Muley-Ali scherif (descendant de Mahomet) plaça sa famille sur le trône qu'elle n'a pas cessé d'occuper.

Cet état se compose de cinq provinces : Fez et Maroc sur le versant occidental de l'Atlas, Souse sur les deux versans, Draha et Tafilet sur le versant S. E.

La curiosité a conduit peu d'Européens dans cet empire ; ceux qui nous en ont donné des relations sont des religieux conduits par la sainteté de leur institution consacrée au rachat des captifs, des consuls ou des agens politiques; enfin des infortunés, qui échappés au naufrage, traversaient ce pays pour regagner leur patrie. Hœst, consul danois (1779); Groberg de Hemsen, consul suédois (1820). Chénier, chargé des affaires de France et père du poëte tragique (1788) ont publié les livres contenant les documens historiques et géographiques les plus importans. On en trouve également dans les ouvrages de Pidou de Saint-Olon, envoyé extraordinaire de France (1694); Lempriére, chirurgien anglais venu pour guérir d'une ophthalmie le fils de l'empereur (1791); Grey Jackson, consul anglais (1809 et 1820); Washington, lieutenant de vaisseau de la marine royale de la Grande-Bretagne (1833); O. Agrell, vice-consul suédois (1796); enfin dans la relation de Badia, qui, sous son déguisement de musulman, fut admis dans l'intimité du souverain et de celle des plus grands personnages de l'empire.

Les Européens qui ont parcouru l'empire de Maroc ont généralement suivi la même route : il n'est donc pas surprenant que nous ignorions les particularités relatives à plusieurs de ces provinces. En partant de Maroc, on retourne généralement vers la côte de l'Atlantique.

Mazagan, port au N. O. de la capitale, appartint longtemps aux Portugais. En marchant au N., on rencontre Amazore, ville misérable à l'embouchure du Morbeya; Rabat, vis-à-vis de Salé, toutes deux villes assez grandes à l'embouchure du Bouregré. A un quart de mille de Salé, un grand aqueduc paraît être de construction romaine.

Mamora, à l'embouchure du Sébou, est entourée de belles plantations et de gras pâturages.

Dans l'intérieur des terres, Méquinez, sur des coteaux dont une petite rivière baigne le pied, est entourée de jardins potagers et d'oliviers en amphithéâtre. Fez, à 10 lieues à l'E. N. E., est située sur le penchant de différentes collines et fut autrefois la capitale de l'empire, dont elle est la ville la plus importante; elle est sur un ruisseau affluent du Sébou. Badia la regarde comme la plus belle des états barbaresques; il parle de sa bibliothèque, qui est très-considérable pour cette contrée, ainsi que de ses écoles renommées dans toute l'Afrique, mais il ne fait pas l'éloge de la science des professeurs. On suppose que la population de Fez est de 80.000 âmes, et l'on porte à 200 le nombre de ses mosquées.

En retournant vers l'Atlantique, on trouve Al-Cassar, ville fort déchue. Larache (*Lixos*, *Al-Araïche*), port à l'embouchure du Louccos, fut possédée par les Espagnols pendant quelques années du XVIIe siècle. Les Français la bombardèrent en 1765. Ses environs abondent en froment, en huile et en bois de construction.

Des campagnes ondulées s'étendent vers l'E. jusqu'aux montagnes baignées par la Méditerranée. Sur la côte, on voit Tetouan, cité ancienne entourée de beaux jardins, c'est une jolie petite ville entre deux hautes montagnes, sur une rivière, à 3 lieues de la Méditerranée. Du haut des terrasses, en regardant au N., la vue se porte sur la grande place, qui est vaste, et sur les montagnes (Pl. XX — 2). Melila, ville très-ancienne, probablement d'origine carthaginoise, est dans un territoire fertile et riche en mines de fer; les Espagnols la possèdent, de même qu'Alhucemas, Penon-de-Velez et Ceuta, place forte, située sur une presqu'île, à l'extrémité orientale du détroit de Gibraltar et dont le port est mauvais (Pl. XX — 3). C'est ce qu'ils nomment *los presidios*, qui sont des lieux de déportation pour les criminels.

Tanger (*Tingis*), près de l'extrémité occidentale du détroit de Gibraltar et à peu de distance du cap Spartel, est le port de l'empire où résident la plupart des consuls européens. Jadis Tanger était bien fortifié lorsqu'il appartenait aux Anglais; mais quand ils l'abandonnèrent sous Charles II, ils en détruisirent presque tous les ouvrages. La porte de la citadelle, qui est un ouvrage mauresque, se fait remarquer par le caractère de son architecture (Pl. XX — 4). Suivant Lempriére, la ville occupe un très-petit espace et n'a rien de remarquable; elle est bâtie sur une éminence fort près de la mer; ses environs sont couverts de vignobles. La baie est assez vaste; mais elle n'est pas sûre lorsque le vent d'E. souffle avec violence. Cette baie reçoit une petite rivière. Au-delà du détroit commence l'Europe.

FIN DU VOYAGE PITTORESQUE EN AFRIQUE.

Afr.

20

TABLE DES CHAPITRES

CONTENUS DANS CE VOLUME.

Chapitre	Titre	Pages
CHAPITRE I.	Egypte.	1
CHAPITRE II.	Nubie.	17
CHAPITRE III.	Abyssinie.	30
CHAPITRE IV.	Côtes d'Ajan et de Zanguebar.	48
CHAPITRE V.	Mozambique.	49
CHAPITRE VI.	Iles Comore et îles Séchelles.	52
CHAPITRE VII.	Madagascar.	55
CHAPITRE VIII.	Ile Bourbon.	59
CHAPITRE IX.	Ile Maurice.	60
CHAPITRE X.	Cafrerie.	62
CHAPITRE XI.	Colonie du cap de Bonne-Espérance.	64
CHAPITRE XII.	Congo.	92
CHAPITRE XIII.	Ile Sainte-Hélène. — Ile de l'Ascension.	97
CHAPITRE XIV.	Guinée.	98
CHAPITRE XV.	Sénégambie.	106
CHAPITRE XVI.	Iles du Cap-Vert. — Açores. — Madère. — Canaries.	112
CHAPITRE XVII.	Sahara.	116
CHAPITRE XVIII.	Soudan.	117
CHAPITRE XIX.	Les Oasis.	135
CHAPITRE XX.	Barcah et Tripoli.	138
CHAPITRE XXI.	Tunis.	141
CHAPITRE XXII.	Algérie.	144
CHAPITRE XXIII.	Empire de Maroc.	151

FIN DE LA TABLE DES CHAPITRES.

1. Maroc.

2. Grande Place de Tétouan, vue du quartier des Juifs.

J. Boilly del.

TABLE
ALPHABÉTIQUE ET ANALYTIQUE

DES NOMS GÉOGRAPHIQUES, DES NOMS D'HOMMES, DE TRIBUS ET D'OBJETS REMARQUABLES, MENTIONNÉS DANS LE VOYAGE PITTORESQUE EN AFRIQUE.

NOTA. — Les noms de lieux, de villes, de montagnes, de fleuves, etc., sont en italique. — Les noms de peuples, de monumens et de choses, sont en romain. — Les noms de voyageurs, d'historiens, etc., sont en petites capitales.

A

Abou-Egli, canton de Nubie, 25.
Abou-Hammed, ville de Nubie, 25.
Abou-Hor, cataracte du Nil en Nubie, 18.
Aboukir ville d'Egypte, 2.
Abou-Naga (ruines d'), en Nubie, 25.
Abousir, ville de la Marmarique, 138.
Aboutig, ville d'Egypte, 11.
Abou-Zabel, ville d'Egypte, 7.
Abtara, mont. d'Abyssinie 34.
Abyssinie, pays de la région du Nil, 30-49.
Abyssins. Leur physionomie, 48.
Achanti, état de Guinée, 101.
ACKERMAN, voyag. franç. à Madagascar 56.
ADAMS voyag. angl. dans le Sahara, 116.
ADANSON, voy. franç. en Sénégambie, 107.
Adel, royaume voisin de l'Abyssinie, 48.
Adjebi, riv. d'Algérie, 147.
Adourh, ville d'Abyssinie, 34.
Adouse, riv. d'Algérie, 147.
Afrika, ville du royaume de Tunis, 141.
Agadir, ville de l'emp. de Maroc, 152.
Agadir, cap du Sahara, 116.
Agaous, peuplade de l'Abyssinie, 32.
Agara, montagne de Nubie, 27.
Agatta, riv. du Congo, 95.
Agora, bourgade d'Abyssinie, 32.
Agter-Bruyntjes-Hoogte, mont. et cant. du Cap de Bonne-Espérance, 68, 69.
Aiguilles (cap des), le plus méridional de l'Afrique, 85.
Aïsch, pays du royaume de Tunis, 143.
Akabah-e-Kebir, v. de la Marmarique, 139.
Akabah-el-Souagheïr, v. de la Marmarique, 138.
Akawah, mont. de la Marmarique, 139.
Akmoun, ville d'Egypte, 5.
Akhmouneïn, ville d'Egypte, 10.
Albany, territ. de la colonie du Cap, 82.
ALBERTI (Louis), voyag. néderlandais dans la Cafrerie, 62, 64.
Al-Cassar, ville de l'emp. de Maroc, 153.
ALEXANDER (E.-J.), offic. anglais parcourt la colonie du Cap, 73.
Alexandrie, ville d'Egypte, 2.
Alger, capitale de l'Algérie, 149.
Algérie, pays de l'Afrique sept., 144-151.
Algoa, baie de la Cafrerie, 64.
Allaki, village et montagne de Nubie, 19.
Allegranza, île de l'arch. des Canaries, 115.
Amada, bourg de Nubie, 20.
Amazore, ville de l'emp. de Maroc, 153.
Amba-Haï, mont. d'Abyssinie, 32.

Ambatismênes mont. de Madagascar, 56.
Ambohisteniene, m. de Madagascar, 56.
Amboukou, poste de Nubie, 24.
Ambozes hautes terres de Guinée, 99.
Ambriz, fleuve du Congo, 95.
Amérantes, groupe d'îles, 54.
Ampanyres, peuplade de Madagascar, 59.
Amphi ah, port d Abyssinie, 36.
Ancobra, fleuve de Guinée, 99.
Angaia, ville du Soudan, 124.
Angazayé, une des îles Comores, 52.
Angola, royaume du Congo, 93.
Angournou, ville du Soudan, 122.
Angra, capit. de l'île Terceira, 113.
Angra-do-Heo, cap du Congo, 92.
Angrab, riv. d'Abyssinie, 39.
Anjouan, une des îles Comores, 52.
Ankeïreh, village de Nubie, 29.
Ankober capit. du Choa, 45.
Annobon, île de Guinée, 103.
Anossy, pays de Madagascar, 58.
Anosse, canton de l'île de Madagascar, 56.
Anoune, ville et mort. d'Algérie, 146.
Antalo, ville d'Abyssinie, 32, 35.
Antavares, peuple de Madagascar, 57.
Antongil, baie de l'île de Madagascar, 55.
ANVILLE (d') céleb. géogr., 25, 58, 117.
Anzico, royaume du Congo, 96.
Arache, rivière du Congo, 95.
Arjoub-Souf, ville de la Marmarique, 139.
Araouan, ville du Soudan, 134.
Ardrah, état de Guinée, 101.
AREND, esclave fugitif du Cap, 87.
Arequa, ville d'Abyssinie, 32.
Argo, île du Nil en Nubie, 22.
Arkiko, bourgade d'Abyssinie, 30.
Arzew, ville et golfe d'Algérie, 148.
Ascour, ville d'Algérie, 146.
Aseff, ville du royaume de Tunis, 141.
Assa, village d'Abyssinie, 32.
Assasie, fleuve de Guinée, 99.
Assouan, ville d'Egypte, 15.
Assouv, ville de Nubie, 25.
Atbaruh, riv. et pays de Nubie, 25, 29.
Athey, ville d'Egypte, 10.
Atlas, mont. de l'Afrique sept., 147.
Athrib, village d'Egypte, 5.
Atta, ville du Soudan, 129.
Audjelah, ville et oasis, 138.
Aurès, mont. d'Algérie, 147.
Axoum, ville d'Abyssinie, 34.
Azouaghis, mont. d'Algérie, 147.

B

Bala, torrent de Nubie, 27.

Bachilo, contrée d'Abyssinie, 44.
Badagry, roy. sur la côte de Guinée, 101.
Badagry, ville du Soudan, 126.
Badet, mont. de Sénégambie, 109.
BADIA, voyageur espagnol, 17.
Badjebo, ville du Soudan, 128.
Bahr-el-Azrek, fleuve d'Abyssinie 26.
Bahr-el-Abiad riv. de Nubie, 28.
Baça, mont. de la colonie du Cap, 91.
Bakel, poste franç. en Sénégambie, 107, 111.
Bamakan, village de Sénégambie, 111.
Bambara, royaume du Soudan, 119.
Bambaras, nègres de Sénégambie, 108.
Bambarougué, fleuve du Congo, 95.
Bambouk, fort de Sénégambie, 108.
Bammakou, ville du Soudan, 119.
Banaï, village de Sénégambie, 109.
Bandeia, village de Sénégambie, 110.
Banjole, île de Sénégambie, 108.
Banza Congo, ville du Congo, 94.
Banza-Loango, capit. du Loango, 95.
Baol, royaume de Sénégambie, 107.
Barbarie. V. Tunis et Tripoli.
Barca, désert et pays d'Egypte, 2.
Barcah, pays de la région de l'Atlas, 139.
Bardo, résidence du bey de Tunis, 143.
Barko, ville d'Abyssinie, 37.
BARROW (J.), voyageur anglais, 72, 74.
Basbekh, ville d'Abyssinie, 41.
Basleyn, village de Nubie, 17.
Ba-Siméra, village de Guinée, 104.
Bathurst ville de Sénégambie, 108.
Bath-el-Hadjar, canton de Nubie, 22.
Batta, ville du Congo, 94.
Bavians-kloof, vill. de la col. du Cap, 74.
BEATSON (Alexandre), Anglais, gouver. de Sainte-Hélène, 97.
Bedréchein, village d'Egypte, 9.
Béfour, mont. de Madagascar, 56.
Belbeis, ville d'Egypte, 5.
Beled-el-Agoureh, village des Oasis, 137.
Belida Beled-el-Kamyseh, vill. dans les Oasis, 138.
Bélida, ville d'Algérie, 147.
BELLO, souv. des Fellatahs dans le Soudan, 125.
Bellata, village des Oasis, 136.
BELZONI, voyag. italien, 9. 17, 15, 137.
Benghazi, ville du Barcah, 140.
Bengo, fleuve du Congo, 95.
Benguela, royaume du Congo, 93.
Beni-Hassan village d'Egypte, 10.
Beni-Hassan-el-Aamar, v. d'Egypte, 11.
Benin, royaume sur la côte de Guinée, 101.

TABLE ANALYTIQUE

Benin, riv. de Guinée, 99.
Bendelid, ville du Soudan, 120.
Benoua, ville du Soudan, 118.
Beny-hassef, ville d'Egypte, 10.
Berbers, 1. Cabails.
Bérénice, ville d'Egypte, 15.
Berek Morsah, v. de la Marmarique, 138.
Bernardin-de-Saint-Pierre, voy. fr., 60
Berthelot, nat. franç. aux Canaries, 116.
Betaninènes, territ. de Madagascar, 57.
Betchapins, tribu de la colonie du Cap, 81.
Betchouanas, tribu de la Cafrerie, 75.
Bethany, poste de missionnaires dans la colonie du Cap, 92.
Bethelsdorp, vill. de la col. du Cap, 76, 82.
Béthencourt (Jean de), découvre l'île d'Allegranza, 115.
Béthulie, station de la col. du Cap, 90.
Beyeda, mont. d'Abyssinie, 32.
Bhabett, ville d'Égypte, 5.
Biafra, cap de Guinée, 99.
Bilan-el-Molouk, mont. d'Egypte, 15.
Bichana, vill. d'Abyssinie, 45.
Bidis, peuple du Soudan, 125.
Bihé, pays du Congo, 94.
Bilma, village du Soudan, 122.
Bir-el-Abba, puits dans le Sahara, 155.
Birket-el-Keroum, lac d'Egypte, 10.
Birnié, village du Soudan, 122.
Biserte, v. du roy. de Tunis, 144.
Bissao, ville de Sén gambie, 111.
Blanc (cap), sur la côte occ. d'Afriq., 116.
Bl quille, voy. dans l'état de Tripoli, 140.
B uista, île de l'arch. du Cap-Vert, 112.
Bojador, cap du Sahara, 116.
Bokkeveld, canton de la col. du Cap, 76.
Bomba, royaume du Congo, 95.
Bomba, gole de la Marmarique, 139.
Bombetoc, port de l'île de Madagascar, 58.
Bone, ville d'Algérie, 145.
Bondou, état de Sénégambie, 108.
Boschjesmans, peuple du Cap, 72.
Bosman, voy. holl. en Guinée, 101.
Bororos, peuple de la côte de Zanguebar, 49.
Bornou, pays du Soudan, 152.
Bory des Saint-Vincent, voy. franç., 59, 60.
Botin, voy. franç. dans les Oasis, 137.
Bouhias, riv. d'Algérie, 145.
Bouadjerna, riv. d'Algérie, 145.
Bougie, ville d'Algérie, 147.
Bouja-uur, port d'Algérie, 150.
Boukari (Diai), marabout nègre, guide de Mollien, 109.
Boulac, ville d'Egypte, 6.
Boulibany, ville de Sénégambie, 111.
Boumalah, étang d'Algérie, 145.
Boumnar, ville de la Marmarique, 138.
Boun-Adjoubah, v. de la Marmarique, 138.
Bourlos, cap et lac d'Egypte, 2, 5.
Bourbon, île de l'Océan Indien, 59-60.
Boussa, ville du Soudan, 120, 128.
Bowdich, voy. angl. en Guinée, 101, 103.
Brakuas, tribu de Maures dans le Sahara, 117.
Brama, île de l'arch. du Cap-Vert, 112.
Brauns (Samuel), voy. all. dans le Congo, 93.
Brava, ville du Zanguebar, 49.
Bruevery. V. Cadalvène.
Brevedent (le P.), comp. de Poncet en Abyssinie, 37.
Briquas, colons du Cap, 75.
Browne (W.-G.), voy. anglais, 135, 139.
Brûlé-de-Saint-Paul, mont. de l'île Bourbon, 59.
Bruce, voy. anglais en Abyssinie, 39-41.
Buch (Léopold de), voy. allemand aux Canaries, 114, 115.
Burchell (G.-J.), natural. angl. au Cap, 80, 82.
Burckhardt, voy. suisse en Nubie, 17, 29.

C

Cabails, montagnards de l'Algérie, 147.
Cabenda, ville du Congo, 94.
Cabes, ville et golfe du roy. de Tunis, 141.
Cabra, village du Soudan, 134.
Cachenah, ville du Soudan, 125.
Caccengo, pays du Congo, 94.
Cadalvène et Breuvery, voyag. franç. en Egypte, 1, 8, 12, 16, 24
Cafrerie, contrée de l'Afrique australe, 62, 64.
Cafres, habitants de la Cafrerie. Leurs mœurs, 62.
Cafsa, ville du roy. de Tunis, 143.
Caillaud, voy. franç., 15, 17, 22, 25, 28, 156.
Caillie (René), voyag. franç. dans le Soudan, 153.
Caire (le), cap. de l'Égypte, 7.
Cairouan, ville du roy. de Tunis, 145.
Calbary, riv. de Guinée, 99.
Caldenne, ville de Sénégambie, 10.
Caledon, village de la colonie du Cap, 82.
Caldera, vaste cratère de Palma, 115.
Caminnouquas, horde des Grands-Namaquas, 71.
Cambou, état de Sénégambie, 108.
Campbell (Jean), missionnaire de la colonie du Cap, 84.
Campbell, offic. d'inf. anglaise, explore la Sénégambie, 111.
Cancobetta, roy du Congo, 96.
Capmartin et Colin, voyag. franç. aux îles Comores, 52.
Cap de Bonne-Espérance (colonie du), 65-92.
Cap-Vert (îles du), 112, 116.
Carbon, cap d'Algérie, 151.
Carthage, cap du roy. de Tunis, 141.
— (Ruines de), 141.
Cassanci, ville du Congo, 95.
Cassanga, roy. du Congo, 95.
Caupche (François), voyag. franç. dans l'île de Madagascar, 55.
Cacully, état de Guinée, 101.
Cayor, état de Sénégambie, 107.
Céphren, pyramide d'Egypte, 9.
Chameaux (carav. de) dans le Sahara, 116.
Chammameh, ville de la Marmarique, 138.
Champollion, voyag. franç., 4, 10, 15, 17, 21,
Chapelier, voyag. franç. à Madagascar, 56.
Chary, fleuve du Soudan, 124, 125.
Chateaubriand, voyag. franç., 141.
Cheb, une des Oasis, 136.
Chebba, ville du roy. de Tunis, 141.
Cheikh-Abadé, ville d'Égypte, 10.
Cheikh-el-Aridi, anc. ville d'Égypte, 11.
Chellif, riv. d'Algérie, 148, 151.
Chendy, anc. capit. du Sennaar, 25.
Chéops, grande pyramide d'Egypte, 8.
Cherbro, riv. de Guinée, 99.
Cherchell, ville d'Algérie, 151.
Chibka-el-Loudian, lac du roy. de Tunis, 144.
Choa, contrée d'Abyssinie, 45.
Choiseul, port de Madagascar, 57.
Chon, ville du Soudan, 126.
Choubra, village d'Egypte, 7.
Chouaé, ville du Soudan, 124.
Christianbourg, poste danois en Guinée, 103.
Cimbébas, tribu nomade du Congo, 92.
Ciudad de las Palmas, capit. de la grande Canarie, 115.
Clapperton, voyag. angl., 121, 140.
Clara, île de l'arch. des Canaries, 115.
Clarence, fort de Guinée, 103.

Coanza, riv. du Congo, 93.
Cobbé, capit. du Darfour, 135.
Coetsée, voyag. holland. dans la colonie du Cap, 67.
Coffin, compagnon de Salt en Abyssinie, 32, 36, 45.
Coleah, ville d'Algérie, 151.
Collo, bourgade d'Algérie, 150.
Combes et Tamisier, voyag. franç. en Abyssinie, 43, 45.
Commerson, botaniste franç., 55.
Comores, îles de l'Océan Indien, 52.
Compagnon, premier Français qui ait pénétré à Bambouk, 108.
Conghell, ville de Sénégambie, 111.
Congo, pays de l'Afrique occident., 92-97.
Constance, vignoble du cap de Bonne-Espérance, 85.
Constantine, ville d'Algérie, 146.
Coramnas, tribu de la colonie du Cap, 92.
Corbus, village du roy. de Tunis, 144.
Corneille de Jong, voyag. holland. dans la colonie du Cap, 83.
Corrientes, cap de la côte de Mozambique, 51.
Corvo, une des Açores, 112.
Coubly, ville du Soudan, 128.
Couco, montagne d'Algérie, 147.
Cuudo, riv. du Congo, 93.
Coudonta, riv. du Soudan, 129.
Coumassie, ville de Guinée, 103.
Covilham (Pierre), voyag. portugais en Abyssinie, 36.
Cowdrey, voyag. angl. en Sénégambie, 111.
Cyrénaïque. V. Barcah.

D

Dafneh, vallée de la Marmarique, 139.
Dahalak, île d'Abyssinie, 80.
Dahomey, état de Guinée, 101.
Doïga, ville de Nubie, 24.
Dokhel, une des Oasis, 136.
Dâl, village de Nubie, 21.
Damaras, tribu de la colonie du Cap, 92.
Damnaayou, village du Soudan, 129.
Damanhour, ville d'Egypte, 4.
Damiette, ville d'Egypte, 1.
Dampier (G.), navigateur anglais, 98.
Dandour, ville de Nubie, 18.
Dara, village d'Abyssinie, 39.
Dar-Berber, pays de Nubie, 25.
Dar-Bertât, pays de Nubie, 28.
Dar-el-Key, pays de Nubie, 27.
Dar-el-Kour kour, canton de Nubie, 17.
Darfour, pays de l'Afrique sept., 135.
Dar-Mahass, pays de Nubie, 22, 29.
Darmankous, tribu maure du Sahara, 117.
Dar-Sokkot, pays de Nubie, 22.
Dar-Sennâar, pays de Nubie, 26.
Daudé, riv. du Congo, 94
Daumas, voy. dans la colonie du Cap, 90.
Dauphin (fort), sur l'île de Madagas., 55.
Debbeh, bourg de Nubie, 24.
Debo, lac du Soudan, 134.
Deboud, village de Nubie, 17.
Dekkeh, temple de Nubie, 19.
Delaporte, v.-consul franç. à Tanger, 135.
Delgado, cap de la côte de Zanguebar, 49.
Dembas, peuple du Congo-Alto, 94.
Dender, île de Nubie et d'Abyssinie, 26, 41.
Denderah, ancienne ville d'Égypte, 12.
Denham, voy. angl. dans le Soudan, 121.
Dentitia, fort de Sénégambie, 108.
Derne, ville du Barcah, 139.
Derr, bourg de Nubie, 21.
Desfontaines, voy. français en Algérie, 141, 145.

Derra-Damo, mont. d'Abyssinie, 31, 43.
Derra-Tabour, ville d'Abyssinie, 44.
Deyr-el-Hoya, vill. des Oasis, 137.
Dézar, île du Nil en Nubie, 19.
Dhaliba, fleuve du Soudan et de Guinée, 105, 119.
Diane, mont. de l'île Sainte-Hélène, 97.
Diaz (Barthélemy), nav. portugais, découvre le cap de Bonne-Espérance, 64.
Dickson, comp. de Clapperton, 126.
Dekaouis, peuple de Nubie, 29.
Dimas, ville du royaume de Tunis, 141.
Dingleber, vill. d'Abyssinie, 40.
Dinka, vill. de Nubie, 28.
Dioctı, gouv. de Géba en Sénégambie, 111.
Dixan, ville d'Abyssinie, 31.
Djammemeh, v. de la Marmarique, 138.
Djarva, ville du Soudan, 118.
Djebel-Abdeh, château de Nubie, 21.
Djebel-Babiti, mont. de Nubie, 18.
Djebel-Dayab, mont. de Nubie, 30.
Djebel-Momyl, mont. granit. de Nubie, 25.
Djebel-Ouannasseris, mont. d'Algérie, 148.
Djebel-Selseté, mont. d'Egypte, 15.
Djezirah-el-Betseh, île du Nil en Egypte, 16.
Djigelli, vill. d'Algérie, 150.
Djinet, cap d'Algérie, 151.
Djirteh, ville d'Egypte, 11.
Djonkakonda, poste angl. en Sénégambie, 108.
Djoun-el-Kabrit, golfe du Barkah, 140.
Doche, mont. de Nubie, 22.
Dongolah, pays de Nubie, 22, 24.
Dongolah-el-Agouz, ville de Nubie, 24.
Dongolaouis, habitans du Dongolah, 23.
Douville (J.-B.), voy. français dans le Congo, 93.
Draha, ville de l'emp. de Maroc, 152.
Drah, fl. de l'emp. de Maroc, 151.
Dresieh, v. de la Marmarique, 138.
Drovetti, voy. europ. en Nubie, 17, 137.
Drury (Robert), voy. angl. dans l'île de Madagascar, 56.
Dubois, auteur d'une relation sur Madagascar, 56.
De Petit-Thouars, voy. franç. dans l'île de Madagascar, 56.
Durand, directeur de la comp. du Sénégal, 108.

E

Eboe, ville du Soudan, 131.
Edfou, ville d'Egypte, 15.
Egga, ville du Soudan, 129.
Egypte, pays de la région du Nil, 1-17.
El-Akhmin, ancienne v. d'Egypte, 11.
El-Arich, fort d'Egypte, 1.
El-Baoufyti, ville d'Egypte, 15.
El-Berlal (pyramides d'), en Nubie, 24.
El-Cacamoun, village des Oasis, 136.
El-Cazar, village d'Egypte, 16.
El-Cuellal, village d'Egypte, 16.
El-Eghy, une des Oasis, 135.
Elephans (riv. des), dans la colonie du Cap, 74.
Eléphantine, ville d'Egypte, 16.
El-Hammah, ville du roy. de Tunis, 143.
El-Hayz, une des Oasis, 137.
El-Jem, ville du roy. de Tunis, 141.
El-Kab, ville d'Egypte, 15.
El-Katubekeh, village de Nubie, 18.
El-Kanemi, cheikh du Bornou, 122.
El-Kerebyn, village de Nubie, 26.
El-Khargeh, une des Oasis, 135.
El-Mecaourat, village de Nubie, 25.
El-Mendyeh, village des Oasis, 137.
Elmina, étab. hollandais en Guinée, 103.

El-Ouah-el-Bahryeh, une des Oasis, 137.
El-Solimanieh, village de Nubie, 25.
El-Tacher, une des Oasis, 135.
Emfraz, ville d'Abyssinie, 39.
Enami-Harmas, village d'Abyssinie, 43.
Enderta, province d'Abyssinie, 32.
Engoyo, pays du Loango, 94.
Erment, ville d'Egypte, 14.
Esné, ville d'Egypte, 14.
Ezbekiéh, place du Caire, 7.

F

Fadassy, village de Nubie, 28.
Falaba, ville de Guinée, 105.
Falachas, peuple d'Abyssinie, 38.
Farchout, ville d'Egypte, 12.
Fatticah, ville du Soudan, 127.
Fayal, une des Açores, 112.
Fayoum, province d'Egypte, 10.
Fazoql, province de Nubie, 27.
Fellatahs, peuple du Soudan, 123.
Fer (île de), une des Canaries, 115.
Fernandez (Denis), voyageur portug. en Sénégambie, 107.
Fernandez (le P. Antoine), voyageur portugais en Abyssinie, 57.
Fernando-Po, île de l'Océan-Atlantique, 99, 131.
Ferrat, cap d'Algérie, 151.
Fétiches (roc des), sur le Zaïre, 96.
Fez, v. et état de l'emp. de Maroc, 152, 153.
Fezzan, pays de l'Afrique sept., 120.
Fileli, riv. de l'emp. de Maroc, 151.
Flacourt, voyag. franç. à Madagascar, 55, 58.
Flores, une des Açores, 112.
Fogo, île de l'arch. du cap Vert, 112.
Fonchal, capitale de Madère, 114.
Formigas, rochers des Açores, 112.
Formoso, cap de Guinée, 99.
Fortaventura, une des Canaries, 115.
Foulahs, peuple de Sénégambie, 106.
Foulpointe, ville de Madagascar, 57.
Fouta-Dhiallon, état de Sénégambie, 108.
Fouta-Touro, état de Sénégambie, 108.
Freetown, ville de Guinée, 104.
Fundah, ville du Soudan, 132.

G

Gabon (côte du), en Guinée, 101.
Gabon, fleuve de Guinée, 99.
Galam, pays de Sénégambie, 107.
Gallas, peuple d'Abyssinie, 43.
Gambéta, plaine d'Abyssinie, 31.
Gambie, fleuve de Sénégambie, 106.
Garah, une Oasis, 138.
Gariep, fleuve de la colon. du Cap, 77, 91.
Gatrone, ville du Soudan, 121.
Gauritz, fleuve de la colonie du Cap, 74.
Geba, établissement portug. en Sénégambie, 111.
Gebabo, une des Oasis, 138.
Gebel-Montaï, village dans les Oasis, 138.
Gerbi, île du golfe de Cabès, 141.
Gharny, village dans une des Oasis, 137.
Gharney, village dans une des Oasis, 138.
Ghethendar, village de Sénégambie, 107.
Gherri, village de Nubie, 25.
Ghetteh, village de Nubie, 20.
Ghibba, village d'Abyssinie, 21.
Ghich, village d'Abyssinie, 40.
Ghir, fleuve de l'empire de Maroc, 151.
Ghossiquas, tribu du Cap, 79.
Giseh, ville d'Egypte, 8.
Gnadenthal, ville de la colon. du Cap, 83.
Gonat, mission. allem. en Abyssinie, 41.
Gojam, contrée d'Abyssinie, 45.

Golongo-Alto, prov. du Congo, 94.
Gomera, une des Canaries, 115.
Gonaquas, tribu hottentote du Cap, 82.
Gondar, ville d'Abyssinie, 39.
Gorée, île de Sénégambie, 107.
Gor-el-Meleh, ville de l'état de Tunis, 144.
Goudon, voyag. franç. à Madagascar, 56.
Goutto, village d'Abyssinie, 40.
Graaf-Reynet, ville du Cap, 72, 82.
Graciosa, île de l'archipel des Açores, 112.
— de l'archipel des Canaries, 115.
Graham's-Town, ville de la colonie du Cap, 83.
Grande-Canarie, île de l'arch. de ce nom, 115.
Gray, major angl. en Sénégambie, 111.
Gremah, ville du Barcah, 139.
Grigris ou magiciens en Guinée, 104.
Griquas, peuplade de la colonie du Cap, 86.
Griqua-town, bourgade de la colonie du Cap, 83.
Gros-Morne, montagne volcanique de Bourbon, 59.
Groote-Vis-Rivier, fl. de Cafrerie, 62.
Guanches, habitans primitifs des Canaries, 117.
Guardafui, cap de l'Afr. orient., 48.
Guborero, rivière du Congo, 93.
Guinée, pays de l'Afrique occidentale, 98-106.

H

Hadaudas, peuple de Nubie, 30.
Halfay, village de Nubie, 26.
Hallenkahs, peuple de Nubie, 30.
Hamhamou, montagnes d'Abyssinie, 36.
Hammam-Atlas, ville d'Algérie, 148.
Hammam-Berda, ville d'Algérie, 146.
Hammam-el-Enf, mont. de l'état de Tunis, 144.
Hammamet, v. et golfe. de l'état de Tunis, 141.
Hammam-Meskoutin, v. d'Algérie, 147.
Hammodahs, peuple de Nubie, 30.
Hontam, mont. de la colonie du Cap, 74.
Harrudj, montagne du Sahara, 116.
Hartous, peuple d'Abyssinie, 36.
Haouach, rivière d'Abyssinie, 48.
Haussa, capitale du roy. d'Adel, 48.
Hazortas, peuple d'Abyssinie, 30, 36.
Hebbe, voyag. suédoi aux Açores, 113.
Hebenstreit, voyag. en Algérie, 145, 146.
Helaideh, ville d'Egypte, 5.
Herkla, v. de l'état de Tunis, 148.
Hialala, ville du Congo, 94.
Hikarkor, v. du pays des Yolofs, 108.
Hippone (ruines d'), 145.
Hippopotames (chasse aux), sur le Nil, 33.
Hogis, rivière du Congo, 95.
Hogos, île du Nil en Nubie, 20.
Hollontotes, peuple de la côte de Mozambique, 51.
Hop (Henri), voyag. hollandais au cap de Bonne-Espérance, 67.
Hornemann, voyag. allemand dans le Fezzan, 120; — dans les Oasis, 137.
Hoskins, voyag. anglais, 25, 136.
Hottentots, peuple du cap de Bonne-Espérance, 65.
Houghton, voyag. angl. dans le Soudan, 117.
Houzouanas, tribu du Cap, 72.

I

Ibrim, ville de Nubie, 20.
Ipsamboul, ville de Nubie, 21.
Immelmann (Daniel), jeune Hollandais du Cap, compagnon de Sparrman, 68.
Inchilla, v. de l'état de Tunis, 141.

TABLE ANALYTIQUE

Isaac, marabout mandingue, guide de Mungo-Park, 120.
Ivondrou, territoire de Madagascar, 58.
Ivy, cap d'Algérie, 151.

J

James-Town, cap. de l'île Ste.-Hélène, 97.
Jean de Nova, la plus importante des Séchelles, 55.
Jenné, ville du Soudan, 133.
Johanna, anc. ville des îles Comores, 53.
Juidah, état de Guinée, 104.
Jupiter-Ammon (ruines du temple de), dans les Oasis, 137.

K

Kaarta, royaume du Soudan, 118.
Kaboliquas, peuple du Cap, 71.
Kacunda, ville du Soudan, 129.
Kadjaga, état de Sénégambie, 108.
Kahha, riv. d'Abyssinie, 39.
Kainoura, village de Sénégambie, 108.
Kakafungi, ville du Soudan, 128.
Kalahari, désert de la colonie du Cap, 90.
Kalliarris, peuple cafre, 86.
Kamalia, ville du Soudan, 119.
Kamato, ville de Guinée, 104
Kamis, mont. du Cap., 70, 74.
Kanaïs, cap de la Marmarique, 138.
Kano, ville du Soudan, 125.
Kamsoraly, ville de Sénégambie, 111.
Kaout-el-Kabir, ville d'Égypte, 11.
Karas, mont. de la colonie du Cap, 91.
Karnak, village d'Égypte, 13.
Karri, mont. de la colonie du Cap, 77.
Kasr, village dans les Oasis, 137.
Kasr-el-Zayan, une des Oasis, 156.
Kasr-Essayad, ville d'Égypte, 12.
Kasr-Ouaty, une des Oasis, 156.
Katogoun, ville du Soudan, 125.
Katounga, ville du Soudan, 126, 127.
Kayaye, ville de Sénégambie, 111.
Keff, ville du royaume de Tunis, 144.
Keft, ville d'Égypte, 12.
Kei-Karop, fl. de la colonie du Cap, 92.
Keis-Kamma, riv. du Cap, 72, 83.
Kéltoub, ville d'Égypte, 6.
Kemmour, ville du Soudan, 118.
Keneh, ville d'Égypte, 12.
Kernok, capitale du Loggoun, 124.
Késa, mont. du Soudan, 128.
Kiama, ville du Soudan, 128.
Kichener, mission. all. au Cap, 77.
Kinghale, capitale du Congo, 94.
Klein-Vis-Rivier, riv. du Cap, 70.
Klipberg, canton de la col. du Cap, 76.
Knysa, fl. de la colonie du Cap, 74.
Koavo, fleuve du Zanguebar, 49.
Kobban, village de Nubie, 19.
Kodakal, bourg de Nubie, 24.
Kok, missionnaire allem. au Cap, 77, 82
Kolbe (Pierre), voyageur allem. au cap de Bonne-Espérance, 66.
Kong, mont. de Guinée, 99.
Koras, tribu de Hottentots, 75.
Koriquas, peuple du Cap, 71.
Korosko, bourg de Nubie, 20.
Kosseïr, ville d'Égypte, 13.
Kouarra, fl. du Soudan, 126, 128.
Kouffoua, lac du Congo, 94.
Kouka, capitale du Bornou, 122.
Koum-Ombou, village d'Égypte, 15.
Koum-Jalah, bourgade d'Égypte, 5.
Kouranko, état de Guinée, 101, 104.
Kourat, ville d'Égypte, 4.
Kournah, village d'Égypte, 13.
ae-Gulou, riv. d'Abyssinie, 32.
Kouroumun, fleuve du Cap, 75, 86.
Kourrichane, ville de la Cafrerie, 84.

Kourtoun, village de Nubie, 19.
Kous, ville d'Égypte, 13.
Koussas, tribu de Cafres, 64.
Kraal, réunion de huttes chez les Boschjesmans et les Hottentots, 75, 82.
Kugler (Christian), missionnaire all. en Abyssinie, 41.
Kutsip, fl. de la colonie du Cap, 91.

L

Labdessebas, tribu de Maures, 117.
Labiad, ville du royaume de Tunis, 141.
La Calle, ville d'Algérie, 145.
Lagos, royaume de Guinée, 101.
Laguna, ville des Canaries, 114.
Laing, voyag. angl. en Guinée, 101, 104.
Lamba, ville d'Algérie, 147.
Lamaïd, ville de la Marmarique, 138.
Lamalmon, montagne d'Abyssinie, 38.
Lancerote, île de l'arch. des Canaries, 115.
Landa, fleuve de l'Angola, 93.
Lander (les frères J. et R.), voyag. angl. dans le Soudan, 127-132.
Larache, port de l'emp. de Maroc, 153.
Lari, village du Soudan, 122.
Latuniers (rivière des) a Maurice, 61.
Latukoa, ville de la colonie du Cap, 83.
Latukou, capit. des Betchouanas, 75.
Latrobe (C.-J.), missionnaire morave au Cap, 83.
Leguevel de Lacombe, voyag. franç. dans l'île de Madagascar, 58
Lekuoa, fleuve de la colonie du Cap, 90.
Lempta, ville du roy. de Tunis, 141.
Lenoir du Rouel, ambassad. franç. en Abyssinie, 39.
Lesbé, village d'Égypte, 1.
Le Torzec, compagnon de Cailliaud, 137.
Le Vaillant (François), voyag. franç. au Cap, 68-72.
Lichtenstein (Henri), voyag. allem. au Cap, 76.
Liberia, colonie en Guinée, 104.
Lighoyas, peuple de la colonie du Cap, 19.
Linant, voyag. en Nubie, 29.
Loango, royaume du Congo, 94.
Lobo (le P.), voyag. portug. en Abyssinie, 37.
Loffih, fleuve du Zanguebar, 49.
Loggoun, contrée du Soudan, 124.
Loma, montagne du Soudan, 106.
Longwood, résidence de Napoléon à Sainte-Hélène, 98.
Lopez, cap qui sépare le Congo de la Guinée, 95, 99.
Lorenzo-Marques, baie et fl. de la côte de Mozambique, 51.
Louxor, ville d'Égypte, 13.
Lozé, fleuve du Congo, 93.
Lupata, montagne de Mozambique, 50.
Lybique (chaîne), montag. d'Égypte, 12.
Lyon, voyag. angl. dans le Soudan, 120.

M

Ma-Boung, village de Guinée, 104.
achaden, baie des îles Comores, 52.
Macouas, horde cafre du Zanguebar, 49.
Madagascar, île de l'Océan Indien, 55, 59.
Madécasses, habitans de Madagascar, 57.
Madère, île de l'Océan Atlantique, 114.
Mudfounïéa, ville d'Égypte, 11.
adjé, île du Soudan, 128.
Mae-Afguol, riv. d'Abyssinie, 32.
Mafumo, riv. du gouv. de Mozambique, 51.
Mafresch, mont. d'Algérie, 148.

Magadocho, capit. du Zanguebar, 48.
Magga, canton d'Abyssinie, 31.
Mahé, la plus considérable des Séchelles, 54.
Mahmoudiéh, riv. d'Égypte, 4.
Maïtcha, plaine d'Abyssinie, 40.
Maillet, consul franç. en Égypte, 37.
Makoss, tribu du Congo, 93.
Maktaërat, ville de la Marmarique, 138.
Malatane, port de Madagascar, 58.
Malheureux, cap de l'île Maurice, 61.
Maloua, riv. d'Algérie, 151.
Maloutis, montag. dans la Cafrerie, 90.
Mamora, ville de l'emp. de Maroc, 153.
Manangaré, port et lac de Madagascar, 56, 58.
Mandingues, peuple de Sénégambie, 106.
Manfaloul, ville d'Égypte et d'Abyssinie, 11. 37.
Manika, ville et fleuve du gouv. de Mozambique, 51.
Mani-Emougi, royaume du Congo, 95.
Mansourah, ville d'Égypte, 5.
Mantatis, peuplade cafre, 89.
Mapouta, riv. du gouv. de Mozambique, 51.
Maquaria, fleuve de la colon. du Cap, 88.
Maradéh, une des Oasis, 138.
Marakah, capit. du Dongolah, 22.
Maravi, lac du Zanguebar, 49.
Maribombo, fleuve du Congo, 93.
Mariout, lac d'Égypte, 3.
Marmarique, pays vassal de l'Égypte, 138.
Maroc (empire de), 151, 153.
Maroutzis, peuple cafre, 84, 91.
Marsah-Soloum, port de la Marmarique, 139.
Mascara, ville d'Algérie, 148.
Mascarenhas, navig. portug., découvre les îles Bourbon et Maurice, 59, 60.
Massaouah, ville d'Abyssinie, 31.
Matabilis, peuple de la colonie du Cap, 90.
Maturiéh, village d'Égypte, 5.
Matchapins, peuplade de la colon. du Cap, 84.
atifou, cap d'Algérie, 151.
Maurice, île de l'Océan-Indien, 60-62.
Mayo, île de l'arch. du Cap-Vert, 112.
Mayombo, prov. du Loango, 94.
Mayota, une des îles Comores, 52.
Mazagan, port de l'emp. de Maroc, 153.
Mazoute, étang d'Algérie, 145.
Med-Amoud, village d'Égypte, 13.
Medinet-Abou, village d'Égypte, 13.
Medinet-el-Fayoum, capitale du Fayoum, 10.
Mehallet-el-Kebir, ville d'Égypte, 4.
Meherrakah, ville de Nubie, 19.
Mejerdah, riv. du roy. de Tunis, 144.
Melig, canal d'Égypte, 4.
Melila, ville de l'emp. de Maroc, 153.
Melinde, ville du Zanguebar, 49.
Memf, village d'Égypte, 9.
Memphis (ruines de), 9.
Mencyleh, ancienne ville d'Égypte, 11.
Menchyeh, village dans les Oasis, 138.
Menouf, ville d'Égypte, 4.
Menzaleh, lac d'Égypte, 1, 5.
Mequinez, ville de l'emp. de Maroc, 153.
Merabing, établissem. de missionnaires dans la colonie du Cap, 90.
Meraoui, village de Nubie, 24.
Meribôhoucy, capitale des Tamahas, 84.
Meroë (ruines de) en Nubie, 25.
Mers-el-Kebir, port d'Algérie, 151.
Mézuril, bourg de la côte de Mozambique, 51.
Michaud, voyag. franç. en Égypte, 12.
Milbert, voy. franç. dans l'île Maurice, 60.

3. Ceuta.

4. Porte de la Citadelle à Tanger.

DU VOYAGE EN AFRIQUE.

Miliana, plaine d'Algérie, 147.
Miltsin, mont. de l'emp. de Maroc, 152.
Minutoli, voy. dans les Oasis et la Marmarique, 157, 139.
Minutoli (Mme), voy. en Égypte, 2, 14.
Minyeh, ville d'Égypte. 10.
Mirkis, village de Nubie, 24.
Missei, ville du Congo, 96.
Misselemieh, ville de Nubie, 26.
Mist (de), voy. holl. au Cap, 76.
Mitijah, plaine d'Algérie, 147.
Mit-Rahineh, village d'Égypte, 9.
Moffat, mission. allem. au Cap, 83, 85.
Mogador, ville de l'emp. de Maroc, 152.
Mogheteh, riv. d'Abyssinie, 39.
Moghs, village dans les Oasis, 136.
Mogren, riv. de Nubie, 25.
Mohadah ville de la Marmarique, 138.
Mohila, une des îles Comores, 52.
Mollien, voy. franç. en Sénégambie, 109-111.
Monbaza, ville du Zanguebar, 49.
Mombeiro, fleuve du Benguela, 93.
Momastir, ville du royaume de Tunis, 141.
Monfia, île du Zanguebar 49,
Mongallo, fl. du Zanguebar, 49.
Monjous, horde cafre de la côte de Mozambique, 50.
Monoémugi, roy. du Zanguebar, 49.
Monomotapa, roy. du Zanguebar, 49.
Monselmines, tribu de Maures, 117.
Mora, ville du Soudan, 123.
Moreno, fleuve de l'Angola, 93.
Morrison, un des comp. de Clapperton, 126.
Morzouk, capitale du Fezzan, 120.
Mossel, baie du cap de Bonne-Espér., 68.
Mosféia, ville du Soudan, 123.
Mossossos, horde cafre du Congo, 94.
Mouenchui, prov. du Congo, 96.
Mougearts, tribu de Maures, 117.
Moulouas, peuple du Congo, 95.
Moulandou-Zambi, mont. du Congo, 94.
Mouta ville d'Abyssinie, 46.
Mozambique (côte de), 49-52.
Mozambique, v. de la côte de ce nom, 49.
Munbros, tribu du Congo, 95.
Mungo-Park, voyag. angl. en Sénégambie, 111.
Muria, mont. du Congo, 94.
Mycerinus, une des pyramides d'Égypte, 9.

N

Nabis, mission dans la colonie du Cap, 91.
Namagari, fl. de la colonie du Cap. 90.
Namaquas (grands et petits), peuples hottentots, 67, 70, 91.
Naroa, montagne du Cap, 127.
Naya (temples de), en Nubie, 25.
Nefta, cant. du roy. de Tunis, 143.
Negre, cap du roy. de Tunis, 144.
Nègres proprement dits, habitans de la Guinée, 101.
Negro, cap du Congo, 93.
Netteko, mines de Sénégambie, 108.
Niger, fleuve du Soudan, 118.
Nigritie. V. Soudan.
Nil, fl. d'Égypte et de Nubie, 1-17.
Noari, ville de Nubie, 24.
Noire (rivière), à l'île Maurice, 60.
Noli (Antoine), découvre les îles du Cap-Vert, 112.
Norden, voyag. danois en Égypte et en Nubie, 17, 20.
Nos-e-Bey, lac de Madagascar, 56.
Nova (Jean de), navig. galicien, découvre les îles Ste-Hélène et de l'Ascension, 97, 98.
Nubie, pays de la région du Nil, 17, 50.

O

Oasis (les), pays au milieu des déserts 155-158.
Obeh, montagnes de Nubie, 27.
Olba, village de Nubie, 30.
Olok, bourg de Nubie, 24.
Onoma, monts de la colonie du Cap, 92.
Oran, ville d'Algérie, 151.
Orange, fleuve du Cap, 74.
Ouadlims, tribu maure du Sahara, 117.
Ouady-Halfah, vallée de Nubie, 21.
Ouady-Ibrim, canton de Nubie, 20.
Ouady-Ouatib (ruines de), en Nubie, 25.
Ouady-Seboua, vallée de Nubie, 19.
Ouady-Zerzoara, une des Oasis, 138.
Ouager, fleuve d'Algérie, 147.
Oualaka, rivière d'Abyssinie, 45.
Ouahet, fleuve d'Abyssinie, 44.
Oualo, royaume de Sénégambie, 107.
Ouankelzis, peuple du Cap, 84.
Oued-Adouse, rivière d'Algérie, 150.
Oued-el-Berber, fl. du roy. de Tunis, 144.
Oued-Isser, fleuve d'Algérie, 147.
Oued-Mansouriah, rivière d'Algérie, 150.
Ocdney, un des compagnons de Clapperton, 121.
Oued-Noun, v. de l'emp. de Maroc, 152.
Oued-Zeitoum, fleuve d'Algérie, 147.
Oueillas, peuple d'Abyssinie, 30.
Ouellet-Médine, ville de Nubie, 26.
Ouezkétarvé, vallée d'Abyssinie, 32.
Ouily, fort de Sénégambie, 108.
Ouogyora, province d'Abyssinie, 38.
Ovas, peuple de l'île Madagascar, 57.
Owen, nav. angl. sur la c. d'Afrique, 51.

P

Palma, île de l'arch. des Canaries, 115.
Palmes (cap des), en Guinée, 99.
Palmes (vin de), en usage chez les nègres, 106.
Pamplemousses, quart. de l'île Maurice, 61.
Pumpan-Ataat, village du Cap, 69.
Pango, province du Congo, 94.
Pariset, voyag. franç. en Égypte, 11.
Patachie, ville du Soudan, 128.
Paterson (G.), voyag. angl. au Cap, 68.
Paez (le P.), voy. port. en Abyssinie, 37.
Pearce, voyag. ang. en Abyssinie, 126.
Peddie, voyag. angl. en Sénégambie, 111.
Pella, mission chez les Namaquas, 82.
Pentapole. V. Barcah.
Peyssonel, voyag. franç. dans le roy. de Tunis et en Algérie, 141, 145.
Philæ, île d'Égypte, 16.
Pico, île de l'arch. des Açores, 112.
Pietro della Valle, voyageur italien en Égypte, 5.
Pisania, poste angl. en Sénégambie, 108.
Piter-Boot, mont. de l'île Maurice, 60.
Piton, montagne de l'île Maurice, 60.
Piton-de-Fournaise, mont. volcanique à Bourbon, 59.
Plettemberg, baie de la colonie du Cap, 74.
Podor, poste franç. en Sénégambie, 107.
Poivre, voyag. franç. à Bourbon et à Maurice, 59, 61.
Poncet, médecin franç. en Abyssinie, 37.
Port-Bourbon, port de l'île Maurice, 60.
Port-Louis, v. principale de Maurice, 61.
Porto-Farina. V. Gor-el-Meleh.
Porto-Prayo, capitale de Saint-Yago, la principale des îles du Cap-Vert, 112.
Porto-Santo, île dépend. de Madère, 114.
Pouce, montagne de l'île Maurice, 60.
Pratin, île de l'archip. des Séchelles, 54.

Prince (île du), dans le g. de Guinée, 99.
Prudhoe (lord), voyag. angl. en Nubie, 17, 26.
Ptolémaïs. V. Menchyeh.

Q

Qamamyl, canton de Nubie, 27.
Querimba, îles de la c. de Mozambique, 49.
Quilimanci, fleuve du Zanguebar, 49.
Quilimane, port de la côte de Mozambique, 50.
Quitoa, ville du Zanguebar, 49.

R

Rabat, ville de l'emp. de Maroc, 153.
Rabina, une des Oasis, 138.
Rahad, fl. de Nubie et d'Abyssinie, 26, 41.
Ramanièh, ville d'Égypte. 4.
Raz-el-Ouady, r. de l'emp. de Maroc, 152.
Rdombegi, rivière du Congo, 95.
Read, voyag. angl. au Cap, 84.
Regas, peuple du Congo, 95.
Rio-Benin, riv. de Guinée, 99.
Rio-del-Rey, riv. de Guinée, 99.
Rio dos Camerones, riv. de Guinée, 99.
Rio-Grande, fleuve de Sénégambie, 106.
Rio-Formoso, riv. de Guinée, 99.
Rio-Lagos, riv. de Guinée, 99.
Rio-Mesurado, riv. de Guinée, 99.
Rio-Nun, principal bras du Kouarra, 130.
Rio-Nunez, riv. de Sénégambie, 110.
Rio-Sestos, riv. de Guinée, 99.
Rio-Volta, riv. de Guinée, 99.
Ritchie, voyag. angl. dans le Soudan, 120.
Roches (riv. des) à l'île Bourbon, 59.
Rodrigue, île dépendant de Maurice, 61.
Roggeveld, canton de la colon. du Cap, 76.
Rokelle, riv. de Guinée, 99, 105.
Rosette, ville d'Égypte, 2.
Rubault, voy. franç. en Sénégambie, 108.
Ruivo, mont. de Madère, 114.
Rummel, fleuve d'Algérie, 146.
Ruppel, voyag. angl. en Nubie. 25; — en Abyssinie, 43.

S

Saccatou, ville du Soudan, 124.
Sahara (désert de), 116, 117.
Saïd, province d'Égypte, 11.
Saint-Antoine, île du Cap-Vert, 112.
Saint-Augustin, baie de Madagascar, 58.
Saint-Denis, ville de l'île Bourbon, 60.
Saint-George, île de l'arc. des Açores, 112.
Sainte-Hélène, île de l'Océan-Atlantique, célèbre par la captivité de Napoléon, 97.
Saint-Jean, riv. de Guinée, 99.
Saint-Joseph, fort de Sénégambie, 108.
Saint-Louis, île de Sénégambie, 107.
Sainte-Luce, île dépendant de Madagascar, 58.
Sainte-Lucie, île de l'ar. du Cap-Vert, 112.
Sainte-Marie, île dépendant de Madagascar 55.
Sainte-Marie, une des Açores, 112.
Saint-Michel, une des Açores, 112.
Saint-Nicolas, île du Cap-Vert, 112.
Saint-Paul de Loanda, v. du Congo, 93.
Saint-Philippe de Benguela, v. du Congo, 93.
Saint-Sébastien, cap. de l'île Goméra, 115.
Saint-Thomas, île de Guinée, 99.
Saint-Vincent, île du Cap-Vert, 112.
Saint-Yago, île du Cap-Vert, 112.
Sique, pays du roy. de Tunis, 143.
Sokala, canton d'Abyssinie, 40.
Sakkarah, ville d'Égypte, 10.
Sala, prov. du Congo, 96.

Saldagne, baie de la colonie du Cap, 74.
Salé, port de l'emp. de Maroc, 152.
Saloum, ville de Sénégambie, 108.
Salt, voy. angl. en Abyssinie, 30, 41;— au Zanguebar, 49, 50.
Salvages, îles dépendant de Madère, 114.
Sammanoud, ville d'Égypte, 4.
Samaulis, tribu du roy. d'Adel, 48.
Samba-Contaye, vill. du Bondou, 111.
Samen, prov. d'Abyssinie, 32.
Samhoud, ville d'Égypte, 12.
Samnou, vill. du Soudan, 124.
Samouenchaï, prov. du Congo, 96.
Samoun, grotte d'Égypte, 1.
Sanafé, mont. d'Abyssinie, 36.
Sangara, contrée de Guinée, 106.
Sangouia, ville de Guinée, 105.
Sangouin, état de Guinée, 101.
Sansanding, ville du Soudan, 119.
Santa-Cruz, une des Canaries, 114.
San-Thomé, île aux Portugais en Guinée, 103.
Saouakim, ville de Nubie, 30.
Sas-el-Hadjar, vill. d'Égypte, 4.
Savary, voy. franç. en Égypte, 4.
Schmidt (George), voy. allem. au cap de Bonne-Espérance, 66.
Sebha, ville du Soudan, 121.
Seboua, ville de Nubie, 19.
Séclaves, peuplade de Madagascar, 58.
Ségo, capitale du Bambara, 119.
Sel (île du), dans l'arch. du Cap-Vert, 112.
Selimé, une des Oasis, 135.
Sommeh (ruines de), en Nubie, 22.
Séna, ville de la côte de Mozambique, 50.
Sénégal, fleuve de Sénégambie, 106.
Sénégambie, pays de l'Afrique occident., 106, 112.
Sennaar, vill. et pays de Nubie, 30.
Sénopalé, ville de Sénégambie, 109.
Sequenier, ville d'Algérie, 146.
Setté, prov. du Congo, 94.
Seybouse, riv. d'Algérie, 145.
Seymoun, vent du désert, 117.
Sfax, ville du roy. de Tunis, 144.
Shaw, voy. angl. dans le roy. de Tunis, 143; — en Algérie, 145, 146.
Sidi-Ferruch, cap d'Algérie, 151.
Sigli, cap d'Algérie, 151.
Simbing, vill. du Soudan, 118.
Singhé, vill. de Nubie, 28.
Sirbonis, lac d'Égypte, 1.
Siré, v. et royaume, d'Abyssinie, 47.
Sitifi (ruines de), 147.
Smith (André), médecin angl., parcourt la colonie du Cap, 90.
Smith, voy. angl. en Guinée, 101.
Sneeuw-Bergen, mont. et canton du Cap, 68, 72.
Socotora, île d'Afrique, 48.
Sofala, pays de la côte de Mozambique, 50.
Sogne, prov. du Congo, 95.
Sogno, prov. de Loango, 94.
Sokna, ville du Soudan, 121.
Soleïman, ville du roy. de Tunis, 144.
Sonnerat, naturaliste aux Séchelles, 54.
Sor, île de Sénégambie, 107.
Soudan, pays de l'Afrique centrale, 127.
Soueini, vill. dans les Oasis, 135.
Soultmana, état de Guinée, 101.
Soulimas, prov. de Guinée, 104.
Soundi, prov. du Congo, 94.
Souse, prov. de l'emp. de Maroc, 152.
Sousous, tribu de Maudingues, 108.
Spaïtla, ville du roy. de Tunis, 144.
Sparrman (André), naturaliste suédois,

parcourt le cap de Bonne-Espérance, 68, 70.
Stellenbosch, district du Cap, 74.
Stora, baie d'Algérie, 150.
Suse, ville du roy. de Tunis, 141.
Syène, ville d'Égypte, 16.
Syn, royaume de Sénégambie 107.
Syouah, oasis du Sahara, 137.
Syout, capit. du Saïd, 11.

T

Tabarca, île d'Algérie, 145.
Table (mont. de la) dans la col. du Cap, 76.
Tocazze, fleuve d'Abyssinie, 31.
Tafilet, ville du Soudan, 134.
Tafilet, état de l'emp. de Maroc, 152.
Tafna, riv. d'Algérie, 151.
Takouna, fleuve de la colonie du Cap, 79.
Talent, ville de l'emp. de Maroc, 151.
Tamatave, capit. des Betanimenés, 57.
Tamba-Aoura, mine de Sénégambie, 108.
Tamba-Boucani, vill. de Sénégambie, 108.
Tamboukis, peuple du Cap, 70.
Tamisier V. Combes.
Tamahas, tribu de la colonie du Cap, 84.
Tananarive, capit. des Ovas, 57.
Tandi, désert du Congo, 95.
Tandi-Youa, ville du Congo, 95.
Tangalia, ville du Soudan, 125.
Tanger, ville de l'emp. de Maroc, 153.
Tangouré, village d'Abyssinie, 39.
Tanis, ville d'Égypte, 5.
Tanis, désert de la colonie du Cap, 91.
Tantah, ville d'Égypte, 4.
Taranta, mont. d'Abyssinie, 30.
Taroudan, ville de l'emp. de Maroc, 152.
Tazerbo, une des Oasis, 138.
Tchad, lac du Soudan, 122.
Tchantop, rivière de la colonie du Cap, 91.
Tchelicot, ville d'Abyssinie, 32.
Tedles, cap d'Algérie, 151.
Teffuh, village de Nubie, 18.
Tegherri, ville du Fezzan, 125.
Tell-Bastah, vill. d'Égypte, 5.
Tembi, fl. de la côte de Mozambique, 51.
Tenda, pays de Sénégambie, 108.
Ténériffe, île et mont. de l'arch. des Canaries, 114.
Teneydeh, vill. des Oasis, 136.
Ten-Ruyne, médecin holland., visite le cap de Bonne-Espérance, 66.
Tensift, fleuve de l'emp. de Maroc, 152.
Terceira, île de l'arch. des Açores, 112.
Teté, fort portug. sur la côte de Mozambique, 50.
Teyde, mont. de l'arch. des Canaries, 114.
Thèbes (ruines de), 13.
Thompson (George), voyag. angl. dans la colonie du Cap, 85.
Thorah, mont. d'Égypte, 10.
Thunberg, voyag. suédois, au Cap, 69.
Tibbous, tribu du Sahara, 117.
Tigré, royaume d'Abyssinie, 31.
Timani, état de Guinée, 101.
Timé, vill. du Soudan, 133.
Timbou, capit. du Fouta-Dhiallon, 110.
Tinareh, vill. de Nubie, 29.
Tineh, ville d'Égypte, 1.
Tinez, ville d'Algérie, 151.
Tinting, ville de Madagascar, 57.
Tinay-el-Emid, ville d'Égypte, 5.
Tolometa, ville du Barcah, 139.
Tombeau (baie du), dans l'île Maurice, 61.
Tombouctou, ville du Soudan, 134.
Tomboun, lac du Soudan, 125.

Tonga, fleuve de l'Angola, 93.
Toole, voyag. angl. dans le Soudan, 124.
Toringas, mont. de Madère, 114.
Touzer, un des comp. de Cailliaud, 28.
Touariks, tribu de Berbers, 117.
Toubrouk, ville de la Marmarique, 139.
Tozer, ville du royaume de Tunis, 143.
Trarzas, tribu maure du Sahara, 117.
Tremecen, ville d'Algérie, 148.
Tripoli, capit. de l'état de ce nom, 140.
Tripoli (état de), 140.
Tristan da Cunha, voyag. portug., 55.
Tritter, voyag. europ. dans la colonie du Cap, 74.
Tuckey, voyag. angl. dans le Congo, 96.
Tulbagh, district de la colonie du Cap, 77.
Tunis, capitale du roy. de ce nom, 142.
Tunis (royaume de), 141, 144.
Tzana, lac d'Abyssinie, 39.

V

Valentia (lord), voyag. angl. au Zanguebar, 49.
Van Der Kemp, missionnaire holland. dans la colonie du Cap, 77, 81.
Verluel, station de la colonie du Cap, 90.
Verte (mont.), dans l'île de l'Ascension, 98.
Vert (Cap), sur la côte de Sénégambie, 106.
Vintam, poste angl. en Sénégambie, 108.
Vohémar, baie de l'île de Madagascar, 57.
Volney, voyag. franç. en Égypte, 5.

W

Walfis, baie du Congo, 93.
Waterboer, missionnaire angl. dans la colonie du Cap, 88.
Wilkinson, voy. angl. dans les Oasis, 138.

Y

Yabouss, riv. de Nubie, 28.
Yanvo, ville du Congo, 95.
Yaouri, ville du Soudan, 128.
Yeou, riv. du Soudan, 122.
Yolofs, nègres de Sénégambie, 106.
Yolofs (royaume des), en Sénégambie, 107.
Youriba, royaume du Soudan, 126.

Z

Zabou, vill. des Oasis, 137.
Zainah (ruines de), 147.
Zaïre, fleuve du Congo, 94.
Zambèze, fl. du gouv. de Mozambique, 50.
Zambi, mont. du Congo, 95.
Zambo, v. du gouv. de Mozambique, 50.
Zammourah, ville d'Algérie, 147.
Zamzi, v. du Congo, 95.
Zanguebar (côte de), pays de l'Afrique orient., 48, 49.
Zanzibar, île de l'Océan-Indien, sur la côte de Zanguebar, 49.
Zaraï, plaine d'Abyssinie, 31.
Zarco (Jean-Gonsalve), voyag. portugais, découvre Madère, 114.
Zegzeg, pays du Soudan, 126.
Zeighan, vill. du Soudan, 121.
Zeylah, ville d'Abyssinie, 48.
Zimba, v. du gouv. de Mozambique, 50.
Ziz, fleuve de l'empire de Maroc, 151.
Zizibe, cap du royaume de Tunis, 144.
Zoulas, tribu cafre, 89.
Zoure-Veld, cant. de la colonie du Cap, 82.
Zueila, ville du Soudan, 121.
Zweilendam, ville du Cap, 84.

FIN DE LA TABLE ANALYTIQUE DU VOYAGE EN AFRIQUE.

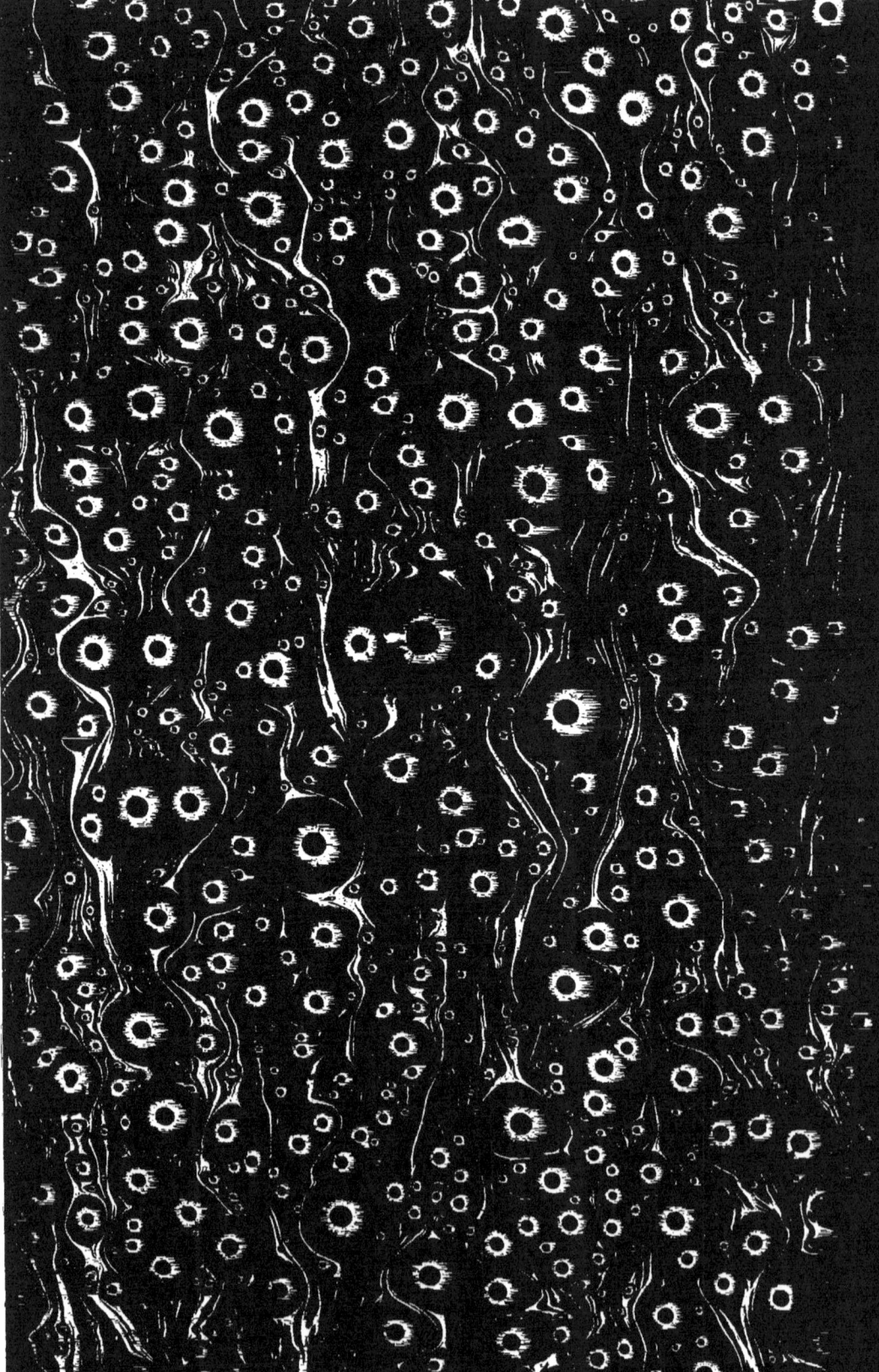

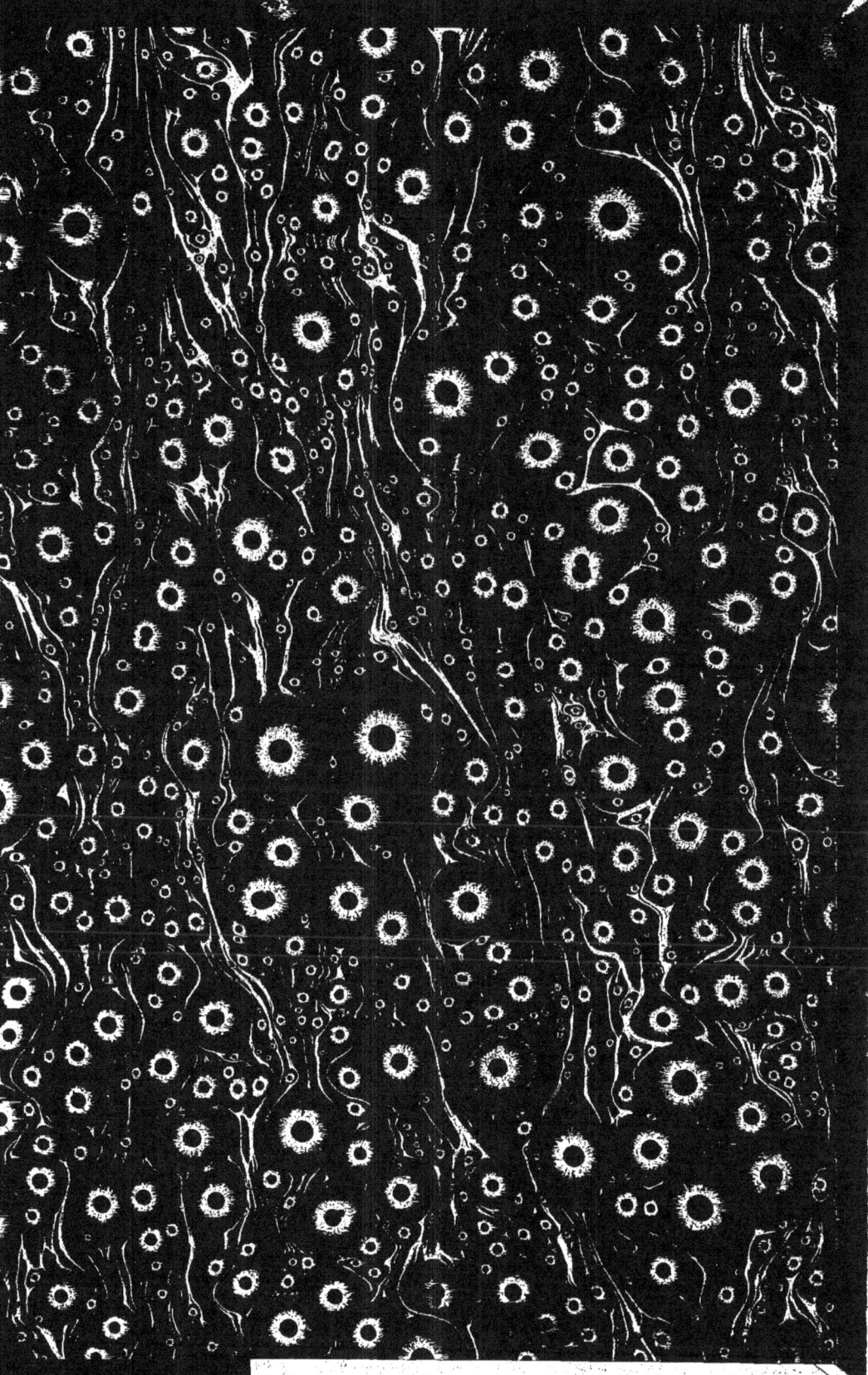

www.ingramcontent.com/pod-product-compliance
Lightning Source LLC
Chambersburg PA
CBHW070856300426
44113CB00008B/853